Die Prosaische Edda Im Auszuge Nebst Volsunga-Saga Und Nornagests-Thattr, Parts 1-2: Text Und Glossar

Ernst Wilken

DIE PROSAISCHE EDDA

im Auszuge

nebst

Volsunga-saga und Nornagests-tháttr.

Mit ausführlichem Glossar herausgegeben

von

Ernst Wilken.

Theil I: Text.

Paderborn,
Verlag von Ferdinand Schöningh.
1877.

Vorbemerkungen.

A. Zur prosaischen Edda.

§ 1. Da die zugleich mit dieser Ausgabe erscheinenden «Untersuchungen zur Snorra-Edda» wesentlich den Zweck einer Einleitung zu der vorliegenden Ausgabe, soweit sie die prosaische Edda betrifft, verfolgen, so wird hier nur eine kurze Orientirung über die in den Anmerkungen vorkommende Bezeichnung der Hss. und Ausgaben am Platze sein. Es bezeichnet

R den *Cod. Reg.* (Nr. 2367 in 4), der pros. *Edda.*

W den *Cod. Wormianus (Arnamagnæanus* Nr. 242 in Fol.)

U den *Cod. Upsaliensis (coll. Delagard.* Nr. 11 in 8.)

A (oder 748) den *Cod. Arnamagnæanus (fragm. membr. Arn.* Nr. 748 in 4.)

M (oder 757) das *fragm. membr. Arn.* Nr. 757 in 4.

Fr das *fragm. membr. Arn.* Nr. 1eβ fol.

W* das *fragm. membr. Arn.* Nr. 756 in 4.

S den *cod. Sparfvenfeldianus Holm. (Isl. membr.* in 4. Nr. 3.)

Ausser diesen acht Membranen der pros. Edda wird bisweilen auf den R (d. i. *Cod. Reg.* 2365 in 4) der L. Edda verwiesen. Der Zusatz *Regius* bezieht sich hier wie oben auf die Kön. Bibliothek in Kopenhagen; sämmtliche Arnamagnæanische Hss. befinden sich jetzt auf der Universitätsbibliothek ebendort. — S und St. (vgl. w. u.) gehören der Kön. Bibliothek zu Stockholm an.

Von den zahlreichen Papierhss. kommen nur fg. fünf als die wichtigsten hier in Betracht:

St = *cod. Stockholmiensis* (*Isl. chart.* Nr. 34 Fol.)

H = *cod. Hypnonesiensis primus* ⎱
Hβ = *cod. Hypnones. secundus* ⎰ im Privatbesitz.

w = W *chartaceus* oder Wb (jüngere Einlage in W, vgl.
oben). —

l = *Laufáss-edda*, vgl. Einleitung C. 1*).

B. Zur Vǫlsungasaga.

§ 2. Die neuerdings gewöhnlich sog. *Völsungasaga* entbehrt in der einzigen uns erhaltenen Membranhs. insofern
der Bezeichnung, als die Ueberschrift völlig unlesbar geworden ist; jedenfalls hängt sie auch hier wie in den zahlreichen,
von ihr abhängigen Papierhss. mit der sog. *saga Ragnars
konungs Loðbrókar* auf's engste zusammen; auf eine Vereinigung ursprünglich getrennter Theile scheint indes schon die
Ueberschrift der Papierhss. (für das Ganze): *Saga af Ragnari*

---

*) Unter Einl. werden hier wie in den Anm. die «Untersuchun-
gen zur *Sn. Edda*» verstanden. Als Herausgeber der pros. oder *Snorra-
Edda* sind Rk. (Rask). *AM* (*Edda Snorra Sturlusonar. Hafniæ. Sumti-
bus legati Arnamagnæani* 1848 f.), Eg. (Egilsson), Jónss. (Þorl. Jónsson)
sowie mehrfach auch Pf. (Friedr. Pfeiffer: Altnordisches Lesebuch)
erwähnt. Ausserdem bez. B. die Ausgabe der Lieder-Edda (*Norrœn
Fornkvæði*) von Bugge, B' die critischen Noten, Bt. die Nachträge
derselben; Gg. die *Sæmundar-Edda* von Sv. Grundtvig; Hild. die
Ausgabe der «Lieder der älteren Edda» von K. Hildebrand, Hild. Zze.
den Aufsatz Ueber die Versteilung in den Eddaliedern, in der Zeitschr.
für d. Phil. Ergänzungsband; M. Mb. Lün. die Ausgaben der sog.
Sæmundar-Edda (oder bloss *Edda*) von Munch, Möbius, Lüning; Ettm.
das altnordische Lesebuch von Ettmüller. — Genaueres hierüber
Einl. C. 1 und Hild. p. XII, XIII. —
Die im Texte durchgeführte Scheidung von ø und ǫ wird in
den Anmerk. (z. Th. auch in den Ueberschriften) durch das früher
übliche (neutrale) Zeichen ö ersetzt, soweit hier nicht im engeren
Anschluss an die Hss. au, resp. o gesetzt ist. Die Trennung der Vokale und Halbvokale, der Gebrauch der Accente und Majuskeln ist
überall gleichmässig durchgeführt. — Die Citate aus der Lieder-Edda
sind nach der Ausgabe von Hildebrand geregelt; griech. Buchstaben
bezeichnen die sogen. «eddischen Fragmente», lateinische die zur Aufnahme gelangten Skaldenstrophen.

Loðbrók ok mörgum konungum merkiligum zu deuten. —
Ich nenne zunächst die Ausgaben und Uebersetzungen:

1) Die *Nordiska Kämpadater* [1]) von *E. S. Björner (Bj.)*,
Stockholm 1737 Fol., enthalten u. a. altnordischen Helden-
sagen auch die unsere, zugleich mit einer schwedischen und
lat. Uebersetzung. Ohne höheren Wert ist diese editio princeps doch als solche von Interesse und bietet einige Text-
verbesserungen dar; ich habe dieselbe nur an besonders wichtigen Stellen selbst verglichen. Im Wesentlichen auf *Björner*
beruht

2) die Ausgabe *F. H. v. d. Hagen's*, welche in dessen
«Altnordische Lieder und Sagen, welche zum Fabelkreis des
Heldenbuchs und der Nibelungen gehören» (Breslau 1814)
aufgenommen ist. Diese Arbeit ist hier unberücksichtigt geblieben [2]).

3) Die (Fas. =) *Fornaldar Sögur Norðrlanda (eptir
gömlum handritum útgefnar af C. C. Rafn)* enthalten in ihrem
ersten Bande (*Kaupmannahöfn* 1829) S. 113 fg. die *Völsunga-saga*. — Die Membrane wird hier mit A bezeichnet,
neun Papierhss. (vgl. Form. p. XV, XVI) sind nebst Björners
Ausg. verglichen. — Eine dänische Uebersetzung gab Rafn
in den *Nordiske Fortids Sagaer (Kjøbenhavn* 1829) in B. I. [3]) —

4) Die *Norrøne Skrifter af sagnhistorisk indhold, udgifne
af Sophus Bugge* enthalten in ihrem zweiten Hefte (= *Det
Norske Oldskriftselskabs* Samlinger VIII, Christ. 1865) unsere
saga nach einer sehr genauen neuen Vergl. der Membrane, hier
mit C bezeichnet, so auch in dieser Ausgabe (R ist hier =
Cod. Reg. der L. E.). Auf den Text selbst ist mit *B.*, auf
die kritischen Noten unter demselben mit *B'.*, auf die erklä-
renden Anmerkungen am Schlusse des Heftes mit *Ba*, endlich

---

1) Den weitläuftigen Titel verzeichnet vollständig Möbius Cat.
p. 38.

2) Von Demselben erschien eine Verdeutschung der *Völs.* in den
Nordischen Heldenromanen (Vierter Band, Breslau 1815). —

3) Vgl. Möb. Cat. p. 39, 40, 160, wo noch eine ältere dänische
Uebersetzung von Rafn und die schwedische von Arwidson (1820) er-
wähnt werden. In Betracht kommt auch Finn Magnussen: Den äldre
Edda, 4 B. p. 54 fg. (Fas. p. XIII) und A. Rassmann D. Hs., vgl. § 5.
Neuere dänisch-schwedische Versionen lasse ich ungenannt.

mit *Bt.* auf die *Tillæg og Rettelser* auf dem Umschlage verwiesen. Bildet diese durch die gewissenhafteste Benutzung
der Membrane, ausserdem aber durch wertvolle Bemerkungen
und Verweisungen ausgezeichnete Ausgabe (vgl. Th. Möbius
in Zeitschr. f. d. Phil. I, 417 fg.) auch die natürliche Grundlage für jede spätere, so scheinen andererseits doch wol die
für ihre Zeit so verdienstlichen Fas. noch nicht völlig ent-
wertet, und glaubte ich namentlich die dort angegebenen
Les. der Papierhss. — so jung dieselben auch sein mögen
und ihrer Abhängigkeit von C ungeachtet — nicht ganz
übersehen zu dürfen. Hierüber dürften einige Worte der
Verständigung am Platze sein.

§ 3.   Wo die Membranüberlieferung nur auf einem, zwar
nicht gerade schlecht, aber doch auch keinesweges fehlerfrei
(vgl. § 4) geschriebenen Ms. beruht, wo also die Conjektur nicht
völlig ausgeschlossen werden kann, fragt es sich, ob allerdings junge, aber z. Th. von gelehrten Isländern herrührende
(vgl. Fas. I p. XV) Abschriften desselben nicht als Recen-
sionen des Textes ebenso wie die Ausgaben der Neueren angesehen werden dürfen[4]).   Unbefähigt natürlich, grössere
Lücken der Ueberlieferung correct zu ergänzen, können diese
Papierhss. doch in einzelnen Fällen ebensowol eine richtige
Conjectur bieten, als die Ausgaben Neuerer, und was jenen
Schreibern an kritischer Schulung natürlicherweise abgeht,
ersetzen sie doch z. Th. wol durch jenen sprachlichen Instinkt, den der Isländer einem altnordischen Texte gegenüber
noch verspürt, jeder andere Nordländer aber schon nicht
mehr so unmittelbar empfindet.   Dieser Instinkt wird ohne
kritische Ausbildung vielleicht selten nur das gerade Richtige errathen, dürfte aber in manchen Fällen doch ausreichen,
um eine leichte — dem Norweger, Dänen oder Deutschen
oft kaum bemerkbare — Corruptel als solche zu empfinden.
Abweichungen der Papierhss. werden in solchen Fällen der
Kritik, wenn auch zunächst nur als Warnungszeichen bez.
der Zuverlässigkeit des Textes, immerhin einen Dienst leisten

---

4) Bugge, der die Papierhss. fast ganz ignorirt, nimmt auf Björner
mehrfach Bezug, obwol dieser den C. selbst gar nicht gekannt haben
dürfte, der längere Zeit für verloren galt (vgl. Fas. I, XIII). —

können [5]). Habe ich daher auch im Texte mich möglichst genau an C gehalten [6]), so schien doch ein gelegentlicher Hinweis in den Noten auf die Abweichungen der Papierhss. (jedoch nur nach Fas.) weder unstatthaft, noch auch nur ganz überflüssig; an eine völlige Durcharbeitung der Ueberlieferung nach dieser Seite hin konnte jedoch nicht gedacht werden. Wenn man mit Bugge auch nur in zwei oder drei Fällen (vgl. zu 140, 13; zu 145, 1 — wo Fas. eben mit Paphss. geht) die Berichtigungen, resp. Ergänzuugen der *chartacei* gelten lässt, so sind sie damit schon als beachtungswert erwiesen. Auch ist die Entfernung vom eddischen Ausdruck an und für sich kein Fehler, wie C. XXVIII [8]) zeigt, wo in dem fg. Citat der eddische Ausdruck auch in den Paphss. erscheint. —

§ 4. Nach diesem kurzen Excurse über die Papierhss. noch einige Worte zur Charakteristik des C. — Nach Fas. I, XIII wäre derselbe (1824[b] in 4 der Kön. Bibl. zu Kopenhagen) im vierzehnten oder zu Beginne des fünfzehnten Jahrh. geschrieben; Bugge N. Fornkv. p. XXXIV denkt an das Ende des vierzehnten Jahrh. und bezeichnet ihn als Abschrift eines ältern Originals [7]). Wie die *codices regii* der prosaischen und der L. Edda vom Bischofe *Brynjúlfr Sveinsson* als Geschenk nach Kopenhagen gesandt (1641), kam der Cod. bald darauf abhanden, und ward erst 1821 wieder aufgefunden. Die Orthographie der Hs. entspricht

---

5) Als Beispiel führe ich hier C. V an. — Der C. bietet: *ok þvi bid ek þeim eigi lengra*, zwei Paphss. aber *þik* für *þeim*. So gewöhnlich nun auch bei *bidja* der Dat. commodi ist bei hinzutretender Objectsbestimmung (so gleich darauf: *er þu bidr brœdrum þinum meira bøls*), so scheint derselbe ohne eine solche doch durch die Präp. *fyrir* c. Dat. ersetzt werden zu müssen. (Vgl. Vigf. s. v. *bidja* 1γ; ähnlich neuhochd. Ich bitte mir Das aus; ich bitte für mich). — Entweder dürfte nun in C *fyrir* oder *lífs* ausgefallen, oder *þeim* für *þik* verlesen sein.

6) Ganz leichte Abweichungen wie *var* = *er* (*B.* 83, 7) ungerechnet.

7) Dies vermuthete auch schon Rafn in Fas. I, XIV, XV, wo er einige Fehler des C. daraus erklärt, dass eine Abkürzung oder verdunkelte Stelle des Orig. falsch gelesen wurde. Ebenso entstanden dann wieder viele Fehler der Papierhss.

ihrem mutmasslichen Alter; älteres *đ* ist meistentheils wieder
in *d* ausgewichen (dagegen *eđ* = *it*); Schreibweisen wie *gh*
für *g* (*margh* 175, 15 *B.*), *ph* = *p* (*Erph* 186, 4) *fu* oder
fv für *f*, z. B. *hafvet* = *hafiđ* (184, 22 *B.*) *þurſua* = *þurſa*
188, 16 *B.*; isländisches *æ* für *é* (u. selbst *e*), desgl. *ei* für *é*
z. B. *reid* = *réđ* 102, 12 *B.* (wo *ei* wol dem häufigeren *ie*
= *je* oder *jé* entspricht), auch *heitum* 161, 21 = *hétum*;
y für *u* in *þyrſa, dyga* (92, 9 *B.*) mögen ausserdem angeführt werden, wie dies z. Th. schon in Fas. I, XV geschehen
ist. Andererseits begegnen noch Formen wie *Hamþir* (184,
24; 185, 6) *Hamđir* (186, 16) neben *Hamdir* (186, 8 und 15), wol
als Spuren älterer Vorlagen. Von Abkürzungen ist, wie aus
Bugge's Noten hervorgeht, ein sehr weitgehender, z. Th.
irriger Gebrauch gemacht, dagegen wieder die unnötige
Consonantenhäufung *zst* (*brázst* 186, 11; *unzst* 186, 13;
oder *ll* für *l*. In der Accentuirung der Vokale habe ich ein
festes Princip nicht herausgefunden. Die Fehler sind meistens als Verschreibungen der Vorlage zu erkennen, so
sendr = *stendr* (88, 2 *B.*), *gerit* = *gerir* 89, 16; *baud* = *bađ*
91, 32 u. A. [8]) — Dass unter diesen Fehlern auch Auslassungen nicht mangeln, bezeugt schon 88, 24 das unent-
behrliche, in der Vorlage wol abbrevirte *Siggeirr*; so mag
auch 97, 12 das zweite *þá* in Cod. nur irrig ausgefallen sein.
Vgl. auch Bugge zu 92, 4, 6 und sonst. — In andern Fällen
aber lässt sich C. vielleicht gegen die Hrg. schützen, so
87, 15, wo die Ergänzung von *þessu* in *Fas.* und bei *B.*
entbehrlich scheint. — Das 96, 6 überlieferte *fyrir ófriđi
yrđi* hat *B.* (Umschlag der *Hervararsaga*) in *f. oſrliđi y.*
ändern wollen; ich glaube jedoch, dass die Worte: *at þeir
skuli til hætta, þótt sjau menn sé* sich darauf beziehen, dass
sie (zusammen) es mit sieben Andern aufnehmen wollen,
und sich nur darum vorläufig trennen, um eher Gelegenheit
zum Raube zu finden. Nach der Meinung, die *Sigmundr*
damals noch von *Sinfjötli* hat: *þú ert ungr ok áræđisfullr;
munu menn gott hyggja til at veiđa þik* — wäre es doch be-

---

8) Ein sehr deutliches Beispiel dieser Art ist das schon Fas. I,
XV bemerkte doppelte *Grani* für *Guđrún* in C. XXXII (163, 1—3 bei
B.), das im ersteren Falle in C. selbst corrigirt ist, im andern nicht.
Die Vorlage wird eben nur *G.* geboten haben.

fremdend, wenn er Diesem allein zumuthete, es mit Sieben
aufzunehmen, während er Selbst (vgl. 96, 16) in einem solchen Falle schon Hilfe verlangt. — In solchen Fällen ferner,
wo die L. Edda einen andern, an und für sich vielleicht
correkteren Text gibt, so z. B. 126, 6 *brynþings apaldr* =
brynþinga valdr in C., ist es doch fraglich, ob wir bei einer
Ausg. der *Völsunga-saga* ohne Weiteres nach der L. Edda
corrigiren dürfen, und in zweifelhaften Fällen nicht lieber
mit ihr als der L. Edda irren sollen [9]). —

§ 5. Die Diktion der *Völsunga-saga* kann keine besonders gute genannt werden. Während die ersten Cap. mehrfach den Verdacht einer Kürzung aus einer volleren Quelle
erregen, tritt weiterhin oft eine entbehrliche Breite der Darstellung uns entgegen, und der Umstand, dass vielfach auf-
gelöste Eddalieder als Quelle benutzt sind, lässt ebenso wie
den poetischen Schwung derselben so auch die Vorzüge einer
klassischen Prosa, wie sie uns sonst in der altnordischen
Literatur ja nicht selten begegnet [10]), vermissen. Unbehol-
fene Satzfügungen, wie (C. III): *en þá er þessi veizla ok*
ráðahagr skal takaz, skal Siggeirr konungr sœkja veizluna
til Völsungs konungs sind nicht selten. Zu einer gewissen
Unebenheit des Stiles trägt ferner die sehr häufig unnötige
Verwendung verschiedener Tempora in demselben Satze bei,
z. B. *kómu þar ok hefir* (87, 21—22); *Nú býz — ok þá bauð*
81, 25—26; *nú grœtr ok bað* 91, 3—4. *þat heyrir ok hló*
158, 21 u. w. Bugge hat bisweilen an Aenderung gedacht
(so 119, 25); aber solcher Fälle finden sich zu viele. In
demselben Sinne ist der unmittelbare Wechsel von *þér* und *þú*
(z. B. 116, 13; 118, 26—27; 137, 1—2) zu verstehen; der

---

9) Zu den schwierigeren Stellen der *saga* gehört auch *barnstokk*
C II ex., das ungeachtet der ansprechenden Erläuterung bei *Ba.* doch
auffällig bleibt. Das *bótstokk* der *Völsrím.* (142) wird nicht ohne
Weiteres correct sein, aber vielleicht nur der Aenderung in *blótstokk*
bedürfen, vgl. *blóttré* (Opferbaum) bei *Vigf.* s. v. und bei *B. Hervarars.*
297, 19 nebst Anm. —

10) Der Besitzer dieser Ausg. mag hier zunächst an die zwar
behaglich breite, aber im Ganzen doch glückliche Darstellung in
Gylfag., wie an die klare und wolüberlegte Kürze einiger Erzählungen
der *Skálda* erinnert werden.

Autor scheint absichtlich in solchen Fällen wie auch in der
Anwendung direkter und indirekter Rede rasch zu wechseln;
natürlich ohne unserem Geschmacke zuzusagen. Glücklicherweise werden diese äusseren Mängel durch die innere Bedeut-
samkeit des behandelten Gegenstandes — liegt doch hier die
Völsungen- oder Nibelungen-sage in sonst nicht erreichter
Vollständigkeit [11]) vor unserem Auge entrollt — ausgeglichen.
Demnach ist unsere *saga* — abgesehen von häufigen, mehr
gelegentlichen Erwähnungen [12]) — mehrfach in genauer
Weise auf ihren Inhalt hin geprüft worden, so namentlich
von P. E. Müller (*Sagabibl.* II, 36 fg., vgl. Lange Unters.
über die Gesch. u. das Verh. der nord. u. deutschen Heldens.
S. 1 fg.), A. Rassmann (Die deutsche Heldensage u. ihre Hei-
mat I, p. 51 fg.) und neuerdings von B. Symons in den
Beiträgen zur Gesch. der deutschen Spr. u. Lit. III, 199 fg. —
Verlangt die letztere, sehr fleissig angelegte Arbeit schon als
die neueste über den Gegenstand besondere Beachtung, so
wird uns dies jedoch nicht abhalten können, vielfach älteren
Ansichten getreu zu bleiben, gelegentlich aber einen neuen
Richtweg zu versuchen.

    § 6. Es ist zunächst die Frage nach der Sonderexistenz
unserer *saga* zu erörtern, die seit Björner allgemein angenommen, von Symons jedoch soweit beanstandet ist, dass er
nur aus praktischen Gründen von einer *Völsungasaga* im
Unterschiede von der *Ragnarssaga*, deren Theil sie bilde,
reden will. In wie weit dies durch unsere Ueberlieferung
gefordert werde (S. 202), ist schwer zu sagen; denn wenn
sich Symons auf die Autorität der Papierhss. stützt, die das
spatium für die Ueberschrift sicher schon ebenso leer fanden,
wie die bald darauf (Bugge 83, 13—84, 6) in so will-
kührlicher Weise ausgefüllte Lücke (oder unleserliche Stelle),

---

    11) Während C. I—XII die Vorfahren des *Sigurðr* behandelt,
geht die Lebensbeschreibung desselben bis C. XXX, der Schluss gehört den weiteren Schicksalen der *Gudrún, Svanhildr* und *A'slaug* an.
    12) Ausser W. Grimm Heldens. (2 A.) 15 u. 36, 388 fg. ist na-
mentlich *Bugge N. Fornkv.* p. XXXIV fg. u. *R. Keyser* (Efterladte
skr. I, 346 fg.) zu nennen; ausserdem N. M. Pesersen Ann. f. nord.
Oldk. 1861, p. 267 und Sv. Grundtvig (Udsigt over den nordiske oldtids heroiske digtning p. 32 fg.)

so spricht für die Trennung von der *Ragnarssaga* doch wol
deutlich genug die in C. vor Cap. XLIII, das als solches die
Ueberschrift: *Heimir i Hlymdölum spyr(r) nú þessi tíð. etc.
etc. ok Bryn.* führt, stehende Bezeichnung: *Saga Ragnars
Loðbrókar.* Es dürfte doch im höchsten Grade unwahrscheinlich sein, dass dieselbe Bezeichnung zu Anfang und vor C.
XLIII sich gefunden habe. Dass beide *saga's* zusammenge-
schrieben sind und sozusagen sich fortsetzen, berechtigt ebenso
wenig zu dem Schlusse, es hier mit der Arbeit nur Eines
Autors zu thun zu haben, wie eine derartige Annahme bei
der prosaischen *Edda*, der *Heimskringla*, der *Flateyjarbók*,
der *Grágás* u. s. w. als «fast selbstverständlich» zu betrachten ist oder überhaupt irgendwie plausibel sein kann [13]).
Nicht also uns liegt der Beweis ob, dass beide *saga's* nicht
denselben Verfasser haben können — diese Möglichkeit braucht
man nicht einmal zu bestreiten —, sondern nur der Wunsch
nahe, für die der urkundlich so genannten *Ragnars saga*
vorhergehende Erzählung von 42 Capiteln [14]) gleichfalls eine
genügend sichere Titulatur zu gewinnen, da der Name *Völsunga-saga*, wenn auch eben nicht schlecht erdacht, doch
lediglich auf Rechnung des ersten Hrgbs. (Björner) zu kommen scheint. Ob die im Prologe der *þiðreks-saga* (ed. Unger
S. 1) enthaltene Anspielung auf ältere nordische (sowol prosaische wie poetische) Behandlungen der Sagen von den Völsungen, Sigurðr u. s. w. auf unsere *saga* Bezug nehmen, kann
zweifelhaft scheinen, wenngleich es mir allerdings im gewissen

---

13) Um nicht bei altnordischen Beispielen stehen zu bleiben,
erinnere ich noch daran, dass in der Ambraser Hs. Hartmanns Erec mit
der vorhergehenden Erzählung von dem wunderbaren Mantel in der
Weise zusammenhängt, dass Haupt in der zweiten Ausgabe noch einen
Vers zum Erec gezogen hat, der früher jener Erzählung zugewiesen
war. — Von den Papierhss. bietet übrigens eine (L in Fas.) die
Ragnarss. allein. —

14) Der eigentlichen *Ragnars-saga* steht nur die Hälfte dieser
Anzahl zu; wie sollte da Alles Vorhergehende nur die Einleitung
bilden? Ueberdies ist neuerdings mit Grund vermutet, dass die *Ragn.*
ursprünglich als Episode der *Skjöldunga-saga* bestanden habe, vgl. G.
Storm Snorre Sturl. Historieskr. p. 66, 67. Auch Saxo (L. IX) kennt
die *Ragn. s.* ohne Verbindung mit den Völsungen (Sagab. II, 478.)

Sinne (vgl. w. unt.) wahrscheinlich ist; keinesfalls ist uns
dort der fragliche Name unserer *saga* enthüllt. Anders liegt
es mit dem *Nornagests-þáttr*, dessen jüngeres Alter (vergl.
mit der *Völsunga-saga*) wol von Niemand bestritten wird.
Wenn es dort C. VI (= V Bugge) ex. heisst: *ok fóru svá
þeira skipti*, *sem segir í sögu Sigurðar Fáfnisbana*, so ist
der Bezug dieses Citats auf unsere *saga* zwar nicht absolut
unbestreitbar, aber doch in hohem Grade wahrscheinlich.
Einmal darum, weil von einer anderen Sigurðs Lebensschicksale darstellenden eigentlichen *saga* keine Spur vorhanden
ist [15]), und dann weil (wie w. u. noch zu verfolgen ist) der
Nornagests-þ. bei seiner Darstellung desselben Stoffes absichtlich nur solche Partien genauer behandelte, die er in neuem
(z. Th. volkstümlich-derberem) Gewande vorzuführen wusste,
im Uebrigen aber auf die bereits vorhandene Darstellung
der *Völsunga-saga* verwies: scheinbare Differenzen in der
Auffassung beider Berichte verlieren hiernach alle und jede
Auffälligkeit, und wir brauchen nicht einmal an eine andere
Recens. unserer *saga* zu denken, die in *Nornag. þ.* gemeint
sei [16]). — Dazu kommt nun eine zweite Erwähnung der
Sigurðar-saga, die einigermassen auf die sog. *Völsunga-
saga* (C. XVII) passt, in demjenigen Theile der pros. Edda,
der wol am meisten Anspruch auf *Snorri's* Autorschaft hat,
nämlich in *Háttatal* C. 111 (*AM*). Vgl. Rassmann D. Heldens. I, S. 41 und u. § 11. — Nur darin können wir der
Symonsschen Auffassung beipflichten, dass C. XLIII der sog.
Völs. saga bei genauerer Trennung nicht ihr, sondern bereits
der *Ragnars saga* zuzurechnen sei [17]), und dass die frühere

---

15) Dass die Lieder der Edda, welche das Leben Sigurðs (mit
verbindender Prosa) uns darstellen, ebensowenig wie der kurze Abriss
in der *Skálda* C. XL fg. als eine *saga Sigurðar* gelten können, scheint
mir sicher.

16) Dieser Ansicht gab Bugge (*Nornag. þ.* p. 80) Ausdruck. Für
einfache Benutzung der *Völss.* hatte sich schon P. E. Müller (Lange
Untersuch. S. 66) entschieden.

17) Es hätte somit in den·Fas. allerdings dieser zugetheilt werden sollen. Andererseits bildet aber C. XLIII die Anknüpfung der
Ragnars-saga an die *Völss.* (ähnl. wie *Bragar.* in der pr. Edda zwischen *Gylf.* u. *Skálda* tritt) und mag daher in Einzelausgaben der
Völsungas. auch dieser anhangsweise beigegeben werden.

Erwähnung der *A'slaug* in C. XXVII nicht als spätere Interpolation (mit P. E. Müller) verdächtigt werden darf. Schon
die älteste Rec. der *Völss.* hat *A'slaug* als Tochter des *Sigurðr* gekannt, ebenso wie dies in der *Snorra Edda* (*Sk.* XLII)
der Fall ist — wo nun Symons wieder zur Annahme einer
Interpolation genötigt ist, vgl. Einl. C. 4 — braucht aber
darum natürlich nicht gleichzeitig mit der *Ragnars saga*
verfasst zu sein, ebensowenig wie man Dies für *Sk.* XLII
aus den Worten: *ok eru þaðan ættir komnar stórar* entnehmen kann, die natürlich auch eine gewisse Kenntnis der
Ragnars saga bekunden, wie umgekehrt eine Kenntnis der
Sigurðar-saga in derjenigen *Ragnar's*, die jener z. Th.
nachgebildet ist, auch zur Entscheidung unserer Frage entweder Nichts oder doch nicht der Symons'schen Ansicht
gemäs beiträgt. Auf Stilunterschiede der beiden *saga's* will
ich darum kein besonderes Gewicht legen, weil hier leicht
subjektives Ermessen den Ausschlag gibt, und die Verschiedenheit der Quellen [18]) schon in der *Völs. s.* selbst leichtere
Stilunterschiede bedingt.

§ 7. Die bereits angeregte Frage nach der Existenz
einer andern Rec. unserer *saga* ist bei genauerer Prüfung
der ersten acht Capitel denn doch wol in dem Sinne be-
jahend zu beantworten, dass diese Anfangspartie uns in
etwas verkürzter Fassung vorliegt; diese Verkürzung dürfte
gerade um die Zeit erfolgt sein, als durch die vom norrönen
Standpunkte aus so naheliegende enge Verknüpfung mit der
Ragnars-saga das Interesse der Redaktion unserer *saga* gegenüber bereits etwas verschoben war. — Abgesehen von ein
paar stilistischen, doch immerhin auffälligen Wendungen [19])

---

18) Bis C. VII incl. scheinen nämlich keine Lieder benutzt zu
sein, und auch späterhin solche nicht ausschiesslich.

19) So begegnet die Wendung *þat er nú at segja*, die so häufig
neue Abschnitte einführt (C. II, IV, V, VIII) in C. I bald nach den
Eingangsworten, die wahrscheinlich früher etwas voller gelautet haben
werden. Mehrfache Wendungen weisen in diesen ersten Cap. auf die
Quelle hin, von der sich der Bearbeiter zwar entfernte, aber doch
leiten liess; weiterhin fehlen dieselben, weil hier direkter Anschluss
stattfand. Darüber handelt (in ganz anderem Sinne) Symons S. 801.
Vgl. auch A. 42). Bei der Erwähnung der Heirat des *Sigi* hätte zu-

vermisst man den Namen der Mutter des *Völsungr*; in einer
Geschlechtssage durfte dieselbe um so weniger ungenannt
bleiben, als sie durch ihren Tod erst dem Sohne das Leben
gab. Und wenn es C. II heisst, dass *Völsungr* die Mutter
geküsst habe, ehe sie starb, so wäre nach C. V, wo es heisst:
at ek mælta citt orð óborinn, ok strengða ek þess heit u. w.,
doch zu vermuten, dass eine darauf bez. Andeutung sich
schon früher in der *saga* finden sollte. Diese Anhaltspunkte
wären für sich allerdings noch nicht genügend, und so ist
denn auch erst von dem Hrgb. der *Rímur frá Völsungi hinum
óborna* (Th. Möbius in *Edda Sæmundar hins fróða* p. 240
fg., vgl. p. XII—XIV und 301—2) im Hinblick auf diese,
dem Inhalte der ersten 8 Capitel unserer *saga* mit manchen
Abweichungen zur Seite gehenden *rímur* die Hypothese einer
anderen *Völsunga-saga* als der uns erhaltenen erhoben. Bugge
(N. Fornkv. XXXIV) hat sich zustimmend geäussert; neuere
Anfechtungen [20]) erfordern jedoch prüfende Erwägung.

Allerdings sind die gedachten *rímur* nur mit grosser
Vorsicht kritisch zu verwerten. Der geistliche Verfasser,
der sich Str. 205 mit *vituli vatis* den Namen *Kálfr* zulegt,
dem es an fliessendem Versbau und glücklicher Auffassung [21])
nicht fehlt,. hat es offenbar nicht darauf abgesehen, seiner
Quelle ängstlich treu zu folgen. Die heidnische Mythologie
namentlich wird mit grosser Freiheit, zumal wo es sich um
ein Reimwort handelt, doch auch sonst, und offenbar nur
zur stilistischen Ausschmückung gebraucht [22]). Es entsteht

---

gleich begründet werden müssen, .wie er dadurch sich Gefahr von
Seiten seiner Schwäger zuzog; möglicherweise hatte er die Tochter
des von ihm erschlagenen Fürsten gefreit, vgl. Grundtvig Udsigt p. 84,
der sich jedoch nur im Allgemeinen ähnlich äussert.

20) Von Symons bei Paul III, 202 fg. —

21) So ist die Angabe, dass *O'ðinn* vor der Macht Christi aus
dem Osten nach Norden geflohen sei, mindestens ebenso glücklich,
als die, dass er der Gewalt der Römer gewichen sei: (Pros. Edda
Form. C. VIII). — Nach *AM* II, 636 flieht *O'.* vor dem Ap. Johannes.

22) Als Gemahl der *Gefjon* wird Str. 36 *Baldr* (: *aldr*) an Statt
des *Skjöldr* genannt, das Gold wird mehrfach (95, 113) als Thräne der
Frigg (statt *Freyja*) bezeichnet, zur *Hel* kommen (44) die *sædaudir*
(oder *sóttdaudir* zu bessern?) *seggir*. — *Hel* entbietet (108) den *Rerir* zu
sich, wie dies sonst *O'ðinn* thut. — Für *Borghildr* steht 276, 3 *Brynhildr*.

zunächst die Frage, ob die ersten 50 Str., welche vielfach
an den Prolog der pros. *Edda*, *Gylf.* I und *Ynglingasaga*
anstreifen, eine willkührliche Zuthat des *Kálfr* seien, oder in
der Ueberlieferung irgendwie begründet waren. Läugnen
lässt sich die letztere Möglichkeit wol gerade nicht, wenn
man bedenkt, wie enge hier der ganze Zusammenhang ist,
sobald einmal die Völsungen an *O'đinn* genealogisch verknüpft waren. — Str. 51—63 wird dann über *Sigi* und
die Ermordung des *Bređi* (= *Völs.* I) der Bericht begonnen,
der ausführlicher, aber keinesweges deutlicher ist, als der
unserer *saga*. Namentlich möchte ich Darin, dass *Skađi*
(dort als Mann gedacht) in den *rímur* mit der bekannten
Gattin des *Njörđr* oder *O'đinn* sich deckt, keinesweges als
eine «Correktur auf Grund der *Ynglingasaga*» (so Symons
S. 292) oder überhaupt nur einen richtigen Zug der Darstellung finden. Gerade wer in diesen ersten Partien der
saga ursprünglich für sich bestehende Lokalsagen vermutet[23]),
wird hier die jedem Halbgelehrten so geläufige Anknüpfung
an die alte Mythologie eher bedenklich finden, als das zufällige Vorkommen des Namen *Skađi* als Masc. u. Fem.;
das Masc. ist aber grammatisch weit minder auffällig als die
bez. Femininbildung, die völlig vereinzelt zu stehen scheint[24]).
Anch in der Sache selbst bringt uns die weibliche *Skađi*
nicht weiter; von ihr hätte man noch eher erwarten sollen,
dass sie selbst mit auf die Jagd ginge[25]), während man sich
den männlichen *Skađi* als einen bejahrten Mann denken mag.
Am wenigsten aber war daran zu denken, dass *Sigi* seinen
eigenen Knecht erschlug[26]). — Als möglicherweise echten
Zug in der Darstellung der *rímur* kann ich nur die Erwäh-

---

23) Diesen Standpunkt nimmt Symons S. 291 fg. wol mit Recht ein.

24) Vgl. Wimmer (Sievers) altnord. Gr. § 64 A. [1]). —

25) Von ihr heisst es *Gylf.* XXIII *ferr hón — međ boga ok skýtr
dýr.* — Auch scheinen die *rímur* selbst einen männlichen Herrn des
Bređi vorauszusetzen, vgl. 54: *þegninn átti prælinn þann.* — Unklar
ist die Darstellung auch 56, wo der Vater des *Sigi* ohne Not genannt
wird und war der *rímur*-Dichter zu einer Correctur der *Völsunga-
saga* nach seinen eigenen Freiheiten (vgl. 22) wenig berufen.

26) Dann wäre er wol nicht in die Verbannung zu gehen genötigt. —

B

nung des Hundes, der Str. 55 *Refill* genannt, auch 59 und 68
erwähnt wird, ansehen; der Besitz eines guten Jagdhundes
lässt die an *Bredi* gerichtete Aufforderung noch natürlicher
erscheinen [27]). — Die Auffindung des Erschlagenen und Verbannung des *Sigi* wird dann ähnlich wie in der *saga* (für
Str. 66 vgl. Bugge zu 84, 10), seine Verheiratung (Str. 72
fg.) ausführlicher behandelt. Allerdings wird auch hier der
oben Anm. [19]) vermuthete Grund zu der spätern Feindschaft
der Schwäger nicht angegeben; doch heisst es, zwei Brüder
in Russland hätte ihre Schwester dem *Sigi* zunächst vorent-
halten, dann aber (nach erfolgtem Kampfe) zugestanden;
worauf eine feierliche Aussöhnung erfolgt sei. Dass aber
die spätere Ermordung des *Sigi* durch seine Schwäger als
ein Wiederausbruch jener älteren Feindseligkeit anzusehen
sei, wird doch Str. 79 angedeutet, und darin möchte eine
richtige Ergänzung des Berichtes unserer *saga* liegen. Die
Rache an den Mutterbrüdern wird als von dem kaum mann-
baren *Rerir* rasch vollzogen angedeutet (Str. 83) [28]), und die
fürstliche Gesinnung desselben gepriesen. Dann wirbt er
um *Ingigerðr*, die Tochter des Schwedenkönigs *Ingi* (d. i.
Yngvi); sie wird ihm geweigert, aber den im Kampfe gefallenen *Ingi* bestattet *Rerir* ehrenvoll (Str. 92). Das Erb-
mahl des Verstorbenen und die eigene Hochzeit des *Rerir*
mit *Ingigerðr* wird (Str. 93) vereint gefeiert; die Reiche
von Russland und Schweden sind vereinigt. Das Glück der
glänzenden Regierung leidet nur an dem Mangel eines Erben;
von hier an (Str. 95 fg.) geht der Bericht wieder dem unserer *saga* näher zur Seite, die bez. der Herkunft der Königin —
die hier hier ganz anders als die auch in den *rímur* nicht
genannte Gattin des *Sigi* in die Handlung verflochten ist —

---

27) Schon der Umstand, dass beide Darstellungen den Namen
Bredi mit einem Ausdrucke für Gletscher oder Schneemasse zusammen-
bringen, der noch jetzt im Norwegischen als *bræ* (z. B. *Sneebræen*
nördlich vom *Sognefjord*) fortdauert, lässt die norwegische Lokalsage
erkennen, vgl. Geijer Sv. R. h. I, 37.

28) Die entsprechende Stelle der *saga* (85, 15—20) gehört zu
den besseren Partien derselben, wenn auch eben nicht in stilistischer
Hinsicht.

sich so auffällig kurz gefasst hatte [29]). — Die Sendung des
fruchtbringenden Apfels scheint in den *rímur* jedoch ohne
Vermittelung der *Hjlóđ*, die erst Str. 126 und auch dort
nicht als Tochter des *Hrímnir* genannt ist, geschehen zu
sein [30]). Ansprechend lässt hier Str. 105 von *Rerir* noch
vor seinem Tode den Namen *Völsungr* für den Sohn seiner
Hoffnung bestimmt werden, auch begnügt sich Str. 108
mit 3 Wintern für den leidenden Zustand der Königin,
während die *saga* jene Zeit verdoppelt. Dagegen fehlt in
dem *rímur* der ansprechende Zug, dass *Völsungr* seine Mutter
küsst, ehe sie stirbt [31]). Mit diesem Helden, dessen Name
allerdings in der ganzen altnordischen Ueberlieferung eine
Entstellung aufweist [32]), betreten wir etwas festeren, sagen-
geschichtlichen Boden. Freilich ist Das, was aus andern
Quellen über *Völsungr* und *Sigmundr*, deren Lebensschicksale

---

29) Die Frage von Simons (S. 203 A. [8])): Wer möchte darin
(d. h. in den bez. Angaben der *rímur*) etwas sagenhaftes sehen? er-
ledigt sich nach dem schon oben Bemerkten. — Alte Sagenstoffe sind
hier überhaupt nicht zu erwarten; die bez. Angaben der *rímur* sind
aber nicht schlechter als hundert ähnliche Erfindungen norröner Skribenten und gefallen mir besser als das farblose résumé der *saga* (85, 22 B.),
da es sich hier doch um den Ahnherrn eines mächtigen Hauses handelt.

30) Das *hljótt* in Str. 99 kann nämlich nur als Adverb gelten,
wenn man nicht annehmen will, dass zwischen 98 u. 99 eine Str.
ausfiel, und dann 99 *Hljód* verschrieben und entstellt wurde, denn
auffällig ist jenes *hljótt* da, wo die Valkyre *Hlj.* in der *saga* eintritt. —
Dem Apfel entspricht in ähnlichen Erzählungen bisweilen ein Fisch,
vgl. M. Maurer Isländ. Volkssag. 285, der auch auf *Bjarnar saga Hit-
dælakappa* p. 42 verweist.

31) Bei Möbius E. S. S. 301 ist (wol aus Versehen) die Sache
umgekehrt dargestellt.

32) Unter «altnordisch» verstehe ich hier (mit K. Maurer) nur
die ältere norwegisch-isländische Liter. — Dieser Auffassung steht
als richtiger (Grimm H. S. p. 16) die im *Béovulf* (876 fg. Heyne)
entwickelte, nicht sowol ags., als (ältere) südskandinavische entgegen,
wonach *Sigmundr* selbst *Völsungr*, der Sohn des *Rerir* aber *Vals* oder
Vals heissen müsste. Der sehr häufige Gebrauch des patronymischen
Völsungr (auch *Sigurđr* selbst wird in der L. Edda mehrfach so genannt, wo jener Name für den Vater des *Sigmundr*, von *Hyndlulj.*
abgesehen, nur in Prosazusätzen sich findet) scheint mit der Zeit den
weniger oft genannten Stammvater sich assimilirt zu haben.

unsere *saga* von C. II ex. bis XI (nebst XII als Abschluss)
mittheilt, beigebracht werden kann, dürftig [33]) und überdies
hier und da abweichend [34]); im Ganzen nnd Grossen ist aber
die Darstellung als eine sagengeschichtliche im besten Sinne
des Wortes zu betrachten, wie auch die Spuren benutzter
Lieder [35]) noch deutlich bezeugen, und gerade der Umstand,
dass der Sammler der L. Edda ihrer nicht mehr habhaft geworden ist, dürfte für das relativ hohe Alter derselben sprechen.   Einzelne Uebereinstimmungen zwischen dieser und
späteren Partien der *saga* erhöhen wol das Interesse, können

---

33) Vgl. Symons a. a. O. p. 299—301, so wenig ich sonst mit
der dort gegebenen Auffassung übereinstimmen kann, und an der
Benutzung der *Helg. Hund.* II (Prosa nach Str. 12) erwähnten *Völsunga kviđa in forna* für die betr. Cap. der *saga* als wahrscheinlich fest
halten muss. Was sich in diesen Partien am engsten an die sog.
I,. Edda anschliesst (die C. IX nach Helg. Hund. I paraphrasirten
Schimpfreden des *Sinfjötli* und seines Gegners) ist gerade der dürf-
tigste Theil des Ganzen. Das Colorit der Vikingerzeit in C. IX—XII
verkenne ich keineswegs; aber wie viel Str. der L. Edda werden *vor*
derselben entstanden sein? — Irrig wird die Bez. des *Hjälprekr* als
König von Dänemark beanstandet, da auch die pros. Edda (*Sk.* XL)
denselben zu *þjódi* (d. i. *Thy* in Dänemark) herrschen lässt. — Was
endlich den von P. E. Müller entdeckten Bezug auf eine Uhr (in dem
morgens am Finger erkaltenden Ringe) betrifft, so dürfte hier einer
jener Einfälle vorliegen, die ein neckischer Kobold oft gerade den
gescheidtesten Leuten unterschiebt.

34) Die Differenzen zwischen der L. Edda u. unserer *saga* be-
schränken sich abgesehen zunächst von den Prosasätzen jener auf
bedeutungslose Namen, erheblicher schon sind sie nach Seite der
Völsungsrimur hin, deren geistlicher Autor die allerdings wenig er-
baulichen Wehrwolfabenteuer (C. VIII) sich gänzlich schenken zu
dürfen glaubte. Auch sonst finden sich Abweichungen, deren wichtigste wol die ist, dass nach Str. 269 *Sinfjötli* seine Mutter *Signy'*,
bevor sie in die Flammen stürzt, mit dem Schwerte verwundet (um
den Tod ehrenvoller zu machen?), vgl. Möbius p. XIII, XIV. — Erheblicher weicht natürlich die südskandinavische Fassung ab; hier eignet
dem *Sigmundr* der Drachenkampf (des Siguröŕ), seine Verbindung mit
Fitela (*Sinfjötli*) ist bekannt; doch nicht jene unnatürliche Doppel-
verwandtschaft, da sie *Béov.* 882 (Heyne) nur als Ohm und Neffe
bezeichnet.

35) Noch etwas weiter gehend als Bugge *N. Fornkv.* XXXVI
habe ich auch in C. XII eine Halbstr. in *Ljódah.* hergestellt; Benutzung
derselben Str. zeigt sich schon C. XI ex. (107, 20 B.) —

aber die klügelnde Vermutung nicht rechtfertigen, als ob es
sich in dem einen oder dem andern Falle nur um künstliche
Nachbildung handele [36]). Derartige Entdeckungen können
die Wissenschaft nicht weiter bringen, wol aber den unbefangenen Genuss echt poetischer Schöpfungen verscheuchen.
Wie weit diesen Gestaltungen der Sage bez. der Vorfahren
des *Sigurðr* auch in Deutschland entsprechende Bildungen,
ältere (aber eben darum einfachere und vielleicht minder be-
deutende) Vorbilder zur Seite standen, lässt sich allerdings
schwer sagen; dass von dort jedoch die erste Anregung ausging, ist durch die entsprechende Stellung des *Sigemunt* in
unserer altdeutschen Heldensage mehr als wahrscheinlich,
und auch *Welsunc* ist uns, wenn auch nur als Schwert-name
erhalten [37]). Höher hinauf wird wird man freilich kaum
gehen dürfen und der norrönen Phantasie die Ehre überlassen,
durch *Rerir* und *Sigi* den berühmtesten der Helden mit dem
obersten der Götter zu verknüpfen [38]). Eine Aufforderung
dazu aber lag schon in jenem (norrönen) Schutzverhältnisse
Oðins über die Völsunge, das in unserer *saga* vielleicht
etwas gesteigert ist, doch nicht als müssige Zuthat angesehen
werden darf [39]). Höchstens könnte man durch die etwas über-
menschlich geschilderte Natur der Völsunge [40]) versucht wer-

---

36) Vgl. einerseits Sv. Grundtvig Udsigt p. 36 fg., andererseits
Symons S. 297 fg. — Einzelne Beeinflussungen (hin und her) können
weder die eine noch die andere Auffassung im Ganzen gerechtfertigt
erscheinen lassen, da bei der Einfachheit der Lebensverhältnisse und
Lebensansichten in der heroischen Zeit Anklänge in verschiedenen
Sagen natürlich genug sind; aber wie viel Verschiedenheit besteht
daneben! — Und heroischer als *Gudrún* scheint mir *Signý*.

37) Vgl. Grimm H. S. p. 148. —

38) Vgl. Symons S. 293 ff. Aehnlich (aber zu weitgehend) hatte
auch schon R. Keyser E. Skr. I, 177—178 sich geäussert. —

39) Weil es sich ähnlich auch sonst findet, z. B. bei den Skjöld-
ungen, deren Reich *Oðinn* auch zuerst stiftet, dann (in der *Brávalla-*
schlacht) zerstört.

40) Das Gifttrinken des *Sigmundr* (vgl. auch *Sk.* XLII) kommt
hier zumal in Betracht. Es scheint aber mit *Völsunga drekka* doch
ursprünglich etwas Anderes gemeint zu sein, da sonst *Sigmundar dr.*
zu erwarten wäre; was von *Sinfjötli* u. *Sigurðr* gesagt wird, dass sie
nur die äussere Einwirkung des Giftes vertragen hätten, rechtfertigt
jenen Ausdruck natürlich nicht.

den, in ihnen selbst ein verdunkeltes Göttergeschlecht zu
erblicken, wenn eine solche Versuchung nicht in der Heldensage häufig genug und somit uns minder gefährlich wäre.
Während die bisher behandelte Partie uns (allerdings nur
bis C. VIII) zur Vergleichung mit den *Völsungsrímur* auf-
forderte, und die vielfachen kleinen Differenzen der Darstellung [41]) auf das Vorhandensein einer älteren, in den *rímur* allerdings sehr frei, vielleicht nur aus der Erinnerung benutzten
Recension unserer *saga* [42]) hinzuweisen schienen, tritt (wie
schon C. VIII ex. u. IX vorspielsweise) so von C. XIII an der
Vergleich mit der L. Edda recht eigentlich in seine Rechte.

§ 8. Ohne hier eine solche Vergleichung bis ins Einzelne durchführen zu wollen, scheint es doch nötig über den
Umfang einer-, so wie andererseits über die Art und Weise
der Benutzung von *Edda*-Liedern in unserer *saga* eine Verständigung anzubahnen, wobei es namentlich darauf ankommen wird, sich nicht durch scharfsinnig-einseitige Argumen-

---

41) Zur Ergänzung verweise ich noch auf die kritischen Noten
bei Bugge und in m. Ausg. Vgl. ausserdem mit S. 88, 11 *rím.* 146,
2—4; mit 90, 27 *rím.* 166.

42) Der Titel jener *rímur*: *R. frá Völsungi hinum óborna* deutet
wol darauf hin, dass hier (ganz abgesehen von der offenbaren Lücke
am Schlusse der *ríma* VI) nur die Geschichte des *Völsungr* und
seiner Vorfahren, nicht auch die des *Sigurðr* behandelt war. Dieser
bereits von Möbius hervorgehobene Umstand verdient volle Beachtung
neben der etwas eigentümlichen Diction in C. I—VIII (weiterhin
wol auch X—XII) unserer *saga*. Wenn hier Symons S. 302 aus dem
nur vereinzelten Vorkommen poetischer (sog. eddischer) Wendungen
und Citate auf einen nahezu gänzlichen Mangel älterer Vorlagen
schliessen zu müssen glaubt, so möchte ich umgekehrt aus dem zwar
nicht selten schwerfälligen, aber doch auch prägnanten, öfter an
Sprichwörter angelehnten (91, 27; 93, 24; 107, 21) Ausdrucke
hier eher eine Prosavorlage, und damit eine wirkliche *saga* vermuten, während jene Paraphrase der Edda-Lieder, die für das Leben
des *Sigurðr* benutzt ist, doch jedenfalls nicht als das Ideal eines
saga-stiles angesehen werden darf, so interessant uns auch jene Be-
züge auf die E. Lieder immerhin sein mögen. Ist diese Ansicht
gegründet, so würde unserer saga zunächst eine (in unserer Rec. ver-
kürzte) prosaische Behandlung des *Völsungr* und seiner Vorfahren,
dann als Fortsetzung eine Paraphrase der Eddalieder von *Sigurðr*,
Guðrún u. s. w. angehören, endlich (als Anhang) etwa noch die
Ragnars-saga. — Vgl. § 11 u. Vorbem. D. —

tationen den wirklichen Sachverhalt verschieben, richtige
Ansichten nicht durch zu scharfe Formulirung oder Ueber-
treibung unrichtig werden zu lassen. Was zunächst den
Umfang jener Benutzung betrifft, so ist man bez. folgender
Lieder: *Helg. Hund.* I (vgl. C. VIII ex., IX), *Gripisspá*
(C. XVI); *Regm.* (C. XIV, XV, XVII); *Fáfn.* (C. XVIII u.
XIX); *Sigrdr.* (C. XX, XXI); *Brot af Sigkv.* und *Sigkv. in
sk.* (C. XXX, XXXI); *Gudrúnkv.* II (C. XXXII u. XXXIII);
Atlakv. nebst *Atlam.* (C. XXXIII—XXXVIII); *Gudrúnhv.*
und *Hamdm.* (C. XXXIX—XLII) — völlig einverstanden,
sowie auch darin, dass einige uns verlorene Lieder dem Verfasser der *saga* noch ganz oder doch theilweise vorgelegen
haben. Dagegen äussert sich Bugge N. F. XXXVI fg. zweifelnd wegen der Benutzung von *Sinfjötlalok* und glaubt (p. XL)
bei *Helr. Brynh.*, *Gudrúnkv.* III und *Oddrúnargrátr* an vielleicht absichtliche Ignorirung; bei *Gudrúnkv.* I dagegen,
Dráp Nifl. und der Einl. zu *Gudrún.* II an wirkliche Nichtkenntnis seitens des *saga*schreibers. Demgemäss meint Bugge
(p. XLI), dass Jenem eine Liedersammlung vorgelegen habe,
welche der unseren zwar sehr ähnlich geartet doch noch
Einiges Mehr, Anderes aber noch nicht in sich begriffen habe.
Bei dieser Auffassung, die, wie sie im Ganzen und Grossen die
früher geltende war[43]), so auch die natürlichste oder doch
zunächst liegende genannt werden muss, wäre gleichwol die
Frage erlaubt, ob wir genötigt sind, die in der *Völsungasaga*
benutzten Lieder uns überhaupt in einer Sammlung vereinigt
zu denken; dies scheint hier ebenso wenig geboten, wie auf
eine solche Annahme bez. der in *Gylfaginning* benutzten
Lieder irgend ein bestimmter Fingerzeig führt. Da in der
Völsunga-saga offenbar die Mehrzahl der sog. Heldenlieder
der Edda benutzt ist, halte ich eine Erörterung über die
noch zweifelhaften Lieder für minder erheblich, überdies mit
unseren Mitteln kaum auch nur bis zur Wahrscheinlichkeit

---

43) P. E. Müller (Lange Untersuch. p. 39) war allerdings geneigt,
auch eine Benutzung von *Oddrúnargrátr* anzunehmen. — Dass übrigens
die Kenntnis einiger oder der meisten Str. eines Liedes von so lockerer
Fügung, wie die meisten eddischen Lieder sie zeigen, noch keineswegs die *aller* (unserer Ueberlieferung) bezeugt, ist leider, so nahe
dies auch liegt, vielfach ignorirt worden.

der Resultate hin für durchführbar, da einzelne Anklänge und
Berührungen in einem so vielbesungenen und oft erzählten
Sagenstoffe gerade zu unvermeidlich sind, die man dann ganz
nach Belieben dem einmal angenommenen Standpunkte gemäs interpretiren kann [44]). Meinerseits bin ich am ehesten
noch geneigt, von den zweifelhaften Liedern die *Helg. Hund.* II
als in C. IX ex. indirekt berührt gelten zu lassen [45]); andererseits ist mir C. XVI, das am Schlusse nur noch die schon
C. XV ex. erwähnte Antwort *Sigurds* auf *Regins* Aufreizung
noch hinzufügt, im Anfange aber Kenntnis der *Gripisspá*
bezeugt, nicht ganz unverdächtig [46]); hierauf indes, wie gesagt, weniger Gewicht legend, glaube ich als wirkliche Haupt-
frage hier vielmehr diese erheben zu müssen: ist eine Benutzung der *Prosa*-stücke unserer Liedersammlung in der
Völsunga-saga erweislich? An diese Frage scheinen allerdings Einige kaum gedacht zu haben, indem sie die offen-
kundige (wenn auch ihrem Umfange nach controverse) Abhängigkeit der *saga* von den Liedern ohne Weiteres auf die
Prosasätze des Sammlers ausdehnen zu dürfen glaubten.
Die Beantwortung wird bei der oft sehr nahestehenden Fassung auf beiden Seiten um so gewichtiger; ausserdem ist
aber vorerst noch ein Blick auf das Résumé der Nibelungensage in *Sk.* XXXIX—XLII zu werfen, da sich auch hier
Spuren eines (z. Th.) wörtlichen Uebereinstimmens finden.
Das erste der in Betracht kommenden Prosastücke ist: *Frá
dauða Sinfjötla* (oder *Sinfjötlalok*), mit *Völss.* X zu verglei-

---

44) Dies ist das Einzige, was ich gegen den Versuch von Symons
a. a. O. S. 217 fg., die Kenntnis aller Lieder unserer Sammlung bei
dem Autor der *Völsungas.* glaublich erscheinen zu lassen, zu erinnern
habe; mit geringerem Aufwande von Scharfsinn würden sich die
meisten seiner Argumente auch im umgekehrten Sinne anwenden
lassen.

45) Vgl. Symons S. 217, 218, wo ich freilich in dem unter a)
aufgeführten Argumente auch nicht die Spur einer Beweiskraft finden
kann.

46) Jedenfalls ist die Benutzung der *Gripisspá* — auf den Inhalt
der Weissagungen wird zum Glücke nicht näher hin gedeutet — eine
so diskrete, dass sie sehr wenig in's Gewicht fällt. Auch bez. der Benutzung der *Helgi*-lieder in C. IX kann mit Keyser E. Skr. I, 349 an
späteren Einschub gedacht werden.

chen. Hier kann ich Symons (S. 216) allerdiugs darin bei-
stimmen, dass ich beide Fassungen nicht gerade für unver-
einbar ansehe, wenn sie auch vielfach abweichen. Wenn
aber Symons aus dem Umstande, dass der Inhalt von *Sinfjötlalok* sich ausser in C. X auch C. VII (95, 12—14 B.)
und XIII (110, 18—21 B.) ähnlich wiederfindet [47], nur den
Schluss zu ziehen vermag, dass jene Prosa hier zerstreut, und
überall da angebracht sei, wo es dem Verfasser in den Zusammenhang passte», so lässt sich nicht leugnen, dass Dies
mit sehr grossem Geschick geschehen sein müsste; die betr.
Stellen stehen in der *saga* so völlig am Platze, dass sie
auf den Unbefangenen sicher nicht den Eindruck ver-
pflanzter Schösslinge machen. Eher könnte dies bei der
Prosa *frá d. Sinf.* der Fall sein, die sich namentlich durch
Unklarheit bez. der letzten Heirat des *Sigmundr* auszeichnet [48]; dass diese in Folge der Vergiftung des *Sinfj.* durch
Borghildr veranlasst sei, wodurch dann das Ende des Königs
in C. X und XI so passend eingeleitet wird, ist in der Prosa
vergessen oder verschwiegen. Hier müsste also der *saga-*
schreiber, der sich so gut auf das Transponiren verstand,
auch erheblich bessernd eingegriffen haben, ähnlich jener
Correctur (vgl. Symons S. 292), die das *Frakkland* der Prosa
frá d. Sinfj. durch das ältere *Húnaland* (der Lieder) ersetzte.
Wem eine solche Annahme denn doch zu misslich erscheinen
möchte, der wird entweder (mit Bugge) an zwei durchaus
unabhängige Relationen denken oder eine, wenigstens theil-

---

47) Vgl. Symons S. 216, wo ausserdem noch auf C. VIII (100, 5
B.) und X (104, 17 B.) hingewiesen wird, wo die Aehnlichkeit aber
sehr schwach ist. Auch 110, 18 fg. sagt z. Th. von *Sigurdr* allein
Das aus, was *Sinfj.* von *Sigmundr* und seinen Söhnen berichtet. Ueberdies findet sich *Sk.* XL (*AM* I, 356) Aehnliches gesagt.

48) Während es im Anfange heisst, dass *Sigmundr* König von
Frakkland war, lässt der Schluss (Z. 24 fg. bei Hild.) ihn lange Zeit
in Dänemark bei seiner Frau *Borghildr* wohnen — darauf (wann und
warum? ist nicht gesagt) in sein altes Reich zurückkehren und dort
die *Hjördis* freien. — Der schöne Zug der *Völsungas.* bez. der sonst
nie von *Sigmundr* gezahlten Mordbusse mangelt der eddischen Prosa,
deren Bericht von der dreimaligen Darreichung des Trankes (wie auch
Symons einräumt) neben der *Völsungas.* abfällt.

weise Benutzung der *Völsungas*. in *Sinfjötlalok* wahrscheinlich finden [49]).

Die an und für sich vielleicht uralte Sage vom Fange der
Fischotter [50]) durch die Asen und der Mordbusse, die wahrscheinlich aber erst im Norden zu einem bedeutsamen Vor-
spiele für die Nibelungensage Anwendung fand, und um so
leichter, als allgemeine Reflexionen über die verderbliche
Macht des Goldes ja auch in der deutschen Sage begegnen,
ist *Sk.* XXXIX, Einleitung und Zwischensätze in *Regm.*,
Völsungas. XIV uns vorgeführt. Das Verhältnis in den beiden
letzten Darstellungen ist ein besonders enges; es findet sich
vielfach wörtliche Uebereinstimmung, vgl. namentlich Einl.
zu *Regm.* Z. 10—19 (Hild.) mit *Völss.* 113, 7—16 (Bugge).
Ich leugne nicht, dass einige Züge in der *Völss.* sich als er-
klärender Zusatz des Autors verrathen mögen, vgl. 112, 19
var honum þat mikill styrkr) 112, 21: *þvi at hann mátti*
u. w.; 113, 3 *þvi at þar var* u. w.; vgl. auch 133, 5 *ok lagđi
einn senn á land.* Damit ist das Verhältnis aber noch nicht
aufgehellt, auch wenn die Einl. (Z. 16) richtiger *hylja útan
ok* (*ok* fehlt *Völss.*) bieten sollte. Wenn man erwägt, dass
auch in der Einl. die Stelle Z. 4: *Hann* (sc. *Reginn*) *var
vitr, grimmr ok fjölkunnigr* Verdacht erregt, da von *Reginn*
das passende Prädikat: *h. var hverjum manni hagari* (kunst-
fertiger) *ok dvergr of vöxt* bereits vorhergeht, das nun
Folgende (namentlich *grimmr* u. *fjölkunnigr*) weit eher auf
Fáfnir, der ja die Gabe des Gestaltentausches besass, passt

---

49) Es enthält nämlich auch *Sinfj.* eigentümliche Züge, so namentlich den, dass der Bruder der *Borghildr* hier mit Namen genannt
war, der aber (durch seltsamen Zufall!) an den beiden betr. Stellen nicht
mehr lesbar ist. — Andererseits können die Worte der *Völs.*: *þá var
konungr drukkinn mjök* u. w. (105, 15 B.) vielleicht, wie Symons S. 217
vermutet, nur erläuternder Zusatz des Autors sein. Angehend das Verhältnis von C. XIII zu der Einl. der *Regm.* findet sich Symons wieder
zu der Annahme einer «Ausweitung» veranlasst, während sich umgekehrt die «Verkürzung» als die zweite Möglichkeit darbietet, zumal
gerade der Anfang der *Regm.* nach Stellung der Strophen und durch
die (auch von Bugge) angenommene Einschiebung von Str. 3, 4 so
viel Auffälliges bietet. Das Eingreifen *O'đins* kennt die *saga* allein.

50) Es finden sich (nach Privatmittheilung) ähnliche Sagen im
Alt-eranischen. —

— wie es denn auch von Diesem Völs. 112, 22 heisst: *Fáfnir var miklu mestr ok grimmastr* u. *Sk.* XXXIX von *Hreiðmarr* aussagt: *hann var mikill f. s. ok mjök fjölkunnigr.* — Fahren wir aber in unserer Vergleichung fort, so spricht es zunächst nicht eben zu Ungunsten unserer *saga*, dass die völlig unpassenden Str. *Regm.* 3 u. 4 (vgl. Hild. Anm.) nicht berücksichtigt sind. Die fg. Prosa stimmt nahezu wörtlich in beiden Darstellungen [51]), ob *Regm.* 5 in *Völs.* 114, 7—8 benutzt ist, erscheint mir sehr zweifelhaft [52]). Das Fg. stimmt wieder fast wörtlich, *Regm.* 6 wird citirt. Kürzer als *Regm.* geht dann Völss. über die Ermordung des *Hreiðmarr* hinweg; dass hier aber *Regm.* uns eine «Ausweitung» des Sagenstoffes vorführt, ist aus formellen wie sachlichen Gründen bereits von anderer Seite dargethan [53]). Andererseits bleibt auch die, auf Abkürzung deutende, sehr summarische Fassung *Völss.* 114, 20—21 zu beachten [54]). Auch die dann fg. Zeilen der *Völss.* zeigen mehr den historisirenden *saga*-stil als die naive Wiedergabe eines mythischen Stoffes, letztere lässt sich *Regm.* (Prosa nach Str. 14), mit noch grösserem Rechte aber *Skáldsk.* XL anerkennen. Dort finden sich auch alle die Züge, welche die Prosa der *Regm.* vor *Völss.* voraushat, insoweit sie nicht gegründeten Verdacht der «Auswei-

---

51) Für *allt gull þat er Andv. átti* bietet *Völss.* nur *gull þat er A. á.* — Der ersteren Auffassung entspr. *Sk.* XXXIX, wo es noch heisst: *ok var þat allmikit fé.*

52) Symons lässt allerdings S. 227 den Verf. der *Völs.* mit den Worten: *er þann gullhring ætti ok svá allt gullit* eine Doppeldeutigkeit von *Regm.* 5, 1: *þat skal gull* (Gold? oder Ring?) absichtlich beseitigen. Das klingt zunächst recht hübsch; nur schade, dass *Regm.* 5 weiter gar nicht benutzt ist und die dort erwähnten 8 Edlinge, die in Zwist gerathen würden, uns nicht mit Namen genannt sind. Hier handelte es sich darum, eine nicht blosse Doppel-, sondern weit stärkere Viel-deutigkeit der Vorlage zu beseitigen. — Dass unsere Erklärer der L. E. (z. B. Lüning) die acht Edlinge anzugeben wissen, ist natürlich — warum wird aber *Jörmunrekr* nicht mit in den Kauf genommen? — wahrscheinlich handelte es sich nur um eine poetische, dem Stabreim fügsame, Zahl. —

53) In formeller Bez. ist namentlich Str. 11 (vgl. Hild.) auffällig, sachlich sind ebenso 10 und 12 völlig bedeutungslos für die Sage und entbehren jeder anderweiten Bestätigung.

54) Vgl. w. u.

tung» erregen; so namentlich die Erwähnung des Oegishelmes.
Werfen wir also zunächst einen Blick auf den entsprechenden
Bericht der *Skálda*. Dieser Bericht unterscheidet sich in
einer Hinsicht von den beiden bisher betrachteten: während
dort die Wasser, in denen *Otr* und *Andvari* gefangen werden,
identisch sind und gemeinsam als «Wasserfall» bezeichnet
werden, hält sich *Sk.* XXXIX nur *Otr* in einem *fors*, *Andvari*
aber in einem Wasser auf, das sich in Schwarzelbenheim
befindet; *Loki* fängt ihn dort mit der Hand, während er sich
in den beiden andern Quellen das Netz der *Rán* zum Fisch-
zuge leiht.   P. E. Müller [55]) hat aus dem Fehlen des letzteren Zuges das jüngere Alter des Berichtes der *Sk.* folgern
zu dürfen geglaubt; wobei doch zu bedenken ist, dass auch
an und für sich nicht unglückliche Züge späteren Ursprunges
und nur im Geschmacke älterer Zeit sein können.   Lassen
wir zunächst die Frage, ob älter oder jünger, ausser Betracht,
so scheint so Viel wahrscheinlich, dass der Bericht der *Sk.*
entweder ganz unabhängig von den beiden anderen, oder
doch mit kritischer Selbständigkeit ihnen nacherzählt sein
muss — sonst wäre nämlich das Aufgeben der bequemen
Gleichsetzung beider Wasser (die auch Grundtvig S. E. p.
227 als irrig ansieht) und die Nichtanwendung des Netzes
der *Rán* schwer verständlich.   Dazu kommt, dass die Darstellung der *Sk.* sich durch grosse Anschaulichkeit und Frische [56]),
sowie durch eine meisterhafte Handhabung des Stiles vor

---

55) Vgl. Lange Unters. S. 21, 22.

56) Die Asen sind auf einer Wanderung durch die Welt begriffen, sie gehen einem Flusse entlang und kommen so zu dem Wasserfall — über den glücklichen Fang rühmt sich *Loki* (während sonst
die Asen nur insgemein sich glücklich schätzen) — die Asen suchen
durch den Hinweis auf ihren reichlichen Speisevorrat eher Nachtlager bei *Hreiðmarr* zu erlangen. — Dieser verständigt sich zuerst
mit seinen Söhnen — die Asen, plötzlich angegriffen und gebunden,
erbieten sich selbst zur Mordsühne — die Bedingungen derselben
werden uns vor Augen hingestellt. — Auch in dem Fg. ist der Zusatz (vgl. A [51])) *ok var þat allmikit fé* nicht überflüssig, da sich dadurch der Zorn des Zwerges, als *Loki* noch Mehr verlangt, erläutert.
Treffend ist dann die ironische Bemerkung des *Loki* auf den Fluch
des *Andvari* und der rasche Abschied der Asen von *Hreiðmarr*, den
Regm. 7—10 langathmig ausdehnt.

jenen beiden Quellen auszeichnet, die weder auf Kürzung
noch Ausweitung des Stoffes irgendwie deutet. Diese Vorzüge des Stiles dürfen zwar an und für sich das Urteil nicht
in dem Masse bestechen, dass wir sie zugleich als Kennzeichen der Ursprünglichkeit des betr. Textes verstehen —
Snorri (oder wer sonst jene meisterhafte Skizze in der *Skálda*
entwarf) war wol der Mann darnach, hier nach selbstständi-
gem Forschen in der Ueberlieferung seine Vorgänger eben-
soweit hinter sich zu lassen, wie dies in der *Heimskringla*
geschehen ist [57]). Fand dies Verhältnis statt, so könnte nur
Prosa zu *Regm.* oder eine ältere Rec. der *Völsungas.* —
nicht unsere — in der *Sk.* benutzt sein. Wahrscheinlicher
bleibt doch immer, dass die durch Klarheit und (bei einer
angenehmen Kürze der Darstellung) doch (wie schon Keyser
bemerkte) in allem Wesentlichen ausführliche Darstellung
der *Sk.* in jener Einleitung zu *Regm.* oberflächlich — vielleicht
nur nach dem Gedächtnisse [58]) — excerpirt, dabei nicht ganz
Unwichtiges, wie die Fähigkeit des Ringes, das Gold wieder
zu vermehren, vergessen; Aehnliches (wie die beiden Wasser)
vermengt; Neues theils etwa nach Volksüberlieferung (wie
das Netz der *Rán*), theils aus eigener Mache — wie die
Episode von den Töchtern des *Hreidmarr* oder (jedoch ohne
die mehr exegetischen Auslassungen) nach der *Völsungasaga* —
hinzugetreten sei. Dies Verhältnis wird auch durch das Einl.
C. 3 (Schluss) exponirte Verhalten der beiden Edden bez.
der Prosasätze der mythol. Lieder sowie durch die allgemeine
Erwägung anempfohlen, dass der Sammler der L. E. zur
Einleitung und Verbindung der Lieder doch weit eher schon
vorhandene Darstellungen verwertet, als dass aus diesen z. Th.
dürftigen und unklaren Andeutungen sich ein Anderer mühsam erst eine *saga*-darstellang fabricirt haben wird; zu einer
solchen Annahme gehört der übertriebene Respekt vor der

---

57) Ueber *Snorri's* Anteil an der pros. *Edda* vergl. Einl. C. 5. —
Bez. der *Heimskr.* halte ich mich im Ganzen zu der von *G. Storm*:
Snorre Sturlassöns Historieskrivning (Kjöbenh. 1873) gegebenen Auf-
fassung.

58) Dass die altnordischen Skribenten weit seltener in der Lage
sein mussten, die älteren Quellen so zur Hand zu haben, wie dies unserer Zeit geläufig ist, versteht sich von selbst.

Liedereddasammlung, in die sich unser Jahrhundert hinein-
studirt hat.   Wie gefährlich der von B. Symons neuerdings
mit so viel Scharfsinn und Fleiss ausgeführte Versuch, diese
letztere Annahme genauer zu begründen, werden kann, zeigt
der Umstand[59]), dass jenes *gullhring ok svá allt gullit* (*Völss.*
114, 7, 8) sich ganz ähnlich schon in der pros. Edda (*sá
baugr ok þat gull*), hier aber passender erst bei der Wiederholung des Fluches durch *Loki* findet, denn: fama crescit
eundo. — Dass auch hier nur ein verzweifelter Versuch,
das zweideutige «*gull*» in *Regm.* 5 fehlerfrei zu übertragen,
vorliege, während das gleichfalls sehr zweideutige *Gustr*[60])
und die obligaten 8 Edelinge auch hier unbeachtet geblieben
sind, dürfte wol nicht im Ernste angenommen werden können. —
Diese Stelle giebt aber zugleich etwa einen Fingerzeig,
die beiden anderen Quellen so von der *Skálda* abzuleiten,
dass die *Völss.* die Vermittlung übernommen haben dürfte[61]).
Dass wir nicht gehindert sind, unsere Rec. der *Völss.* für
jünger als die *Skálda* zu halten, wird weiter unten noch
dargethan, aber auch eine andere Möglichkeit entwickelt
werden, verschiedene vielfach wörtlich übereinstimmende
Fassungen gleichwol für unabhängig zu erklären.   Gehen wir
zunächst in unserer Vergleichung weiter. —
     In C. XV wird das Schmieden des Schwertes *Gram* ge-

---

59) Vgl. oben Anm. [58]). —

60) Wahrscheinlich nicht ein Vorfahr des *Andvari*, sondern dieser
selbst per *kenning* bezeichnet.

61) Die Kürzung bez. der Ermordung des *Fáfnir* in *Völss.* 114, 20
und das fehlende *allt* (114, 4) vor *gull* zeigt allerdings wol, dass
auch der Sammler seinerseits direct auf die *Sk.* zurückgegriffen hat,
wie diese denn auch in der *Völss.* nicht die einzige Quelle ist, was
schon aus der zu unnützen Wiederholungen neigenden Darstellung
hervorgeht, vgl. 112, 18 und 113, 5. — Bugge hat daraus geschlossen,
dass verschiedene (natürlich ähnliche) Berichte in der *Völsungas.* com-
binirt seien, was Symons S. 227 zu widerlegen versucht. Vgl. jedoch
auch 112, 17 mit 20. — Auf direkte Benutzung der *Sk.* deuten am
Ende aber jene von Bugge als Interpolation bezeichneten Worte 114,
26—27: *gullit er sidan kallat otrsgjöld ok hér dœmi af tekin*, die ganz wie
eine Reminiscenz an *Sk.* XXXIX ex. aussehen, und nur ohne Not und
an nicht eben passender Stelle angebracht sein mögen. — Auch die
Wendung: *saga er til þess* (112, 9) lehnt sich an den Sprachgebrauch
der *Sk.* (XLIII, L u. öfter) an.

schildert, wobei auf C. XII zurückgegriffen wird bez. der zerbrochenen Stücke von *Sigmunds* Schwert. Da sich hiervon in der L. E. auch nicht die leiseste Andeutung findet, muss sich der Autor wol «in die Paraphrase des zweiten *Sigurds*-liedes (der *Regm.*) einen Einschub erlaubt haben». — Bedenkliche Kühnheit [62])! — Was die beiden Schwertproben betrifft, die *Sig.* mit dem von *Reginn* erneuerten Schwerte anstellt, so stellt sich hierin die *Völss.* den beiden Edden gegenüber, indem sie zunächst den Amboss spalten, dann die Flocke im Strom zerschneiden lässt. Prosa zu *Regm.* (S. 190 Hild.) und *Sk.* XL zeigt umgekehrte Folge; wol minder glücklich, da die letztere Probe wol die gewichtigere ist. Auch sonst stehen sich die beiden eddischen Berichte zunächst, vielfach wörtlich stimmend, mit geringen Variationen: so nennt Prosa zu *Regm.* den Fluss geradezu Rhein und ist etwas ausführlicher (*ladina sem vatnit*) bei der Flokkenprobe [63]); umgekehrt bei der Ambossprobe *Sk.* XL. — Was die *Völss.* (115, 25 fg.) betrifft, so ist sie bei der Ambossprobe deutlich im Contact mit *Sk.* XL [64]); die Flocken-

---

62) Mir wäre der Standpunkt von Symons, der sich S. 228 so äussert, hier und in ähnlichen Fällen nahezu unverständlich, wenn man nicht die Fiction von dem hohen Alter der Eddalieder, die trotz der scharfen Polemik E. Jessens auch die uns vorliegende Sammlung als solche immer noch mit romantischem Zauber umkleidet, als eine zwar nicht zu Recht, aber thatsächlich noch z. Th. bestehende Macht anzuerkennen hätte. Dass ich aber nicht alle Ausführungen von Symons, die durch diesen Standpunkt beeinflusst sind, z. B. die über C. XIII (S. 225, 226), zu widerlegen versuche, versteht sich von selbst. Nur Soviel, dass ich die Benutzung guter prosaischer Vorlagen für weit verdienstlicher halten muss als die Wiedergabe jener «Lieder», die oft genug nur dilettantische Stilübungen über mythologische oder heroologische Stoffe gewesen sein werden.

63) Prosa zu *Regm.*: *þat var svá hvast, at hann brá þvi ofan i Rin ok lét reka ullarlagð fyr straumi, ok tók i sundr lagðinn sem vatnit* = *Sk.*: *at svá hvast var, at Sigurðr brú niðr i rennanda vatn ok tók i sundr ullarlagð, er rak fyrir strauminum at sverðsegginni.* — Der Rhein wird mit Recht in *Sk.* und *Völss.* nicht genannt, weil hier Dänemark Schauplatz der Handlung ist.

64) Prosa zu *Regm.* nur: *klauf i sundr stedja Regins; Sk.* XL: *kl. st. Reg. ofan i stokkinn; Völss.* XV: *kl. niðr i fótinn.* — Jenes *i sundr* halte ich für irrig aus der Flockenprobe wiederholt.

probe lässt keine deutliche Entscheidung zu [65]). Nach jener
kurzen Hindeutung auf *Grípisspá* C. XVI wird als erste
Heldenthat des jungen *Sigurdr* in C. VII die Bekämpfung
der *Hundings*söhne vorgeführt. Die einleitenden Worte gehören natürlich dem verbindenden *saga*-stil an [66]). — Auch
für den folgenden Seesturm, die Begegnung mit *Hnikarr* und
die Schlacht mit den *Hundings*-söhnen kann die Prosa zu
Regm. nur dürftige Winke gegeben haben [67]). Da die in
Str. 26 angedeutete blutige Weise der Vaterrache in der
Völsungas. noch nicht — erst in dem spätern *Nornag.þ.* —
vorgebracht wird, und auch die *Regm.* 14—25 ausgeführten
Weisheitsregeln des *Hnikarr* uns in der Völss. geschenkt
werden [68])', so scheint sich dieselbe den Liedern gegenüber
hier löblich unabhängig zu verhalten; ist dafür aber dem
Verdachte verfallen, bei der Kampfschilderung hier ihre frü-
here Kampfdarstellungen (C. IX: Kampf des *Helgi* mit den
Hundingssöhnen, C. XI Kampf des *Sigmundr* mit denselben)
nur mit dürftigen Variationen wiederholt zu haben [69]). An

---

65) Bei Symons S. 227 wird man freilich «bewiesen» sehn, dass
Völss. auf *Regm.* beruht, durch «einfache Vergleichung des Wortlautes».
Dabei ist freilich von der verschiedenen Folge der Darstellung und
dem Zeugnisse der *Sk.* «einfach» abgesehen; die Frage der Priorität
natürlich nicht einmal aufgeworfen. — Ich gestehe lieber, dass mir
das Verhältnis der drei Quellen hier nicht ganz deutlich ist, doch
scheint mir Abhängigkeit der Prosa zu *Regm.* von *Sk.* XL ungeachtet
der hier nicht begegnenden Nennung des Rheins, die sehr leicht will-
kührlich sein kann, und der Floskel *lagdinn sem vatnit* immerhin möglich; die *Sk.* aber mag eine ältere Rec. der *Völsungas.* gekannt haben.
Vgl. § 11. —

66) Nicht recht verständlich ist mir der Ausdruck *en ádr* 116, 24;
da es sich hier ja um die erste Ausfahrt des jungen Helden handelt.

67) Aus gleichwol gelegentlicher Uebereinstimmung des Ausdrucks
(117, 2 B. = 190 b Z. 4 Hild.) folgert Symons S. 228 natürlich die
Benutzung jener Prosa. Warum übrigens die Erwähnung des «rothen
Meeres», womit 116, 28 nicht eben glücklich übersetzt wird, nicht
gut einem Liede entnommen sein kann, bedürfte noch der Erläuterung;
schon Homer spricht von der purpurnen Woge. (Il. A, 482 u. ö.)

68) Es wird w. u. noch zu erörtern sein, wie dieses Verfahren
eigentlich zu verstehen ist.

69) Vgl. Symons S. 229. — Der Schluss von XVII stimmt zwar
mit der Schlussprosa der *Regm.*, enthält aber ausserdem noch die
Schilderung des Siegesfestes.

diesem Vorwurfe ist etwas Wahres, nur darf erstens nicht
vergessen werden, dass in allen ähnlichen Fällen eine gewisse
Monotonie der Manier die Regel, Vermeidung derselben Zeichen eines kunstvolleren Stiles ist. Auf einen solchen macht
die *Völss.* ebensowenig Anspruch, wie die meisten anderen
in den *Fornaldar sögur* abgedruckten *saga's*; die *Hrólfs
saga Kraka* lässt z. B. das herausfordernde Auftreten der
Berserker dreimal (Fas. I, 37, 45, 74) sich in überaus ähnlicher Weise wiederholen. Auch in altdeutschen Gedichten
ist Derartiges nicht unerhört, vgl. Gudrun Str. 500—503 mit
861—867; der Speerwechsel, die rote Färbung des Meer-
wassers, das Hinausspringen des Vorkämpfers in die Flut,
die Pfeile wie Schneeflocken dicht finden sich hier wie dort,
vgl. die Anmerk. bei Martin [70]). Abgesehen aber von dieser
allgemeinen Erwägung kommt hier in Frage, ob wir nicht
genötigt sind, jene ganze Erzählung von dem Zuge des *Sigurðr* gegen die *Hundings*söhne als eine norröne Erweiterung
der Sage von ziemlich spätem Ursprunge zu betrachten, wobei der bestimmende Einfluss der *Helgi*-sage kaum einem
Zweifel unterliegen kann. Hier wie dort Seesturm auf der
Hinfahrt, Beschwichtigung desselben in dem einen Falle
durch *Sigrún*, in dem anderen durch *Hnikarr* [71]). In dem
Kampfe selbst hat schon *Helgi* nach *H. H.* I, 14 (vgl. *H. H.*
II, Prosa vor Str. 13) das ganze Geschlecht vernichtet; nach
Prosa vor *Regm.* 26 ist *Lyngvi*, den die *Helgi*-lieder nicht
nennen, nebst drei Brüdern vor *Sigurðr* gefallen. *Völss.* drückt
sich C. IX vorsichtiger als *H. H.* I, 14 aus, so dass ausser
Lyngvi — der ursprünglich wol gar nicht zu den *Hundings*-
söhnen zählte — und dem aus einer Var. neu gewonnenen [72])

---

70) In seiner Ausg. der *Kâdrûn* Halle 1872.

71) Dass diese Züge in der *Helgi*-sage sich bei der Fahrt gegen
Granmars Söhne, nicht gegen die *Hundings*-söhne, finden, kann wol
nur als zufällige Abweichung erscheinen. Vgl. noch Rassmann I,
73 u. 207 fg., dessen Ansichten über das Verhältnis der *Helgi*- und
Sigurðr-sage ich jedoch nur in sehr bedingter Weise theilen kann.

72) Es ist dies eine glückliche Beobachtung von Symons S. 218.
Vgl. übrigens Vorbem. zu *Nornag. þ.* — Zu diesen in der Ueberlieferung selbst liegenden Kriterien kommt noch das vollständige
Schweigen der *Skálda*, endlich auch wol die Unwahrscheinlichkeit,
dass für den durch *O'dinn* selbst veranlassten Fall des *Sigmundr*

Hundings-sohne *Hjörvarđr* noch andere durch *Sigurđr* C. XVII
fallen können, wo es (118, 22) bedächtig heisst: *drap hann
alla Hundings sonu, er eptir lifđu.* —

C. XVIII schildert den Kampf mit *Fáfnir*, wo zum
Glücke wieder die vorzügliche Darstellung der *Skálda* (XL)
ihr Zeugnis bietet. Wir dürfen daraus wol ersehen, dass
die Anlegung mehrerer Gruben auf *O'đins* Rat, die unser
Cap. gegen Einl. zu *Fáfn.* anführt, eine Freiheit der *saga*
sein wird, absichtlich gewählt, um einerseits die Obhut des
Gottes, andererseits die Unzuverlässigkeit *Regin's*, dessen
Feigheit sich psychologisch vortrefflich hinter Vorwürfen
gegen *Sigurđr* (119, 14) verbirgt [73]), an's Licht zu stellen.
Die Prosa zu *Fáfn.* hebt hervor, dass dem *Sigurđr* das vom
Drachen ausgeschnobene Gift auf den Kopf gekommen, was
die übrigen Darstellungen nicht kennen, aber Beachtung
verdient [74]). Am wahrscheinlichsten ist wol [75]), dass dieser Zug
aus einer älteren Red. der *Völss.* stammt, bei der späteren
Umarbeitung aber — als nicht mehr passend [76]) — aufge-
geben oder einfach vergessen wurde, wie denn auch gerade
in dieser Partie die Darstellung der *saga* wenig Sicherheit

überhaupt eine Rache erforderlich war. Es scheint Dies auch gefühlt
zu sein, wenn C. XVI *Sig.* noch auf die anderen Verwandten (d. h.
namentlich *Eylimi*) hinweist, die in jenem Kampfe gefallen seien.
vgl. auch S. 108, 11—12. — Am wenigsten aber war zu dem grausa-
men Blutaar (*Regm.* 26) Veranlassung. Vgl. S. XXXII, 9—10.

73) Dass für diese Vorwürfe, die sich ähnlich auch schon C. XIII
ex. finden und einigermassen mit der Scene zwischen dem alten Hildebrand und Dietrich von Bern im Rosengarten (W. Gr. 1660 fg.)
vergleichen lassen, eine alte Liedes-Vorlage sich fand, ist von Bugge
N. F. XXXVIII vermutet, wenn auch nicht in zwingender, so doch
jedenfalls ansprechender Weise. — Vgl. auch Fas. II, 112.

74) Die Angabe der *Sk.* XLII: *Sinfjötli ok Sigurđr váru svá
harđir á húđina, at þá sakađi ekki eitr, at útan kvæmi á þá bera* erscheint den nordischen Berichten gegenüber fast beziehungslos, erinnert jedoch an die bekannte deutsche Auffassung von der Hornhaut,
die in dieser Gestalt allerdings auch jüngere Vergröberung zeigen
mag, vgl. Rassmann I, 137 fg. — War etwa *Sigurđr* der leichteren
Bewegung halber *berr* (d. h. ohne Schutzwaffen) in die Grube gegangen, und fiel ihm so das Gift auf das Haupt?

75) Wenn man nicht Entlehnung aus der Volkssage annimmt.

76) Da die verschiedenen Gruben wol die Ueberfülle des Giftes
und Blutes ableiteten, vgl. jedoch Rassmann D. H. I, 123.

zeigt [77]). — Die Unterredung des sterbenden *Fáfnir* mit
Sigurđr geht im Ganzen den *Fáfn.* 1—22 zur Seite, wobei
einzelne Abweichungen nicht Viel besagen, indem bald die
Fassung der *saga*, bald die der L. Edda den Vorzug verdient [78]). Auch für C. XIX steht ausser dem Schlusse der
Fáfnm. uns *Sk.* XL mit einer vorzüglich klaren Darstellung zur Verfügung [79]); hier verlangt *Reginn* als Bruderbusse das gebratene Herz von *Sigurđr*, während er dies in
der *Völss.* — nach den voraufgegangenen Vorwürfen etwas
auffällig — als kleine Gefälligkeit (vgl. 123, 7) beansprucht.
Darin ist wieder die *Völss.* der Prosa in *Fáfn.* S. 128, 129
überlegen, dass hier die Vorwürfe und Bitten des *Reginn* in
etwas wunderlicher Folge abwechseln, so dass man die Gefälligkeit des *Sigurđr* ihnen gegenüber noch schwerer begreift,
als in den andern Darstellungen. — Die in Str. 27 liegende
Andeutung, dass *Reginn* nach dem Trinken (des Blutes) auch
zu essen wünscht, ist an und für sich nicht unglücklich, aber
schwerlich echter als die Motivirung der *Sk.*, und die Nichtbenutzung dieses Winkes zeigt andererseits wol, dass dem
saga-schreiber *Fáfn.* 27 noch nicht vorlag. Derartiges muss
im Auge behalten werden, um die fast wörtliche Uebereiu-
stimmung von *Völss.* 123, 9—13 mit Prosa in *Fáfn.* S. 199
nicht ohne Weiteres als Entlehnung aus letzterer Quelle anzusehn. Beide überbietet wieder an Deutlichkeit der betr.,
gleichfalls sehr nahe liegende, Bericht der *Skálda* [80]).

---

77) Vgl. *B'.* zu 119, 27. —

78) Die Einzelheiten können hier nicht erwogen werden, vgl.
Symons S. 231—32, 252; auch 223. Vgl. auch die Anmerk. in Hilde-
brands Ausg. der L. Edda. Während Str. 19 unbenutzt zu sein scheint,
entspricht den Worten des *Sig.* 122, 5—6 keine der uns erhaltenen
Str.; zu *Fáfn.* 3 u. 18, die in R nicht intakt sind, vgl. Hild. Dass
unsere Sammlung dem *saga*-schreiber nicht vorlag, ist auch aus der
etwas abweichenden Folge der benutzten Str. zu entnehmen; über den
Wert der Les. lässt sich z. Th. noch streiten.

79) So wird z. B. hier allein gesagt, dass *Reg.*, um das Blut zu
trinken, sich nieder (d. h. auf die Erde) legte, wodurch die allerdings
nicht gefällige Wiederholung von *lagđiz niđr* — *ok lagđiz* entsteht.
Inzwischen ist nämlich *Reg.* aufgestanden und sucht sich einen schat-
tigen Ort, wo er zum Schlaf sich hinlegt.

80) Hier wird nämlich gesagt, dass *Sig.* das Herz anrührt,
um zu fühlen wie hart es «noch» (oder wie mürbe es «schon») war;

Diesem werden wir auch bez. des Rates der Adlerinnen
als dem ursprünglichsten uns anschliessen dürfen. Dass die
Ueberlieferung der L. E., wo entweder 7 Vögel oder nach
Grundtvig und Hildebr. zweimal drei Vögel (den letzten aber
noch eine Schlusstr.) 7 Str. in verschiedenem Metrum sprechen, sich wol verteidigen lässt, wenn man die Rolle eines
Anwaltes derselben zu führen geeignet findet, ja dass sich
sogar Feinheiten in dem Wechsel des Metrums herausfühlen
lasssen[81]), das glaube ich recht gern; nur nicht, dass dies
ein wissenschaftlich-objectiver Standpunkt ist. Dass in den
7 Str. sich sehr viel Wiederholungen desselben Gedankens
finden, ist klar: Alles, was *Sigurđr* zu wissen braucht, ist
in den beiden ersten Str. hinreichend gesagt: der Rat, das
von ihm gebratene Herz auch selbst zu essen, die Warnung
vor der Tücke des *Reginn* ist am Platze; Alles Andere kann
Sigurđr am besten sich selbst sagen, der ja auch schon Str.
21 sich entschlossen zeigt, das Gold in Besitz zu nehmen.
Schon in der Annahme von 3 Vögeln an Stelle der (freilich
ziemlich alten) grösseren Anzahl derselben[82]) ist ein Fort-
schritt der Auffassung erkennbar; bildliche Darstellungen
aber zeigen z. Th. nur zwei Vögel[83]); und warum sollte die

---

bei diesem leichten Drücken trieft natürlich das gebratene Fett auf
die Finger u. s. w. Die anderen Berichte erwähnen das Heraustriefen
des Fettes schon vor der Berührung, und geben den Zweck derselben
nicht an. Beide scheinen daher auf ungenauerer Wiedergabe von *Sk.*
XL zu beruhen, wenn nicht eine verwandte Quelle ihnen vorlag.
Abgesehen von dem in C der *Völss.* (123, 10) wol nur zufällig aus-
gefallenen *brann ok* (das sich schon *Sk.* XL findet), ist der Bericht der
saga einfacher und dabei ebenso correkt als der in *Fáfn.*, wo eine
Combination des Berichtes der *Sk.* und *Völss.* vorzuliegen scheint.
S. 199, 2—6 (*Hild.*)

81) Vgl. Grundtvig Sæm. Edda, Anm. zu *Fáfn.* 32—39 u. Hild.
zu *F.* 32—38. — Die Auffassung von Rask und Munch widerspricht
den Hss. der L. E. und der *Sk.* wie *Völss.*, entbehrt auch der inneren
Wahrscheinlichkeit; auch die Ausführungen von E. Jessen Zeitschr. f.
d. Phil. III, 49 scheinen mir unbegründet.

82) Die *Völss.* zählt 6 Vögel auf, lässt jedoch *Fáfn.* 37 fort;
ähnlich sind im R der L. E. bis Str. 37 fünf Vögel gezählt, bei
Str. 36 und 38 jedoch kein Zahlzeichen gesetzt. Bugge *N. F.* theilt
F. 32—38 sieben verschiedenen Vögeln zu.

83) Vgl. Jessen am angeführten Orte.

Sk. nur zwei Strophen citiren, wenn ihr drei in der Ueberlieferung vorlagen [84])? — Eine besondere Erwägung verdient die Frage, ob *Fáfn.* 40—44 dem *saga*-schreiber schon
vorlagen? An der bez. Stelle, d. h. nach der Tödtung des
Reginn bietet die *saga* allerdings nichts Aehnliches, woraus
sich die nicht ganz genaue Bemerkung Bugge's zu *N. F.*
224, Z. 4 erklärt [85]). — Dagegen wird schon dem vierten
Vogel, der sonst Str. 35 wiedergibt, ein Hinweis auf *Hindarfjall* und die dort schlafende *Brynhildr* [86]) in den Mund
gelegt. Wie haben wir uns dieses Verfahren zu erklären?
Die *Sk.* XL kennt einen derartigen Hinweis überhaupt nicht;
dass der *saga*-schreiber, auch wenn er hier abzukürzen suchte,
ganz ohne Not die Ordnung der Begebenheiten in *Fáfn.* so
stark verändert habe, ist doch schwerlich wahrscheinlich [87]);
entweder wird er einen anderen Text vor sich gehabt oder
die *Fáfn.* nur nach dem Gedächtnisse benutzt haben [88]).
Dass jene fünf Str. (ungeachtet eines gew. poetischen Schwungs)
doch im Ganzen nicht auf sicherer Fährte gehen, beweist
wol schon der Umstand, wie hier bald auf *Guðrún* (40—41)
bald auf *Sigrdrífa* (42—44) die Aufmerksamkeit des Helden
gelenkt wird; Eines hätte genügt. Den Zug, dass *Sigurðr*
einen Theil von *Fáfnir's* Herz aufhebt für *Guðrún*, braucht
man nicht eben für alt zu halten, aber auch nicht gleich an
eine Abhängigkeit von Einl. zu *Guðrúnarkv.* I zu denken [89]).
Glücklicherweise hat der *saga*-schreiber die ihm doch —

---

84) Dass nämlich dieselben Vögel zweimal reden sollen, ist doch
etwas künstliche Auffassung; drei (einmal redend) wären an und für
sich nicht zu beanstanden.

85) Beiläufig bemerke ich hier, dass auch Rassmanns Angabe
D. H. I, 126 Anm. ⁴) zu Anf. irrtümlich ist.

86) Dass dieser Ausdruck in der *saga* überall für *Sigrdrífa* eintritt, ist mit Symons anzuerkennen.

87) Für Symons S. 282 freilich besteht keine Schwierigkeit, «die
Ratschläge der Adlerinnen sind abgekürzt» und damit wissen wir
genug.

88) Dies Letztere ist mir allerdings wahrscheinlicher, und denke
ich natürlich auch nur an die Lied-strophen selbst. —

89) So Symons. — Dort aber steht jener Zug ganz bedeutungslos, während die *saga* auch C. XXVI (143, 29 fg.) denselben an passender Stelle weiterführt. —

nach der gewöhnlichen Ansicht — viel näher liegende Prosa
vor *Fáfn.* 40 übersehen, wo es wunderlich genug heisst, dass
Sig. das Blut des *Fáfnir* und *Reginn* getrunken habe, wodurch er natürlich der Feigheit und Hinterlist des Letzteren
theilhaftig werden musste; der Schluss von C. XIX stimmt
im Ganzen zum Prosaschluss zu *Fáfn.* [90]).

C. XX stimmt zu Anfang mit der Einl. zu *Sigrdr.* [91])
meist wörtlich überein, doch so, dass in der *saga* der Ausdruck *suðr til Frakklands* correkt ist [92]), da sich *Sigurðs*
Jugend hier in Dänemark abspielt, wogegen derselbe Ausdruck in der Prosa des Sammlers befremden muss, da hier
schon die Flockenprobe des Schwertes (in der Prosa nach
Regm. 14) im Rhein stattfindet, man von dort aber nicht
südlich nach Frankenland (dem Nieder-Rhein) kömmt, son-

---

90) Bei Symons a. a. O. ist dieser natürlich erweitert in die *saga*
übergegangen. Consequent müssten wir dann freilich jene Schlussprosa wieder als Erweiterung von *Sk.* XL ansehen, die dem Schlusse
der *Fáfn.* dem Wortlaute nach noch näher liegt, aber von Symons
nicht als vorhanden betrachtet wird. Auch Das ist nicht erwogen,
dass eine ausführlichere Darstellung in der *saga* (wo die vertrauliche
Stellung des *Sig.* zu seinem Rosse so hübsch geschildert ist) sehr wol
am Platze war, während für eine blosse «Schlussprosa» sich ja der
Gedanke an eine Abkürzung wol schicken mag. Mir scheint die
Schlussprosa mit einer freien Wiedergabe von *Sk.* XL (vgl. *til bóls
Fáfnis* = *til bœlis hans Fáfn.* = *til hans herbergis Völs.; batt í klyfjar
ok lagði upp á bak Grana Sk.* = *klyfjaði þarmeð Grana Fáfn.*, der
betr. Zug fehlt in der *Völs.*, vgl. Bugge zu 124, 20) einige Reminiscenzen aus der *Völs.* verknüpft zu haben; dass die Ordnung in Letzterer eine bessere ist, ward auch von Bugge N. F. 226 bereits anerkannt.

91) Dass diese in der Sammlung unmittelbar mit der Schlussprosa zu *Fáfn.* zusammenhängt, ist bekannt.

92) Die gewöhnliche Auffassung dieser Angabe (auch bei W.
Grimm H. S. p. 35) ist durch die unerwiesene Voraussetzung beeinflusst, dass die *Völs.* schon die Prosa des Sammlers der L. E. benutzt
habe, vgl. aber zunächst Munch-Claussen Das her. Zeitalter p. 40
A. *). — Das consequente *Frakkland* des Sammlers wird eben durch
den Prolog der pros. Edda C. X ex. erläutert werden müssen. Dass
die *Völs.* XX sich der Ortsveränderung wol bewusst war, zeigen die
Worte: *ríðr nú langar leiðir ok allt til þess — oh stefndi á leið suðr
u. s. w.* Die Worte *l. leiðir o. a. (t. þ.)* fehlen *Sk.* XLI und Einl. zu
Sigrdr. —

dern schon dort ist. Vgl. auch *Frá dauða Sinfjötla* S.
176, Hild. — Das Folgende bis zum Erwachen der *Brynhildr* ist mit wenigen Varianten identisch [93]). Dass die
Erwachende den *Sigurðr* bereits ahnend erkennt, mag man
— mit der Frage in *Sigrdr.* 7ᵃ verglichen — kühn nennen,
dass sich *Sigurðr* in der *saga* zurückhaltend nur als einen
vom *Völsunga*-geschlechte bezeichnet, wird kaum Tadel verdienen; dass die skaldischen Floskeln von *Sigrdr.* 1ᵇ aber
vermieden sind, ist wirklich gerügt worden [94]). Nicht minder,
dass es dem *saga*-schreiber weniger darauf ankam, durch
mythologische Kenntnisse zu imponiren, als den höfisch-gebildeten Kreisen seiner Zeit, für die er zunächst schrieb, gerecht zu werden, vgl. darüber noch § 11. — Die Anführung
von 16 Str. der *Sigrdr.* in diesem und die Paraphrase von
einigen andern in C. XXI gibt scheinbar nur zu Nebenbe-
merkungen Anlass [95]); zu beachten ist der Schluss des Cap.,

---

93) Die Worte: *hón var í brynju* (*Völs.* 125, 4) und *ok beit sem
klædi* (125, 6—7) fehlen in Einl. zu *Sigrdr.*, wo dagegen das Schwert
Gramr in Z. 7 genannt ist. — Die Worte des *Sigurðr Völss.* 125, 7
erinnern an *Sigrdr.* Str. 2. —

94) Vgl. Symons S. 233 «Sigurd bestätigt das dann in den land-
läufigsten Phrasen.» —

95) Allerdings wird der Umstand, dass ein Theil der Str. citirt,
die übrigen paraphrasirt werden, noch einer Erörterung in § 11 be-
dürfen.ʼ— Dass die Ordnung der Strophen 5—21 in der *Völs.* im
Ganzen eine bessere genannt werden kann, ist deutlich; Str. 9 und 11
stehen sich inhaltlich sehr nahe; auch 6, 10 und 12 geben eine gute
Folge, und die Anordnung des Stoffes ist in der *Völs.* S. 125 der
Prosa zwischen *Sigrdr.* Str. 2 und 3 (wo *sigr vega* jedoch dem *sigr
hafa Völss.* 125, 19 vorzuziehen sein dürfte) schon von Bugge (zu
Sigrdr. 2) und Symons mit Recht vorgezogen. Letzterer handelt
S. 252 dann noch über einzelne Lesarten, wobei sich jedoch der Text
der *Völss.* wol noch hie und da verteidigen lässt. Wenn z. B. Str.
15, 5 von Runen auf einem Rade und 15, 8 von solchen an einem
Schlitten die Rede ist, so können 15, 7 recht wol solche an den
Zäumen des *Sleipnir* angebracht sein; wie diese aber vernünftigerweise
an den Zähnen des Thieres angebracht werden können, ist mir unklar,
so passend in 15, 3—4 auch von den Ohren und Hufen eines Pferdes
die Rede ist. Bez. Str. 17 wird es mir immer wahrscheinlicher, dass
á guma hollde der *Völss.* eine Verderbnis von V. 5 (*á Gungnis oddi*)
ist, der in der Form *ok Gaupnis oddi* in der *Völss.* daneben steht, während
(bei dem gleichen Stabreime in V. 1—2 und 5—6) die Verderbnis in R,

wo eine förmliche Verlobung zwischen *Sigurðr* und *Brynhildr* stattfindet. Dass diese Darstellung nicht ursprünglich
sei, kann aus *Sk.* XLI geschlossen werden (vgl. SymonsS. 260),
wo die allerdings lakonische Darstellung doch einen so bedeutsamen Akt schwerlich ganz übergangen haben würde. Dass
aber eine Verlobung am Schlusse unerhört gewesen sei, ist
wol zu Viel behauptet, sobald man nämlich jene Identificirung der *Sigrdrifa* und *Brynhildr* gelten lässt, die in der
L. Edda — aber vielleicht der grossen Lücke in R wegen —
erst in dem jüngeren Gedichte *Helreið Brynhildar* deutlich
bezeugt [96]), aber schon in *Sk.* XLI angedeutet ist, obwol

---

wo V. 2 durch eine falsche Var. von V. 5 verdrängt sein kann, erklärlich
ist. — Warum 17,4 *á vǫlu sessi* zu verwerfen sei, ist schwer zu sagen,
auch bez. 17, 6 bin ich zweifelhaft, da die Erwähnung des Pferdes *Grani*,
das nicht zu den in Str. 15 erwähnten Götterpferden gehört, und von
Rassmann I, 150 wol umsonst durch *H. H.* I, 43 (wo *Grani* = Ross)
als «GötterRoss» gestützt wird, etwas Auffälliges hat. Das Fehlen von
Str. 13, 7—10 und Str. 14 (wo das Haupt des *Mimir* in jener myste-
riösen Weise mitspricht, die *Yngl.* 4 uns vorführt) in *Vǫlss.* kann
nur zu Gunsten derselben sprechen; vgl. auch Ettm. Germ. XVII, 16. —
Str. 14 unterbricht überdies den innigen Zusammenhang von 13 und
15. — Dass von den nur in *Paphss.* bewahrten Str. 29 (von V. 3 an)
—37 die meisten auch in der *Vǫlss.* benutzt, d. h. umschrieben sind,
führte schon Bugge N. F. 235 an; eine Ausnahme macht nur Str. 36,
deren Inhalt sich jedoch mit dem von Str. 35 und 37 berührt; die
Stellung von Str. 32 und 23 ist vertauscht, vgl. Hild. — Str. 35, 6
habe ich in der Fassung der *saga*, die vielleicht die ursprüngliche ist
(vgl. Ettm. Germ. XVII, 18) als Verspaar in den Text gesetzt.

96) Ueber das junge Alter dieses Gedichtes vgl. Symons S. 258,
dem ich hier völlig beistimme. — Für ein vertrauliches Verhältnis
beider Personen könnten aus *Sigrdr.* denn doch Str. 3 und 4 und 5, 8
(*gamanrúna*) sprechen; weit deutlicher aber bezeugt die Auffassung
des Sammlers die Prosa vor Str. 3. — Erzählte hier *Sigr.* dem *Sigurðr*,
dass sie nach *Oðins* Willen heirathen solle, aber nur den Furchtlosen
nehmen wolle, so war das Ende ihrer allerdings sehr moralischen
Unterhaltung vorauszusehn. Die älteren Hrgb. der L. Edda waren
daher, glaube ich, ebenso befugt mit einer Stelle der *Vǫlss.* (133, 11
—15) einen Prosaschluss für die *Sigrdrm.* zu geben, als der Sammler
diese Quelle für seine Einl. benutzt haben wird. Auch aus der *Sigkv.
in sk.* lässt sich die Nichtexistenz einer Verlobung des *Sig.* mit *Sigrdr.*
(vgl. Symons S. 260) nicht mit Sicherheit erweisen, und es bleibt
somit nur das Schweigen der *Sk.* als bedeutsames, wenn auch nicht
völlig entscheidendes Moment übrig. — Diese nennt C. XLI *Sigr-*

hier der Autor die beiden Personen noch auseinanderhält
und nur auf die Identificirung Rücksicht nimmt. Ist *Sigrdrífa*, wie wahrscheinlich, eine unter dem Einflusse der *Helgi-
sage* entstandene norröne Nachbildung [97]) der aus Deutschland
übernommenen *Brynhildr*, die ihrerseits schon einige valky-
rienähnliche Züge gezeigt haben mag, so ist die Wiederver-
einigung dieser beiden Doppelgängerinnen, die im Norden
wol auch selten so scharf geschieden sein werden, wie dies
der Autor der *Grípisspá* in älterer und Grundtvig (zu *Sigrdr.*
4—7) in neuerer Zeit versucht, zu Einem Bilde wol als
der natürlichste Ausweg aus dieser Zweideutigkeit zu betrachten. Diesen Ausweg wählte der Verfasser der *Völss.*, freilich
ohne in der fg. Darstellung (z. B. C. XXIV) die Schwan-
kungen der Ueberlieferung völlig ausgleichen zu können.
Auch jene ideale Höhe des Verhältnisses zwischen *Sigurdr*
und *Sigrdrífa*, wie wir sie in den Eddaliedern (auch unter
Annahme des Verlöbnisses) theilweise noch empfinden können,
musste unter dem Bestreben der *saga* leiden, die an und für
sich zwar anmutige und vom norrönen Standpunkte aus sehr
bedeutsame *A'slaug*-sage mit der von *Sigurdr* zu combiniren.
Ueberschlagen wir vorläufig das den Zusammenhang jedenfalls etwas unterbrechende C. XXII, auf das in § 10 noch
näher einzugehen ist, so begegnen wir von C. XXIII bis
XXIX jener Partie, die der grossen Lücke des Cod. Reg.
entspricht. Dass der Autor der *Völss.* die dort einst enthal-
tenen Lieder noch benutzte oder den entsprechenden Lieder-
bestand noch kannte, wird durch die in C. XXVII und XXIX
sich findenden Citate schon wahrscheinlich [98]); auch Symons
hat in seiner sorgfältigen Untersuchung, deren Resultate
S. 286 zusammengefasst sind, sich im Ganzen so ausgedrückt,

---

drífa Hildr (vgl. *Helr. Brynh.* 6, 3), setzt aber hinzu *hón er köllut
Brynhildr*, und dass sie Valkyre sei. Dies wird von *Brynh.*, der Schwester
des *Atli* nicht gesagt, welcher (allein) die Waberlohe eignet, vgl. Symons
S. 257; diese sitzt *á Hindarfjalli*, jene schläft *á fjallinu*.

97) Nur so scheint diese Gestalt erklärlich, die schon im Namen
an *Sigrún* erinnert, vgl. auch *Grípisspá* 15, 1—4, wonach man *Sigrdr.*
für eine Wiedergeburt der *Sigrún* halten könnte.

98) Dazu kommt dann das freilich nur theilweise stimmende
Zeugnis der pros. *Edda* (*Sk.* XLI), worauf Symons auch Rücksicht
nimmt.

dass für die betr. 7 Capitel der *saga* 5 bis 6 Lieder benutzt
sein werden, diese jedoch verschiedenen Alters waren und
daher auch abweichende Auffassungen zeigten; in der Ausgleichung dieser Differenzen einer- sowie andererseits durch
verbindende oder erläuternde Zuthaten habe sich die Arbeit
unseres Autors bethätigt. Dieser Auffassung kann ich, jedoch
in etwas freierer Weise, mich anschliessen, insofern für mich
nämlich eine Notwendigkeit nicht besteht, eine dem Umfange
jener Lücke in Reg. etwa entsprechende Lieder-Anzahl her-
auszurechnen. Statt jener fünf bis sechs Lieder scheinen mir
nämlich nur drei ältere (*Gudrún's* Träume, Ritt des *Sigurdr*
durch die Waberlohe, Zank der Königinnen), sowie ein jüngeres (Harm der *Brynhildr*) deutlich genug angezeigt, um
sie als wahrscheinlich gelten lassen zu können. Bez. C. XXIII
und XXIV, für die ich ein ähnliches Verhältnis nicht einräumen kann, war dies auch die Ansicht der älteren Forscher [99]);
erst Bugge N. F. XXXIX und Symons S. 271 haben auch
hier Lieder-quellen angenommen [100]). Aber gerade der Umstand, dass die wirklich poetischen Wendungen jener Cap. sich
in Liedern, die ganz andere Verhältnisse schildern, und dort
meist passender wiederfinden, sollte zur Vorsicht mahnen.
Wenn es *Gudrúnkv.* II, 5 nach der Ermordung des *Sigurdr*
heisst, dass sein Ross das Haupt hängen liess, so ist dies
schön und treffend; wenn es hier aber vom Liebeskummer
des Helden (107, 3) heisst, dass die Habichte und das Pferd
ähnlich gebahren, und weiter «*ok þessa fám vér seint bót*»
(vgl. 159, 9) so scheint hier doch nur eine wenig ange-
brachte Vorausnahme eines Zuges vorzuliegen, den der Autor
allerdings in passender Weise gar nicht verwenden konnte,
da er die Ermordung des *Sigurdr* nicht im Walde oder überhaupt im Freien (wie *Gudrkv.* II) vor sich gehen lässt.
Gleichwol wollte er sich offenbar ein bekanntes und beliebtes

---

99) Vgl. P. E. Müller (Sagab. II, 66 = Lange Unters. p. 27);
R. Keyser u. A.

100) Von den beiden Stellen, die Symons S. 273 den beiden von
Bugge bereits erbrachten hinzufügen will, fällt die zweite mit Bugge's
erster zusammen. Dass die *Grípisspá* Str. 19 einen Besuch des *Sigurdr*
bei *Heimir* in ähnlicher Folge wie *Vǫls.* erwähnt, fällt für meine
Auffassung (vgl. p. XLIV) nicht ins Gewicht.

Motiv nicht entgehen lassen, und hat es daher auch C. XXXII in einer Reminiscenz der *Gudrún* verwertet. Noch bedeutsamer aber ist, dass der in der *saga* 136, 17 erwähnte Zug, dass *Brynhildr* die Thaten des *Sigurdr* in Stickereien darstellt, sich *Gudr.* II, 14 und 15 ganz ähnlich von *Gudrún* berichtet findet. Man wird wol — wenn auch die von Einigen angenommene ursprüngliche Einheit der *Gudrún* und *Brynhildr*, die sich nur vom mythologischen Standpunkte aus stützen lässt, dahin gestellt bleiben mag — den Anhängern jener Ansicht Soviel einräumen dürfen, dass die *Völss.* XXIV von *Brynhildr* gegebene Schilderung weit eher auf *Gudrún* passt, sei es in einer der sechsten Avent. der Nibel. entsprechenden [101]), oder jener späteren Situation, auf die *Gudrúnkv.* II abzielt. Noch auffälliger wird die in C. XXIV von *Brynh.* gegebene Schilderung freilich dadurch, dass es C. XXIII nicht von ihr, sondern ihrer sonst unbekannten Schwester *Bekkhildr* [102]) heisst, dass sie weiblichen Arbeiten obgelegen habe. Endlich sei daran erinnert, dass *Oddrúngr.* 16 und 17 in noch weit kühnerer Weise die Valkyre und die weiblich beschäftigte *Brynhildr* identificirt, wie unsere *saga.* — Und wie seltsam ist vollends jener Liebesharm des Helden, wenn er — auch von der früheren Begegnung abgesehen — die Geliebte schon mit der Darstellung seiner Thaten beschäftigt findet? Um hier den *saga*-schreiber nicht zu unbegreiflich zu finden, werden wir uns einer etwas weiter ausholenden Erwägung nicht entziehen dürfen.

Während man nämlich vom mythologischen Standpunkte aus bequem und füglich von der Valkyre *Sigrdrífa-Brynhildr*

---

101) Darf man vielleicht in der hier geschilderten Ausrüstung der Helden durch *Kriemhilt* die Verdunklung eines älteren Zuges, der *Gudrún-Kriemhilt* schon vor ihrer Bekanntschaft mit *Sigurdr*, seine Thaten in Geweben oder Stickereien darstellen liess, erblicken?

102) Nur die *Saga Egils ok Ásmundar* (*Fas.* III, 365) führt uns zwei Schwestern *Brynh.* und *Bekkh.* mit einer halbweges zu *Völss.* XXIV passenden Schilderung (vgl. Rassmann I, 172) vor. Zu beachten ist übrigens, dass der Ausdruck *numit hannyrdi* (135, 18) gleichfalls in *Gudrúnkv.* II, 14, 7 anklingt, während die dort geschilderte Scene (vgl. Hild. Anm.) übrigens in der *Völss.* XXXII noch einmal (genauer) benutzt ist.

ausgehn und alle anderen Auffassungen als entstellte darstellen mag, liegt die Sache für eine nüchterne sagengeschichtliche Auffassung lange nicht so einfach da. Die unklare Zeichnung der *Prünhilt* im Nibel.-Liede, ihr völliges
Verschwinden in dem sonst gerade an älteren Zügen nicht
ganz armen Volksbuche vom gehörnten Sigfrid einerseits,
sowie die schon erörterte Doppelgestaltung in der nordischen
Sage andererseits scheint zusammengenommen uns zu der
Vermutung zu führen, dass die Gestalt der *Brynhildr* in der
Sage von jeher nicht ganz fest aufgefasst wurde; dass sie
zwar als Veranlassung des ganzen Zwistes angesehen ward,
und der *Gudrún* gegenüber als die minder weibliche Natur
galt, dass ihre Rolle jedoch ebenso zu der Stellung einer
Valkyre erst durch Steigerung entwickelt, wie andererseits
durch Annäherung an das weibliche Ideal (*Gudrún*) gemildert,
schliesslich auch (als neben *Gudrún* entbehrlich) ganz aufgege-
ben werden konnte, wie wir dies in dem Volksbuche vom gehörnten Sigfrid bemerken, wo natürlich auch die Motivirung
des Mordes etwas verändert ist.   Für die erste Begegnung des
Sigurdr nun mit einer von *Sigrdrifa* sei es ganz unterschie-
denen (wie in *Gripisspá*) oder doch unter andern Umgebun-
gen vorgeführten *Brynhildr* (wie in der *Völss.* XXIV), kannte
die altnordische Tradition schwerlich irgend welche sagenhafte Ausführung, die mit einem blossen Hinweise auf *Grip.*
19 sich nicht wahrscheinlich machen lässt, zumal auch die
keck zusammenwerfende Behandlung in *Oddrún.* 16 u. 17 wol
das Fehlen einer fest ausgebildeten Tradition zur Genüge
bezeugt.   Der *saga*-schreiber hatte sich hier also mit Variationen älterer Motive und einigen neuen Erfindungen, wozu
wol die ganze Figur des *Alsvidr* gehört, zu helfen; sein Verfahren wird weder besonderes Lob [103]) noch schärferen Tadel
verdienen, wenn man bedenkt, dass der Autor — dem wir
immerhin genug verdanken — nicht für uns, sondern für
die mässigeren Ansprüche seiner Zeitgenossen schrieb.

---

103) Vgl. Rassmanns Versuch (I, 173) wenigstens Einiges in der
Darstellung der *saga* ansprechend zu finden. — Die Figur des *Al-*
svidr belebt zwar in Etwas die Darstellung, ist aber sehr höfisch gehalten und — namentlich bez. 137, 21—22 — mir in einer Liedesvorlage undenkbar.

Mit C. XXV. geht die Erzählung auf den Hof des *Gjúki*
über. Nach einigen orientirenden Bemerkungen über *Gjúki* [104])
und *Budli* [105]) folgt die Erzählung von den Träumen der
Gudrún und ihrer Auslegung durch *Brynhildr*. Wenn ich
oben auch für dieses Cap. eine Liedesvorlage als möglich
eingeräumt habe, so bin ich doch weit entfernt, hier die einfache Auflösung eines Edda-liedes zu erblicken. Die Darstellung ist ähnlich der in dem vorigen Cap. und gibt überdies zu einigen Bemerkungen Anlass. Der erste Traum, der
dem in Avent. I der Nibel. erzählten sehr ähnlich klingt
— doch fehlen hier die feindlichen Aare, und *Gudrún* ist
nur darüber ängstlich, dass sie nicht weiss, wer der Falke
sein soll — wird der *Brynhildr*, zu der sie doch deshalb
(vgl. 139, 26) zu fahren vorgibt — gar nicht mitgetheilt,
sondern ein anderer allerdings ähnlicher, der, wie mit
Recht bemerkt worden ist, auf die Ermordung des *Sigurdr*
auf der Jagd (also entgegen den beiden Hauptauffassungen
des Nordens) hindeutet, eben darum aber von hohem Alter
zu sein scheint [106]). — Dass diese Träume in Liedern dem
Autor vorlagen, ist nun zwar die zunächst liegende Annahme;
doch könnte eben der Gegensatz gegen die in den Eddaliedern vorliegende Auffassung auch gar wol zu Gunsten einer
prosaischen Volksüberlieferung angeführt werden; auf einzelne

---

104) Dass hier die *Gudrúnkv.* I, 12 (u. öfter) erwähnte *Gullrönd*
als Tochter des *Gjúki* nicht erscheint, und auch an der entsprechenden Stelle der *saga* (C. XXX ex.) jene Situation nicht benutzt ist,
scheint mir für die Nichtkenntnis jenes Liedes ziemlich beweisend;
eher könnte die nackte Erwähnung der *Gudny* in *Sk.* XLI nur zufällig übergangen sein, doch bedarf das Verhältnis der *Völss.* zur
pros. Edda einer vielseitigen Erwägung, vgl. noch § 11. —

105) Zu beachten ist, dass hier *Budli*, 139, 6—7 noch mächtiger
als *Gjúki* genannt wird, was eine dunkele Erinnerung an den historischen Attila enthalten dürfte. Auch in jener Gesandtschaft, die
C. XXXII (vgl. *Gudrúnkv.* II, 18 fg.) allerdings nur undeutlich noch den
ursprünglichen Zusammenhang mit *Atli's* Werbung uns zeigt, sind die
Repräsentanten der verschiedenen Völker nicht als ganz müssige Erfindung zu betrachten.

106) Ebenso wird der Vergleich, den der sterbende *Sigurdr*
Völss. XXX gebraucht, ungleich passender, wenn man sich die Ermordung auf der Jagd vorstellt. Vgl. darüber indes § 10. —

Anklänge an eddischen Ausdruck kann ich auch soviel Gewicht nicht legen, als dies von Symons S. 275 geschieht; der Autor kannte viele derartige Lieder, Stil-Reminiscenzen konnten daher auch ohne direkte Benutzung eiuer derartigen Vorlage sich einstellen.

Dass *Gudrún* der *Brynhildr* ihre Träume vorlegt, ist schwerlich ursprünglich. War aber einmal die Valkyre mit ihren Weisheitssprüchen und *Brynhildr* identificirt, so lag jene Anordnung schon nahe; dazu mochte der Reiz kommen, die später so verderbliche Feindschaft beider Frauen schon hier unter dem Gewande traulichster Unterredung durchblicken zu lassen. Dass Beide sich (140, 10 fg.) zunächst nur zur Unterhaltung und wie zufällig über die Thaten des *Sigurðr* und der Söhne der *Gjúki* verbreiten, ist zwar der höfischen Sitte gemäss und wirkt in unserem Cap. nicht unvorteilhaft, aber für alte Tradition ist dadurch keine Bürgschaft geboten. Sollte hier nicht freie Verwendung jener Männer-Vergleichung vorliegen, die Nibel. Av. XIV (zu Anfang) uns vorführt und die recht wol als Einleitung zu der wirklichen Zankscene (vor dem Münster, resp. im Bade) altbegründet sein mag? — Unter den Thaten des *Sigurðr* wird der Drachenkampf nicht besonders aufgeführt, was die Lehre gibt, auf mehr zufällige Einzelheiten kein allzugrosses Gewicht zu legen [107]). — C. XXVI gibt zu wenig Bemerkungen Anlass: der Aufenthalt des *Sigurðr* bei *Gjúki* wird vorgeführt, wobei die allerdings viel knappere Darstellung der *Sk.* (XLI) nebst Anspielungen in der L. Edda [108]) bestätigend zustimmt. Die von Symons schon erwähnte wörtliche Berührung mit ersterer Quelle (*sverjas nú í brœdralag =*

[107) Symons legt S. 274 sogar darauf Gewicht, dass der Tod des *Sigmundr* hier nicht mit derselben Ausführlichkeit, wie oben C. XII geschildert wird! Denn eine andere Auffassung liegt sicher nicht vor, da schon C. XI (106, 15) *Sigm.* hochbetagt genannt wird. — Bez. der Söhne des *Hámundr* und *Sigarr* vgl. Sv. Grundtvig: Udsigt p. 54 fg. Die *Völs.* 140, 15 sich findende Anspielung ist zwar nicht ganz deutlich, vgl. jedoch Gr. Udsigt p. 57. — Eine kühnere Vermuthung gibt B. u. dem Texte.

108) Ueber dies Cap. handelt ausreichend Symons S. 275—277. Eine Benutzung von *Guðrúnkv.* I braucht man jedoch nicht einzuräumen.

sórus i br.) verdient wieder scharfe Beachtung; dass *Sigurðr*
fünf Halbjahre die Gastfreundschaft des *Gjuki* geniesst, darf
man wol nur als poetischen Ausdruck für eine längere Zeit,
nicht geradezu buchstäblich verstehen. — Vgl. zu diesem
Cap. noch Rassmann I, 182—185. — C. XXVII schildert
die Brautfahrt des *Gunnarr* zur *Brynhildr*. Die in Mitten
des Cap. citirten beiden Str. lassen eine poetische Quelle erkennen, im Uebrigen hat die Darstellung natürlich auch
hier den durch die Auffassung der *Brynhildr* als Mutter der
Aslaug bedingten Charakter; dieses Verhältnis wird hier
(146, 22) zuerst deutlich angekündigt. Dazu stimmt denn
auch die Doppelstellung des *Buðli* und *Heimir* der *Brynhildr*
gegenüber, nach altnordischer Auffassung — wo Königskinder
ja gewöhnlich ausserhalb des Hauses erzogen wurden [109] —
überdies minder auffällig. Die *Sk.* (XLI) ist allerdings auch
in dieser Bez. kürzer; sie nennt nur den *Atli* (für *Buðli* der
Völss.), ohne dass jedoch sein Anteil bei der Gattenwahl
seiner Schwester näher ausgeführt würde. Man darf daher
hier die Quelle der *Völss.* nicht in der *Sk.* suchen, die sich
vielleicht absichtlich so kurz ausgedrückt hat. — Wenn
Symons S. 279 meint, dass in dem benutzten Liede der Ritt
durch die Waberlohe als der erste dargestellt gewesen sein
werde, so ist dabei zu erinnern, dass dies Motiv der Waberlohe — um so zu sagen — allerdings wol doppelt angewendet ist, diese Verdoppelung aber für die uns (auch in den
Eddaliedern) vorliegende Ausgestaltung der Sage im Norden
als notwendiger Faktor gelten muss. *Brynhildr* kennt den
Sigurðr bereits, in Gedanken an ihn hat sie das Gelübde
abgelegt, nur dem Reiter der Waberlohe gehören zu wollen
— diesen Standpunkt nimmt der Autor denn doch mit völli-
ger Klarheit ein, vgl. namentlich 146, 18—21 [110]. — Dass

---

109) Vgl. u. A. Weinhold Altnord. Leben S. 285 fg.

110) Nur ist 146, 19 wahrscheinlich *hugða* (für *sagða*) herzu-
stellen. — Weshalb übrigens *Sigurðr* bei diesem zweiten pseudo-
nymen Aufenthalte drei Nächte bei *Brynhildr* weilte, ist schwer zu
begreifen, wenngleich die jüngere *Helr. Brynh.* 12 sich sogar zu acht
— vielleicht nur des Reimes willen — versteigt. Dass *Sig.* sich nur
eine Nacht in dieser für ihn so delikaten Lage festhalten liess, gibt
Sk. XLI gewis richtig an. (Vgl. Symons S. 280.)

bei der ersten Begegnung mit *Sigrdrifa* die Waberlohe in
der *Völss.* (und Einl. zu *Sigrdr.*) nur undeutlich, in der *Sk.*
gar nicht erwähnt wird, hat wol darin seinen Grund, dass
nicht bei der ersten, sondern der andern Gelegenheit die
verhängnisvolle Folge des Rittes sich klar vor Augen stellt;
darum kann gleichwol die erstere Anwendung die ursprünglichere sein, wie denn die mythische Verbindung zwischen
Schlafdorn und Waberlohe unbestritten scheint. Dies mythische Element wird aber — wie die ganze Valkyrennatur
der *Brynhildr* — wol erst auf poetischer Steigerung beruhen;
der Waberlohe Entsprechendes hat man in den deutschen
Darstellungen allerdings auch gefunden, aber vielleicht nur
zu finden vermeint. Richtig hat Symons S. 280, 281 ausgeführt, dass bez. der Ringe, welche *Sig.* und *Brynh.* sich
geben, die einfache Erzählung der *Sk.* (XLI) im Vorteile
bleibt, welche nur von einmaligem Wechsel derselben weiss,
und zwar bei dieser zweiten (resp. dritten) Gelegenheit. In
den Liedern konnte dies mehr epische Motiv begreiflicher-
weise nur leicht berührt werden; wir können daher immer
einräumen, ohne in der C. XXI ex. angeführten Verlobung
des *Sigurðr* einen Widerspruch gegen die Anschauung der
Sigrdrifumál zu erblicken, dass der XXIV ex. geschilderte
Ringwechsel im Hause des *Heimir* eine wenig glückliche
Erfindung des Autors war, die ihn nun wieder in C. XXVII
zu einer Aenderung der älteren Auffassung nötigte. Was
aber die Anspielung in C. XXIX (150, 4—5) betrifft, so
wird dieselbe noch einer besonderen Erwägung bedürfen, und
schwerlich in dem von Symons versuchten Sinn zu deuten
sein. — Auch der Schluss des Cap. ist nicht ganz so un-
günstig zu beurteilen, wie man zunächst sich vielleicht berechtigt glaubt. Die Einkehr der *Brynhildr* bei *Heimir*
entspricht nur z. Th. dem von Symons geltend gemachten
Motive; dass sie dann aber zu *Buðli* reist und mit Vater,
Bruder und grossem Gefolge zu der inzwischen am Hofe
Gjúki's vorbereiteten Hochzeit reitet, ist für den Stil der
saga jedenfalls weit passender, als die einfache Angabe der
Sk., dass sie mit *Gunnarr* u. s. w. sogleich an den Hof des
Gjúki gekommen sei. Auffällig undeutlich ist nur das Gast-
mahl bei *Gjúki* als die Hochzeitsfeier des *Gunnarr* angegeben;

es liegt dies allerdings indirekt in den Worten: *Brynh. ok Gunn. sátu við skemtan ok drukku gott vín* vgl. 143, 24: *drekkr Sig. nú brúðlaup til Guðrúnar*) angedeutet. Die von Symons gegen 147, 3 eingelegte Verwahrung brauche ich nicht zu theilen, berufe mich auch nicht auf *Brot af Sigkv.* 2, da es bekanntlich zweifelhaft ist, ob diese Worte von *Brynhildr* oder *Gunnarr* gesprochen sind[111]).

C. XXVIII schildert den Zwist der Königinnen im Bade. Die Darstellung wird im Ganzen durch *Sk.* XLI gedeckt; der Ausdruck ist dort freilich viel edler und fester, das Haarbleichen (vgl. dar. die gelehrte Ausführung Rassmanns Nifls. S. 67, deren Richtigkeit dahin gestellt bleibe) lässt die Situation klarer als die Wendung der *Völss.* (*at þvá sér*) erkennen und die Worte der *Brynh.* sind hier passender; auch fehlt der kleinliche Hinweis auf die angebliche Knechtschaft des *Sigurðr* bei *Hjálprek*[112]). Zu beachten ist noch, dass die *Sk.*, wie sie keinen früheren Ritt durch die Waberlohe als den angeblich von *Gunnarr* ausgeführten erwähnt, so auch hier die *Brynh.* direkt aussprechen lässt: *en Sigurðr þorði eigi* (sc. *at ríða vafrlogann*). — Eine solche Consequenz ist sicher löblich; ich glaube jedoch, dass man für die *Sk.* weit eher noch die Möglichkeit einer bewussten Correktur schwankender Ueberlieferung anerkennen darf, als für unsere *Völss.*, die zwar auch die grössten Widersprüche zu beseitigen oder auszugleichen sucht, kleinere Unebenheiten jedoch wieder durch Benutzung divergirender Nachrichten verschuldet, vgl. zu C. XXIV und w. u. zu XXIX. — Die *Völss.* drückt sich

---

111) Zu den schönsten Stellen des Cap. gehört 145, 23 fg. Wie hier *Sigurðr* ihr in einiger Entfernung auf das Schwert gestützt gegenüber stand, daran erinnert sich *Brynh.* 152, 22 noch deutlich genug, sie selbst aber glich damals in ihrer inneren Unruhe dem Schwan auf der Woge. Dass dies Gleichnis auf poetischer Quelle beruht, ist wol sicher, weniger die mythologische Deutung Grimms (Myth. 399). — Sehr bedeutsam ist auch die 145, 27 fg. ausgesprochene Warnung.

112) Vgl. Symons S. 283. — Wie weit der zuerst in *Fáfn.* 7 anklingende Vorwurf auf alter Ueberlieferung beruht, kann hier nicht weiter untersucht werden; auffällig ist er hier jedenfalls im Munde der *Brynh.*, die weiterhin nicht das mindeste Gewicht darauf legt und 141, 7—8 gesagt hatte: *var upp fœddr í mikilli virðingu.* —

D

an unserer Stelle unkar aus, die erhaltenen Lieder lassen
noch Weniger erschliessen. Dass C. XXVIII selbst einem
Liede folgte, ist wahrscheinlich; Anklänge an eddischen
Ausdruck hat Symons S. 283 gesammelt. Zu erwägen ist
noch, ob die S. 148—149 vorgeführte zweite Unterredung
mit der hier citirten Strophe auf demselben Liede beruht
haben kann [113]), wie die erste (S. 147). Dies erscheint mir
doch sehr fraglich; der Standpunkt ist hier so grundver-
schieden von dem früheren, dass *Gudrun*, die zuerst ihren
Gemahl angegriffen fand, sich nun in der Lage sieht, ihren
Bruder der *Brynhildr* gegenüber in Schutz zu nehmen, die
ihrerseits das Lob des *Sigurdr* als unübertroffen hinstellt.
Ein so jäher Wechsel mag in einer *saga* recht wol Platz
haben, schwerlich innerhalb der Grenzen *eines* Liedes. Die
kurze Darstellung der *Sk.* lässt eine zweite Begegnung beider
Frauen nach jener Scene im Bade überhaupt nicht erfolgen
wahrscheinlich der älteren Auffassung gemäss, da *Brynh.*
sich zu tief gekränkt fühlen musste, um zu Unterhaltungen
mit ihrer Nebenbuhlerin aufgelegt zu sein. Jener Zustand
tiefster Melancholie und Misanthropie, den C. XXIX uns ent-
faltet, fand ursprünglich wol gleich nach der Badescene statt.
Für jene zweite Unterredung der Frauen lag also wahrscheinlich nur eine jüngere Liedquelle vor [114]); manche Ein-
zelheit mag nur auf Rechnung des Autors kommen. Dahin
rechne ich zunächst jene Abendunterhaltung der *Gudrun* mit
Sigurdr, S. 147, 22—148, 4. — Auch die Art und Weise,
wie *Brynh.* 149, 8 das Gespräch in andere Richtung zu bringen sucht, ist etwas auffällig [115]), noch mehr aber sind es die

---

113) Vgl. Bugge *N. F.* p. XL, Symons S. 282—285.
114) Vgl. man die *Völs.* XXVIII überlieferte Str. mit dem
Streite der Königinnen im Bade nach *Sk.* XLI (*Jónss.* p. 121, Z. 13
—16) so möchte man fast vermuthen, dass dort ein Lied benutzt war,
in dem die erste Halbstr. jener Str. der *Gudrun*, die zweite aber (mit
leichter Abweichung, etwa: *en þinn verr hvárki þordi*, mit *þ* als Reim-
buchst.) der *Brynh.* gehörte. — In diesem Falle würde auch die *Sk.*
von dem (immer etwas mislichen) Verdachte der Correktur frei bleiben; die Auffassung jenes älteren Liedes brauchte aber nicht die ursprüngliche oder allein richtige zu sein.
115) Für *dylizt* (= *dyljums* B.) bieten 2 Paphss. *deilums*, und

Wendungen, mit denen diese ganze Unterredung sich ab-
schliesst [116]). —

In C. XXIX ist zuerst die merkwürdige Dehnung der
Situation zu bemerken; *Brynh.* legt sich (nach dem zweiten
Wortwechsel mit *Gudr.*) 149, 27; nun erst erfährt *Gunnarr*
von ihrem Zustande, es erfolgt eine Scene zwischen den Gatten
mit herben Vorwürfen. Nach 151, 5 muss man annehmen,
dass *Högni* der *Brynh.* Fesseln angelegt — bald darauf wird
aber dieselbe Situation, wie früher, angenommen. Eine
zweite Unterredung des *Gunnarr* mit ihr, eine (erste oder
zweite?) des Högni bleiben resultatlos. — Am dann folgenden (also dritten) Tage entschliesst sich endlich *Sigurðr*
auf Bitten der *Gudrún* zu *Brynh.* zu gehn. Auf die Nachricht, dass *Brynh.* nun rede, gebt *Gunnarr i annat sinn*
(154, 26), eigentlich aber zum dritten Male zu ihr. — Eine
vierte Begegnung der Gatten (155, 8—9) macht endlich diesem
auch für den Leser nicht gerade leichten Zustande ein Ende;
aber bis dahin sind noch viele Anstösse zu überwinden. —
Zunächst erscheinen die Vorwürfe, welche *Brynh.* 150, 3
fg. ihrem Gatten macht, nicht nur stark leidenschaftlich gefärbt, sondern auch im Widerspruche mit der früheren Darstellung der *saga*; davon nämlich, dass *Budli* einen Druck
auf ihre Entschliessungen geübt, wie es hier heisst, ist S. 144
nicht das Mindeste bemerkt; die letzte Trennung von ihm
wäre nach C. XXVII ex. nach Ablauf der Hochzeit mit
Gunnarr geschehen, aber die Anspielung auf den Ring, die
hier 150, 4 hervortritt, hat nur dann einen Sinn, wenn sie
auf die frühere Situation (146, 12), wo *Sigurðr* für *Gunnarr*

---

lassen das fg. *at* aus. Dafür bietet C. sogar *at et* (nach B'); war etwa
en das Ursprüngliche?

    116) Was *Brynh.* mit den Worten: *en ek ann þinum bróður at
eins* (149, 23) aussagen will, bedarf der Erwägung; *at eins* = alleinig
(so Rassmann) scheint für den Zusammenhang zu stark — Rafn übersetzt *alligevel*, zwar passender; aber in diesem Falle wäre wol *allt eins*
der herzustellende Ausdruck (vgl. Vigf. s. v. *allr* A. V. 5, *einn* A. VI,
1ð.) — Und wenn *Gudr.* entgegnet: *langt sér hugr þinn umfram*, so
ist dieser Ausdruck von einer nach dem Vorausgegangenen sehr matten
Allgemeinheit; vgl. das Wb. *s. v. umfram.*

eintrat, sich beziehen lässt [117]). Wie ist dieses Verfahren zu
erklären? Ich denke auf folgende Art. Wenn es auch durchaus unerwiesen und mir höchst unwahrscheinlich ist, dass
der Autor der *saga* unsere Sammlung der *Edda*-lieder schon
vor Augen hatte, so ist es doch natürlich, dass er die ihm
bekannten Lieder in einer ähnlichen quasi-chronologischen
Folge sich als Quellenmaterial vorlegte, wie wir sie in der
Sammlung geordnet finden [118]). Er benutzte also zunächst
(abgesehen von den *Helgi*-liedern) *Reginsmál*, *Fáfnismál*,
Sigrdrífumál, dann vielleicht einige andere uns verlorene
Lieder, die in die Lücke des C. Reg. fielen. Als er nun jedoch zur Benutzung der *Sigkv. in skamma* gelangte, die —
in der Hauptsache den Tod des *Sigurðr* und der *Brynhildr*
darstellend — ihr Hauptthema nach Art jüngerer Lieder [119])
durch Einleitungsstrophen und retrospektive Passagen (vgl.
namentlich Str. 35—41) erweitert hat, glaubte er diese Darstellung gleichfalls nicht unbenutzt lassen zu sollen, obwol
sie von der früher von ihm selbst gegebenen abwich.
Den Uebelstand meinte er dadurch vielleicht zu heben, dass
er an Stelle des *Sigkv. in sk.* 37 fg. genannten *Atli* vielmehr
(der Darstellung in C. XXVII gemäss) *Buðli* als einen eigen-
nützigen Ratgeber einführte, und von dieser Vorstellung aus
können die Angaben von dem Ringe des *Buðli* und den
Drohungen der Söhne des *Gjúki* vielleicht ganz frei erfunden
sein. Nehmen wir aber auch an, dass ein anderes der *Sigkv.
in skamma* nahestehendes Gedicht, nicht diese selbst, vom

---

117) Dies hat Symons S. 281 mit Recht bemerkt, gleichwol ist
die Auffassung, als ob an unserer Stelle der Autor *Sk.* XLI vor Augen
gehabt hätte, wol abzuweisen.

118) Das Gewicht, welches Symons S. 219 fg. auf diesen Umstand
legen zu dürfen glaubt, ist mir unverständlich, zumal ja doch auch
die Benutzung aller Lieder (resp. Prosasätze) der Sammlung sich auch
bei bestem Willen nicht darthun lässt und die Ordnung — trotz des
im Ganzen ähnlichen Standpunkts — mehrfach abweicht. Vgl. die an
und für sich interessante Tabelle bei Symons S. 220—222. Aber
ebenso leicht kann der Sammler im Hinblick auf unsere *saga* zu seiner
quasi-chronol. Anordnung ermuntert, als das Umgekehrte der Fall
sein.

119) Auf diesen Umstand hat E. Jessen in seiner verdienstlichen
Abhandlung: Ueber die Eddalieder (Zachers Zeitschr. III, 1 fg.) mehr-

Autor hier benutzt ist [120]), so muss dies doch immerhin einen
ähnlichen retrospektiven Charakter gehabt haben, und es
bleibt somit die Erklärung für das Verfahren des Autors im
Grunde die nämliche.

Ganz ebenso wie der *Gudr.* gegenüber (149, 7—8) wird
denn auch hier (150, 24—25) auf die *Grimhildr* als eigentliche Uebelstifterin abgelenkt; diesen Vorwurf lehnt *Gunnarr*
zunächst (wie *Gudr.*) durch einen Hinweis auf die zärtliche
Liebe der *Grímh.* zur *Brynh.* ab, fügt zur Steigerung aber
noch Vorwürfe hinzu, die an den in *Helr. Brynh.* (Str. 2)
angeschlagenen Ton erinnern (151, 1); hier allerdings in
Gunnars Munde wenig passend. — Auch im Uebrigen zeigt
diese ganze Partie neben unklaren Angaben von z. Th. etwas
auffälliger Natur [121]) vielfach das Bestreben einer etwas mass-
losen Steigerung in der Schilderung des Affektes der *Brynhildr* [122]); offenbar war dies Thema ein in der poetischen
wie prosaischen Schilderung vielfach variirtes und der Autor
enthielt sich — ohne jedoch hierin entschieden genug zu verfahren — weislich der Benutzung einiger ihm auch wol vorliegender Darstellungsarten [123]). — Jenes hartnäckige Schweigen der *Brynhildr*, das so lebhaft an die in *Gudrúnkv.* I

---

fach hingewiesen. — Dass diese *Sigkv. in sk.* auch ältere Bestandtheile enthält, will ich nicht bestreiten. Was jedoch Symons S. 260 fg.
und 284 über das besondere Alter «des Kernes dieses Liedes» vermuthet, führt weiter, als mir zu folgen erlaubt schien; über das Verhältnis zu *Brot af Sigkv.* vgl. zu C. XXX.

120) Diese Ansicht haben Bugge und Symons S. 284 geäussert.
Eine zweimalige Benutzung desselben Liedes ist in der *Völs.* nicht
unerhört, und es sind mehr Stellen (z. B. noch 150, 5 = Str. 35;
152, 22—23 = Str. 36, 5—6) als die von Symons citirten, die auf
eine Benutzung der *Sigkv. in sk.* hindeuten.

121) Dem *Högni* würde höchstens der Vorschlag gebührt haben,
die Königin zu fesseln, aber nicht die 151, 5 erwähnte (gleich wieder
aufgehobene?) Ausführung.

122) Dahin gehören wol schon die 150, 19 erwähnten 5 Könige,
die *Sig.* erschlagen haben soll (vgl. jedoch Rassmann I, 197); ferner
der Vorwurf ängstlicher Feigheit, der ebendort dem *Gunn.* gegenüber
erhoben wird, das Zerschlagen des Bettvorhangs (so wird *bordi* 151, 10
zu fassen sein, vgl. Möb. Altn. Gl. s. v.) u. A. —

123) So hat der Autor die *Sigkv. in sk.* Str. 6—9 vorliegende
Auffassung, wonach *Brynh.* im Freien ihren Gefühlen Luft macht,

von *Guðrún* gemachte Schilderung erinnert, nimmt erst mit
dem Eintreten des *Sigurðr* zu ihr ein Ende; ähnlich wie
Guðrún durch den Anblick der Leiche desselben Thränen
und Worte wiedergewinnt. Mag auch die letztere Anwendung
des Motivs unserem Gefühle mehr imponiren, so widerspricht
doch jene starre Sprachlosigkeit weit weniger dem Charakter
einer *Brynhildr*, die unser Autor nur nicht zwei Unterhaltungen hätte vorher führen lassen sollen. *Guðrún* aber brach
in Uebereinstimmung mit unserer deutschen Fassung auch
in der älteren nordischen sicher sofort über der Leiche des
Sigurðr in Klagen aus und hat sich dem Anblick derselben
wol ohne Not nicht entziehen lassen.

Die Begegnung des *Sig.* [124]) mit *Brynh.* zeigt nicht mehr
jenes Schwanken in den Varianten der Ueberlieferung; offenbar folgte hier der Verf. genauer einem Liede, von dem eine
Str. (S. 154) citirt wird [125]). Und wenn man auch einräumen
muss, dass die Darstellung der *Skálda*, wonach *Brynh.* nach
der Sene im Bade nur noch *Gunn.* und *Högni* spricht und
diese zum Morde aufreizt, die ursprünglichere sein wird, so
darf man andererseits — für einen jüngeren Standpunkt der
Sage — doch diese Scene als eine wolangebrachte gelten
lassen. Nach einigen mehr einleitenden Redewendungen [126])
gelingt es der *Brynh.* nämlich von *Sigurðr* ein Geständnis seiner für sie noch vorhandenen, durch den Vergessenheitstrank

---

(vgl. 151, 9—10 mit *Sigkv. in sk.* 6 und 151, 22: *hefir hón fengit goda
reiði* mit Str. 8) nicht hier benutzt (vgl. jedoch zu C. XXX), weil sie
ihn zu einer Aenderung des Lokals 'genötigt hätte, und er überdies
nach *Guðrúnkv.* II, 12—13 eine ähnliche Schilderung von *Guðrún* zu
geben vorhatte (S. 163, 1—3). Auch hier ist die Schilderung für
Brynhildr aber wol eigentlich passender, und die Geständnisse, welche
Sigkv. sk. 6 in monologischer Form vorführt, weit edler als die Anspielung 159, 9—10.

124) Man beachte das Beiläufige: *er hann kom af dy'raveiði*
(152, 1); damit wollte der Autor vielleicht der Auffassung', wonach
Sig. im Walde fiel, eine Concession machen.

125) Dass es mit *Brot af Sigkv.* zu einem Liede (*Sigkv. in langa*)
gehört habe, ward von Bugge N. F. p. XL vermuthet.

126) Die angeblich von *Gunnarr* vollführten Heldenthaten (152,
25—26) sind für uns nicht ganz deutlich, vgl. Symons S. 276.

der *Grimh.* nur betäubten, heftigen Liebe zu erlangen [127]),
ähnlich wie sie ein solches schon früher (allerdings bei ver-
ständiger Darstellung nur im Monolog und im sogleich corri-
girten Ausbruche der Leidenschaft, vgl. *Sigkv. sk.* 7) abgelegt hatte. Zwar bleibt ihr das Leben verleidet, ja die Notwendigkeit, den Geliebten wie sich selbst der Gefahr eines
sittlichen Vergehens schwerster Art zu entreissen, tritt noch
energischer an sie heran [128]). Aber der Tod, vor dem ein
Sigurdr nie gebangt hatte, konnte nun auch für sie nicht
mehr jene unheimliche Gestalt der einsamen Schattenwelt
behalten, vielmehr erhebt der in *Helr. Brynh.* 14 so schön
ausgedrückte Gedanke:

> *vit skulum okkrum*
> *aldri slíta*
> *Sigurdr saman!*

sie über jede Bedenklichkeit. Vgl. auch Rassm. I, 218. Sie
scheut sogar nicht davor zurück, in *Gunnarr* den Verdacht
zu erregen, als ob *Sig.* auch ihn getäuscht habe und droht
ihm überdies mit ihrem Fortgange. Letzterer Grund übt
auf *Gunn.* den meisten Eindruck aus, dazu kommen Habgier
und eine, wenn auch eben nicht heftige, vielleicht nur fingirte Eifersucht [129]). Mit dem C. XXX zu Anfange erzählten

---

127) Die Antwort der *Brynh.*: *ofseinat hefir þú at segja* u. w.
zeigt, wie erwünscht ihr das Geständnis war!

128) Ganz unpassend sind die 155, 6—8 wiederholten Reden der
Brynh., die wol nur der *Sigkv. sk.* 6 fg. gegebenen Lokal-Schilderung
auch noch gerecht werden wollen, aber ihrem Inhalte nach schon
vorausgenommen sind. Vgl. 151, 9—10. — Auch bezieht sich das
Fg.: *ok enn kom G. til hennar* wol wieder auf eine Unterredung im
Hause.

129) Die *Völss.* lässt den *Sig.* ungeachtet der früheren Jugend-
verbindung, deren Frucht *A'slaug* war, leicht von *Brynh.* für seine
Verheiratung mit *Gudr.* Verzeihung erhalten, weil sie diese voraus-
gesehen hatte und den Anteil Anderer dabei kannte. Das Eintreten
des *Sig.* aber für *Gunn.* bei der Brautwerbung hatte sie vorher nicht
gewusst, und vor der Entdeckung nur bisweilen Argwohn gehegt.
Auch Dies würde vielleicht, wenn es *Gudr.* verborgen geblieben wäre
(vgl. 155, 5), von *Brynh.* vergessen sein. — Dass *Sig.* dem *Gunn.* die
Treue hielt, wird auch 160, 3 noch hervorgehoben; *Gunn.* erwähnt
155, 20 den Verdacht gegen die Treue des *Sig.* auch nur ganz beiläufig, während nach *Brot af Sigk.* Str. 2—3 erst *Högni* den Verdacht

festen Entschlusse des *Gunnarr*, den *Sigurđr* aus dem Wege
zu räumen, beginnt wieder ein festerer Zusammenhang mit den
uns überlieferten Eddaliedern. Für die ansprechendere Darstellung der *Völss.* nimmt Symons S. 234 die Ehre einer ‹Correktur› in Anspruch; ich finde jedoch auch die Anordnung
der *Sigkv. sk.* (Str. 15 fg.) erträglich [130]. Andererseits scheint
auch der Verdacht eines Misverständnisses der Eddaworte
155, 20 überflüssig; da *Gunnarr* nämlich *Brot* 2 entschieden
den Verdacht äussert, von *Sig.* getäuscht zu sein, kann auch
hier und 156, 14 ein ähnlicher Standpunkt angenommen werden; vgl. auch Rassmann I, 204 [6]). Die Anreizung zum Morde
in *Sigkv. sk.* 22 ist einerseits so kurz, andererseits durch die Wiederholung des Adj. *óbilgjarn* (V. 2 u. 8) so auffällig, dass ich
diese Behandlung nur als eine Rekapitulation im Hinblicke auf
eine ältere und vollständigere betrachten kann. Diese findet
sich — leider wol auch nur lückenhaft erhalten — ausser un-
serm Citat S. 156—157 bekanntlich in *Brot* 4 [131]). Gewichtiger
als die Frage, ob der Autor der *Völss.* hier eine noch vollständigere Quelle vor sich hatte, scheint mir die Frage, ob
157, 5 der Ausdruck *fortölur Grímhildar* correct ist. Die
chartacei bieten sämmtlich *Brynhildar*, und mir scheint dies
eine sehr verzeihliche Correctur, da es doch auffällig wäre,
wenn *Grimh.* zu einem Werke triebe, das ihre eigene Tochter
tödtlich treffen musste [132]). — Die in C. XXX geschilderte

des Königs auf die Aufreizung der *Brynh.* zurückführt und abweist,
vorausgesetzt dass die jetzt übliche Zutheilung der Str. richtig ist.

130) Da der Autor in diesem C. so vielfach die *Sigkv. sk.* benutzt hat, so ist minder auffällig, wenn derselbe sich zu jener flüch-
tigen Hindeutung auf Str. 6—9 S. 155, 6—8 bewogen fühlte, die wir
A. [128]) beleuchtet haben.

131) Bugge hat wol mit Recht das Citat der *Völss.* nach jener
Str. berichtigen wollen, wenn auch im Anf. der Str. beide Formen für verderbt zu halten sind. Höchstens könnte man versuchen, *tyfrum* (157, 2)
als Dat. Pl. von *tyfr* = ags *tífer* (Opfergabe, Opferthier; Leo Ags. Gl. 183),
einem mit *taufr*, *töfr* (= nhd. Zauber), woran Egilsson dachte, wenigstens
begrifflich verwandten Worte (vgl. Grimm Myth. 985) aufzufassen. —
Möglicherweise liegt (wie Rassmann meint) in *Sigkv. sk.* 22 eine andere
Auffassung als in *Brot* 4 und *Völss.* vor, doch lässt sich das: *dælt var
at eggja* auch einfach aus dem Bestreben, über etwas Bekanntes leicht
hinzugehn, erläutern. —

132) Die Verderbnis dürfte sich daher erklären, dass — von die-

Ermordung des *Sig.* bedarf noch einer etwas weitergreifenden Erwägung. Der mehrfach (z. B. von Rassmann I, 207; Symons S. 284) geäusserten Auffassung, als ob die Ermorduug im Bette die für den Norden ältere und echtere sei, die erst durch deutsche Einflüsse redressirt sein müsste, vermag ich ebenso wenig wie Bugge (in Zachers Zeitschr. VII, 389) beizustimmen. Allerdings dürfen wir nach der Darstellung iu der *Skálda* (XLI), die im Ganzen zu *Völss.* XXX stimmt, der *Sigkv. sk.* Str. 24, der *Gudrkv.* I und der *Gudrúnarhv.* 17, der *Hamdm.* 6 [133]), die bez. Auffassung als die im Norden üblichere ansehen, und sie darf gegenüber der namentlich *Gudrúnkv.* II, 4 (verglicheu mit Prosaschluss zu *Brot af Sigkv.*) angedeuteten Katastrophe auf dem Wege zum Thing [134]) nicht unbedingt für die jüngere gelten, wenngleich hier die Handlung noch ausserhalb des Hauses geschieht. Als das Ursprünglichste erscheint mir nämlich die Ermordung im Walde in einer Pause der Jagd, während *Sig.* im Halbschlaf ausruhte [135]) — daran konnte sich einerseits die Ermordung im Bette, andererseits aber die norröne Auffassung vom Ritte zum Thing (an Stelle des Jagdrittes), endlich auch die bekannte des Nibelungenliedes und der *þidrekss.* leicht anschliessen. Doch bewahrte auch die norröne Tradition in dem Traume der *Gudrún* (*Völss.* XXV) eine Erinnerung an das Ursprüngliche, und die kurze Schilderung im *Brot* (Str. 5)

Soltinn vard Sigurdr

---

sem besonderen Falle abgesehen — ein solches Aufreizen allerdings mehr noch im Charakter der *Grimh.* begründet lag. —

133) Vgl. Grimm D. H. S. 35. — Wenn dort das zweimalige Umkehren des *Gutth.* nach dem dritten Sigurdsliede erwähnt wird, so dürfte eine Verwechselung mit unserer *saga* vorliegen. —

134) Es mag an dieser Stelle *af* für *at* mit Hild. geschrieben werden, aber die Erwähnung des Thinges hier zu beseitigen, halte ich für unerlaubt, da sie eben durch jene Stelle im Prosaschlusse zu *Brot* bestätigt wird; es scheint mir müssig zu fragen, ob die «alte» *Gudrúnkv.* mit unserer zweiten identisch gewesen, da der Sammler sich doch wol auf ein Gedicht seiner Sammlung bezog, die erste und dritte *Gudrkv.* aber natürlich nicht gemeint sind.

135) Bekanntlich findet sich diese Auffassung bei H. Sachs (G. Grimm D. H. 315); gerade hier würde das Leuchten des Auges (im Halbschlummer) am wenigsten auffallen.

sunnan Rínar,
hrafn at (af?) meiði
hátt kallaði

lässt sich doch am einfachsten auf eine Jagdpartie, wo *Sig.*
an dem Stamme eines Baumes sich ausgeruht hatte, beziehen. — Unser Autor hatte sich für die Ermordung im Bette
entschieden, er schildert sie uns 157, 9—158, 21 anschaulich
genug [136]). Hierbei darf jedoch noch ein weiterer Umstand
nicht übersehen werden, der bisher minder bemerkt zu sein
scheint. Wie die Ermordung im Bette noch mehr den Charakter des Meuchelmordes an sich trug, so schien es hierbei
gerathen, sie von *Guthormr* allein ausführen zu lassen [137]),
Gunnarr und *Högni* aber hierbei ganz aus dem Spiele zu
lassen; es stimmte Das zu der heroischen Haltung, die *Högni*
in der altnordischen Sage — verglichen mit dem Zerrbilde,
das uns der erste Theil der Nibel. zeigt, möchte man sagen
glücklicherweise — einnimmt. Auch liess sich bei der Mord-
scene im Schlafzimmer noch eine letzte, rührende Unterhaltung mit der *Guðrún* gewinnen. — Ganz erklärlich aber
ist, dass diejenigen Lieder, welche die Ermordung im Freien
darstellen, also *Brot* und *Guðrúnkv.* II [138]), auch einen Anteil der beiden andern Brüder an der Ermordung nicht ver-

---

136) Dieselbe aus allgemeinen Andeutungen der erhaltenen Lieder
zu erklären, überdies auch nicht ganz passend zu finden, ist Symons
S. 235 bemüht. Vgl. dagegen Bugge N. F. p. XL. Ueber 158, 20
vgl. w. u. §. 10. —

137) Die Art und Weise, wie *Sig.* sich an ihm gerächt haben
soll, macht den Eindruck eines spät erfundenen Parforcemotivs (vgl.
158, 1—4 mit *Sigkv. sk.* 23.) In *Brot* 7 heisst es dagegen: *sundr
höfum Sigurd sverði högginn.*

138) Dass die *Guðrkv.* II (ganz abgesehen von den ungeschickten
Einleitungsworten des Sammlers) manche jüngere Züge enthält, läugne
ich nicht, gleichwol ist sie nicht nur von den uns erhaltenen 3 *Guðrún-*
liedern das älteste — die ganze *Guðrkv.* I dürfte sich vielleicht als
freie Ausführung an *Guðrkv.* II, 11 angeschlossen haben — und daher
das «alte» *Guðrún*-lied (vgl. Schluss zu *Brot*), sondern auch in der
Darstellung des Todes des *Sig.* antiker als *Sigkv. in sk.*, unter welchem
Titel wol, wie lange vermutet ist, Bestandtheile sehr verschiedenen
Alters zusammengefasst werden. Im Ganzen aber halte ich die Darstellung in *Brot* für die älteste uns erhaltene.

hehlen, vgl. *Brot* 7, *Gudr.* II, 7—8. Hier übernimmt *Högni*
mutig die Verantwortung 'für die That, die er anfänglich
zwar (vgl. *Brot* 3) als unehrenhaft widerraten hatte. Diese
Darstellungsweise darf wol unbedingt als die ältere gelten,
nicht nur im Vergleiche mit der in *Sigkv. sk.* und den übrigen norrönen Quellen, sondern auch mit den Nibelungen,
wo die Rolle Hagens ebenso verdunkelt, wie in den jüngeren
norrönen Quellen mit dem Heiligenscheine eines tadellosen
Helden umwoben ist. — Nicht zu übersehen ist endlich,
dass von einer Benutzung der auf den Tod des *Sig.* Bezug
nehmenden Prosen der Liedersammlung (Schluss zu *Brot*
nebst der unmittelbar sich anschliessenden Einl. zu *Gudr.* I)
in unserer *saga* bei nüchterner Prüfung nicht die Rede sein
kann [139]).

Wie die Darstellung bis zum Tode des *Sig.*, so folgt auch
der Schluss des Cap. XXX im Ganzen der *Sigkv. sk.* (bis
Str. 29), vgl. Symons S. 235. Wenn derselbe aber in 159, 8—15
nur einen «ganz allgemeinen Zusatz» findet und meint «nach
einer Quelle für sie wird Niemand suchen wollen», so möchte
ich mir doch erlauben, auf die Unterredung der *Gudrún* mit
Högni in *Gudrkv.* II, 7—10 hinzuweisen. Allerdings ist dort
das Colorit des Gespräches ein ganz anderes: *Högni* tritt
mutig auf, *Gudr.* ist ihn zu verwünschen geneigt. In der
saga bedauert *Högni* die That, *Gudr.* behilft sich mit etwas
erweiterten Reminiscenzen an die letzten Worte des *Sig.*
(vgl. 159, 11 fg. mit 158, 10—11) — dieser Unterschied ist
aber durch die ältere Darstellung der Mordthat selbst und
die dadurch bedingte Charakterzeichnung des *Högni* (vgl.
oben) in der *Gudrúnkv.* II bedingt. Ueber diese Weise der
Benutzung vgl. noch § 9.

In C. XXXI ist zunächst (vgl. Bugge u. d. Texte) *Brot*
Str. 15—20 (warum nicht auch 8—14, wird durch die abweichende Darstellung der Ermordung des *Sig.* in 5—7 nicht
motivirt [140])) benutzt, dann wieder 106, 4 auf *Sigkv. sk.* 34

---

189) Auf Verschiedenheit der Ueberlieferung nimmt die *saga* scheinbar gar keine Rücksicht, vgl. jedoch § 9. Aus der Einl. zu *Gudrkv.*
I hätte sich allerdings nach Symons S. 232 der Autor einen Zug her-
ausgefischt und denselben schon C. XIX angebracht!

140) Was Symons meinte. — Es ist auch ganz passend, dass

fg. übergegangen. Bei den Str. 35—41 ist die hier vorliegende etwas kurzgefasste Benutzung für mich durchaus kein
Grund, eine Verwendung derselben Str. in C. XXIX zu leugnen, vgl. A. [120]) und den vorhergehenden Text. Im Uebrigen
sei auf Symons S. 236 und 237, wo man freilich von einzelnen Ausdrücken [141]) absehen muss, verwiesen. Entschiedenen Widerspruch erheischt nur die Angabe, dass unser
Autor die Notiz der prosaischen (ganz jungen) Einleit. zur
Helr. Brynh. berichtigend die *Brynh.* zusammen mit *Sig.*,
nicht auf einem zweiten Scheiterhaufen, verbrennen liess [142]).
Als Beweis dafür wird einmal «dieselbe Stelle», an der sich
die betr. beiden Angaben finden — wo anders sollte aber die
saga Dies erzählen? — dann die «Tendenz des Sagenschrei-
bers, sich widersprechende Sagenformen zu verschmelzen»

---

nach der Ermordung des *Sig.* die (zeitweise verweigerte?) Liebesge-
meinschaft des *Gunnarr* und der *Brynh.* wieder stattfindet, er sich
jedoch der Nachtruhe theils eigener Gedanken (Str. 13) theils der
Träume der *Brynh.* wegen nicht recht erfreuen kann. — Bez. *Brot*
10 und 11 ist freilich von Lüning (vgl. Hild. a. a. O.) der Verdacht
gehegt, dass sie an unrechtem Orte stehen. Aber ein ähnlicher Gedanke ist ja auch Str. 8 angedeutet.

141) «Verständnismangel für die Valkyriennatur». Noch mehr
Verständnismangel habe ich selbst freilich dafür, wie man die Darstellung der *saga* 160, 25 einen lahmen Satz nennen kann. An Stelle
der wunderlichen, für *Brynh.* doch eben nicht ehrenvollen Weigerung
ihrer Mägde mit ihr zu sterben (*Sigkv. sk.* 50[b]—52) kennt die *saga*
hier nur ein durch Schweigen ausgedrücktes Zögern der Mägde, das
angebotene Gold zu nehmen, worauf dann nochmalige Ermunterung
seitens der *Brynh.* erfolgt. Und wie passt zu der «stolzen Antwort
der Valkyre», dass sie hernach doch (Str. 70) einige ihrer Mägde mit
verbrennen lässt? ich möchte vielmehr *Sigkv. sk.* 50[b]—52 für verderbt und interpolirt halten. Auch Str. 67 ist vergl. mit *Völss.* 161,
15—20 nicht unverdächtig (*mína menn Völss.* = *menjum gøfja*, was
bei Männern etwas auffällig ist, vgl. jedoch *Sk.* XLVI.) —

142) Dass es schon *Sk.* XLI heisst: *ok var hón brend með Sigurði*,
die Prosa zu *Helr.* aber eine Trennung einführte, um die *Brynh.*
allein die Fahrt zur *Hel* antreten lassen zu können, ist unbemerkt
geblieben. Auch hätte erwähnt werden mögen, dass Str. 61 — welche
mit einer zurückgreifenden Reflexion die Prophezeiung der *Brynh.*
unterbricht — unbenutzt geblieben ist. — Eine minder specielle
Darlegung des Zukünftigen wäre überdies für die *saga* vorteilhafter
gewesen.

angeführt. — Ueber diese «Tendenz» vgl. indes § 9. Unser
Autor wird weder die *Helreið* selbst, noch weniger aber
jene Prosa benutzt haben. —

    C. XXXII beginnt mit einer besser noch als Schluss von
XXXI zu betrachtenden Würdigung des Thatenruhmes des
Sigurðr, wie sie für den *saga*-stil hier ebenso natürlich ist, wie
die ähnliche Wendung in C. XIII, wo der Held zuerst in die
Erzählung eingeführt wurde; vgl. übrigens noch § 10. —
Das Cap. schliesst sich im Ganzen an *Guðrkv*. II, an, soweit es dieselbe benutzen konnte. Natürlich ist auch die
alberne Einleitungsprosa in der *saga* nicht wiederzufinden [143]).
Einzelne Abweichungen, die sich sonst finden, mögen als
bewusste Aenderungen des Autors mit Symons S. 238—239
anzusehen sein, nur traue ich demselben nicht soviel zarte
Rücksicht auf den Leser zu, an Stelle einer Fahrt von 21
Tagen nur eine minder ermüdende von 12 Tagen gesetzt zu
haben. Da gerade dies Cap. mehrere Beispiele von flüchtiger Benutzung der Quelle aufweist — am stärksten ist die
Entstellung von *sónar* in *sonar hennar* 164, 13, wenn hier
nicht bloss der *lapsus* eines Abschreibers vorliegt — so
scheint mir die Annahme genügend, dass der *saga*-schreiber
es mit diesen Aeusserlichkeiten nicht allzu genau genommen
habe. Als richtig aber wird mit Bugge N. F. 424 (und
Hild.) *á Fjóni* 163, 10 anzusehen sein, das *suðr* (wol vom
norrönen Standpunkt) auch der L. E. würde auf Schottland
nicht passen. Gemeinsam mit *Guðrkv*. II ist dem Cap. die
undeutliche und unnatürliche, wenn auch dem norrönen Rechte
nach erklärliche Vorstellung, als ob die Verbindung mit *Atli* der
Guðr. gewissermassen als Busse für den ermordeten Sig. geboten sei, wie auch *Grímh*. (Str. 26, 27) freigebig der *Guðr*. mit
der Hand des *Atli* auch den Schatz des *Buðli* u. s. w. anbietet.
Dass hier ursprünglich *Atli* selbst durch seine Gesandten sprach,
und die *Guðr*. II, 19—20 = 163, 22 fg. uns geschilderte Schaar
'eine Botschaft des Hunnenkönigs (entsprechend der in Nibel.
Avent. 20 u. *þiðrekss*. C. 356—358 geschilderten) war, scheint

---

   143) Während Bugge s. XL darum wol mit Recht schloss, dass
dieselbe dem Autor unserer *saga* überhaupt noch nicht vorlag, nennt
Symons S. 238 diese Auffassung nicht recht verständlich. Bei S. steht
nämlich die Kenntnis der ganzen Sammlung in der *saga* einmal fest.

mir auf der Hand zu liegen [144]); vgl. auch Rassm. I, 229, der
allerdings ohne Not den *þiðrekr* hineinzieht. Hätte der Autor
die als *Dráp Niflunga* bekannte Prosa des Sammlers gekannt,
wie Symons aus zwei kleinen Uebereinstimmungen S. 219
natürlich folgert [145]), so würde er sich die dort begegnende
Auffassung, dass *Guðr.* dem *Atli* vielmehr als Sühne für den
Selbstmord seiner Schwester *Brynhildr* angeboten wird, wol
angeeignet haben; denn war einmal die — gewis nicht ursprüngliche — nahe Verwandschaft des *Atli* und der *Brynh.*
adoptirt, so liess sich von hier aus allerdings am besten der
tragische Untergang der *Gjúki*-Söhne motiviren [146]). Vgl.
die Ausführung bei Rassm. I, 233, der mit Recht auf *Brot*
5, 5—8 verweist. — Die *Skálda* erwähnt ganz kurz, dass
nach dem Tode des *Sig.* König *Atli Buðlason*, der Bruder
der *Brynh.*, die *Guðrún* gefreit habe. Hier fehlt also noch
der (auch in *Dráp N.* vielleicht nicht zufällig ignorirte)
Aufenthalt der *Guðr.* bei *þóra* [147]), der auch darum nament-

---

144) Ob unter dem *Guðrkv. sk.* II, 20 genannten *Langbarðr Atli*
zu verstehen sei, muss als sehr zweifelhaft gelten, die *saga* 164, 2 fasst
es jedenfalls nicht so. Wenn die Str. 27 erwähnten hunischen Mädchen als von *Buðli* und *Atli* herrührend gedacht werden, so wäre hier
ja ein freilich mehr zufälliger Anklang an die historische Stellung
des Hunnenfürsten erhalten. Gewöhnlich ist *hunisch* freilich nur südländisch, daher meist = deutsch.

145) Von diesen beiden Stellen ist die eine (auf den Tod des
Gunnarr bez.) in *Sk.* XLII so gut und ausführlich berichtet, dass recht
wol hier die eigentliche Quelle sein kann. Bei der anderen Stelle
bietet *Dráp. N.* den besonderen Zug, dass *Guðrún* den Ring *Andvaranaut* mit einem Wolfshaar umwand; dies zu übergehen hatte der
saga-schreiber in seiner behaglichen Breite durchaus keinen Anlass,
es wird aber wol blosse Effekthascherei einer jüngeren Darstellungsweise sein.

146) Auffällig selten (wol nur 175, 4) wird das Motiv überhaupt
benutzt, vorher (173, 22) gibt *Atli* sich sogar das Ansehn, die Ermordung des unschuldigen *Sig.* rächen zu wollen.

147) Es mag hier beiläufig daran erinnert werden, dass die Darstellung der *saga* 163, 2 (verglichen mit *Guðrkv.* II, 12, 5—8) wol
auch in die Reihe der Misverständnisse zu rechnen ist. Anders versucht Bugge N. F. 424ª die Sache zu fassen. Eine solche einsame Wanderung in der Wildnis zu dem Lande der *þóra* berichtet zwar auch Pro-
saschl. zu *Guðrkv.* I, aber vielleicht nur unserer *saga* folgend. Dass

lich den Verdacht recht junger Erfindung macht, weil man
sich wundern muss, weshalb *Gudr.* nicht lieber die Thaten
ihres Gemahls, als die des *Sigmundr*, *Sigarr* und *Siggeirr*
gefeiert habe? Vgl. das von *Brynh.* 136, 17—19 Berichtete.
Sollte hier nicht statt der sonst angenommenen Hindeutung
auf die Siklingengeschlechtssage (vgl. Grundtvig Udsigt p. 54)
vielmehr Einfluss eines Gedichtes jenes Sagenkreises anzunehmen sein? Für die Unursprünglichkeit jenes Zuges in
unserer Sage ist noch ein Moment in Anschlag zu bringen.
Der Vergessenheitstrank, den *Grimh.* der *Gudrún* bereitet,
war eine — wenn auch wol in Nachbildung des einst dem
Sigurdr gerichteten erfundene — doch recht nahe liegende
Ausschmückung. Um diesen Zug nun mit dem angeblichen
Aufenthalte der *Gudr.* bei *þóra* zu verbinden, sah sich die
saga — ihre poetische Quelle brauchte sich nicht deutlich
zu erklären — veranlasst, die *Grimh.* mit den Helden die
Reise nach Dänemark machen zu lassen und diese jedenfalls
etwas auffällige Veranstaltung 163, 20—22 wenigstens ver-
suchsweise zu motiviren [148]). — In dem Schlusse des C. XXXII
brauchen wir nicht mit Rassm. I, 232 [2]) eine Abweichung
von *Gudrúnkv.* II, 37[b] anzunehmen, da vorher entweder eine
Lücke oder doch ein Sprung in der Erzählung [149]) anzunehmen ist, *Gudrún* jedenfalls nicht schlafend in *Atli's* Burg
kam. — C. XXXIII behandelt zunächst nach *Gudrkv.* II,
38—44 die Träume des *Atli*, wobei ich der Auffassung von
Hildebrand (zu Str. 36) nicht beipflichten kann, dass dies
Bettgespräch nur Sinn unmittelbar vor *Gudrúns* Rache habe,
die Ordnung in der *Völss.* also fehlgreife. Derartige Prophezeiungen, die bis zum Uebermasse in unserem Sagenstoffe
figuriren, scheinen mir gerade nur dann erträglich, wenn
durch eine Zwischenhandlung wenigstens die (theoretische)

þóra die zweite Gemahlin des mit *Hjördis* früher vermählten *A'lfr*
(vgl. C. XII, XIII) gewesen sei, scheint in der *saga* angenommen zu
sein, obwol der Name C. XXXII *Hálfr* geschrieben ist. Vgl. Symons
S. 301 und über die Siklinge S. 290.

148) Die Uebertragung der betr. Stelle bei Rassm. (I, 227) ist
verfehlt, Rafn übersetzt *svá fremi at* richtiger durch *allene-naar*.

149) Vgl. die Anmerkungen von Bugge und Hild. zu der betr.
Stelle.

Möglichkeit auch einer anders gearteten Katastrophe sich
uns darstellt. Unnötig erscheint mir auch die Annahme,
dass Str. 44 dem Autor bereits «unvollständig» (Symons
·S. 240) vorgelegen habe, vgl. auch Hildebrand zu dieser Str.
Der betr. Traum des *Atli* war zu deutlich, um noch einer
Deutung zu bedürfen; eine verlorene Halbstr. könnte wol
nur einen formalen Abschluss der Situation (= 167, 17—18)
enthalten haben. — Der Schluss dieses C. und die fg. bis
XXVIII behandeln den Untergang der *Gjúki*-söhne im über-
wiegenden Anschlusse an die eddischen Lieder *Atlakviđa* u.
Atlamál. Die ausführliche, namentlich in *Atlam.* zu epischer
Breite hinneigende Behandlung gestattete dem *saga*-schreiber
hier einen engeren Anschluss an die Liederquelle; Differenzen
in der Darstellung waren natürlich nicht zu dulden [150]).
Einige Abweichungen in der Behandlung sind meist uner-
heblicher Natur; nicht immer lässt sich das Bessere unbedingt auf der *einen* Seite [151]) erkennen. So ist die Zutheilung der Worte 175, 5 an *Högni* nicht gerade zu tadeln,

---

150) Vgl. Symons S. 240 fg. — Zu beachten ist ausserdem die
Abweichung von der *Skálda* bez. des einst von *Sig.* besessenen Schatzes.
Dieser wird nach C. XLI der *Sk.* von *Gunn.* und *Högni* in Besitz
genommen, vor der Fahrt zu *Atli* aber (C. XLII) in den Rhein ver-
senkt. Dieser durch (zwar nicht sehr alte) Berührung mit der deutschen Sage doch immerhin gedeckte Zug wird auch *Atlkv.* 21, 26, 27,
28 etwas abweichend erwähnt, ist aber *Atlm.* so weit vergessen, dass
hier dafür *Atli* (Str. 54) beschuldigt wird, die *Grímh.* um der Schätze
willen getödtet zu haben, was offenbar jenen älteren Zug ersetzt.
Die *saga* bezieht sich 175, 5—7 zwar auch auf letztere Vorstellung,
lässt aber die Bedeutung des Schatzes 173, 15 fg., 22; 177, 20 doch
noch weit deutlicher erkennen als *Akv.* und *Atlm.* Ueberdies hat
der Autor die wunderliche Auffassung der *Atkv.* 5—6, wonach das
Gold der *Gnita*-heide in des *Atli* Besitze erscheint, S. 168, 20—22
entweder redressirt (so Symons S. 241), oder noch einen besseren Text
vor sich gehabt.

151) Weshalb der Autor S. 171, 22 fg. «unpassend» den Ab-
schiedstrunk unmittelbar vor den Aufbruch geschoben hat, hätte um
so mehr der Erläuterung bei Symons S. 241 bedurft, als auch *Atlkv.*
10—12 nicht anders verfährt, wo Str. 12 bereits den Abschied schildert. Auch Rassm. I, 237 hat hieran ohne Not Anstoss genommen. Die
Atlkv. lässt in ihrer kürzeren Darstellung die Boten nur einmal auftreten.

da die vorhergehenden Worte des *Atli* sich zunächst auf ihn
und *Gunnarr* beziehen. In der Fassung, die *Atlm.* 54 bietet,
können sie freilich nur der *Gudrún* gehören. Aehnlich ist
180, 12 zu beurteilen, welche Worte die *L. Edda* wieder
der *Gudr.* zuweist. — Besonders muss aber gegen die Art
und Weise, wie Symons S. 244 eine Benutzung von *Dráp.
Nifl.* und *Oddrúnargr.* 29 in *Völss.* 178, 5—14 zu erweisen
sucht, Verwahrung eingelegt werden; er beruft sich dabei
auf die S. 210 gegebene Erörterung über das Verhältnis dieser
letzteren Stelle zu *Sk.* XLII. Diese besteht aber nur in
einem Hinweise auf die übereinstimmenden Ausdrücke und
und der Bemerkung, dass es doch ganz unglaublich sei, dass
u. s. w. Die allerdings kürzere, aber klar-verständige Darstellung der *Sk.* hätte dem Autor unserer *saga*, der sonst die
zerstreuten Notizen der Eingangs- und Schlussprosen der
Eddalieder, ja versteckte Anspielungen in *Oddrúnargrátr* —
welches Gedicht auch nach Herrn Symons im Ganzen unbenutzt geblieben ist [152]) — doch für seine Zwecke so geschickt auszubeuten und «zusammenzuflicken» wusste, «keinen
Nutzen versprechen» können! Wer nicht mit ähnlichen
Redensarten um sich werfen will, wird lieber das — freilich
etwas schwierige — Verhältnis der *Völss.* zu *Sk.* XXXIX—
XLII noch unentschieden lassen [153]) und nur bez. *Dráp Nifl.*
und *Oddrún.* eine Argumentation abweisen, die alle Abweichungen der sonstigen Darstellung verrchweigt [154]), alle Ueber-

---

152) Aus der Erwähnung der *Oddrún* in *Sigkv. sk.* 58 (und darnach *Völss.* (151, 5 - 6) würde es voreilig sein, eine Kenntnis unseres
Gedichtes *Oddrúnargr.* auch nur für den Verf. der *Sigkv. sk.* zu folgern.

153) An und für sich ist ja das von Symons angenommene Verhältnis nicht undenkbar, aber eine derartige Weise der Beweisführung
muss verboten werden, die jede gründliche Betrachtung des Verhältnisses als überflüssig hinstellen möchte. Der einzige Zug, in dem die
Sk. sich deutlicher hätte ausdrücken dürfen: *en hánum var fengin
leyniliga harpa = Gudrún sendi hánum hörpu eina Völss.* lässt sich
natürlich recht wol auch in dem Sinne einer Nachhilfe in der *Völss.*
auffassen, aber die feine in *leyniliga* liegende Nüancirung fehlt hier
wieder. Die Nichtnennung der *Gudr.* aber ist mir persönlich sehr
sympathisch; kunstvolle Darstellung kaut dem Leser nicht alles vor,
sondern lässt noch Etwas zu errathen übrig.

154) Schon A. [145]) wurde auf einen Zusatz in *Dráp* hingewiesen

einstimmungen aber nur zu Gunsten der einmal vorgefassten
Meinung ihr Zeugnis ablegen lässt. — Etwas selbständiger stellt
sich wieder das Verhältnis unserer *saga* in den letzten Cap.
XXXIX—XLII dar. Der Verfasser hat sich hier an einen
Theil der *Hamdm.* (Str. 12—30), die *Guðrhv.*, überdies jedoch an andere Quellen gehalten, für die man bald poetische,
bald prosaische Form vermuthet hat, vgl. ausser Symons
S. 245 fg. E. Jessen in Zachers Zeitschr. III, 45 fg., 52 fg.,
Bugge ebend. VII, 382 fg., sowie die Anmerk. zu *Guðrhv.*
und *Hamdm.* von Hildebrand und Möbius. — Symons (S. 245)
gegenüber sehe ich mich zunächst wieder genötigt, die Benutzung der dürftigen, von den Hrgbn. z. Th. nach *Völss.*
ergänzten Einl. zu *Guðrhv.* in unserer *saga* C. XXXIX zu
bestreiten; das umgekehrte Verhältnis anzunehmen läge schon
näher, wahrscheinlich aber hat (wie auch Bugge N. F. XXXI
und Hild. S. 290 annehmen) der Sammler die klare Darstellung der *Sk.* C. XLII excerpirt und dabei hauptsächlich nur
die Angabe bez. des schwarzen Haares der Brüder der *Svanhildr* und der übrigen Niflunge übergangen [155]). Die *Völss.*

---

und eine Abweichung in der Motivirung bemerkt. Ebenso wird in
Dráp die Rolle der Kinder des *Atli* und der *Guðr.* ganz anders gefasst, vgl. darüber § 11. — Ebenso ist die Auffassung von *Oddrúngr.*,
wonach die Natter, welche den *Gunnarr* zu Tode stach, die Mutter
des *Atli* war, unserer *saga* völlig fremd.

155) Die betr. Angabe — die sich auch in der *Völss.* nicht
findet — ist einer der Züge, die auf eine Verschmelzung der Sage von
Jörmunrekr mit der von *Sig.* und *Atli* hinauslaufen. *Atli* (als Hunne)
hatte mit Recht schwarzes Haar, auch *Högni* nach *þiðr.* 184, *Gunnarr*
aber blondes (*þ.* 183) und *Sig.* braunes (*þ.* 185 = *Völss.* XXII).
Deutlicher ist noch die Angabe von *Dráp Nifl.*, sowie von *Atlkv.* 38,
Hamd. 8, dass die von *Gudrún* getödteten Söhne des *Atli Erpr*
und *Eitill* hiessen. Die *Völss.*, welche *Atlkv.* 38 jedenfalls gekannt,
bringt diese Namen nicht, wahrscheinlich darum, weil sie die Identität jenes *Erpr* mit dem Bruder von *Hamdir* und *Sörli* noch sehr
wol fühlte. Während diese Beiden bereits bei Jornandes als *Sarus*
und *Ammius* und weiterhin durch die Jahrh. des MA. mit geringen
Variationen feststehen, ist von einem dritten Bruder (abgesehen von
den 4 Hellespontiern bei Saxo) ausserhalb des Nordens kaum irgendwo
die Rede; das Zeugnis des Chron. Quedlinb. bei W. Grimm D. H. p. 32
kann bei der Abweichung in Namen und Thatsachen nicht schwer
in's Gewicht fallen. Die norröne Ueberlieferung selbst aber stellt den

hebt ausser einem die *Gudr.* selbst betr. Zuge — dass sie
nämlich Steine in den Schooss nimmt, um sicherer zu ertrinken (wol nach volkstümlicher Auffassung) — namentlich
die Schönheit der *Svanh.* mehr hervor als die anderen beiden
Quellen. Dass sie dabei z. Th. Anspielungen eddischer Lieder
benutzt haben mag, wird man nicht leugnen, aber wenig
bedeutet der Hinweis von Symons auf *Sigkv.* III (*in sk.*) 55;
dort wird ein etwas anderer Vergleich für die Schönheit
der Jungfrau gebraucht als *Völss.* 182, 15. Hier durfte eher
— natürlich ohne den Gedanken direkter Entlehnung — an
Nibel. 43, 3 Z. erinnert werden, wo nur der Mond an Stelle
der Sonne tritt. — Für die fg. Cap. bedarf namentlich das
Verhältnis der *Völss.* zur *Skálda* einer Erörterung.

Auf die geringeren Abweichungen in C. XL der *Völss.* von
der wie gewöhnlich edleren Darstellung der *Sk.* lege ich kein
Gewicht; ein jüngerer Zusatz scheint, dass *Jörmunr.* nach
dem Anblicke des gerupften Habichts seinen Sohn loszugeben
befiehlt, dies aber von *Bikki* hintertrieben wird [156]). Nach
der *Sk.* wird *Svanh.* sodann im Walde von *Jörmunr.* selbst
und seinem Gefolge übergeritten, dies stimmt zu *Gudrúnhv.* 2
(vgl. *Hamd.* 3): *á hervegi* und der etwas veränderten Auffassung der *þidrekss.* [157]) wenigstens eher, als dies bei der
Angabe der *Völss.* der Fall ist (*bundin i borgarhlidi*), welche
die Gegenwart des *Jörmunr.* nicht berichtet, dafür den Anteil
der *Bikki* auch hier steigert [158]). An und für sich ist aber
auch die Auffassung der *Völss.* — wobei wiederum die Schönheit der *Svanh.* mehr als in den andern Berichten erhoben
wird — poetisch recht wirksam; bei der Beliebtheit des

Erpr jenen beiden älteren Brüdern als Stiefbruder immer noch gegenüber (*Hamd.* 14, 15), was man nicht geradezu so zu fassen braucht,
dass *Gudr.* ihn mit *Atli* erzeugt habe, obwol dies der Wahrheit immer
noch näher kommt als andere Hypothesen, vgl. Rassm. I, 270. —
Die Vermutung J. Grimms in D. H. p. 8 scheint durch den Umstand
verboten, dass gerade *Erpr* nach der *Sk.* der Liebling der *Gudr.* ist.

156) Eine List des *Bikki* bei dieser Gelegenheit erwähnt auch
Saxo, vgl. Rassm. I, 333. Hier scheint der Sohn jedoch gerettet zu
werden.

157) Vgl. Rassm. I, 264—265.

158) Auch hier findet sich Aehnliches bei Saxo.

E*

Stoffes in der norrönen Literatur wird, wenn nicht an ein
uns verlorenes Lied, so doch an eine gute Prosadarstellung,
die von der *saga* benutzt ward, zu denken sein. — C. XLI
folgt im Ganzen der Darstellung in *Gudrúnarhv.*, wobei jedoch wie so oft der Zweifel sich regt, ob der Autor das bez.
Lied in schriftlicher Aufzeichnung vor sich hatte, oder nicht.
Die Katastrophe in C. XLII bietet zunächst bez. des den
Söhnen vor ihrer Abreise von *Gudr.* ertheilten Rates Variationen; leider gestattet die Lücke in *Hamd.* 11 keinen Vergleich. In der *Sk.* rät *Gudr.* den Söhnen, sich dergestalt in
die Ermordung des *Jörmunr.* zu theilen, wie dies später —
abgesehen von der Rolle des *Erpr* — auch wirklich geschieht.
Dafür findet sich in der *Völss.* eine Warnung, die äusserst
zweideutig in dem überlieferten Texte dasteht [159]). Bei dem
Streite der drei Brüder und dem Straucheln der beiden Ueber-
lebenden hält sich *Sk.* wiederum näher — ohne jedoch ganz
zu stimmen — an *Hamd.*, während im Einzelnen auch *Völss.*
und *Sk.* sich berühren (*Sk.: at þat var alls ekki = þeim
þótti þat ekki vera* in *Völss.*) Bemerkenswert ist auch *Sk.*
XLII (*Jónss.* 123, 29): *af mundi nú höfudit, ef Erpr lifdi*
= *Völss.* 186, 17 — wo nur der Gedanke dann noch weiter
entwickelt ist. Dieser Einklang wird durch *Hamd.* 27 nicht
völlig erklärt, wo es heisst: *af væri nú höfud, ef E. l.* —
Bez. des Platzes, den Str. 26, 27 in unserer Rec. einnehmen,
liesse sich wol zweifeln, ob er der ursprünglich richtige
sei [160]). *Völss.* und *Sk.* geben den Inhalt von Str. 25 wol

---

159) *Hón bad þá eigi skedja grjóti* 186, 2 und nach der Ermordung des *Erpr: í því höfdu þeir af brugdit bodi módur sinnar, er þeir
hüfdu grjóti skatt.* Aber wahrscheinlicher liegt hier eines der ja nicht
ganz seltenen Misverständnisse unserer *saga* vor, da ja die Mahnung
des *Erpr* selbst in diesem Falle sich wegen ihrer Nichtbeachtung gerächt hatte. Bei dem Mangel anderer Quellenzeugnisse sind weiter-
gehende Vermutungen mislich, auch scheint das Anstossen auf dem
Wege nicht, wie man nach *Regm.* 24 schliessen könnte, als üble Vorbedeutung aufgefasst zu sein. — War die N. [155]) geäusserte Ansicht
richtig, so darf wol angenommen werden, dass die Rolle des *Erpr*
einem alten Märchen von drei Brüdern, die auf der Reise handgemein
wurden, entlehnt ward um die blosse Verwundung des *Jörmunr.* zu
motiviren. — Uebrigens vgl. Rass. I, 267; Bugge a. a. O. p. 383.

160) Auch bez. anderer Str. sind bekanntlich derartige Bedenken
erhoben.

mit Recht erst nach der Paraphrase jener Strophen, weichen
aber darin wieder von einander ab, dass die *Sk.* den Rat,
mit Steinen zu werfen, von *Jörmunr.* selbst, die *Völss.* in
indirekter (aber deutlicher) Bezeichnung von *O'dinn* ausgehen
lässt, auch hier wieder zu *Saxo* stimmend. Die Umschreibung *inn reginkunngi* in *Hamd.* 25 wird man mit Bugge
und Möbius am besten auf *Jörmunr.* beziehen und dessen
Nennung hier als die ältere Ordnung anerkennen; unverständlich braucht uns darum aber auch jenes Eingreifen
O'dins nicht zu bleiben, da ja auch *Sigmundr* im Kampfe
gegen die Hundingssöhne und *Haraldr Hilditönn* in der
Brávalla-schlacht von *O'dinn* selbst überwunden erscheinen,
gewis nur zur grösseren Ehre der also Fallenden, nicht zur
Bestrafung für ein Vergehen. Von einem zürnenden Gotte
wird zwar oft, so z. B. auch *Hálfss.* 17, 21 (B.), aber meist
ohne weitere Motivirung und fast nur zur Bezeichnung des
unausbleiblichen Glückswechsels geredet. — Wenn ich endlich
die in C. XLIII beginnende, in der *Ragnars saga* C. IV u. w.
fortgeführte Erzählung der *A'slaug-Kráka* noch kurz berühre,
so geschieht es nur, um zu erinnern, wie auch dieser einfache
Märchenstoff ganz abgesehen von der «Tendenz» der Verknüpfung mit unserer *saga* sich der Einwirkung einer gewissen manierirt-epischen Behandlungsweise nicht zu entziehen
vermochte. *Heimir*, von dem sich sonst leider keine Heldenthaten erdichten liessen, muss sich wenigstens zum Ruhme
nachsagen lassen, bei seinem Tode so viel Lärm gemacht zu
haben, dass das Haus eingestürzt und ein Erdbeben entstanden
sei; 190, 23—25. Die einzelnen Wendungen lassen deutlich
Anlehnung an eddischen Ausdruck erkennen, vgl. *i hans fjör-
brotum* mit *Fáfn.* 21, 5 [162]); das Brechen der Säulen ähnlich wie *Hy'mkv.* 12; das Erdbeben war C. XVIII (129, 23)
in Bezug auf *Fáfnir* bemerkt; so wird auch 190, 29 mit
Fáfn. 21, 6 sich berühren. Von diesem unnötigen Pathos [163])

---

161) Vgl. Symons S. 203 fg. —

162) Der Ausdruck *fjörbrot* wird in Prosa meist nur von wilden
Thieren gebraucht, vgl. Vigf. s. v. —

163) Die übertriebenen Zahl-, Stärke- und Gewichtangaben der
jüngeren *saga's* wie mancher Eddalieder (vgl. *Hy'mkv.* 8, 3—4) werden

sticht die übrigens gut und einfach vorgetragene Erzählung
sehr zu ihrem Vortheile ab.

§ 9. Waren wir im vorigen § gezwungen, uns vielfach
auf einen rein negativen oder doch protestirenden Standpunkt
Versuchen gegenüber zu stellen, die den wahrscheinlichen
Umfang der Benutzung der Eddalieder in unserer *saga* über
Gebühr ausdehnen wollten, so haben wir jetzt die Frage nach
der *Art* und *Weise* jener Benutzung uns vorzulegen. Die
erste und wichtigste uns hier begegnende Alternative: hat
der Autor schriftliche Liedervorlagen gehabt oder nur nach
mündlicher Erinnerung gearbeitet? existirt natürlich für Diejenigen nicht, welche eine Kenntnis der ganzen Sammlung
als selbstverständlich ansehen, und unsere *saga* sozusagen als
einen zusammenhängenden Umschreibungsversuch jener Lieder
ausgeben möchten. Dabei bleibt überdies unklar, wie der
Autor, der sich eine eben so mühsame wie undankbare Arbeit erwählte, dazu kam, nicht nur einzelne Strophen — etwa
zur Belebung der Darstellung — sondern zusammenhängende
Partien von 16 Stroph. (der *Sigrdrif.* in C. XX) ohne Paraphrase wörtlich aufzunehmen, während dann weitere (etwa 15)
Str. eines sehr ähnlichen Inhalts wieder paraphrasirt werden.
Wir werden auf diese letztere Frage in § 11 zu antworten
suchen, und hier zunächst darauf hinweisen, wie eine ganze
Reihe von Abweichungen der Paraphrase (oder des Citats)
sich am allereinfachsten durch eine Benutzung aus dem Gedächtnisse erklärt, und eine relativ sehr geringe Anzahl
allenfalls auf Verlesung einer Textvorlage sich zurückführen
lässt [164]). Ohne daher die Benutzung schriftlicher Aufzeich-

---

im *Ngþ.* C. VIII schon mit naivem Humor, in der *Skída-ríma* mit
bissiger Satire behandelt; vgl. Vorbem. zu *Ngþ.*

164) Es sei dabei von Fällen, wie der S. 99 B. citirten Halbstr.
ganz abgesehen, wo auch Andere (z. B. Keyser E. Skr. I, 348) sich
im Sinne einer Memorialbenutzung geäussert haben. Abgesehen auch
von C. IX, wo das beständige *Granmarr* für *Guðmundr* (aber richtig
Granmars synir 103, 16), der *Nörva*-sund an Stelle des *Örva*-sundes
und die irrigen Lokalangaben 103, 24—25 sich doch mindestens eben
so leicht als Gedächtnisfehler wie anders auffassen lassen, während
wieder *Leifr* für *Hjörleifr* (101, 24) vielleicht einen älteren Standpunkt
wahrt, vgl. Rassm. I, 84 ⁶), *AM* II, 134. — Auch die vier Tage anstatt der

nungen ganz zu bestreiten, scheint doch das Gegentheil bez.
der meisten Lieder für wahrscheinlicher. Diese Auffassung
ist auch die zunächst liegende, sobald man den Gedanken
einer bereits gekannten Liedersammlung aufgibt. Die uns
erhaltenen sog. Eddalieder tragen ja — von den allerjüngsten
abgesehen — mehr oder minder deutliche Spuren der im
Laufe der mündlichen Tradition erlittenen Wandlungen. Einerseits die (wenigstens relative) Leichtigkeit mit Hilfe des
Stabreims den Charakter eines Liedes sich einzuprägen, andererseits die nicht vorhandene Nötigung einer buchstäblich
getreuen Aufbewahrung [165]) liess bez. derartiger Lieder wol
noch längere Zeit nach Einführung der lat. Schrift die kost-

---

sieben (166, 14—15) berühre ich nur leicht. Aber so manche andere
Misverständnisse oder ungenaue Anklänge (z. B. die bei Symons S. 238
239, 250 besprochenen, wo ich jedoch nicht alle Fälle für unbedingt
falsch halte) erklären sich doch ganz ungezwungen als Gedächtnisfehler. Symons hat S. 241 hervorgehoben, welche Abweichungen von
den *Atlam.* C. XXXIV sich finden, gerade von seinem Standpunkte
aus waren sie schwer zu beurteilen, denn von Tendenz kann hier
nicht die Rede sein. Dagegen hätte S. 246 nicht C. XLI als ein genauer Auszug aus *Gudrhv.* 2—19 bezeichnet werden sollen, es finden
sich hier Irrungen ganz ähnlicher Art wieder. In Str. 16—18 werden
die vier Hauptschmerzen der *Gudrún* so aufgeführt: *hardastr* = Tod
der *Svanh.*; *sdrastr* = Tod des *Sig.*; *grimmastr* = Tod des *Gunn.*,
hvassastr = Tod des *Högni.* Vergleicht man hiermit 185, 11—19, so
scheint das Schwanken des Gedächtnisses namentlich bei *Svanhildr*
deutlich, wenn man die Worte (Z. 17) *eptir Sigurd* erwägt; es konnte
dem Stabreime nach, der bei *Gunnarr* deutlich genug half, der *sdrastr
karmr* ebensowol auf *Sig.* wie *Svanh.* gehn; bei *Högni* ist das richtige
hvassastr durch jenes hard*ast* ersetzt, das in *Gudrhv.* sich an früherer
Stelle fand, aber auch hier dem Stabreime genügt hätte. — Warum
aber Jemand, der eine Vorlage vor sich hatte, so herumgetappt haben
sollte, wäre doch schwer verständlich. — Wenn ich oben von Fällen
sprach, wo bereits der Autor der *saga* (ähnlich wie der Schreiber des
uns erhaltenen Cod.) eine Membranabkürzung misverstanden haben
möchte, so lag mir dabei namentlich jenes *tyfrum* (157, 2) im Sinne,
das nach Bugge's Vermutung (N. F. 337) aus *tyfrömum* entstellt
wäre. Aber diese höchst geistvolle Conjectur ist doch zunächst nur
eine solche; die ganze Gestalt der betr. Str. gemahnt doch auch mehr
an ein Variiren in der mündlichen Ueberlieferung.

165) Wie sie bei Gesetzen, Dokumenten, historischen Chroniken
denn doch als wünschenswert erscheinen mochte. —

bare und mühevolle Aufzeichnuug in Membranen vermeiden. Dabei darf jedoch nicht übersehen werden, dass der Stabreim doch nur einzelne Wörter bestimmt zu charakterisiren und auch diese nicht in dem Masse vermochte, dass hier nicht in der mündlichen Fortpflanzung manche Verwechselungen, resp. Vertauschungen eintreten konnten. Dass es die Gränzen der Möglichkeit überstiegen habe, zehn Lieder [166]) von dem Umfange der eddischen im Ganzen und Grossen annähernd getreu dem Gedächtnisse eingeprägt zu haben, wird wol Niemand behaupten können; anderseits aber erklären sich alle die zahlreichen Abweichungen und Misverständnisse, die nicht aus der gleich näher zu erörternden Haupttendenz des Autors geflossen sein können, doch am ungezwungensten in der angenommenen Weise.

Als die fragliche Tendenz des Autors kann natürlich nicht die erscheinen, eine blosse Vereinigung der divergirenden Pfade der Lieder zu einer gangbaren Heerstrasse zu bilden; das unverkennbar nach dieser Seite hin gerichtete Bestreben, welches längst anerkannt ist, kann immer nur als die Vorbedingung für die Erfüllung jenes Zieles erscheinen, welches der *saga*-schreiber erstrebte, eine *saga*, d. h. eine zugleich glaubhaft erscheinende [167]) und das Interesse des Lesers neu anspannende Erzählung vorzuführen [168]). Als drittes Moment musste natürlich eine Rücksicht auf dasjenige

---

166) Denn mehr kommen nicht in Betracht, wenn man die nur wenig benutzte H. H. I und die *Grip.* nicht rechnet, auf welche in C. XVI nur angespielt wird.

167) Dass die «*saga*» so gut wie die «Sage» der älteren Zeit auf den zustimmenden Glauben des Lesers nicht verzichten konnte, geht namentlich aus dem Prolog der *þiðreks.* unzweideutig hervor, wo die Ausschreitungen der erfindenden Phantasie es allerdings nötig machten, den Zweifelsüchtigen an Gottes Allmacht zu erinnern. Hier sind ferner jene fingirte Quellenangaben, wie sie z. B. die *Blómstrvallas.* C. I ex. uns darbietet, zu erwähnen, welche neuere Kritik dann leicht geneigt ist, als spätere Zusätze zu betrachten.

168) Es ist dies die andere, sowol im Prologe der angef. Sage wie sonst mehrfach (Prolog der *Heimskr.*, *Konungssk.*) angezogene Seite literarischer Bestrebungen, die als *skemtan* (Unterhaltung) bezeichnet wird, und in neuerer Zeit oft irrig als die einzige Richtung derartiger Produktionen angesehen ist.

Publikum obwalten, für welches der *saga*-schreiber zunächst seine Arbeit unternahm. Da er — wenn nicht selbst Norweger — doch sicher ein in Norwegen und für höhere Kreise der norwegischen Gesellschaft schreibender Isländer war [169]), so ist nicht nur eine Abwendung von veralteten und vulgären, eine Hinwendung zu verfeinerten Lebensansichten [170]), sondern auch eine Berücksichtigung solcher Motive zu erwarten, die dem speciell-norwegischen Standpunkte Rechnung zu tragen suchten [171]). Darf man nun auch einräumen, dass dieser — wenn man so sagen will — tendenziöse Standpunkt des Autors uns nicht völlig bequem sein mag, wenn wir sagengeschichtliche Untersuchungen anstellen wollen, so ziemt es sich doch wol, hier nicht etwa nur Nachsicht zu üben, sondern offen einzuräumen, dass der *saga*-schreiber als vernünftiger Mann kaum anders handeln konnte. Und «vernünftig» nehmen wir hier nicht in jenem niederen Sinne, wo es sich lediglich um den momentanen Erfolg des einzelnen Autors handeln würde; zeigt doch eine literarhistorische Betrachtung unserer altdeutschen epischen Sagenstoffe, wie hier überall Verwilderung und arge Vergröberung eintrat, wenn die ursprünglich nationalen, d. h. dem ganzen Volke und zunächst gerade den «Edleren» angehörenden Stoffe ihren Wirkungskreis nur in den unteren Volksschichten noch fin-

---

169) Vgl. Symons S. 214; über die Zeit der Abfassung aber siehe § 11. —

170) Dahin gehört es auch, wenn der Autor z. B. *Brynhildr* vielfach in Weise einer vornehm erzogenen Königstochter uns vorführt, und mit moderner Kritik zu reden «kein Verständnis für die Valkyriennatur» mehr zeigt. Wie tief aber die, von unseren Mythologen übermässig idealisirten Valkyrien in der vulgären Auffassung des späteren Heidentums schon standen (ehe sie noch völlig zu Hexen degradirt wurden) zeigt u. A. H. H. I, 39, wo in einer Reihe der gröbsten Vorwürfe auch der begegnet, Valkyrie in *A'sgardr* gewesen zu sein, allerdings für einen Mann doppelt empfindlich. Vgl. 108, 2—3, aber auch die schöneren Schilderungen 104, 7—8; 125; 138; 145 —146; 160—162, aus denen unser Verständnis für die Valkyriennatur z. Th. erst geschöpft ist.

171) Dahin gehört namentlich die Rolle der *A'slaug*, welche jedoch schwerlich in unserer Rec. der *saga* zuerst eingeführt wurde, vgl. § 11.

den zu können vermeinten.   Ohne den zu Ende des zwölften,
zu Anfang des dreizehnten Jahrh. in den Nibelungen und
der Gudrun bei uns gemachten Versuch, noch einmal die
Theilnahme der höfisch-gebildeten, bereits mehr dem Auslande
ihr Ohr leihenden Kreise für die alten Helden unserer Sage
zu gewinnen, würden wir wol das «Heldenbuch» eines Kas-
par [172]), aber kein «deutsches Nationalepos» aus dem MA.
mehr übrig haben.   Es ist dabei vom historischen Standpunkte aus ziemlich gleichgiltig, dass die höfischen Kreise
nur wenig Geschmack auch an den also ihnen näher gebrach-
ten Stoffen gefunden zu haben scheinen; es hat auch nur
nebensächliche Bedeutung, dass jene Annäherung an den
Geschmack höfischer Kreise zu Concessionen geführt hat, die
von uns kaum anders als müssige, ja störende Schnörkel aufgefasst werden können; das Wichtigste war, dass hier jene
im besten (und nichts weniger als exclusiven) Sinne aristo-
kratische Denkweise und Charakterzeichnung gewahrt blieb,
ohne die eine erfolgreiche Behandlung der Heldensage undenkbar
ist.   Weit entfernt also durch jene von unserem Standpunkte
vielleicht als «Zopf» zu bezeichnende, verfeinerte Manier der
Darstellung uns zu ärgerlichem Tadel gereizt zu finden [173]),
werden wir vielmehr eine Verwunderung darüber kaum un-
terdrücken können, warum der Autor gleichwol im Ganzen
einen so engen Anschluss an die von ihm benutzten eddischen
Lieder anstreben zu müssen meinte [174]), statt in jener freieren, theils leicht berührenden, theils völlig ablehnenden
Weise mit ihnen zu schalten, wie dies mit den deutschen
Liedern desselben Sagenstoffs z. B. in der dritten Aven-

---

172) Dessen Sammlung (wenn man nach den Ausführungen von
Zarncke Germ. I, 53 fg. so reden darf) Gervinus II, 257 eine «in Form
und Sprache roh verbauerte» nennt. Für die Sagenforschung sind
freilich auch solche Werke schätzbar genug.

173) Bekanntlich hat schon P. E. Müller (Lange Unters. p. 28)
auf die Unterschiede in der Behandlung aufmerksam gemacht, und
spätere Ausschmückung da angenommen. wo die höfische Behandlungsweise sich stärker geltend macht.

174) Es sind (vgl. Symons S. 249) vor Allem die Wechselreden,
die trotz des für Prosa so oft störenden Pathos der Eddalieder
ziemlich genau umschrieben sind, die verbindende Erzählung musste
dagegen vielfach neu (oder nach anderen Quellen) gegeben werden.

türe der Nibelungen geschehen ist. — Dass die Beantwortung
dieser Frage jedenfalls nicht in dem Sinne erfolgen dürfe,
als ob die Eddalieder vermöge ihres hohen Alters als die
erste und sicherste Autorität auf diesem Gebiete hätten
gelten müssen, wird für Den, der hier überhaupt noch einen
Gegenbeweis fordert, schon dadurch erwiesen, dass der Autor
mit einer ebenso wenig Achtung wie Tadel verdienenden
Consequenz immer die jüngeren Schichten der Ueberlieferung
den älteren vorzieht. — Lag nämlich, wie bereits bemerkt, für den *saga*-schreiber die Notwendigkeit einer Ausgleichung widersprechender Auffassung ohne Weiteres als
conditio sine qua non vor, so konnte dieselbe doch — von
einem dritten Falle planlosen Schwankens abgesehen — in
zwiefacher Weise erfolgen, einmal im möglichsten Anschluss
an die älteren, dann aber im Geleite der jüngeren Darstellungsweisen. Da der Autor nirgends bemüht scheint, seinem
Werke einen künstlich antiquarischen Anstrich zu geben,
sondern offenbar seiner Zeit geniessbar und gerecht zu werden wünschte, so wird jene letztere Altternative uns von vorn-
herein als die bei weitem wahrscheinlichere sich darstellen.
Und so zeigt sich denn in der That das Verhalten desselben;
von der wahrscheinlichen Verkürzung der aus dem Interesse
der Zeit allmählich zurücktretenden «Vorgeschichte» abgesehen, zeigt sich uns namentlich in der Auffassung der *Brynhildr*, in ihrer bestimmt durchgeführten Identificirung mit
der Valkyrie *Sigrdrífa*, in ihrem Verhältnis zu *Heimir* und
A'slaug, nicht minder dann in der Auffassung der Ermordung
des *Sigurðr* im Bette (ohne Antheil des *Gunnarr* und *Högni*);
in dem Aufenthalte der *Guðrún* bei *þóra*, in der nach
Atlamál geschilderten Aussöhnung derselben mit *Atli*[175]) und
einigen andern minder bedeutenden Zügen das unverkenn-
bare Bestreben sich mit den Auffassungen seiner Zeit möglichst wenig in Wiederspruch zu setzen. Allerdings war
diese Aufgabe nicht so leicht, und der Autor hatte zwar
nicht die Kritik des neunzehnten, wol aber die Angewöh-

---

175) Dass *Atlamál* als jüngere Behandlung (vergl. mit *Atlakv.*)
zu betrachten sei, hat Bugge bei Zacher VII, 386 mit Recht festge-
halten.

nungen seiner Zeit zu beachten. Nicht immer war nämlich
die ältere Ansicht völlig zurückgedrängt; bez. der Ermordung
des *Sigurđr* z. B. bestand sie (etwas variirt) auch in jüngerer
Zeit noch fort; ihre völlige Ignorirung hätte dem Autor in
etwas conservativeren Kreisen leicht den Vorwurf der Un-
kenntnis oder doch des Verfehlens der richtigen Ueberlieferung
erwirken können. Hier galt es demnach durch beiläufige
Berücksichtigung auch der älteren Auffassungsweise sich mit
dieser letzteren sozusagen abzufinden: trotz der Ermordung
des *Sig.* im Bette ward kurz vor der Katastrophe eine Jagdpartie, nach derselben die Trauer des Rosses *Grani* über
denselben erwähnt, die eigentlich nur dann poetisch berechtigt war, wenn das Ross ohne Reiter nach Hause kehrte [176]).
So wurde trotz der Aussöhnung mit *Atli* doch die Anzün-
dung der Burg seitens *Guđrún* (nach *Atlakv.*) beibehalten;
für derartige «grobe Geschmacklosigkeiten» sollten wir aber
dem Autor recht dankbar sein. — Läugnen lässt sich nicht,
dass durch diese Convenienz nach verschiedenen Seiten
hin die Darstellung hier und da, namentlich C. XXIII bis
XXV, XXVIII ex. bis XXX ein wenig unklar und uneben
geworden ist: viel seltener ist der Fall, dass der Autor passende Züge ohne dringende Not übergangen hat [177]). Ist diese
Ansicht begründet, so wird man einerseits noch weniger geneigt sein, einem Autor, dessen Arbeit sich im Ganzen und
Grossen als eine so besonnene und wolgemeinte ausweist,
im Einzelnen eine Menge grober Flüchtigkeiten aufzubürden,
sondern hier eben nur verzeihliche Gedächtnisfehler annehmen
dürfen — andererseits sich aber auch einer ziemlich gewich-
tigen Schlussfolgerung nicht entziehen können. Wenn nämlich der Autor gerade die jüngeren Variationen der Sage
besonders bevorzugt hat, so würde die völlige Ignorirung

---

176) Vgl. P. E. Müller bei Lange Unters. p. 36.

177) Die *Brot* 12—14 geschilderte nächtliche Scene hat der Autor wol wegen der Erinnerungen des *Gunnarr* an das Wort der Raben
im Baume übergangen, doch hätte dieselbe leicht etwas variirt werden können, und der Autor hat von Str. 15 an die Benutzung (in
C. XXXI) wieder aufgenommen. — *Sigkv. sk.* 61 ist (aus Schonung
für *Guđrún?*) übergangen oder nicht gekannt, auch ist die richtige
Stellung der Str. (ähnlich wie bei *Brot* 8—11) nicht zweifellos.

des *þjóðrekr* (am Hofe des *Atli*) sich eben nur [178]) aus Nichtkenntnis der Prosaeinl. zu *Gudrkv.* II und der ganzen *Gudrkv.*
III erklären lassen [179]), es würde dies Faktum auch für das
Verhältnis der *Völsunga-* zur *þiðreks-saga*, das wir zunächst
in's Auge fassen, von grossem Gewicht sein.

§ 10. Von den verschiedenen Partien unserer *saga*, die
eine mehr oder minder direkte Berührung mit der *þiðreks-
saga* zeigen [180]), nimmt C. XXII = C. 185 *þiðr.* eine ganz
besondere Stellung ein. Die ältere, von P. E. Müller Sagab.
II, 66 (Lange Unters. S. 27) geäusserte Ansicht [181]), wonach
wir hier eine jüngere Interpolation unserer *saga* (aus der
þiðr.) vor uns hätten, ist in neuerer Zeit vielfach ange-
fochten, aber schwerlich widerlegt worden. Es mag sein,
dass ein etwas verwandter Ton der Erzählung sich auch in
andern Partien unserer *saga* zeigt, die von P. E. Müller gel-

---

178) Denn weshalb *þjóðr.* sich nicht ebenso gelegentlich, wie
Valdamarr, *Eymóðr* und *Jarisleifr* nach *Gudrkv.* II, 19 in C. XXXII
hätte heranziehen lassen, wäre schwer zu ersehen. An eine persönliche Abneigung des Autors gegen den Berner-Helden wird im Ernste
ebenso wenig gedacht werden können, wie an ängstliche Scheu vor
Erweiterung des Apparates, da C. XXXII sogar Longobarden, Franken
und Sachsen sich einfinden. Das Nichtvorkommen des Namens *Niflungar* (für *Völsungar*) darf natürlich auch nicht so verstanden werden,
als ob der Autor diesen Namen absichtlich meide (nennt er doch
180, 18 den Sohn des *Högni* ruhig *Niflungr*), sondern es war für den
saga-schreiber in diesem Falle ebenso ein Name ausreichend, wie bez.
des Boten, den *Atli* sendet; er wird in der *saga* nur *Vingi*, nicht etwa
abwechselnd so oder *Knefrøðr* genannt. Anders war der Standpunkt
der *Skálda* (XLII), wo die *kenning*: *Niflunga skatr* (*arfr*) die Erwähnung
von *Niflungar* nötig machte, während die Worte in XLI: *þeir eru ok
kall. Nifl.* vielleicht spätere Zusätze, aber hier wol erklärlich sind.

179) Auf andere Nichtbeachtungen gerade jüngerer Eddalieder
ist natürlich auch zu achten.

180) Vgl. im Allgem. Symons a. a. O. 268—70; Rassm. D. Heldens. I, 8—10; 174—175; II, 20 1). — Bugge N. F. XXXV.

181) Der auch R. Keyser Eft. Skr. I, 356 sich mit Recht anschliesst. Bugge a. a. O. will auch die weiter zu besprechenden anderen Stellen als aus der *þiðr.* (und nicht erst in Folge einer späteren Interpolation) geschöpft ansehen, was ich nicht gerechtfertigt finden kann. Symons S. 270 lässt dagegen den Schreiber N. III der
þiðr. aus der *Völss.* interpoliren, was mir noch minder glaublich ist.

tend gemachten Hauptbedenken bleiben nach wie vor bestehen. Denn einmal sind ja so detaillirte Kostümschilderungen wie die hier gegebenen sonst unserer *saga* völlig fremd, so geläufig sie dagegen der *þiðr.* sind [182]); nahezu komisch wirkt hier aber die Angabe, dass ein Drache auf allen Rüstungsstükken des *Sig.* sich befand; da die *saga* unmittelbar vorher erst jenen Drachen-Kampf und die erste Begegnung mit *Brynhildr* geschildert hatte, müsste man annehmen, dass er bei ihr sich nun neu costumirt hätte. Der Angabe, dass diesen Abzeichen gemäss ihn Jeder als Sigurd Drachentödter hätte erkennen können, widerspricht C. XXVI, wo gesagt wird, dass man den *Sigurðr* an *Gjúki's* Hof erst nach seinem Namen gefragt habe. Die von der Grösse des Helden gegebene Beschreibung widerspricht der in den eddischen Liedern und der *saga* sonst begegnenden Auffassung [183]). Höchst auffällig ist endlich die allgemeine Bemerkung: *hann var vitr maðr, svá at hann vissi fyrir óorðna hluti; hann skildi fuglsrödd, ok af slikum hlutum kómu hánum fáir hlutir á óvart.* Diese Sentenz ist nach C. XIX, wo das Verstehen der Vögelsprache besonders motivirt wird, eine theils unnötige, theils auffällig unbestimmte Wiederholung [184]), die zugleich aber auch einen Widerspruch gegen die Auffassung der *saga* involvirt, wonach *Sig.* keineswegs die Zukunft klar durchschaut, sondern nur mutig seinem Geschick entgegengeht [185]). Darf man nun auch einräumen, dass die *þiðr.* 185 gegebene Schil-

---

182) Man vgl. die von C. 172 an vorhergehenden Cap. der *þiðr.*; dass hier (C. 185) eine Schilderung von des *Sigurðr* Aussehn an und für sich nicht zu erwarten war, ist um so mehr untergeordnet, als die *þiðr.* mehrfach ein Cap. offenbar in unrichtiger Folge vorführt, z. B. auch 188, vgl. dazu Rassmann II, 374. 477.

183) Grimm weiss Myth. 359, 360 für seine Ansicht und die oft citirte Sentenz: Es liegt in diesem «Ritt» (aber ist vom Reiten überhaupt die Rede? vgl. 184, 18: *óð rugakrinn*) durch's Korn etwas Hochmythisches, an einen Gott Gemahnendes — nur Belege aus jüngeren oder doch trüberen Quellen (wie Saxo) zu erbringen, von denen ich nur das *Nornagþ.* VIII erwähnte sieben Ellen lange Haar aus dem Schweife des Rosses *Grani* wiederhole.

184) Dasselbe gilt auch von 135, 2—5 vergl. mit 110, 24 fg.

185) Vgl. 122, 5—7; 158, 24—25 sowie den von *Grimh.* ihm gereichten Vergessenheitstrank.

derung dort gleichfalls einigen Anstoss erregt[186]) und vielleicht nicht von demselben Autor herrührt, dem die ausführlichere Schilderung von des *Sigurđr* Jugend (C. 167—168)
zufällt, so kann bez. der *þiđr.* dieser Umstand doch als ein
weit leichter wiegender betrachtet werden. Die Möglichkeit
aber, dass Völss. XXII und *þiđr.* 185 aus einer gemeinsamen dritten Quelle geschöpft hätten[187]), scheint mir durch
den Umstand allein nahezu widerlegt, dass der Ausdruck
Væringjar in dem allgemeinen Sinne von «Nordmänner,
Skandinavier» der *þiđr.* allein zu eignen scheint, dort viermal wiederholt begegnet[188]), in der *Völss.* XXII aber nahezu
monströs erscheinen muss in der Wendung: *þann mikla dreka,
er Væringjar kalla Fáfni*, da die *saga* den Wurm nie anders
als *Fáfnir* genannt hat[189]). Vorschnell aber dürfte es sein,
nach einem einzelnen, wenn auch noch so deutlichen Falle,
alle anderen scheinbar «analogen» beurteilen zu wollen.
C. XXX (158, 17—21 B.) ist in der *Völss.* allerdings das
Bild, welches der sterbende *Sig.* von dem Wisent oder Wildeber gebraucht, weit minder passend als *þiđr.* 347, wo die
ganze Ermordung während einer Jagd vor sich geht, hier
also jenes Gleichnis sich so zu sagen von selbst darbietet.
Gleichwol möchte ich hier an die direkte Entlehnung eines einzelnen Zuges nicht glauben. Wir haben bereits in § 8 ge-
sehn, wie Spuren jener älteren Auffassung der Ermordung
auch sonst im Norden sich noch vorfanden und spec. in der
Völss. auch C. XXV (im Traume der *Guđrún*) noch durch-
brachen. Wir sahen ferner, dass beliebte ältere Motive auch
dann in der *saga* gerne berücksichtigt wurden, wenn sie zu
dem jüngeren die Handlung beherrschenden Gepräge nicht

---

186) Nicht sowol die etwas andere Ordnung in der Schilderung
verglichen mit dem früheren Cap., als namentlich die richtige Nennung
Fáfnir, während 166 dafür *Reginn* begegnet, kommt in Betracht.
Aber vielleicht ward dort nach (trüberen) deutschen Quellen, hier
nach der nordischen Tradition berichtet.

187) Diese Ansicht hat namentlich Rassmann a. a. O. zu begründen versucht.

188) *Vigf. s. v. Væringi* führt fünf Stellen aus der *þidrekss.* an,
keine aus einem andern Werke, abgesehen von *Völss.* XXII.

189) Vgl. *Völss.* C. XIII—XIX.

völlig stimmen wollten [190]).   So wird auch hier nach nordischer
Volkserinnerung das kurz berührt sein, was *þidr.* 347 nach
deutschen Gewährsmännern weitläuftiger und genauer wiedergegeben ist.   Aehnlich ist dann *Völss.* XXXII Anf. = *þidr.*
348 ex. zu beurteilen; die Erinnerung an die deutsche Herkunft des *Sig.* war auch im Norden nie ganz vergessen [191]).
Für *Völss.* XXXIII (169, 9 fg. B.) = *þidr.* 360 ist entweder
dasselbe Verhältnis anzunehmen oder doch in indirekter
Weise ein ähnliches, indem nämlich *Völss.* aus *Atlaþv.* 5,
die *þidr.* aber aus den norddeutschen Liedern schöpfte,
welche dem bez. Eddaliede zu Grunde lagen [192]).   Während
ich mit Symons S. 270 (u. 243) die Uebereinstimmung von
Völss. XXXVII (175, 11—13 B) mit *þidr.* 384 für rein zufällig halte, ist die von *Völss.* XI (106, 4—5) mit *þidr.* 153
vielleicht in die Reihe jener unbewussten Reminiscenzen an
die Auffassung der *Edda* und *Völss.* zu rechnen, die sich in
der *þidr.* doch hie und da zu finden scheinen [193]).

§ 11.   Diese früher allgemein angenommene, auch an
und für sich plausiblere Ansicht, dass die «auf älteren Quellen
beruhende» *Völss.* [194]) auch literarhistorisch älter (vgl. mit
der *þidrekss.*) und dies Verhältnis nur durch eine vereinzelte
Interpolation [195]) minder deutlich geworden sei, würde weit

---

190) Beispielsweise also die Trauer des Rosses *Grani* in C. XXXII.

191) Wenn auch die in der L. E. besonders beliebte Bezeichnung
«hunisch» nur in unbestimmter Weise nach dem Süden deutet, so
sorgte doch namentlich die skaldische Technik dafür in Wendungen
wie *Rínar málmr* (oder *leygr* oder *sól*) die Erinnerung an die urspr.
Heimat festzuhalten.

192) Diesen älteren Standpunkt hat gegenüber Döring Rassmann
(Die Niflungasaga und das Nibelungenlied) mit Recht wieder geltend
gemacht.

193) Hierüber urteilt Rassmann a. a. O. p. 82 u. Heldens. I, 10
wol etwas zu bestimmt negativ, weil wir Angaben eines alten *saga*-
schreibers nie philologisch buchstäblich nehmen dürfen. — Vgl. auch
Rassm. selbst S. 96, 97, 100.

194) So Rassm. Niflungas. S. 92 [1]). — Vgl. auch P. E. Müller
bei Lange Untersuch. S. 67 und 68.

195) Dieselbe würde insofern minder auffällig sein, als die *Völss.*
weder nach der mündlichen *saga* noch den Eddaliedern Anlass zu einer
detaillirteren Schilderung ihres Helden gehabt hatte, eine solche aber
einem späteren Abschreiber nicht übel erscheinen mochte. Dabei

sicherer dastehen, wenn der allerdings bez. seiner Authenti-
cität nicht unangefochtene Prolog zur *þiđr.* mit der Wendung: *Norrœnir menn hafa saman fœrt nökkurn part sögunnar (nökk. hlut sögu þessarar AM* 177), *en sumt međ kvedskap* einen Bezug auf unsere *Völss.* im Auge gehabt hätte.
Dies ist mir allerdings wahrscheinlicher, als die von Bugge
N. F. LXVIII geäusserte Ansicht, hier sei eine aus Poesie
und Prosa gemischte Sammlung, speciell wol der die Heldenlieder der sog. Lieder-Edda betr. Theil gemeint. Mir scheint
indes der Zusatz *en sumt međ kvedskap* zu ergeben, dass
der Autor in erster Linie eben nicht an eine Liedersammlung,
sondern an Prosaarbeiten gedacht habe [196], wie denn auch
die unmittelbar vorhergehenden Worte zunächst immer der
Prosafassungen gedenken und die Lieder nur als davon abhängige Ausschmückungen hinstellen [197].

Ist dies der richtige Standpunkt für die altnordische
Sagenforschung, so versteht es sich, dass man Angaben wie
die in *Snorri's Háttatal* C. 111: *þenna hátt fann fyrst Veili
.... þá orti hann kvædi, er kallat er ... ok kvedit eptir
Sigurđar sögu* nicht auf «irgend ein Lied von *Sigurđr Fáfnisbani»* sondern auf eine prosaische Formation zurückführen
muss; ähnlich wie dies in der *AM* I, 647 schon angezogenen
Stelle der *Fms.* V, 210 liegt; hier heisst es, der heil. *O'láfr*
habe nach seinem Tode durch ein Traumgesicht zu verstehen
gegeben, dass der Skald *Sighvatr* sein beabsichtigtes Preislied

wurde verständigerweise jedoch die unglückliche (leider deutsche)
Angabe von der Hornhaut des Helden übergangen, wie auch schon
P. E. Müller bemerkt hat.

196) Ausser der *Sigurđar-saga* würde jedenfalls dann noch eine
prosaische *Völundar-saga* gemeint sein, die in der Prosa zur *Völundkv.*
excerpirt, in den Strophen selbst aber poetisch bearbeitet uns vorliegen würde.

197) Sollte nicht auch der Ausdruck *söguljóđ* (Prolog zur *Heimskr.*)
ursprünglich ein auf einer *saga* beruhendes Lied meinen? Bereits an
anderm Orte habe ich erinnert, wie die skaldischen Zeugnisse in der
pros. Edda in der Regel als Bearbeitungen eines Prosatextes aufgefasst werden, so *Sk.* XVII, XVIII, L, namentlich deutlich XLII: *eptir
þessum sögum hafa flest skáld ort ok tekit y'msa þáttu.* Ganz ähnlich
heist es aber auch vor *Oddrúnargr.*: *um þessa sögu er hér kvedit* und
vor *Atlakv.*: *Um þetta er sjá kvida ort.*

F

auf den König: *eigi eptir Sigurðar sögu, heldr eptir uppreist-
ar sögu* [198]) anfertigen möge. Nun ist allerdings klar, dass
schon die zweite Stelle — Olaf der Heilige starb 1030 —
deren legendarische Fassung ins Auge fällt, nur schwer,
noch weniger aber die erste — *þorvaldr Veili* fiel 998 auf
Island [199]) — einen direkten Bezug auf die uns erhaltene
Rec. der *Völss.* ermöglicht; ja, dass an eine schriftliche Fixirung derselben hier überhaupt wol noch nicht gedacht werden darf. Sind wir aber darum befugt, allen und jeden Zusammenhang zwischen jenen alten Zeugnissen und unserer
Völss. auszuschliessen [200])? — Einen Ausweg zeigt uns vielleicht die Betrachtung jener merkwürdigen Sagenskizze in
der *Sk.* (XXXIX—XLII), bez. derer sich R. Keyser (Eft.
Skr. I, 355) also äussert: Die Erzählung ist hier äusserst
gedrängt, aber übergeht doch keinen wirklich wesentlichen
Zug. Sie ist schwerlich ein simpler Auszug aus den Eddaliedern, sondern eher eine kurzgefasste, kernige Darstellung
der Volkssage (*af det sagn*), die ihnen zur Seite ging (*led-
sagede dem*)». Nur möchte ich lieber sagen: die ihre Grundlage bildete. Wie also in Deutschland auch nach dem in
den uns erhaltenen Nibelungen vorliegenden Versuche einer
Annäherung des Sagenstoffes an die Hofkreise die populäre
Pflege desselben Stoffes ihre alten Wege ging, so liegt durchaus kein Widerspruch darin, dass *Snorri*, der wahrscheinlich
— wenn nicht unsere — so doch eine etwas ältere Rec. der
literarischen *Völsungas.* bereits kannte, gleichwol zum Behufe
einer kurzen Uebersicht der älteren, für die Skalden mass-
gebend gewordenen und im Ganzen auch gebliebenen Formation, auf die mündliche Volkssage im Allgemeinen zurück-

---

198) Gemeint ist die (biblische) Genesis. — Vgl. Möb. Anal. ² 60, 19.

199) Vgl. Rassm. Heldens. I, 41. Als *þorvaldr* wird *Veili* in U
ausdrücklich bezeichnet; das Fehlen der Worte *ok kv. e. S. s.* in U
darf wol nur als eine der häufigen Kürzungen in U gelten.

200) Mag die Art und Weise, in der Keyser Eft. Skr. I, 15 fg.
die Bedeutung der mündlichen Tradition — wobei er jedoch (namentlich S. 4) auch die poetische Form wol unter nicht ganz richtigen
Gesichtspunkten auffasst — für die altnord. Liter. geltend zu machen
versucht hat, auch übertrieben erscheinen, so darf dieselbe andererseits für das Gebiet der populären Erzählung doch auch nicht zu gering angeschlagen werden.

griff, und ihre literarische Fixirung vielfach wol im wörtlichen Anschluss an die seit Jahrhunderten übliche mündliche
Tradition des Volkes, aber natürlich auch ohne pedantische
Urgirung dieses Standpunktes, also mit Nebenberücksichti-
gung neuerer Motive unternommen zu haben scheint. Ganz
anders aber war der Standpunkt der literarischen — sich
selbst wahrscheinlich immer noch *Sigurđar saga* nennenden
Völsunga saga [201]), wobei ich zunächst von den verschiedenen
Rec. derselben noch absehe. Ausgehend von dem Bestreben,
nicht sowol das Alte und Einfache zu conserviren, als durch
neue, künstlichere Behandlung des alten Stoffes demselben
neue Freunde (namentlich in norwegischen Hofkreisen) zu
gewinnen, konnte hier ein wörtlicher Zusammenhang mit der
alten mündlich-überlieferten *Sig. saga* zwar auch noch, aber
doch in mehr zufälliger als bewusst absichtlicher Weise
stattfinden [202]). Wenn aber — und mir scheint dies unzwei-
felhaft — die Ansicht begründet ist, dass unsere Völsungenlieder in der L. Edda, ebenso wie die eigentlich skaldischen
Behandlungsversuche auf die prosaische, urspr. mündliche
Sig.-saga als ihre Quelle zurückweisen, so lag es sehr nahe
für eine kunstvollere Behandlung des Stoffes eben jene poetischen Variationen zu verwerten, theils durch prosaische Paraphrase, theils durch direktes Citat (über den wahrscheinlichen
Grund dieses Wechsels vgl. Vorbem. zu *Norngþ.*), wie ja
ausnahmsweise auch *Snorri* in *Sk.* XL ein solches Citat uns
darbietet. Hiervon abgesehen und ausser der natürlichen
Ausgleichung von stärkeren Widersprüchen, die sich in der
poetischen Variation eingestellt hatten, und der begreiflichen

---

201) Wir schliessen dies aus der Anführung im *Norngþ.* C. VI
ex.; vgl. Vorbem. zu *Norngþ.* Es wäre der ältere Name dann in ähnlicher Weise beibehalten, wie unsere Nibelungen die Bez. «*der Nibelunge Nôt*» wahrscheinlich nach einem älteren, nur die Schluss-Kata-
strophe behandelnden Liede fortführen.

202) So erklären sich aber zur Genüge jene wörtlichen Berührungen zwischen der *Sk.* und *Völs.*, die wir oben in § 8 mehrfach
besprochen haben. Wir werden dieselben in den Vorbem. zu *Norngþ.*
noch einmal berühren und dort auch über die Prosa der L. Edda uns
aussprechen. Eine wirkliche Entlehnung aus der *Sk.* in die *Völs.*
hat wahrscheinlich nur auf dem Wege der Interpolation (C. XIV:
gullit er sið. kall. u. vielleicht noch in einigen Fällen) stattgefunden.

Annäherung der Charakterzeichnung an die Ideale der Hofkreise kam für die literarische *Völsungas*. noch das Bestreben
einer Anknüpfung des ursprünglich ausländischen Sagenstoffes einmal an die Götter- dann aber auch an die Heroen-
welt des nordgermanischen Stammes hinzu. Beide Ziele hat
wahrscheinlich schon die ältere, uns verlorene Rec. der *Völss.*
im Auge gehabt, jedoch eine wirkliche Anhängung der wol
aus der *Skjöldunga-saga* emanirten *Ragnars-saga* schwerlich
bereits vollzogen. Diese letztere Contamination hat dann,
wie bereits oben vermuthet ward, zu jener Verkürzung der
Vorgeschichte in unserer Rec. geführt, die wenn auch auf
populären Erzählungen theilweise fussend, in der *Völsunga-
saga* hauptsächlich jene Anknüpfung an *O'ðinn* gewährleisten
sollte, auf die man in norwegischen Hofkreisen wol allmählich immer weniger Nachdruck zu legen geneigt war. Dafür aber, dass die ältere Rec. der liter. *Völss.* sich weit ausführlicher nicht sowol über *Sigi*, *Rerir* und *Völsungr* [203]),
wie namentlich über *O'ðinn* selbst verbreitet haben wird,
dafür sprechen auch (ausser dem Prologe zu *Gylfag.*, vgl.
Einl. C. 4) jene *Völsungsrímur*, die in I von *O'ðinn* und
seinen übrigen Söhnen so natürlich (Str. 51) auf *Sigi* über-
zugehn wissen, dass sich hier kaum ein Verdacht willkühr-
licher Combination regt. Auf Island konnte sich wol im XV.
Jahrh. noch eine Spur jener älteren *Völss.* [204]) erhalten haben,

---

203) Obwol auch bez. dieser Personen Kürzungen vorgekommen
sein werden. Gleich der Anfang . . . . *er Sigi er nefndr ok kallaðr,
at héti son O'ðins* ist stark verdächtig. Durch ein *væri* für *héti* (so
zweifelnd Bugge) wäre nicht Viel geholfen. Eine ähnliche Kürzung
des Anfangs scheint auch in der Hs. 8 des *Nornagþ.* vorzuliegen.

204) Die Annahme ihrer Existenz fusst nicht allein auf jenen
allerdings jungen und unzuverlässigen *rímur*, sondern auf *Form.* zu
Gylf. und überhaupt auf der Analogie aller ähnlichen *Saga*-werke,
wie *Hrólfssaga*, *Ragnarssaga*, *þiðrekssaga* u. s. w. Eine Kenntnis der
prosaischen Edda in *Völsungsrím.* I scheint zwar wahrscheinlich, war
aber wegen der manchen Irrtümern ausgesetzten mythologischen Kenntnis ihres Autors wol nur flüchtig; ebenso ist eine Benutzung der
Ynglinga-saga, wenn auch wieder in freierer Weise (vgl. z. B. die
Schilderung von *Gefjon* Str. 27—37 mit *Yngl.* 5; ferner Str. 42, 43
mit *Yngl.* 8) unbestreitbar. Dazu kamen wol verschiedene unklare
Erinnerungen.

die in ihrer mutmasslichen Heimat (Norwegen)[205] zunächst
durch die jüngere Rec., bald aber durch den wechselnden
Zeitgeschmack ganz verdrängt wurde. Ueber die Abfassungszeit unserer Rec. vgl. noch Vorbemerkungen D. —

C. Zum Nornagests-þáttr.

§ 12. Als Episode der *O'lafs saga Tryggvasonar* findet
sich in der *Flateyjarbók* (ed. Unger und Vigf. S. 346 fg.),
die man als F zu bezeichnen pflegt, jenem grossen literar-
historischen Corpus aus dem Ende des 14. Jahrh., ausserdem
in mehreren verwandten Membranen, unter denen namentlich
A (Nr. 2845 in klein Quart der Kön. Bibl. zu Kopenhagen)
als die der Ausgabe in den Fas. (I, 313 fg.) zu Grunde liegende Hs. Beachtung fordert, und in mehreren Papier-Ab-
schriften (darunter G) aufgezeichnet. A ist von Bugge (N. F.
XLI fg.) geradezu als Abschrift von F bezeichnet, und eine
sehr nahe Verwandtschaft nicht zu bestreiten. Nach dem
in den Vorbem. zur *Völss.* ausgeführten Standpunkt können
aber selbst entschieden abhängige Hss. einiger Conjekturen
halber unsere Aufmerksamkeit verdienen, so ist in A C. VIII
zu Anfang richtig *A'la* (für *A'rmóð*), in C. V in G [1]) das
dem Zusammenhange wol allein angemessene *teygir* überliefert. — Weit schärfer nun als die bisher genannten Hss.
weicht von F die von S. Bugge seiner Ausgabe in *Norröne
Skr. af sagnhist. Indh., förste Hefte* = Heft VI von Det
Norske Oldskriftselskabs Samlinger p. 45 fg.[2]) zu Grunde
gelegte Hs. S ab, die als Cod. A. M. Nr. 62 bezeichnet wird.
Während dieselbe nach Fas. I, XX spät im 15. Jahrh. ge-

---

205) Vgl. Symons a. a. O. S. 214. — Ob der Autor Isländer
oder Norweger war, erscheint mir nebensächlich.

1) Nach Fas. I, 322 [3]) würde auch F *teygir* bieten, was jedoch
durch die neueren Collationen (*tegar* Ung. Vigf. und Bugge) nicht
bestätigt ist.

2) Bugge hat von C. II eine andere Capitelzählung, auf die ich
am Rande Rücksicht genommen habe. —

schrieben wäre, lässt Bugge a. a. O. sie bald nach der Mitte
des 14. Jahrh. angefertigt sein. Den Ursprung der Erzählung
selbst setzt Bugge in den Beginn des 14. Jahrh., was auch
zu P. E. Müllers Meinung (Sag. Bibl. II, 119; vgl. Lange
Untersuch p. 66) ungefähr stimmt, während Andere etwas
höher hinauf gehen zu dürfen glauben [3]). Da gerade die
ältesten und besten Hss. unseren *þáttr* eben nur als Episode
der *O'lafs saga Tryggv.* kennen [4]), so ist die in den Fas. geäusserte Ansicht, dass man hier nicht etwa an einen ursprünglich selbstständigen Sagenstoff zu denken habe [5]),
wol als begründet anzusehn.

§ 13. Was nun das Verhältnis von F und S, die durch
gemeinschaftliche Fehler, namentlich in den Liedercitaten
(vgl. z. B. *mikit* für *meira* 56, 11; *af hrotta meida hrapi*
für *at hrottameiđi hrafns* 61, 17, wol auch *undir askinum*
für *u. asklimum* 62, 6 B.), doch auch sonst (*á Gnipaheidi*
für *á Gnitah.* 57, 6) immerhin auf Eine Vorlage zurückweisen, des Näheren betrifft, so lässt sich nicht leugnen, dass
die Mehrzahl der einzelnen Fälle betrachtet S sorgfältiger
geschrieben und gewöhnlich im Rechte zu sein scheint [6]).
Finden sich daneben auch etliche Stellen, wo F den Vorzug
zu verdienen oder doch eine gleichwertige Lesart zu bieten
scheint, so wird das Verhältnis zu Gunsten von F doch mehr
noch durch folgende Erwägungen beeinflusst. Da nämlich
die Ueberlieferung der Liederstrophen eine vielfach für
Ngþ. überhaupt eigentümliche, von Bugge N. F. p. XLIII
wol mit Recht durch den Einfluss mündlicher Tradition erklärte ist [7]), so kann eine in S häufiger als in F hervor-

---

3) R. Keyser Eft. Skr. I, 395 fg. denkt an die Mitte oder zweite
Hälfte des dreizehnten Jahrh. Weiter hinauf wird man freilich nicht
gehn dürfen.

4) In A ist der *þáttr* mit einigen andern Stücken zusammenge-
schrieben, vgl. Fas. I, XIX. —

5) Vgl. Fas. I, XX.

6) Dies hat den von S. Bugge angenommenen Standpunkt, wonach S als die beste Quelle gilt, veranlasst. B. folgt überall, wo nicht
Anderes in den Anm. bemerkt ist, dieser Hs. —

7) Daneben will Bugge freilich auch die Benutzung einer schriftlichen Vorlage aus scheinbaren oder wirklichen Schreibfehlern er-

tretende Annäherung an den Reg. der L. E. nicht ohne
Weiteres als Bewahrung des Ursprünglichen sich ausweisen,
muss vielmehr den Gedanken an ein nachträgliches Ausglei-
chungsverfahren nahe legen. Der deutlichste Fall dieser Art
ist wol 73,14 (wo *Fáfnis dy'nu* in F einem *þats und Fáfni lá*
in R, einem *þat er undir F. l.* in S entspricht. Hier scheint
mir der Ausdruck in F der ursprüngliche, die nach R in S
gegebene Fassung eine etwas schwerfällige und prosaische
Variante, die zugleich die Einflickung von *gull* in den vorhergehenden Vers veranlasste. In dem Verse 73, 61 halte
ich *þegar* in F für unrichtig, aber der Umstand, dass S zwar
þegn mit R bietet, aber in der falschen Stellung von *einn*
zu F stimmt, bestärkt doch auch hier den Gedanken an eine
nachträgliche Feile in S. — 72, 16 halte ich *á goð þorðu* in
S für eine verfehlte Anlehnung an R. Wieder dem Sinne
nach zu R, der Stellung nach zu F stimmend verdient die
Lesart von S. 71, 10 Beachtung. Bisweilen, aber im Ganzen
selten, gehen auch R, S, F auseinander, so 71, 1. —

Weit erheblicher aber ist noch der Umstand, dass S in
C. I den Verdacht einer ziemlich starken Verkürzung der
Vorlage auf sich zieht. Nach F, A u. w. kommt nämlich
Gestr eines Abends spät an den königlichen Hof, und wird
von *O'láfr*, der sich nur kurz nach seinem Namen erkundigt,
mit dem naheliegenden Wortspiele: *gestr muntu hér vera,
hversu sem þú heitir* unter die Gäste des königl. Hofes aufgenommen. Die Erscheinung des Nachtgeistes, der sich über
den nur äusserlich zum Christentume gehörigen *Gestr* spöttisch auslässt, verursacht dann am Morgen genauere Erkun-
digungen des Königs nach der Herkunft und Confession des
Fremden. Diese Darstellung wird als die sachgemässe und
natürliche gelten müssen, und es kann daneben wol nur als
ein Mangel künstlerischer Handhabung des Stiles erscheinen,
wenn der König sich am Abende wie am nächsten Morgen

---

härten. So kann 59, 15 allerdings (vgl. B'.) *hafri* aus *hafar* (= *húvar*)
verlesen sein, aber auch *unnar* aus *unnir, hafi* (59, 16) aus *haf*? Und
können diese letzteren, wenn sie nicht lediglich als Spiel des Zufalls
aufzufassen sind, nicht erst in der schriftlichen Tradition des *Nornagests þáttr* entstanden sein?

der nämlichen Frage (*spurđi, hverr hann væri*) bedient [8]).
Es kann aber bei der bekannten freieren Stellung, die ältere
Abschreiber ihren Vorlagen gegenüber so oft einnahmen,
nicht auffallen, wenn in S jene erste Begegnung des *Gestr*
mit dem Könige als für die weitere Handlung unerheblich
übergangen wurde, wobei nur unerklärt bleibt, wie *Gestr*
ohne Erlaubnis des Königs Nachtquartier am Hofe erhalten
kann, und der Leser, der den Zusammenhang nicht bereits
kennt, sich in der Erzählung vom Nacht-elben wol nicht
gleich zurechtfinden wird [9]). — Eine minder erhebliche Abkürzung findet sich am Schlusse von C. I, vgl. auch B zu
75, 18; 77, 8 u. 10; während eine allerdings recht entbehrliche
Schlussfloskel (C. II ex. = 52, 12—13 B.) auch in F einmal
fortgelassen zu sein scheint und das anonyme Auftreten des
in S (75, 9—10) *Sónes* genannten Fremden eher für als gegen
F sprechen möchte. Im Ganzen schien es mir hiernach
geboten, in F (A u. w.) die altberechtigte Vulgata der Ueberlieferung anzuerkennen, S dagegen nur in einzelnen, wenn
auch nicht ganz seltenen Fällen zur Correktur heranzuziehen.

§ 14. Von den XII Cap. des *þáttr* entfallen die vier
ersten, sowie die beiden letzten auf die Einkleidung, C. V
bis IX zur Mitte bezieht sich (als Erzählung des *Gestr*) auf
die Sigurdsage, der Schluss von C. IX auf die Ragnarssöhne,
C. X führt mit einem weiteren Umblick über die Hauptge-
stalten der nordischen Sagenwelt wieder zu *Nornagestr* selbst
zurück. — Was die C. V bis IX behandelte Sigurdsage be-

---

8) Es würde in dem ersteren Falle etwa die Formel: *spurđi,
hvat hann hét,* die sich in S findet (Bugge 48, 9) den Vorzug verdient
haben.

9) Es liegt darin, dass der König die A. [8]) erwähnte Frage nach
S erst am Morgen an *Gestr* richtet, doch deutlich die Annahme, dass
der König von seinem Aufenthalte am Hofe überhaupt noch nicht
wusste. Ist dies aber denkbar? Unklar bleibt übrigens auch in F,
ob der Elbe wirklich in der Nähe des *Nornagestr* Platz nehmen konnte
(vgl. *nam stađar* = 47, 9 B.) oder durch das äusserliche Christentum desselben abgehalten wurde: *eptir þat hverfr sá á brott* 48, 3.
Wahrscheinlicher ist wol die letztere Auffassung und also bei *nam
stađar* nur an ein augenblickliches Verweilen zu denken. — Ueber
die Natur der Elbe im Allgemeinen vgl. Grimm Mythol. 427 fg.,
Petersen N. M. 106.

trifft, so haben wir hauptsächlich das Verhältnis des uns
hier vorliegenden Berichtes zu der Lieder-Edda und zu der
Völsunga-saga zu prüfen.   Bei der ersteren ist aber wiederum
zwischen den eigentlichen Liedern und der Prosa des Sammlers wol zu unterscheiden.   Als benutzt erscheinén von den
Liedern namentlich *Reginsmál* und (nahezu vollständig aufgenommen) *Helreið Brynhildar*.   Ob *Helg. Hund.* I, 14 in
C. V (58, 10—12 B.) benutzt ward, ist ungewis, vgl. darüber
w. u. §. 15. — In *Regm.* und *Helr.* finden sich viele Abweichungen von R der L. E., welche Hs. nach Bugge (N. F.
XLIII) fast überall die mehr ächte und ursprüngliche Textform bewahrt haben soll.   Ich kann dieser Auffassung nur
bez. *Regm.* mich anschliessen.   Was *Helr.* betrifft, so giebt
es denn doch mehrere Fälle, in denen *Ngþ.* (namentlich F) bei
nüchterner Prüfung den Vorzug verdienen möchte [10]. — Str. 1, 8
ist *várra ranna* von Hildebrand nach *Ngþ.* recipirt; 2, 2 ist *af
Vallandi* (R) eine alte crux interpretum, während *vá alandi*
(gewissermassen ein weiblicher *bölvasmiðr*) nur dem der *Brynh.*
so oft gemachten Vorwurfe, an allem Uebel Schuld zu sein
(vgl. z. B. *Sigkv. sk.* 27, 7—8) einen neuen und wol nicht
unpassendem Ausdruck leiht. —   Str. 2, 5—8 bedarf nach

---

10) Man ist wol immer noch geneigt, die Sammlung der L. Edda
sowol chronologisch als in kritischer Hinsicht zu hoch hinaufzusetzen,
vgl. Vorbem. D. — Woran ich hier erinnern möchte, ist dass eben
das Wesen einer solchen Sammlung durchaus keine gleichartige Qualität der aufgenommenen Liedertexte bedingt; dass der Sammler also,
auch wenn er im Ganzen mit Glück relativ richtige Texte aufzutrei-
ben wusste, darum doch in anderen Fällen ebensogut einmal fehl-
greifen konnte. — Beiläufig sei noch erwähnt, dass mir die Aus-
scheidung von Str. 7—10 (vgl. Hild. Anm.) aus *Helreið* nicht gerechtfertigt erscheint, zumal sie eben auch in *Ngþ.* sich hier findet.   Die
unvollständige Halbstr. 6 (nach 7 in R) fehlt dagegen in. *Ngþ.* —
Unter dem *ungum gram* (7, 7) kann ich nur *Sigurðr* verstehen.   Ein
derartiges Verhältnis zu *Agnarr* ist nirgends bezeugt.   Auch würde
ein erzwungenes Beschützen des *Agnarr* durch *Brynh.*, wie es die
Erklärer von Str. 7 nach R (vgl. z. B. Lüning zu Str. 6) annehmen
müssen, etwas nahezu Widersinniges in sich schliessen.   Auch in *Ngþ.*
ist das *undir eik hiia* 7, 4 (Bezeichnung des von menschlicher Wohnung getrennten Walkyrienaufenthaltes?) undeutlich; *Atla systur* kann
dagegen recht wol richtig sein, und *hugfullr konungr* würde auf
Heimir oder *Budli* zu beziehen sein.

R nicht nur einer sehr verschränkt-künstlichen Construction,
da *mild* (vgl. B. *N. F.* 423) in V. 7 mit V. 5 (*var gulls*)
verbunden werden muss, sondern enthält überdiess ein von
dem Riesenweibe nicht eben zu erwartendes höfliches Com-
pliment der *Brynh.* gegenüber, während *Ngþ.* zwar auch
keine festausgeprägte, aber doch minder auffällige Textform
bietet. Ebenso ist 3, 7—8 in *N.* nur die leichte, durchaus
erträgliche, Reimlicenz [11]) in: *þeim er eðli mitt um kunna*
(*um* Reimstab) gegenüber der Fassung in R: *hvars menn eðli
okkart kunna* (und der ähnlichen in S) etwa zu tadeln, während hier wieder das nach V. 5 (*okkur*) sobald wiederholte
okkart eben nicht vortheilhaft wirkt. — Str. 5, 2—3 ist
die Fassung in *Ngþ.* wol mindestens ebenso gut wie die in
R, ebenso der angebliche Vorrang von R in 9, 4 höchst
zweifelhaft. — Auf Str. 10, 5—8 habe ich schon in § 13
hingewiesen. Str. 14, 4 scheint mir der Ausdruck in F (sich
am Leben erhalten) edler und passender als der in R, S
überlieferte (geboren werden). — Der Abschluss des ganzen
Liedes Str. 14, 8 ist in F einfach und gefällig, auch von R
nicht weit abliegend überliefert, während S eine unnötige
Sonderstellung einnimmt.

§ 15. Bez. der Prosastücke des Sammlers kommt zunächst die vor *Helg. Hund.* II, 13 (die mit *Helg. Hund.* I, 14
bez. der vier Erschlagenen nicht ganz stimmt) in Betracht [12]).
Ich habe bereits zu *Völss.* IX und XVII (im Anschluss an
Symons) bemerkt, wie hier mit Benutzung jener Varianten
der Ueberlieferung ein fünftes Opfer gewonnen wird, das
dann mit *Lyngvi* zusammen C. XVII vor *Sigurðr* fällt. —
Ngþ. V (58, 10—13 B.) stellt die Sache wiederum anders
hin; für *Hávarðr* oder *Hagbarðr* [13]) tritt *Hemingr* ein, der
sonst nur Eingangsprosa und Str. 1 von *H. Hund.* II sich
kurz erwähnt findet; *A'lfr* wird aber jetzt zu den von *Sigurðr*

---

11) Einige Beispiele für die Verwendung untergeordneter Wörter
als Stabwörter stellt F. Vetter: Zum Muspilli p. 30 zusammen. Vgl.
auch *eld at riða né yfir stiga Völss.* 145, 8 B.

12) Die betr. Differenz ist in der Ausg. von Hild. durch Aenderung von *H. H.* I, 14 ausgeglichen. —

13) Wenn diese Formen, und ebenso *Herrud* 58, 10 mit *Hervard*
identisch sind.

Erschlagenen gerechnet. Es zeigt sich hierin doch wol eine
zu Gunsten des *Sigurðr* fortschreitende Umgestaltung der
Sage. Nach *H. H.* I, 14, 6—8 hätte *Helgi* das ganze Geschlecht des *Hundingr* getödtet; Prosa vor H. H. II, 13 behauptet dies nicht mehr, nennt aber die vier von *Helgi*
Erschlagenen vielleicht ursprünglich übereinstimmend mit
jener Quelle; *Völss.* IX lässt auch Vier von *Helgi* erschlagen
werden, aber ausser dem *Lyngvi* noch einen Hundingssohn
vor *Sig.* fallen. Dies Verhältnis (4 : 2) schien nun endlich
der Billigkeit gemäss in 3 : 3 zu verändern, so dass *Sigurðr*
auch hierin dem *Helgi* völlig gleich stand. Diesen (jüngsten)
Standpunkt nimmt aber nicht etwa nur *Ngþ.* V u. VI ein,
sondern Prosa vor *Regm.* 26 scheint noch einen Schritt weiter
gehn zu wollen mit den Worten: *þar fell* (im Kampfe mit
Sig.) *Lyngvi ok þeir þrir brœdr.* Sollte unter diesen drei
Brüdern (was wol kaum möglich) auch *Lyngvi* mitverstanden
sein, so ist doch deutlich, dass aus dieser unklaren Andeutung sich die bestimmte Namensangabe in *Ngþ.* V nicht wol
ableiten lässt. Im Allgemeinen aber verdient bemerkt zu
werden, dass *Ngþ.* und *Regm.* in der auf uns gekommenen
Form sich weit näher stehen, als das genannte Lied und die
Völss. — Fassen wir vorläufig nur den zweiten auf die
Vaterrache des *Sig.* bez. Theil der *Regm.* in's Auge, so sind
nicht nur sämmtliche Str. (15—26) in *Ngþ.* ausgehoben, während *Völss.* nur eine (Str. 18) citirt, sondern die *saga* nimmt
auch auf Str. 15—17 keinen sicheren, auf Str. 19 bis 26
überhaupt gar keinen Bezug in ihrer pros. Paraphrase [14]).
Dass der *saga*-schreiber principiell die Lehren des *Hnikarr*
übergangen, lässt sich nach seiner genauen Paraphrase, resp.
Citirung, der *Sigrdrífumál* eben nicht annehmen; noch weniger braucht nach einem Grunde dafür gesucht zu werden,
weshalb das Schneiden des Blutaars wol *Ngþ.* VI, wo auch
ein gewisser *Hámundr* als Bruder des *Sig.* eine sehr müssige
Rolle spielt [15]), und in *Regm.* 26, nicht aber in der *Völss.*

---

14) So weiss auch *Völss.* XVII noch nichts von einer Theilnahme
des *Reginn* an der Fahrt gegen die Hundingssöhne, wie sie Prosa vor
Regm. 17 und 26, sowie der *Ngþ.* fingirt.

15) Wir kennen den *Hám.* sonst nur aus ganz flüchtiger Erwähnung in *Ngþ.* IV, *Völss.* VIII und der Prosa *Frá dauda Sinfj.* —

erwähnt wird; es handelt sich auch hier offenbar um eine
jüngere Vergröberung oder Verwilderung der so vielfach va-
riirten Sagenform [16]). Treten wir nun an die Prüfung des
Verhältnisses von *Ngþ.* IV zu der Prosa *frá dauda Sinfjötla*
heran, so finden wir auch hier ein viel näheres Verhältnis
beider Darstellungsweisen, als sich dies bez. der *Völss.* einräumen liess. Die Worte von *Sigmundr fell* (55, 7 B.) bis
göfgastr allra herkonunga (55, 14) entsprechen so genau der
eddischen Prosa (Hild. 176, 28—33), dass man die Wendung
von *Sinfjötli* bis *Hámundr* als eine etwas unpassende Parenthese (bestimmt über diese beiden Personen und *Helgi* den
Leser kurz zu orientiren) auffassen möchte. Dem sei wie
ihm wolle, wir sind durch unsere Betrachtung der *Völsungas.*
davor gewarnt, allzuschnell über derartige Fragen abzuurteilen.
Vgl. w. u. — Mit 55, 15 geht *Ngþ.* unmittelbar zu der
pros. Einl. zu *Regm.*, von der jedoch der erste (nicht recht
passend placirte) Satz (scheinbar) übergangen und auf die
Erzählung vom Schatze nur unbestimmt (*segir frá atburdum
undarligum*) hingedeutet wird. — In demselben Zusammenhange wie in unserer Ueberlieferung der *Regm.* wird dann in C.
V auf Str. 13, 14 übergelenkt [17]). — Auch die Erzählung vom
Schmieden des Schwertes hält sich enge an die Prosa nach
Regm. 14 vorliegende Fassung [18]). Der auf die Vaterrache
des *Sig.* bez. zweite Theil der *Regm.* (Str. 15 fg.) stimmt,
wie schon oben hervorgehoben, weit näher als *Völss.* XVII
zu der eddischen Auffassung, lässt es jedoch an einigen Varianten von der Prosa des Sammlers — die Strophen selbst

---

16) Indem ich hier auf die neueste Behandlung der *Helgi*-sage
(von B. Symons in Pauls Beitr. IV, 166 fg.) verweise, freut es mich,
ohne dem Verf. in allen Punkten folgen zu können, doch hier eine
weit kritischere Behandlung der Prosa des Sammlers der L. E. wahr-
zunehmen (vgl. SS. 170, 181—183) als in den Untersuch. über die
Völss. desselben Verf. —

17) Es wird damit die Vermutung, dass jene Str. ursprünglich
an den Anfang der *Regm.* gehörten, zwar nicht widerlegt, aber doch
noch weniger gestützt.

18) Von den Hss. ist einmal F (*reka ofan* 57, 9 B. vgl. *brá þvi
ofan* 190, 9 Hild.), ein andermal S (*lagdinn sem vatnit* 57, 10 B., nur
lagd. F) jener Prosa näher; beide Hss. aber erwähnen nicht den von
Fáfnir getragenen *Oegishjálmr* (190, 4—5 Hild.)

sind im Ganzen nur durch einige Entstellungen der Textform
in *Ngþ.* unterschieden — nicht fehlen. Zunächst wird die
Fahrtgesellschaft nicht nur durch *Reginn*, sondern durch
Hámundr verstärkt, wozu *Nornagestr* selbst sich gesellt. Bei
dieser Gelegenheit sind Reminiscenzen an frühere Begebenheiten
eingestreut, welche dieselben nun nicht sowol im Anschluss
an die eddische Prosa, sondern eher an die *Helgi*-lieder und
Völsungas. darstellen, und durch einige moderne Zuthaten
(so 58, 17) vermehren [19]). — C. VI schildert den Heereszug
gegen die Hundingssöhne sehr ausführlich, theils mit neuen
und unnötigen Zusätzen, theils in glücklicherer Weise [20]). —
Die Schlachtbeschreibung selbst vermeidet wol absichtlich
die schon etwas stereotyp gehaltene Schilderung der *Völss.*
noch einmal zu copiren [21]), auf welche jedoch bez. der weiteren Schicksale des *Sigurdr* am Schlusse von C. VI verwiesen wird. C. VII berichtet noch in ziemlich ausführlicher
Weise über einen Feldzug, den *Sig.* als Bundesgenosse der
Gjúki-söhne wider die *Gandálfs*-söhne (resp. *Sig. Hringr*)
auszuführen hatte. Derartige Feldzüge des *Sig.* in Gemeinschaft mit *Gunnarr* werden zwar auch in *Atlm.* 96 berührt,
aber hier wie *Völss.* 143, 27 fg. nur in sehr unklarer Weise;
noch ungewisser ist der Zusammenhang mit den 152, 24 von
Sig. erwähnten Kämpfen, in denen er selbst (nur aus Be-
scheidenheit?) den *Gjúki*-söhnen die Hauptrolle zuweist, sowie
endlich mit den Kämpfen, die Nibelungen Av. 4 die Bur-
gonden mit *Liudegêr* und *Liudegast* zu bestehen haben [22]).

---

19) An die *Helgi*-lieder und die Prosa zu *H. H.* II schliesst sich
die Angabe 58, 4 (*Borghildi at Brálundi*); die Scheidung des *Sigm.*
von *Borgh.* (58, 5) wird wie in *Völss.* 105, 24 motivirt.

20) Zu ersteren möchte ich die Angaben bez. des Schwertes
Ridill, zu letzterer Classe ausser der ausführlichen Beschreibung des
Alten vom Berge (59, 10—11; 60, 21 fg.) auch die Beziehung des
Unwetters auf die Hundingssöhne rechnen (59, 7—8.) Wenigstens
wird Dergleichen nicht ohne Weiteres als «Ausweitung» der dürftigen
Prosa in *Regm.* gelten dürfen.

21) Neu ist z. B. auch die Erwähnung der Freigebigkeit des *Sig.*
nach dem Siege 64, 21—22.

22) Vgl. Symons bei Paul III, 276 und die dort angef. Autoren,
Lange Untersuch. S. 72 [1]). —

Es handelt sich hier jedenfalls um junge, wol nie
ganz fest ausgeprägte Sagenzüge[23]). Dasselbe gilt natürlich
auch von der Begegnung mit *Starkaðr*[24]), sowie mehr noch
von der C. VIII erzählten Anekdote, die sich auf die Einkleidung der Erzählung bezieht, wie denn auch die Mitte
des Cap. (68, 3) eine Pause in dem Vortrage eintreten lässt. —
In C. IX wird der Tod des *Sig.* iu einer Weise kurz berührt,
welche zunächst die in der *Völss.* recipirte Form als die
gewöhnliche bezeichnet, auf die abweichenden Darstellungen
deutscher wie norröner Quellen aber in einer nahezu wörtlich zum Prosaschlusse zu *Brot af Sigkv.* (214, 6 u. fg. Hild.)
stimmenden Weise hinzeigt. Wie die ganze Erzählung des
Gestr den Charakter einer ungezwungenen Plauderei bei'm
Trinkgelage an sich trägt, so ist auch hier die — dem formellen *saga*-stil weniger zusagende — Berücksichtigung di-
vergireuder Auffassungen an und für sich natürlich und gerechtfertigt. — Bei der in C. IX weiter fg. Beschreibung
vom Tode der *Brynh.* bietet *Ngþ.* aber nicht nur einen Nach-
trag zur *Völss.*[25]), sondern auch eine Divergenz stärkerer
Art von der ihm sonst so nahe stehenden Prosa des Sammlers der L. E. dar. Während die Einl. zu *Helr.* die *Brynh.*
eben auf dem Wege zur *Hel* die Begegnung mit dem Riesenweibe haben lässt, ist es in *Ngþ.* IX (69, 12 fg.) eine
Fahrt zum Scheiterhaufen, um die es sich haudelt. Nach
P. E. Müller (Lange Unters. p. 77) ist die Ansicht, die Vorstellung in *Helr.* sei «sowol die dichterisch schönere, als auch
zugleich die, welche mehr mit den Begriffen der Vorzeit
übereinstimmt» wol ziemlich allgemein augenommen. Was

---

23) Verdächtig ist namentlich auch in der Erzählung *Völss.*
152, 26 die Nachricht von der Tödtung eines Bruders des Königs
Budli durch die *Gjúki*-söhne, was die wenigstens formell freundlichen
Beziehungen zwischen ihnen und *Atli* sehr auffällig erscheinen lassen
würde. —

24) Vgl. darüber noch § 18.

25) Eine Benutzung von *Helr. Brynh.* liegt in der *Völss.*, wie
wir sahen, nicht vor; doch ist nach *Völss.* XXIX (151, 1 B.) die Kenntnis populärer, den Charakter der *Brynh.* in üblem Lichte zeigender
Erzählungen, entsprechend den Vorwürfen der *gýgr* in *Helr.*, auch
dem *saga*-schreiber nicht unbedingt abzusprechen.

die poetische Wirkung anbetrifft, so liegt es nahe, im *Ngþ.*
eine ob auch volkstümlich derbere, dabei doch lebendiger
angeführte Schilderung anzuerkennen [26]). Was die Frage der
Priorität betrifft, so könnte zwar der mythologische Anstrich,
den die *Helr.* schon in ihren Namen uns darbietet, zu ihren
Gunsten zu sprechen scheinen, aber gerade hierin mag Nichts
als die den Isländern so sehr geläufige Nachbildung älterer
Erzeugnisse vorliegen [27]). Anderweitige Argumente sind gleichfalls etwas doppeldeutiger Natur [28]), und so scheint es zunächst am geratensten, ausser dem relativ jüngeren Alter
der bez. Vorstellung überhaupt nur den Umstand hervorzu-
heben, dass *Ngþ.* auch in dem Falle, dass zur Abfassungszeit
desselben die Sammlung der *Edda*-lieder bereits vorlag, doch
selbsständig nach populären Quellen vorgegangen ist. Zur
Beurteilung dieser Verhältnisse möge aber noch folgende
Erörterung beitragen.

§ 16. Bereits bei der *Völss.* ist die Frage, wie denn der
Wechsel des direkten Citats und der Paraphrase der benutzten
Lieder-quellen zu verstehen sei, angeregt worden. Eine
Rücksichtnahme auf den verschiedenen Inhalt der Lieder
schien dabei nicht obzuwalten, wie denn z. B. Str. 5—21
der *Sigrdr.* citirt, die ebenso didaktisch gehaltenen Str. 21

---

26) Man vgl. mit der einfachen Angabe der Prosa: *fór um tín,
þar er gy'gr nökkur bjó* die ausführlich anschauliche 69, 17—70, 7
ausgeführte Schilderung mit ihren volkstümlichen Motiven von dem
Hinzutragen des Brennholzes zum Scheiterhaufen (ähnlich wie in der
bekannten Erzählung vom Tode des Huss) und der feindseligen Tendenz des Liedes selbst (*at öllum sér þú at leiðari, er slíkt heyra frá
þér sagt*), das hier wie eine *níðvísa* genommen zu sein scheint.

27) Für *Helreið* könnten sowol *Baldrs draumar*, wie die Fahrt
des *Hermóðr* zur *Hel* (*Gylf.* XLIX) benutzt sein. —

28) Schon Lün. (zu *Helr.* 14) hat hervorgehoben, wie die Wendung *vit skulum okkr. aldri slíta* doch bei dem schon erfolgenden Tode
auch der *Brynh.* minder passend erscheint, wenn nicht *aldri slíta* hier
wie bisweilen sonst nur so viel als *lifa* (eig. das Leben im Gebrauche
aufzehren) bedeuten sollte. Zu einer solchen hier insofern bedenk-
lichen Deutung, als *aldri slíta* nicht das irdische Leben meinen könnte,
sind wir nach *Ngþ.*, wo *Brynh.* noch am Leben ist, nicht gezwungen.
Andererseits könnte man die Worte, *at Brynh. kvædi dauð Ngþ.* 69, 12
bei peinlicher Exegese in einer Weise betonen, dass sie einen Widerspruch zum Fg. (*ekin til bálsins*) ergeben würden.

—37 nur in Paraphrase benutzt sind. Dass gerade die poe-
tisch-bedeutendsten Stellen der Lieder wörtlich ausgehoben
seien, wird sich bei unbefangener Prüfung wol kaum erweisen
lassen, noch auch daran gedacht werden dürfen, dass die
Citate lediglich als Ausschmückung oder auch als Belegmittel
für die prosaische Darstellung anzusehen seien [29]. Zu einem
etwas anderen Resultate scheint vielmehr die Wahrnehmung
zu führen, dass einerseits von den 27 in *Ngþ.* citirten Strophen nur *eine (Regm.* 18) sich auch in der *Völss.* als Citat
findet, die übrigen dagegen nicht einmal in umschriebener
Form dort sich wiederfinden — andererseits aber auch die
der *Völss.* eigentümlichen Citate zwar nicht durchweg, aber
vielfach, namentlich wo sie in längerem Zusammenhange
auftreten, wie *Sigrdr.* 5—21 (jedoch ohne 14), den Charakter
jüngerer Stufen in der poetischen Production nicht verleug-
nen [30]. Während nämlich die in der *Völss.* paraphrasirten
Str. 22—39 durchaus praktische, dem Bedürfnisse des Hel-
denlebens naheliegende Lehren enthalten, lässt sich Dies von
den mit mythologischen Floskeln überladenen Str. 5—20 in
weit geringerem Masse rühmen, am auffälligsten in dieser
Bez. steht natürlich Str. 9, die von der Entbindung handelt,
da. Auch der Umstand, dass Str. 22 beginnt: *þat ræð ek*

---

29) Etwas anders sind die Citate in *Gylf.* beschaffen, die theils
wirklich als Quellenbelege oder als natürliche Entlehnungen — das
Zwergregister der *Vøl.*, die *O'ðins*-namen der *Grimn.* absichtlich in
Prosa umzusetzen, wäre müssige Mühe gewesen, wenn auch die Er-
haltung der poetischen Form nur leicht genommen wurde — hier
und da (so namentlich bei den Citaten aus *Vafþr.*) wol als stilistische
Ornamente zu betrachten sind. Das längere Citat aus der *Vøl.* in C.
LI aber wurde Einl. C. 3 [276]) wol nicht ohne Grund verdächtigt, und
zeigt, wie sich auch bez. derartiger Citate eine Neigung zu nachträg-
licher Einführung in den Text geltend machte.

30) Die in *Völss.* VIII (94, 6 B.) citirte Halbstr. ist sicher alt,
und es mag hier das Gedächtnis nicht Mehr bewahrt haben; aber
diese älteren Trümmer unterscheiden sich auch leicht genug von den
mit behaglicher Breite vorgeführten jüngeren Citaten. — Aus der
Guðrkv. II werden gerade so hervorstechend junge Partien, wie Str.
20, 5—8; 23—24 citirt. Das ganze Verfahren enthält auch nichts
Ueberraschendes, wenn man annimmt, dass die Lieder einzeln aus der
mündlichen Tradition zur Benutzung herangezogen wurden.

þér it fyrsta spricht dafür, dass die vorhergehenden Str. zur Abfassungszeit von Str. 22 noch gar nicht oder doch nicht in dem uns überlieferten Zusammenhange bekannt waren und ein späterer Einschub in die *Sigdr.* sein werden. Es wird demnach nicht unbefugt erscheinen, wenn wir das Verhältnis der Citate zu den Paraphrasen im Allgemeinen so zu bestimmen versuchen, dass ältere, bereits allgemein bekannte Lieder paraphrasirt, jüngere (vielleicht kürzlich erst fixirte) Nachbildungen dagegen direkt eingeführt werden, um so den Leser oder Hörer auch den Reiz neuer Erzeugnisse frischweg empfinden zu lassen; vgl. 52, 11 und 69,11—14 B. Jene angeblich alten *Gudrúnarbr.* werden uns, weil in weiteren Kreisen wol für bekannt geltend, nicht mitgetheilt. Nicht zu übersehen ist dabei natürlich auch, dass unsere Sammlung der L. E. auch bez. dieser poetischen Novellen noch ein gewisses Plus in der Ueberlieferung (vergl. mit *Völss.* und *Ngþ.*) erkennen lässt[31]). — Wir haben zunächst jedoch das Verhältnis dieser beiden letzteren Quellen unter sich noch etwas näher zu betrachten.

§ 17. Während die Beziehung der *Ngþ.* VI (V B.) ex. erwähnten *Sigurdar saga* auf unsere *Völss.* früher wol allgemein (vgl. P. E. Müller bei Lange Unters. S. 66) und auch von Bugge in den Anmärkninger zu *Ngþ.* C. V in der Weise angenommen war, dass man nur nicht gerade an die uns erhaltene Rec. zu denken habe, glaubte Derselbe N. F. XLIII diese Beziehung überhaupt (einiger Abweichungen in der

---

31) So sind von *Regm.* Str. 3—4, 5, 7—12 auch im *Ngþ.* unberücksichtigt geblieben; von *Sigdr.* Str. 1 schwerlich, 2 sicher nicht, ebenso wenig 14 in *Völss.* XX gekannt; von *Helr. Brynh.* fehlt Str. 6 in *Ngþ.* — Dass andererseits auch der Autor von *Ngþ.* einige Lieder gekannt hat, welche dem Sammler der L. *Edda* entgangen sind, hat ja an und für sich Nichts Auffälliges; die Angabe in C. II ex. *þau* (sc. *Gudrúnarbrögd in fornu) höfðu menn eigi fyrri heyrt* ist zwar gerade bei einem (angeblich) älteren Liede etwas befremdlich, lässt sich aber doch aus Ortsverschiedenheit erklären und erkennen, wie neue Variationen stets gerne gehört wurden. — Ob unter dem *Gunnarsslagr*, wie Bugge meint, nur eine Melodie (ohne Worte) zu verstehen sei, will ich dahin gestellt sein lassen. Bez. der *Gudrúnarbrögd* vgl. das über den sog. *bragdar tháttur* bei Max Vogler *Sjúrdar-kvædi* I (Paderb. 1877), S. 24 fg. Erwähnte. Richtiger ist wol *bragda th.*

G

Darstellung wegen) bestreiten zu müssen. Allerdings waren
auch diese eben nicht sehr erheblichen, Differenzen bereits
von P. E. Müller in Anschlag gebracht, sie sind z. Th. bei
der Besprechung des Verhältnisses von *Ngþ*. zur Prosa der
L. *Edda* schon zur Sprache gekommen; noch sei daran
erinnert, dass *Ngþ*. V wie die Prosa *frá dauða Sinfj.* als das
Hauptreich des *Sigmundr* uns *Frakkland* bezeichnet, während
Derselbe nach *Völss.* XI in *Húnaland* herrscht. Weit entfernt, dieselben anstössig zu finden, glaube ich vielmehr, dass
nur die Kenntnis neuer Variationen des Stoffes den Autor von *Ngþ*. veranlasst hat, jene Skizze der Nibelungensage
zu entwerfen, welche gerade die allgemein bekannten Züge
theils ohne Weiteres (wie die Mordbusse der Asen), theils mit
einem Hinweise auf die *Sigurðar saga* übergeht; welcher
Hinweis denn doch wol zeigt, dass man auch in andern Fällen
sich mit einem solchen begnügt haben würde, wenn man
eben nur jene *saga* als richtige Quelle betrachtet hätte. —
Ganz ähnlich wie zur *Völss.* ist das Verhältnis des *Ngþ*. zur
Ragnarssaga C. XIII u. XIV; bei allgemeiner Uebereinstimmung finden sich einzelne Abweichungen (vgl. Lange Unters.
S. 77), welche eben die erneuerte Behandlung des Stoffes
erst verständlich machen; und der Umstand, dass der Autor
in C. IX von der Sigurd-sage unmittelbar auf die der Rag-
nars-söhne übergeht, dürfte indirekt dafür sprechen, dass
Derselbe bereits jene Verbindung der *Sigurðar-* und *Ragnars-
saga* vor sich hatte, die mit der Zeit herrschend geworden
war. So scheint denn kein Grund obzuwalten, auch nur an
eine andere Rec. der *Völss.*, als die uns erhaltene, bei jenem
Citate in C. VI zu denken. —   Die übrigen, mehr beiläufig
im *Ngþ*. erwähnten Sagenstoffe, wie die in C. II berührte
Hálfs-saga [32]), die Botschaft von *Guðmundr af Glasisvöllum* [33]),
deren C. I ex. gedenkt, u. A. werden im Wörterbuche (Verzeichnis der Eigennamen) genügende Erläuterung finden kön-

---

32) Gerade der *Ngþ*. II (50, 6—8 B.) von König *Hálfr* erwähnte
Zug findet in der uns erhaltenen *saga af Hálfi ok Hálfsrekkum* keine
Erwähnung; vgl. Lange Unters. p. 76. —

33) Genauer handelt über das Reich dieses Zaubermeisters der dem
Ngþ. folgende *þáttr Helga þórissonar* der *Ól. s. Tr.*, C. 293 fg. bei Unger.
Darauf bezieht sich der Ausdruck: *sem siðan man sagt verda* 49, 14.

nen, da es sich hier meist nur um gelegentliche Anspielungen
in unserer Quelle handelt [34]).

§ 18. Was die Einkleidung des *Ngþ.* betrifft, so hat
P. E. Müller bei Lange Untersuch. S. 82—87 bereits auf
eine verwandte Erzählung in derselben *O'l. s. Tr. (Flatb.* I
C. 305), sowie auf zwei weitere in der *O'lafs s. h. Helga (Flatb.*
II, C. 106 u. 107) hingewiesen, und das Verhältnis dieser
vier Relationen im Ganzen auch bereits richtig aufgefasst.
Wir würden nämlich an und für sich nicht gehindert sein,
die der *O'l. s. h. Helga* einverleibten Erzählungen, in denen
sich auch eine schärfere Opposition gegen das Heidentum
ausspricht, für jünger als die bez. Berichte der *O'l. s. Tr.*
zu halten, wenn nicht andererseits die letzteren — wenigstens eben unser *Ngþ.* — offenbar spätere Zusätze angenommen hätten. Ich stehe nicht an, einmal eine Combination
verschiedener Erzählungen, die einen Besuch *O'dins* bei einem
christlichen Könige Norwegens behandelten, andererseits aber
noch ein heterogenes Sagenelement in unserem *þáttr* anzuerkennen. Dieses letztere ist als ein — wahrscheinlich ur-
alter — Märchenstoff zu bezeichnen, der die Dauer eines
Menschenlebens an das Verbrennen einer Kerze anknüpfte [35]),
die dann schon bei der Geburt als verhängnisvolle Gabe der
Nornen — um den altnordischen Standpunkt einzunehmen —
verliehen wurde. Und jene Verknüpfung verschiedener Sa-
genelemente, die ich annahm, wird schon durch den Namen *Norna-gestr* angedeutet; denn *Gestr* selbst ist, wie dies
auch die zweite Erzählung in der *O'l. s. h. Helga* ausdrücklich
bezeugt, ursprünglich als Beiname *O'dins* zu verstehen. So
scheint denn auch jener nächtliche Besuch des bösen Geistes,
den *Ngþ.* C. I uns in der Weise vorführt, dass der König
gleichzeitig mit Andachtsübungen beschäftigt geschildert wird,

---

34) Bez. der Anspielung auf die Dänenkriege Kaiser Otto's, die
in der nordischen Ueberlieferung etwas verwirrt worden sind (C. I =
S. 49, 5—7 B.) verweise ich zunächst auf K. Maurer Bekehr. I, 116,
185 fg.; II, 481 fg.

35) Auf das bekannte griechische Mährchen von Meleager weist
P. E. Müller bei Lange Unt. 81 hin. — Sprichwörtlich wird auch
in der altd. Lit. mehrfach das menschliche Leben mit dem Brennen einer
Kerze verglichen. Vgl. Haupt zum Winsbeken Str. 3, 4. —

anzuknüpfen an den zu später Abendstunde erfolgten Besuch
des Greises [36]) in *O'l. s. Tr.* C. 305 einerseits, und die Erzählung von *Gestr* der *O'l. s. h. H.* andererseits, wo sich der
König zur Nachtzeit von dem Fremden unterhalten lässt.
Ausserdem aber gleicht der Aufenthalt des *Norna-gestr* am
Hofe *O'lafs Tr.* ungemein jenem des *Tóki Tókason* bei *O'láfr
h. Helgi* [37]). Diese letztere Erzählung steht unserem *Ngþ.* auch
darin sehr nahe, dass sie den Gast des Königs als menschliche, allerdings sehr gealterte Persönlichkeit, nicht als Heiden-
gott einführt. Nur auf diese Weise liess sich eine friedliche
Berührung der alten mit der neuen Zeit bis zu Ende durchführen, und in der schliesslich erfolgenden Taufe des zwar
an den Erinnerungen der Heidenzeit mit Pietät hängenden,
aber auch die Vorzüge der neuen Lehre nicht verkennenden
Greises findet der Conflikt alter und neuer Anschauungen
seine naturgemässe Lösung [38]). Ist diese Idee offenbar der
Erzählung von *Tóki* und der von *Nornagestr* gemeinsam, so
wird ihre zwanglosere und darum auch schönere Durchfüh-
rung wol jedenfalls dem *Ngþ.* zuerkannt werden müssen,
möchte man auch andererseits geneigt sein, in der Erzählung
von *Tóki* etwa ein älteres Vorbild zu erblicken, was jedoch
auch noch dem Zweifel unterliegen kann, da es sich hier
vielleicht nur um verschiedene Ausgestaltungen desselben
Motives handelt [39]). — In unserem *Norna-gestr*, der durch
seine Verschmelzung mit dem Mährchenhelden nun nicht

---

36) Ich weiss nicht, ob auch darauf Gewicht zu legen ist, dass
(nach *Flatb.*) auch *Nornagestr* in später Abendstunde zu König *O'láfr*
kommt. Eine genauere Vergleichung der vier Berichte würde übrigens auch auf die Entstehungsweise der *O'l. s. Tr.* und *O'l. s. h. H*
überhaupt Bezug nehmen müssen.

37) Der Aufenthalt des *Tóki* bei *Hrólfr Kraki* und *Hálfr* entspricht dem des *Nornag.* bei *Sigurðr* und den *Ragnars*-söhnen. Auch
die Charakterschilderung des *Tóki* und *Norn.* bietet viel Aehnliches,
sie werden als unterhaltend, aber gesetzt und versöhnlich geschildert.

38) *O'ðinn* selbst zum Christentume übertreten zu lassen, wäre
natürlich eine abgeschmackte Erfindung gewesen. —

39) Dieser Ansicht ist P. E. Müller zugeneigt. — *Tóki* gibt nur
an, dass ihm bestimmt sei, zwei Menschenalter zu leben; er kommt
absichtlich zu König *O'l.*, um Genaueres über die neuere Lehre zu
erfahren. Vgl. damit *Ngþ.* C. XI ex. (78, 4—11 B.)

mehr als der Repräsentant des Heidentums selbst, als *O'dinn* = *Gestr*, sondern nur als die menschlich-personificirte Sage der Vorzeit noch erscheint[40]), haben wir ein recht deutliches Beispiel für jenen in der Bekehrungsgeschichte der nordisch-germanischen Reiche so häufigen, von K. Maurer auch nach Gebühr gewürdigten Vorgang, dass an ein zunächst rein äusserliches, ja vielleicht halb erzwungenes Zeichen der Bekehrung sich doch im Laufe der Zeit ein Process innerer Umwandlung und wahrer Hinneigung zur neuen Lehre anschliessen konnte[41]). *Nornagestr* läugnet nicht (C. X), dass seine anfängliche Bekehrung nur durch die Umstände ihm auferlegt sei, und dem Nachtelben gilt Derselbe (C. I) noch als *reyndar heidinn*. Aber die Aeusserung in C. X, dass es gerade bei dem christlichen Könige *Hlödver* ihm am besten gefallen habe, deutet doch darauf hin, dass hier und gelegentlich auch anderswo[42]) Eindrücke sich im Gemüte des Mannes gesammelt hatten, deren siegreicher Durchbruch freilich erst am Hofe des ebenso heldenhaften wie frommen Königs *O'láfr Tryggv.*[43]) und am Lebensabende des durch so viele Bande mit dem *fornum sid* verknüpften *Nornagestr* erfolgen konnte. Auch dadurch ist jener schliesslich nun auch innerliche Anschluss an's Christentum wol motivirt, dass *Nornagestr* von jeher nicht — wie einige unserer Mythologen — das Heidentum «mit Haut und Haaren», sondern nur die idealeren Gestalten desselben zu feiern geneigt ist, rohere Repräsentanten der Vikingerzeit, wie jenen von N. M. Petersen so über Ge-

---

40) Diese Auffassung findet sich bereits bei Köppen Liter. Einl. in die nord. Mythol. S. 108, vgl. Rassm. D. H. 1, 44. — Auch Petersen nimmt diese Auffassung an.

41) Ueber *Nornagests* Stellung zum Christentume vgl. namentlich K. Maurer Bekehr. des norweg. Stammes I, 335 A.[42]) und II, 334; ferner *Skída Ríma* S. 6—9, wo verschiedene ähnliche Erzeugnisse der altnord. Liter. mit unserem *páttr* verglichen sind.

42) So bei den *Ragnars* Söhnen, deren Umkehr von dem Zuge gegen Rom C. IX berührt.

43) Gerade die Persönlichkeit dieses Königs war geeigneter, um den neuen Glauben in einer für den nordischen Geist gewinnenden Weise zu vertreten, wie *O'l. h. Helgi*. Ich erinnere hier an die in der *Hallfredar saga* geschilderten Beziehungen des *Hallfredr Vandrædaskáld* zu *O'l. Tryggv.* und die Behandlung bei K. Maurer a. a. O.

bühr präconisirten *Starkaðr* aber [44]) uns in C. VII nur als
Folie für die Heldengestalt eines *Sigurðr Fáfnisbani* vorführt.
Und wie überhaupt der norrönen Literatur jene Betonung
des skandinavischen Stammesgefühls gegenüber dem deutschen,
die man neuerdings öfter hineinzudeuten versucht hat, nahezu
völlig fern liegt, so ist auch *Nornagestr*, der in Dänemark
geborene, aber in Deutschland gleich heimische, in Schweden
wolbekannte und in Norwegen seine Tage beschliessende Wan-
derer [45]) nicht ein Vertreter engherzig-begränzten Nationalge-
fühls, sondern des friedlich-fördernden Verkehrs unter stammes-
verwandten Völkern. — Mit seinem Tode erlischt zwar die
lebendige Sage der Vorzeit, aber nicht ohne innere Aussöhnung mit derjenigen Geistesmacht, welche auch die Ideale
des Heidentums nur durch höhere Auffassungen aufhebt.
Jener schon in *Gylfaginning* (vgl. Einl. C. 5) gemachte Versuch einer Auseinandersetzung der alten und neuen Lehre
ist hier, zwar mit glücklichem Verzicht auf alle wissenschaft-
liche Argumentation, aber im frischen Anschluss an die wirklichen Erfahrungen des Lebens erneuert. — Auch in der
sprachlichen Behandlung stösst uns hier nicht die in der
Völss. so beliebte, stilistisch wenig vorteilhafte, Manier der
Paraphrase schon vorhandener Liederworte auf; die Darstellung, ohne an die Muster klassischer Prosa heranzureichen,
kann doch im Ganzen als frisch und lebendig bezeichnet
werden. Jene Berührung mit den niederen Volkskreisen,
welche die gedachten Vorzüge der Erzählung sicher z. Th.
bedingte, hat auch in späteren Jahrhunderten fortgedauert;
Nornagestr ist namentlich dem Färöer-Volke noch lange ein
lieber, wolbekannter Gast geblieben [46]). Uns aber liegt es
hier nicht ob, diesen spärlichen Nachklängen alter Sage
näher nachzugehn [47]), sondern zu versuchen, das gegenseitige

---

44) Nord. Myth. p. 303; vgl. dagegen Grundtvig Udsigt p. 67 fg.

45) Vgl. die C. X von *Nornag.* gegebene Auskunft über seinen
Aufenthalt in den verschiedenen Ländern, und C. VII: *ek var (y'mist
S) með Sigurði (eða S) norðr í Danmörku.*

46) Vgl. P. E. Müller bei Lange Unters. p. 86, 87. — Max
Vogler: *Sjúrðar kvæði* I (Pad. 1877) S. 24 fg.; S. 83 A. [6]). —

47) Ausser den bekannten Werken von P. E. Müller, W. Grimm
und Rassmann (D. Heldensage und ihre Heimat, Hannover 1863) sei

Verhältnis der bedeutendsten literarischen Erscheinungen, mit denen wir es in diesen Vorbemerkungen zu thun hatten, noch etwas bestimmter festzustellen.

D. Literarhistorischer Ueberblick.

§ 19. Während gewöhnlich die Eddalieder von den Völsungen als die Grundlage der gesammten norrönen Behandlung dieses Sagenstoffes — abgesehen natürlich von der *þiðreks-saga* und ihren Dependenzen — angesehen werden, haben wir dieselben als mehr oder minder freie Variationen einer prosaischen *Sigurðar-saga* zu betrachten gelernt, deren zunächst nur in mündlicher Ueberlieferung bestehende Existenz vom Jahre 1000 an festzustehen scheint, die aber vermutlich noch ein bis zwei Jahrhunderte höher hinaufreicht, da die ältesten Zeugnisse ihrer bereits als einer allgemein bekannten Sagenform gedenken. Dies allgemeine Verhältnis kann dadurch nicht alterirt werden, dass die uns erhaltene (mindestens zweite, vielleicht dritte oder vierte) Rec. der literarischen *Sigurðar* (*Völsunga*)-*saga* ihrerseits der aufgelösten Edda-lieder sich vielfach zur Ausschmückung des in seiner Einfachheit namentlich in feineren Hofkreisen nicht mehr anziehend genug erscheinenden Sagenstoffes bedient hat. Von der älteren, rein prosaischen Grundform der *Sig. saga* ist eine authenti-

---

hier auf die neueste Arbeit des Letzteren: Die *Niflunga-saga* und das Nibelungenlied, Heilbr. 1877, die Aufsätze von Edv. Jessen über die Eddalieder in Zeitschr. f. d. Phil. III, 1 fg., Döring und Treutler über die *þiðreks-saga* (Zeitschr. f. d. Ph. II, 1 fg.; Germ. XX, 151 fg.), von Symons über die Völsungasage und über die *Helgi*-lieder (Paul Beitr. III, 199; IV, 166), die Schrift von G. Storm: *Sagnkredsene om Karl den Store og Didrik af Bern* (Christiania 1874) sowie auf die Ergänzungen Sv. Grundtvigs zu Nr. 1—29 der *Folkeviser* im vierten Bande von *Danm. G. Folk.*, endlich auf die anregenden Monographien Desselben (*Udsigt over den nord. oldtids her. digtning: Om Nordens gamle Liter.*, Kph. 1867) verwiesen, wo eine genauere Orientirung auf dem hier nur skizzirten Felde gewünscht wird. Vgl. auch Einl. C. 4 und 7.

sche Aufzeichnung allerdings uns verloren, doch weisen die
wörtlichen Uebereinstimmungen in der *Völss.*, der *Skálda*
(C. XXXIX—XLII), dem *Ngþ.*, in der Prosa des Sammlers
der L. Edda, ja z. Th. noch in der *þiðrekssaga*, auf eine
derartige gemeinsame Quelle zurück, die relativ am reinsten
in der — möglicherweise von *Snorri* verfassten — Skizze
der *Skálda* uns vorliegt. Diese Uebereinstimmungen beziehen
sich allerdings meist auf untergeordnete Episoden der Erzählung, und ist eben darum auch der Gedanke an eine bewusste Entlehnung namentlich in den Fällen meist abzuweisen,
wo sich bez. der Auffassung des ganzen Sagenstoffes eine so
erhebliche Differenz, wie z. B. in der *Völss.* und *þiðrs.* geltend
macht [1]); dieser Umstand aber stellt sich unserer Annahme
durchaus nicht etwa störend entgegen, sondern dürfte sie
eher bestätigen. Das Wesen der mündlichen Tradition nämlich [2]) war durch die lebendige Theilnahme Aller an dem

---

1) Wenn wir oben (in B und C) einer Einzelprüfung und Vergleichung der Prosa der L. Edda mit *Völss.*, *Ngþ.* u. s. w. nicht ausgewichen sind, so geschah es, um zu zeigen, wie controvers das Verhältnis — rein philologisch-kritisch betrachtet — immer bleibt und
wie misslich namentlich der oft behauptete Vorrang der Prosa der
L. *Edda* bei näherer Prüfung sich ausweist; die dort erhaltenen Angaben finden sich fast alle in besserem Zusammenhange und vollständiger in den andern Fassungen vor; nur die *Dráp Nifl.* genannte
Prosa fasst das Verhältnis von *Atli* zu den *Gjúki*-söhnen (Z. 1—4
Hild.) etwas schärfer auf als die übrigen Quellen, und enthält bez.
der Söhne des *Atli* (Z. 13—14) den glücklichen, sonst nicht bezeugten
Zug, dass dieselben sich weigerten, um das Leben der *Gjúki*-söhne zu
bitten. Sind aber gerade die eigentümlichen Züge eines Berichtes
nicht benutzt, so hat es vom literarhistor. Standpunkte überhaupt
wenig Sinn, von einer Benutzung desselben in andern, mehrfach übereinstimmenden, Darstellungen zu reden. — Die von mir (in B) mehr-
mals als wahrscheinlich bezeichnete Benutzung der *Sk.* ist auch aus
dem oben entwickelten Gesichtspunkte zu verstehen.

2) Auf dieselbe ist von R. Keyser Eft. Skr. I, 1—17, 399 fg.,
vgl. K. Maurer Ueb. Altnord. A. [57]); (wie auch schon früher von
Andern, z. B. von Möbius: Ueber die ältere isländische Sage S. 6 fg.)
als auf einen Hauptfaktor in der ältesten nordischen Sage und Dich-
tung hingewiesen, doch hat Derselbe viel zu feste Formen für die prosaischen Quellen angenommen, andererseits die selbständige Bedeutung
derselben neben und vor den poetischen noch kaum genügend anerkannt. Vgl. S. LXXXII A. [200]).

Gegenstande in noch weit höherem Grade bedingt, als dies bei Literaturdenkmälern der Fall ist; wol hat der Wunsch obgewaltet, die Sage — die man für Wahrheit hielt — unverändert zu erhalten; aber eine stereotype Fortpflanzung in erstarrten Formen wird für die ungebundene Rede dann erst erreicht, wenn die Sage jede innere Lebenskraft verloren hat. Wie selbst das gleichlautende Wort von hundert Hörern in hundertfach verschiedener Weise aufgefasst wird, so dass die Vorstellung des Einen sich nie ganz mit der des Andern deckt, so musste naturgemäss auch der Wortlaut der *saga* um so weniger feststehen, je mehr Gefühl und Phantasie des ganzen Volkes dabei betheiligt waren. Wir finden daher, wo es sich um den Fang eines Fisches, um das Schmieden eines Schwertes und die damit angestellten Proben, um eine allgemeine Sentenz bez. des Weltruhmes des Helden handelt, die ursprüngliche Tradition noch in deutlich erkennbarem Wortzusammenhange bewahrt; hier kann sich höchstens durch kleine Zusätze, oder durch eine Verschiebung in der Folge der Begebenheiten die unwillkührliche im Laufe der Zeit eintretende Veränderung verraten[3]). Ganz anders bei solchen Episoden, die — wie z. B. die Ermordung des *Sigurđr* — die lebendigste Theilnahme des Hörers, die (vielleicht ganz unbewusste) poetische Ausschmückung von Seiten des Erzählers hervorrufen mussten. War z. B. die Leiche des im Walde erschlagenen Helden der *Guđrún* heimgebracht, so lag es nahe, sie auf das Lager der Gatten getragen und von den Thränen der Witwe benetzt zu denken; der Versuchung, Ihn selbst noch einige Worte an die Trauernde richten zu lassen, widerstand das poetische Interesse nicht auf die Länge der Zeit, und so stellte sich von selbst jene andere Form der Ermordung ein, wo *Sigurđr* neben der Gattin ruhend zum Tode verwundet ward. Diese jüngere Auffassung ward mit der Zeit herrschend und glich der Heerstrasse, während die ältere — namentlich wo sie auch ihre poetische Darstellung gefunden hatte — zwar nicht völlig verwischt werden

---

3) Ich denke hier an die dem Leser wol ohne Weiteres erinnerlichen Differenzen in der Darstellung der Einl. zu *Regm.*, vgl. mit *Sk.* XXXIX, *Völs.* XIV; der Prosa nach *Regm.* 14 vgl. mit *Sk.* XL *Völs.* XV, *Ngþ.* V u. w.

konnte, aber doch dem halbverwachseueu Pfade ähnlich ward,
der in älterer Zeit zu demselben Ziele geführt hatte. —
Bieten schou die literarischen saga's so oft abweichende Re-
censionen dar, wie viel Variationen wird nicht erst die mündliche Ueberlieferung gekannt haben?

Aber auch die literarischen Formen der Fortpflanzung
haben wir in Betracht zu ziehen, deun die Aufzeichnuugen,
die uns vorliegen, rühren aus literarisch gebildeten Zeiten
her. Ist die Einl. C. 5 vorgetrageue Ansicht, dass *Gylfaginning* jedenfalls vor *Snorri*, wahrscheinlich aber noch im
12. Jahrh. ursprünglich verfasst war, richtig, so scheint aus
der gewöhnlich und wol mit Recht augenommenen Benutzung
einer Rec. der *Völss.* im *Formáli* zu *Gylf.* hervorzugehu,
dass die älteste literarische Fixirung der *Völss.* damals bereits
vorhanden war, denn gerade die dort dort angezogenen Ge-
nealogien scheinen erst der literarischen Fixirung, nicht der
älteren (mündlichen) Tradition, anzugehören. Eine ziemlich
durchgreifeude Umgestaltung der *Völss.*, die im Ganzen und
Grossen unserer nur hier und da noch später interpolirten
in C. erhaltenen Rec. entsprochen zu haben scbeint, dürfte
im Beginne des dreizehnten Jahrh. erfolgt sein[4]), und es
ist ebenso wahrscheinlich, dass der Verf. von *Sk.* XXXIX—
XLII, der entweder *Snorri* selbst oder ein Zeitgenosse desselben war (vgl. Einl. C. 5) dieselbe schon gekannt und benutzt
hat[5]), wie sich andererseits weder bei ihm noch im *Ngþ.*
irgeud eine Kenntnis der *þiđrekssaga* nachweisen lässt[6]).
Wenn nun allerdings auch die letztere *saga* neuerdings nicht

---

4) Dahin setzte P. E. Müller, der die Gründe für die Annahme
einer ältern Rec. der *Völss.* noch nicht erwogen hatte, bekanntlich
die Entstehung der *saga* überhaupt (*Sagab.* II, 103), wenn auch aus
ganz andern Gründen wie wir.

5) Die Benutzung ist allerdings gering (Anspielung auf *Áslaug*
in *Sk.* XLII?); aber mit Recht macht Müller geltend, dass die vor-
treffliche Darstellung der *Sk.* schwerlich ohne Einfluss auf eine später
abgefasste *saga* hätte bleiben können, die denselben Stoff im Zusammenhange zu schildern unternahm. — Spurweise Benutzung der *Sk.*
habe ich in *Völss.* XIV. unserer Rec. (114, 26—27 B.) nicht bestritten.

6) Auch Müller, der sonst den *Ngþ.* in den Anf. des vierzehnten
Jh. hinabsetzt, betont die Nichtbenutzung der Sagen von Dietrich von
Bern; Lange Unters. S. 86. —

ganz ohne Grund in die erste Hälfte des dreizehnten Jahrh.
gesetzt wird[7]), so lässt sich diese Datirung wol nur für die
erste, weiterhin nicht unwesentlich erweiterte, Recension
festhalten; überdies ist zu bedenken, dass eine so tiefgehende
Umgestaltung in der Auffassung der Nibelungensage wol
nicht ohne Weiteres die früher im Norden vorhandene ver-
drängen konnte. Ich stehe daher nicht an, den *Ngþ.*, der
neben jüngeren Zügen offenbar auch ältere Elemente enthält[8]), mit R. Keyser um (oder bald nach) 1250 anzusetzen,
während die in der Einleitung zu *Gudrúnkv.* II und in
Gudrkv. III eine Einwirkung der *þiðrks.* deutlich verrathende
Sammlung der L. Edda noch etwas weiter in die zweite
Hälfte des 13. Jahrh. hinab rücken müsste[9]). In diesem
Zusammenhange können die wörtlichen Uebereinstimmungen
zwischen *Ngþ.* und der Prosa des Sammlers, wenn sie auf
direkter Benutzung beruhen[10]), wol nur im Sinne der Priorität des *Ngþ.* entschieden werden. Hier findet sich, wie
wir sahen, noch keine Spur einer Lieder-Sammlung, zu der
vermutlich erst dann geschritten wurde, als die prosaische
wie poetische Produktion auf Grundlage der alten *Sig. saga*
dem Erlöschen bereits sehr nahe war, während in der kürz-

----

7) Hierbei sind allerdings alle die Argumente hinfällig, die
sich auf eine angebliche Priorität der *þiðrs.* vor der *Völss.* beziehen,
da es sich hier nur um zufällige Einklänge oder (*Völss.* XXII) Inter-
polationen handelt.

8) Dies ist von R. Keyser (Eft. Skr. I, 395—398) mit Recht
betont.

9) Wenigstens scheint mir eine Anknüpfung Dietrichs von B.
an die Völsungensage ohne Kenntnis der *þiðrekss.* sehr unwahrscheinlich, wenn sich auch die Entstehung der *Gudrkv.* III daraus noch
nicht ohne Weiteres erklärt. — Bugge setzt bekanntlich die Sammlung um 1240, ich würde an 1260—1270 zu denken geneigter sein.

10) Natürlich kann neben der gemeinsamen Benutzung volkstümlicher Quellen auch eine direkte Einwirkung einer literarischen
Arbeit auf die andere Statt gefunden haben. Die Gränzen beider
Vorgänge lassen sich im Einzelnen sehr schwer feststellen; mir scheint
aber *Regm.* 13—14 in der *Ngþ.* V vorliegenden Einführung natürlicher
als in der durch die Prosa des Sammlers bewirkten. Dass die Str.
sich auf die erste Begegnung des *Sig.* mit *Reginn* beziehen sollen, ist
nicht nötig; sie sind eine captatio benevolentiae, die zu der fg. Aufreizung das Vorspiel bildet.

lich erst bekannt gewordenen *þiđreks-saga* sich eine ähnliche
Grundlage für die jüngeren poetischen Variationen des Stoffes
— wenn auch nicht gleichen Wertes, so doch immerhin
dankenswert genug — eingestellt hatte. Das Verhältnis der
Kämpeviser zur *þiđrekss.* [11]) ist ein Analogon zu dem der
eddischen Völsungenlieder zur *Sigurđar-saga* [12]); das des *Ngþ.*
zur *Völss.* aber spiegelt sich annähernd wieder in dem der
abenteuerlichen *Blómstrvallasaga* [18]) zu der *saga* Dietrichs
von Bern.

---

11) Vgl. die Behandlung bei G. Storm (oben Anm. [47])), der ich
jetzt noch mehr zustimme, als in der G. G. A. 1875 Nr. 46 gedruck-
ten Anzeige.

12) *Sigurđar-saga* nenne ich die mündliche *saga*, im Unterschiede
von der literarischen *Völsunga-saga*.

18) Vgl. den Excurs von G. Lange Untersuch. 118—120; Möbius
Blómstrvallas. praef.

Zu berichtigen bitte ich ausser den S. 263 bemerkten Fällen noch folgende:

S. 38, *A.* [31]): `nach` eđa tjalld *ergänze: Vgl. auch AM*. II, 494.
S. 108, *A.* [1]) *l.: in* U *zu fehlen, vgl. Einl.* C. 5 [108]). — *S.* 121, *A.* [38])
l.: Fr. *u.* w, hétu *die Ausg., vgl. AM.* I, 718. — *S.* 231, *A.* [7]) *erg.:*
vgl. Wb. — *S.* 242, *Z.* 12 *v. u. l.* 6) *für* ó). — *S.* 245, *A.* [8]) *l.* féngu
B. — *S.* 250 *Z.* 6 *l.* Fáfnisbana [98]). — *S.* 259 *fehlt* 5 *am Rande.* —
S. VI, *Z.* 4 *v. o. tilge:* oder Wb. — *S.* VII, *Z.* 3 *l.* E. J. Björner. —
S. XIX, 10 *v. o. l.* den *rímur.* — *S.* XXX, 23 *l.* Gramr. — *S.* XXXI,
16 *l. lagđinn für ladina.* — *S.* XXXVI, 4 *l.* (der letzte aber — *S.*
XLVI, 14 *l.:* Söhne des *Gjúki.* — *S.* XLIX, 2 *l.:* (vgl. . . — *S.* LXIV,
2 (11 u. 12) *v. u. l. Atlkv.* — *S.* LXVI *A.* [154]) *l.* § 19 *für* § 11. —
S. LXXI, 2 *l.* mir *für* für. — *S.* LXXII 8 *v. u. l.* fingirten. — *S.*
LXXIII, 1 *v. u. l.* § 19. — *S.* LXXV, 1 *v. u. l.* des neunzehnten
Jahrh. — 17 *v. u. l.* Alternative. — *S.* LXXIX, 10—11 *tilge* viermal. —
Im Cursivsatze musste þ *auch für die Majuskel eintreten.*

Die prosaische Edda

im Auszuge.

Gylfaginning. — Bragaroeður. — Skáldskaparmál
Cap. XVII; XVIII; XXXIII — XXXV; XXXVIII—XLV; L;
LIII; LXIII; LXIV.

Bók þessi heitir Edda. Hana hefir saman setta Snorri Sturlu sonr eptir þeim hætti, sem hér er skipat. Er fyrst frá ásum ok Ymi, þar næst skáldskaparmál ok heiti margra hluta; síðast hátta tal, er Snorri hefir ort um Hákon konung ok Skúla hertoga.

(Ueberschrift des Cod. Upps.) —

Gylfaginning.

I[1]). [Gylfi konungr réð þar lǫndum er nú heitir Svíþjóð. Frá hánum er þat sagt, at hann gaf einni farandi konu at launum skemtunar sinnar eitt plógsland í ríki sínu, þat er fjórir[2]) øxn drœgi upp dag ok nótt; en sú kona var ein af[3]) ása-ætt, hón er nefnd Gefjon[4]). Hón tók fjóra øxn norðan 5 or Jǫtunheimum, en þat váru synir jǫtuns nǫkkurs[5]) ok hennar, ok setti þá fyrir plóg; en plógrinn gekk svá breitt[6]) ok djúpt, att upp leysti landit; ok drógu øxninir[7]) þat land út um[8]) hafit ok vestr, ok námu staðar í sundi nǫkkuru. Þar setti Gefjon landit ok gaf nafn ok kallaði Selund[9]). En[10]) 10 þar sem landit hafði upp gengit, var þar[11]) eptir vatn, þat er nú Lǫgrinn kallaðr í Svíþjóð, ok liggja svá víkr í Leginum, sem nes í Selundi. Svá segir Bragi gamli[12]):

(a) Gefjon dró frá Gylfa
glǫð djúprǫðulsǫðla,
svá at af rennirauknum
rauk, Danmarkar auka;
báru øxn, ok átta
ennitungl, þar er gengu

---

fyrir vineyjar [13]) viðri

valrauf [14]), fjǫgur hǫfuð.]

II [1]). Gylfi [2]) er maðr nefndr, hann var konungr ok
fjǫlkunnigr [3]); hann undraðiz þat [4]) er ása-fólk var svá kunnigt,
at allir hlutir gørðuz at þeira vilja, ok [5]) hugsaði hann,
hvárt þat mundi vera af eðli sjálfra þeira, eða mundi því
5 valda guðmǫgn [6]) þau er þeir blótuðu [7]). Hann byrjaði ferð
sína til A'sgarðs, ok fór með leynd [8]), ok brá á sik gamals
manns líki ok duldiz svá. En æsir váru því vísari, at þeir
hǫfðu spádóm, ok sá þeir ferð hans fyrr en hann kom, ok
gerðu í móti hánum sjónhverfingar. Ok [9]) er hann kom inn
10 í borgina, sá [10]) hann þar háva hǫll, svá at varla mátti [11])
sjá yfir hana; þak hennar var lagt gyldum [12]) skjǫldum, svá
sem spánþak. Svá segir þjóðólfr inn hvinverski [13]), at Valhǫll var skjǫldum þǫkt [14]):

(b) A' baki létu blíkja,

barðir váru grjóti,

Svafnis [15]) salnæfrar

seggir hyggjandi.

Gylfi sá mann í hallardyrum [16]), er [17]) lék at handsǫxum, ok
15 hafði sjau senn á lopti; sá spurði hann fyrr at nafni, hann
nefndiz Gangleri ok kominn af refils stigum [18]), ok beiddiz
at sœkja til náttstaðar, ok spurði hverr hǫllina átti [19]). Hann

---

13) *So* R *u. Ausg.* — vinæyia W, H. — *vgl. Gloss.* — 14) *So* R —
valrof W, H — vallrauf *Jónss. nach Gislason.* —

II. 1) *Ueberschrift in* U: Hér hefr Gylva ginning (*soweit auch* S)
frá því er Gylfi sótti heim Alfauþr í Ásgarþ með fjolkungi, ok frá villo ása
ok frá spurningo Gylva. — 2) Gylver *hier u. ö.* U. — 3) *So* (nemdr) W —
G. konungr (k. *f.* H) var maðr vitr ok f. R, H *u. Ausg.* — 4) *So* W —
þ. mjǫk R *u. w.* — 5) *So* (lutir) W — at all. l. gengu at v. þ; þat h. h. R
u. Ausg. — U *von Anfang:* Gylver var maðr vitr ok hugs., þat er allir
lýþir lofuþo þá ok allir hlutir gengu at vilja þeirra, hvárt þat mundi af
eþli þ. vera eða m. guþm. vallda því. Hann fór til A'sg. *u. w.* —
6) *So* W, U — goðm. R. — 7) er þ. bl. *fehlt* U, H. — 8) *So* W, m. laun
R. *u. w.* — 9) *So* W — en R *u. w.* — 10) *So* W — þá sá R. *u. w.* —
11) *So* W — mátti hann R *u. w.* — (svá *bis* hana *f.* U.) — 12) *So* (gylld-
um) W, U — gyltum R. — 13) i. h. *f.* U. — *Die fg. Halbstrophe wird in
der* Fagrskinna *wie hier dem* Thiodolf von Hven, *sonst auch dem* Hornklofi
zugeschrieben, vgl. AM I, 34 [5]). — 14) at Valh. v. s. þ. *fehlt* U, H. —
15) Svolnis U. — 16) *So* W, U. — durunum R. — 17) *So* W, U —
ok R. — 18) *So* W *u.* (rif) U — refilstigum R. — 19) *So* W, U — ætti R. —

svarar ok segir [20]), at þat var konungr þeira, en fylgja má
ek [21]) þér at sjá hann, skaltú þá spyrja hann nafns sjálfr [22]).
Ok sneriz sá maðr fyrir hánum inn í hǫllina, en hann gekk
eptir, ok þegar laukz hurðin á hæla hánum. þar sá hann
mǫrg gólf ok mart fólk, sumt með [23]) leikum, sumir drukku, 5
sumir með vápnum ok bǫrðuz. þá litaðiz hann um, ok þótti
margir hlutir ótrúligir, þeir er hann sá; þá mælti hann:

(Háv. 1) Gáttir allar [24]),
  áðr gangi fram [25]),
  um skygnaz skyli;
  þvíat óvist er [26]),
  hvar óvinir sitja
  á fleti [27]) fyrir.

Hann sá þrjú hásæti, ok hvert upp frá ǫðru, ok sat sinn
maðr í hverju [28]). þá spurði hann, hvert nafn hǫfðingja þeira
væri. Sá svarar, er hann leiddi inn, at sá er í inu neðsta 10
sitr hásæti, at sá var konungr [29]) ok heitir Hár; en þar næst
sá er Jafnhár [30]) heitir, en sá ofarst [31]) er þriði heitir. þá
spyrr Hár komandann, hvárt fleira sé erenda [32]) hans: en
heimill er matr ok drykkr hánum sem ǫllum þar í Háva
hǫll [33]). Hann svarar [34]), at fyrst vill hann vita [35]), ef nǫkkurr 15
er fróðr maðr inni. Hár segir, at hann komi eigi heill út,
nema [36]) hann sé fróðari, ok [37]):

(α) stattu fram [38]),
  meðan þú fregn [39]),
  sitja skal sá er segir [40]).

---

20) *So* W — ok segir *f.* R. *u. w.* — 21) *So* R *u. w.* — en hann má
f. þ. W. — 22) *So* W — sj. sp. h. n. R. — 23) meðr W. — 24) Skatnar
allir U, H. — 25) áþr né gangim fr. U — á. ing. fr. H. — *Im fg. V.*
skoli U. — 26) *So* W, er at vita R, er vita U; *vgl. Hild.* Háv. 1. —
27) fletjum U. — 28) *So* W — sáto þar maðr í hv. U; — ok sátu menn
sinn í hverju H — ok s. III menn s. í hv. R *u. Ausg.* — 29) *So*
W — í enu n. hás. sat, var kon. R *u. w.* — sitr er k. U. — 30) *So*
W — en þ. er h. J. R. *u. w.* — 31) *So* W, R — efstr U — heitir
þridi Hár St. — 32) *So* W — hvat fl. veri eyrinda U — hvárt fl. er
eyrindi R, *AM*, hvat fl. *übr. Ausg.* — 33) honum — hǫll *fehlt* U. —
34) *So* W — segir R *u. w.* — 35) *So* W — spyrja R *u. w.* — 36) ef
h. er fr. U. — 37) ok *ziehen einige Ausg.* (*Rk. Eg. Jónss. M. Pf.*) *zum*
fg. Verse. — 38) fram R, framm W, U. — 39) *So* (*in zwei Versen*)
Rk. Eg. Jónss. M. Mb. — stattu *bis* fregn *in einer Zeile AM, B.* —
40) *So alle Ausg., nur Pf. in zwei Versen* (s. sk. | sá er seg.)

III¹). Gangleri hóf svá mál sitt: hverr er²) œztr eða elztr allra guða³)? Hár svarar⁴): sá heitir Allfǫðr at váru máli, en í Ásgarði inum forna átti hann tólf nǫfn: eitt er Allfǫðr⁵), annat Herran eða Herjan⁶), þridja Hnikarr eða 5 Nikarr⁷), fjórða Nikuz eða Hnikuðr, fimta Fjǫlnir, sétta O'ski, sjaunda O'mi, átta Bifliði eða Biflindi⁸), níunda Sviðurr⁹), tíunda Sviðrir¹⁰), ellifta Viðrir¹¹), tólfta Jálg eða Jálkr. Þá spyrr Gangleri: hvar er sá guð? eða hvat má hann? eða hvat hefir hann unnit framaverka¹²)? Hár segir: lifir hann 10 of. allar aldir ok stjórnar ǫllu ríki sínu, ok ræðr ǫllum hlutum, stórum ok smám. Þá mælti Jafnhár¹³): hann smíðaði himin ok jǫrð ok loptin ok alla eign þeira. Þá mælti þriði: hitt er mest, er hann gerði manninn ok gaf hánum ǫnd þá er lifa skal ok aldri týnaz, þótt líkamr fúni til 15 moldar¹⁴) eða brenni at ǫsku, ok skulu allir menn lifa, þeir er rétt eru siðaðir, ok vera með hánum sjálfum þar sem heitir Gimlé eða Vingólf. En vándir menn fara til Heljar ok þaðan í Niflhel¹⁵), þat er niðr í inn níunda heim. Þá mælti Gangleri: hvat hafðiz hann áðr at, en himinn ok jǫrð 20 væri gǫrr¹⁶)? Þá svarar Hár: þá var hann með hrímþussum.

IV. Gangleri mælti: hvat var upphaf? eða hversu hófz¹)? eða hvat var áðr? Hár svarar: svá sem segir í Vǫluspá:

(Vǫl. 6) A'r var alda²),

þar er³) ekki var⁴);

varat sandr né sjár⁵)

né svalar unnir⁶);

III. 1) *Ueberschrift in* U: Frá spurningo Ganglera, *in* S: Allda rök. — 2) er *fehlt* W? — 3) *So* guða W. goða R, með goðum U, ásanna (= allr. g.) H. — 4) *So* W, segir R. — 5) *Die Schreibung der Hss. schwankt zwischen* Alf. *u.* Allf. — *Die Zählung der Namen mangelt in* U, H. — 6) *So* W, *während* R *hier u. weiter* er *einfügt* — annat er, III er *u. w.* — Herran eða *f.* U, H. — 7) *So* W — Nik. eða Hn. R. Nikaðr U. — 8) *So* R, Rifl. U, Biflindr H, Biblindi W. — 9) *So* U, S — Sviðarr R, W *hier* Viðrir, *vgl.* ¹¹). — 10) *So* R, U — Sviðorr *hier* W. — 11) *So* R *u. w.* U *als* 12. *nur* Fálkr(?). — 12) til frama U. — 13) *Vgl. AM* I, 88⁷). — 14) *So* W — þ. líkaminn fúni at moldu R. — 15) *So* W, R — Niflheim U, H. — 16) ger *Rk.*

IV. 1) *So* W, hófz hann U, H — hóf so? R. — 2) *So* W, U — halda R. — 3) *So* U *u. L. E.*, þá er H — þat er R, W. — 4) *So alle Hss. der pr. E.* — þar er Y'mir bygði *L. E.* — 5) *So* W, vara s. né sær R. (sjór U.) — 6) undir U. —

jǫrð fannz æva [7])
né upphiminn —
gap var ginnunga,
en gras hvergi [8]).

Þá mælti Jafnhár: fyrr var þat mǫrgum ǫldum, en jǫrð
væri [9]) skǫpuð, er Niflheimr var gǫrr, ok í hánum miðjum
liggr brunnr [10]) sá er Hvergelmir heitir, ok þaðan [11]) falla
þær ár er svá heita: Svǫl, Gunnþrá [12]), Fjǫrm [13]), Fimbulþul [14]), Slíðr ok Hríð [15]), Sylgr ok Ylgr, Víð, Leiptr [16]); Gjǫll 5
er næst helgrindum.   Þá mælti þriði [17]): fyrst var þó sá
heimr í suðrhálfu, er Múspell heitir; hann er ljós ok heitr,
svát logandi er hann ok brennandi ok ófœrr [18]) þeim er þar
eru útlendir ok eigi eigu þar óðul. Sá er Surtr nefndr, er
þar sitr á heimsenda [19]) til landvarnar, hann hefir loganda 10
sverð, ok í enda veraldar mun hann fara ok herja [20]) ok
sigra ǫll guðin, ok brenna allan heim með eldi. Svá segir
í Vǫluspá:

(Vǫl. 53) Surtr [21]) ferr sunnan
            með sviga lævi [22]),
            skínn af sverði
            sól valtíva;
            grjótbjǫrg gnata,
            en gífr rata [23]),
            troða halir helveg [24]),
            en himinn klofnar.

V. Gangleri mælti: hversu skipaðiz, áðr en ættirnar

---

7) *So* W u. *L.E.*, eigi R, U. —   8) *So* U u. *L.E.* — ekki
W, R. — 9) *So* W, var R, U. — 10) *So* W, brúðr R, U. — 11) *So*
W, U, H — þ. af R. — 12) Kvol, Gundro U. — 13) *So* (Fjorm)
W, U, Form R. Fjörir H. — 14) *So* U u. *L.E.* (*Grímn.* 27) —
Fimbul þul *hier, wie es scheint*, W, R. — 15) *So* W, R — Sl. ok
Hríðr U — Slíð ok Hríð *L. E.* (*Grímn.* 28). — 16) *So* W, R *getrennt
auch Grímn.* 27, 28, Víðleiptr (*oder* Viðl.?) U. — 17) *Ueberschrift in*
U: Hér segir frá Múspellzheimi ok frá Surti. — 18) *So* W, svát
(hann *f.*) er logandi ok br., er hann ok úf. R. — 19) landsendo W, R,
wegen landvarnar *verdächtig* — Surtr ræðr þar fyrir ok sitr á heimsenda
U, H. — 20) mun h. koma U. — 21) *So* W, R u. *L. E.* — Svartr
U. —   22) *So* W u. *L. E.* — levi U, leivi (-fi) R. Siga læfe H. —
23) *So* W, R, *L.E.* — guðar hrata U. (hrata *auch* W; *vgl. B. p.* 32.) —
24) *So* W, R, *L.E.* — traða h. helvega U.

yrði eða aukaðiz mannfólkit? þá mælti Hár[1]): A'r þær er
kallaðar eru Elivágar, þá er þær váru svá langt komnar frá
uppsprettum[2]), at eitrkvika[3]), sú er þeim[4]) fylgði, harðnaði,
svá sem sindr þat er ferr[5]) or eldinum[6]), þá varð þat íss,
5 ok þá er sá íss gaf staðar ok rann eigi, þá héldi[7]) yfir
þannig úr[8]) þat er af stóð eitrinu, ok fraus at hrími, ok jók
hvert hrímit[9]) yfir annat, allt í Ginnunga-gap. Þá mælti
Jafnhár: Ginnunga-gap þat er vissi til norðrættar[10]), fylltiz
með þunga ok hǫfugleik íss ok hríms, ok inn í frá úr ok
10 gustr; en inn syðri hlutr Ginnunga-gaps léttiz móti gneistum
ok síum þeim er flugu or Múspellsheimi. Þá mælti Þriði:
svá sem kalt stóð af Niflheimi ok allir hlutir grimmir, svá
var allt þat[11]) er vissi námunda Múspelli[12]), heitt ok ljóst,
en Ginnunga-gap var svá hlætt[13]) sem lopt vindlaust ok þá
15 er mœtti hríminu blær hitans[14]), svá at bráðnaði ok draup,
ok af þeim kvikudropum kviknaði með krapti þess er til
sendi hitann, ok varð manns líkindi[15]), ok er[16]) sá nefndr
Y'mir, en hrímþussar kalla hann Ǫrgelmi, ok eru þaðan
komnar ættir hrímþussa, svá sem segir í Vǫluspá inni skǫmmu:

(Hyndl. 33) Eru vǫlur allar
      frá Viðólfi[17]),
      vitkar allir[18]),
      frá Vilmeiði;
      en seiðberendr
      frá Svarthǫfða[19]),
      jǫtnar allir[20])
      frá Y'mi komnir.

V. 1) *Ueberschrift in* U: Hér segir, er guþin skopuþo Y'mi
jotun. — 2) *So* W, — sprettunni R — unum U, H. — 3) *So* W (*vgl. Z.* 16
kviku-dropum) — kvikan U, kvikja R. — 4) *So* W. þar R, U. — 5) *So*
W — renn R. — 6) svá sem sindr í afli U, H. — 7) *So* R, hielldi U, helði
W — *Ausg.* heldi *oder* héldi. — 8) *So* W *u. Ausg.* (úren *Eg.*) *ausser*
AM — þannig en (ok U, H) þat er afst. eitr. R *u. AM* (enn = en). —
9) *So* W — hr. hv. R. — 10) *So* W — norðrs ættar R. — 11) *So*
W, U, allt *fehlt* R. — 12) Múspellz-heimi U. — 13) *So* R — létt
(*oder* e = œ?) W, U, H, St. — 14) *So* W, blærinn himins mætti
hrímino H — mættiz hrímin ok blær hitans R. — 15) *So* W, U —
líkandi R. — 16) *So* W — var R. — 17) volvur, Victólfi U. — 18) *So*
W *u. Ausg.* — vithkar R — vettir allar U, H. — 19) *Die Viertelstr.*
f. U, en *auch in* R. — 20) *So* W, U, H — a. j. R.

En hér segir svá Vafþrúðnir jǫtunn, þá spurði Gangráðr[21]):

(Vafþr. 30b) Hvaðan Ǫrgelmir
kom með jǫtna sonum
fyrst, inn fróði jǫtunn? —
(Vafþr. 31) Or Elivágum[22])
stukku eitrdropar,
ok óx unz or varð jǫtunn;
þar órar ættir
kómu allar saman,
því er þat allt atalt[23])!

Þá mælti Gangleri: hvernig óxu ættir þaðan[24]), eða skapaðiz svá, at fleiri[25]) urðu? eða trúi-þér[26]) þann guð, er nú sagðir þú frá? Þá svarar Hár: fyr ǫngan mun trúum[27]) vér hann guð vera[28]), hann var illr ok allir hans ættmenn, þá kǫllum 5 vér hrímþussa; en svá er sagt, at þá[29]) er hann svaf, fekk hann sveita[30]); þá óx undir vinstri hǫnd hánum maðr ok kona, ok annarr fótr hans gat son við ǫðrum, en þaðan af kómu ættir[31]), þat eru hrímþussar; inn gamli hrímþuss, hann kǫllum vér Y'mi. — 10

VI. Þá mælti Gangleri: hvar bygði Y'mir eða við hvat lifði hann? Hár svarar[1]): næst var þat, þá er hrímit draup, at þar varð af kýr, sú er Auðumla[2]) hét, en fjórar mjólkár runnu or spenum hennar ok fœddi hón Y'mi. Þá mælti Gangleri: við hvat fœddiz kýrin? Hár segir: hón sleikti 15 hrímsteina[3]), er saltir váru, ok inn fyrsta dag[4]) er hón sleikti

---

21) *Vielleicht so zu schreiben?* — þá spurði Gangleri R, W *ohne diesen Zusatz, so auch die Ausg. seit AM (vgl. I, 44⁶). — Für die Verstheilung vgl. Hild. Zze.* 118. — 22) *So* W — *vorher geht (als Versanfang nach Rk., als Prosa nach AM u. a. A.)* þá er *in* R. — 23) *So* W — þar eru órar ættir komnar a. s., því er þat æ allt til atalt R *u. Ausg.* — U ok enn segir svá, at or E. st. e. ok voxtr vindz, ok varþ jotunn or, *vgl. auch Hild. zu* Vafþr. 31. — 24) *So* W, U — saman það. R. — 25) *So* W — fleiri menn R *u. Ausg.* (*von Menschen war nicht die Rede*) — eða sk. *u. w. fehlt* U, H. — 26) *So* W — trúir þú R. — 27) *So* W — játum R. — 28) vera *f.* R *u. w.* — 29) *So* W — ok svá er s. þá R. — 30) sæda (sæða?) S. — 31) *Das Fg. bis* Y'mi *fehlt* U, H.

VI. 1) *Die unentbehrlichen Worte* H. *sv. nur in* U, H *erhalten, Ueberschrift in* U: þrá því er skopuð var kýrin Auðumla. *Ueberschrift in* Sp.: A'sakyn. — 2) *So* U? — umbla W, Auðhumla R(?) *u. Ausg.* — 3) *So* W — steinana R *u. w.* — 4) *So* W, U *u. Ausg.* — d. *f.* R, —

steina, kom or steininum at kveldi⁵) manns hár, annan dag
manns hǫfuð, þriðja dag var þat⁶) allr maðr, sá er nefndr
Buri; hann var fagr álitum, mikill ok máttugr, hann gat
son þann er Bǫrr er nefndr⁷).   Hann fekk þeirar konu er
5 Bestla er nefnd⁸), dóttir Bǫlþorns jǫtuns, ok gátu⁹) þau
þrjá sonu; hét einn Oðinn, annarr Vili, þriði Vé¹⁰); ok þat
er mín trúa¹¹), at sá Oðinn ok hans brœðr muni¹²) vera
stýrandi himins ok jarðar; þat ætlum vér, at hann muni svá
heita; svá heitir sá maðr, er vér vitum mestan ok ágæztan,
10 ok vel megu-þér¹⁸) láta hann¹⁴) svá heita¹⁵).   •

      VII¹).   Þá mælti Gangleri: hvat varð þá um þeira
sætt eða hvárir váru ríkari? Þá svarar Hár: synir Bǫrs²)
drápu Ymi jǫtun; en er hann fell, þá hljóp³) svá mikit blóð
or sárum hans, at með því drekktu⁴) þeir allri ætt hrímþussa,
15 nema einn komz undan með sínu hýski, þann kalla jǫtnar
Bergelmi; hann fór upp á lúðr sinn ok kona hans⁵) ok helz
þar, ok eru af þeim⁶) komnar hrímþussa ættir, svá sem hér segir:

      (Vafþr. 35) Oróvi⁷) vetra
               áðr væri jǫrð of⁸) skǫpuð,
               þá var Bergelmir borinn;
               þat ek⁹) fyrst of man,
               er sá inn fróði jǫtunn
               á var lúðr of lagiðr¹⁰).

---

5) st. at kv. f. U, H. — 6) So W — var þar R u. Ausg. dag
v. þ. f. U. Vgl. IX²⁴). — 7) So W, B. hét R. — 8) So W, Besla hét
R, U: er Buri hét, fauþr Bors, er átti Beyzlo, dóttur B. — 9) So W,
fengu R. — 10) So W, U, S (R? vgl. AM I, 46¹²). — 11) þat ætlum
vér (ætla menn H), segir Hár U, H. — 12) So W — munu R, U —
séu st. H. — 18) So W, megu þeir R u. Ausg., doch vergl. AM I,
46¹⁷). — 14) So W, h. l. R. — 15) Nach (heims ok) jarðar U, H:
ok þar er sjá (sá H) eptir herann (heitinn H), er vér vitum nú (er
menn vita H) nú mestan vera. — Vgl. Einl. C. 2.
      VII. 1) Ueberschrift in U: Frá því er synir Burs drápu Ymi.
Es fehlt dann der Anf. bis sv. Hár. — 2) Vgl. im Fg. U. — 3) So (hl-)
nur U. — 4) So (oder drektu) Ausg. u. U. — auch W? drek þu þu
irrig R. — 5) ok k. h. f. U. — 6) þaþan U = af þ. — 7) So (-vi) W
-fi U, A; Örofi R. — Ausg.: Orofi, Örofi, Orófi, Örófi, doch siehe auch
Hild. zu Vafþr. 29 u. 35, Lüning: Die Edda, S. 607. — Vgl. auch Vigf.
s. v. öróf. — 8) So W, um U u. L. E. — ohne of R — áþr j. v. U. —
9) So R u. w., auch L. E. — er W. — 10) at fróþa jotunn á. v. l.
um lag. U. — Vgl. auch Hild. —

VIII [1]). þá segir [1]) Gangleri: hvat hǫfðuz þá at Bǫrs [2])
synir, ef [3]) þú trúir at þeir sé guð? Hár svarar [4]): eigi er
þar lítit af at segja; þeir tóku Ými ok fluttu í mitt Ginnungagap, ok gerðu af hánum jǫrðina; af blóði hans sæinn
ok vǫtnin, jǫrðin var gǫr af holdinu [5]), en bjǫrgin af bein- 5
unum, grjót ok urðir gerðu þeir af tǫnnum ok jǫxlum ok af
þeim beinum, er brotin váru [6]). þá mælti Jafnhár: af því
blóði er or sárum rann ok laust fór, þar af gerðu þeir sjá
þann er þeir gyrðu ok festu saman jǫrðina [7]), ok lǫgðu þann
sjá í hring útan um hana; ok mun þat flestum mǫnnum [8]) 10
ófœra þykkja, at komaz þar yfir. þá mælti þriði: tóku
þeir ok haus hans, ok gerðu af hánum [9]) himin, ok settu
hann yfir [10]) jǫrðina með fjórum skautum, ok undir hvert
horn settu þeir dverg, þeir heita svá: Austri, Vestri, Suðri,
Norðri [11]). þá tóku þeir síur ok gneista, þá er lausir fóru 15
ok kastat hafði or Múspellsheimi, ok settu á himin [12]) bæði
ofan ok neðan, til at lýsa himin ok jǫrð; þeir gáfu staðar [13])
ǫllum eldingunum [14]), sumum á himni [15]), sumar fóru lausar
undir himni, ok settu þó þeim stað ok skǫpuðu gǫngu þeim.
Svá er sagt í fornum vísindum, at [16]) þaðan af váru dœgr 20
greind ok áratal. Svá segir í Vǫluspá [17]):

(Vǫl. 8b) Sól þat né vissi,
hvar hón sali átti;
máni þat né vissi,
hvat hann megins átti;

VIII. 1) So oder sagði (nur s.) W — mælti U, Jónns., svarar
(unpassend) R u. übr. Ausg. — 2) Burs U. — 3) er U, H. — 4) So
W? H. segir R, U u. Ausg., vgl. [1]). — 5) jörðin bis hold. f. U, H. —
6) So R, af þeim f. W; grjót af taunnum ok af þ. beinum er borin vóro
U. — 7) So W, er þ. festu jorþ. í U, H — er þ. girðu ok festu jörðina í St (vielleicht zu schreiben: er þ. gyrðu saman ok festu jörðina í) —
er þ. gerðu ok f. s. j. R u. Ausg. — Vgl. im Fg. U. — 8) So W, fl.
manni R. — 9) So W, þar af R. — 10) So W, U — upp yfir R. —
11) So W — A. V. N. S. R — dverg, Austr(a), Vestra u. w. U. —
12) So W — í mitt Ginnungagap ovan ok neþ. U. H — á miðjan
Ginnunga-himin b. of. ok neð. R u. Ausg. — 13) So R u. W — g.
staþi U. — 14) So W, eldingum U u. Ausg. — eldinum R, vgl. AM
I, 50[*]). — 15) á himnum schreiben Egilsson u. Jónsson (ohne Hs?) —
16) Von sumum á h. . . . . at fehlt U, H. — 17) So W — svá segir
U — svá sem seg. í V. R u. Ausg. —

stjǫrnur þat né vissu,
hvar þær staði áttu.

Svá var áðr, en þetta væri . . . . [18]). Þá mælti Gangleri:
þetta eru mikil tíðindi er nú heyri ek, furðu mikil smíð er
þat ok hagliga gørt [19]); hvernig var jǫrðin háttuð? Þá svarar
Hár [20]): hón er kringlótt[21]), ok þar útan um liggr inn
5 djúpi sjár ok með þeiri sjávarstrǫndu gáfu þeir lǫnd til
bygðar jǫtna ættum; en fyrir innan á jǫrðunni gerðu þeir
borg umhverfis heim [22]) fyrir ófriði jǫtna, en til þeirar
borgar hǫfðu þeir brár Ýmis jǫtuns ok kǫlluðu þá borg
Miðgarð. Tóku þeir ok [23]) heila hans ok kǫstuðu í lopt ok
10 gerðu af skýin, svá sem hér segir [24]):

(Grímn. 40)   Or Ýmis holdi
          var jǫrð of [25]) skǫpuð,
          en or sveita sjár;
          bjǫrg or beinum,
          baðmr or hári,
          en or hausi himinn.

(Grímn. 41)   En or hans brám
          gerðu blíð regin
          Miðgarð manna sonum;
          en or hans heila
          váru þau in harðmóðgu
          ský ǫll of [25]) skǫpuð. —

IX. Þá mælti Gangleri: mikit þótti mér þeir hafa þá
snúit til leiðar, er jǫrð ok himinn var gǫrr [1]), ok sól ok
himintungl váru sett, ok skipt dœgrum; en hvaðan kómu
menninir þeir er heim byggja? Þá svarar Hár [2]): þá er
15 þeir gengu með sævarstrǫndu, Bǫrs synir [3]) fundu [4]) tré tvau

18) *Der ganze Satz fehlt* U, H. W, S *bieten den Satz bis* væri —
R (*u. Ausg.*) *den Schluss* of jörð (*unpassend*). — of gørt? *Vgl.* 19). —
19) *So* (gort) W, gert R. — 20) *Das Vorhergehende in* U *verkürzt.* —
21) *So* W *und* (kr. er j.) U, H, St — kr. útan R *u. Ausg.* — 22) jorþina U, H. — 23) *So* W — þ. t. ok R. — 24) *Vgl. auch* Vafþr. 21.
Hild. sowie AM II, 431 (A) *u.* 515 (M). — 25) um U. —

IX. 1) *So* (gjorr) W, gert R. *Vgl.* C. III ex. — 2) *Der Anfang
von* IX *bis* Hár *fehlt* U, *zu dem Fg. findet sich in* U *die Ueberschrift:*
Bors synir skopuþu Ask ok Emlu. — 3) *So* W — þá er þ. Börs syn.
g. m. sæv. R *u. Ausg.* — 4) *So* W — f. þeir R. —

ok tóku upp tréin ok skǫpuðu af menn [5]), gaf inn fyrsti [6])
ǫnd ok líf, annarr vit ok hrœring, þriði ásjónu, mál [7]) ok
heyrn ok sjón [8]); gáfu þeim klæði ok nǫfn [9]): hét karlmaðrinn [10])
Askr, en konan Embla [11]), ok ólz [12]) þaðan af mannkindin [13])
sú er [14]) bygðin var gefin undir Miðgarði. þar næst gerðu 5
þeir sér borg í miðjum heimi, er kallat er Ásgarð, þat
kǫllum vér Trója [15]). þar bygðu guðin ok ættir þeira, ok gerðuz
þaðan af mǫrg tíðindi ok greinir, bæði á jǫrð ok í lopti [16]).
þar er einn staðr, er Hliðskjálf heitir, ok þá er Oðinn
settiz [17]) þar í hásæti, þá sá hann of alla heima [18]) ok hvers 10
manns athœfi, ok vissi alla hluti, þá er hann sá [19]). Kona
hans hét Frigg, Fjǫrgvins [20]) dóttir, ok af þeira ætt er sú
kynslóð komin, er vér kǫllum ása-ættir, er bygt hafa Ásgarð
inn forna ok þau ríki, er þar til liggja [21]), ok er þat allt
goðkunnig ætt. Ok fyrir því má hann heita Allfǫðr, at hann 15
er faðir allra guðanna ok manna ok alls þess er af hans
krapti [22]) var fullgǫrt [23]). Jǫrðin var dóttir hans ok kona
hans, af henni gerði hann inn fyrsta soninn, en þat [24]) er [25])
Ása-þórr; hánum fylgði afl ok sterkleikr, þar af sigrar hann
ǫll kvikvendi [26]). 20

— — — — — — — —

---

5) mann U. — 6) fyrst (?) W. — 7) So W, málit R. — 8) skin
H — gaf inn f. ǫnd. II líf, III heyrn ok sýn. U. — 9) gáfu — nöfn
f. U. — 10) maþr U. — 11) So W, R — Emla U. — 12) So W, óx
U, H — ólux R. u. Ausg. — 13) So W, U — kindir? R (vgl. AM I,
52 [15]). — 14) So W, þeim er R — nur er U, H. — 15) Die drei letzten Worte (so in R, þat kallaz Trója W), in U fehlend (síþan g.
þeir í m. heimi Ásg., þ. b. u. w.), sind von J. Grimm (Gesch. d. d.
Spr.[2] 533) als Zusatz bezeichnet, vgl. jedoch Einl. C. 4. — 16) So W,
R — þar b. O'. (O'. goðin H) ok ettir þeirra, er várar ættir ero frá
komnir (-nar H). En(n) segir Hár U, H. — 17) Alfauþr sezt U, H. —
18) sér h. um heim allan U, H. — 19) ok vissi — sá f. U, H. —
20) So W, R — Fjörgyn lautet der Name L.E. (Lokas. 26) u. in
U Fiorgun — 21) So W — er þ. l. t. R — die Worte ok þau ríki
u. w. f. U, H. — 22) So W — af honum ok h. krapti R. — 23) So
W u. Ausg., doch AM fullt gert mit R — ok manna bis gert f. U,
H. — 24) So W u. Ausg. — þar R. — 25) ok var þeirra son U (die
Worte kona — þat fehlen). — 26) Der Schluss (hánum u. w.) f.
U, H. — Ueber die fg. 4 Cap. vgl. Einl. C. 5.

X[1]). Norvi eða Narfi hét jǫtunn, er bygði í Jǫtunheimum[2]); hann átti dóttur er Nótt hét, hón var svǫrt ok
døkk, sem hón átti ætt til; hón var fyrst[3]) gipt þeim manni
er Naglfari hét, þeira son hét Auðr[4]); þar næst var hón
gipt þeim er Annarr[5]) hét, Jǫrð hét þeira dóttir. Síðarst
átti hana Dellingr[6]), ok[7]) var hann ása-ættar; var þeira
son Dagr, var hann ljóss ok fagr eptir faðerni sínu. Þá
tók Allfǫðr Nótt ok Dag, son hennar, of gaf þeim tvá hesta
ok tvær kerrur ok setti þau[8]) upp á himin, at þau skulu
ríða á hverjum tveim dœgrum umhverfis jǫrðina[9]). Ríðr
Nótt fyrri, þeim hesti er kallaðr er Hrímfaxi, ok at morni
hverjum dǫggvir hann jǫrðina[10]) af méldropum sínum. Sá
hestr er Dagr á, heitir Skinfaxi, ok lýsir allt lopt ok jǫrðina
af faxi hans[11]).

XI. Þá mælti Gangleri: hversu stýrir hann gang sólar
eða[1]) tungls? Hár segir: Sá maðr er nefndr Mundilfari[2]), er
átti tvau bǫrn; þau váru svá fǫgr ok fríð, at hann kallaði
son sinn[3]) Mána, en dottur sína Sól, ok gipti hana þeim
manni er Glenr hét[4]). En guðin reidduz þessu ofdrambi[5])
ok tóku þau systkin[6]) ok settu upp á himin; létu Sól keyra
þá hesta, er drógu[7]) kerru sólarinnar þeirar er guðin hǫfðu
skapat til at lýsa heimana af þeiri sínu, er flaug or Múspells-

X. 1) C. X—XIII *sind schon von Rk. als Interpolation erkannt.*
Ueberschrift in U: Frá Nora jotni ok Nótt, dóttur hans. — *Vgl.*
Vafþr. 25 *wegen der Namensformen.* — 2) Nori (Njörfi eðr Narvi H)
jotun bygþi fyrst Jotunheima U, H. — 3) *So* W, fyrst *fehlt* R *u. w.* —
4) *So* W, U, S, H, St *ufter, auch Rask* — Uðr *die übr. Ausg. mit* R. —
5) *So* R *u.* (Anarr) W, Onar (-arr) U, S, St, H. *Ausg.* Annarr (= O'ðinn),
O'narr *Jónsson S.* 325. — 6) Doglingr U, Derlingr St, H. — 7) ok *f.*
R. — 18) *So* R, *ähnl.* U — o. sendi þá W. — 9) þá t. Alf. N. ok D. ok
setti á him. ok gaf þeim II hesta ok kerrur ok ríþa þau umhverfis
jorþina U. — 10) Nótt ríþr Hrímf., hann d. j. með m. sín. U. —
11) Dagr á Skinf. ok lýsir lopt ok jorþ af f. h. U. —
XI. 1) *So* W, ok R. — 2) *So* W, S, St *Jónss.* — færi R *u.*
Ausg. (-fðri); Mundilferi (*ohne das in* XI *Vorhergeh.*) átti U. — 3) *So*
W, *Pf.* — k. annat R. — U *bietet für* þau — Mána *nur* Máni hét sonr
hans (en Sól dóttir). — 4) *So* W, R — ok átti hana Glornir (Glernir
H) U, H. — 5) U: g. r. því ofdr. er þau héto svá. — 6) *So* W,
syskin R. — ok *bis* syst. *f.* U., *die im Fg.:* s. þau upp á h. *hat.* —
7) *Für* létu — drógu *hat* U (*u.* H) ok draga þau. —

heimi. þeir hestar heita svá: Alsviðr ok A'rvakr⁸), en undir
bógum hestanna settu guðin tvá vindbelgi⁹) at kœla þá,
en í sumum frœðum er þat kallat ísarnkol¹⁰). Máni stýrir
gǫngu tungls ok ræðr nýjum ok niðum, hann tók¹¹) bǫrn
tvau¹²) af jǫrðunni, er svá hétu: Bil ok Hjúki¹³), er þau 5
gengu frá brunni þeim er Byrgir¹⁴) heitir, ok báru á ǫxlum
sér sá er heitir Sœgr, en stǫngin Simul. Viðfinnr er nefndr
faðir þeira; þessi bǫrn fylgja Mána svá sem sjá má af
jǫrðu¹⁵). —

XII. þá mælti Gangleri: skjótt ferr sólin ok nær svá, 10
sem hón sé hrædd, ok¹) eigi mundi hón þá meir hvata
gǫngunni, at hón hræddiz bana sinn. þá svarar Hár: eigi
er þat undarligt, þó²) at hón fari akafliga³); nær er⁴) sá
er hana sœkir⁵), ok ǫngan útveg á hón nema renna undan.
þá mælti Gangleri: hverr er, sá er henni gerir þann ómaka? 15
Hár svarar⁶): þat eru tveir úlfar, heitir sá Skǫll, er eptir
henni ferr⁷); hann hræðiz hón ok hann mun taka hana; en
sá heitir Hati⁸) Hróðvitnisson er fyrir henni hleypr, ok vill
hann taka tunglit ok svá mun verða. þá mælti Gangleri:
hver er ætt úlfanna? Hár segir: gýgr ein býr fyrir austan 20
Miðgarð í þeim skógi, er Járnviðr heitir; í þeim skógi
byggja þær trollkonur, er járnviðjur heita. In gamla gýgr
fœðir at sonum marga jǫtna ok alla í vargs líkjum, ok
þaðan⁹) eru komnir þessir úlfar, ok svá er sagt, at af ættinni
verðr sá einn máttkastr, er kallaðr er Mánagarmr; hann 25

---

8) A'rv. ok. Als. R. — 9) *So* W — vinb. R. *u.* AM (vinnb.
Eg.) vindb. *die übr. Ausg.* — 10) *Der ganze Satz* þeir h. *u. w. fehlt*
U, H. — 11) *Nur* Máni tók *u. w.* U. H. — 12) *So* W, II b. R. —
13) Hviki St. — 14) Byggvir U. — 15) *Vergl. noch mit diesem Berichte
die Verse* AM II, 431 *u.* 514: Sœgr heitir sár | en Simul stǫng; ||
Bil ok Hjúki | bera hann || þat er kallat | at þau só í tungli. (*So Eg.*
S. 220, *von* Mb. S. 205 *u.* B. Norr. Fornkv. 334 *nur bis* hann *metrisch gelesen, von* B'. *u.* Hild. *nur bis* bera *als Halbstr. in* ljóðaháttr;
Bt. entscheidet sich für die Namensform Sœgr (*so auch Vigf.* s. v. sœgr;
die Hss. (AM II, 431) Sǫgr; (514) Sêgr: *hier lautet der Schluss* þetta
er kallat at sé í tungli. —

XII. 1) *Von hier* — sinn *f.* U. — 2) þó *nur* W. — 3) eigi —
ák. *f.* U. — 4) *So* W, gengr R, U. — 5) *So* W, R — leiþer U. —
6) *So* W — segir R; *von* ok ǫng. — svar. *f.* U. — 7) *So* W — ok
h. sá er ept. h. *f.* Sk. R. — 8) Hatti U, H. — 9) *So* W, það. af R —
ok þaþ. kom (kǫmr H) Mánagarmr, h. *f. u. w.* U, H. —

fylliz [10]) með fjǫrvi allra þeira manna er deyja, ok hann gleypir tungl, en [11]) støkkvir blóði himin [12]) ok lopt ǫll, þáðan af [13]) týnir sól skini sínu ok vindar [14]) eru þá ókyrrir ok gnýja héðan ok handan. Svá segir í Vǫluspá:

> (Vǫl. 41) Austr býr in aldna [15])
>   í járnviði [16]),
>   ok fœðir þar
>   Fenris kindir;
>   verðr af þeim ǫllum
>   einna nǫkkurr [17])
>   tungls tjúgari [18])
>   í trolls [19]) hami.

> (Vǫl. 42) Fylliz fjǫrvi
>   feigra manna,
>   rýðr ragna sjǫt
>   rauðum dreyra;
>   svǫrt verða sólskin
>   of sumur [20]) eptir,
>   veðr [21]) ǫll válund [22]) —
>   vituð ér enn eða hvat [23])?

5   XIII. þá mælti Gangleri: hver er leið til himins af jǫrðu? þá svarar Hár ok hló við [1]): eigi er nú fróðliga spurt; er þér eigi sagt, þat er [2]) guðin gerðu brú af jǫrðu til himins, er [3]) heitir Bifrǫst? hana muntú sét hafa, kann vera at þat kallir þú regnboga. Hón er með þrim litum ok 10 mjǫk sterk ok gǫr með list ok kunnáttu meiri en aðrar smíðir [4]),

---

10) h. fylltiz (m. fiorvi feigra manna ok gleypir) U, H. — 11) So W, U — ok R. — 12) himinn (l. öll. f.) U, H. — 13) So W — nur þ. R — þá U, H. — 14) ok vindar — hand. f. U, H. — 15) in arma U, H. — 16) So R, U u. L. E. — viðju W. — 17) íma nokkur U. (af in V. 5 U u. L. E., or R.) — 18) tregari U, trega H. — 19) So U u. R der L. E., traullz W, R — vgl. Hild. zu Vǫl. 41, 8. — 20) um sumor U. — 21) So W u. L. E. verþr R, U. — 22) vá. ly. U. — 23) v. einn ok h. U — vgl. auch Hild. zu Vǫl. 42, 8. — U fügt zu diesem Abschnitte noch hinzu (was in W, R den Anf. von XIII bildet) þá spyrr G.: hv. e. l. t. h. af j.?

XIII. 1) U beginnt nach der Ueberschrift: Hér segir frá Bifraust so: Hár segir hlæjandi: eigi er u. w. — 2) So W, ohne þér U — þat at.R u. Ausg. — 3) So W, U — til h. af j. ok R. — 4) St fügt hinzu: þat er rautt séz í boganum u. w. (bis fara vilja), was aus C. XV entlehnt ist. —

en svá sterk sem hón er[5]), þá mun hón brotna, þá er Múspells megir fara at herja ok ríða hana[6]), ok svima hestar
þeira yfir stórar ár; svá koma þeir fram ferðinni[7]). þá
mælti Gangleri: eigi þótti mér guðin gera af trúnaði brúna
er[8]) hón skal brotna[9]), ok megu þau þó gera[10]) sem þau 5
vilja. þá mælti Hár: eigi eru guðin hallmælis[11]) verð af
þessi smíð[12]); góð brú er Bifrǫst, en engi hlutr er sá í
þessum heimi, er sér megi treystaz[13]) þá er Múspells synir
herja.

— — — — — — — — — — — 10

XIV. þá mælti Gangleri: hvat hafðiz Allfǫðr þá at,
er gǫrr var Ásgarðr? Hár mælti: í upphafi setti hann
stjórnarmenn í sæti[1]), ok beiddi þá at dœma með sér orlǫg
manna ok ráða um skipun borgarinnar[2]); þat[3]) var þar
sem heitir Iðavǫllr í miðri borginni. Var þat it fyrsta þeira 15
verk, at gera hof, þat er sæti þeira tólf standa í, ǫnnur[4])
en hásætit þat er Allfǫðr á. þat hús er bezt gert á jǫrðu
ok mest; allt er þat útan ok innan svá sem gull eitt, í þeim
stað[5]) kalla menn Glaðsheim[6]). Annan sal gerðu þeir, þat
var hǫrgr[7]) er gyðjurnar áttu ok var hann allfagrt hús, 20
þat[8]) kalla menn Vingólf[9]). þar næst lǫgðu[10]) þeir afla[11]),
ok þar til gerðu þeir hamar ok tǫng ok steðja, ok þaðan
af ǫll tól ǫnnur, ok því næst smíðuðu þeir málm, stein[12])

---

5) *So* W, U — ok svá sem h. er st. R. *u. Ausg.* — 6) *So* W —
fara ok ríða h. R — f. at ríða h. U. — 7) *So* U, *ohne* ferðinni R —
svá — ferð. *fehlt* W. — 8) eigi þóttu mér goðin gera hana af trúnaþi,
er U. — 9) *So* U — brotna mega W, R. — *Vgl.* megu *im Fg.* — 10) *So*
W, (*ohne* þó) *u.* U (ok megi); — er þau megu g. R. — 11) ámælis
U, H. — 12) *So* W, at þessi, þessari U, H — fyrir þessa sm. R. —
13) *So* R, U (*u.* W?) —
XIV. 1) *So* W, U — í sæti *f.* R. — 2) *So* W, R — dæma
(d. um H) orlog manna ok (ok orlǫgum H) ráþa U, H. — 3) dómrinn,
U, H (ráðadómrinn *giebt Rk für* U *an, vgl. die vorige N.*) — 4) *So* W
und (XII *jedoch vor* ǫnnur) R — tólf st. í nema (ok umfram H) þat sæti
er Alfauþr átti U, H. — 5) g. e. sé. I'. þ. sal U, H. — 6) Glaðh. U, H.
Jónss. — 7) er horgr var í U, H. — 8) *So* W — allgott hús ok fagurt, hann
U — allfagr, þat hús R. — 9) Vindgólf S, Vindglóþ U. — 10) *Hier*
beginnt W* (= fragm. membr. A. Magn. 756. 4). — 11) *So* W *u. AM,*
vgl. auch B. 27a. — *die übr. Ausg. nach* R: þarn. gerðu þeir þat at
þeir l. a. — þarn. smíþoþu þ. hús er þ. logþo afl. í U. — 12) *So* W,
W*, U — ok stein R. —

ok tré, ok svá gnógliga þann málm er gull heitir, at ǫll
búsgǫgn[13]) ok ǫll reiðigǫgn[14]) hǫfðu þeir af gulli, ok er sú
ǫld kǫlluð gullaldr, áðr en spilltiz af tilkvámu kvennanna[15]),
þær kómu[16]) or Jǫtunheimum. þar næst settuz guðin upp
5 í sæti sín ok réttu[17]) dóma sína, ok minntuz hvaðan[18])
dvergar hǫfðu kviknat í moldunni ok niðri í jǫrðunni svá
sem maðkar í holdi. Dvergarnir hǫfðu skipaz[19]) fyrst ok
tekit kviknun í holdi Ymis ok váru þá maðkar. En af[20])
atkvæði guðanna urðu þeir vitandi mannvits ok hǫfðu manns
10 líki ok búa þó í jǫrðu ok í[21]) steinum. Móðsognir[22]) var
œztr[23]) ok annarr Durinn[24]). Svá segir í Vǫluspá:

> (Vǫl. 12) þá gengu regin ǫll
> á rǫkstóla,
> ginnheilug goð
> ok of[25]) þat gættuz,
> hverr[26]) skyldi dverga
> drótt of skepja[27])
> or brimi blóðgu[28])
> ok or blám sleggjum[29]).
>
> (Vǫl. 13b) — þeir[30]) mannlíkun
> mǫrg of[31]) gerðu[32])
> dvergar í jǫrðu[33]),
> sem Durinn sagði[34]).

Ok þessi segir hón nǫfn þeira[35]):

---

13) So W, R — borþgogn U, H — W* undeutlich. — 14) So W,
U, H — ok öll r. fehlt R. — 15) qvenna H. — 16) koma W*. —
17) settu W, W*, H, Jónss., wegen settuz (Z. 4.) verdüchtig — réttu R,
U u. Ausg. — 18) hvaða (?) W. — 19) skapaz U, H. — 20) af f.
W, W*. — 21) í f. W, W* — (vorher hafa m. líki U). — 22) Móðsaugnir
W*, Eg. Móðsögnir, vgl. auch Rask, u. Hild. zu Völ. 13. — B. S. 27. —
23) So W, W* — æ. þeirra U, H — M. var dvergr R u. Ausg. —
Vgl. auch Völ. 13a. — 24) Durrinn W*. — 25) So W, R, um U u.
L. E. — 26) So W, U¹ u. L. E. — at sk. R, U², vgl. AM II, 260. —
27) dr. um spekja U. — 28) So W, R, U — or brunni blóþgom H. —
Die Les. der L. E. s. bei Hild. — 29) So R, S, U (bláms l. B. 27a) blám
leggjum H, St — bláins leggjum W, W*, Bláins Ausg. — rgl. auch
Hild. — 30) So U, H. L. E. — þar W, R. — 31) um U u. L. E., of W,
R — af W*. — 32) So U, H, L. E. — görðuz W, R. — 33) — um,
W, W*. — dverga u. or jörðu findet sich in Les. der L. E. — 34) sem
þeim Dyrinn kendi U. — 35) So W, W* — þ. dverganna R — ok
segir þeim nofn þeirra U. — Vgl. z. Fg. AM II, 469, 470.

(Vǫl. 14) Nýi ok[36]) Niði,
Norðri ok Suðri,
Austri, Vestri,
Alþjófr[37]), Dvalinn;
Nár[38]), Náinn,
Nípingr, Dáinn,
Bifurr, Bafurr[39]),
Bǫmburr, Nori —
Ori, O'narr[40]),
O'inn[41]) Mjǫðvitnir.

(Vǫl. 15, 1—2) Vígr[42]) ok Gandálfr,
Vindálfr, Þorinn,
(Vǫl. 16, 1—2) Fili, Kili,
Fundinn, Vali;
(Vǫl. 15, 3—5) Þrór, Þróinn[43]),
Þekkr[44]), Litr ok Vitr[45]),
Nýr[46]), Nýráðr —
(Vǫl. 15, 7) Rekkr, Ráðsviðr.
En þessir eru ok[47]) dvergar ok búa í steinum, en inir fyrri í moldu:
(Vǫl. 18, 1—6) Draupnir[48]),
Dólgþvari,
Hǫrr[49]), Hugstari,
Hleðjólfr[50]), Glóinn;
Dori, Ori,
Dúfr[51]), Andvari,

---

36) So W, L.E. ok *fehlt hier u. im fg. Verse* R, U. — 37) So W, W*, U, S, L.E. — Alþjólfr R. — 38) Naar W Náarr W* — N. *fehlt* U. — 39) Níningr, D., Bivor, Bavrr U, H — *vgl. Hild. u. B. hier u. i. Fg.* — 40) So W — Orr, Annarr U — A'nn, A'n. L.E. — *nur* Onarr R, S. — 41) So R, (*so oder* Onni *auch*) U, A'i W, W*, *vgl. B.* XXIV *u.* 27. — So W, W*, U (Mjoþv.) — Moðv. R, Móðv. S. — H *nach* Norre *noch* Tanningr. — 42) Vigr, Viggr, Veigr *als Les.* Veggr B., *Hild.* — 43) Þjór, Þorinn U. (Valiþjór *nach* AM II, 261). — 44) *fehlt* U. — 45) So W, W*, — V. ok L. U — Litr, Vitr R. — 46) *f.* U. — *Der ungenügende Reim in der letzten Viertelstr. verliert sich durch Vergleich der L. E.* — 47) En *u.* ok *f.* U. — 48) Dramir U. — *Die Namen weichen in der L.E. z. Th. erheblich ab:* Þar var Draupnir ok Dólgþrasir *u. w. Danach sind hier die Verse abgesetzt.* — *Vgl. auch B.* 28. — 49) Hár U. — 50) Hleiþólfr U. — (Glóni *oder* Glóin.) — S *im fg. V.* Dóri. — 51) Drífr H. —

(Vǫl. 16, 3—4) Hepti, Fili [52])

Hárr, Svíarr [53])

En þessir kómu frá Svarins [54]) haugi til Aurvanga á Jǫru-
vǫllu [55]), ok er þaðan kominn Lofarr [56]); þessi eru nǫfn þeira:

(Vǫl. 18, 7—8) Skirvir, Virvir [57]),

Skafiðr, A'i. —

(Vǫl. 19a) A'lfr, Yngvi [58]),

Eikinskjaldi [59]),

Falr, Frosti,

Fiðr [60]), Ginnarr [61]). —

XV. þá mælti Gangleri [1]): hvar [2]) er hǫfuðstaðrinn [3])
eða helgistaðr [4]) guðanna? Hár svarar: þat er at aski
5 Yggdrasils [5]), þar skulu guðin eiga dóma sína hvern dag.
þá mælti Gangleri: hvat er at segja frá þeim stað? þá
segir [6]) Jafnhár: askrinn er allra trjá [7]) mestr ok beztr; limar
hans dreifaz um [8]) heim allan ok standa yfir himni, þrjár
rœtr trésins halda því upp ok standa afar breitt; ein [9]) er
10 með ásum, en ǫnnur með hrímþussum, þar sem forðum var
Ginnunga-gap; en þriðja stendr yfir Niflheimi, ok undir
þeiri rót er Hvergelmir, en Níðhǫggr gnagar neðan rótina.
En undir þeiri rót, er til hrímþussa horfir, þar er Mímisbrunnr, er spekt ok mannvit er í fólgit, ok heitir sá Mímir,
15 er á brunninn; hann er fullr af vísindum, fyrir því at hann
drekkr or brunninum af horninu Gjallarhorni [10]). þar kom
Allfǫðr ok beiddiz eins drykkjar af brunninum, en hann fekk

52) *So* (*oder richtiger* H. Vili) *L.E.* — Heptifili R, U, 748, 757 — Hefti-
fili W, W*. — 53) *So* W, W*, Síar R — Hár segir (*als Prosa*) U. —
Hár, Hanarr *Les. in* 748, 757 *u. L.E.* — 54) Svarnis U. — 55) *So*
W, W*, (-um) H — *Ausg. meist* Jóruvöllu, *vgl. hier* Völ. 17b *u. z.*
Fg. 17a. — 56) *So* W, W*, U, H (Lovarr) *Jónss.* — ok eru komnir
það. Lovarr R *u. die übr. Ausg.* — 57) *So* W, W*, U, St — fir, -fir,
R. — 58) *So* U *u. L.E.* — Ingi R, W. — 59) *So* W, W* *u. L.E.* —
Eikinn Skjaldi R — Eikinskjalli U. — 60) = Finnr (*L.E.*). — *Für*
Falr *hat L.E.* Fialarr, *vgl. B.* 28 *Anm.* — 61) Ginar U, 8. — U
schliesst mit þá spyrr Gangleri, *vgl. C.* XV [1]). —
XV. 1) *In* U *die Ueberschrift:* Hér segir frá helgi stað guð-
anna. — 2) hvað U. — 3) h. staþr U. — 4) *So* W, U — helgi-
staðrinn R. — 5) Ygdr. U — Ygör. W, W* — Ydr. R *u.* (Y'dr.) *Eg.*
Yggdr. *die übr. Ausg.* — 6) svarar W*. — 7) tria U, trea (R? *u.*) *AM*,
tréa *Rk.*, trjá *Eg.*, *Jónss.*, *Pf.* — 8) *So* W, W*, U, H — yfir R *u.*
Ausg. — 9) ein af þeim W*. — 10) or br. or Giallarhorni U. —

eigi fyrr [11]), en hann lagði auga sitt at veði [12]). Svá segir
í Vǫluspá:

(Vǫl. 2, 7—8) Allt veit ek, O'ðinn,
hvar þú auga falt [13]) —

(Vǫl. 24, 3—8) í [14]) inum [15]) mæra
Mímis brunni!
Drekkr mjǫð [16]) Mímir
morgun [17]) hverjan
af veði Valfǫðrs [18]) —
vituð þér [19]) enn eða hvat?

þriðja rót asksins stendr á himni ok undir þeiri rót er
brunnr, sá er mjǫk er heilagr, er heitir Urðarbrunnr [20]);
þar eigu guðin dómstað sinn, hvern dag ríða æsir þangat 5
upp um Bifrǫst brúna [21]), hón heitir ok A'sbrú [22]). Hestar
ásanna heita svá: Sleipnir er baztr, hann á O'ðinn, hann
hefir átta fœtr; annarr er Glaðr, þriði Gyllir, fjórði Glenr [23]),
fimti Skeiðbrímir, sétti Silfrintoppr [24]), sjaundi Sinir [25]),
átti Gísl [26]), níundi Falhófnir [27]), tíundi Gulltoppr, ellifti 10
Léttfeti [28]). Baldrs hestr var brendr með hánum, en þórr
gengr til dómsins [29]) ok veðr ár þær er svá heita:

(Grímn. 29) Kǫrmt ok Ǫrmt
ok Kerlaugar tvær,
þær skal þórr vaða
dag [30]) hvern,
er hann dœma ferr [31])
at aski Yggdrasils [32]);
því at A'sbrú

―――――

11) en bis fyrr f. U. — 12) í veð U, H. — 13) So W, W*, U, H,
Ausg., auch L. E. — hvar á auga f. R, S. — 14) So W, U u. L. E.
Rk. — or R, AM, Jónss., Pf. — úr Eg. — 15) So W, W* — þeim
enum R, U u. w. — 16) So W, U, L. E. — moð R. — 17) í morgun
R. — 18) So W, U, L. E., veiþi (= veði?) R, viði S. — valsfauþr
U. — 19) So W, R, viti þér U, abgekürzt in L.E. — 20) u. þ. rót er
Urþar br. U. — 21) br. nur W, W*. — 22) ása brú U, H. — 23) So
W, W* — Gler R — der Name f. U, H. — 24) So W, W* Rk. —
Silfrt. R — Slintoppr U. — 25) Simr U. — 26) So W, W*, H —
Gils R, U. Vgl. AM I, 482 ³). — 27) Falófnir U, Fálhófnir S. — 28) So
W, W*, U — -fet R. — 29) So W, W*, Ausg. — dóms síns R, at dómi
U, H. — 30) hv. d. U, W*, hverjan d. R d. L.E., — d. hv. die übr.
Hss. u. die Ausg. — 31) So W, W*, U, L.E. — d. skal R. — 32) So
W, W* Ausg., nur Eg. Y'dras. nach R, vgl. oben 5) — Ygdr. U. —

brennr [33]) ǫll loga,
heilug vǫtn hlóa [34]). —

Þá mælti Gangleri: brennr [35]) eldr yfir Bifrǫst [36])? Hár segir:
þat er þú sér rautt í boganum er eldr brennandi; upp á
himin mundu ganga bergrisar [37]), ef ǫllum væri fœrt á
Bifrǫst þeim er fara vilja [38]). Margir staðir eru á himni
5 fagrir, ok er þar allt guðlig vǫrn fyrir [39]); þar stendr salr [40])
einn fagr [41]) undir askinum við brunninn, ok or þeim sal
koma þrjár meyjar, þær er svá heita: Urðr, Verðandi, Skuld;
þessar meyjar skapa mǫnnum aldr; þær kǫllum vér nornir.
Enn eru fleiri nornir, þær er koma til hvers barns, er borit
10 verðr [42]), at skapa aldr, ok eru þessar goðkunnigar [43]), en
aðrar álfa ættar, en inar þriðju dverga ættar, svá sem hér
segir:

(Fáfn. 13) Sundrbornar mjǫk [44])
segi ek [45]) at nornir sé,
eigut þær ætt saman;
sumar eru áskungar,
sumar eru álfkungar [46]),
sumar dœtr Dvalins [47]).

Þá mælti Gangleri: ef nornirnar [48]) ráða orlǫgum manna,
þá skipta þær geysi ójafnt, er sumir hafa gott líf ok ríkuligt,
15 en sumir hafa lítit lén eða lof, sumir langt líf, sumir skamt.
Hár segir: góðar nornir [49]) ok vel ættaðar [50]) skapa góðan
aldr, en þeir menn er fyrir óskǫpum verða, þá valda því
illar nornir. —

XVI. Þá mælti Gangleri: hvat er fleira at segja stór-

---

33) *So* W, W*, U — brenn R. — 34) en h. v. fíóa U, H. —
35) *So* U, W* — *vgl.* [33]). — 36) röstum W*. — 37) *So* W, W*, U —
hrímþussar ok bergr. R. — 38) *Vgl.* XIII 4). — 39) *So* W *u. Ausg.*
— vernd U, H, S. — eru þar allt guðleg vötn f. R. — 40) staþr
U. — 41) f. *fehlt* U, H. — 42) *So* W, W* — barns er fætt er U,
H — manns er borinn er R *u. Ausg.* — 43) þær ero goþkynþar U. —
44) m. *f.* U. — 45) *So* W, W* — hygg ek R, U, *L. E.*, *doch vgl.*
Hild. a. a. O. — U: hygg ek nornir vera. — 46) *So* W, W* *u.*
L. E. (*vgl. Hild.*), *auch Pf.*, *die übr. Ausg. mit* R áskunnar — álf-
kunnar; U áskyndar, álfkyndar. — 47) *So* W, R, *L. E.* sumar ero d.
Dv. U, *doch fehlt hier* ero *im Verse vorher.* — 48) *So* W, W* —
nornir R, U. — 49) meyjar U. — 50) *So* R, U — góðættaðar H —
wie W?

merkja[1]) frá askinum? Hár segir[2]): mart er þar af at segja[3]).
Ǫrn einn sitr í[4]) limum asksins ok er hann margs vitandi;
en í milli augna hánum sitr haukr, sá er heitir Veðrfǫlnir[5]).
I'korni, sá er heitir Ratatǫskr[6]), rennr[7]) upp ok niðr eptir
askinum ok berr ǫfundarorð milli arnarins ok Níðhǫggs, en 5
fjórir hirtir renna í limum asksins ok bíta barr, þeir heita
svá: Dáinn[8]) Dvalinn, Duneyrr[9]), Duraþrór[10]). En svá
margir ormar eru í Hvergelmi með Níðhǫgg[11]), at engi
tunga má telja. Svá segir hér:

(Grímn. 35) Askr Yggdrasils
     drýgir[12]) erfiði
     meira en menn viti[13]);
     hjǫrtr bítr ofan,
     en á hliðu fúnar,
     skerðir Níðhǫggr neðan.

Svá er enn sagt[14]):   10
(Grímn. 34) Ormar fleiri liggja
     und[15]) aski Yggdrasils,
     en þat of hyggi hverr [ósviðra apa][16]);
     Góinn ok Móinn
     þeir 'ru Grafvitnis synir[17]),
     Grábakr ok Grafvǫlluðr[18]),
     Ofnir ok Svafnir
     hygg ek at æ muni[19])
     meiðs[20]) kvistu[21]) má[22]). —

Enn er þat sagt, at nornir þær er byggja við[23]) Urðar-

XVI. 1) st. f. U. — 2) svarar W*. — 3) *Es folgt Ueberschrift*
in U: Frá aske Ygdrasils. — 4) á U, H. — 5) Veðrlaufnir U, H. —
6) Ratakostr U, S — ormr sá er heitir Viþkaustr H. — 7) *So* W,
W*, U — renn R. — 8) Daninn U. — 9) *So* W, W* — Dyneyr U —
Dunneurr R. — 10) *So* R, Dyraþr. W, U; Disráþr H. — *Vgl. AM* I, 478.
11) -haugi U, H. — 12) eykur S. — 13) um viti U. *L. E.* — 14) *So* W
u. Ausg. svá er sagt R. — ok enn segir hér svá U. — 15) *So* W *u.*
L. E.; undir R, U. — 16) *Die den Vers überfüllenden Worte* ósv. apa
sind von einigen Hrgb. als besonderer Vers aufgefasst, vgl. Hild. a. a. O.
apa U *u. L. E.*, afa W, R — (U: en þ. um hyggi hv. ósvinnra apa). —
17) liþar U, H. — (þeir ero *vorher*). — 18) *So* R W, — Grapv.
W* — Grafvollduþr U. — Gráfǫlluðr S. — 19) *So* W, W*, U —
myni R. — 20) *So* W, U, *Ausg.* — meðs R. — 21) *So Eg.*, Jónss., *L. E.* —
kvistum R, W. — kostum U, S. — 22) ná (?) W*. — 23) v. f. R. —

brunn, taka hvern dag vatn í brunninum ok með aurinn,
þann er liggr um brunninn ok ausa upp yfir askinn til þess,
at eigi [24]) skyli limar hans tréna eða fúna. En þat vatn er
svá heilagt, at allir hlutir, þeir er [25]) þar koma í brunninn,
5 verða [26]) svá hvítir sem hinna [27]), sú er skjall heitir, er innan
liggr við eggskurn, svá sem hér segir:

(Vǫl. 22) Ask veit ek standa [28])
              heitir Yggdrasill [29])
              hár baðmr [30]), *ausinn* [31])
              hvíta auri;
              þaðan koma dǫggvar
              þærs [32]) í dali falla,
              stendr [33]) æ yfir grœnn [34])
              Urðar brunni.

Sú dǫgg, er þaðan af fellr á jǫrðina, þat kalla menn hunangsfall ok þar af fœðaz býflugur [35]). Fuglar tveir fœðaz í
Urðarbrunni, þeir heita svanir ok af þeim fuglum hefir
10 komit þat fuglakyn, er svá heitir.

XVII [1]). Þá mælti Gangleri: mikil [2]) tíðindi kantu segja
af himninum [3]); hvat er þar fleira hǫfuðstaða en at Urðarbrunni? Hár segir: margir staðir eru þar gǫfugligir. Sá er
einn staðr, þar er kallat er Álfheimr, þar byggvir fólk, þat er
15 ljósálfar heita, en dǫkkálfar búa niðri í jǫrðu [4]), ok eru þeir
ólíkir þeim sýnum, ōk [5]) miklu ólíkari reyndum. Ljósálfar
eru fegri [6]) en sól sýnum, en dǫkkálfar eru svartari biki [7]).

---

24) e. f. R. —   25) *So* W, W* — at allir er þ. k. U. — þeir
sem = þ. er R. — 26) eru U. — 27) himna H. — eggskurmsl U. —
28) *So* U, S — *L. E.* — ausinn W, R. —   29) *So* U, S, W, W*,
L. E. — drasils R *u. Ausg.* — 30) hár borinn U, hátt bor. S. —
31) ausinn *L. E.,* heilagr *alle Hss. der pros. E.* — 32) *So* W u. *L. E.,*
þœr U, W* — er R. — 33) *So* U, H *u. L. E.* — st. hann W, R *u.
Ausg.* — (æ *fehlt* U). —   34) *So* W, S, *L. E. Pf., Jónss., die übrigen
Ausg.* grunn *mit* R, st. yfir grein U, gróinn H. — 35) *So* W, U,
Ausg. - blýfl. R.

XVII. 1)*Ueberschrift in* U: Hér segir frá Álfheimum. — 2) mikit
W*. — 3) *So* W, W* — k. s. af honum U — kannþu (*oder* kann
þú) at s. af himnum R *u. Ausg.* — 4) n. undir j. U. — 5) *So* W —
en R *u. Ausg.* — ok enn ólík. r. U. — 6) hvítari U, H. — 7) *So* W,
W* — en bik R, U. —

þar er enn [8]) sá staðr, er Breiðablik er kallat [9]), ok engi fegri
staðr [10]). þar er sá [11]) er Glitnir heitir, ok eru veggir hans
ok steðr allar [12]) ok stólpar [13]) af rauðu gulli, en þak hans
af silfri [14]). þar er enn sá staðr, er Himinbjǫrg heitir, sá
stendr á himinsenda við brúarsporð [15]), þar er Bifrǫst kemr 5
til himins. þar er enn mikill staðr, er Valaskjálf [16]) heitir,
þann stað á Oðinn [17]); þann gerðu guðin ok þǫktu skíru
silfri; ok þar er Hliðskjálfin [18]) í þessum sal, þat hásæti er
svá heitir, ok þá er Allfǫðr [19]) sitr í því sæti, þá sér hann
um alla heima [20]). A' sunnanverðum himinsenda [21]) er sá 10
salr [22]), er allra er fegrst ok bjartari en sólin, er Gimlé [23])
heitir; hann skal standa þá er bæði [24]) himin ok jǫrð hefir
fariz [25]), ok byggja þann stað góðir menn ok réttlátir um [26])
allar aldir. Svá segir í Vǫluspá:

(Vǫl. 66) Sal veit [27]) ek standa
          sólu fegra,
          gulli þaktan [28]),
          á Gimlé [29]):
          þann [30]) skulu dyggvar
          dróttir byggja
          ok um [31]) aldr daga
          yndis njóta.

þá mælti Gangleri: hvat gætir þess staðar, þá er Surtalogi [32]) 15

---

8) So W, einn R u. Ausg., ok U — nur sá st. W*. — 9) So
R, W (kall.) — kallaðr W* — Br. heitir U. — 10) So W — ok engi
er þar f. st. R, U. — 11) So W, W* — ok sá R — ok sá staþr
U. — 12) So W. U — allar f. R. — stoður allar W* — ok stoðir af
rauðu gulli S — stæður H. — 13) stoplar W*, für S vgl. [12]). —14) gulli
U. Vgl. Völsr. I, 9. — 15) brautsp. W*. — 16) So W, W*, U (vala
skj.) Ausg., Varask. H. — Valaskjaf R. — 17) þ. — O'ð. f. U, H. —
18) Hliðskjafin W*, vgl. [16]). — 19) W, W* hier Alf. — 20) So W,
W*, um h. a. U. — of allan heim R. — 21) heimsenda U. — 22) staðr
U, H. — 23) Gimler W* — Gimle Rk., AM, Gimli Eg., Jónss., Pf.,
vgl. das Wb. — 24) er b. f. W*. — 25) fyrir faraz U, H. — 26) So
W, W* (of R) — ok b. þ. st. réttlátir menn um alldir allda U, H. —
27) leit H. — 28) So W, W*, U, H, L. E. — g. þakinn S — g. betra
R u. Ausg. — 29) So (Gimle) hier alle Hss., Rk. (á Gimle hám), AM,
Eg.; Gimli Pf., Jónss. - Vgl. AM I, 80²). — 30) So W, W* — þar
R, U, L. E. — 31) So W, W*, U, L. E. — of R. — 32) So W, R —
Svarta (-tta S) U, S — svarti H. — Surta logi Rk., AM. —

brennir himin ok jǫrð³³)? Hár segir³⁴): svá er sagt, at
annarr himinn sé suðr ok upp frá þessum³⁵), ok heitir sá³⁶)
Andlangr³⁷), en inn þriði himinn sé enn upp frá þeim, ok
heitir sá Víðbláinn³⁸), ok á þeim himni hyggjum vér þenna
5 stað vera, en ljósálfar einir hyggjum vér at nú byggvi þá staði³⁹).

— — — — — — — — — —

XVIII¹). Þá mælti Gangleri: hvaðan kemr vindr? hann
er sterkr, svá at hann hrœrir stór hǫf ok hann œsir²) eld,
en svá sterkr sem hann er, þá má eigi sjá hann, því er hann
10 undarliga skapaðr³). Þá segir Hár: þat kann ek vel segja
þér⁴); á norðanverðum himins enda⁵) sitr jǫtunn, sá er
Hræsvelgr heitir, hann hefir arnar ham⁶), en er hann beinir
flug, þá standa undan vængjum hans vindar⁷), sem her ségir⁸):

(Vafþr. 37) Hræsvelgr heitir
　　　　　　er⁹) sitr á himinsenda,
　　　　　　jǫtunn í arnar ham;
　　　　　　af hans vængjum¹⁰)
　　　　　　kveða¹¹) vind koma¹²)
　　　　　　alla menn yfir.

XIX¹). Gangleri mælti²): hví skilr svá mikit, at sumar
20 skal vera heitt, en vetr kaldr? Hár segir: Eigi mundi svá
fróðr maðr spyrja, því at þetta vitu allir at segja; en ef þú

---

33) jörðina W*. — 34) *So* R. W, U, svarar St., *doch vgl. Rask
u. AM* I, 80⁷), St *setzt zu:* þeim stað grandar ei, er Svarta logi
brennir himin ok jörð. — 35) *So* W, U — frá þ. himni R *u. Ausg.* —
36) *So* W, W* — sá himinn R, sá heimr U. — 37) Viþbláinn U,
H — *vgl.* ³⁸). — 38) *So* R, W (Viðbl. *AM*, Víðbl. *die übr. Ausg.*) —
Avndlangr U, Öþlingr H. — 39) *Vgl. zu diesem C. überhaupt die metrische Behandlung AM* I, 592 *fg.*

XVIII. 1) *Dies Cap., in* U *an anderer Stelle* (*AM* II, 278), *fehlt
in* St. *Vgl. Rask u. AM* I, 80¹²). — 2) leysir U, H. — 3) S *fügt
hinzu:* ok færir undr mikil af sér. — 4) þat — þér *f.* U, H. —
5) heims enda U, H, S — *vgl.* XVII, ²¹). — 6) sitr jotuninn Hr. í
arnar ham U, H. — 7) *So* W — stendr vindr und. v. h. U — þá
standa vindar und. vöngum honum R *u. AM., Eg.; desgl.* (*doch* vængum
Rk., -gjum *Jónss.*, vengjum *Pf.*) *die übr. Ausg.* — 8) *So* W, W* —
hér segir svá R *u. Ausg.* — 9) hann U. — 10) *So* W, U. vengiom
L. E.; vængum R. — 11) kveþ ek H. — 12) standa U, H.

XIX. 1) *vgl. über das Fehlen dieses C. in* U *AM* I, 82⁴) *u.*
II, 278. — 2) *So* W, W* — þá m. G. R *u. Ausg.* —

einn ert[3]) orðinn svá fávíss, at eigi hefir[4]) þetta heyrt, þá
vil ek þó þat vel virða, at heldr spyrir þú eitt sinn ófróðliga,
en þú gangir lengr dulinn[5]), þess er skylt er at vita. Svas-
uðr[6]) heitir, sá er faðir Sumars[7]) er, ok er hann sællífr,
svá at af hans heiti er þat kallat svasligt, er blítt er. En 5
faðir Vetrar[8]) er ýmist kallaðr Vindljón[9]) eðr Vindsvalr,
hann[10]) er Vasaðar son, ok váru þeir áttungar grimmir ok
svalbrjóstaðir[11]) ok hefir Vetr þeira skaplyndi. —

XX[1]). þá mælti Gangleri: hverir eru æsir, þeir er 10
mǫnnum er skylt at trúa á[2])? Hár segir: tólf eru æsir
goðkunnigir[3]). þá mælti Jafnhár: eigi eru ásynjurnar óhelgari ok eigi megu þær minna. þá mælti þriði: Oðinn er
œztr ok elztr ásanna, hann ræðr ǫllum hlutum, ok svá sem
ǫnnur guðin eru máttug, þá þjóna hánum ǫll svá sem bǫrn 15
fǫður. En Frigg er kona hans ok veit hón ǫll[4]) orlǫg
manna, þótt hón segi eigi spár. Svá sem hér er sagt, at
Oðinn[5]) mælti sjálfr við þann ás er Loki heitir:
(Lokas. 29, vgl. 47) Œrr ertu nú·Loki[6])
    ok ørviti —
    hví né lezkattu[7]) Loki[8])?
    orlǫg manna
    Frigg[9]) hygg ek at ǫll[10]) viti,
    þótt hón sjálfgi[11]) segi!
Oðinn heitir Allfǫðr[12]), því at hann er faðir allra guða; hann

---

3) So W, W* — ert einn R. — 4) hafir W*. — 5) So W, W* —
duliðr R. — 6) Svos. W*. — 7) So Rk., Eg., Jónss., sumars AM,
Pf. — 8) So Eg., Jónss., vetrar Rk., AM, Pf.; vgl.⁷). — 9) So (nach
AM) oder (-ljóni nach Rk.) W, W* — Vindlóni R. — 10) sá W*. —
11) Grymnir ok Svalbrjostaðr S (etwa þeira átt. vorher?)
XX. 1) Ueberschrift in U: Hér segir frá nofnum Oþins ok
ríki. — 2) So W, W*, U, Rk., á fehlt übr. Ausg. — 3) So W, W*,
U — guðk. R, goðkyntir H, vgl. XV,⁴⁵). — 4) So W* (ok ǫll) W —
ǫll f. R, U u. w. — 5) Vóðinn W*. — 6) So W, W* — ertu nú
orþinn U, ertu Loki R u. Lok. 29, 1. — 7) So W, schon von Rk.
richtiger genannt als legskaþu (R, Rk. im Text, AM u. w.) vgl. auch
Hild. zu Lok. 47, 3 — hví floptir þú U, H. — 8) Loki R u. L. E.
fehlt W, W* — Loptr U. — 9) So U (manna. Frigg) = der Prosa vorher, örl. vita (vera?) W u. (entstellt) W* — manna fehlt R u. L. E. —
10) þau U. — 11) silldan (= sjaldan AM.) W*. — þvíat henni sj. s.
U. — 12) Alfaþir U. —

heitir ok Valfǫðr, því at hans óskasynir eru allir, þeir er í
val falla; þeim skipar hann Valhǫll ok Vingólf, ok heita
þeir þá einherjar. Hann heitir ok Hanga-guð ok Haptaguð [13]), Farma-guð ok en hefir hann nefnz á fleiri vega, þá
5 er hann [14]) var kominn til Geirrǫðar [15]) konungs [16]):

> (Grímn. 46) Hétumz [17]) Grímr
> ok Ganglari [18]),
> Herjan, Hjálmberi;
> Þekkr, Þriði [19]),
> Þuðr, Uðr [20]),
> Helblindi, Hár.

> (Grímn. 47) Saðr, Svipall,
> Sann-getall [21]),
> Herteitr, Hnikarr;
> Bileygr [22]), Baleygr [23])
> Bǫlverkr, Fjǫlnir,
> Grímnir, Glapsviðr, Fjǫlsviðr [24]).

> (Grímn. 48a) Síðhǫttr, Síðskeggr,
> Sigfǫðr, Hnikuðr,
> Allfǫðr, Atriðr [25]), Farmatýr [26]);
> (Grímn. 49b) O'ski, O'mi,
> Jafnhár, Biflindi [27]),
> Gǫndlir [28]), Hárbarðr.

---

13) Happaguð U. — 14) h. f. W. — 15) So R, W — Geirruðar
W* -aþar U. vgl. das Wb. — 16) U (u. H) fügt zu: segir hann
svá. — Die fg. Namen (in der L. E. meist durch ok verbunden) sind
nur bei Rk. u. Pf. strophisch gegliedert. Vgl. auch AM II, 472, 555. —
17) So W, W*, U, Eg. Jónss. L. E. — heitumzc R, Rk., AM. — 18) So
W, AM, — leri W*, U, H, I. E. (vgl. Hild.), Jónss., Pf. — Gangari
R, S, Eg. — Gángráðr Rask. — 19) Friði W*. — 20) So R u. Ausg.,
L. E. Þ. ok U. — Þuðruðr W, W*, U. — 21) Vgl. auch AM II,
154 4), Hild. a. a. O. — 22) So U, W, L. E. — Byleigr W* — Tileygr
R. — 23) Die Ausg. z. Th. Bál., s. Hild. — 24) Vgl. über Var. der
L. E. Hild. — 25) A'triðr W*, in U steht Atr. hinter Sigfoðr. — Vgl.
auch hier Hild. — 26) F. f. S. — 27) So hier W*, L. E. u. Ausg. —
Blindi R, S — Biblindi W (auch III 6) U, H. — 28) Göndull W* —
Gelldnir U, H. — Durch den V. Schluss með goðum erhält die L. E.
den Reim.

(Grímn. exc.) Sviðurr [29]) Sviðrir,
            Jálkr, Kjalarr, Viðurr,
            Þrór [30]), Yggr, Þundr;
            Vakr, Skilfingr,
            Vafuðr, Hroptatýr,
            Gautr [31]), Veratýr.

Þá mælti Gangleri: geysi mǫrg heiti hafi-þér [32]) gefit hánum,
ok þat veit trúa mín, at þetta mun vera mikill fróðleikr, sá
er hér kann skyn ok dœmi, hverir atburðir hafa orðit sér
til hvers þessa nafns. Þá segir Hár: mikil skynsemi er at
rifja þat vanðliga upp [33]), en þó er þér þat skjótast at segja, 5
at flest heiti hafa verit gefin af þeim atburði [34]), at svá
margar tungur sem ganga í verǫldinni [35]), þá þykkjaz allar
þjóðir þurfa at breyta nafni hans til hverrar [36] tungu til
ákalls ok bœna fyrir [37]) sjálfum sér, en sumir atburðir til
þessara [38]) heita hafa gerz í ferðum hans, ok er þat fœrt í 10
frásagnir ok muntu eigi mega fróðr maðr heita, ef þú skalt
eigi kunna frásegja [39]) frá þeim stórtíðindum.

   XXI. Þá mælti Gangleri: hver eru nǫfn [1]) annarra [2])
ásanna eða hvat skulu þeir at hafaz [3]), eða hvat hafa þeir
gert til frama [4])? Hár segir: Þórr er þeira framastr [5]), sá 15

---

29) *Die nach* Hárb. *fg. Namen sind aus Str.* 50, 49, 54 *entlehnt,*
(*wegen* Veratýr *vgl. Hild. zu Str.* 54, 6) *und widerstreben hier, wie*
schon Rk. bemerkte, stroph. Gliederung, vgl. auch Einl. C. 3. —
30) Frór W* — Þrór, Gautr, Jálkr, Veratýr *als urspr. Schluss in*
U. — 31) *Nach* Gautr *fügt* H *noch weitere Namen ein, vgl. AM* I,
86 [11]) — *über in* U *zugesetzte Namen* (z. Th. *dieselben*) *vgl. AM* II, 266 [1]). —
32) g. m. nofn hafa þeir W* — (nofn *auch* U). — 33) *So* W, W*,
U — rína þ. v. u. H — rifja vandliga þat R *u. Ausg.* — 34) *So* W,
W* *u. Ausg.* (*doch* Rask atburðum *nach* U) — atburðr R. — 35) *So*
W, W* — at svá m. sem eru greinir tungnanna í verǫldunni R
(*ähnl.* U, *ohne* sem). — 36) *So* W, sinnar R *u. w.* — 37) *So* W, R —
bænaferlis U, H — bænaf. fyrir S. — 38) *So* W, W* — þessa R,
U. — 39) *So* W? *die Worte* frá þeim *sind unsicher.* eigi frá k. s. W*,
eigi k. segja R *u. Ausg.* — segja frá þessum stórt. U.

   XXI. 1) n. þeirra W*. — 2) ann. goþanna eða U. — 3) *So* W,
W* — eðr hvat hafaz þeir at? R *u. Ausg.* eðr — at h. *fehlt* U,
H. — 4) *Es folgt Ueberschrift in* U: Hér segir frá Þór ok ríki hans
ok Bilskírni. — 5) *So* (-astr) W, W*, *Rk.* — framast (rst-zt) R *u. w.*

er kallaðr er [6]) Ása-Þórr eða Qku-Þórr [7]), hann er sterkastr [8]) allra guðanna ok manna; hann á þar ríki, er Þrúðvangar [9]) heita [10]), en hǫll hans heitir Bilskírnir, í þeim sal eru fimm hundruð [11]) gólfa ok fjórir tigir, þat er hús mest svá at menn 5 viti [12]). Svá segir í Grímnismálum:

(Grímn. 24) Fimm hundruð [13]) gólfa
ok um fjórum togum [14]),
svá hygg ek Bilskírni með bugum [15]);
ranna þeira
er ek rept [16]) vita,
míns veit ek mest magar [17]).

Þórr á hafra tvá, er svá heita: Tanngnjóstr ok Tanngrísnir [18]), ok reið þá er hann ekr í [19]), en hafrarnir [20]) draga reiðina [21]), því er hann kallaðr Qku-Þórr [22]). Hann á ok þrjá kostgripi: 10 einn [23]) er hamarrinn Mjǫllnir, er hrímþussar ok bergrisar kenna, þá er hann kemr á lopt [24]); ok er þat eigi undarligt, hann hefir lamit margan haus á feðrum eða frænðum þeira. Annan grip á hann beztan, megingjarðarnar [25]), ok er hann spennir þeim um sik, þá vex hánum ásmegin [26]) hálfu. En 15 þriðja hlut á hann, þann er mikill gripr er í, þat eru járnglófar [27]), þeira má hann eigi missa við hamarskaptit [28]). En engi er svá fróðr [29]), at telja kunni ǫll stórvirki hans, en segja kann ek þér svá mǫrg tíðindi frá hánum [30]), at

---

6) *So* W, W*, U — er *f.* R *u. Ausg.* — 7) *So* R, U — Akuþ. W, Aukaþ. W* — eða Ökuþ. *f.* H. — 8) st. ása ok a. g. U, H. — 9) Þrúðangar W*. — 10) Þrúangr (Þrönge H) heitir U — þrúðv. heitir S. — 11) *So nach* R *u. w.,* hundrat *AM nach* W. — 12) *So* U, H — svá at menn hafa (hafi W, W*) gert R *u. w.* — 13) *So* W* (D *in* W) — fimm h. *Ausg.* (— hundrat *AM.*) — 14) *Ausg.* meist tögum, tugum *Pf.* — ok fjóra tugo U. — 15) bogum U. — 16) *So* W, W*, *L.E. Ausg.,* ræfr R, U. — 17) margar W*. — 18) Tanngnír H. — 19) *So* W, W*, *Rk.* — í *f.* R *u. übr. Ausg.* U *führt (nach* T. ok. T.) *fort:* Þórr ekr í reiþinni þá er hann ferr í Jotunheima, *so auch* H. — 20) hafrannir (*öfter*) W*. — 21) *So* (*u. öfter*) W, W*, U — *Jónss.,* reiðna R *u. w.* — 22) Akuþórr (*öfter*) W, W*, *rgl.* [7]). — 23) *So* W, W*, U — einn þeirra R *u. Ausg.* — 24) *So* W, W*, U, H, *AM., Rk. Pf.* - á lopt *fehlt* R, *Eg., Jónss.* — 25) *So* W, W* — gjarðar R *u. Ausg.,* — gjarðir U. — 26) *So* W, U, H — *wegen* R *vgl. AM* I, 90 [9]).— 27) járngreipr U (-greipa H). — 28) *So* W, W* (U? *vgl. AM* II, 267) hamars sk. R *u. w.* — 29) frægr U, H. — 30) t. frá h. *fehlt* W, W*, frá h. *auch* U. (*desgl. vorher* svá). —

dveljaz munu stundirnar [31]), áðr en sagt er allt þat er ek veit.

XXII. þá mælti Gangleri: spyrja vil ek tíðinda af fleirum [1]) ásunum [2]). Hár segir [3]): annarr son O'ðins er Baldr [4]), ok er frá hánum gott at segja: hann er beztr ok hann lofa 5 allir. Hann er svá fagr álitum [5]) ok bjartr, at [6]) lýsir af hánum, ok eitt gras er svá hvítt, at jafnat er til Baldrs brár [7]), þat er allra grasa hvítast, ok þar eptir máttu marka hans fegrð, bæði á hár [8]) ok á líki [9]); hann er vitrastr ása [10]) ok fegrst-talaðr [11]) ok líknsamastr, en sú náttúra fylgir hánum, 10 at engi [12]) má hallaz [13]) dómr hans. Hann býr þar sem heita [14]) Breiðablik á himni [15]), í þeim stað [16]) má ekki vera óhreiut, svá sem hér segir:

(Grímn. 12) Breiðablik heita [17]),
þar er Baldr hefir
sér of gørva [18]) sali;
á [19]) því landi,
er ek liggja veit
fæsta feiknstafi [20]).

XXIII. Inn þriði áss heitir Njǫrðr [1]), hann býr [2]) þar sem heita [3]) Nóatún, hann ræðr [4]) fyrir gǫngu vinds [5]) ok stillir 15

---

31) mun dagr U, H, S. —

XXII. 1) So W, W* — sp. vil ek at fleirum U — tíð. af fleiri R u. w. — 2) So W, R — sunum hans U, sun. O'þins H. — 3) svarar W*, U. — 4) B. inn góði U, H. — 5) at ál. W* — (á litum U?) — 6) So W, W* — svá bj. at U — bj. svá at R u. w. — 7) So W u. Ausg., brat R — við brá B. U, H. — 8) So W, W*, U — (á hári Rask) — á f. R u. Ausg. — 9) So W, R, AM (ok líki die übr. Ausg.) — á liti W*, á líkam U, H. — 10) So W, W* — hvítaztr ása U — vitr. ásanna R u. Ausg. — 11) So W, U, St, Ausg. — fegrztr taliðr R. — 12) eigi U, ei H. — 13) So W, W*, St (vgl. auch Pf. Anm.) halldaz U, R, desgl. Ausg. (haldast). — 14) So W, W*, vgl. u. Grímn. 12, 1 — heitir R, U, Ausg. — 15) So W, W* — heit. ok fyrr er nefndr, hann er á himni U — þat er á h. R u. Ausg. — 16) stað fehlt W, W*. — 17) So W, R, vgl. [14]) — heitir U; vgl. auch Hild. — 18) So (gjorfa) W — gerva R — um g. U. — 19) So W, W*, U u. L. E. — í R u. Ausg. — 20) fæingst. U.

XXIII. 1) So W, W* — áss er sú er heitir U — áss er sá er kallaðr er R u. Ausg. — 2) So U, H — býr á himni þar W, R u. Ausg. — (s. Einl.) — 3) So W, heitir R, U. — 4) r. þar U. — 5) vinnz (öfter) W.

sjá ok [6]) eld ; á hann skal heita til sæfara [7]) ok til veiða.
Hann er svá auðigr ok féssæll, at hann má gefa þeim auð
landa ok lausafjár [8]), er hann vill; á hann skal til þess
heita [9]). Eigi er Njǫrðr ása-ættar [10]), hann var uppfœddr í
5 Vanaheimi [11]), en vanir gisluðu hann guðunum [12]), ok tóku
í mót at gislingu [13]) þann er Hœnir heitir [14]), þat varð at
sætt með guðum [15]) ok vǫnum. Njǫrðr á [16]) þá konu er
Skaði heitir, dóttir þjaza jǫtuns. Skaði vill [17]) hafa bústað,
þann er átt hafði faðir hennar, þat er á fjǫllum nǫkkurum
10 þar sem heitir Þrymheimr [18]); en Njǫrðr vill vera nær sjó [19]).
Þau sættuz á þat, at þau skyldu vera níu nætr í Þrymheimi,
en þá þrjár at Nóatúnum [20]). En er Njǫrðr kom aptr til
Nóatúna af fjallinu, þá kvað hann þetta:

> (β) Leið erumk [21]) fjǫll,
> varka ek lengi á [22]),
> nætr einar níu;
> úlfa-þýtr [23])
> mér þótti illr vera
> hjá sǫngvi svana.

Þá skvað Skaði þetta:

> (γ) Sofa ek né mátta [24])
> sjávar [25]) beðjum á

---

6) sjá ok vind ok e. U. — 7) sæferðar W*. — 8) *So* W *u.*
(landa eðr laus.) R — þeim land ok lausafé U. — 9) *So* U; *ohne* er
hann vill W, W* (h. t. þ.) — laus., er á hann heita t. þ. R *u. Ausg.* —
10) *So* W, W*, U, H — Eigi *u. w. fehlt* R *u. Ausg.* — 11) *So,* W.
W*, U — heimum R *u. Ausg.* — 12) *Das Schwanken der Hss. ist bei
diesem Worte nicht überall angeführt, vgl. jedoch das Wb.* — 13) *So*
W, W* — at g. *fehlt* U, H — at ása-gisl. R *u. Ausg.* — 14) *So* W,
W* (*nur* h. R) *u. Ausg.* — hét U. — 15) *So* U — hann v. W, W* —
hann v. — goðunum ok v. R *u. Ausg.* — 16) átti U, H. — 17) villdi U,
H. — 18) *So* W, W*, *L. E.*, Þrumheimr R, Þrúðh. U, H, St. —
19) *So* W, W* -sæ R, U. — 20) *So* W, W*, *Rask u.* (*ohne* þá) U —
ähnlich St. — en þá aðrar IX at Nóat. S, *AM, Pf., Jónss., B.* —
IX vetr í Þrumheime en þá aðra IX. at N. R, *Eg.* — *B'.* (*Norr.
Fornkv.* 330) *versteht unter Eg. AM.* — 21) erumz U. — 22) *So* W,
(vaka W*). — á f. R *u. Ausg.* (*ausser B., Hild.*) — varkaþa ek
lengi hjá U, *vgl. B'.* — 23) þytr *die meisten Ausg.*, þýtr *Hild. S.*
303. — 24) *So* W, W* *M., Rk.*, — sofa ek máki U — s. ek máttak
R *nach Rk. u. B.* máttat *AM, Mb.*, s. ek né máttak *Eg., Jónss.* —
sofa ek mákat *B., Hild.* — 25) *So* W. sævar U, sæfar R. —

fugls jarmi fyrir;
sá mik vekr,
er af víði kemr,
morgin [26]) hverjan [27]) már.

þá fór Skaði upp á fjall [28]) ok bygði í þrymheimi [29]), ok
ferr hón mjǫk á skíðum ok með boga ok skýtr dýr; hón
heitir ǫndurguð eða ǫndurdís. Svá er sagt:

(Grímn. 11) þrymheimr heitir,
er þjazi bjó [30])
sá inn ámátki [31]) jǫtunn;
en nú Skaði byggvir,
skír brúðr goða [32]),
fornar tóptir fǫður [33]).

XXIV [1]). Njǫrðr í Nóatúnum gat síðan tvau bǫrn, hét
sonr Freyr, en dóttir Freyja [2]), þau váru fǫgr álitum ok máttug. 5
Freyr er inn ágætasti af ásum [3]), hann ræðr fyrir regni ok
skini sólar ok þar með ávexti jarðar, ok á hann er gott at
heita til árs ok friðar, hann ræðr ok fésælu manna. En
Freyja er ágætust af ásynjum; hón á þann bœ á himni [4]), er
Fólkvangr heitir [5]), ok hvar sem hón ríðr til vígs, þá á hón 10
hálfan val, en hálfan Óðinn; svá er hér sagt [6]):

(Grímn. 14) Fólkvangr heitir,
en þar Freyja ræðr
sessa kostum í sal [7]);
hálfan val
hón kýss hverjan dag [8]),
en hálfan Óðinn á.

---

26) *So* W, U — morgun R. — 27) *So* W, R — hvern U. —
28) *So* W, W*, U — fjallit R *u. Ausg.* — 29) *Vgl.* [18]). — 30) *So*
R *u. L. E.*, bjó *f.* W — þar nú þj. býr U. — 31) mátki U. — 32)
guma U. — 33) foþr U. —
   XXIV. 1) *Ueberschr. in* U: Frá bornum Njarþar. — 2) *So*
R *u. Ausg.* — hét annat Freyr, ok Freyja W, W* — hét annat Freyr,
er einn er áget. með guþum U. (*w. u.* Annat barn hans er Freyja,
hón er ág.) — 3) *So* W, R — *wegen* U *vgl.* [2]). — 4) himnum U, H. —
5) *So* W, W*, H, S *u.* (Fólvang) U, *vgl. auch die fg. Str.* — Fólk-
vangar heita R *u. Ausg.* — 6) *So* W, W* — svá segir U —
svá sem hér segir R. — 7) kosta beztum sal U. — 8) *So* W *u.*
L. E., hvern d. U — á hv. d. R. *u. Ausg.* —

Salr hennar Sessrúmnir er mikill ok fagr[9]); ok[10]) er hón ferr[11]),
þá ekr hón kǫttum tveim[12]) ok sitr í reið. Hón er nákvæmust mǫnnum til áheita[13]), ok af hennar nafni er þat tignarnafn, er ríkiskonur eru kallaðar frúr[14]). Henni líkaði vel
5 mansǫngr[15]); á hana er gott at heita til ásta.

XXV. þá mælti Gangleri: miklir þykkja mér þessir
fyrir sér æsirnir[1]), ok eigi er undarligt, at mikill kraptr fylgi
yðr, er þér skulut kunna skyn guðanna ok vita, hvert biðja
skal hverrar bœnarinnar[2]); eða[3]) eru fleiri enn guðin? Hár
segir[4]): sá er enn áss, er Týr heitir, hann er djarfastr ok
10 bezt hugaðr[5]) ok hann ræðr mjǫk sigri í orrostum; á
hann er gott at heita hreystimǫnnum. þat er orðtak, at
sá er tý-hraustr[6]), er umfram er aðra menn ok ekki séz[7])
fyrir; hann er svá vitr, at þat er ok mælt[8]), at sá er týspakr[9]), er vitrastr[10]) er[11]). þat er eitt mark um[12]) djarfleik
15 hans: þá er æsir lokkuðu Fenris-úlf til þess, at leggja fjǫturinn á hann Gleipni[13]), þá trúði hann þeim eigi, at þeir
mundu leysa hann, fyrr en[14]) þeir legði[15]) hánum at veði
hǫnd Týs í munn[16]) hans. En þá er æsir vildu eigi leysa
hann, þá beit hann hǫndina af, þar er nú heitir úlfliðr[17]);
20 ok er hann einhendr ok ekki kallaðr sættir manna[18]).

---

9) *So* W, W* — Salr h. Sessrýmnir, hann er R *u. Ausg.* — S. h.
heitir Sessrýmir S — Sessvarnir heitir ok salr h. U, H. — 10) *So*
W, W* — en R, U. — 11) rípr U. — 12) á k. sínum U. — 13)
So W, W*, U, H *u. Ausg.* — til á at h. R. — 14) *So* W W*, U, H
Jónss., Pf. — frovor R, *AM, Eg.* — freyior *Rk.* — *Vgl.* Yngls. *C.* 13. —
XXV. 1) æsar W*. — 2) *So* W, R — hvern biþja skal hvers
hlutar eða hverrar bænar U, H. — 3) *fehlt* W*? — 4) *Ueberschr.*
in U: Hversu biþja skal ásinn Tý, Braga ok Heimdall. — 5) breyt-
hug. U. — 6) *So* R, U, thýhraustr W* — týraustr W. — 7) siez
W, siezt W* — setz R. — 8) *So* U (*wo der Satz jedoch später folgt*)
W*, W (h. er vitr svá at *u. w.*) — hann var vitr, svá at þat er mælt
R *nach AM; Rk., Eg., Jónss. Pf. schreiben:* hann var ok vitr svá at
þ. er m. — 9) *So* R? *u. Ausg.* — at sá er (sé U) týrsp. W, U -
thýrsp. W*. — *vgl.* ⁶). — 10) *So* W W* *u. Ausg.* — vitr R. — 11)
er vitr. er *f.* U. — 12) um hraustleik hans ok dj. U, H. — 13) *So*
R *u. Ausg.* Gleifni W, U. — 14) *So* W, U, *Ausg.* — f. er R. —
15) *So* W, W* — lǫgðu R, U. — 16) *So* U. *u. Ausg.* (Týrs *Rk.*)
Týss í m. h. W* — Týss í m. úlfsins R. — h. Týs í munni h. *hier* W
(*doch* C. XXXIV ⁸¹) í munn) — 17) *So* W, W*, *Ausg.* — úlfriðr R. —
18) *Vgl. wegen der andern Ordnung in* U *AM* II, 269. —

XXVI. Bragi heitir einn [1]), hann er ágætr af speki ok mest af málsnild [2]) ok orðfimi; hann kann mest af skáldskap ok af hánum er bragr kallaðr skáldskapr, ok af hans nafni er sá kallaðr bragr karla eða kvenna [3]), er orðsnild hefir framarr en aðrir [4]). Hans kona er Iðunn, hón varðveitir í eski sínu 5 epli þau er guðin skulu ábíta þá er þau eldaz, ok verða þá allir ungir ok svá mun vera [5]) til [6]) ragnarøkkrs. þá mælti Gangleri: allmikit þykki—mér guðin eiga undir gæzlu eða trúnaði Iðunnar. þá svarar [7]) Hár ok hló við: nær lagði þat ófæru eitt sinn [8]); kunna mun ek þar af at segja, en 10 þó skaltu nú fyrst heyra fleiri nqfn ásanna [9]).

XXVII. Heimdallr heitir einn, hann er kallaðr inn [1]) hvíti áss; hann er mikill ok heilagr; hann báru at syni meyjar níu [2]) ok allar systr; hann heitir ok Hallinskíði [3]) ok Gullintanni, tenur hans váru af gulli; hestr hans heitir Gull- 15 toppr. Hann býr þar er heita [4]) Himinbjqrg við Bifrqst; hann er vqrðr guða ok sitr [5]) þar við himins [6]) enda at [7]) gæta brúarinnar fyrir bergrisum; hann þarf minna svefn en fugl, hann sér jafnt nótt sem dag hundrat rasta frá sér, hann heyrir ok þat er gras vex á jqrðu ok [8]) ull á sauðum 20 ok allt þat er hærra lætr [9]); hann hefir lúðr þann er Gjallarhorn heitir, ok heyrir blást [10]) hans í alla heima; Heimdallar [11]) sverð er kallat hqfuð [12]); þat er sagt [13]):

XXVI. 1) einn ássinn U. — 2) So W, W* — at speki — at málsn. R, U u. Ausg. — at málsháttom H. — 3) So R — er sá kall. bragarmaðr karla eða qvenna U — er sá kall. bragr, bragrk. eða bragrkv. W — er sá kall. bragr karl eða kona H. — 4) So U (u. H?); in R, W u. Ausg. folgen noch die Worte: kona eða karlmaðr. — 5) verða W* U. — 6) So W, W*, — allt til r. R u. Ausg. — 7) So W* und (s.) W? — mælti R, U, Ausg. — 8) So W, W* — einu sinni R, U, Ausg. — 9) So W, W* — en þú sk. nú f. h. n. ás. fl. R, U. Ausg. —
XXVII. 1) So U, enn (oder inn) f. R, W u. w. — 2) m. n. í senn S. — 3) Hjálmskíþi U, H. — 4) So W W*, vgl. die fg. Str. — heitir R, U, Ausg. — 5) settr W, W*. — 6) heims e. U, H. — 7) ok R — at Ausg. mit W, U. — 8) So W, W*, U — eða R u. Ausg. — 9) So die Ausg., vgl. þrymlur I, 8, 3. — hæra R, W, heyra W* — h. fehlt U. — 10) So W, W* — blástr R, U, Ausg. — 11) So W, Ausg. z. Th. -dalar. — 12) H. bis höf f. U. — 13) So W W* — hér er svá sagt R u. Ausg. — svá segir U. —

(Grímn. 13) Himinbjorg heita,
en þar Heimdall kveða
æ válda véum[14]);
þar vǫrðr [15]) goða
drekkr í væru ranni
glaðr inn góða mjǫð.

Ok enn segir hann sjálfr í Heimdallar galdri [16]):

(ð) Níu em ek mœðra [17] mǫgr,
níu em ek systra sonr [18]).

XXVIII. Hǫðr heitir einn ássinn [1]), hann er blindr;
œrit er hann sterkr [2]), en vilja mundu guðin [3]), at þenna ás[4])
þurfti [5]) eigi at nefna, þvíat hans handaverk [6]) munu lengi
5 vera hǫfð at minnum með guðum ok mǫnnum [7]).

XXIX. Viðarr heitir einn, inn þǫgli áss, hann hefir
skó þykkan [1]); hann er sterkr næst því [2]) sem Þórr [3]); af
hádum hafa guðin mikit traust í allar þrautir.

XXX. Ali eða Vali heitir einn, sonr O'ðins ok Rindar,
10 hann er djarfr í orrostum ok mjǫk happ-skeytr [1]).

XXXI. Ullr [1]) heitir einn, sonr [2]) Sifjar, stjúpsonr Þórs,
hann er bogmaðr svá góðr ok skíðfœrr [3]), at engi má við
hann keppaz [4]). Hann er fagr álitum [5]) ok hefir hermanns
atgervi, á hann er gott [6]) at heita í einvígi [7]).

15 XXXII. Forseti heitir sonr Baldrs ok Nǫnnu Nepsdóttur [1]).
Hann á þann sal á himni, er Glitnir heitir; en allir er til

---

14) *Vgl. Einl.* C. 2 N. [118]). — 15) vorþum guþa U. — 16) Ok
enn segir í sjalfum Heimd. g. U. — 17) meygja U, meya H. — 18) mog
W, W*. —

XXVIII. 1) *vgl.* XXVI [1]). — enn einn ássinn U. — 2) *So* W,
W*, U — styrkr R *u. Ausg.* — 3) g. ok mennirnir U, H. — [4]) ásinn
U. — 5) *So* W, W*, þyrtti R, U. — 6) handverk W*. — 7) m. g.
ok m. *fehlt* U, H. —

XXIX. 1) *So* W, W*,U, *Pf.* — skó þjokkvan R *u. Ausg.* — 2) þeim
W*. — 3) *So* W, W*, U (n. því er h. st. s. Þ.) s. Þórr er R *u. Ausg.* —

XXX. 1) hagskeytr U, H.

XXXI. 1) *So* W, W*, U, *Ausg.* — Ulli R, S. — 2) son W*. —
3) *So* W, W* sk. svá at R *u. Ausg.* — sk. svá vel at U, H. — 4)
keppa U. — 5) *So* W, W*, U (áliti) — ok fagr á. R *u. Ausg.* — 6) *So*
W, W*, U — ok gott R *u. Ausg., nur Rk. hier u.* [5]) *ohne* ok. — 7)
einvígjum U. —

XXXII. 1) Nefs d. U, S, H. —

hans koma með sakarvandræði, þá fara allir sáttir í brott[2]);
sá er dómstaðr beztr með guðum ok mǫnnum. Svá segir hér:

> (Grímn. 15) Glitnir heitir salr,
> hann er [3]) gulli studdr
> ok silfri þaktr it sama;
> en þar [4]) Forseti [5])
> byggvir flestan dag [6]),
> ok svæfir allar sakar [7]).

XXXIII. Sá er enn taldr með ásum, er sumir kalla
rógbera ásanna ok frumkveða [1]) flærðanna, ok vǫmm allra
guða [2]) ok manna; sá er nefndr Loki eða Loptr, son Farbauta 5
jǫtuns; móðir hans heitir [3]) Laufey eða Nál, brœðr hans eru [4])
þeir: Býleistr [5]) ok Helblindi [6]). Loki er fríðr ok fagr sýnum,
illr í skaplyndi, mjǫk fjǫlbreytinn at háttum; hann hafði þá
speki umfram aðra menn er slœgð heitir, ok vélar til allra
hluta; hann kom ásum jafnan í fullt vandræði, ok opt leysti 10
hann þá með vélræðum. Kona hans heitir Sigun [7]), sonr [8])
þeira Nari eða Narfi [9]).

XXXIV. Enn átti Loki fleiri bǫrn. Angrboða heitir [1])
gýgr í Jǫtunheimum, við henni gat Loki þrjú bǫrn: eitt var
Fenris-úlfr, annat Jǫrmungandr [2]), þat er Miðgarðsormr, 15
þriðja er Hel. En er guðin vissu til, at þessi þrjú systkin [3])
fœdduz upp í Jǫtunheimum, ok guðin rǫktu [4]) til spádóma,
at af þessum systkinum [5]) mundi þeim mikit óhapp [6]) standa,
ok þótti ǫllum ills af ván [7]), fyrst af móðerni ok enn verra

---

2) *So* W, í brutt W*, á braut R *u. Ausg.* — 3) er *f.* W. —
4) *So* U *u. L. E.* þá W, W* þann H, þat R. — 5) *So* W, W*,
Ausg. — Forsæti R, U. — 6) *So* W, W*, St, *Ausg.* — flestum dag
R, S. — 7) *So* R, U, *Ausg.* — sakir W *u. L. E. vgl. Hild.* —
XXXIII. 1) fr. kveðill W*, frumkvǫþul H. — 2) guðanna
W*. — 3) *So* W, W*, U — er R *u. Ausg.* — 4) heita U. — 5) Býleiptr,
-leifr U, H. *Vgl.* Vǫl. 52, 8; Hyndl. 40, 8. — 6) *So* W, U, S, Hel-
blindi W*; R *undeutlich.* — 7) *So* U, H — Sýgin eða Sigunn S; R
undeutlich, Sygin W, W*, *Ausg.* — Sigyn *L. E.* (Vǫl. 36, 5.) — 8)
en son W*. — 9) synir hans héto N. eða N. ok Vali H. —
XXXIV. 1) *So* W, W*, U — h. R, hét *die Ausg.* — 2) *Eg.*
Jorm. *Pf.* Jörm. — Jórm. *die übr. Ausg.* — 3) syskin W*. — 4) *So*
W, U — rökþu R, tóku W*. — 5) *So* W — at af s. þ. R *u. A.* —
at af þ. bornum U. — 6) *So* W, W*, U — mikit mein ok óh. R *u.*
Ausg. — 7) *So* U *u. (ohne* oll.) W, W* — ok þ. ǫll. mikils ills af
væni *Ausg. nach* R. —

af faðerni, þá sendi Allfǫðr til guðin at taka bǫrnin ok fœra
sér [8]). Ok er þau kómu til hans, þá kastaði hann orminum
í inn djúpa sjá [9]), er liggr um lǫnd ǫll [10]), ok óx sá ormr
svá at hann liggr í miðju hafinu um lǫnd ǫll [11]) ok bítr i
5 sporð sér. Hel kastaði hann í Niflheim ok gaf henni vald
yfir níu heimum, at hón skyldi skipta [12]) ǫllum [13]) vistum með
þeim er til hennar váru sendir; en þat eru sóttdauðir menn
ok ellidauðir. Hón á þar mikla bólstaði ok eru garðar hennar
forkunnar hávir ok grindr stórar. Eljuðnir [14]) heitir salr
10 hennar, Hungr diskr hennar, Sultr [15]) knífr hennar, Ganglati [16])
þræll [17]), Ganglǫt ambátt, Fallanda-forað [19]) grind, þolmóðnir [20]) þreskjǫldr hennar er inn gengr, Kǫr sæing, Blíkjand-
abǫl ársali hennar [21]). Hón er blá hálf, en hálf með hǫrunds [22])
lit, því er hón auðkend ok heldr gnúpleit ok grimmleit [23]).
15   Ulfinn [24]) fœddu æsir heima, ok hafði Týr einn djarfleik
at ganga til [25]) ok gefa hánum mat. En er [26]) guðin sá,
hversu [27]) mikit hann óx hvern dag, ok allar spár sǫgðu, at
hann mundi vera lagðr til skaða þeim, þá fengu [28]) æsir þat
ráð, at þeir gerðu fjǫtur [29]) allsterkan, er þeir kǫlluðu Læð-
20 ing [30]), ok báru hann til úlfsins ok báðu hann reyna afl sitt
við fjǫturinn [31]); en úlfinum þótti sér þat ekki ofrefli ok lét

---

8) *So* W, R, *Ausg.* — Þá s. Alfaþir guþin eptir borninum ok
lét fera (= færa) sér U, H. — 9) *So* W, W* — sæ R, U *u. w.* —
10) *So* W, W*, U— um o. l. R. — 11) *So* W, W*, U — of o. l. R
u. Ausg. (um *Pf.*) — 12) *So* W, W*, U — at hón skipti R *u. Ausg.* —
13) *f.* U, H. — 14) *So* W, R, U. — Elviþnir H, *viell. auch* W*,
vgl. auch AM I, 589, [15]) — Eljúðn. *Eg.*, *Jónss.* — 15) hungr, sultr *die*
Ausg. — *So Pf.* — 16) Gagnlati W*. — 17) *So* W, W*, U — þrællinn R *u. Ausg.* — 18) *So* W *u. Ausg.*, Gangloþ U — Ganlot R,
Gagnlot W*, *vgl.* [16]). — 19) *So Pf.* — fall. forat (*od.* — að) *die übr.*
Ausg. — fora R, forráþ H. — 20) *Die Worte* grind, þolmóðnir *nur*
in U, H — *vgl. Einl.* C. 2. — 21) *Die Worte nach* þresk. *fehlen* W,
W* — U *fügt nach* ársalr hennar *zu* eða tjalld. — kǫr, blikj. (*oder*
blíkj.) *die Ausg.*, K. Bl. *Pf.* — 22) *So* W, W* -dar R, U, *Ausg.* —
23) *So* W, W* — grimmlig R, U, *Ausg.* — 24) *Vorher Ueberschr.*
in U: Frá Fenrisúlfi ok ásum. — 25) *So* W, W* — dj. til at ganga
at úlfnum ok R *u. Ausg.* — til djorfung at gefa h. m. U. — 26) er
f. U. — 27) hvé U. — 28) fiengu W*. — 29) *So* W, W*, R —
fjotr U. — 30) *So* W, U, H, *Ausg.* (*oder* læþ., læð.), *nur AM* lev-
þíng (*mit* R). — 31) *So* W, W*, R, U. *Vgl.* [29]).—

þá fara með sem þeir vildu, en it fyrsta sinn [32]) er úlfrinn
spyrndi við, brotnaði [33]) sá fjǫturr; svá leystiz hann or Læðingi.
því næst gerðu æsir [34]) annan fjǫtur hálfu sterkara, er þeir
kǫlluðu Dróma [35]), ok báðu enn úlfinn reyna sik við þann
fjǫtur [36]), ok tǫldu hann verða mundu ágætan mjǫk af afli [37]), 5
ef slík stórsmíði mætti eigi halda hánum. En úlfrinn hugsaði, at þessi fjǫturr var sterkr mjǫk ok þat með, at hánum
hafði afl vaxit síðan er hann braut Læðing; kom [38]) þat í
hug, at hann mundi verða at leggja sik í hættu, ef hann
skyldi frægr verða, ok lét leggja á sik fjǫturinn [39]); ok er 10
æsir tǫlduz búnir, þá hristi úlfrinn sik [40]) ok laust fjǫtrinum
á jǫrðina ok knúðiz fast at, spyrnir við, braut fjǫturinn svá
at fjarri flugu brotin [41]); svá drap hann sik or Dróma. þat
er síðan haft fyrir orðtak, at leysi or Læðingi eða drepi or
Dróma, þá er einn hverr hlutr er ákafliga sóttr. Eptir þat 15
óttuðuz æsirnir, at þeir mundu eigi fá bundit úlfinn [42]); þá
sendi Allfǫðr þann [43]) er Skírnir er nefndr, sendimaðr [44]) Freys,
ofan í Svartálfaheim til dverga nǫkkurra [45]) ok lét gera fjǫtur
þann er Gleipnir [46]) heitir. Hann var gǫrr af sex [47]) hlutum: af
dyn kattarins ok af skeggi konunnar, af rótum bergsins [48]) ok 20
af sinum bjarnarins, af anda fisksins ok af fugls hráka [49]);

---

32) So U, it f. W, en f. R u. Ausg. — 33) rotnaði W*. —
34) So W, W*, æsirnir R, U u. w. Im Fg. fjotr U wie [29]). — 35) So Eg.,
Jónss., Pf. — dr. Rk., AM. — 36) So W, W* — reyna þann fjötur
R u. Ausg. — b. ú. reyna enn þenna fjotr U. — 37) So W, W* u.
(ohne mjok) U — ág. at afli R u. Ausg. — 38) kom honum þ. W*. —
39) So W, R, U (s. AM II, 272) — fjötrin (-inn?) W*. — 40) Das
Fg. nach W, ähnlich auch W* u. U. — R führt nach sik fort: spyrndi
við, ok laust fjötrinum á jörðina svá at fj. — so auch die Ausg. —
41) fjarri (in W u. R undeutlich) nach W*, U in den Ausg. — svá
at fj. kom (kómu?) niþr hlutirnir U. — 42) So W, R. b. hann U. —
bundin ú. W*. — 43) So W, W* — svein þ. R u. Ausg. — þ. mann
U, H. — 44) sendimann W* — s. Fr. f. U, H. — 45) t. dv. n. f.
W*. — 46) So R, U, Ausg. — Gleifner W, W*, H. — 47) So (oder
VI) W, W*, U, Ausg. — V R. — 48) So W, W*, U (doch bjargsins) — ok af rót. bjargsins R u. Ausg. — 49) So W, W*, U (ok af
ráka fuglsins) — ok af anda u. w. (fogls) R u. Ausg. — In A u. M
findet sich (ähnlich auch in H) die Str.: or kattar dyn | ok or konu skeggi ||
or fisks anda | ok or fugla mjólk || or bergs rótum | ok (or) bjarnar
sinum || or því var hann Gleifnir gerr, vgl. AM II, 432 u. 515, (auch
unten [101]). S. auch B'. p. 885. —

ok þóttu vitir eigi áðr þessi tíðindi, þá máttu finna hér
sǫnn dœmi [50]), at [51]) eigi er logit at þér. Sét muntu hafa [52]),
at konan hefir ekki skegg, ok engi dynr verðr af hlaupi
kattarins, ok eigi eru rœtr undir berginu [53]), ok þat veit
5 trúa mín, at jafnsatt er þat allt er ek hefi sagt þér, þótt
þeir sé sumir hlutir, er þú mátt eigi reyna. — Þá mælti
Gangleri; þetta má ek at vísu skilja, at satt er; þessa hluti má
ek sjá, er þú hefir nú til dœma tekit, en hvernig varð fjǫturrinn
smíðaðr? Hár segir: þat kann ek þér vel seggja, fjǫturrinn
10 varð [54]) sléttr ok blautr sem silkiræma [55]), en [56]) svá traustr ok
sterkr, sem nú skaltu heyra. Þá er fjǫturrinn var fœrðr
ásunum, þǫkkuðu þeir vel sendimanni sitt erindi; þá fóru
æsirnir út í vatn, þat er Amsvartnir [57]) heitir, í holm þann
er Lyngvi er kallaðr, ok kǫlluðu með sér úlfin, sýndu hánum
15 silkibandit ok báðu hann slíta ok sǫgðu [58]) vera nǫkkuru
traustara, en líkindi þœtti á vera [59]) fyrir digrleiks sakar, ok
seldi hverr ǫðrum ok treysti [60]) með handafli [61]) ok slitnaði
eigi [62]); en þó kváðu þeir úlfinn slíta mundu. Þá svarar
úlfrinn: svá líz mér á þenna dregil, sem ønga frægð muna
20 ek [63]) af hljóta [64]), þótt ek slíta í sundr svá mjótt band, en
ef þat er gørt með list ok vél [65]), þótt þat sýniz lítit, þá
kemr þat band eigi á mína fœtr. Þá sǫgðu æsirnir, at hann
mundi skjótt slíta [66]) svá mjótt silkiband [67]), er hann hafði
fyrr brotit stóra [68]) járnfǫtra: en ef þú fær eigi þetta band
25 slitit, þá muntu eigi hræða mega guðin [69]); skulum vér þá

---

50) *So* W, W* — finna sanndæmi H. — f. skjótt hér s. d. R, U
u. Ausg. — 51) *So* W, U, *Ausg.* ok R. — 52) hafa *f.* R. — 53) *So*
W, W* — bjarginu R *u. Ausg.*, bjergi U — H *fügt zu*: eingvar sinar
ero í birninum, aungvan anda hefr fiscrinn ok eingan hráka hefr fugl-
inn. — 54) vel at s., f. var U. — 55) -reima W*. — 56) ok W*. —
57) *So* W, R (*auch* A, *s. AM* II, 431) — Aursvartner H — Amsvarnir U. —
58) *So* W, W* — ok kvóðu R *u. Ausg.* — kópu U. — 59) *So* W,
W*, U — vera *f.* R *u. Ausg.* — 60) tr. hverr W*. — 61) *So* W,
W* — handaflino U, handa afli R *u. Ausg.* — 62) ok sl. eigi *f.* W,
W*. — 63) *So* W, W*, munak R *u. Ausg.* — mega ek U. — 64) *So*
W, W*, U, *Jónss. Pf.* — ljóta R, *Rk.*, *AM*, *Eg.* — 65) *So* W, W*,
U, *Pf.*, væl R *u. Ausg.* — 66) *So* W, W* — sundr slíta R *u. Ausg.* —
í sundr sl. U. — 67) *So* U, *ohne* svá W, R *u. Ausg.* (band = silkib.
W*). — 68) *So* W, R — sterka U, H — hina sterku W*. — 69) þá
muntu ekki hrætt fá guþin U. —

leysa þik [70]). Ulfrinn segir: ef þér bindit mik svá, at ek
fæ [71]) eigi leyst mik, þá munu-þér svá ætla [72]), at mér mun
seint vera [73]) at taka af yðr hjálp; ófúss em ek at láta
þetta band á mik leggja [74]). En heldr en þér frýit mér hugar,
þá leggi [75]) einnhverr yðar [76]) hǫnd sína í munn mér at 5
veði [77]), at þetta sé falslaust gǫrt. En hverr ásanna sá til
annars, ok þótti á vera [78]) tvau [79]) vandræði, ok vildi engi
sína hǫnd fram selja, fyrr en Týr lét fram hœgri hǫnd sína [80])
ok leggr í munn úlfinum [81]). þá tóku þeir festina or fjǫtrinum [82]), er Gelgja [83]) heitir, ok drógu henni í gegnum [84]) 10
hellu mikla, sú heitir Gjǫll, ok felldu [85]) helluna langt í jǫrð
niðr; þá tóku þeir mikinn stein [86]), er þviti [87] heitir ok skutu
hánum enn lengra í jǫrðina [88]) ok hǫfðu þann stein fyrir
festarhælinn [89]). þá er æsirnir sá, at úlfrinn var bundinn
með fullu [90]) — ok er hann spyrndi við [91]), þá harðnaði bandit, 15
ok því harðara er hann brauz um, því skarpara var bandit —

---

70) *So* W, U — v. mega þá l. þik W* — enda sk. v. þá l. þik
R *u. Ausg.* — 71) *So* W, U — fái W* — fæk R *u. Ausg.* — 72) *So*
W, W* — þá skollit þér svá R *u. Ausg.* — þá skil ek, at ek mun
seint taka af yðr lausn (sk. ek mér muni seint at taka S) U, H, S. —
73) *So* W, verða R *u. Ausg.* — 74) *So* W, R, *Ausg.* — em ek úfúss
at láta þat band á mína leggi U — á m. fœtr H. — (*vgl. S.* 40 *Z.* 22)
75) rétti U, H. — 76) *So* W. *u.* (yðarr) U — y. *fehlt* R *u. Ausg.* —
77) at v. *f.* W, W* — 78) *So* W, W* — nú vera R, U, *Ausg.* —
79) tvó U, tvenn H. — 80) *So* W, W* ena h. h. s. U, hǫnd sína h.
R *u. Ausg.* — 81) *Im Fg. ist die Anordnung von* U *befolgt*; R, W
u. w. fahren hier fort; En er úlfrinn spyrnir, þá harðnaði bandit ok
því harpara er hann brauzt um, því skarpara var bandit; þá hlógu
allir nema Týr, hann lét hǫnd sína. þá er æsirnir *sá,* at úlfrinn var
bundinn at fullu, þá tóku þeir festina er or var fjǫtrinum, er Gelgja
heitir, ok drógu hana í gegnum (gǫgnum R) hellu mikla, sú heitir
Gjǫll ok felldu (festu R) helluna langt í jǫrð niðr. þá tóku þeir
mikinn stein, ok skutu enn lengra í jǫrðina, sá heitir þviti, ok hǫfðu þann
stein fyrir festarhælinn. Ulfrinn gapti *u. w., vgl. Einl.* C. 2 N. [30]). —
82) *So* U (er or var fj. W? *vgl. AM* I, 112 [17]) *u.* II, 273) — 83)
Gilgja H. — 84) *So* W — (drápu h. U) drógu h. gǫgnum R *u.
Ausg.* — 85) *So* (fello = felldo *nach AM*) W — festu R *u. Ausg.*
(-um U). — 86) enn m. st. U. — 87) þriti S. — sá heitir þviti
folgt in W, R *erst nach* jǫrðina. — 88) niþr (= í jǫrðina) U. — 89)
So W, R — ok hofþu .hann fyrir festar hæl U. — 90) *So* U — at
f. R, W. — 91) *So* U, spyrndi H, spøyrnir W, R — *vgl.* [81]). —

þá hlógu allir nema Týr, hann lét hǫnd sína. Ulfrinn gapti [92])
ákafliga ok fekkz um mjǫk ok vildi bíta þá. Þeir skutu í
munn hánum sverði nǫkkuru; nema hjǫltin við neðra gómi [93]),
en efra gómi [94]) blóðrefillinn, þat er gómsparri [95]) hans.   Hann
5 grenjar illiliga ok slefa renn or munni hans, þat er á, sú er
Vamm [96]) heitir; þar liggr hann til ragnarøkkrs. Þá mælti
Gangleri: furðu illa barnaeign gat Loki, en ǫll þessi systkin [97])
eru mikil fyrir sér; en fyrir hví drápu eigi æsir [98]) úlfinn,
ef þeim er ills af hánum ván [99])? Hár svarar: svá mikils
10 virðu guðin vé [100]) sín ok griðastaði, at eigi vildu þau saurga
þá með blóði úlfsins, þótt svá segi spárnar, at hann muni
verða at bana Oðni [101]). —

XXXV. Þá mælti Gangleri [1]): hverjar eru enn [2]) ásynjurnar? Hár segir: Frigg er œzt, hón á þann bœ, er
15 Fensalir heita, ok er hann allvegligr. Ǫnnur er Sága [3]), hón
býr á Søkkvabekk, [4]), ok er þat mikill staðr. Þriðja er Eir,
hón er læknir beztr [5]).   Fjórða er Gefjon [6]), hón er mær, ok [7])

---

92) *So* U *u. Ausg.* — gapþi R, gafti W. — 93) *So* W, R —
kjoptinn U. — 94) *So* W, R — en inn efra góminn U. — 95) -spanni
H. — 96) *So* (Vam) U (= Vǒmm? *vgl.* Vǒn S) Van H, Von R *u. Ausg.* —
Ván *Pf.* — 97) *So hier alle Hss.* (*nach AM*), *vgl.* [5]). — 98) *So* W,
dr. æs. eigi R *u. Ausg.* — dr. æsirnir eigi U. — 99) *So* W *und* (er =
ef) U; er þ. er illa v. af h. R *u. Ausg.* — 100) *So Pf.*, ve *die Ausg.* —
101) *Vgl. zu dem ganzen C. den Abschnitt* Frá Fenris úlfi *in* A (*AM*
II, 431 *fg.*), Amsvartnir heitir vatn, en Lyngvi hólmr í vatninu, en
Siglitnir hol í hólminum. En Þviti heitir hæll, er stendr í holinum,
en *Gnjǫll* heitir rauf er boruð er á hælinum; en *Hræða* heitir festr,
er Fenris-úlfr er bundinn með ok er henni drepit í gegnum raufina;
en Gelgja spýta-er fyrir er stungit. Fjǫturinn heitir Gleifnir, er honum
heldr. Gervir vóro tveir fjǫtrar til hans fyrst, þeir Drómi ok Læðingr,
ok hélt hvár(r)gi; þá var Gleifnir síðan gerr or VI lutum (*es folgen
die oben* [49]) *mitgeth. Verse*) — því er þat ekki eptir síðan, at þat var þá
allt til haft. A'r II falla or munni honum, heitir önnur Van, en önnur
Víl ok er því rétt at kalla vötn hráka hans. En *Gjǫlnar* heita granar
hans. — *Derselbe Passus auch AM* II, 515 (*Hauptvar.* Þótti = Þviti,
Ginul *wol richtiger* = Gnjǫll) *Die in Gylf. nicht begegnenden Namen
sind cursiv gedruckt.* —
XXXV. 1) *Ueberschr. in* U: Frá ásynjum. 2) *So* W, enn f. R,
U *u. w.* — *Im Fg.* H. svarar *Eg.*, *Jónss.* — 3) Saga *Rk.*, Sága *die
übr. Ausg. u. Pf.* — 4) Seckvab. U, H. — 5) b. með ásum U, H. —
6) *So* W, U — un R *u. Ausg.* — 7) hón — ok *f.* U, H. —

henni þjóna þær er meyjar andaz. Fimta er Fulla, hón er
enn [8]) mær ok ferr lausbár [9]) ok gullband at hǫfði [10]); hón
berr eski Friggjar ok gætir [11]) skóklæða hennar ok veit
launráð [12]) með henni. Freyja er tignust með Frigg, hón giptiz
þeim manni er O'ðr heitir [13]); þeira dóttir er Hnoss [14]), hón er 5
svá fǫgr, at af nafni hennar eru hnossir kallaðar, þat er
fagrt er ok gersimligt [15]). O'ðr fór á brott [16]) langar leiðir,
en Freyja grætr eptir, en tár hennar eru [17]) gull rautt. Freyja
á mǫrg nǫfn; er sú sǫk [18]) til þess, at hón gaf sér ýmis
heiti, er hón fór með ókunnum þjóðum at leita O'ðs; hón 10
heitir Mardǫll ok Horn [19]), Gefn, Sýr. Freyja átti brísinga-
men; hón er ok [20]) kǫllut vana dís. Sjaunda [21]) Sjǫfn,
hón gætir [22]) mjǫk til at snúa hugum manna til ásta, karla [23])
ok kvenna; af hennar nafni er elskuginn kallaðr sjafni [24]).
A'tta [25]) Lofn, hón er svá mild ok góð til áheita, at hón fær 15
leyfi af Allfǫðr [26]) eða Frigg til manna samgangs [27]), þótt
áðr sé bannat eða þvertekit þykki [28]); þat er af hennar nafni
lof kallat [29]), ok svá þat, at hón er lofat mjǫk af mǫnnum [30]).
Nínnda Vár [31]), hón hlýðir [32]) á eiða manna ok einkamál,

---

8) enn f. U (H?). — 9) laust hár hennar U. — 10) *So* W,
um höfuð R, U. — 11) gietir U. — 12) leynd ráþ U. — 13) *So* R,
h. W, U — hét H. — (Freygja *vorher* U.) — 14) er f. W, d. þ. heitir
Hn. R *u. Ausg.* — d. þ. er Hn.; hón giptiz þeim manni er O'er hét
U. — 15) eru þeir blutir hnossir kallaþir er gersimar ero U. — *Vgl.*
Yngls. C. 18. — 16) *So* U, brott W, í braut R *u. Ausg.* — 17)
So W, U, *Eg., Jónss. Pf.* — er R, *Rk., AM.* — 18) *So* W — en sú
er sök (s. e. U) R, U *u. w.* — 19) *So* H, Hæn U, Hörn *die Ausg.* —
20) *So* W, U *Jónss.* — ok f. R *u. übr. Ausg.* — 21) *So* R *u. Ausg.*;
W (*wo also* Freyja *nicht mitzählt*): setta Sjöfn — H: eitt namn hennar er
Sjöfn. — *In* U *fehlt die Zählung der Asinnen überhaupt.* — 22) gerir
S, ger U. — 23) *So* W, karlmanna ok kv. H. — kv. ok karla R, U. —
24) *So* R (W?) *u. Ausg.* — sjofni U, sjöfni H. — 25) A'ttunda *Rk.*,
-anda *Pf.*; VIII (8) *die übr. Ausg.* — 26) föðr W. — 27) *So* U,
kvenna ok karla *fügen zu* R, W *u. w., s.* XXVI [3]) *u.* [4]). — 28) *So* W,
þykki f. R *u. Ausg.* — eða þv. þ. f. U. — 29) H *fügt zu:* því sem
hælt er. — 30) *So* W (lofut); fyrir því er af hennar n. lof k. ok
svá þat er l. er mj. af m. R. *u. Ausg.* — U *nur:* af hennar n. er lof
kallaþr (sic, *nach AM* II, 274.) — 31) *So* W, R *u.* (Vár) *AM* (Var)
Eg., Jónss. — Vaur U, H, *u.* Vör *Rk., Pf., wo nun* Vár *u.* Vör
(*vgl.* [36]) *zusammenfällt, s. auch Einl. C.* 2. — 32) luþir R, luðir *Eg.* —
lýðir *Rk.* — hlýðir U (W?) *AM, Jónss.* —

er veita sín í milli [33]) konur ok karlar, því heita þau mál
várar [34]); hón hefnir ok þeim er brigða [35]). Tíunda Vǫr,
hón er vitr ok spurul [36]), svá at engi hlut má hana leyna;
þat er [37]) orðtak, at kona verðr vǫr þess er hón verðr
5 vís [38]). Ellifta Syn, hón gætir dura í hǫllinni ok lýkr aptr [39])
fyrir þeim er eigi skulu inn ganga, ok hón er sett til varnar
á þingum fyrir þau mál er maðr vill ósanna [40]); því er þat
orðtak, at syn sé fyrir sett, þá er maðr [41]) neitar. Tólfta
Hlín [42]), hón er sett til gæzlu yfir þeim mǫnnum er Frigg
10 vill forða við háska nǫkkurum; þaðan er þat orðtak, at sá er
forðaz hleinir [45]). Þrettánda Snotra, hón er vitr ok látprúð;
af hennar nafni er kallat snotr karlmaðr eða kona, sá er
hóflátr er [44]). Fjǫgrtánda [45]) Gná, hana sendir Frigg í ýmsa
heima at erindum sínum. Hón á þann hest, er rennr [46]) lopt
15 ok lǫg ok [47]) heitir Hófvarpnir [48]). Þat var eitt sinn er hón
reið, at vanir nǫkkurir sá reið hennar í loptinu [49]); þá mælti
einn [50]):

> (ε) Hvat þar flýgr,
>   hvat þar ferr [51]),
>   eða [52]) at lopti líðr?
>
> Hón svarar [53]): (ζ) Né ek flýg [54]),
>   þó ek fer [55])

---

33) So W, í millum U — á milli R u. Ausg. — 34) várarmál
H. — varar alle Ausg., s. d. Wb. s. v. várar. — 35) hón — brigða
fehlt U. — 36) So W, u. (hón er ok v.) R, AM — Vǫr er ok v.
Eg., Jónss. Vǫr er vitr ok sp. (ohne neue Zahl, die auch bei Eg. fehlt)
U, Rk., Pf., vgl. oben [31]) u. Einl. C. 2. — 37) er f. W. — 38) þess —
vís f. U. — 39) So W, vgl. das Wb. — lýkr f. þ. R. u. Ausg. (lykr
AM.) — 40) So U, Jónss., Pf. — er hann v. ós. W u. AM., er hón
v. ósanna Rk. er hón vill, Ásanna Eg. nach R, vgl. AM I, 117 N. b.) —
41) So W, U, H, Pf. — hann R u. Ausg. — 42) So Ausg., nur AM
Hlin. — 43) hlýnir S. — 44) So W — sá er u. w. f. U. — sá er vitr
maðr er R. u. Ausg. (sá er?) sipprúðr ok vitr er welche Hs.? s. AM
I, 116 [21]) — 45) So (XIV) AM, Jónss. nach R, XV W (vgl. Einl.
C. 3) — als XIII zählen die Vár u. Vǫr gleichsetzenden Ausg. (Rk.,
Pf., Eg.) — 46) So W, U — renn R u. Ausg. — 47) So: ok W, U
B. Hild.; er R u. übr. Ausg. — 48) Hófvarpnir W, U, Hófvarfnir R. —
Vgl. AM I, 118 [2]) u. [4]). — 49) So W, R — at vanr nockurr sá
hana ok ferþ hennar er hón reiþ í loptino U. — 50) hann mælti U. —
51) eða hvat U. — 52) eða hvat at — U. — 53) R hat nach B S
mit a darüber = svaraþi. — 54) Eigi ek flýg U — 55) ferk U. —

ok at lopti líð [56]):
á Hófvarpni [57]),
þeim er Hamskerpir [58])
gat við Garðrofu.

Af Gnár nafni er svá kallat, at þat gnæfir [59]) er hátt ferr. Sól ok Bil eru taldar með ásynjum, en sagt er fyrr eðli [60]) þeira [61]).

XXXVI. Enn eru þær aðrar, er þjóna skulu [1]) í Valhǫll, bera drykkju [2]) ok gæta borðbúnaðar ok ǫlgagna. Svá eru 5 þær nefndar [3]) í Grímnis málum:

(Grímn. 36) Hrist ok Mist
vil ek at mér horn beri,
Skeggǫld [4]) ok Skǫgul;
Hildr ok Þrúðr,
Hlǫkk ok Herfjǫtur [5]),
Gǫll [6]) ok Geirahǫð [7];
Randgríð ok Ráðgríð [8])
ok Reginleif,
þær bera einherjum ǫl.

þessar heita valkyrjur, þær sendir Oðinn til hverrar [9]) orrostu, þær kjósa feigð á menn [10]) ok ráða sigri. Guðr ok Rosta [11]) ok norn in yngsta, er Skuld heitir, ríða jafnan at kjósa val ok ráða vígum. Jǫrð, móðir Þórs, ok Rindr, móðir Vala [12]), eru taldar með ásynjum. —

---

56) *So Pf., M., Mb., B., Hild. nach* U (þó ek at lopti líþ) — ok at lopti líðr W, R, *Rk., AM* — líðk *Eg., Jónss.* — 57) *So* W, U; Hófhvarfni R, *vgl.* ⁴⁸). — 58) Hamskerpnir S, *die beiden letzten Verse lauten in* U, H: þeim er hátt strýkr, gakk um garþ voru U (gekk um g. voran H.) — *Vgl. die* hesta heiti *AM* II, 487. — *Bez.* Garðrofu *s. B.* — 59) *So* W, gnæfi R *u. Ausg.* — gnæfar U. — 60) *So* W, frá eðli þ. R. *u. Ausg.* — 61) *nach* Bil eru *führt* U *fort*: með ásum ok eru þær aþrar *u. w.* (*vgl. C.* XXXVI *Anf.*) —

XXXVI. 1) sk. *f.* U, H. — 2) dryck U, H. — 3) svá heita þ. í Gr. U. H. — 4) *So* U, *L. E.* — Skeggjöld R *u. w.* — 5) *So* R, W, *L. E.* — Herfjotra U, H, S. — 6) Gjoll U. — 7) *So* R *u. w.* — *vgl. auch AM* I, 562 ¹⁸) — Geirölul *L. E.:* vgl. Hild. — 8) -grípr *beidemale* U, Ranngríð W. — 9) hv. *f.* U. — 10) feiga m. U. — 11) *So* U, H, Rósta *Jónss.* — Rotta S, Rota R, *Rk., AM, Pf.* — Róta *Eg.* — *Vgl. die Aufzählung der* Oðins meyjar *AM*, I, 557; *die* heiti valkyrja II, 490 *u. And.* — 12) Vaala W.

XXXVII[1]). Gýmir hét maðr, en kona hans Ǫrboða, hón var bergrisa ættar; dottir þeira er Gerðr, er allra kvenna var[2]) fegrst. þat var einn dag, at[3]) Freyr hafði gengit í Hliðskjálf ok sá of heima alla; en er hann leit í norðrætt, 5 þá sá hann á einum bœ mikit hús ok fagrt ok til þess húss gekk ein[4]) kona, ok er hón tók upp hǫndunum[5]) ok lauk[6]) hurð fyrir sér, þá lýsti af hǫndum hennar bæði í lopt ok á lǫg[7]), ok allir heimar[8]) birtuz af henni; ok svá hefndi hánum þat mikillæti[9]), er hann hafði sez í þat it[10] helga sæti, at 10 hann gekk í braut fullr af harmi. Ok er hann kom heim, mælti hann ekki[11]); ekki svaf hann, ekki drakk hann[12]), engi þorði ok at krefja hann málsins[13]). þá lét Njǫrðr kalla til sín Skírni, skósvein Freys, ok bað hann ganga til Freys, ok beiða hann orða ok spyrja, hverjum hann væri svá reiðr 15 at hann mælti ekki við menn. En Skírnir léz[14]) ganga mundu, ok eigi fúss, ok kvað illra svara[15]) vera ván af hánum. En er hann kom til Freys, þá spurði hann, hví Freyr var svá hnipinn ok mælti ekki við menn. þá svarar Freyr ok sagði, at hann hafði sét konu fagra, ok fyrir hennar sakar 20 var hann svá harmfullr[16]), at eigi[17]) mundi hann lengi lifa, ef hann skyldi eigi ná henni: ok nú skaltu fara ok biðja hennar mér til handa ok hafa hana hingat[18]), hvárt er faðir hennar vill eða eigi; skal[19]) ek þat vel launa þér. þá segir[20]) Skírnir svá, at hann skal fara sendiferð, en Freyr skal fá hán- 25 um sverð sitt, þat var svá gott[21]), at sjálf váz; en Freyr

---

XXXVII. 1) *Ueberschr. in* U: Freyrr (*so*) feck Gerþar. — *Wegen der kürzeren Fassung dieses Cap. in* U, *und der Aussonderung bei Rk.,* vgl. *Einl. C.* 2 u. 3. — 2) *So* W, er R *u. w.* — 3) *So* W, er R *u. w.* — 4) *So* W, ein *f.* R. — mikit hús, þar geck kona út U. — 5) *So* W, hǫndum R. — 6) l. upp S *nach Rk.* — 7) U *führt* (*nach*[4])) *fort:* ok lýsti af hári hennar bæþi lopt ok log. — 8) *So* W *u. Ausg.* — h. *f.* R, *dafür* lutir H. — 9) *So* W, U, H. — þat mikla mik. R *u. Ausg.* — 10) *So* (hið) W, at (= it *nach AM*) U — þ. h. R *u. w.* — 11) *anders* H, *s. AM.* — 12) *So* W (*kürzer* U) — hvárki svaf hann né drakk R *u. Ausg.* — 13) *So* W : engi þ. ok kr. h. orða R *u. Ausg.* — 14) *So* (liez) W, quetz R — quez *Rk.*, kveðst *AM. Pf.* — kvezt *Eg.* ?*Jónss.* — 15) ills H. — 16) *So* W *Eg., Jónss., Pf.* — harmsf. R, *Rk. AM.* — 17) *Rk. gew.* ei = eigi. — 18) *So* W, heim hing. R *u. Ausg.* — 19) *So* W, ok sk. R *u. Ausg.* — 20) *So* (s.) W — þá svarar Skírnir, sagði svá R *u. Ausg.* (ok) s. svá *Pf.* — 21) *So* W, svá g. sverð R *u. w.* —

lét eigi þat til skorta [22]) ok gaf hánum sverðit. þá fór Skírnir, ok bað hánum konunnar, ok fekk heit [23]) hennar, at [24])
níu nóttum síðarr skyldi hón þar koma er Barrey [25]) heitir,
ok ganga þá at brullaupi [26]) með Frey. En er Skírnir sagði
Frey sitt erendi, þá kvað hann þetta: 5

(Skírn. 42) Lǫng er nótt,
        lǫng er ǫnnur [27]),
        hvé mega ek þreyja þrjár?
        opt mér mánaðr
        minni þótti
        en sjá hálf hý-nótt [28]).

þessi sǫk var [29]) til, er Freyr var svá vápnlauss, er hann barðiz við Bela [30]), ok drap hann með hjartarhorni [31]). þá mælti
Gangleri: undr mikit, er þvílíkr hǫfðingi sem Freyr er, vildi
gefa sverð, svá at hann eigi átti annat jafngott; geysi mikit
mein var hánum þat, þá er hann barðiz við þann er Beli 10
heitir; þat veit trúa [32]) mín, at þeirar gjafar mundi hann þá
iðraz. þá svarar Hár [33]): lítit mark var þá at, er þeir Beli
hittuz, drepa mátti Freyr hann með hendi sinni [34]); verða
mun þat er Frey [35]) mun þykkja verr við koma, er hann
missir sverðsins, þá er Múspells synir fara at [36]) herja [37]).   15

XXXVIII [1]). þá mælti Gangleri: þat segir þú, at allir
þeir menn, er í orrostu hafa fallit frá upphafi heims, eru nú
komnir til Oðins í Valhǫll — hvat hefir hann at fá þeim

---

22) H (wo þat var — váz fehlt): Fr. let. þ. ekki vanta. — 23) So
W. heitið R u. Ausg. (oder -it). — 24) So W, ok R u. w. — 25) Barey
R, Rk., AM, Pf. — Barrey Eg., Jónss. — W hat Baræy (= Barr-
ey.) — Barri L. E., vgl. AM I, 122 [14]). — 26) So W — brullaupinu
R. — 27) Vgl. Hild. a. a. O. — 28) So sjá h. hý-nótt (hínótt
Pf.) Ausg. nach W, R, L. E. — en sé hálf hin nótt S. — 29) So
W, er R u. w. — 30) So W, S, U, H — Belja R u. Ausg. — 31)
h. beini H. — 32) So R, trú W. — 33) Jamhár (= Jafnhár) H. —
34) m. hnefa sínum U. — 35) So W (nach Rk.) u. AM — Freyr R,
Rk., Eg., Jónss., Pf. — 36) So W, ok R u. Ausg. — 37) herja ok
hann berst við þá U, H. —
XXXVIII. 1) Ueberschr. in U: Frá vist ok dryck með ásum.
Das Cap. beginnt in U: þá m. G.: hvat hevir Oþinn at fá svá maurgo
fólki sem þar er, ef allir vápndauþir menn koma til hans? Hár segir:
þar er mikit fjolm., ok munn þó eigi ofmikit þickia u. w.

at vistum? ek hugða, at þar skyldi vera allmikit fjǫlmenni.
þá svarar Hár: satt er, þat er þú segir; allmikit fjǫlmenni
er þar, en miklu fleira skal enn verða, ok mun þó oflítit
þykkja, þá er úlfrinn kemr. En aldri er svá mikill mannfjǫldi
5 í Valhǫll, at eigi má þeim endaz flesk galtar þess er Sæhrímnir [2]) heitir; hann er soðinn hvern dag ok heill at apni.
En þessi spyrning, er nú spyrr þú, þykki-mér líkara at fáir
muni svá vísir vera, at hér kunni satt af [3]) at segja [4]). Andhrímnir heitir steikarinn, en Eldhrímnir ketillinn; svá er
10 hér sagt:

   (Grímn. 18) Andhrímnir lætr
      í Eldhrímni
      Sæhrímni soðinn,
      fleska [5]) bazt;
      en [6]) þat fáir vitu,
      við hvat einherjar alaz.

þá mælti Gangleri: hvárt hefir Oðinn þat sama borðhaldit [7]) sem einherjar? Hár segir: þá vist, er á hans borði
stendr [8]), gefr hann tveim úlfum [9]), er svá heita: Geri ok Freki;
en [10]) ønga vist þarf hann, vín er hánum bæði drykkr ok
15 matr; svá segir hér:

   (Grímn. 14) Gera ok Freka
      seðr gunntamiðr [11]),
      hróðigr [12]) Herjafeðr [13]);
      en við vín eitt
      vápngǫfugr [14])
      Oðinn æ lifir.

Hrafnar tveir sitja á ǫxlum hánum ok segja í eyru hánum
ǫll tíðindi, þau er þeir sjá eða heyra; þeir heita svá: Huginn

---

2) *So* (-hr) U, H; *L. E.* — Serímnir (*immer*) W, Sæmnir (*hier*)
R — Sær. *Rk. AM. Eg.* — Sæhr. *Jónss.*, *Pf.* — 3) af *f.* R. —
4) *Der ganze Satz in* U: en fáir munu þetta kunna at segja þér, *so
auch* H *mit dem Zusatze*: eþa satt frá skíra. — 5) *Verschrieben in* R,
s. AM. — 6) *So* W, U, *L. E.*, *Ausg.* — at R. — 7) *So* W — hald
R, U. — 8) *So* W, R, *ähnl.* U — þá v. er st. á borði fyrir hánum
H. — 9) *So* W, ú. er hann á R, U *u. w.* — 10) *So* W, U — ok R
u. Ausg. — 11) *So* W, *L. E.*, *Ausg.* — -tamigr R -tanigr U, gull-
tannigr H. — 12) hróðiðr R, *vgl.* [11]). — 13) *So L. E. u.* U(herja feþr),
Hænaf. W, Henaf. R. — 14) *So* W, *L. E.. Pf.* -gavigr R, *AM.*, gǫf-
igr *Rk.*, *Eg.*, *Jónss.* -gaffiþr U. —

ok Muninn. þá sendír [15]) hann í dagan at fljúga [16]) um allan [17]) heim, ok koma þeir [18]) aptr at dagverðarmáli [19]), þar af verðr hann margra tíðinda víss, því kalla menn hann Hrafna-guð [20]); svú sem sagt er:

(Grímn. 20) Huginn ok Muninn
fljúga hverjan dag
jǫrmungrund [21]) yfir;
óumz [22]) ek Hugin,
at hann aptr né komi [23]),
þó sjámz ek meir um Munin [24]).

XXXIX. Þá mælti Gangleri: hvat hafa einherjar at 5 drykk, þat er þeim endiz jafngnógliga sem vistin? eða er þar vatn drukkit? Þá segir Hár: undarliga spyrr þú [1]) nú, at Allfǫðr mun [2]) bjóða til sín konungum ok jǫrlum eða ǫðrum ríkismǫnnum [3]), ok muni [4]) gefa þeim vatn at drekka; ok þat veit trúa mín, at margr kemr sá til Valhallar, er 10 dýrt mundi þykkjaz kaupa vatnsdrykkinn, ef eigi væri betra fagnaðar þangat at vitja, sá er áðr þolir sár ok sviða til banans; annat kann ek segja þér þaðan [5]). Geit sú er Heiðrún heitir, stendr uppi á. Valhǫll ok bítr barr af limum trés, þess er mjǫk er nafn frægt, er Læráðr [6]) heitir, en or 15 spenum hennar rennr mjǫðr, sá er hón [7]) fyllir [8]) skaptker

---

15) *So* W *u. Ausg.*, sendi R. — 16) *So* W, U, *Pf.*, *Jónss.* — fljúgja (*nach* R) *die übr. Ausg.* — 17) um heima alla U, H. — 18) þ. *f.* U, H. — 19) *So* W, um dagverð U — at dǫgurðarmáli R *u. Ausg.* — 20) *Für* þar af verðr *u. w.* U: því heitir hann Hr. — 21) *Ausg. meist* jórmun gr., jormun *Eg.* — *vgl. Hild. a. a. O.* — 22) *So* W, *vgl. auch* unz U, uns H (*wo das Fg. verderbt ist*). — óumk R *u. Ausg.* — 23) at hann aptr kemr U. — 24) *So* U (ek *f.* W), *vgl. auch Hild.* - þó sjámk ek meirr at Munin (-inn) R *u. Ausg.* — *Die beiden Raben sind auch AM* II, 142 *in einer Halbstr. erwähnt:* Flugu hrafnar tveir, af Hnikars ǫxlum || Huginn til hanga | en á hræ Muninn. —

XXXIX. 1) *So* W, *Pf.*, *Jónss.* spyrþu U — spurðu R, *AM* — spyr þú *Rk.*, *Eg.* — 2) *So* W, mon R, mundi U, H. — 3) e. ð. r. *f.* U. — 4) ok mundi hann U. — 5) *So* W, þér það. s. R *u. Ausg.* — annat *u. w. f.* U. — 6) *So L. E.* (Grímn. 25, 26) — Léráðr *Rk.*, Lераðr *die übr. Ausg.* — Lieraðz (?) S, Lerapr *auch* U, *vgl. AM* II, 277 [1]). — 7) *So* W, R — mjólk, er hón U. — 8) tyllir með U. —

þat[9]) hvern dag, er svá er mikit[10]), at allir einherjar verða fulldrukknir af. Þá mælti Gangleri; þat er þeim geysi haglig geit; forkunnar góðr viðr mun sá[11]) vera, er hón bítr af. Þá segir[12]) Hár: enn er meira mark[13]) of hjǫrtinn Eikþyrni[14]),
5 er stendr á Valhǫll ok bítr af limum þess trés; en af hornum hans[15]) verðr svá mikill drogi[16]), at niðr kemr í Hvergelmi, ok[7]) þaðan af falla þær ár er svá heita: Síð, Víð, Sekin, Ekin[18]); Svǫl, Gunnþrá, Fjǫrm, Fimbulþul; Gipul[19]), Gǫpul[20]), Gǫmul, Geirumul[21]); þessar falla um ása bygðir. Þessar eru
10 enn nefndar: Þyn[22]), Vin, Þǫll[23]), Hǫll[24]), Gráð, Gunnþorin[25]), Nyt, Naut[26]), Nǫnn, Hrǫnn, Víná[27]), Vegsvinn[28]), Þjóðnuma[29]).

XL. Þá mælti Gangleri: þetta eru undarlig tíðindi, er nú sagðir þú; geysi mikit hús mun Valhǫll vera, allþrǫngt mun þar opt fyrir dyrum vera[1]). Þá svarar Hár[2]): hví spyrr
15 þú eigi þess, hversu margar dyrr eru á hǫllinni[3]) eða hversu stórar? ef þú heyrir þat sagt, þá muntu segja at hitt er undarligt, ef eigi má ganga út ok inn, hverr er vill. En þat

---

9) *So* W, skapkeriþ U, H — *nur* skaptker R *u. Ausg.* — 10) *So* W — þat er svá mikit R — þær ero svá miklar U, *vgl. AM* II, 277[2]). — 11) *So* W, þat R, U *u. w.* — 12) *So* U *und* (s.) W — mælti R. — 13) *So* W, mark at of hj. R *u. Ausg.* — meira er vert um hj. U, H. — 14) *So* W, *L. E., Ausg.* — Eirþyrni R, S — Takþyrni U, H. — 15) *So* W, U, H, *Ausg.* — hans *f.* R, *Rk.* — 16) *So* U, dropi W, R *Ausg.* — 17) *So* W, U — en R *u. Ausg.* — 18) Sækin, Aekin U, *vgl. hier u. im Fg. Hild. zu Grímn.* 27. — *die fg. vier Namen auch* C. IV *mit ähnl. Var., vgl. dort* [12]) *bis* [14]). — 19) Gípul *Eg. Jónss.* — 20) Gjopul U, Gjöful H. — 21) *So* U, H, W (Geirrum.) — Geirvimul R *u. Ausg.* — *Ueber am Rande in* U *zugesetzte Namen vgl. AM* I, 130[3]). — 22) *So auch* Grímn. 17 — Fýri U, H. (*Fluss bei Upsala?*) — 23) Vinþoll U, H. — 24) *So* (*oder* Holl) W, U, H, *L. E.*: Böll R *u. Ausg.* — 25) *So* W, *L. E.* — Gunnþráin R *u. Ausg.* — Gundro (*wie oben* = Gunnþrá) U. — 25) *Auch* Nöt *geschrieben Eg. Jónss. Hild.* (Grímn. 28) — Nautt, Reytt = Nyt, Naut U, H. — 27) *So Hild.* Grímn. 28, Vína, Vina *sonst geschrieben.* — 28) *So L. E. u.* W (Veg, Svinn) *u. die Ausg.* — Vog (Vág?) -svinn R, Veglun U. — 29) *Ueber in* U *zugesetzte Namen vgl. AM* II, 277[5]). — *Vgl. auch AM* I, 575—578 (Jórdan er á lesti) *mit den Var.* — *AM* II, 479: á heiti; 563: vatna heiti. —

XL. 1) *So* W (*oder* fyri d., dyrum *erscheint sonst in* W, *das Wort ist hier verwischt*), vera f. d. R *u. w.* — U *nur;* mik. hús mun V. vera ok þ. fyr. dyrum. — 2) *So* W, R — *in* U *folgt auf* þá segir Hár *gleich* Grímn. 23. — 3) *So* W, á Valhöll R *u. Ausg.* —

er [4]) með sǫnnu at segja, at eigi er þrǫngra at skipa hana, en ganga í hana; hér máttu heyra í Grímnismálum:

(Grímn. 23) Fimm hundrut dyra [5])
ok of fjórum togum [6]),
svá hygg ek at Valhǫll [7]) vera;
átta hundrut einherja
ganga senn [8]) or einum dyrum [9]),
þá er þeir fara [10]) við [11]) vitni at vega.

XLI. Þá mælti Gangleri: allmikill mannfjǫldi er í Vallhǫll, svá njóta ek trú minnar [1]), allmikill hǫfðingi er Óðinn, er hann stýrir svá miklum her [2]); eða hvat er skemtun einherjanna þá er þeir drekka eigi? Hár segir: hvern dag, er þeir hafa klæz [3]), þá hervæða þeir sik ok ganga út í garðinn [4]) ok berjaz ok fellir hverr annan [5]), þat er leikr þeira; ok er líðr at dǫgurðarmáli [6]), þá ríða þeir heim til hallarinnar [7]) ok setjaz til drykkju [8]); svá sem hér segir:

(Vafþr. 41) Allir einherjar
Óðins túnum í
hǫggvaz hverjan [9]) dag;
val þeir kjósa
ok ríða vígi frá,
sitja meir um sáttir saman.

En [10]) satt er, þat er þú sagðir, mikill er Óðinn fyrir sér,

---

4) So R u. Ausg., þat ist in W ausgefallen. — 5) So W, U, vgl. Hild. a. a. O. — 6) Die Ausg. meist tögum, tugum Pf., tog. Hild. — ok fjóra tugo U. — 7) So W, vgl. Hild. hier u. im Folg. — 8) senn f. U. — 9) So W, U. — 10) ganga U. — 11) So W, U, Ausg. — með R, Eg. —

XLI. 1) So W — svá nj. trú m. at allm. R u. Ausg. (svá nj. ek Pf. Jónss.) — þat veit trú mín H, in U fehlt von svá nj. bis svá m. her. — 2) fólks fjölda fügt H zu. — 3) So W, hv. d. fehlt U — þá er R, U u. w. — klæz W, klæst U, klætz R. — 4) U bietet nur (nach kl.) ganga þeir í garþinn út. — 5) So W, U, S, H, Ausg. — nur AM á annan (nach R.) — 6) ok at dagverþi U, H, vgl. XXXVIII, 19). — 7) So W, til Valhallar R, U u. w., vgl. XL 3). — 8) So W, U, Jónss. Pf. drukkju R, Rk. AM, Eg. — U nur: ríða þ. til Valh. ok dryckio sem hér segir. — 9) hvern U. — 10) Dieser Prosasatz f. U, H, wo dafür die hier C. XVIII stehende Erzählung vom Ursprung des Windes sich findet, vgl. XVIII 1). — Mit der Wendung ok enn segir geht U dann zu Grímn. 44 über. —

mǫrg dœmi finnaz til þess. Svá er hér sagt í orðum sjálfra
ásanna:

          (Grímn. 44) Askr Yggdrasills [11]),
                 hann [12]) er œztr viða,
                 en Skíðblaðnir skipa;
                 Oðinn ása,
                 en jóa Sleipnir;
                 Bifrǫst brúa,
                 en Bragi skálda;
                 Hábrók hauka,
                 en hunda Garmr [13]).

     XLII. Þá mælti Gangleri: hverr á þann hest Sleipni,
eða hvat er frá hánum at segja [1])? Hár segir [2]): eigi kantu
5 deili á Sleipni ok eigi veiztu atburði, af hverju hann kom,
en þat mun þér þykkja frásagnar vert. Þat var snimma
í ǫndverða bygð guðanna, þá er guðin hǫfðu sett Miðgarð
ok gert Valhǫll, kom [3]) þar smiðr nokkurr ok bauð at gera
þeim borg á þrim misserum svá trausta at ǫrugg væri [4])
10 fyrir bergrisum ok hrímþursum, þó at þeir kœmi [5]) inn um
Miðgarð. En hann mælti sér þat til kaups, at hann skyldi
eignaz Freyja, ok hafa vildi [6]) hann sól ok mána. Þá gengu
æsir [7]) á tal ok reðu ráðum sínum, ok var þat kaup gert
við smiðinn, at hann skyldi eignaz, þat er hann mælti til,
15 ef hann fengi gert borginn á einum vetri, en inn fyrsta
sumars dag, ef nǫkkurr hlutr væri ógǫrr at [8]) borginni, þá

---

     11) *So* W, *u. Ausg.* Ygdr. R, U, *Jónss.* — 12) hann *f.* U. —
13) *So* W, U, *Ausg.* — Gramr R, *vgl. auch Hild.* —
     XLII. [1]) ¡Þá m. G.: hvaþan kom ¡hestrinn Sleipnir? U, H;
dann Ueberschr. in U: Frá því er Loki gat Sleipni við Svaþilfera;
die Erzählung beginnt mit den Worten: Smiþr nockurr kom til ása ok
bauþ at gera þeim borg *u. w.* — 2) *So AM,* svarar *Rk. Eg., Jónss.* —
Der Unterschied bietet sich öfter u. scheint auf eine Abkürzung in R
zu deuten. — *Im Fg.* þykkja *verschrieben in* R. — 3) *So* W, þá
kom þar R *u. Ausg.* — 4) *So* W — borg á þr. m. þá er urugg
veri U — b. á þr. m. svá góða, at trú ok örugg v. R *u. Ausg.* —
5) *So* (kjæmi) W — þótt þeir komi R *u. Ausg.* (*die Worte f.* U). —
6) vill U. — 7) *So* W, æsirnir R *u. Ausg.* — þá ræddo æsirnir at
(*das Fg. bis* vetri *fehlt*) ef nockurr hlutr veri vangerr at borginni sum.
dag inn fursta U. — 8) af *schreibt Rk., für* U *vgl.* [6]). —

skyldi hann af kaupinu ⁹); skyldi hann af øngum manni lið
þiggja til verksins. En ¹⁰) er þeir sǫgðu hánum þessa kosti,
þá beiddiz hann, at þeir skyldu lofa, at hann ¹¹) hefði lið af
hesti sínum er Svaðilfari heitir ¹²); en því réð Loki, er þat
var tillagt við hann ¹³). Hann tók til inn fyrsta vetrar dag 5
at gera borgina ¹⁴), en of nætr dró hann til grjót á hestinum;
en þat þótti ásum ¹⁵) mikit undr, hversu stór bjǫrg sá hestr
dró, ok hálfu meira þrekvirki ¹⁶) gerði hestrinn en smiðrinn;
en at kaupi þeira váru sterk vitni ok mǫrg sœri, fyrir því
at jǫtnum ¹⁷) þótti ekki trygt at vera með ásum griðalaust, 10
ef Þórr kœmi heim; en þá var hann farinn í austrveg, at
berja troll. En er á leið vetrinn, þá sóttiz mjok borgarsmíð-
in ¹⁸), ok var hón sva há ok sterk, at eigi mátti á þat leita.
En þá er þrír dagar váru til sumars, þá var komit mjǫk at
borghliði; þá ¹⁹) settuz guðin á dómstóla sína ²⁰) ok leituðu 15
ráða ok spurði hverr annan, hverr því hefði ráðit ²¹), at gipta
Freyju í Jǫtunheima eða spilla loptinu ²²) ok himninum svá,
at taka þaðan sól ok tungl ok gefa jǫtnum; en þat kom
ásamt með ǫllum, at þessu mundi ráðit hafa ²³) sá er flestu
illu ræðr, Loki Laufeyjarson, ok sǫgðu hann verðugan ills 20
dauða ²⁴), ef eigi hitti hann ráð til, at smiðrinn væri af kaupinu, ok veittu Loka atgǫngu. En er hann varð hræddr, þá
sór hann eiða ²⁵), at hann skyldi svá til haga, at smiðrinn

9) *Das Fg. in* U: ok engi maðr sk. honum lið veita. — 10) *So*
W, ok R *u. Ausg. — bis* kosti *f.* U. — 11) *So* W *u. Ausg. —* at h.
f. R — hann beiddiz at hava lið U. — 12) *So* W (H), Sv. fari hét
Jónss. — Sv. fǿri hét (h. *in* R) *die übr. Ausg. nach* R — af h. sín.
Svaþilfera U (-fer *auch* S.) — 13) *So* W, R, *Ausg. —* ok olli því
tillagi Loki U. — 14) *In* U: hann gerþi borgina ok dró til *u. w. —*
15) *So* W, ásunum R, U. — 16) þr. *f.* U. — 17) *So* W, R, *AM —*
jǫtninum *schreiben nach Rk. die übr. Ausg. —* U: en at kaupino vóro
sterk vitni, þvíat jotunninn þóttiz griþalauss með ásum ef jotunninn
veri þar er Þórr kemi heim. — 18) *So* W, borgar gerðin R *u. Ausg. —*
Der ganze Satz l. in U: borgin var st. ok há svá at eigi *u. w. —*
19) *Der Satz vorher l. in* U: en er III dagar vóro eptir smíþarinnar,
þá *u. w. —* 20) í sæti sín U — ok l. ráða *f.* U. — 21) hv. því
reþi U. — 22) *Das Fg. in* U: ef himininn dauktez, ef sól eða t. veri í br.
tekin ok gevit jotnum. — 23) þótti r. h. U. — *sá bis* ræðr *f.* U. —
24) *So* W — ok kváðu h. verðan i. d. R *u. Ausg. —* léto verþan illz
dauþdaga U. — 25) *So* W — svaraði h. eiða R, U *u. w. —* 26) *So*
W, U, H — skyldi R. —

væri af kaupinu, hvat sem hann kostaði til. Ok it sama
kveld, er [27]) smiðrinn ók út eptir grjótinu með hestinn Svaðilfara, þá hljóp or skógi merr nǫkkur ok at hestinum ok
hrein við [28]). En er hestrinn kendi, hvat hrossa þat var [29]), þá
5 œddiz hann ok sleit sundr reipin ok hljóp til merarinnar,
en hón til skógar undan [30]), ok smiðrinn eptir ok vill taka
hestinn, en þessi [31]) hlaupa alla nótt ok dvelz smíðin þá nótt;
ok eptir um daginn varð ekki svá smíðat sem fyrr hafði
orðit. Ok þá er smiðrinn sér, at eigi mun lokit verða verk-
10 inu, þá fœriz smiðrinn í jǫtunmóð [32]). En er æsirnir sá þat
til víss, at þar var bergrisi kominn [33]), þá varð eigi þyrmt
eiðunum ok kǫlluðu þeir á Þór [34]), ok jafnskjótt [35]) kom hann,
ok því næst fór á lopt hamarrinn Mjǫlnir [36]): galt þá smíðar
kaupit, ok eigi sól eða tungl, heldr synjaði hann hánum
15 at byggva í Jǫtunheimun; ok laust þat it fyrsta hǫgg, at
haussiun brotnaði í smán mola, en sendi hann niðr undir
Niflhel [37]). En Loki hafði þá ferð haft [38]) til Svaðilfara, at
nǫkkuru síðar bar hann fyl [39]), þat var grátt at lit ok hafði
átta fœtr [40]), ok er sá hestr beztr með guðum ok mǫnnum.
Svá segir í Vǫluspá:

> (Vǫl. 29) þá gengu regin ǫll
> á rokstóla
> ginnheilug goð
> ok of þat gættuz,

---

27) En er sm. U. — 28) þá ljóp or skógi nokkvorum merr ok
at hestinum; ok hr. við W — þá hljóp or skógi merr nokkurr (so?)
ein samt ok hrein ok hvein við U, ähnl. H (skóginom; ok hrein fehlt) —
þá ljóp or skóginum nokkvorum merr at hest. ok hrein við R, AM,
Eg. — desgl. (doch or skógi Rk., Jónss.) — or skóginum merr nökkur Pf., vgl. Einl. C. 2. — 29) So W, S, hrossa auch Pf. — hvat
hrossi þetta var R u. Ausg. — en hestr. kendi, hvárt hrossit var U. —
30) So U, doch ok ærþiz ok sl. í s. r. — ähnl. R u. Ausg. (und.
t. sk.) — ljóp á skóginn til mer. ok hón undan W. — 31) So W,
þ. hross (ross) R, Ausg. brossin U. — 32) So W, R — smíþat sem fyrri;
en er hann sér at eigi má smíþat verþa færþiz hann í jotun móþ U. —
33) til víss u. w. f. U. — 34) ok nefndo Þór U. — 35) þegar U. —
36) ok færþi á lopt hamarinn U. — 37) So W, und (doch sól ok t.;
högg er h.; ok sendi R u. Ausg. U nur: ok gulldo þá smíþark. ok
laust hann íhel ok sendo í Niflheim. — 38) En L. hafþi þá faur U. —
39) U nur: at h. bar f. — 40) So U; þ. var grátt R u. Ausg., auch
þ. v. gr. fehlt W. —

hverr hefði lopt allt
lævi [41]) blandit
eða ætt jǫtuns
Oðs [42]) mey gefna.
(Vǫl. 30a) Þórr einn þar vá [43])
þrunginn móði,
hann sjaldan sitr,
er hann slíkt of fregn [44]).

XLIII. Þá mælti [1]) Gangleri: hvat er at segja [2]) frá Skíðblaðni, er hann er beztr skipa [3]) ? hvárt er ekki skip jafn mikit sem hann [4]) ? Hár segir: Skíðblaðnir er beztr skipanna ok með mestum hagleik gørt [5]), en Naglfar er mest skip [6]). Dvergir nǫkkurir, synir I'valda [7]), gerðu Skíðblaðni, ok gáfu 5 Frey [8]) skipit; hann er svá mikill, at allir æsir [9]) megu skipa hann með vápnum ok herbúnaði [10]), ok hefir hann byr þegar er segl er upp dregit [11]), hvert er fara skal [12]); en þá er eigi skal með hann á sjó fara [13]), þá er hann gǫrr af svá mǫrgum hlutum ok með svá mikilli list [14]), at hann má vefja 10 saman sem dúk ok hafa í pungi sínum.

XLIV. Þá mælti Gangleri: gott skip er Skíðblaðnir, en allmikil fjǫlkyngi mun við vera hǫfð, áðr svá fái [1]) gert. — Hvárt hefir Þórr hvergi svá farit, at hann hafi hitt fyrir sér

---

41) *So* W, levi U, læfi R. — 42) O'sk m. U. — 43) *So* U, þat vá W, H — þat vann R, þar var R *der L. E., vgl. auch Hild. a. a. O.* — 44) *Diese Halbstr. erscheint wie in* W, *so auch in der L. E.* (*vgl. Hild.*) *als die erstere;* R, U (*u. Ausg.*) *aber behandeln sie als* Vǫl. 30[b] *und schicken vorauf:* Á genguz eiða, orð ok sœri ‖ mál ǫll meginlig, er á meðal fóru. —
XLIII. 1) spyrr U. — 2) hvat er sagt U. — 3) *So* W, R, *Ausg.* — er hann bezt skipa? U. — 4) *So* W (hv. — hann *fehlt* U) — hv. er ekki skip jafngott sem hann er eða jafn mikit R *u. Ausg.* — 5) *So* W, gerr R *u. Ausg.* — Hár segir: hann er beztr ok hagligastr U. — 6) *So* W, *Rk.*, R (*doch* Naglfari) *Ausg.* — en Naglfari er mestr U. — *Es folgt:* þat er á Múspell R *u. Ausg.*; þat eiga Múspellz megir U, H. — 7) s. I'v. *f.* U. — 8) Freyjo U, H. — 9) *fehlt* U. — 10) meðr herbún. U. — 11) *So* W, dr. upp U — upp *f.* R *u. Ausg.* — 12) f. vill U. — 13) *So* W, *ähnl.* R *u. Ausg.* — en ef eigi skal honum á sæ fara U, er hon. sk. af sæ fara H. — 14) ok — list *f.* U. —
XLIV. 1) væri g. U. *Dann folgt nach* Gangleri segir enn *die Ueberschr.* (*vgl. Einl. C.* 2): Hér þegir Þriþi. —

svá ríkt eða ramt, at hánum hafi ofrefli í verit fyrir afls
sakar eða fjǫlkyngi? þá segir [2]) Hár: fáir, vænti ek, at frá
því kunni segja [3]), en mart [4]) hefir hánum harðfœrt þótt [5]);
en þótt svá hafi verit, at nokkurr hlutr hafi svá ramr eða
5 sterkr verit [6]), at þórr hafi eigi sigr fengit á [7]), þá er
eigi [8]) skylt at segja frá, fyrir [9]) því, at mǫrg dœmi eru til
þess, ok því eru allir skyldir at trúa, at þórr er máttkastr.
þá mælti Gangleri: svá líz mér, sem þess hlutar muna ek [10])
spurt hafa, er engi er til fœrr at segja [11]). þá mælti Jafnhár:
10 heyrt hǫfum vér sagt frá þeim atburðum, er oss þykkja ótrúligir, at sannir muni vera [12]), en hér mun sjá sitja nær, er
vita mun [13]) sǫnn tíðindi af at segja, ok muntu því trúa, at
hann mun eigi ljúga nú it fyrsta [14]) sinn, er aldri laug [15])
fyrr. þá mælti [16]) Gangleri: hér mun ek standa ok hlýða [17]),
15 ef nǫkkur orlausn [18]) fæz [19]) þessa máls; en at ǫðrum kosti
kalla ek yðr vera yfirkomna, ef þér kunnit eigi at segja,
þat er ek spyr. þá mælti þriði: auðsýnt er nú, at hann
vill þessi tíðindi vita, þótt oss þykki eigi fagrt at segja [20]).
En [21]) þat er upphaf þessa máls, at Ǫku-þórr [22]) fór með
20 hafra sína ok reið [23]), ok með hánum sá áss, er Loki heitir [24]);
koma þeir at kveldi til eins bónda [25]), ok fá þar at [26]) náttstað.

---

2) *So* W (*s.*), U, mælti R *u. Ausg.* — 3) *So* W — fáir muno
frá því s. k. U, fár maðr vættir mik at frá því kunni segja R *u.*
Ausg. — 4) margt U. — 5) þó guþ hafi verit *fügt* H *zu.* — — 6)
ramr *fehlt* W? — verit r. eða st. R *u. Ausg.* — en þótt nockurr hlutr
havi svá rammr orþit U, *ähnl.* H. — 7) s. f. á unnit W, R, *Ausg.* — sigr
unnit *Pf.* — at hann fengi eigi sigrað U. — 8) *So* W, U, *Ausg., f.* R. —
9) *f.* U. — 10) *So* W, U (at þ. hl.) — mun ek yðr R *u. Ausg.* —
11) *So* W, R — er engi er til or at leysa U, til urlausnar H. — 12)
frá því er oss þickir ótruligt U. — 13) m. *fehlt* W — mun *die Ausg.*
ausser AM (munu) — en nær sitr sá er veit, ok muntu U. — 14)
fursta U. — 15) er alldrigi ló f. U. — 16) svarar U. — 17) hér
hlýþi ek svörum þessa máls U. — 18) *So* W, *AM, Jónss. Pf.* —
laustn R, *Rk., Eg.* — nokkvorr (-urr) *schreiben Rk., Eg., Jónss.* —
19) *So* W, H, *Eg., Jónss., Pf.* — fær R? *u. AM*, fœ *Rk.* — 20) *So*
W, H — R (*u. Ausg.*) *noch:* en þér er at þegja. — *In* U *für das*
anf [17]) *Fg. nur:* Hár segir: *dann die Ueberschr.* Hér hefr sogu þórs
ok U tgarþa Loka. — 21) *So* W, en *f.* R, U, *Ausg.* — 22) Akuþ.
öfter) W. — 23) or r. *f.* U. — 24) *So* W, er L. er kallaðr R *u.*
Ausg.; ok meðr hon. Loki U. — 25) *So* (*hier*) W, U — búanda R,
Ausg. — 26) *So* W, at *f.* R *u. Ausg.*, ok — kveldit *f.* U. —

Ok um kveldit tók Þórr hafra sína ok skar báða, eptir þat
váru þeir flegnir ok bornir til ketils; en er soðit var, þá
settiz Þórr til náttverðar [27]. Þórr bauð til matar með sér
búandanum ok konu hans ok bornum þeira; sonr búanda [28]
hét Þjálfi [29], en Rọskva dóttir: þá lagði Þórr hafrstọkurnar 5
útar frá eldinum ok mælti, at bóndinn [30] ok heimamenn
hans skyldu kasta á hafrstọkuna [31] beinunum. Þjálfi, son
búanda, helt á lærlegg hafrsins ok spretti á knífi sínum ok
braut til mergjar [32]. Þórr dvaldiz þar of nóttina, en í óttu
fyrir dag stóð hann upp ok klæddi sik, tók hamarinn Mjọllni, 10
brá [33] upp ok vígði hafrstọkurnar; stóðu þá upp hafrarnir,
var [34] þá annarr haltr eptra fœti; þat sá [35] Þórr ok taldi,
at húsbóndinn [36] eða hans hjón mundi eigi skynsamliga hafa
farit með beinum hafrsins; kennir hann, at brotinn var lær-
leggrinn [38]. Eigi þarf langt frá því at segja, vita megu þat 15
allir, hversu hræddr búandinn mundi verða [39], er hann sá at
Þórr lét síga brýnnar ofan [40] fyrir augun; en þat er hann
sá til augnanna, þá hugðiz hann falla mundu fyrir sjónunum
einum saman [41]; hann herði hendrnar á [42] hamarskaptinu,
svá at hvítnuðu knúarnir. En búandinn gerði, sem ván var, 20
ok [43] ọll hjónin: kọlluðu ákafliga, báðu sér friðar, buðu at
yfirbót [44] allt þat er þau áttu. En er hann sá hræzlu þeira,
þá gekk af hánum móðrinn ok sefaðiz hann [45] ok tók af [46]
þeim í sætt born þeira, Þjálfa ok Rọsku, ok gerðuz þau þá

---

27) *So* W, *ähnl.* U (*hier* matar, *im Fg.* nótturþar) H; R *u. Ausg.*
noch ok þeir lags menn. — 28) *So* W, búa R, *Ausg.* — hans U. —
29) Þjálbi R, -fi *Ausg.* — 30) *So* W, búandinn R, *Ausg.* — *für* b. ok
h. h. *nur* baurnin U, H. — 31) *So* W, h. stökurnar R. — *nur* stökurnar U. — 32) Þ. son bónda laust l. h. með kn. s. ok spretti til
mergjar U, H. — 33) *So* W, ok br. R, U, *Ausg.* — 34) *So* W, ok
v. R, U *u. w.* (þá *f.* U.) — 35) *So* W, fann R, U *u. w.* — 36) *So*
W, búandinn R *u. Ausg.* — lét bónda eða hjú hans eigi mundo hava
U. — 37) hafursins (*nach* R) *Rk., Eg.* — 38) lét brotinn legg hafrsins
U. — 39) *So* W, H, *Jónss.* — vera R *u. Ausg. Für* Eigi *u. w. in* U *nur:*
bóndinn varþ hræddr. — 40) síga brúnina U. — 41) *So* U, en þat er
sá augn., þá h. h. f. m. fyrir sjóninni einni samt R *u. Ausg.* — *ähnl.* W,
doch falla mundu fyrir saman. — 42) *So* W, at R, U *u. w.* — 43) *So*
W, *Eg., Jónss., Pf.* — at R, *Rk., AM.* — bóndi ok hjú hans b. s.
friþar U. — 44) *So* W — at fyrir kvæmi R *u. Ausg.* — buþu bætr þær
er hann villdi U. — 45) o. s. h. f. U. — 46) *Das Fg. in* U: bónda born
hans Þ. ok R. ok þjónuþu þau honum siþan U. — H *schliesst mit* Rösku. —

skyldir þjónustumenn hans [47]), ok fylgja þau hánum jafnan
síðan.

XLV. Lét hann þar eptir hafra, en [1]) byrjaði ferðina
austr í Jǫtunheima ok allt til hafsins, ok þá fór hann út yfir
5 hafit þat it djúpa [2]); en er hann kom til lands, þá gekk hann
upp, ok með hánum Loki ok þjálfi ok Rǫskva. þá er þau
hǫfðu litla hríð gengit, þá [3]) varð fyrir þeim mǫrk stór;
gengu þau þann dag allan til myrkrs [4]). þjálfi var allra
manna fóthvatastr [5]), hann bar kýl þórs [7]), en til vista var
10 eigi gott. þá er myrkt var orðit leituðu þeir sér til [7]) náttstaðar, ok fundu fyrir sér skála nǫkkurn mjǫk mikinn, váru
dyrr á enda ok jafnbreiðar skálanum; þar leituðu þeir sér
náttbóls [8]). En of miðja nótt [9]) varð landskjálfti mikill, gekk
jǫrðin undir þeim skykkjum [10]) ok skalf húsit; þá stóð þórr
15 upp ok hét á lagsmenn sína ok leituðuz fyrir, ok fundu
afhús til hœgri handar í miðjum skálanum ok gengu þanneg;
settiz þórr í dyrnar [11]), en ǫnnur þau váru innar í frá [12])
hánum, ok váru þau hrædd, en þórr helt hamarskaptinn ok
hugði at verja sik; þá heyrðu þau ym mikinn ok gný. En
20 er kom at dagan [13]), þá gekk þórr út ok sér mann hvíla [14])
skamt frá hánum í skóginum ok var sá eigi lítill; hann
svaf ok hraut sterkliga; þá þóttiz þórr skilja hvat lætum
verit hefði [15]) of nóttina. Hann spenti [16]) sik megingjǫrðum
ok óx hánum ásmegin; en í því bili [17]) vaknar sá maðr ok
25 stóð skjótt upp, en þá er sagt, at þór varð bilt eitt sinni [18]),
at slá hann með hamrinum; ok spurði hann at nafni: sá [19])

---

47) *So* W, þórs R, *Ausg.* —

XLV. 1) *So* W, ok R, U *u. w.* — 2) svam yfir þat it djúpa haf U.—
3) *So* W, þ. *f.* R, U *u. w.* — 4) *So* W, H, U, *Jónss.* — myrks R
u. Ausg. (*vgl. Pf. Anm.*) — 5) skjótaztr U. — 6) O'þins þórs U.
(A'sa-þórs?) — 7) til *f.* U. — 8) þar vóro þeir um nóttina U. —
9) En um miþnætti U. — 10) *So* R, U, H, *Ausg.*, doch *Rk.* skrykkium
nach S (skrikj.) — skukkum W *künnte aus* skrikkum *entstellt sein.* —
11) *So* W, U — dyrrin R, *Ausg.* — 12) *So* W, í *f.* R, U, *Ausg.* —
13) dogun U. — 14) *So nach* U: ok sá mann hvíla í sk. skamt
frá s. — sér mann hvar lá W — ok sér hvar lá maðr *u. w.* R *u.*
Ausg. — *Vgl. Einl. C. 2.* — 15) *So* W — hv. látum *v.* hafði R
u. Ausg., ähnl. U. — 16) *So* W, spennir R, U *u. w.* — 17) *So* W,
U — bili *f.* R *u. Ausg.* — 18) *So* W, einu s. R *u. Ausg.* — e. s. *f.*
U. — 19) *So* W, en sá R *u. Ausg.* — (en hann U.) —

nefndiz Skrýmir [20]), en eigi þarf ek — segir hann [21]) — at
spyrja þik nafns [22]), kenni ek at þú ert Ása-þórr, en
hvárt [23]) hefir þú dregit á braut hanzka minn? Seildiz hann [24])
til ok tók upp hanzkann [25]); sér þórr þá, at þat hafði hann
haft fyrir skála um nóttina [26]), en afhúsit var [27]) þumlungrinn [28]) 5
hanzkans. Skrýmir spurði; ef þórr vildi hafa fǫruneyti hans [29]),
en þórr játi því; þá tók Skrýmir ok leysti nestbagga [30]) sinn
ok bjóz til at eta dagverð [31]), en þórr í ǫðrum stað ok hans
félagar [32]). Skrýmir bauð [33]) at þeir legði mǫtuneyti sitt, en
þórr játti því; þá batt Skrýmir nest þeira allt í einn bagga 10
ok lagði á bak sér; hann gekk fyrir of daginn ok steig heldr
stórum, en síð [34]) at kveldi leitaði Skrýmir þeim náttstaðar
undir eik mikilli [35]). þá mælti Skrýmir til þórr, at hann vill
leggjaz niðr ok sofa [36]): en þér takit nestbaggann ok búit til
náttverðar yðr [37]). því næst sofnar Skrýmir ok hraut [38]) fast, 15
en þórr tók nestbaggann ok skal [39]) leysa; en svá er at segja,
svá ótrúligt mun þykkja [40]), at engan [41]) knút fekk hann leyst
ok engan álarendan hrœrt [42]), svá at þá væri lausari en aðr;
ok er hann sér [43]), at þetta verk má eigi nýtaz, verðr hann
reiðr ok greip [44]) hamarinn Mjǫllni tveim hǫndum, ok steig 20

---

20) Skrýmnir S, H. — 21) So W, sagði h. R u. Ausg. — s. h.
f. U. — 22) So W, at nafni R u. Ausg. — in U fehlt þ. n., kenni
ek. — 23) eða hevir þ. U. — 24) So W — Seildiz (Seiliz U) þá
Skrýmir R, U u. w. — 25) So W, U — hanzka sinn R. — 26) So,
doch fyri, W, ähnl. R — at þat hafþi verit um nóttina skálinn U. —
27) So W, U — þat v. R. — 28) þumallinn H. — 29) ef þ. villdi
at þeir færi allir saman U. — 30) So W, U (-baggann ok b.) Ausg. —
nesb. R. — 31) So W, dǫgurð R u. Ausg. — d. f. U. — 32) menn
U. — 33) So W, bauð þá R u. Ausg. — In U lautet der Satz: þá
bauþ Skr. at þeir legþi í einn staþ baggana ok legþi á bak sér, ok
svá gerþo þeir, ok nú leggr Skr. á bak sér ok stígr h. st. — 34)
So W, síðan R u. Ausg., s. f. U. — 35) So W, u. e. nokkvoru m.
R u. Ausg. — u. eik einni U. — 36) So W — at sofna R u. Ausg. —
niþr undir eikina at sofa U. — 37) So W u. (nátturðar) R, Ausg. —
en þeir taki nestb. ok búi til mat. sér U. — 30) hraust U. — 39)
So W, B, vill U. — 40) So W, R — ok ótrúligt er þat at segja U. —
41) So W, U, Jónss. — engi die übr. Ausg. nach R. — 42) So W,
engan auch Jónss. — ok engi ál. hreyft die übr. Ausg. nach R — die
W. fehlen U. — 43) U fährt fort: þat, grípr hann ham. u. w. —
44) So W, þá varð h. r., gr. þá ham. R u. A. — (gr. hann ham.
Jónss.) —

fram ǫðrum fœti at þar er Skrýmir lá, ok lýstr í hǫfuð
hánum [45]), en Skrýmir vaknar ok spyrr, hvárt laufsblað felli í
hǫfuð hánum, eða hvárt þeir hafi þá mataz ok sé búnir til
rekkna [46])? Þórr sagði, at þeir munu þá sofa. Ganga þeir
5 þá undir aðra eik [47]); er þat þér satt at segja, at ekki var
þá óttalaust at sofa [48]). En at miðri nótt, þá heyrir Þórr, at
Skrýmir hrýtr [49]), svá at dunar í skóginum. Þá stendr hann upp
ok gengr til hans, reiðir hamarinn títt ok'hart ok lýstr í miðjan
hvirfil hánum; hann kennir at hamars munninn søkkr djúpt
10 í hǫfuðit [50]). En í því bili vaknar Skrýmir [51]): hvat er
nú? fell akarn [52]) nǫkkut í hǫfuð mér? eða hvat er títt
um þik, Þórr [53])? En Þórr gekk aptr skyndiliga ok sagði,
at hann var þá nývaknaðr [54]) — ok þá var miðnótt [55]) — ok
enn væri mál at sofa. Þá hugsaði Þórr þat, ef hann kvæmi
15 svá í fœri, at slá hann it þriðja hǫgg, at aldri skyldi hann
sjá sik síðan; liggr nú ok gætir, ef Skrýmir sofnar enn [56]).
Ok [57]) litlu fyrir dagan þá heyrir hann [58]), at Skrýmir mun
sofnat hafa, stendr þá upp ok hleypr at hánum, reiðir [59]) þá
hamarinn af ǫllu afli ok lýstr á þunnvangann þann er upp
20 vissi, søkkr hamarrinn upp at skaptinu [60]). En Skrýmir settiz
upp ok strauk of vangann [61]) ok mælti: hvárt munu foglar [62])

---

45) *So* R *u. Ausg.,* Mjöllni *bis* lá *f.* U. — *In* W *fehlt* hánum,
wofür U Skrými (, hann v.) *bietet.* — 46) *So* W *u.* (hefði þá m.)
R — eða hvárt þeir sé mettir U. — 47) *So* W, *ähnl.* R (s. = segir;
sofa ganga; þau = þeir) *u. Ausg.* — Þórr lét at þeir mundi sofa
undir annarri eik U. — 48) er — sofa *f.* U. — 49) *So* W; R (*u. Ausg.*)
noch: ok sefr fast, *in* U *aber fehlt auch das Fg. bis* 50). — 50) *So* W,
ähnl. R (lýstr ofan í m.; muðrinn = munn.) *u. Ausg.*; U *von* hrýtr
an: þá tekr Þórr hamarrin (*so?*) ok lýstr í haufuð honum í miðjan
hvirfilinn ok sauck hamarrinn. — *Im Folgenden:* þá v. U. — 51)
So W, ok mælti R *u. Ausg.* — ok spyrr U. (hv. er nú *f.* U.) — 52)
hvárt f. axkorn U, axk. *auch* S. — 53) eða hvárt vakir þú Þórr?
U. — 54) *So* W *u.* (svarar = sagði) R *u. Ausg.* — U *nach* 53) *nur:*
hann lézt vera vaknaþr. — 55) *So* W — sagði at þá v. m. R *u. Ausg.*;
diese u. die fg. W. *bis* sofa *fehlen* U. — 56) *So* W *und* (sofnaði fast)
R *u. Ausg.* — U *nur* (*nach* 54) nú ætlar Þórr at slá hann þriþja sinni. —
57) *So* W, En R *u. Ausg.* — 58) *So* W *u. Ausg.* — hann heyr. þá
R. — 59) U *nach* 56) *nur:* reiþir upp hamarinn af aullo afli ok l. —
60) *So* W, U (*ohne* upp) — s. þá ham. upp at sk. R *u. Ausg.* — 61)
En Skr. sezt u. ok strýkr um v. ok ennit U. — 62) *So* W, R; *vgl.*
Rk. Anm., fuglar U (vera n. í tr.) *Pf., Mbs.* —

nǫkkurir sitjá í trénu yfir mér? mik grunaði [63]), er ek vaknaða, at tros nǫkkut [64]) af kvistunum [65]) felli í hǫfuð mér,
hvárt [66]) vakir þú Þórr? mál mun vera, at standa upp ok
klæðaz [67]); þó eigu-þér nú ekki langa leið fram til borgarinnar [68]), er kǫlluð er Útgarð [69]).   Heyrt hefi ek, at þér hafit 5
kvisat í milli yðvar [70]), at ek væri ekki lítill maðr vexti [71]),
en sjá skulut [72]) þér þar stœrri menn, er þér komit í Útgarð.
Nú mun ek ráða yðr heilræði [73]); látit þér eigi stórliga yfir
yðr [74]), ekki munu hirðmenn Útgarða-Loka vel þola þvílíkum kǫgursveinum kǫpuryrði [75]); en at ǫðrum kosti [76]) 10
hverfit aptr ok þann ætla ek yðr vera betra af at taka [77]).
En ef þér vilit fram fara, þá stefnit þér í austr, en ek á nú
norðr leið til fjalla þessa, er þér munut nú sjá mega [78]).
Tekr Skrýmir nestbaggann ok kastar á bak sér ok snýr
þvers í skóginn frá þeim [79]), ok er þess eigi getit, at æsirnir 15
bæði þá heila hittaz [80]).

XLVI. Þórr snýr fram á leiðina ok þeir félagar ok
gengr til miðs dags [1]); þá sá [2]) þeir borg standa á vǫllum
nǫkkurum ok settu hnakkann á bak sér aptr [3]), áðr þeir
fengu [4]) sétt yfir upp [5]); ganga til borgarinnar, ok var grind 20

---

68) *So* W, grunar R *u. Ausg.* — mér þótti (er ek v. *f.*) U. —
64) *So* W, R — sem fjoðr nockur U, H. — 65) af tréno U. — 66)
So W, R — ok spurþi: hv. v. U. — 67) *So* W (*doch* klæða?) — mál
m. v. upp at st. ok klæðaz R, U. — 68) *So* W — en ekki eigut þér
nú l. l. R *u. Ausg.* — þér eig. nú e. langt til borgar U. — 69) *So*
W, S — er kallat er Útgarð R *u.* (*doch* -garðr) *Ausg.* — 70) En ek
hevi heyrt kvis yþart U, *ähnl.* H. — 71) at yðr þickir ek helldr mikill maðr U. — 72) megu U. (er — Útg. *fehlt.*) — 73) Ræþ ek yðr
heilt U — 74) látiþ ecki mikit y. y. U. — 75) knapyrði H ; U (*nach*
74): illa mun þat þolat slík. kog. sveinum. — 76) eða U = en at ð. k. —
77) *So* W, (*ohne* vera) R *u. Ausg.*; ráþa = taka H; U ok er yðr
sá (sc. kostr) betri. — 78) *So* R, *u.* (megit = munut) W — U (*nach* *77*)
ella stefni-þér í austr-sætt ef þér vilið til borgarinnar, en ek á norþr
leiþ. — 79) *So* W, þvers á braut í sk. fr. þ. R *u. Ausg.*; tekr nestb.
leggr á b. sér ok sn. á sk. U. — 80) *So* W, R, *Ausg.*, doch *ist* eigi
ergänzt, vgl. U: ok er eigi getiþ, at æsirnir biþi hann heilan fara. —
XLVI. 1) *So* W, Þórr fór fram á leið ok þ. fél. ok gekk (gengo
H) R *u. w., doch hat* U *nur die Worte* þeir ganga til Miðgarþz (sic, *vgl.*
dazu AM II, 288 *1*) *u. knüpft das Fg. mit* ok *an.* — 2) sjá U. — 3) a. *f.* U. —
4) fengi U. — 5) upp *f.* U. (*richtig? oder* upp yfir?) —

fyrir borghliðinu ok lokin aptr [6]). Þórr gekk á grindina ok
fekk eigi upp lokit, en er þeir þreyttu at komaz í borgina,
þá smugu þeir milli spalanna ok kómu svá inn [7]). Sá þá
hǫll mikla ok gengu þannig, var hurðin opin; þá gengu þeir
5 inn, ok sá þar marga menn á tvá bekki, ok flesta œrit stóra [8]).
Því næst koma þeir fyrir konunginn U'tgarða-Loka, ok kvǫddu
hann [9]); en hann leit seint til þeira ok glótti við [10]) tǫnn ok
mælti: seint er um langan veg at spyrja tíðinda [11]); eða er
annan veg en ek hygg [12])? er þessi sveinstauli orðinn Qku-
10 Þórr [13])? en meiri muntu vera en mér sýniz [14]) þú; eða hvat
íþrótta er þat, er þér félagar þykkiz vera við búnir [15])? Engi
skal hér vera með oss, sá er eigi kunni nǫkkurs-konar list
eða kunnandi umfram aðra menn [16]). Þá svarar [17]) sá er síðarst
gekk, er Loki heitir: kann ek þá íþrótt, er ek em búinn at
15 reyna, at engi er hér sá inni, at skjótara skal eta mat sinn, en
ek [18]). Þá svarar U'tgarða-Loki: íþrótt er þat ef þú efnir, ok
freista skal þá þessar íþróttar [19]); kallaði útar á bekkinn, at sá
er Logi heitir, skal ganga á gólf fram ok freista sín í móti
Loka [20]). Þá var tekit trog eitt, ok borit inn á hallargólfit ok
20 fyllt af slátri; settiz Loki at ǫðrum enda, en Logi at ǫðrum [21]),
ok át hvárrtveggi sem tíðast ok mœttuz í miðju troginu;
hafði þá Loki etit slátr allt af beinum, en Logi hafði ok etit
slatr allt ok beinin með ok svá trogit [22]), ok sýndiz nú ǫllum,

---

6) *Für* ganga — aptr *in* U *nur* grind var f. borgar hliþi. — 7) Þórr
feck eigi upp komit ok smugo millum svalanna (*so*) U. — 8) þeir
sá haull mikla, gengo inn, ok sá þar ærit stóra menn U. — 9) þeir
qvoddo U'tgarþa-Loka, er þeir kómu fyrir hásæti U. — 10) *So* W,
U — um t. R *u. Ausg.* — 11) saunn tíþindi U (*auch* S *nach Rk.*) —
12) *So* W, R (*doch vgl.* [13])) — eða *u. w. f.* U. — 13) *So* W (*doch*
Akuþ., *wie öfter*), er sv. ein(n) er orþinn at Auko-þór U — at þ. sv.
sé Ökuþ. R *u. Ausg.* — 14) *So* W, lízt R, U *u. w.* (þú *f.* U.) —
15) *So* W *u. Ausg.*, er þat *f.* R — eþa viþ hverium íþróttum ero-þér
búnir félagar? U. — 16) *So* W *u.* (flesta m.) R *u. Ausg.* — engi
mun sá með oss vera er eigi kunna nockururar (*so*) íþrótir U. — 17)
So W, segir R *u. w.* (U *nur* Loki segir). — 18) *So* W, R (albúinn
R, sá inni er R) U: engi mun sá hér innan hirþar er skjótara muni
eta en ek. — 19) ok reyna sk. þetta U. — 20) U: Hann kallar á
beckinn á þ. mann er Logi er nefndr ok biðr hann fr. sín m. L. —
21) at o. megin U. — 22) ok *f.* U. — 23) *Das Fg. in* U: ok vann
Logi leikinn. —

sem Loki hefði látit leikinn. Þá spyrr Úʼtgarða-Loki, hvat sá inn ungi maðr kunni leika? En Þjálfi [24]) segir, at hann mun freista ok [25]) renna skeið nǫkkur við einhvern, þann er Úʼtgarða-Loki fær til [26]). Úʼtgarða-Loki segir [27]), at þetta er góð íþrótt ok kallar þess meiri ván, at hann er [28]) vel at sér búinn of 5 skjótleikinn, ef hann skal þessa íþrótt inna; en þó lætr hann skjótt þessa skulu freista [29]). Stendr upp ok gengr út, ok var þá gott skeið [30]) at renna eptir sléttum velli [31]). Þá kallar Úʼt-garða-Loki til sín sveinstaula nǫkkurn, er nefndr er Hugi, ok bað hann renna í kǫpp [32]) við þjálfa. Þá taka þeir it fyrsta 10 skeið [33]), ok er Hugi því framar, at hann snýz aptr í móti hán-um at skeiðsenda. Þá mælti Úʼtgarda-Loki; þurfa muntu, þjálfi, at leggja þik meir fram, ef þú skalt vinna leikinn, en þó er þat satt, at ekki hafa hér komit þeir menn, at mér þykkja fóthvatari [34]). Þá taka þeir aptr annat skeið, ok þá er Hugi 15 kemr til skeiðsenda [35]), ok hann sneriz aptr [36]), þá var langt kólfskot til þjálfa. Þá mælti Úʼtgarða-Loki; vel þykki-mér þjálfi renna [37]), en eigi trúi ek, at hann vinni nú leikinn [38]); en nú mun reyna [39]), er þeir renna it þriðja skeiðit. Þá taka þeir enn skeið [40]); rennr Hugi til skeiðsenda ok snýz aptr [41]), 20 ok er þjálfi eigi þá kominn á mitt skeiðit; þá seggja allir, at reynt er um þenna leik [42]). Þá spyrr Úʼtgarða-Loki þór,

---

24) En f. U — Þjálbi *hier u. sonst* S (*nach Rk.*) — 25) *So* W — at R, U *Ausg.* — 26) við einhv. hirþmann hans U. — 27) *So* W, *Jónss.* — hann segir Úʼtg. R, *AM, Eg., Pf.* — Þá s. Úʼtg. *Rk.* — Hann svarar U. — 28) *So* W, sé R, *für* U *vgl.* [29]). — 29) *Nach* góð íþr. *lautet das Fg. in* U: ok lét hann vel búinn at skjótleik, ef hann skal þessa íþrótt vinna, ok freista skal. — 30) *So* W — Gengr hann út á g. s(k)eiþ U — Stendr þá upp Úʼtg.-Loki ok g. út, ok v. þá g. sk. R *u. Ausg.* — 31) at renna *u. w. f.* U. — 32) kapp S, H. — 33) kallar til sín sv. n., er H. hét, ok baþ hann renna við hann fyrsta skeiþ U. — 34) *So* W, *ähnlich* R (er mér þykki fóthv. en svá), *u. Ausg.* en þú H. — U (*nach* meir fram) en þó hava hér komit ecki ófljótari (= ekki opt fl.?) menn. — 35) *So* W, U, H — er kominn t. s. e. R *u. Ausg.* — 36) *So* W — snerizt h. a. (ok er þá l. k.) U — ok h. snýst aptr *Ausg. nach* R. — 37) *So* W, U, H *Jónss.*; *die übr. Ausg. mit* R: vel þykkja mér þit renna skeiðit. — 38) *So* W — trúi ek hánum nú R, U *u. w.* — 39) leikinn *ist in* W *wiederholt.* — 40) þá *u. w. f.* U. — 41) *So* W — ok nú er Hugi er kominn til sk. enda, er Þjálfi — U — en er H. er k. t. sk. ok sn. aptr R *u. Ausg.* — 42) U (*nach* skeiþ) *nur:* Nú er þetta reynt. —

hvat þeira íþrótta mun vera, er hann muni vilja birta fyrir
þeim, svá miklar sǫgur sem menn hafa gǫrt um stórvirki
hans [43]). þá svarar þórr [44]), at helzt vill hann þat taka til,
at þreyta drykkju við einhvern mann [45]). U'tgarða-Loki segir,
5 at þat má vel vera, ok gengr inn í hǫllina ok biðr taka vítishorn [46]), þat er hirðmenn eru vanir at drekka af. því næst
kemr fram skutilsveinn með horninu, ok fær þór i hǫnd [47]).
þá mælti U'tgarða-Loki: af horni þessu þykkir þá vel drukkit,
ef í einum drykk gengr af; en sumir drekka af í tveim
10 drykkjum [48]); en engi er svá lítill [49]) drykkjumaðr, at eigi
gangi af í þrimr [50]). þórr lítr á hornit ok sýniz ekki mikit,
ok er þó heldr langt [51]), en hann er mjǫk þyrstr [52]); tekr
ok drekkr ok svelgr allstórum [53]), ok hyggr at eigi skal
hann þurfa optar at lúta í hornit [54]). En er hann þraut
15 erindit ok hann laut or horninu, ok sér hvat leið drykkinum,
ok líz hánum svá, sem allítil munr mun vera, at nú sé lægra
í horninu en áðr. þá mælti U'tgarða-Loki [55]): vel er drukkit
ok eigi til mikit [56]); eigi mundak trúa, ef mér væri sagt frá,
at A'sa-þórr mundi eigi meira drykk drekka; en þó veit ek,
20 at þú munt vilja drekka af í ǫðrum drykk [57]). þórr svarar
ǫngu, setr hornit á munn sér, ok hyggr nú at hann skal [58])
drekka meira drykk [59]), ok þreytir á drykkjuna, sem hánum

---

43) þá m. U'tg.-L.: hvat íþrótt kantu þórr? muntu vera fyrir
þeim, svá mikit sem menn h. gert um þín stórvirki U. — 44) So W —
hann svaraþi U — þá mælti þ. R u. Ausg. — 45) við nockurn m.
hans U. — 46) So U — hǫllina, skal taka vít. W — hǫll., ok kallar
skutilsvein sinn, biðr at h. taki vít. R u. Ausg. — 47) því n. u. w.
fehlt U. — 48) So W, ähnl. R (sumir menn) u. Ausg. — U nur: hann
sýnir þór ok segir, at þat þickir vel druckit at drecka af í eino, en
sumir dr. í tveimr. — 49) So R, mikill irrig in W, vgl. AM I, 156 ²). —
50) en engi svá vésall, at eigi drecki af í þr. U. — 51) þór sýniz
hornit eigi mikit ek þó mjok l. U. — 52) h. var þ. m. U. — 53) So
W, tekr at drekka ok sv. allst. R u. Ausg. — setr á munn sér ok
svalg stórum U. — 54) So W, at eigi sk. þurfa at lúta optarr at
sinni í h. R — ok ætlar at h. sk. eigi l. optarr í h. U. — 55) So
W, R — ok er h. þraut eyrindi ok sér í hornit, at nú er litlo minna
í en áðr, þá segir U'tg.-Loki U. — 56) So W, R — en eigi t. m.
U — enn ei til micils H — en ei þó til mikils lofs S. — 57) munda
ek eigi trúa . . . . . at h. drycki eigi meira; þú munt dr. oþru sinni
U. — 58) sk. f. W. — 59) ok ætlar af at drecka U. —

vannz til erindi; ok enn sér hann [60]), at stikillinn hornsins
vill eigi upp svá mjök, sem hanum líkar [61]); ok er hann tók
hornit af munni sér [62]), líz hánum nú svá, sem minna hafi
þorrit [63]) en í inu fyrra sinni; er nú gott berandi [64]) borð á
horninu. þá mælti U'tgarða-Loki: hvat er nú þórr? muntu 5
nú eigi spara [65]) til eins drykkjar meira, en þér mun hagr
á vera [66])? svá líz mér, ef þú skalt nú drekka af horninu
inn þriðja drykkinn, sem þessi mun mestr ætlaðr; en ekki
muntu mega hér heita með oss [67]) svá mikill maðr, sem æsir
kalla þik, ef þú gerir eigi meira af þér um aðra leika [68]), 10
en mér líz at um þenna mun vera [69]). þá var þórr reiðr [70]),
setr hornit á munn sér ok drekkr sem ákafligast má hann,
ok þreytir sem mest á drykkinn [71]); en er hann sá [72]) í hornit, þá hafði nú helzt nökkut munr á fengiz [73]), ok þá býðr
hann upp hornit, ok vill eigi drekka meira [74]). þá mælti 15
U'tgarða-Loki: auðsætt [75]) er nú, at máttr þinn er ekki svá
mikill sem vér hugðum [76]), eða villtu freista um fleiri leika [77])?
sjá má nú, at ekki nýtir þú hér af. þórr svarar: freista má
ek enn of nökkura leika [78]), en undarliga mundi mér þykkja,
þá er ek var [79]) heima með ásum, ef þvílíkir drykkir væri 20
svá litlir kallaðir; en hvat leik vilit þér nú bjóða mér? þá
mælti U'tgarða-Loki: þat gera hér ungir sveinar, er lítit

---

60) So W, U — ok sér enn R. — 61) svá m. u. w. fehlt U. —
62) So Rk., die übr. Ausg. fügen mit R ok sér hinsu, was in W (af
munni sér ok líz hon. nú sem minna u. w.) fehlt oder ausgefallen ist. —
in U folgt gleich nach vill eigi upp, ok sér í ok ætlar nú minna h. þ. —
63) So W, U, AM, Jónss., Pf. — þorrat (nach þverrat H? Eg., í
þorrit Rk., worauf R unsicher deutet (vgl. AM I, 156, 10). — 64)
gott f. H. beranda U, H. — 65) So W, spara þér U — sparast Ausg.
nach R. — 66) hægst (-ast) v. U. H. — 67) So W, m. oss h. R —
með oss f. U. — 68) So W, R — hluti U, H. — 69) So W, doch
f. um — en mér l. sem um þ. m. v. R u. Ausg. — en mér l. u. w.
fehlt U. — 70) So W, þ. varð Þ. r. R — þ. varð Þ. r. mjok U. —
71) So W u. Ausg. — þrýtr sem lengzt at drycknum R — þr. sem l.
drykkinn H. — in U (wo ok drekkr — má hann fehlt) ok þreytir mest —
72) leit U. — 73) þá h. lengst á gengit U. — 74) en er h. sér þat,
gefr h. upp ok v. eigi dr. lengr U. — 75) So W, U, vgl. auch Pf.
Anm. — auðsétt R u. Ausg. — 76) er ekki mikill (s. v. h. f.) U. —
77) So W u. (en villtu) R — villtu leika fleira? U, wo das Fg. (bis
af) fehlt. — 78) um fleiræ leika U. — 79) ef ek veri U. —

mark mun þykkja [80]), at hefja [81]) af jǫrðu kǫtt minn [82]); en
eigi mundak kunna at mæla þvílíkt við Ása-þórr, ef ek hefða
eigi sét fyrr, at þú ert miklu minni fyrir þér, en ek hugða [83]).
því næst hljóp fram kǫttr [84]) einn grár á hallargólfit, ok
5 heldr mikill; en þórr gekk til, ok tók hendi sinni niðr undir
miðjan kviðinn [85]), ok lypti upp; en kǫttrinn beygði kenginn [86]) svá sem þórr rétti upp hǫndina; ok þá er [87]) þórr
seildiz svá langt upp, sem hann mátti lengst, þá létti kǫttrinn
einum fœti, ok fekk þórr eigi framit þenna leik meir [88]).
10 þá mælti U'tgarða-Loki: svá fór þessi leikr [89]), sem mik varði,
kǫttrinn er heldr mikill, en þórr er lágr ok lítill hjá stórmenni því, sem hér er með oss [90]). þá mælti þórr: svá lítinn sem þér kallit mik, gangi til [91]) einnhverr ok fáiz við mik;
nú em ek reiðr [92]). þá svarar U'tgarða-Loki, ok leit [93]) á
15 bekkina: eigi sé ek þann mann hér inni, at [94]) eigi mun
lítilræði í þykkja at fáz [95]) við þik; ok enn mælti hann:
sjám fyrst [96]), kalli-mér hingat kerlinguna, fóstru mína Elli,
ok fáiz þórr við hana, ef hann vill [97]); fellt hefir hón þá
menn, er mér hafa sýnz [98]) eigi ósterkligri en [99]) þórr er;
20 því næst kom í hǫllina kerling nǫkkur gǫmul [100]). þá mælti

---

80) *So* W, at þ. R. — 81) h. upp R. — 82) at lypta ketti
mínom af jorþo H — U: þat er ungra sveina at hefja u. af jorþu
katt minn. — 83) *So* W, R (myklu *AM*, miklu *die übr. Ausg.*) —
séþ, at hann er minni maðr en mér er sagt U. — 84) kattr U. —
85) þórr tók hendinni undir kv. niþr U. — 86) *So* W, U, S, *Jónss.* —
kenginn *auch Rk.*, *vgl. Pf. Anm.* — baugði hángit *AM*, *Eg.*, *Pf. nach*
R. — 87) *So* W, en er þ. R. — 88) *So* W, ok fær þ. eigi fr. þ. L
(*ohne* meir) R *u. Ausg.* — U (*nach* kenginn) *nur:* ok svá sem h. rétti
u. hondina, lypti kat(t)rinn einum fætinum. — 89) þ. leikr *f.* U. —
90) en þú er lágr ok lít. U. — 91) *So* W, þá g. nú til R — U:
svá lít. sem ek em, þá g. til einnhv. yþarr at fáz viðr mik. — 92) nú,
er ek em r. U — því nú er ek reiþr orþinn H. — 93) *So* W, ok
litast um R, *ähnl.* U (*wo á* bekk. *fehlt*) — 94) *So* W, U — er eigi
u. w. R *u. Ausg.* — 95) glíma U, H. — 96) ok — fyrst *f.* U. (sj. f.
auch H.) — 97) kalli higat kerl. fostro m. ok fázt þú við hana U. —
98) *So* W, litizt R *u. Ausg.* — 99) *So* W *u. Ausg.*, er þ. R. — U
(*nach* 97): fellt hevir hón stærri sveina ok þá er mér litas hvergi óst.
en þú. — 100) *So* W (kom *auch* H) þvín. gekk í h. kerl. ein g. R —
die bez. Worte u. der fg. Satz fehlen U. — H *hat im Fg. nach* A'sa-
þór *noch:* ok nú hlaupa þau saman. —

U'tgarðaloki, at hón skal taka fang við A'sa-Þór. Ekki þarf hér langt um at gera [101]); svá fór fang þat, at því harðara er [102]) Þórr knúðiz at fanginu, því fastara stóð hón; þá tók kerling at leita til bragða, ok varð Þórr þá lauss at fótum, ok váru þær sviptingar allharðar; ok eigi lengi, áðr en Þórr 5 fell á kné ǫðrum fœti [103]). Þá gekk til U'tgarða-Loki, bað þau hætta fanginu, ok sagði svá at Þórr mundi eigi þurfa at bjóða fleirum mǫnnum fang í hans hirð [104]); var þá ok komit at nótt [105]). Vísaði U'tgarða-Loki þeim [106]) félǫgum til sætis, ok dveljaz þar nátt-langt í góðum fagnaði [107]). 10

XLVII. En at morni, þegar dagaði [1]), standa þeir félagar npp ok klæða sik, ok eru búnir braut at ganga [2]). Þá kom þar U'tgarða-Loki ok lét setja þeim borð; skorti þá eigi góðan fagnað, mat ok drykk [3]); ok [4]) er þeir hafa mataz, þá snúaz þeir til ferðar. U'tgarða-Loki fylgir þeim út, gengr 15 með þeim braut or borginni; en at skilnaði þeira [5]) mælti U'tgarða-Loki til Þórs, ok spyrr, hvernig hánum þykkir ferð sín orðin [6])? eða hvárt hann hefir hitt ríkara mann [7]) en sik? Þórr segir, at eigi mun hann þat segja, at eigi hafi hann mikit ósœmd farit í þeira viðskiptum, en þó veit ek, 20 at þér munut kalla mik lítinn mann fyrir mér [8]), ok uni ek því illa. Þá mælti U'tgarða-Loki: nú skal segja þér it sanna, er þú ert út kominn um borgina [9]); ok [10]) ef ek lifi ok meg-

---

101) *So* W, Ekki er l. *u. w. Ausg. nach* R, — ecki er þar af annat sagt, en því harþara *u. w.* U, H. — 102) *So* R, U; en W. — (fang. *fehlt* U.) — 103) (svipt. harþar) ok fell þ. á kné o. f. U. — 104) *So* W, í hans höll H, *AM, Jónss.* — á h. höll R. *Rk., Eg., Pf.* — U *hat nur:* ok þá bað U'tg. þau hætta ok lét h. eigi fleirum þurfa at bjóþa fang. — 105) *So* W, liðit á n. R. — 106) *So* W, Þór ok þ. f. R *u. Ausg.* — H: þeim til sætis fél. ok síþan til reckjo ok dvauldoz *u. w.* — 107) U *hat nach* [106]) *nur:* ok vóro þeir þar um nóttina. —

XLVII. 1) þ. d. *fehlt* U, H. — 2) *So* W, stendr Þórr upp ok þ. fél., kl. sik ok *u. w.* R — bjuggoz æsirnir á brott U. — 3) *Dieser Satz fehlt* U. — 4) *So* W, en R — *auch dieser Satz fehlt* U. — 5) *So* W, þá R. — 6) U (*nach* [3])): ok leiddi hann þá á gauto ok spurþi hvernveg Þór þætti faur sín orþin. — 7) *So* W — man nokkurn *Ausg. nach* R. — 8) U (*nach* [6])) *nur:* Þórr segir at þeir mundi hann kalla lítinn mann (*auch das Fg. bis* illa *fehlt.*) — 9) *So* W, or borginni R — út af b. U. — 10) *So* W (*vgl. Pf. Anm.*) — at R *u. Ausg.* — U *führt erst mit* eigi hefþir þú komit í hana (= 68, 2) *fort.*

5 *

ak ráða, þá skaltu aldri optar í hana koma, ok þat veit
trúa mín, at aldri hefðir þú í hana komit, ef ek hefða vitaÞ
áðr, at þú hefðir svá mikinn krapt með þér, ok þú hafðir
svá nær haft oss mikilli ófœru [11]); en sjónhverfingar hefi ek
5 gert þér [12]). Ok fyrsta sinn á skóginum kom ek til fundar
við yðr [13]), ok þá er þú skyldir [14]) leysa nestbaggann, þá
hafðak bundit hann [15]) með gresjárni [16]), en þú fannt eigi [17]),
hvar upp skyldi lúka. En því næst laust þú mik með hamrinum [18]) þrjú hǫgg [19]) ok var it fyrsta minnst, ok var þó
10 svá mikit, at mér mundi endaz til bana [20]), ef á hefði komit;
en þá er þú sátt hjá borg [21]) minni setberg — ok þar sáttu ofan
í þrjá dali ferskeytta ok einn djúpastan — þat [22]) váru hamarspor
þín; setberginu brá ek fyrir hǫggin, en eigi sátt þú þat [23]).
Svá var ok of leikana, er þér [24]) þreyttuð við hirðmenn mína,
15 þá var þat it fyrsta, er Loki gerði; hann var mjǫk soltinn
ok át títt, en sá er Logi heitir [25]), þat var villieldr ok
brenndi hann eigi seinna trogit en slátrit [26]). En er Þjálfi
þreytti rás [27]) við þann er Hugi hét, þat var hugr minn [28]),
ok var Þjálfa eigi vænt at þreyta skjótfœri við hann [29]).
20 En þat er [30]) þú drakkt af horninu, ok þótti þér seint líða
— en þat veit trúa mín, at þá varð þat undr, er ek munda
eigi trúa at vera mætti; annarr endir [31]) hornsins var út í

---

11) U (nach [10])) ef ek hefþa vitaþ þik svá mikils háttar sem þú
ert. — 12) en sjónhv. vóru gervar U (u. fährt fort: fyrst á skógi-
inum, ok kom ek fyrst til fund. við yþr. — 13) So W — Svá at f.
sinn, er ek fann þik á skóginum u. w. R — U s. [12]). — 14) villdir
U. — 15) So W, H; hann f. R — var hann bundinn U. — 16) So
R, U — gress- W, H. — 17) So W, U, Ausg. — eigi f. R. —
18) m. h. í höfuÞ mér H. — 19) þrysvar sinnum U. — 20) at mér
mundi unnit hava at fullo U. — 21) So W, höll die Ausg. nach R,
U. — 22) So W, U — þar R u. Ausg. — 23) en — þat f. U. —
Das Fg. bis [19]) lautet in U: en Loki þreytti leik við elld um átið,
en Þjálfi tók hlaup við huginn ok mátti hann eigi ok engi annarr
þat viðr hann þreyta. — 24) So W u. Ausg. — þér f. R (u. Rk.) —
25) So W, h. R — hét die Ausg. — 26) So W — sl. en trog. R
u. Ausg. — 27) So W, laup H — rásina R. — 28) So W — hugi
minn R u. Ausg. — ok þat var hugrinn, er öllum óvænt at eiga
rás við hann H; U vgl. [18]). — 29) So W (auch U, H) — skj. hans
R. — 30) So W — Ek er R, U u. w. — 31) So W, R, U — endi
H. —

hafi [32]), en þat sáttu eigi; en nú er þú kemr til sjávarins,
þá muntu sjá mega, hvern þurð þú hefir drukkit á sænum,
þát eru nú [35]) fjǫrur kallaðar [34]). Ok enn mælti hann: eigi
þótti mér hitt minna vert [35]), er þú lyptir upp kettinum, ok
þér satt at segja, þá hrædduz [36]) allir þeir er sá, er þú lyptir 5
af jǫrðu einum fœtinum; en sá kǫttr var eigi sem þér sýndiz: þat var Miðgarðsormr, er liggr um lǫnd ǫll, ok vannz
hánum varla lengð til [37]), at jǫrðiua tæki sporðr ok hǫfuð, ok
svá langt seildiz þú upp, at skamt var þá til himins. En
hitt var ok mikit undr um fangit [38]), er þú stótt svá lengi 10
við, ok fellt eigi meir, en á kné ǫðrum fœti, er þú fekkz
við Elli; fyrir því at engi hefir sá orðit, ok engi mun verða,
ef gamall verðr [39]), at eigi komi ellin ǫllum til falls. Ok er
nú þat satt at segja, at vér munum skiljaz ok mun þá betr
hvárratveggju handar, at þér komit eigi optar mik at finna [40]); 15
ek mun enn annat sinn verja borg mína með þvílíkum vélum
eða ǫðrum, svá at ekki vald munut þér á mér fá [41]). En
er þórr heyrði þessa tǫlu, greip hann til hamarsins ok bregðr
á lopt; en er hann skal fram reiða, þá sér hann hvergi [42])
U'tgarda-Loka, ok þá snýz hann aptr til borgarinnar, ok 20
ætlaz þat [43]) fyrir at brjóta borgina; þá sér hann þar vǫllu
víða ok fagra, en ønga borg. Snýz hann aptr [44]) ok ferr
leið sína, til þess er hann kom aptr í þrúðvanga. En [45])
þat er satt at segja, at þá hafði hann ráðit fyrir sér at leita

---

32) U (nach [34]) þat var þó mest undr, er þú drakt af hornino,
er annarr endir var í ægi. — 33) héðan af H. — 34) U (nach [32]))
því ero orþnar fjorurnar. — Das Fg. bis [41]) lautet in U En þar lyptir
þú upp miðgarþs-orminum, er þó (=þú AM) tókt kottenn; en þá
hræddus allir er þat sá, er þú lyptir einum fætinum á kettinum; en
þú fekst þar við elli, er þú hugþizt við kerlinguna eiga; henni hevir
engi á kné komit, en þér komit mik eigi optarr heim at sækja. —
85) So W, vera vert R. — 86) So W, U — rædd. R. — 87) So
W — varliga lengðin til R u. Ausg. — 88) Das Fg. (er — fœti)
nur in W (stóðt, fell). — 39) So W — ef svá gamall er (g. verðr
Jónss.), at elli bíðr R u. Ausg. — 40) So W, hitta R u. Ausg. —
41) Vgl. oben [34]) — Dem Schluss des Cap. entspricht in U: þá bregðr
þórr upp hamrinum, ok nú sér hann hvergi U'tg.-Loka, ok eigi helldr
borgina. — 42) So W (u. U) — þar hv. R u. Ausg. — 43) So W,
þá R. — 44) So W — Sn. h. þá a. R, vgl. auch XLVIII [1]) fär U. —
45) So W u. Ausg. — ok H, at R. —

til, ef saman mætti bera fundi þeira Miðgarðsorms, sem
síðar ⁴⁶) varð. Nú ætla ek, at eingi kunni þér framar ⁴⁷) at
segja frá þessi ferð þórs.

XLVIII ¹). þá mælti Gangleri: allmikill er Útgarða-
5 Loki fyrir sér ²), en með vélum ok fjǫlkyngi ferr hann mjǫk;
en þat má sjá, at hann er mikill fyrir sér, at hann átti
hirðmenn þá er mikinn mátt hafa; eða hvárt hefir þórr
ekki þess ³) hefnt? Hár svarar svá ⁴): eigi er þat ókunnigt,
þótt eigi sé frœðimenn ⁵), at ⁶) þórr leiðrétti þessa ferðina,
10 er nú var frá ⁷) sagt, ok dvaldiz ekki lengi heima, áðr hann
bjóz svá skyndiliga til ferðar ⁸), at hann hafði eigi hafrana ⁹)
ok ekki fǫruneyti; gekk hann út um Ásgarð ¹⁰) svá sem
ungr drengr, ok kom einn aptan at kveldi til jǫtuns eins ¹²),
sá hét Hýmir ¹³). þórr dvaldiz þar at gistingu of nóttina,
15 en í dagan stóð Hýmir upp ok klæddiz ok bjóz at róa á sæ ¹⁴)
til fiskjar. En þórr spratt upp ok var skjótt búinn ok bað,
at Hýmir skyldi láta hann róa með sér; en Hýmir sagði ¹⁵),
at lítill liðsemd mundi at hánum vera, er hann var ¹⁶) lítill
ok ungmenni ¹⁷) eitt: ok mun þik kala, ef ek sit svá lengi
20 ok útarliga ¹⁸) á miðum, sem ek em vanr. En þórr sagði,
at hann mundi róa mega fyrir því langt ¹⁹) frá landi; at

---

46) *So* (-arr) W, síðan R. — 47) *So* W (-arr) — Nú æ. ek
engan kunna þér sannara at s. R. —
XLVIII. 1) *Ueberschrift in* U: Frá því er þórr fór at draga
miðgarþsorminn. — *Es heisst dann:* eptir þenna a(t)burþ snýrr þórr
heimleiþiss, ætlar nú at hinna miðgarþsorminn, ok kom til jotuns
nockurs *u. w.* — 2) er f. s. Útg. R. — 3) *So* W u. *Jónss.*, þessa R
u. *übr. Ausg.* — 4) svá *nur* W. — 5) *So* W u. *Ausg.* — frœðimönn-
um R. — 6) *So* R u. *Ausg.* — er W. — 7) *So* W — frá *f.* R u.
Ausg. — 8) *So* W — ferðarinnar R. — 9) *So* W, eigi reið ok eigi
hafr. R u. *Ausg.* — 10) engi f. *schreibt Jónss.* — 11) *So* W, of Miðgarð R u. *Ausg.* — af Miðgarðe sem H. — 12) *So* W, nökkurs
Ausg. nach R. — 13) Y'mir (*wie stets*) *in* W u. S, Hýmir *schreibe ich
mit Pf. stets,* R *wechselt mit* Y'mir u. Hýmir, *so auch Rk., AM, Eg.* —
Jónss. stets Y'mir, *vgl. das Wb.* — U: er Eymir (*so stets* U, H) er
nefndr. — 14) *So* W u. *Ausg.* — á *f.* R. — U *nur:* En um morgininn bjóz jotunn at fara til fiskjar. — 15) *So* W, segir R, lét U, H. —
16) var *f.* W. — 17) U *nach* ¹⁴) þórr vill fara með honum, ok jot.
lét ekki gagn mundo at kaugrsveini þeim; *ähnl.* H, *wo folgt:* þar
hann være svá lítill sem eitt ungmenni. — 18) ok útarla á miþun
U, *Jónss.* — á m. *f.* R, W, *ú. Ausg.* — 19) *So* W, langt *f.* R u. *Ausg.* —

eigi var víst, hvárt hann mundi fyrr beiðaz at róa útan [20]),
ok reiddiz Þórr jǫtninum svá, at þá var búit, at hann mundi
þegar láta hamarinn skella [21]) hánum; en hann lét þat við
beraz, fyr því hann hugði [22]) þá at reyna [23]) afl sitt i ǫðrum
stað. Hann spurði Hými, hvat þeir skyldu hafa at beitum [24]), 5
en Hýmir bað hann fá sér sjálfan beitur [25]). Þá sneriz Þórr
á braut þangat er hann sá øxnaflokk nǫkkurn, er Hýmir
átti; hann tók inn mesta uxann, er Himinhrjótr [26]) er kallaðr [27]),
ok sleit af hǫfuðit ok fór með til sjávar; hafði þá Hýmir [28])
út skotit nǫkkvanum. Þórr gekk á skipit ok settiz í aust- 10
rúm [29]), tók tvær árar ok reri [30]) ok þótti Hými skriðr verða
af róðri hans [31]). Hýmir reri í hálsinum fram ok sóttiz
skjótt róðrinn; sagði Hýmir, at þá [32]) váru þeir komnir á
þær vastir [33]), er hann var vanr at sitja ok draga flata fiska;
en Þórr kveðz vilja róa miklu lengra, ok tóku þeir enn 15
snertiróðr; sagði Hýmir þá, at þeir váru komnir svá langt
út, at hætt var at sitja [34]) fyrir Miðgarðsormi, en Þórr kveðz
mundu róa enn um [35]) hríð, ok svá gerði hann [36]), en Hýmir
var þá allókátr [37]). En þá er Þórr lagði upp árarnar,
greiddi hann til vað heldr sterkjan [38]), ok eigi var ǫngullinn 20
minni eða óramligri. Þar lét Þórr koma á ǫngulinn oxa hǫf-

---

20) hvárt honom mynde fyrr leiðaz útar at róa H, U: Þórr reiddiz. honum mjok ok kvaþ þat eigi víst, *was auch das Fg.* (*bis* stað)
umschreibt. — 21) *So* W, H (sk. í höfþi honom H) — skjalla R *nach*
AM (*so auch Jónss. Pf.*) skjanna *las Rk.* (*so auch Eg.*) — 22) *So*
W, því at h. hugðiz R *u. Ausg.* — 23) h. h. þá skylde reyna
u. w. H. — 24) til beitna H. — 25) beito H (sjálfan *f.* U.) — 26)
So W — Himinrjóðr S, U, H, *vgl. auch die Les. AM* I, 484 [16]), 587, [7]).
— Himinbrjótr R *u. Ausg.* — 27) *So* W, heitir U, hét R. — 28) *Die*
fg. Worte in H: ytt skipino. — U (*nach* [25])) *nur:* Þórr tók uxann
er h. Him. er Eymir átti ok sleit af haufuþit. — 29) *So* W, austr
rúm R, *auch* U (*wo* Þórr — skipit *f.*) — 30) reyri *hier die Ausg.* (*nach*
R, W?), *im fg. Satze* reri. — 31) ok þótti Eymi hann helldr róa
mikit U. — 32) þá *vor* Hým. R. — 33) *So* W, U, *Eg., Jónss., Pf.* —
vastir R, *Rk.*, *AM* — á þat mið H. — U *nach* [31]) ok lét þá komna
á þær v. (sem h. var vanr, ok baþ þá eigi róa lengro.) — 34) *So* W,
s. utar (-arr) R *u. Ausg.* U: Eymir qvað þat hætt við miþgarþzorm-
inn. — 35) *So* W, H, um eina hr. R *u. Ausg.* — 36) *So* W *u. Ausg.*,
h. *f.* R. — 37) U *nach* [34]) Þórr vill róa, Eymir varþ ókátr. — 38)
U: Þórr greiddi vaþinn. —

nŏit ok kastaŏi fyrir borŏ, ok fór ǫngullinn til grunns [39]);
ok er þat [40]) satt at segja, at eigi ginnti Þórr minnr þá
Miŏgarŏsorm [41]), en U'tgarŏa-Loki hafŏi spottaŏ þór, þá er
hóf orminn upp meŏ hendi sér [42]). Miŏgarŏsormr gein um
5 oxahǫfuŏit, en ǫngullinn vá í góminn orminum [43]); en er
ormrinn kendi þat, brá hann viŏ svá fast, at báŏir hnefar
Þórs skullu út at borŏinu [44]); en þá varŏ Þórr reiŏr, ok
fœrŏiz í ásmegin, spyrndi viŏ svá fast, at hann hljóp báŏum
fótum gøgnum skipit, ok spyrndi viŏ grunni; dró þá orminn
10 upp at borŏi. En þat má segja, at engi hefir sá sét all-
ógurligar [45]) sjónir, er eigi mátti þat sjá, er Þórr hvesti augun
á orminn, en ormrinn starŏi neŏan í mót, ok blés eitrinu.
Þá er sagt, at jǫtunninn Hýmir gerŏiz litverpr, fǫlnaŏi ok
hræddiz, er hann sá orminn ok þat er særinn fell út ok inn
15 of nǫkkvann [46]); ok í því bili er Þórr greip hamarinn ok
fœrŏi á lopt, þá fálmaŏi jǫtunninn til agnsaxinu [47]) ok hjó
vaŏ Þórs á borŏi [48]), en ormrinn søkktiz í sæinn; en Þórr
kastaŏi hamrinum eptir hánum, ok segja menn, at hann lysti
af hánum hǫfuŏit viŏ hrǫnnunum [49]); en ek hygg hitt vera
20 þér satt at segja, at Miŏgarŏsormr lifir enn ok liggr í sjá [50]).
En Þórr reiddi til hnefann ok setr viŏ eyra Hými, svá at

---

39) *So* W (grunnz) *u. Ausg.* — brunnz R, botns H — U *nach* [38])
ok lét koma á uxa h. á aung. ok fór til grunz. — 40) *So* W, ok
er þá svá satt a. s. R; ok er — hendi sér *fehlt* U. — 41) *So* W —
at engu ginnti þá Þórr Miŏg. R *u. Ausg.* (*doch* e. minnr *nach* W, H.) —
42) *So* W, á h. sér R. — 43) *So* W *u.* (yfir oxah.) R *u. Ausg.* M. ormrinn
beit á aunglinum ok kom í góminn U. — svá aung. sðck í góm H. —
44) *So* W *nach* AM (út af borŏ. *nach* Rk.), ähnl. R (kenndi þess; sk. út á
borŏinu, svá vor fast f.) *u. Ausg.* (*aber* svá fast *mit* W, U, H; at borŏ.
Eg. *Jónss.*); U en ormrinn brá viŏ fast, svá at báþir hnefar Þórs skullo
viŏ borþino (viŏ b. *auch* H, S); þá ferþiz Þórr í ásmegin, spyrndi viŏ
fast svá at h. hl. b. f. ígegnum skipborþit ok sp. v. gr., dró þá at sér
orm. ok upp viþr borþino. — 45) *So* W, ógurl. R *u. Ausg.* — U *hier*
u. im Fg.: en engi hevir sá séþ enar ógrligsto sýnir er eigi hevir
þat er Þórr *u. w.* — 46) fell inn kolblár S; U: Jotunninn varþ
litverpr, er hann sá orminn, ok særinn fell inn nockut. — 47) *So*
agnsaxinu R *u. Ausg.*, *doch* agnsaxins *Jóns. nach* U, agnsax W. —
48) *So* W, viþ borþino U, H, S; af borŏi R *u. Ausg.* — 49) *So* W,
grunninum R, grunnit H, U *undeutlich*, *s.* AM II, 287 [1]). — 50) *So*
W, *Rk.* — umsjá *die übr. Ausg. nach* R, *vgl.* AM I, 170 [15]). —

hann steyptiz fyrir borð, ok sér í iljar hánum; en þorr óð
til lands [51]).

XLIX. þá mælti Gangleri: hafa nǫkkur meiri tíðindi
orðit með ásum [1])? allmikit þrekvirki vann þórr í þessi
ferð [2]). Hár svarar [3]): vera mun at segja frá þeim tíðiudum, 5
er meira þótti vert ásunum [4]). En þat er upphaf þeirar
sǫgu [5]), at Baldr inn góða dreymdi drauma stóra ok hættliga
um líf [6]) sitt. En er hann sagði ásunum draumana, þá báru
þeir saman ráð sín, ok var þat gert, at beiða [7]) griða Baldri
fyrir alskonar háska; ok Frigg tók svardaga til þess [8]), at 10
eira skyldu Baldri eldr ok vatn, járn ok alskonar málmr,
steinar, jǫrðin, viðirnir, sóttirnar, dýrin, fuglarnir, eitrit,
ormarnir [9]). En er þetta var gert ok vitat [10]), þá var
þat skemtun Baldrs ok ásanna [11]), at hann skyldi stauda
upp á þingum, en aðrir æsir [12a]) skyldu sumir skjóta á 15
hann, sumir hǫggva til, sumir berja grjóti. En hvat
sem at var gert sakaði hann ekki, ok þótti þetta ǫllum
mikill frami [12b]). En er þetta sá Loki Laufeyjarson, þá
líkaði hánum illa [13]). Hann gekk til Fensalar [14]) til Friggjar

---

51) U nach **): en er þórr greip hamarinn, fálm. jot. til agnsaxins ok hjó við b. vað þórs, en ormr sauck í sæinn, en þ. kast.
hamr. ok laust við eyra jotninum svá at h. steyptiz at borðino, ok
laust af honum haufoþit við haon (? hrönnum ? vgl. AM II, 287 [1]))
en þórr óþ til lanz. —

XLIX. 1) Die vrell. aus Hárs Antwort entlehnten Worte hafa u. w.
fehlen in U. — 2) Mikit afrek var þetta U. — 3) svaraþi U, wo die
Ueberschr. Frá lífiáti Balldrs ok for Hermóðs til Heljar folgt. — 4) So W,
R — Verra mun vera at s. S — Verþa man ek at s. þ. H — Meira var
hitt vert U. — 5) So W, H — þessar s. R — En bis sögu f. U. —
6) er Balldr enn góþa dreymþi hættligt U. — 7) b. guþin H. —
8) tók eiþa af aullom lutom H. — 9) So W — eitr, ormar R —
H (wo jörðin, sóttirnar vorher fehlt) eitrormar (s. u. U) né heldr sóttirnar eþa neitt annað. — U nach): ok sagþi ásum; Frigg beiddi
honum griþa at eigi grandaþi honum elldr né járn né votn, málmr
né steinar né viþir, sóttir né dýr, fuglar né eitrormar. — 10) Ok er
þ. v. gert U. — 11) v. þ. skemtan Baldrs (at h. stóþ u. á þ.) U. —
12a) So W en allir aðrir sk. R u. Ausg. — 12b) U nach [11]): skylldo sumir
skjóta at honum, en s. hauggva, s. grýta; hann sakaþi ekki. — 13)
So W u. U (en er L. sá þ. l. h. i.) — R (u. Ausg.) nach illa: er
Baldr sakaði ekki. — 14) Fensala U, H. —

ok brá sér í konu líki. Þá spyrr Frigg, ef sú kona vissi
hvat æsir hefðiz at á þinginu[15]). Hón[16]) sagði, at allir
skutu at Baldri, ok þat, at hann sakaði ekki[17]). Þá mælti
Frigg: eigi munu vápn eða viðir granda Baldri; eiða hefi ek
5 fengit af ǫllum þeim[19]). Þá spyrr konan: hafa allir hlutir
þér[20]) eiða unnit at eira Baldri? Þá svarar Frigg: vex
viðarteinungr einn fyrir vestan[21]) Valhǫll, sá er mistilteinn
kallaðr; sá þótti mér ungr at krefja eiðsins. því næst hvarf
konan á brott, en Loki tók mistiltein ok sleit upp ok gekk
10 til þings[22]). En Hǫðr stóð útarliga í mannhringinum, því at
hann var blindr. Þá mælti Loki við hann: hví skýtr þú
ekki[23]) at Baldri? Hann svarar: því at ek sé eigi, hvar
Baldr er[24]), ok þat annat, at ek em vápnlauss. Þá mælti
Loki: gerðu þó í líking annarra manna ok veit Baldri sœmd
15 sem aðrir menn[25]); ek mun vísa þér til, hvar hann stendr[26]),
skjót at hánum vendi þessum. Hǫðr tók mistiltein ok skaut
at Baldri at tilvísun Loka; flaug skotit í gǫgnum hann[27]),
ok fell Baldr[28]) dauðr til jarðar, ok hefir þat mest óhappaskot verit með guðum ok mǫnnum[29]). Þá er Baldr var
20 fallinn, þá felluz ǫllum ásum orðtǫk ok svá hendr at taka
til hans, ok sá[30]) hverr til annars, ok váru allir með einum
hug till þess, er unnit hafði verkit[31]), en engi mátti hefna;
þar var svá mikill griðastaðr[32]). En þá er æsirnir freistuðu
at mæla, þá var hitt þó fyrr[33]), at grátrinn kom upp, svá at

---

15) *So* W *u.* (hǫfðuz) R — spyrr Fr. ef hann vissi, hvat menn
hǫfðuz at á þ. U. -- 16) Hann U. — 17) en h. sakar e. U. — 18)
vápn né v. bana B. U. — 19) *So* W, þegit af ð. þ. R, *ähnl.* U. —
20) þér *nur* W. — 21) *So* W, U, H — f. austan R *u. Ausg.* — 22)
U (*nach* kr. eiðsins): þá hverfr konan, en Loki gengr til ok tekr
mistilteininn ok slítr upp með rótum; gengr til þingsins. — 23)
eigi U. — 24) hv. B. er *f.* U. — 25) *So* W, R — ok veit hon.
atsókn U, ok v. atsókn hon. til sæmdar H. — 26) v. þér til hans
U. — 27) Hauðr t. mistilteininn ok skaut í gegn. Balldr U. — 28)
So W, hann R; ok fell — jarðar *fehlt* U. — 29) *So nach* W *u.*
U; ok var þ. mest óhappa skot m. g. ok m. U; ok hefir þat mest
óhapp gort verit W, *ähnl.* (óhapp verit unnit) R *u. Ausg.* — 30) U
nach 29): Nú sá *u. w.* — 31) ok allir með grimmun hug til þ. er
gert hafþi U. — 32) *So* R *u.* (eigi m. h.) W. — en engi m. þar h.
í griþa staþnum U. — 33) *So* R; U: Allir báro illa harminn, en O'þinn
verst. Var þar grátr fyrir mál. — W: En þá er æsirn. vitkuðuz, þá
var þat fyrst, at *u. w.* — *Vgl.* 75, 4: En er guðin vitkuðuz. —

engi mátti ǫðrum segja með orðunum frá síuum harmi. Eu
O'ðinn bar þeim mun verst þenna skaða, sem hann kunni
mesta skyn, hversu mikil aftaka ok missa ásunum var í fráfalli Baldrs [34]). En er guðin vitkuðuz, þá mælti Frigg ok
spurði, hverr sá væri með ásum, er eignaz vildi allar ástir 5
hennar ok hylli [35]), ok villi hann ríða á Helveg ok freista,
ef hann fái fundit Baldr, ok bjóða Helju útlausn, ef hón vill
láta fara Baldr heim í A'sgarð [36]). En sá er nefndr Hermóðr
inn hvati, son O'ðins, er til þeirar sendifarar varð [37]). Þá
var tekinn Sleipnir, hestr O'ðins, ok leiddr fram, ok steig 10
Hermóðr á þann hest ok hleypti braut.

En æsirnir tóku lík Baldrs ok fluttu til sævar. Hringhorni hét skip Baldrs, hann var allra skipa mestr; hann
vildu guðin fram setja, ok gera þar á bálfǫr Baldrs, en skipit
gekk hvergi fram [38]). Þá var sent í Jǫtunheima eptir gýgi 15
þeiri er Hyrrokin er nefnd [39]); en er hón kom, ok reið
vargi ok hafði hǫggorm at taumum [40]), þá hljóp hón áf
hestinum, en O'ðinn kallaði til berserka fjóra at gæta hestsins
ok fengu þeir eigi haldit, nema þeir felldi hann [41]). Þá gekk
Hyrrokin á framstafn nǫkkvans, ok hratt fram í fyrsta við- 20
bragði, svá at eldr hraut or hlunnunum, en lǫnd ǫll skulfu [42]).
Þá varð þórr reiðr ok greip hamarinn ok mundi þá brjóta
hǫfuð hennar, áðr en ǫll guðin báðu hennar [43]) friðar. Þá
var borit út á skipit lík Baldrs; en [44]) er þat sá kona hans

---

84) So W, R u. (mest skin á; mikill aftaka, munn ok missir
ásom varð) H. — In U fehlt dies u. das Vor. (nach kom upp), vgl.
jedoch [35]). — 35) So R u. (ást. mínar) W, ok hylli fehlt H; U nach [35])
þá spurþi Fr. hverr sá v. m. ás. er eignaz villdi ást. hennar. — 36)
ok ríþa á helvega at ná Balldri meðr útlausn U. — 37) So W (son
auch U) u. (doch sveinn O'ð.; farar) R — Hermóðr son O'þins fór (ok
reiþ Sleipni als Schluss) U. — 38) Balldr var lagðr í skipit Hringh.
ok sætloþu guþin fram at setja með bálgerð ok tókz þat eigi fyrri (en
Hyrroken kom til) U. — 39) So W, H. hét R. (die Schreibung des
Namens H. mit k und kk.) — 40) So W, R — reið óþom v. u. w. H;
U ursprünglich: hón reiþ vargi ok vargar (am Rande verbessert hogg-
ormar) vóro at taumum. — 41) U nach [40]) ok nú fengo eigi berserkir
halldit taumonum. — 42) So W u. (ok l. o. sk.) R — hón dró fram
skipit ok at fyrsta viþbragði hraut sk. or hlunnonum U. — 43) So
W u. (goðin öll) R — þá villdi þórr ljósta hana, en guþin banna
þat U. — 44) ok R u. w. —

Nanna, Neps dóttir, þá sprakk hón af[45]) harmi ok dó; var hón borin á bálit ok slegit í eldi[46]); þá stóð Þórr at, ok vígði bálit með Mjǫllni, en fyrir fótum hánum[47]) rann dvergr nǫkkurr sá er Litr nefndr; en Þórr spyrndi fœti sínum[48]) á
5 hann ok hratt hánum í eldinn ok brann hann[49]). At þessi brennu sótti margskonar þjóð[50]); fyrst at segja frá Oðni, at með hánum fór Frigg ok valkyrjur ok hrafnar hans; en Freyr ók í kerru með gelti þeim er Gullinbursti heitir eða Slíðrugtanni[51]); en Heimdallr reið hesti þeim er Gulltoppr
10 heitir[52]), en Freyja kǫttum sínum[53]). þar kømr ok mikit fólk hrímþursa ok bergrisa[54]). Oðinn lagði á bálit gullhring þann er Draupnir heitir; hánum fylgði síðan sú náttúra, at ina níundu hverja nótt drupu af hánum átta hringar[55]) jafnhǫfgir. Hestr Baldrs var leiddr á bálit með ǫllu reiði[56]).
15 En þat er at segja frá Hermóði, at hann reið níu nætr døkkva dala ok djúpa, svá at hann sá ekki, fyrr en hann kom til árinnar Gjallar ok reið á Gjallarbrúna; hón er þǫkt lýsigulli[57]). Móðguðr er nefndr mær sú er gætir brúarinnar; hón spurði hann at nafni ok at[58]) ætt, ok sagði, at inn
20 fyrra dag riðu um brúna fimm fylki dauðra manna: en eigi dynr brúin minnr[59]) undir einum þér, ok eigi hefir þú lit dauðra manna; hví ríðr þú hér á Helveg[60])? Hann svarar[61]):

---

45) *So* W *u. Ausg., nur AM* á h. *mit* R. — 46) U *nach* [45]) lík Balldr(s) var borit á bálit; Nanna Nefs (*so auch* H) dóttir sprack er hón frá. — 47) *So* W, hans R. — 48) *So* W — fætum sínum R. — 49) U *nach* [46]) Þórr vígþi bálit með Mjolni ok hann spyrndi dvergnum Litt á bálit. (sp. dverginom fram í eldinn H.) — 50) *So* W — en þesi br. s. R, *die Hrgb. seit Rk.*: En þessa brenna sótti — U: þar (*oder* þeir) vóro þá oll guþin, *das Fg. bis* Freyr *fehlt.* — 51) Fr. sat í kerro ok var þar beittr fyrir goltrinn Gullinbusti eða Sligrutanni U. — 52) H. r. Gulltopp U. — 53) Freyjo U; Freyja ók viþ k. s. H. — 54) *So* W, bergrisar R — þar vóru ok hrímþussar U. — 55) *So* W, gullringar R *u. Ausg.* (*z. Th.* gullhr.) — 56) U *nach* [54]) Oþinn lagþi á bálit Draupni ok hest Balldrs með ollum reiþa. — 57) Herm. reið nío nætr til Gjallar ár ok á gulli hlaþna brú U. — 58) eða (= ok at) R *u. Ausg.* — 59) *So* W, S, (miþr U) *u. Ausg.* — iafnmjok R. — 60) U *nach* [57]) Móþguþr getti brúarinnar ok hón mælti: Fyrra dag reiþ Balldr hér með fimm c. manna, en eigi glymr miþr undir þér einum. — *Das Fg. bis* þá reið *fehlt.* — 61) *So* W, *Jónss., Pf.* sv. at R *u. übr. Ausg.* —

ek skal ríða til Heljar at leita Baldrs, eða hvárt hefir þú
nǫkkut sét Baldr á Helvegi? Hón segir [62]), at Baldr hafi [63])
þar riðit um Gjallarbrú; en niðr ok norðr liggr Helvegr.
þá reið Hermóðr þar til er hann kom at Helgrindum, þá
steig [64]) hann af hestinum ok gyrði hann fast, steig upp ok 5
keyrði hann sporum, en hestrinn hljóp svá hart yfir [65]) grindina, at hann kom hvergi nær. þá reið Hermóðr heim til
hallarinnar ok steig af baki [66]); gekk inn í hǫllina, sá þar
sitja í ǫndugi Baldr bróður sinn, ok dvaldiz Hermóðr þar um
nóttina. At morni beiddiz hann [67]) af Helju, at Baldr skyldi 10
ríða heim með hánum, ok sagði hversu mikill grátr var með
ásum [68]). En Hel sagði, at þat skyldi svá reyna, hvárt Baldr
var svá ástsæll sem sagt er: ok ef allir hlutir í heiminum,
kykvir ok dauðir, gráta hann, þá skal hann fara til ása aptr;
en haldaz með Helju, ef nǫkkurr mælir við, eða vill eigi 15
gráta [69]). þá stóð Hermóðr upp, en Baldr leiddi [70]) hann
út or hǫllinni, ok tók hringinn Draupni ok sendi Oðni til
minja; en Nanna sendi Frigg ripti [71]) ok enn fleiri gjafar,
Fullu fingrgull. þá reið Hermóðr aptr leið sína ok kom í
Ásgarð ok sagði ǫll tíðindi, þau er hann hafði sét eða 20
heyrt [72]).

því næst sendu æsir um allan heim erindreka [73a]), at
biðja at Baldr væri grátinn or Helju; en [73b]) allir gerðu þat,
menninir ok kykvendin ok jǫrðin ok steinarnir ok tré ok
allr málmr; svá sem þú munt sét hafa, at þessir hlutir gráta 25
þá er þeir koma or frosti ok í hita. þá er sendimenn fóru
heim ok hǫfðu vel rekit sín ørindi, finna þeir í helli nǫkkur-

---

62) *So* (s.) W — En hón sagði R *u. Ausg.* — 63) hafþi R *u.*
w. — 64) *hier* sté R. — 65) *So* W *u. übr. Ausg.* — hart ok yf. R
u. AM. — 66) *So* W, *Eg.*, *Jónss.*, *Pf.* — af hesti U, *Rk. AM* —
67) *So* W — En at morni þá b. Hermóðr af Helju R *u. Ausg.* —
68) U *nach* [60]) þá reiþ hann at Helgrindum ok sá þar bróþr sinn,
hann bar framm boþ sín. — 69) U: En sú ein var ván um brott-
kvámo hans, ef allir hlutir gráta hann með ásum kyckvir ok dauþir,
en ella halldiz með Heljo. — 70) *So* W, leiðir R. — 71) nisti S. —
72) *So* W, ok h. R. — U *nach* [69]) Balldr feck honum hringinn Draupni,
en Nanna sendi Frigg falld, en Fullo fingrgull. þá fór Hermóðr aptr
í Ásgarþ ok segir tíþinde. — 73a) *So* (*doch* ør.) W, R — erindom
þeirra H. — 73b) en *fehlt bei Eg.*, *Jónss.* —

um hvar gýgr sat; hón nefndiz Þǫkk. Þeir biðja hana
gráta Baldr or helju, hón svarar [74]):

    (η) Þǫkk mun gráta
      þurrum tárum
      Baldrs bálfarar [75]);
      kviks [76]) né dauðs
      nautka ek karls sonar [77]);
      haldi [78]) Hel því er hefir!

En þess geta menn, at þar hafi verit Loki Laufeyjarson, er
flest hefir illt gert með ásum [79]).

5   L. Þá mælti Gangleri: allmiklu kom Loki á leið, er
hann olli fyrst því er Baldr var veginn, ok svá því er hann
varð eigi leystr frá Helju; eða hvárt var hánum nǫkkut þessa
hefnt [1])? Hár segir [2a]): goldit var hánum þetta, svá at hann
mun lengi kennaz [2b]). Þá er guðin váru orðin svá reið, sem
10 ván var, hljóp hann á braut ok fal sik á fjalli [3a]) nǫkkuru;
gerði þar hús ok fjórar dyrr, at hann mátti sjá or húsinu í
allar ættir [3b]). En opt um daga brá hann sér í laxlíki, ok
falz þá þar sem heitir Franangrs fors [4]). Hann hugsaði
fyrir sér, hverja vél æsir mundu til finna, at taka hann í
15 forsinum [5]). En er hann sat í húsinu, tók hann língarn [6])

---

74) U nach [73]) Þá báþu guþin alla hluti gráta B. or Heljo.
Menn ok kyqvindi, iorþ ok steina(r), tré ok allr málmr gréto B. sem
þú m. s. h. at þ. hl. gr. all. í frosti ok hita. Þat er sagt, at guþin
finna gýgi í helli n. er Þaukt nefndiz, biþja hana gráta, sem allt
annat, B. or H. Hón sv. — 75) B. helfarar U. — (für Þaukk hat U
beidemal Þaukt). — 76) So W, kyks R, U. — 77) So W u. Ausg.
(kalls s. Einige nach R, vgl. B'.); nautka — sonar f. U, qviks eþa (eða
auch U) dauðs karls né naut ec H. — 78) So W, U, Ausg. — hafi
R. — 79) Für En — ásum bietet U: Þar var Loki raunar. —

    L. 1) So W — varð h. þ. n. h. R u. Ausg. — 2a) svarar Rk.,
Eg., Jónss. Derselbe Unterschied auch sonst, vgl. XLII 3). — 2b) kenna
H. — 3a) So W, U; í fj. n. die Ausg. nach R. — U bietet für den
Anf. von C. L nur: þá er guþin visso þat vóru þau reið Loka ok
fal hann sik á fjalli n. — 3b) s. LI 4). — 4) U nach 3) ok vóru f.
d. á húsi hans, at h. sæi í allar ættir, en um daga var h. í Fr. forsi
í l. — 5) So W u. (þá hugs. h. f. s.) R u. Ausg. — honum kom
í hug, at æsirnir mundi setja vél fyrir hann (hverjar vélar H u. w.
nach W) U. — 6) So W, H, R, AM, Pf. língarnit U, — lín ok garn
Rk., Ey., Jónss. — U nach 5) tók síþan líng. —

ok reið á ræksna [7]), svá sem net er síðan gørt [8]); en eldr brann fyrir hánum. þá sá hann, at æsir áttu skamt til hans, ok hafði O'ðinn sét or Hliðskjálfinni, hvar hann var; hann hljóp þegar út í ána ok kastaði netinu fram á eldinn [9]). En er æsir koma til, þá gekk sá fyrst inn, er allra var 5 vitrastr, er Kvásir er nefndr [10]), ok er hann sá á eldinum fǫlskann, er netit hafði brunnit [11]), þá skildi hann, at þat mundi vél vera til at taka fiska, ok sagði ásunum. því næst tóku þeir hǫr [12]) ok gerðu sér net, eptir því sem þeir sá á fǫlskanum [13]), at Loki hafði gert; ok er búit var netit, 10 þá fara æsir til árinnar ok kasta neti í forsinn; helt þórr ǫðrum netshálsi, en ǫðrum heldu allir æsir ok drógu netit [14a]). En Loki fór fyrir ok leggz niðr í milli [14b]) steina tveggja; drógu þeir netit yfir hann ok kendu, at kykt var [15]) fyrir, ok fara í annat sinn upp til forsins, ok kasta út netinu, ok 15 binda við svá tungt, at eigi skyli undir mega fara [16]). Ferr þá Loki fyrir netinu; en er hann sér, at skamt var til sævar, þá hleypr hann upp yfir þinulinn ok rennir upp í forsinn [17]). Nú sá æsirnir hvar hann fór; fara enn upp til forsins, ok skipta liðinu í tvá staði; en þórr veðr þá eptir miðri ánni, 20 ok fara svá út til sjóvar [18]). En er Loki sér tvá kosti: var

---

7) So nach W, S; AM ræxna nach R; möskva die übr. Ausg. nach U, vgl. Einl. C. 2. — 8) So W — sem net er gert U, sem nú er gort H — svá s. net er síðan R u. Ausg. — 9) So W u. (þeg. upp ok út) R u. Ausg. — þá sá h. æsi þangat fara, O'þinn hafþi séþ h. or Hl.; L. hl. í ána, en kast. net. á eld. U. — 10) So W (koma til hússins R, nur koma H; Kv. heitir) R, H — Kváser geck inn fyrstr er vitraztr var U. — 11) So W u. Ausg., doch (nach á eldin f. R) á'eldinn, f. Eg. fǫlskvan schr. Eg., Jónss. — á eld. fehlt H; U zieht dies u. das Fg. bis 14) zus.: þá skilþi hann, at þetta mundi vél til fiska, ok gerþu eptir faulskanum er netiþ brann. — 12) So H — hör fehlt W, R u. Ausg. — 13) So W, U (vgl. 11). — 14a) So W; U nach 11) Fara í forsinn ok hellt þórr oþrum netzhálsi, en allir æsir oþrum — öðr. netshálsi auch H; R (u. Ausg.) wie W, doch hélt þ. enda öðr. ok öðr. h. u. w. — 14b) milli (für í m.) schr. Eg., Jónss. — 15) So R u. Ausg. W varð (varþ aus var þar verlesen?) — En Loki lagþiz millum st. tv. ok dr. þ. n. yf. h. framm U. — 16) Fara oþro s. ok b. svá þ. v. at eigi mátti u. f. U. — 17) áhnl. auch U (til sjófar) u. H. (yfir netþinul-inn.) — 18) So W, U (Nú sjá æs. hv. h. f.; skipta nú liþ. í tvá st., þ. v. u. w.) — svá til sævar R u. Ausg. —

þat lífsháski, at hlaupa á sæinn, en hinn var annarr [19]), at
leita [20]) enn yfir netit; ok þat gerði hann, hljóp sem snarast
yfir netþinulinn [21]). Þórr greip eptir hánum ok tók um
hann, ok rendi hann í hendi hánum, svá at staðar nam
5 hǫndin við sporðinn, ok er fyrir þá sǫk síðan laxinn aptrmjór [22]).   Nú var Loki tekinn [23]) griðalauss ok farit með
hann í helli nǫkkurn. Þá tóku þeir þrjár hellur ok settu
á egg [24]), ok lustu rauf á hellunni hverri [25]). Þá váru
teknir synir Loka, Vali ok Nari [26]) (eða Narfi), brugðu æsir
10 Vala í vargs líki, ok reif hann í sundr [27]) Narfa, bróður
sinn. Þá tóku æsir þarma hans ok bundu Loka með yfir
þá þrjá eggsteina [28]); stendr einn undir herðum, annarr undir
lendum, þriði undir knésbótum [29]), ok urðu þau bǫnd at járni.
Þá tók Skaði eitrorm ok festi upp yfir hann, svá at eitrit
15 skyldi drjúpa or orminum í andlit hánum [30]); en Sigyn kona
hans sitr [31]) hjá hánum ok heldr munnlaugu [32]) undir eitr-
dropa; en þá er full er munnlaugin [33]), þá gengr hón [34]) ok
slær út eitrinu, en meðan drýpr eitrit í andlit hánum; þá
kippiz hann svá hart við, at jǫrð ǫll skelfr; þat kallit þér
20 landskjálfta. Þar liggr hann [35]) í bǫndum til ragnarǫkrs [36]).

---

19) So W, Jónss., die übr. Ausg. hitt var annarr nach R. — 20)
So W, hlaupa R u. Ausg. — 21) Ok er Loki sér lífsháska á sæinn
at fara, þá hleypr hann yvir netið U. — 22) So W u. R (stað. naf,
síðan fehlt), Ausg. (st. nam Jónss.) En þ. greip hann haundum, en hann
rendi í haund. hon., ok nam hondin st. við sp. u. w. (ohne síð.) U. —
23) t. fehlt H. — 24) So W, R; upp á egginа H, U (L. var nú t. gr.
ok færðr í helli n., ok tóku hellor III ok settu) á enda. — 25) l. á
rauf á hv. U. — 26) Nári S. — 27) So W, U, H, Ausg. — in R
sind die Worte í sundr verwischt u. fehlen bei Rk. — 28) So nach W
u. U (þá III egg W, III eggsteina U, eggjasteina H) yfir þá III steina
R u. Ausg. (ohne stendr im Fg., stóþ U.) — 29) So W, U, H, Ausg., doch
AM knésfótum nach R. — 30) Skaði festi eitrorm yvir andlit honum
U. — 31) So W, stendr R u. Ausg. — 32) So W, Pf., munlaug U,
mundl. H, mǫndlaugu R, Rk., AM, Eg., mundlaugu Jónss. — 33) So
hier W, R Ausg., munl. U — en þá er fullt er H. — 34) hón út ok
steypir af eitrino H. — 35) h. fastr í þeim H. — 36) Die Schreibung variirt in den Hss. (W immer mit kk); U nach [30]): en Sigun hellt
munlaug und. eitrdropana, ok sl. út eitrino, ok þá drýpr í andl.
hon. er f. er munl., ok k. h. þ. svá h. v. at jorð sk.; þar l. h. til
ragnarauckrs. —

LI ¹). Þá mælti Gangleri: hver tíðindi eru at segja²)
um ragnarøkr? Þess hefi ek eigi³) fyrr heyrt getit. Hár
segir: mikil tíðindi eru þaðan at segja ok mọrg; þau in
fyrstu, at vetr sá kemr, er kallaðr er fimbulvetr, þá drífr 5
snær or ọllum ættum ⁴), frost eru þá mikil ok vindar harðir ⁵); ekki nýtr sólar; þeir vetr fara þrír saman, ok ekki
sumar í millum ⁶). En áðr ganga svá aðrir þrír vetr, at þá
eru ⁷) um allan heim ⁸) orrostur miklar; þá drepaz brœðr fyrir
ágirni sakar ⁹), ok engi þyrmir fọður eða syni í manndrápum
eða ¹⁰) sifjasliti. Svá segir í Vọluspá ¹¹): 10

(Vọl. 46) Brœðr munu berjaz
            ok at bọnum verðaz ¹²ª),
        munu systrungar
        sifjum spilla;
        hart er með họldum ¹²ᵇ),
        hórdómr mikill,
        skeggjọlð ¹³ª), skálmọld,
        skildir klofnir ¹³ᵇ);
        vindọld, vargọld,
            áðr verọld steypiz ¹⁴).

Þá verðr þat er mikil tíðindi þykkja, at úlfrinn gleypir
sólina ¹⁵), ok þykkir mọnnum þat mikit ¹⁶) mein; þá tekr

LI. 1) *Ueberschrift in* U: Frá fimbulvetri ok ragnarauckrumm. —
2) *s.* frá um r. R. — ragnarökr R, *in* W (*und* U) *immer — rökkr
geschr.* — *Vgl.* Skáldsk. *C.* L ⁵⁵). — 3) *f.* H. — 4) ætt. (*immer*) W,
vgl. C. L ⁹ᵇ) ættir. — 5) *So* W, hvassir R *u. Ausg.* — 6) *So* W, í
milli U, á m. H, milli R. — U *als Anfang:* Hvað segir þú frá fimbulvetri? segir Gangleri. Hár segir: drífr þá snjór or aullum áttum,
þá ero frost mikil ok vindar, ecki nýtr sólar; þeir vetr f. III saman,
en ecki sumar í milli. — 7) *So* W, U (en á. g. a. þr. v. þeir er
um alla verolld ero orrostor) *Rh., die übr. Ausg.* er *nach* R. — 8) *So*
W, um alla veröld R, U *u. w.* — 9) dreipaz (== drepaz? *AM*) niþr
f. ág. U. — 10) *So* W, ok R — ok engi þyrm. feþr né syni í manndr.
eða sifjum U. — 11) í V. *f.* U. — 12ª) *So* W, R — verða U, H,
Reg. *der L. E., vgl. Hild.* — 12ᵇ) *So* R, W — h. er í heimi U, *L. E.* —
13ª) *So* W, R — skeggöld U, H, S, Reg. *der L. E.* — 13ᵇ) klofna
U. — sk. 'ro klofnir *L. E.* — 14) undz v. st. U. — *In* U *noch:* mun
engi maðr öþrum þyrma, *vgl. Hild. zu* Völ 46, 11—12. — 15) *So
alle ausser* R (sólna, *so AM, Eg. Pf.*) — 16) U· *nach* ¹⁴) U'lfrenn gl.
sól. ok er mein sýnt monnum. —

annarr úlfrinn tunglit ok gerir sá ok mikit ógagn, stjǫruur hverfa þá af himni [17]). þá er ok þat tíðinda [18]), at svá skelfr jǫrð ǫll ok bjǫrg; at viðir losna or jǫrðu upp, en bjǫrgin hrynja, en fjǫtrar allir ok bǫnd brotna ok slitna [19]). þá
5 verðr Fenrisúlfr lauss; þá geysiz hafit á lǫndin fyrir því, at þá snýz Miðgarðsormr í jǫtunmóð ok sœkir upp á landit [20]). þá verðr ok þat, at Naglfar losnar, skip þat er svá heitir; þat er gert af nǫglum dauðra manna [21]), ok er þat fyrir því varnaðar vert, ef maðr deyr með óskornum nǫglum [22]), at sá
10 maðr eykr mikit efni til skipsins Naglfars [23]), er guðin ok menn vildi seint, at gǫrt yrði [24]); en í þessum sævargang [25]) flýtr Naglfar. Hrymr [26]) heitir jǫtunn, er stýrir Naglfara; en Fenrisúlfr ferr með gapanda munn, ok er inn efri kjǫptr [27]) við himin [28]), en inn neðri við jǫrðu; gapa mundi hann meira,
15 ef rúm [29]) væri til; eldar brenna or augum hans ok nǫsum [30]). Miðgarðsormr blæss svá eitrinu, at hann dreifir lopt ǫll ok lǫg, ok er hann allógurligr, ok er hann á aðra hlið úlfinum [31]). Í þessum gný klofnar himinninn, ok ríða þaðan Múspells synir; Surtr ríðr fyrst, ok fyrir hánum ok eptir er [32]) eldr brenn-
20 andi; sverð hans er gott mjǫk, af því skínn bjartara en af sólu; en er þeir ríða Bifrǫst, þá brotnar hón, sem fyrr er

---

17) *So* W, stjörnurnar hv. af himninum *Ausg. nach* R; þá gleypir ann. úlfr. t., stjornr hv. U. — 18) *So* W, til tíð. R *u. Ausg.* — 19) U: jorþin sk., bjorg ok viþir losna or jorþunni ok hrynja fjotrar ok baund brotna. — 20) U: þá g. h. á landit þvíat Miðgarþs ormrinn snýs í jotunheima. — 21) U: þá losn. skipit Naglfaræ (-fari S) er g. er or n. d. m. — 22) *So* W *u.* (varnanar v.) R *u. Ausg.* (*vgl. jedoch Pf. Anm.*) — því skal maðr eigi deyja með ó. n. U. — 23) at sá eykr mikil efni t. sk. Naglfara (Naglfara *auch* H) U. — 24) *So auch Jónss., Pf.* — agjort (= at g.) W, *vgl. AM* I, 188 [9]) — at gert R, *Rk., AM, Eg.,* — er guþin villdo at s. yrþi gert ok svá menninir U. — 25) — gangi U. — 26) Hrýmnir H. — 27) skoltr H. — 28) *So* W, H — við himni R *u. Ausg.* — U: Hr. stýrir honum, Fenr. ferr með gap. munninn, ok er inn neþri keptr með jorþu, en inn efri með himni. — 29) rúmit U. — 30) eldr brennr *u. w.* H — eldr *bis* nösum *f.* U. — 31) Miðg. ormr. bl. eitrino, svá h. drepr því í lopt ok á H — Miþg. ormrinn bl. eitri, ok aþra hl. uppi yf. hon. þá kl. himinninn, ok í þ. gný ríþa Músp. megir U. — 32) *So* U *u.* (ferr) H — *ohne* er W — fyr. hon. ok ept. bæði e. br. R *u. Ausg.* —

sagt [33]). Múspells megir sœkja fram [34]) á þann vǫll [35]), er Vígríðr heitir; þar kemr ok [36]) Fenrisúlfr ok Miðgarðsormr, þar er ok þá kominn Loki [37]) ok Hrymr ok með hánum allir hrímþursar; en Loka fylgja allir Heljar sinnar [38]); en Mú-spells synir hafa einir sér [39]) fylkirg ok [40]) er sú bjǫrt mjǫk, 5 vǫllrinn Vígríðr er hundrað rasta víðr á hvern veg [41]). — En er þessi tíðindi verða, þá stendr upp Heimdallr ok blœss ákafliga í Gjallarhorn, ok vekr upp ǫll guðin, ok eiga þau þing saman. þá ríðr [42]) O'ðinn til Mímisbrunns ok tekr ráð af Mími fyrir sér ok sínu liði, þá skelfr askr Yggdrasills, 10 ok engi hlutr er þá óttalauss á himni eða jǫrðu. Aesirnir hervæða sik ok allir einherjarnir [43]) ok sœkja fram á vǫlluna; ríðr fyrst [44]) O'ðinn með gullhjálm ok fagra brynju [45]) ok geir sinn, er Gungnir [46a]) heitir; stefnir hann móti Fenris-úlfi, en þórr fram á aðra hlið hánum, ok má hann ekki 15 duga hánum, því at hann hefir fullt fang at berjaz við Mið-garðsorm [46b]). Freyr berz móti Surti ok verðr harðr sam-gangr, áðr Freyr fellr; þat verðr hans bani, at hann missir þess ins góða sverðs, er hann gaf Skírni [47]). þá er ok lauss orðinn hundrinn Garmr, er bundinn er fyrir Gnípahelli, 20

---

33) sverþ h. er svá bjart sem sól, en þá er þeir ríþa, brotnar Bifraust U. — 84) *So* W *u.* (sæka) R — ríþa U, H (ríþa á vollinn Vígriþinn U.) — 35) *So* W *u. Ausg.,* nur *Rk.* á þingvöll *nach* R. — 36) ok þá R. — 37) Lok W (*verschr.*) L. kom. R. — 38) *So* W, *u.* R. — U *nach* [34]) Fenrisúlfr ok M. ormrinn, þar er ok L. ok Hr. með honum, Loka fylgja ok hellornar U — (*ähnlich* H? *vgl. AM* I, 190 [4]) *u.* [6])). — 39) *So* W, W*, U, S, (sér einir) H, *Rk., Eg., Jónss., Pf.* — yfir sér R (*nach Rk. auch* S) *u. AM.* — 40) *So* W, W*, U (Músp. megir hava ein. sér f. ok er sú bjort) — ok *fehlt* R *u. Ausg.* — 41) V. Vígriþinn er c. rasta víðr á hvernig U (Vígriþinn *auch* H.) — 42) *So* W, W*, U, *Ausg.* — reið R. — 43) *So* W, W* — æsir, ein-herjar *Ausg. nach* R. — U *nach* [41]): Heimd. bl. í Gj. ok vekr upp oll g. til þingsins. O'þ. ríðr til M. br. o. t. a. M. r. fyrir sér; þá sk. a. Ygdr. ok engi hl. er þ. óttal. á h. ok á jorþu. Aesirnir herklæþaz til þingsins ok allir einherjar (koma á vollinn.) — 44) *So* W, W*, fyrstr R, U (O'þ. r. með gullhjálminn f.) — 45) ok f. br. *fehlt* U. — 46a) *So* W *u.* (Gugnir) R, S — ok hevir geirinn Gungni í hendi U. — 46b) *So* W, R (þvíat *f.* W*) — ok stefnir á móti Fenris úlfinum. þórr berst við Miðgarþzorminn U. — 47) Freyr móti Surti ok fellr hann, er h. hevir eigi sverþit góþa U. —

hann er it mesta forað [48]); hann á víg móti Tý ok verðr
hvárr ǫðrum at skaða [49]). Þórr berr banaorð [50]) af Miðgarðsormi, ok stígr þaðan brott [51]) níu fet; þá fellr hann dauðr [52])
til jarðar fyrir eitri því er [53]) ormrinn blés [54]) á hann [55]).
5 Ulfrinn gleypir Oðin, verðr þat hans bani; en þegar eptir
snýz fram Viðarr ok stígr ǫðrum fœti í neðra kjǫpt [56]) úlfsins [57]); á þeim fœti hefir hann þann skó, er allan aldr hefir [58])
verit til samnat; þat eru bjórar, þeir er menn sníða or skóm
sínum fyrir tám eða hæli [59]); því skal þeim bjórum brott
10 kasta sá maðr, er at því vill hyggja at koma ásunum at
liði [60]); annarri hendi tekr hann inn efra kjǫpt úlfsins ok rífr
sundr gin hans, ok verðr þat úlfsins bani [61]). Loki á
orrostu [62]) við Heimdall, ok verðr hvárr annars bani. Því
næst slyngr [63]) Surtr eldi yfir jǫrðina ok brennir allan
heim [64]). Svá er sagt í Vǫluspá:

> (Vǫl. 47[b]) Hátt blæss [65]) Heimdallr,
> horn er á lopti,
> mælir Oðinn
> við Míms [66]) hǫfuð;
> (Vǫl. 48[a]) skelfr Yggdrasils [67])
> askr standandi,
> ymr it aldna [68]) tré;
> en jǫtunn losnar [69]).

---

48) *So* W*, forat R (*u.* W?) fjörráð H. — 49) *So* W, W* (í
móti T. W*) — at bana R *u. w.* — U *nach* [47]) hundrinn Garmr er
þá lauss frá Gnípalundi ok berst við Tý, ok hevir hvártveggi bana. —
50) *So* R *u. w.*, banorð W. — 51) *So* W, í brutt W*, braut R. —
52) *f.* W*. — 53) er *f.* W*. — 54) *So* W, W* — blæss R *u. Ausg.* —
55) U *nach* [49]) Þórr drepr Miðgarðzorminn ok stígr framm níu fet
um eitr ormsins. — 56) *So* W *immer*, kjapt W*, H — keypt (*hier*)
R, kept U (Ulfrinn gl. Oþ. ok er þ. h. bani, þá snýr V. fr. *u. w.*) —
57) *f.* U. — 58) *f. in* R. — 59) *So* W, W*, U — hæl R; U: hann
hevir þann skó — samnað, þat ero bjórar er m. taka or sk. sín. f. t.
ok h. — bjórar er m. scera or scæþom sín. fyri tám ok hæla H. —
60) því skaltu þ. bjórum á br. k., sá maðr *u. w.* (ásum) U. — 61)
Aehnl. auch U (kept hans; í sundr.) — 62) berst U. — 63) *So* W,
R — slongvir W*, (þá) slaungvir U, slengir H. — 64) heiminn allann,
sem hér segir U. — 65) blés U, blies W* — *vgl. hier u. im Fg. Hild.*
— mælir *in* R (mey) *verschr.* — 66) Mímis U, Mímins W* — 67) *So*
W, W*, Ygdr. R, U. — 68) *So* W, W*, alna R, U. — 69) *Für* en
j. l. *in* U, H: æsir eru á þingi. —

(Vǫl. 49) Hvat er meδ ásum?
hvat er meδ álfum [70])?
gnýr [71]) allr Jǫtunheimr,
æsir 'ro [72]) á þingi;
stynja dvergar
fyrir steindyrum [73]),
veggbergs vísir [74]).
vituδ ér enn, eδa hvat [75])?

(Vǫl. 51) Hrymr ekr austan,
hefiz [76]) lind fyrir;
snýz Jǫrmungandr
í jǫtunmóδi;
ormr knýr [77]) unnir,
en ari hlakkar [78]),
slítr nái niδfǫlr [79]);
Naglfar [80]) losnar.

(Vǫl. 52) Kjóll [81]) ferr austan,
koma munu Múspells
of lǫg lýδir,
en Loki stýrir;
fara [82]) fíflmegir
meδ Freka allir,
þeim er bróδir
Býleists [83]) í fǫr.

(Vǫl. 53) Surtr [84]) ferr sunnan

---

70) hvat meδ ásynjum? U. — 71) So W W* (gnýgr) L. E. —
ymr R u. Ausg. der pr. E. — 72) So R, ero W. — Das Verspaar
gnýr — þingi fehlt U, der zweite Vers auch H, vgl. [69]). — 73) So
W, st. durum R. — steins dyrum U. — 74) v. v. fehlt U. — vegbergs
W, W*, Rk. — 75) die sechs fg. Str. fehlen in U. — 76) hefizt
W*. — 77) So W, W*, L. E. — kyrr R. — 78) So W, W* u. L. E. —
en ǫrn hl. H, ǫrn mun hlakka R, S. — 79) So (oder níǫf.) W, R —
niδfǫln S, neffǫlr L. E., doch s. Hild. — 80) Naglfal R. — 81) So
Hild., vgl. das Wb., kjǫll die Ausg. der pros. E. — 82) So W u.
L. E. — þar 'ro AM nach R. — 83) So (-leistz) W, Býleiz R, Býleifs
H (-leipz Reg. d. L. E.) — 84) Diese Str. ist bereits C. IV angeführt,
u. findet sich dort auch in U; vgl. dort Anm. [11]) bis [24]); hier ergeben
sich (abgesehen von U) etwa dies. Les., vgl. auch Hild. —

meðr sviga lævi;
skínn af sverði
sól valtíva;
grjótbjǫrg gnata,
en gífr rata,
troða halir helveg,
en himinn klofnar [85]).

(Vǫl. 54) þá kømr Hlínar
harmr [86]) annarr fram,
er Oðinn ferr
við úlf vega,
en bani Belja
bjartr at Surti;
þá mun Friggjar
falla angan [87]).

(vgl. Vǫl. 56) Gengr Oðins son
við úlf vega,
Viðarr [88]) of veg
at valdýri;
lætr hann megi hveðrungs [89])
mund of standa
hjǫr til hjarta;
þá er hefnt fǫður.

(vgl. Vǫl. 58) Gengr inn mæri
mǫgr Hlóðynjar
neppr af [90]) naðri
níðs ókvíðnum;
munu halir [91]) allir
heimstǫð [92]) ryðja,

---

85) *Die drei fg. Str. fehlen in* H. — 86) *So* W*, *L. E.*, hamr
W, R. — 87) *So* R, angann W, W* — angantýr Reg. d. *L. E.*, *s.*
Hild. — 88) Viðurr W*. — 89) hveðrugs R. — 90) *So* W, W* *Rk.*,
dem Sinne nach entspricht frá der L. E., nepr at R, S. — 91) hallir
R. — 92) *So* W (h. stoð), W*, *L. E.* — heimsteið R, S. —

er af móði drepr
Miðgarðs véorr [93]).

(Vǫl. 59) Sól mun sortna,
søkkr [94]) fold í mar [95]),
hverfa af himni
heiðar [96]) stjǫrnur;
geisar eimi
ok aldrnari,
leikr hár hiti
við himin sjálfan.

Hér segir enn svá [97]):·

(Vafþr. 18) Vígríðr [98]) heitir vǫllr,
er finnaz vígi at .
Surtr ok in svásu [99]) goð;
hundrað rasta
hann er á hverjan veg;
sá er þeim vǫllr vitaðr. —

LII. Þá mælti Gangleri: hvat verðr þá eptir, er brendr
er heimr allr [1]) ok dauð ǫll guðin [2]) ok allir einherjar ok
allt mannfólk [3])? ok hafit þér áðr sagt, at hverr maðr 5
skal lifa í nǫkkurum heimi um allar aldir [4]). Þá segir þriði [5]):
margar eru þar vistir góðar ok margar illar, bazt er þá at
vera á Gimlé [6]); ok allgott [7]) er til góðs drykkjar þeim er

93) *Rk. nahm eine Umstellung der letzten beiden Verspaare vor (gemäss
der L.E., wo die Ordnung jedoch nicht zweifellos ist), die AM* I, 196 [11]) *wol
mit Recht zurückweist. Vgl. wegen der verschiedenen Auffassungen der
Anordn. auch Hild.* — 94) *So* W, R — sígr U, *L.E.* — 95) innar (?) U,
wie unnar W*. — 96) *So* R, U, *L.E.* — heiðum W, W*, H. — 97) *Diese
Worte nebst der fg. Str. fehlen in* U, H. — 98) Vígríðr *Hild. nach B.,
gew.* -riðr. — 99) *So* Pf. (*Hild.*) svasu *die übr. Ausg., vgl. das Wb.* —
LII. 1) *So* W, U (*vgl.* ⁵) — br. er himinn ok jörð ok heimr
allr R *u. Ausg.* — 2) goðin öll R. — 3) U *als Anf.:* Gangl. segir:
hv. v. þ. ept., er br. or heimrinn ok dauþ goþin aull ok menn. —
4) U Hár segir: hverr skal þá búa í nockurum heime. — 5) *So* W,
W*, U (*AM.* II, 292), R (s. þr.), *AM* — þá svarar Hár, *Rk., Eg., Jónss.,
Pf.* — 6) *So nach* U (margar ero *u. w., doch ohne* þar; bezt er at
vera á Gimle meðr Surti *ähnl.* H: á G. með Surti, þat er á himni,
R *bistet:* bezt er þá at vera á Gimlein (= á Gimle *Rk.,* á Gimli *AM,*
á Gimli inn *Eg., Jónss., Pf.*) á himni — bezt er þá at v. á himni
W, W*. — 7) *So* W, W*, *Ausg.* — allt gott R, gott U *u.* (þar er) g. H. —

þat þykkir gaman í þeim sal er Brímir heitir, hann stendr á
O'kólni[8]). Sá er enn[9]) góðr salr, er stendr á Niðafjǫllum,
gǫrr[10]) af rauðu gulli[11]), sá heitir Sindri. I' þessum sǫlum
skulu byggja góðir menn ok siðlátir[12]). — A' Nástrǫndum
5 er mikill salr ok illr, ok horfa norðr[13]) dyrr; hann er ofinn
allr ormahryggjum[14]), en ormahǫfuð ǫll vitu inn í húsit[15])
ok blása eitri, svá at eptir salinum renna eitrár[16]), ok vaða
þær ár eiðrofar ok morðvargar, svá sem hér segir[17]):

    (Vǫl. 39) Sal veit ek standa[18])
          sólu fjarri
          Nástrǫndu á,
          norðr horfa dyrr;
          falla eitrdropar
          inn of[19]) ljóra;
          sá er undinn salr
          orma hryggjum.

    (vgl. Vǫl. 40) Skulu þar vaða[20])
          þunga strauma
          menn meinsvara[21])
          ok morðvargar[22]).
En í Hvergelmi er verst[23]):
          þar[24]) kvelr Níðhǫggr[25])
          nái framgengna.

---

8) *So* W, W*, *ähnl.* R (*doch* h. st. ok á himni) *u. Ausg., sowie*
H (Brímner) — U: ok gott er til dr. í Brimle (eða þar sem h. Sindri
= *d. fg. Satz nach* W, R.) — 9) *So* W, W*, ok R. — 10)
So (*oder* gjörr) W, R — gjörðr W*. — 11) roða gullu W* — af
brendo silfri H. — 12) þar byggja góðir menn U. — 13) *So* W,
U — í n. R *u. Ausg.* — 14) *So* W, W* *u.* U (h. er ofinn af orma
hr.) H; h. er ok ofinn allr ormahr. sem vandahús R *u. Ausg.* (vand-
arh. *Rk.*) — 15) *So* W, R — en orma haufuð hanga inn um glugg-
ana U, *ähnl.* H (en aull orm. horfa i. u. gl.) — 16) *So* W, W* (sal.
ok renna) *u.* R (salnum) — svá at ár falla af U. — 17) ok vaþa þeir
menn þær er ero eiþr. ok m., sem hér segir U. — 18) Sal sá hón
st. *L. E.*, *vgl. Hild.* — 19) um U, W*, *L. E.* — 20) sá hón þ. v.
L. E. — 21) *So* W, W*, R — svarar U, H. — 22) *So* W, R (-varga
W*) — morþingar U. — 23) vest W*, allra vest S, er hit versta
H. — *Das Fg. entspricht* Vǫl. 40, 7—8 *Hild.* — 24) þá R. — 25)
Níðhauggi W*. —

LIII. þá mælti[1]) Gangleri: hvárt lifa nǫkkur guðin þá[2]) eða er þá nǫkkur[3]) jǫrð eða himinn? Hár segir: upp skýtr jǫrðunni þá or sænum[4]), ok er þá grœn ok fǫgr, vaxa þá akrar ósánir[5]). Viðarr ok Vali[6]) lifa, svá at eigi hefir særinn ok Surtalogi grandat þeim[7]), ok byggja þeir á 5 Iðavelli[8]), þar sem fyrr[9]) var A'sgarðr, ok þar koma þá[10]) synir þórs, Móði ok Magni, ok hafa þar Mjǫllni. því næst kemr þar Baldr ok Hǫðr frá heljar[11]); setjaz þá allir samt ok talaz við ok minnaz á rúnar[12]) sínar ok rœða of[13]) tíðindi þau er fyrrum[14]) hǫfðu verit, um[15]) Miðgarðsorm ok um 10 Fenrisúlf; þá finnaz þar[16]) í grasinu gulltǫflur þær er æsirnir[17]) hǫfðu átt. Svá er sagt[18]):

(Vafþr. 51) Viðarr ok Vali
    byggja vé goða,
    þá er sloknar Surtalogi[19]);
    Móði[20]) ok Magni
    skulu Mjǫllni hafa
    Vingnis at vígþroti[21]).

En þar sem heitir Hoddmímis-holt[22]) leynaz menn tveir í Surtaloga, er svá heita: Líf ok Lífþrasir[23]), ok hafa morginndǫggvar fyrir mat, en af þessum mǫnnum kemr svá mikil kynslóð, at byggviz heimr[24]) allr[25]); svá sem hér segir[26]): 15

---

1) segir U. — 2) So W, U; l. þá nokkr W* (nokqvorr g. R). — 3) R wiederum -orr. — 4) ur sjónum W*. — 5) ok er hón græn ok ósánir akrar U. — 6) Valir W*. — 7) So R u. (undeutlich) W — V. ok V. lifa, ok Svartalogi hevir eigi gr. þeim U. — 8) Eiþavelli U, H. — 9) fyrrum U, áðr W*. — 10) ok þ. kómu U. — 11) So W (doch næstr, undeutlich ok Höðr) — W* (því næst, frá helju) u. U (þar kemr B. ok H. frá h.) — því næst koma þar (þeir Rk.) B. ok H. frá h. R u. Ausg. — 12) raunir W*, S, H. — 13) um öll W*. — 14) fur W*, áðr H — (f. hefði verit schreibt Jónsson.) — 15) So W, W* — um f. H — ok M. R u. Ausg. — 16) So W, W* — þá finna þeir R, U u. w. — 17) æsarnir W*. — 18) U nach 11) Talaz við ok minnaz á rún. sín., ræþa um tíþ., Miðgarþzorm ok Fenris úlf; þá f. þ. í gr. gullt. er æsir hava átt. — 19) sloknar Svartalogi U, sl. Surt. H. u. L. E., sortnar S. R, W. — 20) So W, U, Ausg. — Megi R (u. S? vgl. Rk.) — 21) Vignigs synir U — at vígroþi U, at vígráþe H — 22) Hiþmím. H. — 23) So L. E., Lífþrausir H, Leifþrasir W, R. — 24) himin W* — 25) at byggjaz heimar allir H. — 26) U nach 11) en í holldi Mímis leynaz meyjar í Svartaloga. —

(Vafþr. 45) Líf ok Lífþrasir [27]),
en þau leynaz munu [28])
í holti Hoddmímis [29]);
morgindǫggvar [30])
þau at mat hafa [31]),
en þaðan af aldir alaz [32]).

Ok hitt mun þér undarligt þykkja, er sólin hefir getit
dóttur eigi ófegri en hón er, ok ferr sú þá stigu móður
sinnar, sem hér segir [33]):

(Vafþr. 47) Eina dóttur
berr Alfrǫðull [34]),
áðr henni Fenrir fari [35]);
sú skal ríða,
er regin deyja,
móður brautir mær.

En nú [36]) ef þú kant lengra fram at spyrja, þá veit ek eigi,
5 hvaðan þér kemr þat, fyrir því at engi [37]) mann heyrða
ek lengra segja fram aldarfarit [38]), ok njóttu nú sem þú
namt [39]).

LIV. Því næst heyrði Gangleri dyni mikla hvern veg
frá sér, ok leit hanu [1]) út á hlið sér; ok þá er hann séz
10 meir um, þá stendr hann úti á sléttum velli [2]); sér þá ønga
hǫll ok ønga borg. Gengr hann þá leið sína brott [3]), ok
kemr heim í ríki sitt, ok segir þau tíðindi, er hann hefir

---

27) *Vgl.* [22]) — Lífþræser U. — 28) er þar leynaz meyjar U. —
29) í h. Híþmímis H (*vgl.* [22]) — í Mímis holdi U. — 30) morgin-
daugg W*. — 31) *So* W, W*, H — þau er at m. h. R — þau sér
at m. h. *L. E., diesem. Verse entspricht in* U *nur* þær. — 32) ok þar
um alldr alaz U. — 33) svá sem h. s. W* — U (*nach* [32]) sólin
hevir dóttr getið eigi ófegri en sik ok ferr hón leið hennar. —
34) *So die übr. Hss.* (*auch L. E.*) — Alfrǫðul R, *vgl. AM* I, 472. —
35) *So* U, H — áðr hana F. f. *die übr. Hss. auch der L. E., doch s.*
Hild. — 36) nú *f.* W*. — 37) *So* (eingi) W, W* — ǫngan R *u.*
Ausg. — 38) aldartalit H — fram *fehlt bei Eg.*, *Jónss.* — 39) *Der*
Schluss von En nú ef — namt *fehlt* U. —

LIV. 1) hann *f.* R *u. Ausg.* — 2) *Das Fg. bis* borg *fehlt in*
W, *vielleicht nur zufällig, s. AM* I, 204 [16]). — sér h. þá, at h. st. út
á sl. v. W*. — 3) burt leið sína W*. —

sét eða [4]) heyrt, ok eptir hánum sagði hverr maðr ǫðrum
þessar sǫgur [5]).

---

4) *So* W, ok R. — 5) U *für* LIV *nur*: Nú er Gangleri heyrir
þetta, þá verþr gnýr mikill ok er hann á sléttum velli. — *Es folgt
dann* (*u. ähnlich in den übrigen Hss.*) *noch ein* (*z. Th. wol späterer*)
Zusatz, seit Rk. als Eptirmáli *bezeichnet, vgl. Einl. C. 4.*

Bragaroedhur.

LV [1]). Einn maðr er nefndr Oegir eða Hlér; hann bjó í eyju [2]) þeiri er nú er kǫlluð Hlés-ey [3]); hann var [4]) mjǫk fjǫlkunnigr. Hann gerði ferð sína til A'sgarðs, en æsir vissu fyrir ferð hans [5]) ok [6]) var hánum fagnat vel, ok þó 5 margir hlutir gǫrvir með fjǫlkyngi [7]); ok um kveldit, er drekka var farit [8]), þá lét O'ðinn bera sverð inn í hǫllina, ok váru svá bjǫrt, at þar af lýsti, ok var ekki haft ljós annat meðan við drykkju var setit. þá gengu æsir at gildi sínu, ok settuz í hásæti tólf æsir, þeir er dómendr skyldu 10 vera, ok [9]) svá váru nefndir [10]): þórr, Njǫrðr, Freyr, Týr, Heimdallr, Bragi, Viðarr, Vali, Ullr, Hœnir, Forseti, Loki [11]).

Statt einer Ueberschr. in W, R *nur grössere Initialen: in* U: Frá heimboþi ása með Aegi; Bragalygi S; *die seit Rk. übliche Bezeichnung* Bragarœður *nach* St: þriðje partr kallaz Braga-Ræður; *wo* Formáli *als erster*, Gylf. *als zweiter Theil gerechnet ist.* — H *bietet:* Hér hefr frá saugu Braga. —

LV. 1) *Die fortlaufende Zählung der CC. nach Rk. u. AM.* — 2) *So* W, W* — í ey R *u. Ausg.* — 3) Hless-eg W*. — 4) *So* R; er W, W*. — 5) *So* W, W* — en er æs. vissu ferð h. R *u. Ausg.* — 6) *So* W, W* — ok f. R. — 7) *So* W, W*. — ok þó m. hlut. (lut.) með sjónhverfingum *Ausg. nach* R. — 8) *So* W, W* — er dr. skyldi R *u. w.* — 9) er W*. — 10) U *von Anfang:* þesser æsir þágo heim-boþ at Aegi (-gis?) í Hlésey. A'þr hafþi O'þinn honum heim boþit. Um qvelldit lét O'þinn bera sverð í hollina ok lýsti þar af sem logum bjortum. — U *fährt fort:* þórr var þar, Njorþr *u. w.* — 11) L. *fehlt bei Rk.* —

Slíkt sama ásynjur [12]): Frigg, Freyja, Gefjon [18]), Iðunn, Gerðr, Sigyn [14]), Fulla [15]), Nanna. Oegi þótti gǫfugligt þar um at sjáz, veggþili ǫll váru þar tjǫldut með fǫgrum skjǫlðum; þar var ok áfenginn [16]) mjǫðr ok mjǫk drukkit. Næsti maðr Oegi sat Bragi, ok áttuz þeir við drykkju ok orðaskipti; 5 sagði Bragi [17]) frá mǫrgum tíðindum, þeim er æsir hǫfðu at hafz [18]).

LVI. Hófz þá frásǫgn [1]), at þrír æsir fóru heiman; O'ðinn ok Loki ok Hœnir, ok fóru um fjǫll ok eyðimerkr, ok var illt til vista [2]). En er þeir koma ofan í dal nǫkkurn 10 ok sjá øxnaflokk, taka einn uxann [3]) ok snúa til seyðis [4]). En er þeir hyggja, at soðit mun vera, þá [5]) raufa þeir seyð-inn, ok var ekki soðit. Ok í annat sinn er þeir rjúfa [6]) seyðinn, þá er stund var liðin, ok var ekki soðit, mæla þeir þá sín á milli, hverju þetta mun gegna [7]). þá heyra þeir 15 mál í eikina upp yfir sik, at sá er þar sat kvaðz ráða því, er eigi soðnaði á seyðinum; þeir litu til ok sat þar ǫrn ok eigi lítill. þá mælti ǫrninn: vilit þér gefa mér fylli mína af uxanum, þá mun soðna á seyðinum [8]). þeir játa hánum fylli sinni af uxanum [9]); þá lætr hann sígaz or trénu ok sez 20 á seyðinn, ok leggr upp í fyrstu lær uxans bæði ok báða bóguna [10]). þá varð Loki reiðr ok greip upp mikla stǫng ok reiðir af ǫllu afli ok rekr á kroppinn erninum. Ǫrninn

---

12) ásynjor slík. (slíkar *nach Rk.*) U. — 13) *So* W, W*, U — Gefjun *Ausg. nach* R. — 14) *So* W, W* — Sigun U (*u.* R?) *sowie Ausg.* (*Vgl. C. L gegen Ende, wo* Sigyn *auch in* R *geschrieben ist.* — 15) Scolld U. — 16) áfeingr S, H. — 17) *So* W, Bragi Aegi R *u. Ausg.* — 18) *So* W — þ. er æ. höfðu átt *Ausg. nach* R. — U *bietet* (*nach* Nanna) *nur:* Bragi sægir Aegi frá morgum tíþindum. —

LVI. 1) *So* W — Hann hóf þar fr. R *u. Ausg.* — 2) *So* W — matar R. — 3) *So* W — í d. n., sjá þeir öxnafl. (yxnafl. H) ok taka einn ux. R *u. Ausg.* — 4) U (*als Anf.*) O'þinn, Loki ok Henir fóru um fjall, fundo auxna flock, taka eit nautið ok snúa til seyþiss. — 5) þá *f.* R. — 6) *So hier* W, H (*u.* U?) *immer.* — 7) U *nach* [4]): rjúfa tysvar seyþinn ok var eigi soþit. — 8) U *nach* [7]): þá sá þeir aurn yvir sér ok lézt, hann vallda, at eigi var soþit; gefit mér fylli ok mun soþit. — 9) *So* W — þeir játa því R; U *u. Ausg.* — 10) *So* W (bóguna *auch* U) — ok leggr u. þegar it fyrsta lær oxans II ok báða bógana R *u. Ausg.* — U (*nach* [9])) hann lætr sígaz á seyþinn, tók annat uxa lærit ok bóguna báða. —

bregz við hǫggit ok flýgr upp; þá var fǫst hǫndin við stǫngina, en annarr endir við bak arnarins [11]). Ǫrninn flýgr
hátt [12]) svá at fœtr Loka [13]) taka niðr [14]) grjótit ok urðir ok
viðu; en [15]) hendr hans hyggr hann at slitna munu or ǫxlum.
5 Hann kallar ok biðr allþarfliga [16]) ǫrninn friðar; en hann
segir, at Loki skal aldri lauss verða, nema hann veiti hánum
svardaga, at koma Iðunni út um [17]) Ásgarð með epli sín.
En Loki vill þat, verðr hann þá lauss ok ferr til lagsmanna
sinna, ok er eigi at sinni sǫgð fleiri tíðindi um þeira ferð,
10 áðr þeir koma heim [18]). En at stefnu [19]) stundu teygir Loki
Iðunni út um Ásgarð í skóg nǫkkurn, ok segir at hann
hefir fundit epli þau er henni mun gripr [20]) í þykkja, ok
bað at hón skal hafa með sér sín epli ok bera saman ok
in [21]). þá kemr þar þjazi [22]) jǫtunn í arnarham ok tekr
15 Iðunni ok flýgr braut með hana [23]) ok í þrymheim [24]) til búss
síns. En æsir urðu illa við hvarf Iðunnar ok gerðuz þeir
brátt hárir ok gamlir [25]). þá áttu þeir [26]) þing, spurði hverr
annan [27]), hvat síðarst vissi til Iðunnar; en þat var sét síðarst, at hón gekk or [28]) Ásgarði með Loka. þá var Loki
20 tekinn ok fœrðr á þingit, ok var hánum heitit bana eða

---

11) *So* W — þá var f. stǫngin við kropp arnarins, ok hendr
Loka við annan enda R *u. Ausg.* — U *nach* [10]) L. þreif upp staung
ok laust á bak erninum, en hann brá sér upp við hoggit ok flýgr;
staungin var faust við bak erninum, en hendr Loka vóru fastar við
annan stangar enda. — 12) *So* W, R, *AM, Pf.* — hart *Rk., Eg.,*
Jónss. — h. *fehlt* U. — 13) *So* W, U, *Rk. u. übr. Ausg. ausser AM,*
wo (nach R) L. *fehlt.* — 14) *So* W, R — við S — U *nach* [11]) Aurninn
flýgr svá, at fætr Loka námo niþri við jorþu ok grjóti. — 15) *So*
W, U, H — (U en h. hugþi hann slitna mundu or axlar liþum ok
biþr friþar.) — 16) *So* W, R — ákafliga *mehrere Papierhss.* — 17)
So W, of R. — 18) U *nach* [15]) Aurninn lézt hann eigi mundo lausan
láta, nema Iþun kemi þar með epli sín. Loki vill þetta ok ferr
brott með eiþi U (*vgl. AM* II, 294 [1]). — 19) *So* W, ákveðinni
R *u. Ausg.* — 20) *So* W — munu gripir R — m. hnoss H. — 21)
U: hann teygir hana eptir eplonum ok biþr hana hava sín epli, ok
hón fór. — 22) *Hier (u. öfter)* Þjaz *in* W. — 23) *So* W, U, H —
h. *f.* R. — 24) *So* W, R, *AM u. übr. Ausg. ausser Rk.* (ok hefir
heim) — heim í Þrymh. S — U *nach* [21]) þar kom Þjazi jot. í arn. h.
ok flaug með hana í Þrúpheim. — 25) *So* R *u.* (hærir) W — hærðir
ok gulir H. — Aesir gerðuz æfrir mjok (ok spurþo, hvar Iþunn veri)
U. — 26) *So* W, þ. æsir R. — 27) *So* W, R *verwischt* — ok spyrr
hv. a. *die Ausg. seit Rk.* — 28) *So* W, út or R. —

·píslum; en er hann varð hræddr, þá kvaðz hann mundu
sœkja eptir Iðunni í Jǫtunheima, ef Freyja vill ljá hánum
valsham [29]), er hón á. Ok er hann fekk [30]) valshaminn, flýgr
hann norðr í Jǫtunheima ok kemr einn dag til Þjaza jǫtuns;
var hann róinn á sæ, en Iðunn var ein [31]) heima. Brá Loki 5
henni í hnotar líki, ok hafði í klóm sér ok flýgr sem mest.
En er Þjazi kom heim ok saknar Iðunnar, tekr hann arnar-
haminn ok flýgr eptir Loka ok dró arnsúg í fluginum [33]).
En [34]) er æsirnir sá, at [35]) valrinn flaug með hnotina, ok
hvar ǫrninn flaug, þá ganga [36]) þeir út undir Aʹsgarð ok 10
báru þannig byrðar af lokarspánum. Ok þá er valrinn flaug
inn of borgina, lét hann fallaz niðr við borgarvegginn; þá
slógu æsirnir eldi í lokarspánuna [37]), en ǫrninn mátti eigi
stǫðva sik [38]), er hann misti valsins; laust þá eldinum í fiðri
arnarins ok tók þá af fluginn. þá váru æsirnir nær ok 15
·drápu ǫrninn, þat var Þjazi jǫtunn [39]), fyrir innan Aʹsgrindir [40]),
ok er þat víg allfrægt.

En Skaði, dóttir Þjaza jǫtuns, tók hjálm ok brynja ok
ǫll hervápn ok ferr til Aʹsgarðs at hefna fǫður síns; en æsir
buðu henni sætt ok yfirbœtr, ok it fyrsta, at hón skal kjósa 20
sér mann af ásum ok kjósa at fótum [41]), ok sjá ekki af
fleira [42]). þá sá hón eins manns fœtr forkunnarfagra [43]) ok

---

29) So W, H — valshams R u. Ausg. — 30) So W, H — fær
R u. Ausg. — 31) U nach [35]) en er þeir visso, var Loka heitiþ bana,
nema h. feri eptir henni meðr valsham Freyjo, hann kom til Þjaza
jot. er h. var róinn á sæ. — 32) So W u. Ausg. — oklom R — 33)
So W, flugnum R — ok dró ǫrninn valinn upp í flugino H. — U
nach [31]) Loki brá henni í hnotar líki ok flaug með hana; Þjazi tók
arn. ham ok flaug eptir þeim. — 34) So W, U, Ausg. — Er R. —
35) So W, er R u. Ausg. — 36) So W, gengu R u. Ausg. — 37) So
W — lokarspánu R. — 38) So W, Rk., Eg. u. w. (ähnl. U) — stǫðv-
ast H — sik fehlt R u. AM. — 39) So W — ok drápu Þjaza jotun
R u. Ausg. — 40) So W — Aʹsgrindr R, U u. Ausg. (Aʹsgrindur Rk.)
U nach [33]) en er æsir sá, hvar valrinn fló, þá tóku þeir byrþi af lokarspánum ok slógu elldi í. Aurninn feck eigi stauþvat sik at fluginn,
ok laust elldi í fiþrit, ok drápu þeir jotunninn (so?) fyrir innan Aʹsgrindr. — 41) So W, U, Ausg. (af f. Jónss.) — fautum R. — 42)
So W, ekki fl. at R u. Ausg. — at hón skal kjósa m. af fótom, einn
af ásom, ok sjá ei meira H — U nach [40]) En Skaþi dóttir hans tók
aull hervápn ok vill hefna hans; en þeir buþo henni at kjósa m. at
fótum af liþi þeirra. — 43) nur fagra U. —

mælti: þenna kýs ek, fátt mun ljótt á Baldri! en þat var
Njǫrðr or Nóatúnum [44]). Þat hafði hón ok í sættargjǫrð sinni,
at æsir skyldu þat gera, er hón hugði at þeir skyldu eigi
mega, at hlœgja hana [45]). Þá gerði Loki þat, at hann batt
5 um skegg geitar nǫkkurrar ok ǫðrum enda um hreðjar sér,
ok létu þau ýmsi fyrir, ok skrækti hvártveggja hátt; þá lét
Loki fallaz í kné Skaða ok þá hló hón; var þá gǫr sætt af
ásanna hendi við hana [46]). Svá er sagt, at O'ðinn gerði þat
til umbóta [47]) við hana, at hann tók augu Þjaza ok kastaði
10 upp á himin, ok gerði af stjǫrnur tvær. — Þá mælti Oegir:
mikill þykki-mér Þjazi hafa verit fyrir sér, eða hvers kyns
var hann? Bragi svarar: Qlvaldi [48]) hét faðir hans, ok merki
munu þér at þykkja, ef ek segi þér frá hánum. Hann var
mjǫk gullauðigr; en er hann dó ok synir hans skyldu skipta
15 arfi, þá hǫfðu þeir mæling á [49]) gullinu, er þeir skiptu,
at hverr skyldi taka munnfylli sína ok allir jafnmargar.
Einn þeira var Þjazi, annarr Iði, þriði Gangr. En þat
hǫfum vér orðtak nú með oss, at kalla gullit munntal þessa
jǫtna, en vér felum [50]) í rúnum eða í skáldskap svá at vér
20 kǫllum þat mál eða orðtak eða tal [51]) þessa jǫtna. Þá mælti
Oegir: þat þykki-mér vera vel fólgit í rúnum [52]).

---

44) or N. *fehlt* U. — 45) *So* W, *Pf.* — at hlæja hana *Ausg.*
nach R (hlœja *Jónss.*) — skyldu láta h. hlæa, en hón hugþi þá þat ei
gjöra mega H — U *nach* [44]) en þat varþ at sætt at æs. sk. hlæja
hana, en hón hugþi at þat mætti engi gera. — 46) *So* W, *ühnl.* R
(ýmsi eptir, skr. hv. við hátt) *u. Ausg.* — um herðar sér (= u.
hreðjar s.) H; U: Loki batt sér geitar skegg undir hreþjarnar ok léto
þau ýmsi eptir ok skr. hv. hátt; þá l. Loki f. í kné Sk. ok þ. hló h.;
þá var sætt g. með þeim. — 47) *So* W, yfirbóta R *u. Ausg.* — U: O'þinn
g. þat til fauþrbóta v. h. at h. tók — — — ok kast. á himinninn ok
g. af st. — *Das Fg. bis* Auþv. *fehlt* U. *vgl. Einl. C.* 2 [16]) — 48)
So W, R — Auþvalldi U, H (*richtiger?*). — 49) *So* W, H — at g.
R. — 50) *So* W, *Ausg.* fellum R. — fjaullom H. — 51) *So Rk.*,
mál eða orðta tal R, m. e. orðatal W, mál eða orð eða tal *Ausg.*
seit AM, ühnl. H: ef vér f. í rún. eþa sk., svá caullom vér þat mæli,
orð eða tal þeirra H. *Vgl. auch* Skáldsk. *C.* XXXII munntal ok rödd
ok orð (orðtak 757) jötna. — *Der Ausdr.* orðatal *scheint sonst un-*
belegt. — U *nach* [48]) A. hét faþir Þjaza, en er synir Auþv. tóku arf,
tók hverr munnfylli af gulli; er nú g. kallat muntal jotna, en í skáldsk.
mál þeirra. — *Das Fg. fehlt.* — 52) *So* W, *in* R (*u. Ausg.*) *noch;* ok
enn mælti Aegir. —

LVII. Hvaðan af hefir[2]) hafiz sú íþrótt, er þér kallit skáldskap? Bragi svarar: þat var upphaf[3]) til þess, at guðin hǫfðu ósætt við þat fólk, er vanir heita; en þeir lǫgðu með sér friðstefnu ok settu grið á þá lund, at þeir gengu hvárir- / tveggju til eins kers, ok spýttu hráki sínum í[4]); en at skiln- 5 aði þá tóku guðin ok vilda eigi láta týnaz þat griðamark, ok skǫpuðu þar af mann[5]), sá heitir[6]) Kvásir. Hann er svá vitr, at engi spyrr hann þeira hluta, er eigi kann hann orlausn; ok hann fór víða um heim at kenna mǫnnum frœði, ok þá er hann kom at heimboði til dverga nǫkkurra, Fjalars 10 ok Galars, þá kǫlluðu þeir hann með sér á einmæli ok drápu hann, létu renna blóð hans í tvau ker ok einn ketil, ok heitir sá O'ðrœrir[7]), en kerin heita[8]) Són ok Boðn; þeir / blendu hunangi við blóðit, ok varð þar af mjǫðr sá er hverr, er af drekkr, verðr skáld ok frœðimaðr[9]). Dvergarnir sǫgðu 15 ásum, at Kvásir hefði kafnat[10]) í mannviti, fyrir því at engi var þar svá fróðr, at spyrja kunni[11]) hann fróðleiks[12]). — Þá buðu þessir dvergar til sín jǫtni þeim er Gillingr[13]) heitir ok konu hans; þá buðu dvergarnir Gillingi at róa á sæ með sér, en er þeir[14]) fóru fyrir land fram, reru dverg- 20

LVII. 1) Ueberschr. in U: Hér segir frá því at æsir sáto at heimboði at Aegis ok hann spurþi Braga, hvaþan af kom skálldskapr- inn; frá því er Qvásir var skapaþr. Hér hefir mjok setning skálld- skapar. — 2) hefir þat h. W. (Ueberschr. in S: hvörnin skáldsk. hófst. — 3) So W, þat er H — þat voru upphöf R u. Ausg. — 4) So W, áhnl. H (sp. rácom sínom í cerit) u. U (von Anf.): Eger spyrr: hv. af k. sk.? Br. sv.: guþin hauþo ósætt við vani, ok gerþu friþstefno, ok gengo til kers eins ok spýtto í hráka sínom. — ok spýttu í hráka sína (sonst wie W) R u. Ausg. — 5) So W — mann af ráconom H — þar or m. R u. Ausg. — U nach [4]): ok skaupuþo or mann. — 6) So W, R — sá hét H — er h. Kv. U. — 7) So (-ræsis) W, U, Rk., Jónss., Pf. - O'ðreyr. AM, Eg. nach R — O'ðreir H. — 8) So W, U — hétu (heitu AM) die Ausg. nach R — U nach [6]) hann leysti or ollum hlutum, ok er hann kom til dverganna Falas ok Galas, kolluþo þeir h. á einm. ok dr. h.; léto r. bl. h. . . . . er O'þrerir heitir, en k. heita S. v. B. — 9) So W, fr. ok sk. H; ok auch S, U; Jónss. — eða fræðamaðr R (u. Ausg.) — ok fræþamaðr U, S. — 10) So W, R — drucknat H — tapaz U. — 11) So W — kynni R u. Ausg. — 12) U nach [8]) þeir blondoþu við hunangi við blóþit ok heitir þat þá mjoþr, ok sá er af dr. v. sk. ok fr. Dverg. saugþo at þeir (hann?) hefþi tapaz í manviti. — 13) So W, R — Gyll. H — Gillingr auch U nach AM II, 295. — 14) fehlt in R. —

arnir í [15]) boða ok hvelfðu [16]) skipinu. Gillingr var ósyndr
ok týndiz hann, en dvergarnir réttu skipit [17]) ok reru til
lands [18]). Þeir sǫgðu konu hans þenna atburð, en hón kunni
illa ok gret hátt. Þá spurði Fjalarr hana ef henni mundi
5 hugléttara, ef hón sæi út á sæinn, þar er hann hafði týnz,
en hón vildi þat. Þá mælti hann við Galar bróður sinn, at
hann skal fara upp yfir dyrnar, er hón gengi út, ok láta
kvernstein falla [19]) í hǫfuð henni, ok taldi sér leiðaz óp
hennar, ok svá gerði hann. Þá er þetta spurði Suttungr
10 jǫtunn, son [20]) Gillings, ferr hann til ok tók dvergana ok
flytr á sæ út ok setr þá í flœðarsker. Þeir biðja Suttung
sér lifsgriða, ok bjóða hánum til sættar í fǫðurgjǫld mjǫðinn
dýra, ok þat verðr at sætt með þeim; flytr Suttungr mjǫðinn
heim ok hirðir þar sem heita Hnitbjǫrg [21]), setr þar til
15 gæzlu dóttur sína Gunnlǫðu [22]). Af þessu kǫllum ver skáldskapinn Kvásis blóð eða dverga drekku eða fylli [23]) eða
nǫkkurrskonar lǫg Oðrœris eða Boðnar eða Sónar, eða farskost [24]) dverga, fyrir því at sá mjóðr [25]) flutti þeim fjǫrlausn
or skerinu, eða Suttunga mjǫð eða Hnitbjarga lǫg [26]).

20 LVIII. Þá mælti Oegir; myrkt þykki-mér þat mælt, at
kalla skáldskap með þessum heitum. En hvernig kómuz þér
æsir at Suttunga miði [1])? Bragi svarar: sjá saga er til þess,
at Oðinn fór heiman, ok kom þar er þrælar níu slógu hey;
hann spyrr, ef þeir vili, at hann brýni ljá [2]) þeira. Þeir
25 játa því, þá tekr hann hein af belti sér ok brýndi ljána [3]);

15) So W, á R u. Ausg. — 16) So W, U — hvelfði Ausg. nach
R. — 17) So W, skip sitt R u. Ausg. — 18) U nach [12]) Dvergarnir
buþo til sín jotni þeim er Gill. hét, ok buþo honum á sjó at róa ok
hvelfþu skipi undir hon. — Das Fg. bis [22]) f. U. — 19) f. f W. — 20)
So W u. (ohne jot.) U vgl. w. u. fóðurgjöld. — Ausg. wie W, nur AM
bróðurson mit R — Sutt. jötun bróðr H — Swpttungr S. — 21) Hvítbj.
H. — 22) U nach [18]) þat spurþi Sutt. sun hans, ok flytr dvergana í
flæþisker; þeir bjóþa mjoþinn í fauþrbætr. Sutt. hirþir h. í Hnitbj. ok til
gezlu Gunnlauþo d. s. — 23) Kv. bl. eða dverga lausn H. — 24) So
R -kostr W u. (doch in anderer Constr.) U. — 25) sá f. R. — 26)
So W u. Ausg., doch lögr Eg. nach laugr R — Hvítbjarga lög H. —
U nach [22]) því heitir skállsk. Kv. bl. eða Sónar eða farskostr dverganna, fyr. því . . . . eða Suttunga mjoþr eða Hn. laugr. —

LVIII. 1) So W — komu þeir æsir at S. m. Ausg. nach R —
U (von Anf.) Aegerr spyrr: hverso komz Oðinn á miþinum? — 2) ljái
H. — 3) So W, l. fehlt R u. Ausg. —

en þeim þótti bíta ljárnir miklu betr, ok fǫluðu heinina.
En hann mat svá, at sá er kaupa vildi skyldi gefa við hóf[4]),
en allir kváðuz vilja ok báðu hann sér selja, en hann kastaði
heininni í lopt upp; en er allir vildu henda, þá skiptuz þeir
svá við, at hverr brá ljánum á háls ǫðrum. O'ðinn sótti til 5
náttstaðar til jǫtuns þess er Baugi er nefndr[5]), bróðir Suttungs. Baugi kallaði illt fjárhald sitt, ok sagði at þrælir
hans níu hǫfðu drepiz, en taldiz eigi vita sér ván verkmanna.
En O'ðinn nefndiz fyrir hánum Bǫlverkr: hann bauð at taka
upp níu manna verk fyrir Bauga, en mælti til einn drykk[6]) 10
af Suttungamiði. Baugi kvez[7]) einskis rað eiga[8]) af miðinum;
sagði at Suttungr vildi einn hafa; en fara kvez hann mundu
með Bǫlverki ok freista ef þeir fengi mjǫðinn[9]). Bǫlverkr
vann um sumarit níu manna[10]) verk, en at vetri beiddi[11])
hann Bauga leigu sinnar. þá fara þeir báðir til Suttungs; 15
segir Baugi bróður sínum[12]) kaup þeira Bǫlverks, en Suttungr synjar þverliga hvers dropa af miðinum[13]). þá mælti
Bǫlverkr til Bauga, at þeir skyldu freista véla nǫkkurra, ef
þeir megi ná miðinum, en Baugi lætr þat vel vera. þá
dregr Bǫlverkr fram nafar þann er Rati heitir[14]) ok mælir[15]), 20
at Baugi skal bora bergit[16]), ef nafarrinn bítr; hann gerir
svá. þá segir Baugi, at gǫgnum er borat bergit, en Bǫlverkr

---

4) *So* W, R — höfuð sitt S, St; höfut H, *ähnl. auch* U *nach*[1]) *so*:
Bragi segir: hann fór þar sem vóro nío þrælar ok slógu hey, h. bauþ at
brýna ljá þeirra, h. tók hein or pussi sínum ok gáfu þeir við haufuð sín.
Síþan brá hverr ljánum á háls oþrum. — 5) *So* R (B. hét) *u. Ausg.* —
O'ð. setti (settiz?) til n. at j. þ. er B. er n. W. — 6) *So* W (*u. ähnl.* U) —
en m. sér til kaups einn dr. R *u. Ausg.* — 7) *So* W — kvað *Ausg. nach*
R. — 8) *So* W *u. Rk.*, e. ráðs eiga *die übr. Ausg. nach* R — nur ráþ eiga
U. — 9) U *nach*[4]) þá kom O'ðinn til Bauga ok nefndiz Bolverkr. Baugi
lézt eigi hava vel halldit húskorlum sínum. Han(n) bauþ at taka upp einn
serk þeirra nío, ok hava til einn dr. af Sutt. miþi. Hann lézt ráþ eiga
á miþinum, en Sutt. vill einn hava. — 10) *So* W, U, *Rk. Pf.* —
IX manns v. (mannsv. *Eg.*, *Jónss.*) *AM nach* R. — 11 *So* W —
beiddiz R *u. Ausg.* — 12) *So* W (*vgl.* U) — þá fara þ. báðir. Baugi
segir Suttungi br. sín. R *u. Ausg.* — 13) U *nach*[9]) Bolv. . . . . verk,
en at vetri vill hann kaupið; fara þá til Sutt. ok beiþa hann mjoþ-
arins, hann synjar. — 14) hét H — þ. er Róði heitir S (*vgl.* U.) —
15) *So* W, mælti R *u. w.* — 16) *So hier* (*u. öfter*) W. *wo* bjargit R
u. Ausg. — 17) U *nach*[15]) nur: þeir fóru ok tekr Bolv. nafarinn
Roða (ok borar Hnitbjorg meðr = *dem Fg. in* W, R.) —

blæss í nafars raufina ok hrjóta [18]) út spænirnir [19]) í móti
hánum; þá fann hann, at Baugi vildi svíkja hann, ok baŏ
bora í gegnum bergit [10]). Baugi boraŏi enn, Bǫlverkr [21]) blés
annat sinn, þá fukn inn spænirnir. Þá bráz Bǫlverkr í orms
5 líki ok skreiŏ í nafars ranfina, en Baugi stakk eptir hánum
nafrinum ok misti hans. Fór Bǫlverkr þar til .sem Gunnlǫŏ
var, ok lá hjá henni þrjár nætr, ok þá lofaŏi hón hánum at
drekka af miŏinum þrjá drykki; í inum fyrsta drykk drakk
hann allt or O'ŏrœri, en í ǫŏrum or Boŏn, í inum þriŏja
10 drykk [22]) or Són, ok haffŏi hann þá allan mjǫŏinn [23]). Þá
bráz hann í arnarham ok flaug sem ákafligast [24]). En er
Suttungr [25]) sá flug arnarins, tók hann sér arnarham ok
flaug eptir hánum; en er æsir sá, hvar O'ŏinn flaug, þá settu
þeir út í garŏinn ker sín. En er O'ŏinn kom inn um A's-
15 garŏa [26]), þá spýtti hann upp miŏinum í kerin; en hánum var
þá svá nær komit, at Suttungr mundi ná hánum, at hann
sendi aptr suman mjǫŏinn, ok var þess ekki gætt; hafŏi þat
hverr er vildi, ok kǫllum vér þat skáldfífla hlut [27]). En
Suttunga mjǫŏ gaf O'ŏinn ásunum ok þeim mǫnnum, er yrkja
20 kunnu; því kǫllum vér skáldskapinn feng O'ŏins ok fund,
ok gjǫf hans ok drykk ásanna [28]).

18) fjúka H. — 19) So W — spæn. upp (ohne út) R u. w. —
20) So W, gǫgnum bjargit R u. Ausg. — 21) So W, en er Bǫlv.
R u. Ausg. — 22) So W, dr. f. R u. Ausg. — 23) U nach [17]) ok
þá brázt hann í ormslíki ok skreiþ nafars raufina, ok hvflldi hjá
Gunnloþu III nætr ok drack III drycki af miþinum, ok var hann
þá uppi allr, sitt (ein Wort verwischt) or hverjo kerino. — 24) So
W, ákafast R u. Ausg. — 25) So U, H, u. Ausg. ausser AM (Þjazi
mit W, R), vgl. Einl. C. 2. — 26) So W, inn of A'sgarŏ R, innan
A'sgarŏs H. — 27) So W, AM, Jónss., Pf. — skallfífla lit R, Rk.,
Eg. (doch skáld.) — oc kǫllum vér þá menn skálldfífl, en þann
mjǫþ arnarleir H. — 28) So W — fang O'ŏ. ok fund, ok drykk
hans, ok gjǫf hans, ok drykk ásanna R u. Ausg. — U nach [28]) hann
bráz þá í arnarham ok flaug, en Sutt. í annan arn. ham ok fl. ept.
hon. Aesir settu út í garþinn ker sín. O'þinn spýtti miþinum í kerin,
en sumum repti hann aptr, er honum varŏ nær faret ok hava þat
skálldfífl, ok heitir arnar leir (vgl. H), en Suttunga mjoŏr þeir er
yrkja kunna. Dann die Ueberschr. Hér segir hverso skilja skal skálld-
skap. — Því heitir skálldskaprinn fengr O'þins ok fundr ok druckr
ok gjof. Es folgt þá mælti Aegir = Skáldskapm. C. I ed. Rk., AM;
mit den Hss. noch zu Bragarœður gezogen bei Eg. u. Jónss. —

Skáldskaparmál.

C. XVII [1] — — — — Svá sem Bragi sagði Oegi, at [2]) þórr var farinn [3]) í austrvega at berja troll, en Oðinn reið Sleipni í Jǫtunheima ok kom til þess jǫtuns, er Hrungnir hét; þá spyrr Hrungnir, hvat manna sá er [4]) með gullhjálminn, er ríðr lopt ok lǫg, ok segir at hann á furðugóðan hest. Oðinn sagði 5 at þar vill hann veðja fyrir hǫfði sínu [5]), at engi hestr skal vera jafngóðr í Jǫtunheimum. Hrungnir segir, at sá er góðr hestr, en hafa léz hann mundu miklu stórfetara [6]) hest, sá heitir Gullfaxi. Hrungnir [7]) varð reiðr [8]) ók hleypr upp á hest sinn, ok hleypir eptir hánum, ok hyggr at launa hánum 10 ofrmæli [9]). Oðinn hleypti svá mikit, at hann var á ǫðru

---

Die Bez. Skáldsk. *nach* U (*vgl. das vor. C.* [28]) *u.* AM II, 302 *oben) von* Rk. *aufgenommen, bei älteren Autoren auch* Skálda. — *Die mit* Skáldsk. *neu beginnende Zählung der CC. nach* Rk. — 1) *Ueberschrift in* U, *wo dies u. das fg. Cap. noch zu* Bragar. *zu gehören scheint* (*vgl. Einl. C.* 5): Saga þórs ok Hrungnis; *das C. beg.:* Nú skal enn segja dœmi. af hverju þær kenningar eru, er nú voru ritaðar, ok (*er* R) áðr voru eigi dœmi til sǫgð W, R; *ähnl.* U, *doch f.* eigi. — 2) svá sagþi Bragi, at U — *die Worte* Svá — at *bei* Rk. *in* [ ], *f. bei* Pf. — 3) þ. fór eitt sinn (*ohne* at) H. — 4) sé U. — 5) *So* R *u.* Ausg. — þar fyrir vill h. veðja h. sína (= sínu) U — verja *für* veðja W. — 6) *So* W *u.* (-ri) H; storfetaðra *Ausg. nach* R, sterkara U. — 7) *In* R *hier u. öfter* Hrugnir. — *Vgl.* AM I, 270 [9]). — 8) v. r. Oþni U. — 9) U *nach* [8]) hl. nú upp á hest sinn ok hyggr at taka Oþin, ok launa honum ofryrþi sín. —

leiti fyrir; en Hrungnir hafði svá mikin jǫtunmóð, at hann
fann eigi fyrr, en hann þeytti inn um ásgrindir [10a]). Ok er
hann kom at hallardyrum [10b]), báðu æsir hánum til drykkju;
hann gekk í hǫllina, ok bað fá sér at drekka [11]); váru þá
5 teknar þær skálir, er Þórr var vanr at drekka af [12]), ok
snerti hann or hverri [13]). En er hann gerðiz drukkinn, þá
skorti eigi stór orð; hann léz skyldu taka [14]) upp Valhǫll
ok fœra í Jǫtunheima, en søkkva Ásgarði ok [15]) drepa guð
ǫll, nema Freyju ok Sif vill hann heim hafa með sér [16]); ok
10 Freyja ein þorir þá at skenkja hánum [17]), ok drekka léz
hann munu allt ása-ǫl [18]). En er ásum leidduz ofryrði hans [19]),
þá nefna þeir Þór; því næst kom [20]) Þórr í hǫllina, ok
hafði [21]) á lopti hamarinn ok var allreiðr ok spyrr, hverr
því ræðr [23]), er jǫtnar hundvísir [24]) skulu þar drekka eða
15 hverr Hrungni seldi grið [25]) at vera í Valhǫll, eða hví
Freyja skal skenkja hánum sem at gildi ása? Þá svarar
Hrungnir ok sér [26]) ekki vinaraugum til Þórs, sagði at Oðinn
bauð hánum til drykkju ok hann var á hans griðum [27]).
Þórr segir [28]), at þess boðs skal Hrungnir iðraz [29]), áðr hann
20 kemr [30]) út. Hrungnir segir, at Ása-Þór er þat lítill frami,
at drepa hann vápnlausan; hitt er meiri hugraun [31]), ef hann

---

10a) *So* W (grindir *wie* Brag. LVI [40]) — *ähnl.* R (en Hr. var í
svá miklum jötunmóð; — en h. sótti inn of ásgrindr) *u. Ausg.* — U
nach [9]) Oðinn hleypir svá mikinn (?) fyrir, at h. var á auþro leiti
fyrir; en Hr. hafði svá mikinn móð (*vgl.* W), at eigi fann h., hvar h.
fór, fyrri en h. kom inn um ásgrindr. — 10b) *So* U (*u. wie sonst*
W?) — durum R. — 11) *So* W, H, U — b. fá sér drykkju R *u.*
Ausg. — 12) *So* W, U — or R, *Ausg.* — 13) *So* W, *u.* (Hrungnir
= hann) R *u. Ausg.* — ok svelgr (svelgir H, svalg S) Hr. af hv. U. —
14) t. *fehlt in* W. — 15) *So* U, en W, R. — 16) *So* W, þær vill
h. hafa heim (m. sér) H — þær v. h. hafa með sér U. — vill h.
heim fœra með sér *Ausg. nach* R. — 17) *So* W, H, U (Fr. ein þor.
at sk. hon.) — En Fr. fór þá at sk. hon. R *u. Ausg.* — 18) *So* W
u. Ausg. aull R; allt aul ása U, H. — 19) *So* U (leidduz ofryrþi) —
u. Ausg., doch AM mit R leiddist ofrefli h. — W: leiðiz ofryrði
(*so auch Pf.*) H (l. afaryrði) — 20) kemr U. — 21) *So* W, U, H —
h. uppi R *u. Ausg.* — 23) répi U. — 24) hundvíss U. — 25) s.
Hr. gr. R. — *Im Fg.* val hollu U. — 26) leit U. — 27) ok lézt
vera á h. gr. U. — 28) *So* W, þá s. Þórr U — þá mælti Þórr
R. — 29) sk. hann gjalda U. — 30) *So* W, komi R, U. — 31)
m. raun U. —

þorir at berjaz við hann ³²) at landamæri á Grjótunagǫrðum ³³);
ok hefir þat verit mikit fólskuverk ³⁴), sagði hann ³⁵), er ek
lét eptir heima skjǫld minn ok hein; en ef ek hefða hér
vápnin ³⁶), þá skyldu vit nú reyna hólmgǫnguna, en at ǫðrum
kosti legg ek þér við níðingsskap, ef þú vill drepa mik vápn- 5
lausan. Þórr vill fyrir ǫngan mun bila at koma til einvígis,
er hánum var hólmr skoraðr, því at engi hafði þat fyrr við
hann gǫrt ³⁷). Fór þá Hrungnir braut leið sína, ok hleypti
ákafliga, þar til er hann kom í Jǫtunheima ³⁹), ok var fǫr
hans allfræg ³⁹) með jǫtnum ok þat, at stefnulag var komit á 10
með þeim Þór ⁴⁰). Þóttuz jǫtnar hafa mikit í ábyrgð, hvárr
sigr fengi; þeim var ills ván at Þór, ef Hrungnir létiz fyrir
hánum, því at hann var þeira sterkastr ⁴¹). Þá gerðu jǫtnar
mann í Grjótunagǫrðum af leiri, ok var hann níu rasta
hár ⁴²), en þriggja breiðr undir hǫnd, en ekki fengu þeir 15
hjarta svá mikit, at hánum sómdi ⁴³), fyrr en þeir tóku or
meri nǫkkurri ⁴⁴), ok varð hánum þat eigi stǫðugt, þá er
Þórr kom. ∥Hrungnir átti hjarta þat er frægt er, af hǫrðum
steini ok tindótt með þrimr hornum, svá sem síðan er
gert ⁴⁵) ristubragð, þat er Hrungnis-hjarta heitir;∥af steini 20
var ok hǫfuð hans, skjǫldr hans ⁴⁶) var ok steinn, víðr
ok þjokkr ⁴⁷), ok hafði hann skjǫlðinn fyrir sér, er hann
beið Þórs ⁴⁸), en hein hafði hann fyrir vápn ok reiddi af
ǫxl, ok var ekki dælligr ⁴⁹). A' aðra hlið hánum stóð leir-

---

32) við mik U. — 33) So die Hss. ausser H (Grjott-) S (Grjot-
unnag.) U (á Gr- gerþi) — túna schr. AM, -tuna die übr. Ausg. vgl.
d. Wb. — 34) fólska U. — 35) s. h. fehlt U, H. — 36) So W,
vápu mín R, U, Ausg. — 37) So W — þv. engi hefir honum þat fyrr
veitt R, U, Ausg. — 38) kom heim um nóttina U, H. — 39) ok
varð h. ferð allfr. U. — 40) U (zum Fg. ziehend) ok er at stefno
degi kom millum þeirra Þórs, (þótt. jotn.) — 41) So W (doch léti wie
U, er = ef) — U: ef Hr. léti fyrir, þv. h. v. st. — ef Hr. létist, fyrir því
at die Ausg. (Jónss. létist fyrir þv.) nach R. — 42) af leiri, ok níu r. háf-
an (aber breiþr im Fg.!) U. — 43) dygþi eða hæfþi U. — 44) So
W, U, Ausg. — f. e. þ. t. ok mann nokkvorn R. — 45) So W, U,
Ausg. — gert var R. — 46) So W, U — hans fehlt R u. Ausg. —
47) So W, R — skj. h. var ok gjorr or steinum ok viþum ok þyckr
U. — 48) So W — fyr. sér. Hann stóþ á Grjótuna gaurþum ok
b. þ. U — ähnl. R (fyr. sér, er hann st. á Gr. ok b. þ.) u. Ausg. —
49) So W, U, Rk., Eg., Jónss. — dæligr R, AM, Pf. — dægiligr H. —

jǫtunninn [50]), er nefndr er Mǫkkrkálfi, ok var hann allhræddr; svá er sagt, at hann meig [51]), er hann sá Þór.
Þórr fór til hólmstefnu ok með hánum [52]) Þjálfi, þá rann
Þjálfi fram at, þar er Hrungnir stóð, ok mælti til hans: þú
5 stendr óvarliga, jǫtunn! hefir skjǫldinn fyrir þér, en Þórr
hefir sét þik, ok ferr hann it neðra í jǫrðu, ok mun hann
koma neðan at þér. þá skaut Hrungnir skildinum undir
fœtr sér ok stóð á [53]), en tvíhendi heinina. því næst sá hann
eldingar [54]) ok heyrði þrumur stórar; sá hann þá Þór í
10 ásmóði, fór hann ákafliga ok reiddi hamarinn, ok kastaði
um langa leið at Hrungni. Hrungnir fœrir upp heinina báðum hǫndum, kastar í mót, mœtir hón hamrinum á flugi [55])
ok brotnar sundr heinin; fellr annarr hlutr á jǫrð, ok eru
þar af orðin ǫll heinberg, annarr hlutr brast í hǫfði Þór,
15 svá at hann fell fram á jǫrð; en hamarrinn Mjǫllnir kom í
mitt hǫfuð [56]) Hrungni ok lamdi hausinn í smá [57]) mola ok
fell hann fram yfir Þór, svá at fótr hans lá of háls Þór [58]).
En Þjálfi vá at Mǫkkrkálfa, ok fell hann við lítinn orðstír.
þá gekk Þjálfi til Þórs [59]) ok vildi [60]) taka fót Hrungnis af
20 hánum, ok fekk hvergi hrœrðan [61]). þá gengu til æsir allir,
er þeir spurðu, at Þórr var fallinn, ok skyldu taka fótinn af
hálsi hánum, ok fengu hvergi komit [62]). þá kom til Magni,
sonr Þórs ok Járnsǫxu, hann var þá þrínættr [63]); hann kastaði fœti Hrungnis af Þór, ok mælti: sé þar ljótan harm,
25 faðir, er ek kom svá síð [64])! ek hygg, at jǫtun þenna mundak hafa lostit í hel með hnefa mínum [65]), ef ek hefða fyrir
fundit hann [66]). þá stóð Þórr upp ok fagnaði vel syni sínum,

---

50) leirmaðrinn U. — 51) méé (so) U, mýi H. — 52) m. h. f. U. —
53) o. st. á f. H. — 54) So R, U u. w. — elldingarnar W. — 55)
So W, U, Ausg. — á fl. heinin ok br. R. — 56) haufuþit U. — 57)
So W, H, AM — smán die übr. Ausg. nach R, U. — (lamþiz hausinn
í smán m. U.) — 58) So W, R — á hálsi þ. U — in H folgt: en
hann feck hvergi valldit. — 59) at Þór U. — 60) So W, skyldi R,
U u. w. — 61) So W, ok fekk hv. valdit U. — ok gekk hv. H —
ok gat hv. valdit R u. Ausg. — 62) So W u. (ohne hálsi) R u. Ausg. —
in U nur: þá g. til all. æs. or fengo eigi valldit. — 63) So W, U,
H, Rk., Eg., Jónss. — þrívetr R, AM, Pf. — 64) er ek skylda svá
at koma U. — 65) So W, U — m. hn. mér R u. Ausg. — 66) So
nach U (funnit) — fyrri fehlt W, R, Ausg. —

ok sagði, at hann mundi verða mikill fyrir sér [67]), ok vil ek, sagði hann [68]), gefa þér hestinn Gullfaxa, er Hrungnir hafði [69]) átt. þá mælti Oðinn ok sagði, at þórr gerði rangt, er hann gaf þann inn góða hest gýgjar syni [70]). þórr [71]) fór heim til þrúðvanga, ok stóð heinin [72]) í hofði hánum. þá kom til 5 volva, sú er Gróa hét, kona Orvandils [78]) ins frœkna; hón gól galdra sína yfir þór til þess er heinin losnaði; en er þórr fann þat ok þótti ván at braut mundi ná heininni, þá vildi hann launa Gró [75]) lækningina ok gera hana fegna; sagði henni þau tíðindi, at hann hafði vaðit norðr [76]) yfir Elivága, 10 ok hafði borit í járnmeis á baki sér Orvandil norðan or Jotunheimum [77]), ok þat til jartegna, at ein tá hans hafði staðit [87]) or járnmeisinum [79]), ok var sú frerin, svá at þórr [80]) braut af ok kastaði upp á himin, ok gerði af stjornu, þá er nú [81]) heitir Orvandils-tá [82]). þórr sagði, at eigi mundi 15 langt til, at Orvandill mundi heim koma [85]). En Gróa varð svá fegin, at hón mundi ønga galdra, ok varð heinin eigi lausari [84]), ok stendr enn i hofði þór [85]). Eptir þessi sogu hefir ort þjóðólfr hvinverski í Haustlong [86]). — — — þá mælti Oegir: Mikill þótti mér Hrungnir fyrir sér. Vann 20 þórr meira þrekvirki nokkut [87]), þá er hann átti við troll? þá svarar Bragi [86]).

XVIII. Mikillar frásagnar er þat vert, er þórr fór til

---

67) *So* W *u.* (mik. maþr) U, H — sagði hann mundu v. mikinn f. s. R *u. Ausg.* — 68) s. h. *f.* U. — 69) hevir U. — 70) *So* U, *in* W *noch* syni sínum, *in* R (*u. Ausg.*) *dafür:* en eigi föður sínum. — 71) Trór (!) R. — 72) heinar brotiþ U. — 73) Aurvallda U. — 74) *So* W *u.* (ok þótti þá ván) R *u. Ausg.* — fann þat, at hon. þótti ván at ábrott mundi názt heinin U. — 75) Gróo U. — 76) *So* U, norðan W, R, *Ausg.* (*vgl. Z.* 11). — 77) *So* W *u.* (í meis) R *u. Ausg.* ok borit meis á baki sér norþan ok í Aurvandil norþ. or jot. U. — 78) *So* W, R — st. niþr U, H, S. — 79) *So* W, meis. *die übr. Hss.* — 80) hann U. — 81) *So* W, U, H — nú *f.* R *u. Ausg.* — 82) Aurvan-tá U. — 83) *So* W *u. Ausg.* — koma *fehlt* R — at Aurv. m. norþan koma U (*ähnl.* H). — 84) laus U. — 85) *Gegen* W, U *fügen hier* R *und andere Hss. ein:* Ok er þat boðit til varnanar, at kasta (k. ei H) hein of gólf þvert; þvíat þá hræriz heinin í höfoð þór (í höfði þórs H) *Darnach die Ausg.* — 86) — — — *bes.* 7 *Str. aus* Haustl., *die sich hier in den meisten Hss., jedoch nicht in* U, *eingerückt finden.* — 87) nökk. *fehlt* W. — 88) *Der Schluss von* þá mælti *an fehlt* H. —

Geirrøðargarða [1]); þá hafði hann eigi hamarinn Mjǫllni né [2]) megingjarðar eða járngreipr [3]), ok olli því Loki — hann fór með hánum — því at Loka hafði þat hent, þá er hann flaug einu sinni [4]) at skemta sér með valsham Friggjar, at hann 5 flaug fyrir forvitni sakar [5]) í Geirrøðargarða, ok sá þar hǫll [6]) ok settiz ok sá inn of glugg [7]); en Geirrøðr leit í móti hánum, ok mælti at teka skyldi fuglinn ok fœra hánum; en sendi- maðr komz nauðuliga á hallarvegginn [8]), svá var hann hár. Þat þótti Loka gott, er hann sótti [9]) erfiðliga til hans, ok 10 ætlaði hann hánum [10]) stund at fljúga eigi upp fyrr en hann hafði farit allt torleiðit. En er maðrinn sótti at hánum, þá beinir hann fluginn, ok spyrnir við fast [11]), ok eru þá fœtrnir fastir; var Loki tekinn þar hǫndum [12]) ok fœrðr Geirrøði jǫtni. En er hann sá augu hans, þá grunaði hann, at maðr 15 mundi vera, ok bað hann svara, en Loki þagði [13]). Þá læsti Geirrøðr [14]) Loka í kistu [15]), ok svelti hann þar þrjá mánaði [16]); ok þá er Geirrøðr hann tók [17]) ok beiddi hann orða, þá sagði hann [18]), hverr hann var, ok til fjǫrlausnar [19]) vann hann Geirrøði þess eiða, at hann skyldi koma Þór í Geirrøðargarða, 20 svá at hann hafði hvárki hamar [20]) né megingjarðar [21]). —

Þórr kom til gistingar til gýgjar þeirar er Gríðr er kǫlluð, hón var móðir Viðars ins þǫgla; hón sagði Þór satt frá Geirrøði, at hann var jǫtunn hundvíss [22]) ok illr viðreign-

---

XVIII. 1) *So Ausg. nach* R — Geirraðarg. (*gew.*) W, U. — 2) *So* W, (ne *doppelt geschr.*), eða R, U *u. w.* — 3) *So* W, R — járngreiprnar U (-greiplarnar H.) — 4) einu s. *f.* U. — 5) f. forv. s. *fehlt* U. — 6) *So* W, h. mikla R, U *u. w.* — 7) *So* W — settiz (*ohne* ok) R — ok s. þar á ok sá inn í gl. U, H. — 8) upp á hollina (svá — hár *fehlt*) U. — 9) komz U. — 10) *So* (*zweimal* honum *geschrieben*) *meint wol* W *nach Verm. von AM* I, 284 [18]); ætlaði sér R, U. — (ok ætl. sér stund um at fl. eigi f. U.) — 11) beindi h. fl., ok spyrndi v. f., U. — 12) þ. h. *fehlt* U. — 13) en L. svaraþi engu U. — 14) *So* R, Geirruðr (*hier*) W — hann U. — 15) í k. sinni U. — 16) *So* W *u. Ausg.* (*doch s. Th.* -uði) mánuðr R, U. — 17) *So* W (*doch fehlt* Geirr.) — en þá er hann tók hann or kistunni U — en þá er Geirr. tók h. upp R *u. Ausg.* — 18) *So* W — ok s. h. R *u. Ausg.* — ok spurþi, hverr hann veri, hann sagþi; (ok til fjorl. *u. w.*) U. — 19) fjórlauslar R. — 20) *So* W — hamarinn *die Ausg. nach* R, U. — 21) né járngreiprnar né meging. U (*ähnl.* H.) — 22) at h. er it mesta troll ok hundv. jot. U. —

ar; hón léði hánum megingjarða ok járngreipa [23]), er hón
átti, ok staf sinn, er heitir Gríðar-vǫlr. Þá fór [24]) Þórr til
ár þeirar er Vimur heitir, allra á mest. Þá spenti hann
sik magingjǫrðum, ok studdi [25]) forstreymis Gríðarvǫl, en
Loki helt undir megingjarðar. Ok þá er Þórr kom á miðja 5
ána, þá óx svá mjǫk áin, at uppi braut á ǫxl hánum [26]).
Þá kvað Þórr þetta:

> (9) Vaxattu nú Vimur [27]),
> alls mik þik [28]) vaða tíðir
> jǫtna garða í!
> veiztu [29]), ef þú vex,
> at þá vex mér ásmegin
> jafnhátt [30]) upp sem himinn?

Þá sér Þórr uppi í gljúfrum nǫkkurum [31]), at Gjálp [32]), dóttir
Geirrǫðar, stóð þar tveim megin árinnar ok gerði hón árvǫxt-
inn. Þá tók Þórr upp or ánni stein mikinn [33]) ok kastaði 10
at henni ok mælti svá: at ósi [34]) skal á stemma! Eigi misti
hann, þar er hann kastaði til. Ok í því bili [35]) bar hann
at landi, ok fekk tekit reynirunn nǫkkurn [36]), ok steig svá
or ánni; því er þat orðtak [57]), at bjǫrg Þórs [38]) er reynir.
En er Þórr kom til Geirrǫðar [39]), þá var þeim félǫgum [40]) 15
vísat fyrst í gesta hús [41]) til herbergis [42]), ok var þar einn stóll
til sætis [43]), ok sat þar Þórr. Þá varð hann þess varr, at stóll-
inn fór undir hánum upp at ræfri [44]); hann stakk Gríðar-veli upp
í raptana [45]), ok lét sígaz fast á stólinn; varð þá brestr mikill

---

23) *So* W, U, *AM, Jónss., Pf.* (*der auch im Fg.* stafs síns *schreibt*) —
járngreipr R (-greipar H), *Rk., Eg.* — 24) kom U. — 25) studdis
U. — 26) svá at braut um herþar Þór U. — 27) *So* vaxattu R, vaxat
þú W, U; vaxa tekr þú H — Vimur *oben alle Hss., hier* R, Vimr U,
Vimrá W, H. — 28) þik (þig W), *fehlt bei Eg., Jónss., Pf.* — 29) v.
en U. — 30) jamh. U. — 31) gljúfrunum U. — 32) Gjálp *auch* U
nach AM II, 301. — 33) or áinni einn steinn mikinn U. — 34) *So*
(at at ósi U) skal á stemma (ástefna U) R, U *u. Ausg.* — á ós skal
stemna H. — á æð (? *vgl. AM* I, 288 [1]) *u. Einl. C.* 2.) W. — 35)
bili *f.* U. — 36) rísrunn einn U. — 37) *So* W, og því — U; því
er þ. o. haft R *u. Ausg.* — 38) *So* W — at r. er b. Þ. R, U — sé
(= er) H. — 39) *So* R, U *u. w.* (Geirraþar U) — En *bis* Geirr.
fehlt W. — 40) fél. *f.* U. — 41) *So* U, H, *Ausg.* — geita hús W,
R. — 42) herbyrgis U. — 43) ok v. einn stóll at sitja á U. — 44)
undir rafit U. — 45) Þórr stingr þá stafnum Gr. upp undir rafit U. —

ok fylgði skrækr [46]); þar hǫfðu [47]) verit undir stólinum dœtr
Geirrǫðar, Gjálp ok Gneip [48a]), ok hafði hann brotit hrygginn
í báðum [48b]). þá kvað þórr:

> (*) Einu sinni [49])
> neyttak ásmegins [50])
> jǫtna gǫrðum í;
> þá er Gjálp ok Gneip [51]),
> Geirrǫðar dœtr,
> vildu hefja mik til himins.

þá lét Geirrǫðr kalla þór í hǫllina til leika við sik [52]); þar
5 váru eldar stórir eptir endilangri hǫllinni, en er þórr kom [53])
gagnvart Geirrǫði [54]), þá tók Geirrǫðr með tǫng járnsíu
glóandi ok kastar at þór, en þórr tók [55]) í móti með járn-
greipum, ok fœrir á lopt sínna, en Geirrǫðr hljóp undir járn-
súlu [56]) at forða sér. þórr kastaði sínni ok laust í gegnum
10 súluna [57]), ok í gegnum Geirrǫð ok vegginn [58]), ok svá fyrir
útan í jǫrðina [59]). Eptir þessi sǫgu hefir ort Eilífr Guðrúnarson í þórs-drápu [60]).

— — — — — — —

XXXIII [1]). Fyrir hví er gull kallat eldr Oegis? þessi
15 saga er til þess, er fyrr var sagt [2]), at Oegir sótti heimboð
til Ásgarðs, en er hann var búinn til heimferðar, þá bauð

---

46) So W, u. B., Hild., skr. mikill R u. Ausg. — skrækir stórir
H. — þá varþ skr. mikill ok fylgþi brestr U. — 47) hafþi U. — 48a)
So U, H, Greip W, R — doch vgl. AM I, 551 u. Wb. — 48b) í þeim
b. U, — Die fg. Worte nebst der Str. scheinen nur in U u. davon
abhängigen Hss. (H, St u. w.) überliefert zu sein. — 49) sinni von Rk.
ergänzt, in allen Ausg. — (Einu sinni neyttak in einem V. Rk., Eg.,
Jónss., Pf.) — 50) So die Ausg. nach Sk. Thorlacius u. Rk., alls
megins U. — 51) Gneip U, u. w., vgl. [48]). — Im fy. V. ist die
Stellung der Hs. (d. G.) in den Ausg. wol mit Recht in Geirrǫðar
dœtr geändert; vgl. Hild. Zss. 134 [1]). — 52) So U — v. sik fehlt
W, R u. Ausg. — 53) So W, U — kom í hǫllina g. R u. Ausg. —
54) Geirrað W. — 55) tók f. U. — 56) u. súlo sína U. — 57) So
W, gǫgnum s. R — í gegn. járnsúlona U. — 58) So W, gǫgn. vegg.
R, U. — 59) So W u. Ausg. — fir. utan jorþina R — í gegnum jorþ-
ina fyrir utan hollina U. — 60) Es folgen (ausser in U, vgl. AM I,
290 [2])) 19 Strophen der genannten drápa. —
XXXIII. 1) Dieser Abschnitt scheint in U, zu fehlen. — 2) So
W, W* — er getið R u. w. — Vgl. oben Brag. C. LV. —

hann til sín Oðni ok ásum [31]) á þriggja mánaða fresti. Til
þeirar ferðar varð fyrst O'ðinn ok Njǫrðr, Freyr, Týr, Bragi,
Viðarr, Loki; svá ok ásynjur Frigg, Freyja, Gefjon, Skaði [4]),
Iðunn [5]), Sif. Þórr var eigi þar, hann var farinn í austrveg
at drepa [6]) troll. En er guðin [7]) settuz [8]) í sæti, þá lét Oegir 5
bera inn á hallargólf lýsigull, þat er birti ok lýsti hǫllina
sem eldr, ok þat var haft fyrir ljós at hans veizlu, svá sem
í Vallhǫllu hǫfðu sverð verit hǫfð fyrir eld [9]). Þá senti [10])
Loki þar við ǫll guð ok drap þræl Oegis þann er Fimafengr [11]) hét; annarr þræll Oegis er nefndr Eldir [12]). Rán 10
heitir [13]) kona Oegis [14]). At þeiri veizlu vannz allt sjálft,
bæði vist ok ǫl ok ǫll reiða [15]), er til veizlunnar þurfti. Þá
urðu æsir þess varir, at Rán átti net, þat er hón veiddi í
menn alla, þá er á sæ kómu. — — —

XXXIV [1]). Hví er gull kallat barr eða lauf Glasis [2a])? — 15
I' A'sgarði fyrir dyrum [2b]) Valhallar stendr lundr, sá er
Glasir [3]) er kallaðr, en lauf hans allt er gull rautt; svá sem
hér er kveðit, at [4])

(x) Glasir stendr
með gullnu laufi [5])
fyrir Sigtýs sǫlum [6]).

Sá er viðr fegrstr [7]) með guðum ok mǫnnum.

_____

3) *So* W, W* — ok ǫllum ás. R *u. w.* — 4) *fehlt* W*. — 5)
f. H. — 6) berja H. — 7) *So* W, W* — goðin R *u. w.* — 8) *So*
W, W* — hǫfðu sezt R *u. Ausg.* — fóru H. — 6) *So* W, W* — l.
hǫllina sem eldr, sem (s. elding væri, svá sem H) í Valh. voru sverðin
fyr. eld R *u. Ausg.* — 10 setti W*. — 11) *So der Name auch* Lokasenna *pros. Einl.* (*Hild. S.* 34) Funafengr *wollten Einige, z. B.* Grimm
(*Gesch. d. d. Spr. S.* 532) *lesen*; Funafeingr W*, Funættingr H. —
12) *So* W, W*, *Einl. zu* Lokas. — Reseldr R, Ræseldr H. — 13)
W, W* — er nefnd R *u. w.* — 14) *So* W, W* — *in* R (*u. w.*) *noch:*
en níu dætr þeirra svá sem fyrr er ritað. — 15) ok ǫlgreiði H. —

XXXIV. 1) *In* U *an anderer Stelle* (*AM* II, 356). — *Dasselbe*
gilt von den fg. CC. — 2ª) Hví er g. k. b. Gl. eða lauf hans? U. —
2b) *So erscheint sonst in* U *u.* W, durum R. — 3) Glæsir H. — 4) U
nach 2ª) í A'sgarþi er hann sem hér segir. — at (At *die Hss. nach* B.)
von Rk., Eg. zum fg. Verse gezogen. — 5) *So* W, W* — með gulnu
R, m. gulligo U — 6) Sigtýrs s. U. — *Das Fg. scheint in* U *noch me-*
trisch aufgefasst zu sein, die Ausg. fassen es als Prosa. — 7) *So* W,
W*, *Ausg.* — sá er v. f. er R — sá er v. frægr U, sá er víðfræg-
astr H. —

XXXV[1]). Hví er gull kallat haddr Sifjar[2])? Loki
Laufeyjarson hafði þat gert til lævísi, at klippa hár allt af
Sif; en er Þórr varð þess varr[3]), tók hann Loka[4]) ok mundi
lemja hvert bein í hánum, áðr hann sór þess eið[5]), at hann
5 skal fá af svartálfum, at þeir skulu gera af gulli Sifju hadd
þann er svá skal vaxa sem annat hár[6]). Eptir þat fór Loki
til þeira dverga, er heita[7]) I'valda synir, ok gerðu þeir
haddinn ok Skíðblaðni ok geirinn, er O'ðinn átti, er Gungnir
heitir[8]). Þá veðjaði[9]) Loki höfði sínu við þann dverg, er
10 Brokkr[10]) heitir, hvárt bróðir hans Eitri[11]) mundi gera jafn-
góða gripi þrjá[12]), sem þessir váru. En[13]) er þeir kómu til
smiðju, þá lagði Eitri[14]) svínskinn í aflinn ok bað blása
Brokk, bróður sinn[15]), ok létta eigi fyrr[16]), en hann[17]) tœki
þat or aflinum[18]), er hann hafði í lagt[19]). En þegar er
15 hann var brott genginn[20]) or smiðjunni, en hinn blés, þá
settiz fluga ein á hönd hans[21]) ok kroppaði[22]), en hann blés
sem áðr, þar til er smiðrinn tók[23]) or aflinum ok var þat göltr
ok var burstin af gulli[24]). Því næst lagði hann í aflinn gull, ok

---

XXXV. 1) *Ueberschrift in* U (*AM.* II, 356): Frá vélum dvergsins við Loka. — Hví *bis* Sifjar fehlt W* — *nach* Sifjar U: en þat
bar til þess, at L. — 3) varð (*verschrieben*) R, þess *f.* U. — 4) t. h.
L. haundum U. — 5) *So* W, W*, U (*doch* U sverþi = svarði R *u. Ausg.*) —
eið (*so* W*) *f.* W, R *Ausg.* — 6) at skal (*verschr.* = hann) skal fá af
svartaálfum at þ. g. hadd af gulli til handa Sifju þann er *u. w.* U. —
7) héto U. — 8) er G. átti W* — ok geir. G. er O'ðinn á U. —
9) *verschr. in* R. — 10) *So* W *u.* (*nachgetragen in*) R, Börkr H — *nur*
við dverginn U. — 11) *So* W, W*, *erste Hand in* R — Sindri *jün-*
gere Hand in R, *darnach Ausg.* — *in* U *fehlt der Namen beider Zwerge.* —
12) *So* R, U (hv. bróþir dvergsins mundi gert geta jamgóþa gripi sem
þ. voru aþra III) *u. Ausg.* — þr. *fehlt* W, W*. — 13) Ok U. — 14)
So W; *in* R *in* Sindri (*so Ausg.*) *geändert, vgl.* [11]) — þ. l. dverginn
U. — *Vgl. auch* Þrymlur I, 6 Eitra dvergr er Atli hét. — 15) *So*
W, W* — br. sinn *fehlt* R (*u. Ausg.*) — U *nur:* ok b. blása at. —
16) ok l. eigi blástrinum fyrr U. — 17) *So* W, W*, U *Ausg.* — at
R. — 18) afl. *fehlt* U. — 19) *So* W *u.* (*ohne* er) W* — er h. lagði
í R, *Ausg.* — er h. hafþi í látið aflinn U. — 20) *So* W, W* — er
h. gekk R *u. Ausg.* — ok þ. geck h. (or sm.; en sem hinn blés) H —
ok þ. h. v. útgenginn (ok hinn bl.) U. — 21) *So* W, W* — á h.
hánum R *u. Ausg.* — á hann U. — 22) kr. hann U. — 23) kom
til ok tók U. — 24) *So* W, W* (*doch* bustin *mit* U) — or gulli R
u. Ausg. — or g. á U. —

baŏ hann þá²⁵) blása, ok láta eigi falla blástrinn fyrr²⁶), en hann kvæmi aptr; gekk hann á brott²⁷), en²⁸) þá kom flugan ok settiz á háls hánum ok kroppaŏi nú hálfu fastara²⁹); en hann blés þar til er smiŏrinn tók or aflinum gullhring þann er Draupnir er kallaŏr³⁰). þá lagŏi hann járn í aflinn ok 5 baŏ hann blása, ok sagŏi at ónýtt mundi verŏa, ef blástrinn felli³¹). þá settiz flugan milli augna hánum ok kroppaŏi hvarmana; en er blóŏit fell í augun, svá at hann sá ekki³²), þá greip hann til hendinni³³) sem skjótast, meŏan belgrinn lagŏiz niŏr, ok sveipaŏi³⁴) af sér flugunni ok þá kom þar 10 smiŏrinn ok³⁵) sagŏi, at nú³⁶) lagŏi³⁷) nær, at allt mundi ónýtaz, er í aflinum var. þá tók hann or aflinum hamar, fekk hann þá alla gripina í hendr bróŏur sínum Brokk³⁸) ok baŏ hann fara meŏ til A'sgarŏs³⁹) ok leysa veŏjunina⁴⁰). En er þeir Loki báru fram⁴¹) gripina, þá settuz æsirnir á 15 dómstóla ok skyldi þat atkvæŏi standaz, sem segŏi O'ŏinn, þórr ok Freyr⁴²). þá gaf Loki O'ŏni geirinn Gungni, en þór haddinn, er Sif skyldi hafa, en Frey Skíŏblaŏni ok sagŏi skyn á ǫllum gripunum⁴³): at⁴⁴) geirrinn nam aldri staŏar í lagi⁴⁵); en haddinn var holdgróinn⁴⁶), þegar er hann kom 20 á hǫfuŏ Sif; en Skíŏblaŏnir hafŏi byr þegar er segl kom á lopt, hvert er fara skyldi⁴⁷), en mátti vefja saman sem dúk⁴⁸)

---

25) þá *fehlt* R, U, *Ausg.* — 26) *So* W, W* — ok hætta e. f. blæstrinum R *u. Ausg.* U *nur* blása þar til (er h. k. til.) — 27) *So* W, brott W* — gekk á braut R *u. Ausg.*, gekk *u. w. fehlt* U. — 28) en *f.* U. — 29) ok kropaŏi (*so stets*) h. fastara en it fyrra sinn U. — 30) *So* W, W* — Dr. heitir R, U *u. Ausg.* — 31) segir at ónýtt mun ef h. lætr falla blástrinn U. — 32) þá s. fl. á millum augna honum ok kropaþi svá at h. sá ekki U. — 33) hendi sinni U. — 34) *So* W, W*, sveipti U, R *u. Ausg.* — svipti H. — 35) *So* W, W*, (*ähnl.* U) *u. Ausg.*, *nur* AM. sm. at, sagŏi *nach* R. — 36) *So* R *u. Ausg.*, þá W, W*. — 37) *So* W, R — lá W*, lægi H — *Hier u. im Fg. U:* sagŏi, nær hava at ónýtaz oll smiþin í aflinum. — 38) ok *f.* alla gr. honum í h. breþr sínum U. — 39) *f.* til A'sg. meŏ gripina U. — 40) *So* W (W* *undeutlich*) — veŏjunna R *u. Ausg.* — at leysa (lýsa H) veþjan (veŏjun H) sína (sinni H) U, H. — 41) saman U, H. — 42) *So* W, W* *u. Jónss.*, (*ohne* ok) R *u. übr. Ausg.* — standaz, er O'þ. lagþi á ok Þ. ok Fr. U. — 43) *So* W, W*, U — gripum R *u. Ausg.* — 44) *So* W, R, U — en at W* (geirrinn *verschr. in* R.) — 45) at g. man eigi í hauggvi staŏ nema U (*ähnl.* H.) — 46) holdfastr H. — 47) byrt hvert er f. sk. ok segl kom upp U. — 48) s. d. *fehlt* U. —

ok hafa í pungi sínum[49]), ef þat vildi. þá bar Brokkr fram
sína gripi[50]), hann gaf O'ðni hringinn ok sagði, at ina níundu
hverja nótt mundi drjúpa af hánum átta hringar, jafnhǫfgir
sem hann; en Frey gaf hann gǫltinn ok sagði, at hann
5 mátti[51]) renna lopt ok lǫg, nótt ok dag, meira en hverr
hestr[52]), ok aldri varð[53]) svá myrkt af nótt eða í myrkheimum[54]), at eigi væri œrit ljós[55]) þar er hann fór[56]), svá
lýsti af burstinni. þá gaf hann Þór hamarinn[57]) ok sagði,
at hann mundi mega ljósta svá stórt sem hann vildi, hvat
10 sem fyrir væri[58]), at eigi mundi hamarrinn bila[59]), ok ef
hann yrpi[60]) hánum til, þá mundi hann aldri missa, ok aldri
fljúga[61]) svá langt, at eigi mundi hann sœkja heim hǫnd[62]);
ok ef hann þat[63]) vildi, þá var hann[64]) svá lítill, at hafa
mátti í serk sér; en þat var lýti á hamrinum, at forskeptit
15 var skamt[65]). Þat var dómr þeira, at hamarrinn var beztr
af ǫllum gripunum[66]), ok mest vǫrn[67]) í[68]) fyrir hrímþursum,
ok dœmdu þeir, at dvergrinn ætti veðféit. þá bauð Loki
at leysa hǫfuð sitt, en dvergrinn sagði[69]), at þess var engi[70])
ván. Taktu mik þá! kvað Loki, en er[71]) hann vildi taka
20 hann, þá var hann víðs[72]) fjarri. Loki átti skúa, þá er
hann mátti renna lopt ok lǫg[73]). þá bað dvergrinn Þór,

---

49) *So* W, W* — í pungi sér U — í pung sér R *u. Ausg.* —
50) *So* W, *ähnl.* R *u. Ausg.* — þá bar dvergrinn saman sína gr. U. —
51) mundi U. — 52) renna nótt ok d. meira en einn hestr l. ok l.
U. — 53) verþr U. — 54) eða í m. *fehlt* U. — 55) *So* W, ljóst
R, U *u. w.* — 56) þ. sem h. er U. — 57) Þór g. h. hamarinn Mjolni
U. — 58) *So* R *u. Ausg.*, v. *fehlt* W — var W*; — sagþi, hann
l. mega svá st. sem h. v. hvat s. fyr. geþi U. — 59) *So* W, W*,
u. (hann bila) U — ok eigi m. R *u. Ausg.* — 60) *So* W, W*, H,
U (*ohne* til), *Pf.* — vyrpi *die Ausg. nach* R. — 61) *So* W, W*, U —
fljúgja R. — 62) sœkja aptr í hönd hánum H. — 63) þat *nur* W,
W*. — 64) mundi h. vera U. — 65) *So* W, W*, hamrinum *fehlt*
R; heldr skamt R (*u. Ausg.*) — h. mjótt H; U (*nach* í serk sér) *nur:*
en lítið var forskeptið. — 66) *So* W, (gripinum) W* — gripum R
u. Ausg. — beztr gripanna U. — 67) horn W*. — 68) í f. U. —
69) *So* W, W* U — h. sitt. Dvergrinn svarar, sagði *Ausg. nach* R. —
70) *So* R, U — eingi (*öfter*) W, W*. — 71) *So* W *u. Ausg.*, er *fehlt*
R, U. — 72) *So* W *u. Ausg.* — víz U, vitz R — víst W*. — 73)
So nach W, W*, R skúa, er h. rann á l. ok l. (*so die Ausg.*) — sk.
þá er h. báro l. o. l. U, *u.* (þá sem) H. —

at hann skyldi [74]) taka hann, en [75]) hann gerði svá; þá vildi dvergrinn høggva af høfuð hans [76]), en Loki sagði at hann átti [77]) høfuðit [78]), en eigi hálsinn. Þa tók dvergrinn þveng ok kníf, ok vill stinga raufar á vørrum Loka, ok vill rifa saman munninn [79]), en knífrinn beit ekki [80]). Þá mælti hann, 5 at betri [81]) væri þar [82]) alr bróður [83]) hans, en jafnskjótt sem hann nefndi hann, þá var þar alrinn [84]), ok rifaði [85]) hann saman varrarnar ok reif [86]) or æsunum. Sá þvengr, er muðrinn Loka var saman rifaðr með [87]), heitir Vartari [88]). —

XXXVIII. Hér má þat heyra, at kallat er orð eða [1]) 10 rødd jøtna gullit, svá fyrr er sagt [2]). Svá kvað Bragi skáld [3]):

(c) Þaun átta ek vin verstan [4])
    vazt [5]) rødd, en mér baztan [6]),
    Ala [7]) undirkúlu [8])
    óniðraðan [9]) þriðja.

Hann kallaði stein vazta undirkúlu [10]), en jøtun Ala [11]) steins-ins, en gull rødd [12]) jøtuns.

---

74) *So* R, U *u. w.* — skal W, W*. — 75) ok U. — 76) *So* U *u.* (*ohne* af) W, W* — h. af Loka höfut R *u. Ausg.* — 77) *So* W, R — ætti W*, á U. — 78) *So* W, W*, U — höfut R *u. Ausg.* — 79) *So* W *u.* (rauf) R *u. Ausg.* — þv. ok kníf, ok v. rifa *s.* varrar Loka, ok vill stinga raufar á vorrunum U, *ähnl.* H. — 80) eigi (ei) á U, H. — 81) betur W*, betr H. — 82) þar *f.* U. — 83) *So* W *u. Ausg.* — bróþr U — bróðir R, W*. — 84) ok svá skj. sem h. nefndi þá kom hann U. — 85) *So* W, W* — alrinn, ok beit hann varrarnar; rifjaði R *u. Ausg.* — *ähnlich* U (*doch* rifaþi = W). — 86) *So* W, R — en Loki reif U, H. — 87) *So* W, W*, H *u.* (*ohne* með) R *u. Ausg.* — sá þv. er munnr L. er s. saumaðr með U. — 88) Vartán H. —

XXXVIII. 1) orð eða *f.* W*. — 2) *Vgl. oben* Bragar. C. LVI *zu Ende.* — 3) *In* U (*AM* II, 320) *nur* (*im Anschluss an das dort Vorhergehende*) orþ eþa ráþ jotna sem fyrr var sagt. Svá kv. Br. — 4) *So* W, U, vestan W* — vísarstan *AM nach* R. — 5) *So* (vatzt rodd) U, vatz rauðla R — vazta *Rk.* — vast *Eg. Jónss.* — vaz W, W* (vaz *auch AM*). — 6) ok m. bextan U. — 7) *So Eg., Jónss. AM,* Ala *Rk.* — 8) *So* kolu (*auch unt.*) W*. — 9) *So* W, W*, *Ausg., nur AM* óniðjaðan *nach* R, U (*vgl. AM* II, 321). — 10) *So* (*oder* vasta) *Rk., Eg., Jónss.* — H. k. vazta und. steininn *AM*; *die Hss.* (hann kallar sæinn vazta und. U; h. kallaði stein vazta und. steininn W, W*, R) *jedenfalls verderbt.* — 11) *So* W, W*, U (ala steins) *Ausg.,* A'sa R. — 12) ráþ U. —

XXXIX [1]). Sú er sǫk til þess, at gull er kallat otrgjǫld;
svá er sagt, at þrír [2]) æsir fóru at kanna heim allan [3]), O'ðinn
ok Loki ok Hœnir; þeir kvámu [4]) at á nǫkkurri ok gengu
með ánni til fors nǫkkurs [5]), ok við forsinn [6]) var otr einn,
5 ok hafði tekit lax or forsinum ok át blundandi [7]). Þá tók
Loki upp stein [8]), ok kastaði at otrinum [9]) ok laust í hǫfuð
hánum; þá hrósaði [10]) Loki veiði sinni, at hann hefði veitt
í einu hǫggvi [11]) otr ok lax; tóku þeir þá laxinn ok otrinn
ok báru með sér [12]), kvámu þá at bœ nǫkkurum [13]) ok gengu
10 inn, en sá búandi er nefndr Hreiðmarr, er þar bjó; hann
var mikill fyrir sér ok mjǫk fjǫlkunnigr [14]); beidduz æsir at
hafa þar náttstað [15]), ok kváðuz hafa með sér vist œrna [16])
ok sýndu búandanum veiði sína. En er Hreiðmarr sá otrina,
þá kallaði hann sonu sína [17]) Fáfni ok Regin, ok segir,
15 at Otr, bróðir þeira, var drepinn [18]), ok svá hverir þat hǫfðu
gert [19]). Nú ganga [20]) þeir feðgar at ásunum, ok taka þá
hǫndum ok binda, ok segja þá um otrinn, at hann var sonr
Hreiðmars [21]). Aesir bjóða fyrir sik fjǫrlausn [22]) svá mikit
fé sem Hreiðmarr sjálfr vill ákveða [23]) ok varð þat at sætt

---

XXXIX. 1) *Ueberschr. in* U: (*AM.* II, 359) Loki drap Otr son
Hreiþmars. — *Im* W, W* *fehlen urspr. dies und die drei fg.* CC., *sind
aber von weit späterer Hand (vgl. AM* I, 351 [21])) *ergänzt, welche Partie
hier mit* w *unter Aufnahme nur der wichtigsten Var. bezeichnet ist.* —
2) *Conjectur von Rk., durch* H *bestätigt, so auch AM u. übr. Ausg.* —
þá er R, þá w. — 3) at k. h. a. *fehlt* H; U: Þat er sagt, at æsir
fóro at kanna heim, (Loki. O'þ., Hæn.) — 4) gengu U. — 5) ok
gengu í fors nockurn (?) U. — 6) ok þar v. U. — 7) ok át bl. *fehlt*
U, H (U *vorher* lax einn). — 8) st. einn U. — 9) *Das Fg. in* U,
kom í haufuþit, ok hafþi hann þegar bana (*so auch* H.) — 10) L.
hrósar U. — 11) *So* R, hauggi U. — 12) t. þ. otr. ok lax, báro
eptir sér U. — 13) *So* R (*u. ohne* þá) U — komu at kvelldi til
bæjar nokkurs w, *vgl. L. E.* (*Hild.*) *S.* 186, 13. — 14) g. inn, þar
bjó Hr. bóndi mikill ok fjolk. U. — 15) nátturþar dval eða náttst.
U. — 16) vistina U. — 17) kallar hann á s.s. U. — 18) veginn
U. — 19) ok svá hverr þat hefir g. U. — *In* H *folgt hier noch:* Otr
hafði verit veiðimaðr mikill ok umfram aðra menn, ok var í otrs
líki ok var innan (jafnan? *AM*) á ánni ok bar upp fiska með munni
sér ok færði fóður sínum, ok var honum þat mikill styrkr; því þótti
Hreiðmari skaði mikill eptir sun sinn. — 20) *So* U, w, *Ausg.* —
gangi R. — 21) segja at otrinn var s. Reiðmars U. — 22) *So* U,
Pf. -laustu *die Ausg. nach* R. — f. sik *f.* U. — 23) vill hafa ok
ákveða w — svá mikla sem Reiþmarr vill U. —

með þeim ok bundit [24]) svardǫgum. þá var otrinn fleginn,
tók Hreiðmarr otrbelginn ok mælti við þá, at þeir skulu
fylla belginn af rauðu gulli ok svá hyljan hann allan, ok
svá skal þat vera at sætt þeira [25]). þá sendi O'ðinn Loka
í [26]) Svartálfaheim [27]), ok kom hann til dvergs þess er heitir 5
Andvari [28]); hann var fiskr í vatni [29]), ok tók Loki hann
hǫndum, ok lagði á hann fjǫrlausn allt [30]) gull, þat er hann
átti í steini sínum; ok er þeir koma í steininn, þá bar dvergrinn fram allt gull, þat er hann átti, ok var þat allmikit
fé [31]). þá svipti dvergrinn undir hǫnd sér einum litlum gull- 10
baug [31]), þat sá Loki ok bað hann fram láta bauginn. Dvergrinn bað hann eigi taka af sér bauginn [33]), ok léz mega œxla
sér fé af bauginum [34]), ef hann heldi [35]). Loki kvað hann
eigi skyldu hafa einn penning eptir [36]), ok tók bauginn af
hánum ok gekk út; en dvergrinn mælti, at sá baugr skyldi 15
vera hverjum hǫfuðsbani, er [37]) átti. Loki segir, at hánum
þótti þat vel, ok sagði at þat skyldi haldaz mega fyrir því,
sá formáli, at hann skyldi flytja þeim til eyrna, er þá tœki
við [38]). Fór hann braut til Hreiðmars, ok sýndi O'ðni gullit,
en er hann sá bauginn, þá sýndiz hánum afar fagr [40]), ok tók 20
hann af fénu, en greiddi Hreiðmari gullit [41]). þá fylldi hann [42])
otrbelginn sem mest mátti [43]) hann, ok setti upp, er [44]) fullr
var; gekk þá O'ðinn til ok skyldi hylja belginn með gullinu,
ok þá mælti [45]) hann við Hreiðmar, at hann skal ganga til
ok sjá [46]), hvárt belgrinn er þá allr huldr [47]); en Hreiðmarr [48]) 25

---

24) binda U. — 25) með þeim U. — 26) ofan í H. — 27) þá
mællti O'þinn at L. skylldi fara í Sv. U — 28) *So Ausg. nach w u.*
L. E., Andvarri U, Andþvari *hier* R. — 29) h. var svá margkunnigr,
at h. var stundum f. í vatni U. — 30) fjorl. at h. skylldi greiþa allt
þat gull, er U. — 31) *Das hier nach* í st. sínum *Fg. fehlt in* U. —
32) *So* R, U — baugi H. — 33) *So* U, taka eigi *AM, vgl. die Note.* —
34) sœkja sér fjár af baug. w. — 35) ef *u. w. fehlt* U. — 36) einn
peing. U. — 37) sk. verþa at bana hverjum (þeim H) er ætti U, H. —
38) *So* R (*etwa* at f. því sk. h. m. sá form.) *vgl.* U ok sagþi því
halldaz mega þann formála, at h. mundi flytja þeim til handa er hava
skylldi ok þá tæki við (H *nach* segir *nur:* þat haldaz mega, sá einn
myndi viðtaka). — 39) í brott U. — 40) avar fagr U, hann ærit f. H. —
afar *f.* R, w. — 41) en gr. Hr. g, *fehlt* U, H. — 42) Hr. fylldi nú U,
H. — 48) má U. — 44) síþan er U. — 45) mælir U. — 48) *So*
U, w. — ganga til ok *fehlt* R, H (*wo* skoða = sjá) *u. Ausg.* — 47) hv.
eigi er hulþr U. — 48) en Hr. *scheint in* U (*nur:* leit á vandl.) *ausgefallen.* —

leit til ok hugꝹi at vandliga, ok sá eitt granahár, ok baꝺ
þat hylja, en at Ꝺrum kosti væri lokit⁴⁹) sætt þeira⁵⁰).
þá dró O'ꝺinn fram bauginn⁵¹) ok huldi granahárit ok sagꝺi,
at þá váru þeir lausir frá otrgjꝹldunum⁵²). En er O'ꝺinn
5 hafꝺi tekit geir sinn⁵³), en Loki skúa sína ok þurftu⁵⁴) þá
ekki at óttaz, þá mælti Loki⁵⁵), at þat skyldi haldaz, er
Andvari hafꝺi mælt⁵⁶), at sá baugr⁵⁷) skyldi verꝺa þess bani
er átti⁵⁸), ok helz þat⁵⁹) síꝺan. Nú er þat sagt, af hverju⁶⁰)
gull er otrgjꝹld kallat, eꝺa nauꝺgjald ásanna eꝺa rógmálmr.
10 XL¹). Hvat er fleira²) at segja frá gullinu? Hreiꝺmarr
tók þá gullit at sonargjꝹldum, en Fáfnir ok Reginn beidduz
af nꝹkkurs³) í bróꝺurgjꝹld. Hreiꝺmarr unni þeim enskis
pennings af gullinu⁴). þat⁵) varꝺ óráꝺ þeira brœꝺra, at
þeir drápu fꝹꝺur sinn til gullsins. þá beiddiz Reginn, at
15 Fáfnir skyldi skipta gullinu í helminga meꝺ þeim. Fáfnir
svarar svá at lítil ván var, at hann mundi miꝺla gullit viꝺ
bróꝺur sinn, er hann drap fꝹꝺur sinn til gullsins, ok baꝺ
Regin fara braut, en at Ꝺrum kosti mundi hann fara sem
Hreiꝺmarr. Fáfnir hafꝺi þá tekit hjálm, er Hreiꝺmarr hafꝺi
20 átt, ok sétti á hꝹfuꝺ sér, er kallaꝺr var Oegis-hjálmr, er Ꝺll
kvikvendi hræꝺaz er sjá, ok sverꝺ þat er Hrotti heitir. Reg-
inn⁶) hafꝺi þat sverꝺ, er Refill⁷) er kallaꝺr, flýꝺi hann þá
braut, en Fáfnir fór upp á Gnítaheiꝺi, ok gerꝺi sér þar ból
ok bráz í ormslíki ok lagꝺiz á gullit⁸).
25 Reginn fór þá til Hjálpreks konungs á þjóꝺi ok gerꝺiz

---

49) *So* R, U, *Ausg.* — rofin w. — 50) þ. *fehlt* U. — 51) Dregr
O'þ. nú fr. hringinn U. — 52) *So* R — var hann lauss (*auch* H) frá
gjalldino U. — 53) geirinn U. — 54) *So* U, *Jónss.*, *Pf. u.* (þurptu)
R, *Rk.*, *AM, Eg.* — (*ohne* ok) þurftu þeir H. — 55) þá mæler O'þinn
U. — 56) m. um U. — 57) *So* U, H — ok þat gull *fügt* R *hinzu*
(*so auch die Ausg.*) — 58) ætti U, H. — 59) þ. h. U — þat h. þat
R. — 60) hví (gullit heitir) U, því H. — *Vgl. auch AM* II, 321. —
XL. 1) *Für dies u. die fgg. CC. finden sich in* U *nur noch die*
Worte: Nú tók Hreiþmarr gullit at sonargjolldum, en Fáfnir ok Reg-
ins (*so?*) beidduz af nockurs í bróþrgjolld. þeir drápo fauþr sinn,
Fáfnir lagþiz á feit ok varþ at ormi, en Reginn fór á brótt. — 2) meira
H. — 3) *So* R, U — b. n. af fénu H. — 4) Hr. synjaꝺi þverlega
U. — 5) þá v. þat H. — 6) Reginn *u. w. bis* Fáfnir *incl. fehlt* H. —
7) *Dieses Schwert wird* Fáfn. *Prosa nach Str.* 26 Riꝺill *genannt.* —
8) ok hér af er þat svá víꝺa viꝺ hann kennt *fügt* H *hinzu.* —

þar smiðr hans, þá tók hann þar til fóstrs Sigurð, son Sigmundar (sonar Vǫlsungs) ok son Hjǫrdísar dóttur Eylima.
Sigurðr var ágætastr allra herkonunga af ætt ok afli ok
hug; Reginn sagði hánum til, hvar Fáfnir lá á gullinu ok
eggjaði hann á sœkja gullit. þá gerði Reginn sverð, þat er 5
Gramr heitir[9]), þat er[10]) svá hvast var, at Sigurðr brá niðr
í rennanda vatn, ok tók í sundr ullarlagð, er rak fyrir strauminum at sverðsegginni. því næst klauf Sigurðr steðja Regins ofan í stokkinn með sverðinu. Eptir þat fóru þeir Sigurðr
ok Reginn á Gnítaheiði; þá gróf Sigurðr grǫf á veg Fáfnis 10
ok settiz þar í. En er Fáfnir skreið til vatns, ok hann kom
yfir grǫfna, þá lagði Sigurðr sverðinu í gǫgnum hann, ok
var þat hans bani. Kom þá Reginn at ok sagði, at hann
hefði drepit bróður hans, ok bauð hánum þat at sætt, at
hann skyldi taka hjarta Fáfnis ok steikja við eld, en Reginn 15
lagðiz niðr ok drakk blóð Fáfnis ok lagðiz at sofa. En er
Sigurðr steikti hjartat, ok hann hugði, at fullsteikt mundi,
ok tók á fingrinum, hvé hart var; en er frauðit rann or
hjartanu á fingrinn, þá brann hann ok drap fingrinum í
munn sér; en er hjartablóðit kom á tunguna, þá kunni hann 20
fuglsrǫdd ok skildi, hvat igðurnar sǫgðu, er sátu í viðnum;
þá mælti ein:

    (Fáfn. 32) þar sitr Sigurðr,
           sveita stokkinn,
           Fáfnis hjarta
           við funa steikir;
           spakr þœtti mér
           spillir bauga,
           ef fjǫrsega[11])
           fránan æti[12]).

    (Fáfn. 33) þar liggr Reginn, (kvað ǫnnur[13]))
           ræðr um við sik,

---

    9) *So* w, *Eg.*, *Jónss.*, *Pf.* — heitir *fehlt* R, *Rk.*, *AM.* — 10) at
Hss. u. Ausg.; er *Pf.* — þat er *nach* L. E. (*Hild.*) *S.* 190ᵃ Z. 7. —
11) ef hann f. L. E. (*vgl. Hild.*) — 12) *So die Ausg. nach* L. E., ætti
R, w. — 13) *Die eingekl. Worte*, *natürlich nicht zum Verse gehörig*,
fehlen in der L. E. — *Ihnen entnimmt jedoch Hild. die Ueberschr. zu*
Fáfn. 33: Ǫnn. kv. —

vill tæla mǫg
þann er trúir hánum;
berr af reiði
rǫng [14]) orð saman,
vill bǫlva-smiðr
bróður hefna!

þá gekk Sigurðr til Regins ok drap hann, en síðan til
hests síns, er Grani heitir, ok reið til þess er hann kom
til bóls Fáfnis, tók þá upp gullit ok batt í klyfjar, ok lagði
upp á bak Grana, ok steig upp sjálfr, ok reið þá leið sína.
5 Nú er þat sagt, hver saga er til þess, er gullit er kallat
ból eða bygð Fáfnis [15]), eða málmr Gnítaheiðar eða byrðr
Grana [16]).

　　XLI. þá reið Sigurðr til þess er hann fann á fjallinu
hús; þar svaf inni ein kona, ok hafði sú hjálm ok brynju;
10 hann brá sverðinu ok reist brynjuna af henni, þá vaknaði
hón ok nefndiz Hildr; hón er kǫlluð Brynhildr ok var
valkyrja. Sigurðr reið þaðan ok kom til þess konungs er
Gjúki hét, kona hans er nefnd Grímhildr, bǫrn þeira váru
þau: Gunnarr, Hǫgni, Guðrún, Guðný; Gotthormr [1]) var
15 stjúpsonr Gjúka. þar dvaldiz Sigurðr langa hríð, þá fekk
hann Guðrúnar Gjúkadóttur, en Gunnarr ok Hǫgni sóruz í
brœðralag við Sigurð. því næst fóru þeir Sigurðr ok Gjúkasynir, at biðja Gunnari konu, til Atla Buðlasonar, Brynhildar
systur hans; hón sat á Hindafjalli, ok var um sal hennar
20 vafrlogi, en hón hafði þess heit strengt [2]), at eiga þann
einn mann, er þorði at ríða vafrlogann. þá riðu þeir Sigurðr ok Gjúkungar (þeir eru ok kallaðir Niflungar) upp á
fjallit, ok skyldi þá Gunnarr ríða vafrlogann; hann átti hest
þann er Goti heitir, en sá hestr þorði eigi at hlaupa í eldinn.
25 þá skiptu þeir litum Sigurðr ok Gunnarr ok svá nǫfnum [3]),

14) *So die Hss. u. Ausg., bei Hild.* vreiði, vröng. — 15) *So
die Ausg.: einige Var. aus R u. H bei AM I, 360. — Für hver saga
er til þess möchte man nach dem Anf. von C. XXXIX Sú er sök til
þess fast vermuthen hver sök u. w., doch vgl. C. XLIII til þess er saga
u. w. — 16) In Hβ (vgl. AM I, VII) noch: skattr ok rógr Niflunga. —
　　XLI. 1) So (oder Gutth-) wie es scheint die Hss., vgl.* [12]), *desgl.
Rk., AM, Guth. Pf. — Goþormr Eg., Jónss.; vgl. das Wb. — Zur
Sache vgl. Hyndl. 27. — 2) strengt þat heit w. — 3) So R u. AM,
vopnum w, desgl. (oder vápnum) die übr. Ausg. —*

því at Grani vildi undir ønguin manni ganga nema Sigurði.
þá hljóp Sigurðr á Grana ok reið vafrloganu; þat kveld
gekk hann at brúðlaupi með Brynhildi, en er þau kvámu
í sæing, þá dró hann sverðit Gram or slíðrum ok lagði
í milli þeira. En at morni, þá er hann stóð upp ok 5
klæddi sik, þá gaf hann Brynhildi at línfé gullbauginn,
þann er hann tók á Gnítaheiði, en Loki [4]) hafði tekit af
Andvara, en tók af henni annan baug til minja. Sigurðr
hljóp þá á hest sinn ok reið til félaga sinna; skipta þeir
Gunnarr þá aptr litum ok fóru aptr til Gjúka með Brynhildi. 10
Sigurðr átti tvau bǫrn með Guðrúnu, Sigmund ok Svanhildi. — Þat var eitt sinn, at Brynhildr ok Guðrún gengu
til vatns at bleikja hadda sína; þá er þær kómu til árinnar,
þá óð Brynhildr út á ána frá landi ok mælti, at hón vildi
eigi bera í hǫfuð sér þat vatn, er rynni or hári Guðrúnu, 15
því at hón átti búanda hugaðan betr. Þá gekk Guðrún á
ána eptir henni ok sagði, at hón mátti fyrir því þvá ofar
sinn hadd í ánni, at hón átti þann mann, er engi annarr [5])
í verǫldu var jafnfrœkn, því at hann vá Fáfni ok Regin ok
tók arf eptir þá báða [6]). Þá svarar Brynhildr: meira var 20
þat [7]) vert, er Gunnarr reið vafrlogann, en Sigurðr þorði
eigi. Þá hló Guðrún ok mælti: ætlar þú, at Gunnarr riði
vafrlogann? Sá ætla ek at gengi í rekkju hjá þér', er mér
gaf gullbaug þenna; en sá gullbaugr, er þú hefir á hendi,
ok þú [8]) þátt at línfé, hann er kallaðr Andvaranautr, ok 25
ætlak [9]), at eigi sótti Gunnarr hann á Gnítaheiði. Þá þagnaði Brynhildr ok gekk heim. Eptir þat eggjaði hón Gunnar
ok [10]) Hǫgna at drepa Sigurð, en fyrir [11]) því at þeir váru
eiðsvarar Sigurðar, þá eggjuðu þeir til Gutthorm [12]) bróður
sinn at drepa Sigurð; hann lagði Sigurð sverði í gǫgnum 30
sofanda [13]), en er hann fekk sárit, þá kastaði hann sverðinu

---

4) So w, hann — en fehlt R u. Ausg. — 5) So w — er eigi
...... ok engi annarr R; die Lücke von Rk. durch Gunnarr ergänzt, so auch die Ausg.; doch vgl. AM I, 362 [3]). — 6) So Fr. (=
Fragm. membr. AM 1 eβ Fol.) — b. þá R u. Ausg. — 7) þat þó v.
Fr. — 8) hefir — þú f. Fr. — 9) So R, ætla ek Fr. — 10) G. til
ok Fr. — 11) fyr. f. Fr. — 12) So Fr., vgl. oben [1]). — 13) ok
Gutth. l. S. s. sv. í g. Fr. —

Gram eptir hánum ¹⁴), svá at sundr sneit í miðju manninn ¹⁵).
þar fell ¹⁶) Sigurðr ok sonr hans þrívetr er Sigmundr hét,
er þeir drápu ¹⁷). Eptir þat lagði Brynhildr sik sverdi í
gegnum ok var hón brend með Sigurði. En Grunnarr ok
5 Hǫgni tóku þá Fáfnisarf ok Andvaranaut ok réðu þá
lǫndum ¹⁹).

XLII. Atli konungr Buðlason, bróðir Brynhildar, fekk
þá Guðrúnar, er Sigurðr hafði átta, ok áttu þau bǫrn saman ¹).
Atli konungr bauð til sín Gunnari ok Hǫgna, en þeir fóru
10 at heimboðinu. En aðr þeir fóru heiman, þá fálu þeir gullit
Fáfnisarf í ánni Rín ²), ok hefir þat ³) gull aldri síðan fundiz.
En Atli konungr hafði þar mikit lið fyrir ⁴), ok barðiz við
Gunnar ok Hǫgna ⁵), ok urðu þeir handteknir; lét Atli konungr ⁶) skera hjarta or Hǫgna ⁷ᵃ) kvikum ⁷ᵇ), var þat hans
15 bani. Gunnari lét hann kasta í ormgarð, en hánum var
fengin leyniliga harpa, ok sló hann með tánum, því at hendr
hans váru bundnar ⁸), svá at allir ormarnir sofnuðu, nema
sú naðra ⁹) er rendi at hánum ok hjó svá fyrir flagbrjóskat ¹⁰),
at hón steypti hǫfðinu inn í holit, ok hangði ¹¹) hón á lifrinni,
20 þar til er hann dó. Gunnarr ok Hǫgni eru kallaðir Niflungar ok Gjúkungar, fyrir því er ¹²) gull kallat Niflunga skattr
eða arfr ¹³). Litlu síðar drap Guðrún tvá sonu sína, ok lét
gera með gulli ok silfri borðker af hausum þeira, ok þá
var gert erfi Niflunga. At þeiri veizlu lét Guðrún skenkja
25 Atla konungi með þeim borðkerum mjǫð, ok var blandit við
blóði sveinanna, en hjǫrtu þeira lét hón steikja ok fá kon-

---

14) þá greip hann sverðit Gram ok kast. ept. h. Fr — 15)
mann. í m. Fr. — 16) dó Fr. — 17) hann dr. þeir Fr. — 18) *So*
Fr. w. — í gegn. *fehlt* R *u. Ausg.* — 19) þá *f.* Fr., *doch folgt hier*
noch ein Passus, der in den Ausg. (nach R) *sich erst C.* XLII *gegen*
Ende findet, vgl. dort ⁶¹).
    XLII. 1) *So* Fr., saman *f.* R, w, *Ausg.* — 2) *So* Fr., ánni *f.*
R, w, *Ausg.* — 3) þat *in* Fr. *ausgefallen.* — 4) *So* (þ. f. m. l.) Fr.,
mikit *fehlt* R, w., *Ausg.* — 5) b. v. þá H. ok Gunnaa (*so ?*) Fr. —
6) lét hann sk. Fr. — 7ª) or Haugnr (?) Fr. — 7ᵇ) *So* Fr., kykvum
R. — 8) bunnar Fr., *wo es dann heisst:* En svá lék hann hörpuna,
at allir *u. w.* — 9) sú ein n. Fr. — 10) *So* R *u.* Fr. — ß-it *Ausg.*
nach w. — 11) *So* R, Fr. *u. Ausg.* — hekk w, *Pf.* — 12) f. því
at Fr. — 13) *Vgl.* XL ¹⁶). —

ungi at eta; en er þat var gert, þá sagði hón hánum sjálfum
með morgum ófogrum orðnm þessi tíðindi [14]). Eigi skorti
þar áfengan [15]) mjoð [16]), svá at flest [17]) fólk sofnaði þar sem
sat. A' þeiri nótt gekk hón til konungs, er hann svaf, ok
með henni sonr Hogna ok vágu at hánum [18]); þat var [19]) 5
hans bani. þá skutu þau eldi á hollina, ok brann þat fólk,
er þar var inni [20]). Eptir þat fór [21]) hón til sjóvar ok hljóp
á sæinn ok vildi týna sér [22]), en hana rak yfir fjorðina, kom
þá at þat land, er átti Jónakr konungr. En er hann sá
hana, tók hann hana til sín ok fekk hennar; áttu þau þrjá sonu, 10
er svá heita [23]): Sorli, Hamdir [24]), Erpr; þeir váru allir svartir sem
hrafn á hárslit, sem Gunnarr ok Hogni ok aðrir Niflungar.

þar fœddiz upp Svanhildr, dóttir Sigurðar sveins, hón
var allra kvenna fegrst [25]). þat spurði Jormunrekr [26]) konungr inn ríki; hann sendi son sinn Randver [27]) at biðja 15
hennar sér til handa. En er hann kom til Jónakrs [28]), þá
var Svanhildr seld hánum í hendr, skyldi hann fœra hana
Jormunrek [29]). þá sagði Bikki [30]), at þat var betr fallit, at
Randverr [31]) ætti Svanhildi, er hann var ungr ok bæði þau,
en Jormunrekr var gamall. þetta ráð líkaði þeim vel inum 20
ungum monnum; því næst sagði Bikki [32] þetta konungi. þá
lét Jormunrekr konungr taka son sinn ok leiða til gálga [33]);
þá tók Randverr hauk sinn ok plokkaði af fjaðrarnar [34]),
ok bað senda [35]) feðr sínum; þá [36]) var hann hengðr. En
er Jormunrekr konungr sá haukinn, kom hánum í hug [37]), 25

---

14) So Fr. (wo sjálf. fehlt) þ. tíð. fehlt R, w u. Ausg. — 15)
So Hss. u. AM, áfenginn (oder -in) die übr. Ausg. — 16) dryck Fr. —
17) fl. fehlt Fr. — 18) So Ausg. nach R, w — in Fr. noch þar er
hann sat. — 19) ok varð þ. Fr. — 20) ok br. þat allt inni er þ. var
Fr. — 21) snðri Fr. — 22) dreckja sér Fr. — 23) So (þr. sonu þá er) Fr.
u. w.; — hétu die Ausg. — 24) Hamðir Hss. u. Ausg., Hamdir Pf. —
25) So R, frægst Fr. — 26) So Jónss. (Hild.) u. (doch -rekkr) Pf. — Jorm-
unrekkr Eg., Jórm. AM, Rk. (so w, doch -rekr) — Ermenrekr (immer)
Fr. — 27) So w, Randve R, Fr. Ausg., doch vgl. [31]). — 28) So Fr. —
borgar fehlt R, w u. Ausg. — 29) selld í h. Randve at fœra hana Erm.
konungi Fr. — 30) jarl fügt Fr. hier u. [32]) zu Bikki — 31) So hier auch
R, vgl. [27]) u. das Wb. — Randver Fr., w u. Ausg. — 32) S [30]). —
33) þá lét kon. leida son s. til g. Fr. — 34) fjadrirnar Fr. — 35)
senda heim f. Fr. — 36) ok sídan v. Fr. — 37) So R, w, Ausg. —
in Fr. noch hvat hann hafdi gort. —

at svá sem haukrinn var ófleygr ok fjaðrlauss, svá var ok
ríki[38] hans ófœrt, er hann var gamall ok sonlauss[39]. þat
var eitt sinn, er Jǫrmunrekr konungr reið[40] or skógi frá
veiðum með hirð sína[41], at[42] Svanhildr drottning sat at
5 haddbliki; þá riðu þeir á hana ok tróðu hana undir hesta
fótum[43] til bana. — En er þetta spurði Guðrún, þá eggjaði hón sonu sína til hefndar eptir Svanhildi. En er þeir
bjogguz til ferðar, þá fekk hón þeim brynjur ok hjálma svá
sterka, at eigi mundi járn á festa. Hón lagði ráð fyrir
10 þá, at þá er þeir kvæmi til Jǫrmunreks konungs, at þeir
skyldu[44] ganga of nótt at hánum sofanda; skyldi Sǫrli ok
Hamdir hǫggva af hánum hendr ok fœtr, en Erpr hǫfuðit.
En er þeir kvámu[45] á leið, þá spurðu þeir Erp[46], hver liðsemd þeim mundi at hánum, ef þeir hitti[47] Jǫrmunrek kon-
15 ung. Hann svarar[48], at hann mundi veita þeim því líkt sem
hǫnd fœti. Þeir segja, at þat var alls ekki, at fótr styddiz
við hǫnd. Þeir váru svá reiðir[49] móður sinni, er hón hafði
leitt þá út með heiptyrðum[50], at[51] þeir vildu gera þat er
henni þœtti verst, ok drápu Erp[52], því at hón unni hánum
20 mest. Litlu síðarr, er Sǫrli gekk, skriðnaði hann ǫðrum
fœti, studdi sik með hendinni, þá mælti hann: veitti nú hǫndin
fœtinum; betr væri nú at Erpr lifði[53]! En er þeir kvámu
til Jǫrmunreks konungs of nótt, þar sem hann svaf, ok
hjoggu[54] af hánum hendr ok fœtr, svá[55] vaknaði hann ok
25 kallaði á menn sína, bað[56] þá vaka. Þá mælti Hamdir:
af mundi nú hǫfuðit, ef Erpr[57] lifði! Þá stóðu upp hirð-
mennirnir ok sóttu þá[58], ok fengu eigi sótt þá með vápnum.

---

38) So R (doch ok svá var), Fr. (svá v. ok) u. Ausg. — at svá
var w. — 39) sjónlaus(s) w. — 40) So Fr. (doch Ermenr.) — þá
lét Jörmunr. kon., er hann reið R, w u. Ausg. — 41) m. h. s. fehlt
Fr. — 42) So Fr., en R, w. — 43) und. fótum Fr. — 44) sk. þeir
(ohne at) Fr. — 45) koma Fr. — 46) Erp bróður sinn Fr. — 47) at
honum vera, þá er þeir h. Fr. — 48) en h. segir Fr. — 49) En svá v.
þ. reiðir Fr. — 50) þá heiptyrd. útleidt Fr. — 51) So Fr. — ok R,
w, Ausg. — 52) ok dr. þeir E. bróður sinn Fr. — 53) Fr. in anderer Folge mælti h.: betra væri nú at E. bróþir ockar l., því at veitti nú
u. w. — 54) þá hjuggu þ. Fr. — 55) ok vid þat v. Fr. — 56) ok b.
Fr. — 57) E. bróþir ockar Fr. — 58) hirdmenn ok sóttu at þeim
Fr. —

þá kallaði [59]) Jǫrmunrekr, at þá skal berja grjóti [60]); var
svá gǫrt. þar fellu þeir Sǫrli ok Hamdir, þá var ok dauð
ǫll ætt ok afkvæmi Gjúka [61]) — Eptir Sigurð svein lifði [62])
dóttir, er A̓slaug hét, er fœdd var [63]) at Heimis í Hlymdǫlum,
ok eru þaðan ættir komnar stórar. Svá er sagt, at Sigmundr 5
Vǫlsungsson var svá máttugr, at hann drakk eitr, ok sakaði
hann [64]) ekki, en Sinfjǫtli [65]) ok Sigurðr [66]) synir hans váru
svá harðir á húðina [67]), at þá sakaði ekki eitr, þó at [68]) útan
kvæmi á þá bera. því hefir Bragi skáld svá kveðit:

(d) þá er forns Litar flotna
á fangboða [69]) ǫngli
hrǫkkvi-áll [70]) of hrokkinn
hekk Vǫlsunga drekku.

Eptir þessum sǫgum hafa flest skáld ort ok tekit við ýmsa 10
háttu [71]). — — — —

C. XLIII [1]). Hví er gull kallat mjǫl Fróða [2])? Til þess

---

59) kallar Fr. — 60) með grjóti berja (ok s. v. g.) Fr. — 61) *In*
Fr. *noch:* því er brynja kollut klædi eþa váþir Hamdis ok Saurla.
Hér eptir kv. Bragi sk. Knátti *u. w.* (4½ *Str., die auch in* R, w *den*
Schluss des C. bilden.) — *Dagegen findet sich der Passus* Eptir Sigurð
bis á þá bera *in Fr. bereits früher, vgl.* XLI [19]). — 62) l. eptir Fr. —
63) hón var uppf. Fr. — 64) *So* Fr., hann *fehlt* R, w, *Ausg.* — 65)
So Fr. *u. L. E., Ausg., nur AM* Simfjötli *nach* R *u.* Simfœtli w. —
66) *So* Fr., Sinf. sonr hans ok Sigurð *Ausg. nach* R, w. — 67) *So*
(húþina) Fr. *u. Jónss.* — húðna *übr. Ausg. nach* R, w. — 68) *So Rk.*
u. (þótt) Fr. — þó *fehlt* R, w, *übr. Ausg.* — 69) *So* w, *AM, Eg.,*
Jónss. — af angb. R, *Rk.* — 70) *So die Ausg. nach* R, hröcku áll
w. — 71) *So* w — tek. ýmsa þáttu *Ausg.* (doch við ý. þ. *Rk.*) *nach*
R. —

XLIII. 1) *Ausser in* R, Fr., H *u.* Hβ *findet sich dieser Abschnitt*
(doch *in kürzerer Fassung*) *noch* 1) *in* U (*AM* II, 862) Hér segir hví
gull er kallat Fróþa mjol. — Gull er k. mjol Fróþa, því at Fr. konungr
keypti ambáttirnar Fenjo ok Menjo, ok þá fannz kvernsteinn einn
svá mikill í Danmorku, at engi feck dregit; en sú náttúra fylgþi, at
allt mjol, þat er undir var malit, varþ at gullit (*so?*). Ambáttirnar
fengu dregit steininn, konungr lét þær mala gull um hríð; þá gaf
hann þeim eigi meira svefn, en kveþa mátti ljóð eitt. Síþan mólo
þær her á hendr honum; sá var haufþingi fyrir er Mýsingi hét, spek-
ingrṯ mikill. — 2) *in* A (*AM* II, 431) *u. áhnl. in* M (*AM* II, 515);
die Les. der letzteren Hs. (*hier wie bei B*) *in Klammern:* Kvern heitir
(hét) Grotti, er átti Fróði konungr; hón mól hvetvetna (hvatv.) þat

er saga sjá [3]), at Skjǫldr [4]) hét sonr [5]) O'ðins, er Skjǫldungar
eru frá komnir; hann hafði atsetu [6]) ok réð lǫndum þar sem
nú er kǫlluð [7]) Danmǫrk, en þá var kallat [8]) Gotland [9]).
Skjǫlðr átti þann son er Friðleifr hét, er lǫndum réð eptir
5 hann. Sonr Friðleifs [10]) hét Fróði, hann tók konungdóm
eptir fǫður sinn; í þenna tíma réð Augustus [10b]) keisari fyrir
Rómaborgar ríki ok [11]) lagði frið of heim allan [12]); þá var
Kristr borinn. En [13]) fyrir því at Fróði var allra konunga
ríkastr [14]) á norðrlǫndum [15]), þá var hánum kendr [16]) friðrinn
10 um alla danska tungu, ok kalla Norðmenn [17]) þat Fróða-frið.
Engi maðr grandaði þá [18], ǫðrum, þótt hann hitti fyrir sér
fǫðurbana eða bróðurbana [19]) lausan eða bundinn; þá var ok
engi þjófr eða [20]) ránsmaðr, svá at gullhringr lá þrjá vetr
við þjóðveg á Jalangrsheiði [21]). — Fróði konungr sótti heim-
15 boð í Svíþjóð [22]) til þess konungs, er Fjǫlnir er nefndr [23]);

---

er hann villdi, gull ok frið (gull ok sylfr ok aðra hluti.) Fenja ok
Menja hétu ambáttir þær er mólu. Þá tók Mýsingr sækonungr (Mýs.
herkon. tók) Grottu ok lét mala hvíta sallt á skipum sínum (skip
sín) þar til er þau sukku á Petlandz firði. Þar er svelgr síþan,
er sær (því at sjórr) fellr í auga Grottu, þá gnýr sær (sjórr) er hón
gnýr ok þá varð sjórinn salltr. *Diese letztere Prosa geben einige Hrgb.
der L. E. (M., Mb., L.) als Einl. zu den gewöhnl.* Grottasǫngr *genannten 24 Str. dieses C.; B giebt den Text von* R *von* Skjoldr hét að,
desgl. Pf. Ettm.; während Gg. R *u.* Fr. *nach* A *zu ergänzen sucht durch
Aufnahme der hier spationirten Worte.* — 2) Því er *u. w.* Fr. — Gull
er kallat í kenningum bygg, hveiti Fróða, skær eða mjǫll Grottu,
meldr Menju ok Fenju, starf ok verk þeirra Hβ. — 3) sú Fr. —
4) Skjolldungr Fr. (id.) — 5) son Fr. (id.) — 6) atsetur *w.* — 7)
þar er nú heitir Fr. — 8) þá hét Fr. — 9) H (*nach* komnir) enn
þat var Gotland kallat er hann hafði atsetr ok réð þar laundum er
heitir nú Danm. — 10ᵃ) *So* (id.) Fr., Gg., Pf., Jónss. — Frilleifs R,
die übr. nicht A *folg. Ausg.* — 10ᵇ) A'gúst. Eg. Jónss. — 11) *So*
Fr., *die übr. nicht* A *folg. Ausg. alle mit* R í þann tíð er Augustus
keisari l. fr. *u. w.* — 12) um allan h. ok þá Fr. — 13) ok Fr. —
14) ríkastætr R. — 15) á n. um þann tíma H. — 16) *So* R, Fr. —
17) kalla menn Fr. — 18) *So* Fr., þá *fehlt* R *u. Ausg.* — (*Im Fg.
hat* Fr. fyndi = hitti.) — 19) br. eþa foþ. Fr. — 20) né Fr. —
21) *So* Fr., Gg. (*doch* gullhr. einn *nach* R) *B'* — *die übr. Ausg.
nach* R svá at gullhr. einn lá á Jalangrs heiði lengi; *ähnl. auch* w
u. H *mit dem Zusatze* ok vildi enginn upp taka. — 22) *So* Fr.,
H, Gg., Jónss., Pf. — Svíðjóð R *u. übr. Ausg.* — Svidthjód w. —
23) F. hét Fr. —

þá keypti hann ambáttir tvær, er [24]) hétu Fenja ok Menja;
þær váru miklar [25]) ok sterkar. I' þann tíma funduz [26]) í
Danmǫrk [27]) kvernsteinar tveir [28]) svá miklir, at engi maðr
var [29]) svá sterkr at dregit gæti [30]); en sú náttúra fylgði
kverninni, at þat mólz á, er [31]) sá mælti fyrir er mól [32]); sú 5
kvern hét Grotti [33]). Hengikjǫptr er sá nefndr, er [34]) Fróða
konungi [35]) gaf kvernina. Fróði konungr lét leiða ambáttirnar [36]) til kvernarinnar ok bað þær mala gull ok frið ok
sælu Fróða [37]). þá gaf hann þeim eigi lengri hvíld eða
svefn [38]), en meðan [39]) gaukrinn þagði eða ljóð [40]) mátti kveða. 10
þá er sagt, at þær kvæði [41]) ljǫð [42]) þau [43]) er kallat er [44])
Grottasǫngr [45]); ok áðr létti kvæðinu mólu þær her á hendr
Fróða [46]), svá at á þeiri nǫtt kom þar sækonungr sá [47]) er
Mýsingr hét, ok drap hann [48]) Fróða, ok tók þar herfang
mikit; þá lagðiz [49]) Fróða-friðr. Mýsingr hafði með sér 15
Grotta [50]) ok svá Fenju ok Menju, ok bað [50]) þær mala salt,
en [52]) at miðri nótt spurðu þær, ef [53]) eigi leiddiz Mýsingi
salt; hann bað þær mala [54]) lengr. þær mólu litla hríð, áðr
niðr sukku skipin [55]), ok var þar eptr svelgr í hafinu, er

---

24) amb. II þær er Fr. — 25) m. fyrir sér w. — 26) So Fr. —
fannz R, w, Ausg. — vgl. auch U. — 27) í Danmorku Fr. — 28)
tv. f. H. — 29) So Fr., maðr f. R u. Ausg. — 30) gjæti R. —
31) So Fr. u. H., Gg., Bt. — die übr. Ausg. nach R en sú n. fylgði
kvernunum (so Rk., kvernun R), at þat m. á kverninni, sem u. w. —
32) malade w. — 33) Grotta H, vgl. auch Grottu in A — Grótti
Rk., AM; Grotti die übr. Ausg. — 34) So R, Ausg. — Heng. hét
sá bóndi, er Fr. — 35) kon. f. Fr. — 36) létt amb. leiða Fr. — 37)
gull ok friðsælu Fróða w, H. — 38) eða sv. fehlt w — En hann
gaf — né svefn Fr. — 39) So Fr., með. fehlt R, Ausg. — 40) So
H, leóþ andere Papierhss. hljóð R, (hljód Fr.) Ausg.; doch vgl. ljóð
im Fg. — 41) þat er sakt, at þá kveði þær Fr. — 42) So R u.
Ausg. — hliód Fr., hlióð Pf. — 43) þat H. — 44) So R, Fr. —
er kalladnr er w. — er köllut eru Sk. Thorlacius (AM.) — 45) Gr.
ok er þetta upphaf at (nebst Str. 1) ok áðr létti Fr. — 46) So Fr.,
U. — at Fróða R u. Ausg. — 47) So Fr., sá sæk. R u. Ausg. —
48) So Fr., hánn u. das fg. ok fehlt R u. Ausg. — 49) l. niðr H —
ok sagðist þá w. — 50) Grotta kvernina Fr. — Gróttu H, vgl. A. —
51) ok b. hann Fr. — 52) So Fr., ok R. — 53) hvárt Fr. (Mýs.
l. e. s.) — 54) So Fr., w u. Ausg. — mæla R. — 55) áðr skipit
sökk H. —

særinn fell ⁵⁶) í kvernaraugat; þá varð sær saltr ⁵⁷). —
(Grottasǫngr) ¹) 1. Nú eru ²) komnar
                        til konungs húsa
                        framvísar tvær,
                        Fenja ok Menja;
                        þær 'ro ³) at Fróða
                        Friðleifsonar ⁴)
                        máttkar meyjar
                        at mani hafðar ⁵).

                    2. þær at lúðri
                        leiddar váru,
                        ok grjóts grjá ⁶)
                        gangs of beiddu ⁷);
                        hét hann hvárigri
                        hvíld né yndi,
                        áðr hann heyrði
                        hljóm ambátta.

                    3. þær þyt þulu ⁸)
                        þǫgnhorfinnar ⁹)

56) er fell sjórrinn Fr., fell *auch* H — fellr R *u. Ausg.* — 57)
sjórrinn s. Fr. — H (*f**ür þá u. w.*) er því sjór saltr æ síðan. — *Die
fg. Str. fehlen in* Fr. (*wo jedoch Str.* 1 *früher mitgetheilt war, vgl.* ⁴⁵),
desgl. *in* U, A *u.* M. *Von Str.* 2 *an kommen nur* R *u. Paphss. in Betracht.* —
Zu Grottasöngr. 1) *Die Ueberschrift aus der vorhergeh. Prosa*
(*vgl.* ⁴⁵)) *ergänzt.* — 2) *So* (ero) Fr., *schon früher von Rk. vermuthet*,
erum *nach* R, w *AM*, er um *Eg.*, eru *die übr. Ausg.* — 3) *So Ausg.
nach* R (ro), ero Fr. — 4) *So* (in *einem Worte*) Fr., — *die Ausg. alle*
sonar *getrennt.* — 5) *Für* hafþar (R) *bietet* Fr. gjorvar, *doch vgl. Str.*
16, 4. — 6) grjóti *Papierhss., für* grjá (griá) *Ettm.* gría. — 7) ganga
beiddi *Papierhss., auch* gangs of beiddar, *vgl. Bt., von Gg. aufgen.* —
8) *So* R *u. Ausg., doch* þutu *Ettm.* (*nach einer Vermuthung von Rk.*),
þuldu *Pf.* — *das su* þyt þulu *gehörige Verbum ist anscheinend ausgefallen u. wäre etwa* (*fg. die fg. Note*) hófu *oder* hefjas létu *su ergänzen.* — 9) *So* (*oder* þ. horv.) *die Ausg. nach* R, *die auch die Les.*
þaung-horvinar *zulässt, vgl. AM* I, 378 ⁷) *u.* B', þaung- hori. *w.* —
þaugnhorfnar *Uppstr.* — *Nach diesem Verspaar nahm Rk. den Ausfall
eines zweiten* (*etwa* hófu at meldri, þær hverfa knáttu) *an; Gg. setzte
als Conj. in den Text:* hefjask létu ok hátt gjalla, *so auch Jónss.* —

. . . .

. . . .

leggjum lúðra,
léttum steinum!" —
Bað hann enn meyjar,
at þær mala skyldu [10]).

4. Sungu ok slungu
snúðga [11]) steini,
svá at Fróða man
flest sofnaði;
þá kvað þat Menja [12]),
var til meldrs [13]) komin:

5. Auð mǫlum Fróða,
mǫlum alsælan,
fjǫld fjár
á feginslúðri.
Siti [14]) hann á auði,
sofi hann á dúni,
vaki hann at vilja —
þá er vel malit!

6. Hér skyli engi
ǫðrum granda,
tils bǫls [15]) búa,
né til [16a]) bana orka,
né hǫggva
því hvǫssu sverði [16b]),

---

10) *Das letzte Verspaar wird von AM (u. Pf.) noch zur direkten Rede gezogen.* — skyldi Ettm. — 11) *So die Ausg., auch* R, *doch vgl.* B'. — stuðga w. — 12) *So Ausg.* Meni R. — 13) *So Ettm.; Jónss.* — melds (meldz) *Rk., AM, Eg., Mb.* — meldrar *M., Lün., Pf., B., Gg.* — R *hat nach den neueren Coll.* melldr, *nicht* melldz; melldur w. — *Ein letztes Verspaar ergänzt noch Gg.:* harðhugðigt man, hárri rǫddu — *auch von Jónss. aufgen.* — 14) *So (mit Maj.) in* R, *während* auð Str. 5, 1 *klein geschr.* — 15) bals w. — 16a) til *fehlt* w *u. dürfte auch fehlen.* — 16b) *Ueber die Verstheilung vgl.* Hild. Zss. 121; *die Ausg. ziehen* því *noch zu* V. 5. —

þó at bana bróður
bundinn finni!.

7. En hann kvað ekki
orð it fyrra [17a]):
sofit eigi þit [17b])
né of salgaukar [18]),
eða lengr en svá
ljóð eitt kveðak [19]).

8. Varattu [20]), Fróði,
fullspakr of þik,
málvinr manna,
er þú man keyptir;
kaustu [21]) at afli
ok at [22]) álitum,
en at ætterni
ekki spurðir [23])!

9. Harðr var Hrungnir [24])
ok hans faðir,
þó var þjazi
þeim ǫflgari;
Iði ok Ǫrnir [25]),

17a) orðit fyra w, at eckjum = ekki *Ettm.* — *Zu Anf. der Str. ergänzt
Gg.* (u. *Jónss.*) *das Verspaar:* Hendr létu hvílast, hall um standa. —
17b) Sofiðat it *Ggt.* — 18) salgaukar *in einem Worte Eg.*, (*im* Lex. poet.)
u. Pf.; auch wurde von Eg. (*in seiner Ausg.*) né *in* en *geändert, wovor
dann* lengr *aus V 5 zu ergänzen ist, wie ähnl.* (*nach B'*) Háv. 39 *svá:*
Fanka ek mildan mann eða svá matar góðan. — *Noch würde die
bei der Aehnlichkeit des in R gebrauchten Runenzeichens für f mit p
naheliegende Aenderung von of in op = óp Erwägung verdienen, also:*
sofit eigi þit (lengr) en óp salgaukar (*als der Schrei des Haushahns
schläft oder schweigt, vgl. oben in der Prosa en* gaukrinn þagði.)
oder s. e. þ. né óp salg. — 19) *So* R, kveðit w, *Ettm. schrieb die
beiden letzten Verspaare* sofið eigi lengr en salar gaukr, eða lengr
en svá at ljóð eitt kveði. B' *empfahl auch* kveði; *nahm dies jedoch
(s. Bt.) später zurück.* — 20) varstu w. — 21) *So* w *u. manche
Ausg., andere* kaust þú *mit* R, kaust þú *Ettm.* — 22) at *fehlt* w. —
23) hugðer w. — 24) Hrugnir w. — 25) Urnir w. —

okkrir niðjar,
brœðr bergrisa,
þeim erum bornar.

10. Kœmia [26]) Grotti
or grjá fjalli,
né sá inn harði
hallr [27]) or jǫrðu,
né mœli [28]) svá
mær bergrisa,
ef vissi vit [29])
vættr [30]) til hennar.

11. Vér [31]) vetr níu
várum leikur,
ǫflgar alnar
fyrir jǫrð neðan;
stóðu [32]) meyjar
at meginverkum,
fœrðum sjálfar
setberg or stað.

12. Veltum grjóti
of garð risa,
svá at fold fyrir
fór skjálfandi;
svá slǫngðum vit
snúðga steini,

---

26) *So Eg.* (*der* kŏmi-a *sá* Gr. *schreibt*), *Jónss., M., Mb., Lün., Gg.* — komia *mit* R (*was aber nach* B' = kœmia) *die übr. Ausg.* — 27) *So Ausg.,* halr R, halur w. — 28) moli R (*nach* B' = mœli) *u. Rk.,* mŏli (mæli) w *u. die übr. Ausg.* — 29) *So* (*oder* við) w, vitt R, *was von Einigen als Neutr. von* víðr (vítt, vitt) *gefasst wird, so von M., Mb., Lün., vgl.* B'; *Gg. erklärt* vit *als Dual, wofür sich auch Hild. Zze.* 132 *ausspricht. Endlich ist* vitt *geändert in* átt *von Rk., AM* (att), *Pf.* utt *Eg.,* ætt *Ettm., Jónss.* — *Ausfall einer Str. vermuthet Bt.* — 30) vetur w. — 81) *Vgl. über* vér = vit B'. — Vér langa vetr leikur várum *ändert Ettm.* — 82) stóðum *Ettm.,* B' (*doch vgl. Bt.*) *Gg.* —

hǫfga [33]) halli,
at halir tóku.

13. En vit síðan
á Svíþjóðu [34])
framvísar tvær
í [35]) fólk stigum;
beiddum [36]) bjǫrnu,
en brutum skjǫldu,
gengum í gegnum
gráserkjat lið [37]).

14. Steyptum stilli,
studdum annan,
veittum góðum
Gothormi lið;
vara kyrrseta,
áðr Knúi [38]) felli.

15. Fram heldum því
þau misseri,
at vit at [39]) kǫppum
kenndar várum [40]);
þar skorðu vit
skǫrpum geirum

---

33) hafga w. — *Ettm. schreibt* 12, 3—4 svá at fyrir fór fold sk. —
34) *So M., Mb., Lün., Pf., Jónss., Gg.* — Svíðjóðu *Rk., AM, Eg.:*
Svíðjóþu R *nach B,* Svíd thjódo w. — 35) á w. — 36) *So* R, w,
Eg., Jónss., Pf., M., Mb., Lün., beittum *Ettm.; Aenderungen wie*
bræddum b. *Rk., oder* sneiddum brynjur B (*vgl. B'*) u. Gg. *scheinen*
mir unnütig, vgl. Vigf. s. v. beiða II. — beittum, breiddum *Papierhss.* —
37) *So* w u. *Ausg.,* R lit (= lið *nach B'.*) — *Die fg. drei Verspaare*
sind zuerst von Ettm., dann wieder von B als eigene Str. (14) *aufgefasst,*
so auch von Gg. u. Jónss. — Gg. *nimmt überdies eine Umstellung vor,*
die Str. Fram heldum því (*hier* 15, *bei M., Mb. u. w.* 14) *vor* Steyptum
stilli *einschiebend. Vgl. Bt.* — 38) *So AM, Eg., Jónss., Ettm., Mb.,*
Pf., B. (*vgl. B'*), *Gg.* — knúi *Rk., M., Lün.* — *Als Schluss der Str.*
ergänzt Gg. (*so auch Jónss.*) — urðum þá haptar ok hernumnar. —
39) við ad (að *nach AM*) R *nach B.* — 40) *So* w u. *Ausg., doch Rk.,*
Eg., Pf. váru *mit* R. —

blóð or benjum,
ok brand ruðum.

16. Nú erum komnar
til konungs húsa
miskunnlausar
ok at mani hafðar;
aurr etr iljar,
en ofan kuldi,
drǫgum dólgs sjǫtul;
daprt er at Fróða.

17. Hendr skulu hvílaz,
hallr standa mun,
malit hefi ek fyrir mik
mitt of leiti [41]).
Nú muna [42]) hǫndum
hvíld vel gefa,
áðr fullmalit
Fróða þykki.

18. Hendr skulu hǫlda [43])
harðar trjónur,
vápn valdreyrug
. . . . [44])

41) hefik *Gg.* — leiti *auch* R *nach* B, létti *Eg.*, *Jónss.*, *M.*, *Mb.*, *Län.*, leyti *Ettm.* — 42) munu w. — *Nach Gg. u. Bt. würde diese Halbstr. einer andern Person* (Fenja) *gehören, als die erste, die der von Str. 8 an redenden* Menja *gehören soll. Im Anschluss an diese Auffassung ist* Nú (*für* nú) *geschrieben; doch wäre auch* nú mun á hǫndum *u. w. zu erwägen, vgl.* halda njósnum, nær bezt gæfi færi á honum (*Vigf.* 194ᵇ), *wodurch der Widerspruch zwischen Anf. u. Ende der Str. schwinden würde.* — 43) *Wer in der ersten Zeile nicht entweder mit* Rk. Henda sk. höldar, *oder mit* Pf. Anm., B u. Gg. halda *für* hölda *schreiben und also den Text ändern will, wird, da eine Erklärung von* hölda = halda (*s.* B') *oder eine Ergänzung von* vera (*so Jónss.*) *zu* skulu *höchst misslich erscheint, wol nur den Ausfall des zu* skulu *gehörigen Verbs annehmen können, und dürfte der in den Hss. doppelt geschriebene Vers* Vaki þú Fróði *vielleicht den Ausfall eines Verses verrathen.* — 44) *In* R (u. w) *steht hier, wie im fg. Verse* Vaki (vaki V. 5) þ. Fr., *ursprünglich wol etwas Anderes, etwa* vígi reyna.—

Vaki þú, Fróði,
ef. þú vill hlýða [45])
sǫngum okkrum
ok sǫgum fornum!

19. Eld sé ek brenna
fyrir austan borg,
vígspiǫll vaka,
þat mun viti kallaðr;
mun herr koma
hinig af bragði [46]),
ok brenna bœ
fyrir buðlungi.

20. Munattu halda
Hleiðrar stóli,
rauðum hringum
né regingrjóti.
Tǫkum [47]) á mǫndli,
mær, skarpara —
eruma, valmar [48]),
í valdreyra [49])!

21. Mól [50]) míns fǫður [51])

---

45) ef þú hl. vill R (w) u. *Ausg.* — *Nimmt man mit B'* Vaki u.
vill *als Stabworte, so ist die Umstellung aus metrischen Gründen wünschenswert oder nötig, vgl. Ferd. Vetter: Zum Muspilli und zur german.
Alliterationspoesie S. 47 sowie Hild. Zss. 106 A.* ²) — *Ettm. schrieb:*
vaki þú, Fr., ef þú frœðask vill u. w. — 46) hingat at br. w. —
at *auch Rk.*, u. hinig at br. *Ettm.* — 47) So (T . . . . .) R, *Eg.,
Jónss., Gg.* — tǫkum *die übr. Ausg.* — 48) R *nach B* val, mar, vafnar
Rk., valmar *AM, Eg.* (Eruma valmar = Non sumus, bellica virgo)
desgl. Pf. u. valmær *Ettm.* — eruma vaxnar *M.,* er v. (í valdreyra?)
Lün., válmar (valmar) = varmar *Mb. Vorr. p. VI, Jónss.,* varmar *B.,
Gg.* — *Da nach* l *in R ein Buchstabe ausgefallen zu sein scheint und
auch das Fg. leicht verlesen ist, dürfte etwa an* valdgar *(von* vǫldugr)
*zu denken sein; im Sinne von tepescentes aber würde sich auch das
freilich seltene* válgar (= fjálgar, s. Vigf. s. v. válgr) *darbieten.* —
49) valdreyrar w — *Lün. (vgl. die vor. N.)* valdreyra? — 50) *Nach
Bt. nimmt mit dieser Str. eine andere Person (also* Menja?) *das Wort.* —
51) fǫðurs w. —

mær ramliga,
því at hón teigð fíra
fjǫlmargra 52) sá;
stukku stórar
steðr frá lúðri
jarðar fjarri 53) —
mǫlum enn framar!

22. Mǫlum enn framar,
mun 54) Yrsu sonr
við Hálfdani
hefna Fróða 55);
sá mun hennar
heitinn verða
burr ok bróðir;
vitum báðar þat 56).

23. Mólu meyjar,
megins kostuðu 57),
váru ungar
í jǫtunmóði;

---

52) fjolmargar w. — 53) So Bt., der die Schreibung von R
jarnar fjarþar als irrige Verbindung einer alten Randverbesser. þar (zu
jarnar gehörig) mit fjar (= fjarri) auffasst. So auch Gg. Im Anschluss
an w (í arnar fjarðar) hatte Rk. í Arnarfjörð geschrieben; während AM
(u. Ettm.) járnum varðar; Eg. (desgl. Pf., Jónss.) járni varðar (= ferro
circummunita) schrieb, M., Mb., Lün. aber die Worte in R als járnar
fjarðar (fjarðar = firðar von firra) auffassten. So schon Sk. Thorlacius nach Rk. u. AM. — Als Stabwörter sind hier nach B' jarðar u.
enn, wie Str. 22 Anf. enn u. Yrsu anzusehen. — 54) mon R. — 55)
So (doch -dana) R, w — nið Hálfdanar Sk. Thorl., niðr Hálfdanar
Rk., AM, Eg.. Jónss., Pf. M. Ettm., auch B., doch Bt. vígs Hálfdanar.
Diese von Bt. ausführlich erläuterte, auch von Gg. (doch víg H.) adop-
tirte Schreibung würde dem Sinne nach der hier in näherem Anschluss
an R gewählten gleichkommen, da við Hálfdani für Halfdan (= für
den Tod des Halfdan) sein würde, vgl. gifa margra manna líf við
yðvarri þrályndi (Vigf. S. 701b). — Neben Hálfdan könnte nach ags.
Heálfdene (Gen. -es) vielleicht eine zur schwachen Formation verirrte
Bildung Hálfdani existirt haben, deren richtiger Dat. Hálfdana wäre. —
Vgl. übr. auch Hild. Zze. 131. — 56) þat w u. Ausg. — þar R (doch
vgl. B'.) — 57) So (doch megns) w u. Ausg. — kaustuþu R. —

skulfu skaptré [58]),
skauz lúðr ofan,
hraut inn hǫfgi
hallr sundr í tvau.

24. En bergrisa
brúðr orð um kvað:
malit hǫfum, Fróði,
　　sem [59]) munum hætta [60]);
hafa fullstaðit
fljóð at meldri!

— — — — —

C. XLIV [1]).　Fyrir hverja sǫk er gullit kallat sáð Kraka?
Konungr einn [2]) í Danmǫrk er nefndr Hrǫlfr Kraki; hann er
ágætastr fornkonunga [3]), bæði af mildi ok frœknleik [4]). —
þat er eitt mark um lítillæti hans [5]), er mjǫk er fœrt í frá-
5 sagnir [6]), at einn lítill sveinn ok fátœkr er nefndr Vǫggr [7]),

---

58) *So* R, *Ausg. z. Th.* skapttré, *vgl. das Wb.* — 59) *So die
Ausg. nach* R — *doch Rk.* senn. — 60) *So* R *u. w.*, *Rk.*, *AM* (sem
munum hætta = quantum periclitabimur), *Pf.*, *Mb.*, B. (*B'* hætta
= ophœre, *wie auch ich es fasse*) — s. m. heita *Eg.*, *Jónss.*, *M.*, *Lün.* —
sem munr um hvatti *Ettm.*, *Gg.* — *Gg.* ergänzt zu *Anf. der Str. das
Verspaar:* Fór in forna fold ǫll saman *nach* Hým. 24, 3—4; *so auch
Jónss.* — *Ettmüller nimmt gleichfalls (um die sechszeil. Str. 3, 4, 7, 14,
24 auf das gewöhnl. Mass zu bringen) mehrfach Ausfall eines Verspaares
an, ohne dass sich jedoch für derartige Annahmen (resp. Ergänzungen)
ein genügender Anhalt in der Ueberlief. fünde.* — *Es folgen in den
Hss. nach einer Str. des Einarr Skúlason noch die Verse Egils:* Glaðar
flotna fjöld við Fróða mjöl. —
　　XLIV. 1) *Hier beginnen wieder* W, W*, *vgl. oben C. XXXIX* [1]). —
In U (*AM* II, 360) *die Ueberschrift:* Frá því er Hrólfr seri gullino. —
Die einleitenden Worte Fyrir — Kraka *nur* W, W*. — 2) Einn kon.
Fr. — 3) var ág. allra f. Fr. — ág. allra herkonunga H — U (*von Anf.*)
Hrólfr kon. var ágætr konungr. — 4) *So nach* U (af mildi ok frœknl.),
Fr. (fyrst af mildi ok frœkl.) H (bæði at mildi ok viti ok fr.) — R,
W, W*, *Ausg.*: fyrst af mildi ok frœknl. ok lítillæti, *vgl. das Fg.*, *wo
lítillæti offenbar synonym mit mildi steht, wie die Variante in U be-
zeugt.* — 5) *So* W, R *u. w.* — þ. var eitt m. til *u. w.* Fr. — en þat
er eitt mark um milldi hans U. — 6) *So* R *u. Ausg.* — í frásögn
W, W* — er m. er frægt orðit Fr. (frægt *auch* W*) — er m. *u. w.
fehlt* U. — 7) at bónda son einn sá er V. hét U. —

hann kom í hǫll Hrólfs konungs; þá var konungr enn [8])
ungr at aldri ok grannligr á vǫxt. þá gekk Vǫggr fyrir hann
ok sá upp á hann [9]); þá mælti konungrinn [10]): hvat viltu
mæla sveinn, er þú sér svá upp á mik [11])? Vǫggr svarar [12]):
þá er ek var heima [13]), heyrðak sagt [14]), at Hrólfr konungr 5
í Hleiðru [15]) væri [16]) mestr maðr á norðrlǫndum, en nú sitr
hér í hásæti [17]) kraki einn lítill; kalla þeir þann konung
sinn [18]). þá svarar konungrinn [19]): þú, sveinn, hefir [20]) gefit
mér nafn, at ek skal heita Hrólfr Kraki, en þat er títt með
oss [21]), at gjǫf skal fylgja [22]) nafnfesti. Nú sé ek þik enga 10
gjǫf hafa [23]) til at gefa mér, þá er mér sé þægilig [25]); nú
skal sá gefa ǫðrum er heldr til hefir [26]), tók gullhring af
hendi sér ok gaf hánum [27]). þá mælti Vǫggr: gef þú allra
konunga heilastr, ok þess strengi [28]) ek heit, at verða þess
mans bani, er þinn banamaðr verðr [29a]). þá mælti konungr 15
ok hló við [29b]):

Litlu verðr Vǫggr feginn [30])!

Annat mark er þat sagt frá Hrólfi Kraka um [31]) frœkn-

---

8) *So* W, konungrinn R, Fr. *u. Ausg.* — kon. var ungr, grann-
leitr á vöxt U. — 9) fyr. konunginn ok sá *u. w.* Fr. — þ. g. V. at
hásætino ok sá á h. U. — 10) konungr U — Fr. *nach* [9]) konungr
spyrr. — 11) *So* W, W* *u.* (*ohne* svá upp) R *u. Ausg.* hvat viltu
mér sv., er þu sér á mik U. — hv. v. mæla sv., er þú starir á mik
Fr. — 12) segir Fr. — 13) heima með feðr mínum Fr. — 14) var
mér sagt U. — 15) *So* W, W* — at Hl. R, Fr., *Ausg.* — í (at) Hl.
fehlt U. — 16) *So* Fr., U — var R, W *u. w.* — 17) í hásætino U. —
18) *So* W, W*, *Jónss. u.* (hann = þann) Fr., *Rk., Eg., Mb., Pf.* —
ok er sá kon. kallaðr U. — ok kallit þér hann konung sinn R *u.*
AM. — 19) konungr U — Hrólfr konungr Fr. — 20) þú hefir,
sveinn U. — 21) *So* W, með oss *fehlt den übr. Hss.* — 22) f. hverri
n. U. — 23) Ne (?) sé *u. w.* U — sé *fehlt* Fr. — 24) *So nach* U
(hafa mér at gefa) — hafa til at gefa mér at nafnfesti R (*ähnl.* Fr.)
u. Ausg. — 25) þá at mér s. þ. Fr. — þá er sæmiliga sé U. — 26)
heldr *fehlt* R, W *u. Ausg.* — er helldr hevir til U — Fr. *nach* [25])
sýniz mér þat ráð, at sá ockar gefi odrum sem helldr hefir til. —
27) ok tók *u. w.* U — tók Hrólfr *u. w.* Fr. — 28) ok þ. str. U. —
þ. streingi Fr. — 29a) *So* R *u. Ausg.* — er þ. bani verðr W, W* —
er þinn verðr U — (at v. þess manns banamadr) er þinn banamadr v. Fr. — 29b) at W, W* — ok hló v. *fehlt* U. — 30) *Es*
folgt in U *als Ueberschr.* Capitulum. — 31) var þat um U. — var
auch R, Fr., *Ausg.* (er W, W*) — Ann. m. var at um Hrólf Kr. Fr. —

leik hans, at sá [32]) konungr réð fyrir Uppsǫlum, er Aðils
hét; hann átti Yrsu, móður Hrólfs Kraka [33]). Hann [34]) hafði
ósætt við þann konung, er réð fyrir Noregi, er nefndr er
A'li [35]). Þeir stefndu orrostu milli sín [36]) á ísi vatns [37]) þess
5 er Vænir [38]) heitir. Aðils konungr sendi orð [39]) Hrólfi Kraka,
mági sínum, at hann kvæmi til liðveizlu við hann, ok hét
mála ǫllum her hans [40]), meðan þeir væri í ferðinni [41]); ok [42])
konungr sjálfr skyldi eignaz þrjá kostgripi, þá er hann kyri [43])
af Svíþjóð [44]). Hrólfr konungr mátti eigi fara fyrir ófriði
10 þeim er hann átti við Saxa, en þó sendi hann Aðilsi berserki [45]) sína tólf [46]); þar var einn Bǫðvarr Bjarki ok Hjálti
Hugprúði [47]), Hvítserkr Hvati, Vǫttr, Véseti [48]), þeir brœðr
Svipdagr ok Beigaðr [49]). I' þeiri orrostu fell A'li konungr
ok mikill hlutr liðs hans [50]); þá tók Aðils konungr af hánum
15 dauðum hjálminn Hildisvín [51]) ok hest hans [52]) Hrafn. Þá
beidduz þeir berserkir [53]) Hrólfs Kraka [54]) at taka mála sinn [55]),
þrjú pund gulls hverr þeira, ok umfram beidduz þeir at
flytja Hrólfi Kraka kostgripi [54]), þá er þeir kꬮri til handa
hánum [55]): þat var hjálmrinn Hildigǫltr [56]) ok brynjan Finns-

---

32) sá ƒ. U. — 33) móð. Hr. konungs Kr. U. — 34) Aðils
átti ús. Fr. — 35) er A'li hét R u. Ausg. (Aeltere Ausg. Ali) — við
þ. kon. er Olli hét (doch weiter unten Ali) en upplenzki U. — 36)
þ. laugðu orustu stad með sér Fr. — þ. baurþuz U. — 37) vatz Fr.,
U — á vatz ísi þeim U. — 38) So U, Pf. — Væni oder Veni W, W*,
Fr. (wie R?) vgl. AM I, 394 9). — 39) So U u. (sendir) Fr. — sendir
boð R, W u. w. — (Hrólfi ohne Kr. Fr. — 40) ollu liþi h. U. — 41)
því er færi með hánum U. — 42) So W, W* — en die übr. Hss. u.
Ausg. (enn kon. seálfr Fr.) — 43) So U u. (kjori) Fr. — kaus R,
W, Ausg. — 44) So U, W, W* — or Sv. R, Fr. u. Ausg. — 45) kappi U. —
46) — XV Fr. — Die Namen der Kämpfer fehlen U. — 47) Hugpr.
fehlt W, W*. — 48) So W, W*, Fr. — Viðseti (Víðseti) R u. Ausg. —
49) So W, W*, Fr., Hrólfs saga Kr. — Beiguðr R u. Ausg. — 50)
So W, W*, Fr. — luti (= hlutr) R u. Ausg. (oder hluti.) In U nur
í þ. or. f. Ali kon. — 51) So die Ausg. nach W, W*, U; -svínn od.
svinn Fr. u. R. — 52) hestenn U. — 53) besserkir R, þeir berserkernir
U, (ohne þ.) W* — berserkir (ohne þ.) Fr. — 54) Kr. fehlt U. —
53) Hr. K. mála síns af Aþilsi konungi Fr. — 54) So R, W, W* u.
(at færa konungi kostgr.) Fr. — umfr. beidd. þ. at sowie Kraka fehlt
U. — 55) So nach keri U, kjoru Fr. kjöru (?) W* — kuru R, W u.
Ausg. (kusu Jónss.) — til handa ƒ. U. — 56) En þat v. u. w. Fr. —
hilldigautr U. —

leif, er á hvárigu festi járn [57]); ok gullhringr, sá er kallaðr
var Svíagríss [58]), er átt hǫfðu langfeðgar Aðils. En konungr
varnaði allra gripanna [59]), ok eigi heldr [60]) galt hann málann;
fóru berserkir [61]) braut [62]) ok undu illa sínum hlut, sǫgðu
svá búit [63]) Hrólfi Kraka; ok jafnskjótt byrjaði hann [64]) ferð 5
sína til Uppsala, ok er hann [65]) kom skipum sínum í ána Fýri,
þá reið hann til Uppsala [66]), ok með hánum tólf berserkir
hans, allir griðalausir [67]). Yrsa [68]), móðir hans, fagnaði hánum
vel [69]), ok fylgði hánum [70]) til herbyrgis [71]), ok eigi til konungs hallar; váru þá gervir eldar stórir [72]) fyrir þeim ok 10
gefit ǫl at drekka [73]). þá kvámu menn Aðils konungs inn
ok báru skíð [74]) á eldinn, ok gerðu svá mikinn, at klæði
brunni af þeim Hrólfi [75]), ok mæltu: er þatt satt [76]), at Hrólfr
Kraki ok berserkir hans flýja [77]) hvárki eld né járn? þá hljóp
Hrólfr Kraki upp ok allir þeir; þá mælti hann [78]): 15

Aukum enn elda
at Aðils húsum [79])!

Tók konungr þá [80]) skjǫld sinn ok kastaði [81]) á eldinn, ok
hljóp yfir eldinn meðan skjǫldrinn brann [82]), ok mælti enn [83]):

Flýrat sá eld [84]),

---

57) *So* W, U (hvorigu) W* — er hvergi festi vápn (*doch* járn
Fr. = W, W*, U) á R, Fr., *Ausg.* — 58) gullhringinn Svíagr. U.—
59) gripa U. — 60) h. *fehlt* U. — 61) *So* W, W*, Fr., U — ber-
serkirnir R *u. Ausg.* — 62) brot U, brutt Fr. — 63) ok s. sv. b.
Fr. — segþu Hrólfi konungi U. — 64) U *nach* [63]) Hr. byr f. — 65)
er hann *f.* U. — 66) ok er — Upsala *fehlt* Fr. — ok r. til Upps.
hat U. — 67) *So auch* Fr. (*vgl. oben* [46])) *doch* ok all. gr. — allir *fehlt*
U. — 68) Yssa Fr. — 69) vel *nur in* U. — 70) þeim Fr. — 71)
So W, U — herbergis R, Fr., *Ausg.* — 72) st. *f.* U. — 73) þ. ǫl
at dr. Fr. — at dr. *fehlt* W*. — 74) *So* Fr., U — skíðin R *u. w.*—
75) *So* W, R, *Ausg.* — at brunnu klædin af Hrólfi konungi Fr. —
at klæþi manna Hrólfs konungs brunno af þeim U. — 76) svá er
sakt Fr. — 77) *So* R (*auch* W?) *u. Ausg.* — flýi Fr. — at Hrólfr ok
kappar hans hava svá mælt at þeir mundi hvárki flýja eld n. j. U.—
78) *So die Ausg. nach* R (*doch* Hlofr *verschr.*) — ok mæltu svá Fr. —
þá stóð Hrólfr upp ok mælti U. — 79) auk. vér nú elldanaat A. h.
U. — auk. nú eldana at Að. borg Hrólfss. (Fas. I, 85). — 80) kon.
þá *nach* Fr. *ergänzt.* — 81) kastar (ok *fehlt*) U. — 82) ok hl. svá
yfir bálit ámeðan er skj. br. Fr. — 83) ok enn m. hann Fr. — konungr mællti U. — 84) *So* W, W*, U *zweite Hand in* R (*vgl. AM* I,
396 [15])) flýrat sá ellda Fr. — Ei flýr sá eldinn, sem y. hl. Hrólfss. —
Flýra sá ellda *erste Hand in* R *u. alle Ausg.* —

er yfir hleypr.

Svá fór[85]) hverr at ǫðrum hans manna, tóku þá[86]) er eldana hǫfðu kveykt[87]), ok kǫstuðu þeim á eldinn[88]). þá kom[89]) Yrsa dróttning[90]) ok fekk Hrólfi Kraka[91]) dýrshorn fullt af 5 gulli, ok þar með hringinn Svíagrís[92]), ok bað þá braut ríða til liðs síns[93]). þeir hljópu[94]) á hesta sína ok riðu[95]) ofan á Fýrisvǫllu[96]); þá sá þeir, at Aðils konungr reið eptir þeim með her sinn alvápnaðan[97]), ok vill drepa þá. þá[98]) tók Hrólfr Kraki[99]) hœgri hendi[100]) ofan í hornit, ok seri gull-10 inu[101]) um gǫtuna; en er Svíar sá[102]) þat, hljópu[103]) þeir or sǫðlunum[104]) ok tók hverr slíkt er fekk[105]), en Aðils kon-ungr bað þá ríða, ok reið sjálfr ákafliga[106]). Slungnir[107]) hét hestr hans, allra hesta skjótastr, er með Svíum var[108]). þá sá Hrólfr Kraki[109]), at Aðils konungr[110]) reið nær hánum; 15 tók hann þá[111]) hringinn Svíagrís ok kastaði til hans[112]), ok bað hann þiggja at gjǫf[113]). Aðils konungr reið at hring-

---

85) f. þá hv. U. — hljóp hv. af öðr. W. — 86) tóku þeir síðan þá Fr. — 87) So (keykt) U — þá er kykt hofdu elldana Fr. — þá er elldinn höfða aukit R, W u. Ausg. — 88) þeim fehlt U — k. þ. á bálit Fr. — 89) Því næst kom þar Fr. — 90) So (doch Yssa) Fr. u. Y. dróttn. móþir hans U. — die Ausg. bieten nach R, W nur den Namen Y. — 91) Kr. fehlt U — ok f. hón konungi Fr. — 92) ok með Sv. U. — 93) So W*, U (ok b. þá fara t. l. s.), Fr. (ok b. þá ríða í brutt skjótt t. l. s.) — til liðsins die Ausg. nach R, W. — 94) hlaupa W* — hl. bis ok fehlt U. — 95) So W, W*, Fr., U — ríða die Ausg. nach R. — 96) Fýris voll U. — 97) m. h. sínum alvápn. U. — 98) fehlt R, findet sich aber nach den übr. Hss. seit Rk. in den Ausg. — 99) Kr. fehlt U. — 100) hendi sinni U. — 101) So U — seri auch W, sár gullinu W*. — h. h. gullit ofan í hornit ok söri (sáir Fr.) allt (ávallt Fr.) um g. R, W Fr., Ausg. — 102) So W, W*, Fr., U — sjá R u. Ausg. — 103) So U u. (þá hl.) Fr. — hlaupa R, W u. Ausg. — 104) þeir fehlt U, or saudlum sínum Fr. — 105) So R, Fr., Ausg.; sl. er villdi W, W* — U nach 104) ok lesa upp gullit. — 106) Að. fehlt Fr., wo seálfr im Fg. — en Að. bað þ. ríða ok r. ok s. fremstr U. — Der fg. Satz fehlt U. — 107) So W, W*, Ausg. — Slugnir R, Slaungnir oder Slaungvir Fr. — 108) er með Sv. var nur in Fr. — Bez. der Pferdenamen vgl. AM I, 482—484. — 109) þá er Hr. kon. sá U — þá sá Hr. kon. Fr. — 110) kon. fehlt U. — 111) So Fr. u. tók hann U — tók þá R, W u. Ausg. — 112) til Aþils U. — 113) at g. at (af?) sér Fr. —

inum [114]) ok tók til [115]) með spjótsoddinum ok rendi upp á falinn. Þá leit [116]) Hrólfr Kraki [117]) aptr ok sá, at [118]) hann [119]) laut niðr, þá mælti hann [120]):

Svínbeygt [121]) hefi ek nú þann er ríkastr er með [122]) Svíum! Svá skilduz þeir [123]). Af þessi sǫk [124]) er gull kallat sáð [5] Kraka eða fræ [125]) Fýrisvalla [126]). Svá kvað Eyvindr Skálda-spillir [127]):

> (e) Bárum, Ullr, um alla [128]),
> ímunlauks [129])! á hauka
> fjǫllum, Fýrisvalla
> fræ, Hákonar æfi [130]).

— — —

XLV [1]). Svá er sagt, at konungr sá er Hǫlgi er kallaðr, er Hálogaland er við kent [2]), var [3]) faðir Þorgerðar Hǫlga-brúðar [4]); þau váru bæði blótuð, ok var haugr Hǫlga kastaðr, [10] ǫnnur [5]) fló af gulli eða silfri [6]) — þat var blótféit [7]) — en

---

114) at honum Fr. — 115) t. til hringsins Fr. — *In* U *lautet der Satz*: Aþ. tók með spiózoddinum ok laut eptir. — 116) *So* U, veik (veyk R) *die übr. Hss. u. Ausg.* — 117) konungr U. — 118) *So* W*, U, Fr. — sá er R, W *u. Ausg.* — 119) Aþils U. — 120) þ. m. Hr. konungr Fr. — ok mælti U. — 121) Svínbeykt Fr. — 122) var af W,W*. — *die Worte lauten in* U: Svín beygþa ek n. þ. er æztr er m. Sv. *ähnlich* Hrólfs s. XLV svínbeygða ek nú þ. sem Svíanna er ríkastr. — 123) Skilja at þesso U. — 124) því er g. k. U. — 125) fræ *fehlt den Hss.* (*u. Ausg.*) *ausser* W, W*, *vgl.* (e). — 126) Fýris vallar U. — 127) *AM verweist auf* Hkr. Har. gráf. s. (Fms. I, 50). — 128) um W, W*, Fr., U — of R *u. Ausg.* — alla W, U, *Ausg.* — allan R, Fr. — 129) *So* W, W*, U, *zweite Hand in* R, *Ausg.* — ímunleiks Fr., *so oder* -leits *erste H. in* R. — *Corrumpirt steht die Str. in* U *auch AM* II, 321. — 130) *Es folgen noch 2 Halbstr. des Thio-dolf.* —

XLV. 1) *Ueberschr. in* U *AM* (II, 363): Hér segir hví gull er kallat haugþak Haulga. — *Die Prosa lautet dann in* U: Kon. hét H. faþer Þorgerþar Haulgabrúþar; þau voru blótuð ok var haugr gerr at þeim, aunnr fló af gulli, en onnr af silfri, þriþja af moldu. Hava hér eptir skáldin kveþit, sem fyrr (*AM* II, 321) er ritað — *Vgl. auch AM* II, 432 *und* 516. — 2) *So* W, W* — nefnt R *u. Ausg.* — kent *auch* A. — 3) sá er H. er nefndr, réð fyrir Haulgalandi, hann v. Fr. *Aehnlich* M. — 4) Hölgabr. *fehlt* Fr. — 5) annarri Fr. — 6) g. e. s. görr at þeim. Ein fló þaksins var af gulli, aunnur af silfri H (*vgl. oben* U) — 7) þ. v. bl. *fehlt* A. — þ. v. bl. *in* Fr. *nach* grjóti. —

ǫnnur fló [8]) af moldu ok grjóti.　Svá kvað Skúli Þorsteinsson [9]):

(f) þá er ræfrvita [10]) Reifnis
　　rauðk [11]) fyrir Svǫld [12]) til auðar [13]),
　　herfylgins [14]) bar ek [15]) Hǫlga
　　haugþak[16]) saman [17]) baugum [18]).

— — — —

L [1]).　Orrosta er kǫlluð Hjaðninga [2]) veðr eða él [3]), ok
vápn Hjaðninga eldar eða vendir.　En sjá [4]) saga er til þess:
5 konungr, sá er Hǫgni er nefndr, átti dóttur er Hildr hét [5]),
hana tók at herfangi konungr sá er Heðinn hét [6]), Hjarranda
son; þá var Hǫgni konungr [7]) farinn í konungastefnu.　En [8])
er hann spurði, at herjat var í [9]) ríki hans, ok dóttir hans
var í braut tekin [10]), þá fór hann með sínu liði [11]) at leita
10 Heðins, ok spurði til hans, at hann fór norðr með landi [12]).
þá er Hǫgni konungr kom í Noreg [13]), spurði hann at Heðinn
hafði sigld um haf vestr [14]); þá siglir Hǫgni eptir hánum
allt til Orkneyja, ok er hann kom þar sem heitir Háey,
þá [15]) var þar fyrir Heðinn með lið sitt.　þá fór [16]) Hildr á

---

8) en þriðja fló H (vgl. oben U.) —　9) Þosteinsr. Fr. —　10) So
Fr. — ræfr vita (getr.) die übr. Hss., vgl. AM I, 400 [12]). —　11)
rauð Fr., rauð ek die übr. Hss. u. Ausg. —　12) So R, W (Svolð) —
Svauldr Fr., Svöldr A, Saul U. —　13) unlesbar in U. —　14) So Ausg.
(her fylg. Rk.) nach W, A, M — herfylgnis R, U, nur fylgnis Fr. —
15) bar ek U, A, M — bað ek R, W, Ausg. — haug ok Fr. —
16) So U, Fr., A, M — h- þðk die Ausg. nach R, W. —　17) So
U, Fr., W*, A, M. — sama R, W u. Ausg. —　18) So W, R, A, M —
bauga U, Fr. —

L. 1) Ueberschr. in U: Hér segir frá bardaga Heþins ok Hangns. —
2) Hjatningja U — Haddingja Hβ. —　3) él Heðins kvánar Hβ. —
Die fg. Erzähl. fehlt Hβ, A und M) u. scheint in U nachgetragen.
(vgl. AM II, 331 mit ib. 355.) —　4) So (nach W?) die Ausg., sjá fehlt
R; sú U. —　5) til þ., at kon. hét H., h. átti þá d. er H. h. U. —
6) U nur at herf. Heðinn. (Héðinn die Ausg., Heð. Pf.) —　7) kon.
fehlt U. —　8) ok U. —　9) var í f. U. —　10) ok brott tek. d. h.
Hilldr U. —　11) m. l. s. U. —　12) So W, W* u. (n. undan) U —
at Heð. hafði siglt n. m. l. R u. Ausg. —　13) Ok er hann k. í N.
U. —　14) So W, W* — vestr of h. R u. Ausg. — at honum hafði
komit lið or Orkneyjum U. — Das Fg. bis Orkn. fehlt U. —　15)
þá f. U (þ. v. f. H. m. s. l.). —　16) kom U. —

fund fǫður síns ok bauð hánum sætt [17]) af hendi Heðins [18]);
en í ǫðru orði [19]) sagði [20]) hón, at Heðinn væri [21]) búinn at
berjaz ok ætti Hǫgni af hánum ǫngrar vægðar [22]) ván.
Hǫgni svarar stutt dóttur sinni [23]), en [24]) er hón hitti Heðin,
sagði hón hánum, at Hǫgni vildi [25]) ǫnga sætt, ok bað hann 5
búaz til orrostu [26]), ok svá gera þeir hvárirtveggju [27]), ganga
upp á eyna [28]) ok fylgja liðinu. Þá [29]) kallar Heðinn á Hǫgna
mág sinn, ok bauð hánum sætt ok mikit gull at bótum. Þá
svarar Hǫgni: ofsíð bauðtu [30]) þetta, ef þú vill sættaz [31]),
því at nú hefi ek Dáinsleif sverð or slíðrum dregit [32]), er 10
dvergarnir gerðu [33]), er manns bani skal verða [34]) hvert sinn
er bert [35]) er, ok aldri bilar í hǫggvi [36]), ok ekki sár grœr,
er [37]) þar skeiniz af [38]). Þá svarar Heðinn: sverði hœlir þú
þar, en eigi sigri; þat kalla ek gott, hvert [39]) er dróttinholt
er. Þá hófu þeir orrostu, þá er Hjaðninga víg [40]) er kallat, 15
ok bǫrðuz þann dag allan, ok at kveldi fóru konungar til
skipa [41]). En Hildr gekk of nóttina [42]) til valsins, ok vakti
upp með fjǫlkyngi alla þá er dauðir váru [43]), ok annan dag
gengu konungarnir á vígvǫllinn [44]) ok bǫrðuz, ok svá allir
þeir er fellu inn fyrra daginn [45]). Fór svá sú orrosta [46]) hvern 20

---

17) *So* W, U (*auch* W*?) mensætt R, *was von Rk.*, *Eg.*, *Pf. in*
men í sætt, von *AM u. Jónss. in* men at s. *geändert. ist. Vgl. die*
Einl. C. 2. — 18) ok mikit gull at bóti *fügt* H *zu.* — 19) *So* W,
R, *Ausg.* — lagi U — en at auðr. kosti H. — 20) segir U. — 21)
at hann sé U. — 22) ok kveðr hann engr. v. eiga ván af h. U. —
23) svaraþi st. dóttr s. U. — svarar stirt dóttur s. R, W *u. w.* —
24) ok U. — 25) at faþir hennar vill U. — 26) til bardaga U. —
27) hv. *fehlt* U. — 28) á land U. — 29) þá *fehlt* U. — 30) *So*
Hss. (bauþtu U) *u. Ausg.*, bauð þú *Pf.*) — 31) ef — s. *fehlt* U. —
32) *So nach* U *u.* H (*doch* Danuleif U) — þvíat nú h. ek dreg. Dáinsleif R, W *u. w.* — 33) hava gert U. — 34) ok manz b. verþr U.—
35) *So* W, R, *Ausg.* — berr W* — brugþit U, H.— 36) hoggi U.—
37) *So* W, þat er U, ef þ. R *u. Ausg.* — 38) af *in* U *unleserl.* — 39)
So Rk., AM, nach R (?) *u.* W, *wo aber auch* sverð *für* hvert *gelesen*
ist (*vgl. AM* I, 434 ⁴)), sverð *die übr. Ausg.* — hv. od. sv. *fehlt* W* —
ok . . . . . hollt er U. — 40) *So* W, R (Hjaðningja W*) *Ausg.* —
H. veðr U, H. — 41) At kv. f. þeir t. sk. U. — 42) um n. U (t.
vals. *fehlt.*) — 43) alla þá menn er um daginn höfðu fallit U, H.—
44) Ann. d. g. konungar á land U. — 45) dag U. — 46) F. (svá
orostan U. —

dag eptir annan, at allir menn [47]) þeir er fellu [48]) ok ǫll
vápn, þau er [49]) lágu á vígvelli [50]), urðu at grjóti. En er
dagaði, stóðu upp allir dauðir menn [51]) ok bǫrðuz [52]) ok ǫll
vápn [53]) váru þá nýt [54]). Svá er sagt í kvæðum, at Hjaðn-
5 ingar skulu svá bíða ragnarøkrs [55]). — — —

LIII [1])...... Rétt er (ok) um þann konung, er undir
hánum eru skattkonungar [2]), at kalla hann konung konunga.
Keisari [3]) er œztr konunga, en [4]) þar næst er konungr, sá
er ræðr fyrir þjóðlandi [5]). — Þar næst eru þeir menn, er
10 jarlar heita eða skattkonungar, ok eru þeir jafnir í kenningum við konung [6]), nema eigi má þá kalla þjóðkonunga, er
skattgildir eru [7]). — Þar næst eru í kenningum skáld-
skapar [8]) þeir menn, er hersar heita; kenna má þá sem
konung eða jarl [9]), svá at kalla þá gullbrjóta [10]) ok auð-
15 mildinga ok merkismenn ok fólksstjóra [11]), eða kalla [12]) hann
oddvita liðsins eða orrostu, fyrir því at þjóðkonungr hverr
sá er ræðr mǫrgum lǫndum [18]), þá [14]) setr kann til land-

---

47) *So* W, W*, U — menn *fehlt* R, *Ausg.* — 48) þeir er *fehlt*
U, þeir dauðu börðuz H. — 49) er þar U. — 50) *So* W, W*, *in* R
(*u. Ausg.*) *noch* ok svá hlífar, *was* U *erst nach* grjóti *bietet.* — 51) all.
upp enir d. m. U. — 52) *Für das Fg.* bietet U *nur* ok ferr svá allt
til ragnarauckurs. — 53) váppn R. — 54) *So* W, W*, *Ausg.* —
nýtt (?) R, ný H. — 55) *So* (*mit* k) R, W* — *mit* kk, ck W, U;
vgl. Lokas. 89, *wo* R *der L. E. nur* c *bietet.* — *In* H *folgt noch eine*
dem Anf. des C. ähnliche Phrase. Darauf mehrere Str. der Ragnars
drápa Brag’s. —
LIII. 1) *Der Anf. des C. berichtet dass einige* Kenningar *für*
Gott (*Christus*) *und irdische Könige gemeinsam sind. Nachdem dann*
der Satz: Konunga alla er rétt at kenna svá, at kalla þá landráðendr
eða landsvörðu eða landssœki eða hirðstjóra eða vörð landfólks *durch*
Beispiele erläutert ist, führt der Verf. fort, mit dem (*hier eingekl.*) ok
anknüpfend. — 2) R. er ok þá konunga er undir honum ero skattk.
U. — 3) keiseri U. — 4) ok U. — 5) er þj. ræðr U. — *Es folgt:*
jafn í kenningum öllum hverr við annan (*so alle Hss.*) í skáldskap
(í sk. *fehlt* U.) — 6) konunga U. — 7) *So* W, er skattkonungar
eru R, U, *Ausg.* — *Als Beisp. folgt eine Str. des* Arnórr Jarlaskáld. —
8) *So* W, í skáldskap R *u. Ausg.* — skáldsk. *fehlt* U, H. — 9) konunga eða jarla U. — 10) gullbrota W. — 11) eða merk. eða f. U. —
flokkstjóra H. — 12) kenna U. — 13) fyrir m. l. U. — þjóðlaundum
H. — 14) þessa (?) U. —

stjórnar [15]) með sér skattkonunga [16]) ok jarla, at dœma lands-
lǫg ok verja land fyrir ófriði í þeim lǫndum [17]), er konungi
liggja [18]) fjarri, ok [19]) skulu þeira dómar ok refsingar vera
þar [20]) jafnréttir sem sjálfs konungs. En [21]) í einu landi eru
mǫrg héruð, ok er þat háttr konunga, at setja þar réttara 5
yfir svá mǫrg héruð, sem hann gefr til valds [22]), ok heita
þeir hersar eða lendir menn í danskri tungu [23]), en greifar
í Saxlandi, en barúnar í Englandi; þeir skulu ok vera réttir
dómarar ok réttir landvarnarmenn yfir [24]) því ríki, er þeim
er fengit til stjórnar [25]). Ef eigi er konungr nær [26]), þá skal 10
fyrir þeim merki bera í orrostum [27]), ok eru þeir þá jafnréttir herstjórar [28]) sem konungar eða jarlar. — Þar næst
eru þeir menn, er hǫldar heita, þat eru búendr, þeir er
gildir eru at [29]) ættum ok réttum fullum. Þá [30]) má svá
kenna at kalla þá [31]) veitandi fjár ok gætandi um sættir 15
manna [32]); þessar kenningar megu ok eiga hǫfðingar [33]).
Konungar ok jarlar hafa til fylgðar með sér þá menn, er
hirðmenn heita ok [34]) húskarlar, en lendir menn hafa ok
sér [35]) handgengna menn, þá er í Danmǫrku ok Svíþjóð eru
hirðmenn kallaðir, en í Noregi húskarlar [36]), ok sverja þeir 20

---

15) s. h. landz stjórnar menn U. — 16) -gar U (aber jarla!) —
17) Für í þ. l. þau laund U. — 18) ero U. — 19) ok f. U. — 20)
ok refsingar u. þar fehlt U. — þeirra d. W, U gegen þeir R u. Ausg. —
jamnréttar Hβ. — 21) So W, U, Hβ — ok R u. Ausg. — 22) So
W, U — t. v. hverjum H; s. h. gefr vald yfir R u. Ausg. — 23) hjá
Daunum Hβ — ok h. þ. hersar, enn lend. m. í d. t. U. — 24) fyrir
U. — 25) forráða U. — 26) Ef — nær fehlt U. — 27) orostu U. —
28) herstjórnarmenn U. — 29) So (að) W, U; af R, übr. hier = R u.
Ausg. — þ. m. er haulþar heita, þeir menn er réttnefndir ero, þeir
bændr er g. ero at ættum ok réttum U — þ. m. er h. heita, svá eru
réttnefndir bændur H. — 30) Undeutlich in W, viell. þann? — 31)
hann W — þá oder h. f. U. — 32) So nach H: veitanda (?) fjár ok
gætandi um s. m. — veitanda f. ok gætanda (datores et custodes
pecuniæ AM) ok sætti manna (et hominum reconciliatores) R, U u.
Ausg. — Zu diesen Formen veitanda, gætanda würde freilich hann in W
(vgl. [31])) besser passen, die Numeri sind in diesem C. mehrfach verwirrt,
vgl. auch AM I, 452 [4]). — 33) konungar U, fartfahrend eða jarlar
ok haufþingjar, þeir hava þar m. s. U. — 34) eða U. — 35) með
s. U. — 36) So Ausg. nach W (hurs kallar R) — en í N. ero húsk.
kallaðir U. —

þó eiða, svá sem hirðmenn konungum [37]). Húskarlar konunga váru mjǫk hirðmenn kallaðir í forneskju [38]).

LXIII [1]). þessi eru nǫfn stundanna: ǫld, forðum, aldr,
fyrir lǫngu ; ár [2]), misseri; vetr, sumar, vár, haust [3]); mánuðr,
5 vika [4]), dagr, nótt; morgin, aptan, kveld [5]); árla, snemma,
siðla, í sinn; fyrra dag, í næst [6]), í gær, í morgun [7]); stund,
mæl [8]). — — — Frá jafndœgri er haust til þess, er sól sez
í eyktarstað [9]); þá er vetr til jafndœgris [10]); þá er vár til
fardaga; þá er sumar til jafndœgris. Haustmánuðr heitir
10 inn næsti fyrir vetr, fyrstr [11]) í vetri heitir gormánuðr, þá
er frermánuðr, þá er hrútmánuðr, þá er þorri, þá gói [12]), þá
einmánuðr, þá gaukmánuðr ok sáðtíð, þá eggtíð ok stekktíð [13]), þá er sólmánuðr ok selmánuðr [14]), þá eru heyannir [15]),
þá er kornskurðarmánuðr.

15   LXIV [1]). Konungr er nefndr Hálfdanr Gamli, er allra

---

37) ok sverja þ. þ. eiða konungi U. — *Darnach wäre* sverja þ.
þ. eiða, svá s. hirðm., konungum *zu schreiben*. — 38) *So Ausg. nach*
W, fornescu R — U *berichtet umgekehrt*: hirþmenn konunga voru
mjok húskarlar kallaþir í fyrnd. *Dazu stimmen dann auch die für*
húskarlar *gegebenen Beispiele aus freilich nicht sehr alten Skalden und
die zu Olaf des Heiligen* († 1030) *Zeit gewählte Bezeichnung* Húskarla
-hvöt *für die* Bjarkamál in fornu. *Vgl. auch Einl. C. 2* [47]). —
    LXIII. 1) *Von diesem C. fehlt in* R *jetzt der Anf.* (*bis* — — —
in diesem Text.) *Die Ausg. legen dafür* Fr, U, A, w *zu Grunde.*
Doch bietet U (*AM* II. 341) *nur das bes. Anfangstück, in* M *fehlt
das ganze C.* — 2) ár *fehlt* U. — 3) h. vár U. — 4) Fr. (*wo* ár.
misseri *u. w. erst nach* í gær, í morgin *steht*) vikur. — 5) *In* Fr. *ist*
morgin, aptan (*von* kveld *getrennt*) *vor* stund mel(i) *gestellt.* — 6) *So
die Ausg.*, í not (nótt?) U, í næs A, í nez Fr. — 7) *So* Fr., A —
í morg. *f.* U. — á m. *Ausg.* (*mit* w?) — 8) *So* A, mel U *u.* Fr., mál
Ausg. (*nach* w). *Wegen eines Zusatzes in* Hβ *vgl.* AM I, 510 [6]) —
Es folgt dann zur Ergänzung der Bezeichnungen für die Nacht Alvíssm.
31; *zu den Les. bei* Hild. (*wo* c = Fr) *füge* Z. 6 draum (= dr.
njórun) U. — 9) *So* A, Fr. — eykðarst. *Ausg.* (*mit* R?) — 10) *So
die Ausg. nach* R (?), Fr. *u.* A. — jafndögurs w. — 11) fyrsti Fr. —
12) Gói mánuðr w. — 13) st. *fehlt* A, *wo mehrfach auch andere
Verbindungspartikeln stehen, und für* mánuðr -aðr *üblich ist.* — 14)
sælmán. A. — 15) heyjamán. Fr. —
    LXIV. 1) *Auch hier fehlt in* R *jetzt der Anf., und wird durch*
w, U, Fr., M, *ergänzt.* — *Im Fg.* Hálfdan *einige Ausg.* —

konunga var ágætastr ²); hann gerði blót mikit at miðjum
vetri, ok blótaði til þess, at hann skyldi lifa í konungdómi
sínum þrjú hundruð vetra.   En hann fekk þau andsvǫr, at
hann mundi lifa ekki meir en mikinn einn mannsaldr; en
þat ³) mundi þó þrjú hundruð vetra, er engi mundi vera í 5
ætt hans ótiginn maðr né kona ⁴).   Hann var hermaðr mikill,
ok fór víða um austrvegu; þar drap hann í einvígi þann
konung, er Sigtryggr hét.   þá fekk hann þeirar konu, er
kǫlluð er Alvig in spaka ⁵), dóttur Eymundar ⁶) konungs or
Hólmgarði ⁷); þau áttu átján sonu ok váru níu senn bornir. 10
þeir hétu svá: einn var þengill, er kallaðr var Manna-þengill ⁸),
annarr Ræsir, þriði Gramr, fjórði Gylfi, fimti Hilmir, sétti
Jǫfurr, sjaundi Tiggi, átti Skyli eða Skúli ⁹), níundi Harri
eða Herra ¹⁰).   þessir níu brœðr urðu svá ágætir í hernaði,
at ¹¹) í ǫllum frœðum síðan eru nǫfn þeira haldin fyrir 15
tignarnǫfn svá sem konungs nafn eða nafn jarls; þeir áttu
engi bǫrn ok fellu allir í orrostum ¹²). — Svá kvað Markús:

(g) Ræsir lét ¹³) af roðnum hausi
     Rínar sól á marfjǫll ¹⁴) skína ¹⁵).

---

2) kon. er n. H., er inn gamli var kall., er allra *u. w.* U. —
Einn kon. — — — (*wie* w) — hann var ágætr kon. Fr. — 3) *So* Fr.
(*vorher* einn mik. w *u. Ausg.* einn mik. alldr eins manz manz U)
u. M, þeir = þat w *u. Ausg.* — þat m. þ. þr. h. v. er *fehlt* U. —
4) *So* Fr. — en engi m. kona í ætt h. né ótig. maþr U, *ähnl.* er engi
m. v. í æ. h. kona eða ót. maðr w *u. Ausg.* — (er eigi m. v. *Jónss.*)
at eingi mundi (*Lücke*) hans ætt kona eða ót. m. M. — 5) hann fekk
Alurg (?) U (dótt. Em. kon.) — *Für* Alvig *vermutet* AM II, 342 ¹) A'lm-
veig, *vgl.* Hyndl. 15. — 6) *So* M *u.* Hyndl. 15 — Emundar *die
übr. Hss. u. Ausg., doch* Eyvindar *Jónss.* nach H. — 7) hins ríka
fügt Fr. *u.* Hβ *hinzu,* R (*wieder beginnend*) hin ríka *nach* Hólmgarði. —
8) mannþengill Fr., w, er kall. v. m. þ. *fehlt* U, H, *wie auch im Fg.
die Ordinalzahlen.* — *Für* níu s. bornir *bietet* M n. s. fœddir. — 9)
Skúli, Skylli U — *nur* Skúli w, H. — 10) eða H. *fehlt* U, H. — 11)
þeir ero — — — ágætir, at U. — 12) í bardaga U, H. — *Es folgt
zunächst eine Halbstr. des* Arnórr, *dann das Fg. mit der Ueberschr. in*
w: Ræsir, sem Markús kvað. — 13) lec w. — 14) *So* (R?) U *u.
Ausg.* — marfjöl w, M — marfold Fr. — 15) w (*nach Rk.*) hreina. —
*Nach sieben weiteren Beispielen aus der skaldischen Poesie werden dann
die neun andern Söhne* Hálfdans *mit den dazu gehörigen Geschlechtern*

so aufgeführt: 1) Hildir (Hildingar) — 2) Nefir (Niflungar) — 3) Auði (Öðlingar) — 4) Yngvi (Ynglingar) — 5) Dagr (Döglingar) — 6) Bragi (Bragningar) — 7) Buðli (Buðlungar) — 8) Lofði (Lofðungar) — 9) Sigarr (Siklingar). — *Endlich werden noch einige berühmte Könige aufgeführt, deren Namen als* tignarnöfn *in der Dichtkunst gelten.* — *Vgl. auch Hyndl. 11, 21, 26, wo z. Th. abweichende Angaben sich finden u. Einl. C. 4. —*

Die Vǫlsunga-saga

oder

Sigurdhar saga Fáfnisbana

nebst

Nornagests-þáttr

(Flateyjarbók: O'lafs saga Tryggvasonar: C. 282—292.)

———

Norrœnir menn hafa saman fœrt nökkurn part sögunnar, en sumt með kveðskap. Þat er fyrst frá Sigurði at segja Fáfnisbana, Völsungum ok Niflungum — — — — — — — ok þó at nökkut bregðis atkvæði um manna heiti eða atburði, þá er eigi undarligt, svá margar tungur sem þessi saga fær; en hvar sem hón er sögð, þá rís hón náliga af einu efni.

Þiðreks-saga *ed. Unger* p. 1 (*cf. Bugge* Norr. F. LXVIII.)

Vǫlsungasaga.

I. Hér hefr upp ok segir frá þeim manni, er Sigi er
nefndr ok kallaðr, at héti [1]) son Oðins. Annarr maðr er
nefndr til sǫgunnar, er Skaði hét; hann var ríkr ok mikill
fyrir sér, en þó var Sigi þeira inn ríkari ok ættstœrri, at því
er menn mæltu í þann tíma. Skaði átti þræl, þann er nǫkkut 5
verðr at geta við sǫguna, hann hét Breði; hann var [2]) fróðr [3])
um [4]) þat er hann skyldi at hafaz; hann hafði íþróttir ok
atgervi jafnframt inum er meira þóttu verðir, eða umfram
nǫkkura. Þat er nú at segja, eitt hvert sinn at Sigi ferr at
dýraveiði ok með hánum þrællinn, ok veiða dýr um daginn 10
allt til aptans. En er þeir bera saman veiði [5]) sína um
aptaninn, þá hafði Breði veitt miklu fleira *ok meira* en
. . Sigi, *svá at hugnaði* stórilla . . *hánum, at einn* þræll [6])
skal hafa betr veitt [7]) — — — — — — — — —
— —. Nú ferr hann heim um kveldit ok segir, at Breði 15

Die Ueberschrift Völs. *nach* Fas. *u.* B. *Die Capitelüberschr. in* C.
erloschen. —

I. 1) væri ? *B.* — 2) *So* Fas. — C *nach* B er. — 3) kendr
Fas. — 4) *Das Wort undeutlich*, um *B.*, við Fas. — 5) veið C. —
6) fleira *u. die fg. Worte undeutlich oder ganz unleserlich in* C. —
flei[ra] . . . . en . . Sig . . . . . . stórilla . . . . [at einn] þræll *B*
im Text; als möglich wird von B' fleira ok meira *und honum nach*
stórilla, einn *vor* þræll *angegeben; vgl. hier 161, 5—6.* Fas. *nach Paphes.*
meira ok fleira en Sigi, hvat honum líkaði stórilla, ok segir, at sik undri,
at einn þræll skuli sik yfirbuga í dýraveiði, hleypr því at hánum ok
drepr hann, dysjar síðan líkit í snjófǫnn. Nú ferr *u. w.* — *Vgl. dazu*
auch B'. — 7) *So* C. *nach* B. — *Das Fg.* (5—6 *Zeilen bei B.*) *in* C.
bis auf einige Worte verwischt. —

at Breði hafi riðit frá hánum á skoginn — ok var hann senn
or augliti mér, ok veit ek ekki til hans. Skaði grunar sǫgn
Siga ok getr, at vera munu [8]) svik hans, ok mun Sigi hafa
drepit hann; fær menn [9]) til at leita hans, ok lýkr svá leit-
5 inni, at þeir fundu hann í skafli einum, ok mælti Skaði,
at þaun skafl skyldi kalla Breðafǫnn héðan af, ok hafa menn
nú þat eptir síðan ok kalla svá hverja fǫnn, er mikil er.
þá kemr upp, at Sigi hefir drepit þrælinn ok myrðan; þá
kalla þeir hann varg í véum, ok má hann nú eigi heima
10 vera með feðr sínum. Oðinn fylgir hánum nú af landi brott
svá langa leið, at stóru bar, ok eigi létti hann fyrr, en hann
kom hánum til herskipa. Nú tekr Sigi at leggjaz í hernað
með þat lið, er faðir hans fekk hánum, áðr þeir skildu, ok
varð hann sigrsæll í hernaðinum; ok svá kemr hans máli,
15 at hann fekk herjat sér land ok ríki um síðir, ok því næst
fekk hann sér gǫfugt kvánfang, ok geriz hann ríkr konungr
ok mikill fyrir sér ok réð fyrir Húnalandi ok er inn mesti
hermaðr. Hann á son við konu sinni, er hét Rerir [10]), hann
vex þar upp með feðr sínum ok geriz brátt mikill vexti ok
20 gerviligr.

Nú geriz Sigi gamall maðr at aldri; hann átti sér marga
ǫfundarmenn, svá at um síðir réðu þeir á hendr hánum, er
hann trúði bezt, en þat váru brœðr konu hans; þeir gera
þá til hans, er hann varir sízt ok hann var fáliðr fyrir, ok
25 bera hann ofrliði, ok á þeim fundi fell Sigi með hirð sinni
allri. Son hans Rerir var ekki í þeim háska, ok fær hann
svá mikit lið af vinum sínum ok landshǫfðingjum, svá at
hann eignaðiz bæði land ok konungdóm eptir Siga feðr sinn;
ok nú er hann þykkiz hafa fótum undir komiz í ríki síuu,
30 þá miuniz hann á þær sakir, er hann átti við móðurbrœðr
sína, er drepit hǫfðu fǫður hans, ok safnar konungr sér nú
liði miklu ok ferr nú á hendr frænðum sínum með þenna
her, ok þykkja þeir fyrr gert hafa sakar við sik, þó at hann
mæti lítils frændsemi þeira; ok svá gerir hann, fyrir því at
35 eigi skilz hann fyrri við, en hann hafði drepit alla feðrbana

---

8) *So C. nach Bt.* — 9) *So B'. mit Bj.* mann *B.*, Fas. —
10) *So C. nach B.* — *Mit dem fg. Satze* Nú geriz *u. w. beginnt C.* II
in Fas., vgl. B'. —

sína, þó at óskapliga væri fyrir allar [11]) sakir; nú eignaz
hann lǫnd ok ríki ok fé, geriz hann nú meiri fyrir sér
en faðir hans. Rerir fekk sér nú herfang mikit ok konu
þá er hánum þótti við sitt hœfi, ok eru þau mjǫk lengi
á samt ok eigu þau ǫngan erfingja ok ekki barn; þat hugnar 5
þeim báðum illa, ok biðja þau guðin með miklum áhuga,
at þau gæti sér barn. þat er nú sagt, at Frigg heyrir bœn
þeira, ok svá O'ðinn, hvers þau biðja; hann verðr [12]) eigi
ǫrþrifráða, ok tekr óskmey sína, dóttur Hrímnis jǫtuns,
ok fær í hǫnd henni eitt epli ok biðr hana fœra konungi; 10
hón tók við eplinu ok brá á sik krákuham ok flýgr til þess,
er hón kemr þar sem konungrinn er ok sat á haugi; hón
lét falla eplit í kné konunginum, hann tók þat epli ok þóttiz
vita, hverju gegna mundi; gengr nú heim af hauginum ok til
sinna manna, ok kom á fund dróttningar, ok etr þat epli sumt [13]). 15

II [1]). þat er nú at segja, at dróttning finnr þat brátt,
at hón mundi vera með barni, ok ferr þessu fram langar
stundir, at hón má eigi ala barnit. þá kemr at því, at
Rerir skal fara í leiðangr, sem siðvenja er til konunga, at
friða land sitt; í þessi ferð varð þat til tíðinda, at Rerir 20
tók sótt ok því næst bana ok ætlaði at sœkja heim O'ðin,
ok þótti þat mǫrgum fýsiligt í þann tíma. Nú ferr inu
sama fram um vanheilsu dróttningar, at hón fær eigi alit
barnit, ok þessu ferr fram sex vetr, at hón hefir þessa
sótt; nú finnr hón þat, at hón mun eigi lengi lifa ok bað 25
nú, at hana skyldi særa til barnsins, ok svá var gert, sem
hón bað; þat var sveinbarn, ok sá sveinn var mikill vexti,
þá er hann kom til, sem ván var at. Svá er sagt, at sjá
sveinn kysti móður sína, áðr hón dœi; þessum er nú nafn
gefit, ok er kallaðr Vǫlsungr; hann var konungr yfir Húna- 30
landi eptir feðr sinn, hann var snemma mikill ok sterkr ok
áræðisfullr um þat er mannraun þótti í ok karlmennska;
hann geriz inn mesti hermaðr ok sigrsæll í orrostum þeim
sem hann átti í herfǫrum. Nú þá er hann var allroskinn

---

11) *Undeutlich in* C, *nach* Bt. *eher* alla. — 12) *Vgl.* Bt. —
13) *Für* sumt *könnte man etwa* samt (á samt) *und den Ausfall eines
oder einiger Worte vermuthen. Vgl.* Vǫls. rím. I, 100: epli bitu þau
einkar fús. *Gewöhnlich wird* hón *in Gedanken zu* etr *ergänzt.* —
II. 1) *Ueberschr. in* C Feddr Vols'. —

at aldri, þá sendir Hrímnir hánum Hljóð [2]) dóttur sína, er
fyrr er getit, þá er hón fór með eplit til Reris, feðr Völsungs; nú gengr hann at eiga hana, ok eru þau lengi á samt,
ok eru góðar samfarar þeira. Þau áttu tíu sonu ok eina
5 dóttur; inn elzti son þeira hét Sigmundr, en Signý dóttir,
þau váru tvíburar, ok váru þau fremst ok vænst um alla
hluti barna Völsungs konungs, ok váru þó allir miklir fyrir
sér, sem lengi hefir uppi verit haft, ok at ágætum gert verit,
hversu Völsungar hafa verit ofrkappsmenn miklir, ok hafa
10 verit fyrir flestum mönnum, sem getit er í fornsögum, bæði
um fróðleik ok íþróttir ok alls háttar kappgirni. Svá er
sagt, at Völsungr konungr lét gera höll eina ágæta ok með
þeim hætti, at ein eik mikil stóð í höllinni, ok limar trésins
með fögrum blómum stóðu út um ræfr hallarinnar, en leggr-
15 inn stóð niðr í höllina, ok kölluðu þeir þat barnstokk [3]).

III [1]). Siggeirr hefir konungr heitit, hann réð fyrir
Gautlandi, hann var ríkr konungr ok fjölmennr; hann fór
á fund Völsungs konungs, ok bað hann Signýjar [2]) til handa
sér; þessu tali tekr konungr vel ok svá synir hans, en hón
20 sjálf var þessa ófús, biðr þó feðr sinn ráða [3]), sem öðru því
sem til hennar tœki; en konunginum sýndiz [4]) þat ráð at
gipta hana, ok var hón fóstnuð Siggeiri konungi. En þá
er sjá [5]) veizla ok ráðahagr skal takaz, skal Siggeirr konungr
sœkja veizluna til Völsungs konungs. Konungr bjóz við
25 veizlunni eptir inum beztum föngum; ok þá er þessi veizla
var albúin, kómu þar boðsmenn Völsungs konungs ok svá
Siggeirs konungs at nefndum degi, ok hefir Siggeirr konungr
marga virðuliga menn með sér. Svá er sagt, at þar váru
miklir eldar gerðir eptir endilangri höllinni, en nú stendr sjá
30 inn mikli apaldr í miðri höllinni, sem fyrr var nefndr. Nú
er þess við getit, at þá er menn sátu við eldana um kveldit,
at maðr einn gekk inn í höllina; sá maðr er mönnum ókunnr [6])

---

2) *So B. nach* Völs. rím. 126, 1 — liod C. — 3) *So Bj. u. B.* —
Nach B'. kann C. *auch* branstocc (= brandstokk?) *gelesen werden, wie
dies in* Fas. *vorgezogen ist. Ueber die Erklärungen vgl. das Wb.* —
III. 1) *Ueberschr. erloschen.* — 2) Sygn. C. — 3) *So* C, þessu
ergänzen Fas. *u. B.* — 4) *So* C *nach Bt.*, en konungrinn tók þ. r.
Fas. *B.* — 5) *So* C. *nach Bt.*, þessi = sjá Fas. *u. B.* — 6) *So (oder
úk.* C.) *nach B'.* — úkunnigr Fas. —

at sýn; sjá maðr hefir þess háttar búning, at hann hefir heklu
flekkótta yfir sér, sá maðr var berfœttr ok hafði knýtt línbrók-
um at beini, sá maðr hafði sverð í hendi (ok gengr at barn-
stokkinum) ok hǫtt [7]) síðan á hǫfði, hann var hár mjǫk ok
elliligr [8]) ok einsýnn; hann bregðr sverðinu ok stingr því í 5
stokkinn, svá at sverðit søkkr at hjǫltum upp; ǫllum mǫnnum
felluz kveðjur við þenna mann, þá tekr hann til orða ok
mælti: sá er þessu sverði bregðr or stokkinum, þá skal sá
þat þiggja at mér at gjǫf, ok skal hann þat sjálfr sanna, at
aldri bar hann betra sverð sér í hendi, en þetta er. Eptir 10
þetta gengr sjá inn gamli maðr út or hǫllinni, ok veit
engi, hverr hann er, eða hvert hann gengr. Nú standa þeir
upp ok metaz ekki við at taka sverðit, þykkiz sá bezt hafa,
er fyrst náir; síðan gengu til inir gǫfgustu menn fyrst,
en þá hverr at ǫðrum, engi kemr sá til er nái, því at engum 15
veg bifaz, er þeir taka til. Nú kom til Sigmundr, son Vǫlsungs konungs, ok tók ok brá sverðinu or stokkinum, ok
var sem laust lægi fyrir hánum. þetta vápn sýndiz ǫllum
svá gott, at engi þóttiz sét hafa jafngott sverð, ok býðr
Siggeirr hánum at vega þrjú jafnvægi gulls. Sigmundr segir: 20
þú máttir taka þetta sverð eigi síðr en ek, þar sem þat
stóð, ef þér sœmdi at bera; en nú fær þú þat aldri, er þat
kom áðr í mína hǫnd, þótt þú bjóðir við allt þat gull, er
þú átt. Siggeirr konungr reiddiz við þessi orð ok þótti sér
háðuliga svarat vera; en fyrir því at hánum var svá varit, 25
at hann var undirhyggjumaðr mikill, þá lætr hann nú, sem
hann hirði ekki um þetta mál, en þat sama kveld hugði
hann laun fyrir þetta, þau er síðar kómu fram. —

IV [1]). Nú er þat at segja, at Siggeirr gengr í rekkju [2])
hjá Signý [3]) þenna aptan; en næsta dag eptir þá var veðr 30
gott, þá segir Siggeirr konungr, at hann vill heim fara ok
bíða eigi þess, er vindr yxi eða sjá gerir [4]) ófœran. Ekki
er þess getit, at Vǫlsungr konungr letti hann eða synir hans,
allra helzt er hann sá, at hann vildi ekki annat, en fara frá

---

7) So (hautt) nach B'. — 8) Vielleicht wäre besser mit C. (hier
u. C. XLII [10])) eldiligr (vgl. eldri, ellri) zu schreiben. — 9) Sigg. ist
in C. ausgefallen. —

IV. Die Ueberschr. unlesbar. — 2) reyckju C. — 3) So C.
nach Bt. — 4) geri schlägt B'. vor. —

veizlunni. Nú mælti Signý við feðr sinn: eigi vilda ek
á brott fara með Siggeiri, ok eigi gerir hugr minn hlæja við
hánum, ok veit ek af framvísi minni ok af kynfylgju várri,
at af þessu ráði stendr oss mikill ófagnaðr, ef eigi er skjótt
5 brugðit þessum ráðahag. — Eigi skaltu þetta mæla, dóttir,
sagði hann, því at þat er skǫmm mikil bæði hánum ok svá
oss, at brigða þessu við hann at saklausu, ok eigum vér þá
engan trúnað undir hánum né vingan, af þessu er brugðit,
ok man hann gjalda illu oss, slíkt er hann má, ok samir
10 þat einna at halda af várri hendi. — Nú býz Siggeirr konungr til heimferðar, ok áðr þeir [5] fóru frá boðinu, þá bauð
hann Vǫlsungi konungi mági sínum til sín á Gautland ok
sonum hans ǫllum með hánum, á þriggja mánaða fresti ok
því ǫllu liði, sem hann vildi með sér hafa ok hánum væri
15 til vegsemdar. Vill nú Siggeirr konungr gjalda í því þat er
á skorti brúðlaupsgerðina fyrir þess sakir, er hann vildi eigi
meir vera en eina nótt, ok er ekki þat siðr manna at gera
svá. Nú heitr Vǫlsungr konungr ferðinni ok koma [6] á nefndum degi; þá skiljaz þeir mágar ok ferr Siggeirr konungr
20 heim með konu sína.

V [1]). Nú er at segja frá Vǫlsungi konungi ok sonum
hans, at þeir fara at ákveðinni stundu til Gautlands at boði
Siggeirs konungs mágs síns ok hafa þrjú skip or landi ok
ǫll vel skipuð, ok verða vel reiðfara ok koma skipum sínum
25 við Gautland, en þat var síð um aptan. En þann sama aptan
kom Signý, dóttir Vǫlsungs konungs, ok kallar feðr sinn á
einmæli ok brœðr sína, segir nú ætlan sína ok [2]) Siggeirs
konungs, at hann hefir dregit saman óvígjan her, ok ætlar
at svíkja yðr — nú bið ek yðr, segir hón, at þér farið þegar
30 aptr í yðart ríki ok fáið yðr lið sem mest, ok farið higat
síðan ok hefnið yðar sjálfir ok gangið eigi í ófœru, því
at eigi missi-þér svika af hánum, ef eigi taki-þér þetta
bragð, sem ek beiði yðr. Þá mælti Vǫlsungr konungr: þat
munu allar þjóðir at orðum gera, at ek mælta eitt orð óbor-

---

5) þau *vermutet B'.* — 6) ok vill koma? —

V. 1) *Ueberschr. in* C: Fall Volsungs konungs . . . . —
2) *Die Worte* sína ok *wären nach B'. zu entbehren, doch hat* Signý
neben der List ihres Gatten den eigenen Plan zu berichten. —

inn, ok strengda ek þess heit, at ek skylda hvárki flýja eld
né járn fyrir hræzlu sakir, ok svá hefi ek enn gert hér til,
ok hví munda ek eigi efna þat á gamals aldri? ok eigi
skulu meyjar því bregða sonum mínum í leikum, at þeir
hræðiz bana sinn, því at eitt sinn skal hverr deyja, en engi 5
má ³) undan komaz at deyja um sinn; er þat mitt ráð, at
vér flýjum hvergi, ok gerum af várri hendi sem hreystiligast;
ek hefi bariz hundrað sinnum, ok hefi ek haft stundum meira
lið, en stundum minna; ok hefi ek jafnan sigr haft, ok eigi
skal þat spyrjaz, at ek flýja, né friðar biðja. — Nú grætr 10
Signý sárliga ok bað, at hón skyldi eigi koma til Siggeirs
konungs. Vǫlsungr konungr svarar: þú skalt at vísu fara
heim til bónda þíns ok vera samt með hánum, hversu sem
með oss ferr. — Nú gengr Signý heim, en þeir búa eptir
um nóttina. Ok um myrgininn þegar er dagar, þá biðr Vǫls- 15
ungr konungr upp standa sína menn alla ok ganga á land
upp ok búaz við bardaga. Nú ganga þeir á land upp allir
alvápnaðir, ok er eigi langt at bíða, áðr þar kemr Siggeirr
konungr með allan sinn her, ok verðr þar in harðasta orrosta
með þeim, ok eggjar konungr lið sitt til framgǫngu sem 20
harðligast, ok er svá sagt, at Vǫlsungr konungr ok synir
hans gengu átta sinnum í gegnum fylkingar Siggeirs konungs
'um daginn, ok hǫggva á tvær hendr; ok er þeir ætla enn
svá at fara, þá fellr Vǫlsungr konungr í miðri fylkingu sinni
ok þar allt lið hans með hánum, nema synir hans tíu, því 25
at miklu meira ofrefli var í móti, en þeir mætti við standa.
Nú eru synir hans allir teknir ok í bǫnd reknir ok á brott
leiddir. Signý varð vǫr við, at faðir hennar var drepinn,
en brœðr hennar hǫnðum teknir ok til bana ráðnir; nú
kallar hón Siggeir konung á einmæli. Nú mælti Signý: 30
þess vil ek biðja þik, at þú látir eigi svá skjótt drepa brœðr
mína, ok látið þá heldr setja í stokk, ok kemr mér at því,
sem mælt er, at unir auga meðan á sér, ok því bið ek þeim ⁴)
eigi lengra, at ek ætla, at mér muni ekki tjóa. — Þá svarar
Siggeirr: Oer ertu ok ørvita, er þú biðr brœðrum þínum 35
meira bǫls, en þeir sé hǫggnir; en þó skal þat veita þér,
því at þess betr þykki-mér, er þeir þola verra ok hafa lengri

---

3) *So Fas. B.* — má engi C. — 4) bið ek þik *Paphss.* —

kvǫl [5]) til bana. — Nú lætr hann svá gera, sem hón baö,
ok var tekinn einn mikill stokkr ok feldr á fœtr þeim tíu
brœörum í skógi einshvers staöar, ok sitja þeir nú þar þann
dag allan til nætr; en at miöri nótt þá kom þar ylgr ein
5 or skógi gǫmul at þeim, er þeir sátu í stokkinum, hón var
bæöi mikil ok illilig; henni varö þat fyrir, at hón bítr einn
þeira til bana, síöan át hón [6]) þann upp allan, eptir þat fór hón
í brott. En eptir um morgininn þá sendi Signý mann til
brœöra sinna, þann er hón trúöi bezt, at vita [7]), hvat títt
10 sé; en er hann kemr aptr, segir hann henni, at dauör sé
einn þeira; þótti henni þetta mikit, ef þeir skulu svá fara
allir, en hón mátti ekki duga [8]) þeim. Skjótt er þar frá at
segja: níu nætr í samt kom sjá in sama ylgr um miönætti
ok etr einn þeira senn til bana, unz allir eru dauöir, nema
15 Sigmundr einn er eptir. Ok nú áör er tíunda nótt kemr,
sendir Signý trúnaöarmann sinn til Sigmundar bróöur síns,
ok seldi í hǫnd hánum hunang ok mælti, at hann skyldi
ríöa á andlit Sigmundar ok leggjä í munn hánum sumt. Nú
ferr hann til Sigmundar ok gerir, sem hánum var boöit, ok
20 fór heim síöan. Um nóttina eptir þá kemr sú in sama ylgr
at vanda sínum ok ætlaöi· at bíta hann til bana sem brœör
hans, en nú dregr hón veörit af hánum, þar sem hunangit [9])
var á riöit, ok sleikir andlit hans allt meö tungu sér ok·
réttir síöan tunguna í munn hánum; hann lætr sér veröa
25 óbilt ok beit í tunguna ylginni, hón bregör viö fast ok
hnykkir at sér hart ok rak fœtrna í stokkinn, svá at hann
klofnaöi allr í sundr; en hann helt svá fast at tungan gekk
or ylginni upp í tungurótunum, ok fekk af því bana. En
þat er sǫgn sumra manna, at sú in sama ylgr væri móöir
30 Siggeirs konungs, ok hafi hón brugöit á sik þessu líki fyrir
trollskapar sakir ok fjǫlkyngi. —

VI [1]). Nú er Sigmundr lauss oröinn, en brotinn er
stokkrinn [2]), ok hefz Sigmundr þar nú viö í skóginum. Enn
sendir Signý at vita, hvat títt er, eöa hvárt [3]) Sigmundr
35 lifir; en er þeir koma, þá segir hann þeim allan atburö,

---

5) kaul C. — 6) hon (hón) *ergänzt B. nach* Fas. — 7) C. *nur*
ok, ok vita Fas., at vita *B'*. — 8) dyga C. — 9) hunagit C. —
　　VI. 1) *Ueberschr. unlesbar*. — 2) stockinn C. — 3) *So* (hvart)
C. *nach Bt*. —

hvé farit hafði með þeim ok ylginni. Nú fara þeir heim ok
segja Signýju, hvat títt er; fór hón nú ok hittir bróður
sinn, ok taka þau þat ráð, at hann gerir þar jarðhús í skóginum, ok ferr nú því fram um hríð, at Signý leynir hánum
þar ok fær hánum þat er hann þurfti⁴) at hafa; en Siggeirr 5
konungr ætlar, at þeir sé allir dauðir Vǫlsungar. Siggeirr
konungr átti tvá sonu við konu sinni, ok er frá þeim sagt,
þá er inn ellri son hans er tíu vetra, at Signý sendr hann
til móts við Sigmund, at hann skyldi veita hánum lið, ef
hann vildi nǫkkut leita við at hefna feðr síns. Nú ferr 10
sveinninn til skógarins ok kemr síð um aptaninn til jarðhúss
Sigmundar, ok tekr hann við hánum vel at hófi ok mælti,
at hann skyldi gera til brauð þeira — en ek man sœkja
eldivið — ok selr í hǫnd hánum einn mjǫlbelg, en hann
ferr sjálfr at sœkja viðinn; ok er hann kemr aptr, þá hefir 15
sveinninn ekki at gert um brauðgerðina. Nú spyrr Sigmundr,
hvárt búit sé brauðit, hann segir: eigi þorða ek at taka
mjǫlbelginn, fyrir því at þar lá nǫkkut kykt í mjǫlinu. —
Nú þykkiz Sigmundr vita, at þessi sveinn mun eigi svá vel
hugaðr, at hann vili hann með sér hafa. Nú er þau systkin⁵) 20
finnaz, segir Sigmundr, at hann þótti ekki manni at nær,
þótt sveinninn væri hjá hánum. Signý mælti: tak þú hann
þá ok drep hann; eigi þarf hann þá lengr at lifa! ok svá
gerði hann. Nú líðr sjá vetr, ok einum vetri síðar þá sendir
Signý inn yngra son sinn á fund Sigmundar, ok þarf þar 25
eigi sǫgu um at lengja, ok fór, sem samt sé, at hann drap
þenna svein at ráði Signýjar.

VII¹). Þess er nú við getit, eitt hvert sinn þá er Signý
sat í skemmu sinni, at þar kom til hennar ein seiðkona
fjǫlkunnig harla mjǫk; þá talar Signý við hana: þat vilda 30
ek, segir hón, at vit skiptum hǫmum! — hón segir seiðkonan:
þú skalt fyrir ráða í! ok nú gerir hón svá af sínum brǫgðum,
at þær skipta litum, ok sez seiðkonan nú í rúm Signýjar at
ráði hennar ok ferr í rekkju hjá konungi um kveldit, ok
ekki finnr hann, at eigi sé Signý hjá hánum. Nú er þat 35
frá Signýju at segja, at hón ferr til jarðhúss bróður²) síns

---

4) So Bt., þyrfti C. (wie þyrfa u. w.) — 5) syskinn C. —
VII. 1) Ueberschr. Signý gat Sinfjotla. — Z. 31 fehlt seiðkon.
in allen Paphss. u. Fas. — 2) bróðurs C. —

ok biðr hann veita sér herbergi um nóttina: því at ek hefi
vilz á skóginum úti, ok veit ek eigi, hvar ek fer. — Hann
mælti, at hón skyldi þar vera, ok vildi eigi synja henni
vistar einni konu ok þóttiz vita, at eigi mundi hón svá
5 launa hánum góðan beina at segja til hans; nú ferr hón í
herbergi til hans ok setjaz til matar; hánum varð opt litit
til hennar, ok líz konan væn ok fríð. En er þau eru mett,
þá segir hann henni, at hann vill, at þau hafi eina rekkju
um nóttina, en hón brýz ekki við því, ok leggr hann hana
10 hjá sér þrjár nætr samt. Eptir þat ferr hón heim ok hittir
seiðkonuna ok bað, at þær skipti aptr litum ok svá gerir
hón. Ok er[3]) fram liðu stundir, fœðir Signý sveinbarn,
sjá sveinn var Sinfjǫtli kállaðr; ok er hann vex upp, er
hann bæði mikill ok sterkr ok vænn at áliti ok mjǫk í ætt
15 Vǫlsunga ok er eigi allra tíu vetra, er hón sendir hann í
jarðhúsit til Sígmundar. Hón hafði þá raun gert við ina
fyrri sonu sína, áðr hón sendi þá til Sigmundar, at hón
saumaði at hǫndum þeim með holdi ok skinni; þeir þoldu
illa ok kriktu um; ok svá gerði hón Sinfjǫtla, hann bráz
20 ekki við; hón fló hann þá af kyrtlinum, svá at skinnit fylgði
ermunum; hón kvað, hánum mundi sárt við verða; hann
segir: lítit mundi slíkt sárt þykkja Vǫlsungi! — Ok nú
kemr sveinninn til Sigmundar, þá bað Sigmundr hann knoða
or mjǫli þeira, en hann vill sœkja þeim eldivið, fær í hǫnd
25 hánum einn belg; síðan ferr hann at viðinum, ok er hann
kom aptr, þá hafði Sinfjǫtli[4]) lokit at baka. þá spurði Sigmundr, ef hann hefit nǫkkut fundit í mjǫlinu. Eigi er mér
grunlaust — sagði hann — at eigi hafi í verit nǫkkut kykt
í mjǫlinu fyrst er ek tók at knoða, ok hér hefi ek með
30 knoðat þat er í var. þá mælti Sigmundr ok hló við: eigi
get ek þik hafa mat af þessu brauði í kveld, því at þar hefir
þú knoðat með inn mesta eitrorm. — Sigmundr var svá
mikill fyrir sér, at hann mátti eta eitr, svá at hann skaðaði
ekki, en Sinfjǫtla hlýddi þat, at eitr kœmi útan á hann, en
35 eigi hlýddi hánum at eta þat né drekka.

          VIII[1]). þat er nú at segja, at Sigmundi þykkir Sinfjǫtli

---

3) er *ist ergänzt.* — 4) Synf. C. — *Zu dem fg.* at baka *bemerkt*
B'.: *sollte wol heissen* at knoða. —
          VIII. 1) *Ueberschr.* þeir Sigmundr fóru í hamina. —

of ungr til hefnda með sér, ok vill nú fyrst venja hann með
nǫkkut harðræði; fara nú um sumrum víða um skóga ok
drepa menn til fjár sér. Sigmundi þykkir hann mjǫk í ætt
Vǫlsunga ok þó hyggr hann, at hann sé son Siggeirs konungs, ok hyggr hann hafa illsku feðr síns, en kapp Vǫlsunga, 5
ok ætlar hann eigi mjǫk frændrœkinn mann, því at[2]) hann
minnir opt Sigmund á sína harma ok eggjar mjǫk at drepa
Siggeir konung. Nú er þat eitthvert sinn, at þeir fara
enn[3]) á skóginn at afla sér fjár, en þeir finna eitt hús ok
tvá menn sofandi í húsinu með digrum gullhringum; þeir 10
hafa orðit fyrir óskǫpum, því at úlfahamir hengu yfir þeim[4]);
it tíunda hvert dœgr máttu þeir komaz or hǫmunum; þeir
váru konungasynir. þeir Sigmundr fóru í hamina ok máttu
eigi or komaz ok fylgði sú náttúra, sem áðr var, létu ok
vargsrǫddu; þeir skildu báðir rǫddina. Nú leggjaz þeir ok 15
á merkr, ok ferr sína leið hvárr[5]) þeira; þeir gera þann
mála með sér, at þeir skuli til hætta þótt sjau menn sé, en
eigi framar; en sá láti úlfsrǫdd, er fyrir ófriði[6]) yrði. Bregðum nú eigi af þessu — segir Sigmundr — því at þú ert
ungr ok áræðisfullr, munu menn gott hyggja til at veiða 20
þik. — Nú ferr sína leið hvárr þeira, ok er þeir váru
skildir, finnr Sigmundr . . menn[7]) ok lét úlfsrǫddu, ok er
Sinfjǫtli heyrir þat, ferr hann til þegar ok drepr alla; þeir
skiljaz enn. Ok er Sinfjǫtli hefir eigi lengi farit um skóginn, finnr hann ellifu menn ok berz við þá, ok ferr svá[8]), 25
at hann drepr þá alla; hann verðr ok lúinn *mjǫk*[9]) ok ferr
undir eina eik, hvíliz þar — — — — — — — —
— — — — [10]) hann mælti til·[11]) — — — átt lið til at

2) *So oder* því C. — 3) *So wol zu lesen nach* B., út Fas. —
4) yfir húsinu yfir þeim C. — *B'. schlägt Aenderung des ersten* yfir *in* í
vor. — 5) *So* (hvarr) C. *nach* Bt. — 6) ofriði *vermuthet* Bt. (Hervarars.) —
7) *Vor* menn *ist ein Zahlzeichen* (VIII ?? *B'.) verwischt; nach dem Vorwurfe,
den* Sinfjǫtli *weiter unten erhebt, scheint* Sigmundr *hier nur 7 Leuten gegenüber gestanden zu haben.* — 8) *Die Stelle ist nach* B'. *nicht völlig gesichert.* — 9) lúinn *ist nach* B'. *wenigstens wahrscheinlich, eine kleine
Lücke zwischen* l. *und* ok ferr *ergänzt* B'. *durch das hier aufgenommene*
mjǫk. — 10) *Die zu erwartende Ausrede des* Sigm. *deutet* C. *nur noch durch
einzelne Worte* (. . . . . . dir . . . gi ok fara . . . . B') *an,
wofür* Fas. *nach Papierhss. bieten:* þá kemr Sigmundr þar ok mælti:
því kallaðir þú ekki? — 11) *s. fg.* S. —

drepa sjau menn, en ek em barn at aldri hjá þér ok kvadda
ek eigi liðs at drepa ellifu menn! — Sigmundr [12]) hleypr at
hánum svá hart, at hann stakar við ok fellr, Sigmundr bítr
í barkann framan. þann dag máttu þeir eigi komaz or
5 úlfahǫmunum. Sigmundr leggr hann nú á bak sér ok berr
heim í skálann, ok sat hann yfir hánum, en bað troll taka
úlfhamina. Sigmundr sér einn dag, hvar hreysikettir tveir
váru ok bítr annarr í barkann ǫðrum, ok rann sá til skógar
ok hefir eitt blað .ok fœrir yfir sárit, ok sprettr upp hreysi-
10 kǫttrinn heill. Sigmundr gengr út ok sér, hvar hrafn flýgr
með blaðit ok fœrði hánum, hann dregr þetta yfir sárit Sinfjǫtla,
en hann sprettr upp þegar heill, sem hann hefði aldri sárr
verit. Eptir þat fara þeir til jarðhúss ok eru þar til þess,
er þeir skyldu fara or úlfhǫmunum, þá taka þeir [13]) ok brenna
15 í eldi ok báðu engum at meini verða; ok í þeim óskǫpum
unnu þeir mǫrg frægðarverk í ríki Siggeirs konungs; ok er
Sinfjǫtli er frumvaxti, þá þykkiz Sigmundr hafa reynt hann
mjǫk. Nú líðr eigi langt, áðr Sigmundr vill leita til fǫðurhefnda, ef svá vildi takaz; ok nú fara þeir í brott frá jarð-
20 húsinu einhvern dag ok koma at bœ Siggeirs konungs síð
um aptan ok ganga inn í forstofuna, þá er var fyrir hǫllinni, en þar váru inni ǫlker, ok leynaz þar. Dróttning veit
nú, hvar þeir eru, ok vill hitta þá; ok er þau finnaz, gera
þau þat ráð, at þeir leitaði til fǫðurhefnda, er náttaði. þau
25 Signý ok konungr eigu tvau bǫrn ung at aldri, þau leika
sér á gólfinu at gulli ok renna því eptir gólfinu hallarinnar
ok hlaupa þar eptir, ok einn gullhringr hrýtr útar í húsit,
þar sem þeir Sigmundr eru, en sveinninn hleypr eptir at
leita hringsins. Nú sér hann, hvar sitja tveir menn miklir
30 ok grimmligir, ok hafa síða hjálma ok hvítar brynjur. Nú
hleypr hann í hǫllina innar fyrir feðr sinn ok segir hánum,
hvat hann hefir sét. Nú grunar konungr, at vera munu [14])
svik við hann. Signý heyrir nú, hvat þeir segja; hón stendr
upp, tekr bǫrnin bæði ok ferr útar í forstofuna til þeira

---

11) *Für diese nach B'. sicher lesbaren Worte und die fg. bis* eigi
liðs (incl.) *bieten* Fas. *nach Papierhss. nur*: Sinfjötli sagði: eigi vilda
ek kveðja þik til liðs *u. w.* — 12) Sidmundr C. — 13) *So* C. *nach*
Bt. — 14) *So liest Bt. die Abkürz. des* C. —

ok mælti, at þeir skyldu þat vita, at þau hefði sagt til þeira;
ok ræð ek ykkr, at þit drepið þau. — Sigmundr segir:
eigi vil ek drepa bǫrn þín, þótt þau hafi sagt til mín! —
en Sinfjǫtli lét sér ekki feilaz ok bregðr sverði ok drepr
hvárttveggja barnit ok kastar þeim innar í hǫllina fyrir 5
Siggeir konung. Konungr stendr nú upp ok heitr á menn
at taka þá menn, er leynz hǫfðu í forstofunni um kveldit.
Nú hlaupa menn útar þangat ok vilja hǫndla þá, en þeir
verja sik vel ok drengiliga, ok þykkiz þá sá verst hafa lengi,
er næst er; ok um síðir verða þeir ofrliði bornir ok verða 10
handteknir ok því næst í bǫnd reknir ok í fjǫtra settir, ok
sitja þeir þar þá nótt alla. Nú hyggr konungr at fyrir sér,
hvern dauða hann skal fá þeim, þann er kendi lengst; ok
er morginn kom, þá lætr konungr haug mikinn gera af
grjóti ok torfi; ok er þessi haugr er gerr, þá lét hann setja 15
hellu mikla í miðjan hauginn, svá at annarr jaðarr hellunnar
horfði upp, en annarr niðr; hón var svá mikil, at hón tók
tveggja vegna, svá at eigi mátti komaz hjá henni. Nú lætr
hann taka þá Sigmund ok Sinfjǫtla ok setja í hauginn sínum
megin hvárn þeira fyrir því, at hánum þótti þeim þat verra 20
at vera eigi báðum saman, en þó mátti heyra hvárr til
annars. Ok er þeir váru at tyrfa hauginn, þá kemr Signý
þar at ok hefir hálm í fangi sér ok kastar í hauginn til
Sinfjǫtla ok biðr þrælana leyna konunginn þessu; þeir já
því ok er þá lokit aptr hauginum. Ok er nátta tekr, þá 25
mælti Sinfjǫtli til Sigmundar: ekki ætla ek okkr mat skorta
um hríð, hér hefir dróttningin kastat fleski inn í hauginn
ok vafit um útan hálmi; ok enn þreifar hann um fleskit, ok
finnr, at þar var stungit í sverði Sigmundar, ok kendi at
hjǫltunum, er myrkt var í hauginum, ok segir Sigmundi; 30
þeir fagna því báðir. Nú skýtr Sinfjǫtli blóðreflinum fyrir
ofan helluna ok dregr fast, sverðit bítr helluna. Sigmundr
tekr nú blóðrefilinn ok ristu nú í milli sín helluna ok létta
eigi fyrr, en lokit er at rísta, sem kveðit er:

> (λ) ristu af magni
> mikla hellu
> Sigmundr hjǫrvi
> ok Sinfjǫtli. —

Ok nú eru þeir lausir báðir saman í hauginum ok rísta 35

bæði grjót ok járn [15]) ok koma svá út or hauginum. Þeir
ganga nú heim til hallarinnar, eru menn þá í svefni allir;
þeir bera við at hǫllunni ok leggja eld í viðinn; en þeir
vakna við gufuna, er inni eru, ok þat, at hǫllin logar yfir
5 þeim. Konungr spyrr, hverir eldana gerði. Hér eru vit
Sinfjǫtli, systurson minn — sagði Sigmundr — ok ætlum
vit nú, at þat skulir þú vita, at eigi eru allir Vǫlsungar
dauðir! Hann biðr systur sína út ganga ok þiggja af hánum
góð metorð ok mikinn sóma, ok vill svá bœta henni sína
10 harma. Hón svarar: Nú skal þú vita, hvárt ek hefi munat
Siggeiri konungi dráp Vǫlsungs konungs; ek lét drepa bǫrn
okkur, er mér þóttu ofsein til fǫðurhefnda, ok ek fór í skóg
til þín í vǫlvu [16]) líki, ok er Sinfjǫtli okkarr son; hefir hann
af því mikit kapp, at hann er bæði sonarson ok dótturson
15 Vǫlsungs konungs; hefi ek þar til unnit alla hluti, at Siggeirr
konungr skyldi bana fá, hefi ek ok svá mikit til unnit at
fram kœmiz hefndin, at mér er með ǫngum kosti líft; skal
ek nú deyja með Siggeiri konungi lostig, er ek átta hann
nauðig. Síðan kysti hón Sigmund bróður sinn ok Sinfjǫtla
20 ok gekk inn í eldinn ok bað þá vel fara; síðan fekk hón
þar bana með Siggeiri konungi ok allri hirð sinni. Þeir
frændr fá sér lið ok skipa [17]), ok heldr Sigmundr til ættleifðar
sinnar ok rekr or landi þann konung, er þar hafði í sez
eptir Vǫlsung konung. Sigmundr geriz nú ríkr konungr ok
25 ágætr, vitr ok stórráðr; hann átti þá konu, er Borghildr
hét; þau áttu tvá sonu, hét Helgi annarr, en annarr Hámundr; ok er Helgi var fœddr, kómu til nornir ok veittu
hánum formála, ok mæltu, at hann skyldi verða allra konunga frægastr. Sigmundr var þá kominn frá orrostu ok gekk
30 með einum lauk í mót syni sínum, ok hér með gefr hann
hánum Helga nafn ok þetta at nafnfesti: Hringstaði ok
Sólfjǫll ok sverð [18]), ok bað hann vel fremjaz ok verða í ætt
Vǫlsungs; hann geriz stórlyndr ok vinsæll ok fyrir flestum
mǫnnum ǫðrum at allri atgervi. Þat er sagt, at hann réz
35 í hernað, þá er hann var fimtán vetra gamall; var Helgi

---

15) *B'. bemerkt: es sollte wol heissen* torf, *nach* Völsr. V, 253, 4
u. 255, 1. — 16) volfu C. — 17) *Nach B'. wäre* lið ok skip, *oder*
liðs ok skipa *zu erwarten.* — *Vgl. Wb.* s. v. fá. — 18) *Vgl.* H. H. I, 8. —

konungr yfir liðinu, en Sinfjǫtli var fenginn til með hánum, ok réðu báðir liði.

IX.[1]). þat er sagt, at Helgi finnr þann konung í hernaði er Hundingr hét; hann var ríkr konungr ok fjǫlmennr ok réð fyrir lǫndum; þar tekz orrosta með þeim, ok gengr 5 Helgi fast fram, ok lýkz með því sjá bardagi, at Helgi fær sigr, en Hundingr konungr fellr ok mikill hluti liðs hans. Nú þykkir Helgi hafa vaxit mikit, er hann hefir felt svá ríkan konung. Synir Hundings bjóða nú út her í mót Helga ok vilja hefna fǫður síns; þeir eiga harða orrostu, ok gengr Helgi 10 í gegnum fylkingar þeira brœðra ok sœkir at merkjum sona Hundings konungs ok feldi þessa Hundings sonu: Alf ok Eyjólf[2]), Hervarð ok Hagbarð[3]), ok fekk hér ágætan sigr. Ok er Helgi ferr frá orrostu, þá fann hann við skóg einn konur margar ok virðuligar sýnum, ok bar þó ein af 15 ǫllum, þær riðum með ágætligum búningi. Helgi spyrr þá at nafni, er fyrir þeim var; en hón nefndiz Sigrún ok kvez vera dóttir Hǫgna konungs. Helgi mælti: farið heim með oss ok verið velkomnar! þá segir konungs dóttir: annat starf liggr fyrir oss, en drekka með þér. Helgi svarar: Hvat er 20 þat, konungs dóttir? Hón svarar: Hǫgni konungr hefir heitit mik Hoddbroddi[4]), syni Graumars konungs, en ek hefi því heitit, at ek vil eigi eiga hann heldr en einn krákuunga; en þó mun þetta fram fara, nema þú bannir hánum ok komir í mót hánum með her ok nemir mik á brott, því at með 25 engum konungi vilda[5]) ek heldr setr[6]) búa en með þér. — Ver kát, konungs dóttir! sagði hann — fyrri skulum vit reyna hreysti okkra, en þú sér[7]) hánum gipt, ok reyna skulum vit áðr, hvárr af ǫðrum berr, ok hér skal lífit á leggja. Eptir þetta sendir Helgi menn með fégjǫfum at 30 stefna at sér mǫnnum, ok stefnir ǫllu liðinu til Rauðabjarga[8]); beið Helgi þar til þess, er mikill flokkr kom til hans or Heðinsey, ok þá kom til hans mikit lið or Nǫrvasund-

---

IX. 1) *Ueberschr.* Helgi fekk Sigr(únar *ergänzt B'.*) — 2) *So* B. Eyólf C. — 3) *Etwas abweichende Namensformen finden sich in den Helgiliedern u.* Nornag.þ. *C.* IV, *vgl. B'. u. Wb.* — 4) *Für* Hoddbr. *erscheint in* Helg. Hund. I *die Form* Hǫ́ðbr. (*B'.*) — 5) vildi C. — 6) sætr Fas. — 7) sert (*wol nach Anal. von* ert *gebildet*) C. — 8) *Dafür wird* Helg. Hund. I, 23 (*Hild.*) Brandey *genannt, vgl. B'.* —

um[9]) með fegrum skipum ok stórum. Helgi konungr kallar
til sín skipstjórnarmann sinn, er Leifr hét, ok spurði ef
hann hefði talit lið þeira; en hann svarar: eigi er hœgt at
telja, herra, skip þau er komin eru or Nǫrvasundum, eru
5 á tólf þúsundir manna, ok er þó hálfu fleira annat. Þá
mælti Helgi konungr, at þeir skyldu snúa á þann fjǫrð, er
heitir Varinsfjǫrð, ok svá gerðu þeir.

Nú gerði at þeim storm mikinn ok svá stóran sjó, at [10])
því var líkast at heyra, er bylgjur gnúðu á borðunum, sem
10 þá er bjǫrgum lysti saman. Helgi bað þá ekki óttaz ok eigi
svipta seglunum, heldr setja hvert hæra en áðr; þá var við
sjálft, at yfir mundi ganga, áðr þeir kœmi at landi. Þá kom
þar Sigrún, dóttir Hǫgna konungs, af landi ofan með miklu
liði ok snýr þeim í góða hǫfn, er heitir at Gnípalundi. Þessi
15 tíðindi sá landsmenn, ok kom af landi ofan bróðir Hoddbrodds
konungs, er þar réð [11]) fyrir, er heitir at Svarinshaugi; hann
kallar á þá ok spyrr, hverr stýrði inu mikla liði. Sinfjǫtli
stendr upp ok hefir hjálm á hǫfði skygðan sem gler ok
brynju hvíta sem snjó, spjót í hendi með ágætligu merki ok
20 gullrendan skjǫld fyrir sér; sá kunni at mæla við konunga:
seg svá, er [12]) þú hefir gefit svínum ok hundum ok þú finnr
konu þína, at hér eru komnir Vǫlsungar, ok man hér hittaz
í liðinu Helgi konungr, ef Hoddbroddr vill finna hann, ok
er þat hans gaman at berjaz með frama, meðan þú kyssir
25 ambáttir við eld. — Granmarr [13]) svarar: eigi mantu kunna
mart virðuligt mæla ok forn minni at segja, er þú lýgr á
hǫfðingja; mun hitt sannara, at þú munt lengi hafa fœz á
mǫrkum úti við vargamat ok drepit brœðr þína, ok er kynligt, er þú þorir at koma í her með góðum mǫnnum, er
30 mart kalt hræ hefir sogit til blóðs. Sinfjǫtli svarar: Eigi
muntu glǫgt [14]) muna nú, er þú vart [15]) vǫlvan í Varinsey
ok kvazt [16]) vilja mann eiga ok kaust mik til þess embættis,

---

9) *Der Name nach Ba. ohne Stütze in anderen Fassungen der Sage,*
í Örvasund Helg. Hund. I, 25; *mit* Z. 5 (*wo* annat = a. lið) *vgl.* Str. 26
u. Anm. — 10) at *fehlt* C. — 11) reid C. — 12) at C., *vgl. Ba. u.*
Helg. Hund. I, 35. — 13) *Für* Granm. *hier u. w. unt. vermuthet B'.*
Guðmundr *nach* Helg. Hund. I, 38 *fg. welcher Name vielleicht auch schon*
Z. 15 *vor* bróðir Goddbr. *ausgefallen sein möchte.* — 14) glokt C. —
15) var C. (*im Fg.* kvezt C.) —

at vera þinn maðr; en síðan vartu valkyrja í A'sgarði, ok
var við sjáft, at allir mundi berjaz fyrir þínar sakar, ok ek
gat við þér níu varga á Laganesi [16]) ok var ek faðir allra.
Granmarr svarar: Mart kantu ljúga; ek hygg, at engis faðir
mættir þú vera, síðau þú vart geldr af dœtrum jǫtunsins 5
á þórsnesi [17]), ok ertu stjúpson Siggeirs konungs ok látt á
mǫrkum úti með vǫrgum, ok kómu þér ǫll óhǫpp senn at
hendi; þú drapt brœðr þína ok gerðir þik at illu kunnan.
Sinfjǫtli svarar: hvárt mantu [18]) þat, er þú vart merin með
hestinum Grana, ok reið ek þér á skeið á Brávelli; síðan 10
vartu geitasveinn Gǫlnis [19]) jǫtuns. Granmarr segir: fyrri
vilda ek seðja fugla á hræi þínu, en deila við þik lengr. þá
mælti Helgi konungr: Betra væri ykkr ok meira snjallræði [20])
at berjaz, en mæla slíkt, er skǫmm er at heyra, ok ekki
eru Granmars synir vinir mínir, en þó eru þeir harðir menn. — 15
Granmarr riðr nú í brott ok til fundar við Hoddbrodd konung, þar sem heita Sólfjǫll; hestar þeira heita Sveipuðr
ok Sveggjuðr [21]); þeir mœttuz í borgarhliði ok segja hánum
hersǫgu. Hoddbroddr konungr var í brynju ok hafði hjálm
á hǫfði; hann spyrr, hverir þá væri — eða hví eru-þér 20
svá reiðuligir? Granmarr segir: hér eru komnir Vǫlsungar
ok hafa tólf þúsundir manna við land ok sjau þúsundir við
ey þá er Sok heitir; en þar sem heitir fyrir Grindum er
þó mestr fjǫldi, ok hygg ek nú, at Helgi muni nú berjaz
vilja. Konungr segir: gerum þá boð um allt várt ríki ok 25
sœkjum í mót þeim; siti sá engi heima, er berjaz vill; sendum
orð Hrings sonum ok Hǫgna konungi ok A'lfi inum gamla,
þeir eru bardagamenn miklir. — Funduz þeir þar, er heitir
Frekasteinn ok tókz þar hǫrð orrosta. Helgi gengr fram
í gegnum fylkingar; þar varð mikit mannfall. þá sá þeir 30

---

16) *Vgl.* H. H. I, 40 *mit den Var.; nach Bt. wäre viell.* Lagar
nesi *zu schr.* — 17) C. *nach B'.* þrasnesi *mit der Abbrev. für* ra,
welche diese Hs. aber auch für ar (*vgl. B' zu S.* 87, 10) *zu gebrauchen
scheint. Nach* þórsnesi, *das B'. aus* Helg. Hund. I (*Str. 41 Hild.*) *an-
zieht, ist hier so geschrieben.* — 18) mattu C. — 19) Gullnis H. Hund.'
I, 44 *Hild.* (*B'.*) — 20) snellr. C. — 21) Svegj. C. *u.* Helg. Hund. I,
48, *wo der vorhergeh. Name* (*nach B'. richtiger*) Svipuðr *heisst.* —
Ueber die anderen (*z. Th. hier entstellten*) *Namen vgl. Wb.* —

skjaldmeyja flokk mikinn, svá sem í loga sæi; þar var Sigrún
konungsdóttir. Helgi konungr sótti²²) í mót Hoddbroddi kon-
uugi ok fellir hann undir merkjum. þá mælti Sigrún: haf
þǫkk fyrir þetta þrekvirki! skipt man nú lǫndum; er mér
5 þetta mikill tímadagr, ok muntu fá af þessu veg ok ágæti,
er þú hefir svá ríkan konung feldan. — þat ríki tók Helgi
konungr ok dvaldiz þar lengi ok fekk Sigrúnar ok gerðiz
frægr konungr ok ágætr, ok er hann hér ekki síðan við
þessa sǫgu.
10   X¹). Vǫlsungar fara nú heim ok hafa enn mikit aukit
sitt ágæti. Sinfjǫtli leggz nú í hernað af nýju; hann sér
eina fagra konu ok girniz mjǫk at fá hennar; þeirar konu
bað ok bróðir Borghildar, er átti Sigmundr konungr. þeir
þreyta þetta mál með orrostu ok fellir Sinfjǫtli þenna kon-
15 ung; hann herjar nú víða ok á margar orrostur ok hefir
ávalt sigr, geriz hann manna frægstr ok ágætastr ok kemr
heim um haustit með mǫrgum skipum ok miklu fé. Hann
segir feðr sínum tíðindin, en hann segir dróttningu; hón
biðr Sinfjǫtla fara brott or ríkinu ok læz eigi vilja sjá hann.
20 Sigmundr kvez eigi láta hann í brott fara ok býðr at bæta
henni með gulli ok miklu fé, þótt hann hefði ǫngan fyrri
bætt mann; kvað engi frama at sakaz við konur. Hón má
nú²) þessu eigi á leið koma; hón mælti: þér skuluð ráða,
herra, þat samir! — Hón gerir nú erfi bróður síns með ráði
25 konungs, býr nú þessa veizlu með inum beztum fǫngum ok
bauð þangat mǫrgu stórmenni. Borghildr bar mǫnnum
drykk; hón kemr fyrir Sinfjǫtla með miklu horni; hón
mælti: drekk nú, stjúpson! — Hann tók við ok sá í hornit
ok mælti: gjǫróttr er drykkrinn. Sigmundr mælti: fá mér
30 þá! hann drekk af; dróttningin mælti: hví skulu aðrir menn
drekka fyrir þik ǫl? Hón kom í annat sinn með hornit:
drekk nú! ok frýði³) hánum með mǫrgum orðum; hann tekr
við horninu ok mælti: flærðr er drykkrinn. Sigmundr mælti:
fá mér þá! It þriðja sinn kom hón ok bað hann drekka
35 af, ef hann hefði hug Vǫlsunga. Sinfjǫtli tók við horninu ok

<hr/>

22) sóti C. —

X. 1) *Ueberschr.* Frá Volsungum. — 2) manu C. — 3) *So*
B., frúdi C. —

mælti: eitr er í drykknum. Sigmundr svarar: lát grǫn sía, sonr! sagði hann; þá var konungr drukkinn mjǫk, ok því sagði hann svá. Sinfjǫtli drekkr ok fellr þegar niðr. Sigmundr ríss upp ok gekk harmr sinn nær bana, ok tók líkit í fang sér ok ferr [4]) til skógar ok kom loks at einum firði; 5 þar sá hann mann á einum báti litlum; sá maðr spyrr, ef hann vildi þiggja at hánum far yfir fjǫrðinn; hann játtar því. Skipit var svá lítit, at þat bar þá eigi, ok var líkit fyrst flutt, en Sigmundr gekk með firðinum. Ok því næst hvarf Sigmundi skipit ok svá maðrinn; ok eptir þat snýr 10 Sigmundr heim, rekr nú í brott dróttningina ok litlu síðar dó hón. Sigmundr konungr ræðr nú enn ríki sínu ok þykkir verit hafa inn mesti kappi ok konungr í fornum sið. —

XI [1]). Eylimi hefir konungr heitit ríkr ok ágætr; dóttir 15 hans hét Hjǫrdís, allra kvenna vænst ok vitrust; ok þat spyrr Sigmundr konungr, at hón var við hans œði, eða engi ella. Sigmundr sœkir heim Eylima konung; hann gerir veizlu í mót hánum mikla, ef hann hefði eigi herferð þangat; fara nú boð þeira í milli, at með vinsemd var nú farit, en 20 eigi með herskap; veizla þessi var ger með inum beztum fǫngum ok með miklu fjǫlmenni. Sigmundi konungi var hvarvetna [2]) sett torg ok annarr farargreiði, koma nú til veizlu ok skipa báðir konungar eina hǫll. þar var ok kominn Lyngvi [3]) konungr, son Hundings konungs, ok vill hann 25 ok mægjaz við Eylima konung; hann þykkiz sjá, at þeir munu eigi hafa [4]) eitt erindi, þykkiz ok vita, at ófriðar mun af þeim ván, er eigi fær. Nú mælti konungr við dóttur sína: þú ert vitr kona, en ek hefi þat mælt, at þú skalt þér mann kjósa; kjós nú um tvá konunga, ok er þat mitt ráð 30

---

4) *B*. *bemerkt*: *es sollte wol heissen* berr. — *Auch an* ferir = færir (fœrir) *wäre zu denken.* — *Z.* 2 *wäre* sagði h. *zu entbehren.* — XI. 1) *Die Ueberschr. nicht mehr recht lesbar.* — 2) haurvetna C. (*u. Strich am Rande.*) — 3) *So erscheint der Name in andern Quellen* (*z. B.* Nornag. þ. V *und auch* Völs. C. XII *zu Anf.; an dieser u. einigen andern Stellen aber hat* C. Lyngi, *was die Ausgaben* (*auch B.*) *hier beibehielten und* C. XII *einführten, vgl. auch* N. [5]) *u.* XII [2]). — 4) *Die von Ba. citirte Schreibung Bjürners*: muni báðir hafa e. er. *würde einen bequemeren Sinn ergeben, wahrscheinlich ist* m. eiga e. er. *gemeint.* —

hér um, sem þitt er. — Hón svarar: vant sýniz mér þetta
mál, en þó kýs ek þann konung, er frægstr er, en þat er
Sigmundr konungr, þótt hann sé mjǫk aldri orpinn — ok
var hón hánum gefin, en Lyngvi konungr fór í brott. Sig-
5 mundr kvángaðiz ok fekk Hjǫrdísar; var þar annan dag
ǫðrum betr veitt eða með meira kappi. Eptir þat fór Sigmundr konungr keim í Húnaland, ok Eylimi konungr mágr
hans við hánum, ok gætir nú ríkis síns. En Lyngvi [5]) konungr ok brœðr hans safna nú her at sér ok fara nú á hendr
10 Sigmundi konungi, því at þeir hǫfðu jafnan minna hlut or
málum, þótt þetta biti nú fyrir; vilja þeir nú fyrir koma
kappi Vǫlsunga; koma nú í Húnaland ok senda Sigmundi
konungi orð ok vilja eigi stelaz á hann, en þykkjaz vita, at
hann mun eigi flýja [6]). Sigmundr konungr kvez koma
15 mundu til orrostu; hann dró saman her, en Hjǫrdísi var
ekit til skógar við eina ambátt, ok mikit fé fór með þeim;
hón var þar, meðan þeir bǫrðuz. Víkingar hljópu frá skipum
við óvígjan her; Sigmundr konungr ok Eylimi settu upp
merki sín, ok var þá blásit í lúðra. Sigmundr konungr lætr
20 nú við kveða sitt horn, er faðir hans hafði átt, ok eggjar
sína menn; hafði Sigmundr lið miklu minna; tekz þar nú
hǫrð orrosta, ok þótt Sigmundr væri gamall, þá barðiz hann
nú hart ok var jafnan fremstr sinna manna; helz hvárki við
hánum skjǫldr né brynja, ok gekk hann jafnan í gegnum lið
25 óvina sinna á þeim degi, ok engi mátti sjá, hversu fara
mundi þeira í millum; mart spjót var þar á lopti ok ǫrvar;
en svá hlífðu hánum hans spádísir, at hann varð ekki sárr,
ok engi kunni tǫl, hversu margr maðr fell fyrir hánum,
hann hafði báðar hendr blóðgar til axlar; ok er orrostan
30 hafði staðit um hríð, þá kom maðr í bardagann með síðan
hǫtt [6]) ok heklu blá, hann hafði eitt auga ok geir i hendi;
þessi maðr kom á mót Sigmundi konungi ok brá upp geirinum fyrir hánum; ok er Sigmundr konungr hjó fast, kom
sverðit í geirinn ok brast í sundr í tvá hluti; síðan sneri
mannfallinu ok váru Sigmundi konungi horfin heill, ok fell

---

5) C. *hier* Leynge. — 6) fleygja C. *vgl. B'.* — 6) C. *hier* hatt,
doch nach C. III (*vgl. N.* ⁷) *ist die gewöhnliche Form auch hier von B.
u. mir gewählt.* —

mjǫk liðit fyrir hánum. Konungrinn hlífði[7]) sér ekki ok
eggjar mjǫk liðit. Nú er sem mælt, at eigi má við margnum;
í[8]) þessi orrostu fell Sigmundr konungr ok Eylimi konungr
mágr hans í ǫndverðri fylkingu ok mestr hluti liðs hans.

XII[1]). Lyngvi[2]) konungr sœkir nú til konungs bœjar- 5
ins ok ætlar at taka þar konungsdóttur, en þat bráz hánum,
fekk hann þar hvárki konu né fé; hann ferr nú yfir landit
ok skipar þar sínum mǫnnum ríkit, þykkiz nú hafa drepit
alla ætt Vǫlsunga ok ætlar þá eigi munu þurfa[3]) at óttaz héðan
frá. Hjǫrdís gekk í valinn eptir orrostuna um nóttina ok 10
kom at þar, sem Sigmundr konungr lá ok spyrr, ef hann
væri grœðandi; en hann svarar:

>   (μ) Margr lifnar
>   or litlum vánum,
>   en horfin eru mér heill[4]) —   15

svá at ek vil eigi[5]) láta grœða mik; vill Oðinn ekki, at vér
bregðum[6]) sverði, síðan er nú brotnaði; hefi ek haft[7]) orrostur,
meðan hánum líkaði. — Hón mælti: enkis þœtti mér ávant,
ef þú yrðir grœddr ok hefndir feðr míns. Konungr segir:
ǫðrum er þat ætlat; þú ferr með sveinbarn, ok fœð þat vel 20
ok vandliga, ok mun sá sveinn ágætr ok fremstr af várri
ætt; varðveit ok vel sverðsbrotin, þar af má gera gott
sverð, er heita mun Gramr ok sonr okkarr mun bera ok þar
mǫrg stórverk með vinna, þau er aldri munu fyrnaz, ok
hans nafn mun uppi, meðan verǫldin stendr[7]). Uni nú við 25
þat, en mik mœða sár, ok ek mun nú vitja frænda várra
framgenginna. — Hjǫrdís sitr nú yfir hánum, unz[8]) hann
deyr, ok þá lýsir af degi. Hón sér, at mǫrg skip eru komin
við land, hón mælti til ambáttarinnar: vit skulum skipta
klæðum, ok skaltu nefnaz nafni mínu, ok segz konungs 30
dóttir — ok þær gera svá. Víkingar geta at líta mikit
manfall ok sá, hvar konurnar fóru til skógar; skilja, at stór-

---

7) C. lífdi. — 8) í wurde von den Hergb. ergänzt. —
XII. 1) Die Ueberschr. nicht mehr deutlich lesbar. — 2) So
(Lyngvi) hier C. — 3) þýfa (?) C. — 4) Die Halbstr. in den früheren
Ausg. als Prosa gedruckt. — 5) eigi ergänzt nach Fas. u. B. — 6
Es sollte wol heissen bregðim nach B'. — 7) So C. u. B., háð Fas.
u. alle Paphss. — 8) Dieselben Worte meðan ver. st. stehen in C. auch
nach fyrnaz. —

tíðindum man gegna, ok hlaupa af skipum; en fyrir þessu
liði réð Alfr, son Hjálpreks konungs af Danmǫrk; hann
hafði farit fyrir land fram með her sínum; koma nú í valinn,
þar sjá þeir mikit mannfall. Konungrinn biðr nú at leita at
5 konunum ok svá gerðu þeir; hann spyrr, hverjar þær væri,
en þat skiptir eigi at líkindum til; ambáttin hefir svǫr [9])
fyrir þeim ok segir fall Sigmundar konungs ok Eylima konungs ok margs annars stórmennis ok svá, hverir gert hafa.
Konungr spurði, hvárt þær vissi, hvar fé konungs væri fólgit;
10 ambáttin svarar: meiri ván [10]), at vér vitim — ok vísar til
fjárins; ok finna þeir auð mikinn, svá at eigi þóttuz menn
sét hafa jafnmikit saman koma í einn stað eða fleiri gersimar; bera til skipa Alfs konungs. Hjǫrdís fylgdi hánum
ok svá ambáttin. Hann ferr nú heim í ríki sitt, en lætr at
15 þar sé fallnir þeir konungar, er frægstir váru. Konungr sez
við stjórn, en þær sátu í fyrirrúmi á skipinu; hann á tal við
þær ok leggr virðing á rœður þeira. Konungr kom heim í
ríki sitt við miklu fé; Alfr var manna gerviligastr. Ok er
þau hafa skamma stund heima verit, spyrr dróttningin Alf
20 son sinn: hví hefir in fegri kona færi hringa eða verra
búnað? ok virðiz mér, at sú muni œðri, er þér hafið minna
yfir látit [11]). Hann svarar: grunat hefir mik þat, at eigi sé
ambáttarmót á henni, ok þá er vér fundumz, þá tókz henni
vel at fagna tignum mǫnnum, ok hér til skal gera eina raun.
25 þat er nú eitt sinn við drykkju, at konungr sez á tal við
þær ok! mælti: hvat hafi-þér at marki um dœgrfar, þá er
nótt eldir, ef þér sjáið eigi himintungl? Hón svarar: þat
mark hǫfum vér hér til, at ek var því vǫn í œsku, at drekka
mjǫk [12]) í óttu; ok er ek lét af því, vǫknuðu vér eptir því
30 síðan, ok er þat mitt mark. Konungr brosti at ok mælti:
illa var konungsdóttir vǫnd. Hann hittir þá Hjǫrdísi ok
spyrr hana slíks ins sama; hón svarar hánum: faðir minn
gaf mér eitt gull lítit við náttúru þá, at [13]) kólnar í óttu á

---

9) *So Fas., B.*, svar C. — 10) vön C. — *Die Worte* meiri (er) v. at v.
vitim *vielleicht als Verspaar zu lesen.* — 11) *So Fas. u. B.*, lat C. —
12) *So Fas. u. B. ohne Bemerkung,* miod (= mjöð) *bietet Bj. in Text
und anal. in der Uebers., desgl.* Rassmann D. Held. I, 95 *übersetzt*:
Meth zu trinken. Auch an mjólk *liesse sich denken.* — 13) *Für* þá
at *hat* C. þat. —

fingri mér, það er mitt mark hér um. Konungr svarar:
gnótt var þar gulls, er ambáttir báru, ok munu-þér ærit
lengi leynz hafa fyrir mér, ok svá munda ek til þín gert
hafa, sem vit værim eins konungs börn bæði, þóttu hefðir
þetta sagt[14]); ok enn skal gera verðleikum betr við þik, því at 5
þú skalt vera mín kona, ok skal ek gjalda mund við þér,
þá er þú hefir barn getit. — Hón svarar ok segir allt it
sanna um sitt ráð; er hón þar nú í miklum sóma ok þykkir
in virðuligasta kona.

   XIII[1]). Það er nú sagt, at Hjǫrdís fæðir sveinbarn, ok 10
er sveinninn færðr Hjálpreki konungi. Konungrinn varð
glaðr við, er hann sá þau in hvǫssu[2]) augu, er hann bar
í hǫfði, ok sagði hann ǫngum mundu líkan verða eða sam-
jafnan, ok var hann vatni ausinn með Sigurðar nafni; frá
hánum segja allir eitt, at um atferð ok vǫxt var engi hans 15
maki. Hann var þar fæddr með Hjálpreki konungi af mikilli ást; ok þá er nefndir eru allir inir ágæztu menn ok
konungar í fornum sǫgum, þá skal Sigurðr fyrir ganga um
afl ok atgervi, kapp ok hreysti, er hann hefir haft um hvern
mann fram annarra í norðrálfu heimsins. Sigurðr óx þar 20
upp með Hjálpreki ok unni hvert barn hánum; hann[3]) fastnaði Alfi konungi Hjǫrdísi ok mælti henni mund. — Reginn
hét fóstri Sigurðar ok var Hreiðmars son; hann kendi hánum
íþróttir, tafl ok rúnar ok tungur margar at mæla, sem þá
var títt konungasonum, ok marga hluti aðra. Eitt sinn spurði 25
Reginn Sigurð, er þeir váru báðir saman, ef hann vissi,
hversu mikit fé faðir hans hefði átt, eða hverir þat varðveittu. Sigurðr svarar ok segir, at konungar varðveittu.
Reginn mælti: trúir þú þeim allvel? Sigurðr svarar: það
samir, at þeir varðveiti þar til er oss hallkvæmiz[4]), því at 30
þeir kunnu betr at gæta en ek. Annat sinn kemr Reginn
at máli við Sigurð ok mælti: kynligt er þat, at þú vilt vera
hestaveinn konunga eða fara sem hlauparar. Sigurðr svarar:
Eigi er þat, því at vér ráðum ǫllu með þeim; er oss ok
heimolt þat er vér viljum hafa. Reginn mælti: bið hann 35

---

   14) eigi þ. s. *alle Paphss.* —
   XIII. 1) *Ueberschr.* Feddr Sig(urðar) — 2) hausseu C. — 8)
d. i. Hjálprekr. — 4) *So* C. *u.* Fas., haldkv. *B.* —

gefa þér einn hest! Siguror svarar: þegar mun þat, er ek
vil. Siguror hittir nú konunga; þá mælti konungr viö
Siguro: hvat viltu af oss þiggja? Siguror svarar: einn hest
viljum vér þiggja oss til skemtanar. Konungrinn mælti:
5 kjós þér sjálfr hest ok slíkt, er þú vill hafa af várri eigu.
Annan dag eptir fór Siguror til skógar ok mœtir einum
gǫmlum manni meö síöu skeggi, sá var hánum ókunnigr;
hann spyrr, hvert Siguror skyldi fara. Hann svarar: hest
skyldum vér kjósa, ráö um meö oss! Hann mælti: Fǫrum
10 ok rekum til árinnar, er Busiltjǫrn 5) heitir. Þeir reka
hrossin út á djúp árinnar, ok 6) leggjaz at landi, nema einn
hestr, hann tók Siguror; hann var grár at lit ok ungr at
aldri, mikill vexti ok vænn; engi haföi hánum á bak komit.
Skeggmaörinn mælti: þessi hestr er kominn frá Sleipni, ok
15 skal hann vandliga upp fœöa, því at hann verör hverjum
hesti betri — maörinn hverfr þá. Siguror kallar hestinn
Grana, ok hefir sá hestr beztr verit, O'öinn haföi hann hittan.
Enn mælti Reginn til Síguröar: oflítit fé eigu-þér; þat harmar
oss, at þér hlaupiö sem þorpara sveinar, en ek veit mikla
20 féván at segja þér, ok er þat meiri ván, at þat sé sómi at
sœkja ok virðing, ef þú næöir. Siguror spyrr, hvar væri
eöa hverr varöveitti. Reginn svarar: sá heitir Fáfnir, er
hér 7) liggr skamt héöan á brott, þat heitir Gnítaheiör; ok er
þú kemr þar, þá muntu þat mæla: aldri sáttu meira fé í
25 gulli í einum staö, ok eigi þarftu meira, þóttu veröir allra
konunga elztr ok frægstr. Siguror svarar: kann ek kyn
þessa orms, þótt vér sém ungir, ok hefi ek spurt, at engi þorir
at koma á mót hánum fyrir vaxtar sakir ok ilsku. Reginn
svarar: þat er ekki; sá vǫxtr er eptir hætti lyngorma, ok
30 er gert af miklu meira en er, ok svá mundi þótt hafa inum
fyrrum frændum þínum; ok þótt Vǫlsunga ætt sé at þér, þá
mun þú eigi hafa þeira skaplyndi, er fyrst eru taldir til
alls frama. Siguror svarar: vera má', at eigi hǫfum vér
mikit af þeira kappi eöa snild; en eigi berr nauösyn 8) til

5) So B., vgl. Ba.; Búsilt. Fas. — 6) en þau l. (oder ei legst)
Paphss. Rasm.: aber keins schwamm ans Land. Vgl. Wb. — 7) B'.
frägt: ist hér richtig? — Z. 24 wäre sá ek zu erwarten. — 8) nausun C. —

at frýja oss, er vér erum⁹) enn lítt af barnsaldri; eða hví
eggjar þú þessa svá mjǫk? Reginn svarar: saga er til þess,
ok mun ek segja þér. Sigurðr mælti: lát mik heyra!

XIV ¹). þat er upphaf²) sǫgu þessar, at Hreiðmarr hét
faðir minn, mikill ok auðigr; son hans hét Fáfnir, en annarr 5
hét Otr³), ok var ek inn þriði, ok var ek minstr fyrir mér
um atgervi ok yfirlát; kunna ek af járni gera ok af silfri
ok gulli ok hverjum hlut⁴) gerða⁵) ek nǫkkut⁶) nýtt. Otr
bróðir minn hafði aðra iðn ok náttúru, hann var veiðimaðr
mikill ok umfram aðra menn ok var í otrs líki um daga 10
ok var jafnan í ánni ok bar upp fiska með munni sér;
veiðifǫngin fœrði hann feðr sínum, ok var hánum þat mikill
styrkr; mjǫk hefir hann otrs líki á sér, kom síð⁷) heim ok
át blundandi ok einn saman, því at hann mátti eigi sjá at
þyrri. Fáfnir var miklu mestr ok grimmastr ok vildi sitt eitt 15
kalla láta allt þat er var. Einn dvergr⁸) heitir Andvari —
segir Reginn — hann var jafnan í forsinum, er Andvarafors
heitir, í geddu líki ok fekk sér þar matar, því at þar var fjǫldi
fiska í þeim forsi. Otr bróðir minn fór jafnan í þenna fors ok
bar upp fiska í munni sér ok lagði einn senn á land. — Oðinn, 20
Loki, Hœnir fóru leiðar sinnar ok kómu til Andvarafors;
Otr hafði þá tekit einn lax ok át blundandi á árbakkanum;
Loki tók einn steinn ok laust otrinn til bana. Aesir þóttuz
mjǫk hepnir af veiði sinni ok flógu belg af otrinum. þat
kveld kómu⁹) þeir til Hreiðmars ok sýndu hánum veiðina; 25
þá tóku-vér þá hǫndum ok lǫgðum¹⁰) á þá gjald ok fjǫrlausn, at þeir fyldi belginn af gulli ok hyldi¹¹) hann útan
með rauðu gulli. þá sendu þeir Loka at afla gullsins; hann
kom til Ránar ok fekk net hennar, fór þá til Andvarafors
ok kastaði netinu fyrir gedduna, en hón hljóp í netit; þá 30
mælti Loki:

---

9) *So Bj. u. B.*, erum *fehlt C.*, Fas. *ändern* enn *in* erum. —
XIV. *Nach Bt wäre hier überhaupt keine Ueberschrift (also auch
kein neuer Abschnitt?) vorhanden gewesen.* — 2) *nur* upp C. — 3) C.
hier otthr, *weiterhin* óttr *u. stets mit* tt (*B'.*) — 4) *B'. vermuthet wol
mit Recht* gulli, ok af hv. hl. — 5) gerdi C. — 6) naukvat C.,
nökkvat *B.* — 7) *So C. u. B.*, síðan Fas. — 8) deyrgr C. — 9)
knómu C. — 10) *So Fas., B. (vgl. Prosa zu* Regm.) — sögdum C. —
11) huldi C. —

(Regm. 1) Hvat er þat fiska,
          er rennr [12]) flóði í,
          kannat sér við víti varaz?
          hǫfuð þitt
          leystu [13]) helju or,
          ok [14]) finn mér lindar [15]) loga!

(Regm. 2) Andvari ek heiti,
          O'inn [16]) hét minn faðir,
          margan hefik [17]) fors of [18]) farit;
          aumlig norn
          skóp oss [18]) í árdaga,
          at ek skylda [20]) í vatni vaða.

Loki sér gull þat er Andvari átti; en er hann hafði
fram reitt gullit, þá hafði hann eptir [21]) einn hring, ok
tók Loki hann [22]) af hánum. Dvergrinn gekk í steininn ok
mælti, at hverjum skyldi at bana verða, er þann gullhring
5 ætti, ok svá allt gullit. Aesirnir reiddu Hreiðmari féit ok
tráðu upp otrbelginn ok settu á fœtr; þá skyldu æsirnir
hlaða upp hjá gullinu ok hylja útan, en er þat var gert, þá
gekk Hreiðmarr fram ok sá eitt granahár ok bað hylja.
þá dró O'ðinn hringinn af hendi sér Andvaranaut ok huldi
10 hárit. þá kvað Loki:
(Regm. 6) Gull er þér nú reitt [23]),
          en þú gjǫld hefir
          mikil míns hǫfuðs;
          syni þínum
          verðrat sæla skǫpuð,
          þat er ykkarr [24]) beggja bani!
Síðan drap Fáfnir fǫður sinn — segir Reginn [25]) — ok myrði

---

12) rennur C. — renn R *der L. E.* — 13) leystu *zieht Hild.
zu diesem V.* — 14) ok *fehlt L. E.* — 15) So B., lionar C. linar R
d. *L. E.*; línar, linnar (*u.* liðar?) lindar *Hrgb. der L. E.* (lónar *Bt.
zu Norr. Fornkv.) vgl. Hild.* — 16) So R *d. L. E.*, O'þinn C. — 17)
So B., hefi ek C *u.* R. — 18) um *L. E.* — 19) skópumk? *B'. So
schreibt Gg.* — 20) *Gg.* skyldak — 21) eptir *fehlt* C., *wurde aber nach
Prosa vor* Regm. 5 *ergänzt.* — 22) þann *Prosa vor* Regm. 5 (*B'.*) — 23)
C. *u. Ausg.*, r. *fehlt L. E., vgl. Hild.* — 24) So (*doch* ykkar) C.
-arr *L. E.* — þat verðr y. b. b. *L. E.* — 25) *Für* seg. Reg. *bieten
die Paphss.* Hreiðmar. —

hann, ok náða ek øngu af fénu. Hann gerðiz svá illr, at
hann lagðiz út, ok unni øngum at njóta fjárins nema sér ok
varð síðan at inum versta ormi ok liggr nú á því fé. Síðan
fór ek til konungs ok gerðumz ek smiðr hans, ok er þessi
rœða til minnar sǫgu, at ek missa [26]) fǫðurarfsins ok bróður- 5
gjaldanna. [Gullit er síðan kallat otrsgjǫld ok hér dœmi af
tekin [27]).] Sigurðr svarar: mikit hefir þu látit, ok stórillir
hafa þínir frændr verit. Ger [28]) nú eitt sverð af þínum
hagleik, þat er ekki sé jafngott gert, ok ek mega vinna [29])
stórverk, ef hugr dugir, ef þú vilt, at ek drepa [30]) þenna 10
inn mikla dreka. Reginn segir: þat geri ek með trausti,
ok muntu mega drepa Fáfni með því sverði.

XV [1]). Reginn gerir nú eitt sverð ok fær í hǫnd Sigurði.
Hann tók við sverðinu ok mælti: þetta er þitt [2]) smíði, Reginn! ok hǫggr í steðjanu, ok brotnaði sverðit; hann kastar 15
brandinum [3]) ok bað hann smíða annat betra. Reginn gerir [4])
annat sverð ok fær Sigurði, hann leit á; — þetta mun þér
líka, en vant mun yðr at smíða. Sigurðr reynir þetta sverð,
ok brýtr sem it fyrra. þá mælti Sigurðr til Regins: þú
munt líkr vera inum fyrrum frændum þínum ok vera ótrúr; 20
gekk nú til móður sinnar, hón fagnar hánum vel, talaz nú
við ok drekka. þá mælti Sigurðr: hvárt hǫfum vér rétt til
spurt, at Sigmundr konungr seldi yðr sverðit Gram í tveim
hlutum? Hón svarar: satt er þat. Sigurðr mælti: fá mér í
hǫnd, ek vil hafa! — Hón kvað hann líkligan til frama ok 25
fær hánum sverðit. Sigurðr hittir nú Regin ok bað hann
þar gera af sverð eptir efnum. Reginn reiddiz ok gekk til
smiðju með sverðsbrotin, ok, þykkir Sigurðr framgjarn [5])
um smíðina. Reginn gerir nú eitt sverð, ok er hann bar

---

26) *So verbessert nach Bt.*, missi C. — 27) *Die Worte* Gullit *u.
w. wären nach Ba. Interpolation.* — 28) Gjor C. *mit rothem G und
mit der Cap. Ueberschr.* Reginn gerdi Gram, *vgl. C.* XV [1]). — 29)
mega með vinna *vermuthet B'.* — 30) *So C. nach Bt.* —

XV. 1) *Eine Ueberschr. findet sich nicht hier, sondern schon
vorher, vgl.* XIV [27]). — 2) *So C., die Aenderung B's. ilt (für* þitt)
*ist wol kaum nötig: es scheint vielmehr ein ironischer Ausdruck anzu-
nehmen, wie: das ist nun dein Meisterstück!* — 3) brotunum *vermuthet
Bt. wol ohne Not.* — 4) gerit C. — 5) *So die Ausg.* — C. *scheint* fram
grajarn *zu bieten.* —

or aflinum, sýndiz smiðjusveinum, sem eldar brynni or
eggjunum; biðr nú Sigurð við taka sverðinu ok kvez eigi
kunna sverð at gera, ef þetta bilar. Sigurðr hjó í steðjann
ok klauf niðr í fótinn, ok braz eigi né brotnaði; hann lofaði
5 sverðit mjǫk ok fór til árinnar með ullarlagð [6]) ok kastar
í gegn straumi, ok tók í sundr, er hann brá við sverðinu;
gekk Sigurðr þá glaðr heim. Reginn mælti: efna muni-þér
heit yðor nú, er ek hefi gert sverðit, ok hitta Fáfni. Sigurðr
svarar: efna munum vér, ok þó annat fyrr, at hefna fǫður
10 míns. Sigurðr var því astsælli, sem hann var ellri, af ǫllu
fólki, svá at hvert barn unni hánum hugástum.

    XVI [1]). Grípir [2]) hét maðr ok var móðurbróðir Sigurð-
ar; en litlu síðar, en sverðit var gert, fór hann á fund
Grípis, því at hann var framvíss ok vissi fyrir orlǫg [3]) manna.
15 Sigurðr leitar eptir, hversu ganga man ævi. hans; en hann
var þó lengi fyrir [4]) ok sagði þó loksins við ákafliga bœn
Sigurðar ǫll forlǫg hans, eptir því sem eptir gekk síðan.
Ok þá er Grípir hafði þessa hluti sagða, sem hann beiddi,
þá reið hann heim. Ok brátt eptir þat finnaz þeir
20 Reginn; þá mælti hann: drep Fáfni, sem þér hétuð! Sigurðr
svarar: gera skal þat, ok þó annat fyrr, at hefna Sigmundar
konungs ok annarra frænða várra, er þar fellu í þeiri
orrostu.

    XVII [1]). Nú hittir Sigurðr konunga ok mælti til þeira:
25 hér hǫfum vér verit um hríð, ok eigum vér yðr ástsemd at
launa ok mikla virðing; en nú viljum vér or landi fara ok
finna Hundingssonu, ok vilda [2]) ek, at þeir vissi, at Vǫlsungar væri eigi allir dauðir; viljum vér hafa þar til yðarn
styrk. Konungar kváðuz allt vilja til fá, þat er hann beiddiz.
30 Er nú búit lið mikit ok allt vandat sem mest, skip ok allr
herbúnaðr, svá at hans ferð væri þá vegligri en áðr. Sigurðr
stýrir dreka þeim er mestr var ok ágætligastr; segl þeira

6) aullar l. C. —

XVI. 1) *Die Ueberschr. ist undeutlich geworden.* — 2) Grífir
hier C., *sonst auch* Gríp. — Gripir B., *vgl. Hild. zu Gríp.* (*pros. Eingang.*) — 3) aurlaugh C. — 4) tregr *fyrir schreibt Bj.* (*nach Ba.*) —

XVII. 1) *Ueberschr.:* Sigurdr drap Lyngha ok Hjorvard ok þá
alla . . . — 2) *So B.,* vildi C. —

váru mjǫk vǫnduð ok ítarlig at sjá. Sigla þeir nú góðan
byr, ok er fá dœgr váru liðin, þá kom á veðr mikit með
stormi, en svá var sjárinn, sem í róðru sæi. Eigi bað Sigurðr
svipta seglunum, þótt rifnuðu[3]), heldr bað hann hæra setja
en áðr.   5

Ok er þeir sigldu fram fyrir bergnǫs nǫkkura, þá kallaði maðr upp á skipit ok spyrr, hverr fyrir liðinu eigi at
ráða. Hánum var sagt, at þar var hǫfðingi Sigurðr Sigmundarson, er nú er frægstr ungra manna. Maðrinn svarar:
allir segja þar eitt frá hánum, at eigi[4]) megi konungasynir 10
jafnaz við hann; vilda[5]) ek, at þér feldið seglin á nǫkkuru
skipinu, ok tœki-þér við mér. Þeir spurðu hann at nafni.
Hann svarar:

> (Regm. 18) Hnikar hétu mik,
>   þá er ek hugin gladdi[6]),
>   Vǫlsungr ungi!
>   ok vegit[7]) hafði[8]);
>   nú máttu kalla
>   karl af bjargi[9])
>   Feng eða Fjǫlni,
>   far vil ek þiggja.

Þeir viku at landi ok tóku karl á skip sín; þá tók af veðrit,
ok fara unz þeir koma at landi í ríki Hundingssona; þá 15
hvarf Fjǫlnir. Þeir láta þegar geisa[10]) eld .ok járn, drepa
menn, en brenna bygðina, ok eyða þar sem þeir fara; støkkr
fjǫldi undan á fund Lyngva[11]) konungs ok segja, at herr er
kominn í landit ok ferr með meira geysingi, en dœmi finniz
til; kváðu Hundingssonu eigi langsýna, þá er þeir sǫgðuz 20
eigi mundu hræðaz Vǫlsunga — en nú stýrir þessum her
Sigurðr Sigmundarson. Lyngvi konungr lætr nú fœra um

---

3) *B'. bemerkt:* man *erwartet* rifnaði. — 4) *B'. fragt: vielleicht*
engir? — 5) vildi C. — 6) *So* C., gladda *B.* — huginn gladdak R
der L. E. — *Vgl. Hild., der auch* gladdi (*sowie V.* 4 hafði) *schreibt,
aber* Vǫls. ungi *nicht als Parenthese* (*wie sonst alle Ausg.*) *sondern als
Nom. zu nehmen scheint.* — *Freilich ist* Vǫlsungr Sigkv. in sk. 1 *und*
3 *u.* 18 Sigurðr. — 7) *So* R *d. L. E. u.* Norngþ. C. V, *Ausg.* —
veghat C. — 8) hafði C *u. alle Hss.*, hafða *B.* — 9) *Nach* bjargi
(bergi) *interpung. einige Ausg.* — 10) *So und hernach* geysingi C. —
11) Lynga C. *u. öfter*, *vgl.* XII [1]). —

allt sitt ríki herboð, vill eigi á flótta leggjaz; stefnir til sín
ǫllum þeim mǫnnum, er hánum vilja lið veita, kemr nú
á mót Sigurði með allmikinn her, ok brœðr hans með hánum,
tekz þar in harðasta orrosta með þeim; mátti þar á lopti
5 sjá mart spjót ok ǫrvar margar, øxi hart reidda, skjǫldu
klofna ok brynjur slitnar, hjálma skífða, hausa klofna ok
margan mann steypaz til jarðar. Ok er orrostan hefir svá
staðit mjǫk langa hríð, sœkir Sigurðr fram um merkin ok
hefir í hendi sverðit Gram; hann hǫggr bæði menn ok hesta
10 ok gengr í gegnum fylkingar ok hefir báðar hendr blóðgar
til axlar, ok stǫkk undan fólk, þar sem hann fór, ok helz
hvarki við hjálmr ne brynja, ok engi maðr þóttiz fyrr sét
hafa þvílíkan mann. þessi orrosta stóð lengi með miklu
mannfalli ok ákafri sókn; ferr þar, sem sjaldnar kann henda
15 þá er landherrinn sœkir til, at þat kom fyrir ekki; fell þar
svá mart fyrir Hundingssonum, at engi maðr vissi tǫl á. Ok
er [12]) Sigurðr var framarla í fylkingu, þá koma [13]) á mót
hánum synir Hundings konungs. Sigurðr hǫggr til Lyngva
konungs ok klýfr hjálm hans ok hǫfuð ok brynjaðan búk,
20 ok síðan hǫggr hann Hiǫrvarð, bróður hans, sundr í tvá
hluti, ok þá drap hann alla Hundingsonu, er eptir lifðu, ok
mestan hluta liðs þeira. Ferr Sigurðr nú heim með fǫgrum
sigri ok miklu fé ok ágæti, er hann hafði fengit í þessi ferð;
váru nú veizlur gervar í mót hánum heima í ríkinu. Ok er
25 Sigurðr hefir skamma stund heima verit, kemr Reginn at
máli við Sigurð [14]) ok segir: nú munu-þér vilja steypa hjálminum Fáfnis, svá sem þér hétuð, því at nú hefir þú hefnt
fǫður þíns ok annarra frænda þinna. Sigurðr svarar: efna
munu-vér þat, sem vér hǫfum þar um heitit, ok ekki fellr oss
30 þat or minni.

XVIII [1]). Nú ríða þeir Sigurðr ok Reginn upp á heiðina
á þann farveg, er Fáfnir var vanr at skríða, er hann fór til
vatns, ok þat er sagt, at sá hamarr var þrítugr, er hann lá
at vatni, þá er hann drakk. þá mælti Sigurðr: þat sagðir
35 þú, Reginn, at dreki sjá væri eigi meiri en einn lyngormr,
en mér synaz vegar hans œfar miklir. Reginn mælti: ger
grǫf eina ok sez þar í, ok þá er ormrinn skríðr til vatns,

---

12) er *ist ergänzt von* Fas. u. B. — 13) kama C. — 14) Sigurdr C. —
XVIII. 1) *Ueberschr.* Nu rída þeir Reginn ok Sigurdr. —

legg þá til hjarta hánum ok vinn hánum svá bana; þar fyrir
fær [2]) þú mikinn frama. Sigurðr mælti: hversu man þá
veita, ef ek verð fyrir sveita ormsins? Reginn svarar: eigi
má þér ráð ráða, er þú ert við hvatvetna [3]) hræddr, ok
ertu ólíkr þínum frændum at hughreysti. Nú ríðr Sigurðr 5
á heiðina, en Reginn hverfr í brott yfrit hræddr. Sigurðr
gerði grǫf eina, ok er hann er at þessu verki, kemr at hánum
einn gamall maðr með síðu skeggi ok spyrr, hvat hann gerir
þar, hann segir; þá svarar inn gamli maðr: þetta er óráð,
ger fleiri grafar ok lát þar í renna sveitanu, en þú sitt í 10
einni ok legg til hjartans orminum! — þá hvarf sá maðr
á brottu, en Sigurðr gerir grafar eptir því, sem fyrir var sagt.
Ok er ormrinn skreið til vatns, varð svá mikill landskjálfti [4]),
svá at ǫll jǫrð skalf í náud, hann fnýsti eitri alla leið fyrir
sik fram, ok eigi hræddiz Sigurðr né óttaz við þann gný. 15
Ok er ormrinn skreið yfir grǫfina, þá leggr Sigurðr sverðinu
undir bœxlit vinstra, svá at við hjǫltum nam. þá hleypr
Sigurðr upp or grǫfinni [5]) ok kippir at sér sverðinu ok hefir
allar hendr blóðgar upp til axlar [6]). Ok er inn mikli ormr
kendi síns banasárs, þá laust hann hǫfðinu ok sporðinum, 20
svá at allt brast í sundr, er fyrir varð. Ok er Fáfnir fekk
banasár [7]), spurði hann: hverr ertu, eða hverr er þinn faðir,
eða hver er ætt þín, er þú vart svá djarfr, at þú þorir [8]) at
bera vápn á mik? Sigurðr svarar: ætt mín er mǫnnum
ókunnig, ek heiti gǫfugt dýr, ok á ek engan [9]) fǫður né 25
móður [10]), ok einn saman hefi ek farit. Fáfnir svarar: ef þú
átt engan feðr né móður, af hverju undri ertu alinn? ok þótt
þú segir mér eigi þitt nafn á banadœgri mínu, þá veiztu, at
þú lýgr nú. Hann svarar: ek heiti Sigurðr, en faðir minn
Sigmundr. Fáfnir svarar: hverr eggjaði þik þessa verks, 30
eða hví léttu at eggjaz? hafðir þú eigi frétt þat, hversu allt
fólk er hrætt við mik ok við minn œgishjálm? inn [11]) frán-
eygi sveinn, þú áttir feðr skarpan! — Sigurðr svarar: til

---

2) *So Fas.* B., ferr *oder* færr C. — 3) hvartvetna C. — 4) land-
skjafte C. — 5) grafinne C. — 6) *Rassmann* (*Heldensage* I, 123) *u.*
B'. halten die Stellung dieses Satzes (þá hleypr *u. w.*) *für unpassend,*
und verweisen ihn hinter den nächsten. — 7) »*Man sollte erwarten:* sér
banamann sinn« *B'., vgl.* [6]). — 8) *So* C *u.* Fas. — þorðir *B.* — 9) *So*
Fas., *B.* — eingum C. — 10) mðdr C. — 11) en C, enn *B.* —

þessa hvatti mik inn harði hugr ok stoðaði til, at gert yrði,
þessi in sterka hǫnd ok þetta it snarpa sverð, er nú kendir
þú, ok fár er gamall harðr, ef hann er í bernsku blautr.
Fáfnir segir: veit ek, ef þú vex [12]) upp með frændum þínum,
5 at þú mundir kunna at vega reiðr; en þetta er meiri furða,
er einn bandingi hertekinn skal þorat hafa at vega at mér,
því at fár hernuminn er [13]) frækn til vígs. Sigurðr mælti:
bregðr þú mér, at ek væra fjarri mínum frændum [14])? en
þótt ek væra hernuminn, þá var ek þó eigi heptr, ok þat
10 fanntu, at ek var lauss. Fáfnir svarar: heiptyrði tekr þú
hvetvetna þat [15]) er ek mæli; en gull þetta mun þér at bana
verða, er ek hefi átt. Sigurðr svarar: Hverr vill fé hafa
allt til ins [16]) eina dags [17]), en eitt sinn skal hverr deyja.
Fáfnir mælti: fátt vill þú at mínum dœmum gera, en drukna
15 muntu, ef þú ferr um sjá óvarliga, ok bíð heldr á landi,
unz logn er. Sigurðr mælti: seg þú þat, Fáfnir, ef þú
ert fróðr mjǫk: hverjar eru þær nornir, er kjósa mǫgu frá
mœðrum [18])? Fáfnir svarar: margar eru þær ok [19]) sundr-
lausar, sumar eru ása-ættar, sumar eru álfa-ættar, sumar
20 eru dœtr Dvalins. Sigurðr mælti: hvé heitir sá hólmr, er
blanda hjǫrlegi Surtr [20]) ok æsir saman? Fáfnir svarar:
hann heitir O'skaptr [21]). Ok enn mælti Fáfnir: Reginn bróðir
minn veldr mínum dauða, ok þat hlœgir mik, er hann veldr
ok þínum dauða, ok ferr þá, sem hann vildi. Enn mælti
25 Fáfnir: ek bar œgishjálm yfir ǫllu fólki, síðan ek lá á arfi
míns bróður, ok svá fnýsta ek eitri alla vega frá mér í brott,
at engi þorði at koma í nánd [22]) mér, ok engi vápn hræddumz ek, ok aldri fann ek svá margan mann fyrir mér, at
ek þœttumz eigi miklu sterkari; en allir váru hræddir við
30 mik. Sigurðr mælti: sá œgishjálmr, er þú sagðir fra, gefr
fám sigr, því at hverr sá er með mǫrgum kemr, má þat
finna eitt hvert sinn, at engi er einna hvatastr. Fáfnir

---

12) *So Fas. B. nach C. — B'.: vielleicht* vexir = yxir. — 13)
er *ist ergänzt.* — 14) *Wol als Fragesatz zu fassen, so in Fas.* —
15) *So (oder* hvervetna í *því) vorgeschlagen von B'.,* hvetvetna því C. *u.*
Fas. — 16) *So (*ens*) B.,* enn C. — 17) endadags *h. u.* 181, 11 *Paphss.* —
18) *So B.,* maugr frá medrum C, *vgl.* Fáfn. 12, 6 — 19) ok *ist*
ergänzt. — 20) Surt C. — 21) *So (oder* U'skaptr) C., U'sk. *B., auf*
O'skópnir (Fáfn. 15) *als richtigere Form verweist B'.* — 22) ínad C. —

svarar: þat ræð ek þér, at þú takir hest þinn ok ríðir á brott
sem skjótast[23]), því at þat hendir opt, at sá er banasár fær,
hefnir sín sjálfr. Sigurðr segir: þetta eru þín ráð, en annat
mun ek gera; ek mun ríða til þíns bóls ok taka þar þat
it[24]) mikla gull, er frændr þínir hafa átt. Fáfnir svarar: 5
ríða muntu þar til, er þú finnr svá míkit gull, at gert[25]) er
um þína daga, ok þat sama gull verðr þinn bani ok hvers
annars, er þat á. Sigurðr stóð upp ok mælti: heim munda
ek ríða, þótt ek mista þessa ins mikla fjár, ef ek vissa, at
ek skyldi aldri deyja; en hverr frœkn maðr vill fé ráða allt 10
til ins eina dags — en þú, Fáfnir, ligg í fjǫrbrotum, þar er
þik Hel hafi! — ok þá deyr Fáfnir.

XIX[1]). Eptir þetta kom Reginn til Sigurðar ok mælti:
heill, herra minn! mikinn sigr hefir þú unnit, er þú hefir
drepit Fáfni, er engi varð fyrr svá djarfr, at á hans gǫtu 15
þorði sitja, ok þetta fremdarverk mun uppi, meðan verǫldin
stendr. Nú stendr Reginn ok sér niðr í jǫrðina langa hríð,
ok þegar eptir þetta mælti hann af miklum móði: bróður
minn hefir þú drepit, ok varla má ek þessa verks saklauss
vera! — Nú tekr Sigurðr sitt sverð Gram ok þerrir á 20
grasinu ok mælti til Regins: fjarri[2]) gekk þú þá, er ek
vann þetta verk, ok ek reynda þetta snarpa sverð með minni
hendi, ok mínu afli atta ek[3]) við orms megin, meðan þú
látt í einum lyngrunni, ok vissir þú eigi[4]), hvárt it[5]) var
himinn eða jǫrð. Reginn svarar: þessi ormr mætti lengi 25
liggja í sínu bóli, ef eigi hefðir þú notit sverðs þess er ek
gerða þér minni hendi, ok eigi hefðir þú[6]) þetta enn[7]) unnit
ok engi annarra. Sigurðr svarar, þá er menn koma til vígs,
þá er manni betra gott hjarta, en hvast[8]) sverð. þá mælti
Reginn við Sigurð af áhyggju mikilli: þú drapt minn bróður, 30

---

23) skjóast C. — 24) ed C. — 25) gert *ist unsicher.* —
XIX. 1) *Ueberschr.* Reginn drack blód Fáfnis. — 2) C. ferri,
was nach B'. (der jedoch ferri *in den Text setzt)* = fjarri, *vgl. auch*
Fáfn. 28. — 3) *So B. unter Hinweis auf* Fáfn. 28 — átta ek Fas. —
4) eigi *ergänzen* Fas. u. B. — 5) C eð, *was in* Fas. *ausgelassen, von*
B. = er *gefasst ist, doch vgl. oben* XVIII, [24]) ed = eð = it u. eð =
it XXX, [18]) u. [27]). — 6) *So ergänzen* Fas. u. B. — 7) *So* C. u. B.,
einn Fas. *Vgl.* [18]). — 8) haust C. —

ok varla má ek þessa verks saklauss! þá skar *Reginn* [9])
hjartat or orminum með því sverði, er Riðill hét; þá drakk
Reginn blóð Fáfnis ok mælti: veit mér eina bœn, er þér er
lítit fyrir: gakk til elds með hjartat ok steik, ok gef mér
5 at eta! — Sigurðr fór ok steikti á teini, ok er freyddi or,
þá tók hann fingri sínum á ok skynjaði, hvárt steikt væri;
hann brá [10]) fingrinum í munn sér, ok er hjartablóð ormsins
kom á tungu hánum, þá skildi hann fuglarǫdd; hann
heyrði, at igður klǫkuðu á hrísinu hjá hánum [11]): þar sitr [12])
10 Sigurðr ok steikir Fáfnis hjarta, þat skyldi hann sjálfr eta,
þá mundi hann verða hverjum manni vitrari. — Ǫnnur
segir: þá liggr Reginn ok vill véla þann sem hánum
trúir. — þá mælti in þriðja [13]): hǫggvi hann þá hǫfuð af
hánum, ok má hann þá ráða gullinu því inu mikla einn! —
15 þá mælti in fjórða: þá væri hann vitrari, ef hann hefði þat,
sem þær hǫfðu [14]) ráðit hánum, ok riði síðan til bóls Fáfnis [15])
ok tœki þat il mikla gull, er þar er, ok riði síðan upp á
Hindarfjall, þar sem Brynhildr sefr, ok mun hann nema þar
mikla speki, ok þá væri hann vitr, ef hann hefði yður ráð
20 ok hygði hann um sína þyrft, ok þar er mér úlfsins ván,
er ek eyrun sá. — þá mælti in fimta: eigi er hann svá
horskr [16]), sem ek ætlaða [17]), ef hann vægir hánum, en drepit
áðr bróður hans. þá mælti in sétta: þat væri snjallræði,
ef hann dræpi hann ok réði einn [18]) fénu. — þá mælti
25 Sigurðr: eigi munu þau óskǫp, at Reginn sé minn bani, ok
heldr skulu þeir fara báðir brœðr einn veg! — bregðr nú
sverðinu Gram ok hǫggr hǫfuð af Regin; ok eptir þetta etr
hann suman hlut hjartans ormsins, en sumt hirðir hann;

---

9) sk. Sigurdr C. u. Ausg. — sk. Reginn? B'. — Diese Aenderung ist freilich durch die Nennung des nicht Sigurð gehörigen Schwertes,
u. durch Fáfn. Prosa vor Str. 27 geboten. — 10) So C., nach Prosa
vor Fáfn. Str. 32 ergänzt B. brann ok vor brá. — 11) Das fg. þ sehr
gross, auch findet sich hier in C. die Ueberschr. Sigurðr át hjartað
or. ... (ormsins ? B'.) Hier hätte also ein neues Cap. zu beginnen. —
12) s. þú Sig. C. — þú von B. aus Rücksicht auf das fg. hann getilgt. —
13) enn þriðe C. — 14) þér höfðuð vermuthet B'. — Im Vorherg.
wäre für hefði wol ein vollerer Ausdruck (etwa h. gert) zu vermuthen. —
15) Fámnes C. — 16) hoskr C. — 17) So B., etla C. — Im Fg.
wäre drepit hefir deutlicher. — 18) So Fas. u. B., enn C. —

hleypr síðan á hest sinn ok reið eptir slóð Fáfnis ok til
hans herbergis ok fann, at þat var opit, ok af járni hurð-
irnar allar ok þar með allr dyra-umbúningrinn, ok af járni
allir stokkar í húsinu, ok grafit í jǫrð niðr. Sigurðr fann
þar stórmikit gull ok sverðit Hrotta, ok þar tók hann œgis- 5
hjálm ok gullbrynjuna ok marga dýrgripi. Hann fann þar
svá mikit gull, at hánum þótti ván, at eigi mundi meira
bera tveir hestar eða þrír; þat gull tekr hann allt ok berr
í tvær kistur miklar[19]), tekr nú í tauma hestinum Grana;
hestrinn vill nú eigi ganga, ok ekki tjár at keyra. Sigurðr 10
finnr nú, hvat hestrinn vill, hleypr hann á bak ok lýstr
hann sporum, ok rennr sjá hestr, sem lauss væri.

XX[1]). Sigurðr ríðr nú langar leiðir, ok allt til þess,
er hann kemr upp á Hindarfjall, ok stefndi á leið suðr til
Frakklands; á fjallinu sá hann fyrir sér ljós mikit, sem eldr 15
brynni, ok ljómaði af til himins; en er hann[2]) kom at, stóð
þar fyrir hánum skjaldborg ok upp or merki. Sigurðr gekk
í skjaldborgina ok sá, at þar svaf maðr ok lá með ǫllum
hervápnum; hann tók fyrst hjálminn af hǫfði hánum ok sá,
at þat var kona; hón var í brynju, ok var svá fǫst, sem 20
hón væri holdgróin; þá reist hann ofan or hǫfuðsmátt ok í
gegnum[3]) niðr, ok svá út í gǫgnum[4]) báðar ermar, ok beit
sem klæði. Sigurðr kvað hana helzti lengi sofit hafa. Hón
spurði, hvat svá var máttugt, er beit brynjuna — ok brá
mínum. svefni, eða man hér kominn Sigurðr Sigmundarson, 25
er hefir hjálm Fáfnis ok hans bana í hendi? þá svarar
Sigurðr: sá er Vǫlsunga ættar, er þetta verk hefir gert, ok
þat hefi ek spurt, at þú ert ríks konungs dóttir, ok þat
sama[5]) hefir oss sagt verit frá yðrum vænleik ok vitru, ok
þat skulu-vér reyna. Brynhildr segir, at tveir[6]) konungar 30
bǫrðuz, hét annarr Hjálmgunnarr; hann var gamall ok inn
mesti hermaðr ok hefði Oðinn hánum sigri heitit; en annarr

---

19) B'. bemerkt: nach miklar sollte folgen ok klyfjar þar með
Grana oder etwas Aehnl. —

1) Ueberschrift: Frá Sigurde. — 2) hann wurde von B. ergänzt
nach der prosaischen Einl. zu Sigrdrífm. die bekanntlich diesem C. der
Völs. sehr nahe steht. Vgl. darüber Vorbem. § 9. — 3) Hier C. gegnum. — 4) Hier C. gaugnum. — 5) Für þat sama vermuthet B'. svá
it sama. — 6) tuerr C. —

Agnarr eða Auðar bróðir [7]); ek felda Hjálmgunnar í orrostu,
en O'ðinn stakk mik svefnþorni í hefnd þess ok kvað mik
aldri síðan skylðu sigr hafa ok kvað mik giptaz skulu; en
ek strengda þess heit þar í mót at giptaz engum þeim er
5 hræðaz kynni [8]) — Sigurðr mælti: kenn oss ráð til stórra
hluta! Hón svarar: þér munuð betr kunna, en með þokkum
vil ek [9]) kenna yðr, ef þess [10]) er nokkut, er vér kunnum,
þat er yðr mætti líka, í rúnum eða oðrum hlutum, er liggja
til hvers hlutar, ok drekkum bæði saman, ok gefi guðin okkr
10 góðan dag, at þér verði nyt ok frægð at mínum vitrleik ok
þú munir eptir, þat er vit rœðum.   Brynhildr fyldi eitt ker
ok fœrði Sigurði, ok mælti:

(Sigrdr. 5) Bjór fœri ek þér,
              brynþinga valdr [11])!
         magni blandinn
         ok megintíri [12]);
         fullr er ljóða [13])
         ok líknstafa,
         góða galdra
         ok gamanrúna [14]).

(Sigrdr. 6) Sigrúnar skaltu kunna,
              ef þú vilt snotr vera,
          ok rísta [15]) á hjalti hjors;
          á vettrimum [16])

---

7) Auða br. C. *u. Ausg.* — *Dass aber* Audu (Öðu?) bróðir *die richtigere Form und* eða *entbehrlich sei, zeigte B'. unter Hinweis auf* Sigrdr.
Prosa zwischen Str. 2 u. 3 (*Hild.*) *u.* Helr. Brynh. *Str.* 8. *An letzterer
Stelle hat freilich nur* R Auþo, *dagegen* Flat. bók Audar *u.* S Auda (*vgl.
die Str. in Ngþ. IX.*).   *So scheint eine Aenderung in* Auðu *kaum gerathen.* — 8) kunni C., kynni *B. nach L. E.* — 9) vil ek *ist ergänzt
von* Fas. *u. B.* — 10) »*Vielleicht hat* C. *eher* þat« *Bt.* — 11) *So*
(valldr) C. *u. Ettm., auch von* Gg. *empfohlen (oder* brynþ. baldr) *gegen
die sonst übliche im* R *der L. E. überlieferte Schreibung* brynþings
apaldr. — 12) meginn tíre C. — 13) ljóna C., ljóþa R *d. L. E.* (f.
er hann ljóða). — 14) *So die Ausg. nach L. E.* gamanreðna C. —
15) ríst C. rísta *L. E. u. Ausg.* — 16) *So Ausg. nach L. E.* (sumar á
vettr. — ávett rúnum C. —

ok á valbǫstum [17]),
ok nefna tysvar Tý.

(Sigrdr. 10) Brimrúnar skaltu gøra,
ef þú vilt borgit hafa
á sundi seglmǫrum;
á stafni skal þær [18]) rísta
ok á stjórnarblaði,
ok leggja eld í ár;
fellrat [19]) svá brattr breki
né blár unnir [20]),
þó kømstu [21]) heill af hafi.

(Sigrdr. 12) Málrúnar skaltu kunna,
ef þú vilt, at mangi [22]) þér
heiptum gjaldi [23]) harm;
þær um vindr,
þær um vefr,
þær um setr allar saman
á því þingi,
er þjóðir [24]) skulu
í fulla dóma fara.

(Sigrdr. 7) Ǫlrúnar skaltu kunna,
ef þú vilt, at annars kvæn [25])
vélit þik í trygð [26]), ef þú trúir;
á horni skal þær [27]) rísta
ok á handar baki,
ok merkja á nagli Nauð.

---

17) *So* (*doch* bystum) C, sumar á valb. *L. E.* — 18) þær
fehlt L. E. — 19) *So B.*, fallat C., era *L. E.* — 20) né svá blár
unnir *L. E.*; undir C. — 21) *So L. E. u. Ausg.*, kemst C. — 22)
att mage C, at magni R *der L. E. nach B.* N. F.; *Ausg.* mangi *oder*
manngi. — 23) *So L. E. u. Ausg.*, gjalda C. — 24) er menn sk. C.,
þj. *Ausg. nach L. E. Die mittleren drei Verse der Str. sind mit Ettm.*
vielleicht zu verwerfen. — 25) *So vermuthet von B'. nach* villt a annaz
kuenn C. (vilta Fas.), vill annars kvæn R *der L. E.* — 26) *So Ausg.*
nach L. E., veli þik eigi trygð C. — 27) *So Ausg. nach L. E.*, þat C. —

(Sigrdr. 8) Full [28]) skaltu signa
ok við fári [29]) sjá
ok verpa lauk í lǫg;
þá ek þat veit [30]),
at þér verðr aldri
meinblandinn mjǫðr.

(Sigrdr. 9) Bjargrúnar skaltu nema,
ef þú vilt borgit fá
ok leysa kind frá konu;
á lófa skal þær rísta [31])
ok um liðu spenna
ok biðja dísir duga.

(Sigrdr. 11) Limrúnar skaltu kunna,
ef þú vilt læknir vera
ok kunna sár at sjá;
á berki skal þær rísta
ok á barri [32]) viðar
þess er [33]) lúti austr limar.

(Sigrdr. 13) Hugrúnar skaltu nema [34]),
ef þú vilt hverjum vera
geðhorskari [35]) guma;
þær of réð,
þær of reist,
þær of hugði Hroptr [36]).

---

28) So *Ausg. nach L. E.*, aul C. *ohne Bez. neuer Str.* — 29) *So
L. E. u. Ausg.*, fare C. — 30) *Die drei Schlussverse fehlen (wol ohne
Grund) im R der L. E.* — 31) *Vgl. die Var. der L. E. bei Hild.* —
32) baðmi *L. E.* — 33) þeim er *L. E.*, *doch folgen Be. u. Gg. der
Völs. (Hild.)* — 34) *Für* nema *hat hier u. in Str.* 9, 1 *die L. E.* kunna. —
35) *So* (-hosk.) C., geðsvinnari *L. E.* — 36) *Die L. E. bietet als
Schluss der Str. noch*: af þeim legi, er lekit hafði ‖ or hausi Heid-
draupnis, ok or horni Hoddrofnis. — *Dann folgt die in Völs. ganz fehlende Str.* 14 A' bjargi stóð með Brímis eggjar, hafði sér á höfði
hjálm; þá mælti Míms höfuð fróðlikt it fyrsta orð, ok sagði sanna
stafi. — *Diese ist aus verschiedenen Gründen verdächtig.* —

(Sigrdr. 15) A' skilði váru [37]) ristnar,
    þeim er stendr fyr skínanda guði [38]),
    á eyra A'rvakrs
    ok á Alsvinns hófi [39]),
    ok á því hveli, er stendr [40])
    undir reið [41]) Rǫgnis,
    á Sleipnis tǫnnum [42])
    ok á sleða fjǫtrum;

(Sigrdr. 16) A' [43]) bjarnar hrammi [44])
    ok á Braga tungu,
    á úlfs klóm
    ok á arnar nefi [45]);
    á blóðgum vængjum
    ok á brúar sporði,
    á lausnar lófa
    ok á [46]) líknar spori;

(Sigrdr. 17) A' gleri ok á gulli
    ok á góðu silfri [47]),
    í víni ok í [48]) virtri
    ok á vǫlu sessi [49]);

---

37) kvað *L. E.* — 38) goði *L. E.* — *Die fg. cursiv gesetzten Worte fehlen in* C *und sind nach dem* R *der L. E. ergänzt.* — 39) *So die Ausg. nach L. E.*, Alsvins höfði C. — 40) á því hv. er snýsk *lautet der Vers in der L. E.* — 41) hreið *Hild., bei dem die verschied. Schreibungen der fg. Namen zu vergleichen sind,* Hrungnis *vermutete B', vgl. aber* N. F. 417. — 42) *So die Ausg. nach L.E.*, taumum (*richtig?*) C. — 43) *Der Strophenanfang ist weder in* C *noch* R (*der L. E.*) *markirt, vgl. auch Hild. zu Str.* 17. — 44) rame *mit übergeschrieb. h* C. — 45) nefju C. — 46) á *fehlt in* C. — 47) *Für diesen Vers bietet die L. E.* ok á gumna heillum, *vgl.* [49]) — 48) *Das* í *fehlt hier in* R, *doch stellen es die Ausg. vielfach her.* — 49) *So* C., ok vilisessi R, *vgl.* N. F. 417. — *Nach diesem Verse bietet* C *noch* í guma holdi (hollde), *was nach dem Stabreim zu schliessen wol als Var. zu dem zweiten Verse der Str. gehört, wo* á gumna heillum (R) *oder* höllum (Be.) *von B. als die ursprünglich richtige Les. bezeichnet wird. Jedenfalls stehen die Worte* í g. holdi *nicht an richtiger Stelle, und sind daher hier aus dem Texte verwiesen.* — *Sie könnten auch Var. zu V.* 5 *sein.* —

á Gungnis [50]) oddi
ok á gýgjar [51]) brjósti,
á nornar nagli
ok á nefi uglu.

(Sigrdr. 18) Allar váru af skafnar,
þær er á váru ristnar,
ok hrœrðar [52]) við inn helga mjǫð
ok sendar á víða vegu [53]);
þær' ru [54]) með álfum,
sumar með ásum [55])
ok með vísum vǫnum [56]),
sumar hafa menskir menn.

(Sigrdr. 19) þat eru bókrúnar
ok bjargrúnar
ok allar ǫlrúnar [57])
ok mœrar meginrúnar [58]),
hverjum [59]) er þær kná óviltar [60])
ok óspiltar
sér at heilum [61]) hafa. —
Njóttu [62]), ef þú namt,
unz rjúfaz [63]) regin!

(Sigrdr. 20) Nú skaltu [64]) kjósa,

---

50) *So Ausg. nach L. E.*, ok Gaupnis oddi C. — 51) Grana R,
was B'. richtiger nennt (vgl. jedoch nornar *Z. 7.)* — 52) *So B.*, hreðar
C, hverfðar R. — 53) *So* C., vega R. — 54) *So* (ro) R, eru C. —
55) *Das Verspaar lautet in der L. E.*: þær 'ru með ásum, þær 'ru með
álfum. — 56) vanum C. sumar m. v. vönum R. — *Die letzte Zeile
wird ebenso wie die vierte von Ettm. getilgt, um eine Str. in* ljóða h. *zu
erhalten.* — 57) *So Ausg. nach L. E.*, alrunar C. — 58) ok merar
ok meg. C., ok metar meg. R *der L. E., vgl.* N. F. 417.— 59) hveim
L E. — 60) *So C. u.* R, *darauf folgt in* C of viltar, *in* R ok óspiltar,
*welche Worte wol als besonderer Vers aufzufassen sind. Ueber Ettm.'s
Versuche die Str. zu corrigiren vgl. Hild. Vielleicht ist mit Hild.
umzustellen*: hv. er þær óviltar ok ósp. kná *u. w.* — *Auch das
schliessende Verspaar der Str. ist metrisch auffällig* (a: a = b: b)
und steht wol eigentlich ausserhalb derselben. — 61) *So* R, C heilum. —
62) *So* C, njóttu R. — 63) *So* R, rjúfa C. — 64) sk. *steht in* C *zweimal.* —

alls þér er kostr of boðinn,
hvassa vápna[65]) hlynr!
sǫgn[66]) eða þǫgn
haf þú þér sjálfr of hug[67])!
ǫll eru mál[68]) of metin. —

Sigurðr svarar[69]):

(Sigrdr. 21) Munkat[70]) ek flýja[71])
þótt mik feigan vitir,
emkat ek með[72]) bleyði borinn;
ástráð þín
vil ek ǫll of hafa
svá lengi sem ek lifi! —

XXI[1]). Sigurðr mælti: aldri finnz þér vitrari kona í
verǫldu, ok kenn[2]) enn fleiri spekiráð! Hón svarar: heimilt
er þat at gera at yðrum vilja ok gefa heilræði fyrir yðra
eptirleitan ok vitrleik. þá mælti hón: ver vel við frændr
þína ok hefn lítt mótgerða við þá, ok ber við þol, ok tekr 5
þú þar við langæligt lof. Sé við illum hlutum, bæði við
meyjar ást ok manns konu, þar stendr opt illt af. Verð lítt
mishugi við óvitra menn á fjǫlmennum mótum; þeir mæla
opt verra, en þeir viti, ok ertu þegar bleyðimaðr kallaðr
ok ætlaðr[3]), at þú sér[4]) sǫnnu sagðr; drep hann annars 10
dags ok gjalt hánum svá heiptyrði. Ef þú ferr þann veg,
er vándar vættir byggja, ver varr um þik; tak þér ekki
herbergi nær gǫtu, þótt þik nátti, því at opt búa þar illar
vættir, þær[5]) menn villa. Lát eigi tæla þik fagrar konur,
þótt þú sjáir at veizlum, svá at þat standi þér fyrir svefni 15
eða þú fáir af því hugarekka, teyg þær ekki at þér með

65) vópna C. — 66) So R saungh C. — 67) í hug L. E. — 68)
mein L. E. — 69) Die beiden Worte fehlen L. E. — 70) Munkað
C. — 71) So Rk., fleyja C. — Die Ausg. meist flœja mit R der
L. E. — 72) með ist nach der L. E. ergänzt. Der Schluss lautet
dort: ástr. þ. ek vil ǫll hafa, sv. l. s. e. l. — V. 2 lüge vita nahe.

XXI. 1) Ueberschr. in C: Speki ráð Brynhillda(r). — 2) Nach
kenn vermutet B'. ein ausgefallenes mér oder oss. — 3) So Bj. u. B.,
ætlar C u. Fas., ætlat bringt B'. in Vorschlag. — 4) sert C., auch
Papierhss. u. Bj., vgl. oben C. IX, 7). — 5) »Ursprünglich wol þær
er« (B'.) —

kossum eða annarri blíðu, ok ef þú heyrir heimslig orð
drukkinna manna, deil eigi við þá er víndruknir eru ok
tapa viti sínu, slíkir hlutir verða mǫrgum at miklum móð-
trega⁶) eða bana. Berz heldr við óvini þína, en þú sér
5 brendr ⁷), ok sver eigi rangan eið, því at grimm ⁸) hefnd fylgir
griðrofi. Ger rœkiliga við dauða menn, sóttdauða eða sæ-
dauða eða vápndauða, búðu vandliga um lík þeira; ok trú ⁹)
ekki þeim er þú hefir feldan fyrir fǫður eða bróður eða
annan náfrænda, þótt ungr sé:
    (vgl. Sigrdr. 35, 6) opt er úlfr
        í ungum syni!
10 Sé vandliga við vélráðum vina þinna, en lítt megu-vér sjá
fyrir um yðart líf, en eigi skyldi mága hatr á þik koma.
Sigurðr mælti: engi finnz þér vitrari maðr ¹⁰), ok þess sver
ek at þik skal ek eiga, ok þú ert við mitt œði. Hón svarar:
þik vil ek helzt eiga, þótt ek kjósa um alla menn! — ok
15 þetta bundu þau eiðum með sér. —

XXII ¹). Nú ríðr Sigurðr á brott; hans skjǫldr var svá
markaðr: laugaðr ²) í rauðu gulli ok skrifaðr á einn dreki;
hann var dǫkkbrúnaðr it efra, en fagrrauðr it neðra ok þann
veg var markaðr hans hjálmr ok sǫðull ok vápnrokkr; hann
20 hafði gullbrynjuna, ok ǫll hans vápn váru gulli búin; ok
því var dreki markaðr á hans vápnum ǫllum, at hverr er
hann sá ³), má vita, hverr þar ferr, af ǫllum þeim er frétt
hafa, at hann drap þann mikla dreka, er Væringjar ⁴) kalla
Fáfni; ok fyrir því eru vápn hans ǫll gulli búin ok brún
25 at lit, at hann er langt umfram aðra menn at kurteisi ok
allri hœfersku ok náliga at ǫllum hlutum; ok þá er taldir
eru allir inir stœrstu ⁵) kappar ok inir ágæztu hǫfdingjar,
þá mun hann jafnan fremstr taldr, ok hans nafn gengr í
ǫllum ⁶) tungum fyrir norðan Grikklands haf, ok svá man

---

6) móthtrega C. — 7) So C, Fas., B., blauðr Bj. — 8) grim C. —
9) trú wurde von Fas. (u. B'.) nach Sigrdr. 35, 2 ergänzt, vgl. übrigens
B'. — 10) kona Bj. nach Papierhss. —
XXII. 1) Ueberschr. in C. Frá yfirlitum Sighurdar. — Ueber
das ganze Cap. vgl. Vorbem. §. 11. — 2) So B. nach Þiðrs. S. 181 —
var svá margfaldr ok laugaðr Fas. nach C. — 3) So Papierhss., ähnl.
Þiðrs. þá má vita hverr þar ríðr, C (Fas. u. B., doch vgl. B'.) at, er
hann er sénn, má vita u. w. — 4) Væringar C., Væringjar B. nach
Þiðrs. — 5) Vgl. B'. — 6) allum C. —

vera, meðan verǫldin stendr. Hár hans var brúnt at lit ok
fagrt at líta ok fór í stórlokka, skeggit var þykt ok skamt
ok með sama lit; hánefjaðr var hann ok hafði breitt andlit
ok stórbeinótt; augu hans váru svá snǫr, at fárr einn þorði
at líta undir hans brýnu [7]); herðar hans váru svá miklar, 5
sem tveir menn væri á at sjá. Hans líkami var skapaðr
allr við sik á hæð ok digrleik ok þann veg, sem bezt má
sama, ok er þat mark um hans hæð, at þá er hann gyrði
sik sverðinu Gram — en þat var sjau spanna hátt — ok er
hann óð rugakrinn fullvaxinn, þá ·tók niðr dǫggskórinn 10
á sverðinu akrinn uppstandanda; ok hans afl er meira en
vǫxtr. Vel kann [8]) hann sverði at beita ok spjóti at skjóta
ok skapti at verpa ok skildi at halda, boga at spenna eða
hesti [9]) at ríða, ok margs konar kurteisi nam hann í œsku.
Hann var vitr maðr, svá at hann vissi fyrir óorðna hluti, 15
hann skildi fugls rǫdd, ok af slíkum hlutum kómu hánum
fáir hlutir á óvart. Hann var langtalaðr ok málsnjallr, svá
at ekki tók hann þat erendi at mæla, at hann mundi fyrr
hætta, en svá sýniz ǫllum, sem enga leið muni eiga at vera
nema svá, sem hann segir; ok þat er hans skemtan, at veita 20
lið sínum mǫnnum ok reyna sjálfan sik í stórræðum [10]) ok
taka fé af sínum óvinum ok gefa sínum vinum [11]). Eigi skorti
hann hug, ok aldri varð hann hræddr.

XXIII [1]). Sigurðr ríðr nú þar til, er hann kemr at
einum miklum bœ; þar réð fyrir einn mikill hǫfðingi, sá er [2]) 25
Heimir hét; hann átti systur Brynhildar, er Bekkhildr hét,
því at hón hafði heima verit ok numit hannyrði [3]), en Brynhildr fór með hjálm ok brynju ok gekk á [4]) vígum, var hón
því kǫlluð Brynhildr. Heimir ok Bekkhildr áttu einn son,
er Alsviðr hét, manna kurteisastr. þar léku menn úti, ok 30
er þeir sjá reið mansins at bœnum, hætta þeir leiknum ok
undraz manninn, því at þeir hǫfðu engan slíkan sét, gengu
í mót hánum ok fǫgnuðu hánum vel. Alsviðr býðr hánum með

---

7) *So nach Bt.*, brún C. — 8) *So* C, Fas. *B.* — kunni *Bj. nach*
Paphss. — 9) *So* Fas. *u. B.*, hest C. — 10) stóreðum C. — 11) ok
g. s. v. *fehlt in allen Paphss.* —

XXIII. 1) *Ueberschr. in* C: Sigurdr kom til Heimis. — 2) er
wurde von Fas. *u. B. ergänzt.* — 3) *So B.*, hanurde C. hannurði
Fas. — 4) *So* C., *Bj.* at, *was auch B'. empfiehlt.* —

sér at vera ok af sér at þiggja slíkt, er hann vill; hann þiggr
þat, hánum er ok skipat vegliga at þjóna, fjórir menn hófu
gullit af hestinum, inn fimti tók við hánum. þar mátti sjá
marga góða gripi ok fáséna, var þat at skemtan haft at
5 sjá brynjur ok hjálma ok stóra hringa[5]) ok undarliga mikil
gullstaup ok alls konar hervápn. Sigurðr dvelz þar lengi í
mikilli sœmd, spyrz[6]) nú þetta frægðarverk um ǫll lǫnd, er
hann hafði drepit þann inn ógurliga dreka. þeir undu sér
nú vel, ok var hvárr ǫðrum hollr; þat hǫfðu þeir sér at
10 skemtan, at búa vápn sín ok skepta ǫrvar sínar ok beita
haukum sínum.

XXIV[1]). þá var heim komin til Heimis Brynhildr,
fóstra hans, hón sat í einni skemmu við meyjar sínar; hón
kunni meira hagleik en aðrar konur; hón lagði sinn borða
15 með gulli ok saumaði á þau stórmerki, er Sigurðr hafði
gert: dráp ormsins ok upptǫku fjárins[2]) ok dauða Regins.
Ok einn dag er frá því sagt, at Sigurðr reið á skóg við
hundum sínum ok haukum ok miklu fjǫlmenni, ok er hann
kom heim, fló hans haukr á hávan turn ok settiz við einn
20 glugg. Sigurðr fór eptir haukinum, þá sér hann eina fagra
konu ok kennir, at þar er Brynhildr; hánum þykkir um
vert allt saman fegrð hennar ok þat er hón gerir; kemr í
hǫllina ok vill ǫnga skemtan við menn eiga. þá mælti
Alsviðr: hví eru-þér svá fálátir? þessi skipan þín harmar oss
25 ok þína vini, eða hví máttu eigi gleði halda? haukar þínir
hnípa ok svá hestrinn Grani, ok þessa fám vér seint bót.
Sigurðr svarar: góðr vinr, heyr, hvat ek hugsa! minn haukr
fló á einn turn, ok er ek tók hann, sá ek eina fagra konu;
hón sat við einn gulligan borða ok las þar á mín liðin ok
30 framkomin verk. Alsviðr svarar: þú hefir sét Brynhildi
Buðla dóttur, er mestr skǫrungr er. Sigurðr svarar: þat
mun satt vera, eða hversu[3]) kom hón hér? Alsviðr svarar:
þess var skamt í milli ok þér kvámuð. Sigurðr segir: þat

---

5) hingha C. — allz skonar C. Z. 6 u. öfter. 6) spyrt C., spyrst
die Ausg. —
XXIV. 1) Ueberschr. in C: Vidrtal Sigurdar ok Brynhilldar. —
2) fjarrins C. — 3) So C u. Fas., hv. löngu schr. B. im Hinblick auf
die gegebene Antwort. —

vissu-vér fyrir fám dǫgum, sú kona hefir oss bezt[4]) sýnz í verǫldu. Alsviðr mælti: gef ekki gaum at einni konu þvílíkr maðr; er þat illt at sýta, er maðr fær eigi. — Hana skal ek hitta, sagði Sigurðr, ok gefa henni gull ok ná hennar gamni[5]) ok jafnaðarþokka. Alsviðr svarar: Engi fannz sá 5 enn um aldr, er hón léði rúms hjá sér eða gæfi ǫl at drekka, hón vill sik í herskap hafa ok alls konar frægð at fremja. Sigurðr mælti: vér vitum eigi, hvárt hón svarar oss eða eigi, eða lér oss sess hjá sér. — Ok annan dag eptir gekk Sigurðr til skemmunnar, en Alsviðr stóð hjá skemmunni úti 10 ok skepti ǫrvar sínar. Sigurðr mælti: sit heil frú! eða hversu megi-þér? Hón svarar; vel megu-vér, frændr lifa ok vinir, en háttung er í, hverja giptu menn bera til síns endadags. Hann sez hjá henni. Síðan ganga þar inn fjórar konur með stórum borðkerum af gulli ok með inu bezta víni ok standa 15 fyrir þeim; þá mælti Brynhildr: þetta sæti man fám veitt vera, nema faðir minn komi. Hann svarar: nú er veitt þeim er oss líkar. Herbergit var tjaldat af inum dýrstum tjǫldum, ok þakit klæðum allt gólfit. Sigurðr mælti: nú er þat fram komit, er þér hétuð oss. Hón svárar: þér skuluð hér vel- 20 komnir! — Síðan reis hón upp ok fjórar meyjar með henni, ok gekk fyrir hann með gullker ok bað hann drekka. Hann réttir í mót hǫndina kerinu ok tók hǫnd hennar með ok setti hana hjá sér; hann tók um háls henni ok kysti hana ok mælti: engi kona hefir þér fegri fœz! Brynhildr mælti: vitr- 25 ligra ráð er þat, at leggja eigi trúnað sinn á konu vald, því at þær rjúfa jafnan sín heit. Hann mælti: sá kœmi beztr dagr yfir oss, at vér mættim njótaz! - Brynhildr svarar: eigi er þat skipat, at vit búim saman; ek em skjaldmær, ok á ek með herkonungum hjálm, ok þeim man ek at liði 30 verða, ok ekki er mér leitt at berjaz. Sigurðr svarar: þá frjóumz[6]) vér mest, ef vér búum saman, ok meira er at þola þann harm, er hér liggr á, en hvǫss[7]) vápn. Brynhildr svarar: ek man kanna lið hermanna, en þú munt eiga Guð-rúnu Gjúka dóttur. Sigurðr svarar: ekki tælir mik eins kon- 35

---

4) fríðust *Papierhss.* — 5) gafne C. — 6) *So* C, frǫmumst
(= fremjumz) *alle Paphss.* — 7) *So die Hrgb.* hvass C. —

ungs dóttir [8]), ok ekki lér mér tveggja huga um þetta, ok
þess sver ek við guðin, at ek skal þik eiga, eða enga konu
ella. — Hón mælti slíkt. — Sigurðr þakkar henni þessi
ummæli ok gaf henni gullhring, ok svǫrðu [9]) nú eiða af nýju,
5 ok gengr hann í brott til sinna manna ok er þar um hríð
með miklum blóma.

XXV [1]). Gjúki hèt konungr; hann hafði ríki fyrir sunnan
Rín. Hann átti þrjá sonu, er svá hétu: Gunnarr, Hǫgni,
Gutthormr; Guðrún hét dóttir hans, hón var frægst [2]) mær,
10 báru þau bǫrn mjǫk af ǫðrum konungabǫrnum um alla atgervi, bæði um vænleik ok vǫxt. Þeir váru jafnan í hernaði
ok unnu mǫrg ágætisverk. Gjúki átti Grímhildi ina fjǫlkunngu. Buðli hét konungr, hann var ríkari en Gjúki, ok þó
báðir ríkir. Atli hét bróðir Brynhildar; Atli var grimmr
15 maðr, mikill ok svartr ok þó tiguligr, ok inn mesti hermaðr.
Grímhildr var grimmhuguð kona. Ráð Gjúkunga stóð með
miklum blóma, ok mest fyrir sakir barna hans, er mjǫk
váru umfram flesta. Eitt sinn segir Guðrún meyjum
sínum, at hóu má eigi glǫð vera; ein kona spyrr hana, hvat
20 henni sé at ógleði, hón svarar: eigi fengum vér tíma í
draumum, er því harmr í hjarta mér; ráð drauminn, þar er
þú fréttir eptir [4]). Hón svarar: seg mér ok lát þik eigi
hryggja, því at jafnan dreymir fyrir veðrum. Guðrún svarar:
þetta er ekki veðr [5]); þat dreymdi mik, at ek sá einn fagran
25 hauk mér á hendi, fjaðrar hans váru með gulligum lit.
Konan svarar: margir hafa spurt af yðrum vænleik, vizku ok
kurteisi; nǫkkurs konungs son mun biðja þín. Guðrún svarar:
engi hlutr þótti mér haukinum betri, ok allt mitt fé vilda
ek heldr láta en hann. Konan svarar: sá er þú fær, mun
30 vera velmentr [5]), ok muntu unna hánum mikit. Guðrún
svarar: þat angrar mik, at ek veit eigi, hverr hann er, ok
skulum vér hitta Brynhildi, hón mun vita. — Þær bjugguz

8) B'. hält den Ausdruck für verderbt (eins úríks konungs dóttir?
né eins k. d.?) ein kon. d. Bj., Fas. wie C. — 9) svarðu C. —
XXV. 1) Ueberschr. in C: Frá Gjúka konghe ok sonom. — 2)
fegrst vermutet B'. wol mit Recht. — 4) So C nach B., wenn auch
nicht völlig sicher; er því h. í h. mér (of) drauminn, þar u. w. Fas. —
Vielleicht sind die Worte er því harmr u. w. überhaupt nur Zusatz,
sie fehlen in allen Paphss. — 5) fyrir veðrum alle Paphss. —

með gulli ok mikilli fegrð ok fóru með meyjum[6]) sínum,
unz þær kómu at hǫll Brynhildar; sú hǫll var búin með
gulli ok stóð á einu bergi. Ok er sén er ferð þeira, þá er
Brynhildi sagt, at margar konur óku at borginni með gyltum
vǫgnum[7]). — Þar man vera Guðrún Gjúka dóttir[8]); mik 5
dreymdi um hana í nótt, ok gǫngum út í mót henni! ekki
sœkja oss fríðari konur heim! — Þær gengu út í móti þeim
ok fǫgnuðu vel, þær gengu inn í þá ina fǫgru hǫll, salrinn
var skrifaðr[9]) innan ok mjǫk silfri búinn, klæði váru breidd
undir[10]) fœtr þeim ok þjónuðu allir[11]) þeim; þær hǫfðu 10
margs konar leika. — Guðrún var fáorð, Brynhildr mælti:
hví megi-þér eigi gleði bella? — ger eigi þat[12])! skemtum
oss allar saman, ok rœðum um ríka konunga ok þeira stórvirki! — Gerum þat! segir Guðrún — eða hverja veiztu
fremsta konunga verit hafa? Brynhildr svarar: sonu Hám- 15
undar[13]), Haka ok Hagbarð; þeir unnu mǫrg frægðarverk
í hernaði. Guðrún svarar: miklir váru þeir ok agætir, en
þó nam Sigarr systur þeira, en hefir aðra[14]) inni brenda,
ok eru þeir seinir at hefna; eða hví nefndir þú eigi brœðr
mína, er nú þykkja fremstir menn? Brynhildr segir: þat er 20
í góðum efnum, en eigi eru þeir enn mjǫk reyndir, ok veit
ek einn mjǫk af þeim bera; en þat er Sigurðr, son Sigmundar
konungs; hann var þá barn, er hann drap sonu Hundings
konungs ok hefndi fǫður síns ok Eylima, móðurfǫður síns.
Guðrún mælti: hvat var til merkja um þat? segir þú hann 25
borinn[15]), þá er faðir hans fell? Brynhildr svarar: móðir
hans gekk í valinn ok fann Sigmund konung sáran ok bauð
at binda sár hans, en hann kvez of gamall síðan at berjaz,
en bað hana við þat huggaz, at hón mundi œztan[16]) son
ala, ok var þar spá spaks geta[17]), ok eptir andlát Sigmundar 30
konungs fór hón með Álfi konungi, ok var Sigurðr þar upp

---

6) meyum C. — 7) vagnum C. — 8) Fas. u. B. ergänzen hier
segir hón. — 9) So Fas. u. B., skrifaðar C. — 10) undr C. — 11)
allar? vgl. hernach oss allar saman. — 12) g. e. þ. fehlt in allen
Paphss. — 13) So B., C. (ohne Hám.) nur ss. (= sonu), sonu H. ok
Hagbarðs Bj., sonu Hermundar eine Paphss. — 14) B'. denkt an eine
Verderbnis der Stelle. — Z. 20 þeir eru (= þat er) Paphss. — 15)
Bj. u. B'. denken an óborinn. — 16) estan C. — 17) ok u. w. f.
allen Paphss. —

fœddr í mikilli virðingu, ok vann hann mǫrg afreksverk
á hverjum degi, ok er hann ágæztr maðr í verǫldu. Guðrún
mælti: af ást hefir þú fréttum til hans haldit, en af því kom
ek hér, at segja þér drauma mína, er mér fengu mikillar
5 áhyggju. — Brynhildr svarar: lát þik eigi slíkt angra! ver
með frændum þínum, er allir vilja þik gleðja. — Þat [18])
dreymdi mik, sagði Guðrún, at vér gengum frá skemmu
margar saman ok sám einn mikinn hjǫrt; hann bar langt af
ǫðrum dýrum, hár hans var af gulli; vér vildum allar taka
10 dýrit, en ek ein náða, dýrit þótti mér ǫllum hlutum betra; síðan
skauztu dýrit fyrir knjám mér, var mér þat svá mikill harmr,
at ek mátta trautt bera, síðan gaftu mér einn úlfhvelp, sá
dreifði mik blóði brœðra minna. Brynhildr svarar: ek mun
ráða, sem eptir mun ganga; til ykkar mun koma Sigurðr,
15 sá er ek kaus mér til manns, Grímhildr gefr hánum meinblandinn mjǫð, er ǫllum oss kemr í mikit stríð; hann mantu
eiga ok hann skjótt missa; þú munt eiga Atla konung; missa
muntu brœðra þinna, ok þá mantu Atla vega [19]). Guðrún
svarar: ofrharmr er oss þat, at vita slíkt! — ok fara [20]) þær
20 nú í brott ok heim til Gjúka konungs.

XXVI [1]). Sigurðr ríðr nú í brott með þat mikla gull,
skiljaz þeir nú vinir; hann ríðr Grana með ǫllum sínum
herbúnaði ok farmi. Hann ríðr þar til, er hann kom at
hǫll Gjúka konungs; ríðr nú í borgina, ok þat sér einn
25 af konungs mǫnnum ok mælti: þat hygg ek, at hér fari einn
af goðunum; þessi maðr er allr við gull búinn, hestr hans
er miklu meiri en aðrir hestar ok afburðarvænn vápnabúnaðr, hann er langt um aðra menn fram, en sjálfr berr
hann þó mest af ǫðrum mǫnnum. Konungrinn gengr út
30 með hirð sína ok kvaddi manninn ok spyrr: hverr ertu, er
ríðr í borgina, er engi þorði nema at leyfi sona minna?
Hann svarar: ek heiti Sigurðr ok em ek son Sigmundar
konungs. Gjúki konungr mælti: vel skaltu hér kominn með
oss ok þigg hér slíkt sem þú vilt. Ok hann gengr inn í

---

18) Þ *sehr gross in* C, *zum Zeichen des neuen Abschnittes* (*Capitels*),
der die Ueberschr. führt: Draumr Gudrúnar rádinn af Brynhildi. —
19) sjálf A. drepa *Paphss.* — 20) C. far. —
XXVI. 1) *Ueberschr. in* C: Sigurdi var blandat úminis aul. —

hǫllina, ok váru allir lágir hjá hánum ok allir þjónuðu
hánum, ok var hann þar í miklu yfirlæti. Þeir ríða allir
saman Sigurðr ok Gunnarr ok Hǫgni, ok þó er Sigurðr fyrir
þeim um alla atgervi, ok eru þó allir miklir menn fyrir sér.
Þat finnr Grímhildr, hvé mikit Sigurðr ann Brynhildi, ok 5
hvé opt [2]) hann getr hennar; hugsar fyrir sér, at þat væri
meiri gipta, at hann staðfestiz þar ok ætti dóttur Gjúka
konungs, ok sá, at engi mátti við hann jafnaz; sá ok hvert
traust at hánum var, ok hafði ofr [3]) fjár, miklu meira, en
menn vissi dœmi til. Konungr var við hann sem við 10
sonu sína, en þeir virðu hann framar en sik. Eitt kveld, er
þeir sátu við drykk, ríss dróttning upp ok gekk fyrir
Sigurð ok kvaddi hann ok mælti: fǫgnuðr er oss á [4]) þinni
hérvist, ok allt gott viljum vér til yðar leggja, tak hér við
horni ok drekk! Hann tók við ok drakk af. Hón mælti: 15
þinn faðir skal vera Gjúki konungr, en ek móðir, brœðr
þínir Gunnarr ok Hǫgni ok allir, er eiða vinnið, ok munu
þá eigi yðrir jafningjar fáz. — Sigurðr tók því vel, ok við
þann drykk mundi hann ekki til Brynhildar, hann dvaldiz
þar um hríð. Ok eitt sinn gekk Grímhildr fyrir Gjúka 20
konung ok lagði hendr um háls hánum ok mælti: hér
er nú kominn inn mesti kappi, er finnaz man í verǫldu,
væri at hánum mikit traust; gipt hánum dóttur þína með
miklu fé ok slíku ríki, sem hann vill, ok mætti hann hér
yndi nema! konungr svarar: fátítt er þat, at bjóða fram 25
dœtr sínar, en meiri vegr er at bjóða hánum, en aðrir biði. —
Ok eitt kveld skenkir Guðrún; Sigurðr sér, at hón er væn
kona ok at ǫllu in kurteisasta. Fimm misseri var Sigurðr
þar, svá at þeir sátu með frægð ok vingan, ok rœðaz konungar nú við. Gjúki konungr mælti: mart gott veittir þú 30
oss, Sigurðr! ok mjǫk hefir þú styrkt várt ríki. Gunnarr
mælti: allt viljum vér til vinna, at þér dveliz hér lengi, bæði
ríki ok vára systur með boði, en eigi mundi annarr fá, þótt
bæði. Sigurðr svarar: hafið þǫkk fyrir yðra sœmd! ok þetta
skal þiggja. Þeir sverjaz nú í brœðralag, sem þeir sé sam- 35
bornir brœðr. Nú er ger ágætlig veizla ok stóð marga daga;
drekkr Sigurðr nú brúðlaup til Guðrúnar, mátti þar sjá

---

2) opp C. — 3) of? *vgl. Wb.* — 4) *So C. u. B.,* af *Bj.,* at Fas. —

margs konar gleði ok skemtan, ok var hvern dag veitt
qðrum betr. þeir fóru nú víða um lǫnd ok vinna mǫrg
frægðarverk, drápu marga konungasonu ok engir menn
gerðu slík afrek sem þeir, fara nú heim með miklu herfangi.
5 Sigurðr gaf Guðrúnu at eta af Fáfnis hjarta, ok síðan var
hón miklu grimmari en áðr ok vitrari; þeira son hét Sigmundr. Ok eitt sinn gekk Grímhildr at Gunnari syni sínum
ok mælti: yðart ráð stendr með miklum blóma fyrir útan
einn hlut, er þér eruð kvánlausir; biðið Brynhildar! þat er
10 gǫfgast ráð, ok mun Sigurðr ríða með yðr. Gunnarr svarar:
víst er hón væn ok eigi em ek þessa ófúss! — ok segir nú
feðr sínum ok brœðrum ok Sigurði, ok eru allir fýsandi.

　　　XXVII [1]). þeir búa nú ferð sína listuliga, ríða nú fjǫll
ok dali til Buðla konungs, bera upp bónorðit; hann tok því
15 vel, ef hón vill eigi níta [2]), ok segir hana svá stóra, at þann
einn mann mun hón eiga, er hón vill. þá ríða þeir í Hlymdali [3]); Heimir fagnar þeim vel, segir Gunnarr nú erendin.
Heimir kvað hennar kør [4]) vera, hvern hón skal eiga; segir
þar sal hennar skamt frá ok kvaz þat hyggja, at þann einn
20 mundi hón eiga vilja, er riði eld brennanda, er sleginn er
um sal hennar. þeir finna salinn ok eldinn ok sjá þar borg
gulli bysta [5]), ok brann eldr um útan. Gunnarr reið Gota,
en Hǫgni Hǫlkvi. Gunnarr keyrir hestinn at eldinum, en
hann hopar. Sigurðr mælti: hví hopar þú, Gunnarr? Hann
25 svarar: eigi vill hestrinn hlaupa þenna eld; ok biðr Sigurð
ljá sér Grana — heimilt er þat! segir Sigurðr. Gunnarr
ríðr nú at eldinum, ok vill Grani eigi ganga. Gunnarr má
nú eigi ríða þenna eld [6]); skipta nú litum, sem Grímhildr
kendi þeim Sigurði ok Gunnari. Síðan ríðr Sigurðr ok hefir
30 Gram í hendi ok bindr gullspora á fœtr sér. Grani hleypr
fram at eldinum, er hann kendi sporans. Nú verðr gnýr
mikill, er eldrinn tók at œsaz, en jǫrð tók at skjálfa, loginn
stóð við himin; þetta þorði engi at gera fyrr, ok var
sem hann riði í myrkva; þá lægðiz eldrinn, en hann gekk
af hestinum inn í salinn. Svá er kveðit:

XXVII. 1) *Ueberschr. in* C: Sigurdr reið vafurloghan Brynhildar Budla dóttur. — 2) *So* C *nach* B'., neita Fas. — 3) þ. r. þ.
heim í Hlynd. *Papierhss.* — 4) *So* B., kjor C., kjör Fas. — 5) lýsta
alle Paphss. — 6) Gunnarr *bis* eld *f. Paphss.* — 7) *So Ausg.*, lagdizt C. —

(*y*) Eldr nam[8]) at œsaz,
    en jǫrð at skjálfa,
    ok hár logi
    við himni gnæfa[9]);
    fár treystiz þar
    fylkis rekka
    eld at ríða
    né yfir stíga.

(*z*) Sigurðr Grana
    sverði keyrði,
    eldr sloknaði
    fyrir[10]) ǫðlingi,
    logi allr lægðiz
    fyrir lofgjǫrnum,
    bliku reiði[11])
    er Reginn átti.

Ok er Sigurðr kom inn um logann, fann hann þar eitt fagrt herbergi, ok þar sat í Brynhildr; hón spyrr, hverr sá maðr er. En hann nefndiz Gunnarr Gjúkason: ertu ok ætluð mín kona með jáyrði feðr[12]) þíns, ef ek ríða[13]) þinn vafrloga, ok fóstra þíns með yðru atkvæði. — Eigi veit ek gerla, 5 hversu ek skal þessu svara[14]). — Sigurðr stóð réttr í gólf- inu ok studdiz á sverðshjǫltin ok mælti til Brynhildar: þér[15]) í mót skal ek gjalda mikinn mund í gulli ok góðum gripum. Hón svarar af áhyggju af sínu sæti, sem álpt af báru, ok hefir sverð í hendi ok hjálm á hǫfði ok var í brynju: Gunn- 10 arr! segir hón, rœð ekki slíkt við mik, nema þú sér[16]) hverj- um manni fremri, ok þá skaltu drepa, er mín hafa beðit, ef þú hefir traust til; ek var í orrostu með Garðakonungi, ok váru vápn vár lituð í mannablóði, ok þess girnumz vér enn. — Hann svarar: mǫrg stórvirki hafi-þér unnit, en 15

---

8) *So nach Papierhss.*, Fas. u. B, man C., tók *Bj. nach Papier-*
hss. — 9) *So* (himne) C, Fas., *B.*; himin *Bj.* — gnæfa Fas., C -va
B. — 10) *So hier u.* V. 6 C., *nach* N. F. 336 — ǫdl. *Hild.*, ǫdl.
B. — 11) *So B.*, reið C., Fas. — 12) fedurs C. — 13) *So B.*, ríð
á Fas., ridaa C. — 14) segir hon (hun) *ergänzen hier B. u.* Fas. —
15) þar *Bj.* — 16) C *hier (wie öfter)* sert. —

minniz nú á heit yður, ef þessi eldr væri riðinn, at þér mundið með þeim manni ganga, er þetta gerði. — Hón finnr
nú hér sǫnn svǫr [17]) ok merki þessa máls, stendr upp ok
fagnar hánum vel. þar dvelz hann þrjár nætr, ok búa eina
5 rekkju [18]). Hann tekr sverðit Gram ok leggr í meðal þeira
bert. Hón spyrr, hví þat sætti; hann kvað sér þat skipat,
at svá gerði hann brúðlaup til konu sinnar eða fengi ella
bana. Hann tók þá af henni hringinn Andvaranaut, er hann
gaf henni [19]), en fekk henni nú annan hring af Fáfnis arfi.
10 Eptir þetta ríðr hann brott í þann sama eld til sinna félaga,
ok skipta þeir aptr litum, ok ríða síðan í Hlymdali [20]) ok
segja, hví farit hafði. þann sama dag fór Brynhildr heim
til fóstra síns ok segir hánum af trúnaði, at til hennar kom
einn konungr — ok reið minn vafrloga ok kvaz kominn til
15 ráða við mik ok nefndiz Gunnarr; en ek sagða [21]), at þat mundi
Sigurðr einn gera, er ek vann eiða á fjallinu, ok er hann
minn frumverr. Heimir kvað nú svá búit vera mundu.
Brynhildr mælti: dóttur okkar Sigurðar A'slaugu skal hér
upp fœða með þér. — Fara konungar nú heim, en Bryn-
20 hildr fór til feðr síns. Grímhildr fagnar þeim vel ok þakkar
Sigurði sína fylgð; er þar búiz við veizlu, kom þar mikill
mannfjǫlði; þar kom Buðli konungr með dóttur sína ok
Atli son hans, ok hefir þessi veizla staðit marga daga; ok
er lokit er þessi veizlu, minnir Sigurð allra eiða við Bryn-
25 hildi, ok lætr þó vera kyrt. Brynhildr ok Gunnarr sátu við
skemtan ok drukku gott vín.

XXVIII [1]). þat er einn dag, at þær gengu til árinnar
saman [2]) at þvá sér, þá óð Brynhildr lengra út á ána. Guðrún
spyrr, hví þat gegndi; Brynhildr segir: hví skal ek um þetta
30 jafnaz við þik heldr en um annat? ek hugða, at minn faðir væri
ríkari en þinn ok minn maðr unnit mǫrg snildarverk [3]) ok riði
eld brennanda, en þinn bóndi var þræll Hjálpreks konungs. —
Guðrún svarar með reiði: þá væri þú vitrari, ef þegðir [4]), en last-

---

17) saur C. — 18) reykkju C. — 19) er h. g. h. *fehlt in allen*
Paphs. — 20) Lymdale C. — 21) hugða? —

XXVIII. 1) *Ueberschr. in* C: Deilld drótthninganna Brynhilldar
ok Gudrúnar. — 2) *So* Fas., B., *der* C. *scheint nach* B'. *eher* samar *zu*
bieten; til ár Rínar *die Paphss.* — 3) fleiri frægðarverk *Paphss.* —
4) *So* C. *nach* Bt., ef þú þ. Fas. B. — *Im Fg.* en þú þyrðir at lasta

aðir mann minn; er þat allra manna mál, at engi hafi slíkr
komit í verǫldina fyrir hversvetna sakir, ok eigi samir þér vel
at lasta hann, því at hann er þinn frumverr, ok drap hann
Fáfni ok reið vafrlogann, er þú hugðir Gunnar konung, ok
hann lá hjá þér ok tók af hendi þér hringinn Andvaranaut, 5
ok máttu nú hér hann kenna. — Brynhildr sér nú þenna
hring ok kennir, þá fǫlnar hón sem hón dauð væri; Brynhildr fór heim ok mælti ekki orð um kveldit. Ok er Sigurðr
kom í rekkju, spyrr Guðrún: hví er Brynhildr svá ókát?
Sigurðr svarar: eigi veit ek glǫgt, en grunar mik, at vér 10
munum vita brátt nǫkkuru gerr. — Guðrún mælti: hví
unir hón eigi auð ok sælu ok allra manna lofi, ok fengit
þann mann, sem hón vildi? Sigurðr mælti: hvar var hón
þá er hón sagði þat, at hón þœttiz inn œzta eiga eða þann
er hón vildi helzt eiga? Guðrún svarar: ek skal eptir spyrja 15
á morgin, hvern hón vill helzt eiga. Sigurðr svarar: þess
let ek þik, ok iðraz [5]) muntu, ef þú gerir þat. Ok um morgininn sátu þær í skemmu sinni ok var Brynhildr hljóð.
þá mælti Guðrún: ver kát, Brynhildr! angrar þik okkart
viðrtal? eða hvat stendr þér fyrir gamni? Brynhildr svarar: 20
illt eitt gengr þér til þessa, ok hefir þú grimt hjarta. —
Virð eigi svá, segir Guðrún, ok seg heldr! Brynhildr svarar:
spyr þess eina, at betr [6]) sé attu vitir, þat samir ríkum konum;
ok er gott góðu at una, er yðr gengr allt at óskum. —
Guðrún svarar: snemt er því enn at hœla, ok er þetta nǫkkur 25
sú forspá; hvat reki-þér at oss? vér gerðum yðr ekki til
angrs. — Brynhildr svarar: þess skaltu gjalda, er þú átt
Sigurð, ok ek ann þér eigi hans at njóta né gulls ins mikla. —
Guðrún svarar: eigi vissa ek yður ummæli, ok vel mætti
faðir minn sjá ráð fyrir mér, þóttu værir ekki at hitt. Bryn- 30
hildr svarar: ekki hǫfum vér launmæli haft, ok þó hǫfum
vit eiða svarit, ok vissu-þér þat, at þér véltuð mik, ok þess
skal hefna! — Guðrún svarar: þú er betr gefin, en makligt
er, ok þinn ofsi man illa sjatna, ok þess munu margir gjalda. —
Una mundu-vér, segir Brynhildr, ef eigi ættir þú gǫfgara 35
mann. Guðrún svarar: áttu svá gǫfgan mann, at óvíst er, hvárr [7])

---

die Paphss., vgl. auch Ba. — 5) ydrazt C. — 6) So C. nach Bt.,
bezt Fas. — 7) So vermutet B'. für das hverr des C. —

meiri konungr er, ok gnótt fjár ok ríkis. Brynhildr svarar:
Sigurðr vá at [8]) Fáfni, ok er þat meira vert en allt ríki
Gunnars konungs, svá sem kveðit er:

        (o) Sigurðr vá at ormi,
           en þat síðan man
           engum fyrnaz,
           meðan ǫld lifir;
           en hlýri þinn
           hvárki þorði
           eld at ríða
           né yfir stíga [9])!

Guðrún svarar: Grani rann eigi eldinn undir Gunnari kon-
5 ungi, en hann þorði at ríða, ok þarf hánum eigi hugar at
frýja. Brynhildr svarar: dyljumz [10]) eigi við, at ek [11]) hygg
Grímhildi eigi vel. Guðrún svarar: ámæl henni eigi, því
at hón er til þín, sem til dóttur sinnar. Brynhildr svarar:
hón veldr ǫllum upphǫfum [12]) þess bǫls, er oss bítr; hón
10 bar Sigurði grimt ǫl, svá at eigi mundi hann mitt nafn.
Guðrún svarar: mart rangt orð mælir þú, ok mikil lygi er
slíkt. Brynhildr svarar: njóti-þér svá Sigurðar, sem þér hafið
mik eigi svikit, ok er yðart samveldi ómakligt, ok gangi
yðr svá, sem ek hygg! — Guðrún svarar: betr mun ek
15 njóta, en þú mundir vilja, ok engi gat þess, at hann ætti
ofgott við mik né eitt sinn. Brynhildr svarar: illa mælir
þú ok er af þér rennr mantu iðraz, ok hendum eigi heiptyrði. Guðrún segir: þú kastaðir fyrri heiptarorðum á mik;
lætr þú nú, sem þú munir yfir bœta, en þó býr grimt undir. —
20 Leggjum niðr ónýtt hjal — segir Brynhildr — ek þagða
lengi yfir mínum harmi, þeim er mér bjó í brjósti, en ek
ann þínum bróður at eins, ok tǫkum annat tal! — Guðrún
segir: langt sér hugr þinn umfram. — Ok þar af stóð
mikill ófagnaðr, er þær gengu á ána, ok hón kendi hring-
25 inn, ok þar af varð þeira viðrœða.

---

8) vann á *die Paphss.* — 9) *Nach B.* (Norr. Fornkv. p. 336) *gehört
diese Strophe vielleicht zu* Brot af Sigurðarkviðu. — 10) *So B.*,
dylizt C. dylimst Fas. — deilumst *Paphss.* — 11) *So Fas., B., nach
B'. scheint* C. at et ek *su bieten.* — 12) upp aufum C. —

XXIX[1]). Eptir þetta tal legz Brynhildr í rekkju ok
kómu þessi tíðindi fyrir Gunnar konung, at Brynhildr er
sjúk; hann hittir haua ok spyrr, hvat henni sé, en hón
svarar engu ok liggr, sem hón sé dauð. Ok er hann leitar
eptir fast, þá svarar hón: hvat gerðir þú af hring þeim er 5
ek selda þér, er Buðli konungr gaf mér at efsta skilnaði,
er þér Gjúkungar[2]) kómuð til hans ok hétuð[3]) at herja eða
brenna, nema þér næðið mér; síðan leiddi hann mik á tal
ok spyrr, hvern ek køra af þeim sem komnir váru, en ek
buðumz til at verja landit ok vera hofðingi yfir þriðjungi liðs; 10
váru þá tveir kostir fyrir hendi, at ek munda þeim verða at
giptaz, sem hann vildi, eða vera án alls fjár ok hans vináttu,
kvað þó sína vináttu mér mundu betr gegna en reiði; þá
hugsaða ek með mér, hvárt ek skylda . . . .[4]) hans vilja
eða drepa margan mann; ek þóttumz vanfær til at þreyta 15
við hann, ok þar kom, at ek hétumz þeim er riði hestinum
Grana með Fáfnis arfi ok riði minn vafrloga ok dræpi þá
menn, er ek kvað[5]) á; nú treystiz engi at ríða, nema Sigurðr einn; hann reið eldinn, því at hann skorti eigi hug
til; hann drap orminn ok Regin ok fimm konunga, en eigi 20
þú, Gunnarr! er þú folnaðir sem nár, ok ertu engi konungr
né kappi; ok þess strengða ek heit heima at feðr míns, at
ek munda þeim einum unna, er ágæztr væri alinn, en þat
er Sigurðr; nú erum vér eiðrofa, er vér eigum hann eigi,
ok fyrir þetta skal ek ráðandi þíns[6]) dauða, ok eigum vér 25
Grímhildi illt at launa; henni finnz engi kona huglausari[7])
né verri. Gunnarr svarar, svá at fáir heyrðu: morg flærðarorð
hefir þú mælt, ok ertu illúðig kona, er þú ámælir þeiri
konu, er mjok er um þik fram, ok eigi undi hón verr[8])
sínu, svá sem þú gerir eða kvaldi dauða menn ok engan 30
myrði hón ok lifir við lof. Brynhildr svarar: ekki hofum
vér launþing[9]) haft né ódáðir gert, ok annat er várt eðli,
ok fúsari værim vér at drepa yðr. — Síðan vildi hón drepa

XXIX. 1) *Ueberschr. in* C: Harmr Brynhildar vóx at eins. —
2) *So B.*, Gjúki kongr C., G. konungr Fas. — 3) heitud C. — 4)
hlýða *ergänzen* Fas. *u.* B. — gera at? — 5) kvæði *Bj.* — 6) hans
die Paphss. — 7) haugl. C. — 8) yndi h. ver s. C. — 9) launung
Paphss. —

Gunnar konung, en Hǫgni setti hana í fjǫtra. Gunnarr
mælti þá: eigi vil ek, at hón búi í fjǫtrum. Hón svarar:
hirð eigi þat, því at aldri sér þú mik glaða síðan í þinni
hǫll eða drekka né tefla né hugat mæla ne gulli leggja góð
5 klæði né yðr ráð gefa —; kvað hón sér þat mestan harm,
at hón átti eigi Sigurð. Hón settiz upp ok sló sinn borða
svá at sundr gekk, ok bað svá lúka [10]) skemmudyrum, at
lauga leið mætti heyra hennar harmtǫlur. Nú er harmr
mikill, ok heyrir um allan bœinn. — Guðrún spyrr skemmu-
10 meyjar sínar, hví þær sé svá ókátar eða hryggar — eða
hvat er yðr, eða hví fari-þér sem vitlausir menn, eða
hverr gyzki er yðr orðinn? þá svarar hirðkona ein, er
Svafrlǫð hét: þetta er ótímadagr, vár hǫll er full af harmi.
þá mælti Guðrún til sinnar vinkonu: stattu upp! vér hǫfum
15 lengi sofit; vek Brynhildi, gǫngum til borða ok verum kátar! —
þat geri ek eigi, sagði hón, at vekja hana, né við hana
mæla; ok mǫrg dœgr drakk hón eigi mjǫð né vín ok hefir
hón fengit góða reiði. — þá mælti Guðrún til Gunnars: gakk
at hitta hana, segir hón, ok seg oss illa kunna hennar meini. —
20 Gunnarr svarar: þat er mér bannat, at hitta hana eða hennar
fé at skipta. — þó ferr Gunnarr at hitta hana ok leitar
marga vega málsenda við hana ok fær ekki af um svǫrin [11]);
gengr nú á brott ok hittir Hǫgna ok biðr hann finna hana,
en hann kvez vera ófúss ok ferr þó ok fekk ekki af henni;
25 ok er hittr Sigurðr ok beðinn, at finna hana; hann svarar
engu, ok er svá búit um kveldit. Ok annan dag eptir, er hann
kom [12]) af dýraveiði, hitti hann Guðrúnu ok mælti: þann veg
hefir fyrir mik borit, sem þetta muni til mikils koma hrollr [13])
sjá, ok mun Brynhildr deyja. Guðrún svarar: herra minn!
30 mikil kynsl fylgja henni, hón hefir nú sofit sjau dœgr, svá
at engi þorði at vekja hana. Sigurðr svarar: eigi sefr hón,
hón hefir stórræði með hǫndum við okkr. þá mælti Guðrún
með gráti: þat er mikill harmr, at vita þinn bana, far heldr
ok finn hana ok vit, ef sjatni hennar ofsi, gef henni gull ok
35 mýk svá hennar reiði! — Sigurðr gekk út ok fann opinn salinn;

---

10) l. upp *schreibt Bj.* — 11) *So* Fas., *B.,* suarinn C. — 12)
So B. ohne Bemerkung, k. heim Fas. — 13) hjallr (= hjal) sá *Paphss., in andern fehlen die Worte.* —

hann hugði hana sofa, ok brá af henni klæðum ok mælti:
vaki þú, Brynhildr! sól skínn um allan bœinn ok er œrit
sofit; hritt af þér harmi ok tak gleði! Hón mælti: hví sætir
þín dirfð [14]), er þú ferr mik at hitta, mér var engi verri í
þessum svikum. — Sigurðr spyrr: hví mælir þú eigi við 5
menn [15]), eða hvat angrar þik? Brynhildr svarar: þér skal
ek segja mína reiði. — Sigurðr mælti: heilluð ertu, ef þú
ætlar grimman minn hug við þik, ok er sjá þinn maðr, er
þú kaust. — Nei! segir hón, eigi reið Gunnarr eldinn til
vár, ok eigi galt hann mér at mundi feldan val; ek undruð-10
umz þann mann, er kom í mínu sal ok þóttumz ek kenna
yður augu, ok fekk ek þó eigi víst skilit fyrir þeiri huldu,
er lá á minni hamingju. — Sigurðr segir: ekki erum vér
gøfgari menn en synir Gjúka; þeir drápu Danakonung ok
mikinn höfðingja, bróður Buðla konungs. Brynhildr svarar:15
mart illt eigum vér þeim upp at inna, ok minn oss ekki á
harma vára; þú Sigurðr vátt [15]) ormiun ok reitt eldinn ok of
mína sök [16]), ok váru þar eigi synir Gjúka konungs. Sigurðr
svarar: ekki varð ek þinn maðr ok ekki [17]) vartu mín kona,
ok galt við þér mund ágætr konungr. — Brynhildr svarar:20
eigi sá [18]) ek svá Gunnar, at minn hugr hlæja við hánum,
ok grimm em ek við hann, þótt ek hylma yfir fyrir öðrum. —
þat er ógurligt, segir Sigurðr, at unna eigi slíkum konungi;
eða hvat angrar þik mest? mér sýniz, sem ást sé þér gulli
betri. Brynhildr svarar: þat er mér sárast minna harma, at 25
ek fæ eigi því til leiðar komit, at bitrt sverð væri roðit í
þínu blóði. — Sigurðr svarar: kvíð eigi því! skamt mun
at bíða, áðr bitrt sverð man standa í mínu hjarta ok ekki
muntu þér verra biðja, því at þú munt eigi eptir mik lifa,
munu ok fáir várir lífsdagar héðan í frá. — Brynhildr svar-30
ar: eigi standa [19]) þín orð af litlu fári, síðan þér svikuð mik frá
öllu yndi, ok ekki hirði ek um lífit [20]). Sigurðr svarar: lif
þú ok unn Gunnari konungi ok mér, ok allt mitt fé vil ek

---

14) *So Bj. u. B.*, þinni d. *C. u. Fas.* — 15) við mik *Bj.* — 15) vanst
Bj. nach Paphss. — 16) ok of m. s. *fehlt in Paphss.* — 17) *So Paphss.*
ekki *fehlt C. u. Ausg.* — 18) *So C, Fas.* — *B. schreibt* sé, *wol wegen
des fg. Præs. Conj.* — 19) staða *C.* — 20) *Dem Sinne nach erwartet
man* (*wie B'. bemerkt*) ok ekki hirði ek um lífit, *síðan þér u. w.* —

til gefa, at þú deyir eigi. Brynhildr svarar: eigi veiztu gørla
mitt eðli; þú berr af ǫllum mǫnnum, en þér hefir engi kona
orðit leiðari en ek. Sigurðr svarar: annat er sannara; ek unna
þér betr en mér, þótt ek yrða fyrir þeim svikum, ok má því
5 nú ekki bregða, því at ávalt, er ek gáða míns geðs, þá harmaði mik þat, er þú vart eigi mín kona; en af mér bar ek,
sem ek mátta, þá er[21]) ek var í konungs hǫll, ok unda ek
því þó, at vér várum ǫll saman; kann ok verða, at fram
verði at koma þat sem fyrir er spát, ok ekki skal því
10 kvíða. Brynhildr svarar: ofseinat hefir þú at segja, at þik
angrar minn harmr, en nú fám vér enga líkn. Sigurðr
svarar: gjarna vilda ek, at vit stigim[22]) á einn beð bæði, ok
værir þú mín kona. Brynhildr svarar: ekki er slíkt at mæla,
ok eigi mun ek eiga tvá konunga í einni hǫll, ok fyrr skal ek
15 líf láta, en ek svíkja Gunnar konung —; ok minniz nú á þat,
er þau funduz á fjallinu ok sóruz eiða — en nú er því ǫllu
brugðit ok vil ek eigi lifa. — Eigi munda ek þitt nafn,
sagði Sigurðr, ok eigi kenda ek þik fyrr, en þú vart gipt,
ok er þetta inn mesti harmr. Þá mælti Brynhildr: ek vann
20 eið at eiga þann mann, er riði minn vafrloga, en þann eið
vilda ek halda eða deyja ella. — Heldr en þú deyir, vil ek
þik eiga, en fyrirláta Guðrúnu, segir Sigurðr, en svá þrútnuðu hans síður, at í sundr gengu brynjuhringar. — Eigi
vil ek þik, sagði Brynhildr, ok ǫngan annarra! — Sigurðr
25 gekk í brott; svá segir í Sigurðarkviðu:

> (π) Út gekk Sigurðr
> andspjalli[23]) frá
> hollvinr loﬁða
> ok hnipnaði[24]),
> svá at ganga nam
> gunnarfúsum
> sundr of síður
> serkr járnofinn.

Ok er Sigurðr kom í hǫllina, spyrr Gunnarr, hvárt hann
viti, hverr meintregi[25]) henni væri, eða hvárt hón hefir mál

21) So Bj. u. zweifelnd B'., þat er C. u. Fas., þat zu streichen
denkt Bt. — 22) stígim Fas. — 23) So B. anspjalle C., annspjalli Fas.,
andspilli vermutet B'. — 24) hnípaði Fas. mit C. — hnipnaði, was
schon Bj. schrieb, nahm B. auf. — 25) máltregi Bj. —

sitt; Sigurðr kvað, hana mæla mega. Ok nú ferr Gnnnarr
at hitta hana í annat sinn ok spyrr, hví gegndi hennar
mein [26]), eða hvárt nøkkur bót mundi til liggja. Ek vil eigi
lifa, sagði Brynhildr, því at Sigurðr hefir mik vélt ok eigi
síðr þik, þá er þú léz hann fara í mína sæng; nú vil ek eiga 5
tvá menn eiga senn í einni hǫll, ok þetta skal vera bani
Sigurðar eða þinn eða minn, því at hann hefir þat allt sagt
Guðrúnu, en hón brigzlar [27]) mér.

XXX [1]). Eptir þetta gekk Brynhildr út ok sez undir
skemmuveg sinn ok hafði margar harmtǫlur, kvað sér allt 10
leitt bæði land ok ríki, er hón átti eigi [2]) Sigurð, ok enn
kom Gunnarr til hennar. þá mælti Brynhildr: þú skalt láta
bæði ríkit ok féit, lífit ok mik, ok skal ek fara heim til
frænda minna ok sitja þar hrygg, nema þú drepir [3]) Sigurð
ok son hans; al eigi upp [4]) úlfhvelpinn! — Gunnarr varð 15
nú mjǫk hugsjúkr ok þóttiz eigi vita, hvat helzt lá til, alls [5])
hann var í eiðum við Sigurð, ok lék ýmist í hug; þótti þat
þó mest svívirðing, ef konan gengi frá hánum. Gunnarr mælti:
Brynhildr er mér ǫllu [6]) betri, ok frægst [7]) er hón allra
kvenna, ok fyrr skal ek líf láta en týna hennar ást! — ok 20
kallar til sín Hǫgna, bróður sinn, ok mælti: fyrir mik er
komit vandmæli mikit! — segir, at hann vill drepa Sigurð,
kvað hann hafa vélt sik í trygð — ráðum vit þá gullinu
ok ǫllu ríkinu. — Hǫgni segir: ekki samir okkr sœrin [8])
at rjúfa með ófriði; er oss ok mikit traust at hánum, eru 25
engir konungar oss jafnir, ef sjá inn hýnski konungr lifir,
ok slíkan mág fám vér aldri, ok hygg at, hversu gott væri,
ef vér ættim slíkan mág ok systursonu [9]); ok sé ek, hversu
þetta stenz af, þat hefir Brynhildr vakit, ok hennar ráð koma
oss í mikla svívirðing ok skaða. Gunnarr svarar: þetta skal 30

---

26) So Bj., B., meini C. u. Fas. — 27) brígslar Fas. —
XXX. 1) Ueberschr. in C: Svikinn Sigurðr. — 2) eigi ergänzen
Fas. u. B. — 3) drepir in C. doppelt. — 4) So C., Fas., Bt. — 5)
So B. nach Sigkv. III, 13 (= Sigkv. in sk. 14 Hild.) alls sik . . . .
vissi firðan. — lá til alls, hann Fas. — 6) B'. weist auf ǫllum betri
Sigkv. III, 15 (Sigkv. in sk. 16) hin. — 7) So C. nach B'., fegrst
Fas. — 8) sárinn C. — 9) Die Worte von ok hygg at bis systursonu
sind im Grunde eine müssige Wiederholung des Vorhergehenden, und
wären vielleicht besser zu streichen. — systurson Paphss. —

fram fara, ok sé ek ráðit; eggjum til Gutthorm, bróður
okkarn, hann er ungr ok fás vitandi ok fyrir útan alla eiða.
Hǫgni segir: þat ráð líz mér illa sett, ok þótt fram komi,
þá munu-vér gjǫld fyrir taka at svíkja slíkan mann. —
5 Gunnarr segir Sigurð deyja skulu — eða man ek deyja
ella! — Hann biðr Brynhildi upp standa ok vera káta; hón
stóð upp ok segir þó, at Gunnarr mun eigi koma fyrr í
sama rekkju[10]) henni, en þetta er fram komit. Nú rœðaz
þeir við brœðr; Gunnarr segir, at þetta er gild banasǫk, at
10 hafa tekit meydóm Brynhildar — ok eggjum Gutthorm at
gera þetta verk! — ok kalla hann til sín ok bjóða hánum
gull ok mikit ríki at[11]) vinna þetta til, þeir tóku orm einn
ok af vargsholdi ok létu sjóða ok gáfu hánum at eta, sem
skáldit kvað:

(ϱ) Sumir[12]) viðfiska[13]) tóku,
          sumir vitnishræ skífðu;
          sumir Gutthormi
          gáfu[14]) Gera hold
          við mungáti;
          ok marga hluti
          aðra í tyfrum
— — — — —[15])

15   Ok við þessa fœzlu varð hann svá æfr ok ágjarn ok allt
saman ok fortǫlur Grímhildar[16]), at hann hét at gera þetta
verk: þeir hétu hánum ok mikilli sœmd í móti. Sigurðr
vissi eigi ván þeira[17]) vélræða, mátti hann ok eigi við

---

10) C *hier* (*u. öfter*) reyckju. — 11) *So Bj. u. B.* — ok vinna
C., Fas. — 12) *So C. nach B'.* — Svipir Fas. — 13) *So* C., Fas., viðfisk B; fiskviðar *Bj.* — 14) *Die Versteilung mit Fas.*; gera *schreiben
alle Hrgb., vgl. Wb.* — 15) *B'. nimmt nicht nur den Ausfall einer Vers-
zeile, sondern starke Verderbnis der ganzen Str. an. Bei* gáfu gera
hold *erinnert Ders. an* af gera *deildu* (Brot af Sigkv. 4) *und hält die
letzten Zeilen für ursprünglich wol dem Sinne nach übereinstimmend mit*
Brot af Sigkv. 4: áðr þeir mætti meins um lystir á horskan hal hendr
um leggja. — Norr. Fornkv. S. 337 *findet sich fg. Vermutung:* áðr
þ. m. morðs um l. á hal týfrömum h. u. l. — *Andere Conjecturen* (*so*
dýfðo *Bj.* = tyfrum) *übergehe ich.* — 16) Brynhildar *alle Paphss.* —
17) C. *mit einer Abkürzung, die auch* þessara (*so* Fas., *B.*) *gelesen werden kann.* —

skǫpum vinna né sínu aldrlagi, Sigurðr vissi sik ok eigi véla
verðan frá þeim. Gutthormr gekk inn at Sigurði eptir um
morgininn, er hann hvíldi í rekkju sinni; ok er hann leit
við hánum, þorði Gutthormr eigi at veita hánum tilræði ok
hvarf út aptr, ok svá ferr í annat sinn; augu Sigurðar váru 5
svá snǫr, at fár einn þorði gegn at sjá, ok it [18]) þriðja sinn
gekk hann inn ok var Sigurðr þá sofnaðr. Gutthormr brá
sverði ok leggr á Sigurði [19]), svá at blóðrefillinn stóð í dýnum
undir hánum. Sigurðr vaknar við sárit, en Gutthormr gekk
út til dyranna, þá tók Sigurðr sverðit Gram ok kastar eptir 10
hánum ok kom á bakit ok tók í sundr í miðju; fell annan
veg fótahlutr, en annan hǫfuðit [20]) ok hendrnar aptr í
skemmuna. Guðrún var sofnuð í faðmi Sigurðar, en vaknaði
við óumrœðiligan harm, er hón flaut í hans blóði, ok svá
kveinaði [21]) hón með grát ok harmtǫlur, at Sigurðr reis upp 15
við hœgendit ok mælti: grát eigi! sagði hann, þínir brœðr
lifa þér til gamans, en þess til [22]) ungan son á ek, er kann
eigi at varaz fjándr sína, ok illa hafa þeir fyrir sínum hlut
sét; ekki fá þeir sér líkara [23]) mág at ríða í her með sér né
systurson, ef sjá næði at vaxa, ok nú er þat fram komit, 20
er fyrir lǫngu var spát, ok vér hǫfum duliz við, en engi má
við skǫpum vinna; en þessu veldr Brynhildr, er mér ann um
hvern mann fram, ok þess má ek sverja, at Gunnari gerða
ek aldri mein, ok þyrmda ek okkrum eiðum, ok eigi var ek
ofmikill vinr hans konu; ok ef ek hefða vitat þetta fyrir, ok 25
stiga ek á mína fœtr með mín vápn, þá skyldu margir týna
sínu lífi, áðr en ek fella, ok allir þeir brœðr drepnir, ok torveldra mundi þeim at drepa mik en inn mesta vísund eða
villigǫlt. — Konungrinn [24]) lét nú líf sitt. — En Guðrún
blæs mœðiliga ǫndunni, þat heyrir [25]) Brynhildr ok hló, er 30

---

18) eð C. — 19) *So kann die Abkürzung des Namens nach Bt.
aufgefasst werden.* — 20) *So* C, höfuð Fas. — *B'. bemerkt, dass
natürlicher der untere Körpertheil in die Stube zurückfiel, wie dies auch
Sigkv. III, 22 (= Sigkv. in sk. 23 Hild.) berichtet wird.* — 21) *So
Fas., B.; C. undeutlich.* — 22) *Die Worte* þess til, *die allen Paphss.
fehlen, scheinen wenig passend; B'. denkt daran, nur þess zu streichen.* —
23) *So* C nach *B.*, *der jedoch* þ. *slíkan schreibt nach Sigkv. III, 27;
während Fas. in* ríkara *ändern; vgl. Vigf. s. v. glíkr II, 2.* — 24) *So
C nach Bt.*, Konungr Fas., *B.* — 25) *So* C u. *B.*, heyrði Fas. —

hón heyrði hennar andvarp. þá mælti Gunnarr: eigi hlær
þú af því, at þér sé glatt um hjartarœtr, eða hví hafnar
þú þínum lit? ok mikit foraö ertu ok meiri ván, at þú sér
feig, ok engi væri makligri til at sjá Atla konung drepinn
5 fyrir augum þér, ok ættir þú þar yfir at standa; nú verðum
vér at sitja ²⁶) yfir mági várum ok bróðurbana. — Hón
svarar: engi frýr, at eigi sé fullvegit, en Atli konungr hirðir
ekki um hót yður eða reiði, ok hann mun yðr lengr lifa ok
hafa meira vald. — Hǫgni mælti: nú er fram komit þat
10 er Brynhildr spáði, ok þetta it ²⁷) illa verk fám vér ²⁸) aldri
bœtt. Guðrún mælti: frændr mínir hafa drepit minn mann;
nú munu-þér ríða í her fyrst, ok er þér komið til bardaga,
þá munu-þér finna, at Sigurðr er eigi á aðra hǫnd yðr, ok
munu-þér þá sjá, at Sigurðr var yður ²⁹) gæfa ok styrkr, ok
15 ef hann ætti sér slíka sonu, þá mætti-þér styrkjaz við hans
afkvæmi ok sína ³⁰) frændr.

XXXI ¹). Nú þóttiz engi kunna at svara ²), at Brynhildr
beiddi þess hlæjandi, er ³) hón harmaði með gráti. þá mælti
hón: þat dreymdi mik, Gunnarr, at ek átta ⁴) kalda sæng,
20 en þú ríðr ⁵) í hendr óvinum þínum, ok ǫll ætt yður man
illa fara, er þér eruð eiðrofa, ok mundir þú þat óglǫgt ⁶),
er þit blǫnduðuð blóði saman Sigurðr ok þú, er þú rétt
hann ⁷), ok hefir þú hánum allt illu launat þat er hann
gerði vel til þín ok lét þik fremstan vera; ok þá reyndi
25 þat, er hann kom til vár, hvé hann helt sína eiða, at hann
lagði okkar í milli it snarpeggjaða sverð, þat er eitri var
hert; ok snemma réðu-þér til saka við hann ok við mik. þá ⁸)
er ek var heima með feðr mínum ok hafða ek allt þat er
ek vilda, ok ætlaða ek engan yðarn minn skyldu verða, þá
er þér riðuð þar at garði þrír konungar; síðan leiddi Atli

---

26) *So* C, Fas. *u.* B., *in* Fas. *wird jedoch* sýta *vermutet.* — 27)
C. eð. — 28) *So* B. vér fám C., *er v. f.* Fas. (*wol am besten*) — bœtt
in C. bót *geschr.* — 29) *So* B., yðar Fas., þeirra C. — 30) *Für*
sína, *das hier mit* hans *gleichsteht, vermutet* B'. svá. —
XXXI. 1) *In* C. *keine Ueberschr. oder Absatz.* — 2) *So nimmt*
B. *die Abkürzung in* C, *die in* Fas. (*irrig*) *durch* sér *wiedergegeben ist,*
sjá die Paphss. — 3) *So* B., C. eð. — 4) *So* C., Fas., ætta B. —
5) *So* C, Fas.; riði B., *vgl.* B'. — 6) úglaukt C. — ok langt er eigi
síðan *fügen* Paphss. *zu.* — 7) er þú lézt drepa h. Bj. — 8) þá *die Ausg.* —

mik á tal ok spyrr, ef ek vilda þann eiga, er riði Grana,
sá vár yðr ekki líkr, ok þá hétumz ek syni Sigmundar konungs ok engum ǫðrum, ok eigi mun yðr faraz [9]), þótt ek
deyja. þá reis Gunnarr upp ok lagði hendr um háls henni
ok bað, at hón skyldi lifa ok þiggja fé, ok allir aðrir lǫttu 5
hana at deyja; en hón hratt hverjum [10]) frá sér, er at henni
kom, ok kvað ekki tjóa mundu at letja hana þess er hón
ætlaði. Síðan hét Gunnarr á Hǫgna ok spyrr hann ráða
ok bað hann til fara ok vita, ef hann fengi mýkt skaplyndi
hennar ok kvað nú œrna þǫrf vera á hǫndum, ef sefaz mætti 10
hennar harmr, þar til er frá liði. Hǫgni svarar: leti engi
maðr hana at deyja, því at hón varð [11]) oss aldri at gagni ok
ǫngum manni, síðan hón kom higat. — Nú bað hón taka
mikit gull ok bað þar koma alla þá er fé vildu þiggja;
síðan tók hón eitt sverð ok lagði undir hǫnd sér ok hneig 15
upp við dýnur ok mælti: taki hér nú gull hverr er þiggja
vill! — Allir þǫgðu; Brynhildr mælti: þiggið gullit ok
njótið vel! — Enn mælti Brynhildr til Gunnars: Nú man
ek seggja þér litla stund þat er eptir mun ganga: sættaz
munu-þit Guðrún brátt með ráðum Grímhildar innar fjǫl- 20
kungu; dóttir Guðrúnar ok Sigurðar man heita Svanhildr, er
vænst man fœdd allra kvenna; verðr [12]) Guðrún gefin Atla
at sínum óvilja; Oddrúnu mantu vilja eiga, en Atli mun þat
banna; þá munu-þit eiga launfundi, ok mun hón þér unna;
Atli man þik svíkja ok í ormgarð setja, ok síðan man Atli 25
drepinn ok synir hans, Guðrún man þá drepa; síðan munu
hana stórar bárur bera til borgar Jónakrs konungs; þar man
hón fœða ágæta sonu; Svanhildr mun or landi send ok gipt
Jǫrmunreki konungi, hana munu bíta Bikka ráð; ok þá er
farin ǫll ætt yðar, ok eru Guðrúnar harmar at meiri. — 30
Nú [13]) bið ek þik, Gunnarr! efstu bœnar: lát gera eitt bál
mikit á sléttum velli ǫllum oss, mér ok Sigurði ok þeim
sem drepnir váru með hánum; lát þar tjalda yfir af rauðu
mannablóði ok brenna mér þar á aðra hǫnd þenna inn hýnska

---

9) farnast *wird in* Fas. *vermuthet.* — 10) hverum C. — 11) *So*
C., B., verðr Fas. — 12) verðr *ist ergünzt nach* Fas. *u.* B. — *Im*
Fg. schreibt Bj. vilja *für* óvilja. — 13) *In* C *grosser rother Anfangs-*
buchstabe u. die Ueberschr. Ben (= bœn) Brynhildar. —

konung, en á aðra hǫnd hánum mína menn, tvá at hǫfði,
tvá at fótum ok tvá hauka; þá er at jafnaði skipt; látið
þar á milli okkar brugðit sverð, sem fyrr, er vit stigum á
einn beð ok hétum [14]) þá hjóna [15]) *nafni* ok eigi fellr hánum
5 þá hurð á hæla, ef ek fylgi hánum, ok er vár leizla þá ekki
aumlig, ef hánum fylgja fimm ambáttir ok átta þjónar, er
faðir minn gaf mér, ok þar brenna ok þeir er drepnir váru
með Sigurði; ok fleira munda ek mæla, ef ek væra eigi sár,
en nú þýtr undin [16]), en sárit opnaz [17]), ok sagða ek þó satt.
10 Nú er búit um lík Sigurðar at fornum sið ok gert mikit
bál, ok er þat er mjǫk í [18]) kynt, þá var þar lagt á ofan
lík Sigurðar Fáfnisbana ok sonar hans þrévetrs [19]), er Brynhildr lét drepa, ok Gutthorms. Ok er bálit var allt loganda,
gekk Brynhildr þar á út ok mælti við skemmumeyjar sínar,
15 at þær tœki gull þat er hón vildi gefa þeim, ok eptir þetta
deyr Brynhildr ok brann þar með Sigurði ok lauk svá þeira
ævi.

  XXXII[1]). Nú segir þat hverr er þessi tíðindi heyrir,
at engi maðr mun þvílíkr eptir í verǫldunni, ok aldri man
20 síðan borinn slíkr maðr, sem Sigurðr var fyrir hvershvetna
sakar, ok hans nafn man aldri fyrnaz í þýverskri[2]) tungu
ok á Norðrlǫndum, meðan heimrinn stendr. — þat er sagt
einnhvern dag, þá er Guðrún sét í skemmu sinni, þá mælti
hón: betra var þá várt líf, er ek átta Sigurð; svá bar hann
25 af ǫllum mǫnnum, sem gull af járni eða laukr af ǫðrum
grǫsum eða hjǫrtr af ǫðrum dýrum, unz brœðr mínir fyrir-
mundu mér slíks manns, er ǫllum var fremri; eigi máttu
þeir sofa, áðr þeir drápu hann; mikinn gný gerði Grani, þá
er hann sá sáran sinn lánardróttinn; síðan rœdda ek við
30 hann, sem við mann, en hann hnípti í jǫrðina ok vissi, at
Sigurðr var fallinn. — Síðan hvarf[3]) Guðrún[4]) brott á

---

  14) *So B. nach* Sigkv. III, 68 (Sigkv. in sk. 65 *Hild.*) — heitum
C., Fas., *viell.* = hétum, *vgl.* IX [11]). — 15) *So* C, B., *der nach*
Sigkv. III, 68 nafni *ergänzt.* — 16) *So* (undinn) C *nach B'.*, ǫndin
Fas. — 17) *So* Fas. B., optazt C. — 18) í *fehlt in Paphss. u. bei*
Bj. — 19) -vetz C. —
  XXXII. 1) *Ueberschr. in* C: Brott haurf Guðrúnar. — 2) *So*
C. u. Fas.; B. (*nach der Thidrs.*) þýðverskri — þýzkri *alle Pahpss.* —
3) haurf C. — 4) C. Guðrún *am Rande*, Grane *im Text.* —

skóga ok heyrði alla vega frá sér varga þyt, ok þótti þá
blíðara at deyja. Guðrún [5]) fór, unz hón [6]) kom til hallar
Hálfs [7]) konungs, ok sat þar með Þóru Hákonar dóttur [8]) í Danmǫrku sjau misseri ok var þar í miklum fagnaði, ok sló [9]) borða
yfir henni ok skrifaði þar á mǫrg ok stór verk ok fagra 5
leika, er tíðir váru í þaun tíma, sverð ok brynjur ok allan
konungs búnað, skip Sigmundar konungs, er skriðu fyrir
land fram; ok þat byrðu þær, er þeir bǫrðuz Sigarr ok
Siggeirr á Fjóni [10]) suðr; slíkt var þeira gaman, ok hugg-
aðiz Guðrún nú nǫkkut harms síns. Þetta spyrr Grímhildr, 10
hvar Guðrún er niðr komin, heimtir á tal sonu sína ok spyrr,
hverju þeir vilja bœta Guðrúnu son sinn ok mann, kvað
þeim þat skylt. Gunnarr segir, kvezt [11]) vilja gefa henni gull
ok bœta henni svá harma sína; senda eptir vinum sínum ok
búa hesta sína, hjálma, skjǫldu, sverð ok brynjur ok alls 15
konar herklæði, ok var þessi ferð búin it kurteislista [12]),
ok engi sá kappi, er mikill var, sat nú heima; hestar þeira
váru brynjaðir, ok hverr riddari hafði annathvárt gyltan
hjálm eða skygðan. Grímhildr ræz í ferð með þeim ok segir
þeira erendi svá fremi fullgert munu verða, at hón siti eigi 20
heima. Þeir hǫfðu alls fimm hundruð manna; þeir hǫfðu ok
ágæta menn með sér: þar var Valdamarr [13]) af Danmǫrk ok
Eymóðr [14]) ok Jarisleifr. Þeir gengu inn í hǫll Hálfs [15])
konungs; þar váru Langbarðar, Frakkar ok Saxar; þeir fóru
með ǫllum herbúnaði ok hǫfðu yfir sér loða rauða, sem 25
kveðit er:

(Guðrkv. II, 20[b]) stuttar brynjur,
steypta [16]) hjálma,
skálmum gyrðir,
hǫfðu [17]) skarar jarpar.

---

5) *Auch hier* C. Grana, *ohne Corr.* — 6) C hann (*auf* Grani *bez.*)
7) Hjálpreks *Bj.* — 8) Þóra Hákunar dóttir C. — 9) ok hón sló
vermutet B'. — 10) *B'. weist auf* Fivi *in* Guðr. II, 16 (= II, 15 *Hild.*),
doch vgl. Hild. a. a. O. — *Für* Sigarr *hat Bj.* Sigmundr. — 11) *So*
C. *u. Ausg., doch wäre* segir *wol zu entbehren.* — 12) *So* C., kurteis-
ligsta Fas. *u.* B. — 13) Valdamar C. — *B'. hält* Valdarr (Guðr. II, 19)
für die echtere Form. — 14) *So* C., *auch* R *der L. E.*, Eymaðr *Pap.-
hss.* — *etwa* Eymundr? — 15) Hjálpreks *Bj., vgl.* [7]). — 16) stepta
C. — 17) ok h. C. — *Streichung von* ok *empfiehlt B'. nach* Guðr. II, 20. —

þeir vildu selja systur sinni góðar gjafir ok mæltu vel
við hana, en hón trúði engum þeira. Síðan fœrði Grímhildr [18]) henni meinsamligan drykk, ok varð hón við at taka
ok mundi síðan engar sakar; sá drykkr var blandinn með
5 jarðar magni ok sæ ok dreyra sónar [19]), ok í því horni váru
ristnir hvers kyns stafir ok roðnir með blóði; sem hér
segir:

(Guðrkv. II, 23)   Váru í því horni
                   hvers kyns stafir
                   ristnir ok roðnir,
                   ráða ek né máttak;
                   lyngfiskr langr [20]),
                   lands Haddingja
                   ax óskorit,
                   innleið dýra.

(Guðrkv. II, 24)   Váru þeim bjóri
                   bǫl mǫrg saman;
                   urt alls viðar
                   ok akarn brunnin [22]),
                   umdǫgg [23]) arins,
                   iðrar blótnar [24]),
                   svíns lifr soðin,
                   því at sakar deyfði.

Ok eptir þat er vili þeira kom saman, gerðiz fagnaðr mikill.
þá mælti Grímhildr, er hón fann Guðrúnu: vel verði þér,
10 dóttir! ek gef þér gull ok alls konar gripi at þiggja eptir
þinn feðr, dýrliga hringa ok ársal hýnskra meyja, þeira [25])
er kurteisastar eru, þá er þér bœttr þinn maðr; síðan skal

---

18) *So B. nach* Guðr. II, 21 (= 22 *Hild.*); Gunnarr C.,
Fas. — 19) *Dass so der Sinn sei nach* Guðr. II, 22 *wies auch Ba.
nach*, dr. sonar hennar C., Fas. B. — 20) *So B.*, lagar C. — 22)
akarnn brunninn C. — 23) C. vin- (vín- Fas.) *oder* um-d.; *letzteres
wurde von B. wegen der Uebereinstimm. mit R der L. E. (vgl. die Var.
für beide Str. bei Hild. a. a. O.) vorgezogen.* — 24) *So B. nach
L. E.* ítrar blótna C. *und Fas.* — 25) *B'. bemerkt: es sollte vielleicht
heissen:* hýnskar meyjar, þær *wie* Guðr. II, 26 (27 *Hild.*) —

þik gipta Atla konungi inum ríka, þá muntu ráða hans
auði, ok lát eigi frændr þína fyrir sakir eins manns ok
ger heldr, sem vér biðjum. Guðrún svarar: aldri vil ek eiga
Atla konung, ok ekki samir okkr ætt saman at auka. Grímhildr svarar: eigi skaltu nú á heiptir hyggja, ok lát, 5
sem lifi Sigurðr ok Sigmundr, ef þú átt sonu. Guðrún
segir: ekki má ek af²⁶) hánum hyggja, hann var ǫllum
fremri. Grímhildr segir: þenna konung man þér skiþat at
eiga, en engan skaltu elligar eiga. Guðrún segir: bjóði- þér
mér eigi þenna konung, er illt eitt man af standa þessi ætt, 10
ok mun hann sonu þína²⁷) illu beita, ok þar eptir man
hánum grimmu hefnt vera. Grímhildr²⁸) varð við hennar
fortǫlur illa²⁹) ok mælti: ger, sem vér beiðum, ok muntu
þar fyrir taka mikinn metnað ok vára vináttu ok þessa
staði, er svá heita: Vínbjǫrg ok Valbjǫrg. Hennar orð stóðuz 15
svá mikit, at þetta varð fram at ganga. Guðrún mælti:
þetta mun verða fram at ganga ok þó at mínum óvilja,
ok mun þat lítt til ynðis, heldr til harma. Síðan stíga þeir
á hesta sína, ok eru konur þeira settar í vagna, ok fóru
svá fjóra³⁰) daga á hestum, en aðra fjóra á skipum, ok ina 20
þriðju fjóra enn landveg, þar til er þeir kómu at einni hári
hǫll; henni gekk þar í mot mikit fjǫlmenni, ok var þar búin
ágætlig veizla, sem áðr hǫfðu orð í milli farit, ok fór hón
fram með sœmd ok mikilli prýði. Ok at þessi veizlu drekkr
Atli brúðlaup til Guðrúnar, en aldri gerði hugr hennar við 25
hánum hlæja, ok með lítilli blíðu var þeira samvista.

XXXIII ¹). Nú er þat sagt einhverja nótt, at Atli konungr vaknar or svefni, mælti hann við Guðrúnu: þat dreymdi
mik, segir hann, at þú legðir á mér sverði. Guðrún réð

---

26) af von Fas. u. B. ergänzt. — 27) So B. nach Guðr II, 31
(32 H.), sína C., Fas. — 28) C. Grímh. mit einem Abkürzungszeichen,
die Auflösung Grímhildi schlägt B'. vor; Grímhildr Fas., B. — 29)
So die Ausg., C bietet nach illa noch við sonu sína, was (nach B'.)
zwar allenfalls auf fortǫlur sich beziehen liesse, gemäss dem Vorhergehenden u. Guðr. II, 32 (33 Hild.), aber doch jedenfalls der Umstellung
bedürfte. — 30) So C., Fas. hier u. im Fg. (B. hier u. im Fg. sjau
nach Guðr. II, 35.) — Vgl. Symons bei Paul III, 289. —

XXXIII. 1) Ueberschr. in C: Guðrún reist rúnar. —

drauminn ok kvað þat fyrir eldi, er járn dreymdi — ok dul
þeiri ²) er þú ætlar þik ǫllum fremra. Atli mælti: enn
dreymdi mik, sem hér væri vaxnir tveir reyrteinar, ok vilda
ek aldri skeðja ³); síðan váru þeir rifnir upp með rótum ok
5 roðnir í blóði ok bornir á bekki ok boðnir mér at eta ⁴);
enn dreymdi mik, at haukar tveir flygi mér af hendi ok væri
bráðalausir, ok fóru til heljar; þótti mér þeira hjǫrtum við
hunang blandit ok þóttumz ek eta; síðan þótti mér, sem
hvelpar fagrir lægi fyrir mér ok gullu við hátt, ok át ek
10 hræ þeira at mínum óvilja. — Guðrún segir: eigi eru
draumar góðir, en eptir munu ⁵) ganga; synir þínir munu vera
feigir, ok margir hlutir þungir munu oss at hendi koma. —
þat dreymdi mik enn, segir hann, at ek lægi í kǫr ⁶) ok væri
ráðinn bani minn. — Nú líðr þetta, ok er þeira samvista
15 fálig. Nú íhugar Atli konungr, hvar niðr man komit þat
mikla gull, er átt hafði Sigurðr, en þat veit nú Gunnarr
konungr ok þeir brœðr. Atli var mikill konungr ok ríkr,
vitr ok fjǫlmennr, gerir nú ráð við sína menu, hversu með
skal fara; hann veit, at þeir Gunnarr eigu miklu meira fé,
20 en né einir ⁶) menn megi við þá jafnaz; tekr nú þat ráð at
senda menn á fund þeira brœðra ok bjóða þeim til veizlu
ok at sœma þá mǫrgum hlutum; sá maðr var fyrir þeim,
er Vingi er nefndr. Dróttningin veit nú þeira einmæli ok
grunar, at vera muni vélar við brœðr hennar. Guðrún rístr
25 rúnar ok hón tekr einn gullhring ok knýtti í vargshár ok
fær þetta í hendr sendimǫnnum konungs. Síðan fóru þeir
eptir konungs boði, ok áðr þeir stigi á land, sá Vingi rúnarnar ok sneri á aðra leið ok at Guðrún fýsti í rúnum, at þeir
kvæmi á hans fund. Síðan kómu þeir til hallar Gunnars
30 konungs, ok var takit við þeim vel ok gervir fyrir þeim eldar
stórir; ok síðan drukku þeir með gleði inn bezta drykk. þá
mælti Vingi: Atli konungr sendir ⁷) mik hingat ok vildi, at

---

2) *So Fas., B.* — C þerri, *vielleicht* þessarri *zu lesen*, þessi *alle*
Paphss. — 3) *So B.,* C. *wol* skeðja, skæðja Fas. — 4) *Es kann nach*
B'. *das* etha *in* C *als* æta *gefasst werden,* eta Fas., *B.* — 5) mun? —
6) *So* C *nach B.,* í baði Fas. *ohne Bemerk.* — 7) *So* C, Fas. — sendi
B. *nach* Atlakv. 8, 1 — *auch durch das fg.* vildi *empfolen, aber nicht*
gefordert. —

þit sœttið⁸) hann heim (með miklum sóma)⁹) ok þægið af
hánum mikinn sóma, hjálma ok skjǫldu, sverð ok brynjur,
gull ok góð klæði, herlið ok hesta ok mikit lén, ok ykkr
léz hann bezt unna sins ríkis. þá brá Gunnarr hǫfði ok
mælti til Hǫgna: hvat skulum vit af þessu boði þiggja¹⁰)? 5
hann býðr okkr at þiggja mikit ríki, en enga konunga veit
ek jafnmikit gull eiga sem okkr, því at vit hǫfum þat
gull allt, er á Gnítaheiði lá, ok eigum vit stórar skemmur
fullar af gulli ok inum beztum hǫggvápnum ok alls konar
herklæðum; veit ek minn hestinn beztann ok sverðit hvass- 10
ast, gullit ágætast. — Hǫgni svarar: undrumz ek boð hans,
því at þat hefir hann sjaldan gert, ok óráðligt man vera at
fara á hans fund, ok þat undrumz ek, er ek sá gersimar
þær er Atli konungr sendi okkr, at ek sá vargshári knýtt
í einn gullhring, ok má vera, at Guðrúnu þykki hann úlfshug 15
við okkr hafa, ok vili hón eigi, at vit farim. — Vingi sýnir
nú hánum rúnarnar þær er hann kvað Guðrúnu sent hafa.
Nú gengr alþýða at sofa, en þeir drukku við nǫkkura menn.
þá gekk at kona Hǫgna, er hét Kostbera, kvenna fríðust¹¹),
ok leit á rúnarnar; kona Gunnars hét Glaumvǫr¹²), skǫrungr 20
mikill; þær skenktu. Konungar gerðuz allmjǫk druknir,
þat finnr Vingi ok mælti: ekki er því at leyna, at Atli konungr er þungfœrr mjǫk ok gamlaðr mjǫk at verja sitt ríki,
en synir hans ungir ok til engis fœrir; nú vill hann gefa
yðr vald yfir ríkinu, méðan þeir eru svá ungir, ok ann yðr 25
bezt at njóta. — Nú var bæði, at Gunnarr var mjǫk drukkinn, en boðit mikit ríki, mátti ok eigi við skǫpum vinna,
heitr nú ferðinni ok segir Hǫgna, hróður sínum; hann svarar:
yðart atkvæði mun standa hljóta, ok fylgja mun ek þér, en
ófúss em ek þessarar ferðar. 30

XXXIV¹). Ok er menn hǫfðu drukkit sem líkaði, þá

8) sektið C. — 9) *Die eingeklammerten Worte sind vielleicht
irrige Voraufnahme des bald dar. fg.* mikinn sóma; *umgekehrt scheint
Bj. diese letzteren Worte* (und mit ihnen auch ok þægið af honum)
für Zusatz zu halten. — 10) þ. *irrig aus Z.* 6? göra? — 11) *B'.
denkt an* fróðust, *doch deutet das fg.* skörungr *auch nur auf ein epi-
theton ornans der Erzählung hin.* — 12) Glaunvor C. —

XXXIV. 1) *Ein neuer Abschnitt beginnt in C nicht hier* (wo Fas.
u. B. *ihn ansetzen), sondern erst bei den Worten der* Kostbera: þat
dreymdi mik, *vgl.* ⁸). —

fóru þeir at sofa, tekr Kostbera at líta á rúnarnar ok inti
stafina; ok sá, at annat var á ristit, en undir var, ok
viltar váru rúnarnar; hón fekk þó skilit af vizku sinni;
eptir þat ferr hón til rekkju hjá bónda sínum. Ok er þau
5 vǫknuðu, mælti hón til Hǫgua: heiman ætlar þú ok er þat
óráðligt, far heldr í annat sinn! ok eigi mantu vera glǫgg-
rýnn, ef þór þykkir, sem hón hafi í þetta sinn boðit þér
systir þín; ek réð rúnarnar, ok undrumz ek um svá vitra
konu, er hón hefir vilt ristit, en svá er undir, sem bani
10 yðarr liggi á, en þar var annathvárt, at henni varð vant
stafs, eða elligar ²) hafa aðrir vilt, ok nú skaltu heyra draum
minn. — Þat ³) dreymdi mik, at mér þótti hér falla inn á
harðla strǫng, ok bryti upp stokka í hǫllinni. — Hann
svarar: þér eruð opt illúðgar, ok á ek ekki skap til þess at
15 fara illu ⁴) í mót við menn, nema þat sé makligt; mun hann
oss vel fagna. — Hón segir: þér munuð reyna, en eigi mun
vinátta fylgja boðinu. Ok enn dreymdi mik, at ǫnnur á
felli hér inn ok þyti grimmliga ⁵) ok bryti upp alla palla í
hǫllunni ok bryti fœtr ykkra beggja brœðra, ok mun þat
20 vera nǫkkut ⁶). — Hann svarar: þar munu renna akrar, er
þú hugðir ána, ok vér gǫngum akrinn, nema opt stórar
agnir fœtr vára. — Þat dreymdi mik ⁷), at blæja þín brynni,
ok hryti eldrinn upp af hǫllunni. — Hann svarar: þat veit
ek gǫrla, hvat þat er: klæði vár liggja hér lítt rœkt ⁸), ok
25 munu þau þar brenna, er þú hugðir blæjuna. — Bjǫrn
hugða ek hér inn koma, segir hón, ok braut upp konungs
hásætit ok hristi svá hrammana ⁹), at vér urðum ǫll hrædd,
ok hafði oss ǫll senn sér í munni, svá at ekki máttum vér,
ok stóð þar af mikil ógn. — Hann svarar; þar man koma
30 veðr mikit, er þú ætlaðir hvítabjǫrn. — Ǫrn þótti mér hér
inn koma, segir hón, ok eptir hǫllunni, ok dreifði mik blóði
ok ¹⁰) oss ǫll, ok mun þat illt vita því at mér þótti, sem þat
væri hamr Atla konungs. — Hann svarar: opt slátrum vér

---

2) C. scheint ellegar su bieten, doch vgl. ⁵). — 3) Ueberschr. in
C.: Haugne réd drauma konu sinnar. — 4) So C. nach Bt. — 5)
grimligha C. — 6) C. nakuat. — 7) segir hon (hún) ergänzen B.,
Fas. — 8) So B (lit rekt C.) litrekt Fas. — B'. verweist auf Atlm.
16, 2 (15, 6 H.) — 9) hramana C. — 10) dr. mannabl. á die Paphss. —

ǫrliga ok hǫggum stór naut oss at gamni, ok er þat fyrir
yxnum, er ǫrnu dreymir, ok mun heill hugr Atla við oss.—
Ok nú hætta þau þessu tali.

XXXV [1]). Nú er at segja frá Gunnari, at þar er sams
dœmi [2]), er þau vakna, at Glaumvǫr kona Gunnars segir 5
drauma sína marga, þá er henni þóttu líkligir til svika, en
Gunnarr réð alla því á móti. — þessi var einn af þeim,
sagði hón, at mér þótti blóðugt sverð borit hér inn í hǫllina,
ok vartu sverði lagðr í gegnum, ok emjuðu úlfar á báðum
endum sverðsins. Konungrinn svarar: smáir hundar vilja 10
oss þar bíta, ok er opt hundagnǫll fyrir vápnum með blóði
lituðum. — Hón mælti: enn þótti mér hér inn koma konur,
ok váru daprligar, ok [3]) þik kjósa sér til manns; má vera,
at þínar dísir hafi þat verit. — Hann svarar: vant geriz
nú at ráða, ok má ekki forðaz sitt aldrlag; en eigi ólíkt, 15
at vér verðum skammæir. — Ok um mornininn spretta þeir
upp ok vilja fara, en aðrir lǫttu. Síðan mælti Gunnarr við
þann mann, er Fjǫrnir hét: statt upp, ok gef oss at drekka
af stórum kerum gott vín, því at vera má, at sjá sé vár in
síðarsta veizla, ok nú mun inn gamli úlfrinn komaz at 20
gullinu, ef vér deyjum, ok svá [4]) bjǫrninn mun eigi spara at
bíta sínum vígtǫnnum! — Síðan leiddi liðit þá út með
gráti. Son Hǫgna mælti: farið vel ok hafið góðan tíma [5])! —
Eptir var meiri blutr liðs þeira. Sólarr ok Snævar [6]), synir
Hǫgna, fóru ok einn kappi mikill, er Orkningr hét; hann 25
var bróðir Beru. Fólkit fylgði þeim til skipa, ok lǫttu allir
þá fararinnar, en ekki tjóaði. — þá mælti Glaumvǫr: Vingi,
segir hón, meiri ván [7]), at mikil óhamingja standi af þinni
kvámu, ok munu stórtíðindi geraz í fǫr þinni. — Hann
svarar: þess sver ek, at ek lýg eigi, ok mik taki hár gálgi 30
ok allir gramir, ef ek lýg nǫkkut orð! ok lítt eirði hann
sér í slíkum orðum. þá mælti Bera: farið vel ok með góðum tíma! Hǫgni svarar: verið kátar, hversu sem með oss

---

XXXV. 1) *Ueberschr. in* C: Heimann ferð þeirra breðra. —
2) samdægris (*unr.*) *Paphss.* — 3) *Bl. vermutet nach* Atlam. 28, 4 (27 H.)
ok vildu þik kj. — 4) *So B.,* C. sá. — 5) *Nach B'. ist* hafið *in* C
ausgestrichen und darauf ein Einschaltungszeichen gesetzt; darnach B':
far. vel ok með góðum tíma (*wie unten.*) — 6) C. Gnevarr, *von B.
nach* Dráp Nifl. *u.* Atlam. *berichtigt.* — 7) vȯn C. —

ferr! — þar skiljaz þau með sínum forlǫgum. — Síðan
reru þeir svá fast ok af miklu afli, at kjǫlriňn gekk undan
skipinu mjǫk svá hálfr; þeir knúðu fast árar með stórum
bakfǫllum, svá at brotnuðu hlumir ok háir⁸), ok er þeir
5 kómu at landi, festu þeir ekki skip sín. Síðan riðu þeir
sínum ágætum hestum myrkan skóg um hríð, nú sjá þeir
konungsbœinn⁹), þangat heyra þeir mikinn gný ok vápnabrak
ok sjá þar mannfjǫlða ok mikinn viðrbúnað, er þeir hǫfðu,
ok ǫll borgarhlið váru full af mǫnnum. Þeir ríða at borg-
10 inni, ok var hón byrgð; Hǫgni braut upp hliðit, ok ríða nú
í borgina. Þá mælti Vingi: þetta mættir þú vel ógert hafa,
ok bíðið nú hér, meðan ek sœki yðr gálgatré; ek bað yðr
með blíðu hér koma, en flátt bjó undir; nú man skamt at bíða,
áðr þér munuð upp festir. Hǫgni svarar: eigi munu-vér
15 fyrir þér¹⁰) vægja, ok lítt hygg ek, at vér hrykkim þar er
menn skyldu berjaz, ok ekki tjóar þér oss at hræða, ok þat
man þér illa gefaz! — hrundu hánum síðan ok bǫrðu hann
øxarhǫmrum til bana.

XXXVI¹). Þeir ríða nú at konungs hǫllinni; Atli kon-
20 ungr skipar liði sínu til orrostu, ok svá vikuz fylkingar, at
garðr nǫkkurr varð í millum þeira. — «Verið vel komnir
með oss²), ok fáið mér gull þat it mikla, er vér erum til
komnir, þat fé er Sigurðr átti, en nú á Guðrún.» — Gunnarr segir: aldri fær þú þat fé, ok dugandi menn munu-þér
25 hér fyrir hitta, áðr vér látim lífit, ef þér bjóðið oss ófrið;
kann vera, at þú veitir þessa veizlu stórmannliga ok af lítilli eymd við ǫrn ok úlf. — «Fyrir lǫngu hafða ek þat mér
í hug³), at ná yðru lífi, en ráða gullinu ok launa yðr þat
níðingsverk, er þér svikuð yðarn inn bezta mág, ok skal ek
30 hans hefna. — Hǫgni svarar: þat kemr yðr verst at haldi,
at liggja lengi á þessu ráði, en eruð⁴) þó at engu búnir. —
Nú slær i orrostu harða, ok er fyrst skothríð; ok nú koma
fyrir Guðrúnu tíðindin, ok er hón heyrir þetta, verðr hón

---

8) *Für* hlumir *geben alle Paphss. das üblichere* hlummar, *für* háir
hár *oder* árar. — 9) k. herinn Fas. — 10) fyr. þat Fas. (*irrig*). —
XXXVI. 1) *Ueberschr. in* C: Orrosta á borginne ok s. — 2)
Fas. *u.* B. *ergänzen hier* segir hann. — 3) segir Atli *ergänzen* Fas. *u.*
B. — 4) *So* B. *nach* Atlam. 43 (42), C. eru. — *Auffällig ist, dass die*
fg. Verse dieser Str. unbenutzt geblieben sind, die den Kampf einleiten. —

við gneip⁵) ok kastar af sér skikkjunni. Eptir þat gekk
hón út ok heílsaði þeim er komnir váru, ok kysti brœðr
sína ok sýndi þeim ást, ok þessi var þeira kveðja in síðarsta; þá mælti hón: ek þóttumz ráð hafa við sett, at eigi
kœmi-þér, en⁶) engi má við skǫpum vinna! — þá mælti 5
hón: mun nǫkkut tjóa at leita um sættir? en allir neituðu
því þverliga. Nú sér hón, at sárt er leikit við brœðr hennar, hyggr nú á harðræði, fór í brynju ok tók sér sverð ok
barðiz með brœðrum sínum ok gekk svá fram sem inn
hraustasti karlmaðr, ok þat sǫgðu allir á einn veg, at varla 10
sæi meiri vǫrn en þar. Nú geriz mikit mannfall, ok berr
þó af framganga þeira brœðra; orrostan stendr nú lengi
fram allt um miðjan dag. Gunnarr ok Hǫgni gengu í
gegnum fylkingar Atla konungs, ok svá er sagt, at allr vǫllr
flaut í blóði. Synir Hǫgna ganga nú hart fram; Atli kon- 15
ungr mælti: vér hǫfðum⁷) lið mikit ok frítt ok stóra kappa,
en nú eru margir af oss fallnir, ok eigum vér yðr illt at
launa, drepit nítján kappa mína, en ellifu einir eru eptir; —
ok verðr hvíld á bardaganum⁸). þá mælti Atli konungr:
fjórir⁹) váru-vér brœðr, ok em ek nú einn eptir; ek hlaut 20
mikla mægð, ok hugða ek mér þat til frama; konu átta ek
væna ok vitra, stórlynda ok harðúðga, en ekki má ek njóta
hennar vizku, því at sjaldan váru-vit sátt; þér hafið nú
drepit marga mína frændr, en svikit mik frá ríkinu ok fénu,
ráðit systur mína ok þat harmar mik mest. — Hǫgni segir: 25
hví getr þú slíks? þér brugðuð fyrri friði; þú tókt mína
frændkonu ok sveltir í hel ok myrðir ok tókt féit, ok var
þat eigi konungligt; ok hlœgligt þykkir mér, er þú tínir
þinn harm ok goðunum vil ek þat þakka, er þér gengr
illa. — 30

XXXVII¹). Nú eggjar Atli konungr liðit at gera herða
sókn; berjaz nú snarpliga ok sœkja Gjúkungar at svá fast,

⁵) So auch Ba. wie C. — 6) In C zweimal enn geschrieben. —
7) höfum C. höfðum änderte B. nach Atlam. 54 (51). — 8) In Fas.
scheinen die letzten Worte noch dem Atli zugetheilt. Für ellifu (so B.
nach ʼAtlm. 54 = 51) hat C. wol irrig sex; doch bietet der Stabreim,
der auch Aenderungen erträgt, keine volle Gewähr der Richtigkeit. —
9) In Atlam. sind es fünf (B'.) —
XXXVII. 1) Ueberschr. in C: Haogni hand tekinn. —

at Atli konungr hrøkkr [2]) inn í hǫllina, ok berjaz nú inni
ok var orrostan allhǫrð. Sjá bardagi varð með miklu manu-
spelli ok lýkr svá, at fellr allt lið þeira brœðra, svá at þeir
standa tveir upp, ok fór áðr margr [3]) maðr til helju fyrir
5 þeira vápnum. Nú er sótt at Gunnari konungi ok fyrir
sakir ofreflis var hann hǫndum tekinn ok í fjǫtra settr.
Síðan barðiz Hǫgni af mikilli hreysti [4]) ok drengskap ok
felda ina stœrstu kappa Atla konungs tuttugu; hann hratt
mǫrgum í þann eld, er þar var gerr í hǫllunni; allir urðu
10 á eitt sáttir, at varla sæi slíkan mann [5]); en þó varð hann
at lyktum ofrliði borinn ok hǫudum tekinn. Atli konungr
mælti: mikil furða er þat, hvé margr maðr hér hefir farit
fyrir hánum; nú skeri or hánum hjartat, ok sé þat hans
bani! Hǫgni mælti: ger [6]), sem þér líkar; glaðliga mun
15 ek hér bíða þess er þér vilið at gera, ok þat muntu
skilja, at eigi er hjarta mitt hrætt, ok reynt hefi ek fyrr
harða [7]) hluti, ok var ek gjarn at þola mannraun, þá er ek
var ósárr, en nú eru-vér mjǫk sárir ok mantu [8]) einn [9]) ráða
várum skiptum. — Þá mælti ráðgjafi Atla konungs: sé ek
20 betra ráð: tǫkum heldr þrælinn Hjalla, en forðum Hǫgna;
þræll þessi er skapdauði, hann lifir eigi svá lengi, at hann
sé eigi dáligr. — Þrællinn heyrir ok œpir hátt ok hleypr,[10])
undan, hvert er hánum þykkir skjóls ván, kvez illt hljóta
af ófriði þeira ok váss at gjaldu, kveðr þann dag illan vera,
25 er hann skal deyja frá sínum góðum kostum ok svína geym-
slu. Þeir þrifu hann ok brugðu at hánum knífi; hann œpti
hátt, áðr hann kendi oddsins. Þá mælti Hǫgni, sem færum
er títt, þá er í mannraun koma [11]), at hann árnaði þrælinum
lífs ok kvez eigi vilja skræktun þá heyra [12]); kvað sér minna

---

2) So B., hraukr C. — 3) So Fas., B. — margh C. — 4) So
die Ausg., C. hreiyst. — 5) B'. vermuthet, dass (ähnlich wie oben C
XXXVI) slíka vörn vielmehr gemeint sei. — 6) geri C u. B., doch vgl.
B'. ger Fas. u. B. N. F. 301. Ist geri Conj. wie skeri Z. 13 oder dort
skerið zu schr. nach Atm. 56? — 7) B'. vermutet harðari nach Atlam.
60 (= 57 Hild.) brattara. — 8) B'. bemerkt: vielleicht máttu. — 9)
So B., einn C, Fas. — 10) So B., hleypir C, Fas. — 11) Für diese
Worte scheint sich nichts Entsprechendes in der L. E. zu finden; die
Ergänzung der Lücke vor hann ist nach B'. — 12) heyra (nicht in
C, Fas.) ergänzte schon Bj., nach Paphss., þá h. B. nach Atlm. 64
(61 H.), 8. —

fyrir at fremja þenna leik; þrællinn varð [13]) . . . þá fjǫrit.
Nú eru þeir báðir í fjǫtra settir, Gunnarr *ok Hǫgni* [14]). þá
mælti Atli konungr til Gunnars konungs, at hann skyldi
segja til gullsins, ef hann vill lífit þiggja; hann svarar: fyrr
skal ek sjá hjarta Hǫgna bróður míns blóðugt. — Ok nú 5
þrifu þeir þrælinn í annat sinn ok skáru [15]) or hánum hjartat
ok barú fyrir konunginn Gunnar, hann svarar: bjarta Hjalla
má hér sjá ins blauða, ok er ólíkt hjarta Hǫgna ins frœkna,
því at nú skelfr mjǫk, en hálfu meir, þá er í brjósti
hánum lá. — Nú gengu þeir eptir eggjun Atla konungs 10
at Hǫgna ok skáru or hánum hjartat ok svá var mikill
þróttr hans, at hann hló, meðan hann beið þessa kvǫl [16]),
ok allir undruðuz þrek hans, ok þat er síðan at minnum
haft. þeir sýndu Gunnari bjarta Hǫgna, *hann svarar: hér
má sjá hjarta Hǫgna* [17]) ins frœkna, ok er ólíkt bjarta Hjalla 15
ins blauða, því at nú hrœriz lítt, en miðr meðan í brjósti
hánum lá; ok svá mantu, Atli, láta þitt líf sem nú látum
vér; ok nú veit ek einn, hvar gullit er, ok mun eigi
Hǫgni segja þér; mér lék ýmist í hug, þá er vit [18]) lifðum
báðir, en nu hefi ek einn ráðit fyrir mér: skal Rín nú ráða 20
gullinu, fyrr en Hýnir beri þat á hǫndum sér. Atli konungr
mælti: farið í brott með banðingjann! ok svá var gert.
Guðrún kveðr nú með sér menn ok hittir Atla *konung* [19]):
gangi þér nú illa ok eptir því sem þér helduð orð við mik ok
broeðr mína [20])! — Nú er Gunnarr konungr settr í einn 25
ormgarð; þar váru margir ormar fyrir, ok váru *hendr* [21])
hans fast bundnar; Guðrún sendi hánum hǫrpu eina, *en* [22])
hann sýndi sína list (ok sló hǫrpuna með mikilli list) [23]), at

---

13) *Die Ergänzung der Lücke nach* varð (þiggja *B.*) *ist schwierig.* — 14) ok H. *ergänzte nach Paphss. schon Bj., auch B.* (*nicht*
Fas. — 15) skóru C. — 16) C. kaul. — 17) *Die cursiv gesetzten
Worte ergänzt B., während Bj. nach Paphss. setzte:* þ. s. G. hj. H. ins
fr., ok hann segir: þat er úlíkt *u. w.* — 18) *So* C. *nach Bt.,* vér
Fas., *B.* — 19) *Für* konung, *das sonst dem Namen* A. *in der Erzählung zu folgen pflegt, ergänzen* Fas. ok mælti, *B.* ok segir. — 20) *So
nach B'., während B.* Gunnar *ergänzte; in* Fas. *wird* ok *mit dem fg.*
nú *verbunden.* — 21) h. *ergänzen nach Paphss.* Fas., *B.* — 22) *So
liest B. mit Ergänzung einer kleinen Lücke, die in* Fas. (hörpu, en h.
s.) *nicht angegeben ist.* — 23) *Die sehr entbehrlichen Worte* ok sló
list *fehlen in allen Paphss. u. bei Bj.* —

hann drap strengina með tánum, ok lék svá vel ok afbragðliga, at fáir þóttuz heyrt hafa svá með hǫndum slegit, ok
þar til lék hann þessa íþrótt, at allir sofnuðu ormarnir, nema
ein naðra mikil ok illilig skreið til hans ok gróf inn sínum
5 rana, þar til er hón hjó hans hjarta, ok þar lét hann sitt
líf með mikilli hreysti. —

XXXVIII [1]). Atli konungr þóttiz nú hafa unnit mikinn
sigr ok sagði Guðrúnu svá sem með nǫkkuru [2]) spotti eða
svá sem hann hœldiz: Guðrún, segir hann, mist hefir þú nú
10 brœðra þinna, ok veldr þú því sjálf. Hón svarar: vel líkar
þér nú, er þú lýsir vígum þessum fyrir mér; en vera má,
at þú iðriz, þá er þú reynir þat er eptir kemr, ok sú mun
erfðin lengst eptir lifa at týna eigi [3]) grimdinni, ok mun þér
eigi vel ganga, meðan ek lifi. — Hann svarar: vit skulum
15 nú gera okkra sætt, ok vil ek bœta þér brœðr þína með
gulli ok dýrum gripum eptir þínum vilja. Hón svarar: lengi
hefi ek eigi verit hœg viðreignar ok mátta [4]) um hræfa,
meðan Hǫgni lifði; muntu ok aldri bœta mér brœðr mína
svá at mér hugni, en opt verðu-vér [5]) konurnar ríki [6]) bornar
20 af yðru valdi; nú eru mínir frændr allir dauðir, ok muntu
nú einn við mik ráða; mun ek nú þenna kost upp taka, ok
látum gera mikla veizlu, ok vil ek nú erfa brœðr mína ok
svá þína frændr [7]). — Gerir hón sik nú blíða í orðum, en þó
var samt undir raunar; hann var talhlýðinn ok trúði á hennar
25 orð, er hón gerði sér létt um rœður. Guðrún gerir nú erfi
eptir sína brœðr, ok svá Atli konungr eptir sína menn, ok
þessi veizla var með mikla svǫrfun [8]). Nú [9]) hyggr Guðrún
á harma sína ok sitr um þat, at veita konungi nǫkkura mikla
skǫmm; ok um kveldit tók hón sonu þeira Atla konungs,
30 er þeir léku við stokki; sveinarnir glúpnuðu ok spurðu, hvat
þeir skyldu. — Hón svarar: spyrið eigi at! bana skal ykkr
báðum! — Þeir svǫruðu: ráða muntu bǫrnum þínum, sem

XXXVIII. 1) *Ueberschr. in* C. Viðrtal Atla ok Guðrúnar. —
2) *So* (nockuru) C *nach B'.,* miklu *Fas.* — 3) C. ei *nach B'.* — 4)
So B., mátti C. *Fas.,* — 5) vér C *nach B.,* við *Fas.* — 6) *Beachtung
verdient die Les.* ofrríki *einiger Paphss.* — 7) *B'. vermutet:* ok svá þú
þ. fr. — *Würde der Anschluss an* vil ek *nicht etwas hart sein?* svá ger
þú við þ. fr.? — 8) *So B. nach* Atlam. 76 (73), 4. — C. svorpan
nach Bt., sveipan *Fas.* — 9) Nú *mit grossem rothem* N *in* C. —

þú vilt, þat man engi banna [10]) þér; en þér er skǫmm í at
gera þetta. — Síðan skar hón þá á háls. Konungrinn
spurði eptir, hvar synir hans væri; Guðrún svárar: ek mun
þat segja þér ok glaða [11]) þitt hjarta; þú vaktir við oss
mikinn harm, þá er þú drapt brœðr mína, nú skaltu heyra 5
mína rœðu: þú hefir mist þinna sona, ok eru þeira hausar
hér at borðkerum hafðir [12]) ok sjálfr draktu þeira blóð við
vín blandit; síðan tók ek hjǫrtu þeira ok steikta ek á teini,
en þú ázt. — Atli konungr svarar: grimm ertu, er þú
myrðir sonu þína ok gaft mér þeira hold at eta, ok skamt 10
lætr þú ills í milli. Guðrún segir: væri míu vili [13]) til at gera
þér miklar skammir, ok verðr eigi fullilla farit við slíkan
konung. Konungr mælti: verra hefir þú gert, en menn viti
dœmi til, ok er mikil óvizka í slíkum harðræðum, ok makligt, at þú værir á báli brend ok barin áðr grjóti í hel, 15
ok hefðir þú þá þat er þú ferr á leið [14]). Hón svarar: þú
spár þat þér sjálfum, en ek man hljóta annan dauða! —
þau mæltuz við mǫrg heiptarorð. — Hǫgni átti son eptir,
er Niflungr hét; hann hafði mikla heipt við Atla konung ok
sagði Guðrúnu, at hann vildi hefna feðr síns; hón tók því 20
vel ok gera ráð sín; hón kvað mikit happ í, ef þat yrði
gert. Ok of kveldit, er konungr hafði drukkit, gekk hann
til svefns, ok er hann var sofnaðr, kom Guðrún þar ok son
Hǫgna. Guðrún tók eitt sverð ok leggr fyrir brjóst Atla
konungi, véla þau um bæði, hón ok [15]) son Hǫgna. Atli 25
konungr vaknar við sárit ok mælti: eigi man hér þurfa
um at binda eða umbúð at veita; eða hverr veitir mér þenna
áverka? Guðrún segir: ek veld nǫkkuru um, en sumu son
Hǫgna! — Atli konungr mælti: eigi sœmdi þér þetta at
gera, þó at nǫkkur sǫk væri til, ok vartu mér gipt at 30
frænda ráði, ok mund galt ek við þér, þrjá tigu góðra ridd-

10) bana C. — Im Fg. scheint nach B'. ein Misverständnis von
Atlam. 78 (75 H.) skömm mun ró reiði zu liegen. — 11) eigi glaða
vermutet B'. nach Atlm. 80 (77), 5. — 12) v. mér enn v. vermutet B.
N. F. 306. — 13) So B. nach Atlm. 82 (79), 6 — báðir C, Fas. — 14)
Ba. bringt auch fær á leið und ferr á leit (so Bj.) in Anschlag. —
15) hón ergänzen Fas. wol nach Paphss., da es nach B' in C. fehlt
(B. bæði ok son H.) Hier ist es der Deutlichkeit wegen gesetzt. —

ara ok [16]) sœmiligra meyja ok marga menn aðra, ok þó léztu
þér eigi at hófi, nema þú réðir lǫndum þeim er átt hafði
Buðli konungr ok þína sværu léztu opt með gráti sitja. —
Guðrún mælti: mart hefir þú mælt ósatt ok ekki hirði ek
5 þat, ok opt var ek óhœg í mínu skapi, en miklu jók-þú á;
hér hefir verit opt mikil styrjǫld [17]) í þínum garði, ok bǫrðuz
opt frændr ok vinir, ok ýfðiz hvat við annat; ok var betri
ævi vár, þá er ek var með Sigurði, drápum konunga ok
réðum um eignir þeira ok gáfum grið þeim er svá vildu;
10 en hǫfðingjar gengu á hendr oss, ok létum þann ríkan, er
svá vildi; síðan mistum vér hans ok var þat lítit at bera
ekkju nafn, en þat harmar mik mest, er ek kom til þín, en
átt áðr inn ágæzta konung, ok aldri komtu svá or orrostu,
at eigi bærir þú inn minna hlut. Atli konungr svarar: eigi
15 er þat satt, ok við slíkar fortǫlur batnar hvárigra hluti, því
at vér hǫfum skarðan [18]); ger nú til mín sómasamliga ok
lát búa um lík mitt til ágætis! — Hón segir: þat mun
ek gera, at láta þér gera vegligan grǫft ok gera þér virðuliga steinþró ok vefja þik í fǫgrum dúkum ok hyggja þér
20 hverja þǫrf. — Eptir þat deyr hann, en hón gerði, sem
hón hét [19]); síðan lét hón slá eldi í hǫllina. Ok er hirðin
vaknaði við óttann, þá vildu menn eigi þola eldinn ok hjugguz
sjálfir ok fengu svá bana; lauk þar ævi Atla konungs ok
allrar hirðar hans. Guðrún vildi nú eigi lifa eptir þessi verk,
25 en endadagr hennar var eigi enn kominn. — Vǫlsungar ok
Gjúkungar, at því er menn segja, hafa verit mestir ofrhugar [20])
ok ríkismenn, ok svá finnz í ǫllum fornkvæðum; ok nú
stǫðvaðiz þessi ófriðr með þeima [21]) hætti at liðnum þessum
tíðindum.

30 XXXIX [1]). Guðrún átti dóttur við Sigurði, er Svanhildr
hét; hón var allra kvenna vænst ok hafði snǫr augu, sem
faðir hennar, svá at fár einn [2]) þorði at sjá undir hennar

---

16) *Nach ok ist die Zahl* XX *in* C *durchstrichen ohne Ersatz,
dieselbe findet sich auch in den Paphss.* — B'. *verweist auf* Atlm. 95
(92 *Hild.*), *wo* 7 *Mägde erwähnt sind.* — 17) *So* Fas., B. — C *undeutlich.* — 18) *So* B. *nach* Atlm. 102 (99 H.), 4. — *In* Fas. *war die
Abkürzung des* C. *als* skarðat *oder* -it *aufgefasst.* — 19) C. hétt. —
20) hǫfðíngjar Bj. — 21) *So* C., þeim *die* Paphss. —
XXXIX. 1) *Ueberschr. in* C: Frá Gudrúnu. — 2) *So* Fas., B. enn C. —

brýnn; hón bar svá mjǫk af ǫðrum konum um vænleik, sem
sól af ǫðrum himintunglum. Guðrún gekk eitt sinn til sævar
ok tók grjót í [8]) fang sér ok gekk á sæinn út ok vildi tapa
sér; þá hófu hana stórar bárur fram eptir sjánum, ok
fluttiz hón með þeira fulltingi ok kom um síðir til borgar 5
Jónakrs konungs; hann var ríkr konungr ok fjǫlmennr, hann
fekk Guðrúnar; þeira bǫrn váru þeir: Hamdir ok Sǫrli ok
Erpr. Svanhildr var þar uppfœdd. —

XL [1]). Jǫrmunrekr hefir konungr heitit, hann var ríkr
konungr í þann tíma, hans son hét Randverr [2]). Konungr 10
heimtir á tal son sinn ok mælti: þú skalt fara mína sendifǫr
til Jónakrs konungs, ok minn ráðgjafi, er Bikki heitir; þar
er uppfœdd Svanhildr, dóttir Sigurðar Fáfnisbana, er ek veit
fegrsta mey undir heimsólu; hana vilda ek helzt [3]) eiga, ok
hennar skaltu biðja til handa mér. Hann segir: skylt er 15
þat, herra, at ek fara yðra sendifǫr! — lætr nú búa ferð
þeira sœmiliga. Fara þeir nú, unz þeir koma til Jónakrs
konungs, sjá Svanhildi, ok þykkir mikils um vert hennar
fríðleik. Randverr [4]) heimti konung á tal ok mælti: Jǫrmunrekr konungr vil bjóða yðr mægi sitt; hefir hann spurn 20
til Svanhildar, ok vill hann kjósa hana sér til konu, ok er
ósýnt, at hón sé gefin ríkara manni, en hann er. — Konungr segir, at þat var virðuligt ráð: ok er hann mjǫk frægr. —
Guðrún segir: valt [5]) er hamingjunni at treystaz, at eigi
bresti hón! — En með fýsing konungs ok ǫllu því er á lá 25
er þetta nú ráðit, ok ferr nú Svanhildr til skips með virðu-
ligu fǫruneyti ok sat í lyptingu hjá konungs syni. þá mælti
Bikki til Randvers: sannligt [6]) væri þat, at þér ættið svá
fríða konu, en eigi svá gamall maðr. — Hánum fellz þat
vel í skap, ok mælti til hennar með blíðu ok hvárt til ann- 30
ars; koma heim í land ok hitta konung. Bikki mælti: þat

---

8) i *ist nach B'. zweimal geschrieben; es künnte also, wenn dies
sonst sich empföhle*, grjóti *gelesen werden.* —
    XL. 1) *Ueberschr. in* C: Gipt Svanhilldr ok troðin undir hrossa
fótum til bana. — 2) *So Fas.,* C Randuerr (*u. weiter hin*) Randverr
— Randver *B.* — 3) *So Fas., B.,* hellt C. — 4) *So hier* C, *vgl.* [2])
u. [10]). — 5) *So Fas., B.,* vatt C (vant?). — ljótt *die Paphss.* — 7)
sæmiligt *Bj.* —

samir, herra, at vita, hvat títt er um, þótt vant sé upp at
bera, en þat er um vélar þær er sonr þinn hefir fengit fulla
ást Svanhildar ok er hón hans frilla, ok *lát*[8]) slíkt eigi
óhegnt[8])! — Mǫrg ill ráð hafði hann hánum áðr kent,
5 þó at þetta biti fyrir of hans ráð ill. Konungr hlýddi hans
mǫrgum vándum ráðum; hann mælti ok mátti eigi stilla sik
af reiði, at Randve[10]) skyldi taka ok á gálga festa. Ok er
hann var til leiddr gálgans, þá tók hann hauk einn ok plokkaði af hánum allar fjaðrirnar ok mælti, at sýna skyldi feðr
10 hans; ok er konungrinn sá, mælti hann: þar má nú sjá, at
hánum þykki[11]) ek þann veg hnugginn[12]) sœmdinni, sem
haukrinn fjǫðrunum! ok biðr hann taka af gálganum. Bikki
hafði þar um vélt á meðan, ok var hann dauðr. — Enn
mælti Bikki: engum manni áttu verri at vera en Svanhildi,
15 lát hana deyja með skǫmm! Konungr svarar: þat ráð munu-
vér taka! Síðan var hón bundin í borgarhliði ok hleypt
hestum at henni. En er hón brá í sundr augum, þá þorðu
eigi hestarnir at sporna[13]) hana; ok er Bikki sá þat, mælti
hann, at belg skyldi draga á hǫfuð henni, ok svá var gert,
20 en síðan lét hón líf sitt.

XLI[1]). Guðrún spyrr nú líflát Svanhildar ok mælti
við sonu sína: hví siti-þér svá kyrrir eða mælið gleðiorð,
þar sem Jǫrmunrekr drap systur ykkra ok t'rað[2]) undir hesta-
fótum með svívirðing? ok ekki hafið þit líkt skaplyndi
25 Gunnari eða Hǫgna; hefna mundu þeir sinnar frændkonu. —
Hamdir svarar: lítt lofaðir þú Gunnar ok Hǫgna, þá er þeir[3])
drápu Sigurð, ok þú vart[4]) roðin í hans blóði, ok illar váru
þínar brœðrahefndir, er þú drapt sonu þína, ok betr mættim
vér allir saman drepa Jǫrmunrek konung, ok eigi munu-vér
30 standaz frýjuorð, svá hart sem vér erum eggjaðir! — Guðrún gekk hlæjandi ok gaf þeim at drekka af stórum kerum[5]),

---

8) lát *ergänzen* Fas., *B.* — 9) *So* C — úhefnt *die Paphss.* —
10) *So hier* C, *wegen der Flexion des Wortes vgl. Wb.* — 11) þikkir
C. — 12) *So B.*, hniginn C. — 13) spora C. —

XLI. 1) *Ueberschr. in* C: Gudrún eggjar sonu sína at hefna
Svanhilldar. — 2) *B'. bemerkt, dass für* trað traddi *zu erwarten wäre.* —
3) *So* Fas., *B.* þá er þeir þér draput C (*etwa* þeir þér drápu?) — 4)
var C. — 5) *Ba. vermutet, dass hier nur ein Missverständnis von* Guðrúnarhv. 7, 3—4 *vorliege.* —

ok eptir þat valdi hón þeim stórar brynjur ok góðar ok
ǫnnur herklæði. þá mælti Hamdir: hér munu-vér skilja
efsta sinni, ok spyrja muntu tíðindin, ok muntu þá erfi drekka
eptir okkr ok Svanhildi. — Eptir þat fóru þeir; en Guðrún gekk til skemmu harmi aukin ok mælti: þrimr mǫnnum 5
var ek gipt; fyrst Sigurði Fáfnisbana, ok var hann svikinn,
ok var þat mér inn mesti harmr; síðan var ek gefin Atla
konungi, en svá var grimt mitt hjarta við hann, at ek drap
sonu okkra í harmi, síðan gekk ek á sjáinn, ok hóf mik at
landi með bárum, ok var ek nú gefin þessum konungi; síðan 10
gipta ek Svanhildi af landi í brott með miklu fé, ok er mér
þat sárast minna harma, er hón var troðin undir hrossa
fótum, eptir Sigurð ⁶); en þat er mér grimmast, at Gunnarr
varð í ormgarð settr; en þat harðast, er or Hǫgna var hjarta
skorit; ok betr væri, at Sigurðr kœmi mér á móti ok fœra 15
ek með hánum; hér sitr nú eigi eptir sonr ⁷) ne dóttir mik
at hugga; minstu nú, Sigurðr, þess er vit mæltum, þá er vit
stigum á einn beð, at þú mundir mín vitja ok or helju
bíða ⁸)? — Ok lýkr þar hennar harmtǫlur ⁹).

XLII ¹). þat er nú at segja frá sonum Guðrúnar, at 20
hón hafði svá búit þeira herklæði, at þá bitu eigi járn, ok
hón bað þá eigi skeðja ²) grjóti né ǫðrum stórum hlutum ok
kvað, þeim at meini munu verða, ef eigi gerði þeir svá. Ok
er þeir váru komnir á leið, finna þeir Erp ³), bróður sinn,
ok spyrja, hvat hann mundi veita þeim. Hann svarar: slíkt 25
sem hǫnd hendi eða fótr fœti. — þeim þótti þat ekki vera
ok drápu hann. Síðan fóru þeir leiðar sinnar ok litla hríð,
áðr Hamdir rataði ⁴), ok stakk niðr hendi ok mælti: Erpr
man satt hafa sagt; ek munda falla nú, ef eigi styddumz ek

---

6) *B. erinnert an* Guðrúnarhv. 17, *denkt aber auch an Verderbnis
der Stelle. Einen erträglichen Sinn liefert der überlieferte Text denn
doch: und dies ist mir der schmerzlichste meiner Verluste, dass sie von
Rossen zertreten wurde, (nämlich) nach dem Tode des Sigurd.* — 7) *B'.
bemerkt. dass* Gudrúnhv. 18 (19 *H.*) *snör né dóttir steht.* — 8) bjóða
Bj., leiða *Paphss.* — *Auch an* beita (Guðrúnhv. 19) *wäre allenfalls zu
denken.* — 9) harmtölum? *fragt B'.* —

XLII. 1) *Ueberschr.:* Frá sonun Gudrúnar cap(itulum.) — 2)
skeþja C. skjóta *Bj. nach Paphss.* — 3) Erph C. — 4) rasaði *Bj.
nach Paphss.* —

við hǫndina. Litlu síðar ratar⁵) Sǫrli ok bráz á fótinn ok
fekk staðiz⁶) ok mælti: falla munda ek nú, ef eigi stydda
ek mik við báða fœtr; — kváðuz þeir nú illa hafa gert
við Erp, bróður sinn. Fóru nú, unz þeir kómu til Jǫrm-
5 unreks konungs ok gengu fyrir hann ok veittu hánum
þegar tilræði; hjó Hamdir af hánum hendr báðar, en Sǫrli
fœtr báða. Þá mælti Hamdir: af mundi nú hǫfuðit, ef Erpr
lifði, bróðir okkarr, er vit vágum á leiðinni, ok sám vit þat
of síð; sem kveðit er:

(Hamd. 27ᵃ) Af væri nú hǫfuðit⁷),
                 ef Erpr lifði,
              bróðir okkarr inn bǫðfrœkni⁸),
           er vit á braut vágum!

10 I' því hǫfðu þeir afbrugðit boði móður sinnar, er þeir hǫfðu
grjóti skatt⁹). Nú sœkja menn at þeim, en þeir vǫrðuz vel
ok drengiliga ok urðu mǫrgum manni at skaða; þá bitu
eigi járn. Þá kom at einn maðr hár¹⁰) ok elliligr með eitt
auga ok mælti: eigi eru-þér vísir menn, er þér kunnið eigi
15 þeim mǫnnum bana at veita. Konungrinn svarar: gef oss
ráð til, ef þú kant! Hann mælti: þér skuluð berja þá grjóti
í hel. — Svá var ok gert, ok þá flugu or ǫllum áttum steinar
at þeim, ok varð þeim þat at aldrlagi.

[XLIII¹). Heimir í Hlymdǫlum²) spyrr nú þessi tíðindi,
20 at dauðr er Sigurðr ok Brynhildr; en Áslaug, dóttir þeira,
en fóstra Heimis, var þá þrívetr; veit hann nú, at eptir mun
leitat at týna meyjunni ok ætt hennar; er hánum svá mikill

---

5) *Bj. auch hier* rasar. — 6) ok f. st. *fehlt in einigen Paphss. u.
bei Bj., sollte viell.* ok f. st. við annan *das Ursprüngliche sein?* — 7)
So (höfdit) C., höfuð R *der L. E.* — 8) h. boðfr. *wird in Fas. irrig
als eigene Verszeile hingestellt.* — 9) *So* C, skaðat *Bj.*, *einige Paphss.*
skagt. — 10) hár *ergänzt* B. *nach* C. III, *vielleicht ist auch* mjök *mit
Bj. u. einigen Paphss. zu recipiren, da es sich* C. III *gleichfalls findet.* —
Im Fg. eldiligr C. —
   XLIII. 1) *Ueberschr. in* C: Sagha Raghnars lodbrókar, *darauf
die Anfangsworte* Heimir u. s. w. (*z. Th. abbrevirt*); *der wirkliche Text
beginnt dann wieder* Heimir u. w. — *Fas. u. B. ziehen das* C. *noch zur*
Völsungasaga, *die es in ihrer jetzigen Gestalt offenbar mit der* Ragnars
saga loðbr. *zu verbinden bestimmt ist.* — 2) *So* B., í hlym- d. C.,
viell. hlymr- *oder* hlymz- d. *zu lesen* (*vgl.* Hlimrdölum *einer Paphss.*)
nach B'., Hlymsd. *auch* Fas. —

harmr eptir Brynhildi, fóstru sína, at hann gætti ekki ríkis
síns né fjár; sér nú at hann fær eigi meyjunni þar leynt;
lætr nú gera eina hǫrpu svá mikla, at þar lét hann meyna
Áslaugu í koma ok margar gersimar í gulli ok silfri[3]), ok
gengr á brott síðan víða um lǫnd, en um síðir hingat á Norðr- 5
lǫnd. Svá var harpa hans hagliga ger, at hana mátti taka
í sundr ok saman at fellingum, ok var hann því vanr[4]) um
daga, þá er hann fór í hjá vatnfǫllum ok hvergi í nánd bœjum,
at hann tók hǫrpuna í sundr ok þó meyjunni, ok hann hafði
vinlauk[5]) einn ok gaf henni at eta; en þat er náttúra þess 10
lauks, at maðr má lengi lifa, þótt hann hafi enga aðra fœðu.
Ok þá er mærin grét, sló hann hǫrpuna ok þagnaði hón þá,
fyrir því at Heimir var vel at íþróttum búinn, þeim er þá
váru tíðar; hann hafði ok mǫrg klæði dýrðlig hjá henni í
hǫrpunni ok mikit gull. Ok nú ferr hann þangat til, unz 15
hann kemr í Noreg ok kemr til eins bjár[6]) lítils, þess er
heitir á Spangarheiði[7]), ok bjó þar karl sá er Áki hét; hann
átti konu[8]) ok hét hón Gríma; þar var eigi fleira manna
en þau; þann dag var karl farinn í skóg, en kerling var
heima, ok heilsar hón Heimi ok spyrr, hvat manna hann 20
væri. Hann kvez vera einn stafkarl ok bað kerlingu húsa,
hón segir, at eigi kœmi þar fleira en svá, at hón kvez
mundu vel við hánum taka, ef hann þœttiz þurfa þar at vera.
En er á leið, þá segir hann, at hánum þœtti þat mest beinabót, at eldr væri kveyktr[9]) fyrir hánum ok síðan væri hánum 25
fylgt til svefnhúss, þar er hann skyldi sofa. Ok þá er kerling hafði kveykt eldinn, þá setr hann hǫrpuna upp í set[10])
hjá sér, en kerling var óðamálug; opt varð henni litit til hǫrp-
unnar, fyrir því at trefr[11]) á einu dýrligu klæði kómu út
or hǫrpunni; ok er hann bakaðiz við eldinn, þá sér hón einn 30
dýrligan gullhring koma fram undan tǫtrum hans, því at
hann var illa klæddr. Ok er hann hafði bakaz, sem hann
kunni sér þǫrf til, þá hafði hann náttverð, en eptir þat bað

---

3) sylfri ·C. (auch sonst öfter y = i oder í): — 4) So Fas., B.,
vaanr C. — 5) So B., C. abbrevirt, vímlauk Fas. — 6) C. bíar. —
7) So C. (auch Ragnars s. C. IV) Fas., Spangareiði B. — 8) eina
ljóta kerlingu Bj. (nach Paphss.?) — 9) So Ausg., vgl. [25]). — 10)
So B., set C., sæti Fas. — 11) So C, B., trefur Fas., trefjur Bj. —
Im Fg. út or C. nach Bt., út á Fas. —

hann kerlingu fylgja sér þangat til, sem hann skyldi sofa
um nóttina. þá sagði kerling, at hánum mundi betra vera
úti en inni — því at vit karl minn erum opt málug, er
hann kemr heim. — Hann biðr hana ráða; gengr nú út
5 ok svá hón; hann tekr hǫrpuna ok hefir [12]) með sér. Kerling
gengr út ok ferr þar til, er bygghlaða ein er, ok fylgir
hánum þar til ok mælti, at hann skyldi þar um búaz,
ok kvez þess vænta, at hann mundi [13]) þar njóta svefns
síns [14]); ok nú gengr kerling í brott ok annaz þat er hón
10 þurfti [15]); en hann gerir sér svefn. Karl kemr heim, er aptaninn líðr, en kerling hefir fátt unnit þat er hón þurfti [16]);
en hann var móðr, er hann kom heim, ok illr viðskiptis,
er allt var óbuit þat er hón skyldi annaz hafa; sagði karl,
at mikill væri munr sælu, er hann vann hvern dag meira,
15 en hann mátti, en hón vildi til enkis taka þess er gagn [17])
var at. — Ver eigi reiðr, karl minu! segir [18]) hón — fyrir
því at þat kann at vera, at þú mættir nú skamma stund vinna
til þess, at vit værim sæl alla ævi. — Hvat er þat? segir
karl. — Kerling svarar: hér er kominn til herbergis okkars
20 einn maðr, ok ætla ek, at hann hafi allmikit fé með at fara,
ok er hniginn á efra aldr ok mun verit hafa inn mesti kappi
ok er nú þó móðr mjǫk ok eigi þykkjumz ek hans maka
sét hafa, ok þó ætla ek hann mœddan ok syfjaðan. þá
segir karl: þat sýniz mér óráðligt at svíkja þá ina [19]) fá
25 sem hér koma. — því muntu lengi lítill fyrir þér, at þér vex
allt í augu ok ger [20]) nú annathvárt, at þú drep hann, eða
ek tek hann mér til manns, ok munu-vit reka þik í brott,
ok segja kann ek þér þá rœðu, er hann mælti við mik í
gærkveld, en lítils mun þér þykkja um vert; hann mælti
30 kvennsamliga við mik, ok þat mun mitt ráð vera at taka
hann mér til manns, en reka þik í brott eða drepa, ef þú
vill eigi eptir því gera, sem ek vil. — Ok er þat sagt, at

---

12) *So* C. *B.*, hefr Fas. — 13) *So B.*, mundu C, Fas. — 14)
So Fas., *B.*, *doch könnte nach B'. auch* svefnsins *gemeint sein.* — 15)
C. þyrfti (*wie gew., auch* þyrfa *u. ähnl.*) — 16) *Die nach dem obigen
er h.* þ. (*vgl.* [15])) *bis hieher fg. Worte fehlen, wol aus Versehen, bei
Bj.* — 17) *So* Fas., *B.* — gang (*vielleicht richtig, s.* gang *n. bei
Fritzner*) C. — 18) *So* C. *nach Bt.*, sagði Fas. — 19) *So* (ena) *B.*,
enu C, Fas. — *Die fg. Worte des Weibes leiten Fas. u. B. durch ein
ergänztes* Hón svarar ein. — 20) *So* Fas., *B.*, gerr C. —

karl hafði kvánríki, ok telr hón um þangat til, er hann lætr
at eggjan hennar, tekr øxi sína ok snarbrýnir mjǫk; ok er
hann er búinn, fylgir kerling hánum þar til, er Heimir sefr,
ok var þar hrytr mikill. þá mælti kerling til karls, at hann
skyldi láta verða tilræði sem bezt: ok skunda brott með 5
hlaupi, því at ekki máttu standaz lát hans ok óp, ef hann
fær þik hǫndum tekit; hón tekr hǫrpuna ok hleypr á brott
með. Nú gengr karl þar til, er Heimir sefr; hann hǫggr
til hans, ok verðr þat mikit sár, ok verðr hánum laus øxin;
hann hleypr þegar í brott, sem hann mátti hraðast[21]). Nú 10
vaknar Heimir[22]) við áverkann, ok vannz hánum at fullu,
ok þat er sagt, at svá mikill gnýr varð í hans fjǫrbrotum,
at undan gengu súlur í húsinu, ok ofan fell húsit allt, ok
varð landskjálfti mikill, ok lýkr þar hans ævi. Nú kom
karl þar sem kerling var; segir nú, at hann hefir drepit 15
hann: ok þó var þat of hríð, er ek vissa eigi, hvé fara
mundi; ok þessi maðr var furðu mikill fyrir sér, en þó væntir
mik, at hann sé nú í helju. Kerling mælti, at hann skyldi
hafa þǫkk fyrir verkit: ok væntir mik, at nú hafim vit œrit
fé ok skulum vit reyna, hvárt ek hefi satt sagt. Nú kveykja[23]) 20
þau eld, en kerling tekr hǫrpuna ok vildi upp koma, ok
mátti eigi annars kostar, en hón varð at brjóta, því at hón
hafði eigi hagleik til; ok nú fær hón upp komit hǫrpunni,
ok þar sér hón eitt meybarn, at hón þóttiz ekki slíkt sét
hafa, ok þó var mikit fé í hǫrpunni. Nú mælti karl[24]): 25
þat mun nú verða sem opt, at illa man gefaz at svíkja þann
er hánum trúir; sýniz mér, sem komin muni ómegð á hendr
okkr. Kerling[25]) svarar: eigi er þetta eptir því, sem ek
ætlaða[26]), en þó skal nú ekki um sakaz. Ok nú spyrr hón,
hverrar ættar hón væri; en þessi in unga mær svarar øngu, 30
svá sem hón hefði eigi mál numit. — Nú ferr, sem mik

---

21) So vermuthet Bt. für das (überdies unsichere) harðast in C,
(u. Fas.) — 22) C nach Bt. nur h mit Strich = hann; doch ist hier
eine genauere Bezeichnung der Person kaum zu entbehren: Heimir auch
Fas. — 23) kveikja die Ausg. — C. nach B'. hier kveqva oder kvekja,
vgl. oben N. 9). — 24) So B., C. kerling, kellíng (immer) Fas. —
25) Die Abkürzung in C. ist nach Bt. kerling, nicht karl (so Fas.) zu
lesen. — 26) So B., ætla C u. Fas. —

varði, at okkart ráð mundi illa fara [27]); vit hǫfum unnit
glœp mikinn; hvat skulum vit sjá fyrir barni þessu [28])? —
Auðvitat er þat, sagði Gríma, hón skal eptir móður minni
heita Kráka. — Nú mælti karl: hvat skulum vit sjá fyrir
5 barni þessu? Kerling svarar: ek sé gott ráð til; vit skulum
segja hana okkra dóttur ok upp fœða. — Því man engi trúa,
sagði karl, miklu er barn þetta gezligra [29]), en vit erum
allóvæn bæði, ok munu engi líkindi á þykkja, at vit munum [30])
eiga þvílíkt barn, svá endemlig sem vit erum bæði. — Nú
10 mælti kerling: eigi veiztu, nema ek hafa í nǫkkur brǫgð,
at þetta megi eigi óvænt þykkja; ek man láta gera henni
koll ok ríða í tjǫru ok ǫðru, er vænst er, at sízt komi hár
upp; hón skal eiga hǫtt [31]) síðan, eigi skal hón ok vel klædd
vera, mun þá saman draga várn [32]) yfirlit; má vera, at menn
15 trúi því, at ek hafa mjǫk væn verit, þá er ek var ung; hón
skal ok vinna þat er verst er. — En þat hugðu þau karl
ok kerling, at hón mætti ekki mæla, er hón svarar þeim aldri.
Nú er þat gert, sem kerling hefir fyrir hugat; nú vex hón
þar upp í miklu fátœki.]

---

27) Fas. u. B. ergänzen hier segir karl. — 28) Derselbe Ausdruck kehrt bald darauf wieder, B'. vermutet hier (etwa): welchen Namen sollen wir dem Kinde geben? — 29) So oder gezl. C. nach B'.,
gerfiligra die Paphss. — 30) Dass munim richtiger sei, bemerkte B'. —
31) hatt C. — 32) So Fas., B. — var C. —

Sǫgu-þáttr

af

Nornagesti.

I [1]). Svá er sagt, at á einum tíma, þá er O'láfr konungr sat í Þróndheimi, bar svá til, at einn maðr kom til hans at áliðnum degi ok kvaddi hann sœmiliga. Konungr tók hánum vel ok spurði, hverr hann væri, en hann sagðiz Gestr heita. Konungr svarar: gestr muntu hér vera, hversu sem þú heitir. Gestr svarar: satt segi ek til nafns míns, herra, en gjarna vilda ek at yðr gisting þiggja, ef kostr væri. Konungr sagði hánum þat til reiðu vera. En með því, at áliðinn var dagr, vildi konungr ekki tala við gestinn, því at hann gekk þá skjótt til aptansǫngs [2a]) ok síðan til borðs, ok þá til svefns ok náða. Ok á þeiri sǫmu nótt vakti O'láfr konungr Tryggvason í sæng sinni ok las bœnir sínar [2b]), en aðrir menn allir sváfu í því herbergi [3]); þá þótti konungi einn álfr eða andi nǫkkurr [4]) koma inn í húsit ok þó at luktum dyrum ǫllum [5]); hann kom fyrir [6]) rekkju hvers manns, er þar svaf, ok at lyktum [7]) kom [8]) hann til sængr

---

I. *Ueberschr. in* F: Hér hefr þaatt af Nornagesti. — 2[a]) aftanss. F. — 2[b]) S *bietet von Anfang an nur Fg.*: Þat var á einni nótt, at O'láfr konungr Tryggvason vakti á bœn í sæng sinni. — 3) en allir m. sv. aðrir í því h. S. — 4) n. *fehlt* S. — 5) ð. *fehlt* S. — 6) *So* S, fyri F. — 7) ok um síðir S. — 8) kemr S. —

eins manns[9]) er þar [10]) lá útarliga. þá nam álfrinn staðar
ok mælti[11]): furðu sterkr [12]) láss er hér fyrir tómu húsi, ok
er konungr eigi jafnvíss um slíkt [13]), sem aðrir [14a]) láta, at[14b])
hann sé allra manna spakastr, er hann sefr nú svá fast[15]). —
5 Eptir þat hverfr sá [16]) á brott at luktum dyrum. En snemma
um morgininn eptir [17]) sendir konungr skósvein sinn, at verða
víss, hverr þessa sæng hafði bygt um náttina [18]); prófaðiz
svá, at þar hafði legit gestrinn[19]). Konungr lét kalla hann
fyrir sik[20]) ok spurði, hvers son hann væri. — En hann
10 svarar [21]): þórðr hét faðir minn ok var kallaðr þingbítr [22]),
danskr at kyni, hann bjó á þeim bœ í Danmork, er Grœningr heitir. — þrifligr maðr ertu! segir konungr. — Gestr
sjá var djarfr í orðum ok meiri[23]), en flestir menn aðrir,
sterkligr ok nokkut hniginn í efra [24]) aldr; hann biðr kon-
15 ung[25]), at dveljaz þar lengr með hirðinni [26]). Konungr spurði,
ef hann væri kristinn[27]); Gestr léz [28]) vera prímsigndr, en
eigi skírðr. Konungr sagði hánum heimilt at[29]) vera með
hirðinni — en skamma stund muntu með mér óskírðr [30]). —
En því hafði álfrinn[31]) svá til orðs tekit um lásinn, at Gestr
20 signdi sik um kveldit, sem aðrir menn, en var þó reyndar
heiðinn. — Konungr mælti[32]): ertu nokkurr [33]) íþróttamaðr? Hann kvaz leika horpu eða segja sogur [34]), svá at

---

9) at einum manni S. — 10) þar *fehlt* S. — 11) F: þa m. álfr.
ok n. st. ok mælti, Fas.: þá m. álfr. ok n. st.; þá m. hann ok n. st.
S, *B*. — 12) sterkligr S. — 13) um sl. *fehlt* S. — 14a) s. a. menn
l. S. — 14b) *So* S, er F. — 15) svá fast *f.* S. — 16) E. þetta hv.
sjá S *nach Bt.* — 17) eftir (*auch oben*) F. — 18) skósv. sinn at vita,
hvat komit væri S. — 19) Sveinn (*Bt.*) kemr ok segir þar kominn
ókunnan mann mikinn S. — 20) Kon. mælti: far enn ok kalla hann
til mín S. — 21) Svá var gert, kemr þessi maðr fyrir konung ok
kvaddi hann vel, ok (*dafür B*. konungr) spurði, hvat hann hét; hann
kvezt Gestr heita. Konungr mælti: hvers son ertu? hann sv. S. —
22) þinghúsbítr S. — 23) ok var hann meiri vexti *B. nach* S. —
24) efra *f.* S. — 25) *So auch* F *nach U. V.* — 26) *So* F, *doch* þá l. —
at dv. þar um hríð S. — 27) Kon. sagði þá: ertu kristinn? S; kristinn *auch* F., Fas. skírðr. — 28) sagðist S. — 29) at *f.* S. — 30) en.
sk. st. mantu vera hér óskírðr S. — 31) Ok hafði álfr. því S. — 32)
Kon. spyrr Gest S. — 33) *So* (-ur) F, nökkut *Bt. nach* S. — 34) *So*
auch B. mit F., sögu S. —

gaman þœtti at. Konungr sagði[35] þá: illa gerir Sveinn konungr þat, at hann lætr óskírða menn fara or ríki sínu[n] landa á meðal. Gestr svarar[36]: ekki er þat Danakonungi at kenna, því at miklu[37] fyrr fór ek brott or[38] Danmǫrk, en Ottó[39] keisari lét brenna Danavirki ok kúgaði Harald 5 konung Gormsson ok Hákon blótjarl, at taka við kristni. — Margra hluta spyrr[40] konungr Gest, en hann leysir[41] flest vel ok[42] vitrliga. Svá segja menn, at Gestr þessi kœmi á þriðja ári ríkis Oʼlafs konungs til hans[43]. Aʼ því ári kómu ok til hans þeir menn[44], er Grímar hétu[45], ok váru[46] 10 sendir af Guðmundi af Glasisvǫllum. Þeir fœrðu konungi horn tvau, er Guðmundr gaf hánum[47], þau kǫlluðu þeir ok Gríma. Þeir hǫfðu ok fleiri erindi til konungs[48], sem síðar mun[49] sagt verða. Nú er þat at segja, at Gestr dvaldiz[50] með konungi; er hánum skipat útar[51] frá gestum; hann 15 var siðsamr maðr[52] ok látaðr vel, var hann ok þokkasamr af flestum mǫnnum ok virðiz vel.

II[1]). Litlu fyrir jól kom Uʼlfr heim[2]) inn rauði ok sveit manna með hánum; hann hafði verit um sumarit í[3]) konungs erindum, en[4]) var settr til landgæzlu um haustit 20 í Víkinni við áhlaupum Dana; var hann[5]) jafnan vanr at vera með Oʼlafi konungi um hávetri. Uʼlfr hafði at[6]) fœra konungi marga góða gripi, er hann hafði aflat[7]) um sumarit, ok einn gullhring hafði hann aflat, er Hnituðr hét[8]); hann[9]) var hnitaðr saman í sjáu stǫðum[10]), ok var með sínum lit[11]) 25

---

85) So F.ʼ, s. (segir B.) S. — 36) So F., S wie[85]). — 87) So S, myklu F. — 38) So (doch burt) F., af = or S. — 39) So F, Ottu Paphss. nach Fas., Otta S (allein), Fas., B. — 40) So F., spurði B. (spur. S). — 41) leysti S. — 42) vel ok f. S. — 43) So F (doch kœmi, þridea), at þ. G. k. til Oʼl. kon. á þr. ári ríkis hans S. — 44) So F., á því ári er ok sagt, at þ. m. kœmi til konungs S. — 45) So F., n. = nefndust (B.) S. — 46) váru f. S. — 47) konungi S. — 48) til Oʼlafs kon. S. — 49) síðan man B. nach S. — 50) at G. er S. — 51) So F, út S. — 52) Das Fg. fehlt in S. —

II. 1) Ueberschr. in F: Vedjun Gests vid hirdmenn; in S: hér s. af ringinum Hnitud. — 2) k. heim Uʼ. S. — 3) So F, af S. — 4) So S, því at hann v. F. — 5) ok h. var S. — 6) So S, af F. — 7) So F, aflaði B. nach S. — 8) ok e. gullhr. þann er Hn. h. S. — 9) því at h. S. — 10) hlutum S. — 11) So S, hlut F. —

hverr hlutrinn; miklu [12]) var hann gullbetri en aðrir hringar.
þann hring hafði gefit [13]) Ulfi, einn bóndi, er [14]) Loðmundr
hét, en þenna hring hafði átt [15]) Hálfr konungr, er Hálfsrekkar eru [16]) við kendir, er þeir hǫfðu kúgat fé af Hálfdani
5 konungi Ylfing [17]); en Loðmundr beiddi Ulf í móti, at hann
mundi halda bœnum fyrir hánum með fulltingi Olafs konungs;
Ulfr játaði hánum því. Heldr konungr nú jól sín ríkuliga ok
sitr í Þróndheimi [18a]); en [18b]) inn átta dag jóla gefr Ulfr
inn rauði hringinn Hnituð [19]) Olafi konungi. Konungr [20])
10 þakkar hánum gjǫfina ok alla sína trúlynda [21]) þjónustu, er
hann hefði jafnan veitt hánum [22]. Ferr þessi hringr víða
um herbergit, þar er menn drukku inni [23]), því at þá váru
eigi hallir smíðaðar í þann tíma [24]) í Noregi; sýnir nú hverr
ǫðrum ok þykkjaz menn eigi sét hafa jafngott [25]) gull, sem
15 í hringinum var, ok at lyktum kemr [26]) á gestabekk ok svá
fyrir gest inn ókunna; hann lítr á ok selr aptr hringinn
yfir þvera hǫndina, þá er hann helt áðr á kerinu [27]); finnz
hánum fátt til [28]) ok talar ekki til þessa [29]) gripar, en hefir
gamanrœður, sem áðr, við sína félaga. Einn herbergis-sveinn
20 skenkti [30]) útar á bekkinn gestanna [31]); hann spyrr: líz yðr
vel á hringinn? — Allvel, sǫgðu þeir, útan gesti inum
nýkomna [32]); hánum finnz ekki [33]) til, ok þat hyggju-
vér [34]), at hann kunni ekki [35]) til at sjá, er hann ansar ekki
um slíka hluti [36]). Herbergis-sveinninn gengr innar fyrir
25 konung ok segir hánum þessi in [37]) sǫmu orð gestanna, ok

---

12) *So* S, myklu (*öfter*) F. — 13) gaf S. — 14) sá er S. —
15) átt áðr *Fas. u. B. nach* S. — 16) *So* S, eru frá komnir ok F. —
17) *So* S, í Ylf. F. (inum Ylf.?) — 18a) *So B.* Þrandh. *die Hss.* —
18b) en *fehlt* S. — 19) *So* S, þetta (þenna *B.*) hring S. — 20) *So*
S, *in* F. *ausgefallen.* — 21) *So* F, þá trúliga S. — 22) *So* F, er h.
veitti hon. jafnan S. — 23) *So Fas. u.* (herbergi) F — um herbergit þat
er (þeir) drukku *B. nach* S. — 24) í þ. t. *f. in* S(*aber* enn eigi).— 25)
So auch B., hafngott S. — 26) k. hann S. — 27) *So auch* F *nach*
U. V., horninu Fas. — 28) *So auch* F *nach U. V.* — 29) *So* S,
þessar F. — 30) *So* F, skenkir S. — 31) á gesta bekkinn Fas. —
32) *nur* komna S. — 33) eigi S. — 34) *So* F., hyggjum v. S. — 35)
So auch B., ekki *f.* S. — 36) *So* F (*doch* at h. ans.) er hann ansar
slíkum hlutum ekki *B. nach* S, er h. ans. aungu til um sl. hluti
Fas. — 87) in *f.* S. —

þessi inn komni gestr hversu hann ansaði lítt til þessa gripar,
er hánum var sýnd slík gersimi [38]). Konungr sagði [39]) þá:
gestr inn komni [40]) mun fleira vita, en þér munut ætla [41]),
ok skal hann koma til mín í morgin ok segja mér nǫkkura
sǫgu [42]). Nú [43]) talaz þeir við gestirnir útar á bekkinn; þeir 5
spyrja inn nýkomna gest [44]), hvár [45]) hann hefir [46]) sét jafn-
góðan hring eða betra [47]). — Með því, at yðr þykkir [48])
undarligt, at [49]) ek tala svá [50]) fátt til, þá hefi [51]) ek víst
sét þat gull, at ǫngum mun er verra, nema betra sýniz.
Nú hlæja konungsmenn mjǫk ok segja, at þar horfiz [52]) til 10
gamans mikils; ok muntu vilja veðja við oss, at þú hafir sét
jafngott gull sem þetta [53]), svá at þú megir þat sanna; skulu-
vér við setja fjórar [54]) merkr gangsilfrs [55]), en þú kníf þinn
ok belti, ok [56]) skal konungr um segja, hvárir sannara hafa. —
Gestr sagði þá: eigi skal nú hvártveggja [57]) gera vera í 15
kalsi [58]) með yðr, enda halda eigi ummæli þau [59]) sem þér
biðið, ok skal víst veðja hér um ok svá mikit við leggja [60]),
sem þér hafit um mælt [61]), en konungr skal um [62]) segja,
hvárir sannara hafa [63]). Hætta þeir nú sínu [64]) tali, tekr Gestr
hǫrpu sína ok slær vel ok lengi um kveldit [65]), svá at ǫllum 20
þykkir unað í [66]) á at heyra, ok slær þó Gunnarsslag [67]) bezt,
ok at lyktum slær hann Guðrúnarbrǫgð in [68]) fornu, þau

---

38) So F (gess.) — ok hv. hinn komni g. andsvaraði lítt til, er
honum var sýnd konungs gers. B. nach S. — 39) segir B. nach s.
in S. — 40) ókunni S. — 41) ætlit S. — 42) So F. — segja mér
(sǫgu mér S) sǫgu nockora með því at hann þóttist þat kunna B.
nach S. — 43) N. jafnfram S. — 44) tal. þ. við utar á bekk.
gestir ok h. komni g., þ. spyrja hann B. nach S. — 45) So Fas.,
B. — hvárt? — 46) hefdi S. — 47) Hann s. (svarar B.) findet sich
hier in S. — 48) þykk. þat und. S. — 49) er S. — 50) her S, vgl. übr.
Fas. — 51) So S, hefir F. — 52) ok segja svá: hér horfist B. nach
S. — 53) So F., at þú mant (munt S) jafng. gull (eigi jafng. g. S) sét
hafa B. nach S., vgl. Ba. — 54) setja við sjau B. nach S. — 55) So Fas.,
gangssilfrs F, S, B., der nach S zusetzt svá at þú skalt eignast. —
56) ok f. S. — 57) bæði B. nach S. — 58) kallsi B. — at vera í
kalsi Fas. — 59) þau fehlt S. — 60) við setja S. — 61) So nach
F (hafum mællt) vgl. B'. — hafit talat S. — 62) So auch B. nach
F, til S. — 63) So auch B. nach F; sann. segja S, vgl. Bt. — 64)
So F, þessu S. — 65) So F — ok síð um kv. tekr G. hörpu sína
ok sl. vel ok lengi B. nach S. — 66) í fehlt S. — 67) -slagi S. —
68) So S, hinu f. F. —

hǫfðu menn eigi fyrr [69]) heyrt; ok eptir þat sváfu [70]) menn
af um nóttina.

   III [1]). Konungr stendr snemma upp [2]) um morguninn
ok hlýðir tíðum [3]); ok er þeim er [4]) lokit, gengr konungr til
5 borðs með hirð sinni [5]); ok er hann er kominn [6]) í hásæti,
gengr gestasveitin [7]) innar fyrir konung ok Gestr með þeim,
ok segja hánum sín ummæli ǫll ok veðjan þá [8]) sem þeir
hǫfðu haft áðr [9]). Konungr svarar [10]): lítit er mer um veðjan
yðra, þó at [11]) þér setið penninga yðra við; get ek þess til [12]),
10 at yðr hafi drykkr í hǫfuð fengit, ok þykki-mér [13]) ráð, at
? þér hafið at ǫngu, allra helzt, ef Gesti þykkir [14]) svá betr. —
Gestr svarar [15]): þat vil ek, at haldiz ǫll ummæli vár! —
Konungr mælti: svá [16]) líz mér á þik, Gestr, at mínir
menn muni hafa mælt [17]) sik í þaular um þetta mál meir
15 en þú, en þó mun þat nú skjótt reynt verða. Eptir þat
gengu þeir í brott ok fóru menn at drekka, ok er drykkjuborð
váru upptekin, lætr [18]) konungr kalla Gest ok talar svá til hans [19]):
nú verðr þú skyldr til [20]) at bera fram gull nǫkkut, ef þú hefir
til [21]), svá at ek megi segja um veðjanina með yðr [22]). —
20 þat munu-þér vilja, herra! sagði Gestr; hann þreifar [23]) þá
til sjóðs eins [24]), er hann hafði við sik, ok tók par upp [25])

---

   69) fyri S. — 70) So (suofu) F, sofa S. Nach nóttina giebt B.
(nach S) noch ok er þá kyrt um síðir um þá bekkjunautana. —
   III. 1) Das Fg. als C. III mit Fas. bezeichnet, bei B. noch zu
C. II gehörig, weil die Hss. hier keine Ueberschrift darbieten. — 2) u.
sn. S. — 3) hlýðir morgintíðum ok aðrir menn með honum B. nach
S. — 4) ok er tíðum er S. — 5) sína S. — 6) ok er h. hefir sezt
S. — 7) So F, S — g. sveinninn andere Hss., vgl. herbergissvein-
inn C. II; für með þeim (ok svá gestr h. komni m. þ. S) með honum
im Fg. — 8) ok fehlt, segja þeir honum sína vedjan ok ǫll ummæli
þau S. — 9) á. h. S. — 10) segir S. — 11) svá at S. — 12) þ.
t. fehlt S. — 13) þykkir S. — 14) líkar S. — 15) segir B. nach S. —
16) Kon. segir, at svá skal vera, en svá l. S. — 17) sem m. m. hafi
sik i þ. m. S. (þó im Fg. f.) — 18) E. þ. ganga þeir allir saman utar
at sitja ok drekka nú slíka stund, sem þeim líkar. Eptir þat voru
borðin uppt., þá l. S. — 19) kalla á Gest, hann gengr fyrir konung:
S — 20) skyldugr at S. — 21) segir konungr fügt S hier ein. —
22) s. um með yðr um veðjunina S. — 23) S nach 22): Hvat man
annat heldr til, segir Gestr, þreifar hann u. w. — 24) til fésjóðs
síns S. — 25) ok tekr or S. —

eitt knýti, ok leysir til [26]) ok fær í hendr konungi. Konungr
sér, at þetta er brotit af sǫðulhringju, ok sér [27]), at þetta
er allgott gull; hann biðr þá taka [28]) hringinn Hnituð [29]),
ok er svá var gert [30]), berr [31]) konungr saman gullit ok hringinn [32]) ok mælti síðan [33]): víst líz mér þetta betra gull, er 5
Gestr hefir fram borit, ok svá mun lítaz fleirum mǫnnum [34]),
þó at sjái; sǫnnuðu þetta þá margir menn með konungi [35]);
síðan sagði hann Gesti veðféit [36]), þóttuz gestirnir þá ósvinnir
við orðnir um þetta mál [37]). — Gestr mælti [38]) þá: takið ?
fé yðvart sjálfir, því at ek þarf eigi at hafa, en veðið ekki [39]) 10
optar við ókunna menn, því at eigi vitu-þér [40]), hvern þér
hittið [41]) þann fyrir, at bæði hefir fleira sét ok heyrt en
þér [42]); en þakka vil ek yðr, herra, orskurðinn [43])! —
Konungr mælti [44]) þá: nú vil ek [45]), at þú segir hvaðan þú
fekt gull þat er þú ferr með. Gestr svarar [46]): trauðr 15
em [47]) ek þess, því at þat mun flestum þykkja ótrúligt, er
ek segi þar til. Þó viljum vér heyra [48]), segir konungr [49]),
með því at þú hefir oss áðr heitit [50]) sǫgu þinni. Gestr
svarar [51]): ef ek segi yðr, hversu farit er um gullit, þá get
ek [52]), at þér vilið heyra aðra sǫgu hér með [53]). Vera má 20
þat, segir konungr, at rétt getir þú þessa [54]). —

IV [1]). Þá mun ek segja frá því, er ek fór suðr í Frakk-(III B.)
land; vilda ek forvitnaz um konungs siðu ok mikit ágæti,
er fór frá Sigurði Sigmundarsyni um vænleik hans ok þroska.

---

26) o. l. t. *vor* ok tók . . .? — 27) Kon. sér *hier* (*Z.* 1 hann) S. —
28) ok bad t. S. — 29) S *fügt hinzu* ok vita, hvárt þat er fegra gull en
hringjubrotit. — 30) ok er svá gert S. — 31) b. þá S. — 32) gullin
(ok hr. *f.*) S. — 33) ok segir svá S. — 34) m. *fehlt* S. — 35) Þetta
sanna ok aðrir með konungi *B. u.* S. — 36) Eptir þat dœmir O'l.
kon. vedjunarfé Gesti S. — 37) Þikkjast gest. ósv. v. orðn. um þ. m.
B. n. S. — 38) s. (= segir) S. — 39) eigi S. — 40) *So auch B.,* viti- S. —
41) *So* F, *Bt.* finnið *mit* S. — 42) at mart hafi sét eða heyrt *B.,* S. —
43) ok þakka ek konungi orskurð þann er hann hafði á váru máli *B.,*
S. — 44) segir S. — 45) Gestr *fügt* S *ein.* — 46) s. S. — 47) *So* S, er
F. — 48) Þó skaltu nú segja S. — 49) S *fügt hinzu:* ok man þat
vel fallit. — 50) m. þ. at þú hézt mér S. — 51) s. S. — 52) g. e.
þess S. — 53) h. með *B.,* S *nach* vilið. — 54) at r. g. þ. þ. *fehlt*
in S. —

IV. 1) *Ueberschr. in* F: Frásogn Gestz. capitulum. — *In* S: Hér
s. Nornagestur frá Sig. Fáfn. . . . . . —

Varð þá ekki til tíðinda, fyrr en ek kom til Frakklands[2])
ok til móts við Hjálprek konung[3]); hann hafði[4]) mikla[5])
hirð um sik. Þar var þá Sigurðr Sigmundarson Vǫlsungs-
sonar ok Hjǫrdísar Eylimadóttur. Sigmundr fell í orrostu
5 fyrir Hundings sonum, en Hjǫrdís giptiz A'lfi[6]), syni Hjálpreks konungs. Vex Sigurðr þar upp í barnœsku[7]) ok
allir synir Sigmundar konungs; váru þeir[8]) umfram alla
menn um afl ox vǫxt Sinfjǫtli ok Helgi, er[9]) drap Hunding
konung ok því var hann Hundingsbani kallaðr, þriði hét
10 Hámundr. Sigurðr var þó allra þeira brœðra framast[10]);
er mǫnnum þat ok kunnigt[11]), at Sigurðr hefir verit gǫfgastr
allra herkonunga ok bezt at sér í fornum[12]) sið. Þá var ok
kominn til Hjálpreks konungs Reginn, son Hreiðmars; hann
var hverjum manni hagari ok dvergr á vǫxt, vitr maðr,
15 grimmr ok fjǫlkunnigr; Reginn kendi Sigurði marga hluti[13])
ok elskaði hann mjǫk. Hann sagði þá frá foreldrum sínum[14]), ok svá atburðum undarligum, er þar hǫfðu gerz[15]);
ok er ek hafða[16]) skamma stund þar verit, gerðumz[17]) ek
þjónustumaðr Sigurðar, sem margir aðrir[18]); allir elskuðu
20 hann mjǫk, því at hann var bæði blíðr ok lítillátr, ok mildr[19])
af fé við oss. —

(IV B.)   V[1]). Þat var einn dag, at[2]) vér[3]) kómum til húsa
Regins ok[4]) var Sigurði þar[5]) vel fagnat. Þá kvað Reginn
vísu þessa[6]):

    (Reginsm. 13) Kominn er hingat
                 konr[7]) Sigmundar,

---

        2) sudr í Frakkland S. — 3) ok kom ek þá til Hjalpreks (H.
konungs B.) S. — 4) hafdi hann S. — 5) mykla F. (gewöhnl.) —
6) So (doch Hálfvi) F, þegar A'lfi S. — B'. verweist auf þá A'lfi in
der eddischen Prosa: Frá dauða Sinfjötla. — 7) Vgl. O'x Sig. þar
upp í barn. ebendort. — 8) þ. fehlt S. — 9) So F., ok annarr Helgi
er, er S (Helgi, er B.) — 10) So F u. S. Fas.: framastr. — 11) er
mönnum þat eigi ókunnigt S. — 12) í heidnum S. — 13) mart S. —
14) seg. þá frá forellri sínu S. — 15) er þ. h. g. (georst F) fehlt S. —
16 So B., hafde (-i) F, S. — 17) þá g. S. — 18) ok margir menn
adrir þjóna honum S. — 19) ok örr af fé B. n. S. —
        V. 1) Ueberschr. in F: ,Vidrtal þeirra konungs ok Gestz. — in
S: hér s. af sverdi Gram er R' gjordi. — 2) er S. — 3) vér Sigurðr B., S. — 4) ok f. S. — 5) So F u. S nach B'. (Für F bieten
U. V. þá.) — 6) þ. fehlt S. — 7) So S u. L. E., sonr F. —

seggr inn snarráði
til sala várra;
megn [8]) hefir meira [9])
en ek [10]) maðr gamall,
er mér [11]) fangs ván
at [12]) frekum úlfi.

Ok enn kvað hann [13]):

(Regm. 14) Ek mun frœða [14])
fólkdjarfan gram,
nú er Yngva konr·
með oss kominn;
sjá mun ræsir
ríkstr und sólu,
frægr um lǫnd ǫll
af [15]) lofi sínu!

Sigurðr var þá jafnan með Regin, ok hann sagði hánum
mart frá [16]) Fáfni, er hann lá á Gnítaheiði [17]) í orms líki,
ok [18]) at hann var undarliga mikill vexti. Reginn gerði Sigurði sverð, er Gramr hét; þat var svá snarpeggjat, at hann 5
brá því í ána Rín ok lét reka ofan [19]) at ullarlagð fyrir
strauminum ok tók í sundr lagðinn [20]). Síðan klauf Sigurðr
steðja Regins með sverðinu [21]). Eptir þat eggjaði Reginn
Sigurð, at drepa Fáfni bróður [22]) sinn, ok kvað Sigurðr [23])
vísu þessa: 10

(Regm. 15) Hátt munu hlæja
Hundings synir,
þeir er Eylima
aldrs vǫrnuðu [24]),
ef mik teygir

---

8) *So* F S, móð *L. E.* — 9) *So L. E.*, mikit F S. — 10) ek
fehlt S *u. L. E.* — 11) ok er mér *L. E., vgl. Hild.* — 12) af F, at
S, *L. E.* — 13) Ok e. k. h. *fehlt* S. — 14) *So* F, S, Fas., fœða B.
mit L. E. — 15) *So* S, med F. — *Der Schluss lautet in L. E.*: þrymr
um öll lönd örlögsímu. — 16) frá S, af F. — 17) *So Bj. B.* — Gnípah
S, F. — 18) ok *f.* S. — 19) of. *fehlt* S. — *In der Prosa nach* Reginsm.
Str. 14 *steht* ofan *vor* í Rín. — 20) *In* F *fehlen hier die in* S (*so auch Prosa*
Regm.) *fg. Worte* sem vatnit. — 21) *In* S *steht* m. sv. *vor* st. R. —
22) bródr F. — 23) Sig. *ist nach* S *ergänzt, wo es heisst:* Sig. kv. þá
vísu. — 24) synjuðu *L. E.* —

meir at sœkja [25])
hringa rauða
en hefna [26]) fǫður [27])!

Eptir þetta býr Sigurðr ferð sína ok ætlar at herja á Hundings sonu, ok fær Hjálprekr konungr hánum mart lið ok
nǫkkur herskip. Í' þessi ferð [28]) var með Sigurði Hámundr,
bróðir hans, ok Reginn dvergr; ek var ok þar, ok kǫlluðu þeir
5 mik þá Norna-Gest. Var Hjálpreki konungi kunnleiki á mér,
þá er hann var í Danmǫrk með Sigmundi Vǫlsungssyni.
þá átti Sigmundr Borghildi [29]) ok [30]) skildu þau svá, at Borghildr drap Sinfjǫtla, son Sigmundar [31]), með eitri. Síðan
fekk Sigmundr suðr í Frakklandi Hjǫrdísar Eylimadóttur,
10 er Hundings synir drápu, ok átti Sigurðr bæði at hefna fǫður
síns ok móðurfǫður. Helgi Sigmundarson [32]), er Hundings
bani var kallaðr, var bróðir Sigurðar, er síðan var kallaðr
Fáfnisbani [33]). Helgi, bróðir Sigurðar [34]), hafði drepit Hunding konung ok sonu hans þrjá: Eyjúlf, Hervarð [35]), Hjǫrvarð.
15 Lyngvi komz undan ok tveir brœðr hans, Álfr ok Hemingr [36]).
Váru þeir inir frægstu [37]) menn um alla atgervi ok var
Lyngvi fyrir þeim brœðrum; þeir váru [38]) mjǫk fjǫlkunnigir;
þeir hǫfðu kúgat marga smákonunga ok marga kappa drepit
ok margar borgir brent, ok gerðu it mesta [39]) hervirki í
20 Spánlandi [40]) ok Frakklandi; en þá var eigi keisararíki
komit norðr hingat yfir fjallit [41]). Hundings synir hǫfðu

---

25) *So nach* F, S — *doch bietet* S tregar, *was* B. *aufnimmt* (*dabei bemerkend, dass es hier ohne rechten Sinn stehe*) F *nach* U. V.
tegar, *nach* Fas. (*ebenso wie* G) teygir. *Dies Verb scheint der in* F S
vorliegenden Constr. allein angemessen; die L. E. *bietet*: ef meirr tiggja
munar at sœkja. — 26) *So* F, hefnd S *u.* L. E. — 27) *Für* föður
(*so auch* L. E. *u.* B.) *bietet* S fedr. — 28) Í' þeire for S. — 29) *So*
S (*u.* L. E.) Bergh. F. (*immer*). — *In* S *ist hinzugefügt* at Brálundi. —
30) ok *f.* S. — 31) s. S. *steht in* S *erst nach* m. eitri. — 32) Sigm.
fehlt S, *folgt aber vor* bróð. Sig. *hernach* (var Sigmunds. ok br. Sig.) —
33) F. kall. S. — 34) *Nach* U. V. *würde* F *hier fälschlich* Sigmundar
haben. — 35) *So mit* Bt. *verbessert für* Herrud, (Hj. Herrud S), *vgl. auch*
Helg. Hund. II. — 36) *Nach* S *lautet der Satz*: en aðrir þrír brœðr
kómust undan, Lyngvi, A'. ok Hem. — 37) *So* F (*doch undeutlich*)
frægustu S. — 38) váru menn S. — 39) *So* F, mikit S. — 40)
Spánlandi B. *nach* S., Spanial. Fas. *nach* F.— 41) *So* F (*gemeint ist
das* Mundiafjall, *vgl.* C. IX *Anf.*) — fjall S. —

tekit undir sik þat ríki, er Sigurðr átti í Frakklandi, ok váru
þeir þar [42]) mjǫk fjǫlmennir.

VI [1]). Nú er at segja frá því, er [2]) Sigurðr bjóz til (V B.)
bardaga í mót [3]) Hundings sonum; hann hafði mikit lið ok
vel vápnað. Reginn hafði mjǫk ráðagerð fyrir liðinu; hann 5
hafði sverð, þat er Riðill hét, er hann hafði smíðat. Sigurðr
bað Regin ljá sér [4]) sverðit; hann gerði svá [5]) ok bað hann [6])
drepa Fáfni, þá er hann kœmi aptr or þessi ferð; Sigurðr hét hánum því [7]). — Síðan siglðu-vér suðr með landi;
þá fengu-vér gørningaveðr [8]) stór ok kendu þat margir Hund- 10
ingssonum [9]). Síðan sigldu-vér nǫkkuru landhallara; þá sám
vér mann einn á bjargsnǫs nǫkkurri [10]), er gekk fram af
sjóvarhǫmrum; hann var í heklu grœnni ok blám [11]) brókum,
ok knepta skó á fótum uppháva, ok spjót í hendi [12]). þessi
maðr ljóðar [13]) á oss ok kvað: 15

    (Regm. 16) Hverir ríða hér
              Ræfils [14]) hestum
              hávar unnir [15]),
              haf [16]) glymjanda?
              eru segl yðr
              sjóvi stokkin,
              munut [17]) vápnaðir
              vind of standaz.

Reginn kvað í móti:
    (Regm. 17) Hér eru-vér [18]) Sigurðr

---

42) ok þar v. þeir S *nach Bt.* —
VI. 1) *Ueberschr. in* F: Saga Gestz; *in* S: hér kvedr O'dinn
margar vísur. — 2) *So* F, at S *n. Bt.* — 3) móti S. — 4) *So* (leá)
F, ljá mér S. — 5) Reg. g. svá, bar ek þetta sverð *B.*, S. *Die letzteren
Worte stehen in Bezug auf die Worte* Nornagests (*geg. Ende des Cap.*)
tók Reg. þá við sverði sínu af mér. — 6) Reg. bað Sigurð *B.*, S. —
7) han. *fehlt* S, því *in* F þi *geschr.* (*nach B'.*) — 8) *So* (gjorn.) F,
þá fingu (fengu *B.*) vér gern. *B. nach* S. — 9) þat k. menn Hund.
S. — 10) nökk. *fehlt* S, *über die Schreib.* bjargsnös *vgl. B'. u.*
Norr. Fornkv. 216ᵃ *Anm. zu Z.* 1. — 11) í bl. S *nach Bt.* — 12) *So*
F (*doch* knefta), S *bietet nach* brókum: uppháva skúa ok knepta at
legg, laufsprota í h. — 13) *So auch B. mit* F, hlj. S. — 14) Ræv.
S. — 15) *So L. E.*, hafri unnar F S (*verlesen.*) — 16) *So* S *u. L. E.*,
hafi F. — 17) *So* (munu at) F, mun at S, munat *B. u. L. E.* — *Vgl.
die Var. der L. E. bei Hild.* — 18) *So* F *u.* (ero) *L. E.*, 'ro S. —

á sjá [19]) komnir,
er oss byrr gefinn
við bana sjálfan;
fellr brátt [20]) breki
brǫndum [21]) hærra [22]),
hlunnvigg hrapa —
hverr spyrr at því?

Heklumaðrinn [23]) kvað:

(Regm. 18) Hnikar hétu [24]) mik,
þá er *ek* Hugin [25]) gladdi [26]),
Vǫlsungr! víða [27])
ok vegit hafði [28]);
nú máttu kalla
karl á bjargi [29])
Feng eða Fjǫlni;
far vil ek þiggja!

þá viku-vér at landi, ok lægði skjótt veðrit, ok bað Sigurðr
karl ganga út á skipit; hann gerði svá, þá fell þegar veðrit
ok gerði inn bezta byr [31]).   Karl settiz niðr fyrir kné Sigurði [32])
5 ok var mjǫk makráðr [33]); hann spurði, ef Sigurðr vildi nǫkkut
ráð af [34]) hánum þiggja.   Sigurðr kvez [35]) vilja, sagðiz þat
hyggja [36]), at hann [37]) mundi verða ráðdrjúgr [38]), ef hann vildi
mǫnnum [39]) gagn gera.   Sigurðr kvað til heklumanns:

(Regm. 19) Segðu mér þat, Hnikarr!

---

19) *So* F S, sjó *B.* — 20) *So* F S, brattr *B. nach L. E.* —
21) *So* F *u. L. E.*, hömrum S. — 22) *So* F, hæri (heri) *L. E. u. Ausg.*,
h. *fehlt* S. — 23) Heklumaðr *B.*, S. — *Vgl. für diese Str. auch*
Völss. C. XVII. — 24) *So* S *u. L. E.*, hétom F, *viell. urspr.* Hn. hétumk (*s. Hild.*) — 25) *So* (h.) *L. E.*, huginn S, hug F. — 26) gladdak
L. E., gladdi F S, ek gl. Völss. — 27) *So* F S, ungi *B. mit L. E. u.*
Völss. — 28) *So alle Hss., vgl. Hild. u.* Völss. XVII ⁶) *bis* ⁸). — gladda-
hafða *B. in* Völss., *hier* gladdak, hafðak. — 29) *Einige Ausg. der*
L. E. interpungiren nach bjargi; á bj. F, S, af bj. Völss., af bergi
L. E. — 30) *So* F, skip S. — 31) *So* F, S *nach* svá *nur* þá varð
in bezti byr, *darnach B.* — 32) *Nur* S. *in* F S. — 33) máldjarfr S. —
34) *So* F S *nach* Bt. — 35) sagdiz S. — 36) hyggja S, *fehlt* F, ætla
ergänzen U. V. — 37) S *nach* vilja: ok kvezt þat hyggja, at karl
u. w. — 38) verða *nach* ráðr. *B. u.* S. — 39) m. *fehlt* S. —

alls þú⁴⁰) hvárttveggja veizt
goða heill ok guma:
hverjar eru beztar⁴¹),
ef berjaz skal,
heillir⁴²) at sverða svipan⁴³)?

Hnikarr kvað:
(Regm. 20) Mǫrg eru góð,
ef gumnar vitu⁴⁴),
heill at sverða svipan;
dyggva⁴⁵) fylgju
hygg ek⁴⁶) ins døkkva vera
at hrottameiði hrafns⁴⁷).

(Regm. 21) þat er annat,
ef þú ert út um⁴⁸) kominn
ok til brottferðar⁴⁹) búinn;
tvá þú lítr
á tái standa⁵⁰)
hróðrfulla⁵¹) hali⁵²).

(Regm. 22) þat er it þriðja,
ef þú þjóta heyrir
úlf undir askinum⁵³);
heilla auðit
verðr þér af hjálmstǫfum,
ef þú lítr⁵⁴) þá fyri⁵⁵) fara.

(Regm. 23) Engi skal gumna
í gegn⁵⁶) vega

40) So F u. L.E., allztu S. — 41) So F, S (voru S) hver bözt eru L.E. — 42) So F, S — heill L.E. — 43) So F S hier u. fg. Str., L.E. svipon. — 44) So B. u. (doch vita) F, S — ef gumar vissi L.E. — 45) So mit F auch B, dyggja S u. L.E. — 46) ek (so L.E.) fehlt F, h. ek at ins S. — 47) So mit L.E., af hrotta meida hrapi S F. — 48) út (so L.E.) fehlt F, um vin kom. S. — 49) So F, S — ok ert á braut b. L.E. — 50) So L.E., S; á rá í st. F. — 51) So F, S — hróðrfúsa B nach L.E. — 52) So F (hale) u. L.E., halli S. — 53) So F S, und asklimum B. nach L.E. — 54) So F, S, sér L.E. — 55) fyrri L.E., fyri S nach Bt., fyrr F. — 56) gegn F S, gogn L.E. —

síð skínandi [57])
systur Mána;
þeir sigr hafa,
sem [58]) sjá kunnu,
hjǫrleiks hvatir
eða [59]) hamalt fylkja.

(Regm. 24) þat er fár mikit,
ef þú fœti drepr,
þá er at vígi veðr [60]);
tálardísir
standa þér á tvær hliðar
ok vilja þik sáran sjá.

(Regm. 25) Kembdr [61]) ok þveginn
skal kennaz [62]) hverr
ok at morni [63]) mettr;
því at óvíst er,
hvar at [64]) aptni [65]) kømr;
illt er fyrir [66]) heill at hrapa.

Ok [67]) eptir þat sigldu-vér suðr fyrir Hollsetuland ok fyrir
austan Frísland ok þar at landi. þegar fregna Hundings
synir um ferð vára ok safna [68]) liði ok verða brátt fjǫlmennir, ok er vér finnumz, tekz harðr bardagi. Var Lyngvi
5 þeira brœðra fremstr [69]) í allri framgǫngu, sóttu þó allir
fast fram [70]). Sigurðr sœkir í móti svá hart, at allt hrøkk [71])
fyrir hánum, því at sverðit Gramr verðr þeim skeinuhætt;
en Sigurði þarf eigi hugar at frýja. Ok er þeir Lyngvi

---

57) *So L. E. u.* S, sitjande F. — 58) *So* F, er *L. E. u.* S. —
59) *Für* eða *schreiben U. V.* eðr (*Str.* 18, 7.), *vgl. Wb.* — *Str.* 23
wird von U. V. als sechszeilige (wie die übrigen) abgesetzt. — 60) *So
nach L. E.,* vegr F, S. — 61) *So B.,* kemdr S F. — 62) *So F S,*
kœnna *B. nach L. E.* — 63) *So B. nach L. E.,* af minni F, af minnum
S. — 64) *So L. E. u.* S — hvat er F. — 65) *So* S, apni *L. E.,*
aftnni F. — 66) *So* (firir) F S, fyr *B. mit L. E.* — 67) Ok *f.* S
(eftir F). — 68) *So* F (safnna) *u.* S *nach Bt.* — 69) fr. þ. br. S. —
70) í allri framg. *fehlt* S, *wo das Fg. lautet:* en allir gengu þeir fast
fram, ok s. S. h. í m. sv., at *u. w.* — 71) *So* (hrok) F, hrøkkr *B.
nach* S. —

finnaz, skiptaz þeir mǫrgum hǫggum við ok berjaz alldjarfliga; verðr þá hvíld á bardaganum, því at menn horfa á
þetta[72]) einvígi; þat var langa hríð, at hvárrgi þeira kom
sári[73]) á annan, svá[74]) váru þeir vígfimir. Síðan sœkja
brœðr Lyngva fast[75]) fram ok drepa margan mann, en sumir 5
flýja. þá snýr Hámundr, bróðir Sigurðar, í móti þeim ok
ek með hánum[75]). Verðr þá[76]) nokkur móttaka[77]), en svá
lýkr með þeim Sigurði ok Lyngva, at Sigurðr gerir hann
handtekinn, ok var hann setr í járn. En er Sigurðr kom
til vár, þá verða skjótt umskipti; falla þá Hundings synir ok 10
allt lið þeira, enda myrkvir[78]) þá af nótt. Ok þá er lýsti[79])
um morgininn[80]), var Hnikarr horfinn ok sáz eigi síðan;
hyggja menn[81]), at þat hafi[82]) O'ðinn verit. Var þà um
þat[83]) talat, hvern dauða Lyngvi skyldi hafa; Reginn lagði
þat til ráðs, at rísta skyldi blóðǫrn á baki hánum[84]). Tók 15
Reginn þá við sverði sínu af mér ok reist[85]) með því bak
Lyngva svá at hann skar rifin frá hryggjnum ok dró þar
út lungun. Svá dó Lyngvi með mikilli hreysti; þá kvað
Reginn:

(Regm. 26) Nú er blóðugr ǫrn
        breiðum[86]) hjǫrvi
        bana Sigmundar
        á baki ristinn.
        Fár[87]) var fremri,
        sá er fold ryði[88]),
        hilmis hnefi[89]),
        ok Hugin[90]) gladdi!

þar var allmikit[91]) herfang; tóku liðsmenn Sigurðar þat allt, 20
því at hann vildi ekki af hafa; var þar[92]) mikit fé í klæðum

---

72) þeirra S. — 73) hǫggvi S. — 74) So S, su (verschr.) F. —
75) hart S. — 75) honum irrig zweimal in F. — 76) So nach Bt.
F u. S, verðr þá enn Fas. nach andern Hss. — 77) viðtaka B., S. —
78) So auch B. mit F, myrkir S. — 79) So F, lýsir S. — 80) So
F S nach B. — 81) So F S nach Bt. — 82) So (doch hafvi) F, þar
h. S. — 83) Var þá til tal. S. — 84) ok svá var gert setzt S hinzu. —
85) So auch B. risti S. — 86) So F, bitrum S u. L. E. — 87) So
(fárr) F, S.. — 88) So S u. L. E.. ridur (= rýðr oder ríðr?) F. — 89)
So F, nefi S u. B., arfi L. E. — 90) So F u. L. E., -inn S. — 91) So
S, alm. F. — 92) So auch B. mit F, þat S. —

ok vápnum. Síðan drap Sigurðr þá Fáfni ok Regin [93]), því
at hann vildi svíkja hann; tók Sigurðr þá gull Fáfnis ok
reið á brott [94]) með; var hann síðan kallaðr Fáfnisbani.
Eptir þat reið hann upp á Hindarheiði [95]) ok fann þar [96])
5 Brynhildi, ok fóru [97]) þeira skipti sem segir í sǫgu Sigurðar
Fáfnisbana.

VI B.)　　　VII [1]). Síðan fær Sigurðr Guðrúnar Gjúkadóttur; var
hann þá um hríð með Gjúkungum mágum sínum. Ek var
með Sigurði eða norðr [2]) í Danmǫrk [3]); ek var ok með Sigurði,
10 þá [4]) er Sigurðr konungr [5]) Hringr sendi Gandálfs sonu, mága
sína, til móts við Gjúkunga Gunnar ok Hǫgna ok beiddiz [6]),
at þeir mundi lúka [7]) hánum skatt eða þola her ella; en þeir
vildu verja land sitt. Þá hasla Gandálfs synir Gjúkungum
vǫll við landamæri ok fara aptr síðan, en Gjúkungar biðja
15 Sigurð Fáfnisbana fara til bardaga með [8]) sér; hann sagði,
svá vera skyldu [9]). Ek var þá enn með Sigurði; sigldum [10])
vér þá norðr til Hollsetulands ok lendum þar sem Járnamóða heitir [11]), en skamt frá hǫfninni váru settar upp [12])
heslistengr, þar sem orrostan skyldi [13]) vera; sjá-vér [14]) þá
20 mǫrg skip sigla norðan [15]), váru Gandálfs synir fyrir þeim,
sœkja þá hvárirtveggju [16]). Sigurðr Hringr var eigi þar,
því at hann varð at verja land sitt Svíþjóð, því at Kúrir ok
Kvænir herjuðu þangat; Sigurðr var þá gamall mjǫk. Síðan
lýstr saman liðinu, ok [17]) verðr þar mikil orrosta [18]) ok mann-
25 skœð. Gandálfs synir gengu fast fram, því at þeir váru
bæði [19]) meiri ok sterkari en aðrir menn. Í þeira liði sáz

---

93) Sig. Fáfni ok svá Reginn S (Regin *B.*) — 94) *So* S, burt F. —
95) *So* F. Hindarfjall S (*so auch* L. E. *u.* Völss.) — 96) *So* F, ok þar
f. h. S. — 97) fara S. — 98) Fáfn. *fehlt* S. —

VII. 1) *Ueberschr. in* F: Gestr sagdi frá Starkadi; *in* S: hér
berst Sigurdr vid Gandálfssono — 2) eða *f.* F. — Ek var ýmiz m. Sig.
eda n. S. — 3) *So* F, -kum S, -ku *B.* — 4) þá *in* S *vor* með. —
5) kon. *fehlt* S. — 6) *So* S, beiddi F. — 7) gjalda S. — 8) með
in S *ausgefallen.* — 9) S *nach* sér: hann gerir svá. — 10) *So* F,
siglu S. — *Nach* þá *wiederholt* F (*wol irrig*) enn. — 11) *So* (*doch*
Járnnamódir) F, s. h. Járnamóda S. — 12) reistar upp S. — 13) *So*
(skyllde) F, skillde S. — 14) sjám S. — 15) n. s. S. — 16) á land
upp *findet sich noch in* S. — 17) ok *fehlt* S. — 18) orr. mik. S. —
19) b. *fehlt* S. —

einn [20]) maðr mikill ok sterkr, drap þessi maðr menn ok hesta svá at ekki stóð við, því at [21]) hann var líkari jǫtnum en mǫnnum. Gunnarr [22]) bað Siguð sœkja í móti mannskelmi þessum [23]), því at hann kvað eigi svá [24]) mundu duga. Sigurðr réz nú í móti þeim mikla manni ok nǫkkurir menn 5 með hánum, ok váru þó [25]) flestir þess ófúsir. Finnum vér þá [26]) skjótt inn mikla mann, segir Gestr [27]), ok frétti Sigurðr hann at nafni ok hvaðan hann væri. Hann kvaz [28]) Starkaðr heita Stórverksson [29]), norðan af Fenhring or Noregi [30]). Sigurðr kvaz, hans heyrt hafa getit, ok optast [31]) at illu; 10 eru [32]) slíkir menn eigi sparandi til ófagnaðar. Starkaðr mælti: hverr er þessi maðr er mik lýtir svá mjǫk í orðum? Sigurðr sagði til sín [33]); Starkaðr mælti: ertu kallaðr Fáfnisbani? Svá er! segir Sigurðr. Starkaðr vill þá undan leita, en Sigurðr snýr eptir ok fœrir á lopt sverðit Gram ok lamdi 15 hann með hjǫltunum jaxlgarðinn [34]) svá at hrutu or hánum [35]) tveir jaxlar; var þat meizlahǫgg. Sigurðr bað þá mannhundinn brott dragaz þaðan [36]); Starkaðr snaraz þá í brott þaðan [37]), en ek tók [38]) annan jaxlinn ok hefi [39]) ek með mér; er sá nú hafðr [40]) í klokku-streng [41]) í Lundi í Danmǫrk [42]) ok 20 vegr sjau [43]) aura. Þykkir mǫnnum forvitni, at sjá hann þar. Eptir [44]) flótta Starkaðar flýja Gandálfs synir; tóku-vér þá [45]) mikit herfang ok fóru síðan konungar heim í ríki ok setjaz þar um hríð [46]).

VIII [1]). Litlu síðar heyrðum [2]) vér getit níðingsvígs [3]) 25 (VII B.)

---

20) ok e. S. — 21) því at *fehlt* S. — 22) G. konungr S. — 23) þeim S. — 24) kv. ella eigi S. — 25) þó S, þá F. — 26) þ. *fehlt* S. — 27) *So* (s. G.) S, ok seg. G. F. — 28) *So nach* F, kvez B. *nach* S. — 29) *So auch* B. *mit* F, Þorv. S. — 30) n. or F. af N. S. — 31) *So* (oft.) F, optar S. — 32) *So* S, er F. — 33) Sig. s. nafn sitt S. — 34) m. hj. tanna jaxlg. S. — 35) *So* F, at or hrutu S (*vgl. Bt.*) — 36) það. *fehlt* S. — 37) St. snýr þá undan S. — 38) *So* F, tek *Bt. mit* S. — 39) *Richtiger scheint* hafða, *so* Fas. (*nach* A?) — 40) h. nú S. — 41) *So* S, klukustr. F (*nach* B'.) — 42) í Lundi *fehlt* (*durch Ueberspringen*) *in* F. — 43) *So nach* F, sex B. *nach* S. — 44) *So* (*doch* eftir) F, en eptir F. — 45) þar S. — 46) *So nach* F; S *nach* herfang: eptir þetta halda konungar h. í ríki sín ok setjast nú um kyrt. —

VIII. 1) *Ueberschr. in* F: Gestr sagdi frá Sigurdi, *in* S: hér sýnir Gestur sodul hringjuna. — 2) heyrðu B. *nach* S. — 3) h. v. níðingsverk S. —

Starkaðar, er hann hafði drepit [4]) Aʻla [5]) konung í laugu.
Var þat [6]) einn dag, at Sigurðr Fáfnisbani reið til einnar-
hverrar stefnu; þá reið [7]) hann í eina [8]) veisu, en hestrinn
Grani [9]) hljóp upp svá hart, at í sundr stǫkk brjóstgerðin [10])
5 ok fell niðr hringjan; en er ek sá, hvar [11]) hón glóaði í leir-
inum, tók ek upp [12]) ok fœrða ek Sigurði, en hann gaf mér;
hafi-þér [13]) nú fyrir litlu sét þetta sama gull [14]). Þá stǫkk
Sigurðr af baki, en ek strauk hest hans, ok þó ek leir af
hánum ok [15]) tók ek einn lepp or tagli hans til sýnis vaxtar
10 hans [16]). Sýndi Gestr þá leppinn ok var hann sjau alna hár.
Oʻláfr konungr mælti: gaman mikit þykki-mér [17]) at sǫgum
þínum; lofuðu nú allir frásagnir hans ok frœknleik. Vildi
konungr, at hann segði miklu fleira um atburði frænda [18])
sinna. Segir [19]) Gestr þeim marga gamansamliga hluti allt
15 til aptans; fóru menn þá [20]) at sofa, en um morgininn eptir
lét konungr kalla Gest [21]) ok vil enn fleira tala við Gest.
Konungr mælti [22]): eigi fæ ek skilit til fulls um aldr þinn [23]),
hver líkindi þat megu [24]) vera, at þú sér maðr svá gamall,
at þú hafir verit við staddr [25]) þessi tíðindi; verðr þú at
20 segja sǫgu aðra, svá at vér verðim sannfróðari um slíka
atburði. Gestr svarar [26]): vita þóttumz ek þat fyrir, at þér
mundið [27]) heyra vilja aðra sǫgu mína, ef ek segða [28]) um
gullit, hversu farit væri. Konungr mælti: segja skaltu víst.

(VIII B.)   IX [1]). Þat [2]) er nú enn at segja, segir Gestr, at ek fór

---

4) er h. drap S. — 5) *So* Fas. (*mit* A?), *was nach* Yngls. C. 29
richtiger scheint (*vgl.* Ba.); F, S, *B.* Aʻrmóð. — 6) þat var S. — 7) *In* F
verschr. (ræd). — 8) *So wol richtiger* S, eina hverja F. — 9) *So* S,
Granr F. — 10) *So* F, hl. upp harðla snart ok brá svá við, át brj. st. í
sundr *B. nach* S. — 11) *So* S, hvar at F *nach B'.* — 12) upp *fehlt* S. —
13) *So* (hafui) F, hafid S. — 14) h. þ. þetta s. g. nú f. l. s. S. —
15) ok *f.* S. — 16) til s. um mikilleika hestsins *B. nach* S. — 17)
So (*nach B'.*) F, -ir S. — 18) ferdu S. — 19) Sagdi S. — 20) sídan
fóru menn S. — 21) k. á Gest S, *vgl.* C. III [19]). — 22) *So auch*
B. mit F, *wegen* S *vgl. B'. u. Bt.* — 23) u. a. þ. t. f. S. — 24)
So B., mega S, má F. — 25) *So* (*doch fehlt* hafir) F, at þ. hafir v.
st. ver. S. — 26) *So auch* B *mit* F (*doch* s. þá *mit* S) s. = segir
S. — 27) mundut S. — 28) *So* S, segdi F. —

IX. *Ueberschr. in* F: Gestr sagdi frá Brynhilldi ok gýgi; *in* S:
kvedskapur Brynh(ildar) daudrar. 2) *So* S *nach B.*, þá F. —

norðr til Danmerkr, ok settumz ek þar at fǫðurleifð minni,
því at hann andaðiz skjótt; ok litlu síðar frétta ek dauða
Sigurðar [3]) ok svá Gjúkunga, ok þótti mér þat mikil tíðindi.
Konungr mælti: hvat varð Sigurði at bana? Gestr svarar [4]):
sú er flestra manna sǫgn [5]), at Guthormr Gjúkason legði 5
hann sverði [6]) í gegnum sofanda í sæng Guðrúnar [7]); en
þýverskir [8]) menn segja Sigurð drepinn hafa [9]) verit úti á [10])
skógi; en í Guðrúnarrœðu segir [11]) svá, at Sigurðr ok Gjúka
synir hǫfðu riðit [12]) til þings nǫkkurs, ok þá dræpi þeir
hann; en þat er alsagt, at þeir vágu at hánum liggjanda 10
at [13]) óvǫrum ok sviku hann í trygð. — En hirðmaðr einn
spyrr: hversu fór Brynhildr þá með? Gestr svarar [14]): þá
drap Brynhildr sjau þræla sína ok fimm ambáttir, en lagði
sik sverði í gegnum ok bað sik aka með þessa menn til
báls ok brenna sik dauða. Ok [15]) svá var gert, at henni 15
var gert annat bál, en Sigurði annat, ok var hann fyrri
brendr en Brynhildr. Henni var ekit [16]) í reið einni ok var
tjaldat um guðvef ok purpura ok glóaði allt við gull,
ok svá var hón brend. þá spurðu menn [17]) Gest, hvárt
Brynhildr hefði nǫkkut kveðit dauð; hann kvað, þat satt 20
vera [18]). þeir báðu hann [19]) kveða, ef hann kynni; þá mælti
Gestr: þá er Brynhildi var ekit til brennunnar á helveg, ok
var farit með hana nær [20]) hǫmrum nǫkkurum, þar bjó ein
gýgr; hón stóð [21]) úti fyrir hellisdyrum ok var í skinnkyrtli
ok svǫrt yfirlits [22]); hón hefir [23]) í hendi sér [24]) skógarvǫnd 25
langan [25]) ok mælti: þessu vil ek beina til brennu þinnar,
Brynhildr! ok væri betr, at þú værir lifandi brend fyrir
ódáðir þínar þær, at þú [26]) lézt drepa Sigurð Fáfnisbana, svá

---

3) Sig. konungs S. — 4) segir S. — 5) sögn fl. m. S. — 6) *So
auch B*, med sv. S. *nach Bt.* — 7) sof. hjá Guðrúnu *B.*, S. — 8) þýdv.
S. — 9) h. dr. S. — 10) í S. — 11) *So* S (*gemeint ist* Guðrúnarkv.
II, 4 *fg*, *vgl. B'*.) — en igdurnar sögdu F. — 12) *So* F (*doch* hofd) —
Gj. synir ok g. (= Gestr?) riði S *u.* (*ohne* ok g.) *B.* — 13) *So* F,
ok S. — 14) s. (segir) S. — 15) Ok *fehlt* S. — 16) *So* F — *B.*
(*nach* en annat Sigurði) ok brendu þeir hann fyrri. En Brynhildi v.
ekit *u. w. nach* S. — 17) sp. þeir S. — 18) *B. nach* S Gest: er þat
nökkut satt, at Brynhildr kvæði dauð, þá er hón var ekin til bálsins?
G. kv. þ. s. v. — 19) h. þat kv. S. — 20) *So* (nærr) F, í nánd S. — 21)
stóð (S) *fehlt* F, var *ergänzen U. V.* — 22) ásýndar S. — 23) hafdi
S. — 24) sér *f.* S. — 25) sk. einn loganda S. — 26) er þú S. —

ágætan mann, ok opt var ek hánum sinnuð, ok fyrir þat
skal ek ljóða [27]) á þik með hefndaroröum [28]) þeim, at ǫllum
sér þú at leiðari, er slíkt heyra frá þér sagt. Eptir þat
ljóðaz [29]) þær á, Brynhildr ok gýgr. Gýgr kvað:

(Helr. Brynh. 1) Skaltu í gegnum [30])
·   ganga eigi
             grjóti studda
             garða mína;
             betr sœmdi [31]) þér
             borða at rekja,
             heldr en at vitja
             várra ranna [32])!

(Helr. Br. 2) Hvat skaltu vitja
             vá alandi [33]),
             hverflynt [34]) hǫfuð,   ·
             húsa minna?
             þú hefir vǫrgum [35]),
             ef þín vitja [36]),
             mǫrgum til matar [37]),
             manns blóð gefit [38])!

þá kvað Brynhildr:
    (Helr. Br. 3) Bregðu mér eigi [39]),
             brúðr or steini,
             þótt [40]) værak [41]) fyrr [42])
             í víkingu!
             ek mun okkar [43])

----

27) *So* S hl., F. — 28) hermdar- S. — 29) *So B.*, hl. F S. — 30)
So F S. — 31) *So* (sœmdi) F *u.* B., somdi S, semþi R *der L. E.* —
32) *So auch Hild. mit* F S; vers annar(r)ar R *der L. E.* — 33) *So oder*
vá á landi F S, af Vallandi *L. E. u. Ausg., doch* vá af landi *Bj.*, vár
á landi A, G. — *Vgl.* Vigf. s. v. ala I *β.* — 34) *So* F, *auch B.*,
hvarfl. S — hvarfúst *L. E.* — 35) *So* F S, *die Abweichungen der*
L. E. vgl. bei Hild. — 36) *So* F, ef þik vita lystir S *mit L. E.* —
37) *So* F *u.* Fas., meini blandat *B. mit* S — mild, af hǫndum *L. E.* —
38) *So* F S, (*wol besser* manns hold g. Fas. *nach* A) — þvegit *L. E.* —
39) *So* (*doch* bregtu) F — br. eigi m. S *u. L. E.* — 40) *So* F *u.*
L. E., þó at S. — 41) væra ek F S, ec verac R *d. L. E.* — 42) *So* F,
fyr S, *fehlt L. E.* — 43) *So* S *u.* (-arr) F, okkor *L. E. u.* (-ur) *B.* —

œðri þykkja
þeim er eðli mitt [44])
um kunna [45]).

Gýgr kvað:

(Helr. Br. 4) Þú ert, Brynhildr
Buðladóttir,
heilli verstu
í heim borin;
þú hefir Gjúka [46])
of glatat bǫrnum,
ok búi þeira
brugðit góðu!

Brynhildr kvað:

(Helr. Br. 5) Ek mun segja þér
sanna rœðu [47]),
vélgjarnt hǫfuð [48]),
ef þik vita lystir,
hvé gerðu mik
Gjúka arfar
ástalausa
ok eiðrofa!

(Helr. Br. 7) Lét mik af harmi [49])
hugfullr konungr
Atla systur
undir eik búa [51]);
var ek vetra tólf,
ef þess [52]) vita lystir,
þá er ek [53]) ungum gram
eiða svarðak [54]).

(Helr. Br. 8) Ek lét [55]) gamlan

---

44) *So* F, þar er eðli menn S, hvars menn eþli R. — 45) *So*
F, okkat kunnu S — occart kunna R. — 46) Gj. *ist in* F. *ausgefallen.* — 47) svinn *or* reiþo R. — 48) vitlaussi mjoc — 49)
So FS. Lét hami vára *L. E.* — 50) átta systra *L. E.* — 51) *für*
búa *bietet die L. E.* borit. — 52) *So* F, ef þik v. 1. S, *L. E.* —
53) *So auch B. mit* F, þar ek S, er ek *L. E.* — 54) *So* F S, seldac
R. — 55) *So auch B. mit* F, Ok lét S, þá lét ek *L. E.* —

gýgjar bróður [56])
Hjálmgunnar næst [57])
heljar ganga;
gaf ek ungum sigr
Auðar [58]) bróður,
þar [59]) varð [60]) mér O'ðinn
ofgreypr fyrir [61]).

(Helr. Br. 9) Lauk hann mik skjǫldum
í Skatalundi,
rauðum ok hvítum,
reyndar svæfða [62]);
þann bað hann slíta
svefni mínum,
er hvergi lands
hræðaz kynni.

(Helr. Br. 10) Lét hann um sal minn
sunnanverðan
hávan brenna
hrottgarm viðar [63]),
þar bað hann einn þegn [64])
yfir um [65]) ríða
þann er fœrði mér
Fáfnis dýnu [66]).

(Helr. Br. 11) Reið góðr Grana
gullmiðlandi,
þar er [67]) fóstri minn
fletjum stýrði;
einn þótti hann þar

---

56) *So* F (*vgl. u. Z.* 6) á goð þorðu S, á Goðþjóðu *B. nach*
L. E. — 57) *In* F nest *geschr.* — 58) *So* F, Auda S, Öðu *B. nach*
L. E. vgl. Völss. XX ⁷). — 59) *So* F *u. L. E.*, S *undeutlich, vgl. Bt.* —
60) *So* S *u. L. E.*, var F. — 61) *So* F S. — 62) *So* F, S — svæföi
Fas., *anders L. E.* — 63) *So* F S, her allz viðar R — 64) *So*
L. E. u. B., þ. einn S. — þegar einn F. — 65) *So* F S, at *L. E.* —
66) *So* F; þanns mér fœrði gull, þaz und Fáfni lá *B. nach L. E.*
(*ähnl.* S: þat er undir F. lá.) — 67) F S; þars *B. mit L. E.* —

ǫllum betri
víkingr Dana
í virðingu [68]).

(Helr. Br. 12) Sváfu-vit [69]) ok undum [70])
í sæng [71]) einni,
sem hann bróðir minn
of borinn væri;
hvártki [72]) knátti [73])
hǫnd yfir annat
átta nóttum
okkart [74]) leggja!

(Helr. Br. 13) því brá mér Guðrún,
Gjúka dóttir,
at ek Sigurði
svæfak [75]) á armi;
þá [76]) varð ek þess vís [77]),
at ek [78]) vildigak [79]),
at þau véltu mik
í verfangi.

(Helr. Br. 14) Munu við ofstríð
alls of [80]) lengi
konur ok karlar
kvikir um [81]) forðaz [82]);
vit skulum okkrum
aldri slíta,

---

68) So F, S, í verðungu B. mit L. E. — 69) So (-fu) F,S, L. E.
(auch Hild.) sváfum B. — 70) So F, S — unðum B. mit L. E. —
71) sæing B. mit L. E. — 72) So L. E., hvárki, hvorki S, F. —
73) So S u. L. E., mátti F. — 74) So B. u. L. E., enn at F, S;
vgl. B'. — 75) So L. E. u. (-ag) S; svæfa F. — 76) So F, þar S u.
L. E. — 77) Das s in F (wie öfter) ohne Not verdoppelt. — 78) So
(at = þó at) F; er L. E. u. S. — 79) So B. mit L. E., vilda ei
(oder eigi) F, S. — 80) So F, til l. S. u. L. E. — 81) So F, kvikar S,
kvikvir L. E. (kvikv. f.) u. B. — 82) So F, fœðask B. mit S u.
L. E. —

Sigurðr, saman —

søkkstu [83]) nú, gýgr [84])!

þá œpti gýgr ógurligri rǫddu ok hljóp [85ᵃ]) inn í bjargit. —
þá sǫgðu hirðmenn konungs: gaman er þetta, ok segðu en
fleira! Konungr mælti: eigi er nauðsyn, at segja fleira frá
þvílíkum [85ᵇ]) hlutum. — Konungr spyrr [86]): vartu nǫkkut með
5 Loðbrókarsonum? Gestr svarar: skamma stund var ek
með þeim; ek kom [87]) til þeira, þá er þeir herjuðu suðr at
Mundíafjalli [88]) ok brutu Vífilsborg [89]); þá var allt við þá
hrætt, því at þeir hǫfðu sigr, hvar sem þeir kómu [90]); ok þá
ætluðu þeir at fara til Rómaborgar. þat var einn dag, at
10 maðr nǫkkurr kom fyrir Bjǫrn konung Járnsíðu ok heilsar
hánum [91]); konungr tekr [92]) hánum vel ok spurði, hvaðan
hann væri at kominn [93]). Hann sagðiz [94]) kominn sunnan
frá Rómaborg; konungr spurði [95]): hvé langt er þangat? Hann
svaraði [96]): hér máttu sjá, konungr, skúa [97]) er ek hefi [98]) á
15 fótum — tekr hann þá járnskúa [99]) af fótum sér, ok váru all-
þykkir ofan, en mjǫk slitnir neðan — svá er lǫng leið héðan
til Rómaborgar, sem þér meguð [100]) nú sjá á skóm mínum,
hversu hart þeir hafa at [101]) þolat! Konungr mælti: furðu lǫng
leið er þetta [102]) at fara ok [103]) munu-vér aptr snúa ok herja
20 eigi á Rómaríki. Ok svá gera þeir [104]), at þeir fara eigi
lengra, ok þótti hverjum þetta [105]) undarligt, at snúa svá
skjótt sínu skapi [106]) við eins manns orð, er þeir hǫfðu áðr
allt ráð fyrir gǫrt [107]). Fóru Loðbrókarsynir við þetta aptr

---

83) *So* F, S — seycstu R *d. L. E.* — 84) *So* F; nú rǫg gýgr S *u.*
*B.; * sǫkkstu, gýgjarkyn? *L. E.* — (*Vgl. Hild.*) — 85ᵃ) hliðar Fas. (*nach*
A?). — 85ᵇ) slíkum S. — 86) *So* S, *in* F *auch hier* mælti. — 87) ok
kom ek S. — 88) *So* F, Mundíufj. S *u. Bt.* (*vgl.* til Rómaborgar
Z. 17.) — 89) *So auch* B. *mit* F, Vívilsb. S. — 90) *So* S, kvomu F. —
91) *So* F, konungi *Bt. nach* S. — 92) *So* F; hann tók *B. nach*
S. — 93) *Für* at kom. (F) *bietet* S edr hvat hann héti. — 94) *So*
F, qz (= kvez) S *nach B'.* — *In* S *folgt noch* Sónes heita ok (kom.
Z. 17.) — 95) *So* F, s. (= segir) S. — 96) *So* F, Sónes s. S. —
97) *So* S, skó F. — 98) *So B.,* F, S: hefir. — 99) *So* S, *vgl.* *97*). —
100) megit F, S — *B. stellt die ältere Form* meguð *her.* — 101) *So*
F (*doch* at *vor* þeir), at *fehlt* S. — 102) þat S. — 103) ok því m.
S. — 104) þ. brœdr S. — 105) *Für* hv. þetta *bietet* S *nur* herinum. —
106) at snúa aptr S. — 107) *So* F, (*doch* rádr *nach B'.*) er — gǫrt
fehlt S. —

ok heim norðr [108]) ok herjuðu eigi lengra [109]) suðr. Konungr
segir [110]): auðsýnt var þat, at helgir [111]) menn í Róma vildu
eigi yfirgang þeira þangat, ok mun sá andi af guði sendr
verit hafa, at svá skiptiz skjótt [112]) þeira fyrirætlan [113]), at
gera ekki spillvirki [114]) inum helgasta stað Jesú Kristí í
Rómaborg [115]).

X [1]). Enn spurði konungr Gest: hvar hefir þú þess (IX B.)
komit til konunga, er þér hefir bezt þótt? Gestr segir: mest
gleði þótti mér með Sigurði [2]) ok Gjúkungum; en þeir [3])
Loðbrókarsynir váru menn sjálfráðastir [4]) at lifa, sem menn 10
vildu; en með Eireki [5]) at Uppsǫlum var sæla mest; en Haraldr konungr Hárfagri var vandastr at hirðsiðum [6]) allra fyrr
nefndra [7]) konunga. Ek var ok með [8]) Hlǫðvi konungi á
Saxlandi ok þar var ek prímsigndr, því at ek mátta [9]) eigi
þar vera elligar [10]), því at þar var kristni vel haldin, ok þar 15
þótti mér at ǫllu bezt. Konungr mælti: mǫrg tíðindi muntu
segja kunna, ef vér viljum spyrja. Konungr fréttir nú margs
Gest, en [11]) Gestr segir þat allt greiniliga, ok um síðir talar
hann svá: nú má ek segja yðr, hví ek em [12]) Nornagestr
kallaðr. Konungr sagðiz [13]) þat heyra vilja. — 20

XI [1]). Gestr mælti [2]): þat var, þá er ek var fœddr upp (X B.)
með fǫður mínum í þeim stað, er Grœningr heitir — faðir
minn var ríkr at peningum [3]) ok helt ríkuliga herbergi sín —

---

108) So F; fóru v. þ. Loðbr. h. norðr B. n. S. — 109) So auch B.
mit F, in S scheint lengr gemeint, vgl. B'. — 110) So F (doch spurde =
segir); O'láfr konungr s. S. — 111) heilagir S. — 112) So (doch
skift.) F; B. nach S: ok man sá andi s. h. v. af guðligum mætti, er
svá skiptist. — 113) So F, ætlun S. — 114) So (spell-) F, illvirki
S. — 115) Der Schluss lautet in S: í hinum helg. stað. —

X. Ueberschr. in F: Af spurningum konungs vid Gest. — In
S: Frásagnir Nornagestz. — 2) Sig. konungi S. — 3) þ. brœðr Loðbr.
B. n. S. — 4) F scheint nach B'. seálfrádzstir zu bieten. — 5) Eir.
konungi S. — 6) at háttum ok hirðsiðum B. n. S. — 7) f. nefndra fehlt S. — 8) So S, með ist in F ausgefallen. — 9) So S, mátti
F. — 10) So F, ella S. — 11) Gest, en fehlt in S. — 12) So S,
hví at (vielleicht richtig, aber ungewöhnlich, því at Fas.) ek er F. —
13) So auch B. mit F., s. (= segir) S. —

XI. Ueberschr. in F: Nornagestr var skírdr med rádi konungs;
in S: Hér segir frá því, hvat nornir spádo um aldr ok líf (Gests?), s.
B'. — 2) So (G. m.) S, G. m. fehlt F. — 3) So auch B. mit F,
penningum S. —

þar fóru þá um landit⁴) vǫlvur⁵), er kallaðar váru spákonur,
ok spáðu mǫnnum aldr⁶); því buðu margir⁷) menn þeim
heim⁸) ok gørðu⁹) þeim veizlur ok gáfu þeim gjafir¹⁰)
at skilnaði. Faðir minn gerði ok svá, ok kómu¹¹) þær
5 til hans með sveit manna ok skyldu¹²) þær spá mér orlǫg;
lá ek þá í vǫggu, er¹³) þær skyldu¹⁴) tala um mitt mál;
þá brunnu yfir mér tvau kertisljós¹⁵). þær mæltu þá¹⁶)
til mín ok sǫgðu mik mikinn auðnumann verða mundu ok
meira, en aðra mína foreldra eða hǫfðingja syni þar í landi¹⁷)
10 ok sǫgðu¹⁸) allt svá skyldu¹⁹) fara um mitt ráð²⁰). In
yngsta nornin þóttiz oflítils metin hjá²¹) inum tveim, er þær
spurðu hana eigi eptir slíkum spám, er svá váru mikils
verðar²²); var þar ok mikil ribbalda sveit, er henni hratt
or sæti sínu²³), ok fell hón til jarðar²⁴). Af þessu varð hón
15 ákafa stygg²⁵); kallar hón þá hátt ok reiðiliga, ok bað²⁶)
inar hætta svá góðum ummælum við mik — því at ek skapa
hánum þat, at hann skal eigi lifa lengr en kerti þat brennr,
er upp er tendrat hjá sveininum. Eptir þetta tók in ellri
vǫlvan²⁷) kertit ok sløkti²⁸) ok biðr móður²⁹) mína varðveita
20 ok kveykja eigi fyrr³⁰) en á síðasta degi³¹) lífs míns. Eptir
þetta fóru spákonur í brott³²) ok bundu ina ungu norn ok
hafa hana svá í brott³³), ok gaf faðir minn þeim góðar gjafir
at skilnaði. þá er ek er³⁴) roskinn maðr, fær móðir mín
mér kerti þetta til varðveizlu; hefi³⁵) ek þat nú með³⁶)
25 mér. — Konungr mælti: hví fórtu nú hingat til vár? Gestr

---

    4) *So* F, land S. — 5) *So* F, S; *auch B*. — 6) örlög S. —
7) *So* S, margir *f.* F. — 8) *So* S, heim *fehlt* F. — 9) *So* (geordu)
F, gerdu S. — 10) góda gripi (= gj.) S. — 11) *So* S, kvomu F. —
12) *So auch* B *mit* F, i = y *in* S. — 13) ok er S. — 14) *vgl.* ¹²). —
15) *So* F, k. II S. — 16) *So* F, vel S. — 17) *So* (*doch* synir) F, ok
meira — í landi *fehlt* S. — 18) *So nach* S, F hat (*nach B'.*) *hier irrig*
sagde. — 19) *So* B.; skilldu S, skillde (*nach B'.*) F. — 20) *Vgl. Einl.*
C. 3 ⁹³) *und* Örv. O. s. C. 2. — 21) *So* F, af S. — 22) slíkum *u. w.*
fehlt S. — 23) sínu s. S. — 24) ok feldu t. j. S. — 25) v. h. skap-
stygg S. — 26) ok *fehlt* S. — 27) *So* F, völvan sú en ellri S. —
28) *So* F, slöckir S. — 29) *So auch B. mit* F, módr S. — 30) *So* F,
B., fyr S. — 31) *So* F, á síðastum dögum B. *n.* S. — 32) brott
S, í bur(t) F. — 33) *So* S, í burt F. — 34) *So* F, S var *nach*
Bt. — 35) *So* F, B. — hefir S. — 36) hér m. S. —

svarar [37]): þessu sveif mér í skap [38]): ætlaða ek mik af þér
nǫkkura auðnu hljóta mundu [39]), því at þér hafit fyrir mér
verit mjǫk [40]) lofaðir af góðum mǫnnum ok vitrum. Konungr sagði [41]): viltu nú taka helga skírn [42])? Gestr svarar:
þat vil ek gera at yðru [43]) ráði. Var nú svà gert ok tók 5
konungr hann [44]) í kærleika við sik ok gerði hann hirðmann
sinn. Gestr varð trúmaðr mikill [45]) ok fylgði vel konungs
siðum; var hann ok vinsæll af mǫnnum.

XII [1]). þat var einn dag, at konungr spurði [2]) Gest: (XI B.)
hversu lengi vildir þú nú lifa, ef þú réðir? Gestr svarar: 10
skamma [3]) stund héðan af, ef guð vildi þat [4]). Konungr
mælti: hvat mun líða, ef þú tekr nú kerti þitt [5])? Gestr
tók nú kerti sitt or hǫrpustokki sínum, konungr bað þá
kveykja ok [6]) svá var gert; ok er kertit var tendrat, brann
þat skjótt. Konungr spurði [7]) Gest: hversu gamall maðr [8]) 15
ertu? Gestr svarar [9]): nú hefi ek þrjú hundruð vetra. —
Allgamall ertu! sagði [10]) konungr. Gestr lagðiz þá niðr,
hann bað þá [11]) ólea [12]) sik; þat lét konungr [13]) gera, ok er
þat var gert, var lítit óbrunnit af kertinu. þat fundu menn
þá, at leið at Gesti; var þat ok jafnskjótt, at brunnit var 20
kertit, ok Gestr andaðiz, ok þótti ǫllum merkiligt hans andlát;
þótti konungi ok mikit [14]) mark at sǫgum hans ok þótti
sannast um lífdaga hans svá [15]) sem hann sagði.

---

37) So F, B. — G. s. S. — 38) So F, hug S. — 39) So F, ætl.
ek mik nökkut auðnubragð af yðr hl. m. B. nach S. — 40) þv. þér
eruð mj. B. nach S. — 41) segir S. — 42) hér sk. S. — 43) þ. vil
ek nú g. eptir yðr. B. nach S. — 44) hann nú S. — 45) mik.
fehlt S. —

XII. 1) Ueberschr. in F: Andlát Gestz. — In S: Hér andaz
Nornagest(r). — 2) spyrr S. — 3) So F, B. — skama S. — 4) þat
fehlt S. — 5) tekr kerti þat er þú hefir frá sagt S. — 6) ok fehlt
S. — 7) So F, B. — spyrr (?) S. — 8) maðr fehlt S. — 9) So B. —
G. s. S. — Die Worte fehlen F. — 10) s. = segir S. — 11) þá f.
S. — 12) So B., Fas., ólia F, S. — 13) þegar g. S. — 14) mikit
fehlt S. — 15) So nach S, svá fehlt F. —

Prosaische Wortfolge der Skaldenstrophen.

(a) *S.* 3: Gefjon glǫð dró frá Gylfa (inum) djúprǫðul-
ǫðla auka Danmarkar, svá at rauk af rennirauknum; ǫxn báru
fjǫgur hǫfuð ok átta ennitungl, þar er (þeir) gengu fyrir
víðri valrauf vineyjar.

*) *Für diese Auffassung von ǫðla vgl. ausser Egilssons Uebersetz.
in AM I, 33 auch die Paraphrase Völsr. I, 33, 4: Öðlingr komst at
raunum; eine andere Erklärung s. bei Jónsson p. 236.*

(b) *S.* 4: Seggir (inir) hyggjandi létu á baki blíkja
Svafnis salnæfrar; váru (þeir) grjóti barðir.

**) *Als Str. 11ª der Haraldsmál bei Möbius Edda Sæm. p. 229,
cf. ib. p. VIII.*

c) *S.* 113: Ek átta þann þriðja óniðraðan vin, verstan
vazt-undirkúlu-Ála-rǫdd, en mér baztan.

***) *Vgl. die im Texte selbst folgende Erläuterung.*

(d) *S.* 123: þá er Vǫlsunga-drekku- hrǫkkvi-áll hrokkinn
of hekk á ǫngli forns-Litar-fangboða.

(e) *S.* 139: Ullr ímunlauks! (vér) bárum Fýrisvalla-fræ
á hauka-fjǫllum of alla Hákonar (konungs) æfi.

(f) *S.* 140: þá er ek rauð Ræfnis-ræfr-vita (Ræfnis =
Reifnis) fyrir Svǫld til auðar, bar ek saman baugum haugþak herfylgins Hǫlga.

(g) *S.* 145 *bedarf keiner Umstellung.*

*Ueber das (in f) einmal von mir angewandte bragarmál (rauðk
= rauð ek) vgl. Vorrede zur Eyrb. ed. Vigf. p. XLVII; dies hätte
vielleicht in noch weiterem Umfange geschehen dürfen. — Ueber die
metrische Gestalt der altnordischen Poesie im Allgemeinen vgl. zunächst
Th. Möbius Anal. Norr. ³ S. 273 fg. —*

Berichtigungen und Zusätze.

A. Im Texte.

S. 6, *Z.* 4 *l.* þriðja — *Z.* 12 smíðaði

» 7, *Z.* 7 *l.* ljóss

» 16, *Z.* 5 *l.* þaðan

» 28, *für* Grímn. 49ᵇ *l.* Grímn. 49, 8—10

» 29, *Z.* 12 *l.* frá segja

» 36, (Grímn. 13) *l.* Himinbjǫrg

» 48, *für* Grímn. 14 *l.* Grímn. 19

» 54, *in* Vǫl. 29 *l.* rǫkstóla

» 59, *Z.* 8 *l.* Þórr

» 73, *Z.* 1 *l.* Þórr

» 83, *Z.* 5 *l.* fylking

» 102, *Z.* 21 *l.* drepa

» 103, *Z.* 23 *l.* of *für* af

» 113, *Z.* 3 *l.* þá

» 120, *Z.* 3 *l.* sverði

» 122, *Z.* 4 *l.* dróttning

» 124, *Z.* 5 *l.* ¹⁰ᵃ) *für* ¹⁰)

» 137, *Z.* 20 *ist die Zahl am Rande nachzutragen.*

» 150, *Z.* 1 *tilge* at Breði

» 155, *Z.* 29 *l.* hǫndum

» 156, *Z.* 9 *für* at vita *l.* ok vill *vita*

» 157, *Z.* 32 *tilge* í

» 158, *Z.* 12 *l.* er, 13 kallaðr, 16 Sigmundar, 26 aptr

» 165, *Z.* 16 *ist* ríðr *undeutlich*

» 170, *Z.* 12—13 *ist* ger-simar *zu theilen*

» 177, Regm. 18, 2 *l.* Hugin

» 178, *Z.* 12 *l.* né

» 179, *Z.* 33 *l.* snarpan

» 181, *Z.* 28 *l.* svarar:

» 184, *Z.* 5 *l.* kynni⁸). — *Z.* 9 *l.* goðin

» 193, *Z.* 12 *l.* svarar:

» 207, *Z.* 1 *l.* Gunnarr; *Z.* 5 ek eigi

» 211, *Z.* 19 *l.* segja

» 215, *Z.* 8 *l.* skipat, *Z.* 15 Vinbjǫrg, *Z.* 18 yndis

» 218, *Z.* 10 *l.* liggi á;

S. 222, *Z.* 4 *l.* til heljar
> 224, *Z.* 2 *l.* slegit;
> 227, *Z.* 8 *u.* 13 *l.* upp fœdd
> 239, *Z.* 15 *l.* gera, vera
> 340, *Z.* 3 *am Rande* (II *B.*)

Die bisweilen vorkommende Anwendung des gravis *statt des* acutus *ist nur als typographische Ungenauigkeit zu beurteilen. — Vereinzelte Inconsequenzen in der Schreibung wird das Wb. ausgleichen.*

B. In den Anmerkungen.
Die Zeilen sind hier stets von unten gezählt.

S. 3, *Z.* 5 *l.* 9) So (*nach* R) *AM, Eg.* — *Z.* 2 *tilge*: *vielleicht* — e. v.
> 9, *Z.* 3 *l.* Frá því — *Z.*2 *l.* 8 *für* Sp; -umbla *für* — umbla
> (*Die Zeichen - und — sind öfter vertauscht.*)
> 10, *Z.* 5 *nach* R *füge zu* O'rófi R *der L. E. nach Bt.*
> *Z.* 4 *und* 3 *fallen die Verweisungen auf Lün. u. w. fort.*
> 15, *Z.* 9 *l.* ljóðaháttr — *Z.* 2 *l.* sægr)
> 20, *Z.* 8 *l.* Fjalarr, *Z.* 1 Gjallarhorni
> 27, *Z.* 12 *l.* Svalbrjóstaðr
> 31, *Z.* 2 *l.* (*s. Einl. C.* 3)
> 57, *Z.* 1 *l. das Cap. mit* Rösku.
> 80, *Z.* 1 *füge zu:* Zu *Z.* 14 *fg. vgl. Einl. C* 3 (*Schluss.*)
> 130, *Z.* 15 *füge als Schluss von* 33) *zu:* 12, 8 hali
> 137, *Z.* 7 *l.* elldana at
> 144, *Z.* 1 *l. Ausg. nach* U.
> 159, *Z.* 4 *l. Anrede des* Sigm.
> 160, *Z.* 1 (*als Schluss von A.* 18): þeir þá Paphss.
> 164, *Z.* 2 *l.* Hoddbr.
> 170, *Z.* 2 (*als Schluss von* 12) *füge zu:* Rafn (Nord. Fort. sag.) *übersetzt (nach* Fas.): meget tidlig i morgenstunden. — *Vgl. Wb.* s. v. mjök.
> 182 *für Z.* 3, *die zu tilgen, l.:* ist hefði u. w. mit *Z.* 19 *zu vgl.* — *Z.* 1 *l. deutlicher, vgl.* Fáfn. 36, 7.
> 184, *Z.* 13 *l.* Auðu *f.* Audu
> 185, *Z.* 1 *l.* véli
> 205, *Z.* 5 *füge zu A.* [14]): hvat s. þinni d. *wird von Ba. vermutet.*
> 209, *Z.* 4 *füge zu A.* [22]): *Vgl.* Sigkv. ak. 26.
> 213, *Z.* 7 *l.* Fívi
> 216, *Z.* 5 *streiche: wol* skeðja
> 227, *Z.* 2 *l.* [6]) *für* [7])
> 236, *Z.* 3, 4, 5,8 (*für* S) *l.:* B. *nach* S
> 239, *Z.* 6 *l.* við setja B. *nach* S
> 240, *Z.* 1, 3, 5, 14 (*für* S) *l.* B. *nach* S; *Z.* 19 *l.* svofu

Bibliothek

der ältesten

deutschen Litteratur-Denkmäler.

XII. Band.

Die prosaische Edda im Auszuge.

II. Theil.

Paderborn.

Verlag von Ferdinand Schöningh.

1883.

Die prosaische Edda

im Auszuge

nebst

Vǫlsunga-saga und Nornagests-tháttr.

Mit ausführlichem Glossar herausgegeben

von

Ernst Wilken.

Theil II: Glossar.

Paderborn.

Verlag von Ferdinand Schöningh.

1883.

Druck von Metzger & Wittig in Leipzig.

Vorwort.

In Bezug auf die Reihenfolge der Buchstaben ist zu erinnern, dass ich im Ganzen der nordischen Anordnung gefolgt bin, also Þ, æ, œ an den Schluss des Alphabetes setze.. — Der kurze Vokal ist überall vor dem langen behandelt, und ǫ vor ø; die beiden Zeichen i und j sind als gleichwertig angesehen, darnach folgt z. B. gleðiorð auf gleðja; ð folgt dem einfachen d. — Bei der Ausarbeitung des Glossars ist die in neuerer Zeit so erfolgreich angebaute etymologische Seite nicht unberücksichtigt gelassen, doch konnte nach dem ganzen Plane der Sammlung nur beiläufig, namentlich durch häufige Verweisung auf das bekannte indogerman. Wb. von A. Fick[1]) (nach der dritten Aufl., in der Spezialausg. der german. Spracheinheit) eine Erläuterung oder Anregung zur weiteren Umschau gegeben werden.

Weit schärfer ist die grammatische Seite ins Auge gefasst nnd schien es nicht überflüssig, die Anfänger durch möglichst genaue Analyse des vorhandenen Sprachstoffes (Nsf. = Nom. mit suffigiertem Pronomen, Gsf. = Gen. u. w.) an eine gewissenhafte Lektüre zu gewöhnen. Von grammatischen Hilfsmitteln ist ausser der deutschen Grammatik J. Grimms vor Allem die bekannte altnord. Grammatik von Wimmer in der deutschen Bearbeitung von Sievers (Halle 1871) herangezogen[2]), wobei freilich einzelne Versehen dieses sonst so schätzbaren Handbuches nach den neueren dän. und schwed. Ausgaben zu berichtigen sind.[3])

---

[1]) Im Gl. mit F. bez.

[2]) Wo im Gloss. ein § citiert wird, ist die betr. Gr. gemeint.

[3]) Der Anfänger bemerke namentlich Folg. — S. 108, § 125 ist unter B nicht *a*, sondern ǫggv anzuführen, entsprechend dem Beispiel höggva S. 110. — S. 123, 125 ist in § 148 a) und 150 das Præt. nicht in Sing. u.

Auch die gehaltvolle Einleitung zu Wimmers: Oldnordisk
Læsbok ist mehrfach herangezogen nebst einigen Aufsätzen verschiedener Verfasser in Zeitschriften [1]); für die Syntax konnte vielfach auf die schätzbare Arbeit von Lund: „Oldnordisk ordføjnings-
lære" verwiesen werden, neben der natürlich auch hier in Betracht
kommenden Grimm'schen Arbeit.

Eine genauere sachliche Erklärung konnte nur kurz im Anschluss an die bekannten (deutschen) Arbeiten von K. Weinhold [2])
(Altnord. Leben, D. Monatsnamen) und Konr. Maurer, und an die
norwegischen von Munch und Keyser gegeben werden. In einzelnen Fällen ist durch Vergleichung anderer Stellen der altnord.
Litteratur ein Erklärungsversuch unterstützt worden; mit „Einl." ist
auf die „Untersuchungen zur Snorra-Edda, als Einleitung u. s. w."
Paderb. 1878, verwiesen.

Dass dieses Spezial-Glossar im wesentlichen auf den umfassen-
den, rühmlichst bekannten lexikographischen Werken von Sv. Egilsson, Fritzner, Cleasby-Vigfsson beruht, ist leicht ersichtlich;
der erstgenannte ist auch durch die treffliche lat. Übersetzung in
der AM. Ausg. um die Erklärung der prosaischen Edda hochverdient.

Die Verzögerung des Druckes, sowie einzelne Mängel in der
Ausführung (z. B. den Mangel eines grossen Þ), bitte ich zu ent-
schuldigen; Berichtigungen zu Text und Wörterbuch finden sich am
Schlusse des Buches.

Ostern 1883.   **E. Wilken.**

Plur., sondern in Ind. u. Conj. zu sondern. — S. 128 lies S. 3 Pers. von
I A und I B.

                    dœmir, byggvir, byggir;
im Imper. von III lies: vaki.

S. 133, § 155 b im Parad. muna lies:

                    Pl. 2 munuð,
                           muniö
                    Pl. 3 munu,
                           muna.

Im Parad. munu u. skulu tilge im Pl. 3 die Nebenformen manu
und skalu. — (Ausserdem vgl. S. 160 Druckf.).

[1]) Unter P. oder Paul sind die Beiträge von Paul und Braune zu
verstehen.

[2]) Wh. meint das altnord. Leben von Weinhold.

A.

-a *negat. Suffix, s.* -at.

af (*g.* af, F. 18) *präp. c.* Dat. *und adv.*, von. — 1) räumlich *und* zeitlich a) *zur Bezeichnung des* Ausgangspunktes: kalt stóð af Niflheimi *8*, 12; sjá má af jǫrðu *15*, 8; *vgl. 16*, 5, 7; *32*, 13; *γ*, 5; *g*,1; *ähnlich auch:* af rennirauknum rauk a, 3; lýsir af hánum *31*, 6; lýsti af hǫndum hennar *46*, 7; af hans vængjum Vaf. *37*, 4; *zeitlichen Ausgang s. u.* 7). — b) *zur Bez. der* Trennung: tók af jǫrðunni *15*, 5; gekk af hánum *57*, 23; lýsti af hánum *72*, 19; etit af beinum *62*, 22; af Þór *104*, 24; af Sif *110*, 2; hǫggva af hánum *122*, 12; brunni af þeim *137*, 13; *ähnlich auch* af kaupinu (vera) *53*, 1, 21; *54*, 1. 2) *von* Herkunft, *Abstammung, Vermittlung gebraucht*: hann kom *52*, 5; af ása-ætt *3*, 4; eru af þeim komnar *10*, 17; *vgl. 24*, 9; af þessum mundi standa *37*, 18; ástsælli af ǫllu fólki *(da die Liebe vom Volke ausgeht) 176*, 10; *vgl. 237*, 17; *261*, 8; *ähnlich auch:* af (*nach*) hennar nafni *34*, 3; *43*, 6; af hánum, af hans nafni *u. A. 35*, 3; *36*, 7; *37*, 18, 19; *38*, 1; lið af hesti sínum *53*, 3; gera af trúnaði (*vgl.* trúnaðr) *17*, 4; af henni (*ihrerseits, mit ihr*) gerði hann *13*, 18; af ǫllu, miklu afli (*aus Leibes Kräften 60*, 19; *93*, 23; *220*,2; *ähnlich af magni* λ, 1; *vgl. auch* af bragði Grott. *19*,6; *eine scharfe Grenze gegen* 3) *ist hier nicht zu ziehen.* — 3) *den* Grund *bez.* — af hans krapti *13*,16; af eðli sjálfra þeira *4*,4; af þeim kvikudropum *8*, 16; af faxi *14*, 14; af mél-

dropum *14*, 12; af þessi smíð *17*, 6; af harmi (*aus, vor Schmerz*) *76*, 1, *vgl. 181*, 30; Helr. 7, 1; af móði Vǫl. *58*,7; *181*, 18; af sínum brǫgðum *157*, 32; *vgl. auch 175*, 8; af mikilli ást (*aus grosser Zuneigung) 171*, 16; *vgl. 196*, 3; af veiði sinni (*wegen ihrer Beute*) *173*, 24; af áhyggju *199*, 9 *neben zwiefachem lokalen* af; af lofi sínu Rgm. *14*, 8; af þessi sǫk *139*, 5; af þessu *98*, 15; af því *196*, 3; *vgl. auch 18*, 3, 8; *35*, 1, 2; *39*, 5; *46*, 8; *71*, 12; *112*, 6; *115*, 13; *117*, 3; Fáfn. 33, 5. — 4) *den* Stoff *bez.* — af (*aus*) gulli *18*, 2; *vgl. 11*, 4b, 5b, 6b, 7, 8; *12*, 10; *25*, 3, 4; *35*, 15; *39*, 19, 20b., 21 t.; *82*, 8; *120*, 23; *193*, 18; *ähnlich auch* gerir af Pér *65*, 10; (*vgl.* gera). — 5) *den* Gegenstand *im weiteren Sinne, auch das Mittel bez.* — tíðinda af fleirum ásunum *31*, 3; *vgl. auch* 7). — *Besonders auch bei* fullr, fylla *u. A.:* fullr af vísindum *20*, 15; fullr af harmi *46*, 10; fullt af gulli *138*, 4; fyllt af slátri *62*, 20; fylla af rauðu gulli *115*, 3; *ähnlich 173*, 27. — *Vgl. auch* mildr af fé = *freigebig mit Geld 242*, 21. — 6) *Zur Bez. eines* grösseren, *theilbaren* Ganzen: af ættinni *15*, 24; af ásum *33*, 6; *95*, 21; af ásynjum *33*, 9; mest af skáldskap *35*, 2; (*vgl.* mest *s. v.* mestr); fylli af uxanum *93*, 10; af vargs holdi = de la viande de loup *208*, 13; verðr af þeim ǫllum Vǫl. *41*, 5; hverr er — af ǫllum *190*, 22. *Hierhin wol auch* drekkr (or brunninum) af horninu *20*, 16 (*vgl.* eins drykkjar af brunninum *20*, 17; af veði Valfǫðrs Vǫl. 24, 7) *u. A., wo einmal der Brunnen, dann das Horn als Mass der darin ent-*

haltenen Flüssigkeit (vgl. nhd. ein halbes Glas Wein) angesehen zu sein scheint. So auch af horni Þessu *(von dem Inhalte dieses Horns) 64*, 8. *Von der Flüssigkeit selbst:* er af drekkr *97*, 15. — *Endlich* 7) adverbiell *oder doch vom Casus getrennt in den verschiedenen Beziehungen, vgl.* zu 1) a): Þaðan af *17*, 23 *(zeitlich),* Þaðan af *24*, 7 *(räumlich); zu* 1) b): beit af *34*, 20; plokkaði af *121*, 23; af mundi nú *122*, 26; gengr, gangi af *(aus, zu Ende geht) 64*, 9, 11; drekka af *(aus) 64*, 6, 9; *ähnl. 166*, 30; *197*, 15; sváfu af = *schliefen aus, schliefen tüchtig 240*, 2; *zu* 2): Þat er af stóð eitrinu *8*, 6; Þaðau af kómu *9*, 8; illa af ván *37*, 19; gerði af *96*, 10; *105*,*14; eru Þar af orðin *104*, 14; *(in den drei letzten Fällen wäre weniger gut an* 4) *zu denken*); gerðuz Þaðan af *13*, 8; ' ólz Þaðan af *13*, 4; hvaðan af *97*, 1; Þaðan af *(darnach) 11*, 20; *zu* 3): Þaðan af *(in Folge davon) 16*, 3; Þar af *(davon) 24*, 8; Þaðan af Vaf. *45*, 6; Þar af *(davon, darum) 13*, 19; *zu* 4): gerðu af *12*, 10; skọpuðu af *13*, 1; *zu* 5): Þar af at segja *11*, 3; *zu* 6): af at taka *61*, 11; ok sjá ekki af fleira *95*, 21; beidduz af (nₖkkurs) *116*, 12; af drekkr *97*, 15. — *Im Allgem. vgl. noch Art.* frá *und* or.

afar, *adv. (vgl. ausser* Gr. II, 709, *Lund* p. 246, *auch* F. 19. *s.* abra), sehr, *überaus;* afar breitt *20*, 9; a. fagr *115*, 20. * *Vgl.* æfar.

afbragðliga, *adv. (*afbragð n. *zu* bregða) ausgezeichnet. — *224*,1.

afburðarvænn, *adj. (*afburðr *zu* bera af = *hervorragen;* vænn) ausnehmend schön. — N. *196*, 27.

afhús, *n. (vgl.* hús *u.* af 1) b) *der urspr. abgesonderte Bau,* Anbau. — *Wh.* 222. — Nsf. *59*, 5; A. *58*, 16.

afkvæmi, *n. (vgl.* koma *u.* af 2) *die* Nachkommenschaft. — N.*123*,3.

afl, *m. die* Schmiede-Esse, *(vgl.* afl n.), Dsf. *110*, 14; Asf. *110*, 12. — Pl. A. *17*, 21.

afl, *n. (vgl.* F. 20) *die* Kraft, *Leibesstärke.* N. *13*, 19; G. *56*. 1; D. *39*, 5; *mit präpos. 117*, 3; Grott. *8*, 5; af ọllu afli *60*, 19 *(vgl.* af 2 *u.* allr); A. *38*, 20.

afla, *schw. (s.* afl n.) *ausführen,* erwerben. Inf. *159*, 9; *173*, 28. —

Pass. Part. aflat *237*, 23, 24; = *ausführen, mit* Dat., = *erwerben mit* Acc. *oder* Gen. part. *(vgl.* Fritzn., *Lund* p. 78, 167.

afrek, *n. und* **afreksverk,** *n. (vgl.* afrek Vigf., verk) *die* Heldenthat. — Pl. A. *196*, 1; *198*, 4.

aftaka, f. *(vgl.,* taka *u.* af 1) b) *die Abnahme, Einbusse, der* Schade. N. *75*, 3. — *In dieser Bedeut. überh. nur hier? vgl.* Vigf. s. v.

agnsax, n. *(vgl.* sax *Messer und* agn *Köder*) = culter escarius Eg. — Dsf. *(instrumental) 72*, 16. — *Eine Bez. auf* Köder *scheint weder hier noch* Fas. I, 489 *vorzuliegen, auch wird in* Gylf. *der* Köder *für Fische richtig mit* beita *(vgl.* Vigf. *s. v.* agn), *nicht mit* agn *bezeichnet; jedenfalls ein kurzes, wol am Gurt befestigtes* Waidmesser, *das* Fas. I, 489 *zum Abschneiden der Fischköpfe dienen soll.*

aka, *stv.* (lat. agere, F. 8) fahren, *zunächst mit Fuhrwerk oder Lastpferden (54, 2), dann auch von rascherer Bewegung überhaupt gebraucht (wie nhd. losfahren), vgl.* fara, ganga, ríða. — § 121. — Inf. *253*, 14. Pr. S. 3. ekr *30*, 7; *34*, 2; *über den Dat. vgl. Lund* p. 88; *auch die gefahrene Person steht im* Dat. *oder* Acc.) Præt. S. 3 ók *76*, 8; ók út *(54, 2).* Pl. 3 óku *195*, 4. Pass, Part. absol. ekit; Hjọrðísi var e. *168*. 16 = *Hj. wurde zu Wagen in den Wald geschafft; vgl.* *253*, 17.

akarn, *n.* (g. akran) *urspr. wol Feldfrucht (so got.), dann die essbare Baumfrucht,* Eichel, *Ecker; etwas anders bei* F. 8. *aufgefasst.* — N. *60*, 11; Pl. N. Guðrkv. II, *24*, 4.

akr, *m.* (g. akrs) 1) *der* Acker, *verwandt mit* aka (F. 8). — Asf. *218*, 21. — Pl. N. akrar *89*, 4; *218*, 20. — 2) *die Feldfrucht, die* Ähren. — Asf. *191*, 11.

al- *verstärkendes Präfix, s.* allr **,** albúin, alsæll, alvápnaðr.

ala, *stv. (vgl.* g. alan *u.* F. 26), *gebären,* ernähren. — § 120. Part. alandi *rgl.* vá f. — Inf. *151*, 18; *195*, 30 = *zur Welt bringen; vgl.* Pass. Part. N. *m.* alinn *179*, 27; *n.* alit *151*, 23. — ala upp *aufziehen;* Imper. S. 2. al *207*, 15. Med. alaz 1) *erzeugt sein, abstammen;* Pr. Pl. 3 alaz Vaf. *45*, 6; *(Præs. im Sinne des*

Fut.; nascentur Eg.) Præt. S. 3 ólz
13, 4. 2) *sich nähren* Pr. Pl. 3 alaz
Grm. *18, 6.* 3) *aufwachsen* Part.
(Pass.) Pl. f. alnar Grott. *11, 3.*
aldarfar, n. (*von* far = *Lauf u.* ǫld
Zeit, Welt) *der* Weltlauf (*selten*).
— Asf. *90, 6.*
aldinn (*verwandt mit* ala, aldr) alt,
nur poet. — Schw. N. f. in aldna
(sc. kona) Vǫl. *41, 1.*
aldr, m. (*rgl.* ala *u.* ǫld) *die Lebens-*
zeit, das Alter. — N. *144, 3.* G.
aldrs Regm. *15, 4;* D. *135, 2; 150,*
21; A. *22, 8,* 10 (*Lebensdauer, viel-*
leicht überhaupt Lebensschicksal,
wofür 22, 13 fg. spricht). allan aldr
alle Zeit 84, 7. — *Die Bedeutung*
hohes Alter, lange Zeit hat aldr *in*
aldrdagar (q. v.) *und in der adverb.*
Wendung um aldr (Acc.) = *eine*
(*denkbar lange*) *Zeit über* = *jemals*
193, 6.
aldrdagar, m. Pl. (*von* aldr *u.* dagr)
die lange Zeit, Ewigkeit. — A.
um aldrdaga *für ewige Zeiten* Vǫl.
66, 7.
aldri, adv. (Dat. *von* aldr, *verschmol-*
zen mit negat. gi, *eigentl.* aldrigi),
im Leben nicht, niemals. — *6, 14;*
48, 4.
aldrlag, n. (aldr, lag) *die* Lebens-
schickung, *mit besonderer Rück-*
sicht auf des Lebens Ende. — D.
209, 1; A. (= *Tod*) *219, 15.*
aldrnari, m. (*von* aldr, *vgl.* Vigf.) *der*
Lebensnährer, das Feuer, *nur poet.*
— N. Vǫl, *59, 6.*
alin, f. (F. *28; vgl.*'§ *37* A. 5.) *die*
Elle. — Pl. G. alna *252, 10.*
all- *verstärkendes Präfix, s.* allr. **
allr (*zu* ala, *vgl.* F. *26*) adj. all, ganz,
jeder. — Sing. Nom. m. *10, 2; 115,*
25; Vǫl. *49, 8.* — Gen. alls konar
73, 10, 11 (*vgl.* konr); alls háttar
152, 11; *so auch* alls viðar *jedes* =
jedesmöglichen Baumes, von allerlei
Bäumen Guðr. II, *24, 3.* — Acc. allan
84, 7; 141, 16. — Nom. f. ǫll Grm.
29, 8. — Dat. allri *10, 14;* Acc. alla
6, 12; 124, 10. — Nom. n. allt *8,*
7, 13; 17, 18; Vaf. *31, 6* (*oder hier*
adv.? s. Acc.). — Gen. *13, 16; auch*
adv. alls ekki, *gar Nichts 122,* 16;
alls of lengi, *gar zu lange* Helr. *14, 2,*
conjunkt. (*für* alls er = *si qui-*
dem, quum, s. Fritzn. s. v. alls 6)
Regm. *19, 2; 9, 2;* Sigdr. *20, 2.* —
Dat. ǫllu *6, 10;* at ǫllu *in Allem*

259,16; A. allt *100,9; 174,5* (a. gullit
das Gold überhaupt) allt um *221,13*
rgl. um; allt = *überall* (Fritzn. s. v.
alt 2) *22, 5;* Vǫl. *29, 5; auch adv.*
allt til *58, 4; 140,13; 252, 14; (ver-*
stärktes til = ganz hin); Pl. N. m.
allir *36, 16; 37, 1; 42, 1;* allir hlutir
4, 3; allir samt *89,* 8 *vgl.* samt;
Gen. allra tíu vetra (*rgl.* *) *158, 15.*
D. ǫllum *5,* 14; *6,* 10; A. alla *15,*
23; N. f. allar *35,* 14; allar saman
Vaf. *31,5 rgl.* saman; Hyndl. *33,1;*
A. allar *6,10;* Háv. *1,* 1; N. n. ǫll;
G. allra guðanna *30,* 2; *adv.* allra
helzt = *allermeist 153, 34 vgl.* heldr.
A. ǫll guðin 7, 12; *vgl. über den*
Art. bei allr *Lund p. 499.* — * *Der*
Unterschied der Bedeutungen *ist*
aus folgend. Beispielen ersichtlich:
alls konar *von jeder Art 73,* 10;
allir = *alle 42,* 1; af ǫllu afli *60,*
19 *aus (mit) aller (ganzer) Kraft;,*
allr maðr *10,* 2 = *ein ganzer, voll-*
ständiger Mann, ähnlich 115, 25,
u. Pl. G. allra tíu vetra *158,* 15;
adv. G. n. alls *ganz und gar 122,*
16; = *in Allem 213,* 21; conj.
ganz zu der Zeit, gerade als, da 9,
2; *rein causal 207,* 16; A. n. allt
ganz hin, verstärkend: allt til (*ganz*)
bis 58, 4; *181,* 10. Vgl. *auch oben*
die Beisp. — allt saman *s.* saman.
** *Bei Adjekt. u. Adverb. tritt ein*
verstärkendes Präfix al- *und* all-
(*vgl.* Gr. II, 650 *fg.,* Vigf. *s. v.* al-
u. all-) *mit dem Unterschiede auf,*
dass al- *völlig, ganz und gar be-*
deutet, all- *nur eine unbestimmte*
Verstärkung (= *sehr*) *ausdrückt*
(*rgl. auch* Lund *p.245), doch steht*
allítill (*vgl.* § *24* B, a) *für* all-lítill.
Darnach ist angesetzt:
albúinn, adj. (*vgl.* búa) *völlig be-*
reitet, vorbereitet. — N. f. *152,26.*
alldjarfliga, adv., *recht kühn; 249,*
1—2.
allfagr, adj., *recht schön;* Nom.
n. *17, 20.*
allfrægr, adj., *sehr berühmt;* Nom.
f. *103,* 10; n. *95, 17.*
allgamall, adj., *sehr alt.* — N. *261,*
17.
allgóðr, adj., *recht gut, vortrefflich;*
Nom. n. *87, 7.*
allharðr, adj., *sehr heftig;* 'Nf.
222, 2. — Plur. Nom. f. *67, 5.*
allhræddr, adj., *sehr furchtsam;*
N. m. *104* 1.

al(l)lítill, *adj.,.* sehr klein, Nom. m. *64,* 16.

allmikill. *adj.,* recht gross, Nom. m. *51,* 4; *sehr mächtig 51,* 5; Nom. f. *55,* 13; N. n. *48,* 1, 2; D. n. *78,* 5; A. m. allmikinn *178,* 3; A. n. *35,* 8; *73,* 4.

allmjǫk, *adv., in recht reichlichem Masse. — 217,* 21.

allógurligr, *adj.,* recht schrecklich, N. m. *82,* 17; Plur. f. A. *72,* 10.

allókátr (*vgl.* kátr), *adj.,* sehr missvergnügt, N. m. *71,* 19.

allóvænn (*vgl.* vænn), *adj., sehr unerwünscht, namentlich von hässlichem Aeussern. — Pl.* N. n. (comm.) *234,* 8.

allreiðr, *adj.,* sehr zornig, N. m. *102,* 13.

allsterkr, *adj.,* sehr stark, A. m. *38,* 19.

allstórr, *adj.,* sehr gross, Plur. D. allstórum *adv. = mächtig; vgl. Lund* p. 138; *64,* 13.

allvegligr, *adj.,* sehr stattlich, N. m. *42,* 15.

allvel, *adv.* (= very well Vigf.); sehr wol, unbedingt. *— 171,* 29; = *recht gut 238,* 21.

allþarfliga, *adv.,* sehr dringend (*eig. bedürftig*) 94, 5.

allþrǫngr, *adj.,* sehr enge, N. n. *50,* 13.

allþykkr, *adj.,* sehr dick. Pl. Nm. *258,* 15.

alr, m. (*vgl.* F. 28) *die Ahle, der Pfriem;* N. *113,* 6; sf. *113,* 7.

alroskinn, *adj.* (*vgl.* roskinn F. 309) völlig reif. — N. *151,* 34.

alsæll, *adj.,* ganz (*vollkommen*) glücklich. A. m. Grott. *5,* 2.

alvápnaðr, *adj.,* ganz (*völlig*) gerüstet. A. m. *138,* 8. Pl. N. m. *155,* 18.

alsagt, *adj.* n. (allr, segja) N. þetta er alsagt = *das wird ganz allgemein gesagt 253,* 10.

alþýða, f. (allr, þjóð) *das Volk im Ganzen, das* niedere Volk. - N. *217,* 18,

ambátt, f. (*vgl.* g. andbahts m. *u.* F. 16) *die* Magd, *Dienerin.* — N. *38,* 11; A. *168,* 16; Gsf. *169,* 29; Plur. N. *171,* 2; G. Grott. 2, 8; A. *125,* 1; sf. *125,* 7.

ambáttarmót, n. (*s.* ambátt, mót n. Vigf. p. 436 b) *das* Zeichen, Wesen *einer* Magd. — N. *170,* 23.

anda, *schw. v.,* athmen; Med. andaz *aushauchen,* sterben. (F. 14, 15) Præs. Pl. 3 andaz *43,* 1. — Præt. S. 3. andaðiz *war gestorben* 253, 2; *starb 261,* 21.

andi, m., 1) *der* Geist, *die Seele* (F. 14, *vgl.* anda); Dat. anda 39, 21. 2) *der persönlich gedachte Geist,* Elementargeist. — N. 235, 14. *So auch von einem Sendboten Gottes nach christl. Vorstellung* N. 259, 3.

andlát, n. (ǫnd, lát Vigf.) *das Aufhören des Athmens, der* Tod. — A. *195,* 30.

andlit, n. (*vgl.* g. vlits *m. u.* F. 310) *das* Gesicht, *Antlitz.* — A. *80,* 15; *156,* 18.

andspjall, n. (and- F. 16; *hier u. in* andlit, andsvar; spjall, spell = *Rede* F. 355) *die* Gegenrede, Unterhaltung, *poet.* — D. π, 2.

andsvar, n. (*vgl.* g. svaran, F. 362) *die* Gegenrede, Antwort. — Plur. A. *145,* 3. — *Von feierlichen oder förmlichen Entscheidungen u. gern im* Plur. *gebraucht, vgl.* Fr. Vigf.

andvarp, n. (anda, ǫnd; varp, F. 295 *zu* verpa) *das tiefere Athemholen, der* Seufzer. — A. *210,* 1.

angan, *wol* n. (f. nach Vigf., *der „Wolgeruch" als urspr. Bedeutung angesetzt*), *die* Wonne, *der Liebling, nur poet.* — N. Friggjar angan Vǫl. *54,* 8 (*vgl.* Frigg.).

angr, m. (F. 12), *der* Verdruss. — G. *201,* 27.

angra, *schwv.* (*zu* angr) *bekümmern.* — Inf. *196,* 5. — Præs. S. 3 angrar *194,* 31.

anna, *schw. v.* (*vgl.* Vigf.) *arbeiten, meist im* Med. = *sich zu thun machen,* besorgen. — Præs. S. 3 annaz 232, 9. — Part. *absol.* annaz 232, 13.

annarr, *adj., pron.* (§ 99, d) 1); F. 16, g. anþar) ander; *s. Lund* p. 522. Sing. Nom. m. *9,* 8; Gen. annars *41,* 7; D. ǫðrum *40,* 17; A. annan *94,* 18; Plur. N. aðrir *121,* 12; G. annarra 29, 13; D. ǫðrum —; A. aðra *34,* 13. — S. Nom. f. annur 20, 10; *42,* 15; ·A. aðra *173,* 9. — Plur. N. f. aðrar *16,* 10. — S. Nom. n. annat *6,* 4; G. annars *170,* 8; D. ǫðru 5, 8; A. annat *8,* 7. — Plur. N. n. ǫnnur *17,* 16; 58, 17.

Der Bedeutung nach folgende Unterschiede:

1) *ein anderer, so* annarr maðr

149, 2; *197*, 33; annat (A. n.) *ein Anderes, etwas Anderes 49*, 13; vildi
ekki annat *153*, 34; annat sinn *ein
ander Mal 69*, 16; aðrar smiðir
andere Kunstwerke 16, 10.

2) *der andere, so* annarr úlfrinn
82, 1; ǫðrum (S. D.) *124*, 11 *dem
Anderen;* annan *den Anderen 94*,
18; ǫðru *dem Anderen 5*, 8; annat
(A. n.) *8*, 7; at ǫðrum kosti *56*, 15;
103, 4. *Die Verbindung von* engi,
hvárr *und* hverr (*vgl.* hvárr b) *und*
hverr*) *mit einem cas.* obl. *von* annarr *ist hier besonders zu beachten*
(*vgl. auch 171*, 20: hvern mann annarra = *Jeden von den andern
Männern*); *ähnl. auch* aðra sǫgu
*die andere (= den anderen Theil
der*) *Geschichte 241*, 20; *252*, 20, 22,
*sowie Fälle, wo von paarweise
vorhandenen Dingen die Rede ist:*
við ǫðrum (fœti) *9*, 8; en Logi at
ǫðrum (enda) *62*, 20; annarr endir
68, 22. *Diese Fälle leiten über zu
Bedeut.*

3) *der zweite, als Zahlwort*
(*vgl.* § 100): annat (sc. nafn) *6*, 4;
ann. (sc. lið) *164*, 5; í annat sinn
79, 15 *zum zweiten Male;* þat annat
= *zweitens, ferner 74*, 13 *vgl. Lund*
p. 60; í ǫðrum (drykk) *100*, 9; á
ǫðru leiti (*vgl.* leiti) *102*, 1; engi
annarr *kein Zweiter 119*, 18; annat
jafn gott *47*, 9. — *Auch bezeichnet*
ann. *den Zunächstfolgenden:* á ǫðru
leiti *101*, 11 *vgl. oben; so auch* annan dag eptir *den andern (zun. folgenden) Tag 172*, 6; *193*, 9; annars
dags *189*, 10.

4) *der eine, so namentlich in der
Verbind.* annarr — annarr, *der eine,
der andere (insofern der Beginn
der Zählung eben so gut hier wie
dort gemacht werden kann), so* annarr hlutr — (annarr hlutr) *104*, 13
—14; *vgl. 162*, 26; *168*, 5—6; *183*,
31; *253*, 16; at ǫðrum enda — (en
at ǫðrum) *62*, 20. — *Bei paarweise vorhandenen Dingen kann*
annarr *auch alleinstehend so gebraucht werden:* (tveim hǫndum)
ǫðrum fœti; *mit dem einen Fuss
60*, 1; *ähnlich 122*, 20; *210*, 13 = *zur
Seite; 251*, 19 *vgl. 251*, 17. — *Endlich beachte man*

5) *eine adverbial wiederzuge-
bende Anwendung wie in:* aðrir þrir
vetr *ebenfalls (eig. zweite, andere)*

drei Winter 81, 7; þat er sæti
þeira tólf standa í, ǫnnur (sæti) en
hásætit *17*, 16 = *ausser dem Hochsitze. Vgl.* Hkr. Hálfd. s. Sv. Ç. 5:
hann lét hǫnd sína ok hafði þrjú
sár ǫnnur (*ausserdem*).

annat hvárt, adv. (annarr 4), hvárr),
Eines von zwei Dingen, entweder
. . (eða = *oder*) *213*, 18; *218*, 10.

ansa *oder* **anza,** *schw.* (*nach* Vigf. =
andsvara) *sich um Etw.* (til c G.,
um c. A.) kümmern. — *Praes.* S. 3
ansar *238*, 23; *Praet.* S. 3 ansaði
239, *1.*

apaldr, m. (F. 18; *vgl. Sievers in
Pauls Beitr. V*, 523 *fg.*) *zunächst der*
Apfelbaum; *152*, 3 *wol = Fruchtbaum,* Baum (*vgl.* barnstokkr, eik
u. Fritzn. s. v. apaldr).

api, m. (F. 18) *der* Affe, *auch als
Schelte von einfältigen Wesen, so*
(Pl. G.) Grm. 34, 3.

aptan, (*so* Vigf., Fritzn.) *oder*

aptann, m., *der spätere (eig. hintere?)
Theil des Tages, der* Abend (*vgl.*
aptr. — N. aptan *144*, 5; G. aptans
149, 11; D. apni (§ 37, *A.* 2) *48*, 6;
aptni Regm. 25, 5; A. aptan *70*, 13;
(*vgl. auch* kveld); síð um aptan *spät
Abends (nach Sonnenuntergang) 154*,
25; Asf. aptaninn *149*, 12; síð um
aptaninn *spät an diesem (demselben)
Abend 157*, 11.

aptansǫngr, m. (aptann, sǫngr) *der
Abendgottesdienst,* die Vesper. —
G. 235, 10.

aptr, adv. (*vgl.* af u. eptir) *entfernt.*
zurück, hinten. — koma aptr *49*, 2;
Grm. 20, 5; settu aptr *61*, 19; *vgl.*
setja; leit a. *139*, 2; fóru a. *119*, 10;
snýz a. *63*, 11; lýkr a. *44*, 5 u. lúka
a. *62*, 1; *161*, 25 *vgl.* lúka. — sendi
aptr *100*, 17 = *per posticum ejiceret.*
(Eg.) — *In einzelnen Fällen etwa
mit „wieder" zu übersetzen (vgl.* Vigf.
s. v. II); so hvarf út aptr (*hinaus
zurück = wieder hin.*) 209, 5.

aptrmjór, adj. (*vgl.* mjór u. aptr)
hinten schmal (*schmal zulaufend*)
80, 5.

arfi, m. (F. 25) *der* Erbe; *poet.* =
Sohn. — Pl. N. arfar Helr. 5. 6.

arfr, m. (F. 25), *die* Hinterlassenschaft,
Erbschaft. — N. 120, 22; D. 96,
15; A. *119*, 20; (*vgl.* taka).

ari, m. (F. 21), *der* Adler, Aar; N.
Vǫl. *51*, 6.

arinn, m. (F. 24), *die* Feuerstätte,
der Heerd.— G. arins Guðr. II,24,5.

armr, m. (F. 22), *der* Arm, *Ober-
Arm; meist poet.* — (*In Prosa gew.*
hǫnd; q. v.) D. Helr. *13,* 4.

arnarhamr, m. *vgl.* hamr *u.* ǫrn), *die
Adlerhülle,* Adlergestalt. — D.
arnarham *94,* 14; A. *26,*12; *100,*11;
Af. *95,* 7.

arnsúgr, m. (*vgl.* Vigf.), *das* Adler-
rauschen, *der Adlerflügelschlag;*
A. *95,* 8 (*sonst nur poet., u. selten*).

aska, f. (F. 29), *die* Asche, *der Staub.*
D. at ǫsku *6,* 5.

askr, m. (F.29), *die* Esche.— N. *20,* 7;
Vǫl. 48 a; Gsf. *21,* 3; D. *20,* 4; Dsf.
22, 6; A. Vǫl. *24,* 1; Asf. *24,* 2.

-at, -a, *negat. Suffix* (*vgl. auch* -t *u.*
þótt, Vigf. s. v. Á.) — nicht. *Fast
nur poet., in Prosa archaistisch,
vgl. Einl. S.20 Anm.* — 1) flýrat 137,
20; verðrat Regm.*6,* 5; fellratSigrdr.
10, 7; varat — né — né Vǫl. *6,* 3—4
(*weder — noch — noch*). — eigut
(= eigu at) Þær Fáfn. *13,* 3. — *Mit
suffigiertem Pronomen* (*vgl.* þú): lezkattu Loks. *47,* 3 (G. XX); varattu
Grott. *8,* 1; munattu Grott. *20,* 1; —
2) vara Grott. *14,* 5; muna Grott.
17, 5; varka β, 2; nautka η, 5;
kœmia Grott. *10,* 1; eruma ib. *20,* 7.
vildigak = vildi-ek-a-ek Helr. *13,*6.

at, *präpos. u. adv.* (F. 13), zu, bei,
in, auf. 1) *nur scheinbar mit dem*
Gen., *vgl.* Fritzner s. v. at 18 *u.
hier u.* 2 a), *so at* Heimis (sc. húsi)
123, 4; *vgl.* at Fróða Grott. *1,* 5;
ib. *16,* 8; at feðr *203,* 22. — 2) *mit
dem* Dat. *a) lokal (a. d. Fr.: wo?
aber auch wohin? vgl.* hnykkir at sér
156, 26): at aski Yggdr. *20,* 4; *vgl.*
Grm. *29,*6; at Urðarbrunni *24,* 12; at
Nóatúnum *32,* 12; at borginni *52,*16;
at Valhǫll Grm, *23,* 3; *vgl. 137,* 17;
so auch bei heita = *heissen, z. B.* heitir
at Gnipalundi = *Gnipalund heisst
164,* 14; *vgl. mhd.* diu (burc) was
ze Santen genant = *hiess Santen* (*mhd.
Wb. III,* 855) *Nibel.* 20, 4. *Ähnl.
auch 164,*16; *vgl. Lund p.* 36 *Anm.*3;
at meldri Grott. *24,* 6; at hánum
(*an ihm*) 70,18 *vgl. 122,* 14; at borð-
inu 72,7; at ósi *107,*11; *vgl. 103,* 1;
*62,*20 *zum.*—at hǫfði *43,* 2 (*an, auf
dem Kopf*); lauss at fótum *an den
Füssen* 67, 4; at hǫfði — at fótum
212, 1—2 = *zu Häupten, zu Füssen.
Freier:* vel at sér (*an sich, für sich*)

búinn *63,* 5; bezt at sér *242,* 12 *vgl.*
bezt; hverr at (*bei, nach*) ǫðrum
138, 2; logit at þér (*an dir, gegen
dich*) *40,* 2; þiggja at gjǫf (*vgl.* f)
at mér *meinerseits* 153, 9; þótt Vǫls.
sætt sé at þér *172,* 31; ills ván at
(*bei, von — her*) þór *103,*12; nyt ok
frægð at... *184,*10; hǫfð at minnum (= hǫfð uppi) *36,* 5; *oder dies
Beispiel zu c?* —
   *b) von der Zeit (a. d. Frage
wann?):* at kveldi *am Abend 10,*11;
at morni *14,* 11; at apni *48,* 6; *vgl.
49,* 2; at miðri nótt *125,* 17; at vetri
im Winter 99, 14; *vgl. 145,* 1, *überhaupt von der Gelegenheit:* at kaupi
(*bei dem Contract*) 53, 9; at þeiri
veizlu *120,* 24; at ǫðrum kosti *im
andern Falle 56,* 15; *103,* 4. —
Vgl. auch ungr at aldri (*an Alter*)
135, 2. —
   c) vom Ziele (*zunächst einer Bewegung, dann auch sonst*) hljóp at
hestinum (*auf das Pferd zu*) *54,* 3;
komit at nótt *67,* 9; ganga at hánum (*auf ihn zu*) *122,* 11; koma at
þér (*an dich*) *104,* 7; kom at heimboði 97, 10; kómuz þér at miði *98,*
22; tók at herfangi (*zur Beute*)
*140,*6; tóku at gislingu (*zur Geissel*)
32, 6 (*oder diese beiden Fälle zu e?*).
— brenni at ǫsku *6,* 15; fraus at
hrími *8,* 6; urðu at járni *80,* 13;
þat varð at sætt *32,* 6; *vgl. 98,* 18;
fœðir at sonum *15,*23; báru at syni
35, 13; sendir at erindum *44,* 14;
reið at hringinum *138,* 16; spurði
at nafni *4,* 15; *vgl.* Grott. *8,* 7;
þiggja at gjǫf *138,* 16; hvat varð
Sigurði at bana 253, 4 = *was wurde
dem Sig.* (*Grund*) *zum Tode* = *wie
kam Sig. zu Tode?* komit mjǫk at
(*bis an*) borghliði 53, 14; søkkr
upp at skaptinu *60,* 20; *vgl. 153,* 6.
— skutu at Baldri *74,* 3; *vgl. '16,*
17; vá at *104,* 18; vágu at *121,* 4;
vgl. auch Vǫl. *54,* 6; *56,* 4. — at
nachgestellt: vígi at (*zum Kampfe*)
Vaf. *18,* 2.
   *d) zur Bezeichnung des mass-
gebenden Gegenstandes, Menschen u. s. w.* (*den man so zu sagen
im Auge hat, ähnlich dem Ziele*)
vgl. Lund p. 132: gerðuz at (*nach*)
þeira vilja *4,* 3; at vilja = *nach*
(*seinem eigenen*) *Wunsch* Grott. 5,7;
at tilvísun Loka *74,* 17; *hierher wol
auch* at váru máli (*u. Sprache ge-*

mäss) *in unserer Sprache 6*, 2; at ǫllu *in jeder Hinsicht 197*, 28; at illu = *in übler Art 165*, 8; *251*, 10; at vísu (*sicherem Urteil gemäss*) skilja *40*, 7; at því er menn mæltu *149*, 5; gildir at ættum ok réttum fullum *143*, 14; fjǫlbreytinn at háttum *37*, 8; kjósa at fótum *95*, 21 *vgl.* Grott. *8*, 5, 6; at kǫppum kenndar ib. *15*, 3; ókunnr at sýn *153*, 1; at saklausu *ohne Grund 154*, 7.

e) *zur Bezeichnung des äusserlichen Gegenstandes einer Beschäftigung, unterschieden von dem eigentlichen inneren Ziele derselben. Der Gegenstand kann in diesem Falle öfter auch als Mittel oder Werkzeug bezeichnet werden:* lék at (*mit*) handsǫxum *4*, 14.

f) (*als innerlich zum Ziele genommen*) *zur Bezeichn. des Zweckes:* gaf at launum *3*, 2; lagði at veði *21*, 1; *34*, 18; fá at vistum *48*, 1; fá at náttstað *56*, 21 *rgl.* fá; buðu at yfirbót *57*, 21; *vgl. 116*, 11. — *In diesem Falle berührt sich* at *mit* til *c.* Gen. 4) *und einem freieren Objektsaccusatir, s.* Lund p. 51.

3) *mit dem* Acc. *vgl.* Fritzn. s. v. 1). —

4) *als trennbares Präfix oder Adverb steht* at *in Fällen wie* hvat hafðiz hann áðr at *6*, 19; *vgl. 11*, 1; *17*, 11; *29*, 14, *und sonst sehr häufig in den verschiedenen Beziehungen, die unter* 2) *dargelegt sind; vgl. z. B.* kom at (*herzu) 117*, 13; knúðiz fast at (*an, gegen) 39*, 12; stóð at (*dabei) 76*, 2; at (*daran, dabei*) þykkja *96*, 13; at fremja *dabei ausführen* (*nicht etwa* vill — at fr.) *193*, 7; var at *war dabei, lag ror 47*, 12; hugði at *116*, 1; at var gert *dabei geschah, vorgenommen wurde 73*, 17; at gert *dabei gethan. ausgerichtet 157*, 16; at gera *zu* (*Wege*) *bringen, anfertigen 176*, 3; at kominn *herbeigekommen 258*, 12. — *Besondere Beachtung verdient noch* at *beim* Comp., *eigentlich at* (eo) — at (quo); *rgl.* ekki manni at nær (*s.* nær), þótt (= þó at) *157*, 21. *In einfachem Satze* (*vgl.* Fritzn. s. v. at 20 b): ok eru Guðrúnar harmar at meiri = *desto grösser 211*, 30; at leiðari *254*, 3. —

* *Die sehr häufige Verbindung von* at *mit dem Infin. lässt sich am* besten wol hier an die präp. at *anreihen, da in solchen Fällen verwandte Sprachen den Dat. des flektierten Infin.* (*oder das* Gerundium) *zeigen. Man vgl. also* at sœkja *4*, 17; at sjá hann *5*, 2; at eta *121*, 1; at herja *17*, 2 *u. A. mit* (up) te kumanne Hêl. 3299; zi ezanne *im Ahd. u. Ahnl.* — *Vgl. übrig.* Lund p. 360 *fg.* (*u.* 359 *Anm.) Im Læsb. u. sonst häufig wird* at *c.* Infin. *als* Conj. *gefasst.*

at, *Conjunktion.* dass, *sowol in Verbindung mit andern Partikeln, wie allein gebraucht.* 1) *in Verbindung mit* því, *s.* því; *mit* þó, *s.* þó; *mit* þá, *s.* þá; *mit* svá, *s.* svá. *Bei voraufgehendem* því at *u. m. kann auch blosses* at *in demselben Sinne folgen, so 74*, 13 at ek em vápnlauss. — *Bei voraufg. Negat. kann* at *mit* Conj. = þó at (*gesetzt auch*) *sein, so 15*, 12; *vgl.* Lund p. 386; 424. *Bei nachfolg. Neg.* = ob *auch* Helr. *13*, 6. — 2) *allein stehend, im Nachsatz* (*mit Ergänzung einer Part. im Vordersatze!) mit* Ind. *u.* Conj. sǫnn dœmi (sc. þess), at eigi er logit *40*, 2. Sét muntu hafa (sc. Þat), at konan hefir *40*, 3; at veði (sc. þess), at þetta sé *41*, 6 *u. oft.* — *Scheinbar beim Imperat.* 232, 26, *wo aber das* at *als überflüssig gelten kann nach Anal. von den bei* Vigf. s. v. V *besprochenen Fällen.*

* *Über den Wechsel von* at *u.* er *rgl.* er. — *Im Übrigen vgl.* Lund p. 271 *fg.*, 301 *fg.; über den Wechsel ron* at *u.* Acc. c. Inf. *p.* 381 *fg.; ferner* 415 *fg.* — *Etymolog. ist die* Conj. at (*für* þat? *vgl. u. A.* Lund p. 416 *Anm.) viell. von der Präpos.* (= g. at) *zu trennen.* Paul, *Beitr.* VI, 218 *setzt erstere* = g. ei.

atall (F. 14), *adj.* wild, schrecklich (*eig. zehrend?*) — N. n. atalt Vafþ. *31*, 6. — (*poet.*)

atburðr, m. (*vgl.* bera *u.* at), *etwas sich Zutragendes, ein* Ereignis, Anlass. — Dat. af þeim atburði (ob causam Eg.) *29*, 6; Acc. atburð *98*, 3; allan atburð *den ganzen Verlauf 156*, 35. — Plur. N. atburðir (*Anlässe*, occasiones Eg.) *29*, 8; Dat. atburðum *56*, 10; A. atburði (rationes Eg.) *52*; 5; = *Begebenheiten 252*, 13, 21.

atferð, f. (*s.* ferð *u.* at), *das* Benehmen, *die Lebensart.* — A. *171,* 15.

atganga, f. (*vgl.* ganga *u.* at), *das feindliche Herangehen, der* Angriff. — A. atg〈ngu 53, 22.

atgervi, f. *vgl.* gera *u.* at), *die* Fertigkeit, *die Geschicklichkeit.* — D. *162,* 34. — A. *36,* 14; *173,* 7.

athœfi, n. (*vgl.* hefja *u.* at), *das Anheben,* Vornehmen, *von Geschäften u. dergl.* — A. *13,* 11.

atkvæði, *n.* (*vgl.* kveða *u.* at), *der* Ausspruch, *die Entscheidung.*|— N. *111,* 16; *217,* 29; D. *18,* 9.

atseta, f. (*vgl.* sitja), *der* Wohnsitz. A. *124,* 2.

attu = at þú, s. þú. —

auðigr, *adj.* (*vgl.* auðr), reich. — N. *32,* 2; *173,* 5.

auðinn, *adj. part.* (F. 7), bescheert, *bestimmt; namentl.* im n. auðit (*mit* Nom. *od.* Gen., *Lund p.*177); heilla auðit Regm. 22, 4.

auðkenðr, *adj.* (*vgl.* kenna *u.* auð-, *das als Präfix bei Adj. den Gegensatz von* tor = *schwer bezeichnet, vgl.* Vigf. s. v. auð-, *Lund* p. 247), leicht zu erkennen. — Nom. f. auðkend *38,* 14.

auðmildingr, m. (*v.* mildingr = *freigebiger Mann u.* auðr), Plur. A. auðmildinga *142,* 15.

auðna, f. (*vgl.* auðinn), *das Geschick, spec. die günstige: das* Glück. — A. *261,* 2.

auðnumaðr, m. (auðna, maðr), *der* Glücksmensch, *das* Glückskind. A. *260,* 8.

auðr, m. (F. 7, *vgl.* auðigr), *der* Reichtum, *die Fülle.* — Gen. til auðar f. 2. D. á auði Grott. *5,* 5 *u.* auð (§ 47) *201,* 12; A. auð Gr. 5, 1; *170,* 11; *32,* 2 (*mit abhäng.* Gen.= *an fg.*).

auðsýnn, *adj.* (*v.* sýnn *sichtbar, u.* auð-, *s.* auðkendr), leicht sichtbar; Nom. n. auðsýnt er *leicht zu sehen ist* 56, 17.

auðsær, *adj.* (*v.* -sær *sichtbar u.* auð, *s.* auðkenðr), leicht zu sehen. Nom. n. auðsætt er nú *65,* 16.

auðvitat, n. part. (auð-, vita), *leicht gewusst,* leicht zu bestimmen. — N. *234,* 3.

auga, n. (F. 6 unten), *das* Auge. — N. *155,* 33. D. augu; þér vex allt í augu 232, 26 = *dir wächst Alles im Auge* = *du siehst Alles zu gefährlich an.* — A. *21,* 1. — Pl. N.

augu *191,* 4; Gen. augna *23,* 3; Gsf. augnanna 57, 18 (*vgl.* sjá): Dat. *82,* 15; A. *96,* 9; Asf. 57, 17; *111,* 8.

auglit, n. (*s.* auga, líta), *das* Gesicht, *der Gesichtskreis.* — D. or augliti *150,* 1.

auka, *stv.* (F. 6), vermehren, zufügen. — Inf. ætt saman at auka = *zus. ein Geschlecht fortzupflanzen* 215, 4. Pr. S. 3 eykr *82,* 10. Imprt. Pl. 1 aukum *137,* 16; Impf. S. 3 jók *8, 6* (*hier intrans.* = *fügte sich,* schob *sich*). Pass. Part. *absol.* aukit *166,* 10; *mit instrum.* Dat. *erfüllt von Etw.* (*vgl.* Eg. Lex. Poet.) Nf. harmi aukin *229,* 5.

auka, *schw. v.* (*erst allmählich aus dem stv. entwickelt, vgl.* Vigf. s. v.), Med. Præt. Sing. 3: aukaðiz *sich vermehrte 8,* 1.

auki, m. (*vgl.* auka), *die* Vermehrung, *der Zuwachs.* — Danmarkar auka *a,* 4.

aumligr, *adj.* (= aumr Vigf.), unglücklich. — N. f. Regm. 2, 4; *212,* 6 = *armselig.*

aura *s.* **eyrir** m.

aurr, m. (F. 7, Vigf. s. v.), *eine feuchte, auch sandige Erde,* Feuchtigkeit, *Nässe.* — N. aurr Grott. *16,* 5; D. auri Vǫl. 22, 4 (*vgl.* hvítr). Asf. aurinn (*Schlamm?*) 24, 1; *vgl. auch Einl. S.* 89.

ausa, *stv.* (F. 7), schöpfen, *sprengen.* — Præs. Pl. 3 ausa 24, 2; Part. Pass. Præt. ausinn Vǫl. 22, 3 (*besprengt*). vatni ausinn *171,* 14 = *heidnisch getauft, vgl. Wh.* p. 262 *u. K. Maurer:* Die germanische Wasserweihe p. 6 fg.; *die christliche Taufe* = skirn. *Vgl. auch* með 3).

austan, *adv.* (F. 7, 8), von Osten her. Vǫl. 51, 1; ib. 52, 1. fyrir austan mit Acc. *im Osten von* (*vgl.* fyrir): *15,* 20; Grott. *19,* 2.

austr, *adv.* (F. 8), ostwärts, *im Osten* 58, 4; Vǫl. *41,* 1. — í austr *in östlicher Richtung* 61, 12.

austrrúm, n. (*vgl.* rúm *u.* ausa), *eig. der* Schöpfraum, *d. h. der flache Boden eines offenen Fahrzeuges, wo das eingedrungene Spülwasser sich sammelt und dann ausgeschöpft wird, namentlich wird der in der Nähe des Steuers befindliche Platz so genannt, doch nicht ausschliesslich* (*vgl.* Vigf.). — A. í austrrúm 71, 10. *Auch hier ist wol an das hintere*

Ende des Bootes zu denken, da
Hýmir *im vorderen* (*vgl.* 71, 12)
Platz nimmt.

austrvegr, m. (*vgl.* vegr *u.* austr),
eig. der (*östliche*) *Weg, die* Ost-
gegend. A. í austrveg *nach dem
Ostlande* 53, 11; Pl. A. í austrvega
101, 2; um austrvega (*vgl.* vegr)
145, 7.

ax, n. (= *got.* ahsa f.), *die* Ähre.—
N. Guðrún. II, 23, 7.

Á.

á (Præs. S. 1 *u.* 3) *s.* eiga.

á *präp. u. adv.* (g. ana, F. 16) auf,
an, *in, zu.*

1) *mit* Dat. a) *räumlich:* á
himni *am Himmel* 21, 3; á hliðu
Grm. 35, 5; á hendi 119, 24; á
ongli d 2; *nachgestellt:* sjávar beðjum á γ. 12. *Vgl. Lund* p. 195.
á baki *auf dem Rücken* b. 1; á oxlum 15, 6; á fleti Háv. 1, 6; á jorðu
17, 17; á sanðum 35, 20; á sænum
69, 2; á eldinum 79, 6; — á skóginum *im Walde, eig. auf dem W.*
(*vgl. nhd. auf dem Felde*) 68, 5; á
morkum 164, 27; á lopti *in der
Luft oben* 4, 15; á Gimlé 87, 7;
á þjóði 116, 25; á norðrlondum 128,
9. — á oðru leiti 101, 11 *vgl.* leiti,
helt á lærlegg 57, 8. *s.* halda. —
b) *zeitlich:* á (*in*) þeiri nótt 121, 4;
125, 13; á hverjum tveim dœgrum
14, 10; á þrim misserum 52, 9; á
einum vetri 52, 15; á þriggja mánaða fresti *auf eine Frist von =
nach Ablauf von 3 Monden* 109, 1;
154, 13. — c) *in freierem Gebrauche,
an* a) *angelehnt.* — ferr á (*auf, mit*)
skíðum 33, 2; á hestinum *auf, mit
dem Pferde* 53, 6; vald á mér (*an
mir, über mich*) 69, 17; á feðrum —
þeira *ihren* (*eig. an ihren*) *Vätern*
30, 11. — á hans griðum *in seinem
Schutze* 102, 18; spretti á knífi 57, 8
s. spretta; seðja á hræi þínu *an* (*mit*)
deinem Leichnam sättigen 165, 12.

2) *mit* Accus. — a) *räumlich:*
brá á (*an*) sik 4, 6; setr á munn
64, 21; settu á fœtr *auf die Füsse*
174, 6; kemr á mína fœtr *an m. F.*
40, 22; á hallarvegginn 106, 8; blés
á hann 84, 4; kvæmi á þá bera
123, 9; skutu eldi á hollina 121, 6;
segl kom á lopt (*an die Luft = in*

die Höhe) 111, 21; á ána *auf den
Fluss zu, in den Fluss* 119, 14, 16;
á sæinn 80, 1; á þingit 94, 20; á
Gautland 154, 12 *nach G.* — kom
á (*auf*) hofuð Sif 111, 21; á háls
111, 3; á hond 110, 16; á aðra hlið
82, 17; á fingrinn 117, 18; á oxl
107, 6; á tunguna 117, 20; á eldinn
137, 12, 18; á sæinn (á sæ) 98, 5,
11 (*hier anders als* 80, 1); á egg
auf die Kante 80, 8; á hæla 5, 4;
á kné 67, 6; á stólinn 107, 19; leit
á bekkina 66, 14; skjóta á hann
73, 15; gekk á grindina (*auf — zu*)
62, 1; riðu á hana 122, 5; á skóginn 150, 1. — b) *in etwas freierer Verwendung:* á hendr (*vgl. nhd.
„auf den Hals" u.* hond) 125, 12;
ähnl. herja á Hundingssonu 244, 1;
logðum á þá *legten ihnen auf* 173,
26; kjósa feigð á menn (*der Tod
wie eine Last aufgelegt, vgl.* Vigf.
p. 38 A. VII.) 45, 8; kallaði á menn
sína (*rief seine Leute an, herbei*)
122, 25; kallar á 141, 7; kolluðu á
þór 54, 12; á hann skal heita 32,
1, 3; kallaði útar á bekkinn (*d. h.
die auf der Bank sitzenden*) 62, 17;
kolluðu á (*zu*) einmæli 97, 11; fór
á fund 140, 14; — minnaz á (*an*)
rúnar sínar 89, 9; á hverjan veg *in
jeder Richtung* Vaf. 18, 5; á fleiri
vega (*vgl.* vegr) 28, 4; harðir á húðina (*an der Haut*) 123, 8; á voxt
(*an Wuchs*) 135, 2; á hárslit 121,
12; á hár ok á líki 31, 9; á tvá
bekki (*auf zwei Bänke vertheilt*)
62, 5; *vgl.* bekkr. — á þá lund (*in
der Weise*) 97, 4; á óvart *unerwartet* 191, 17, *vgl. nhd. „aufs Unge-
wisse";* á þat, at *darauf hin, dass*
32, 11; svá líz mér á þenna dregil
(*in Bezug auf, um*) 40, 19; þreytir
á drykkjuna (*vgl.* þreyta) 64, 22; á
braut (brott) *vgl.* braut; á samt *s.*
ásamt.

*) *Die Grundbedeutung der präp.
ist* (*vgl. griech.* ἀνὰ, ἄνω) auf, *die
aber mit der Zeit vielfach abgeschwächt eine Verstärkung durch*
upp *ertragen kann, um die Bedeutung „auf, hinauf" deutlicher zu
bezeichnen.* fór upp á 10, 16; setti
upp á 14, 9, 20; 22, 2 *u. w., vgl.* upp.

**) *Als Adv. gelangt á zur Ver-
wendung sowol in lokalem Sinne:*
varka ek lengi á β, 2 (= á fjollum);
skip, þau er komin eru . . , eru á

auf den Schiffen, die gekommen sind — *befinden sich 164*, 5; stóð á (sc. skildinum) *104*, 8; at Þat mólz á (*darauf*) *125*, 5; kom á (*herauf*, sc. *am Himmel*) *177*, 2; *wie in freierer Verwendung:* sigr fengit á (*dabei*) *56*, 5; — at engi vissi tol á *in Bezug darauf 178*, 16. *Auch vor dem Verbum:* á vera (*vorhanden sein*) *41*, 7; á vera (*dabei sein*) *40*, 16; á (*dabei*) fengiz *65*, 14; á leið (*aufging, zu Ende ging*) *53*. 12; á hefði komit (*darauf gekommen, getroffen hätte*) *68*, 10; á festa (*darauf haften 122*, 9; á lá (*vgl.* Vigf. álög) *auflag, vorlag* (*als Last, bestimmtes Verhängnis*) *227*, 25. *Ausserdem als Präfix in* ábíta, ákveða, ágirni *u. a. W.* — *In Verbindung mit Verbis ist die Trennung stets zulässig:* á bíta *oder* ábíta; *vgl. nhd. aufessen neben* Præt. *ass auf. Die meisten* Hrgb. *nordischer Texte pflegen (gegen den Gebrauch der* Hss.) *diese Trennung durchzuführen, wodurch die Auffassung des logischen Zusammenhanges nicht selten erschwert wird.*

á, f. (g. ahva, F. 10), *eig. das Wasser, der* Fluss. N. *42*, 5; *218*, 12, 17; Nsf. *107*, 6; G. ár *107*, 3; Gsf. *76*, 17; D. á *114*, 3; Dsf. ánni 79, 20; *114*, 4; A. á *107*, 11; Asf. 79, 4; *218*, 21. — Plur. Nom. ár 7, 4; *8*, 1; G. á *107*, 3; A. ár *17*, 3.

ábíta, *stv.* (*vgl.* bíta *u.* á), *anbeissen, aufessen,* geniessen. — Inf. 35,6.

ábyrgð, f. (*vgl.* bjarga *u.* á), *die* Verantwortlichkeit, *Bürgschaft.* — hafa mikit í ábyrgð *für Viel einzustehen haben, sehr bedacht sein müssen* 103, 11.

áðr, *adv. u. conjunkt.* (F. 30), eher, *früher;* ehe, *bis.*

1) *adv.* hvat var áðr? *6*,22; 40,1; *43*, 17; *64*, 17; áðr ganga *vorher gehen 81*, 7. — *Wegen 49, 12 vgl.* Lund p. 289.

2) *conj., vollständ.* áðr, en (*vgl.* en = als) — *sowol mit Indik.:* *31*, 1; *61*, 19 (*vgl.* Var.); 75, 23; *u. ö.* — *wie auch mit Conj.:* 6,19; 7, 14; *12*, 1 *u. ö.* — *Vgl.* Lund p. 283, 337. — áðr *allein, mit Ind.* 94, 10; *102*, 19; Vol. *46*, 10; *mit Conj.* 55, 13; *125*, 12; Háv. *1*, 2; Vaf. *47*, 3; Vaf. 35, 2; Grott. *14*, 6. — *Vielfach kann* áðr *auch durch*

„*bis"* (*vgl.* unz) *übersetzt werden, so u. A. 110, 4; 125, 18; beachte noch:* ekki lengi, áðr *70*, 10; eigi lengi, áðr en *67*, 5; mundi brjóta, áðr en (*wenn nicht*) 75, 23; *s. auch* Lund p. 283. — *In der Stelle* Grott. 2, 7; áðr en heyrði *scheint* áðr *mit der vorhergehenden Neg. zus. die Bedeutung: nicht ehe als, nur so lange wie* (*vgl.* 125, 10) *zu haben.* (*Doch übersetzt* Eg.: prius quam audisset.)

áfenginn, *adj.* (*vgl.* áfengr), stark, *berauschend.* N. 93, 4.

áfengr, *adj.* (*vgl.* áfenginn), stark, *berauschend.* A. 121, 3.

* *Beide Bildungen eig.* = *anpackend, überwältigend, von* fá (*Part.* fenginn *hier im akt. Sinne*) *u. ä.*

ágjarn, *adj.* (á, gjarn F. 101), *begierig,* verwegen (*auch habsüchtig*). N. 208, 15.

ágirni, f. (*vgl.* § 74; ágjarn), *die Begierde,* Habgier. G. ágirni *81*, 9.

ágæti, n. (*s.* ágætr), *der* Ruhm. — G. til ágætis *zur Ehre, in ehrenvoller Art 226*, 17; D. *178*, 23; A. *166*, 5. — Pl. berühmte *Thaten.* — Pl. Dat. ágætum; at ág. gera *laut u. allgemein rühmen 152*, 8.

ágætisverk, n. (ágæti, verk), *eine* rühmliche That. — Pl. A. *194*,12.

ágætligr, *adj.* (*vgl.* ágætr) *erwähnenswert,* stattlich. S. D. m. *163*,16. D. n. *164*, 19. Nf. ágætlig 197, 36. Superl. N. m. *176*,32.

ágætr, *adj.* (*von* geta = *im Gedächtnis haben u.* á *vgl.* Vigf.), berühmt. — N. 35, 1; A. m. 39, 5; A. f. *152*, 12. — Plur. N. m. *145*, 14. — Sup. N. ágætastr 117, 3; *134*, 3; *zus. gez.* ágæztr 196, 2; 203, 23; *schw.* inn ágætasti 33, 6; A. ágæztan (= ágætastan) *10*, 9; N. f. ágætust 33, 9. — Plur. N. m. *schwacher Flex.* inir ágæstu menn 171, 17; 190, 27.

áheit, n. (*vgl.* heita *u.* á), *die* Anrufung (*einer Gottheit*). G. Pl. 34, 3.

áhlaup, n. (á;, hlaup), *der plötzliche* Einfall, *Überfall* (*auch mit Schiffen*). — Pl. D. 237, 21.

áhugi, m. (*vgl.* hugr, hugi F. 77; *u.* á), *die* Andacht; *der Gedanke, die Einsicht.* — D. *151*, 6.

áhyggja, f. (á- *u.* hyggja, *vgl.* áhugi), *die Sorgfalt, die Sorge, der* Kummer. — G. *196*,5. D. *181*,30; *Aufregung 199, 9.*

ákafa, adv. (vgl. ákafliga), heftig, sehr.
— 260, 15.

ákafliga, adv. (vgl. Vigf. s. v. ákafr),
heftig, schnell. 15, 13; 39, 15. —
Sup. sem ákafligast so· schnell wie
möglich 100, 11; sem ákafligast má
hann so stark wie er kann 65, 12.
Vgl. sem c).

ákafligr, adj. (als adj. häufiger ákafr,
vgl. ákafliga), eifrig, inständig. —
A. f. ákafliga 176, 16.

ákafr, adj. (vgl. Vigf. s. v.), heftig.
— D. f. ákafri 178, 14.

ákall, n. (vgl. kalla u. á), der Anruf,
die Anrufung (vgl. áheit). G. til
ákalls 29, 9.

ákveða, stv. (vgl. kveða u. á), ansagen,
bestimmt angeben, bestimmen. —
Inf. 114, 19. — Pass. Part. Præt.
ákveðinn bestimmt; Dat. f. at ákveðinni stefnu 94, 10; at ákv. stundu
(so auch R 94, 10) 154, 22.

álarendi, m. (= endi álar, von ál, f.
= Band, vgl. Vigf. s. v.), das Rie-
men-ende, Asf. 59, 18.

álfa-ætt, f. (s. álfr, ætt), das Geschlecht der Elbe. — G. 180, 19.

álfkunnigr, adj. (vgl. kyn, u. álfr),
von Elbengeschlecht. Plur. N.
f. álfkungar (§ 80 B) Fáfn. 13, 5.

álfr, m. (F. 28), der Alp, Elbe (Elfe)
spec. Lichtelbe, vgl. ljósálfr. —
Plur. G. 22, 11; Dat. 49, 2. — In
christlicher Auffassung etwa = Kobold, so N. álfr 235, 14; Nsf. 236, 19.

áliðinn, adj. (eig. P. Part. von á- liða),
aufgegangen, zu Ende gegangen.
— D. at áliðnum degi spät Abends
235, 3.

álit, n. (vgl. líta u. á), das Ansehen,
Aussehen. — D. áliti 158, 14. — Plur.
D. álitum 10, 3; 31, 6; 33, 5; Grott.
8, 6.

álpt, f. (F. 28), der Schwan; vgl.
svanr. — N. 199, 9 vgl. bára.

ámáttigr (wol von máttigr u. á intens.,
wie áljótr = ljótr; als ætt = áttigr
von Vigf. aufgefasst), übermäch-
tig, ungeheuer. Nom. schw., sá inn
ámátki (§ 80 B) Grm. 11, 3.

ámæla, schw. v. (á, mæla), vorwerfen,
tadeln, mit Dat.; Lund p. 104. —
Præs. Imper. S. 2 ámæl 202, 7.

án, präpos. mit Gen., Dat., Acc. (F. 15)
ohne. — Mit Gen. 203, 12; vgl.
Lund p. 165.

ár, f. (F. 22), das Ruder. — A. ár

Sigrdr. 10, 6. — Plur. A. árar 71, 11;
Asf. 71, 19.

ár, n. (F. 243), das Jahr. — N. 144, 4.
— Auch = gutes Jahr (Fritzn.),
Jahresertrag, so G. árs 33, 8. — D.
ári 237, 9.

ár, adv. (g. air, F. 80), frühe, poetisch auch mit fg. Gen. (vgl. Vigf.)
ár var alda Vǫl. 8, 1.

áratal, n. (vontal u. ár n.), die Jahres-
zählung, Jahresrechnung. Plur.
N. 11, 21.

árbakki, m. (s. á f., bakki zu bekkr
F. 201), das Flussufer (eig. die
Flussbank, cf. Sandbank). — Dsf.
173, 22.

árdagar, Pl. m. (s. ár adv., dagr), die
Tage der Vorzeit (?) — Vergl.
wird gew. ags. geâr-dagas. — A. í
árdaga Regm. 2, 5 in Tage der Vorzeit (zurückblickend), vor Zeiten.

árla, adv. (vgl. ár adv.), frühzeitig.
— 144, 5; hier wie auch sonst meistens = mane, also = árla morgins.

árna, schw. v. (vgl. Vigf.), zu Wege
bringen; zu Etwas verhelfen, mit
Gen. der Sache (Lund p. 167). —
Præt. S. 3 (Conj. ?) 222, 28.

ársali u. ársalr, m. (vgl. Gr. II, 811;
Schade, Ad. Wb. s. v. arah), das
Gewebe, der Vorhang, das Zelt.
— N. 38, 13 (vgl. U in der Anm.);
A. ársal hýnskra meyja 214, 11 be-
ruht wol auf irriger od. ungenauer
Wiedergabe von Guðr. II, 26, 7—8;
27, 1—4; vgl. auch B.
* Auch der Bettvorhang, vgl.
Wh. 234.

árvǫxtr, m. (vgl. vǫxtr u. á f.), das
Anwachsen, Anschwellen eines
Flusses. — Asf. 107, 9.

áræðisfullr, adj. (vgl. áræði n. Entschlos-
senheit von theoret. áráðr; vgl. á u.
ráð*; fullr), rasch entschlossen.
— N. m. 151, 32; 159, 20.

ása-fólk, n. (s. fólk u. áss), das Asen-
volk. — N. 4, 2.

ásamt, adv. (á samt, vgl. samt) auf
dasselbe hin, überein. Vgl. Lund
p. 124. Þat kom ásamt með ǫllum
53, 19; vgl. koma. — vera á samt
vom ehelichen Zusammenleben 151, 5;
152, 3.

ása-ætt, f. (s. ætt u. áss), das Asen-
geschlecht. — Gen. 14, 6; 32, 4;
Dat. 3, 5. — Plur. A. ása-ættir 13, 13.

ása-ǫl, n. (s. ǫl u. áss), das Asen-
bier. A. 102, 11.

ásbrú, f. (s. brú u. áss), *die* Asen-brücke (*vgl.* Bifrǫst); N. Grm. 29,7.

ásgrind, f. (s. grind u. áss), *eig. die* Asenhürde, *das Asenthor, wol* = Asgarðr. — Plur. A. ásgrindir (-grindr R) *102*, 2.

ásjóna, f. (s. sjón u. á¹, Aussehen, *Ausseres.* — A. 13, 2.
* *Viell. spec. der Gesichtsaus-druck, so* Pf. — (vultum Eg.).

áskunnigr (s. kyn u. áss) *von* Asen-geschlecht. Plur. N. Fáfn. 13,4.

ásmegin, n. (s. megin u. áss), *die* Asenkraft. N. 30, 13. G. ι, 2; A. 72, 8.

ásmóðr, m. (s. móðr u. áss), *der* Asenzorn. — D. í ásmóði *104*,10.

áss, m. (F. 18) *der Gott*, Ase. — N. *31*, 14; Nsf. *36*, 2. A. ás 27, 18. — Plur. N. æsir *4*, 7; Nsf. *34*, 7; G. *50*,9; Gsf. *21*, 7; D. *20*, 10; *33*, 6; Dsf. *31*, 4.
* *Vgl. Einl.* p. 92 fg.

ást, f. (g. ansts, F. 18), *die* Liebe, *Gunst.* — Dat. ást *171*, 17. — Plur. Gen. til ásta *34*, 5; *43*, 13; D. *196*,3; *207*, 20; A. 75, 5. *Im nhd.* Sing., *vgl.* hylli f.

ástalauss, *adj.* (ást, lauss), *liebeledig, der* Liebe beraubt. — Af. Helr. 5, 7.

ástráð, n. (s. ást, ráð), *der* geneigte *oder wolgemeinte* Ratschlag. — Pl. A. Sigrdr. *21*, 4.

ástsemd, f. (*vgl.* ást, semd s. liðs., vegs.), *die* Gunst. — A. *176*, 25.

ástsæll, *adj.* (s. sæll u. ást), *liebebe-glückt*, beliebt. — N. 77, 12. — Compar. N. ástsælli § 88 b) *176*,10.

ásynja, f. (F. 18.), *die* Asinn, *Göttin* (*eig.* Asenfreundin? ásvinja, *von äl-terem* vinja = vina? s. F. 286). — Plur. N. 27, 12; *33*, 9; Nsf. *42*, 13; Dat. *45*, 2.

át s. eta; **átt**, f. s. ætt, f.

átta, *zahlw.* (F. 11), acht. — *21*,8; *a*, 5; Grm. 23, 4.

átti, *zahlw.* (= áttandi, § 100, *vgl.* atta), *der* achte. — Nm. *21*, 10. — Nf. átta *43*, 15; Nn. átta *6*, 6.

átján, *zahlw.* (*eig.* átt-tján, s. tíu u. átta), achtzehn. — A. *145*, 10.

áttungr, m. (*vgl.* ætt), *der Geschlechts-genosse*, Genosse. Plur. N. 27, 7.

ávalt, *adv.* (= of allt, *vgl.* Vigf. s. v.; of 3); allr), *in Allem*, überall, immer. — *166*,16; *206*, 5.

ávant, n. *adj.* (s. á u. vanr = g. vans

F. 279), *nur in der Wendung:* eins er vant *es* fehlt *an Etwas.* — enkis Pœtai mér áv. *an Nichts schiene es mir zu fehlen* 169, 18.

áverki, m. (*vgl.* á, verk = verkr *Schmerz, vgl.* Vigf., Fr.) *die durch gewaltsamen Angriff bewirkte* Ver-letzung *oder Beschädigung.* — A. 225, 28; Asf. 233, 11.

ávǫxtr, m. (*vgl.* vaxa u. á) *der Auf-wuchs, Pflanzenwuchs, die* Frucht = *Feldfrucht.* — Dat. ávexti 33,7.

B.

baðmr (*g.* bagms, F. 199), *der* Baum (*vgl.* tré). — N. Grm. *40*, 5; Vǫl. 22, 3.

baggi, m. (*vgl. nhd. Pack*, Vigf. s. v.), *die* Last, *der Bündel*, Sack. — A. 59, 10.

bak, n. (F. 198), *der* Rücken (*eig. abgewandter, hinterer Theil*), *spec. auch des Pferdes:* steig af baki (*vom Pferde*) 77, 8; við bak arnarins 94, 2. — *Vom menschlichen R.* á baki *6*, 1; *105*, 11; *249*, 15; á bak (A.) 59, 11; *160*, 5 (*hier vom* Sigm. *in Wolfsgestalt*); *vom Pferde* 172,13.

baka, *schw. v.* (F. 197), 1) backen. — Inf. *158*, 26. — 2) erwärmen, *nam.* Med. bakaz *sich wärmen.* — Præt. S. 3 bakaðiz 231, 30; Part. *absol.* bakaz 230, 32.

bakfall, n. (bak, fall), *eig. das auf den Rücken Fallen; im* Pl. D. stórum bakfollum = *mit heftigem Zurück-lehnen (des Oberkörpers).*

bana, *schw. v.* (bani), tödten, *mit Dat.; Lund* p. 86. — Inf. 224, 31.

banadagr, n. (s. bani, dagr), *der* To-destag. — D. *179*, 28.

banamaðr, m. (s. maðr u. bani), *der* Mörder (= bani 2). N. *135*, 15.

banaorð (s. orð u. bani), *die* Todes-botschaft. — A. *84*, 2, *wo* bera ban. af einum = *den Sieg über Jem. davontragen, als Überlebender die Kunde von dem Tode des Andern bringen können* (*vgl.* Fritzn. s. v.)

banasár, n. (s. bani, sár), *die* tödt-liche Wunde. — G. *179*, 20. A. *181*, 2.

banasǫk, f. (bani, sǫk), *die* Ursache zum Tode. — N. 208, 9.

band, n. (s. binda), *das* Band. Nsf. *41*, 16. — A. *40*, 20, 24. — Pl. A.

í bǫnd reknir *in Banden gelegt (in*
B. getrieben, festgemacht, 155, 27.
bandingi, m. (*s.* band), *der* Gefan-
gene. — N. *180, 6.*
bani, m. (F. 196), *der* Tod, Mörder.
1) Tod. — N. *83,* 18; *116,* 7; *120,*
15; *121,* 5 (*überall hier eigentlich*
mors = causa mortis). G. bana *68,*
10; *122,* 6; Grott. *6,* 4. — Gsf. til
banans *49,* 13. — D. at bana (*zur*
Ursache des Todes) *42,* 12; gekk
nær bana *ging dem Tode nahe, g.*
ihm fast ans Leben (Edz.) 167, 4.
— A. bana *15,* 12; *151,* 21; *155,* 5;
Regm. *17,* 4. — 2) *Todschläger,*
Mörder (= banamaðr). N. *135,* 15;
141, 11; D. Regm. *26,* 3; A. Grott.
6, 7; hans (sc. Fáfris) bana *183,* 26
vom Schwerte Gramr *gesagt.* — Plur.
Dat. Vǫl. *46,* 2.
banna, *schw. v.* (F. 201), *bei Strafe*
verbieten. — Inf. *211,* 24. — Præs.
Conj. S. 2 bannir hánum = *ihm wehrst*
163, 24. Part. Pass. N. n. bannat
43, 17.
bardagamaðr, m. (*s.* bardagi, maðr),
der Krieger. — Pl. N. *165,* 28.
bardagi, m. (*s.* berja, -dagi = dagr
F. 144), *der Kampfestag,* Kampf.
— A. *155,* 17.
barki, m. (*vgl. engl.* to bark *u.* F. 206),
die Luftröhre, Kehle. — Asf. *160,*
4, 8.
barn, n. (F. 202, *g.* barn), *das* Kind.
N. *160,* 1. — G. barns 22, 9; Gsf.
barnsins *151,* 26; D. barni *151,* 17;
A. barn *151,* 5; Asf. *161,* 5. Pl. N.
bǫrn *15,* 8; D. barna *152,* 7; A. *14,* 17;
Asf. *160,* 34.
   * vera með barni *151,* 17 = *schwanger*
sein. Im weiteren Sinne ist barn =
Menschenkind, Mensch; so hvert barn
(every living creature Vigf.) *171,* 21;
176, 11.
barnaeign, f. (*s.* eign *u.* barn), *der*
Kinderbesitz, *Kindersegen.* — A.
42, 7.
barnsaldr, m. (*s.* barn, aldr), *das*
Kindesalter, *die Kindheit.* — D.
173, 1.
barnstokkr, m. (*vgl.* barn, stokkr),
der Kinderbaum, *vgl.* Ba. — *Wenn*
die Lesart richtig, so wäre an einen
Apfelbaum zu denken, der aus den
Kernen des fruchtbringenden Apfels
der Walkyre (vgl. 151, 13—15) *ge-*
zogen. Aber hierzu nötigt der Aus-
druck apaldr *152,* 30 *neben* eik *152,*

13 *nicht, gemeint ist wol in beiden*
Fällen nur „Fruchtbaum", und es
wird dieser Baum wol kaum anders
als die auch sonst bezeugten Hallen-
bäume (vgl. namentl. Fas. I, p. 85)
anzusehen sein. Die einfachere Les-
art der Rímur (*vgl. Vorbemerk. p.*
XI N. 9) *bótstokk wird auch von*
Vigf. *angezogen, und würde „Baum*
der Hilfe" bedeuten (vgl. das spä-
tere várdträd *bei* Mannhardt, *Baum-*
kultus p. 54 *fg.). — Die Lesart*
branstokkr (*so* Fas.) *liesse sich allen-*
falls durch brandr = *Schwert, also*
Schwertstamm (wegen des hineinge-
stossenen Schwertes) erläutern. — Dsf.
153, 3—4; A. *152,* 15.
barnœska, f. (barn, œska = *Jugend*),
die Kindheit. — D. *242,* 6.
barr, n. (*zu* bera? *vgl.* Vigf.), Spross,
Laub; gewöhnlich vom Grün des
Nadelholzes gebraucht. — N. *109,*
15. — D. barri Sigrdr. *11,* 5. — A.
23, 6; *49,* 14.
barún, m. (*vgl.* Vigf.), *der* Baron. —
Plur. N. *143,* 8.
   * *Der eig. fremde Titel tritt in*
Norwegen seit 1276 für das ältere
hersir (q. v.) *ein, vgl.* Keyser Eft.
Skr. II, 115.
batna, *schw. v.* (*zu* betr, F. 199), besser
werden, *meist mit* Dat. *der Person*
u. Gen. der Sache (Lund p. 103, 168);
doch auch persönlich. — Præs. S. 3
batnar hvárigra hluti (*s.* hluti)
226, 15.
batt *s.* **binda.**
baugr, m. (F. 213), *der* Ring von
gebogenem Golddraht, namentlich
um den Oberarm getragen, vgl.
hringr. *Ein goldner Fingerring (s.*
fingrgull) *wird* 115, 10 *als* lítill gullbaugr *u. weiterhin kurzweg als* baugr
bezeichnet. N. *115,* 15; Dsf. *115,* 13;
A. *119,* 8; Asf. *115,* 11, 12. — Plur.
Gen. Fáfn. 32, 6; Dat. Plur. *f.* 4.
baztr *s.* **beztr.**
báðir, (F. 196, *g.* bajóþs), beide. —
Nm. báðir 72, 6; b. saman *161,* 35;
G. beggja Regm. *6,* 6; D. báðum
72, 8; *161,* 21 (*hier auf das vor-*
hergeh. þeim *bezogen*); A. báða 57, 1;
Nf. báðar Grott. 22, 8; A. f. *168,* 29.
Nn. bæði *121,* 19; *139,* 10 (*in beiden*
Fällen ist das neutrum *als* commune
für Masc. *u.* Fem. *gebraucht, vgl.*
Gr. IV, 279 f.). *Vgl. auch* bæði ok

son Hǫgna (=b., hón ok s. H.) 225,
25 *vgl.* ok.* — A. bæði 93, 21.
Ähnlich dem mhd. beidiu (beide)
—unde *vertritt* bæði — ok *nhd. sowol*
— *als auch; 11*, 16; *13*, 18 *u. öfter.*
— *Ähnlich* bæði at ... en ..., mátti
ok = *sowol (dies), dass ... (dazu) aber*
... *auch konnte u. w.* 217, 26—27. —
Ursprünglich viell. wie mhd. beide
— unt (*s.* Lexer s. v. beide) *von drei
Gegenständen, von denen zunächst
zwei durch* beide (bæði) *vereint, und
das dritte mit* unde (ok) *angeschlossen wird,, doch nur ein Beispiel
derart bei* Vigf. s. v. bæði.

bál, n. (F. 208), *der* Scheiterhaufen,
*namentlich zur Leichenverbrennung;
vgl. Wh.* 481. N. 253, 16; G. 253,
15; Asf. 76, 2, 3.

bálfǫr, f. (*s. fǫr u.* bál), *die* Leichenbestattung, *Gang oder Fahrt zum*
bál. — A. 75, 14; Ásf. 76, 2, 3. Plur.
A. bálfarar (*vgl.* fǫr) *η,* 3.

bára, f. (*vgl.* bar *schlagen u.* bar *wallen*
F. 204), *die* Woge. — sem álpt af
báru *199,* 9. — *Hier ist wol mehr
an die äussere Erscheinung des in
erregter Stimmung von der Welle
sich halb aufschwingenden Schwanes* (af báru : af sinu sæti) *als an
die mythol. Beziehungen des Schwanes zu denken.* — Pl. N. 211, 27.

bátr, m. (F. 200), *das* Boot. — D.
báti *167,* 6.

beðr, m. (*g.* badi, n., F. 200, Vigf. s. v.),
das Bett, *namentlich* Unterbett,
Polster; meist poet. (*rgl.* sæng). —
Acc. beð *206,* 12. Plur. D. sjávar
beðjum á *γ,* 2 *am Meeresbett* (*vgl.
nhd. Flussbett), am Strande.*

beiða, *schw. v.* (*g.* baidjan), F.201), verlangen, nötigen, *rgl.* biðja. —
(*Auch* = *hetzen, vgl.* Vigf. beiða II.)
— *Mit* Acc. *der Pers. u.* Gen. *der
Sache, Lund* p. 174. Inf. beiða hann
orða *46,* 14 (= *anreden*), beiða
griða (*s.* grið) Baldri *Schutz verlangen für B.* 73, 9. — Præs. S. 1
sem ek beiði yðr (Acc.) *wozu ich
Euch auffordere 154,* 33. *Áhnl.* sem
vér beiðum 215, 13. Præt. S. 3.
beiddi (*bestimmte*) *17,* 13; *verlangte
176,* 18; *238,* 5; c. G. *des Obj.* 99,
14; *106,* 17 (*vgl. 46,* 14); = *verlangt
hatte* 210, 18. — Plur. 1 beiddum
(*hetzten*) bjǫrnu Grott. *13,* 5. —
Plur. 3 beiddu *mit dopp.* Gen. Grott.
2, 4 = *und verlangten des grauen*

*Gesteines Bewegung, setzten das gr.
Gestein in Bew.* Vgl. *übr.* Bugge
Till. 442. Med. beiðaz *sich ausbedingen, verlangen.* — Inf. 71, 1.
Præt. Sing. 3 beiddiz *4,* 16; *20,* 17
(c. G.); 53, 3; 77, 10; Plur. 3 béidduz
114, 11; *136,* 16; *116,* 11 (c. G.).

bein, n. (F. 197), 1) *der* Knochen,
das Gebein. — A. *110,* 4. Plur.
Dat. *11,* 7; Grm. *40,* 4; Dsf. *11,* 5;
57, 7. Asf *62,* 28. — 2) *das* Bein,
der Schenkel. — D. at beini 153, 3.

beina, *schw. v.* (*vgl.* beina F. 197),
1) einrichten, *sich zu etwas anschicken.* — Præs. Sing. 3 beinir
flug 26, 12, *ähnlich 106,* 12. — 2) *mit*
Dat. (*Lund* p. 69) beisteuern. —
Inf. 253, 26.
* beina einu *wol eigentl. „mit Etwas zu Hilfe kommen."*

beinabót, f. (beini, bót), *Pflege,* Erfrischung. — N. 231, 24.

beini, m. (*s.* beina), *die* Aufwartung,
Pflege. — A. 158, 5.

beita, f. (*vgl.* bíta), *der* Köder, *namentlich für Fische.* (Vigf.) Plur.
D. 71, 5; A. 71, 6.

beita, *schw. v.* (*vgl.* bíta *u.* F. 210),
beissen lassen; füttern (*vom Vieh*),
schwingen (*von einer Waffe*), *so*
Inf. *191,* 12; *vgl. Lund* p. 89. beita
haukum sínum (*rgl.* Vigf. s. IV) *mit
ihren Habichten zu beizen* 192, 11
= *auf die Jagd zu gehen m. i. H.;
rgl.* 192, 17—18. — illu beita ejnn
Jem. übel zurichten (*eig. mit Übel
verfolgen*) 215, 11, *vgl.* b. brǫgðum
Lund p. 89.

bekkr, m. (F. 201), *die* Bank, *rgl. Wh.*
220. — Asf. 62, 17; *66,* 15. Plur. A.
á tvá bekki 62, 5; *bezieht sich auf
die beiden Bankreihen in der Halle*
(= á báða bekki *bei* Vigf. s. v.). *Vgl.
auch útar.* — bornir á bekki *216,* 5
meint: zu den Bänken (der Speisenden) in der Halle getragen, = nhd.
aufgetragen.

belgr, m. (*g.* balgs, F. 208), *der* Balg,
das Fell und daraus Gefertigtes.
1) Balg (*vgl.* otrbelgr) A. *173,* 24;
Asf. *115,* 3. — 2) Blasebalg. —
Nsf. *111,* 9. — 3) *Schlauch,* Ledersack (*vgl.* mjǫlbelgr). — A. 158, 25;
überh. Sack 228, 19.

bella, *schw. v.* (*vgl.* Vigf.), *mit* Dat.
etwas treiben, *einer Sache sich
hingeben.* — Inf. gleði bella *195,* 12.

belti, n. (*l.* balteus, *vgl.* Vigf.), *der*
Gurt. — D. *98*, 25; A. *239*, 14.
ben, f.'(*g.* banja, *vgl. auch* bani, F.196),
die Wunde. Plur. D. benjum Grott.
15, 7.
bera, *stv.* (*g.* bairan. F. 202), *zum*
Vorschein kommen; tragen, ge-
bären. — 1) tragen, sich tragen = *erscheinen, sich zeigen.* a)
eigentlich. — Inf. bera í hǫfuð
sér *119*, 15 (*der Acc.* í hǫfuð *wie*
b. tjǫru í h. sér *bei* Vigf. s. v. bera
B. III, *vgl.* aber *auch* hǫfuð),
45, 5 (*zutragen, bringen*); bera inn
(*hereinbringen*) *109*, 6. — Præs. S. 2
berr *206*, 2 *vgl.* bar *163*, 15. — S. 3
hón berr eski *43*, 3; berr heim *160*,
5. — hvárt af ǫðrum berr (*vgl.* bar
163, 15) *163*, 29 = *wer den Andern*
überragt. Plur. 3 bera Grm. *36*, 9;
149, 11; *162*, 3 *u.* Conj. Plur. 3 beri
Grm. *36*, *vgl. zu beiden Stellen 45*,
5. — Præt. S. 1 ek bar *180*, 25;
bar ein af ǫllum *Eine hob sich von*
Allen ab, ragte vor Allen hervor
163, 15; bar *166*, 26 *vgl. 45*, 5. bar
fram (*vor, herbei*) *115*, 8; bar = *trug*,
tragen konnte 167, 8. — Plur. 1
bárum e, 1; Plur. 3 báru a, 5; *38*,
20; *95*, 11; *15*, 6; báru fram (*wie*
bar fr.) *111*, 15. — Part. Act. be-
randj. — er nú gott berandi (*besser*
-a U) borð á horninu *65*, 4; *hier*
ist berandi *als Verbaladj. zu be-*
trachten (ein sich gut tragender
Rand); *vgl.* Lund p. 400; *vgl. auch*
góðr. Part. Pass. hafði borit *105*,
11; var borit inn *62*, 19; borit út
(*von einer Leiche*) *75*, 24 *vgl.* borin
á bálit *76*, 2; bornir til ketils *57*, 2.
b) *im freieren Sinne, zunächst*
vom Überbringen einer Botschaft:
berr ǫfundarorð (*s. s.* v.) *23*, 5; berr
banaorð (*s. s.* v.) *84*, 2; af mér bar
ek *ich trug über mich davon* (*sc. den*
Sieg) = *ich überwand mich 206*, 6.
at eigi bærir þú inn minna hlut=
dass du nicht den schwächeren Teil
davon getragen, den Kürzeren ge-
zogen 226, 14. bera upp *tragen vor*,
bringen vor bónorðit *198*; 14; *vom*
Vorbringen übler Kunde 228, 2. —
Auch vom geduldigen Ertragen (Imp.
S. 2 ber *189*, 5) *oder dem Tragen*
eines Verlustes: bar verst (*ægerrime*
tulit) *75*, 2 *oder allgemeiner:* hverja
giptu menn bera = *davontragen, er-*
fahren 193, 13; saman bera (con-

ferre). berr rǫng orð saman Fáfn.
33, 5, 6 (congerit injustas causas
Eg.); báru saman ráð sín (consilia
inter se contulerunt Eg.) *73*, 8; bera
saman ok in (cum illis comparare
Eg.) *94*,13. *Weiterhin in der Constr.*
bera einn einu (*eigentl. Jemand*
durch Etwas belasten, beschweren:
vgl. Vigf. s. v. A. II, 2) = *Jemd. durch*
Etw. überwältigen, so bera hann
ofrliði *150*, 25; ofrl. bornir *161*, 10.
ríki (=ofríki) bornar *224*, 19. *Vgl.*
auch c). — c) *imperson.* — bar
hann (*es trieb ihn*) at landi *107*, 12,
vgl. Vigf. s. v. bera C I; eigi berr
nauðsyn (Acc.) til = *es bringt keine*
Nötigung mit sich, ist nicht nötig
172, 34. bar svá til *trug es sich so*
zu 235, 2. at stóru bar *dass es* (*um*)
ein Bedeutendes austrug, erheblich
war 150, 11 *vgl.* Vigf. s. v. C, II, 5).
bera af c. D. (*so auch 194*, 10; *206*,
2) = *sich abheben von, überragen s.*
u. 1 a). — So auch *221*, 12. þann
veg hefir fyrir mik borit *so ist es*
mir (in einer Vision) vorgekommen
204, 28; *vgl.* Vigf. s. v. C, I, 2. —
So auch 70, 1: ef saman mætti bera
fundi (*s.* fundr) þeira = *ob sich zu-*
sammenbringen liesse eine Begeg-
nung u. s. w. Für den Dat. bei
saman bera (*neben* Acc.) *vgl.* Fritzn.
u. Möb. s. v. — d) *Ähnlich das*
Med. beraz *in der Redensart* hann
lét þat við beraz *71*, 4 = *liess es*
vorbei, vorüber (eig. zurück?) gehen,
kam davon zurück. Vgl. Vigf. *u.*
Fritzn. s. v.
2) *zur Welt bringen, gebären.*
— Præs. S. 3 berr Vafþr. *47*, 2;
Præt. S. 3 bar hann (*Loki als Stute*)
54, 18. Plur. 3 báru *35*, 13. — Part.
borinn (*geboren*) Vafþr. *35*, 8 *vgl.*
124, 8; *212*, 20; borit verðr *22*, 9;
Plur. bornir *15*, 10; bornar Grott.
9, 8; *wegen des* Dat. *vgl.* Lund 120.
berfœttr, adj. (*s.* berr, fótr), bar-
füssig, barbeinig. — N. *153*, 2.
berg, n. (*s. auch* bjarg, F. 206), *der*
Berg, *Fels*. — Nsf. *99*, 22; Gsf.
39, 20; Dsf. *40*, 4; Asf. *99*, 21.
bergnǫs, f. (*s.* berg, nǫs F. *162*, *eig.*
Nase), *der* Felsvorsprung, *das*
Vorgebirge *177*, 6.
* *Vigf. führt die häufige Schrei-*
bung bergsnǫs *auf* berg- *u.* snǫs
(= nǫs) *zurück und findet diese*
Schreibart korrekter.

bergrisi, m. (*s.* risi *u.* berg), *der*
Bergriese. — N. *54,* 11; Plur. N.
bergrisar 22, 3; *30,* 9. — G. *46,* 2;
Grott. *9,* 7; Dat. 35, 18.
berja, *schw. v.* (F. 204), schlagen,
werfen. — Inf. berja troll 53, 12;
101, 2, *Riesen durch Hammerwurf*
tödten. berja grjóti *mit Steinen wer-*
fen 73, 16; *123,* 1 (*so auch im*
Part. Pass. Nf. barin 225, 15. Pl.
barðir váru grjóti *b,* 2). Præt. Pl. 3
borðu = *schlugen* 220, 17. Med. berjaz
sich schlagen, kämpfen. — Inf. Vol.
46, 1; *83,* 16. — Præs. S. 3 berz
83, 17. Præs. Pl. 3 berjaz *51,* 9. —
Imper. S. 2 berz *190,* 4. — Præt.
S. 3 barðiz *47,* 6; b. m. *kämpfte*
neben 221, 9. Pl. 3 borðuz 5, 6;
141, 16. — Part. Med. ek hefi bariz
ich habe mich geschlagen 155, 8.
bernska, f. (*vgl.* barn), *die Kindheit,*
Jugend. — D. í bernsku *180,* 3.
berr, *adj.* (*vgl. Lexer* s. v. bar *adj.*),
bloss, *bar.* — Nom. n. bert (*vom*
Schwerte) *141,* 12; A. *200,* 6. —
Plur. A. m. á þá bera (*an ihren*
blossen Leib) *123,* 9.
berserkr, m. (*s.* serkr *u. vgl.* Vigf. s. v.),
der Berserker, *Kämpe* (*urspr. in*
Bärenfell?). Plur. N. berserkir *136,*
16. — A. berserki 75, 18; *136,* 10.
betr, *adv.* (F. 199), besser (§ 162).
— mun þá betr (sc. vera) *69,* 14;
miklu betr 99, 1; hugaðan betr *119,*
16; betr fallit *121,* 18; betr væri
122, 22. — þess b. þykki-mér, er þeir
þola verra *um so besser gefällt es*
mir, je Schlimmeres sie erdulden
155, 37. — annan dag öðrum betr
168, 6 *vgl. Lund* p. 135.
betri, *adj. compar.* (*s.* betr *u.* § 89),
besser. — Nm. *113,* 6, *mit compar.*
Dat. (*Lund* p. 135) *172,* 16. Gen.
betra *49,* 11; A. betra (sc. þann kost)
61, 11; N. n. betra *165,* 13; A. n.
153, 10.
beygja, *schw. v.* (*vgl.* bjúga, F. 213),
beugen. — Præt. S. 3 beygði *66,* 6.
bezt, *adv.* (*s.* betr, § 162), am besten.
— *17,* 17; *34,* 11; *150,* 23. bezt
hafa *es am besten haben = die beste*
Aussicht haben 153, 13. bezt at sér
242, 12 *bezeichnet ähnlich wie* mikill
fyrir sér (*vgl.* fyrir 1 d) *die persön-*
liche Tüchtigkeit in einem hervor-
ragenden Grade; vgl. Vigf. s. v. at
C, IV, 5 *und oben* at 2 a). bezt at sér
í fornum sið *bezeichnet das Muster*

eines Helden nach dem Massstabe
des Heidentums.
beztr *oder* **baztr** (*s.* bezt *u.* § 89), *der*
beste. — Nom. m. 20, 7 beztr; *21,*
7 baztr. A. beztan *30,* 12; baztan
c, 2; *schw. Fl.* inn bezta *246,* 4. —
N. n. bazt Grm. *18,* 4. — Pl. Nf.
beztar Regm. *19,* 4; D. beztum
166, 25.
   * *Der Superlativ ist nicht selten*
als Elativus zu verstehen, so 30, 12;
193, 15.
bjarg, n. (*s.* berg), *der* Berg, *der*
Haufe. — Pl. Nom. bjorg Grm. *40,* 4.
Nsf. *11,* 5. — D. bjorgum *164,* 10.
A. bjorg (*vom Schnee*) 53, 7.
bjarga, *stv.* (F. 206), retten, *bergen;*
mit Dat.; *Lund* p. 70. — Pass. Part.
borgit = *geborgen* Sigrdr. *10,* 2.
borgit fá *vom glücklichen Entbinden*
Sigrdr. 2, 2.
bjargrúnar, Pl. f. (*s.* bjarga, r.), *hel-*
fende Runen, *spec. mit Bez. auf*
Geburtshilfe. — A. Sigrdr. 9, 1.
bjargsnos, f. (bjarg n., snos. = *Vor-*
sprung s. Vigf.), *das* Vorgebirge,
der Felsvorsprung. — D. 245, 12.
   * *Vgl.* bergnos, *das jedenfalls nur*
eine andere Schreibung.
bjartr, *adj.* (*g.* baírhts, F. 206), hell,
glänzend. — Nn. *31,* 6. — Nf. bjort
83, 5. — Plur. Nn. bjort 92, 7. Comp.
bjartari 25, 11; *adv.* bjartara 82, 20.
bjár *s.* **bœr.**
biðja, *stv.* (*vgl.* § 117, F. 200), bitten,
werben; doch auch von bestimmter
Aufforderung = heissen, befehlen,
vorschlagen; vgl. engl. to bid, *mhd.*
Wb. I, 168 *f.; mit* Gen. *des Zieles*
(*so* biðja þín um dich werben) 194,
27; *die Person, für welche man*
bittet oder wirbt, steht im Dat. (*Lund*
p. 175), *sonst auch mit* fyrir c. D. —
Inf. *34,* 8 (*vgl.* bœn); *46,* 21 *u. 118,*
18; *121,* 15; *205,* 29. Præs. S. 1 bið
ek *154,* 29; *für* 155, 35 *vgl. N.* 4)
u. Vorbem. IX *N.* 5. — S. 2 biðr
155, 35. S. 3 biðr friðar (*um Fr.*)
94, 5; biðr (*befiehlt*) *64,* 5. — Plur. 3
biðja 98, 11. — Conj. S. 1 biðja *155,*
10; Pl. 3 biði *197,* 26. Imper. S. 2
bið *171,* 35. Præt. S. 3 bað *46,* 13;
47, 2; *115,* 12 (*bat*) *neben* bað (*ge-*
bot) *115,* 11. *In letzterer Bedeut.*
auch 106, 15; *110,* 12; *122,* 25; *125,*
8; Grott. 3, 7. = *bat, warb* 152, 18
vgl. oben 118, 18 *u. 166,* 13. — Plur.
3 báðu (*forderten auf*) 38, 20; *so auch*

40, 15; báðu friðar 57, 21 u. 75, 23.
Vom Aussprechen einer Wunsch-
formel 160, 15 vgl. bað 160, 6; 162,
20 u. öft. Conj. S. 3 bæði (werben
sollte) 197, 34. Plur. 3 bæði 61, 16
vom Aussprechen eines bestimmten
Wunsches (= optare Eg.). Pass. Part.
Nom. beðinn 204, 25; absol. beðit
199, 12.

bifa, schw. v. (F. 211), im Med. bifaz
sich bewegen, erbeben. — Præs.
S. 3 bifaz 153, 16.

bik, n. (l. pix, vgl. Vigf.), das Pech. —
Dat. biki (= en bik, s. Var.) 24, 17.

bil, n. (vgl. Vigf.), der Augenblick.
D. í því bili 58, 24.

bila, schw. v. (vgl. bil), fehlen, verfehlen. Inf. 103, 6; 112, 10. —
Præs. S. 3 bilar 141, 12; fehlschlägt,
nichts taugt 176, 3.

bilt verðr einum = Jemand wird
mutlos (bei Vigf. zu **bila** gestellt,
richtiger wol bei Fritzn. als neutr.
(zu einem adj. bilr); at þór varð
bilt (adv.) 58, 25. Vgl. óbilt.

binda, stv. (F. 200, g. bindan), binden. 1) eigentlich. — Præs. Plur.
2 41, 1; Plur. 3 79, 16; 114, 17. —
Præt. (§ 133) S. 3 batt 59, 10; 96,
4 absolut = knüpfte ein Band; Plur.
3 bundu 80, 11; b. þau eiðum með
sér beschwuren sie gegenseitig 190,15.
Part. N. m. var bundinn 41, 14;
b. er 83, 20; A. m. bundinn 124, 12;
A. n. fá bundit 59, 16; haf ak b.
68, 7. — Plur. N. f. bundnar 120, 17.
2) freier und übertragen. —
Inf. = Verband anlegen 225, 27. —
Part. bundit versichert svarðǫgum
115, 1.

bjóða, stv. (F. 213), bieten, anbieten,
einladen; m. Dat. der Person, Lund
p. 78. — Inf. 49, 8; 75, 7; 65, 21. —
Præs. S. 3. býðr hann upp 65, 14
(s. u. *); bietet an 153, 19; 166, 20.
Plur. 3 bjóða 98, 12; 114, 18. —
bj. út her (Dat.) heben ein Heer
aus 163, 9 vgl. Vigf. s. v. III. —
Conj. S. 2 bjóðir við 153, 13. Imper.
Pl. 2 bjóði-þér bietet 215, 9. Præt.
S. 2 sf. bauðtu 141, 9. — S. 3 bauð
(bot) 141, 1; 117, 14; bauð bot an,
erbot sich 52, 8; 59, 9; 99, 9; 112,
17; bauð (lud ein) 57, 3; 108, 16;
102, 18; 154, 11. — Plur. 3 buðu
57, 21; 95, 20; 97, 18—19 (18 =
luden ein, 19 schlugen vor); 102, 3.
— Pass. Part. N. m. boðinn Sigdr.

20, 2; Pl. Nm. boðnir angeboten
216, 5; Nn. boðit = angeboten 217,
27; absol. boðit geboten 156, 19;
b. þér dich geladen 218, 7. Med.
bjóðaz sich anbieten; buðumz (eig.
Præt. Pl 3) auch als Præt. S. 1
gebraucht; ek buðumz ich erbot mich
203, 10 vgl. Vigf. s. v.
* Die Grundbedeutung des Verb.
ist wol ausstrecken, darreichen, geben, so bjóða upp 65, 14 zurück
reichen (vgl. nhd. aufgeben = fahren
lassen), ähnlich wie g. biuds = aus-
gestreckter Gegenstand, Tisch. —
Gewöhnlich aber im übertragenen
Sinne = bieten, anbieten, erbieten,
entbieten (= einladen) u. s. w. Vgl.
Pf. s. v.

1. **bjórr,** m. (vgl. Vigf.), das Bier,
meist poet. — D. váru þeim bjóri
= das B. enthielt Guðr. II, 24, 1.

2. **bjórr,** m. (F. 211), eig. Biber,
Biberfell, dann der Lederstreif
überhaupt. — Plur. N. 84, 8; D.
84, 9; A. bjór Sigrd. 5, 1.

birta (g. bairhtjan) erhellen, zeigen.
— Inf. 64, 1. — Præt. S. 3 birti ok
lýsti 109, 6. Med. Imp. Pl. 3 birtuz
46, 8 (im pass. Sinne).

bitr, adj. (F. 210; vgl. bíta) beissend,
scharf. — N. n. bitrt 205, 26, 28.

bjǫrg, f. (zu bjorga = bergen), die
Rettung. — N. 107, 14.

bjǫrn, m. (F. 205), der Bär. — G.
bjarnar Sigdr. 16, 1; Gsf. bjarnarins
39, 21. — A. 218, 25. A. Pl. bjǫrnu
Grott. 13, 5.

bíða, stv. (F. 211). 1) erwarten, mit
Gen.; Lund p. 168. — Inf. bíða
ragnarøkrs (vgl. ragn.) 142, 5; mín
— bíða (unsicher, vgl. Guðrhv. 20,
5—8) 229,19. bíða eigi Þess, er 153,
32. er eigi langt at bíða es dauert
nicht lange 155, 18, vgl. 205, 27—28.
Imper. S. 2 bíð 180, 15. — Præt. S. 3
beið 103, 23. — 2) geduldig ertragen, c. Acc. — Præt. S. 3 beið
223, 12.

bíta, stv. (vgl. ábíta, F. 210), beissen,
essen; schneiden. — Inf. 42, 2;
99, 1 (hier = schneiden); — bítr
99, 1 (hier = schneiden); — bítr
schädigen 211, 29. — Præs. S. 3 bítr
38, 4; Grm. 35, 4; 99, 21 = eindringt;
= zerschneidet 161,32 (vgl. bitu 229,
21); 50, 3, 5 (= fressen, weiden);
bítr = quält 202, 9. Plur. 3 bíta
23, 6. — Præt. S. 3 beit 34, 20; 113, 5
(vgl. oben 99, 1). Conj. S. 3 biti

168,11 (bíta f. *den Ausschlag geben*
vgl. Fritzn. s. v. 6, Vigf. II, E; Þetta
meint natürlich die fehlgeschlagene
Werbung). *Ahnl.* 228,5.

blað, n. (F.219), *das* Blatt, *Gewächs.*
— A. *190,* 9; Asf. *160,* 11.

blanda, *stv.* (*g.* blandan, F. 221),
mischen, *mit* Dat.; *vgl. Lund* p.89.
— Præs. Pl.3 blanda hjǫrlegi saman
den Schwertthau (*das Blut der
Wunden*) *vermischen* = *sich be-
kämpfen 180,* 21; *das* Præs. *wol im
Sinne des Fut. vgl. Lund* p. 296.
— Præt. Pl. 3 blendu 97, 14; Pass.
Part. A. m. blandinn Sigrdr. 5, 3;
absol. blandit Vǫl. 29, 6; *120,* 25;
216, 8.

blanda, *schw. v.* = blanda *stv.* —
Præt. Pl. 2 blǫnduðuð *210,* 22.

blauðr, *adj.* (F. 220), *zaghaft,* feige.
— Gm. *schw. Flex.* ins blauða 223,8.

blautr, *adj.* (F. 220), *schwach,* weich.
— N. *40,* 10; *180,* 3.

blár, *adj.* (F. 221) *oft* = schwarz;
dunkelfarbig, blau. — F. blá 38,13.
— Pl. Nf. blár (*für* bláar § 81)
Sigrdr *10,* 8. — D. blám Vǫl. *12,* 8;
hier = *schwarz,* = blau 245, 13.

blása, *stv.* (F. 220). 1) blasen; *mit*
Dat. = *schnauben, hauchen.* — Inf.
110, 12. — Præs. S. 3 blæss *oder*
blæs 82, 16; *100,* 1; blæss ǫndunni
= *holt Atem* 209, 30; Plur. 3 *88,* 7.
— Præt. S. 3 blés 72, 12; *100,* 3;
110, 15. — 2) blasen, *im musikal.
Sinne.* — Præs. S. 3 blæss í Gjallarhorn *83,* 7. — Pass. Part. *absol.* var
þá blásit í lúðra *zum Zeichen des
Angriffs 168,* 20.

* In syntakt. Bezieh. s. Lund p.89.

blástr, m.(§51,b. F.220), *das* Blasen
auf einem Horne 35, 22 (A., *vgl.*
heyraz), *auf dem Blasebalg* (Asf.
111, 1).

* Der Acc. blást *35, 22 scheint
zulässig nach Anal. der übrigen
Doppelformen, und das* r *überhaupt
nur irrig in die* cas. obl. *einge-
drungen* (ahd. plást = blástr), *vgl.
aber a. a. O. die Var.*

bleikja, *schw. v.* (F. 222), bleichen.
Inf. *119,* 13; *vgl. Grimm Wb.* s. v.
bleichen 2).

bleyði, f. (*zu* blauðr F.220), *die* Feigheit. — D. Sigdr. 21, 3.

bleyðimaðr, m. (*s.* bleyði), *ein* Feig-
ling. — N. *189,* 9.

blindr, *adj.* (F.221), blind. —N.*36*,2.

blíða, f. (*s.* blíðr), *die* Freundlich-
keit. — D. *190,* 1.

blíðr, *adj.* (F. 222, *g.* bleiþs), milde,
gnädig. — N. n. 27, 5; Plur. N. n.
blíð Grm. *41,* 2. Compar. *adv..* blíðara *leichter, besser 213,* 2.

blíkja, *stv.* (F.227), blinken. — Inf.
b, 1. — Præt. Pl. 3 bliku ξ. 7.

blóð, n. (F. 222), *das* Blut, *sowol vom
Blutstropfen (111,* 8), *wie vom Blut-
strom (10,* 13) *gebraucht, vgl. auch*
dreyri. — N. *10,* 13; Nsf. *111,*8;
G. blóðs (*vgl.* súga) *164,* 30; Dat.
blóði *11,* 4, 8; *42,* 11; *instrum.* Dat.
16, 2; Acc. 97, 12; Asf. 97, 14.

blóðigr *oder* **blóðugr** (*s.* blóð), blutig. — N. blóðugr ǫrn = blóðǫrn
(q. v.) Regm. *26,* 1. — Pl. A. f. blóðgar *168,* 29.

blóðrefill, m. (*vgl.* Vigf. s. v. refill),
die Schwertspitze *poet.* — Nsf.
42, 4. — Dsf. *161,*31. — Asf. *161,* 33.

* Vgl. w. u. refilstigr *u.* Refill.

blóðǫrn, m. (blóð, ǫrn), *der* Blut-
Aar, *eine martervolle Todesart,
beschrieben* 249,15 - 18. — A. 249,15.

blóm, n. (F. 223), *die* Blume; *nach*
Fritzn. *auch das frische Laubwerk;
meist im* Sing. *üblich.* — Pl. D. blómum 152, 14.

blómi, m. (*vgl.* blóm), *die* Blüte; *das
Glück, Ansehen.* — D. blóma *194,*
6, 17.

blót, n. (F. 223), *das* Opfer. — A.
145, 1.

blóta, *gew. schw. v., urspr. aber stark,
siehe* § 128 *u.* Anm. (*vgl. g.* blôtan,
F. 223), opfern, durch Opfer
verehren. — Præt. S. 3 blótaði
til Þess *opferte mit dem Wunsche*
(*oder Gebete*) 145, 2; Plur 3 blótuðu
verehrten 4, 5; Part. Pass. váru
blótuð (N.n.) 139,10=*wurden durch
Opfer geehrt; vgl. Lund* p. 38, *nach
starker Flex.* blótinn; Pl. Nf. blótnar Guðrkv. II, 24, 6 *vgl.* iðrar.

blótfé, n. (*vgl.* fé *u.* blót), *der* Opfer-
schatz, *das* Opfergeld. — Nsf.
139, 11.

blótjarl, m. (blót, jarl), Opferjarl;
*Beiname des dem heidnischen Opfer-
wesen noch stark ergebenen* jarl
Hákon (q. v.). — A. 237, 6.

blunda, *schw. v.* (*vgl.* Vigf., *wol zu*
blindr), *die Augen halb schliessen,*
blinzeln. — Part. Præs. blundandī
114, 5.

blæja, f. (*vgl.* Vigf.), *eine farbige Decke von feinerer Arbeit, z. B. eine* Bettdecke, *so* N. *218,22.*

blær, m. (*vgl.* Vigf., F. 219), *der* Hauch, *sanfte* Wind. — N. *8,15.*

boð, n. (*vgl.* bjóða *u.* F. 214). 1) *die* Botschaft. — Pl. N. *167,20 vgl.* fara. — 2) *die* Einladung, *Aufforderung.* — G. *102,* 19; D. *154, 22;* Dsf. *154,11; in beiden Fällen concret = Gastgebot, geladene Gesellschaft.* 197,33 með boði = *vermittelst freien Angebotes (von unserer Seite).* A. gerum boð *machen wir ein Aufgebot* 165, 25. — 3) *das* Gebot. — D. eptir boði *218,27;* 230, 10;

boði, m. (*vgl.* Boðn), *die* Untiefe, *Brandung.* — A. boða *98,1*

boðsmaðr, m. (*s.* boð 2), maðr), *der* eingeladene Gast. — Pl. N. *152,26.*

bogi, m. (F. 213), *der* Bogen. — D. boga *33,* 2; Dsf. 22, 2; A. boga *191,18.*

bogmaðr, m. (*vgl.* maðr *u.* bogi), *der* Bogenschütze. — N. *36,17.*

bora, schw.v. (F. 204), bohren. — Inf. *99,21.* — Præt. S.3 boraði *100,3.* — Part. Pass. borat 99, 22.

borð, n. (*g.* baurd, F.203), *der* Bord, Rand, Tisch. — 1) Rand *am Trinkgefäss.* N. 65, *4 vgl.* bera 1) a). — 2) *Rand eines Schiffes,* Bord. — Dat. á borði 72, 17; Dsf. 72, 7. — A. 72,1 *vgl.* fyrir c. A. — Pl. Dsf. borðunum *164, 9 vgl.* gnýja. — 3) Tisch. — G. til borðs 235, 11. — D. *48,* 12. — A. 67, 13. — Pl. G. til borða *zu Tische* 204, 15.

borðbúnaðr, m. (*vgl.* búa, borð), *das* Tischzeug, *das* Tischgerät. *Wh.* 233. — G. *45, 5.*

borðhald, n. (*vgl.* halda, borð), *der Unterhalt bei Tische, die* Verpflegung. — Asf. *48,* 11.

borði, m. (*vgl.* Vigf.), *der* Stickrahmen. — A. *192,* 14, 29 *vgl.* gull. — *In der Wendung* sló borða (204, 6; 213, 4) *wird wol die Einrichtung für das feinere Sticken (vgl.* 213, 5 *fg.) gemeint; man übersetze etwa: begann am Stickrahmen zu arbeiten oder dergl.* — *Diese Arbeit geschieht 204, 6 in leidenschaftlicher Erregung, deren Erfolg* 204, *7 schildert.*

borðker, n. (*vgl.* ker, borð), *die* Tischkanne (*d. h. grösseres Gefäss zum Einschenken in die Trinkbecher, vgl.* Fritzn.). — Plur. D. *120,* 25. — A. *120, 23.*

borg, f. (*g.* baúrgs, F.207), *der Hügel, die* Burg. — G. borgar *12,* 8; Gsf. *17,* 14; D. borg *68,* 11; Dsf. *17,* 15; *52,* 16; A. *12,* 7; Asf. *4,* 10. — Pl. A. borgir *244,* 19.

borgarhlið, n. (*s.* borg, hlið), *das* Burgthor. — D. *165,* 18. — Pl. N. 220, 9.

borgarsmíð, f. (*s.* smíð, borg), *der* Burgbau. — Nsf. *53,* 12.

borgarveggr, m. (*s.* veggr, borg), *die* Burgmauer. — Asf. 95, 12.

borghlið, n. (*vgl.* borgarhl.), *das* Burgthor. — D. 53, 15; Dsf. *62,* 1.

bógr, m. (F. 214), *der* Bug, *Oberarm u. (bei Tieren) Oberschenkel der Vorderbeine, vgl.* lær. — Plur. D. bógum *15,* 2; Asf. bóguna *93,* 22.

bókrúnar, Pl. f. (*s.* bók *Buch, vgl. auch* beyki = bœki *Buche* F. 198), *entweder* Runen *auf* Buchenholz *oder in einen kostbaren* Stoff (*vgl.* Vigf. s. v. bók I) *eingestickte.* — N. Sigdr. 19, 1.

ból, n. (*vgl.* Vigf.), *das* Lager *eines Wildes,* Wohnung *eines Menschen.* — N. *118,* 6. — G. bóls *118,* 3. — A. *116,* 23.

bólstaðr, m. (*s.* staðr, ból), *der* Wohnraum. — Plur. A. bólstaði *38,* 8.

bóndi, m. (*vgl.* búandi, F. 212). 1) *der* Bauer, *vgl.* holdr. — Nsf. 57, 6. — G. *56,* 21. — 2) *der Hauswirt,* Gatte. — N. *200,* 32. — G. *155,* 13. D. *218,* 4.

bónorð (bón = bœn; orð) *das Bittwort, spec. die förmliche* Werbung. — Asf. *198,* 14.

bót, f. (*g.* bóta, F.199), *die* Busse, *der Ersatz.* — N. *207,* 3; A. bót *192,* 26. — Plur. Dat. at bótum *141,* 8.

bragð, n. (*vgl.* bregða), 1) *die schnelle Bewegung, der* Augenblick. — D. af bragði Grott. *19,* 6 *im Augenblick = sofort (adv.).* — 2) *der* Kunstgriff, *die* List. — A. bragð *154,* 33. — Pl. G. leita til bragða *67,* 4. — D. brogðum *157,* 32. — A. brogð *234,* 10. *Vgl. auch* Guðrúnarbrogð.

bragr, m. (*vgl.* Vigf. *u.* Bragi). 1) *der* Fürst, *die* hervorragende Per-

son (ags. brego) 35,4. — 2) = skáldskapr (Vigf. s. v. III, vgl. ib. II)
35, 3. — Fast nur poet. in beiden
Bez.

brandr, m. (vgl. Vigf. s. v. II, F. 205),
die Schwertklinge. — Dsf. brand-
inum 175, 16; A. Grott. 15, 8. —
Pl. brandar (Vigf. B) das spitz
zulaufende Vorder- u. Hinterteil
des Schiffes, etwa: die Schiffs-
schnäbel. — Dat. Regm. 17, 6.

brattr, adj. (F. 216), steil, hoch. —
Nm. Sigrdr. 10, 7. — Nsf. 157, 17.
— D. 158, 31.

brauð, n. (vgl. Vigf. s. v.), das Brot.
Nsf. 157, 17. — D. 158, 31. — A.
157, 13.

brauðgerð, f. (s. brauð, gera), die
Brotbereitung. — Asf. 157, 16.

braut, f. (F. 218, vgl. brjóta), der ge-
bahnte (eig. gebrochene) Weg;
Wh. 364. — D. á braut (= brautu)
= á leiðinni Hand. 27, 4. — Plur.
A. Vafþr. 47, 6.

*) Als adv. wird der S. A. braut
und D. brautu (brottu) allein u. in
Verbindung mit Präpos. (á, í) gebraucht, vgl. auch w. u. brott. —
braut (= fort, weg) 67, 12, 16; br.
ná (vgl. ná) 105,8. — á braut 59,3. —
í braut 46, 10. — Vgl. Lund p. 235.

brá, f. (F. 226), das Augenlid, die
Wimper (nicht Braue an der
Stirn = brún vgl. Vigf. s. v. u. s.
brún f.; aber urspr. wol = Wimper-
haar, gras hvarma, s. Fritzn.). —
G. brár 31, 8. — Plur. D. brám
Grm. 41, 1; A. brár 12, 8.

bráðalauss, adj. (bráð f. = Jagdbeute, Fleisch F. 216; lauss), ohne
Atzung, ohne Beute. — Pl. N. 216, 7.

bráðna, schw. v. (vgl. bráð n. bei F.216),
schmelzen (intrans.). — Præt. S. 3
bráðnaði 8, 15.

brátt, adv. (eig. n. von bráðr. vgl.
Vigf. s. bráðr) schnell. — 94, 17;
Regm. 17, 4 vgl. Var.

bregða, stv. (F. 215; vgl. §113), schnell
bewegen, ändern; schwingen,
werfen, ziehen (das Schwert), meist
mit Dat.; s. Lund p. 89. — Inf.
má því nú ekki bregða = man kann
es nun nicht ändern 206, 5;
bregða því das vorwerfen 155, 4;
so auch Præt. S. 3 brá Helr. 13, 1
und Præs. S. 2 bregðr þú mér 180, 8
(vgl. Imper. S.3 Helr. 3, 1); Præs. S. 3
bregðr schwingt 69, 18; br. mínum

svefni = verscheucht 183, 24; br.
sverðinu 153, 5; vom Herausziehen
br. or 153, 8. — br. við 156, 25 vgl.
brá v. 72, 6. — Pl. 1 bregðum (vgl.
A.) 169, 17. — Imper. Pl. 1 bregðum eigi af Þessu halten wir hieran
fest! 159, 18 vgl. 154, 5, 8. — Præt.
S. 1 brá ek warf ich 68, 13; S. 3
brá 99, 5; brá niðr nieder senkte
117, 6; br. í sundr augum 228, 17
= die Augen weit öffnete (vgl.
„die Augen aufreissen"); brá upp
(schwang in die Höhe = holte
aus) 57, 11; vgl. brá upp geirinum
fyrir hánum schwang ihm (= hielt
ihm plötzlich) in der Höhe den Speer
vor (= entgegen) 168, 32; brá við
72, 6 = zog zurück, zog an; brá
við sverðinu das Schwert anhielt,
dagegen hielt 176, 6; brá zog sver-
inu 118, 10; brá hann við zog heftig
zurück 72, 6; brá or zog heraus
153, 17; oft von Gestaltentausch:
brá sér warf sich, verwandelte sich
í konu líki 74, 1, vgl. 78, 12; 95, 5.
— brá á sik zog sich an, nahm an
4, 6; 151, 11. — brá fingrinum
182, 7 vgl. drap f. 117, 19; brá
hofði 217, 4 = h. vatt (vinda) Atlkv.
6, 1 = wandte das Haupt. — Plur. 2
brugðuð (= S. 2) friði = du brachst
den Frieden 221, 26; Pl. 3 brugðu
(wie brá 95, 5) 80, 9. — Pass. Part. A.
n. brugðit sverð ein gezogenes
Schwert 212, 3; absol. ef eigi er
brugðit Þ. ráðahag 154, 5 wenn diese
Heiratnicht aufgel. wird, vgl. 154,8:
ef Þessu er br. wenn dies nicht gehalten wird, vgl. auch 206, 17 u. af
brugðit 230, 10, sowie Helr. 4, 8
brugðit = aufgelöst, zerstört. —
hafi brugðit á sik Þessu líki 156, 30
diese Gestalt angenommen habe vgl.
74, 1, 151, 11 u. s. w. — Med. Præs.
S. 3 bregz (= bregðz) við hoggit
gerät in heftige Bewegung bei dem
Stoss 94, 1; vgl. Vigf. s. v. B. II;
so auch Præt. S. 3 bráz á fótinn
warf sich (stemmte sich plötzlich)
auf den (andern) Fuss 230, 1; bráz
ekki við blieb ganz ruhig 158, 19;
bráz warf, wandelte sich 100, 4, 11;
anders Þat br. hánum = das schlug
ihm fehl, vgl. Vigf. A. II, 3.

breiða, schw. v. (breiðr), ausbreiten.
— Pass. Part. Pl. Nn. breidd 195, 9.

breiðr, adj. (F. 215), breit. — N. m.
103, 15; Dm. breiðum Regm. 26, 2.

An. breitt *191*,3; *adv. in die Breite*
3, 7 (*vgl.* djúpt); standa br. *reichen*
weithin 20, 9.

breki, m. (= breaker Vigf.), *der Stru-*
del, die Sturzwelle; *poet.* — N.
Sigrdr. *10*, 7; Regm. *17*, 5.

brenna, *stv.* (*g.* brinnan, F.205), brennen, verbrennen (*intrans.*). Inf.
Grott. *19*,1; Præs. S. 3 brennr (auch
brenn) 22, 1; Grm. 29, 8; Plur. 3
brenna *82*, 15. Conj. S. 3 brenni
6, 15; Præt. S. 3 brann 79, 2; *137*,
19; (*verbrannte sich*) 117, 19; (*ver-*
brannte) 76, 5; *121*, 6; 212, 16;
= *brannte auf 261*,14.— Pl.3 brunnu
af Þeim *ihnen abbrannten, an ihrem*
Leibe verbrannten 137, 13. — Conj.
S. 3 brynni *183*,16; *218*,22; Pl. 3
brynni *176*, 1. Part. Præs. brennandi
7, 8; 22, 2; Part. Pass. n. hafði
brunnit *gebrannt hatte* 79, 7; Pl. N.
akarn brunnin *gebrannte* (*nicht*
verbr.) *Eicheln* Guðrkv. II, *24*, 4.

brenna, *schw. v.* (*g.* -brannjan, F. 205),
verbrennen (*trans.*). Inf. 7, 12;
Grott. *19*, 7; 203, 8; 211, 34; 237, 5;
253, 15. Præs. S. 3 brennir 26, 1;
84, 14. — Præs. Pl. 3 brenna *160*,
15; *177*, 17. Præt. S. 3 brenndi *68*,
17. Part. Pass. m. brendr *21*, 11;
f. brend *120*, 4; *absol.* brent 244,
19. — *Nicht auf die gewöhnliche*
Leichenverbrennung, sondern das
Umkommen in Folge von Brand-
stiftung bezieht sich 190, 5 *vgl.*
Sigdr, *31*, 5 — 6. *Ahnl. auch* inni
brenda (*incendio interfectam oder*
inc. interfectos?) *195*, 18 *an einer*
inhaltlich nicht ganz klaren Stelle.

brenna, f. (F. 205), *die Verbrennung,*
Leichenbestattung. — Gsf. 253,
22; D. 76, 6.

bresta, *stv.* (F. 217), brechen, *ge-*
brochen (*vgl. Gebrest*). — Præs.
Conj. S. 3 bresti 227, 25. Præt. S. 3
brast *104*, 14; *176*, 4.

brestr, m. (*vgl.* bresta), *das Brechen,*
der Krach. — N. *107*, 19.

breyta, *schw.v.* (*zu* braut, f.? *vgl.*Vigf.),
verändern m. Dat.; *vgl. Lund*
p. 90. Inf. 29, 8; *hier* = *übersetzen,*
lautlich akkommodieren.

brigða, *schw. v.* (= bregða, *namentlich*
in der Rechtssprache, vgl. Vigf.),
verändern, verletzen. — Inf.
brigða Þessu *hierin wortbrüchig*
werden 154, 7. Præs. Plur. 3 brigða
wortbrüchig werden 44,2,

brigzla, *schw. v.* (*vgl.* brigð, brigða;
Vigf.), vorwerfen, *mit* Dat. (*wie*
bregða). — Præs. S. 3 brigzlar mér
207, 8.

brimrúnar, Pl. f. (brim = *Brandung,*
Meer F. 216), *die* Brandungs-
runen, *Zaubersprüche gegen Un-*
fälle zur See. — Pl. A. Sigrdr. *10*, 1.

brjóst, n. (F. 217), *die* Brust. — D.
Sigdr. *17*, 6; A. 225, 24.

brjóstgerð, f. (brjóst; gerð = gjprð
F. 102), *der über die Brust des*
Pferdes gehende Gurt. — Nsf.
252, 4.

brjóta, *stv.* (F.218), brechen. — Inf.
69, 21; 75, 22 (*zerschmettern*). *Vgl.*
Lund p. 123 *wegen dieser und ähnl.*
Stellen. — Præs. S. 3 brýtr 175, 19.
— Præt. S. 3 braut 39, 8, 12; 57, 9
(braut sc. lærlegg); braut af 105, 14;
at uppi braut á pxl (*hier wol im-*
personell, vgl. Var. in U, Vigf. s. v.
III), *dass es* (*das Wasser*) *sich*
oben auf der Achsel brach 107, 6.
— Plur. 1 brutum Grott. *13*, 6. —
Plur. 3 brutu *gebrochen* (*zerstört*)
hatten, 258, 7; Conj. S. 3 bryti upp
(*aufbräche*) 218, 13, 18; bryti ib. 19.
Part. Pass. m. brotinn 57, 14; n.
(*u. indeklin. Form*) brotit 40, 24;
108, 2. — Plur. n. brotin 11, 7. —
Med. brjótaz um *wol eig. sich um-*
herwerfen, sich heftig sträuben.
Præs. S. 3 brýz (= brýtz) ekki við
Því = *widersetzt sich dem nicht*
158, 9. — Præt. S. 3 brauz um 41,
16 = obluctabatur Eg.

brísinga-men, n. (*vgl.* men *u.* Freyja,
Vigf. s. v. brísingr in Add.), *ein*
kostbarer Halsschmuck. A. *43*,11.
— *Vgl. Wh.* 187.

brosa, *schw. v.* (*zu* bars F. 207?),
lächeln. — Præt. S.3 brosti 170,30.

brot, n. (*vgl.* brjóta), *das* Stück,
Bruchstück. — Plur. Nsf. *39*, 13.

brotna, *schw. v.* (*vgl.*brjóta), brechen
(*intr.*). Inf. 17, 5; Præs. S. 3 104, 13.
Præt. S. 3 brotnaði 39, 2. Pl. 3
brotnuðu 220, 4.

brott, *adv.* (= braut *adv., s.* braut f.),
fort, *weg.* — *84*,3,9; *110*, 15; á
brott *43*,7; í brott 37, 1; *165*, 16.
— *So auch* á brottu (= á brautu)
179, 12.

brottferð, f. (brott, ferð), *die* Weg-
fahrt, *Reise.* — G. Regm. 21, 3.

bróðir, m. (*Gesch. d. d. Spr.* 185 *fg.*,
F. 204, *g.* bróÞar, *vgl. auch* §61), *der*

Bruder. N. *110*, 10. G. bróður
113,6; Grott. *6*,7; D. bróður *99*, 16;
A. bróður 77, 9. — Plur. N. brœðr
10, 7; Grott. *9*, 7. — G. brœðra *156*,9.
D. brœðrum *155*, 35. A. brœðr *154*,
27.

bróðurbani, m. (*vgl.* bani 2) *u.* bróðir),
der Brudermörder. — A. -bana
124, 12.

bróðurgjǫld, Plur. n. (*vgl.* gjalda *u.*
bróðir), *die* Bruderbusse, *das
Bussgeld für einen erschlagenen
Bruder.* — Gsf. *175*, 5; A. *116*, 12.

brók, f. (F. 219), *die Bruch, eine Art*
Beinkleid *zur Bekleidung der
Oberschenkel, mit einem Leibgurt
befestigt* (*Wh.* p. 163). — Plur. D.
245, 13.

brullaup, n. *s.* **brúðlaup.**

brunnr, m. (F. 206) *der* Brunnen.
— N. 7, 3; D. brunni *15*, 6; Dsf.
20, 16, 17; Asf. *20*, 15.

brú, f. (F. 218), *die* Brücke. — N.
17, 7; Nsf. *76*, 21; G. brúar Sigdr.
16, 8; Gsf. 35, 18; A. *16*, 7; Asf.
17, 4. — Plur. Gen. brúa Grm. *44*, 6.

brúarsporðr (*vgl.* sporðr *u.* brú) *eig.
der Brückenschwanz, das* Brücken-
ende. — A. *25*, 5.

brúðlaup, n. (*oder* brullaup, *vgl.*
hlaup *u.* brúðr, F. 218), *der Braut-
lauf, die* Hochzeit. — *Wh.* 245*fg.*
— Dat. ganga at brullaupi *47*, 4;
gekk at brúðlaupi *119*, 3. — A.
drekkr brúðlaup til Guðrúnar *feiert
seine Hochzeit mit* G. 197,37; *215*,25.

brúðlaupsgerð, f. (*s.* brúðlaup, gerð
zu gera) *die Veranstaltung,* Feier
einer Hochzeit. — Asf. *154*, 16.

brúðr, f. (F. 217), *die* Braut (*aber
im engeren Sinne als nhd., vgl.*
Vigf. s. v.), *junge Frau; auch Jungfrau, Mädchen in der poet. Sprache
(vgl.* mær). — N. brúðr = *Braut,
Gattin* Grm. *11*, 5; = *Mädchen,
Tochter* Grott. *24*, 2. — Voc. brúðr
or steini *Felsen-Mädchen, Riesin*
Helr. *3*, 2.

brún, f. (F. 216), *die* Stirnbraue,
(*vgl.* brá), *eig. Kante, Rand.* — Pl.
brýnn (§ 58c). — Pl. A. brýnn; líta
undir brýnn eins *191*, 5 = *Jemand
fest ins Auge schauen.* — Asf.
brýnnar 57, 16 (§ 96 b A 1).

brúnn, adj. (F. 218; Vigf. s. v.),
braun, *aber stets* dunkelbraun,
schwarzbraun. — Pl. N. n. brún
190, 24.

brynja, f. (F. 205, *g.* brunjô), *die*
Brünne, *der Brustharnisch.* —
Wh. 209. — N. *168*, 24; D. *165*, 19;
A. *83*, 13; 95, 18; *118*, 9; Asf. *118*,
10; Plur. A. *122*, 8; *160*,30; Guðrkv.
II, 20 b. (*ergänze* hǫfðu).
  * *Häufig neben* hjálmr *als Haupt-
schutzwaffe erwähnt. Vgl. auch
164*, 19; *165*, 19; *178*, 5—6; *s. auch*
brynja *schw. v.*

brynja, *schw. v.* (*s.* brynja f.) *in eine*
Brünne *schliessen,* umpanzern.
— Pass. Part. A. m. brynjaðan búk
178, 19; *hier ist an eine der länge-
ren, bis auf den Unterleib gehenden
Brünnen zu denken, vgl.* Wh. 210.

brynjuhringr, m. (brynju, hringr),
der Panzerring. — Pl. N. 206,23.

brynþing, n. (*s.* brynja, þing), *eig. die
Versammlung in der Brünne, poet.*
= Schlacht. — Pl. G. Sigrdrf. 5,2.

brýna, *schw. v.* (F. 216, *zu* brún =
Rand) *eig. kantig, scharf machen,*
wetzen. — Conj. S. 3 brýni 98, 24.
Præt. S. 3 brýndi *98*, 25,

brýnn, *s.* **brún** f.

brœðrahefnd, f. (bróðir, hefnd) *die*
Rache *für die* Brüder. — Pl. N,
228, 28.

brœðralag, n. (*vgl.* lag *u.* bróðir),
die Brüderschaft, *d. h. das genauer* fóstbrœðralag *genannte engste
Freundschaftsbündnis, Wh.* 287*fg.*
— sóruz í brœðralag (A.) við Sigurð
118, 17; *ähnl.* *197*, 35.

buðlungr, m. (*vgl.* bjóða, Buðli), *der*
Gebieter, Fürst; *poet.* — D. buðlungi Grott. *19*, 8.

bugr, m. (*vgl.* bjúga, Vigf. s. v.), *die*
Biegung, *gebogener Gang? (vgl.*
Lün.) Plur. D. bugum Grm. *24*, 3.
— *Das Wort ist zwar sonst, nicht
aber in Bez. auf Gebäude ganz
deutlich; vielleicht* bogum *mit* U *zu
schreiben, von* bogi = *Bogen, Bogen-
gang. Ubr. soll der Zusatz* með
bogum *wol mehr dem Stabreime als
dem Sinne dienen.*

burr, m. (*vgl.* Burr, *zu* bera, barn
Vigf.), *der* Sohn, *poet.* Grott. 22, 7.

burst, f. (F. 207), *das* Borstenhaar,
*der emporstehende Haarwuchs am
Rücken des Schweines (wie* mǫn *am
Pferde), vgl. auch nhd. Bürste; also
nicht das einzelne Haar.* — Nsf. *110*,
18. Dsf. *112*, 8.

bú, n. (F. 212, *vgl.* búa), *der* Haus-
halt, *die* Wohnung. — G. til búss

(= bús) sins *94*, 15; D. búi Helr.
4, 7 = *Hauswesen, Zusammenleben.*
búa, *stv.* (F. 212, *g.* bauan), wohnen,
bauen, ausrüsten. — 1) *a)* wohnen;
sich befinden. Inf. Helr. 7, 4. —
Præs. S. 3 býr *31*, 11; Vǫl. *41*, 1;
b. undir *202*, 19 *s.* undir. — Pl. 1
búum *193*, 82 *vgl.* Conj. Pl. 1; Pl. 3
búa *18*, 10; búa eptir *bleiben zurück*
(sc. *an Bord*) *155*, 14 *vgl.* Ba. —
Conj. Pl. 1 búim saman *vom ehe-
lich. Zusammenleben 193*, 29. — Præt.
S. 3 bjó *92*, 2; Grm. *11*, 2. —
b) = bewohnen *in der Wendung*
setr búa (*vgl.* setr) *163*, 26; = *einnehmen, besteigen (ein Bett)* 200, 4.
2) bereiten, *Anstalten treffen,
ausrüsten; rüsten zu* (til eins, *vgl.*
Vigf. s. v. B 2) *β*); búa um lík
226, 17. — Inf. búa vápn sin = *in
Stand setzen 192*, 10; til bols búa.
Böses anstiften Grott. *6*, 3; Præs.
S. 3 býr *richtet aus 166*, 25; Imper.
S. 2 *mit suffix.* Pron. búðu *190*, 7;
Pl. 2 búit til *59*, 14. — Pl. 3 búa
ferð sina *treffen ihre Reisevorberei-
tungen 198*, 13. *vgl. 213*, 15; *244*, 1.
— *So namentlich auch im* Med. Inf.
búaz *sich rüsten, bereit machen 141*,
6; *155*, 17; þar um b. *sich da einrichten 232*, 7; Præs. S. 3 býz *159*,
10. — Præt. S. 3 bjóz *59*, 8; *70*, 15;
Plur. 3 bjogguz *122*, 8; bjugguz
194, 32. — Part. Pass. búinn bereit, *fertig.* — Nm. *62*, 14; *108*, 16;
70, 16; vel at sér buinn of eitt *wol
versehen mit, ausgezeichnet in einer
Sache 63*, 5; at íþróttum b. *in
Kunstfertigkeiten erfahren 231*, 13.
— silfri b. *mit Silber geschmückt
195*, 9; *vgl.* við gull b. *196*, 26. Nf.
búin með gulli (*vgl.* Pl. N. n.) *mit
Gold geschmückt (bez. der Dachbekleidung) 195*, 2; búin *213*, 16 =
ausgerüstet. — Plur. m. búnir *39*,
11; *60*, 8; við búnir (*bereit zu*) 62,11;
at engu b. *in Nichts bereit* 220, 31.
N. n. búit (*fertig*) *79*, 10; *157*, 17;
var búit *nahe daran war 71*, 2; nú
svá búit vera mundu *dass es so (so
bestellt*) bleiben werde 200, 17; *vgl.*
er svá búit *ist so bestellt = bleibt so*
204, 26. — *Von der Ausrüstung
eines Heeres 176*, 30; *von der Lei-
chenbesorgung 212*, 10 (búit um =
verfahren mit). A. svá búit *das so
Liegende, die Sachlage* (Pf.) 137, 5.
Vgl. Lund p. 395 *Anm.* — Pl. N. n.

búin *190*, 20: gulli b. *mit Gold ver-
ziert.* — Med. Part. búiz: er þar
búiz við veizlu = *es wird dort sich
gerüstet zum Festmahle*, 200, 21.
búandi, m. (Part. *zu* búa, *vgl.* bóndi),
der angesessene Mann, Bauer. N.
114, 10; Nsf. 57, 16. — G *57*, 4;
Dsf. 57, 4; A. *119*, 16 (*hier = Hauswirt, Gemahl*). — Plur. N. búendr
143, 13.
búkr, m. (F. 212), *der Bauch,* Leib.
— A. búk *178*, 19.
búnaðr, m. (*vgl.* búa) = **búningr.** —
A. *170*, 21.
búningr, m. (*vgl.* búa), *die Ausrüstung in Kleidern, der* Anzug.
— D. *163*, 16; A. *153*, 1.
búsgǫgn, Pl. n. (*s.* Vigf. s. v. gagn
n. 5. *u.* bú), *das Hausgerät.* —
N. búsgǫgn (*vgl.* Var.) *18*, 2.
bústaðr, m. (*s.* staðr *u.* bú), *der*
Wohnort. — A. bústað 32, 8.
bygð, f. (*vgl.* byggja), *die* Wohnung, Ansiedelung, Gegend. —
N. *118*, 6 (*hier* = ból); Nsf. *13*, 5. —
Gen. til bygðar *12*, 5. — A. 52, 7
(*vgl.* ǫndverðr); Asf. bygðina *die
(bewohnte) Gegend, das Kulturland
177*, 17. — Plur. A. bygðir 50, 9.
bygghlaða, f. (bygg n. = Gerste,
hlaða f. = Scheuer F. 87), *die*
Kornscheuer. — N. 232, 6.
byggja, *schw. v.* (*vgl.* byggva *u.* búa),
anbauen, bewohnen; wohnen.
— Præs. Plur. 3 *12*, 14; Præt. S. 3
bygði (*nahm Wohnung, wohnte*) 9,
11; Plur. 3 bygðu *13*, 7. Pass. Part.
bygt hafa *13*, 13; *auch vom Einnehmen eines Platzes, Lagers; so*
236, 7.
byggva, *schw.* (*vgl.* byggja *u.* búa),
Nebenform von byggja. Inf. *54*, 15.
— Præs. S. 3 byggvir *24*, 14. Conj.
Plur. 3 byggvi *26*, 5. Med. S. 3
byggviz (*passiv*) 89, 16.
Für búa, byggva, byggja *vgl.*
Vigf. s. v. búa *u.* byggja; *auch*
§ 143.
bylgja, f. (F. 209), *die* Woge. Pl. N.
164, 9.
byrða, *schw. v.* (*zu* borði), *durch* Stickerei
darstellen. — Præt. Plur. 3 byrða
213, 8.
byrðr, f. (F. 203, byrði *jüngere Form,
vgl.* § 42, *A.* 1), *die* Bürde, Last,
der Haufen. N. *118*, 6. — Plur.
A. byrðar 95, 11.

byrgja, *schw. v. (vgl.* Vigf.*)*, ver-schliessen. — Pass. Part. Nf. byrð 220, 10.

byrja, *schwv.* (*zu* bera, *vgl.* Vigf.*), eig. anheben;* beginnen. Præt. S. 3 byrjaði *4*, 5.

byrr, m. (F. 205), *der* Fahrwind. — N. Regm. *17*, 3; A. byr 55, 7; sigla góðan byr *segeln ab mit gutem Winde 177*, 2 *vgl. Lund* p. 44 *u.* 61.

bystr, *adj.* (*nach* Ba. *zu* burst, bust = *Boost, spec. auch Dachspitze; von* Vigf. *zu* byrsta, bysta *„mit Borsten oder Spitzen versehen" gestellt*). — Af. gulli bysta, *mit* vergoldeter Dachspitze *198*, 22.

　* *Die Lesung ist nicht völlig ge-sichert* (*vgl.* Var.); *auch darf man nicht den Stabreim* borg bysta *her-stellen wollen, da gulli betont sein müsste, vgl.* Grm. *6*, 3; *9*, 4—6; *15*, 2—3.

býfluga, f. (*s.* fluga, bý = *Biene* F. 211), *die* Biene. Plur. N. bý-flugur. *24*, 8.

　* fluga *hier* = *fliegendes Insekt.*

bæði *s.* báðir.

boðfrœkinn, *adj.* (boð = *Kampf* F. 196, frœkinn), kühn *im Kampf, beherzt.* = N. *schw. Fl.* inn boðfrœkni *Hamd.* 27, 3.

bol, n. (F. 209), *das* Übel, *Böse.* — G. til bols Grott. *6*, 3 (*vgl.* búa). — meira. b. *mehr von Übel, ein grösse-res Ü. 155*, 36. — Pl. N. bol Guðr. II, *24*, 2.

bolvasmiðr (*vgl.* smiðr *u.* bol), *der* Unheilstifter (*vgl. nhd. Lügen-schmied*). — N. Fafn. 33, 7.

　* *In* bolva *erscheint* Plur. Gen. von bol.

borkr, m. (*niedd.* borke), *die* Rinde. — D. berki Sigrdr. II, 4.

bœn, f. (*zu* banna? F. 201), *die* Bitte, *das* Gebet. Gsf. hverjar bœnarinnar *34*, 9 *in jeder Bitte* = *in jedem Falle des Bittens, vgl.* U *in* Var., *Lund* p. 158. — A. bœn *151*, 7. Plur. G. 29, 9. — A. bœnar 235, 12= *Gebete.*

bœr, m. (*vgl.* Vigf. *s.* v. = býr, *von* búa), *die* Wohnung, *der* Wohn-ort. — G. bjár *231*, 16; Gsf. (*vgl.* § 41, b *A.* 2) bœjarins *169*, 5. — D. bœ *46*, 5; *160*, 20; Dsf. bœnum *191*, 31; *238*, 6. A. bœ 33, 9. Asf. bœinn *204*, 9. — Pl. D. bœjum *231*, 8.

　* bœr *kann auch die Stadt* (= *dän.* by) *bedeuten, so viell.* 236, 11; *wenn hier nicht auch ein einzelner Hof gemeint ist.*

bœta, *schw. v.* (*vgl.* bót f.), büssen, *Ersatz leisten;* b. einum eitt = *Einem für Etw. Ersatz geben.* — Inf. *162*, 9; *166*, 20; yfir bœta *202*, 19; *vgl.* gfir. — *Auch mit instrum.* Dat.; *vgl. Lund* p. 100; *mit* Gen. *des Obj. bei Krankheiten* (*heilen von, s.* Fritzn., Vigf.) — Pass. Part. Nm. bœttr *264*, 12; *absol.* bœtt = *gebüsst* (*d. h. für seinen Todschlag Busse bezahlt*) *166*, 22; *wahrscheinl. rich-tiger mit allen Paphss. zu lesen* þótt hann hefði engum fyrri bœtt mann = *obwol er Keinem früher Busse für ein Menschenleben be-zahlt habe* (*vgl. vorher* bœta henni). bœtt = *gebüsst, in seinen schlimmen Folgen beseitigt 210*, 11.

bœxl, n. (*vgl.* bógr), *der* Bug *bei grösseren Tieren.* — Asf. bœxlit *179*, 17.

D.

daga, *schw.v.* (*vgl.* dagr), *impers.*, Tag werden, tagen. (*Lund* p. 23.) — Præs. S. 3 dagar *155*, 15. Præt. S. 3 dagaði 67, 11; *142*, 3.

dagan, f. (*vgl.* daga, dagr), *das Tag werden, die* Morgendämmerung; *vgl.* ótta. — D. at dagan 58, 20; A. í d. *49*, 1; fyrir d. *60*, 17.

dagr, m. (F. 148), *der* Tag; *vgl. auch* Dagr. — N. *144*, 5; G. dags *61*, 18; D. degi *168*, 25. — A. dag, 3, 4; *20*, 5; *33*, 5; góðan dag *einen guten, glücklichen Tag 184*, 10; Asf. 54, 8 (um, of daginn = *den Tag über, s.* of, um). *adverb.* einn dag *eines Ta-ges 46*, 3; fyrra dag (*den vorigen Tag*) *Tags vorher 144*, 6; *ähnlich* inn fyrra dag *76*, 20; in fyrsta dag 9, 16; annan d., þriðja *10*, 1—2 *vgl. Lund* p. 58; næsta dag eptir *den darauf folgenden Tag 153*, 30; var þar annan dag oðrum betr veitt *da wurde den einen Tag* (an dem ein. Tag) *besser* (= *noch b.*) *bewirtet als an dem andern 168*, 5 *vgl. oben 10*, 1—2. Plur. N. dagar 53, 14. D. dogum *193*, 1. — A. um daga *die Tage über,* (*jedesmal*) *den Tag über* 78, 12; gert er um þína d. *181*, 7 *vgl.* gera.

* *Ein schwachformiges* -dagi (F. 144) *findet sich in Compositis, vgl.* bardagi.

dagverðarmál, n. (*vgl.* dagverðr *u.* mál, *auch* dǫgurðarm.), *die* Frühstückszeit. D. at dagverðarmáli.

dagverðr, m. (*von* verðr *Speise, Wirtschaft*), *das* Frühstück, *bei Tagesanbruch genossen.* — A. 59, 8.

dalr, m. (*g.* dal n., F. 146), *das* Thal. — A. 93, 100. — Plur. (*vgl.* § 46 *A* 1) A. dala 76, 16; dali 68, 12; Vǫl. 22, 6.

danskr, adj. (*vgl.* Vigf. s. v. u. Eg. Lex. Poet. p. XIX seq.). 1) dänisch. — N. d. at kyni 236, 11. — 2) nordländisch. — A. um alla danska tungu (*vgl.* tunga) 124, 10. *Hierher? oder zu* 1) 143, 7: í danskri (Dat. f.) tungu; *vgl.* Einl. S. 84.

dapr, adj. (*vgl. nhd.* tappen, *täppisch*), traurig. — N. n. daprt Grott. 16, 8.

daprligr, adj. (dapr), *von* traurigem *Aussern.* — Pl. Nf. 219, 13.

dauði, m. (F. 148, *vgl.* deyja, dauðr), *der* Tod. — G. 53, 21; D. 180, 23, 24; A. 161, 13. — *Neben* dráp 192, 16 *scheint* dauði *die Tötung (ohne eigentlichen Kampf) zu bedeuten.*

dauðr, adj. (F. 148, *vgl.* deyja), tot. — Nm. 74, 18; N. fem. dauð 123, 2; 253, 20. — Gen. m. dauðs η, 4; Dat. m. 136, 15. — Af. dauða 253, 15 (br. dauða *zu Tode verbrennen? es scheint* 253, 14 *nur eine tödliche Verwundung gemeint*). Plur. Nm. dauðir 77, 14; Nn. dauð 87, 3. Gen. dauðra 76, 20, 22. Am. dauða 190, 6. * dauðr *bezeichnet wol auch = dem Tode nahe, so* 253, 20; *vgl.* Vorbem. XCV, N. 28.

dáligr, adj. (*s.* Vigf.; *vgl. auch* dá *n.* F. 43), elend. — N. hann lifir eigi svá lengi, at hann sé eigi dáligr 222, 22 = *er lebt nicht so lange (keinen Augenblick), dass er nicht elend sein sollte = er lebt in dem elendesten Zustande.*

deila, schw. v. (F. 148), teilen, *geteilter Ansicht sein,* zanken. Inf. 165, 12. — Imper. S. 2 deil 190, 2.

deili, n. (*zu* deila = *zuteilen*), *das* Kennzeichen, *namentl. im Plur. gebr.,* A. deili 52, 5 (kunna deili á einum *von ihm Bescheid wissen*).

deyfa, schw.v. (F. 151), betäuben, *abstumpfen,* vergessen machen. — Præt. S. 3 deyfði Guðr. II, 24, 8.

deyja, stv. (F. 148, *vgl.* dauðr, dauði), sterben, *vgl.* §. 122. — Inf. 155, 5, 6. — d. frá — *von Etwas fortsterben, Etw. durch den Tod verlieren* 222, 25. Præs. S. 3 deyr 82, 9; Plur. 3 deyja 16, 1; Vafþr. 47, 5. — Conj. S. 2 deyir 206, 1, 21. Præt. S. 3 dó 76, 1; '96, 14; 120, 20. — Conj. S. 3 dœi 151, 29.

djarfleikr, m. (*vgl.* djarfr *u.* leikr), *die* Kühnheit. — A. 34, 15.

djarfr, adj. (F. 151; *nach* Vigf. *zu* dars = F. 145), kühn, *verwegen.* — N. 36, 10. — Superl. N. djarfastr 34, 10.

digr, adj. (F. 147), dick, *stark.* — Pl. D. 159, 10.

digrleikr, m. (*von* digr, leikr), *die* Dicke. — G. 40, 16; A. 191, 7.

dirfð, f. (*vgl.* djarfr), *die* Dreistigkeit. — N. 205, 4; *vgl. aber* Var. u. sæta.

diskr, m. (*vgl.* Vigf.), *der* Teller, *auch die bewegliche Tischplatte.* — N. 38, 10.

djúp, n. (*s.* djúpr; *vgl. auch nhd. dial. das Tief*), *eine* tiefe Stelle. — A. 172, 11.

djúpr (F. 150), tief. — Plur. A. m. djúpa 76, 11. Nm. *schwach inn* djúpi sjár 12, 5; A. m. inn djúpa sjá 38, 3; A. n. hafit þat it djúpa 58, 5. Superl. A. m. djúpastan 68, 12.

djúprǫðuleðli, m. (*von* rǫðull = *Sonne*, djúp = *Tiefe, zus.* djúprǫðull = *Sonne der Tiefe = Gold, vgl.* Sk. XXXII gull = eldr allra vatna *u.* Sk. LXIV, *g,* 2: Rínar sól = gull; eðli *wol gleich* eðlingr *angesessener Herr, Fürst, vgl.* Pros. Edda S. 262) *poetisch = Goldfürst,* goldspendender Fürst. Dat. *a,* 2. (auri munifico Eg.)

djúpt, adv. (*zu* djúpr), tief. — 3,8; 60,9.

dís, f. (F. 148), *1) die* Göttin. — N. 43, 12. — 2) *von* weiblichen Schutzgottheiten *niederer Art gebraucht;* Pl. N. 219, 14. A. dísir Sigrdr. 9, 6.

* *Das Erscheinen der Schutzgottheiten (auch* fylgjur *genannt) vor dem Tode ihres Schützlings und eine Art Abschied von diesem ist auch sonstiger Auffassung gemäss, vgl. z. B.* Anal. Norr. p. 184, 185; Fs. p. 114.

dólg, n. (F. 152), *die* Feindschaft. — Gen. dólgs sjǫtul (*vgl.* sjǫtull) Grott. *16*, 7.

dómandi (*vgl.* dómr *u.* dœma, *wozu* dómandi *als eine Art Participialbild. sich stellt, vgl.* Fritzner; *minder häufig als* dómari *nach* Vigf.), *der* Richter. — Plur. N. dómendr *92*, 9.

* *An dieser Stelle ist nicht daran zu denken, als ob eine Ausübung des Richteramtes bei jenem Gelage in Betracht käme, es wird vielmehr nur die sonst übliche Stellung der Hauptgötter als Richter (vgl. 17,* 13) *nebenbei erwähnt.*

dómari, m. (*vgl.* dómr *u.* dómandi), *der* Richter. — Plur. N. dómarar *143*, 9.

dómr, m. (F. 151), *das* Urteil, *Gericht.* — N. *31*, 11; *112*, 15; Gsf. dómsins *21,12.* — Plur. N. *143*,3. — A. *18*, 5; *20*, 5. í fulla dóma *zum vollständigen Gericht* Sigrdr. *12*, 9.

* -dómr *in* konungdómr *u. sonst zur Bezeichn. eines rechtlichen Verhältnisses oder Standes; vgl. nhd. -tum in* Königtum *u. s.*

dómstaðr, m. (*s.* staðr, dómr), *die* Gerichtsstätte. — N. *37*, 2. — A. *21*, 5.

dómstóll, m. (*s.* dómr, stóll), *der* Gerichtsstuhl. — Plur. A. *53*, 15.

dóttir, f. (F. 149), *die* Tochter. — N. *10*,5; *13*, 12. — G. dóttur *117*,2; D. dóttur *141*, 4; A. dóttur *14*, 2. — Voc. dóttir *154*, 5. — Plur. N. A. dœtr Fáfn. *13*, 6; *197*, 26. D. dœtrum *165*, 5.

dótturson, m. (*s.* dóttir, sonr), *der* Sohn *der* Tochter. — N. *162*,14.

draga, *stv.* (F. 152). 1) ziehen, schleppen. — Inf. draga (*hier vom Heraufziehen an der Leine = angeln, fischen*) *71*, 14. — S. 3 dregr *99*, 20 (*hier fram zieht hervor*); dr. yfir sárit *160*, 11. dr. veðrit *zieht die Witterung ein 156*, 22; dr. fast *zieht heftig, von der Bewegung beim Sägen gebraucht* (*vgl. Edz.*) 161,'*32*. Pl. 1 drǫgum (*drehen, in Bewegung setzen* Pf.) Grott. *16*, 7. Pl. 3 draga (*vom Ziehen des Wagens*) *30*, 7. Prät. S. 3 dró: dró or slíðrum *119*, 4; dró fram *116*, 8 *vgl.* dregr fr. *99*, 20; dró upp *72*,9; dró (*vom Lastpferde*) *53*,8 *vgl. 53*, 6: dró hann (*der Baumeister*) til á

hestinum; dró frá Gylfa *zog* (*mit dem Pfluge*) *von, gewann von* G. *a*,1; dró saman *168*,15 *vgl. 154*, 28. dró arnsúg (*vgl.* arnsúgr) *95*, 8; *ähnlich* dró (*setzte in Bewegung, rührte*) svanfjaðrar Vǫlkv. 2, 6. — Plur. 3 drógu (*von Stieren*) 3, 8; (*von Pferden*) *14*, 21. Conj. Plur. 3 drœgi upp *aufreissen* (*mit dem Pfluge*), *umpflügen könnten* 3, 8. — Pass. Part. absol. dregit: upp dr. *55*, 8; dregit or slíðrum *141*, 10 *vgl. 119*, 4; dregit á braut (*fortgeschleppt*) 59, 8; at dregit gæti (*vgl.* geta) *124*, 4; *gemeint ist hier das Drehen der Mühlsteine, vgl.* Grott. *16*, 7. — dregit saman *zusammengezogen, gesammelt 154*, 28.

2) *impers.* — draga saman *sich zusammenziehen, sich ausgleichen* (*in Bezug auf Etw.* = Acc.: *vgl.* saman dró kaupmala með þeim *bei Möb.* Gl. s. v. draga) mun þá s. dr. várn yfirlit = *es wird sich dann unser Aeusseres* (*der Unterschied in unserem Aeussern*) *ausgleichen 234*, 14. — Med. dragaz *sich ziehen;* Inf. brott dr. þaðan *sich davon machen* *251*, 18.

draumr, m. (F. 152), *der* Traum. — Plur. N. draumar *216*, 11. A. drauma *73*, 7; Asf. *73*, 8.

dráp, n. (*s.* drepa), *der* Mord. — A. *162*, 11.

dregill, m. (*urspr. Zugriemen, Zugband?*), *das* Band. — A. dregil *40*, 9.

dreifa, *schw. v.* (g. draibjan, *zu* drifa F. 154), treiben, ausbreiten, besprengen. — Præs. S. 3 dreifir *82*, 16. — Prät. S. 1 dreifði *196*, 18. — Med. *sich ausbreiten.* — Præs. Plur. 3. dreifaz *20*, 8.

dreki, m. (*vgl.* Vigf.; *zu lat.* draco). 1) *der* Drache. — 2) *das* Kriegsschiff, *nach den Verzierungen am Vorder- u. Hinterteil so benannt; vgl.* Wh. p. 136. — *176*, 82.

drekka, f. (*vgl.* drekka *stv.*), *der* Trank. — G. drekku *d*, 4. — A. drekku *98*, 16.

drekka, *stv.* (F. 153), trinken. — Inf. *19*, 9; *64*, 6; *92*, 6; *102*ₐ, 10 (*hier* = *austrinken*); 137, 11. — *Über* drekka meira drykk *64*, 19; inn þriðja drykkinn *65*, 8 *vgl. Lund* p. 44. Præs. S. 3 drekkr *20*, 16; *97*, 15; Plur. 3 drekka *51*, 7; *64*, 9. — Imp. S. 2 drekk *166*, 28, 82; Pl. 1

drekkum *184*, 9. — Præt. S. 2 drakkt
68, 20 *vgl.* draktu 225, 7; S. 3 drakk
46, 11; *123*, 6; *166*, 30. Plur. 3
drukku 55, 5; *200*, 26. — Part.
drukkinn (= *trunken*) *102*, 6; *167*, 2;
er drukkit (*wird getrunken*) *49*, 7;
vgl. 64, 8; *93, 4.* — Pl. N. drukknir
217, 21; G drukkinna manna *190*, 2.
drekkja, *schw.* (*vgl.* drekka *stv.*), er-
tränken, *m.* Dat.; *vgl. Lund* p. 86.
Imp. Pl. 3 drekktu *10*, 14.
drengiliga, *adv.* (*vgl.* drengr, dreng-
iligr *mannhaft*), *in* mannhafter
Weise. — vel ok dreng. *161*, 9.
drengr, m. (*vgl.* Vigf.), *der* Bursche,
Jüngling. — N. *70*. 13.
drengskapr, m. (drengr, -skapr =
-*schaft* F. 331), *das* mannhafte
Wesen. — D. 222, 7.
drepa, *stv.* (F. 153). stossen, schlagen, erschlagen (drap með eitri
tötete durch Gift 244, 8). — Inf.
47, 13. — Præs. S. 2 drepr (*an-
stössest*) Regm. 24, 2; S. 3 drepr
Vǫl. 58, 7 *vgl.* móðr; *159*, 23. —
Pl. 3 drepa *159*, 8. Conj. S. 1 drepa
175, 10; S. 2 drepir *207*, 14. S. 3
drepi (*man sich schlage vgl.* drap
hann sik 39, 13 *u.* drepa *imperson.*
bei Vigf. s. v. III) 39, 14. — Conj.
Pl. 2 drepið *161*, 2. Imper. S. 2
drep 157, 23; *232*, 26 *vgl.* at conj. 2).
— Præt. S. 2 drapt 165, 8; S. 3
drap *47*, 7 (*erschlug*); 117, 19 (*stiess,
steckte eilig*); drap hann sik or Dr.
*schlug er sich aus = riss er sich los
aus* Dr. 39, 13; *vom Schlagen der
Saiten* 224, 1; Pl. 3 drápu *10*, 13; 95,
16 (*beide M. = erschlugen*). — Part.
Pass. drepinn (*erschl.*) *114*, 15; dr
(sc. vera) *211*, 26; drepit 117, 14;
dr. = dr. hefir *182*, 22, *ähnl.* 221, 18.
Pl. N. drepnir (= skyldu dr. vera)
209, 27. Med. Præs. Plur. 3 drepaz
81, 8. Med. Part. Præt. hǫfðu drepiz
(*sich erschl.*) 99, 8.
dreyma, *schw. v.* (F. 152), träumen;
impers. (dreymir mik = *ich träume*)
— Præs. S. 3 jafnan dreymir fyrir
veðrum *stets träumt man vor Unwetter* (in fyrir *liegt sowol zeitlicher
wie causaler Bezug*) *194*, 23. — *Dass
sich Träume immer auf Unwetter
beziehen* (so *Edz.*), *soll natürlich
nicht gesagt sein, vgl. auch bei* Vigf.
dreyma fyr. daglátunum, *und die
verschiedenen Träume in* Atlamál.
— *Den* Acc. *des Traum-objektes*

beachte *219*, 2: er ǫrnu dreymir
wenn man von Adlern träumt. Præt.
S. 3 dreymdi 73, 7; *194*, 24. — *Vgl.
Lund* p. 24, 47.
dreyri, m. (F. 155), *die* Flüssigkeit, *das* Blut. — Dat. dreyra
Vǫl. *42*, 4.
  * *Urspr. bez.* dr. *das aus der
Wunde „fliessende" Blut, wird aber
nicht scharf von* blóð *unterschieden,
das mehr auf die rote* (*eigentl. blü-
hende*) *Farbe hinweist.*
drjúpa, *stv.* (F.155), triefen, *tröpfelnd
fliessen.* — Inf. *80*, 15. — Præs. S 3
80, 18. Præt. S. 3 draup *8*, 15; *9*, 12;
Plur. 3 drupu *76*, 18.
drifa, *stv.* (*g.* dreiban, F. 154), treiben (*intrans.*). — Præs. S. 3 drífr
81, 4.
drogi, m. (*vgl.* Vigf. s. v. drógr), *eig.
der* Streif, *vielleicht auch spec.
Name für die Ausschwitzung am
Hirschgeweih; oder mit* W,R *zu
schreiben* dropi? — N. *50*, 6.
dropi, m. (F. 155, *vgl.* drjúpa), *der*
Tropfen. — G. dropa 99, 17.
drótt, f. (*g.* gadraúhts, *m. Krieger*,
F. 154), *urspr. die Kriegerschar,
dann das Gefolge, die* Schar. —
Plur. N. dróttir *66*, 6.
dróttinhollr, *adj., dem Herrn* (dróttinn) *treu.* — N. n. dróttinholt *141*, 14.
dróttning, f. (*vgl.* drótt), *die Gefolgs-
herrin, Königin.* — N. 122, 4. Nsf.
161, 27. — G. *151*, 15; D. *166*, 18;
Asf. 167, 11.
drukna, *schw. v.*(*vgl.* drekka), ertrinken. — Inf. *180*, 14.
drykkja, f. (*vgl.* drykkr), *das* Trinken, *der Trank.* — G. drykkju *51*,
11; *102*, 3, 18; A. drykkju *45*, 5;
64, 4; 92, 8. Asf. *64*, 22.
drykkjuborð, n. (drykkja, borð), *der*
Trinktisch; *vgl. Wh.* p. 233. —
Pl. N. *240*, 16.
drykkjumaðr, m.(*vgl.*maðr *u.*drykkja),
der Trinker. — N. *64*, 10.
drykkr, m. (F. 153, *vgl.* drekka,
drykkja), *der* Trank, *der* Trunk.
N. 5, 14 (*Trank*). — Nsf. *166*, 29,
32. — G. drykkjar (*Trunk*) 20, 17.
— D. at drykk *49*, 6; í einum drykk
in einem Zuge 64, 9; Dsf. drykkinum
64, 15 (*vgl.* líða); drykknum *167*, 1
vgl. § 96, *b Anm.* 1. — A. drykk
64, 19; Asf. 65, 8. Plur. N. drykkir
65, 20; D. drykkjum *64*, 10; A.
drykki 100, 8.

drýgja, *schw.v.(g.* driugan *stv.,* F.154), üben, aushalten, ertragen. — Præs. S. 3 drýgir Grm. *35,* 2.

duga, *schwr.* (*g.* dugan *anom.* F. 149), *von* Nutzen sein, taugen. Inf. *83,* 16; *156, 12;* = *helfen* Sigrdr. 9, 6. = *gut gehen, glücklich enden* 251, 4. — Præs. S. 3. dugir *175,* 10. — Part. Pl. Am. dugandi (*rgl.* § 32) *tüchtige* menn *220,* 24.

dul, f. (F. 155), *die blinde Wertschätzung, der* Wahn. — D. *216,* 1.

duna, *schw.* (F. 149, *vgl.* dynja), dröhnen, *wiederhallen.* Præs. S. 3 dunar *60, 7.*

dúkr, m., *das* Tuch, *Gewebe aus Wolle oder Leinwand, Seide u. s. w.* — A. dúk *55,* 11. — Pl. D. dúkum *226,* 19.

dúnn, m. (F. 148), *die* Dune, Daune (*weiche Flaumfeder*). D. á dúni (*d. h. hier einem Daunenlager*) Grott. *5,* 6.

dvelja, *schw. v.* (F. 155), aufhalten. — M. dveljaz *zögern, verweilen, sich aufhalten* 236, 15. — Inf. *31,* 1 (*hier* = *sich hinziehen*); — Præs. S. 3 dvelz *54,* 7; Plur. 3 dveljaz *67,* 10; Conj. Pl. 2 dveliz *197,* 32. — Præt. S. 3 dvaldiz *57,* 9.

dvergr, m. (F. 155), *der* Zwerg. — N. *76,* 8; Nsf. *112,* 17; G. dvergs *115,* 5; A. dverg *11,* 14. Plur. N. dvergar *18,* 6; Nsf. *18,* 7; G. dverga *22, 11;* Gsf. *96,* 10.

* *Vgl. auch* svartálfr. — *Ein alphabetisches Verzeichnis der nord. Zwergnamen bietet Mogk bei Paul Beitr.* VII, 249 *fg.*

dyggr, *adj.*(*zu* duga), *tüchtig,* tugendhaft. — Asf. (*hier* = heilbringend) Regm. *20,* 4. Plur. N. f. dyggvar Vǫl. *66,* 5.

dylja, *schw.v.*(*wol zu* dval, dul, dvali F. 155), verbergen. — dulinn Part. Pass. = *unwissend* 27, 3 *mit* Gen., *vgl.* Lund p. 178. Med. dyljaz. — Præs. Imper. Pl. 1 dyljumz eigi við = *ich will es nicht* (*bei mir*) *zurückhalten* 202, 6; *den* Plur. *beurteile nach* Lund p. 9; *vgl.* 201, 26; Præt. S. 3 duldiz (*verbarg sich, suchte sich zu verbergen*) *4,* 7. — dyljaz við eitt *Etw. vor sich selbst verbergen, es zu bezweifeln versuchen;* Part. ok vér (= *ich*) hǫfum duliz við *209,* 21.

dynja, *schw. v.* (*vgl.* dynr, duna F.149), dröhnen. — Præs. S. 3 dynr *76,* 21.

dynr, m. (F. 149), *der* Schall, Lärm. — N. *40,* 3. — D. dyn *39,* 20. Plur. A. dyni *90,* 8.

dyra-umbúningr, m., *oder* dura-umb. (*vgl.* dyrr, um, búningr), *die Thürausrüstung, das* Thür-Gerüst (door-frame Vigf.). — Nsf. *183,* 3.

dyrr, Plur. ·f. (*auch* n., *vgl.* Vigf., F. 151), *die* Thür, *urspr. vielleicht nur Thüröffnung, doch bald auch auf den Verschluss derselben bezogen.* — N. *50,* 15. G. dura *44,* 5; dyra Grm. *23,* 1; Gsf. *209,* 10. — D. dyrum *50,* 14; *109,* 16; Grm. *23,* 5 A. dyrr *78,* 11; Asf. dyrnar *58,* 17; *98,* 7.

* *Bez. der Formen* dyra, dyrum *vgl. die Var. u. d. Text; u.* § 58 *d.*

dýna, f. (*vgl.* dúnn), *die* Daunendecke (*als Unterbett*). — Pl. D. *209,* 8; A. við dýnur *gegen die Kissen* (*unter dem Kopfe*) 211, 16.

* *In der poet. Sprache ist* Fáfnis dýna = *F-Lager* = *Gold, so* Helr. *10,* 8; *vgl.* dúni (dúnn m. = dýna) Grafvitnis AM. I, 402, 2.

dýr, n. (F. 148), *das* Thier, *namentlich wildes, jagdbares Land-Tier.* — N. gǫfugt dýr *179,* 25 *etwa „Edelwild".* — Nsf. *u.* Asf. dýrit *von einem Edelhirsch* 196, 10. Plur. Nsf. 73, 12; Gen. dýra Guðr. II, 24. D. dýrum *196.* 9. — A. dýr *33,* 2.

dýraveiðr, f. (*s.* dýr; veiði, veiðr), *die* Jagd; *spec. auf grössere Tiere* (*höhere Jagd*). — D. *149,* 10.

dýröligr = dýrligr. — Pl. An. dýrölig *231,* 14.

dýrgripr, m. (*s.* dýrr, gripr), *die wertvolle Schmucksache,* das Kleinod. — Pl. A. *183,* 6.

dýrligr, *adj.* = dýrr. — Pl. A. *214,* 11.

dýrr, *adj.* (F. 146), teuer, *kostbar.* — *schw. Flex.* dýri, A. dýra *98,* 18. — *Superlat.* N. m. dýrstr. — Pl. D. n. dýrstum *193,* 18.

dýrshorn, n. (*vgl.* horn *u.* dýr), *das* Horn *eines wilden Tieres, spec. wol Auerochsen.* — A. *138,* 4.

dýrt, *adv.* (*vgl.* dýrr), teuer. — dýrt kaupa *49,* 11.

dælligr, *adj.* (= dæll, *nach* Vigf. *zu* deila F. 142), *umgänglich,* gut aufgelegt. N. *103,* 24.

dǫgg, f. (F. 146), N. *24*, 7 *der* Thau.
— Plur. N. dǫggvar Thautropfen
(Pf.) Vǫl. *22*, 6.
dǫggskór, m. (dǫgg, skór), *der Thau-
schuh = die* Schwertscheide, *namentl. die untere Spitze derselben*
(Vigf., Myth. p. 359). — Nsf. *191*, 10.
dǫgurðarmál, n. (*vgl.* dagverðarmál,
die vollere Form), *die* Frühstückszeit. — D. *51*, 10.
dǫggva, *schwv.* (*vgl.* dǫgg), *mit Thau*
feuchten. — Præs. S. 3. dǫggvir
14, 12.
dǫkkálfr, m. (*vgl.* álfr *u.* dǫkkr), *der*
Dunkelelbe, *Schwarzelbe.* — Pl.
N. dǫkkálfar, *24*, 15, 17. — *Vgl.*
Einl. p. 90 *A.* 101.
dǫkkbrúnaðr, adj. (dǫkkr, brúnaðr
= brúnn), *dunkelgebräunt,* dunkelbraun. — Nm. *190*, 18.
dǫkkr, adj. (*vgl. ahd.* tunkal; *dies
mit mhd.* tunken *u.* tûchen *verwandt?*), dunkel. — N. f. dǫkk
14, 2. Plur. A. m. dǫkkva *76*, 16.
— *In schw. Flex.* Grm. ins. dǫkkva
(hrafns) Regm. *20*, 5—6.
dœgr, n. (*vgl.* dagr, F. 144), *eine* Zeit
von zwölf Stunden, *Tag oder
Nacht.* — A. it tíunda hvert dœgr
immer nach zehnmal zwölf Stunden
159, 12. — Plur. N. *11*, 20. — D.
12, 13; *14*, 10. A. *204*, 17.
dœgrfar, n. (*s.* dagr, fara), *der Verlauf von Tag und Nacht* (*vgl.* aldarfar), *die* Zeitrechnung. — A.
170, 26.
dœma, *schw. v.* (*vgl.* dómr), *richterlich
entscheiden,* richten. — Inf. *17*, 13;
143, 1. — Præt. Pl. 3 dœmdu *112*, 17.
dœmi, n. (*vgl.* dómr, dœma), *der Ent-
scheidungsgrund, das* Beweismit-
tel, Beispiel, *die* Erzählung.
(*Vgl.* dœmisaga *im Reg. d. Einl.*)
— N. at þar er sams dœmi *dass
da ein Beispiel desselben ist, dass
es dort ebenso geht* 219, 5. Plur. N.
52, 1; *175*, 6; Gen. dœma *40*, 8. —
A. 29, 8 (*vgl.* skyn); sǫnn d. *40*, 2;
en menn vissi dœmi til = *als man*
(*sonst*) *Beispiele dafür wüsste* 197,
10. — *Wol geradezu = Lehre* (*s.*
Fritzn. s. v. 7) *im Dat.* eptir mínum
dœmum *180*, 40.

E.

eða *oder* **eðr,** conj. (*in den Hss. meist
abbreviert, vgl.* Vigf., *g.* aíþþau,

F. 4), *oder.* — 1) *Zur Verbindung
von zwei* Worten 6, 1; *30*, 1 *u.
oft;* eðr 27, 6. — *168*, 6 *verbinde*
betr eða m. meira kappi. — 2) *Zur
Verbind. von* Fragesätzen: *4*, 4
(hvárt — eða); 29, 19 (hver — eða
hvat) *u. öft.* — hvat títt er — eða
hvárt 156, 34. — 3) *Einzeln stehend
in der Frage zur Hervorhebung
eines neuen Gegenstandes oder Ge-
sichtspunktes, s. Lund* p. 434, = *aber,
denn; so* eða eru 34, 9; eða hvat
51, 6; *vgl.* 60, 11; 62, 10; eða hvárt
70, 7; 78, 7. eða hvers k. 96, 11;
eða hví 165, 20; *173*, 1. eða man
hér kominn … 183, 25 = *oder wird
hergekommen sein* = *oder vermute
ich recht, dass u. s. w.* So wol
auch in der formelhaften Wendung:
vituð ér enn eða hvat? *wisst ihr
aber noch was?* (*was das bedeutet,
was darauf folgt?*) Vǫl. 24, 8; 42, 8
u. ö. — *Etwas abweichend* Lund p.
434 (eða hvat? = eða eigi?) — *Für
diesen freieren Gebrauch vgl. lat.*
autem *neben* aut; *auch g.* aíþþau *im
Gloss. bei Heyne.*
eðli, n. (F. 14, *s.* athala), *die natürl.*
Anlage, Natur, Abstammung. —
N. *45*, 2; annat er várt eðli = *von
anderer Art ist meine Natur* 203, 32.
— D. eðli *4*, 4. A. *206*, 1.
eðr *s.* eða.
ef, conj. (*vgl.* Vigf., *g.* ibai, F. 20).
1) *ob* 5, 15; 59, 6. *In Erwartungs-
sätzen auch* = *ob nicht:* vit, ef =
siehe zu erfahren, ob nicht 204, 34;
211, 9. — 2) wenn *11*, 2 (*oder hier
er mit* U *zu lesen?*) 22, 8, 13; 26,
21; *49*, 11 *u. ö.* nú … ef 211, 10
= *jetzt* (*in diesem Falle*) … *wenn
nämlich* (*vorausgesetzt, dass …*). —
In synt. Bezieh. vgl. Lund p. 308 *fg.;*
339; 421 *fg.*
efna, *schw. v.* (F. 19), ausführen. —
Inf. 155, 1. — Præs. S. 2 efnir
62, 16.
efni, n. (F. 19, *vgl.* efna), *der* Stoff.
— A. *82*, 10 (eykr mikit efni til
*etwa = beschleunigt sehr die Voll-
endung, s.* auka). Pl. efni = *die* Umstände, *das* Vermögen. — D. eptir
efnum *nach Verm.* 175, 27. þat er
í góðum efnum *das ist in hoffnungs-
vollem Zustande* = *dazu ist gute Aussicht* 195, 21.
efri, adj. comp. (= **efri,** § 90), *der*
Obere; *vgl.* neðri. — N. 82, 13;

D. efra *42*, 4; A. efra *84*, 11. An.
adv. jt efra *an der oberen Hälfte*
190, 18. — *Zeitlich = höher 232*, 21.
efstr, *adj. superlat.* (*vgl.* efri), *der*
oberste, letzte. — Dat. *schwache*
Flex. at efsta skilnaði *203*, 6;
229, 3.
egg, f. (F. 10), *die* Spitze, *Ecke.* —
A. egg *80*, 8. Pl. Dsf. eggjunum
176, 2.
eggja, *schw. v.* (*zu* egg f.), *eig. schärfen*,
antreiben. Præs. S. 2 eggjar *173*,
2; S. 3 *155*, 20. Præt. S. 3 eggjaði
117, 5; *122*, 6; Plur. 3 eggjuðu
119, 29. Med. léttu at eggjaz (Inf.)
liessest du dich anreizen 179, 31.
 * *Constr. mit* til *oder blossem* Gen.
(*Lund* p. 175); *vgl. 173*, 2; *179*, 30.
So Imp. eggjum til *208*, 1 *neben* e.
at gera *208*, 10.
eggjan *oder* **eggjun,** f. (eggja), *die*
Anreizung. — D. *223*, 10.
eggskurn, n. (*von* egg n. = *Ei* F 13;
skurn *Schale zu* skera?), *die* Eier-
schale. — A. *24*, 6.
eggsteinn, (*von* steinn *u.* egg f.), *ein*
spitziger oder scharfer, behauener
Stein. — Plur. A. *80*, 12.
eggtíð, f. (*von* egg n. = *Ei u.* tíð), *die*
Eierzeit; *der* Mai; *vgl. Wh.* 377;
d. Monatsnamen p. 36. — N. *144*, 12.
eiðr, m. (F. 4) *der* Eid. — Gsf. eiðsins *74*, 8; A. eið *110*, 4. — Plur.
D. eiðum *190*, 15; í eiðum vera við
einn (= eiðsvari vera eins) *207*, 17;
Dsf. eiðunum *54*, 12; A. eiða *43*,
19; allir, er eiða vinnið *Alle, die*
Ihr Schwurbrüder werdet 197, 17,
vgl. 197, 35 *u.* Ba.
eiðrofi, m. (*zu* rjúfa *u.* eiðr), *der* Eid-
brüchige, *auch von Frauen, so*
Af. eiðrofa Helr. 5, 8. — Plur. N.
eiðrofar *88*, 8. — *Als Adj.* (*vgl.* § 85)
Pl. N. eiðrofa *203*, 24; *210*, 21.
eiðsvari, m. (*zu* sverja *u.* eiðr), *der*
durch Eidschwur mit Andern Ver-
bundene, der Schwurbruder, *vgl.*
sóruz í brœðralag *118*, 17. — Plur.
N. eiðsvarar *119*, 29.
eiga, *prät. präs.* (*g.* aigan, F. 3),
haben, *vgl.* § 155. — 1) *im All-*
gemeinen: Præs. S. 1 á ek *179*, 25;
S. 2 Þú átt *153*, 24; S. 3 á *14*, 13.
— Plur. 1 eigum *154*, 7; Plur. 3
eigu 7, 9; *160*, 25; *mit suff. Negat.*
eigüt (*vgl.* -at) Fáfn. *13*, 3; eiga
83, 8 (*jüngere Form*); *163*, 10. —
Conj. S. 3 eigi *177*, 7. Præt. S. 1

átta c, 1; S. 2 áttir *179*, 33; S. 3
átti *4*, 17 (*vgl.* Þar.); *6*, 8; Vol. 8,
6, 8; Plur. 3 áttu *17*, 20; Vol. 8,
10. — Conj. Pl. 1 ættim *207*, 28. —
Pass. Part. absol. hafði átt *168*, 20.
 2) *spec. von der* Ehe, *sowol was*
das Eingehen derselben (eiga =
heiraten 118, 20; *152*, 8; *163*, 23),
als auch die weitere Fortführung
betrifft. Vgl. fá 2). er Þú átt *201*,
27; á Þá konu *32*, 8; átti hana *14*, 6;
136, 2; at hón átti búanda *119*, 16,
18; *vgl.* er ek átta hann *ihn zum*
Gatten hatte 162, 18; *so auch* Conj.
S. 3 ætti (*heiratete, vom Manne*)
121, 19; Inf. eiga (*vom Mädchen*)
118, 20. — Part. Pass. Acc. f. átta
(*vom Manne*) *120*, 8; *absol.* átt (sc.
hafða; *von der Frau*) *226*, 13. —
In Bezug auf Kinder: átti born
(*vom Manne*) *119*, 11; *37*, 13; Plur.
áttu (*von Mann und Frau*) *120*, 8
u. ö.; eigu born *160*, 25. — *Vgl.*
auch 179, 25, 33; *196*, 17 (*zwm.*).
 3) *In einigen leichtverständlichen,*
eigentl. elliptischen Wendungen, wie
eiga at vera *zu sein* (*das Recht*)
haben = *richtig sein* 191, 19; *vgl.*
auch áttu skamt til hans = *kurz*
(*zu gehen*) *hatten zu ihm = ihm*
ganz nahe waren 79, 2; eigu-Þér
(= eiguð Þ.) nú ekki langa leið fram
til borgar *61*, 4. átti við = (*zu*
thun, zu kämpfen) *hatte gegen* 105,
21, *vgl. 150*, 30; *151*, 34; áttuz (Med.
Præt.) Þeir við = *sie hatten es bei*
sich (*zu thun*) *mit, sie hielten sich*
an 93, 5. — eiga 2) *u.* 3) *findet*
sich 244, 7, 10.
 * *Besondere Beachtung verdient*
endlich das Verhältnis von eiga *und*
hafa. *Entsprechend dem g.* aigan
und haban (*vgl.* Grimm *Vorrede*
zu Schulze's Got. Glossar p. XIII)
ist auch eiga *zunächst das recht-*
liche Haben, das Eigentum, *auch*
wo es sich nur um Anspruch (*s.* á
220, 23) *oder Verpflichtung* (*so* ættir
210, 5) *handelt;* hafa *dagegen ein*
äusseres an sich Haben, Halten,
allenfalls auch Besitzen; *darnach*
ist oft, aber nicht immer nur eines
der beiden Verba zulässig. — *Man*
vgl. á margar orrostur (*hat zu be-*
stehen viele K.) ok hefir (*erhält,*
trägt 'davon ávalt sigr *166*, 15; á
son *150*, 18; á hafra *30*, 6; á hest
101, 5 (*vgl.* hafa hest *101*, 8); á kost-

gripi *30*, 8; á Þann bœ *33*, 9; hálfan
val *33*, 11; eigum trúnað undir hán.
(*wol nach Anal. von* eiga fé u. einum = *Geld bei Jemd. deponieren*)
Anspruch auf Treue bei Jemd. haben
154, 7; átti ætt t. *14*, 8 *vgl.* ætt; átti
sér *hatte* (*nach Lage der Verhält-*
nisse) *150*, 21; átti hjarta *103*, 18;
vgl. *107*, 2; *115*, 9; er átti *der Eigen-*
tümer war 116, 8; á Þræl *149*, 5;
at hann átti *dass er Anspruch hätte*
auf 113, 3; *ähnlich* Conj. ætti veðféit *112*, 17; ætti ván *zu erwarten*
hätte 141, 3; *vom wirklichen Be-*
sitze 174, 5; ætti ofgott við mik
vgl. eiga við einn Vigf. s. v. A. III)
es allzugut mir gegenüber gehabt
habe 202, 15 *vgl.* ofgóðr; áttu þing
94, 17 *vgl.* Inf. eiga dóma sína (ju-
dicia exercere Eg.) *20*, 5; eiga undir
gæzlu *35*, 9 *s.* trúnaðr; Sk. vill bústað hafa, þann er átt hafði *32*, 9;
hafði átt *105*, 3; hofðu átt *89*, 12
vgl. *137*, 2; *hieher* átt *159*, 28?
Im Allgem. vgl. noch hafa.

eiga, f. (*vgl.* eiga *prät. präs.*), *die*
Habe, *der Besitz.* — D. *172*, 5.

eigi (*von* ei = æ *und negat. Suff.* gi,
vgl. Vigf.), nicht. 5, 16; 7, 9 *u. ö.*
— eigi (*namentlich an der Spitze*
des Satzes) *involviert öfter eine etwas*
stärkere Verneinung, wie nhd. also
nicht, gar nicht *u. w. Vgl.* 52, 4
eigi kantu deili = nullam igitur
notitiam habes (Eg.); eigi þá (*da-*
mals noch nicht) = nondum (Eg.)
63, 21; eigi = *wol nicht 164*, 30;
vgl. auch 191, 22. — *Im Nachsatze*
vertritt at eigi *zuweilen lat.* quin,
quominus (*Lund* p. 326, A. 2); aldri
svá mikill, at eigi *48*, 5; engi er svá
lítill drykkjumaðr, at eigi gangi af
í Þrimr *64*, 10 *vgl.* 222, 22; *ähnlich*
wol auch 67, 19 at eigi hafi hann
farit *mit nur ergänzender Negation*
wie bei mhd. ne (*Mhd. Wb.* IIa,
p. 325), *also = dass er erlebt habe.*
— *Vgl. auch 158*, 27 eigi er mér
grunlaust, at eigi; Eb. *66*, 14 hirti
eigi, Þóat . . . yrði eigi við varir
ob auch gewahr wurden, und Fs.
160, 2: enga ván í, at hann hrykki
eigi við = *dass er zurückweiche.* —
S. auch né.

eign, f. (*vgl.* eiga *u.* eigin n. *bei* F. 3),
der Besitz, *die* Habe. — A. *6*, 13.
Gemeint ist hier bei alla eign þeira
Alles, was Himmel, Erde und Luft

in ihrem Machtgebiet umschliessen.
Pl. A. eignir *226*, 9.

eigna, *schw. v.* (*vgl.* eiga), *als Eigen-*
tum zuschreiben. — Med. eignaz,
sich aneignen, besitzen. Inf. 52,
12, 14; *136*, 8. — Præs. S. 3 eignaz
151, 1; Præt. S. 3 eignaðiz *nahm in*
Besitz 150, 28.

eik, f. (F. 3, *doch nicht* Gen. eiks, *l.*
eikar *oder* eikr, *vgl.* § *56*, A. 1), *die*
Eiche. — D. 59, 13; Helr. 7, 4; A.
60, 5; Asf. 93, 16.
* *In vielen Fällen ist die allge-*
meinere Bedeutung = Baum anzu-
nehmen, vgl. Vigf. s. v.

eimi, m. (*oder* eimr, *vgl.* Vigf. s. v.
u. s. eimyrja), *der* Rauch. — N.
Vol. 59, 5.

eingi, *s.* **engi.**

einhendr, *adj.* (*vgl.* hond *u.* einn),
einhändig. — N. *34*, 21.

einheri, m. (*vgl.* herr m. *u.* einn), *ent-*
weder ein Einzelkämpfer (*d. h.*
im Zweikampf) *oder ein ausge-*
zeichneter Kämpfer, Vorkämpfer
(*so* Vigf., *vgl.* s. v.). — Plur. einherjar *die* Einherjer, *himmlische*
Kämpfer in Odhins Halle. — N.
28, 3; Nsf. *83*, 12; G. einherja Grm.
23, 4; Gsf. *51*, 7. D. einherjum Grm.
´36, 9.

einhverr, *s.* **einnhverr.**

einkamál, n. (*vgl.* mál, einn), *die*
Einzel-verhandlung, *ein* geheimes
Abkommen *oder* Versprechen. —
Plur. A. *43*, 19.

einmánuðr, m. (*vgl.* mán., *u.* einn?),
der Einzelmonat, März, *letzte*
Wintermonat, *vgl.* Vigf., *Weinh. d.*
Monatsnamen p. 36. — N. *144*, 12.

einmæli, n. (*vgl.* mál *u.* einn), *ein*
Einzelgespräch *oder nach nhd. Aus-*
druck Zwiegespräch, *vgl.* einvígi. — A. 97, 11; *154*, 27.

einn, *zahlw., adj., pron.* (F. 30, § 99a
1) *u.* 100), einer, allein; irgend
einer; *Lund* p. 502 fg. — Nm,
einn *10*, 5; *107*, 16; sá einn *der*
eine, derjenige *15*, 25; þú einn *du*
allein 27, 1; *als unbestimmter Art.*
(quidam) *66*, 4; *92*, 1; *auch mit*
best. *suffig. Art.* einn ássinn *36*, 2;
vgl. inn * a). fár einn = *nur We-*
nige 191, 4. — G. eins *20*, 17; *als*
unbest. *Art.* 70, 13; *95*, 22, — G.
schw. Flex. ins eina dags *180*, 13
vgl. eindagi = *bestimmter Tag*,
Termin, *hier vom Tode.* D. einum

52▸15; unbest. *Art. 46,* 5. A. einn 59, 10; eiga þann einn mann *den allein zum Manne zu nehmen* (vgl. eiga) *118,* 21 *vgl.* Helr. *10,* 5; *unbest. Art. 46,* 3; *70,* 13; *95,* 4. — Pl. m. N. einir (soli) 26, 5; hafa einir sér (*für sich allein*) 83, 5; = *irgend welche 216,* 20 *vgl.* né a). — S. Fem. N. ein 3, 4; *20,* 9; *allein 95,* 5; *196,* 10. D. einni 3, 2; *192,* 13. — A. eina Vafþr. *47,* 1. Plur. Fem. D. or einum dyrum *aus einer Thür* Grm. 23,5; A. einar (solas) β, 3. S. Neutr. N. eitt svá sem gull eitt *wie Gold allein, wie lauter Gold 17,* 18; illt eitt *= nur Böses 201,* 21; *215,* 10; *unbest. Art. 31,* 7; *70,* 19; Gen. at eins *wol nur scheinbar; vgl.* eins. Dat. í einu landi *143,* 4; einu sinni *einmal ι,* 1; A. eitt (unum) 3, 3; *168,* 31; *174, 8;* = *dasselbe 171,* 15; sitt eitt *nur das Seine* (vgl. kalla) *173,* 15. eitt sinni *einmal (=* einu sinni Var.) 58, 25; eitt sinn (*desgl.*) 27, 2; *35,* 10; við vín eitt (*allein*) Grm. *19,* 4. eitt plógsland, þat er 3, 8 = *ein solches (so grosses), dass . . . vgl.* Lund p. 339.

   * *Zu dem Superlativ, der sonst im Altnord. häufig nur als Elativus zu fassen ist, tritt* einn *oder* einna (vgl. s. v.) *auf, um den ausschliessenden Superl.* (Lund p. 156, 251) *zu bezeichnen, so* sá einn máttkastr = *der (allein, entschieden) kraftvollste 15,* 25; einna hvatastr *der unbestritten Tüchtigste 180,* 32.

   ** *In Aufzählungen vertritt* einn, ein, eitt *häufig die Stelle des Ordinalzahlwortes* (§ 104), *so* einn — annarr — þriði 80, 12—13; *96,* 17; *145,* 11; — ein (*die eine = die erste*) 20, 9; eitt — annat 6, 3; *37,* 14. — *Ähnlich auch:* eitt mark (*ein, das erste beste* m.) *134,* 4; *vgl. dazu* annat mark (*ein anderes, ein zweites*) *135,* 18.

   *** *Das nhd. „allein" kann auch durch den Zusammenhang selbst ausgedrückt werden, so 222,* 3- 4: þeir — tveir = *diese Zwei allein.*

einna *oder* **eina,** *adv. (eig.* Plur. Gen. *von* einn *vgl. auch* Lund p. 156 1), *allein, besonders;* einna nokkurr — unus aliquis (Eg.) Vol. *41,* 6. — ok samir þat einna at halda af várri hendi *154,* 10 *wol mit*

Rassm. *zu übersetzen: und es ziemt sich insonderheit von unserer Seite dies zu halten (im Hinblick auf den Glanz des Geschlechtes). Bei der Übers. „allein" (so* Müllenh., Edz.) *bleibt der Zusatz* af v. h. *ohne Gewicht.* — einna hvatastr *180,* 32 *s.* einn*), spyr Þess eina *201,* 23.

einnhverr, *pron. adj. (auch* einhverr, *aus* einn *u.* hverr, *über die Flex. vgl.* § 99 a) 2 *u.* Vigf.), *irgend einer, wer auch; irgend wer,* irgend ein. — Nm. 39, 15; *41,* 5; Gm. einshvers staðar *irgendwo 156,* 3; Gf. einnar hverrar 252, 2—3. Am. einhvern 63, 3; *160,* 20. — An. eitt hvert sinn *149,* 9; *157,* 28; *159,* 8; *180,* 32.

einn saman, *pron. adj. (u.* saman *u.* einn), *allein zusammen, einsam (von der einzelnen Person), für sich, allein (von Mehreren).* — N. *173,* 14; *179,* 26. Plur. D. fyrir sjónunum einum saman *vor den Blicken allein* 57, 19.

   * *Vgl. auch* allr samt *s. v.* samt.

eins *in der Verbind.* at eins *nach* Fritzn. *s. v. nicht* Gen. *von* einn, *sondern veraltete (ursprünglich superlativische) Form,* = at einastu = *in dem einzigen (sc. möglichen Wege) = ganz allein, adv.* — *Zu 202,* 22 *vgl. übrigens Vorbemerk.* p. LI N. 116; *doch halte ich eine Änderung von* at eins *jetzt nicht für nötig.*

einsýnn, *adj. (s.* einn; sýnn *zu sehen befähigt* F. 315), *einäugig.* — N. 153, 5.

einvigi, *n. (von* vígi = víg *n.,* einn), *ein Einzelkampf im Gegensatze zur Feldschlacht, also =* Zweikampf. — G. einvígis *103,* 6; D. einvígi 36, 14; *145,* 7; A. 249, 3.

eira, *schw. v.* (F. 4), *schonen (eig. ehren, befriedigen: mit* Dat. *rgl. Lund* p. 70). — Inf. 73, 11. *Vgl.* Eir. *Prät.* S. 3 litt eirði hann sér í sl. orðum *219,* 31 = *er gebrauchte die stärksten Ausdrücke derart.*

eitr, *n.* (F. 4), *urspr. wol die wallende od. kochende Flüssigkeit, der Schaum (vgl.* Grimm Myth. p. 528, *Einl.* p. 73, A. 23), *das Gift.* — N. *123,* 8; Nsf. 73, 12; D. eitri *84,* 4; Dsf. 8, 6 (*hier* eitr = *Schaum?*); A. *123,* 6; 158, 33.

eitrá, *f. (von* á *f. u.* eitr), *der Giftstrom.* — Plur. N. eitrár *88,* 7.

eitrdropi, m. (dropi *u.* eitr), *der* Gift-tropfen, Schaumtropfen. — Pl. N. eitrdropar Vgl. *39,* 5; Vafþr. *31,* 2; A. *80,* 16.

eitrkvika, f. (eitr, *vgl.* Vigf. s. v., kvika *u.* kvikva), *der flüssige Schaum,* Gischt. — N. *8,* 3.

* *Vgl. auch* kvikr, kvikudropi.

eitrormr, m. (ormr, eitr), *der* Gift-wurm, *die* Schlange. — A. eitrorm *80,* 14; *158,* 32.

ek, *pron.* (F. 36), ich. — *5, 2 u. ö.* — G. mín *161,* 3. D. mér *12,* 11; A. mik *41,* 1. — *Vgl.* vit *u.* vér; sín *u.* þú. — *Suffig. Formen* 1) *mit* k=ek; rauök f, 2; mundak *64,* 18; *104,* 25; megak *68,* 1; heyröak *135,* 5; kveöak Grott. *7,* 6; neyttak ι, 2; heflk Regm. 2, 3; máttak Guörkv. II, 23, 4; værak Helr. *3,* 3; *mit* k *u. negat.* a (*vgl.* -at, -a): varka β, 2; nautka η, 5; *mit dopp.* ek *und Neg.* vildigak = vildi-ek-a-ek Helr. *13,* 6. 2) *mit* mk=mek=mik, *doch über-wiegend für den* Dat.; *vgl. die Bei-spiele bei* Vigf. s. v. ek. — leiö erumk (*leidig sind für mich*) β, 1; *vgl.* eru s. v. vera. — *Über die metrische Behandlung von* ek *s.* Siev. P. V, 501; VI, 271 *fg.*

ekki *s.* **engi.**

ekkja, j. (*vgl.* Vigf.), *die* Witwe. — G. 226, 12.

elda, *gew. nur* Med. eldaz, *schw. v.* (*vgl.* eldri), *älter werden,* altern. — Præs. Pl. 3 eldaz *35,* 6.

* *Hierher stellt* Vigf. *das impers.* nótt (Acc.) eldir = *die Nacht altert, nimmt ab; während* Fritzn. *ein im-person.* elda = *erleuchten* (*zu* eldrm.) *ansetzt, im Hinblick auf die Mor-gendämmerung; hierzu stimmt auch der neuisländ., aber von* Vigf. (s. v. elding) *beanstandete Ausdr.* elda aptr = *wieder hell werden.*

elding, f.(*vgl.*eldr); *ein* Lichtkörper, Gestirn, Meteor; Blitz. — Plur. Dsf. *11,* 18; A. *104,* 9 (*hier* = *Blitze*).

eldiviör, m. (*s.* eldr, viör), Brennholz.

eldr, m. (F. 27), *das* Feuer. — N. 22, 1, 2; D. eldi *7,* 12; *84,* 14; Dsf. *8,* 4; A. eld *26,* 7; Asf. *76,* 5; *162,* 20. Plur. N. eldar *Flammen 82,* 5; *Feuerbrände 140,* 4; *Herdfeuer 108,* 5; *so auch* A. *137,* 16; Asf. *138,* 1; = *Feuersbrunst 162,* 5. — *Zu* 137, 10; *152,* 29; *216,* 30; *231,* 25 *vgl. Wh.* p. 445.

* leggja eld í eitt *bedeutet ge-wöhnl. Etwas anzünden, ist aber* Sigrdr. *10,* 6 *wol eher vom Ein-brennen eines Runenzeichens zu ver-stehen.*

eldri, *compar.* (F. 26. *vgl.* gamall), älter. — Sup. elztr (=eldstr) *6,* 2; 27, 14. — *Schw. Fl.* N. inn elzti *152,* 5.

* *Auch* ellri, ellztr *geschrieben, vgl.* § 89. — inn ellri son *157,* 8; því ástsælli, sem hann var ellri *176,* 10.

ella, *adv.* (F. 28), *anders,* sonst. — *167,* 18.

elli, f. (=eldi, *vgl.* F. 27 *u.* Elli), *das* Alter (= *hohe Lebensalter*). Nsf. *69,* 13.

ellidauör, *adj,* (*vgl.* dauör, elli), an Altersschwäche gestorben. — Plur. N. *38,* 8.

ellifti, *ordinal.* (F. 31, *zu ahd.* einlifto), *der* eilfte. — N. m. *21,* 10; f. ellifta *44,* 5; n. ellifta *6,* 7.

ellifu, *zahlw.* (F. 31), eilf. — *159,* 25.

elligar *adv.* = **ella; 215,** 9.

elliligr *oder* **eldiligr,** *adj.* (*vgl.* eldri), ältlich. — N. *153,* 5.

ellri *s.* **eldri.**

elska, *schw. v.* (*vgl.* Vigf., *oder zu* g. aljan F. 242), lieben. — Præt. S. 3 elskaöi 242, 16.

elskugi, m. (= elskhugi, *vgl.* hugr *u.* elska), *ein auf Liebe gewandter Sinn, die* Verliebtheit. — Nsf. *43,* 14.

elzti, elztr *s.* **eldri.**

embætti, n. (*vgl.* ambátt, F. 17), *der* Dienst, *das Geschäft oder Amt.* — G. embættis *164,* 32.

emja, *schw. v.* (*verw. mit* ymja? Fritzn.), heulen. — Præt. Pl. 3 emjuöu *219,* 9.

en, *conjunkt.* (*vgl.* Wimmer Oldn. Læs. p. XXI *und* Vigf. s. v. en *u.* Add.). 1) aber 3, 4, 6, 7 *u. ö.* — *oft nur lose anreihend* (*wie gr. δέ*), *so na-mentlich auch* 31, 10; *120,* 9; Grm. *40,* 3, 6; *41,* 1, 4. *Vgl. Lund* p. 414. — *Für* 68, 21 *vgl. Lund* p. 415. 2) als, *nach Comparativen und Ver-gleichungsgraden :* fyrr, en hann kom *4,* 8; *vgl. 7,* 1; *21,* 1; meiri, en *16,* 10; ekki annat, en *153,* 34; litlu síöar, en *176,* 13; áör, en *6,* 19; 7, 14; *12,* 1 (*Lund* p. 238). en = *als dass, als wenn* 155, 36; *200,* 33;

en né=*als dass* 216, 28 *vgl.* né
a) ex,.
* *Über* ǫnnur, en 17, 17 *vgl.*
annar *s.* 5)
** *Für* en 2) *verweist* Vigf. *auf*
ags. þonne, *as.* than.
enda, *schw. v. (vgl.* endi), zu Ende
bringen. — Med. endaz *bis zu
Ende reichen,* ausreichen, ge-
nügen. Inf. *48,* 5; *68,* 10; Præs.
S. 3 endiz *49,* 6.
enda, *conj. (vgl.* Vigf.), *und doch, und*
dabei (*vgl.* Vigf. III, 2) 239, 16;
jedoch 249, 11.
endadagr, m. (endi, dagr), *der Endes-
tag,* Todestag. — G. 193, 13.
endemligr, *adj. (zu* endemi, Pl. n.
=eindœmi=*für sich stehende Fälle,
Unerhörtes; meist euphem.=Schand-
thaten, Greuel*), *absonderlich,* greu-
lich. — Pl. Nn. (comm.) 234, 9.
endi, m. (F. 17, *vgl.* endir), *das* Ende,
zeitlich und örtlich. — D. í enda
am Ende veraldar 7, 11; á enda
am Ende (örtlich) 58, 12; *vgl.* 62,
20; *96,* 5.
endilangr, *adj. (vgl.* langr, endi), *in
ganzer Ausdehnung, bis ans
Ende reichend.* — D. f. eptir endilangri hǫllinni *die Halle in ihrer
ganzen Ausdehnung hindurch* 108, 5;
152, 29.
endir (*vgl.* endi, *g.* andeis), *das* Ende.
— N. 68, 22; *94,* 2.
engi *oder* **eingi,** *pron. (vgl.* einn *u.*
Vigf. *s. v.* eingi, § 99 *e*), keiner,
sowol substantivisch wie adjektivisch:
Lund p. 499, 524. — N. m. eingi
70, 2; engi *41,* 7; engi sá 72, 10
vgl. Lund p. 488; engi sá, at *kein
solcher, dass er* 62,15; engi hlutr
er sá . . , er (er = at) 17, 7. —
G. enskis 116, 12; engis 165, 4;
D. ǫngum 53, 1; engum 160, 15.
A. engan 9, 4; 15, 14; 166, 21; engan
59, 17; engi 44, 3; 90, 5; 166, 21.
Plur. N. engir 207, 26. G. engra
105,17; A. enga 217, 6. S. N. f. engi
tunga 23,8; 167,17. G. engrar 141,3;
A. enga 40, 19; enga 135, 10. N. n.
ekki ofrefli 38, 21; ekki sár 141, 12;
e. sumar 81, 6; e. eitr 123, 8; ekki
= *Nichts* 31, 12; Vǫl. 6, 2; alls
ekki *gar Nichts,* at þat var a. e.
dass davon gar nicht zu reden sei
122, 16; *vgl.* 172, 29. G. einskis
(*in Nichts, durchaus nicht*) 99, 11
(*Var.* einskis ráðs); enkis 169, 18;

232,15; engis 217,24; D. ǫngu (*in
Nichts, gar nicht*) 64, 21; *als Obj.*
Dat. 175, 1. A. ekki orð Grott. 7, 1
s. u. *); *Nichts* 111, 8; *in Nichts,
gar nicht* 123, 8; Grott. 8, 8; *so ist
der fast adverbiale Gebrauch von*
ekki (=*stärkerem* eigi *vgl.* Vigf. *s.
v.* eigi) *an vielen Stellen zu verstehen, so* 34, 13, 21; *46,* 11 (*dreimal*); 65. 8 *vgl. Lund* p. 488; 191,
18. — ekki nýtr (*impers., vgl.* njóta)
sólar 81, 6. — Pl. N. m. engir 198, 3.
— N. n. engi 145, 17; A. n. engi
180, 27.
* *Für* Grott. 7, 1, 2: en hann
kvað ekki orð it fyrra = at ille non
edidit vocem hac priorem Eg. (*vgl.
auch* Lün. Edda *s. v.* fyrri) *ist viell.*
orðit *vorzuziehen; der suffig. Art.
tritt in den Formen* einginn, eingin
(*vgl.* Vigf.) *unmittelbar an das Pron.*
enn, *adv. (vgl.* en *u.* Lund p. 238),
noch, ferner. — 1) noch 22, 9;
60, 14; 105, 18; Vǫl. 42, 8; *beim
Compar.* 37, 19.
2) weiter 66, 16; 137, 19; Grott.
3, 7; *ähnlich* 42, 13: hverjar eru enn
(*nun weiter, ferner*) ásynjurnar?
und 23, 10, 11; *so auch* 171, 5
(= *weiterhin, künftig*).
3) *noch einmal,* wieder: báðu
enn reyna 39, 4; sofnar enn 60, 16;
enn *vgl.* 63, 20; 79, 19; 80, 2; 100, 3.
annatsinn *im Wiederholungsfalle* 69,
16; 155,23; 156,33; 166,10; 215,21.
4) *ebenso,* gleichfalls: 43, 2
(quoque Eg.).
* *Dass* 181, 27 *für* enn *mit* Fas.
einn (solus) *zu lesen sei, ist in der
Note durch den Hinweis auf* 182,
24 *angedeutet.*
ennitungl, n. (*vgl.* tungl; enni =
Stirne F. 17), *das Gestirn der Stirne*
= Auge (*poet.*). — Plur. A. *a,* 6.
epli, n. (F. 18), *der* Apfel. — Dsf.
eplinu 151, 11; A. 151, 10, 13, 15;
Asf. 151, 15. Plur. A. 35, 6; 94, 7.
eptir, *adv. u. präpos.* (F. 19, *vgl.* aptr),
nach, *entlang, gemäss.* — 1) *präpos.
mit* Dat. *a*) *räumlich* = nach (*oft
von Verfolgung*): gekk eptir henni
119, 17; eptir henni ferr 15, 16;
vgl. 72, 18; 95, 8; 100, 5, 13; greip
eptir hánum 80, 3; kastaði eptir
hánum 120, 1; sœkja eptir Iðunni
45, 2; var sent eptir gýgi 75, 15;
ók út eptir grjótinu *nach Sand =
um S. zu holen* 54, 2. — *Auch der*

Längsrichtung nach, entlang, hindurch, überhin: rennr upp ok niðr eptir (*entlang, an*) askinum 23, 4; veðr eptir miðri ánni (*entlang dem mittleren Flusse = immer mitten im Fl.*) 79, 20. e. sjánum 227, 4 *über das Mser 'hin, durch das Meer;* eptir salinum (*den Saal entlang, durch den S.*) renna 88, 7; *vgl.* renna eptir sléttum velli 63, 8; eptir endilangri hǫllinni 108, 5, *vgl.* 218, 31, *wo nach* eptir *ganga oder* fljúga *zu ergänzen ist;* e. gólfinu *über den Fussboden hin* 160, 26. *b*) *modal,* gemäss, *nach:* eptir faðerni sínu 14, 7; e. móður minni 234, 3; eptir hánum (*nach seinem Bericht*) 91, 1; eptir því 79, 9; 170, 29 (*hier = in derselben Weise*) 176, 17; eptir þessi sǫgu 105, 18, *vgl.* 108, 11; 123, 10; eptir hætti 172, 29; e. boði 216, 27. — Für 152, 25 *vgl.* fang. 2) *präpos. mit* Acc. *a*) zeitlich: eptir þat 39, 15, *vgl.* 110, 6; 117, 9; 119, 27; 153, 10; hvern dag eptir annan 142, 1. — *Vgl. auch* 169, 10; 203, 1; eptir þat er *als conj.* 214, 8. *b*) *speciell: nach dem* Tode, *so:* eptir Sig. svein *nach dem Tode des* Sig. 123, 3; *vgl.* 124, 4, 6; 229, 18; *ähnlich auch* tók arf eptir þá báða *beerbte sie Beide* 119, 20; til hefndar eptir Svanhildi = *zur Rache für den Tod der* Svanh. 122, 7. — *Vgl. auch* 150, 28; 162, 24; 214, 10; 224, 26; hafði son eptir (*adv., vgl.* 3) *hatte einen überlebenden Sohn* 225, 18. 3) *adv. nach, von* Raum, Zeit *und* Ziel: fyrir hánum ok eptir er 82, 19; gekk eptir 5, 4; (hljóp) eptir 54, 6 *vgl.* 160, 27 *und freier:* leitar e. 176, 15; 203, 5; lét eptir (*zurück*) 58, 3; *vgl.* 103, 3; hafa eptir *zurückbehalten* 115, 14. *Anders* hafa (Pl. 3) þat eptir síðan = *behält man seitdem im Gebrauch* 150, 7. grætr eptir *weint* (*ihm*) *nach* 43, 8; búa eptir 155, 14 *vgl.* búa. — *Von der Zeit:* var þar eptir 3, 11 = remansit Eg.; 125, 19 = exstitit Eg.; þá eptir 87, 2 (Eg. hvat verðr þá eptir = quid reliquum erit?); er eptir *ist noch übrig* 156, 15, *vgl.* 212, 19; 221, 18; hafði eptir *behielt zurück* 174, 2; *vgl.* hafa. er eptir lifðu *noch am Leben waren,* (*vgl.* 163, 12—13) 178, 21. — *So meistens dem* lat. re- *entsprechend* (munu eptir

= recordari 184, 11), *berührt sich* e. *doch auch mit* síðan = lat. postea, *vgl.* eptir (*hernach*) um daginn 54, 8 *u.* of sumur eptir Vǫl. 46, 6 (*s.* of 2). — *modal* (*vgl.* 1 *b*) þar eptir 31, 8; eptir gekk *erging* 176, 17; *vgl.* 196, 14; 211, 19, *vgl.* ganga.

eptirleitan, f. (*s.* eptir, leita), *das Nachsuchen, der* eifrige Wunsch. — A. 189, 4.

eptri, *compar.* (*vgl.* aptr *u.* § 90), *der* hintere (*unter Zweien*). D. eptra fœti 57, 12 (*am hinteren Fuss = Hinterfuss*). *Vgl. Lund* p. 248.

er, *relat. part. u. conjunkt.* (*vgl.* es, Vigf. s. er), da, als. — 1) *relat.* Part. *a*) *beim Pronomen* (§ 97); sá er — *der da, welcher.* — *Beispiel:* sá er α, 3; sú er 8, 3; þat er (Acc.) 3, 3; þeir er 5, 7; þær er 8, 1; þau er (Acc.) 4, 5; þeim er (Plur. D.) 7, 8; þá er (Plur. A.) 11, 15. — *Vgl. Lund* p. 255; *u. w.* u. sá, sú, þat. — *Auch ohne Pronomen demonstr. vertritt* er *die verschiedenen Casus eines Relativpronomens, so* 4, 14; 9, 3; 15, 5; 20, 14 (brunnr, er). *Vgl. Lund* p. 257, 260, 265 *fg. Vgl. auch den volleren Ausdruck* er undir hánum = cui sub- 142, 6—7 *u. Lund* p. 262 *A.* 2; er á hvárigu = quorum neutri 137, 1; sá þvengr, er — með (quocum, quo), 113, 8—9. *In einzelnen Fällen ist die Beziehung von* er *erst aus dem Fg. ganz klar, so* 181, 15: Fáfni, er engi fyrr varð svá djarfr, at á hans gǫtu *u. w. in Bezug auf den Keiner bisher so kühn wurde, dass er auf seinem Pfade u. w.* — *b*) *in Verbind. mit Adverbien u. Partikeln, welche durch* er *relativisch bestimmt werden, so* þar er 3, 1; *a*, 6; Vǫl. 6, 2. — *Auch nach Comparativen:* því harðara er hann brauz —, því skarpara var 41, 16. *Vgl.* því. — *Auch sonst bei Vergleichungen:* skal ek nú deyja með Sigg. kon. lostig, er ek átta hann nauðig *ebenso willig, wie ich* ... 162, 18.

* *Mit unterdrückter Demonstrativpartikel wird* er *als Conjunktion=* da, als *gebraucht, vgl. das Fg.* 2) *Conjunkt. a*) als, wie: er hann kom inn 4, 9; *vgl.* 9, 15; 10, 13; er þau gengu 15, 5; 153, 16; er netit hafði brunnit *wie das Netz, da wo das Netz gebrannt hatte* 79,

7. — *Nach* þess = *um so 155,* 37.
insofern, we il, *da ja:* 22, 14; *40,*
23; *67,* 23; *70,* 18; *121,* 19; *122,*
17; *153,* 22; *161,* 30; = *wenn, sobald*
160, 24. — *b*) d ass (*fast*=at, *vgl.*
Lund, der aber nach R *citirt,* p. 320;
340; 430; 431): er hann gerði *6,* 13;
fyrr var þat — er N. var gǫrr 7, 2;
af trúnaði — er hón skal brúna
17, 5, *s. Lund* p. 340, *vgl.* 53, 4;
55, 2; *103,* 2; *118,* 5; Vafþr. 35, 5.
— hvat viltu mæla sveinn, er þú
sér = *was willst du* (*damit*) *sagen,*
Bursche, dass du 135, 4; er hón
gengi út *gesetzt dass, wenn sie*
herausginge 98, 7. — *Dies er nach*
þat (*oft Var.* þat, at = þat, er) *z. B.*
4, 2; *16,* 7 *ist genau zu trennen von*
þat er=quod (*z. B.* 3, 3) *u. natür-*
lich auch von þat er (*Præs.* S. 3 *von*
vera) *z. B.* 3, 11, 12; *6,* 18.

erendi, erindi, erindi, n. (F. 21). 1) *der*
Auftrag, *das* Geschäft. — A. *40,*
12 (*vgl.* þakka); *47,* 5; *77,* 27. —
Plur. G. hvárt fleira sé erenda hans
ob er mehr der Geschäfte habe, ob
er noch etwas weiter wolle 5, 13. —
D. erindum *44,* 14. — A. 213, 20.
Weiterhin bezeichnet er. überhaupt
den Gesprächsstoff, so Acc. Sing.
191, 18. — 2) *der* Athem. — N.
65, 1; Asf. *64,* 15.

    * 1) *u.* 2) *sind etymolog. wol nur*
als entfernter verwandte Bildungen
zu betrachten; zu 1) *vgl.* árr m. =
g. airus *Bote.* S. *auch* Læsb. p. XXX.
— *167,* 27 *lässt sich* erindi *auch*
in dem Sinne von Geschäftserfolg
(eitt erindi = *Erfolg in einer und*
derselben Sache Ba) *nur dann er-*
klären, wenn das vorhergeh. þykkiz
sjá *als Ironie gefasst wird* (*so* Sy-
mons). *Nimmt man dagegen das*
Glied: vill hann ok mægjaz við
Eyl. konung *nur als erläuternde*
Parenthese (*für den Leser*) *und er-*
innert sich der Sitte älterer Zeit,
bei wichtigeren Geschäften (*vgl. die*
ähnl. Situation Fas. III, 58) *nicht*
mit der Thür ins Haus zu fallen,
so sind die Worte: hann (sc. Eylimi)
þykkiz sjá *auch ohne Ironie völlig*
am Platze; weder Sigm. *noch* Lyngvi
wird damals schon seine Absicht
geäussert haben. Nach dem Vor-
bemerk. § 3 *über die* Payhss. *Be-*
merkten ist es auch nicht gleich-
giltig, dass in den besseren dieser

Klasse die fg. Worte entw. at þeir
munu báðir hafa eitt erindi *oder*
mit Auslassung von báðir *entspre-*
chend lauten. Mit dieser schon von
Björner *recipierten Conjektur ist*
dem Sinne besser genügt, als durch
gesuchte ironische Auffassung der
Worte in C, *und bestätigend kommt*
die ganz analoge Stelle Fas. III, 59
hinzu: er ok eitt erindi beggja þeira,
at báðir vilja biðja þín.

erfa, *schw. v.* (erfi) beerben, *das Erb-*
mahl veranstalten. Inf. *224,* 22.

erfð, f. (F. 25), *das* Erbgut. — Nsf.
224, 13; *vgl.* Ba. *u.* Atlm. *66,* 5—8.

erfi, n. (F. 25, *vgl. arfr*), *das* Erb-
mahl, *Leichenmahl; vgl. Wh.* 500
fg. — N. *120,* 24; A. *166,* 24.

    * erfi *ist öfter nur eine Erinne-*
rungsfeier an einen Toten, so 166,
24; *229,* 3.

erfiði, n. (F. 25, *g.* arbaiþs f.), *die*
Mühe, *Not, Arbeit.* — A. Grm.
35, 2.

erfiðliga, *adv.* (*vgl.* erfiði), *mit Mühe,*
mühsam. — sótti erf. *106,* 9.

erfingi, m. (*s.* erfi), *der* Erbe. —
A. erfingja *151,* 5.

erindi *s.* **erendi.**

erindreki, m. (*vgl.* reka *u.* erendi),
der Geschäftsträger (*eig. -betreiber*),
Sendbote. — Plur. A. *77,* 22; *vgl.*
auch 77, 27: vel rekit sín erindi.

ermr, f. (*vgl.* armr), *der* Ärmel. —
Pl. Dsf. ermunum *158,* 21; A. ermar
183, 22.

es (-s, *vgl.* Siev. P. V, 497; VI, 271
u. ö.), *relative Partikel, ältere Form*
von er (*vgl.* er). — þærs (=þær es)
Vǫl. 22, 6.

eski, n. (*vgl.* askr, F. 29), *eine klei-*
nere Kiste oder Lade, *urspr. aus*
Eschenholz, vgl. Wh. 234. — D.
35, 5. — A. *43,* 3.

eta, *str.* (F. 13), essen. — Inf. 59, 8;
158, 33. Præs. S. 3 etr (*frisst, greift*
an) Grott. *16,* 5; *verspeist* 151, 15;
etr til bana *156,* 14 *brachylog. nach*
156, 6—7. — Præt. S. 1, 3 át (*für*
at, § 119) *216,* 9; 62, 21; S. 2 ázt
225, 9, *vgl.* § 21 *d*). — Conj. S. 3
æti Fáfn. 32, 8. — Pass. Part. *absol.*
etit 62, 22.

etja, *schw. v.* (*vgl.* eta), *beissen lassen,*
aufhetzen; in Gang *setzen,* er-
proben *mit* Dat., *Lund* p. 78. —
Præt. S. 1 atta ek *181,* 23.

ey, f. (F. 10), *eig. die Aue, die* Insel.
— D. eyju *92,* **2**; A. ey *165,* 23;
Asf. eyna *141,* 7.

eyða, *schw. v.* (F. 5), *veröden,* ver-
wüsten. — Præs. Plur. 3 eyða
177, 17.

eyðimǫrk, f. (*vgl.* mǫrk, auðr *öde,*
F. 5), *die Waldöde, der* Urwald.
— Pl. A. eyðimerkr *93,* 9.

eyktarstaðr, m. (staðr, eykt *s.* Vigf.),
eine Tageszeit; nach Vigf. u. Fr.
die Zeit um drei oder ein halb drei
Uhr Nachmittags. — A. í (*gegen*)
eyktarstað *144,* 8.

eymd, f. (*s.* aumr, aumligr), *der* unglückliche Zustand. — D. með
lítilli eymd *mit geringer Armselig-*
keit = sehr freigebig 220, 27.

eyra, n. (F. 6, *g.* auso), *das* Ohr. —
D. Sigdr. *15,* 3; A. *72,* 21. Plur.
G. eyrna *115,* 18; A. eyru *48,* 16;
Asf. *182,* 21
Hier meint im sprichwörtl. Aus-
druck (vgl. úlfr) eyra *ein kleines*
Glied, ein geringes Zeichen; vgl.
(*im lobenden Sinne*) ex ungue leo-
nem! — *Das Zeichen ist hier die*
von Reginn bereits gezeigte Feig-
heit und erheuchelte Trauer um
den Bruder, woraus Weiteres zu
schliessen ist.

eyrir, m. (*vgl.* Vigf., § 41 *a Anm.*),
das Öre, *ein Gewicht =* 1/8 mǫrk.
— Pl. N. aurar; A. aura *251,* 21.

él, n. (*vgl.* Siev. P. VI, 281, 299), *der*
Schauer, *das Regen- oder Schnee-*
treiben. — N. *140,* 3; *hier in poet.*
Ausdruck.

ér = þér *s.* þú.

F.

faðerni, n. (*vgl.* faðir), *das* väter-
lich'e Geschlecht (*vgl.* móðerni).
Dat. *14,* 7; *38,* 1.

faðir, m. (§ 61, F. 167), *der* Vater.
— N. *13,* 16. — G. fǫður Grm. *11,*
6; Vǫl. *56,* 8; *vgl.* 95, 19; feðr *152,*
2 *u. öft.;* Dat. fǫður *27,* 16; *81,* 9;
feðr *121,* 24; Acc. fǫður *116,* 14;
feðr *150,*28. Plur. D. feðrum 30, 11.

faðmr, m. (F. 173), *die Umfassung,*
die ausgebreiteten Arme. — D.
í faðmi *209,* 13.

fagna, *schw. v.* (F. 170, *vgl.* fagr),
freundlich begrüssen, *sich*
freuen; empfangen *mit* Dat.;
Lund p. 78. — Inf. (= *begrüssen*)

170, 24. Præs. S. 3 fagnar *empfängt*
175, 21. Pl. 3 fagna *freuen sich*
161, 31. — Præt. S. 3 fagnaði *104,*
27; Pl. 3 fǫgnuðu *191,* 33; Part.
fagnat *92,* 4.

fagnaðr, m. (*vgl.* fagna), *die* Freude,
die freundliche Begrüssung, der
Empfang. — N. fagnaðr *214,* 8
(*hier viell.* = *Freude; doch könnte*
nach Guðr. II, 25, 5—6 *auch an*
eine gesellige Festlichkeit gedacht
werden). G. fagnaðar *49,* 12; Dat.
í góðum fagnaði *67,* 10 (*vgl.* 213, 4).
— A. fagnað *67,* 14.

fagr, *adj.* (F. 170), hübsch, *artig,*
fein. — N. m. *10,* 3; *14,* 7; N. f.
fǫgr *43,* 6; N. n. fagrt *43,* 7; *56,* 18.
Dm. fǫgrum *178,* 22; Am. fagran
194, 24; Af. fagra *46,* 19; *83,* 13;
schw. Flex. fǫgru 195, 8. Plur. N.
m. fagrir *22,*5; Dat. fǫgrum *93,*3;
A. m. fagra *69,* 22; *95,* 22; Af. fagrar
*189,*14. N. n. fǫgr *14,*17; *33,*5. —
Comp. fegri N. m. 25, 1; Nf. *170,*
20. Am. fegra Vǫl. *66.* 2 (*vgl. Lund*
p. 243). Plur. N. fegri *24,* 17. *Su-*
perlat. Nm. fegrstr 25, 11; *109,* 19;
f. fegrst *46,* 3; *121,* 14; Af. fegrsta
227, 14; n. fegrst *als adv. vgl.* fegrst
talaðr.

fagrrauðr, *adj.* (*s.* fagr, rauðr), schön-
rot, lichtrot (?). — N. *190,* 18.

fala, *schw. v.* (F. 180), feilschen,
handeln *um Etwas, m.* Acc. —
Præt. Plur. 3 fǫluðu 99, 1.

fall, n. (*vgl.* falla), *der* Fall. — G.
til falls *69,* 13. A. fall *170,* 7.

falla, *stv.* (F. 183), fallen, strömen,
entspringen (von Gewässern); = auf-
hören 111, 1. — Inf. 57, 18; = *im*
Kampfe fallen, sterben Vǫl. *54,* 8.
Præs. S. 3 fellr *24,* 7; *160,* 3; Pl. 3
falla *7,* 3; *50,* 7. Præt. S. 2 fellt;
S. 3 fell *10,* 13; (= *strömte*) *126,* 1;
ähnl. 111, 8 (*tropfte*); (= *starb,*
auch ohne eigentliches Fallen) *120,*
2; = *schwand, nahm ab* 246, 3. Pl. 3
fellu (*fielen = starben*) *123,* 2; *176,*
22. Conj. S. 3 felli *60,* 2; (= *starb,*
stürbe) Grott. *14,* 6; (= *aufhörte,*
unterbrochen würde) *111,*7. — Med.
Ind. láta fallaz *sich fallen lassen*
95, 12; *96,* 7; Præt. S. 3 fellz þat
vel í skap *gefiel das wol im Sinne*
(*eig. in den Sinn*) 227, 30. Pl. 3
felluz *versagten, entfielen* 74, 20;
153, 7. Pass. Part. fallinn *gefallen*
74, 20; *104,* 21; *absol.* er — hafa

fallit *die gefallen sind* 47, 17 (*vgl.*
fara Part.) vel, betr fallit = *gut*,
besser eingetroffen, sich passend:
værí betr fallit *passender wäre* 121,
18. Pl. N. fallnir 170, 15.

falr, m. (*zu* fela?), *das* Metallrohr
am Ende des Speereisens, in wel-
ches der Schaft eingefügt ist(Fritzn.).
— *Vgl. auch Möb.* Altn. Gloss. s. v.
— Asf. falinn 139, 2.

falslauss, adj. (*vgl.* lauss, fals = *lat.*
falsum), ohne Falsch. — n. fals-
laust 41, 6 (= falslauliga *adv.* Fr.).

fang, n. (*vgl.* fá, F. 170), *das Fangen,*
Umfangen, der von den Armen
umschlossene Raum (*Busen,*
Schooss); *so* í fangi sér (Dat.) 161,
23; í fang sér (Acc.) 166, 5; tók grjót
í fang sér *nahm Steine in ihren*
Busen (*um eher unterzusinken*)
227, 3; *oft auch im feindlichen Sinne*
= Ringen, Ringkampf; *über den*
Unterschied von glíma *s.* Keyser II,
108. — N. 67, 2; Dsf. fanginu 67, 3;
A. fang 67, 8, *vgl.* Asf. 69, 10; taka
fang við (*einen R. aufnehmen mit;*
vgl. fáz við) 67, 1. — *Freier* =
Kampf überh., so im Gen. fangs
ván Regm. 13, 7 u. Acc. fullt fang
hafa *vollauf zu thun haben* (*im*
Kampfe): hefir fullt f. 83, 16. —
Plur. fǫng = *Vorrat, Lebensmittel;*
D. eptir ínum b. fǫngum 152, 25
= *nach bestem Vermögen, vgl.* 166, 25.

fangboði, m. (*v.* fang *Kampf u.* boði
= *Entbieter, Bote;* fangboði =
colluctator Eg.), Gegner. — G.
fangboða d, 2.

far, n. .(F. 174), *das Fahrzeug, die*
Fahrgelegenheit. — A. 167, 7.

fara, stv. (F. 173). 1) *intrans. sich*
in Bewegung setzen, gehen, *laufen,*
fahren (*vom Schiff und der Be-*
satzung). — vel fara 162, 20 *vgl.*
vel; mundi hann fara *würde es ihm*
gehen 116, 18 *vgl.* 155, 24; 156, 11;
fara með *damit verfahren* 39, 1. —
fara ins *Feld ziehen* 136, 9; = *ab-*
laufen 168, 25. Inf. 7, 11; 55, 8, 9
vgl. 111, 22; 98, 7; 99, 12. — Præs.
<u>S. 1</u> ek fer = *bewege mich* ζ, 2; hvar
ek fer 158, 2; <u>S. 2</u> þú ferr *du gehst*
(*hier* = *g.* schwanger) 169, 20; = *fährst*
180, 15; er þú ferr mik at hitta
dass du mich aufzusuchen gehst 205,
4; <u>S. 3</u> er hón ferr (*sich auf den Weg*
macht), þá ekr hón 34, 1. ferr hann
til 98, 10; 159, 23; ferr (*Var.* renn)

or eldinum 8, 4. ferr á skíðum
33, 2; f. heim 149, 15; dœma ferr
Grm. 29, 6; ferr vega Vǫl. 54,
3—4; ferr (*vom Schiffe*) austan Vǫl.
52, 1; ferr (*von* Loki *als Lachs,*
also springt oder schwimmt) 79, 16;
ferr með boga 32, 2; með sviga lævi
Vǫl. 53, 1; *freier* ferr (*geht um*)
með vélum 70, 5. — *imperson.* (*Lund*
p. 26) með oss ferr *es mit uns geht*
155, 14; ferr svá, at *es geht, es kömmt*
so, dass 159, 25; *vgl.* 178, 14; 180,
24; 209, 5. ferr þessu fram . , ., at
es geht damit (*so*) *fort, es dauert* . . .,
dass 151, 17, 22, 24. <u>Plur. 3</u> fara
at vega Grm. 23, 6; fara at herja
17, 2; 47, 15; fara til Heljar 6, 17;
fara í brott 37, 1; fara (*auf dem*
Schiffe) fiflmegir Vǫl. 52, 5; fara
saman *gehen zusammen, folgen auf-*
einander 81, 6. — fara boð þeira
í milli, at 167, 20 = *es gehen Bot-*
schaften zwischen ihnen, dass; es
wird durch Botsch. festgestellt, dass
u. w.; *vgl.* 215, 23. <u>Conj. S. 3</u> <u>fari</u> 15, 13.
— <u>Pl. 2</u> <u>farið</u> 154, 29, 30. — *Imper.*
<u>Pl. 1</u> <u>fǫrum</u> 172, 9. <u>Pl. 2</u> <u>farið</u> 163,
18. — *Part. Præs.* Dat. f. *farandi*
konu (*vgl.* kona) 3, 2. <u>Præt. S. 1</u>
<u>fór</u> 162, 12. <u>S. 3</u> fór 4, 6; 10, 16;
33, 1; 98, 23; 112, 7; 138, 2; fór
upp (*in die Höhe fuhr*) 104, 18;
laust fór 11, 18 = *frei sich bewegte;*
vgl. fór í stórlokka *fiel in Locken*
nieder 191, 2; fór í brynju *fuhr in*
ein Panzerhemd, legte ein P. an
221, 8; fór ákafliga 104, 10; fór út
58, 4; fór á lopt 54, 13; f. til grunns
72, 1; fór þar til 100, 6; fór fyrir
(*schwamm, sprang voraus*) 79, 13;
f. með þeim *fuhr mit ihnen, ward*
m. ihnen *gefahren* 168, 16; hversu
fór Brynh. með (sc. sér) *wie benahm*
sich Br.? 253, 12; svá fór (*lief ab,*
verlief) 66, 10 *vgl.* 141, 20. — fór
hón fram *sie ging vor sich, g. von*
Statten 215, 23. — fór frá *ausging*
von 241, 24. <u>Plur. 3</u> fóru: lausir
fóru 11, 15 (*vgl.* 11, 8 *oben*); fóru
út 40, 13; f. heiman, heim 93, 8;
77, 26; fóru at kanna 114, 2. —
<u>Conj. S. 1</u> fœra ek *führe ich* 229, 15.
<u>Part. Pass. Præt.:</u> var farinn 53, 11;
101, 2; 109, 4; var farit með hann
80, 6; er drekka var farit 92, 6;
hefir eigi lengi farit *nicht lange ge-*
gangen ist 159, 24; hversu farit
væri *wie es gegangen sei* 252, 23.

hafi farit *erfahren, erlitten habe*
67, 20 *vgl. Lund p.* 44. hefir svá
farit, at *ist so gefahren, hat erlebt,*
dass 55, 14; hvé farit hafði *wie es*
gegangen war (*vgl. oben* ferr *impers.*),
aber hafði farit *170,* 3 *hatte* (*nhd.*
war) *gesegelt; vgl.* Gr. IV, 164 *fg.*
für den anal. mhd. Gebrauch. hefik
of farit *habe ich durchfahren* Regm.
3, 8. hafa farit með *verfahren haben,*
umgegangen sein mit 57, 14; *vgl.*
167, 20; hefi ek farit *179,* 26 *habe*
ich meinen Weg gemacht. — Nf. farin
=*fortgegangen, tot* 211, 30; *absol.*
hefir farit *hingegangen, gefallen ist*
222, 12. Med. Inf. faraz (= vel f.)
211, 8=*wol gehen.*

2) *transitiv* a) *mit* Acc. (*des*
inneren Objektes) fahren, gehen.
— fara sendiferð 46, 24; ferr leið
sína 69, 22; hafði farit allt torleiðit
(*vgl.* torleiði) *106,* 11. *b*) *mit* Dat.
= *gehen, vergehen machen* = vernichten; — *vgl. E. Bernhardt*
Beitr. zur d. Phil. (1880) p. 82.
áðr henni Fenrir fari (Conj. Præs.)
Vafþr. 47, 8. — Med. faraz = *sich*
vernichten, umkommen. Part. hefir
fariz *zu Grunde gegangen ist* 25, 18.

* fara *mit folg. Inf. oder at mit*
Inf. (*Beispiele oben*) *entspricht etwa*
dem franz. aller faire quelque chose;
vgl. auch Gr. IV, 97. *Eine ähn-*
liche Umschreibung wird von Eini-
gen auch in fór skjálfandi (*geriet*
in zitternde Bewegung) Grott. *12,* 4
angenommen. Vgl. für diese Stelle
auch fyrir *als adv.*

** fara *wird mit* vera *und* hafa
umschrieben, ähnlich wie dies bei
anderen Verben der Bewegung (*so*
z. B. falla) *und Ruhe in den alt-*
german. Sprachen der Fall ist, vgl.
Gr. IV, 163 *fg.* — fara *hat die all-*
gemeinste Bedeutung unter den Ver-
ben der Bewegung, vgl. ganga *u.*
liða.

farargreiði, m. (for; greiða), *die Fahrt-*
erleichterung, Reisebequemlich-
keit. — N. *167,* 23.

fardagr, Plur. m. (*vgl.* dagr *u.* fara),
Vigf. s. v.) — *Die Wandertage,*
Umzugtage *der Bauern auf Is-*
land, die Ende Mai auf ihre Weide-
plätze im Gebirge zogen. Vgl. auch
Wh. D. Mon. s. v. fardaga mánuðr.
— G. fardaga 144, 9.

farmr, m. (*zu* fara), *die* Ladung

(*eines Schiffes, Pferdes*), *die* Last.
— D. *196,* 23.

farskostr, m. (*vgl.* kostr *u.* fara), *das*
Fortbewegungsmittel, Fahrzeug.
— A. farskost 98, 17.

farvegr, m. (*s.* fara, vegr), *der* Weg,
den man zu gehen oder fahren pflegt,
durch Fussspuren, Geleise dergl.
kenntlich (= track Vigf.). — A.
178, 32.

fast, adv., *s.* fastr.

fastna, schw. v. (*vgl.* fastr), *durch ein*
Gelübde befestigen, spec. verloben.
— Præt. S. 3 fastnaði *171,* 21. Pass.
Part. N. f. fǫstnuð 152, 22.

fastr, *adj.* (F. 171), fest. — N. f.
fǫst 94, 1. Plur. N. m. fastir *106,*
13. — n. fast *als adv. fest, stark;*
heftig, eifrig 39, 12; 59, 15; *106,*
12; *161,* 32; 203, 5. — *Comp. adv.*
fastara 67, 3.

fax, n. (F. 170), *das Haupthaar, die*
Mähne. — D. af faxi *14,* 14.

fá, (*g.* fahan, F. 170), *fangen, ergreifen,*
erlangen. — 1) *im Allgem.* er-
langen. — Inf. vald fá 69, 17; fá
af Svartálfum *110,* 5; fá beitur 71,
6; fá bundit (*gebunden bekommen*
=*binden können*) 39, 16; *über diese*
häufige Verbind. von fá *mit Part.*
Pass. *vgl.* Gr. IV, 128; *Lund* p. 299,
398 *u.* geta.*) bana fá *162,* 16. —
Præs. S. 1 at ek fæ (fæk R) 41, 2;
S. 2 ef þú fær 40, 24; fær þú þat
aldri =*wirst du es nie erhalten* 153,
22. S. 3 fær sigr *163,* 6; hón fær
leyfi 43, 15. — fær alit 151, 23 *vgl.*
oben fá bundit. Pl. 1 fám 192, 26.
— Conj. S. 2 fáir *189,* 16; S. 3
(*impers.*) áðr svá fái gert 55, 13
vgl. Var.; ef hann fái fundit 75, 7.
— Præt. S. 3 fekk hann sveita (*be-*
kam er Schweis = *kam in Schw.*)
9, 6; fekk heit 47, 2; sárit *119,* 31;
andsvǫr *145,* 3; net 173, 29; fekk
leyst, hrœrt 59, 17, 18 *vgl.* 62, 2;
66, 9; *104,* 20; 107, 18. — fekk
(*absol.*) 20, 17; *138,* 11. Plur. 3 fengu
hjarta *103,* 15; fengu þat ráð *fassten*
den Beschluss 38, 18; fengu sét,
haldit, komit, sótt *61,* 20; 75, 19;
104, 22; 122, 27. Conj. S. 3 fengi
103, 12; 52, 15; Plur. 3 fengi 99, 13.
Part. Pass. eiða fengit 74, 5; sigr
fengit 56, 5. *Auch von Unglück:*
hefir fengit góða reiði (*vgl.* góða-
gremi Vigf.) *hat den Zorn der Götter*
sich zugezogen 204, 18. — *Vgl. auch*

240, 10: at yðr hafi drykkr í hofuð
fengit *dass Euch der Trunk den
Kopf benommen.* Med. Inf. fáz *(sich
umfangen, ringen mit einem, vgl.*
fang n. *Lund* p. 221) við *66*, 16:
doch auch = sich erlangen lassen, sich
finden; *so 197*, *18*. — Conj. 3
fáiz *(ebenso) 66*, 13. *Vgl. Lund* p.
304. — Præt. S. 2 fekkz *69*, 11;
S. 3 fekkz um mjǫk *strengte sich
gewaltig an (wie im Ringkampf)
42*, 2. Part. nokkut munr á fengiz
(vgl. munr) *65*, 14.

2) *zur* Gattinnehmen, *mit* Gen.
(vgl. eiga s. 2). Inf. *166*, 12. —
Præs. S. 3 fær *250*, 7. — Præt. S. 3
fekk þeirar konu *10*, 4; *vgl. 118*, 15;
120, 7; *121*, 10; *145*, *8*; *166*, 7;
244, 9. *Seltener von der* Frau *gebraucht, die einen Gemahl bekömmt*
(c. A.), *so* Pass. Part. fengit *(absol.*
= *því* er hón fengit hefir) *þann*
mann *201*, 12 *vgl. 200*, 31.

* fá c. G. *bezeichnet hier mehr
das in die (eheliche) Gewalt bekommen,* eiga *das rechtliche Verhältnis überhaupt, auch auf Seite
der* Frau.

3) *faktitiv* = *in Besitz geben,*
geben, verschaffen, besorgen;
mit Gen. *oder* Acc., *mit* Gen. *namentlich auch bei Veranlassung einer
Gemütsbewegung:* fá angrs, áhyggju
(196, 5) *u. w. vgl.* Fritzn. s. v. *8).*
— Inf. fá *46*, 24; til fá *beschaffen
176*, 29; fá at drekka *102*, 4; fá at
vistum *47*, 18; fá at eta *120*, 26.
— f. dauða *Tod angedeihen lassen
161*, 13. Præs. S. 3 fær til *(beschafft,
stellt) 63*, 4; fær í hǫnd *64*, 7; *151*,
10; *158*, 24; *260*, 23; f. menn *150*, 4.
— Plur. 3 fá at *(rüsten zu, besorgen)*
56, 21 *(vgl.* náttstaðr); fá sér *verschaffen sich* lið ok skipa *162*, 22
(ungewöhnlicher Wechsel des Casus,
vgl. Lund p. 168; *für den* Acc. *vgl.*
150, 16.) Conj. Pl. 2 fáið yðr (Dat.)
154, 30. Imper. S. 2 fá *gieb 166*,
29, 34; *175*, 24. Præt. S. 3 fekk
200, 9. fekk í hendr *111*, 13 *vgl.*
122,8; *138*, 4. fekk sér gofugt kvánfang *verschaffte sich eine gute Heiratsgelegenheit 150*,16; *mit* Gen. fekk
sér matar *173*, 18. Pass. Part. N. m.
fenginn til með hánum *ihm beigegeben, attachiert 163*, 2. — N. f.
fengin *besorgt 120*, 16; N. n. fengit
gegeben 143, 10. Med. (Pass.) Præs.

S. 3 fæz *(gegeben wird) 56*, 15.

fálátr, adj. *(s.* fár, láta), *verschlossen,
wortkarg.* — Pl. Nm. fálátir *192*, 24.

fálið̄r, adj. *(s.* fár, lið), *mit schwacher
Mannschaft versehen, mit* schwa-
chem Gefolge. — N. *150*, 24.

fáligr, adj. (fár), unfreundlich. —
Nf. *216*, 15.

fálma, schw. v. (F. 182): *tappen, täppisch und unsicher* zufahren, *mit
instrument. Dativ* (Lund p. 90). —
Præt. S. 3 fálmaði til *72*, 16.

fáorð̄r, adj. (fár, orð), *von wenig Worten,* schweigsam. — N. f. *195*, 11.

fár, n. (F. 175). 1) *die* Gefahr, Nachstellung. — N. Regm. *24*, 1; D.
fári Sigdr. *8*, 2. — 2) Aufregung.
Gemütsbewegung (vgl. fár er reiði
bei Vigf. s. v. 2 γ). — eigi standa
þín orð af litlu fári *von nicht kleiner Aufregung gehen deine Worte
aus = sind in grosser Aufregung gesprochen 205*, 31.

fár *oder* **fárr,** adj. (F. 183), wenig;
Wenige, vgl. § 81, 88 d. — N. m.
180, 3. — fár einn *(verstärktes* f.)
nur Wenige 191, 4; fár fylkis rekka
*kaum Einer von des Fürsten Recken
v,* 5. N. n. fátt *(wenig oder Nichts)*
96, 1; *ähnl.* A. n. *180*, 14 *u.* adv.
=*ungenügend 232*, 11. G. n. fás *in*
fás vitandi = *nicht Vieles wissend,
unerfahren 208*, 2. Pl. m. fáir *48*, 7;
N. n. fá *177*, 2. — D. fám *180*, 31.
A. m. þá ina fá *232*, 24. — Comp.
færi; Pl. D. færum *(sehr Wenigen)*
222, 27. — A. m. færi *170*, 20. —
Sup. fæstr. — Pl. A. m. fæsta Grm.
12, 6.

fásénn, adj. *(s.* fár, sjá), *wenig gesehen,* selten. — Pl. A. m. fáséna
192, 4.

fátíð̄r, adj. (fár, tíðr), *wenig üblich,*
ungebräuchlich. — N. n. fátítt
197, 25.

fátœki, n. *(vgl.* fátœkr), *die* Armut,
Dürftigkeit. — D. *234*, 19.

fátœkr, adj. *(vgl.* taka *u.* fár), *einer
der wenig zu nehmen hat,* arm *ist.*
— N. *134*, 5.

fáviss, adj. *(vgl.* víss *u.* fár), *wenig
wissend, unwissend.* N. *27*, 1.

feðgar, Plur. m. *(vgl.* faðir), *die*
Vatersleute, d. h. *Vater und Sohn
(oder Söhne) zusammen.* — N. *114*,16.

feð̄rbani, m. *(s.* faðir, bani) = foðurbani; *vgl. den* Gen. feðr *von* faðir.
— Pl. A. *150*, 35.

feginn, *adj.* (F. 170), froh, *erfreut,* mit Dat. des Grundes. N. m. *135,* 17. — N. f. fegin *105,* 17; A. f. fegna *105,* 9.

feginslúðr, m. (*vgl.* lúðr *u.* feginn, *Lund* p. 162), *die* Freuden-mühle (*poet. Bez. der Mühle* Grotti). — Dat. á feginslúðri Grott. *5,* 4.

fegrð, f. (*vgl.* fagr), *die* Schöne. — N. *192,*22; A.*31,* 9.— *Auch = Schmuck;* D. *195,* 1.

fegri *s.* **fagr.**

fegrst-talaðr (*vgl.* fagr *u.* tal, tala), *schönst-beredt,* der am schönsten zu reden weiss. — N. *31,* 10.

feigð, f. (*vgl.* feigr), *der* Tod, *namentlich im Kampfe.* — A. *45,* 8; Grott. *21,* 8.

feigr, *adj.* (F. 169), dem Tode geweiht. — A. m. feigan Sigdr.*21,*2. — N. f. feig *210,*4. Plur. N. feigir *216,* 12; G. feigra manna Vol. *42,*2 (*vgl. 16,* 1: allra þ. manna er deyja).

feiknstafr, m. (*vgl.* stafr; feikn = *Bosheit* F. 168), *eig. Bosheitsstab, Unheil oder Bosheit bedeutender Runenstab* (*vgl.* Fritzn., Vigf.), *die* Unthat. — Plur. A. feiknstafi Grm. *12,* 6.

feila, *schw. v.* (*vgl.* Vigf., Fritzn.; *zu* fr. faillir, *mhd.* vælen?). — Med. feilaz *in der Wendung:* lét sér ekki feilaz *160,* 4 *nahm keinen Anstand, zögerte nicht.*

fela, *stv.* (*g.* filhan, F. 181), *anvertrauen,* verbergen. — Præs. Pl. 1 felum *96,* 19. Præt. S. 2 falt Vol. 2, 8; S. 3 fal *78,* 10. Plur. 3 fálu *120,* 10. — Pass. Part. fólgit *20,*14; *96,* 21. — Med. Præt. S. 3 falz *78,* 13.

fella, *schw. v.* (*vgl.* falla, F. 183), *zu Fall bringen, niederlegen,* fällen. Præs. S. 3 fellir *51,* 8; *166,* 3. — Præt. S. 1 felda (*oder* lld) *184,* 1; S. 3 feldi (*oder* felldi) *163,*12. Plur. 3 felldu *41,* 11 *vgl. 156,* 2; Conj. Pl. 2 feldið *177,*11 (f. segl *die Segel streichen oder einziehen, vgl. Wh.* p. 129 *A.* 1). Pl. 3 felldi *75,* 19. Part. Pass. N. m. felldr á fœtr *mit Gewalt an die Füsse gelegt 156,* 2 (*vgl.* fella *von gewaltsamem Befestigen, Einrammen, dgl.* Vigf. s. v. B, *vgl. auch* felldu *41,*11 *u. Var.* festu); A. m. feldan (*oder* felld.) = *occisum 166,* 6; *190,* 8. f. val *205,* 10 *vgl.* valr.

absol. fellt hefir hón *66,* 18; felt *163,* 8.

felling, f. (*vgl.* fella B Vigf.), *die Stelle des Zusammenfallens, die* Fuge. — Pl. Dat. at fellingum *in den Fugen 231,* 7.

fengr, m. (*vgl.* fá), *das Erfassen, der* Gewinn. A. feng *100,* 20.

ferð, f. (*vgl.* fara), *die* Fahrt, Reise; *auch von Heerfahrten gebraucht* (*so 244,* 1). N. *67,*17; G. *67,* 15; *109,* 2; *122,* 8. Dat. ferð *70,* 3; Dsf. *17,* 3; A. *4,* 5, 8; *92,* 3; *freier* hafði þa ferð til Sv. = eum congressum cum Sv. habuerat (Eg.) *54,* 17; Asf. ferðina *58,* 3. Pl. G. ferða *252,* 13.*Var.* zu N. 18. — D. í ferðum hans *29,* 10.

ferskeyttr, *adj.* (*vgl.* skaut; fer- *zu* fjórir, *s.* Vigf. s. v. Fer-), viereckig. Plur. A. ferskeytta *68,* 12.

festa, *schw. v.* (*vgl.* fastr, F. 172), *befestigen,* fest machen; *auch intrans.* = haften. — Inf. (*intrans.*) *122,* 9; *trans.* 228, 7. — Præs. S. 3 (*trans.*) festi upp yfir h. *80,* 14; *intrans.* 137, 1; Plur. 8 festu saman *zusammenschlossen, fest umschlossen 11,* 9; festu = *befestigten 220,* 5. — Pass. Part. Pl. Nm. upp festir *in der Höhe befestigt, aufgehängt 220,* 14.

festarhæll, m. (*vgl.* hæll, hier = *Pflock, Riegel u.* festr), *e.* Ketten-schloss *oder* -pflock, *als Mittel zur Befestigung einer Kette, eines Bandes.* — Asf. *41,* 14.

festr, f. (*vgl.* fastr, festa), *ein Befestigungsmittel, eine* Fessel, *ein* Strick. — Asf. festina *41,* 9.

fet, n. (F. 171), *der* Schritt. — Plur. A. *84,* 3.

fé, n. (*g.* faíhu, F. 188), *das* Vieh, Gut, Geld. — *Vgl.* § 49. — N. fé *168,*16; G. fjár *143,*15; Grott. 5, 3; til fjár *zum Gelderwerb, Lebensunterhalt 159,* 3; *vgl.* afla sér fj. *159,* 9. D. fé *166,* 17, 21; *181,* 10; Dsf. *115,* 21. — A. *114,* 19 (= *Geldsumme*); *151,* 2 = *Schatz.*

fégjof, f. (*s.* fé, gjof), *das* Geldgeschenk. — Pl. D. *163,* 30.

félagi, m. (*vgl.* lag *u.* fé), *das Mitglied einer Genossenschaft, welche ihr Geld zusammengiebt, dann* Genosse *überh.,* = engl. fellow. — *Vgl.* Fritzn., Vigf. s. v., *Wh.* p. 289. — Plur. N. félagar *59,* 9; Gen. félaga *119,* 9; D. félogum *67,* 9.

fésæla, f. (*vgl.* sæla, sæll *u.* fé), *das Glück in Vermögenssachen, die Wohlhabenheit.*—D.fésælu *33*,8.

fésæll, *adj.* (*vgl.* sæll *u.* fé), *in glücklicher Vormögenslage,* wohlhabend. — N. *32*, 2.

févan, f. (*s.* fé, vàn), *die Aussicht, Geld u. Gut zu erlangen.* — A. mikla f. *172,* 20 *Aussicht viel Geld zu erl.*

fjaðrlauss, *adj.* (*vgl.* lauss *u.* fjǫðr), ohne Federn. — N. *122*, 1.

fjall, n. (F. 181), *die Hochebene, das Gebirge; vgl.* Grimm *Wb.* s. v. Feld. D. fjalli *78*, 10; Dsf. *32*, 13; A. *33*,1; Asf. *118*, 23; *spec.*=Mundía-fj. (q. v.) *244*, 21. Plur. N. fjǫll *þ*, 1; Gen. fjalla *61*, 13; Dat. fjǫllum *32*, 9; *e*, 3 (*vgl.* haukr); A. fjǫll *93*, 9; *198*, 13.

fjara, f. (zu fjǫrðr? doch *vgl. auch* Vigf.), *die* Strandfläche, Ebbe. Pl. N. fjǫrur *69*, 3 (salaria Eg.); *hier sind wol die zur Ebbezeit sichtbaren Strandflächen gemeint, gewissermassen der (von þórr abgetrunkene) Rand des Meeresbeckens.*

fjarri, *adv.* (F.176), fern. — *39*,18; *fernhin 112,* 20.— *181,* 21 *vgl. Note.* Grott. *21*, 7; *vgl.* Bt. (N, F. 443). — *Der Gen. jarðar bleibt etwas auffällig, ist der Sinn: es sprangen (stukku) . . . weithin zur Erde?*

fjándi, m. (fjá hassen F. 184), *der* Feind; *vgl.* § 60. — Pl. A. fjándr *209*, 18.

fjárhald, n. (*vgl.* halda *u.* fé), *der* Vermögenszustand. — A. *99*, 7.

fiðri, n. (*vgl.* fjǫðr), *das* Gefieder. — D. fiðri *95*, 14.

fimbulvetr, m. (*vgl.* vetr *u.* fimbulbei Vigf., *vgl. auch* fífl-), *ein Kraftwinter d. h.* strenger Winter. — N. *81*, 4.

fimm, *zahlw.* (F. 185), fünf. — fimm fylki *76*, 20; fimm hundrut *30*, 8; Grm. *23*, 1; *24*, 1.

fimtán, *zahlw.* (*vgl.* fimm, F. 185), fünfzehn. — *162*, 85.

fimti *oder* fimmti, *zahlw.* (*vgl.* fimm) *der* fünfte. — N. m. fimti *21*, 9; Nf. fimta *43*, 1. — N. n. fimta *6*, 5.

fingr, m. (F.185,*vgl. dagegen* Q. F. 32, p. 159 *Anm.*), *der* Finger. — D. fingri *171*, 1; Dsf. fingrinum *117*, 18, 19; Asf. *117*, 19.

fingrgull, n. (*vgl.* gull *u.* fingr), *eig. Fingergold, ein* goldner Finger-reif, *vgl. Wh.* 186. — A. *77*, 19.

finna, *stv.* (F. 172, *g.* finþan), finden, *aufsuchen,* besuchen; *auffinden,* spüren. — Inf. *40*, 1; til finna *auffinden, ausfindig machen 78,*14; finna *besuchen 69,*15; *164*, 28 = *aufsuchen.* Præs. S. 2 finnr *aufsuchst 164,* 21; = *findest 181,* 6. S. 3 finnr (*merkt*) *151*, 16, 25. — Plur. 3 finna *77*, 27 (*vgl.* hvar). — Conj. S. 3 finni Grott. *6*, 8. — Imper. S. 2 finn *verschaffe* Regm. *1*, 6. — Præt. S. 1 fann ek *180*, 28; S. 2 fannt *68*, 7; *suff.* fanntu *merktest du 180*, 10; S. 3 fann *fand 118*, 8; *merkte 100*, 2; *102*, 2; *105*, 8. — Plur. 3 fundu *12*, 15. Pass. Part. fundit *75*, 7; *94*,12; *104*, 26 (*angetroffen*). — Med. finnaz *sich finden.* — Præs. S. 3 finnz *189*, 1. — Pl. 1 finnumz *248*, 4; Pl. 3 finnaz *52*, 1; = *sich treffen 157,* 21. — Conj. Pl. 3 finniz til *sich antreffen liessen* 177, 19. Præt. S. 3 fannz Vol. *6*, 5; Pl. 1 fundumz *170*, 28; Pl. 3 funduz *125*, 2; *von feindlicher Begegnung 165,*28. Part. hefir fundiz *120*, 11. — Impers. finnz hánum fátt til 238, 17 = *er findet Wenig daran* (sc. *zu bewundern*), *vgl.* h. f. ekki til. 238, 22.

fjórði, *zahlw.* (*vgl.* fjórir), *der* vierte. — N. m. *21*, 8; f. fjórða *42*, 17; n. fjórða *6*, 5.

fjórir, *zahlw.* (F. 184), vier. — N. m. *3*, 4; *23*,6; D. fjórum Grm. *23*,2; A. fjóra *3*, 5. — N. f. fjórar *9*, 18; A. *78*, 11. — N. n. fjǫgur. — D. fjórum *11*, 18; A. fjǫgur *a*, 8.

fiski, f. (*vgl.* fiskr), *der* Fischfang. — G. til fiskjar *70*, 16.

fiskr, m. (F. 186), *der* Fisch. — N. *115*, 6; Gsf. *39*, 21; Plur. G. fiska *173*,19; A. fiska *71*, 14.

fjúka, *stv.* (*vgl.* Vigf. *u.* § 124), *in wirbelnder Bewegung* fliegen, *oft vom Schnee; von Spänen 100,*4 *gebraucht:* fuku Præt. Plur 3.

fjǫðr, f. (F. 172), *die* Feder. — Pl. N. fjaðrar *194*, 25; Dsf. *228*, 12. Asf. fjaðrarnar *121*, 28; fjaðrirnar 298,9.

fjǫgrtándi, *zahlw.* (*vgl.* fjórir), *der* vierzehnte. — N. f. fjǫgrtánda *44*,13.

fjǫl- *als Präfix* = viel, sehr (F.179).

fjǫlbreytinn, *adj.* (*vgl.* breyta *u.* fjǫl-), *viel,* leicht veränderlich. — N. *37*, 8.

fjǫld, f. (vgl. fjǫl-), die Menge. —
Acc. Grott. 5, 3.
fjǫldi, m. = fjǫld f. — N. 165, 24;
177, 18.
fjǫlkunnigr, qdv. (vgl. kunna u. fjǫl),
vielwissend, auch = zauber-
kundig. — Nm. 4,2; 92,3; 114,11;
Nf. 157, 30; Gf. 211, 20; Af. 194, 12.
— Pl. N. m. 244, 17.
fjǫlkyngi, f. (vgl. fjǫlkunnigr), das
Vielwissen, die Zauberkunde. —
N. 55, 13; G. fjǫlkyngi 56, 2; D.
fjǫlkyngi 141, 18. — A. 156, 31.
fjǫlmargr, adj. (vgl. margr u. fjǫl-),
sehr viel. — Plur. G. fjǫlmargra
Grott. 21, 4.
fjǫlmenni, n. (vgl. maðr u. fjǫl), eine
grosse Anzahl von Leuten, Menschenmenge. — N. 48, 1, 2. —
D. 167, 22.
fjǫlmennr, adj. (vgl. fjǫlmenni), stark
an Zahl, viel Volk habend. N.
m. 152, 17; hier wol zunächst auf
ein stattliches Gefolge zu beziehen;
dass es nicht immer die Landes-
unterthanen meint, erhellt aus 163,4.
— Pl. D. 189, 8 = stark besucht.
fjǫr, n. (F. 188), die Seele, das
Leben. — D. fjǫrvi 16, 1. vgl. Vǫl.
42, 1; an beiden Stellen = Lebenskraft (Pf.) oder Mark (Simrock).
Asf. fjǫrit 223, 1; ergänze þiggja
mit B oder at þ., vgl. 214, 3.
fjǫrbrot, n. (s. fjǫr; brot her wol
der Zustand des Gebrochen-seins
oder Werdens), der Todeskampf,
das Verenden (meist eines Tieres,
Vigf.). — Dat. 181, 11.
fjǫrðr, m. (F. 175), die Bucht, der
Meerbusen. D. firði 167, 5; Dsf.
167, 9. — A. 164, 6. Asf. 121, 8.
fjǫrlausn, f. (vgl. lausn u. fjǫr), die
Lebenslösung, das Lösegeld. —
G. 106, 18. — A. 98, 18; 114, 18.
fjǫrsegi, m. (vgl. fjǫr, segi s. Eg. im
Lex. Poet. s. v. = Fleischmasse,
Muskel), das Herz, poet. — A.fjǫr-
sega Fáfn. 32, 7. (vitæ pulpam Eg.).
fjǫturr, m. (F. 171), 1) die Fessel.
N. 39, 2; Nsf. 40, 8, 9; Dsf. fjǫtr-
inum 39, 11; 41, 9; A. fjǫtur 38, 19;
Asf. 34, 16. — Plur. N. fjǫtrar 82, 4;
D. 204, 2; A. fjǫtra 161, 11; 204, 1.
2) im Pl. auch die Stifte oder
Stützen, die zur Verbindung der
Schlittenkufe mit dem eigentlichen
Schlitten dienen, vgl. Fritzn., Aas.
— Pl. D. fjǫtrum Sigdr. 15, 8.

fífl, n. (F. 185), Tropf, Ungeheuer,
Riese.
fíflmegir, Pl. m. (vgl. mǫgr u. fífl),
die Riesensöhne — N. Vǫl. 52.5.
fírar, Plur. m. (oder firar? so F. 188),
die Lebendigen, die Leute; poet. —
Gen. fíra Grott. 21, 3.
flagbrjóska, n. (vgl. Fritzn. u. Vigf.
s. v.), gewöhnlich als Brustknor-
pel verstanden, doch muss derselbe
jedenfalls in der Nähe der Bauch-
höhle gesucht werden, viell. zwischen
Brust und Unterleib. — Asf. 120, 18.
flatr, adj. (F. 194), platt. — Pl. A.
plata fiska Platt-fische (Schollen,
Butten) 71, 14.
flá, stv. (F. 198), die Haut abziehen,
schinden; auch = entblössen. —
Præt. S. 3 fló hann þá af kyrtlinum
entblösste ihn vom Rock, zog ihm
den Rock aus 158, 20; Pl. 3 flógu
belg af otrinum 173, 24. — Part.
Pass. fleginn 115, 1; Plur. N. flegnir
57, 2.
flár, adj. (vgl. Vigf.), trügerisch. —
Nn. flátt = Hinterlist 220, 13.
fleiri, comp. adj. (vgl. margr u. F. 180),
mehr, vgl. § 89, 91. — fleiri und
flestr können sowol adjektivisch, als
auch im Neutr. substant. gebraucht
werden, vgl. Lund p. 281. — Sing.
N. n. fleira (mit Gen.) 5, 13; 24, 12;
= zahlreicher 164, 5; A. fleira 95,
22 (mit af.). Plur. N. fleiri Grm.
34, 1; 9, 3; 22, 9; 34, 9; 94, 9. Dat.
fleirum 31, 4; 67, 8; Acc. fleiri 28, 4
(vgl. vegr); 35, 11; 65, 17; 77, 18;
170, 12.
    * Das bei fleiri stehende Subst.
kann suff. Art. zeigen, vgl. 31, 4;
34, 9 (eru fl. enn guðin? = sind
noch zahlreicher die Götter? áhnl.
31, 4). — Vgl. auch flestr u. Lund
p. 499.
flekkóttr, adj. (F. 193), fleckig. —
A. f. 153, 2.
    * Nach Fritzn. s. v. wäre fl. „ge-
flickt", mit Flicken versehen.
flesk, n. (F. 180), der Speck, das
Fleisch von Schweineschinken. —
N. 48, 5; D. fleski 161, 27; Asf. 161,
28. — Plur. G. fleska Grm. 18, 4.
flestr, adj. superl. (vgl. fleiri), meist.
— Vgl. Lund p. 499. Sing. A. m.
flestan dag Grm. 15, 5; Plur. D.
flestum 11, 10; A. flesta 62, 5; 194,
18. S. N. n. flest fólk 121, 3; Fróða
man flest Grott. 4, 4. Vgl. Lund

p. 158. — Dat. flestu *53*, 19. — Plur.
Nm. flestir *251*, 6; Nn. flest *29*, 6;
123, 10; Gm. flestra *253*, 5.

flet, n. (F. 194), *der* Fussboden, *die*
Hausflur, *rgl. Wh.* 230. — Dat.
á fleti Háv. *1*, 6. -- Pl. D. fletjum
stýrði *Haus hielt* Helr. *11*, 4.

fljóð, n. (*rgl.* fljótr F. 195), *ein weibliches Wesen*, Weib, *poet.* — Plur.
N. Grott. *24*, 6.

fljóta, *stv.* (F. 195), fliessen, flott
werden (Pf.). — Præs. S. 3. flýtr
82, 12. — Præt. S. 3 flaut í hans
blóði *in seinem Blute schwamm*
209, 14.

fljúga, *stv.* (F. 195), fliegen. — Inf.
49, 1; *106*, 10; *112*, 12. Præs. S. 1
flýg ζ, 1; S. 3 flýgr *e*, 1; *94*, 1, 2. —
Plur. 3 fljúga Grm. *20*, 2. — Præt.
S. 3 flaug *14*, 22; *74*, 17; fló (*rgl.*
§ 124) *192*, 19. Plur. 3 flugu *8*, 11;
39, 13. Conj. Pl. 3 flygi *216*, 6.

flokkr, m. (*mit* fólk *verw.? so* Vigf.),
die Heerschar. — N. m. *163*, 32;
A. flokk *166*, 1.

flotnar, Plur. m. (F. 195), *die See-
leute, dann Leute*, Genossen. Pl.
G. flótna *d*, 1.

fló, f. (*verw. mit* flaga = *Lage und*
flagbrjóska, *s.* Fritzn.), *die* Lage.
— N. *139*, 11; *140*, 1.

flóð, n. (F. 180), *der* Fluss. — D.
flóði í Regm. *1*, 2.

flótti, m. (*s.* flýja, F. 194), *die* Flucht.
— A. flótta *178*, 1.

flug, n. *s.* **flugr**, m.

fluga, f. (*zu* fljúga, F. 195), *die*
Fliege. — N. *110*, 16; Nsf. *111*, 2;
Dsf. *111*, 10.

flugr, m. (F. 195), *der* Flug. — Dat.
104, 12; Dsf. *95*, 8; A. *26*, 16; Asf.
95, 15.
    * *Einzelne Casusformen könnten
auch zu* flug, n. *gehören.*

flytja, *schw. v.* (*zu* fljóta?), *von der
Stelle schaffen*, bringen. — Inf.
115, 18; *136*, 18. — Præs. S. 3 flytr
98, 11. — Præt. S. 3 flutti *98*, 18;
Pl. 3 fluttu *11*, 8. — Med. Pass.
flytjaz befördert werden, davon kommen. — Præt. S. 3 fluttiz
227, 5. — Pass. Part. N. n. flutt
befördert 167, 9.

flýja, *schw. v.* (*urspr. stark, vgl.* F.
194), fliehen. — Inf. *155*, 1 (*rgl.*
137, N. 77). — Præs. S. 3 (*mit suff.*
Negat.) flýrat *137*, 20; Pl. 1 flýjum
155, 7. Pl. 3 flýja *137*, 14. Conj.

S. 1 flýja *155*, 10. — Præt. S. 3 flýði
116, 22.

flærð, f. (*vgl.* Vigf.), *der Trug, die*
Trugrede. — Pl. Gsf. 37, 4.

flærðarorð, n. (flærð, orð), *ein fal-
sches Wort, eine Verleumdung.* —
Pl. A. *203*, 27.

flærðr, adj. (*s.* flærð), verfälscht.
N. *166*, 33; (*hier* = *versetzt, ver-
giftet*).

flœðarsker, n. (*von* sker, n. ·*Klippe,*
flœðr f. *Flut*, F. 180), *die* Flut-
klippe, *d. h. eine · zur Flutzeit
unter Wasser befindliche Klippe.*
A. *98*, 11.

fnýsa, *schw. v.* (*ältere F.* fnæsa, *zu*
fnasa F. 189?), *ausu erfen*, aus-
schnauben; *mit* Dat., *Lund* p. 90;
fn. í brott *zur Bezeichn. des Aus-
werfens einer Masse 180*, 26. —
Præt. S. 1 fnýsta *180*, 26; S. 3 fnýsti
179, 14.

fogl, m. *s.* **fugl**.

fold, f. (*zu* fjall F. 181; *ags.* folde)·
die ebene Flur, Erde. — N.· Vol·
59, 2; Grott. *12*, 3; A. Regm. *26*, 6·

for-, *nur als Präfix* = vor (F. 176).

forað, n. (*wol zu* fara, *vgl.* Vigf. s.
for *u.* forað), *ein schwieriger Ort,
die Schwierigkeit, das* Ungeheuer.
— N. *84*, 1; *210*, 3.

forða, *schw. v.* (F. 177), *vorwärts
bringen, entfernen*, beschützen
mit Dat.; *vgl. Lund* p. 90. — Inf.
44, 10; *108*, 9. — Imper. Pl. 1 forðum *schonen wir* 222, 20. — Med.
forðaz *sich in Sicherheit bringen,
sich retten.* — Inf. kvikir um forðaz
sich am Leben zu erhalten suchen
Helr. *14*, 4, *vgl. Var.* — Præs. S. 3
forðaz *44*, 10. — *Auch mit* Acc. *des*
(*innern*) *Objekts* = *sich vor Etwas
schützen; so* Inf. *219*, 15.

forðum, adv. (F. 177), *vor* (*Zeiten*),
ehemals. — 20, 10; *144*, 3. *Eig.
Dativform, vgl. Lund* p. 139.

foreldri, n. (for-, eldri), *die Vor-
fahrenschaft* (*vgl. Gevatterschaft*);
meist im Plur. *concret* = *die* Vorfahren; *auch in der jüngeren Form*
foreldrar (m.). — Dat. 242, 16; A.
260, 9.
    * *Den Sing. bietet* S 242, 16;
vgl. N. 14.

forkunnar, adv. (*eig.* Gen. *von* for-
kuðr, forkunnr f. = *Wissbegierde,
Neugierde; zu* kunna *gehör. wie*
forvitni f. *zu* vita, for = *ahd.* far·),

merkwürdig, ausserordent-
lich. — 38, 9; 50, 3; 95, 22. — Vgl.
auch Lund p. 164.

forlǫg, Pl. n. (s. for-, lag), die Vor-
bestimmung, das Schicksal. —
Pl. Dat. með sínum forlǫgum in
Übereinstimmung mit, nach ihrem
Schicksal (vgl. með A. 4) 220, 1.
A. 176, 17.

formáli, m. (vgl. mál, for- F. 176),
die Vorrede, vorhergehende Ankün-
digung, Prophezeiung. — N.
115, 18; A. 162, 28.

forn, adj. (F. 176), alt, oft mit dem
Nebenbegriff „vergangen"; spec.
auch von der heidnischen Zeit des
Nordens, so D. m. í fornum sið 167,
13; at f. sið 212, 10 = nach heid-
nischem Brauche. — G. m. forns
d, 1; Plur. D. fornum Grott. 18, 8;
11, 20; A. f. fornar (Irm. 11, 6.
An. forn minni 164, 26. schwach:
S. m. forni u. w. — D. m. inum forna
6, 3; A. m. inn forna 13, 14. — Pl.
A. n. in fornu 239, 22.

forneskja, f. (zu forn, F. 176), die
alte (vergangene) Zeit, das Alter-
tum, d. h. die vor der Besiede-
lung Islands, der Einführung des
Christentums und dem Aufblühen
litterarischer Bestrebungen im Norden liegende Zeit. — D. í forneskju
144, 2.

fornkonungr (forn, kon.), ein Alt-
könig, König der alten Zeit. —
Plur. G. 134, 3.

fornkvæði, n. (forn, kvæði), das alte
Lied. — Pl. D. 226, 27.

fornsaga, f. (s. forn, saga), die alte
Sage; Sage aus den Zeiten der
alten mündlichen Überlieferung,
vgl. forneskja. — Pl. D. 152, 10.

forspá, f. (for-, spá), die Vorherver-
kündigung, Prophezeiung. — N.
201, 26; hier wäre dem Zusammenhange nach leicht an das sogen.
„Verreden" zu denken.

fors, m. (vgl. Vigf.), der Wasserfall. — N. 78, 13. — G. fors 114, 4;
Gsf. forsins 79, 15; D. forsi 173, 19;
Dsf. forsinum 78, 15; A. fors 173,
19; Asf. 79, 11.

forskepti, n. (zu skapt Schaft, for
= ahd. fora), der Vorschaft, Stiel,
Griff. — Nsf. 112, 14.

forstofa, f. (for-; stofa F. 348), ein
Vorplatz im Hause, Durchgang

(vgl Fritzn.). Dsf. 161, 7. — Asf. 160,
21, 34.

forstreymis, adv. (vgl. straumr, m.),
stromabwärts 104, 4.

fortala, f. (for-, tala), das Vorreden,
die Überredung. — Pl. A. for-
tǫlur 208, 16 (ergänze við); vol =
Vorwürfe 215, 13 u. 226, 15.

forvitna, schw. v. (forvitni), impers.
mik forvitnar = ich bin wissbegierig. — Med. forvitnaz um = seine
Wissbegier in Bezug auf Etwas befriedigen. — Inf. 241, 23.

forvitni, f. (zu vita, vgl. forkunnar).
1) die Wissbegierde, Neugierde.
— G. 106, 5. — 2) Gegenstand ders.
— N. 251, 21.

fólgit, s. fela.

fólk, n. (F. 189), das bewaffnete Volk,
die Schar; das Volk überhaupt. —
N. 5, 5; 24, 14; 76, 11; 121, 3; D.
fólki 176, 11 (af ǫllu f. bei allem
Volk); Acc. 97, 8; í fólk stigum
Grott. 13, 3 (in aciem processimus
Eg.). 2) die Angehörigen, sei
es durch Geburt oder andere Beziehungen. — Nsf. fólkit 219, 26.

fólkdjarfr, adj. (fólk, djarfr), kühn
in der Heerschar, kampffroh;
poet. — A. Regm. 14, 2.

fólksstjóri, m. (vgl. fólk u. stýra),
der Befehlshaber einer Mannschaft. — Plur. A. 142, 15. — Vgl.
herstjóri.

fólskuverk, n. (vgl. verk; fólska =
Thorheit), Thorheitswerk, Thorheit. — N. 103, 2.

fóstr, n. (F. 168), die Erziehung.
Vgl. Wh. 285. — G. 117, 1.

fóstra, f. (vgl. fóstr), 1) die Erzieherin,
Pflegerin. — A. fóstru 66, 17.
2) die Pflegetochter. — N. 193,
13.

fóstri, m. (s. fóstr), der Erzieher.
— N. 171, 23.

fótahlutr, m. (fóstr, hlutr), das
Fussstück; der untere Teil des
Körpers. — N. 209, 12.

fóthvatr, adj. (vgl. hvatr u. fótr),
fussschnell, schnellfüssig. —
Comp. fóthvatari, Plur. N. 63, 15.
Superl. fóthvatastr N. 58, 9.

fótr, m. (F. 171), der Fuss. — N.
9, 8; D. fœti 57, 16; 66, 9; Dsf. 69, 6;
A. fót 104, 19; Asf. 104, 21; = Fuss-
gestell (stokkinn 117, 8) 176, 4. —
Plur. N. fœtr 94, 3; Nsf. 106, 12. —
Dat. fótum· 67, 4; 122, 6; er hann·

þykkiz hafa fótum undir komiz *da
er glaubt (die Füsse unter sich gebracht zu haben), festen Fuss gefasst zu haben 150,* 29. Acc. fœtr
21, 8. — Asf. fœtrna *156,* 26.

fram, *adv.* (F. 177, *vgl.* frá), vorwärts, *hervor, fort.* — stattu fr.
(*vgl.* standa) α, 1; gangi fr. Háv.
1, 2 vgl. 62, 18; gekk fr. 75, 15;
174, 8. rann fr. at *104,* 4; stendr
fr. *221,* 12 *dauert fort.* steig fr.
60, 1; fr. fara *61,* 12; *bildlich 163,*
24; *208,* 1. fóru fr. 97, 20; snýr fr.
61, 17; snýz fr. *84,* 6; kemr fr. Vol.
54, 2; sœkja fr. *83,* 1; kómu fr. *153,*
28; *vgl.* fr. kœmiz *vorwärts käme,
vollführt würde 162,* 17. fr. koma
geschehen 206, 8—9; *vgl. 208,* 3, 8.
koma fr. (*vgl.* koma 2) *17,* 3; hljóp
fr. *66,* 4; fell fr. *104,* 15, 17; leiddr
fr. 75, 10; hratt fr. 75, 20; kastaði fr.
(*vorwärts = vor sich hin*) 79, 4; eiga
fram *vor sich haben 61,* 4. — bar,
báru fr. *hervor = herbei* 111, 15;
112, 1; *115,* 9; dregr fr. *hervor 99,*
20; *vgl.* dró fr. *116,* 3. fr. láta, fr.
selja *vorbringen* (= *ausstrecken*)
41, 8; *vgl.* fr. láta *vorzeigen* 115,
11; fr. setja 75, 14; fr. reiða 69, 19
vgl. (fr. reitt = *vorgezählt, ausbe-
zahlt*) *174,* 2; nú er þat fram komit
vorwärts gebracht, vollbracht 193,
19. bjóða fr. 197, 25 = *ausbieten,
vorweg anbieten*; fram heldum því
wir hielten (= *setzten*) *das fort*
Grott. *15,* 1 (*vgl. nhd. aushalten*).
— *Vgl. noch* reri í hálsinum fram
(*vorwärts gerichtet, vorne*) 71, 12.
— *Neben Umschreibungen des
Compar. wie* lengra fr. 90, 4, 6;
meir fr. *63,* 13 *steht die besondere
Bildung* framar = *weiter, in
höherem Grade* 35, 4; *63,* 11; 70, 2;
159, 18; Grott. *21,* 8. — *Vgl. auch*
§ 161. — fyrir — fram *s.* fyrir 2 a),
um — fram *s.* umfram.

framan, *adv.* (*s.* fram), *von vorn,*
vorn. — *160,* 4.

framar *s.* **fram.**

framarla *oder* **framarliga,** *adv.*
(*vgl.* fram), vorn, *an der Spitze.*
— *178,* 17.

framast, *adv.* (fram) *in der Verb.*
vera framast c. G. *die erste Stelle*
(*unter . . .*) *einnehmen 242,* 10.

framaverk, n. (*vgl.* verk *u.* frami),
die Ruhmesthat. — Plur. G.
framaverka *6,* 9.

framganga, f. (*s.* fram, ganga f), *das
Vorwärtsgehen, der* Angriff. — G.
155, 20. D. *248,* 5.

framgenginn, *adj.* (*eig.* Part. Pass.
von framganga *fortgehen, sterben*),
abgeschieden. — Plur. Gen.
framgenginna *189,* 27. Acc. fram-
gengna Vol. *40,* 8.

framgjarn, *adj.* (*s.* fram, gjarn *begierig* F. 101), *viel verlangend,*
schwer zu befriedigen (Fritzn.).
— N. *175,* 28.

frami, m. (*vgl.* fram), *der Vorzug, Vorteil, spec.* Ruhm. — N. 73, 18; *102,*
20. — G. til frama 29, 15; til alls fr.
172, 33; D. *164,* 24; A. *166,* 22.

framkominn, *adj.* (fram, koma),
glücklich vollbracht. — Plur.
An. *192,* 30.

framr, *adj.* (*vgl.* fram), *vorangehend,*
hervorragend. — Compar. fremri
tüchtiger (c. D. = *als*) *199,* 12. —
Sup. framastr *der erste* 29, 15. —
Von der älteren Form fremstr N.
m. *168,* 23; Pl. N. m. fremstir 195,
20; N. n. fremst *152,* 6; Am. fremsta
195, 15.

framstafn, m. (*vgl.* fram, stafn =
Schiffssteven), der Vordersteven,
das Vorderteil eines Schiffes. —
A. 75, 20.

framvísi, f. (*s.* framvíss), *die Kunde
der Zukunft, die* Sehergabe. —
D. *154,* 3.

framvíss, *adj.* (víss *u.* fram), *vorher-
wissend,* zukunftkundig. — N.
m. *176,* 14; Plur. N. f. framvísar
Grott. *1,* 3; *13,* 3.

frauð, n. (*vgl.* Vigf. Fritzn. *s.* frauð
u. froða), *der* Schaum. — Nsf.
117, 18.

frá, *präp. mit* Dat. *u. adv.* (F. 177),
von her. — 1) *räumlich, von her:*
frá brunni *15,* 6; frá haugi 20, 1;
útar frá eldinum 57, 6; frá sér (*von
seinem Standort)* 35, 19; hvern veg
frá sér 90, 9 *vgl.* alla vega frá *s.*
213, 1; frá þeim (*von ihnen fort*)
61, 15; frá Gylfa *a,* 1; vígi frá *41,*
15; frá uppsprettum 8, 2; *ähnlich
auch* frá veiðum *122,* 3. — í frá
ist in der Bedeut. von frá *wenig
verschieden* (*vgl. neunorw.* ifra =
dän. fra), *findet sich aber meist in
Verbindung mit Adverbien, denen
es folgt, so:* inn í frá (*vgl.* inn) =
ex parte interiore 8, 9; innar í frá
hánum (*vgl.* innar) = intra eum *58,*

17. — upp frá *s.* upp; héðan í frá
vgl. 3). — *Mit scheinbarem* Gen. frá
heljar *oder* Heljar (sc. húsi) 89, 8
neben frá Helju 78, 7; *vgl.* at *präp.* 1).
2) *zur Bezeichn. der Abstam-*
mung: frá Viðólfi Hyndl. 33, 2 *vgl.*
ib. *4,* 6, 8; frá komnir *124,* 2.
3) *zeitlich, von her, seit;* frá
upphafi, heims *47,* 17. — héðan í
frá *von jetzt an* 205, 80.
4) *zur Bezeichn. des Gegen-*
standes einer Erzählung frá hánum
er þat sagt 3, 2 *vgl.* 9, 3; *20,* 6;
29, 12; *30,* 17; *31,* 5. — *Ähnlich*
auch in verschiedener Weise ad-
verbiell: frá segja 29, 12; segja
frá 56, 6. *An ersterer Stelle neben*
präpos. (frá þeim stórt.); *vgl. Lund*
p. 111, *wo nicht ganz genau von*
einer Wiederholung der präpos. ge-
redet wird. — *Lokal:* þar — skamt
frá *eine kurze Strecke davon* 198,
19. — *Zeitlich:* þar til er frá liði
(*wol zu ergänzen* harmr) *bis er (mit*
der Zeit) vergangen wäre 211, 11.
fráfall, n. (*vgl.* fall *u.* frá), *der Fort-*
fall, das Hinscheiden. — D. í
fráfalli 75, 3.
fráneygr, *adj.* (*s.* fránn, auga), hell-
augig, *mit strahlendem Auge.* —
Voc. *schw. Flex.* 179, 32; *vgl. Lund*
p. 37.
fránn, adj. (*vgl.* frár *bei* Vigf., Fritzn.),
von glänzender Farbe, *poet.* —
Acc. fránan Fáfn. 32, 8 *von dem*
gebratenen (fettglänzenden?) Herzen
des Fáfnir.
frásǫgn, f. (*vgl.* sǫgn, segja *u.* frá 4),
die Erzählung. — N. 93, 8; G.
frásagnar 52, 6; *105,* 23. — Pl. A.
frásagnir 29, 11; *134,* 4—5.
* *Vgl. Einleit.* Reg. s. v. frásagnir.
fregna, *stv.* (F. 189), fragen, *durch*
Fragen erfahren. — Præs. S. 2
fregn (*vgl.* § 24 C *a*), *a,* 2; S. 8
fregn Vol. *30,* 4; Pl. 3 fregna um
c. A. 248, 2.
freista, *schw. v.* (F. 192), versuchen,
mit Gen.; *vgl. Lund* p. 169. Inf.
62, 17, 18; 99, 18; 63, 7. — *Ohne*
Gen. *63,* 8; freista, ef 75, 6; 99, 18;
freista of, um (*mit* Acc.) *einen Ver-*
such machen in, mit einer Sache
65, 17, 19. — Præt. Plur. 3 freistuðu
(at mæla) 74, 23.
frekr, *adj.* (F. 192), *gierig;* kühn.
— D. at frekum úlfi Regm. *13,* 8.

fremdarverk, n. (*s.* fremd = frami
F. 178, verk), *die* Heldenthat,
das rühmliche Werk. — N. *181,* 16.
fremi, *adv.* (*vgl.* fram), weit; svá
fremi — at = *insoweit, wie (bis) =*
nur dann, wenn 213, 20.
* fremi *ist nur in dieser Verbind.*
üblich.
fremja, *schw. v.* (F. 178), vorwärts
bringen; ausführen. — Inf. 193,
7. — Med. Inf. vel fremjaz *sein*
gutes Fortkommen haben, gut ge-
deihen 162, 32. Pass. Part. fekk eigi
framit (*vgl.* fá) 66, 9.
fremri, fremstr *s.* **framr.**
frerinn *s.* **frjósa.**
frermánuðr, m. (*vgl.* mánuðr, frjósa),
der Frostmonat *d. i. November,*
vgl. Wh. 376. — N. *144,* 11.
frest, n. (F. 192), *die* Frist. — Dat.
109, 1 á þ. m. fresti *in einer Frist*
(*Zeit*) *von drei Monden; ebenso*
154, 13.
freyða, *schw. v.* (*vgl.* frauð), schäu-
men, *schmoren (vom Fette).* — Præt.
S. 3 freyddi *182,* 5.
frétt, f. (*vgl.* fregna), *die* Nachforschung. — Pl. D. fréttum halda
Nachf. halten 196, 3.
frétta, *schw. v.* (*vgl.* fregna), 1) erfahren. — Præt. S. 1 frétta 253, 2.
— Pass. Part. *absol.* frétt 179, 31.
— 2) *auch (und ursprünglicher?)*
fragen, forschen *mit* Gen. — Præs.
S. 3 fréttir 259, 17. Præt. S. 2 fréttir
194, 22; S. 8 frétti 251, 7.
friða, *schw. v.* (*s.* friðr), vor *Kriegs-*
gefahr schützen. — Inf. *151,* 20.
friðr, m. (F. 190), *der* Friede. —
Nsf. *124,* 9. — G. friðar 155, 10;
33, 8; D. friði 221, 26; Acc. frið
124, 7.
friðstefna, f. (*vgl.* stefna, friðr), *die*
Friedensversammlung (*der*
Friedenskongress). — A. 97, 4.
frilla, f. (*für* friðla F.191), *die* Freun-
din; *in der pros. Sprache (vgl.* Vigf.)
meist = *Konkubine.* — N. 228, 3.
frjóa, *schw. v.* (frjóva Vigf.; *wol zu*
frjó = fræ n.), befruchten. — Med.
frjóaz gedeihen. — Præs. Pl. 1
frjóumz vér 193, 32.
frjósa, *stv.* (F. 192), frieren, er-
frieren. — Præt. S. 8 fraus 8, 6.
Part. Pass. N. f. frerin (= frørin
§ 124), *105,* 13.
fríðleikr, m. (fríðr, leikr*), *die* Schönheit. — A. 227, 19.

friðr, *adj.* (F. 191), gefällig, *hübsch.* — N. m. 37,:7. — N. f. frið *158,* 7; A. f. fríða *227, 29*; A. n. fritt *221,* 16. — Pl. N. n. frið *14,* 17. — *Compar.* Pl. f. friðari *195,* 7. *Superl.* N. f. friðust *217,* 19.

frost, n. (*vgl.* frjósa, F. 192), *der* Frost. — D. frosti *77, 26.* — Pl. N. frost *81,* 5.

fróðleikr, m. (*vgl.* leikr* *u.* fróðr), *die* Verständigkeit, *Gelehrtheit.* — N. *29, 2*; G. *97,* 17 (spyrja hann fróðleiks *ihn in Bezug auf gelehrte Dinge ausfragen, sich darin mit ihm messen*). — A. um fróðleik *152,* 11.

fróðliga, *adv.* (*vgl.* fróðr), verständig. *16,* 6.

fróðr, *adj.* (F. 190), verständig, *klug.* — N. m. *30,* 16; fr. maðr 5, 16; *26, 21.* — *Schwache Fl.:* inn fróði jǫtunn Vafþr. *30,* 6; *35,* 5. — Comp. fróðari 5, 17.

frumkveðl, m. (*vgl.* kveða; frum- *zu* g. fruma *der erste*, F. 177), *der* erste Anstifter (*eig. Aussprecher*). — A. frumkveða *37,* 4.

frumvaxti *oder* -vaxta, *adj.* (*vgl.* frumkveði *u.* § 85), ausgewachsen, *in der ersten Jugendblüte.* — N. *160,* 17.

frumverr, m. (frum-, verr, F. 306), *der erste Gemahl oder Liebhaber, die* erste Liebe. — N. *200,* 17.

frú, f. (F. 178, Vigf. s. v.), *die* Frau, *eig. Herrin, ohne Rücksicht auf Vermählung gebraucht, etwa* = ríkiskona. — S. Voc. frú = *edles Mädchen* 193, 11. — Plur. N. frúr (*vgl. Var. u.* § 70 *Anm.*) *34,* 4.

*   *Vgl. auch* Freyr *u.* Freyja.

frýja, *schw. v.* (*vgl. etwa engl.* to frown). 1) *mit* Dat. *der Person u.* Gen. *der Sache: Jemand* Mangel *an einer Sache* vorwerfen. *Vgl. Lund* p. 169. — Inf. (*ohne Obj.*) *173,* 1; *mit.* Gen. *202,* 5. Præs. Conj. Plur. 2: heldr en þér frýit mér hugar *41,* 4. — 2) Klage führen, *sich* beschweren. — Præs. S. 3 engi frýr *210,* 7. Præt. S. 3. frýði hánum *machte ihm Vorwürfe 166,* 32.

frýjuorð, Plur. (frýja, orð), Vorwürfe. — A. *228,* 30.

fræ, n. (F. 189), *der* Same. — N. *139,* 6. — A. fræ e, 4.

frægð, f. (*vgl.* fregna, frægr), *die Kunde, der* Ruhm. — A. *40,* 19.

frægðarverk, n. (*s.* frægð,. verk), *berühmte That*, Heldenthat. — N. *192,* 7. — Pl. A. *160,* 16.

frægr, *adj.* (F. 189), berühmt, *bekannt.* — N. m. *39,* 10; n. *103,* 18. — *Superl.* N. m. frægastr *162, 29*; frægstr *166,* 16; Plur. N. *170,* 15. * *Nach* Vigf. *ist* frægastr *eine jüngere Bildung.*

frændi, m. (F. 191), *der* Verwandte, *Blutsfreund.* — Pl. N. frændr *162,* 22. G. frænda *169,* 26; *doch* 252, 13 *lies* ferða *mit* S. - D. frændum *30,* 11; *172,* 31 *vgl.* fyrri; A. frændr *189,* 4.

frændkona, f. (frændi, kona), *die* Verwandte. — A. *221,* 27; *vgl.* Atlm. 54, 3—6.

frændrœkinn, *adj.* (*s.* frændi, rœkja, F. 249), *um seine* Verwandten besorgt, *ihnen treu ergeben.* — A. *159,* 6.

frændsemi, f. (*s.* frændi), *die* Verwandtschaft. A. *150,* 34.

frœða, *schw. v.* (fróðr), unterweisen. — Inf. Regm. *14,* 1.

frœði, n. (F. 190), *die* Weisheit, *auch concret = Überlieferung, Lehrgedicht.* — A. *97,* 9. — Plur. D. frœðum *15,* 3.

frœðimaðr (*vgl.* maðr *u.* frœði), *ein Weisheitsmann*, Weiser, *Gelehrter.* N. *97,* 15. — Plur. N. frœðimenn *70,* 9. (þótt eigi sé frœðimenn *wenn man auch nicht Gelehrter ist.*)

frœkinn, *adj.* (*vgl.* frekr *u. s. w.* F.192), kühn, *verwegen — schwach:* frœkni. — G. ins frœkna *105,* 6.

frœkn, *adj.* = **frœkinn**. — N. *180,* 7; *181,* 10.

frœknleikr, m. (*vgl.* leikr *u.* frœkn), *die* Kühnheit, *Mannhaftigkeit.* — Dat. frœknleik *134,* 3; Acc. frœknleik *135,* 18.

fugl, m. (*auch* fogl, F. 187), *der* Vogel. — N. *35,* 19. G. fugls γ, 3; *39, 21.* — Asf. *106,* 7. — Plur. N. fuglar *24,* 8; foglar *60,* 21; Nsf. *73,* 12; Dat. fuglum *24,* 9; A. fugla *165,*. 12.

fuglakyn, n. (*vgl.* kyn *u.* fugl), *das Vogelgeschlecht, die* Vogelart. — N. *24,* 10.

fuglarǫdd, f. *oder* **fuglsrǫdd**, f. (*vgl.* rǫdd *u.* fugl), *die* Vogelsprache. — A. *117,* 21; *182,* 8.

full, n. (F. 179), *der* Becher. — A. Sigrdr. 8, 1 (*vgl. jed. Note*).

fulldrukkinn, adj. (vgl. Part. drukkinn s. drekka, fullr), volltrunken, vollauf trunken. — Plur. N. fulldrukknir 50, 2.

fullgera, schw. v. (vgl. gera u. fullr), vollmachen, zu Ende bringen, ausführen. — Part. Pass. N. n. fullgert 13, 7; absol. 213, 20.

fullilla, adv. (illr, fullr), voll übel, übel genug. — verðr eigi f. farit es kann nicht übel genug verfahren werden 225, 12.

fullmalinn, adj. (eig. Pass. Part.; vgl. mala, fullr), vollgemahlen, genug gemahlen. — Absol. fullmalit Grott. 17, 7.

fullr, adj. (F. 179), voll. — N. m. 20, 15; 46, 10; N. f. full 80, 17; G. n. til fulls völlig 252, 17; Dat. n. fullu 41, 15; 233, 11; Acc. fullt 37, 10; 138, 4. — Plur. D. fullum 143, 14; A. fulla Sigrdr. 12, 9.

fullspakr, adj. (vgl. spakr u. fullr), völlig klug. — N. f. of þik (in Bezug auf dich, in deiner Sache) Grott. 8, 2.

fullstaðinn, adj. (vgl. fullr u. standa), vollgestanden, genug gestanden. — Absol. fullstaðit Grott. 24, 5.

fullsteiktr, adj. (vgl. steikja u. fullr), voll gebraten, mürbe, gar. — N. n. fullsteikt 117, 17.

fulltíng, n. (fullr, vgl. Vigf.), die Hilfe. — D. 227, 5.

fullvaxinn. adj. (fullr, vaxa), vollgewachsen, ausgew., reif. — A. 191, 10.

fullvegit, partic. absol. (fullr, vega), voll getötet = genug getötet. — 210, 7.

fundr, m. (vgl. finna). — 1) das Antreffen, die Begegnung. Gen. kom ek til fundar við yðr begegnete Euch 68, 5; vgl. 165, 16. — Dat. fundi 70, 1 (von feindl. Begegnung, vgl. 150, 25). — Acc. á fund 141, 1; 151, 15; á f. eins oft nur = zu Einem. — 2) die Erfindung, Entdeckung. — A. fund 100, 20.

funi, m. (F. 187), das Feuer. — Acc. við funa Fáfn. 32, 4.

furða, f. (vgl. Vigf.), das Wunder. N. 180, 5. — Gen. furðu adverb. (wie nhd. wunderschön u. Ähnl.), Lund p. 247. — furðu mikil = gewaltig gross 12, 2; f. illa 42, 7; f. góðan 101, 5; f. long 258, 18. — Vgl. auch Lund p. 164.

fúna, schw. v. (F. 186), faulen, verwesen. — Inf. 24, 3; Præs. S. 3 fúnar Grm. 35, 3; Conj. S. 3 fúni 6, 14.

fúss, adj. (F. 178), geneigt, willig. — N. eigi fúss etwas unwillig 46, 16. — Compar. Plf. fúsari mehr geneigt 203, 38.

fyl, n. (F. 181), das Fohlen, Füllen. — A. fyl 54, 18.

fylgð, f. (vgl. fylgja), die Folge, das Gefolge; die Begleitung, Bedeckung. — G. fylgðar 143, 17. — A. fylgð 200, 21.

fylgja, f. (= fylgð), die Begleitung. — A. fylgju Regm. 20, 4.

fylgja, schw. v. (F. 182; nach Anderen zu fullr), folgen, nachfolgen, auch vorangehen, führen, mit Dat. (vgl. Vigf., Lund p. 76). — Inf. fylgja führen 5, 1; folgen 217, 29; folgen, verbunden sein mit Etw. 135, 10; vgl. auch 218, 17 (oder hier f. = vorangehen, veranlasst haben?). — Præs. S. 1 fylgi 212, 5; S. 3 fylgir folgt 190, 5; f. hánum folgt ihm, besitzt er 31, 10; fylgir þeim út führt sie hinaus 67, 15; f. hánum af landi brott 150, 10. — Plur. 3 fylgja 15, 18; 204, 30 vgl. kynsl. — Conj. fylgi yðr Euch folgt, Euch zu Gebote steht (vgl. 31, 10 fylgir) 34, 7. — Præt. S. 3 fylgði 8, 3; 170, 13; hánum fylgði 13, 19 vgl. fylgir 31, 10; ähnl. 76, 12; 125, 4; fylgði folgte nach 108, 1, vgl. f. ermunum blieb fest an den Armeln 158, 20. vgl. f. verblieb 159, 14. f. siðum hielt sich zu den Sitten, Gewohnheiten 261, 7; f. hánum führte ihn 137, 9; f. þeim 219, 26 = begleitete sie. Pass. Part. absol. fylgt 231, 25.

fylki, n. (F. 189, vgl. fólk), der grössere Haufe, die Heer-Schar, etwa 1000 Mann (M. Cl. I, 130). — Plur. fylki 76, 20.

fylkja, schw. v. (vgl. fylki), in Scharen ordnen, in Schlachtordnung stellen (Inf. Regm. 23, 8), mit Dat. Lund p. 84. — Præs. Pl. 3 fylkja liðinu 141, 7.

fylking, f. (vgl. fylki u. fylkja), die Schlachtreihe, Heerschar. — D. 155, 24. — A. 83, 5. — Pl. A. fylkingar 155, 22 (= Reihen); auch 178, 10 sind feindliche Reihen gemeint.

fylkir, m. (fylki), *der Heerführer,*
Fürst; *poet.* — G. fylkis *v,* 6.
fylla, *schw. v.* (*vgl.* fullr, F. 179), an-
füllen. — Inf. *115,* 3 (f. af *vollmachen von, füllen mit*). — Præs.
S. 3 fyllir *49,* 16. — Præt. S. 3 fylldi
oder fyldi *115,* 21. — Conj. Pl. 3
fyldi (fylldi) *173,,* 27. Med. Præs.
S. 3 fylliz (*mit* Dat. = Instrument.)
Vol. *42,* 1, *vgl.* fylliz með fjǫrvi *16,*1,
Lund p. 130. — Præt. S. 3 fylltiz
8, 8. — Part. Pass. var fyllt af *62,*
20; *vgl. oben 115,* 3.
fyllr, f. (*vgl.* fullr *u.* § 42 a), *die Fülle,*
volle Portion, der Anteil. — D.
fylli *93,* 20. A. fylli mína *93,* 18;
fylli *98,* 16.
fyr (*vgl.* Siev. *P.* V, 484 *fg.*) *s.* fyrir.
fyri *adv. s.* **fyrir.**
fyrir, fyr, *präpos. mit* Dat. *u.* Acc.,
adv. (F. 176). vor. — 1) *präpos.
mit* Dat. *a*) *räumlich:* f. hánum
5, 3; *99,* 9; f. henni *15,* 18; f. þeim
44, 6; f. sér *46,* 7; *103,* 22; f. þér
104, 5; f. víðri valrauf *a,* 7; f.
dyrum *50,* 14; f. Grindum (*vgl.*
Grindr) *165,* 23; f. Hundingssonum
auf Seiten der H. *178,* 16. vera f.
hendi *vorhanden sein, vorliegen* 203,
11. rak f. strauminum (*vor, mit dem
Strome*) *117,* 7; *b*) *auch zeitlich:*
fyrir lǫngu (*vor Langem, vor langer
Zeit*) *144,* 4; f. litlu *vor einer kleinen Weile, vor Kurzem* 252, 7. —
c) *zur Bezeichnung des Grundes:*
fugls jarmi fyrir (*hier nachgestellt,
vgl. Lund* p. 195) *γ,* 3; fyrir hví
weshalb! 42, 8 *vgl. 108,* 14; f. því
at *13,* 15; *20,* 15 (*darum, weil*); fyr
því at *weil 71,* 4; fyrir því *deshalb,
deswegen 70,* 21; *119,* 17; f. ormi
des Wurmes wegen 71, 17; *ähnlich*
f. eitri *84,* 4. (f. því at *ist conjunkt.,
vgl.* því.) f. þeiri huldu 205, 12. —
Ähnl. auch zur Bezeichnung des
(*verborgenen*) *Grundes, der Bedeutung eines Traumes u. dergl.* 216,
1—2 kvað þat f. eldi — ok dul
þeiri = *sprach, es bedeute Feuer —
und* (*bezeichne*) *den Wahn u. m.
Ähnl.* 219, 1—2. — *d*) *mit* Dat.
commodi *und* incommodi. —
α) commodi: fyrir Bauga 99, 10;
ráðit fyrir sér *für sich, bei sich beschlossen 69,* 24 *vgl.* hugsaði f. sér
78, 14; *so namentlich in Verbind.
mit Personalpron.* f. mér *67,* 21; f.
þér *66,* 3; f. sér (Sing.) *70,* 5, 6;

f. sér ok sínu liði *83,* 10; f. þeim *170,* 7.
f. sér (Plur.) *34,* 7; *42,* 8; f. sjálfum
sér 29, 9. — sjá f. c. D. *234,* 2, 4.
— *In der häufigen Verbind.* mikill,
lítill f. sér *bezeichnet* f. sér (*für
sich, an sich*) *die persönliche,
zunächst körperliche Stärke oder
Schwäche* (*vgl.* Vigf.); *so besonders
deutlich* 158, 33; *wie die persönliche Tüchtigkeit als Vorbedingung
des freien Anschlusses Anderer gilt,
erhellt aus 70,* 6—7. — *Im Hinblick auf Vermögenstand ist* lítill
fyrir þér 232, 25 *etwa = armer
Schlucker. — β*) *mit* Dat. incommodi:
f. ófriði (*gegen die Feindseligkeiten*)
12, 7; f.=*vor* 35, 18; 52, 10; 73, 10;
so öfter in der Verbindung standa
fyrir (*eigentl. im Wege stehen*) =
hindern, st. f. svefni, gamni 189,
15; 201, 20. — *e*) *in freierer,
aber an a*) *sich anlehnender Weise
bezeichnet* f. *mit* Dat. „*vor einer
Sache*", *sei es im Sinne des Vor-
stehens, Regierens oder des im
Bereiche einer feindlichen Einwirkung Stehens; so einmal:* ræðr
fyrir *31,* 15; 33, 6; *124,* 6; váru
f. þeim 250, 20 (*vgl. auch* ráða);
andererseits: f. óskopum verða
in Unglück geraten 22, 17, *namentlich unter dem Einflusse bösen
Zaubers, so* 159, 11 *vgl.* óskop; *u.
ähnl.* 206, 4. henni varð þat fyrir
ihr begegnete es (*mit Ironie als
unabsichtlich hingestellt*) 156, 6. varð
fyrir þeim mǫrk stór *trat ihnen entgegen ein grosser Wald, mussten sie
passieren einen gr. W.* 58, 7; *vgl.
auch* f. varð *im Bereiche war* 179,
21 *u.* verafyrir *unter* 3). — *f*) *zur
Bezeichnung des Vorrangs.* —
fyrir flestum mǫnnum *152,* 10; *162,*
33; *197,* 3.

2) *präpos. mit* Acc. — *a*) *räumlich:* fyrir plóg 3, 7; f. feðr sinn
160, 31; *auch in dem Sinne: vor
Etwas hin, über Etwas:* f. augun
57, 17; f. borð 72, 1; brá ek f.
hǫggin *68,* 13 = *ictibus objeci* Eg.;
hjó svá f. flagbrjóskat *120,* 18 *vgl.*
225, 24; f. Svǫld = ad Svoldram (Eg.)
f, 2. — *Vgl. auch* kemr f. Sinfjǫtla
166, 27; kastaði net f. gedduna
173, 30; f. Hǫllsetuland *an Holstein vorbei, an* H. hin 248, 1. —
Freier: hón lagði ráð fyrir þá *legte
ihnen den Rat vor, gab ihnen den*

R. mit 122, 9; kómu þessi tíðindi
f. Gunnar konung = *vor K. G., zu
K. Gunnars Ohren 203*, 2 *vgl. 207*,
21 fyrir mik er komit = *mir ist begegnet.* — *Oft mit Ortsadverbien*
(innan, útan, neðan) *zur Bezeichn.
der Richtung:* f. austan *ostwärts
von 15*, 20; f. vestan *74*, 7; f. sunnan
194. 7; f. norðan *190*, 29; f. innan
nach innen 12, 6; *innerhalb 95*, 16;
f. útan *108*, 10; *für 198*, 8 *vgl,*
útan; f. neðan *unter* Grott. *11*, 4;
f. ofan helluna *über das Felsstück
hin 161*, 31, *vgl. auch* fyrir land
fram *an dem Lande vorbei, an dem
L. hin 97*, 20; *170*, 3; *ähnl. 177*, 6.
— f. sik fram *vor sich hin 179*, 14.
— *b) zeitlich:* f. vetr *144*, 10; f.
dag *57*, 10; f. dagan *60*, 17. —
*c) zur Bez. des Grundes: wegen,
hinsichtlich (vgl. 1 c).* — f. þá sǫk
80, 5; f. hverja sǫk *134*, 1; *vgl. auch
166*, 4. — fyrir sakar (Pl. A. *von*
sǫk f., *vgl. Lund* p. 166) w e g e n
mit abhäng. Gen. *40*, 16; *46*, 19;
56, 1—2; *81*, 8—9; *106*, 5. *Ähnlich
auch* fyrir mik *meinerseits* Grott. *17*,
3; f. yðra eptirleitan *im Hinblick
auf . . . 189*, 3; f. yðra sœmd *197*, 34.
— *d) zur Bez. des Wechsels, der
Beziehung, Anwendung.* — f. sik
für sich 114, 18; f. þau mál *in Bezug auf die* m. *44*, 7; f. mat *für
Speise, als Speise 89*, 15 *vgl.* at mat
Vafþr. *45*, 5; f. eld *an Stelle des
Feuers 109*, 8; f. þik *statt deiner
166*, 31; haldin f. tignarnofn *gebraucht als Ehrennamen (Titel) 145*,
15; *ähnlich* haft f. orðtak *39*, 14;
hǫfðu f. festarhælinn *41*, 14; hafði
f. vápn *103*, 23; fyr, fyrir ɵngan mun
(*vgl.* munr) *9*, 4; *103*, 6; laun fyrir
þetta *153*, 28. — at þat kom f. ekki
für Nichts(*zu gelten*) *kam, Nichts zu
bedeuten hatte 178*, 15; illt er f. heill
*übel ist bezüglich der Vorbedeutung =
von übler Vorb. ist es* Regm. *25*, 6.
— 3) *Als Adverb in den verschiedenen Beziehungen; so räumlich:*
sitja fyrir *vor, gegenüber* (Pf.) Háv.
1, 6 (*wenn hier nicht zeitlich:* præ-
occupaverint Eg.). — *Ausser der
unsicheren Stelle 176*, 11 (var lengi
fyrir *etwa* = *war lange im Wege,
sträubte sich lange, vgl. oben* 1 e *u.*
Ba) *beachte* var fyrir *davor, vorhanden war 79*, 14 *vgl.* f. væri *112*,
10; *140*, 14 (var f. *war zugegen,*

zur Stelle; vgl. 150, 24; *223*, 26);
gekk f. (*ging vorauf*) *59*, 11; *ähnlich* fór f. *79*, 13; hittið f. (*vgl.* hitta)
241, 12; létu f. (*vgl.* láta), *96*, 6;
var f. *102*, 1; hafði f. *120*, 12 (*wol
räumlich* = *hatte vor, hatte beisam-
men, anders* Eg.). — f. sett (*vor-
gesetzt, vorgeschoben* = objectam Eg.)
44, 8. — ekki séz fyrir (*sich nicht
vorsieht*) *34*, 14. er þar allt guðleg
vorn fyrir *22*, 5. — *zeitlich:* vissi
fyrir *176*, 14; ætlaz þat fyrir *fasst
den Vorsatz bei sich* (*vgl.* Vigf. s. v.
ætla II reflex) *69*, 21; feldan f. (*vor-
dem*) *190*, 8. — mælti f. *vorsagte,
angab 125*, 5; vissu f. (*vorher*) *92*, 4.
f. koma (c. D.) *zuvorkommen 168*,
11. — *modal:* biti f. *vgl.* bíta; f.
ganga (*vom Vorrang, vgl.* 1 *f*) *171*,
18. f. ráða *157*, 32. — *causal:* svá
at fold fyrir (ut terra inde Eg.)
Grott. *12*, 3. — þar fyrir *in Folge
davon 179*, 1; *auch getrennt* þ. . . .
fyrir Helr. *8*, 7—8. *Mit* 2 *d*) *zu
vergl.* at þar vill hann veðja fyrir
(*dafür zu Pfande setzen*) *101*, 6. —
An 1 *e*) *schliessen sich Fälle wie
182*, 4 er þér er lítit fyrir = *in
Bezug auf welches dir wenig im
Wege steht* = *was du ohne Mühe
thun kannst. So auch* minna f. *s.
222*, 1.

fyrirláta, *stv.* (fyrir, láta), *mit* Acc.
= v e r l a s s e n, *aufgeben.* — Inf. f.
Guðrúnu *206*, 22.
  * *Mit* Dat. *der Pers. u.* Acc. *der
Sache = erlassen, vergeben* (Vigf.).

fyrirmuna, *schw. v.* (fyrir, muna),
mit Dat. *der Pers. u.* Gen. *der Sache*
(*Lund* p. 169), *Einem Etw. ver-
denken*, missgönnen. — Præt. Pl.
3 -mundu *212*, 26.

fyrirrúm, n. (*s.* fyrir, rúm), *der Vor-
raum im Schiffe, aber vom Hinter-
teile an gerechnet, daher etwa* =
Mittelschiff, *vgl.* Vigf. *u.* Fritzn.
— D. *170*, 16.

fyrirætlan, f. (fyrir, ætlan *Vorsatz*),
das Vorhaben. N. *259*, 4.

fyrnaz, *schw. v.* Med. (*vgl.* forn, Vigf.),
v e r a l t e n, *vergessen werden.* — Inf.
169, 24; *mit* Dat. *der Person* (= *von,
bei*) *o*, 3.

fyrr, *adv.* (F. 177), früher, eher;
= *vorhin* (*oben*) *45*, 2; *152*, 30; fyrr
en *conj.* ehe, als; bis. — f. *4*, 15;
74, 24; *81*, 2; f. en *4*, 8; 7, 1 (*vgl.*

4*

Eg. *Übers. gegen* Möb. Altn. Gl. s.
v. fyrr); *21*, 1.
* fyrr en *kann wie* áðr *mit Ind.
u. Conjunkt. verbunden werden, vgl.*
áðr *und Lund* p. *284*, 337.

fyrri, *adj. compar.* (*vgl.* fyrr), *der*
frühere, *der* vorhergehe̱nde. —
A. m. fyrra dag = pridie *144*, 6;
vgl. inn f. dag *76*, 20; inn f. daginn
141, 20. — Plur. m. inir fyrri *die
früheren, die vorher genannten* 19, 1.
— D. inum fyrrum frændum þinum
=*deinen früheren Verwandten* (*d.
Vorfahren*) 172, 31. A. m. ina fyrri
158, 17. N. f. riðr Nótt fyrri (*N.*
prior equitat Eg.; *vgl. Lund* p. 229)
14, 11; *vgl.* Tac. Germ. IX: nox du-
cere diem videtur. N. n. sem it fyrra
175, 19. D. n. í inu fyrra sinni 65, 4.
— A. orð it fyrra Grott. 7, 2 (*vgl.*
ekki s. v. engi).

fyrri, *adv. comp.* (*vgl.* Fritzn.), *lokal*
= voran, Regm. 22, 6 (fyrri *L. E.
od.* =*priores?*), eher (= *lieber 165,*
11); f. en (*zeitlich*) 253,16; f. en *bevor,
conj.* — *104*, 26; *150*, 35; *163*, 27.

fyrrum, *adv.* (*vgl.* fyrr, F. 177; *auch*
forðum), früher. — *89*, 10.

fyrst, *adv.* (*vgl.* fyrr, § 162), zuerst,
zunächst. — *5*, 15; *35*, 11; *37*, 19;
66, 17; *109*, 2. Vafþr. 30, 6; ib.
35, 4. — *in erster Linie* 172, 32. —
Wol nicht lokal 210, 12; *etwa* =
nächstens (*einmal*)?

fyrstr, *adj. superl.* (F. 177), *der* erste.
(*stark u. schwach*). — N. m. inn
fyrsti *13*, 1; D. í inum fyrsta drykk
100, 8; A. inn fyrsta dag *9*, 16;
52, 15; inn f. soninn *13*, 18. — N.
n. it fyrsta verk *17*, 15; D. í fyrsta
viðbragði 75, 20 *u. stark í fyrstu*
(=fyrst) *93*, 21. — A. þat it fyrsta
hogg *54*, 15; it f. sinn 39, 1; *56*, 18.
Vgl. 63, 10. — *adv.* it fyrsta *als
erstes, an erster Stelle* 95, 20.

fýsa, *schw. v.* (F. 173), *antreiben,* er-
muntern. — Part. Præs. Pl N.
198, 12.

fýsiligr, *adj.* (*vgl.* fúss *u.* fýsa F. 173).
wünschenswert. — N. n fýsiligt
151, 22.

fýsing, f. (fýsa), *der* Antrieb. —
Dat. með fýsing *auf Antrieb* 227, 25.

foðurarfr, m. (*s.* faðir, arfr), *die väter-
liche Erbschaft, das Erbe vom Vater
her.* — Gsf. 175, 5.

foðurbani, m. (*vgl.* bani *u.* faðir), *der*
Vatermörder. — A. *124*, 12,

foðurgjold, Plur. n. (*vgl.* gjalda *u.*
faðir), *die* Vaterbusse, *Busse für
die Ermordung des Vaters.* — A.
98, 12.

foðurhefnd, f. (*s.* faðir, hefnd), *die*
Vaterrache, *Rache für die Ermordung des Vaters.* — Pl. G. *160*,
18, 24.

foðurleifð, f. (faðir, -leifð *zu* leifa
zurücklassen F. 271), *die* Hinterlassenschaft *vom Vater, namentlich das Erbland,* Erbgut. — D.
253, 1.

fognuðr, m. (*s.* fagna) = fagnaðr, *die*
Freude. — N. *197*, 18.

folna, *schw. v.* (*von* folr *fahl,* F. 183),
fahl, bleich werden. Præt. S. 3
folnaði 72, 13.

folski, m. (*vgl.* folna, F. 183). *die*
Asche (*nach der matten Farbe ge-
nannt*). — Dsf. folskanum 79, 10;
Asf. folskann 79, 7.

fonn, f. (*vgl.* Vigf.; Jv. Aasen s.v. fonn),
der Schneehaufe, *urspr. viell. nur*
= *Schnee.* — A. 150, 7.

for, f. (F. 174), *die* Fahrt, *Reise.*
— N. *103*, 9; D. þeim er í for Vol.
52, 8 (*denen ist bei der Fahrt* =
deren Fahrtgenosse ist, vgl. foruneyti).

foruneyti, n. (*vgl.* nautr *Genosse;* fara,
for), *die Fahrtgenossenschaft,* Reise-
begleitung. — A. 59, 6.

fœða, f. (*vgl.* fœða *schw. v. nähren*),
die Nahrung. — A. 231, 11.

fœða, *schw. v.* (F. 168), gebären; ernähren, *aufziehen.* — Inf. *172*, 15.
Præs. S. 3 fœðir at sonum = filios
parit (Eg.) *15*, 23; fœðir sveinbarn
158, 12. — Imp. S. 2 fœð *ziehe auf*
169, 20. Præt. S. 3 fœddi nutriebat
9, 14; Pl. 3 fœddu *38*, 15. — Med.
Pass. fœðaz *geboren werden,* leben,
sich nähren. Præs. Pl. 3 fœðaz
24, 8 *zweimal in etwas verschiedener Bedeut.* — Præt. S. 3 fœddiz
9, 15; f. upp *wuchs auf* (*wurde aufgezogen*) *121*, 13; Pl. 3 fœdduz upp
37, 17. — Part. Pass. N. m. fœddr
geboren 162, 27; upp f. *aufgezogen*
196, 1. N. f. fœdd *aufgezogen 123,*
4; *vgl. Var.* — man f. (sc. vera) =
geboren sein wird 211, 22. — Part.
Med. fœz; hafa f. *sich genährt haben*
164, 27. hefir fœz 193, 25 = *ist auf-
gewachsen, lebt.*

fœra, *schw. v.* (F. 174, *vgl.* fara), führen, bringen. — Inf. 38, 1; *102,*

8; *106*, 7; *121*, 17. — *Bei 177, 22*
lætr fœra herboð *ist wol an das
Umhertragen eines Zeichens* (*Pfeil,
Stock*) *zu denken, vgl. M. Cl.* I, 199.
Præs. S. 3 fœrir *104*, 11; *108*, 8; (f.
upp, á lópt = *hochhalten, in der Luft
schwingen*). — Præt. S. 3 fœrði 72,
16; *173*, 12. — Pl. 1 fœrðum Grott.
11, 7; Pl. 3 fœrðu 237, 11. — Part.
Pass. m. fœrðr *40*, 11; *94*, 20; *106*,
18; n. fœrt í frásagnir *in Erzählungen gebracht 29*, 10; *134*, 4. Med.
fœraz *sich in einen Zustand bringen*,
geraten. — Præs. S. 3 fœriz *54*,
10; Præt. S. 3 fœrðiz 72, 8.

fœri, n. (*vgl.* fœra, fœraz), *der Zustand, die* Lage, *Gelegenheit.* —
A. ef h. kvæmi svá í fœri *wenn er
in die Lage käme 60*, 15.

fœrr, adj. (F. 174, *rgl.* fara), *fahr-
bar, zugänglich* (Pf.), fähig. — N.
m. fœrr *fähig 56*, 9 *vgl.* 217, 24;
n. ef ǫllum væri fœrt á Bifrǫst *wenn
allen der Weg frei würde nach B.*
22, 3; *Lund* p. 117.

fœzla, f. (fœða), *die* Nahrung. —
A. fœzlu *208*, 15.

G.

gagn, n. (*vgl.* Vigf.; *oder zu* gagn-
F. 97?), *der* Vorteil. — N. 232,
15. — D. *211*, 12.

gagnvart, *präp. mit Dat.* (F. 97), *gegen-
wärts*, gegenüber. — *108*, 6; *ogl.
Lund* p. 124.

gala, *stv.* (F. 104), singen. — Præt.
S. 3 gól *105*, 6.

galdr, m. (*vgl.* gala, F. 104), *die*
Zauberformel, *das Zauberlied*,
Lied. — Dat. í H. galdri 36, 1. —
Pl. G. galdra Sigrdr. 5, 7; A. galdra
105, 7, 17.

gamall, adj. (F. 101), alt. — N. m.
69, 13; *121*, 202; N. f. gǫmul 66,
20. — G. m. gamals manns *4*, 6;
at gamals (sc. manns) aldri 155, 3.
— D. m. gǫmlum *172*, 7. A. m.
gamlan Helr. 8, 1. Plur. M. gamlir
94,17. *schwach:* S. N. m. Bragi gamli
3, 13; inn gamli hrímþ. *9*, 9; f. in
gamla gýgr *15*. 22.

gaman, n. (F. 101), *die* Freude, *das*
Vergnügen. — N. þeim er þat þykkir
gaman *die Vergnügen daran finden
88*, 1, *vgl.* 237, 1; er þat hans g.
164, 24. — G. til gamans *209*, 17;

D. gamni = *Geneigtheit 193*, 5; at
gamni *zur Lust 219*, 1; hvat stendr
þér fyrir gamni (*vgl.* standa) *201*, 20.

gamanrúnar, Pl. f. (*s.* gaman, rúnar),
heitere Unterhaltung; *poet.* —
G. Sigrdr. 5, 8.

gamanrœður, Pl. f. = **gamanrúnar**.
— A. *238*, 19,

gamlaðr, adj. part. (*vgl.* gamall), ge-
altert. — N. 217, 23; *vgl.* ungr =
til ungr 74, 8.

ganga, *stv.* (F. 99). — 1) gehen. —
Inf. 22, 3; ganga at einum *Jemd.
angreifen, anfallen 122*, 11; ganga
undir einum (*vom Pferd*) *einen Reiter tragen 119*, 1. — ganga = *ab-
gehen, verlaufen, sich gestalten 176*,
15; *211*, 19; ganga með einum *spec.
auch vom Eingehen der Ehe, so 200*,
2; sundr (*oder* í s.) g. *entzweigehen,
aufspringen* π, 5—7, *vgl.* 206, 23;
eptir ganga = *nachfolgen; in Erfüllung gehen 216*. 11. — g. *mit* Gen.
des Zieles oder Weges (*Lund* p. 186)
Helr. 8, 4. — Præs. S. 3 gengr
21, 12; g. við úlf vega Vǫl. 56, 1;
er inn g. *hineingeht, hineinführt*
38, 12; g. af *geht aus, zu Ende 64*,
9, 11 (*von Trinkgefässen = leer werden*); *auch* gengr allein = discedit
(*geht hin*) 80, 17. — gengr at eiga
hana *entschliesst sich u. w.* 152, 3;
gengr í ǫllum tungum *ist bekannt in
allen Sprachgebieten 190*, 29; *vgl. nhd.*
gäng (*und gäbe*) = *gangbar, bekannt.*
— Plur. 1 gǫngum akrinn *den
Acker begehen, durchwandeln 218*,
21. Pl. 3 ganga *51*, 8; Grm. 23, 5;
gänge, *im Gange sind, gebraucht
werden 29*, 7. Conj. S. 2 gangir
(*hingehest*) 27, 8; S. 3 gangi (*ad-
hortativ*) 66, 13; gangi af 64, 11
vgl. oben 64, 9, 11. áðr gangi fram
bevor man vorwärts geht Háv. *1*, 2
(*vgl. Lün. zu* Háv. 1); gangi = *gehe
es* 202, 13. — Pl. 2 gangið *154*, 31.
— Imper. S. 2 gakk *204*, 18; Pl. 1
gǫngum út *lasst uns hinausgehen*
195, 6, *vgl.* 204, 15. — Præt. S. 2
gekk þú (*für* gekkt þú) *181*, 21.
S. 3 gekk *3*, 7; 5, 3; 75, 15; g.
skykkjum (*vgl.* skykkr) 58, 14; g.
hann upp (*hinauf = ans Land*) 58, 6;
g. til 66, 5; g. (*trat*) fyrir hann
135, 2; sem eptir gekk síðan *wie es
erging* (*in Erfüllung* ging) *später
176*, 17; Pl. 1 gengum Grott. *13*, 7;
Pl. 3 gengu *a*, 6; *12*, 15; *206*, 23

54 ganga — gefa

vgl. Inf. — Conj. S. 3 gengi *98*, 7;
119, 23. — Part. var brott genginn
110, 15; hafði gengit í Hl. *46*, 3;
hafði upp gengit *(in dir Höhe gegangen, losgerissen war)* 3, 11; hofðu
gengit *58*, 7. — *Vgl.* Gr. IV, 164.

* ganga *wird von der Fortbewegung zu Fuss, doch auch von Tieren und Werkzeugen, die den Boden berühren, gebraucht; seltener
im abstrakten Sinne (gehen = Fort-
gang haben). Vgl.* aka, fara, liða, riða.

2) *scheinbar transitiv* = antreiben, c. Dat. *der Person u.* til c. Gen.
— illt eilt gengr þér til þessa =
*geht dir dazu (zur Seite) oder: geht
mit dir zu diesem Ziele = treibt dich
dazu an* 201, 21. — *Über* ganga c.
D. = *vernichten (vergehen machen)
s. Lund* p. 87.

ganga, f. (*vgl.* ganga *stv.,* gangr m.),
der Gang, *Lauf, die* Bahn. D.
gǫngu *15*, 4; *31*, 15; Dsf. gǫngunni
15, 12. — A. gǫngu (certum cursum
Eg.) *11*, 19.

gangr, m. (*vgl.* ganga f., F. 99), *der*
Gang, *die Bewegung.* — G. gangs
of beiddu (*vgl.* beiða) Grott. 2, 4;
D. gang (*richtiger* gangi, *vgl. aber*
gang sinum Alex. 65 *bei* Fritzn.)
14, 15.

gangsilfr *od.* gangssilfr (ganga, silfr),
gangbares Silber, landesübliche
Münze.—G. gangsilfrs = *in Landes-
Münze* 239, 13.

gap, n. (F. 100), *die* Kluft, *der
Schlund.* — N. gap var ginnunga
Vǫl. *6*, 7 *vgl.* Ginnunga-gap.

gapa, *schw. v.* (F. 100), ·*den* Mund
offen halten, *gaffen, klaffen.* —
Præt. S. 3 gapti akafl. *sperrte mächtig das Maul auf 42*, 1. — Part.
Præs. með gapanda munn *82*, 13.

garðr, m. (F. 102), *das* Gehege, *Gehöft, die* Wohnung; *seltener* =
Garten. — D. at garði *210*, 30. A.
garð Grott. *12*, 2; Asf. garðinn *51*,
9; *100*, 14. — Pl. N. garðar *38*, 8
(= *Umfassungs-Mauern*); D. gorðum
i, 3; A. garða *9*, 3; Helr. *1*, 4.

* *Vgl.* A'sgarðr, Miðgarðr, U't-
garðr.

gata, f. (F. 98), *die* Gasse, *Strasse.*
— D. gotu *181*, 15; á hans g. sitja
= *ihm im Wege sein.* — Asf. gǫtuna *138*, 10.

gaukmánuðr, m. (*vgl.* gaukr *u.* mán.),
der Gauchmonat, April; *vgl. Wh.
d. Monate* s. v., S. 38. — N. *144*, 12.

gaukr, m. (F. 97), *der Gauch,*
Kuckuck. Nsf. gaukrinn *125*, 10;
hier gaukr *wol* = salgaukr (*vgl.* s. v.)
Grott. 7, 4.

gaumr, m. (F. 97), *die* Obacht; gefa
gaum at c. D. *193*, 2 *auf Etwas seinen Sinn richten.*

gá, *schw. v.* (F. 97), acht geben,
wahrnehmen; mit Gen. (*Lund* p. 169).
— Præt. S. 1 er ek gáða míns geðs
206, 5 = *als (sobald als) ich bei Be-
sinnung war.*

gálgatré, n. (gálgi, tré), *ein Galgen-
baum,* Baum *zum* Aufhängen;
vgl. Fritzn. s. v. gálgi. — A. *220*, 12.

gálgi, m. (F. 105), *der* Galgen. —
N. *219*, 30; G. til gálga *121*, 22.

gátt, f. (*vgl.* ganga, F. 99), *der Eingang, die* Thür. — Plur. A. gáttir
Háv. *1*, 1. — *Nach* Vigf. *hier* =
*Thürplätze, Plätze an der Haus-
thür. — Die speciellere Bedeut. von*
gátt *s. bei* Vigf. *u.* Fritzn.

geð, n. (*s.* Vigf.), *der* Sinn, Geist.
— G. geðs *206*, 5. ,

geðhorskr, *adj.* (geð n., horskr), *sinnes-
kräftig,* geistestüchtig. — *Com-
par.* N. geðhorskari Sigdr. *13*, 3.

gedda, f. (*vgl.* gaddr Fr. 106). *der*
Hecht. — G. geddu *173*, 18; Asf.
173, 30.

gefa, *stv.* (F. 100), geben, *schenken.*
— Inf. 32, 2; *99*, 2; *hingeben* 47, 9.
— Præs. S. 3 gefr *48*, 13; g. til
valds *143*, 6. — Conj. Pl. 3 gefi —
donent *184*, 9. Imper. S. 2 gef þú
allra konunga heilastr *135*, 18 =
*summam tibi, rex, felicitatem pro
munere adprecor* (Eg.) *der Ausdruck
ist wol mit* Gr. IV, 298 *als Anlehnung an* lif þú heill, kom þú h. *x.
Ahnl. anzusehen.* gef ekki gaum
193, 2. — Præt. S. 2 *mit suffig.
Pron.* gaftu *196*, 12; S. 3 gaf 3, 2,
10; *125*, 7; *gewährte 125*, 9; gaf
staðar *stehen blieb* (*vgl.* staðr) 8, 5
vgl. Lund p. 174, Vigf. s. v. V, 3;
Plur. 3 gáfu *11*, 17; *12*, 5. — Conj.
S. 3 gæfi *gegeben hätte 193*, 6. Part.
Pass. N. f. var gefin *13*, 5; = *an
den Mann gebracht, vermählt 201*,
33; *211*, 22; *227*, 22; Acc. hverr
hefði mey gefna Vǫl. 29, 8. — N.
n. (var) gefit ǫl at drekka *137*, 11;
Plur. n. flest heiti hafa verit gefin

29, 6; *unflektiert* gefit: hafi-þér g.
29, 1; þú hefir g. *135*, 8; *u. 164*,
21 (*hier* = g. mat, *Futter gegeben*).
Med. Inf. gefaz = *sich geben, aus-
schlagen;* illa g. *220*, 17; *233*, 26.

gegn, *adv.* (F. 97), entgegen; gegn
at sjá (*sie*) *gerade anzusehen* 209, 6;
als Präpos. mit Dat. Regm. 23, 2—4.
Namentl. als präpos. i gegn (*mit*
Dat.) entgegen *176*, 6.

gegna, *schw. v.* (F. 98), *begegnen,*
entsprechen, bedeuten *mit* Dat.,
Lund p. 76.—hverju þetta mun gegna
was dies zu bedeuten hat (quænam
huius rei causa sit Eg.) 93, 15 *vgl.*
151, 14; *170*, 1. *Auch = bekommen,
dienlich sein;* betr gegna mundu
(*verbinde* þú *mit* b. g.) *203*, 13. —
Præt. Conj. S. 3 gegndi *200*, 29;
207, 2 *viell. mit* Cod. *zu lesen* hví
g. hennar meini *was es bedeute mit
ihrem Kummer; vgl.* hví sætir *u. w.*
205, 3 *u.* Ba *zu jener Stelle. —
Sonst ist der* Nom. *bei* gegna (*bei*
Vigf. s. v. 3) *genügend bezeugt.*

gegnum, i **gegnum,** *präpos. mit* Acc.
(*vgl.* gegnum), durch. *41*, 10; *100*,
3; *108*, 9, 10. — *155*, 22 *vgl.* Grott.
13, 7.

geirr, m. (F. 96), *der* Spiess, *Wurf-
spiess.* — Nsf. *111*, 19; Acc. geir
83, 14; Asf. *110*, 8. — Plur. D.
geirum Grott. *15*, 6.

geisa, *schw. v.* (*vgl.* geysi, geysingr),
wüten, rasen. — Inf. *177*, 16.
Præs. S. 3 geisar Vol. 59, 5.

geit, f. (F. 96), *die Geiss,* Ziege. —
N. *49*, 13. — G. geitar *96*, 5.

geitasveinn, m. (*s.* geit, sveinn), *der
Ziegenjunge,* Ziegenhirt. N. *165*,
11.

geldr, *adj.* (*eig.* Part. Pass.? *vgl.*
F. 108), entmannt, *kastriert.* —
N. *165*, 5.

gera, gerr, *s.* **gøra.**

gerla *oder* **gørla** (*vgl.* ger F. 102;
gorr), gänzlich, gar. — eigi veit
ek g., *ich weiss gar nicht 199*, 5.
þat veit ek g. *das weiss ich sicher
218*, 24.

gersimi, f. (*vgl.* Vigf.), *die* Kostbarkeit. N. *239*, 2. — Pl. A. gersimar
170, 12.

gersimligr, *adj.* (*vgl.* gersimi, f.),
kostbar. — N. n. gersimligt *43*, 7.

gerviligr, *adj.* (*vgl.* gorr, gøra), *gut*
ausgerüstet, allen Anforderungen

entsprechend. — N. *150*, 20. —
Sup. N. *170*, 18.

gestabekkr, m. (gestr b, bekkr), *die*
Bank *der Gefolgsleute.* — A. 238,
15.

gestasveit, f. (gestr b; sveit), *die*
Schar *der* gestir. — Nsf. *240*, 6.

gestr, m. (F. 166), a) *der* Gast. —
b) *eine Klasse der* Gefolgsleute
des Königs, etwa = Gastfreunde;
Keyser II, 86. *Zu* a) Pl. G. gesta
107, 16. — *Zu* b) N. *235*, 5; Nsf.
236, 8. — Pl. D. gestum 237, 15;
*hier sind die bereits seit längerer
Zeit aufgenommenen* gestir *gemeint.*

geta, *stv.* (F. 98), erlangen, *auch
vom geistigen* Erraten *oder* Vermuten, *Erfahren, Erwähnen, sowie vom Gewinnen der Nachkommen-
schaft.gebraucht; mit* Gen. *u.* Acc.
verbunden; vgl. *).* — Inf. geta =
erwähnen 149, 6. — Præs. S. 1 eigi
get ek *nicht meine ich, dass 158*,
31; *wol leicht ironisch = ich rate
dir nicht;* get ek þess til *ich vermute das in Bezug hierauf* (til
adv.) 240, 9. — S. 2 hví getr þú
slíks = *warum erwähnst du das?*
221, 26. — S. 3 getr *vermutet* 150, 3;
erwähnt (c. Gen.) 197, 6. — Plur. 3
þess geta menn (suspicio est Eg.)
78, 8. — geta at líta *bekommen zu
sehen* 169, 31. — Præt. S. 1 gat
165, 3. S. 3 gat son 9, 8; *10*, 3;
við henni gat L. þrjú born 37, 14,
vgl. ζ, 6. — Pl. 3 gátu þau þrjá
sonu *10*, 5. — Conj. S. 3 at dregit
gæti (= ut circum agere posset Eg.,
vgl. fá s. 1) *125*, 4. — Pl. 3 gæti
sér (*für sich*) *gewinnen möchten
151*, 7. — Part. Pass. getit: er sólin
hefir getit dóttur *90*, 1; *vgl. 171*, 7.
— er þess eigi getit (neque memo-
riæ proditum est Eg.) *61*, 15, *vgl.*
þess hefl ek eigi fyrr heyrt getit
81, 2; er (cuius) fyrr er getit *152*, 2;
er þess við getit *152*, 31.

* *Der* Gen. (*vgl. Lund* p. 169)
*ist bei dem geistigen Erlangen,
sonst der* Acc. *üblich. — In Verbindung mit dem* Pass. Part. *nicht
so häufig wie* fá (*vgl.* fá 1), *so 125*,
4 *u.* hans heyrt hafa getit 251, 10.

geymsla, f. (geyma *schw. v. zu* gaumr),
die Obacht, Hut. — D. 222, 25.

geysa, *schw. v.* (*vgl.* Vigf.). — M.
geysaz, überwallen. — Præs.
S. 3 geysiz 82, 5.

geysi, *adv.,* = gewaltig, übermässig (*vgl.* geysa *u. Lund* p. 246).
— *g.* ójafnt 22, 14; *g.* mǫrg 29, 1.
Vgl. furða. — *Zu* geysi *viell.
das von* F. 107 *anders gefasste got.*
usgeisnan.

geysingr, m. (*vgl.* geysi, geisa), *das*
Ungestüm. — D. geysingi *177,* 19.

gezligr, *adj.* (geðsligr *von* geð n.,
im Sinne von geneigter Sinn, Neigung), *der Neigung entsprechend,*
anmutig. — Comp. Nn. gezligra
234, 7.

-gi, *negat. Suffix* (*vgl.* ·at), *z. B.* sjálfgi
s. v. sjálfr, hvárgi s. v. u. Ahnl. —
·gi *zu* g. -hun?

gjald, n. (*s.* gjalda), *der* Ersatz, *die*
Busse. — A. gjald ok fjǫrlausn
als Busse und Lösegeld 173, 26. —
Pl. A. gjǫld Regm. *6,* 2; *auch von*
Vergeltung = *Bestrafung* gjǫld taka
208, 4.

gjalda, *stv.* (F. 105), gelten, entgelten,
bezahlen. — Inf. illu (*mit Bösem*)
oss (Dat.) gjalda *uns vergelten* 154, 9;
gj. í því þat er á skorti *hierin*
(*hierdurch*) *gut machen, was fehlte*
154, 15. gjalda mund *Brautschatz*
bezahlen við einni konu (*für eine*
Frau) 171, 6; þér í mót (= við þér)
skal ek gj. mikinn mund 199, 8. —
Conj. S. 3 gjaldi *vergelte* Sigrdr.
12, 3. — Imp. S. 2 gjalt (*vgl.* bitt
von binda § 108e) *189,* 11. — Præt.
S. 3 galt *54,* 13; *137,* 3. — *g.* at
mundi 205, 10; *vgl. oben 171,* 6. —
Part. Pass. goldit *78,* 8.

gjalla, *stv.* (F. 105), *einen* gellenden,
schneidenden *Ton von sich geben,*
etwa = kreischen. — Præt. Plur. 3
gullu *von dem ängstlich pfeifenden*
Bellen junger Hunde 216, 9.

gjarna, *adv.* (*zu* gjarn F. 101), gerne.
206, 12.

gildi, n. (*vgl.* gjalda), *die* Abgabe,
der Beitrag, das Gelage. — D. at
gildi 92, 8; *102,* 16.

gildr, *adj.* (*vgl.* gjalda), vollgiltig,
vollberechtigt. — Nf. gild 208, 9.
Pl. N. gildir *143,* 14.

gin, n. (*vgl.* gína), *der* Rachen. —
A. *84,* 12.

ginna, *schw. v.* (*zu* gin, gína?) täuschen. — Præt. S. 3 ginnti (*oder*
ginti) 72, 2. — *Vgl. auch* Gylfaginning.

ginnheilagr (*s.* heilagr; ginn *ver-*
stärkendes Präfix vgl. Fritzn., Vigf.

s. v.), hochheilig.· — Pl. N. n.
ginnheilug Vǫl. 29, 3.

ginnunga, Vǫl. 6, 7, *vgl.* Ginnunga-
gap.

gipta, f. (Vigf. *vgl.* ags. gifeðe), *das*
Schicksal, Glück. — N. *197,* 7.
— A. *193,* 13.

gipta, *schw. v.* (F. 100, *vgl. nhd. Mit-*
gift), *als Ehefrau* hingeben, verheiraten. — Inf. 53, 16. Imper.
S. 2 gipt *197,* 23. — Præt. S. 1
gipta ek 229, 11; S. 3 gipti *14,* 18.
— Part. Pass. Nf. gipt *14,* 3, 5;
206, 18. — Med. giptaz *sich verhei-*
raten (*von Frauen*). — Inf. *184,* 3, 4.
— Præt. S. 3 hón giptiz *43,* 4.

girna, *schw. v.* (F. 101), begehren
machen; *gew.* Med. girnaz = be-
gehren; mit Gen.; *Lund* p. 170. —
Præs. S. 3 girniz *166,* 12. — Pl. 1
girnumz vér *verlange ich 199,* 14.

gisla, *schw. v.* (*zu* gisl = obses F. 107),
als Geisel geben. — Præt. Pl. 3
gisluðu 32, 5.

gisling, f. (*vgl.* gisla), *die* Geisel-
stellung. — tóku í mót at gisl-
ingu *nahmen als Gegengeisel* 32, 6.

gisting, f. (*vgl.* gestr, m.), *die* gast-
freundliche Aufnahme, Bewirtung.
— Gen. kom til gistingar *kam ins*
Quartier 106, 21. — D. dvaldiz þar
at gistingu *70,* 14. — at yðr gisting
(*vgl.* § 33 Aa) þiggja 235, 7.

gjǫf, f. (F. 100, *zu* gefa), *die* Gabe.
— N. *135,* 10. — G. gjafar *47,* 11.
— D. gjǫf *138,* 16. — A. *100,* 21.
— Plur. A. gjafar 77, 18; gjafir
214, 1 *vgl.* § 33 Bb.).

gjǫróttr, *adj.* (*zu ahd.* gesan, jesan
= gären! *vgl. auch* Lün. s. v.),
trübe, *von* Getränken; *mit Boden-*
satz vermischt (grumset Fritzn.)
oder im Zustande der Gärung. —
N. *166,* 29.

gífr, Plur. N., *poet.* (*vgl.* Vigf.), Unholde, Riesen. Vǫl. 53, 6.

gína, *stv.* (F. 106, *vgl. nhd.* gähnen),
den Mund öffnen, schnappen. —
Præt. gein um *öffnete das Maul*
schnappte nach (*dem Ochsenkopf*)
72, 4.

glaða, *schw. v.* (glaðr), erfreuen. —
Inf. 225, 4 (*iron.*).

glaðliga, *adv.* (*zu* glaðr), frohen
Mutes. — 222, 14.

glaðr, *adj.* (F. 112), froh. — N. m.
Grm. *13,* 6; N. f. glǫð *a,* 2; Af.

glaða 204, 3. — N. An. (u. adv.)
glatt 210, 2.

glata, schw. v. (vgl. Vigf.), verderben,
schädlich sein, mit Dat. — Pass.
Part. Helr. 4, 6.

gleði, f. (glaðr), der Frohsinn, die
heitere Unterhaltung. — Dat. gleði
halda sich an Fr. halten, Fr. zeigen
192, 25; ähnl. gleði bella 195, 12.
A. 198, 1.

gleðja, schw. v. (vgl. glaðr), erfreuen.
— Inf. 196, 6. — Præt. S. 1 gladdi
(oder gladda) Regm. 18, 2, vgl. Huginn. Conj. S. 3 gladdi Regm. 26, 8.

gleðiorð, n. (gleði, orð), ein Wort
der Freude, heiteres oder scherz-
haftes Wort. — Pl. A. 228, 22.

gler, n. (F. 104), das Glas. — A.
164, 18.

gleypa, schw. v. (vgl. Vigf.), verschlingen. — Præs. S. 3 gleypir
16, 2.

gljúfr, n. (vgl. Vigf.), die Klippe.
— Plur. Dat. gljúfrum 107, 8. —
Das Wort ist fast nur im Plur. ge-
bräuchlich.

glotta, schw. v. (vgl. nhd. glotzen?),
ein Gesicht schneiden, grinsen. —
Præt. S. 3 glotti við tonn grinste
gegen die Zähne, zeigte grinsend
die Zähne 62, 7.

glóa, schw. v. (F. 104), glühen. —
Part. A. f. glóandi 108, 7. — Auch
= funkeln, glänzen. — Præt. S. 3
glóaði 252, 5.

gluggr, m. (vgl. Wh. 218 N. 4), die
Luke im Dach, das Fenster. —
A. glugg 106, 6.

glúpna, schw. v. (vgl. Vigf.), stutzen,
bestürzt sein. — Præt. Pl. 3 glúpnuðu 224, 30.

glymja, schw. v. (F. 113), rauschen,
brausen. — Part. An. Regm. 16, 4.

gleggr, adj. (F. 112), deutlich. —
n. adv. glegt oder gleggt genau
164, 31.

gleggrýnn, adj. (gleggr, rún), runen-
kundig, auf richtigem Wege im
Runenlesen. — Nm. 218, 6.

glœpr, m. (glópr = Tölpel, Idiot),
eine unkluge und unpassende
Handlung („Schwabenstreich"),
euphem. oft von Verbrechen und
Unthaten gebraucht. — A. 234, 2.

gnaga, schw. v. (F. 195), nagen, benagen. — Præs. S. 3 gnagar 20, 12.

gnata, schw. v. (Fritzn. vgl. gnotra
knattern, klappern, F. 95), mit Ge-

räusch zusammenfallen, einstürzen.
— Plur. 3 gnata Vol. 53, 5.

gneipr oder gneypr, adj. (vgl. Ba.
p. 198), aufgeregt, bekümmert durch
Zorn oder Trauer. — Nf. gneip
221, 1. — Vgl. Gneip.

gneisti, m. (F. 95), der Funke. —
Pl. Dat. gneistum 8, 10; Acc. gneista
11, 15.

gnúgliga, adv. (zu gnógr), genug-
sam, reichlich. — svá gn. 18, 1.

gnógr, adj. (F. 96), genug. — N. n.
gnótt gulls genug von Gold; viel
Gold 171, 2; An. 202, 1.

gnúpleitr (vgl. Vigf.), von gedrücktem
oder finsterem Aussehen. — F.
n. gnúpleit 38, 14.

gnýja, schw. v. (vgl. Vigf.), lärmen,
toben. — Præs. S. 3 gnýr Vol. 49, 3.
— Plur. 3 gnýja 16, 4. Præt. Pl. 3
gnúðu á borðunum wild über Bord
schlugen 164, 9.

gnýr, m. (vgl. gnýja), der Lärm,
Aufruhr. — N. 133, 12; D. í þessum
gný 82, 18. — A. gný 58, 19; von
heftigem Wiehern mikinn gný 212,28.

gnæfa, schw. v. (vgl. Vigf.), empor-
ragen. — Inf. (vom Emporschlagen
der Flammen) V, 4. — Præs. S. 3
gnæfir (vgl. auch Var.) 45, 1. — Häufig. vom Flattern einer hochgeschwun-
genen Fahne gebraucht, so Hárblj.
40, 3.

goð s. guð.

goðkunnigr, adj. (vgl. goð; kunnigr
zu kyn), von den Göttern abstam-
mend, göttlicher Art. — N. f.
goðkunnig ætt 13, 15. — Plur. N.
m. goðkunnigir 27, 12; f. goðkunnigar 22, 10.

gormánuðr, m. (s. mánuðr), der
Oktober, Schlachtmonat, vgl. Wh.
376, Altd. Mon. 89. — N. 144, 10;
vgl. auch Gorr Flat. I, 22.

góðr, adj. (F. 98), gut, in ethischer
wie in anderer Beziehung. — N. m.
36, 12; f. góð 17, 7, N. A. n. gott
22, 14; 31, 5; 33, 7; þótti gott gefiel 106, 9; er gott at heita 34, 12;
var eigi gott til vista 58, 10. —
gott berandi in guter Art tragbar
65, 4 vgl. bera a). — G. m. til góðs
dr. 87, 7; Dm. í góðum fagn. 67, 10;
góðum (ethisch) Grott. 14, 3; Dn.
góðu Sigdr. 17, 2. A. m. góðan 22,
16; schwach: inn góða (physisch)
105, 4; Grm. 13, 6; ethisch 73, 7.
— A. f. góða 164, 14; A. n. s. N. n.

Vocat. m. góðr *192*,27. — Plur. N.m. góðir menn 88, 4; N. f. góðar nornir 22,16; g. vistir 87,6. Gm. góðra Sigðr. 3, 7; Dm. *164*, 29. — A. n. góð metorð *162*, 9.

 * *Über den Wechsel von ó und o* (góðr, gott) *s.* Wimmer Læsb. p. X.

gói, f. (*vgl.* Wh. 377, *Altd. Mon.* 38), *der* Februar. N. *144*, 11; *rgl.* Gói f. Flat. I, 22.

gólf, n. (*vgl.* Wh. 220 *f.*), *der* Fuss-boden, *der Herdplatz, die Ab-teilung des Hauses, der Wohnung* (*in der* Edda *wol ausser* 62, 18 *stets in dieser letzteren Bedeutung*). Dsf. *160*, 26. A. gólf 62, 18. — Plur. G. gólfa *30*, 4; Grm. *24*, 1; A. gólf 5, 5.

gómr, m. (F. 106), *der* Gaum, *die* Kinnlade. — Dat. gómi *42*, 3, 4. - Asf. góminn 72, 5.

gómsparri, m. (*vgl.* gómr), *Gaum-oder* Maul-sperre. N. *42*, 4.

grafa, *stv.* (F. 109). — graben. — Præt. S. 3 gróf *117*, 10. — Pass. Part. ok grafit (sc. var húsit) í jorð niðr *183*, 4; *womit der Bau als ein wesentlich unterirdischer bezeichnet wird, vgl.* Wh. p. 225.

 * *Mit instrument. Dat.* 224, 4.

gramr, *adj:* (F. 110), feindselig. — Pl. N. allir gramir = *alle feind-lichen* (*bösen*) *Mächte* 219, 31.

gramr, m. (*vgl.* gramr *adj.*), *der* Krieger, Häuptling; *poet.* — D. gram Helr. 7, 7. — A. gram Regm. *14*, 2.

granahár, n. (*vgl.* hár, gron *Bart* F. 109), *das* Barthaar, *auch bei Tieren von den schnurrbartähn-lichen Haaren unter der Schnauze gebraucht.* — A. *116*, 1; Asf. *116*, 3.

granda, *schw. v.* (F. 109 grand), scha-den *mit* Dat. Lund p. 70. — Inf. *74*, 4. Grott. 6, 2. — Præt. S. 3 grandaði *124*, 11; Part. Pass. grandat 89, 5.

grannligr, *adj.* (*vgl.* grannr Vigf.), schlank. — N. *135*, 2.

gras, n. (F. 110), *das* Gras, *Kraut.* — N. *31*, 7; *35*, 20; Vol. *6*, 8. — Dat. í grasi 89, 11. — Plur. Gen. grasa *31*, 8; D. grosum *212*, 26.

grár, *adj.* (F. 110), grau. — N. m. 66, 4; n. grátt 54, 8.

gráserkjaðr, *adj.* (*vgl.* grár, serkr = Gewand, *Kriegskleid*), *in* grauer (*d. h. Eisen- oder Stahl-*)Kleidung,

wol gerüstet. — A. n. gráserkjat lið Grott. *13*, 8.

gráta, *stv.* (F. 108), weinen, *auch* (*mit* Acc.) beweinen. — Inf. 77, 16; *78*, 2 gráta or ± *herausweinen aus, durch Thränen loskaufen aus.* — *beweinen* η, 1; *vgl. über den Da-tiv* Lund p. 137. — Præs. S. 3 grætr eptir *weint* (*ihm*) *nach, weint hinter-her 43*, 8. — Plur. 3 gráta 77, 14, 25 (*an letzterer Stelle bildlich*). — Imper. S. 2 grát 209, 16. Præt. S. 3 grét 98, 4. — Part. Pass. grátinn or (*wie oben* gráta or 78, 2), 77, 23. *Vgl.* Lund p. 38, 43.

grátr, m. (*vgl.* gráta), *die* Wehklage. — N. 77, 11; Nsf. *74*, 24; A. grát 209, 15.

greiða, *schw. v.* (F. 96), *bereit ma-chen,* gewähren, *geben.* — Præt. S. 3 greiddi *115*, 21; gr. til *brachte er zum Vorschein* 71, 20. (expedivit Eg.)

greifi, m. (*vgl. ahd.* gráfo; Vigf. s. v.), *der* Graf. — Plur. N. greifar *143*, 7.

grein, f. (*s.* Vigf. s. v.), *der Ast, Zweig,* Unterschied. — Plur. N. greinir *13*, 8 eventa memorabilia (Eg.) *oder viell.* greinir = *Meinungen* (Fritzn. s. v. 8), *wenn nicht* tið. ok greinir *als Ein Begriff* (*unterschied-liche Begebenheiten*) *zu fassen ist.*

greina, *schw. v.* (*vgl.* grein), bestim-men, *abgrenzen.* — Part. Plur. n. greind *11*, 21.

greiniliga, *adv.* (greiniligr *genau, be-stimmt*), genau. — 259, 18.

grenja, *schw. v.* (F. 109), heulen. — Præs. S. 3 grenjar *42*, 5.

gresjárn, n. (*vgl.* járn), *nach* Fritzn. Eisendraht (*eine Art Eisen* Vigf.). — Dat. með gresjárni 68, 7.

grjá *s.* **gríss** *adj.*

grið, n. (F. 111), *der* Schutz, *ge-schützte Zustand,* Friede; *meist als* Plur. *gebraucht.* — Plur. G. griða 73, 9; Dat. griðum *102*, 18. — A. grið 97, 4; *102*, 15.

griðalauss, *adj.* (*s.* grið, lauss), *ohne Zusicherung des Schutzes,* schutz-los. — N. m. 80, 6. — Pl. N. m. griðalausir *137*, 8. — Neutr. griða-laust *als adv.* 53, 10.

griðamark, n. (*s.* grið, mark), *das* Friedenszeichen. — A. 97, 6.

griðastaðr, m. (*s.* grið, staðr), *die* Friedensstätte. — N. *74*, 23. Pl. A. griðastaði *42*, 10.

griðrof, n. (s. grið, rjúfa), der Frie-
densbruch. — D. 190, 6.
grimd, f. (grimmr), die Bitterkeit.
— Dsf. 224, 13.
grimmhugaðr, adj.(grimmr; hugaðr),
grimmigen Sinnes. — Nf.194,16.
grimmleitr, adj. (s. grimmr u. -leitr),
wild aussehend. — F. grimmleit
38, 14.
grimmliga, adv.(grimmligr), fürch-
terlich. — 218, 18.
grimmligr, adj. (vgl. grimmr), von
wildem Aussehen. — Pl. N. m.
160, 30.
grimmr, adj. (F.110), wild, stark,
widerwärtig. — Nm. 194, 14; Nf.
grimm 190,5; Nn. grimt etwas Böses 202,19; Dn. grimmu in übler
Art, übel 215, 12; An. grimt ol
stark wirkendes Bier 202, 12. —
Pl. Nm. hlutir grimmir 8, 12. —
Compar. N. f. grimmari 198, 6. —
Superlat. N. m. grimmastr 173, 15.
grind, f. (F. 111), das Gitter, die
Gitterthüre, Thüre. — N. 38, 11.
— Asf. grindina 62, 1. — Pl. N.
grindr 38, 9.
grjót, n. (F. 110), lose Steine, Stein-
und Sand-geröll, auch als Bau-
material. — G. grjóts Grott. 2, 3;
D. grjóti ib. 12, 1; b, 2; 73, 16;
123, 1; 140, 1. — Dsf. grjótinu 54,
2. — A. grjót 11, 6; 53, 6. Asf.
94, 3.
grjótbjorg, Pl. n. (s. grjót u. bjarg),
Steinberge, d. h. wol aus loserem
Geröll bestehende Anhöhen, im Gegensatze zu den fjoll = Hochgebirgen.
— N. Vol. 53, 5.
gripr, m. (zu grípa, vgl. Vigf.), die
Kostbarkeit, das Kleinod. —
N. 30, 14; 94, 12; G. gripar 238,
18. — A. grip 30, 12. — Plur. Gsf.
gripanna 137,3; Dsf. gripunum 111,
19; A. gripi 110, 11; Asf. gripina
111, 13.
grípa, stv. (F. 111), greifen, ergreifen. — Præt. S. 3 greip 59, 20; gr.
hann til 69,18 vgl. 111,9 (griff er
zu mit der Hand); gr. eptir hann
80, 3; gr. upp 93, 22.
gríss, adj. (vgl. grár u. Bugge Till.
442), grau, griesgrau. — In schwacher Flex. Gen. n. grjá Grott. 2, 3;
Dat. grjá 10, 2. — Eigentlich grí(s)a,
wie -tján für tian nach Gíslason in
Aarb. 1879 p. 161.

gróa, stv. (F. 112, vgl. § 156), wachsen, auch vom Vernarben (gleich-
sam Verwachsen) einer Wunde, so
Præs. S. 3 grœr heilt 141, 12.
gruna, schw. v. (vgl. grunr F. 111),
glauben, besorgen; meist unpers.
mik grunar ich vermute, vgl. Lund
p. 24. — Præt. S. 3 mik grunaði
61, 1; gr. hann 106, 14. Pass. Part.
absol. grunat; gr. hefir mik 170, 22.
— Persönl. Præs. S. 3 grunar kon.
der K. schöpft Verdacht 160, 32.
Mit Objektsacc. grunar sogn bearg-
wöhnt die Aussage 150, 2.
grunlauss, adj. (s. gruna, lauss), ohne
Verdacht. — N. n. eigi er mér
grunlaust in Verbindung wol 158, 28.
Im Fg. at eigi = dass, vgl. eigi.
grunnr, m.(F. 111), der Grund, Boden. — G. til grunns 72, 1; D.
grunni 72, 9.
   * Auch das von grunnr nicht immer sicher zu trennende grunn n.
ist üblich.
grof, f. (F. 109), die Grube. — Dsf.
grofinni 179, 18. — A. grof 117, 10.
Asf. grofna 117,12. (Häufiger grofina
und so 179, 16, doch vgl. § 96b A. 1.)
Pl. A. grafar 179, 10.
groftr oder groptr (F. 109), das Grab.
A. 226, 18.
gron, f. (F. 109), das Barthaar, der
Schnurrbart. — A. lát gron sía
lass den Schnurrbart seihen, d. h.
nimm vorsichtig und nur zum Scheine
ein Schlückchen, ohne die Zunge
zu benetzen 167, 1.
grœða, schw. v. (vgl. gróa), heilen.
(Vigf. s. v. II.) — Inf. 169, 16. —
Part. grœðandi (vgl. Lund p. 400)
zu heilen, heilbar 169, 12. Pass.
Part. grœddr 169, 19.
grœnn (F. 112, vgl. gróa), grün. —
N. m. Vol. 22, 7; N. f. grœn 89, 3;
Df. grœnni 245, 13.
   * Als Gewandfarbe begegnet gr.
im Nordischen nicht eben häufig
und dann meist bei gröberen Stoffen,
vgl. 245, 13 u. Wh. p. 161; eine
grüne ólpa (weiter Mantel) erwähnt
Flat. I, 307, 15.
guð oder goð (ältere, mehr poetische
Form, auch in einigen Compos. noch
länger haftend) m. u. n., Gott. Die
jüngere Form guð eignet neben heidnischen auch der christlichen Gottheit, das m. wird fast ausschliesslich von dieser letzteren gebraucht,

doch vgl. sá guð *6*, 8 *und* F. 107; Vigf. s. v. goð *u.* guð. — *Ist* ondurguð 33, 3 *als* f. *zu fassen? Dies wäre möglich, wenn der Pl. n.* guð *mit* Fritzn. *auf die Verschiedenheit des Geschlechtes, nicht mit* Vigf. *auf die Majestät der Gottheit zu beziehen ist.* — 1) *der heidnische Gott, fast nur als* n. *und gern im Plur. gebraucht.* — S. Nom. sá guð (*von dem monotheistisch aufgefassten* Alfoðr *gebraucht*) *6*, 8; D. fyr skinanda guði (*von der Sonne*) Sigdr. *15*, 2. Acc. guð *9*, 3, 5 *vgl.* hvert (sc. guð, hvern U) biðja skal *34*, 8. — Plur. N. goð Vol. *29*, 3; Vafþr. *18*, 3. — Nsf. goðin *184*, 9. *Daneben* N. guð *11*, 2; Nsf. guðin *13*, 7. — G. goða Grm. *11*, 5; *13*, 4; Vafþr. *51*, 2; goða reiði *204*, 18 *vgl.* fá 1); guða *6*, 2. Gsf. guðanna *13*, 16. — D. guðum *32*, 7; Dsf. guðunum *32*, 5; goðunum *196*, 26. A. guð *102*, 8; Asf. guðin 7, 12.

  2) *der* christliche *Gott.* — N. ,*261*, 11. D. af guði 259, 3.

  * *Vgl. ausserdem Compos. wie* goðkunnigr, guðligr, guðmogn — Farmaguð, Hangaguð, Haptaguð, ondurguð.

guðligr, adj. (*vgl.* guð), göttlich, *von den Göttern bestimmt oder herrührend.* — N. f. guðlig vorn 22, 5.

guðmogn, (*vgl.* guð *u.* magn=megin), Pl. n. göttliche Kräfte *oder* Mächte. — N. *4.* 5.

guðvefr, m. (*vgl.* Vigf.), *ein feiner, kostbarer Stoff, nach* Vigf. Sammet, *von manchen mit* purpuri *gleichgesetzt, vgl.* Wh. p. 159. — D. 259, 18.

gufa, f. (*vgl.* Vigf.), *der* Rauch. — Asf. gufuna *162*, 4.

gull, n. (F. 108), *das* Gold; *spec. auch der Goldring.* — N. *17*, 18; Nsf. gullit *134*, 1. — G. gulls *136*, 17; Gsf. gullsins *116*, 14. — D. gulli *18*, 2; *25*, 3; at gulli *mit Goldringen* (*vgl. 160*, 27) *160*, 26; lagði borða sinn með gulli *sie überzog ihren Stickrahmen mit Goldfäden* (*mit goldenem Grunde* Edz.) *192*,15; gulli leggja góð klæði *gute Kleidungsstücke mit Gold(stickerei) belegen 204*, 4. Dsf. gullinu *96*, 15. — A. gull *113*, 13; = *Goldring 170*, 33; Asf. gullit *96*, 18.

gullaldr, m. (*s.* gull, aldr), *ein goldenes Zeitalter,* Goldalter. — N. 18, 8.

gullauðigr, adj. (*s.* gull, auðigr), reich an Gold. N. *96*, 14.

gullband, n. (*s.* gull, band), *ein goldenes* Band. — A. *43*, 2; *vgl. wegen der Constr.* Lund p. *479*.

gullbaugr, m. (*s.* gull, baugr), *ein goldener Reif.* — D. gullbaug *115*, 10; Asf. gullbauginn *119*, 6.

gullbetri *s.* **gullgóðr.**

gullbrjótr, m. (*s.* gull, brjóta), *der Goldbrecher,* Goldspender. — Pl. A. gullbrjóta *142*, 14.

gullbrynja, f. (*s.* gull, brynja), *die* Goldbrünne. — Asf. *183*, 6.

gullgóðr, adj. *von reinem, gutem Gold.* — Comp. gullbetri 238, 1.

gullhjálmr, m. (*s.* gull, hjálmr), *ein goldener* Helm. — A. *83*, 13; Asf. *101*, 4.

gullhringr, m. (*s.* gull, hringr), *ein goldener* Ring. — N. *124*, 13. — A. *76*, 11. — Pl. D. *159*, 10.

gulligr, adj. (*vgl.* gull), goldig. — D. gulligum *194*, 25; A. gulligan *mit Goldfäden bespannten* borða *192*, 29.

  * Vigf. *setzt* gull-ligr *an;* gulligr Fritzn., Möb. —

gullinn, adj. (F. 104), *gülden,* von Gold. — Dat. n. gullnu x, 2.

gullker, n. (*s.* gull, ker), *das* Goldgefäss. — A. *193*, 22; *hier von einem Trinkbecher gebraucht.*

gullmiðlandi, m. (gull, miðla), *der Goldmitteiler, Goldspender, poet.*= Fürst. — N. Helr. *11*, 2.

gullrendr, adj. (*s.* gull, rond f. = Rand) *mit goldenem Rande, goldbeschlagen? — Viell. besser zu* renna *schw. v., das spec. = giessen, schmelzen;* renndr skjoldr Nj. 96 (*vgl.* Vigf. s. v. renna; *übr. vgl* Vigf. gullrekinn). A. gullrendan skjold *einen Schild mit Goldguss überzogen 164*, 20 *oder* = *mit goldenem Rande; vgl.* rond var or gulli H. H. I, *34*, 4.

gullspori, m. (gull, spori), *ein goldener* Sporn. — Pl. A. *198*, 30.

gullstaup, n. (gull, staup F. 343), *ein* Goldbecher. — Pl. A. *192*, 6.

gulltafla, f. (*s.* gull, tafla = tabula), *eine goldene Tafel.* — Plur. N. gulltoflur 89, 11.

gumi, m. (F. 108), *der* Mann; *meist poet.* — D. guma Sigdr. *13*, 3; Pl.

N. gumnar (§ *64*, 3) Regm. *20*, 12;
G. guma Regm. *19*, 3; gumna Regm.
23, 1.

gunnarfúss, *adj.* (gunnr F. 99; fúss),
kampfgeneigt, tapfer; *poet.* D. *π*, 6.

gunntamlör, *adj.* (*vgl.* temja = *zähmen,
gewöhnen an Etw. u.* gunnr, gúðr
= *Kampf* F. 99), kampfgewöhnt.
N. Grm. *19*, 2.

gustr, m. (*zu* gjósa? *vgl.* gjósta *bei*
Vigf.), *der* Wind, *die scharfe Luft.*
— N. *8*, 10.

gyöja, f. (*vgl.* guð *u.* F. 107), *die*
Göttin (*auch Priesterin*). — Plur.
Nsf. gyöjurnar *17*, 20.

gylla, *schw. v.* (*vgl.* gull), vergolden.
— Part. Pass. gyldr *oder* gyltr (*vgl.*
§ 185a) vergoldet; A. m. gyltan
213, 18. Pl. D. gyldum skj. *4*, 11;
gyltum vøgnum *195*, 4.

gyröa, *schw. v.* (F. 102), gürten,
umgürten. — Præt. S. 3 gyröi
hann fast *77*, 5; g. sik *191*, 8; Pl. 3
gyröu joröina (*vgl. Anm.*) *11*, 9. —
Pass. Part. Pl. Nm. skálmum gyröir
mit Schwertern umgürtet Guðrkv.
II, 20b.

gyzki, m. (*vgl.* Vigf. *u.* Ba.), *das*
Schreckbild. — N. *204*, 12; *nach*
Ba. = gizki *Zeuglappen, Vogel-
scheuche; dann freier verwandt:*
hverr g. er yör oröinn? *was ist
Euch in die Glieder gefahren?*
* Vigf. *setzt* gyzki = geiski *pani-
scher Schreck.*

gýgr, f. (*vgl.* gýgr m. *bei* Vigf.), *ein*
Riesenweib. — N. *15*, 20; *37*, 14.
— G. gýgjar *105*, 4. — D. gýgi
75, 15.

gæfa, f. (F. 100; *zu* gefa), *das* Glück.
— N. *210*, 14.

gær, *adv.* (F. 108), gestern, *gew.*
í gær *144*, 6. — í gær kveld (gær,
kveld) *gestern Abend* 232, 29.

gæta, *schw. v.* (*zu* geta? *vgl.* Vigf.
gæta III), hüten, bewahren *mit*
Gen. *u.* Acc. *Vgl. Lund* p. 170. —
Inf. *35*, 18 (*mit* Gen.); *45*, 5 *sorgen
für.* — Præs. S. 3 gætir *44*, 5; *76*, 18;
hvat gætir þess staðar = quid hunc
locum servabit? (Eg.) *15*, 5. —
gætir mjøk *giebt sehr darauf acht*
43, 18 (*vgl. aber Var.*); gætir, ef
giebt acht, ob 60, 16. — Part. Præs.
Pl. A. m. gætandi um sættir manna
143, 15. *Vgl. Var.* — Med. gætaz
Vorsorge treffen, sich beraten. —
Præt. Pl. 3 ok of þat gættuz Vol.

29, 4.   Part. Pass. gætt *beachtet*
100, 17.

gæzla, f. (*vgl.* gæta), *die* Aufsicht,
der Schutz. — G. til gæzlu *98*, 15.
— D. undir gæzlu *35*, 8.

gofugligr, *adj.* (*vgl.* gofugr), herrlich, stattlich. — n. *adv.* gofugligt
93, 2. — Pl. N. gofugligir *24*, 13.

gofugr, *adj.* (F. 100), ansehnlich,
reich. — N. n. gofugt dýr *179*, 25.
— Am. gofgan *201*, 36. — An.
gofugt kvánfang *150*, 16. — *Compar.*
gofgari; Am. gofgara*201*, 35. *Superl.*
gofgastr *242*, 11; N. n. gofgast ráð
(*Partie*) *198*, 10. — Plur. N. m.
schw. Fl. gofgustu *153*, 14.

goltr, m. (F. 105), *der* Eber. — N.
110, 17; G. galtar *48*, 5; D. gelti
76, 8; Asf. goltinn *112*, 4.

gorr, *adj.* (F.102), bereit, fertig,
vgl. gøra. — *Als Adv. dient gewöhnlich* gorva *oder* gor-, ger- (F.102);
davon Compar. gerr = *fertiger, bestimmter* 201, 11.

gognum, *adv.* (= gegnum, q. v.), 99,
22; *präp. mit* Acc., durch. — 72, 9;
häufiger í g. *74*, 17; *117*, 12.
* *Die Form* gegnum (*urspr. wol*
gognum zu gagn) *ist älter als*
gegnum.

gøra (*eig.* gerva) *oder* **gøra,** *schw. v.*
(F. 103), machen, thun, *sowol
vom Hervorbringen lebendiger Wesen* (= *erzeugen*) *wie vom Verferti-
gen jeder Art, oft auch nur zur Umschreibung eines Verbalbegriffes,* Inf.
17, 5; *53*, 6; *67*, 2. Præs. S. 1 geri
ek *175*, 11; *204*, 16. S. 2 gerir *65*,
10. S. 3 gerir *15*, 15; *impers.* sjó
gerir ófœran = *die Seefahrt schwierig wird* 153, 32. *Vgl. Lund* p. 26.
Pl. 1 gerum *155*, 2. Pl. 3 gera *65*,
22; g. þat ráð *beschliessen* 160, 23.
— gera þá til hans *von feindlichem
Überfall* 150, 23; *viell. mit* Edz.
zunächst auf die Abfertigung von
Sendboten oder Mördern zu beziehen;
vgl. Fritzn. s. v. 10. — Imper. S. 2
ger *175*, 8; *178*, 36, *mit suff. Pron.*
geröu *74*, 14; *vgl.* § 26b. Pl. 1 gerum *165*, 25; *195*, 14. — Præt. S. 1 *173*,
8; S. 2 geröir *165*, 8; S. 3 geröi
6, 13; *13*, 18; *53*, 8; *57*, 20, *impers.*
164, 8; *246*, 4. — Præt. Pl. 3 geröu
4, 9; *11*, 4; *17*, 19; *38*, 19. — Conj.
Sing. 3 geröi 200, 2. Pl. 3 geröi
162, 5. Pass. Med. gøraz, geraz *sich*

machen, geschehen, werden. —
Inf. *219*, 29. Præs. S. 3 geriz *150*,
16, 19, 21; *151*, 2; *219*, 14. Præt.
S. 1 gerðumz (§ 157, 158) *175*, 4;
242, 18. S. 3 gerðiz 72, 13; *102*, 6.
— Pl. 3 gerðuz *4*, 3 *u. viell.* gerðuz
Vol. *13* b, *vgl. Einl.* p. 48; gerðuz
13, 7; *57*, 24; *94*, 16. Part. Med.
hafa gerz 29, 10.

* *Als* Part. Pass. *ist das Adj.*
gọrr *oder* gọrr, gerr (*vgl. oben* s. v.
u. § 143, 2) *gebräuchlich, doch kann
das* n. gọrt, gert *auch echtes Par-
ticip sein, vgl.* Part. Med. *u.* gerðir
152, 29. — S. m. var gọrr 7, 2;
39, 19; *88*, 3; *bei 6*, 20; *12*, 12 *vgl.
Note.* — f. gọr *11*, 5; *16*, 10; *96*, 7;
ger *167*, 21; *197*, 36; *231*, 6; n. gọrt,
gert (*auch absolut*) 12, 3; *17*, 17; 29, 15;
40, 21; 73, 9, 13; *123*, 2. — ekki
at gert *Nichts ausgerichtet* 157, 16.
— er gert af miklu meira, en er *es
ist viel Mehr daraus gemacht, als
(wirklich) der Fall ist* 172, 30. at
gert er um þína daga *dass es um
deine Lebenstage, dein Leben gethan
ist* 181, 6. Plur. m. N. gọrvir 92, 5;
gervir *137*, 10 (*vom Participstamm*
váru gerðir 152, 29; *diese Bildung
wäre nach* Vigf. p. 224 a *sehr jungen
Datums*). — N. f. gervar *178*, 24.
A. m. gọrva Grm. *12*, 3. — vera
gọrr *kann übersetzt werden: bestehen
aus, so* 55, 9. — *Mit „af" wird gewöhnlich auf den Stoff hingewiesen,
doch auch in freierer Art:* ef þú
gerir eigi meira af þér *wenn du
nicht Mehr aus dir machst, dich
nicht tüchtiger zeigst* 65, 10. *Vgl.
auch* hvat gerðir þú af — *was mach-
test du mit* — 203, 5. — *Ferner:*
gerði af henni (*zeugte mit ihr*) 13,
18 *vgl.* af 2). — *Vgl. für „með"*
120, 23: lét gera með (*mit Anwendung von*) gulli ok silfri borðker af
hausum þeira *neben 16*, 10 gọr með
list *u. A.*

** *Für die altertümliche, umschrei-
bende Verwendung von* gera (§ 160,
A. 4; Fritzn. s. v. 13; Vigf. C. III)
beachte ausser 96, 4: gerði þat, at
hann batt um = *brachte es fertig,
verfiel darauf umzubinden, band um*
— eigi gerir hugr minn hlæja *154*, 2
= *bringt es fertig zu lachen; ähnl.*
215, 25; *vgl.* hlæja.

gerla, *adv.* = **gerla,** q. v.

gerningaveðr, n. (gerning f. = *Handlung, zu* gera; *im* Pl. = *Zauberwerk;*
veðr n.), *das durch Zauberei bewirkte* Unwetter (*vgl. „Teufels-
Wetter"*). — Pl. A. *245*, 10.

H.

haddblik, n. (*vgl.* haddr, blíkja,
bleikja), *die* Haarbleiche, *vgl.* s.
v. bleikja. ·D. at haddbliki *122*, 5.

haddr, m. (*vgl.* Vigf. s. v.), *meist poet.,
das* Haar, *besonders Frauenhaar.*
— N. *110*, 1; Nsf. *111*, 20; A. hadd
110, 5; Asf. haddinn *110*, 8; Plur.
A. hadda *119*, 13. — *Vgl.* hár n.

haf, n. (F. 63), *das* Meer. — Nsf.
hafit *82*, 5; Gsf. hafsins 58, 4; D.
hafi 69, 1; Dsf. hafinu *38*, 4; A. haf
190, 29; Asf. hafit 3, 9. — Plur.
A. họf 26, 7.

hafa, *schw. v.* (F. 63, *nicht* haba),
haben, *urspr.* halten, *daher auch
= eine Richtung geben,* bringen,
gebrauchen u. A. — Inf. hafa í pungi
55, 11; hafa hingat *hierher bringen*
46, 22; *ähnlich* heim hafa *102*, 9;
hafa með sér *94*, 13; — *vgl. auch*
125, 15; *154*, 23; *160*, 19. hafa í
brott *fortschaffen* 260, 22; sik í
herskap hafa *sich ins Feld begeben*
193, 7. — hafa at engu *zunichte
machen, widerrufen* 240, 11. — Præs.
S. 1 heyrt hefi ek *61*, 5; hefik
Regm. 2, 3; S. 2 hefir 27, 1; *158*, 31;
S. 3 hefir 7, 10; *21*, 8; *36*, 18. —
Pl. 1 họfum 56, 10; Grott. 24, 3;
170, 28; Pl. 2 hafið, hafit *61*, 5;
87, 4; *suff.* hafi-þér *170*, 26; 29, 1;
Pl. 3 hafa 22, 14, 15. — hafa eptir
150, 7 *s.* eptir 8). — Conj. S. 3 hafi
55, 14; 56, 1; *181*, 12; Pl. 3 hafi
60, 3. — Imper. S. 2 haf *166*, 3;
Sigdr. 20, 5; Pl. 2 hafið 197, 34.
— Præt. S. 1 sf. hafðak 68, 7; hafði
(*od.* hafða) Regm. *18*, 4; S. 2 hafðir
68, 3; *179*, 31. S. 3 hafði *4*, 15;
37, 8; 95, 6; hafði fyrir *hatte
anstatt, gebrauchte als* 103, 23;
103, 22 hafði fyrir sér = *hielt vor
sich hin vgl.* h. eptir *hielt zurück*
174, 2; hafði á lopti *102*, 13; h.
harmtọlur (*vgl. „eine Rede halten"*)
207, 10. hafði íþróttir *hielt im Besitze, besass u. w.* 149, 7; *vom Einnehmen des Mahles* 231, 33. — hafði
orðit (v. verða) 54, 8. — Præt. Pl.

hofðu *4*, 8; *12*, 8; *41*, 13; h. verit *89*,10. — hofðu minna hlut or málum (*vgl.* hlutr) *hatten erhalten, erlangt u. w.* (*s.* Fritzn. s. v. 1) *168*, 10. hofðu (sc. fyrir hondum) *an Ort und Stelle hatten* 220, 8. Conj. S. 1 *ef ek heffia 66*, 2; *68*, 2; S. 2 hefðir *68*, 2, 3; S. 3 hefði 53, 3; hefði sárr verit *160*, 12. Pl. 3 hefði *161*, 1. — Part. Pass. hafðr. m. 251, 20 *gebraucht,* f. hofð, við h. *angewandt* 55, 13; n. (*u. absol.*) haft: hefi ek haft 155, 8, 9; h. fyrir orðtak *als* o. *gebraucht* 39, 14; var þat at skemtan haft *192*, 4; þat hafði hann haft fyrir 59, 5 *vgl. u.* ***); svá nær haft oss *uns so nahe gebracht* 68, 4. Plur. N. m. hafðir at borðkerum *gebraucht als* b. 225, 7. f. ero hafðar at mani pro mancipiis habentur (Eg.) Grott. *1*, 8; *16*, 4; Pl. n. hofð at minnum *36*, 5 = *im Gedächtnis behalten vgl.* uppi haft *152*, 8; haft, hofð fyrir *gebraucht als* 109, 7, 8. *vgl. oben.* — Med. hafaz, *namentlich oft at* hafaz *sich an Etwas halten, es beginnen, damit umgehen.* — Inf. at hafaz 29, 14; við hafaz *sich zurückhalten, verbleiben an einem Ort, s.* Vigf. F *β*). — Præs. S. 3 hefiz — fyrir *hält sich vor* Vol. 51, 2. — hefz (*wie* hefr = hefir, § 154, *A.* 2) við *verbleibt* 156, 33. Præt. S. 3 hvat hafðiz hann ðr at *6*, 19; *17*, 11. — Pl. 3 hvat hofðuz þá at *11*, 1; Conj. Pl. 3 hefðiz *74*, 2. Part. Med. þeim er æsir hofðu at hafz 93, 7 = *welche die Asen veranlasst hatten.*
 * *Die Anwendung von* hafa *als Hilfszeitwort* (sét muntu hafa *40*, 2; hafði þá ferð haft 54, 17 *u. A.*) *erhellt aus manchem der angeführten Beispiele. — Altertümlich ist die Verbindung von* h. *mit einem flektierten* Pass. Part. *wie* 170,17 : O'ðinn hafði hann hittan; *vgl.* Vigf. s. v. G, I.. — *So auch* 176, 18; *190*, 8. — *Über den Wechsel von* hafa *u.* vera *s.* Gr. IV, 152, 162; vera **).
 ** *Das Verhältnis von* eiga *und* hafa, *vgl. darüber* eiga s. *), wird noch durch flg. Beispiele beleuchtet.* — Sk. vill hafa bústað, þann er átt hafði 32, 8; hafa vildi hann *in Besitz bekommen wollte er* 52, 12. — hafði þat *das nahm für sich 100*, 17; mátt hafa 70, 7; hafði þá

speki 37, 8; *vgl.* hafa Sigdr. *18*, 8. hafa Mjollni *89*, 7; hafa náttstað *114*, 12; hafa eptir *zurückbehalten* 115, 14; hafi *habe oder festhalte, in ihre Gewalt bekomme* 181, 12; *freier* hefði = *festhielte, gebrauchte, befolgte 182*, 15, 19; *so auch* Inf. hafa Sigdr. *21*, 5. hafði fyrir *120*, 12 *hatte zur Stelle, schlagfertig.* — hafði hjálm *hatte, trug einen Helm 118*, 9. — *Von* Sleipnir *heisst es:* hann (A). á o'ðinn; hann (N.) hefir átta fœtr 21, 7—8. — ·er heldr til hefir *der eher in der Lage ist* 135, 12. — *Auch von Krankheiten:* hefir sótt 151, 24; *vom Ertragen eines Regiments* hafði kvánríki 233, 1. — *Von der Todesstrafe = erhalten, erleiden* 249, 14. *Dem Begriffe von* eiga *kommen namentlich* hafa sér *und* hafa með sér *nahe, vgl.* hefir sér Grm. *12*, 2—3; hafa með sér, hafa sér *143*, 17—18.
 *** *Zu beachten ist endlich* hafa = *halten, meinen;* þat hafði hann haft fyrir *gehalten für* 59, 5. = *Vgl. im allgem. noch* Vigf. s. v. hafa.

hafna, *schw. v.* (*vgl.* Vigf.), verlieren, verlassen mit Dat.; *Lund* p. 79. — Præs. S. 2 hví hafnar þú þínum lit *warum verlierst du deine Farbe — w.* wechselst du die Farbe? 210, 2.

hafr, m. (F. 62), *der* Bock. — Gsf. hafrsins 57, 8. — Pl. Nsf. hafrarnir 30, 7; A. hafra 30, 6; Asf. hafrana 70, 11.

hafrstaka, f. (*s.* hafr *u.* stakka *bei* Vigf.), *ein frisch abgezogenes* Bockfell. — Asf. hafrstokuna (*vgl. Var.*) 57, 7; Pl. Asf. -stokurnar 57, 5, 11.

haga, *schw. v.* (*vgl.* hagr, F. 59), einrichten. — Inf. til h. 53, 23.

hagleikr, m. (*s.* hagr u. -leikr), *die* Geschicklichkeit. — D. hagleik 55, 4. — A. *192*, 14.

hagliga, adv. (*vgl.* hagligr), geschickt. — *12*, 3.

hagligr, adj. (*s.* hagr *adj.*), geschickt, brauchbar. — N. f. haglig 50, 2.

hagr, adj. (F. 59), geschickt. — Compar. N. m. hagari *242*, 14.

hagr, m. (F.59), *die* Bequemlichkeit, *der* Vorteil. — N. *65*, 6.

hald, n. (*vgl.* halda), *die* Haltung, *der* Nutzen. — D. kemr at haldi *gereicht zum* N. 220, 30.

halda, *stv.* (F. 73), halten, *festhalten, gew. m.* Dat., *Lund* p. 84.

Inf. 39, 6; Grott. 20, 1. — skildi
at halda *191*, 13 *bezeichn. das kunst-
gerechte Halten des Sch. (mhd.*
schirmen). gleði halda *192*, 25 *vgl.*
gleði. — halda *fyrir hánum = für
ihn behaupten (gegen Feinde)* 238,
6. — Præs. S. 3 heldr *80*, 16; Pl.
3 halda *20*, 9. — Conj. S. 3 haldi
möge behalten η, 6. — Præt. S. 3
helt 57, 8; *58*, 18; 79, 11; *107*, 5
vgl. undir 2). Pl. 1 fram heldum því
Grott. *15*, 1 (in his perseveravimus
Eg.). Pl. 3 heldu 79, 12. — Conj.
S. 3 heldi *behielte 115*, 13. Med.
haldaz *sich halten. — Inf. (= behalten werden, bleiben)* 77, 15; *ähnlich (= in Kraft bleiben, erfüllt
werden)* 115, 17; *116*, 6. — Præs.
Conj. Pl. 3 haldiz *240*, 12. Præt.
S. 3 helz (servatus est Eg.) *10*, 16;
helz *116*, 8 *vgl. oben zu 116*, 6. —
helz við = *hielt sich, hielt Stich 168*,
23; *178*, 11. Part. Pass. haldinn *gehalten. — n. (u. absol.)* haldit; fengu
haldit (*vgl.* fá) 75, 19; fréttum h.
Nachforschung gehalten 196, 3.
   * *Freiere Anwendungen ergeben
sich wie bei* hafa = *halten in dem
Sinne von halten, eine Richtung geben
oder nehmen, vgl.* heldr = *hält Cours,
fährt 162*, 22. helt á *hielt an =
hielt fest (h. in der Hand* 57, 8;
helt undir *hielt unter (den Gürtel)
hielt sich von unten (an dem Gürtel)
fest 107*, 5; fram heldum því *wir
hielten (= trieben) das fort* Grott.
15, 1 *vgl. oben.*
   ** *Für* halda c. Acc. = *halten,
beobachten vgl.* Vigf. s. v. B. *u.* Fritzn.
s. v. 10) 11). — *So auch* samir þat
einna at halda (*vgl.* einna) *154*, 10.
— hvé hann helt sína eiða 210, 25;
vgl. 223, 24. — *Auch vom ersten
förmlichen Eingehen auf einen Vorschlag, so* 239, 16. — Pass. Part.
N. f. vel haldin *gut gehalten, beob-
achtet 259*, 15; Pl. N. n. haldin =
gebraucht 145, 15.
halla, *schw. v.* (F. 71), n e i g e n. —
Med. hallaz *sich neigen,* z u F a l l
k o m m e n, *umgestossen werden. —*
Inf. 31, 11.
hallardyrr, Pl. f. (*vgl.* dyrr, holl),
die Thür der Halle, Saalthür. —
D. *4*, 14; *102*, 3.
hallargólf, n. (*vgl.* gólf, holl), *der*
Fussboden *des* Saales, *der
Halle.* — A. 109, 6; Asf. 62, 19.

hallarveggr, m. (*s.* veggr, holl), *die*
Saalwand. — Asf. *106*, 8.
hallkvæmaz, *schw. v. (von adj.* hall-
kvæmr = *bequem, nützlich; das etymol.* mit koma at haldi, heldr *und
ähnl. Bildungen zu vergl., s.* Vigf.
s. v. haldkvæmr), *zum Nutzen gereichen,* nützlich werden. —
Præs. S. 3: þar til er oss hallkvæmiz *171*, 30 = *bis es mir nützlich
werden kann* (Ba.); *vgl.* vér *u.* þar.
hallmæli, n. (*vgl.* halla, mál), *die
Tadelrede, der* Vorwurf. — G.
hallmælis *17*, 6.
hallr, m. (F. 70, *g.* hallus), *der*
Stein, Fels. — N. Grott. *10*, 4;
17, 2 (*vom Mühlstein*). — D. halli
Grott. *12*, 7.
halr, m. (F. 69), *der* M a n n, *Mensch,
poet.* — Plur. N. halir Vol. 53, 1;
Grott. *12*, 8; A. hali Regm. *21*, 6.
haltr, *adj.* (F. 72), l a h m. — var
haltr *hinkte* 57, 12; *vgl. Lund* p. 132.
hamall, *adj.* (*eig. schenkelförmig! vgl.
mhd.* hamme)), keilförmig, *nur in
der Wend.* hamalt (n. *adv.*) fylkja,
so Regm. 23, 8.
hamarr, m. (F. 64). 1) *der* H a m m e r.
— Nsf. hamarrinn 30, 9; G. hamars
60, 9; Gsf. hamarsins 69, 18; Dsf.
hamrinum 58, 26; A. hamar *17*, 22;
Asf. 57, 10. — 2) *der* Fels. — N.
178, 33. — Plur. Dat. 253, 23.
hamarskapt, n. (*vgl.* hamarr 1), skapt),
der Hammerschaft, ·Stiel. —
Dsf. 57, 19; *58*, 18; Asf. *30*, 15.
hamarspor, n. (*vgl.* hamarr 1), spor),
die Hammerspur, *Spur des Ham-
merschlages.* — Plur. N. hamarspor
68, 12.
hamingja, f. (*vgl.* hamr), *der* S c h u t z-
g e i s t *in erkennbarer Gestalt, auch
abstr. = das* Glück. — D. *205*, 13;
vgl. hulda. — Dsf. 227, 24.
hamr, m. (F. 64), *die äussere Gestalt,* Hülle. — N. hamr Atla
218, 33; *hier nicht von der eigentlichen leiblichen Hülle, sondern
einer willkürlich oder zwangsweise
angenommenen Verkleidung oder
Verkörperung der Seele zu verstehen,
wie sie teils im Schlafe, teils in besonders erregtem (übernatürlichem)
Zustande zulässig erschien; vgl. die
Schilderung von* Sigmundr *und*
Sinfjotli 159, 11; 160, 15; Vigf. s. v.
hamr; *Edzardi Übers.* p. 184**.
Hier also hamr *etwa* = *Gespenst.*

— D. í trolls hami Vol. *41*, 8 *neben*
í arnar ham Vafþr. 37, 3. — Pl. D.
hǫmum *157*, 31; Dsf. *159*, 12. — Pl.
A. hamina *159*, 13.
handafl, n. (*s.* afl, hǫnd), *die Hand-
stärke, in Hand u. Arm liegende
Kraft.* — D. meö handafli *40*, 17.
handan. *adv.* (*zu* hann?), von dort.
— héðan ok handan *16*, 4.
handaverk, n. (*vgl.* verk, hǫnd), *Werk
der Hand*), Kriegsthat. — Pl. N.
36, 4.
handgenginn, *adj.* (*vgl.* ganga, hond),
*eig. zur Hand, an die Hand ge-
kend;* h. maör *ein* Gefolgsmann.
— Pl. A. handgengna menn *143*, 19.
handsax, n. (*s.* hǫnd, sax), *das* Hand-
messer, *kürzeres Messer.* — D.
Pl. lék handsǫxum *4*, 14. *Vgl.
Weinh.* 296.
handtekinn, *adj.* (*vgl.* taka, hǫnd),
eig. manu captus, gefangen. — A.
249, 9. — Pl. N. handteknir *120*, 13.
hanga, *stv.* (F. 58), hangen, *hängen*
(intr.). — Pr. S. 3 hekk *d*, 4. —
Pl. 3 hengu *159*, 11. — Præt. *schw.*
hangöi S. 3 (*vgl. Var.*) *120*, 19. —
Vgl. § 126, A. 1.
hann, *pron.* (§ 94 b, Vigf. s. v.), er,
hón *sie.* — N. m. hann, 3, 2; *4*, 1;
5, 15; *u. ö.* — G. hans *4*, 8; D.
hánum (honum) 3, 2; *über die metrische Geltung s.* Siev. P. VI, 313.
A. hann *4*, 15. — N. f. hón 3, 5. —
G. hennar 3, 6; D. henni *34*, 4; A.
hana *4*, 11.
* *Über voranstehendes* hann *bei
folgendem Eigennamen vgl.* Lund
p. 483. — *Nicht immer entspricht
nhd. „er";* at svíkja þann er hánum
(*dem Betreffenden, einem*) trúir
233, 27.
hannyrö, f. (*s.* hannr = *geschickt*
Vigf., *u.* s. v. hannörö), *besonders
im* Plur. hannyröir — feinere,
weibliche Arbeiten, *Stickereien
dergl.* — A. hannyröi *191*, 27.
hanzki, m. (= handski, *vgl.* hond),
der Handschuh. — Gsf. hanskans
59, 6; A. hanzka 59, 3; Asf. hanzkann 59, 4.
* *In der Edda sind überall Faust-
handschuhe gemeint, vgl.* Wh. p. 177.
happ, n. (F. 62), *das* Glück. — A.
225, 21.
happskeytr, *adj.* (*vgl.* skjóta, happ),
glücklich, geschickt *im*
Schiessen. — N. *36*, 10 (*vgl. Var.*).

haröfœrr, *adj.* (*vgl.* harör, fara),
schwer zu begehen, schwie-
rig. — n. *adv.* hardfœrt 56, 8.
haröla, *adv.* (*vgl.* hart, haröliga),
heftig, sehr. — *218*, 13.
haröliga, *adv.* (*vgl.* hart), *wild,* heftig. — *Superl.* sem haröligast *so
heftig wie möglich* 155, 21.
harömóölgr, *adj.* (*vgl.* harör, móör),
hartgesinnt, *mutvoll, grimmig.* —
Plur. N. n. *schwach* þau in harö-
móögu ský Grm. *41*, 5.
haröna, *schw. v.* (*vgl.* harör), hart
werden. — Præt. S. 3 harönaöi
8, 3; *41*, 15.
harör, *adj.* (F. 68), *fest,* hart, mutig, *heftig.* — N. m. 83, 17; Grott.
9, 1; N. *schwach* inn haröi Grott.
10, 8. — N. f. horö 165, 29. — Dat.
m. horöum 103, 18. — A. f. haröa
163, 10. — N. n. hvé hart var *wie
hart* (roh) *es noch war* 117, 18. *Vgl.*
auch hart *adv.* — Pl. N. m. haröir
81, 5; 123, 8. — A. f. haröar Grott.
18, 2. — *Superl.* N. f. in haröasta
155, 19.
harörœöi, n. (*vgl.* vandrœöi), *kühner,
verwegener Plan,* Schwierigkeit.
— A. 159, 2; hyggr á h. 221, 8 =
fasst einen kühnen Entschluss.
harla *s.* haröla.
harma, *schw. v.* (*s.* harmr), *sich bekümmern, klagen.* — Præs. S. 3
harmar 172, 18; 192, 24; *in beiden
Fällen = betrüben, in welchem
Sinne auch der Dat. der Person zulässig ist.*
harmfullr, *adj.* (*vgl.* fullr, harmr),
harmvoll, betrübt. — N. *46*, 20.
harmr, m. (F. 69), *der* Schmerz,
Harm; auch die Ursache desselben
(Fritzn.). — N. *167*, 4; G. harms
213, 10; D. harmi *46*, 10; A. harm
104, 24 (*vgl.* sjá). — Pl. N. *211*, 30;
G. harma *Verlust* 159, 7; A. harma
162, 10.
harmtala, f. (harmr, tala), *die* Wehklage. — Pl. A. *204*, 8.
harpa, f. (F. 68), *die* Harfe. — N.
120, 16. A. hǫrpu 231, 3.
hart, *adv.* (*vgl.* harör), hart, wild,
heftig. — Vol. *46*, 5; *60*, 8; 77, 6;
80, 19. — *Comp.* haröara *41*, 16.
hasla, *schw. v.* (hasla, f. = *die Stange
von Haselholz* F. 74), *mit* Hasel-
stangen abstecken. — Præs.
Pl. 3 hasla 250, 13.

hatr, m. (F. 60), *der* Hass. — N. *190,* 11.

haugr, m. (F. 77), *der* Hügel, *auch spec.* Grabhügel. — N. *139,* 10. — D. frá Svarins haugi *20,* 1; sat á haugi *151,* 12; Dsf. *151,* 14; *161,* 30. — A. haug *161,* 14; Asf. *161,* 27. * *Zu* sat á haugi *151,* 12 *vgl.* Fas. III, 39, 57, *wo ein Verweilen auf dem Grabhügel der gestorbenen Königin geschildert wird. Auch an unserer Stelle mag ein Verweilen auf dem Grabhügel eines Ahnen (des* Sigi?) *gemeint sein, vgl. auch* Helgkv. Hjorv. *Prosa vor Str.* 6; Hár. S. Hárf. (Hkr.) C. 8; Flat. II, p. 7.

haugþak, n. (*vgl.* haugr, þak), *die* Hülle (*oder das Dach*) des Grabhügels. — A. *f, 4.*

haukr, m. (F. 63, 64), *der* Habicht. — N. 23, 3; Nsf. *122,* 1. — Dsf. haukinum *194,* 28; A. hauk *121,* 23; Asf. haukinn *121,* 25. — Plur. N. haukar *192,* 25; G. hauka *e,* 2; Grm. *44,* 8. — D. haukum *192,* 11; A. hauka *212,* 2. * á hauka fjollum (*s.* fjall) in accipitrum montibus (Eg.) = in manibus; *vgl.* Wh. 64.

hauss, m. (F. 79), *die* Hirnschale, *der* Schädel. — Nsf. haussinn *54,* 16; D. hausi Grm. *40,* 6; *g,* 1; *vgl. auch w. u.* *. — A. haus *11,* 12; *30,* 11; Asf. hausinn *104,* 16. — Pl. D. hausum *120,* 23; A. hausa *178,* 6. * *Nach* Eg. *im Lex.* Poet. *ist* hauss *auch* = rostrum, *Schiffsschnabel u. wäre so g,* 1 *vom Schiffe des* R. *zu verstehen.*

haust, n., *der* Herbst. — N. *144,* 4, 7. — Asf. um haustit *in dem Herbst (d. H. desselben Jahres) 166,* 17. * *Wol* = ags. hearfest (F. 68); *vgl.* Vigf. s. v.

háðuliga, *adv.* (cf. Vigf. s. v. háð), *spöttisch,* hochmütig. — *153,* 25.

hálfr, *adj.* (F. 73), halb, *s. Lund* p. 499. — N. m. 220, 3. — A. m. hálfan val *33,* 11, *vgl.* Grm. *14,* 4, 6. — N. f. hálf *38,* 13, *vgl. Lund* p. 230; Skírn. *42,* 6. — D. n. hálfu *auch als Instr.* = um die Hälfte *30,* 13; *so häufig bei Comparativen,* h. sterkara *39,* 3; h. meira *53,* 8; h. fastara *111,* 3. — *Vgl. Lund* p. 136.

hálmr, m. (F. 70), *der* Strohhalm, coll. Stroh. — D. hálmi *161,* 28; A. *161,* 23.

háls, m. (F. 71), *der* Hals *eines Menschen oder Tieres, auch das Vorderteil eines* Schiffes (prora). — D. af hálsi *104,* 22; Dsf. í hálsinum (in prora) *71,* 12; A. á háls 99, 5; of h. *104,* 17; tók um háls henni *fasste ihr um den Hals = umschlang ihren Hals 193,* 24; *ähnlich von schmeichelnder Liebkosung* lagði hendr um háls hánum *197,* 21; *211,* 4; Asf. hálsinn *113,* 3.

hánefjaðr, *adj.* (*s.* hár, nef), *von* hoher Nase (*etwa* = *mit Adlernase*). — N. *191,* 3.

hár, n. (F. 67), *das* Haupthaar. — N. *10,* 1; *von dem Fell eines Hirsches 196,* 9; D. or hári *119,* 15; Grm. *40,* 5; A. hár *31,* 9; Asf. *174,* 10.

hár, m. (*vgl.* Vigf. s. v. *u.* s. v. hamla), *der* Ruderpflock. — Pl. N. hárir *220,* 4.

hár, *adj.* (F. 76), hoch. — N. m. hár baðmr Vol. 22, 3; hár hiti Vol. 59, 7; svá var hann hár *106,* 8; var hann níu rasta (*vgl.* rost) hár *103,* 15, *vgl.* 252, 10. — 153, 4. — A. m. hávan *192,* 19. — N. f. há 53, 13; D. hári *215,* 21; A. háva holl *4,* 10. N. n. hátt *191,* 9; *zum* Gen. *vgl. Lund* p. 184. — Pl. N. m. hávir 38, 9; Á. f. hávar Regm. *16,* 3. * *Vgl. auch* hátt *adv. u.* hárr.

hárr, *adj.* (F. 67), grau. — Plur. N. hárir *94,* 17. * hár *adj. u.* hárr *verhalten sich wie* ags. heáh *zu* ags. hár; *im ersteren Falle ist stammhaftes* h *geschwunden u.* r *nur* Nom. *Zeichen.* — *Minder gut wird auch* hár *adj. bisweilen* hárr *geschrieben* (*vgl.* § 82).

hárslitr, m. (*vgl.* hár n., litr), *die* Haarfarbe. — A. á hárslit *121,* 12.

háski, m. (*zu* hætta, *vgl.* Vigf.), *die* Gefahr. — D. háska *44,* 10.

hásæti, n. (*vgl.* hár *adj.,* sæti), *der* Hochsitz. — N. 25, 8. — Nsf. 17, 17. — D. í hásæti 5, 11; *135,* 7; A. settiz Par í hásæti *13,* 10. — Pl. A. hásæti 5, 8; 92, 9.

hátt, *adv.* (*vgl.* hár *adj.*), hoch, laut (*von der Stimme*). — *45,* 1; *94,* 3; 96, 6; 98, 4. — Vol. *47,* 5. — *Comp.* hærra 35, 21 (*vgl.* § 88 e). — *Auch* hæra *geschrieben 164,* 11; *177,* 4.

hátta, *schw. v. (vgl.* háttr), einrichten. — Part. Pass. N. f. háttuð *beschaffen 12,3.*

háttr, m. (F. 59), *die Einrichtung,* Art *und* Weise, Benehmen. — N. *143,*5; G. alls háttar *jeder Art* 152,11; þess háttar *der Art 153,* 1. — D. með þeim hætti *152,* 13; eptir h. *172,* 29. — Pl. D. háttum 37, 8; A. háttu *123,* 11. *Vgl.* s. v. taka ex.

háttung, f. = hætta, f. — N. hátt. er í = *es ist sehr unsicher* 193, 13.

hávetri, n. (hár *adj.,* vetr), *der Hochwinter (vgl. Hochsommer), die Höhe oder* Mitte *des* Winters. — A. 237, 22.

hefja, *stv.* (F. 62), heben, *anheben,* beginnen. — Inf. *66,* 1; *ι,* 6, — Præs. S. 3 *(impers.)* hér hefr upp *hier hebt es an* 149, 1. — Præt. S. 3 hóf svá mál sitt *6,* 1; hóf upp 72, 4; *imperson.* hóf mik at landi *es (die Strömung) trug mich ans Land* 229, 9. — Plur. 3 hófu *141,* 15; h. gullit af hestinum 192, 2. — hófu hana fram *hoben (trugen) sie fort* 227, 4. — Med. hefjaz *gewöhnl.* = *sich erheben, herkommen,* entstehen, beginnen. — Præt. S. 3 hversu hófz *6,* 22; hófz frásǫgn 93, 8. — Part. Med. hefir hafiz 97, 1.

hefna, *schw. v. (wol für* hemna, *s.* Vigf.), rächen, *Rache nehmen,* bestrafen. *Mit* Gen. *des Grundes und* Dat. *der Person, welche bestraft wird. Vgl. Lund* p. 74, 170. — *Auch tritt* á *c.* D. *oder (selten, vgl. 189,*5) við c. Acc. *für jenen* Dat. *ein.* — Inf. 74, 22; 95, 19 *(Rache zu nehmen für seinen Vater* = *s. Vater zu rächen). Vgl.* Fáfn. 33, 8; Grott. 22, 4 (Fróða Dat.) *u. Anm.* — Præs. S. 3 hefnir *straft 44,* 2; h. sín *rächt sich* 181, 3; *Conj.* Pl. 2 hefnið 154, 31. — Imp. S. 2 hefn 189, 5. — Præt. S. 3 hefndi hánum *bestrafte ihn* = *strafte sich an ihm 46,* 8; *vgl. Lund* p. 74; h. foður sins *rächte seinen Vater* 195, 24. — Conj. S. 2 hefndir *Rache nehmen wolltest für* (Gen.) *169,* 19. — Part. Pass. þá er hefnt Vǫl. *56,* 8; *vgl. 178,* 27. — hefir þess hefnt *(hat sich dafür gerächt) 70,* 8; var hánum nokkut *(adverb.)* þessa (Gen. S. n.) hefnt 78, 8; man hánum grimmu *in übler Art* hefnt vera 215, 12.

hefnd, f. (*s.* hefna), *die* Rache, Strafe. — N. *190,*5; Nsf. *162,*17; G. til hefndar eptir Sv. *(vgl.* eptir 3b) 122, 7. — A. í hefnd þess *zur Strafe dafür 184,* 2. — Pl. G. til hefnda *zur Ausführung der Rache* 159, 1.

hefndarorð, Pl. n. (hefnd, orð), Strafworte. — D. 254, 2; *vgl.* Var.

heiðinn, adj. (zu heiðr f., *vgl. auch* Vigf.), heidnisch gesinnt. — N. 236, 21.

heiðr, *adj.* (F.56), hell, *heiter.* — Pl. N. f. heiðar Vǫl. 59, 4.

heiðr, f. (F. 56), *die* Heide, *öde Gegend.* — Asf. 178, 31.

heilagr, *adj.* (F. 57), *sittlich unversehrt (vgl.* heill), *unsträflich,* heilig; *auch von Gegenständen* = weihevoll, *geweiht.* — N. m. heilagr *von einem Gotte* 35, 13, *von einem Brunnen* 21, 4; Af. helga 261, 4. — N. n. heilagt *(von Wasser) 24,* 4. — Pl. N. m. helgir menn 259, 2; N. n. heilug vǫtn *(Gewässer)* Grm. 29, 9.

In schwacher Flexion S. A. m. helga Sigdr. *18,* 3; n. í þat it helga sæti *46,* 9. *Superl.* helgastr; D. m. helgasta 259, 5.

heili, m. *das* Gehirn. — D. heila Grm. *41,* 4. A. heila *12,* 9.

heill, adj. (F. 57), *unversehrt,* ganz, heil. — S. N. m. 5, 16; *48,* 6; *auch* = *ohne Fehl, ohne Falsch* 219, 2; *als* Voc. heill, herra minn! *181,* 14 *mit zu ergänzendem Imperat.; Ld.* p. 356; *vgl.* sit heil frú! 193, 11; *Ld.* p. 352. — Plur. A. m. heila 61, 16. — Sup. heilastr *135,* 14; *vgl.* gefa.

heill, n. (*s.* heill *adj.*), *das* glückliche Vorzeichen, *das* Glück; *oft im* Plur. — S. D. heilli verstu = *unter der schlechtesten Vorbedeutung* Helr. *4,* 3. — Pl. N. 168, 35; *u.* 3. — G. heilla Regm. 22, 4; D. heillum Sigdr. *19,* 7.

* *Das Wort kommt mit der Zeit auch als* fem. *vor (vgl.* Vigf.), *und dann namentlich im* Plur. = auspicia, omina; *so* Regm. *19,* 6.

heilla, *schw. v.* (heill n.), bezaubern. — Pass. Part. N. f. heilluð ertu 205, 7 *du bist unter dem Einflusse eines Zaubers, b. von Sinnen.*

heilræði, n. (*vgl.* heill, ráð), *ein* guter, *zum Heil führender* Rat. — A. 61, 8. — Pl. A. 189, 3.

heilsa, *schw. v.* (heill n.), *mit* Dat. (*Lund* p. 75), *Heil wünschen*, grüssen. — Præt. 221, 1.

heim, *adv.* (*vgl.* heimr), nach Hause, heim. — 46, 10; 51, 10; sœkja heim hond *in die Hand zurückkehren* 112, 12; buðu h. *luden zu sich ein* 260, 3; *auch beim Eintreten in eine fremde Wohnung gebraucht, so* 77, 7.

heima, *adv.* (*vgl.* heim), zu Hause. — 38, 15; 65, 20; 135, 5.

heimamaðr, m. (*s.* heimr, maðr), *der* Hausmann, Hausgenosse. — Pl. N. heimamenn (= *Familie*) 57, 6.

heiman, *adv.* (*s.* heim), von Hause. — 93, 8; 120, 10. — heiman ætlar þú (sc. at fara) 218, 5.

heimboð, n. (*vgl.* heim *u.* boð), *die* Einladung *nach Hause.* — sœkja heimboð (A.) *einer Einladung folgen* 108, 15; 124, 14; *ähnlich* fara at heimboðinu (Dsf.) 120, 10; koma at heimboði (D.) *zum Besuche kommen* 97, 10.

heimferð, f. (*vgl.* heim, ferð), *die* Heimfahrt. — G. til heimferðar 108, 16.

heimill, *adj.* (*vgl.* heimr), *eig.* heimisch (Vigf.), *dann nach Haus-Recht (oder überhaupt rechtlich) zukommend, erlaubt*; h. er *es steht zur Verfügung, kann geschehen.* — N. m. heimill er matr = liberum esse cibi usum Eg. 5, 14. — N. n. heimolt (*so* Cod., *von der älteren Form* heimoll, heimull; *vgl.* Vigf.) 171, 35.

heimr, m. (F. 75), *der* Wohnort, *die* Welt. — N. 7, 7; 87, 3; G. heims 47, 17; Gsf. 171, 20; D. heimi 13, 6; Dsf. heiminum 77, 13; A. heim 6, 18; 7, 12; 97, 9; 124, 7. — Pl. N. allir heimar 46, 8; D. heimum 38, 6; A. heima 13, 10; Asf. heimana 14, 22.

heimsendi, m. (*vgl.* heimr, endi), *das räumlich gedachte* Weltende. — Dat. heimsenda 7, 10.

heimsligr, *adj.* = heimskligr = heimskr (*vgl.* F. 75 *u.* heimr m.), *einfältig*, thöricht (*eigentl.* vernaculus, simplex). — An. heimslig orð 190, 1.

heimsól, f. (*f.* heimssól; heimr, sól). *die* Sonne. — D. 227, 4.

heimstoð, f. (*vgl.* heimr, stoð = *Statt*), *die* Weltstätte, Welt, *poet.* — A. h. ryðja Vol. 58, 6.

heimta, *schw. v.* (heim), *eigentl. nach* Hause *bringen, für sich in* Anspruch nehmen, *verlangen.* — Præs. S. 3 heimtir á tal *beruft zu einer Unterredung* 213, 11,

hein, f. (F. 56), *der* Schleifstein, Wetzstein. — Nsf. 105, 5, 7; Dsf. heininni 99, 4; A. hein 98, 25; Asf. heinina 99, 1.

heinberg, n. (*vgl.* hein *u.* berg), *der* Wetzstein-Fels (*Thonschiefermasse*). Pl. N. heinberg 104, 14.

heipt, f. (F. 56), *der* Hass, Streit. — Pl. D. heiptum *in gehässiger Weise* Sigrdr. 12, 3. A. á heiptir hyggja *an Streitsachen gedenken* 215, 5.

heiptarorð, Pl. = **heiptyrði**. — D. 202, 18.

heiptyrði, Pl. n. (*s.* heipt; yrði *zu* orð n.'), Zankworte, Zornesworte. — D. heiptyrðum 122, 18. — A. (*als* Z.) 180, 10 *vgl. Note.* — *Der Sinn ist wol: als Zankworte, die eine scharfe Erwiderung fordern, nimmst du auf u. w.*

heit, n. (*vgl.* heita), *das* Versprechen, Gelübde. — A. heit 47, 2 (*Heiratsversprechen*) = *Gelübde* 118, 20; 135, 14; *vgl. Lund* p. 177. Pl. A. heit 176, 8; 200, 1.

heita, *stv.* (F. 55), heissen (*intr.*), *auch* rufen, anrufen *mit* Acc. oder á c. Acc.; verheissen *mit* Dat.; *vgl. Lund* p. 106 *u. w. unt.* — Inf. 10, 9, 10; á hann heita *ihn anrufen* 32, 1, 3; 33, 7. (*Lund* p. 41.) Præs. S. 1 heiti ek 179, 25; S. 3 heitir *heisst* 5, 11, 12; *im transit. Sinne* heitr; *so* 154, 18 (*vgl. u.* 94, 20); heitr á menn *ruft Leute auf* 161, 6; h. ferðinni *verheisst die* F. 217, 28. Pl. 3 heita 7, 4; 11, 14; Præt. S. 3 hét *hiess* 9, 13; 10, 6; *verhiess* 136, 6; 208, 16; *hiess = befahl, erlaubte* Grott. 2, 5; hét á *rief herbei* 58, 15; Pl. 2 hétuð (*verh.*) 176, 20; Pl. 3 hétu *hiessen* sie, *hiess* man Regm. 18, 1; =*verhiessen* 208, 17. Conj. S. 3 héti 149, 2. Part. Pass. heitinn *geheissen* Grott. 22, 6; n. heitit = *geheissen* 167, 15; =*verheissen* (*iron.* = *angedroht* vgl. hétuð = *drohtet* 203, 7) 94, 20, *mit* Dat. *der Person und des Objektes: vgl.* 183, 32 *und* Vigf. s. v. B. hefir heitit mik Hod-

broddi *mit seltenem* Acc. *der Person*
=*hat mich verheissen (versprochen)*
dem H.; en ek hefi því heitit *aber
ich habe das gelobt* 163, 23; *ähnl.*
178, 29.— *Dagegen* hefir heitit *hat
geheissen (den Namen geführt)* 152,
16. Med. heitaz heissen, *genannt
werden, sich nennen.* — Præt. S. 1
hétumz *ich nannte mich* Grm. *46*, 1.
— *Vgl. Var.,* R *der L. E. bietet*
hétumk, *woraus* hétumz *nach dem*
Gr. IV, 39 *fg.* erörterten *Assimila-
tionsprincipe wurde.* — hétumz =
ich verhiess mich 203, 16; *211*, 2.
* *Die intrans. Bed. ist nach Sievers bei* Paul VI, 561 *urspr. auf das*
Med. *beschränkt; in der jüngeren
Sprache tritt in diesem Falle (scheinbar) schwache Flex. des* Præs. Act.
ein, vgl. auch § 129.
** *Beachte noch* hétum hjóna
nafni *212*, 4 *hiessen nach dem Namen (mit dem N.) von Ehegatten,
nur = hiessen (fälschlich)* Eheg.
heiti, n. (*ogl.* heita), *die Benennung,
der* Name. D. af hans heiti 27, 5.
— Pl. N. heiti 29, 6; G. heita 29,
10; D. heitum *98*, 11. A. heiti 29, 1.
heitr, *adj.* (F. 75), heiss. — N. m.
7, 7; N. n. heitt *8*, 13; *26*, 20.
hekla, f. (F. 58; Vigf.), *ein weiter*
Mantel *mit Kapuze;* Wh. 171. —
A. heklu 153, 1.
heklumaðr, m. (hekla, maðr), *ein in
eine hekla gehüllter Mann.* — Nsf.
246, 1=*der Mann mit dem Mantel.*
hel, f. (*vgl.* Hel), *die* Unterwelt.—
G. frá heljar (Helj.) 89, 8; *vgl.* frá 1).
— til heljar *zum Totenreich* 216, 7.
D. or helju 78, 2; 77, 23; h. or *vom
Tode* Regm. *1*, 5. í helju *im Toten-
lande* 233, 18. *Adverbiell* í hel (A.)
zu Tode; *eig. in den Bereich der
Todesgöttin* (Hel) *104*, 26; 225, 15.
heldr, *adv.* (F. 71), lieber, eher;
ziemlich. — *Eigentl. Compar., vgl.*
§ 162 s. v. gjarna. — Als heldr-
en; *so* 27, 2; *41*, 4; *mit unterdrück-
tem* en 135, 12; h. = *lieber* 155, 32;
163, 26. eigi heldr *ebensowenig* 137,
3 *vgl.* 163, 23; heldr *vielmehr (ge-
gensätzlich)* 54, 14; *164*, 11; 177, 4;
=*ziemlich, leidlich* 38, 14; 59, 11.
— *Vgl.* Lund p. 249.
* *Als Superl. dient* helzt(=heldst)
am liebsten 64, 3; nú h. 65, 14 =
nunc potissimum Eg. *eben gerade,
eben nur.* — allra helzt *allermeist,*

zumal 153, 84; hvatt helz lá til (*vgl.*
liggja 207, 16. — *Die Nebenform*
helzti (*für* helzt til? *s.* Fritzn.) *in*
h. lengi *reichlich lange, fast zu
lange* 183, 23.
helgistaðr, m. (*vgl.* heilagr, staðr),
ein geweihter Platz, Heiligtum.
— N. 20, 4.
helgrind, f. (*vgl.* hel *u.* Hel), *ein*
Thor zur Unterwelt. — Pl. Dat.
helgrindum 7, 6.
hella, f. (*verwandte Bild. bei* F. 70
unt.), *die* Felsplatte, *der* flache
Fels. — Gsf. hellunnar *161*, 16;
Dsf. hellunni *80*, 8; A. hellu *u.* Asf.
helluna *41*, 11. — Pl. A. hellur *80*, 7.
hellir, m. (*verw. Bildungen bei* F. 70
oben), *die* Höhle. — D. helli 77,
27; A. helli *80*, 7.
hellisdyrr, Pl. f. (hellir, dyrr), *der*
Höhlen-Eingang. — D. 253, 24.
helmingr, m. (*vgl.* hálfr), *die* Hälfte,
das Halbteil. —·Pl. A. í helminga
116, 15.
helvegr, m. (*vgl.* hel, Hel; vegr), *der*
Weg zur Unterwelt), *zum Toten-
reich; meist poet.* — A. helveg VǫL
53, 7; *vgl.* 253, 22.
* *Wo spec. der Weg zur* Hel *gemeint ist, wurde* Helvegr *geschrieben,* q. v.
helzt *s.* **heldr.**
henda, *schw. v.* (*vgl.* hǫnd), *eig. mit
der Hand fassen,* ergreifen; *oft
auch = betreffen und intrans.* = zu-
stossen. — Inf. 99, 4 = *zugreifen;
sich ereignen* 178, 14. — Præs. S. 3
hendir *passirt 181*, 2.— Pl. 1 hendum
eigi heiptyrði *lasst uns keine Scheltworte anwenden* 202, 17. Part. Pass.
absol. hent: Loka hafði þat hent =
den L. *hatte das betroffen 106*, 3.
hengja, *schw. v.* (*s.* hanga, F. 59),
hangen lassen, hängen. — Pass.
Part. hengðr *gehängt* 121, 24.
heppinn, *adj.* (*s.* happ *Glück* F. 62),
beglückt. — Pl. N. hepnir *173*, 24.
hepta, *schw. v.* (*zu* hapt n. F.63), *ver-
haften,* fesseln. — Pass. Part.
heptr *180.*
herbergi *oder* **herbyrgi,** n. (F. 66,
vgl. herr *u.* bjarga), *die* Herberge;
das Quartier; *Wohn- und Gastzimmer mit Schlafgelegenheit (vgl.*
hǫll). Nsf. herbergit *193*, 18. G. til
herbergis (-byrgis) *107*, 16; *137*, 9.

— A. *158*, 1. *Auch im Plur. (wie*
hús, salr), *so* Acc. *259*, 23.

herbergissveinn, m.(herbergi,sveinn),
ein im Gastzimmer aufwartender
Bursche. — N. *238*, 19.

herboð, n. (*s.* herr, boð), *das Aufgebot des Heeres, der Heerbann.* —
A. *178*, 1.

herbúnaðr, m. (*vgl.* herr, búa), *die*
Heeresausrüstung. — N. *176*, 31.
— D. *55*, 7.

herbyrgi *s.* **herbergi.**

herða, *schw. v.* (*vgl.* harðr), hart, *fest
machen,* pressen. — Præt. S. 3 herði
57, 19. — Pass. Part. eitri hert *in*
Gift gehärtet 210, 27.

herðr, f., *als* Pl. **herðar** (F. 68), *die*
Schultern *an der Rückenseite.* —
D. herðum *80*, 12.

herfang, n. (*vgl.* herr '*u.* fang, fá),
der Kriegsfang, die Beute. — D.
at herfangi *140*, 6; A. *125*, 14.

herferð, f. (*s.* herr, ferð), *die* Heer-
fahrt, *der Kriegszug.* — A. *167*, 19.

herfylginn, m. (*s.* herr *u.* fylginn bei
Vigf.), *der mit dem Heerwesen, mit
dem Kriege Vertraute.* — G. herfylgins *f*, 4. bellicosi (Eg.).

herfǫr, f. (*s.* herr, fǫr), = herferð. —
Pl. D. *151*, 34.

herja, *schw. v.* (*s.* herr, F. 65), Krieg
führen, *verheeren,* plündern, er-
obern. Inf. 7, 11; *17*, 2. — Præs.
S. 3 herjar *166*, 15. Pl. 3 herja *17*,
9. — Præt. Pl. 3 herjuðu þangat
250, 23 *hatten einen Feldzug dahin
unternommen.* Pass. Part. herjat
140, 8. — fekk herjat sér = *bekam
für sich erobert, eroberte sich* 150,15.

herklæði, n. (herr, klæði), *das Kriegskleid, das* Rüstungsstück. — Pl.
A. *213*, 16.

herkonungr, m. (*s.* herr, kon.), *der*
Heerkönig, Heldenkönig. — Pl.
G. *117*, 3. — *Hat das Wort auch
hier (wie sonst häufig, vgl.* Vigf.)
*die Bedeut. eines Königs ohne Land?
S. auch* konungr.

herlið, n. (herr, lið), bewaffnetes
Gefolge, *zur Ausführung kriege-
rischer Unternehmungen.* A. 217, 3.

hermaðr, n. (*s.* herr, maðr), *der Heer-
mann,* Krieger. — N. *145*, 6; G.
hermanns *36*, 13. Pl. G. hermanna
193, 34.

hernaðr, m. (*s.* herja, herr), *der Heereszug,* Kriegszug; *namentlich ein
Raubzug zur See.* — D. í hernaði

145, 14; Dsf. *150*, 14. — A. í hernað
150, 12.

hernuminn, adj. (*s.* herr, nema),
kriegsgefangen. — N. *180*, 7.

herr, m. (F. 65), *das* Kriegsheer.
— N. *177*, 18; Grott. *19*, 5; D. her
51, 6; *163*, 9; A. her *125*, 12. —
koma í her *zur Schlacht ziehen*
164, 29.

herra, m. (*zu* herr Vigf., *oder zu* hár?
vgl. mhd. herre = hêriro, *oder entlehnt?*), *der* Herr, *vornehmer Mann.*
— Voc. herra *164*, 4; *166*, 24.
  * *Vgl. auch* Herjan, Herran.

hersaga, f. (*s.* herr, saga), *die Kriegs-
nachricht.* — A. hersǫgu *165*, 19.

hersir, m. (*vgl.* herr *u.* hérað), *der*
Herse, *ein* niederer *Beamter und*
Edelmann. *Vgl. M. Cl.* I, 130,197;
und besonders Keyser Eft. Skr. II,
107 — 119. — *S. auch* jarl, lendr
maðr *u.* ríkismaðr. Pl. N. hersar
142, 13; *143*, 7.

herskapr, m. (*s.* herr; -skapr F. 331),
das Heerwesen, *die* Kriegs-
bereitschaft. — D. *167*, 21; A.
193, 7.

herskip, n.(*s.* herr, skip), *das* Kriegsschiff. — Pl. G. *150*, 12; A. *244*, 3.

herstjóri, m. (*s.* herr *u.* stýra), *der*
Heergebieter, Heerführer. — Pl.
N. herstjórar *143*, 12.

hertekinn, adj.(*s.* herr, taka), kriegsgefangen. — N. *180*, 6.

hervápn, n.(*s.* herr, vápn), *die* Kriegs-
waffe. — Pl. A. hervápn 95, 19.

hervirki, n. (herr, virki = verk F. 293),
das feindselige Werk, die Feindseligkeit. — A. *244*, 19.

hervæða, *schw. v.* (*s.* herr, væða =
kleiden).— Inf. hervæða sik Kriegs-
rüstung *oder -Kleidung* anlegen

heslistǫng, f.(hesli=haslF.74; stong),
die Haselstange. — Pl.N. *250*, 19.

hestafótr, m. (hestr, fótr), *der* Fuss
eines Pferdes. — Pl. D. *228*, 23.

hestasveinn, m. (*s.* hestr, sveinn), *der*
Pferdejunge, *Pferdehüter.* — N.
171, 33.

hestr, m. (F. 59), *ein (meist) männliches* Pferd, Hengst. — N. *14*,
13; Nsf. hestrinn 53, 8; G. hests
118, 2; Gsf. hestsins 75, 18; D. hesti
14, 11; Dsf. hestinum 53, 6; A. hest
44, 14; Asf. hestinn 54, 2. — Pl. N.
hestar *15*, 1; G. hesta *122*, 5; Gsf.
hestanna *15*, 2; D. hestum Regm.

16, 2 vgl. Ræfill; A. hesta *14*, 8, 21.
— *Vgl.* jór *u.* merr.
hey, n. (F. 57), *das* Heu. — A. *98*, 23.
heyannir, Pl. f. (*s.* hey, ǫnn = *Arbeit*),
der Heumond, Juli. — N. *144*, 13.
— *Vgl.* Wh. 878, *Mon.* 44. — *Dort
wäre* túnannir = heyannir (Eb. 90, 1)
nachzutragen.
heyra, *schw. v.* (F. 58), hören. —
Inf. *35*, 11; *161*, 21. — Præs. S. 1
heyri ek *12*, 2; S. 2 ef þú heyrir
50, 16; S. 3 heyrir 35, 20. — Pl. 3
heyra *48*, 17; *93*, 15. — Imper. S. 2
heyr *192*, 27. — Præt. S. 1 heyrða
90, 5; sf. heyrðak *135*, 5; S. 3 heyrði
69, 18; Pl. 3 heyrðu 58, 19. — Pass.
Part. heyrt 27, 1; *56*, 10. — *Auch
impers.* — Præs. S. 3 heyrir *man
hört* 35, 22; *204*, 9 *elliptisch: man
hört (ihn).*
* heyra **sagt** (*s.* segja) = *sagen
hören. Vgl.* Gr. IV, 169.
heyrn, f. (*vgl.* heyra), *das* Gehör. —
A. heyrn *13*, 3.
héðan, *adv.* (F. 74.), von hier. —
h. ok handan *von hier u. von dort* =
von allen Seiten 16, 4; skamt h. á
brott *nicht weit von hier entfernt*
172, 23. — *zeitlich:* héðan af, h.
frá *von nun an 150*, 6; *169*, 9; h. í
frá 205, 30.
* *Für die Schreib.* heðan *vgl. Siev.*
P. VI, 355.
héla, *schw. v.* (*zu lat.* gelu? *vgl.*
Vigf.), *sich mit Reif bedecken.* —
Præt. S. 3 héldi yfir *es gefror darüber 8,* 5.
hér, *adv.* (F. 74), hier; *9*, 1; *10*, 17
(*bei einem Citat, vgl. 149*, 1); *bei*
koma (*vgl.* s. v.) hér = *hierhin*
(héðra), *so 63*, 14; *197*, 21. *zeitlich:*
hér til *bis hierhin, bis jetzt 155*, 2.
— *Freier:* er hér liggr skamt héðan
á brott, þat heitir Gnítah. *172*, 23 =
*der hier (wohin ich mich in Ge-
danken versetze) nicht weit von hier
(wo wir uns eben befinden) liegt;
das (die Gegend) heisst Gnítaheide.*
héraÐ, n. (*vgl.* herr, hersir), Herad,
d. h. Verwaltungsbezirk eines hersir
(q. v.). — Plur. N. héruÐ *143*, 5;
A. *143*, 6. *Vgl. M. Cl.* I, 129, 130.
hérvist, f. (hér, vist = *Aufenthalt*),
das Hiersein, *das* Verweilen an
diesem Orte. — D. *197*, 16.
hjal, n. (F. 72), *das* Gespräch, Ge-
schwätz. — A. *202*, 20.

hjalt, n. (F. 72), *der* Schwertgriff,
*eig. der Querstab oder die Parier-
stange am unteren Teile desselben,
daher auch im* Pl. = Griff. — S. D.
hjalti Sigrdr. *6*, 3. Pl. Nsf. hjǫltin
42, 3. — D. at hjǫltum upp *bis zum
Griff* (*hinauf*) *153*, 6; Dsf. hjǫltunum
161, 30.
hjarta, n. (F. 79), *das* Herz, *auch als
Sitz des Mutes 181*, 29. — G. til hjarta
Vǫl. *56*, 7; Gsf. hjartans *179*, 11;
Dat. hjarta *194*, 21; Dsf. hjartanu
117, 19; A. hjarta *103*, 16; Asf.
hjartat *117*, 17; Pl. Dat. hjǫrtum
216, 7, A. hjǫrtu *120*, 26.
hjartablóÐ, n. (*vgl.* hjarta, blóð), *das*
Herzblut. — Nsf. *117*, 20.
hjartarhorn, n. (*vgl.* hjǫrtr, horn), *das*
Hirschgeweih. — D. *47*, 7.
hjartarœtr, Pl. f. (hjarta, rót), *die
Herzenswurzeln,* Fibern *des Her-
zens;* A. um hj. *210*, 2 = *im Herzens-
grunde.*
hjá, *adv. u. präp.* (*vgl.* hjón? *s.* Vigf.),
urspr. wol im Hause (*vgl.* Gr. II,
756), bei, *mit* Dat. — *lokal:* hjá
henni *an ihr vorbei 161*, 18; *so auch*
í hjá *in der Nachbarschaft* (*vgl.* í
nánd) 231, 8. ganga í rekkju hjá
einni konu *mit einer Frau Beilager,
Beischlaf halten* 119, 23; *153*, 29;
so auch fara í r. 157, 34; *vgl.* væri
hjá hánum *157*, 35; leggr hjá sér
158, 10; lá hjá henni *100*, 7. — *adv.*
= *daneben 174*, 7; *auch* = neben,
im Vergleich mit, so β, 6; *66*, 11;
160, 1; *260*, 11.
hjálmr, m. (P. 69), *der* Helm. — N.
178, 12. Nsf. *136*, 19; Dsf. hjálminum *178*, 26. A. tók hjálm 95, 18
vgl. 193, 30 á ek hjálm; Asf. hjálminn *136*, 15. — Pl. A. hjálma *122*, 8.
— *Vgl. auch* brynja.
* hj. *auch* = *Steuerruder, vgl.*
hilmir.
hjálmstafr, m. (hjálmr, stafr), *Helm-
stab, Helmstütze, poet.* = Mann (*vgl.*
hrottameiðr *u. A.*). — Pl. D. Regm.
22, 5.
hjálp, f. (F 73), *die* Hilfe. — A.
41, 3.
higat, *adv.* (= hingat), hieher. —
154, 30; *211*, 13.
* *Nach* Vigf. *ist* hingat *die ältere,
richtigere Form.*
hilmir, m. (*vgl.* hjálmr), *eig.* a helms-
mann Vigf.; *poet.* = Fürst. — G.
hilmis Regm. *26*, 7.

himinn, m. (F. 64), *der* Himmel.
— N. *6*, 19; *25*, 12; Vol. *53*, 8;
Nsf. *82*, 18. — G. himins *10*, 8;
D. á, undir himni *11*, 18, 19; Dsf.
himninum *24*, 12. — A. himin *6*, 12;
11, 12 *u. ö.*

himinsendi, m. (*s.* himinn, endi), *das*
Himmelsende. — D. *25*, 5, 10.

himintungl, n. (*vgl.* himinn, tungl),
das Himmelsgestirn, Pl. N. *12*,
13; A. *170*, 27.

hingat, adv. (= hinig at, *vgl.* þangat),
hieher. — *46*, 22; *66*, 17.

hinig, adv. (*eig.* hinnig = hinn veg,
s. hinn *u.* vegr; *vgl. aber Sievers*
bei Paul VI, 315), hiehin. — Grott.
19, 6.

hinn, pron. (F. 74), der, jener;
ältere Form für inn, q. v.; *in der*
Prosa zumeist im emphatischen Tone
gebräuchlich. — *Vgl.* Vigf. s. v. (p.
263); *Lund* p. 488 *fg.* — N. *80*, 1;
110, 15. — n. hitt (N. A.) er mest
das ist das Grösste 6, 13; *vgl. 50*,
16; *69*, 4, 10; *72*, 19; *164*, 27. —
Auch = jener, zur Bezeichn. des fer-
ner Stehenden; so wol hinar (inar)
= die andern 260, 16.

hinna, f. (*vgl.* Vigf. s. v.), *das Häut-*
chen. — N. *24*, 5.

hjó *s.* hoggva.

hjón, Pl. n. (F. 76), *die* Hausge-
nossen *einschliesslich der Diener-*
schaft; vgl. Keyser Eft. Skr. II, 76.
— Pl. N. *57*, 13; G. hjóna nafni=
Ehegatten (*vgl.* heita) 212, 4.

hirð, f. (*entw. zu* hirða, *oder* = *ags.*
hyred, *verw. mit* hjón), *die* Gefolg-
schar. — *Vgl. M. Cl.* I, 174. —
Keyser II, 85, 86. — D. í hans hirð
67, 8; með hirð *150*, 25 *vgl. 162*, 21;
A. hirð *122*, 4.

hirða, *schw. v.* (*vgl.* hirðir *der Hirte*
F. 80), *behüten*, bewachen, *sorgen.*
— Præs. S. 1 ekki hirði ek um lífit
nicht kümmere ich mich um's Leben
205, 32; *mit blossem* Acc. 226, 4.
S. 3 hirðir *98*, 14; *hebt auf 182*, 28;
kümmert sich 210, 7. — Conj. S. 3
hirði = *achte, sich kümmere 153*, 27.
— Imper. S. 2 hirð eigi þat *küm-*
mere dich nicht darum 204, 3.

hirðkona, f. (hirð, kona), *eine* Frau
des Gefolges, *wol* = skemmumær.
N. 204, 12.

hirðmaðr (*vgl.* hirð, maðr), *der* Gefolgsmann. N. 253, 11. — Pl.
hirðmenn Gefolgsleute, *zunächst*

am Hofe des Königs; Keyser II, 86
— N. *61*, 9; *143*, 18; Nsf. *122*, 26.
— A. hirðmenn *68*, 14.

hirðsiðr, m. (hirð, siðr), *die* höfische
Sitte. — Pl. D. *259*, 12.

hiti, m. (F. 74), *die* Hitze. — Gsf.
hitans *8*, 15. — A. hita *77*, 26; Asf.
hitann *8*, 17.

hitta, *schw. v.* (*wol zu g.* hinþan F.61,
vgl. Vigf.), antreffen, finden. —
Inf. *160*, 23; = aufsuchen *176*, 8;
193, 4; *204*, 19, 21. Præs. S. 3 hittir
157, 2. — Pl. 2 hvern þér hittið
þann fyrir, at *wen ihr als einen sol-*
chen vorfindet, dass = ob ihr nicht as
einen solchen geratet, der 241, 12.
Præt. S. 3 hitti *141*, 4; Pr. Conj.
S. 3 hitti *53*, 21; *124*, 11; Pl. 3
hitti *122*, 14. — Pass. Part. A. m.
hittan *172*, 17; *absol.* hitt *55*, 14;
67, 18. — þóttu værir ekki at hitt
= *wenn du auch nicht dazu aufge-*
sucht, zu Rate gezogen wärest 201,
30, *vgl. 204*. 25. Med. hittaz *sich*
treffen, *zusammengeraten.* — Inf.
61, 16 (*vom Wiedersehen*); *sich*
treffen *lassen* (*zum Kampfe*) *164*,
28. — Præt. Pl. 3 er þeir Beli (*er*
und Beli) hittuz (*im Kampfe sich*
begegneten) *47*, 13.

hjörleikr, m. (hjorr, leikr), *das Schwert-*
spiel, poet. = Kampf. — G. Regm.
23, 7.

hjörlögr, m. (*s.* hjorr, logr), *die*
Schwertfeuchtigkeit, der Schwert-
tau, das Blut. — D. *180*, 21 *vgl.*
blanda.

hjörr, m. (F. 67), *das* Schwert, *poet.*
— D. hjorvi *1*, 3. A. hjor Vol. *56*, 7.

hjörtr, m. (F. 67), *der* Hirsch. —
N. Grm. 35, 4; A. *196*, 8; Asf.
hjortinn *50*, 4. — Pl. N. hirtir 23, 6.

hlaða, *stv.* (F. 87), beladen, häu-
fen; *mit* Dat. *oder* Acc., *vgl. Lund*
p. 91. — skyldu hl. upp hjá gullinu ok hylja útan *sollten daneben*
Gold aufhäufen und (*mit Gold*) *von*
aussen (*ihn*) *bedecken 174*, 7.

hlakka, *schw. v.* (F. 87), krächzen.
— Præs. S. 3 hlakkar Vol. *51*, 6.

hlaup, n. (*vgl.* hlaupa, F. 87), *der*
Sprung, *Lauf.* — D. hlaupi *40*, 3.
með hlaupi *im Sprunge 233*, 6.

hlaupa, *stv.* (F. 86), springen, *sel-*
tener = laufen. — Inf. *118*, 24; hl.,
ríða þenna eld (Acc. *des durch-*
messenen Raumes, Lund p. 59) *198*,
25, 28. Præs. S. 3 hleypr *15*, 18

(rennt); *101*, 9 *(springt)*; Pl. 2 hlaupið *umherlauft (nhd.* Sing.) *172*, 19. Pl. 3 hlaupa *rennen 54*, 7; *160*, 27. — *eilen 170*, 1. Præt. S. 3 hljóp *10*, 13; *72*, 8; *119*, 2; *121*, 7; Pl. 3 hljópu *138*, 6; hl. frá skipum = *stürmten ans Land 168*, 17.

hlaupari, m. (*s.* hlaupa), *der Herumläufer,* Landstreicher. — Pl. N. *171*, 33,

hleina, *schw. v.* (*vgl.* F. 88 *die Bildungen s.* hli), *eig.* lehnen, *sich* (*um eine Stütze zu finden*) *anlehnen.* — Præs. S. 3 hleinir *44*, 11.

hleypa, *schw. v.* (*vgl.* hlaupa, F. 86), *das Pferd springen (laufen) lassen,* sprengen *mit instrum.* Dat. (*Lund* p. 91). — Præs. S. 3 hleypir; Præt. S. 3 hleypti *75*, 11; *101*, 11. — Pass. Part.*absol.* hleypt hestum at henni *228*, 16 *mit Rossen auf sie eingesprengt.*

hlið, f. (F. 88 *s.* hli), *die* Seite. — D. á hliðu Grm. *35*, 5; A. á aðra hlið *82*, 17, *vgl.* á hlið sér *90*, 9. Pl. A. á tvær hliðar Regm. *24*, 5.

hlið, n. (F. 88 *s.* hlid), *das* Thor. — Asf. *220*, 10.

hljóðr, *adj.* (F. 89), *eigentl.* hörend, *d. h.* still, *schweigsam.* — Nf. hljóð *201*, 18.

hljómr, m. (*vgl. g.* hliuma F. 89 *s.* **hlu**), *der* Laut, Gesang. — A. hljóm Grott. 2, 8.

hljóta, *stv.* (F. 90), *eig. durchs Los bekommen, dann überh.* = erlangen. — Inf. *40*, 20. — mun standa hljóta = *wird zu bestehen haben, wird bestehen müssen* (Vigf. s. v. II) *217*, 29. Præt. S. 1 ek hlaut *221*, 20.

hlifa, *schw. v.* (F. 89), schützen, *mit* Dat. *Lund* p. 70. — Præt. S. 3 hlífði *169*, 1; Pl. 3 hlífðu *168*, 27.

hlóa, *schw. v.* (*vgl. mit* Pf. glóa, *bei* F. 104), erglühen. — Præs. Pl. 3 hlóa Grm. 29, 9.

hlummr, m. (*vgl.* Vigf. *s.* hlumr), *der* Handgriff *eines Ruders.* — Pl. N, *220*, 4.

hlunnr, m., *die* Walze, *namentlich unter einem Schiffe, zur Fortbewegung auf dem Lande.* — Plur. Dsf. hlunnunum *75*, 21.

hlunnvigg, n. (hlunnr, vigg n. = *Ross* F. 282), *das Walzen-Ross, poet.* = Schiff (*vgl.* Sk. LI skip = hest skipreiða). Pl. N. Regm. *17*, 7.

hluti, m. = **hlutr.** — N. *163*, 7; *226*, 15. A. hluta *178*, 22.

hlutr, m. (F. 90), *eig. das Los, dann der* Teil *oder* Anteil, *die einzelne* Sache, *das* Ding. — N. *8*, 10; einn hverr hl. *irgend Etwas* 39, 15; *ähnl.* nokkurr hl. 52, 16; engi hlutr *Nichts 17*, 7; *83*, 11. — G. hlutar 56, 8; D. hlut *137*, 4; A. hlut *30*, 14. — Pl. N. hlutir *4*, 3; *5*, 7; G. hluta 37, 10; 97, 8. — D. hlutum *6*, 11; A. hluti *13*, 11. — um alla hluti *in allen Stücken 152*, 7; alla hl. *162*, 15 = *alle (möglichen) Dinge, alles Mögliche.*

* hlutr *kann in manchen Fällen freier übersetzt werden, vergl. die Beisp. zum S.* Nom., *so auch* þess hlutar *nach der Sache* = *darnach;* ollum hlutum betra = *besser als Alles (auf der Welt) 196*, 10. — *Vgl. auch* hofðu jafnan minna hlut or málum = *hatten immer den schwächern Teil aus Streitsachen erlangt, immer den Kürzern gezogen 168*, 10. *Wenig glücklich ist 184*, 8 *gesagt:* í rúnum eða oðrum hlutum (*andern, ähnlichen Dingen*), er liggja til hvers hlutar = *die für jeden einzelnen Gegenstand (oder Fall) sich finden; vgl. auch das dreimal.* hl. *191*, 15—17; fyrir sínum hlut *für ihr Teil, für sich selbst 209*, 18.

hlynr, m. (F. 90), *der* Ahorn, *überh. Baum;* vápna hl. = *Waffenbaum* = *Held* Sigdr. 20, 3; *vgl.* Skálda c. 31.

hlyða, *schw. v.* (F. 89 s. hlu), lauschen, hören, gehorchen. — Inf. *56*, 14; Grott. *18*, 6; Præs. S. 3 hlýðir 43, 19. — Præt. S. 3 hlýddi *158*, 34, 35 (*hier* = *war möglich, stand zu Gebote;* Vigf. s. v. II), = *gehorchte* 228, 5.

* hlýða c. D. *ist eig. lauschen,* hl. á *auf etwas genau achtgeben.*

hlýri, m. (*zu* hlýr = *Wange,* F. 88), *der* Bruder; *poet.* N. *o*, 5.

hlæja, *stv.* (F. 87), lachen. — Inf. hlæja (*hier als Zeichen natürlicher Zuneigung*) *154*, 2 *u.* 215, 26; *vgl.* við 1) c). — *Ähnlich auch* hlæja 205, 21, *wo* hl. *als* Inf. *zu fassen* (hl. megi *vgl. das Vorwort); von spöttischem Lachen* Pl. 3 hlæja 239, 10. — Præt. S. 3 hló við *16*, 6; *35*, 9; *119*, 22; *158*, 30; Pl. 3 hlógu *42*, 1.

hlær, *adj.* (F. 88 *oben*), lau. — N. n. hlætt *8*, 14.

hlœgja, *schw. v.* (F. 87, *vgl.* hlæja), zum Lachen bringen. — Inf. 96, 4. — Præs. S. 3 hlœgir *180*, 28.

hlœgligr, *adj.* (hlœgja), lächerlich. — n. *adv.* 221, 28.

hnakki, m. (F. 81), *der oberste Teil des* Nackens, *das* Genick, *der* Hals.— Asf. hnakkann *61*, 19; set ja hn. á bak *das Haupt (oder den Hals) zurückbiegen.*

hnefi, m. (F. 82), 1) *die* Faust. — D. hnefa *104*, 26; Asf. hnefann 72, 21. — Pl. N. hnefar 72, 6. — 2) *etymolog. unrichtige Schreibung für* nefi (F.165)=*Nachkomme*, Spross. — N. Regm. *26*, 7, *vgl. Var.* arfi.

hniginn *s.* **hniga.**

hnipinn *s.* **hnipa.**

hnipna, *schw. v.* (*vgl.* Vigf., hnípa), *betrübt*, sorgenvoll *sein.* — Præt. S. 3 π, 4.

hnita, *schw. v.* (*vgl.* hnita F. 81, Vigf.), *hämmern, mit dem* Hammer *befestigen.* — Pass. Part. 237, 25.

hniga, *stv.* (F. 81), *sich* neigen. — Præt. S. 3 hneig upp *lehnte sich auf* (= *zurück*) 211, 15. — Pass. Part. hniginn á efra aldr *auf ein höheres Alter (herab) gekommen = bejahrt* 232, 21; *236*, 14.

hnipa, *schw. v.* (*s.* Vigf. s. v.; *vgl. auch* hniga), *gebeugt*, betrübt sein, *den Kopf hängen lassen.* — Præs. Pl. 3 hnipa *192*, 26. — Præt. S. 3 hnípti *212*, 30. Pass. Part.' *st. Flex. (von verlor.* hnípa, hneip?) hnipinn betrübt *46*, 18.

hnoss, f. (*vgl.* Vigf. s. v. *u.* hnjóða F. 82), *eine kostbare Schmiedearbeit, ein* Kleinod. Pl. N. hnossir *43*, 6.

hnot, f. (F. 81), *die* Nuss. — G. hnotar 95, 6; Asf. hnotina 95, 9.

hnyggja *oder* **hneggva,** *stv.* (F. 81, Vigf. s. v.), stossen, *schaben.* — Pass. Part. hnugginn *abgestossen, gekränkt oder beraubt in einer Sache* (Dat.) 228, 11.

hnykkja, *schw. v.* (*s.* Vigf.), *heftig u. ruckweise* ziehen *oder* reissen. — Pl. S. 3 hnykkir at sér (*an sich, zu sich hin*=*zurück*) 156, 26.

hof, n. (F. 68), *der* Tempel, *das Heiligtum unter Dach, vgl.* Vigf. s. v. A. hof *17*, 16.

hol, n. (F. 70), *die* Höhlung, *der hohle* Raum. — Asf. holit *120*, 19.

hold, n. (*vgl.* Vigf.), *das* Fleisch. — D. holdi *11*, 5; *18*, 7—8; Grm. *40*, 1.

— með holdi ok skinni *158*, 18. — A. ǫ, *4*; 225, 10.

holdgróinn, *adj.* (*vgl.* hold, gróa), an das Fleisch festgewachsen. — N. m. *111*, 20; N. f. *183*, 21.

hollr, *adj.* (F. 72), hold, geneigt. N. m. *192*, 9.

hollvinr, m. (hollr, vinr), *der* holde Freund; *poet.* — N, *n*, 3.

holt, n. (F. 72), *das Holz*, Gehölz. D. í holti VafÞr. *45*, 3.

hopa, *schw.v.* (*vgl.* Vigf., *zu* hap F.62?), stutzen, *unschlüssig sein, zurückweichen; von Pferden u. Menschen.* — Præs. S. 2, 3 hopar *198*, 24.

horfa, *schw. v.* (*vgl.* hverfa), *sich* wenden, *gerichtet sein*, schauen. — Præs. S. 3 horfir *20*, 13; Pl. 3 horfa 88, 5; 249, 2. Præt. S. 3 horfði *161*, 17. — Med. horfaz *den Anschein haben; at* þar horfiz (Conj. S. 3) *til gamans mikils* = *dass die Sache sehr heiter sei* 239, 10.

horn, n. (F. 67), *das* Horn, Geweih; Trinkhorn; Horn *zum Blasen;* Spitze, Ecke. — N. Vǫl, *47 b*; Gsf. hornains *65*, 1; D. horni *64*, 8; Dsf. horninu *64*, 7; *20*, 16. — A. horn Grm. *36*, 2; Asf. *64*, 11; A. horn=*Ecke 11*, 14. Pl. D. hornum =*Geweih 50*, 5, =*Spitzen 103*, 19. A. horn=*Trinkhörner* 237, 12.

horskr, *adj.* (F. 66), *hurtig, schnell, von schn. Auffassung*, klug. — N. *182*, 22.

hóf, n. (F. 68), *das* Mass, *die Schicklichkeit.* — D. at hófi *nach Gebühr (der Verwandtschaft halber)* 157, 12; ok þó léztu þér eigi at hófi (sc. gert vera) *und doch meintest du, dass dir nicht nach Gebühr (geschehen sei)* 226, 2. A. við hóf *nach Gebühr* 99, 2.

hóflátr, *adj.* (*vgl.* hóf, láta), *von* schicklichem *und* klugem Benehmen. — N. *44*, 13.

hófr, m. (*vgl.* Lexer s. v. huof), *der* Huf. — D. hófi Sigdr. *15*, 4.

hólmganga, f. (*s.* hólmr, ganga), *der* Holmgang, Zweikampf. *Vgl. Wh.* 297 *fg.* — Asf. hólmgonguna *103*, 4.

hólmr, m. (F. 71), 1) *die* Insel, *der* Holm (*vgl. Bornholm u. a.*) — A. hólm *40*, 13; *hier schon Übergang zu* 2), — 2) *der (oft insulare) Platz zum Zweikampfe oder der* hólmganga (q. v.). — N. hólmr *103*, 7; *180*, 20.

hólmstefna, f. (s. hólmr, stefna f.), dieZweikampfs-Versammlung, -Begegnung. — G. til hólmstefnu *104*, 3.

hórdómr, m. (*vgl.* hórr F. 80, dómr s.*), *das buhlerische Wesen, die* Unsittlichkeit. N. Vol. *46*, 6.

hót, Pl. n. (F. 92), Drohungen. — A. *210*, 8.

hraðr, *adj.* (F. 82), schnell; n. *adv.* ·hratt *u. im Superl.* hraðast; sem hr. *so schnell wie möglich* 233, 10 *vgl. N.*

hrafn, m. (F. 83), *der* Rabe. — N. *121*, 12. — Pl. N. hrafnar *48*, 16.

hrammr, m. (*nach* Vigf. *zu g.* hramjan), *die Pfote, Hand; auch die* Vordertatze (*eines Bären*). — D. hrammi Sigdr. *16*, 1. Pl. Asf. *218*,27.

hrapa, *schw. v.* (*vgl.* Vigf.), *stürzen,* taumeln. — Præs. Pl. 3 Regm. *17*, 7.

  * Regm. 25, 6 *ist* hrapa *wol = sich überstürzen, übereilen; vgl.* Flat. I, 306 Z. 11.

hratt *s.* hrinda.

hraustr, (*vgl.* Vigf.), *kühn, rüstig.* — *Superl.* N. inn hraustasti *221*, 10. *s. auch* týhraustr.

hráki, m. (*zu ahd.* racho = *Rachen* Vigf., *vgl. auch* rachisôn = spuere), *der* Speichel. — D. hráka *39*, 21; *97*, 5.

hreðjar, Pl. f. (*vgl.* Vigf. *u. g.* haírþra = viscera), *die Hoden,* männliche Scham. A. *96*, 5.

hreysikottr, m. (hreysi = *Steinhaufe;* kottr), *das* Hermelin (*so* Fritzn., *Wildkatze* Vigf.). — Nsf. *160*, 10. — Pl. N. 160, 7.

hreysti, f. (*vgl.* hraustr), *die* Tüchtigkeit. — A. *163*, 28.

hreystiligr, *adj.* (*vgl.* hreysti), *kühn, beherzt.* — *Superl. adv.* gera sem hreystiligast *so beherzt wie möglich verfahren* 155, 7.

hreystimaðr, m. (*s.* maðr, hreysti), *eig. Kühnheitsmann, ein* kühner Mann. — Pl. D. hreystimonnum *34*, 12.

hrinda, *stv.* (F. 83), stossen, *mit* Dat., *vgl. Lund* p. 92. Imper. S. 2 hritt af þér harmi 205, 3. Præt. S. 3 hratt 75, 20; *76*, 5; Pl. 3 hrundu hánum = *stiessen ihn fort* 220, 17.

hringja,f.(*vgl.*hringr),*eine*Schnalle. — Nsf. 252, 5.

hringr, m. (F. 82), *der* Ring, Kreis. — Gsf. hringsins *160*, 29. A. í hring *in Ring- oder Kreis-form, im Kreise;* Asf. hringinn 77, 17. Pl. N. hringar *76*, 13. — D. hringum Grott. 20, 3. A. hringa *170*, 20.

hrjóta, *stv.* (F. 85), *a)* springen, *fallen; b)* schnarchen (*wol von dem stossweisen Geräusch*). — *Zu a)* Præs. S. 3 hrýtr *160*, 27; Pl. 3 hrjóta *100*, 1; Præt. S. 3 hraut Grott. 23, 7; Pl. 3 hrutu *251*, 16. Conj. S. 3 hryti upp af hollunni *schlüge oben aus der Halle heraus* *218*,23. — *Zu b)* Præs. S. 3 hrýtr *60*, 7; Præt. hraut 58, 22.

hrista, *schw. v.* (*vgl. g.* hrisjan Vigf.), schütteln. — Præt. S. 3 hristi sik 39, 11; hr. svá hrammana *schlug so um sich mit den Tatzen* 218, 27.

hríð, f. (*vgl.* Vigf.), *eig. der* Sturm, *das Unwetter, die* Zeit. — A. litla, langa hríð 58, 7; *118*, 15; um hríð *eine Zeit lang* 71, 18; *161*, 27; *so auch of* hríð 233, 16.

hrím, n. (F. 84), *der* Reif, *das* Eis. — Nsf. hrímit 8, 7; 9, 12; G. hríms 8, 9; D. hrími 8, 6; Dsf. hríminu 8, 15.

  * hrímit 8, 7 *Reifschicht, Eisscholle* (Pf.). — hrím *nähert sich schon der Bedeutung „Eis", während für „Reif" auch* héla f. *sich findet.*

hrímsteinn, m. (*s.* hrím, steinn), *der Reifblock,* Eisfels. — Pl. A. hrímsteina 9, 16.

hrímþuss (-þurs), m. (*s.* hrím, þuss = þurs *Riese;* F. 132 s. thars), *der* Reif- oder Eisriese. — S. N. 9, 9. — Pl. N. hrímþussar 8, 18; G. -þussa 8, 19; *20*, 13; D. -þussum *6*, 20; *20*, 10, -þursum *112*, 16; A. -þussa 9, 6.

hrína, *stv.* (*vgl.* Vigf.), *grunzen, vom Schwein;* wiehern (*vom Pferd*). — Pr. S. 3 hrein 54, 4.

hrís, n. (F. 84), *das* Gesträuch. — Dsf. *182*, 9.

  * *Urspr. wol = Zweig, vgl.* hrísla *u. die deutsch. Bild.* (*Reis, Reisig*).

hrokkinn, *adj.* (*eig.* Part. *zu* hrekkva *stv.*), gekrümmt. — N. *d,* 3.

hrollr, m. (*vgl.* Vigf.), *ein heftiges* Schütteln *von* Frost, *Aufregung dergl.* — N. hrollr sjá dieser *Zornausbruch 204*, 28.

hross, m. (F. 66), *das* Pferd, *Ross.*
— Pl. G. hrossa (hvat hr. *was für
eine Art von Pferden, was für ein
Pferd*) 54, 4. — *Für die Var.* hrossi
(S. D.) *vgl.* Lund p. 133. Asf. hrossin
172, 11.

hrottamelðr, m. (hrotti *Schwert vgl.*
Hrotti, meiðr), *eig. der Schwert-
baum, poet.* = Mann, Held; *vgl.*
Sk. C. XXXI. — Dat. Regm. 20, 6.

hrottgarmr, m. (*vgl.* hrotti? *vgl.* *;
garmr = Hund vgl.* Garmr), *poet.* =
Verderber. — A. hrottgarm viðar
Verderber des Holzes = *Flamme*
Helr. 10, 4 *rgl. Var. u.* Sk. XXVIII.
* *Nach* Eg. *ist* hrott = hrót radix;
hrott *g.* = canis radicis (ligni) =
ignis.

hróðigr, *adj.* (*vgl.* hróðr F. 85), ruhm-
voll. — N. Grm. 19, 3.

hróðrfullr, *adj.* = **hróðigr.** — Pl. A.
Regm. 21, 6.

hrósa, *schw. v.* (*vgl.* hróðigr), rühmen *mit* Dat.; *Lund* p. 75. — Præt.
S. 3 hrósaði 114, 7.

hrútmánuðr, m. (*s.* mán. *u.* hrútr =
Widder F. 85), *vgl.* *Wh.* 376; Vigf.
s. v. hrútr. *Widdermonat, Brunstzeit
der Böcke,* Dezember. — N. 144, 11.

hryggja, *schw. v.* (F. 84), betrüben,
ängstlich machen. — Inf. 194, 23.

hryggr, *adj.* (F. 84, *nicht* hruggr),
betrübt. — Nf. 207, 14. — Pl. Nf.
hryggar 204, 10.

hryggr, m. (F. 85), *der* Rücken. —
Dsf. 249, 17. Asf. hrygginn 108, 2.

hrynja, *schw. v.* (*vgl.* Vigf. s. v.
hrann n.), *mit Geräusch einfallen,*
einstürzen. — Præs. Pl. 3 hrynja
82, 4.

hrytr, m. (hrjóta b), *das* Schnarchen. — N. var þar hr. mikillr
*man hörte dort ein lautes Schnar-
chen* 233, 4.

hræ, n. (F. 84), *die* Leiche, *der*
Leichnam. — D. hræi 165, 12. A.
164, 30.

hræða, *schw. v.* (F. 84), *in* Furcht
setzen. — Inf. 40, 25; *häufiger ist*
Med. hræðaz *sich fürchten, bei sich
f., absol.* (Helr. 9, 8) *oder mit* Acc.
des Objektes. — Inf. 177, 21. —
Præs. S. 3 hræðiz 15, 17; Pl. 3
hræðaz 116, 21. — Conj. Pl. 3 hræðiz
155, 5. Præt. S. 1 hræddumz ek
180, 27; S. 3 hræddiz 15, 12; Pl. 3
hrædduz 69, 5.

hræddr, *adj.* (*eig.* Part. *von* hræðaz),
erschrocken. — N. m. 53, 22;
N. f. hrædd 15, 11; N. n. hrætt 179,
32. — Pl. N. m. hræddir 180, 29;
Pl. N. n. hrædd 58, 18.

hræfa, *schw. v.* (*vgl.* Vigf.), aushalten. — Inf. um hr. 224, 17.

hræzla, f. (hræðsla; *vgl.* hræðaz), *die*
Furcht. — G. hræzlu 155, 1. A.
hræzlu 57, 22.

hrøkkviáll, m. (*besser* hrekkviáll, *rgl.*
hrekkva), *d,* 3 = anguilla (áll) ad-
sultrix (Eg.), hr. Volsunga drekku
= ang. Volsungorum potus (= ve-
neni), *poet.* = Schlange. — *Vgl.*
auch Eg. *im* Lex. Poet. s. v. •

hrønn, f. (F. 68), *die* Woge, *Feuchtigkeit.* — Pl. Dsf. hrønnunum 72, 19.

hrøkkva, *schw. v.* (*rgl.* Fritzn.), *sich*
krümmen, kräuseln; weichen. —
Præs. S. 3 hrøkkr 222, 1; Præt. S. 3
hrøkk 248, 6. Præt. Conj. Pl. 1
hrykkim 220, 15.

hrœra, *schw. v.* (F. 86), aufrühren,
von der Stelle bewegen. — Præs.
S. 3 hrœrir 26, 8. — Med. hrœraz
sich rühren. — Præs. S. 3 hrœriz
223, 16. Part. Pass. A. m. hrœrðan
104, 20 (*vgl.* fá); hrœrt (*in unflek-
tierter Form*) 59, 18. — Pl. N. f.
hrœrðar Sigrdr. 18, 3.

hrœring, f. (*vgl.* hrœra), *die Rührung,* Bewegung, *das Vermögen
der freien körperlichen Bewegung.*
— Á. 13, 2.

huga, *schw. v.* (*vgl.* hugr, hygja; *zur
Flex.* Vigf.), gesinnt sein; ersin-
nen, *ausdenken.* — Pass. Part. *absol.*
fyrir hugat 234, 18.

hugaðr, *adj.* (*eig.* Part. Pass. *von* huga
= gesinnt sein), gesinnt, heherzt.
— N. best hugaðr 34, 11; svá vel
hug. 157, 20. A. hugaðan betr 119,
16. A. n. hugat *Verständiges* 204, 4.

hugarekki, m. (*s.* hugr, ekki *vgl.* Vigf.
s. v.), Gemütsbewegung. — A.
189, 16.

hugást, f. (*s.* hugr, ást), *die* herz-
liche Zuneigung. — Pl. D. hugást-
um *in* h. Zun. 176, 11.

hugfullr, *adj.* (hugr, fullr), *mutig.* —
N. Helr. 7, 2.

hugga, *schw. v.* (*vgl.* hugr), trösten.
Med. *sich tr.* — Inf. huggaz 195, 29.
Mit Gen. harms (*über*) 213, 9 Præt.
S. 3.

hughreysti, f. (*s.* hugr, hreysti), *die*
Beherztheit. — D. 179, 5.

huglauss, adj. hugr, lauss), *mutlos, feige.* — *Compar.* N. f. 203, 26.

hugléttr, adj. (vgl. hugr, léttr=*leicht*), *leicht im Sinne,* erträglich. — Comp. n. huglettara (sc. vera) 98, 5.

hugna, schw. v. (vgl. hugr), *zu Sinne sein,* gefallen; mit Dat.; Lund p. 71. — Præs. S. 3 hugnar 151, 5; Præt. S. 3 hugnaði (*unsicher*) 149, 13.

hugr, m. (F. 77), *der Sinn,* Geist, Mut. — N. 68, 18; ef h. dugir *wenn das Herz taugt, wenn ich d. H. habe* 175, 10. — G. hugar (= *Mut*) 41, 4 vgl. 202, 5. — D. hug 117, 4; váru allir með einum hug til þess *waren Alle Eines Sinnes in Bezug auf den* 74, 21; lék í hug 207, 17 vgl. leika; Acc. kom hánum í hug *kam ihm in den Sinn* 121, 25 vgl. 39, 9; = *Mut, Herz* 166, 83; haf of hug (= í hug L. 5.) Sigdr. 20, 5. Pl. Gen. tveggja huga *zweierlei Sinn* 194, 1 vgl. ljá *impers.*—Pl. D. hugum 43, 13.

hugraun, f. (vgl. hugr, raun vgl. reyna), *die* Mutprobe. — N. 102, 21.

hugrúnar, Pl. f. (s. hugr, rúnar), *die* Sinn- *oder* Geist-runen. — Pl. A. Sigdr. 13, 1.

hugsa, schw. v. (vgl. hugr), überlegen. — Præs. S. 1 hvat ek hugsa *was mir im Sinn liegt* 192, 27; S. 3 hugsar f. sér *erwägt für sich (bei sich)* 197, 6. Præt. S. 3 hugsaði 4, 3; 60, 14.

hugsjúkr, adj. (hugr, sjúkr), tiefbetrübt. — N. 207, 16.

hulda, f. (vgl. hylja), *der* Nebel, *die verhüllende Decke.* — D. 205, 12; *hier soll gesagt werden, dass* Brynh. *ihren Schutzgeist nicht habe erkennen können, sich von ihm verlassen gefühlt habe.*

hunang, n. (F. 78), *der* Honig. — Nsf. 156, 22. — D. hunangi 97, 14. A. 156, 17.

hunangsfall, n. (vgl. hunang, fall), *der* Honigfall, *ein von kleinen Insekten herrührender, tauähnlicher Befall auf Pflanzen.* — A. 24, 7.

hundagnoll, f. (hundr, gnöllra = *kläffen* Vigf.), Hundegekläff. — N. 219, 11.

hundr, m. (F. 78), *der* Hund. — Nsf. hundrinn 83, 20. Pl. Gen. hunda Grm. 44, 9; D. hundum 164, 21.

hundrað, n. *zahlv.* (F. 78 vgl. 247, § 102), hundert, *das* Hundert.

— A. hundrat (-að) rasta (s. rost) 35, 19. — Pl. N. fimm hundruð 30, 4; átta hundrut Grm. 23, 4; Dat. (*unfl.*) hundrað sinnum 155, 8. A. f. hundr. Grm. 23, 1 vgl. 24, 1; A. n. þrjú hundr. 145, 3.

hundvíss, adj. (vgl. Vigf. s. v. hund-), sehr weise, *doch nur von Riesen üblich, etwa „hochweise" zu übersetzen.* — N. 106, 23. — Pl. N. hundvísir 102, 14.

hurð, f. (F. 68), *eig. der Thürflügel von Flechtwerk* (vgl. nhd. Hürde) *oder Holz; überh. die* Thür. — N. hurð 212, 5 (vgl. 38, 11 Fallandaforað grind; grind = hurð); Nsf. hurðin 5, 4; A. hurð 46, 7. — Pl. Nsf. 183, 2.

húð, f. (F. 78), *die* Haut. — Asf. húðina 123, 8.

hús, n. (F. 79), 1) *das* Haus.—N. 17, 17, 20; 30, 4; Nsf. húsit 58, 14; G. húss 46, 5; Dsf. húsinu 78, 11; A. hús 46, 5; 78, 11; Asf. húsit 88, 6. — Pl. G. húsá Grott. 1, 2; 16, 2 bað húsa *bat um Quartier* 231, 21. — 2) *Der einzelne* Raum *im Hause* (Fritzn. 2). — Asf. 160, 27.
  * *Der* Pl. hús *bezeichnet öfter die verschiedenen Gebäude auf einem Grundstück, und ist dann etwa mit* Hof *zu übersetzen, so in* Grott. u. 242, 22.

húsbóndi, m. (s. hús, bóndi), *der* Hauswirt, Hausherr. — Nsf. -bóndinn 57, 13.

húskarl, m. (s. hús; karl = *Mann*), *der* Hausmann, *ein freier Gefolgsmann oder Dienstmann, der im Hause eines Höheren weilt,* vgl. Wh. 429; *speciell die (niederen) Dienstleute des Königs,* Keyser II, 86. — Pl. N. húskarlar 143, 18 (*hier im älteren u. poetischen Sinne* = hirðmenn).

hvaðan, adv. (vgl. hvar adv.), von wo? *auch zur Bez. der Abstammung, Herkunft und des Grundes.* — 12, 13; 18, 5; 90, 5; Vafþr. 30, 5.

hvar, (*oder* hvá? vgl. Wimm. Læs. p. XXVIII), pron. wer; *nur in einigen Casus* (vgl. § 98 a) *gebräuchlich.*— N. A. n. hvat 6, 8, 9, 19, 21, 22; *häufig mit* Gen. hvat megins (quid spatii Eg.) Vol. 8, b; hr. íþrótta 62, 11; hvat hrossa 54, 4 (vgl. hross); hv. manna 101, 4; 231, 20; hvat er þat fiska Regm. 1, 1; vgl. Lund

p. 151; *über eine scheinbare Ver-bindung von* hvat *mit dem Dat. vgl.* Lund p. 133. — hvat við annat (*vgl.* hvert hrímit yfir annat 8, 7) *ein Teil gegen den andern* 226, 7. — *Öfter auch adv.* hvat skulum vit sjá=*in welcher Art, wie?* 234, 2, 4. — Helr. 2, 1. — hvat sem *was auch immer* 73, 16 (*vgl.* sem).

hvar, *adv.* (F. 91), 1) wo? *in direk-ter wie indir. Frage,* — Háv. *1*, 5; 6, 8; 9, 11; 20, 3; 68, 8; 78, 1; 95, 10; 100, 13; Vol. 8b bis; hvar sem *wo immer, wann immer* 33, 10. — 2) wo-hin? (Vigf. 2) veit ek eigi, hvar ek fer *wohin (in welcher Richtung) ich gehe, gehen soll* 158, 2.

   * *Ähnlich den meisten Präpos. ent-wickelt auch* hvar *neben der urspr. lokalen Bedeut. gelegentlich eine temporale* (*vgl.* 33, 10) *und mo-dale* (68, 8 *lässt sich* hvar *mit* quomodo *wiedergeben, qua übersetzt* Eg.). — *Zu beachten ist ferner der Sprachgebrauch in Wendungen wie* finna, hvar gýgr sat 78, 1 = oreadem sedentem repererunt Eg.; *s. Lund* p. 37 *u.* 334. — *Vgl. auch* G. XLV *A.* 14. sér hvar lá maðr (= animad-vertit hominem jacentem Eg.) *u.* 160, 7, 29; 169, 32; 252, 5. *Nicht unähnlich endlich:* hvar var hón þá er hón sagði 201, 13 = *hat sie wirk-lich gesagt u. w.* — *So auch* 259, 7: hvar hefir þú þess komit, er = *wo bist du so gekommen, dass es dir am besten gefiel = wo gefiel es dir am besten?*

hvarf, *n.* (*vgl.* hverfa *u.* F. 93), *das Weggehen,* Verschwinden. — A. 94, 16.

hvarmr, *m.* (*zu* hvar *wölben?* F. 92), *das* Augenlid. — Pl. Ast. hvarm-ana *111,* 8.

hvarvetna, *adv.* (*s.* hvar; vetna *nach* Vigf. *zu* vetta f. = vættr *Ding*), *wo auch immer,* überall. — 167, 23.

hvass, *adj.* (F. 92), scharf, *geschärft.* — N. n. hvast 117, 6; D. n. hvossu Grott. 6, 6. — Pl. G. hvassa Sigdr. 20, 3; A. n. *schw. Flex.* 171, 12; *starke Flex.* 193, 33. *Superl.* hvass-astr; A. n. hvassast 217, 10.

hvat *s.* **hvar.**

hvata, *schw. v.* (*vgl.* hvatr), antrei-ben, beschleunigen *mit* Dat.; *Lund* p. 79. — Inf. 15, 11.

hvatr, *adj.* (F. 91), hurtig, schnell, *tapfer.* — Plur. N. m. hvatir Regm. 23, 7. — S. N. m. *schwacher Flex.* inn hvati 75, 9. — *Superl.* N. hvat-astr 180, 32.

hvatvetna *oder* **hvetv.** *pron.* (§ 99b; *Wimm.* Læs. p. XXIX), *was auch immer,* Alles *und* Jedes. — A. við hv. *über, (in Bezug auf) Alles* 179, 4. *Als* Gen. *gilt* hversvetna; fyrir hv. sakir *in jeder Beziehung* 201, 2; 212, 20.

hvárigr, hvárki *s.* **hvárrgi.**

hvárr, *pron.* (F. 91), a) uter? — b) uterque. — *Zu* a) N. m. *103,* 11; 163, 29. — Pl. N. hvárir *10,* 12. — *Zu* b) (*mit* Gen. = *jeder von; oder* hv. *mit* cas. obl. *von annarr = jeder des andern Mörder u. Ähnl.; vgl. auch* hverr * *u. Lund* 518 1). — N. m. 84, 2, 13; 159, 16; A. hvárn 161, 20. — N. n. hvárt (n. *als* Gen. comm.) 227, 30. — *Vgl. auch* hvárt *adv. u. Lund* p. 517.

hvárrgi *oder* **hvárgi** (*vgl.* § 99 c), keiner von beiden, neuter (*s.* hvárr; *über die Nebenform* hvárigr *s. Lund* p. 520). — N. m. 249, 3; Nn. hvártki okkart (n. = *g.* comm.), *keiner von uns beiden* Helr. *12,* 5—8. — D. f. hvárigri Grott. 2, 6; D. n. hvárigu (*auf* hjálmr m. *u.* brynja f. *bezogen*) 137, 1. — A. n. hvártki *oder* hvárki (*vgl.* § 21 b) *adv.* = *weder;* hv. — né *weder* — noch 137, 14; 106, 20. — Plur. G. hvárigra hluti = neutrius causa 226, 15.

hvárrtveggi *oder* **hvárrtveggja** (*vgl.* § 99, 3) = hvárr b). — N. m. 62, 21; N. n. hvártveggja (*eig.* hvárttv.) *auf* Loki *u.* Skaði *bezogen* 96, 6; A. n. hv. barnit 161, 5. — *absolut* = *Beides* (vera í kalsi, halda eigi) 239, 15. — Pl. m. hvárirtveggju 97, 4; 141, 6; *formell als* Pl. G. *zu betrachten* hvárratveggju 69, 15; *aber viell.* = hvárrartv. (cf. handar, S. Gen.), *in diesem Falle eine der vielen irregulären Bildungen, vgl.* Vigf. s. v. — *In synt. Hinsicht s. Lund* p. 21, 187, 521.

hvárt, *adv.* (*eig.* n. *zu* hvárr *pron.*), utrum?; *sowol zur Einführung einer dir. wie indir. Frage.* — a) *nhd. nicht zu übersetzen* 48, 11; 55, 2, 14; 70, 7; 165, 9; 175, 22. — b) *mit* „ob" *oder* „für den Fall, dass"

(110,10) zu übersetzen. — 4, 4; 5, 13; *170,* 9; *mit „ob“ oder „dass“ zu übers. 162,* 10. — hvárt — eða 46, 22; hvárt — eða hvárt *60,* 2, 3. * *Über die Anwendung von* hvárt *in scheinbar einfacher Frage vgl. Lund p. 432 Anm. — An der Stelle 181, 24 ist der Text nicht ganz sicher (vgl. N.), der Sinn wol jedenfalls: Du wusstest nicht, ob es Himmel oder Erde war (sc. wo du dich befandest, oder wo der Kampf vorging). — Freier gewandt etwa: „Dir verging Hören und Sehen bei der Sache.“ — Vgl. auch* Lyngby Fär. Qu. p. 458 Str. 63. — *Auch hier wird eine heftige Kampfscene durch die Schilderung der unthätig erschrockenen Zuschauer scharf abgehoben.*

hveðrungr, m. *(vgl.* hveðnir = *Fischart), der* Riese, *selten u. poet. —* G. megi hveðrungs (gigantis gnato Eg.) Vǫl. 56, 5; *hier ist* Loki = hveðr., *sein Sohn ist* Fenrir.

hvel *oder* **hvél** *(vgl.* Vigf. s. v.; *Paul Beitr.* VI, 103) n. (F. 94), *das* Rad. — D. hveli Sigdr. *15,* 5.

hvelfa, *schw. v.* (F. 94), umwerfen, *mit* Dat.; *Lund* p. 92. — Præt. Pl. 3 hvelfðu *98,* 1.

hvelpr, m. (F. 95), *ein* Welf = *junger* Hund. — Pl. N. hvelpar *216,* 9.

hverfa, *stv.* (F. 93, *vgl. auch* horfa), *eine* Wendung *machen,* umkehren, verschwinden. — Præs. S. 3 hverfr *172,* 16. — Pl. 3 hverfa *82,* 2; *vgl.* Vǫl. 59, 3; Imper. Pl. 2 hverfit aptr *61,* 11. — Præt. S. 3 hvarf á brott *74,* 9; hv. = *kam aus dem Gesichte 167,* 10; hv. út aptr *ging wieder hinaus* 209, 5. — Pass. Part. horfinn *249,* 12; Pl. N. n. horfin *entschwunden 168,* 35; μ, 8.

hverflyndr, *adj.* (hverfa; -lyndr *zu* lyndi n. = lund f.), *wetterwendisch,* veränderlich. — N. n. Helr. 2, 8.

hvergi, *adv. (vgl.* hvar *und* -gi), nirgend, *durchaus nicht, gar nicht.* — 55, 14; *75,* 15; *104,* 20, 22; Vǫl. 6, 8. *In der poet. Sprache auch verstärkt durch* lands (Helr. 9, 7) *oder* jarðar. *Lund* p. 62.

hvernig, *adv. (eig.* hvern veg, *vgl.* hverr *u.* vegr), *in welcher Weg-richtung, auf welche Weise, wie?* — 9, 2; *12,* 3.

hverr, *pron.* (F. 91). a) wer, welcher? b) = hverr er, *wer auch immer;* jeder. *Vgl.* hvárr. — *Meist* substant. *(mit* Gen.) *oder absolut; doch auch adjektivisch gebraucht, vgl. Lund* p. 500 *Anm.,* 509, 516, 518; Vigf. s. v.

Zu a) N. m. 4, 17; *6,* 1; 53, 16 (hverr Því h. r.); *102,* 15; N. f. hver 15, 20; N. n. hvert nafn *(welcher Name = wie der Name)* 5, 9. — G. n. hvers 96, 11; *151,* 8; D. m. hverjum 46, 14; D. n. hverju 93, 15; 213, 12; *(instrumental =* wie, *vgl.* hvert *adv.)* af hverju *woher* 52, 5. — *179,* 27; A. m. hvern *69,* 2; Af. hverja 78, 14; A. n. hvert (sc. guð) 34, 8; *197,* 8. — Pl. N. m. hverir 27, 10; *162,* 5; N. f. hverjar 42, 13; N. n. hver 29, 13. — A. m. hverja 195, 14.

Zu b) N. m. 41, 6; *51,* 9; *74,* 21; 87, 4; *136,* 17; *155,* 5; hverr er vildi 100, 18 *vgl.* hverr sá er *142,* 16 *u. Lund* p. 263; hverr annan 53, 16; hverr maðr ǫðrum 91, 1; hverr at ǫðrum *153,* 15, *vgl. u.* *); hverr = quilibet Grm. *34,* 3. — N. n. hvert hrímit yfir annat 8, 7. — G. m. hvers 13, 10; G. f. hverrar 29, 8; *34,* 9 (so Eg., *doch könnte hier vielleicht auch an* a) *gedacht werden).* — G. n. hvers kyns Guðr. II, 23, 2. — D. m. hverjum *14,* 12; *172,* 15; Sigdr. *19,* 5; D. f. hverri *80,* 8; D. n. í hverju 5, 9. — A. m. hverjan Grm. *14,* 5; Vǫl. 24, 6; γ, 6; á hverjan veg Vafþr. *18,* 5 *vgl.* hvern veg 90, 8; hv. dag 20, 5; um hvern mann fram 171, 19. — A. f. hverja 76, 13; *112,* 8 *vgl.* inn * f); A. n. hvert 5, 8; it tíunda hvert dœgr 159, 12. — Pl. D. hverjum *14,* 10.

*) *Nebeneinander findet sich* hverr b) *und* a) 190, 21—22; hverr *in der Bedeutung* b) *kann auch ein Jeder, jeder Einzelne sein, so* hverr annan 94, 17 = *Einer den Andern;* hv. at ǫðrum = *Einer nach dem Andern 153,* 15. — *Nicht eben häufig wird* hverr a) *relativisch gebraucht, vgl. § 97 Anm.* 2, *daher ist 141,* 14 hvert (sverð) er dr. er *wol besser zu* b) *zu ziehen: welches immer = das nur (seinem Herrn treu ist).* — einn hverr *s.* einnhv. — *Über* hverr

80 hversu — hýnótt

in Verbindung mit inn (*als Distributiv*) *vgl.* inn * *f*).

hversu, *adv.* (= hversug = hvers veg *oder urspr. vielleicht* hv. vegar? *vgl.* hvernig), *in welcher Richtung,* wie? — *6*, 21; 7, 14. — hversu sem *conj.* = *wie auch immer* 155, 13.

hversvetna *s.* **hvatvetna.**

hvert, *adv.* (*eig.* A. n. *von* hverr). 1) wohin immer. — 55, 8; *111*, 22. = *wohin* 153, 12. — 2) *in welcher Richtung,* wo immer. — 222, 23.

hvessa, *schw. v.* (*vgl.* hvass), *eigentl.* schärfen, *scharf auf Etwas richten.* — Præt. S. 3 hvesti augun 72, 11.

hvetja, *schw. v.* (*vgl.* hvatr, F. 91), * *eig. wetzen, schärfen,* antreiben. — Præt. S. 3 hvatti *180,*1.

hvetvetna, *pron.* = **hvatvetna.**

hvé, *adv., s.* **hví.**

hvinverski, *adj., s.* **þjóðólfr.**

hvirfill, m. (F. 93 *und* hverfa), *der* Wirbel, *Sitz des dichtesten Haarwuchses, Oberkopf oder Scheitel.* — A. hvirfil *60,* 9.

hví *oder* **hvé** (hve), *eig.* Dat. *von* hvat (*s.* hvar *pron.*), *inwiefern,* wie? warum? — hví *26,* 19; *46,* 17; 50, 14; *74,* 11; *76,* 22; *102,* 15; *166,* 30. Lokas. 29, 8; *Var.* hví at = *warum* 259, 19. hvé *117,*18; Skirnm. *42,* 3; Helr. 5, 5.

* *Vielfach wird* hvé *als urspr.* Instrum. *von* hví *als* Dat. *unterschieden, doch ist diese Trennung wol künstlich, vgl.* hvelíkr *neben* hvílíkr (*bei* Fritzn.); *nur wird im causalen Sinne* (= fyrir hví?) *wol lediglich* hví *verwandt.* — *Vgl. auch* því *u. Lund* p. 142.

hvíla, *schw. v.* (F. 75), ruhen, ausruhen. — Inf. *58,* 20; *doch vgl. Var.* — Præt. S. 3 hvíldi 209, 3. — *Häufiger ist in dem Sinne von sich ausruhen das* Med. hvílaz Grott. 17, 1. — Præs. S. 3 hvíliz *159,* 27.

hvíld, f. (F. 75), *die* Ruhe. — N. *249,* 2. — A. hvíld *125,* 9; Grott. 2, 6; *17,* 6.

hvítabjörn, m. (hvítr, björn), *der weisse Bär,* Eisbär. — A. *218,* 30.

hvítna, *schw. v.* (*vgl.* hvítr), weiss werden. — Præt. Plur. 3 hvítnuðu 57, 20 *von deutlichen Durchschimmern der Gelenkknochen an der Hand gebraucht.*

hvítr, *adj.* (F. 94), weiss, *glänzend.* — A. f. hvíta *164,* 19. — N. m. *schwach* inn hvíti 35, 13; Dat. m. *schw.* hvíta Vol. 22, 4. — Pl. N. m. (*st.*) hvítir *24,* 5. — A. f. hvítar *160,* 30. — Neutr. S. N. hvítt *31,* 7; *im Superlativ* hvítast *31,* 8.

* *Wo Schilde* rauðr *und* hvítr *genannt werden wie* Helr. 9, 3 *ist wol ersteres auf Gold, letzteres auf Silber zu beziehen.*

hyggja, *schw. v.* (F. 77, *vgl.* hugr), denken, meinen; *wünschen.* — Inf. *84,* 10; gott h. *für gut, vorteilhaft halten; für gut finden* 159, 20. — vel h. einum *Jemandem wohl wollen* 202, 6. — af hánum h. *von ihm in Gedanken loskommen, ihn vergessen* 215, 7. — h Þér hverja þorf 226, 19, *vgl.* þorf. — Præs. S. 1 ek hygg *82,* 9; 72, 19; hygg ek Grm. 24, 8 (sc. vera), ib. *34,* 8; S. 3 hyggr (at eigi skal) *64,* 13; h. at hann sé 159, 4; h. at launa *101,* 10. h. at fyrir sér *denkt bei sich nach* 161, 12. — Pl. 1 hyggjum vér 26, 5. — Pl. 3 hyggja *93,* 12. — Conj. S. 3 *of* hugði Grm. 34, 8. — Imp. S. 2 hygg at *denke daran* 207, 27. — Part. Præs. Pl. N. m. hyggjandi *6,* 4 *adjektivisch* = circumspecti (Eg.). — Præt. S. 1 ek hugða *48,*1; *66,* 3; S. 2 hugðir *218,* 21; S. 3 hugði 58, 19; *mit* Acc. = *erdachte* 153, 27; *vgl. of* hugði Sigdr. *13,* 6. hugði at *gab Acht* 116, 1; Plur. 1 vér hugðum 65, 17. — Conj. S. 3 hygði *182,* 20. — Med. hyggjaz *sich denken,* bei sich denken. — Præt. S. 3 hugðiz 57, 18.

hylja, *schw. v.* (*vgl.* F. 70 *und* hol), hüllen, *umhüllen,* bedecken. — Inf. *115,* 8. — Præt. S. 3 huldi *116,*3; Conj. Pl. 3 hyldi *173,*27.— Part. Pass. huldr 115, 25.

hylli, f. (F. 72), *die* Huld, Zuneigung. — Pl. A. hylli (*eig. Huldgefühle, nhd.* Sing.), *75,* 6; *vgl.* ást f.

hylma, *schw. v.* (*zu* hylja Vigf.; *mit* h. yfir *vgl.* Fritzn. *ags.* ofer helmian), *verhüllen,* verheimlichen. — Præs. Conj. 1 hylma yfir 205, 22.

hýnótt, f. (*vgl.* nótt *u.* hý *in* hýbýli, hýski *bei* F. 76) nox conjugalis (Eg.), *die* Hochzeitsnacht. — Skírn. *42,* 6. *Vgl. jedoch* hin nótt *in Var.*

hýnskr, *adj.* (*vgl.* Húnaland), hunisch; *südländisch, deutsch.* N. m. *schw. Flex.* sjá inn hýnski 207, 26. A. *schw. Flex.* þenna inn hýnska konung 211, 34. — Plur. G. *starke Flex.* hýnskra 214, 11.

hýski, n. (F. 76), *die Hausgenossenschaft,* Familie. — D. hýski 10, 15.

hæð, f. (*zu* hár, F. 76), *die* Höhe. — A. 191, 7, 8.

hæll, m. (*vgl.* lat. calx Vigf., verwandt mit háls? *anders* F. 59), *die* Ferse, *der* Hacken. — D. hæli 84, 9. — Pl. A. hæla 5, 4; 212, 5.

hæra, hærra *s.* **hátt,** *adv.*

hætta, *schw. v.* (*vgl. etwa* lat. cedere *u.* F. 60 s. hat). a) *von etwas fortgehen,* aufhören *mit etwas* (Dat. Lund p. 79). — Inf. 67, 7; 191, 19; Grott. 24, 4. — Præs. Pl. 3 hætta 191, 31; 219, 3; 239, 19. — b) *auf etwas zugehen,* wagen (*vgl.* hættaf., hættr *adj.*). — Inf. til hætta daraufgehen, *angreifen* 159, 17.

hætta, f. (*vgl.* hætta *schw. v.* b), *das Wagnis, die* Gefahr. — A. hættu 39, 9.

hættligr, *adj.* (= hættr). — Pl. A. m. hættliga 73, 7.

hættr, *adj.* (*vgl.* hætta f.), gefährlich, *gefahrdrohend.* — N. n. hætt 71, 17.

hǫfðingi, m. (*zu* hǫfuð), *der* Häuptling, *Kriegsherr, auch von Gottheiten gebraucht, so* N. 47, 8; 51, 5; vir nobilis 191, 25. — Pl. N. hǫfðingjar (*hier* = principes, *Männer von Rang und Adel, vgl.* Vigf. s. v. 3) 143, 16; G. hǫfðingja 5, 9; A. 164, 27. — *Vgl. auch* ríkismaðr; *zur Flex. vgl.* § 66.

hǫfn, f. (*zu mhd.* habe, habene, hap *vgl.* Lexer s. v.; F. 63), *der* Hafen. — Dsf. hǫfninni 250, 18. — A. 164, 14.

hǫfuð, n. (F. 62). 1) *das* Haupt. — N. 10, 2; 35, 23; 103, 21; Nsf. hǫfuðit 122, 26. — G. hǫfuðs Regm. 6, 3 (capitis = vitæ). — D. hǫfði 43, 2; 101, 6; Dsf. hǫfðinu 120, 19. — A. hǫfuð 60, 1, 3; í hǫfuð 119, 15 (*vgl.* bera). — Asf. hǫfuðit 60, 10. — Pl. N. hofuð a, 8. — 2) *die* Person (*vgl.* Vigf. s. v. III). — Voc. Helr. 2, 3; 5, 3.

  * *Wegen der Stelle* 35, 23 *vgl.* Heimdallr. — *Gab es neben dem* Dat. hǫfði *auch eine* (*prosaische*)

Nebenform hofoð, hofuð? (*so* Eg.). — *Oder ist* í hǫfoð 105, 18 *Var.* N. 85 *als* Acc. *zu fassen, wie* bera í h.?

hǫfuðsbani, m. (*s.* hǫfuð, bani 1), *verstärktes* bani = exitium capitale Eg., *ein* sicheres Verderben. — N. 115, 16.

hǫfuðsmátt, f. (*vgl.* hǫfuð *u.* smjúga; smátt *für* smótt Vigf.), *das Schlupfloch für den Kopf; die* Öffnung *für den* Kopf *im oberen Teil eines Linnen- oder Panzer-Hemdes.* — D. 183, 21 *vgl.* rísta.

hǫfuðstaðr, m. (*s.* hǫfuð, staðr), *die* Hauptstatt, *der* Hauptort, *Versammlungsort.* — Nsf. 20, 3. — Pl. G. hǫfuðstaða 24, 12.

hǫfugleikr, m. *s.* hǫfugr, -leikr), *die* Schwere, schwere Masse. — D. hǫfugleik 8, 9.

hǫfugr, *adj.* (F. 62), schwer. — S. N. m. *schw.* inn hǫfgi Grott. 23, 7; D. m. *schwach* hǫfga Grott. 12, 7.

hǫgg, n. (*vgl.* hǫggva), *eig. der* Hieb, doch auch von Wurf, Stich und Stoss gebraucht. — D. hǫggvi 114, 8. — Asf. hoggit 94, 1; = *Schlag* Acc. 54, 15; 60, 15. — Plur. Asf. hǫggin 68, 18.

hǫggormr, m. (*s.* hogg, ormr), *der* Stich- *oder* Stechwurm, *die* Schlange. — A. 75, 17.

hǫggva, *stv.* (F. 57), hauen, *schlagen,* stechen. — Inf. 122, 12; Grott. 6, 5; h. til *eig.* zuhauen, *mit einer Hiebwaffe* angreifen 73, 16. — Præs. Ind. 3 heggr 175, 15; Pl. 1 hǫggum = *schlachten, töten* 219, 1; Pl. 3 155, 23. — Præt. S. 3 hjó 72, 16 traf mit dem Messer; 120, 18 *stach, vgl.* hǫggormr; = hieb 176, 3. — Pl. 3 hjoggu 122, 24. — Med. hǫggvaz sich schlagen, kämpfen. — Præs. Pl. 3 hǫggvaz Vafþr. 41, 3. — Præt. Pl. 3 hjugguz 226, 22. — Pass. Part. hǫgginn *erschlagen.* — Pl. N. m. 155, 36.

hǫggvápn, Pl. n. (hogg, vápn), Hieb- *und* Stich-Waffen. — D. 217, 9.

hǫldr, m. (*nach* Vigf. *eig.* hǫlðr, *zu* an. halr, *ags.* häleð, *mhd.* helt), *der* Mann, *spec. der* freie Vollbauer (odelsbonde Fritzn.), *vgl.* M. Cl. I, 158, 190. — Pl. N. hǫldar 143, 13; G. holda Grott. 18, 1; D. hǫldum Vǫl. 46, 5.

* *Die ältere allgemeinere Bedeutung erhält sich im poet. Sprachgebrauch.*

holl, f. (F. 70), *die* Halle, *der* Saal; *der grössere Wohnraum, vgl.* salr *u. Wh.* p. 223. — N. *30,* 3; Nsf. *162,* 4. — G. hallar *137,* 10; Gsf. hallarinnar *51,* 11; D. holl 5, 15; Dsf. hollinni *44,* 5; *108,* 5. — A. holl *4,* 10; Asf. hollina *4,* 17; 5, 3. * *Wo* herbergi *und* hallir (*vgl. 137,* 9—10) *so bestimmt unterschieden sind wie* 238, 12, 13 *und Letztere einer jüngeren Zeit zugeschrieben werden,· ist neben dem Unterschied in der Grösse und Verwendung des Raumes (das* herbergi *diente auch als Schlafraum) wol auch an Steinmauern für die* hallir *zu denken, vgl.* steinholl Njála c. 3. *Wh.* p. 222.

hond, f. (F. 61), · *die* Hand, *dock auch der ganze* Arm, *und übertragen* = *die* Seite. — N. *122,* 16; Nsf. hondin *80,* 5; *94,* 1. — Gen. handar *58,* 16. — D. af hendi *135,* 18; á hendi *119,* 24; í hendi *153,* 3, 10; kómu þér at h. *kamen dir an die Hand, mussten dir passieren 165,* 8; *216,* 12; vera f. hendi *vorhanden sein, vorliegen* 203,11; hendi, með hendi sinni *66,* 5; *138,* 9; *47,* 13; *72,* 4. — A. *41,* 8; undir vinstri hond *9,* 7; *34,* 19; und. hond sér *sich unter den Arm* = *in die Seite 211,* 15; Arm *wol auch* Helr. *12,* 6; *103, 15;* Hand *115,* 10; Asf. hondina *34,* 20. — Pl. N. hendr *74,* 20; *94,* 4; *120,* 16; G. handa, *nam. til* handa einum = *einem zuhanden, in Jemandes Interesse, für Jemand 46,* 22; *121,* 16; *136,* 18; *152,* 18; 227, 15; *ähnlich* á hendr einum (*s. u.* A.) = *auf die Hände (wie nhd. auf den Hals), gegen Jemand; doch ist* gengu á hendr oss 226, 10 = *traten in Vasallenverhältnis zu uns* (*vgl.* handgenginn, *adj.*); í hendr einum = *in die Hände, in die Gewalt Jemandes (vgl. nhd. einhändigen), s. Lund* p. 123, 124. — D. hondum *46,* 7; Dsf. hondunum *46,* 6; hafa eitt með hondum *Etwas unter Händen haben, damit umgehen 204,* 32; vera á hondum = *vorhanden sein 211,* 10; tekinn hondum *106,* 13 = handtekinn, q. v. — A. hendr; á h. *125,* 12; *150,* 22; í h. *121,* 17;

111, 18; *s. o.* s. G.; Asf. hendrnar 57, 19.

* *Für* hond = Seite *vgl. namentlich* G. handar *69,* 15; D. hendi *96,* 8; *141,* 1; af várri hendi *154,* 10; *155,* 7; A. á aðra hond *210,* 13 (*vgl.* annarr 4) *211,* 34; *212,* 1. — Pl. A. á tvær hendr *155,* 23 *kann bedeuten „nach beiden Seiten" vgl.* Vigf. II, *ist aber* Völsrím. *178,* 2 *verstanden „mit beiden Händen"; auch* 168, 29 *steht geradezu:* hefir báðar hendr blóðgar til axlar. *Es ist daher* hoggva á tv. hendr *wol* = *zweihändig schlagen, vgl.* tvihenda. — *Bei* allar hendr bl. *u. w. 179,* 19 *vgl. nhd. „alle Hände voll zu thun haben".*

hondla, *schw. v.* (*vgl.* hond) = handtaka Fritzn., gefangen nehmen. — Inf. *161,* 8.

horgr, m. (F. 67), *das* Heiligtum. *Vgl. M. Cl.* I, 233; Vigf. s. v. — N. 17, 20. — *Beachtung verdient die Lesart von* U.: er horgr var í, *da* h. *wol nur den Altarplatz (ursprünglich im Freien) bedeutet.*

horpustokkr, m. (harpa, stokkr), *das* Holzgestell *der* Harfe. — *261,* 13.

horr, m. (F. 69), *der* Flachs. — A. hor 79, 9.

horund, f. (*vgl.* Vigf., *verw. mit* horr?), *das (menschliche)* Fleisch. — G. horundar *38,* 18.

hottr, m. (F. 60), *der* Hut. — A. hott *153,* 4.

hœferska *s.* **hœverska.**

hœfi, n. (*vgl.* hóf n.), *die Schicklichkeit,* Gebühr. — A. við sitt hœfi 151, 4 = *für ihn passend.*

hœgendi, n. (hœgr), *die Bequemlichkeit; spec. ein Polster zum bequemeren Liegen, ein* Kopfkissen. — Asf. 209, 16.

hœgr, adj. (F. 60), *geschickt, leicht,* bequem. — Nf. hœg *224,* 17. N. n. (*oder adv.*) hœgt *164,* 3.

hœgri, adj. (*eig. compar. zu* hœgr = *geschickt, vgl. auch* F. 60), recht, *im Gegens. zu* link. — G. til hœgri handar *58,* 16; Dat. instr. hœgri hendi *138,* 9; A. hœgri hond *41,* 8.

hœla, *schw. v.* (F. 73), *mit* Dat. (*Lund* p. 75), *Etw. rühmend hervorheben, mit Etw.* prahlen. — Inf. *201,* 25. — Præs. S. 2 hœlir *141,* 13. — Med.

hœlaz *sich rühmen*. — Præt. Conj.
S. 3 hœldiz *224*, 9.
hœverska, f. *oder* **hoverska** (*vgl.*
Vigf., *zu mhd.* hovesch), *das* feine,
höfische Wesen. — D. *190*, 26.

I.

jaðarr, m. (F. 87), *der* Rand. — N.
161, 16.
jafn, *adj.* (§ 78, F. 87), eben, gleich.
— Pl. m. jafnir, eru j. við *kommen*
gleich 142, 10; eru oss jafnir *sind*
uns gewachsen 207, 26.
jafna, *schw. v.* (*s.* jafn), *gleich machen,*
gl. setzen, vergleichen *mit Etw.*
(til. eins). — Med. Inf. jafnaz *sich*
vergleichen 177, 11; *sich gleichstellen*
200, 30; *216*, 20. Part. Pass./jafnat
er *31*, 7.
jafnaðarþokki, m. (jafnaðr; þokki *zu*
þykkja), *die beiderseits gleichmässig*
vorhandene günstige Meinung, die
Gegenliebe. — D. *193*, 5.
jafnaðr, m. (jafna), die *Vergleichung,*
billige Verteilung. — D. at
jafnaði *nach Gebühr 212*, 2.
jafnan, *adv.* (*s.* jafn), *beständig*, immer (*eig. stets in gleicher Weise*).
— *37*, 10; *45*, 9. — Vgl. *auch* jafnt.
jafnbreiðr, *adj.* (*s.* jafn, breiðr),
gleichbreit *mit Etw.* (Dat.), *vgl.*
Lund p. 115. — Pl. f. jafnbreiðar
58, 12.
jafndœgri, n. (*s.* jafn, dœgr), *die*
Tag- *und* Nacht-Gleiche (aequi-
noctium). — G. *144*, 8, 9; D. *144*, 7.
jafnframt, *adv.* (*s.* jafn, framr), *in*
gleich hohem Grade, *mit com-*
parat. Dat., *vgl. Lund* p. 113 s. jafn.
— *149*, 8.
jafnfrœkn, *adj.* (*s.* jafn, frœkn =
frœkinn), gleichkühn. — N. *119*, 19.
jafngnógliga, *adv.* (*s.* jafn, gnógl.),
ebenso reichlich. — *49*, 6.
jafngóðr, *adj.* (*s.* jafn, góðr), gleich-
gut. — N. m. *101*, 7; N. A. n. *adv.*
jafngott *175*, 4; *adj. 47*, 9. — Pl.
A. m. *110*, 10.
jafnhátt, *adv.* (*s.* jafn, hár *adj.*),
gleichhoch. — *9*, 6.
jafnhøfugr, *adj.* (s. jafn; hof.), gleich-
schwer. — Pl. m. jafnhøfgir *76*, 14.
jafningi, m. (*s.* jafn), *ein* Gleich-
stehender; *zur Flex. vgl.* § 66. —
Pl. N. yðrir jafningjar *Eure Ge-*
nossen = *Leute Euresgleichen 197*, 18.

jafnmargr, *adj.* (*s.* jafn m.), gleich-
viel, gleichgross. — Pl. A. f.
96, 16.
jafnmikill, *adj.* (*s.* jafn, mik.), gleichgross. — N. n. *55*, 2; A. n. jafn-
mikit *eben so Viel* (*an Quantum*)
eða fleiri gersimar *oder mehr Klei-*
node (*bessere Qualität*) *170*, 12.
jafnréttr, *adj.* (*s.* jafn, réttr), *gleich-*
berechtigt, von gleicher Rechts-
kraft. — Pl. m. *143*, 4.
jafnsannr, *adj.* (*s.* jafn, sannr), gleich-
wahr. — N. n. jafnsatt *40*, 6.
jafnskjótt, *adv.* (*s.* jafn, skjótt),
gleichschnell; *ebenso schnell, wie*
113, 6; *auch ohne folg.* sem = *in*
demselben Augenblicke 54, 12; *sofort*
137, 5.
* *Auch in den letzteren Fällen*
ist natürlich ein Relativsatz mit
sem *zu ergänzen, so 137*, 5: sem
hann heyrði þat u. *Á.*
jafnt, *adv.* (*s.* jafn), *in* gleicher
Weise; j. — sem *ebenso gut — wie*
35, 19.
jafnvíss, *adj.* (jafn, víss), ganz so
weise, *ebenso weise.* — N. *236*, 3.
jafnvægi, n. (*s.* jafn, vega = *wägen*),
das gleiche Gewicht. — Pl. A.
þrjú j. gulls *das dreifache Gewicht*
in Gold 153, 20.
jarðhús, n. (*s.* jorð, hús), *eine* Erd-
hütte. — G. jarðhúss *157*, 11, 86;
Dsf. *160*, 19. A. *157*, 3; Asf. *158*, 16.
jarl, m. (F. 26), *der Jarl*, Graf
(*Herzog*). — *Vgl. M. Cl.* I, 149. 190.
— *Urspr. wol nur* = *freier Mann*
(*M. Cl.* I, 226) *wurde das Wort all-*
mählich auf die höchste Klasse der
Edlen und Freien zunächst dem
Könige eingeschränkt; auch tribut-
pflichtige Könige konnten als jarlar
gelten, und in späterer Zeit sind
jarl *und* hertogi (*Herzog*) *fast gleich-*
bedeutend. — S. *Keyser* Eft. Skr.
II, 77. — *Danach ist die* Sk. LIII
versuchte Gleichsetzung von hersir
und greifi (= *ahd.* gráfo) *wol als*
ungenau zu betrachten; eher liesse
sich barún *nhd.* Baron = *Freiherr*
nebst dem übrigen niedern Adel mit
hersir; Graf (*Fürst, Herzog, tribut-*
pflichtiger König oder Vice-König)
mit jarl *vergleichen.* — S. *übr.* Vigf.
s. v. jarl; *Keyser* Eft. Skr. II, 27,
28; 70—77; *vgl. auch* hersir, hofðingi *u.* ríkismaðr.

6*

G. jarls *145*, 16; A. jarl *142*, 14. —
Pl. N. jarlar *142*, 10; D. jǫrlum *49*,
8. — A. jarla *143*, 1.

jarmr, m. (Vigf. *vgl. ahd.* jâmar, *bei*
F. 20), *das* Geschrei. — D. jarmi
γ, 3.

jarpr, *adj.* (F. 37), dunkelbraun.
— Pl. Af. jarpar Guðrkv. II, 20;
*das dunkle Haar bezeichnet hier
die nicht nordische Herkunft der
Helden.*

jartegn, f. (*nach* Vigf. *entlehnt aus
mhd.* wârzeichen, *vgl. Lexer* s. v.),
das Wahrzeichen. — Pl. G. jartegna *105*, 12.

jaxl, m. (*vgl.* Vigf. s. v.), *der* Backen-
zahn (*vgl.* tǫnn). — Asf. jaxlinn
251, 19. — Pl. N. jaxlar *251*, 17.
D. jǫxlum *11*, 6.

jaxlgarðr, m. (jaxl, garðr), *die* Kinnlade, *soweit sie die Backenzähne
einfasst.* Asf. *251*, 16.

já, *schw. v.* = **játa.** — Præs. Pl. 3 já
161, 24.

járn, n. (P. 32), *das* Eisen; *die Eisen-
waffe* (A. eld ok járn *Feuer und
Schwert* 177, 16). — N. 73, 11; *122*,
9. — D. járni *80*, 13; A. járn *111*, b;
Pl. A. *162*, 1 = *Eisenfesseln, vgl. das
durch den Reim veranlasste* klæði
Vǫls. R. *254*, 4. *So auch* 249, 9.

járnfjǫturr, m. (*s.* járn, fj.), *die*
Eisenfessel. — Pl. A. járnfjǫtra
40, 24.

járnglófi, m. (*s.* járn *u.* glófi F. 96),
der Eisenhandschuh. — Pl. N.
30, 15.

járngreipr, Pl. f. (*s.* járn *u.* greip
F. 111), *eig.* Eisenhände, *ein
eisernes* Handschuhpaar. — G.
-greipa *107*, 1; D. -greipum *108*, 7;
A. -greipr *106*, 2.
    * járngreipr *u.* járnglófar *sind dem
Sinne nach identisch.*

járnmeiss, m. (*s.* járn *u.* meiss F 224),
der Eisenkorb. — D. *105*, 11; Dsf.
105, 13.
    * *Auch für* Sk. XVII *ist zu be-
achten, dass* járnm. *nach* Vigf. *als
Name eines Schiffes begegnet.*

járnofinn, *adj.* járn, vefa), *aus* Eisen
gewebt (*gewoben*), *poet.* — *Von
einem Panzerhemde* serkr j. π, 8.

járnsía, f. (*s.* járn, sía), *der Eisen-
funke, d. h. der von glühendem Eisen
in der Schmiede abspringende* Funke
oder ein Stück rotglühendes Eisen
(Pf.). — A. *108*, 6.

járnskór, m. (járn, skór), *der Eisen-
schuh, d. h. wol nur ein stark mit
Eisen beschlagener Schuh, wie* járnmeiss *von einem Schiffe gebraucht
wird.* — Pl. A. *258*, 15.

járnsúla, f. (*s.* járn *u.* súla F. 327),
die Eisensäule. — A. *108*, 9.

járnviðjur, Pl. f. *15*, 22; *die Bewoh-
nerinnen des Waldes* Járnviðr, q. v.
    * járnviði *s.* Járnviðr.

játa, *schw. v.* (F. 243), *ja zu Etwas
sagen, Etwas* bejahen, bewilli-
gen *mit* Dat.; *Lund* p. 72. — Præs.
S. 3 játar *167*, 7. Pl. 3 játa *93*, 19;
98, 25. — Præt. S. 3 játti *59*, 7, 10;
oder in jüngerer Form (*vgl.* Vigf.)
játaði *238*, 7.

jáyrði, n. (*s.* já, játa F. 243; yrði *zu* orð),
das Jawort, *die Zustimmung.* —
D. *199*, 4.

iðn, f. (*auch* iðja; *vgl.* Vigf.), *die* Beschäftigung. — A. *173*, 9.

iðrar, Pl. f. (= iðr Pl. n.; q. v. Vigf.),
die Eingeweide. — iðrar blótnar
= *Eingew. von Opfertieren* Guðr. II,
24, 6.

iðraz, *schw. v.* Med. (*vgl. got.* idreigǫn
Vigf.; ed- *bei* F. 86), bereuen, *Reue*
empfinden *über Etw.* (*mit* Gen. *vgl.
Lund* p. 171). — Inf. *47*, 12; *102*, 19.
— Præs. Conj. S. 2 iðriz *224*, 12.

igða, f. (*vgl.* Vigf.), *ein kleiner Raub-
vogel,* sitta europæa, Nussheher.
(*Andere übersetzen* s. eur.: *gemeiner
Kleiber; vgl. übr.* Ba.) — Pl. Nsf.
igðurnar *117*, 21.

il, f. (*zu Wurzel* i = *gehen?* F. 29), *die*
Fusssohle. — Plur. N. A. iljar;
A. 73, 1; Grott. *16*, 5.

illa, *adv.* (*s.* illr), übel, schlecht.
— *67*, 22; *137*, 4; urðu (*s.* verða),
illa *94*, 16 = ægre ferebant Eg. *vgl.*
Grímh. varð illa *215*, 18; *so auch*
kunni (*s.* kunna) illa = ægre ferens
(*eig.* ferebat) *98*, 4. = illa sjatna
201, 34 *vgl.* sjatna. — illa mælir þú
übel (*böse, unfreundlich*) *redest du*
202, 16.

illiliga, *adv.* (*s.* illa, illr), *übel,* ab-
scheulich; *stärker als* illa. — *42*, 5.

illiligr, *adj.* (*s.* illr), bösartig, ab-
scheulich. — N. f. *156*, 6.

illr, *adj.* (*bei* Vigf. illr *u. zu got.*
ubils *gestellt*), übel, schlecht.
N. m. *9*, 5; 37, 8; 88, 5; β, 5. — illr
viðreignar = tractatu difficilis Eg.
106, 23 (*ähnlich 175*, 1; N. n. *adv.*
illt til vista *93*, 10 x. A. n. illt fjár-

hald *99*, 7). — N. n. illt eitt *nur Böses* 215, 10. G. m. *u.* n. ills dauða 53, 20; ills af ván 37, 19; *42*, 9; illa ván *103*, 12. —, D. n. illu 53, 20; at illu *in übler Art* 165, 8; *in üblem Sinne* 251, 10; fara illu í mót við menn *mit Bösem (mit bösen Gedanken) Jemand entgegengehen* 218, 15; A. f. illa *42*, 7. A. n. illt 78, 4. Pl. N. f. illar 22, 18; *87*, 6; G. n. illra svara ván *vgl.* G. n. Sing. *46*, 16.

illska, f. (*vgl.* illr), *die schlechte Gesinnung,* Bosheit. — G. ilsku (*oder* illsku) *172*, 28. A. *159*, 5.

illt, adv. (*s.* illr), übel. — *193*, 3.

illúðigr, adj. (illr; úð = hugð *Sinn* Vigf.), bösen Sinnes. — Nf. 203, 28. Pl. Nf. illúðgar *an Böses denkend, voll böser Ahnungen* 218, 14.

inn, pron., *für älteres* hinn, q. v., jener, *der da, der;* §96 b. — 1) *für sich stehend; bei Adjektiven, mit oder ohne fg. Subst.* — N. m. inn hvinverski *4*, 12; inn gamli 9, 9; sá inn ámátki Grm. *11*, 8. — (*Vgl. u.* *b) G. m. ins þogla *106*, 22; G. f. innar fjǫlkunngu *211*, 20; D. m. inum forna *6*, 3; D. f. inni skǫmmu 8, 19; D. n. í inu neðsta hás. 5, 10. A. n. it sama kveld *54*, 1; yfir hafit þat it djúpa 58, 5. — Pl. N. m. inir fyrri *19*, 1; N. f. inar þriðju 22, 10; N. n. þau in harðmóðgu Grm. *41*, 5. — D. m. inum ungum mǫnnum 121, 20; inum (*oder* hinum) er *u. w. denen, die* 149, 8. A. f. hinar *oder* inar *jene, die andern* 260, 16; *vgl.* hinn.

2) *als suffigirter Artikel bei Substantiven. Vgl. Lund* p. 490 *fg.* — *a) bei starker Flexion des Subst.* — S. N. m. Logrinn 3, 12; G. fisksins 39, 27; D. Leginum 3, 13; steininum *10*, 1; A. manninn *6*, 18. — N. f. kýrin 9, 15; G. sólarinnar *14*, 21; D. jorðunni *12*, 6; sættinni 15, 24; A. borgina *4*, 10; brúna 17, 4. N. n. landit *3*, 11; G. trésins 20, 9; gullsins *116*, 14; D. eitrinu 8, 6; fénu 115, 21. — A. gullit 115, 21. — Pl. N. m. ormarnir 78, 13; viðirnir 73, 12; exnirnir 3, 8. G. sveinanna 120, 26; spalanna (*s.* spǫlr) 62, 3. D. ásunum *31*, 4. A. heimana 14, 22. N. f. sættirnar 7, 14; G. flærðanna 37, 4; D. eldingunum *11*, 18; A. hendrnar 57, 19. N. n. dýrin 73, 12; G. guðanna *13*, 16; D. beinunum *11*, 5; A. loptin *6*, 12. — *b) bei*

schwacher Flex. des Subst. — G. m. hitans *8*, 15; D. búanðanum 57, 4; A. komandann 5, 13. — A. n. augat 126, 1. N. f. konan *13*, 4. G. konunnar 39, 20. Pl. G. n. augnanna 57, 18; A. n. augun 57, 17.

* *Wenn im allgem. der Artikel in den älteren Sprachen öfter entbehrlich ist als in den jüngeren* (Gr. IV, 366), *vgl. z. B.* 38, 15 *sœir die Asen,* hrímþussar ok bergrisar 30, 9 (*vgl. auch die von Lund* p. 492, 497 *für die Poesie gegebenen Winke*), *so begegnet andererseits der suffig. Art. im Altnord. a) in Fällen, wo die neuere Sprache ihn überhaupt missen darf, so* allra guðanna ok manna *aller (der) Götter u. Menschen* 30, 2; *ähnlich auch af* fleirum ásunum (*vgl. Var.*) = *von* (den) *weiteren Äsen* 31, 4; hverr hlutrinn 238, 1; *doch wird man kaum mit Lund* (p. 501) *an einen ganz überflüssigen Gebrauch denken dürfen:* einn ásinn 36, 2 (*vgl. Note) ist* = unus ex asis (illis); *das Verhältnis beider* Nomina *lässt sich als* Nominat. partitivus *bezeichnen, der auch sonst im Nord. (vgl. Lund* p. 158 *Anm.* 8 *u.* p. 189) *den* Genit. partit. *vertritt, unter Umständen auch als* Acc. *oder* Dat. *erscheinen kann. — b) gehäuft neben dem adjektivischen Art., z. B.* inn fyrsta soninn 13, 18; *wie auch jener adjektiv. Art. neben dem Demonstr.* sá (*meist in poet. Sprache) stehen kann, so* Vafþr. 35, 5: sá inn fróði jotunn; Grm. *11*, 8: sá inn ámátki jotunn; Grm. *41*, 5: þau in harðmóðgu sky; *vgl.* þá ina fá 232, 24 = *diese, die wenig zahlreichen Leute;* þann inn góða hest *105*, 4; þat it mikla gull 181, 5; *ferner* þessa ferðina 70, 9 *u.* þessir — æsirnir *34*, 6; þessa ins mikla fjár 181, 9; þetta it illa verk 210, 10; *endlich in dreifacher Verbindung:* yfir hafit þat it djúpa 58, 5. *Vgl.* Gr. IV, 379, 433; *Lund* p. 498 *fg.* — *c) Bei zwei nah verbundenen Substantiven wenigstens an einer Stelle* (*Lund* p. 494), *so* allra guðanna ok manna 30, 2; hofuðstaðrinn eða helgistaðr 20, 3—4. — *d) Über die Anwendung von* inn *beim* Voc. *vgl. Lund* p. 492 (*Text* 179, 32); Gr. IV, 564. — *e) In einzelnen Fällen gehört der suff. Art.*

inn *nicht zum Substant. allein, sondern zu mehreren Worten, die als
logisches Compositum gelten können,
so 191, 10:* óð rugakrinn fullvaxinn
=*durch das reife Roggenfeld schritt
=durch ein R. zur Zeit der Reife
schritt. — f) In Fällen wie* ína
níundu hverja nótt *112, 2 vertritt
das adjekt.* hverr *ein adv. anderer
Sprachen = die jedesmal neunte
Nacht, oder es muss der Art. als
entbehrlich schwinden = jede n. N.
— g) Beim* Pron. possess.: veit ek
minn hestinn beztann=*ich kenne das
mir gehörende Pferd als das beste,
also mit doppeltem* inn; *vgl. sonst*
Gr. IV, 550.

inn, *adv.* (F. 36, *vgl. auch* í), hinein.
— inn gengr *38,* 12; inn ganga *44,*
6; ganga út ok inn *50,* 17; leiddi
inn *5,* 10; kvámu inn *137,* 11; *auch
in Verbindung mit Präposit., namentl.* í (*vgl. mhd.* zuo ze); inn í
borgina *4,* 9; hollina *5,* 3; inn í frá
fast = innan (q. v.), inn í frá úr ok
gustr = *gelida vaporatione et aura
frigida a parte interiori accedenti-
bus* (Eg.) *8,* 9. (*Im Nord. ist hier*
Nom. absol. *ohne Verbum, den* Eg.
durch Ablat. absol. *wiedergiebt.*)
— koma inn um Miðgarð, Asgarða *52,*
10; *100,* 14 = intrare (ingredi) Mid-
gardum etc.(Eg.), *eig. hineinkommen
über (um) die Aussengrenze von*
Miðg., Asg. — *Vgl. auch* um.

inna, *schw. v.* (*vgl.* iðn, iðja, iðna).
1) ausführen. — Inf. *63,* 6. —
2) berichten. — upp at inna (*in
Worten) vorzuführen, vorzuhalten*
205, 16. — Præt. S. 3 inti = *her-
sagte, las 218,* 1.

innan, *adv.* (F. 36, *vgl.* inn), *von
innen.* — *17,* 18 (útan ok i.). *In
Verbind. mit* fyrir *soviel als* innan
(q. v.), f. innan á jorðunni = intra
oram terræ maritimam (Eg.) *12,* 6;
f. innan Ásgr. = intra claustra muni-
menti Asici (Eg.) *95,* 16. — *Vgl.
auch* fyrir 2) *a*).

innar, *compar. adv.* (F. 37), *weiter
hinein,* hinein (*doch stärker als*
inn). — innar í frá hánum = intra
eum *58,* 17; *160,* 31. *Das Verhältnis von* útar *u.* innar *beurteile nach*
238, 20—24.

inni, *adv.* (F. 37), innen. — *5,* 16;
62, 15; þar inni *118,* 9. *Auch einfaches* inni = *drinnen, so 162,* 4. —

inni brenna einn *Jemandem das
Haus über dem Kopfe anzünden,
ihn mit dem Hause verbrennen
195,* 18.

innleið, f. (inn, leið f.), *eig. der innere
Weg, die Fahrt im Binnenwasser;
poet. auch* = Eingeweide (*innere
Teile) eines Tieres; nur* Guðr. II,
23, 8.

jók, jók-þu (*für* jókt Þú), *s.* auka.

jól, Pl. n. (F. 245, Vigf.), *das* Jul-
fest, *dem christl.* Weihnachten
zeitlich nahezu entsprechend; Wh.
p. 380. — G. *238,* 8. — A. *237,* 18.

jór, m. (F. 10), *das* Pferd (*Hengst
wie Stute), poet.* — *Vgl.* hestr *und*
merr. — Pl. G. jóa Grm. *44,* 5.

jorð, f. (F. 23), *die* Erde. — N. *6,* 19;
Nsf. jorðin *11,* 5. — G. jarðar *10,* 8;
j. magni *214,* 5, *vgl.* megin. — D.
á jorð *13,* 8 *neben* á jorðu *17,* 17;
af, or jorðu *15,* 9; Grott. *10,* 4; Dsf.
jorðunni *12,* 6. — A. jorð *6,* 12;
Asf. jorðina *11,* 4. — *Vgl. auch* Jorð.

jormungrund, f. (*vgl.* grund *u.* jormun
bei Vigf., F. 23 *s.* v. erman), *die
weite Fläche, die (weite)* Welt,
poet. — A. Grm. *20,* 3.

jotunmóðr, m. (*vgl.* móðr, jotunn),
der Riesenzorn. — D. í jotunmóði
Vol. *51,* 4; Grott. *23,* 4; A. *54,* 10.

jotunn, m. (F. 14), *der* Riese. —
N. *9,* 1; Nsf. *72,* 13; G. jotuns *3,* 6;
10, 5; Gsf. *165,* 5; D. jotni *97,* 18;
Dsf. jotnum (=jotninum *71,* 2) 53,
10, *vgl.* AM.; A. jotun *10,* 18; *104,*
25. — Voc. jotunn *104,* 5. — Plur.
N. jotnar *102,* 14; Hyndl. *33,* 7; G.
jotna *12,* 7; Vafþr. *30,* b; D. jotnum *103,* 10; A. jotna *15,* 23.

Í.

í, *adv. u. präpos.* (F. 36), in, *mit* Dat.
u. Acc. — *Vgl.* inn.

1) *mit* Dat. — a) räumlich. —
í ríki sínu *3,* 3; í sundi *3,* 9; í Svíþjóð *3,* 12; í þeim stað *an dem Orte
31,* 12, *vgl.* í oðrum stað *59,* 8; í
hans hirð *67,* 8; í trénu *61,* 1; í
hofði *104,* 14; í járnmeis *105,* 11; í
báðum *an Beiden, Beiden im Leibe
108,* 3; í miðju *120,* 1; taka vatn í
brunninum = aquam haurire ex
fonte *24,* 1; *häufig auch nachgestellt
(adverbiell)* þar í *68,* 12, *vgl.* at hánum hafi ofrefli í (= þar í) verit

56, 1; jǫtna gǫrðum í ι, 3; net, þat
er hón veiddi í 109, 13; reið, þá er
hann ekr í 30, 7; hlut, þann er
mikill gripr er í 30, 15; er rennr
flóði í Regm. 1, 2. þat er ... standa
í 17, 16; brunnr, er — er í fólgit
20, 14; í (= þar í) 66, 16; þótti í
(sc. vera) 151, 32. — Hierher lässt
sich auch ziehen í bei Citaten wie
í Vǫluspá 6, 22; í fornum vísindum
11, 20; í kenningum 142, 12. —
b) zeitlich. — í enda am Ende
veraldar 7, 11; í því bili 107, 12;
í forneskju 144, 2; í þessum sævargang bei diesem s. 82, 11. — Unter
c) fassen wir einige freiere Verwendungen, die einen ruhenden
Zustand oder eine feste Zeitdauer voraussetzen, zusammen. —
í góðum fagnaði 67, 10; í orrostum
36, 10; 145, 17; í fjǫrbrotum 181,
11; í einvígi 145, 7; í einum drykk
(í tveim etc.) 64, 9 — 11; í einu
hǫggvi 114, 8; í lagi (í hǫggvi 1)
111, 19; í fyrsta viðbragði 75,
21, vgl. í fyrstu (zunächst) 93, 21.
— Fast instrumental ist der Dat.
in Fällen wie urðu ágætir í hernaði = in piratica inclaruerunt (Eg.)
145, 14; eru jafnir í kenningum við
konung 142, 10.

2) mit Acc.; auch in Verbindung
mit inn (vgl. mhd. zuo ze). — a)
räumlich — inn í borgina 4, 10;
inn í hǫllina 5, 3; í Niflhel 6, 18;
vgl. í hel (urspr. í Hel) 104, 26;
settiz í hásæti 13, 10, vgl. setti hann
í sæti 17, 18 (u. 98, 11); í vatn, í
hólm 40, 13; í jǫrðina 108, 11. —
í munn 34, 18; í hug 39, 8; í hǫnd
64, 7; í audlit 80, 15; í mitt hǫfuð
104, 15; vgl. í hǫfuð (u. bera) 119,
15; fekk í hendr hánditge ein 111,
13; í aflinn 111, 5. — Oft auch nur
zur Bezeichnung der Richtung: leit
í norðrætt 46, 4; í allar sættir 78,
11; í alla heima 35, 22, vgl. 75, 15;
í austrveg 53, 11, vgl. 101, 2 und
í austr 61, 12; sœkja eptir Jǫunni
í Jǫtunheima 95, 2. — Auch bei
Zuständen, die irgendwie lokalisiert
gedacht werden: í allar þrautir 36,
8; í fullt vandræði 37, 10; í jǫtunmóð 82, 6; í konungastefnu 140, 7.
— Die angeführten Beispiele berühren sich mit den w. u. s. c) gegebenen. — In poet. Sprache nachgestellt jǫtna garða í = ad gigan-

tum habitacula (proficiscens) Eg.
ϑ, 3. — Für die adverb. Verwendung folgendes Beispiel: spýttu í
97, 5. — b) zeitlich. — í dagan
49, 1; í þenna tíma 124, 6, vgl. í
þann tíma 125, 2; í ǫndverða bygð
52, 7; í annat sinn 79, 15. — c) in
freierer Anwendung: batt í klyfjar (vgl. klyf) 118, 3; í smá mola
104, 16; í tvau Grott. 22, 8; í helminga 116, 15; í líking annarra
manna = after the liking of other
people (Vigf.) 74, 14; bráz í orms
líki 100, 4; í fǫðurgjǫld 98, 12; í
bróðurgjǫld 116, 12; sóruz í brœðralag 118, 16.

* Die Anwendung von í ist etwas
ausgedehnter als die des nhd. in;
wir dürfen für í mit Dat. teilweise
„auf" oder „an", für í mit Acc.
„im Hinblick auf" oder „nach"
verwenden. — Bei Verbindungen
wie í brott, í frá, í gegnum (gegn.),
í gær, í hring, í milli, í móti, í
morgun, í næst, í sinn, í sundr
vgl. das zweite Wort.

íhuga, schw. v. (í, huga = hyggja),
in Betracht ziehen, bedenken. —
Præs. S. 3 íhugar 216, 15.

íkorni, m. (F. 31, vgl. jedoch Vigf.
s. v.), das Eichhorn. — N. 23, 4.

ímunlaukr (s. laukr Lauch F. 260,
ímun poet. = Kampf), eigentl. der
Kampfeslauch, das Kampfblatt,
poet. = Schwert; Ullr ímunlauks
= O numen prœliaris stipitis! (Eg.)
e, 2 als poet. Anrede eines Helden
(vgl. Skálda XXXI: mann er ok
rétt at kenna til allra ása heita).

ísarnkól (wol besser als -kol), n. (vgl.
ísarn F. 32, kól vgl. kala), poet. die
Eisenkühle (?), so Eg. (ferreum
refrigerium). — Bugge schrieb Grm.
37, 6 ísarn kol und nahm dies als
Pl. A., kol adjektiv.; vgl. jedoch
Till. — A. 15, 3.

* Über das Verhältnis von járn
und ísarn vgl. auch Vigf. s. v.; nach
der metr. Seite Siev. P. V, 515.

íss, m. (F. 32), das Eis. — N. sá íss
8, 4; G. íss 8, 9; D. á ísi 136, 4.

ítarligr, adj. (s. ítr bei Vigf.), glänzend, herrlich. — Pl. N. n. ítarlig
177, 1.

íþrótt, f. (nach Vigf. für iðþrótt, zu
þróttr = die Kraft), ein Werk,
wozu Kraft oder Geschicklichkeit
erforderlich ist, ein Kraftwerk,

Kunststück (vgl. Fritzn.). — N.
62, 16; G. íþróttar 62, 17; A. íþrótt
62, 14. — Pl. G. íþrótta 62, 11; 64, 1
(was der Künste? = was für eine
Kunst?); D. 231, 13. A. íþróttir
(unterschieden von fröðleikr, also
hier körperliche Übungen) 152, 11;
ähnl. 149, 7; 171, 24.
íþróttamaðr, m. (íþrótt, maðr), ein
durch körperliche oder geistige Geschicklichkeit ausgezeichneter Mann.
— N. ertu nokkurr (oder nokkut =
in Etwas) íþr. 236, 21 = besitzest
du irgend eine besondere Geschicklichkeit?

K.

kafna, schw. v. (nach Vigf. = kvafna),
ersticken, ertrinken. — Part.
hefði kafnat 97, 16.
kala, stv. (F. 44), frieren, kalt sein.
— Inf. 70, 19.
kaldr, adj. (F. 44), kalt, kühl. —
N. m. 26, 20; Af. kalda sæng ein
einsames Lager 210, 19. N. n. kalt
= frigus (Eg.) 8, 12; A. n. kalt hræ
164, 30.
kalla, schw. v. (F. 45), rufen, herbeirufen; nennen; erklären. (eig.
ausrufen). — Inf. 46, 12; 142, 11.
vildi sitt eitt kalla láta allt þat er
var wollte Alles, das da war, sein
Eigentum (ausschliesslich das Seine)
nennen lassen 173, 15. — Præs. S. 1
kalla ek (erkläre ich) 56, 16; 141,
14. — S. 3 kallar (erklärt) 63, 5;
k. til sín 63, 9 vgl. 94, 5. — kallar
á þá (vgl. Præt. S. 3) 164, 17; k. =
nennt, benennt 172, 16. — Pl. 1
kollum vér 9, 5, 10; vér k. 13, 13;
Pl. 2 kallit 66, 13; 80, 19; Plur. 3
kalla 8, 18; 37, 3, für 17, 19; í þeim
stað kalla menn Glaðsheim vgl.
Lund p. 37; Eg.: eum locum ap-
pellant Gladsheimum. — Conj. S. 2
kallir 16, 9; S. 3 kalli (man rufe,
impers.; vgl. Lund p. 355) 66, 17.
— Præt. S. 3 kallaði 3, 10; 99, 7;
kall. til rief herbei 75, 18, vgl. kall.
á rief an, rief auf 122, 25 (Lund
p. 41); kallaði = exclamans jussit
(Eg.) 123, 1. — Pl. 3 kolluðu 12, 8;
k. á þór 54, 12; koll. með sér (vgl.
með 2) 40, 14; 97, 11. — Part. Pass.
kallaðr häufig in Verbindung mit
vera = heissen; N. m. er kall. 3, 12;

Grott. 19, 4 (ergänze vera, vgl, s. v.
munu); N. f. kolluð 18, 3; 43, 12;
118, 11; 140, 3. — N. n. (u. unflek-
tierte Form) kallat 13, 6; 15, 3; 141,
15; 24, 14 (þar er kallat er. vgl. í
þeim stað kalla 17, 19 u. Lund p. 36);
er svá kallat, at þat gnæfi = id
dicitur gnæfa (Eg.) 45, 1; bei Subj.
im Plur. 125, 11 (vgl. Var.). — Pl.
m. kallaðir 65, 21; 120, 20; Plur. f.
kallaðar 8, 2.
* Über kalla vgl. auch Einleit.
S. 209 f.
kals, n. (kalla), die Forderung,
Herausforderung, namentlich
auch in spöttischer Form. — So
D. vera í kalsi með yðr 239, 16.
*) Die von Vigf. angenommene
etymol. Trennung von k. = Forderung, u. k. = Spott ist schwerlich
nötig.
kanna, schw. v. (F. 40), erforschen.
— Inf. 114, 2; = mustern 193, 34
(da auch kanna valinn gesagt wird,
ist vielleicht hier an die sonst kjósa
genannte Walkyrenthätigkeit zu
denken).
kapp, n. (vgl. Vigf. s. v.), der Eifer,
Wetteifer, Streit. — D. með
meira kappi 168, 6; k. Volsunga
168, 12; af þeira k. 172, 34. — A. (=
Kampfeifer) 159, 5; = Tüchtigkeit
162, 14. renna í kopp (Pl. A.) einen
Wettlauf halten 63, 10; at koppum
(Pl. D.) = in certaminibus Eg., for
our matches Vigf. Grott. 15, 3.
kappgirni, f. (s. kapp; -girni in
Compos. = girnd F. 161, Vigf.), das
eifrige Streben, die Energie. —
A. 152, 11.
kappi, m. (vgl. kapp u. Vigf. s. v.).
1) der Kämpfer, Kriegsmann,
Streiter. — N. 167, 13; 232, 21.
— Pl. N. 190, 27. — 2) der ausschliesslich in kriegerischen Dingen
geübte Mann, etwa = Kämpe,
Recke (vgl. Vigf. s, v. 2). — N. k.
mikill 219, 25. — Pl. A. 244, 18.
* In diesem Sinne berührt sich
k. mit berserkr, q. v.; aber nicht
immer (so auch nicht 219, 25) ist
zwischen 1) und 2) scharf zu unterscheiden.
karl, m. (F. 43), der Mann, namen-
lich im Gegensatze zur Frau; auch
der Alte (vgl. kerling; Vigf. s. v. C.).
— N. karl minn (vgl. Fritzn. 3) 232,
3. G. karls sonar (= karls, vgl. nkd.

Menschenkind = Mensch) η, 5. — A.
karl ab bjargi = *den Alten vom
Berge* Regm. *18*, 6. Pl. N. karlar
44, 1; G. karla *35*, 4.
karlmaðr, m. (F. 43), *ein Mensch*
(maðr) *männlichen Geschlechtes, ein*
Mann. — N. *44*,12; Nsf. *13*,3.
karlmennska, f. (*vgl.* karlmaðr), *das
männliche Wesen, die* Mannhaftigkeit. — N. *151*,32.
kasta, *schw. v.* (F. 45), 1) werfen,
mit instrument. Dat.; *Lund* p. 93.—
Inf. *120*, 15; *57*, 7; k. út *auswerfen*
79, 15; brott k. *wegwerfen 84*, 10.
Præs. S. 3 kastar *61*, 14; *175*, 15 =
verwirft, wirft fort; Pl. 3 kasta *79*,
11. — Præt. S. 2 kastaðir heiptarorðum (*vgl. „mit Etw. um sich werfen"*) á mik *202*, 18; S. 3 kastaði
38, 2, 5; *72*, 1, 18; *79*, 4; *96*, 9; *104*,
23; Pl. 3 kǫstuðu *12*, 9; *138*, 3. —
Part. Pass. kastaðr *aufgeworfen 139*,
10; *absol.* hefir kastat *161*, 27. —
2) *scheinbar impersonell, vgl.*
Vigf. s. v. V. — gneista, þá er ——
kastat hafði *Funken, die (es) getrieben hatte = die geflogen waren
11*, 16; *nach Lund* p. 469 = kastat
hafði sc. verit; *also passiv.*
kaup, n. (kaupa), Werklohn, Kauf-
preis, Kaufgeschäft, Vertrag.
— N. 52, 13; *vgl. für den abhängigen Satz Lund* p. 306. G. kaups 52,
11; D. 53, 9; Dsf. 53, 1, 21; *54*, 1; A.
99, 16; Asf. *54*, 14.
* vera af kaupinn = mercede ex-
cidere (Eg.); *vgl.* af 1b). *Zu* 53, 1
vgl. Lund p. 469.
kaupa, *schw. v.* (*s.* Vigf. s, v. *zur Bild.
des* Præt. *vgl. Wimmer* Oldn. Læs. p.
VIII), kaufen,, *erkaufen.* — Inf.
49, 11; *99*, 2. — Præt. S. 2 keyptir
Grott. 8, 4; S. 3 keypti *125*, 1.
kátr, *adj.* (*vgl.* Vigf.), froh, *wolgemut.*
— N. Voc. f. kát *163*, 27; *201*, 19;
Asf. *208*, 6. — Pl. Nf. kátar *219*, 33.
keisararíki, n. (keisari, ríki), *das*
Kaiserreich; *spec. das römisch-
deutsche des Mittelalters.* — N.
244, 20.
keisari, m.(*vgl.lat.* Cæsar), *der*(*urspr.
römische*) Kaiser. — N. *124*, 6;
142, 8; *237*, 5.
kemba, *schw. v.* (kambr = *Kamm* F.41),
kämmen.— Pass. Part.N.m. kembdr
Regm. 25, 1.
kenna, *schw. v.* (F. 40), 1) erkennen,
merken; mit Acc. (Vigf. s. v. IV) *u.*

Gen.; *letzteren Casus belegt Lund*
p. 171. — Præs. S. 1 kenni ek 59, 9;
S. 3 kennir hann 57, 14; *60*, 9;
Pl. 3 ·kenna *30*, 10. — Præt. S. 1
kenda *206*, 18; S. 2 kendir *180*, 2;
S. 3 kendi *54*, 4; *161*, 29; k. síns
banasárs *179*, 20; *vgl.* 222, 27. Pl. 3
kendu 79, 14; Conj. Pl. 3 kendi *empfinden würden 161*, 13. — 2) lehren *mit* Dat. *der Person; vgl. Lund*
p. 100. — Inf. 97,9; Imper. S. 2 kenn
184, 5; Præt. S. 8 kendi *171*, 23;
198, 29. — Pass. Part. kent 228, 4.
— 3) zuschreiben, *benennen.* Inf.
142, 13 (*hier = poetisch umschreiben,
vgl. Einl. S. 209 fg.*); *im üblen Sinne
zuschreiben = zur Last legen 237*, 4.
Part. kendr *124*, 9; er Hálogaland
er við kent *nach dem* H. *benannt
ist 139*, 9; er Hálfsrekkar eru við
kendir 238, 4; *so viell. auch* at
kǫppum kendar (kenndar) *nach den
Kämpfen benannt* (*Kampfjungfrauen
genannt*) Grott. *15*, 4; *sonst zu* 1)
= erkannt, bekannt (celebres Eg.),
durch die Kämpfe. — Med. kennaz
inne werden, an Etw. denken Inf.
78, 9; *doch mehr auf das Gefühl
als den Verstand bezogen*, mun
lengi kennaz = diu persensurus est
(Eg.). — *Wol nicht richtig ist* k.
Reg. 25, 2 (*allenfalls = erkannt werden, sich zeigen*); *eher wol mit L. E.*
kœnna; *vgl.* kœnn.
kengr, m. (*vgl.* Vigf.), *die* Biegung,
der Buckel; beygði kenginn *66*, 6;
wol gleich = b. sik í keng (*bei* Vigf.)
= *beugte sich in die Form eines
Katzenbuckels, machte einen K.*
kenning, f. (*s.* kenna 3), *die poetische*
Umschreibung, Benennung. —
Pl. D. kenningum *142*, 10, 12; A.
kenningar *143*, 16.
keppa, *schw. v.* (*vgl.* kapp), *gew.* Med.
keppaz *sich messen,* streiten *mit
Jemand.* — Inf. *36*, 13.
ker, n. (F.45), *das* Gefäss; *gew.Trink-
gefäss.* — G. kers 97, 5. — Pl. Nsf.
kerin 97, 13; A. ker 97, 12; Asf.
kerin *100*, 15. Pl. D. kerum 228, 31
vgl. Note.
kerling, f. (F. 43, *vgl.* karl), *eine* (*meist
ältere*) weibliche Person, *eine*
Alte. — N. *66*, 20. — A. kerlingu
231, 21; Asf. kerlinguna *66*, 17; *vgl.*
§ 31 b).
kerra, f. (*vgl. mhd.* karre *bei Lexer*),
die Karre, der Wagen. — D. kerru

76, 8; A. kerru *14*, 21. — Pl. A. kerrur *14*, 9.

kerti, n. (F. 43), *die* Kerze. — N. *260*, 17.

kertisljós, n.(kerti,ljós), *das* Kerzenlicht, *die brennende Kerze.* — Pl. N. *260*, 7.

ketill, m. (*vgl. lat.* catinus, catillus), *der* Kessel. — Nsf. *48*, 5; G. ketils *57*, 2; A. ketil *97*, 12.

keyra, *schw. v.* (*zu* kyrr? *vgl.* kyrrseta), antreiben. — Inf. *14*, 20. — Præt. S. 3 keyrði *77*, 6.

kind, f. (F. 46), 1) *das* Geschlecht, *die Nachkommenschaft* (*meist poet.*). — Pl. A. kindir Vol. *41*, 4. — 2) *das* Kind = barn; *äusserst selten, wol nur* Sigrdr. 9, 3 (Acc.). — *Viell. speciell norwegisch; vgl.* Aasen s. v., *der* kind *als Kosewort für kleine Kinderchen kennt.*

kjóll, m. (F. 46), *das* Schiff; *fast nur poet.* — N. Vol. 52, 1.

kjósa, *stv.* (F. 47), wählen, *kiesen, erwählen.* — Inf. *45*, 9; *95*, 20, 21. Præs. S. 1 kýs ek *96*, 1; S. 3 kýss Grm. *14*, 5; Pl. 3 kjósa *45*, 8 *vgl.* Vafþr. *41*, 4; *zu 180*, 17 *vgl. u.* *). — Imp. S. 2 kjós *172*, 5; kj. nú um tvá konunga *167*, 30 = *wähle nun in Bezug auf, w. unter zwei Königen; vgl. 190*, 14. Præt. S. 1 kaus *196*, 15. S. 2 kaust *164*, 32, *mit suff.* Pron. (*vgl.* þú) kaustu Grott. *8*, 5; Conj. S. 3 kyri *136*, 8. — Pl. 3 (kyri oder) keri *136*, 18 *vgl.* § 124. — *Vgl. auch von der Nebenform* kera S. 1 hvern ek k. 203, 9.

* *Ist* kjósa = *dän.* kaare *u.* kyse? *Vgl.* Ba. 195. — *Wenn dort die Lesart* Fáfn. *12*, 6 *für echter als die 180*, 17 *überlieferte bezeichnet wird, so lehnt sich die letztere doch offenbar an die Vorstellung des Erwählens der Fallenden durch die Valkyren als Annahme einer ähnlichen Wahl der Kinder zum Leben durch die Nornen leichter an; frá mœðrum übersetze „von Mutterleibe".* — kjósa at einu *wählen im Hinblicke auf Etwas,* rationem habere alicujus rei Eg.; kjósa eitt á cinn *auf Jemd. die Wahl lenken, ihm Etwas* (eitt) *bestimmen; vgl.* á 2 b) *gegen Ende.*

kippa, *schw.v.* (*vgl.* Lexer s. v. kippen), reissen, stossen. — Præs. S. 3 kippir *reisst 179*, 18. M. kippaz við sich heftig (*in sträubender Weise*)

bewegen *oder* schütteln (concuti Eg.). — Præs. S. 3 kippiz svá hart við *80*, 19,

kista, f. (*vgl. lat.* cista), *eine* Kiste *oder Lade.* — D. í kistu (*vgl. læsa*) *106*, 16.

kjolr, m. (F.47), *der* Kiel, *Schiffskiel.* — N. *220*, 2.

kjoptr, m. (*s.* Vigf. s. v. kjaptr), *der* Kinnbacken, *Kiefer.* — N. *82*, 13. — A. kjopt *84*, 6, 11.

* inn efri kj. *der Oberkiefer,* inn neðri kj. *der Unterkiefer.*

klaka, *schw. v.* (*vgl.* Vigf.), zwitschern. — Præt. Pl. 3 klokuðu *182*, 9.

klippa, *schw.v.* (F. 51), schneiden, *scheren.* — Inf. *110*, 2.

kljúfa, *stv.* (F. 52), spalten. — Præs. S. 3 klýfr *178*, 19. — Præt. S. 3 klauf *117*, 8. — Part. Pass. Pl. N. m. klofnir Vol. *46*, 8; A. m. klofna *178*, 6.

klofna, *schw. v.* (F. 52, *vgl.* kljúfa), *sich* spalten, *sich öffnen.* — Præs. S. 3 klofnar *82*, 18; Vol. 53, 8. — Præt. S. 3 klofnaði *156*, 27.

klokkustrengr, m. (klokka f. *Glocke* F. 53; strengr), *der* Glockenstrang. — D. hafðr í kl. *251*, 20 = *im Gl. gebraucht; d. h. wol am unteren Ende dieses Stranges an Stelle des sonst erwähnten* klokku-hringr (*s.* Vigf. s. v. klukka) *zum Anschlagen an die Glocke gebraucht.*

kló, f. (F. 52), *die* Klaue, *die Kralle.* — Pl. D. klóm *95*, 6.

klyfjar, Pl. f. (F. 52), *die gespaltene, d. h. in Hälften geteilte Last auf dem Rücken eines Pferdes oder Saumtieres, das Paar* Lastsäcke. batt í klyfjar (A.) *118*, 8 = in sarcinas colligavit Eg.

klæða, *schw. v.* (F. 51), kleiden, *ankleiden.* — Præs. Pl. 3 klæða sik *67*, 12. — Præt. S. 3 klæddi sik *57*, 10; *119*, 6. — Pass. Part. N. f. klædd *234*, 13. Med. klæðaz = klæða sik; Inf. *61*, 4; Præt. S. 3 klæddiz *70*, 15; Part. hafa klæz (*für* klæðz) *51*, 8.

klæði, n. (F. 51), *das* Tuch; *das* Kleidungsstück, *Kleid.* — A. *183*, 23. Pl. N. klæði *137*, 12; D. klæðum *169*, 30; = *Tuchstücken 193*, 19 = *Vorhänge 205*, 1. A. *13*, 3.

knáttu, *anom. vb.* (*theoret.* Præs. Inf. knega F. 41; *vgl.* § 155a), wissen, *können.* — Præs. S. 3 kná Sigdr. 19, 5. Præt. S. 3 knátti Helr. 12, 5.

kneppa, *schw. v.* (knappr = *Knopf* Vigf.), *knöpfen.* knüpfen. — Pass. Part. Pl. A. m. knepta skó = *Schnür-Schuke* (*Wh.* p. 164) 245, 14.

kné, n. (F. 49), *das* Knie. — A. á kné 67, 6. — Pl. D. fyrir knjám mér (*stärker als nhd.* „vor meinen Augen" *vgl.* A. í kné) 196, 11. — A. i kné = in gremium (Eg.) 96, 7; 151, 18; fyrir kné = *vor die Füsse,* zu Füssen 246, 4.

knésbót, f. (*vgl.* kné), *die* Kniekehle. Pl. D. knésbótum 80, 13 (*vgl. Var.*)

knífr, m. (F. 48), *das* Messer. — N. 38, 10; Nsf. knífrinn 113, 5; A. knif 113, 4.

knoða, *schw. v.* (F. 48), kneten (*auch* backen?). — Inf. 158, 28, 29. Pass. Part. knoðat 158, 32.

knúi, m. (F. 49, *doch s. auch mhd.* knoche *bei Lexer*), *der* Knochen, *namentl. der feinere Gelenkknochen in den Fingern, der* Knöchel. — Pl. Nsf. knúarnir 57, 20.

   * *Vgl. auch* mnd. knovel *bei Schiller-Lübben und Knäbel.*

knútr, m. (F. 49), *der* Knoten. — A. knút 59, 17.

knýja, *schw. v.* (F. 49), *stossen,* schlagen. — Præs. S. 3 knýr Vol. 51, 5; Præt. Pl. 3 knúðu 220, 3. — Med. knýjaz *sich stossen* (*d. h.* stützen oder stemmen), *sich* anstrengen; *vgl.* Lund p. 221. — Præt. S. 3 knúðiz fast at (*dabei*) 39, 12; *vgl.* 67, 3.

   * *Verwandtschaft zwischen* knúi *u.* knýja? *Vgl.* F. *a. a. O.*

knýta, *schw. v.* (F. 49), *einen Knoten machen,* knüpfen; *mit* Dat. *oder* Acc. (*vgl.* Vigf.). — Pass. Part. *absol.* knýtt 153, 2.

knýti, n. (*vgl.* knútr, knýta), *ein zusammengeknüpftes kleines Tuch, an Stelle der späteren Börse* (Vigf.). — A. 241, 1.

kollr, m. (*vgl.* Vigf.), *ein rundlicher Körper,* Kopf; *spec. ein von Haarwuchs entblössster K.,* Kahlkopf. — A. 234, 12.

koma, *stv.* (F. 58). 1) kommen. — Inf. 71, 21; 84, 10; 154, 18; Vafþr. 37, 5; Grott. 19, 5; *zurückkehren* 155, 11 *vgl.* koma til = *wieder zu sich kommen* Vigf. s. v. A. II; koma til mikils *etw. Grosses bedeuten* 204, 28. (fyrir koma *vgl.* f. 3). — Præs. S. 1 ek kom 104, 25. S. 2 *mit suff. Pron.* kemstu Sigrdr. 10, 9. — S. 3 kemr 25, 5; 102, 20 *oder* kemr 76, 10; Vol. 54, 1 (k. fram = evenit Eg.); *imperson.* kemr upp *kommt auf* (so. *das Gerücht*) 150, 8; kemr at því *kommt es dazu, ereignet es sich* 151, 18; kemr mér at því *es kommt mit mir, geht mir so* 155, 32; svá kemr hans máli *so kommt es, geht es mit seiner Sache* 150, 14. — Pl. 2 komit 61, 7; 69, 15; Pl. 3 koma 22, 7, 9. — Conj. S. 2 komir 163, 25; S. 3 komi 5, 16. — Part. A. m. komand-ann 5, 13. Præt. S. 3 kom 4, 8, 9; 54, 12; = *herkam, abstammte* 52, 9; kom til *zu Platz, ans Licht kam* 151, 28. kom upp = *aufkam, entstand* 74, 24; kom ásamt með ǫllum *kam auf dasselbe hinaus bei allen* = *war die Ansicht aller* 53, 19; vili þeira kom saman 214, 8 *vgl.* vili; kom fyrir ekki 178, 15 *s.* fyrir 2, a). — Pl. 2 kvámuð 192, 33. — Pl. 3 kómu 62, 3; 119, 13; *abstammten* 9, 9; 12, 13; *ähnl. auch* kómu saman Vafþr. 31, 5 = in unum coierunt Eg.; Gg. *bemerkt: man sollte þaðan erwarten für* þar; *vgl. s. v.* saman.*) — kómu fram *zum Vorschein kamen, sich zeigten* 153, 28. *In älterer Form* kvámu 114, 3; 122, 13. — Conj. S. 3 kæmi 53, 11; 158, 34; *mit suff.* a *neg.* kœmia Grott. 10, 1; *daneben* kvæmi (*vgl.* kvámu) 60, 14; 111, 12. Pl. 3 kœmi 52, 10; kvæmi 122, 10. — Part. Pass. kominn 4, 16; komin Grott. 4, 6; *von der Abstammung* kominn 20, 2; 172, 14; komin 13, 13; Pl. komnir *von Abstammung* 15, 24; Hyndl. 33, 8; *lokal* 164, 22. f. komnar 8, 2; 123, 5; n. *und absol.* komit: hefir komit *ist gekommen* (*genetisch*) 24, 10; hafa hér komit *sind hieher gekommen* 63, 14; hafði hánum á bak komit *hatte ihn bestiegen* 172, 13. var komit at nótt *war Nacht geworden* 87, 9; en hánum var svá nær komit *aber man war ihm so nahe gekommen* 100, 16; þá var komit mjok at borghliði = opus propemodum ad portam arcis perductum fuit (Eg.) 53, 14; at stefnulag var komit á *aufgekommen, zu Stande gekommen* 103, 10; fengu (*vgl.* fá) hvergi komit (*zu* koma 2) *richteten*

Nichts aus 104, 22. — Pl. N. m.
er vér erum til komnir = *wozu ich
rechtlich gelangt bin, worauf ich
Anspruch habe* 220, 28. — N. n.
komin *164,* 4. *169,* 28. *In schwacher Flex.* N. m. inn kommi *der
(eben) Gekommene* 239, 1 = nykomni
238, 22.

    2) bringen, *mit* Dat. — Præs. S. 3
kemr *196,* 16; Pl. 8 koma fram
(*bringen vorwärts, setzen fort*) 17, 3;
koma oss í skaða 207, 29. Inf. *94,* 7;
106, 19. — Conj. S. 3 komi *69,* 13.
— Præt. S. 3 kom 37,10; *78,* 5 (koma
á leið *wie nhd. zu Wege bringen*);
137, 6; *vgl.* (Pass. Part.) komit 205,
26. Præt. S. 3 kom til herskipa *zu
Kriegsschiffen verhalf 150,* 12. —
Über koma c. Dat., *vgl. E. Bernhardt Beitr, zur d. Phil.* (1880) p. 82;
*in einzelnen Fällen lässt sich über-
setzen „kommen mit" so 154,* 24. *Vgl.
auch 249,* 3 kom sári á annan =
*mit einer Wunde an den Andern
kam, dem Andern eine W. bei-
brachte.* — upp koma c. D. = *auf-
bringen, aufmachen* = *öffnen* 233,
21, 23. Med. komaz *sich bringen,
fortbringen,* gelangen. *Vgl. Lund*
p. 226. — Inf. *11,* 11. undan komaz
at — *dem entgehen 155,* 6. Præt.
S. 3 komz *106,* 8; k. undan (*entkam*)
10, 15; *vgl.* 155, 6. — Pl. 2 kómuz
þér *98,* 21. — Conj. S. 3 fram
kœmiz (*vgl.* fram) *162,* 17. Part.
Med. hafa fótum undir komiz *150,*
29 *vgl.* fótr.

    * *Wie im* Got. qiman *mit* in c.
Dat. *construirt wird, steht auch bei*
koma hér (= *hierhin*), þar (= *dahin*);
hafa hér komit *63,* 14; kom þar
52, 8 *vgl. 54,* 11; *89,* 6, 8; *94,* 19;
er þeir kvámu — þar sem hann
svaf *122,* 23.

kona, f. (F. 39), *die* Frau. — 1) *das
weibliche Wesen,* Frauenzimmer.
— N, 3, 4; *9,* 8; *118, 9;* Nsf. konan
13, 4; Gsf. konunnar 39, 20; D. konu
3, 2. — Pl. N. konur *44,* 1; Nsf.
169, 32; G. kvenna 35, 4; *121,* 14;
Gsf. kvennanna *18,*3; Dsf. konunum
*170,*5; A. konur *163,* 15. — 2) *die*
Gattin, *Ehefrau.* — N, 75, 24;
Nsf. *207,* 18; G. konu *10,* 4; *118,*
18; Gsf. konunnar *47,* 2; D. konu
57, 4; A. konu *32,* 7.

    * *Über div Deklin. von* kona *vgl.
Paul Beitr.* VII, 169.

1. **konr,** m. (= kyn, q. v.), *die* Art *und*
Weise; *nur gebräuchlich in* Gen.
konar *verbunden mit Adjektiven, so*
allskonar *jeder Art* 73, 10—11;
213, 15 — 16; *214,* 10; nokkurs
konar *irgend einer Art 62,* 12;
margskonar *76,* 6; *191,* 14.

2. **konr,** m. (*vgl.* Vigf., *aber wol nicht
als* m. *zu* kona; *die Grundbedeutung scheint* Sohn, Spross; *vgl.* γόνος ;),
der Sohn, *Abkömmling; edle Manz
überh.; poet.* — N. Regm. *13,* 2;
14, 3.

konungabarn, n. (konungr, barn),
das Königskind. — Pl. D. *194,* 10.

konungastefna, f. (konungr, stefna *s.*
stefnulag), *die* Königsversamm-
lung (*Begegnung benachbarter Fürsten*). — Acc. í konungastefnu *140,* 7.

konungasynir, Pl. m. (*s.* konungr,
sonr), Königssöhne. — N. 159,
13; Dat. 171, 25. A. 198, 3.

konungdómr, m. (*s.* konungr, dómr),
das Königtum, *die Königsherr-
schaft.* — D. 145, 2; A. 124, 5.

konungligr, adj. (konungr), könig-
lich. — N 221, 28.

konungr, m. (F. 39), *der* König. —
N. 3, 1; *4,* 1; Nsf. 151, 12. G. konungs
Grott. 1, 2; 145, 16; konungs siðu=
königliches Benehmen (*nur auf* Sigurðr *im Folg. zu beziehen*) 241, 23.
D. konungi *121,* 21; Dsf. *151,* 13;
A. konung *142,* 6; kon. konunga =
Oberkönig (*regem regum*) *142,* 7;
Asf. konunginn *62,* 6. — Pl. N.
konungar *141,* 16; Nsf. konungarnir
141, 19; Pl. G. konunga *124,* 8; *142,*
7; D. konungum *49,* 8; A. konunga
176, 24.

    * kon. *kann wie* herkonungr (q. v.)
*auch den „obersten Kriegsherrn"
aus königl. Stamme bezeichnen, so*
163, 1. — *Wie der Landbesitz nur
als Beigabe der Königswürde erschien, erhellt aus* 163, 4—5.

konungsbœr, m. (konungr, bœr), *die*
Königsburg. — Asf. 220, 7.

konungsdóttir, f. (*s.* konungr, dóttir),
die Königstochter. — N. *166,* 2;
Voc. *163,* 21, 27; A. *169,* 6.

konungsmenn, Pl. m. (konungr, maðr
3), *die* Mannen des Königs, *das
Gefolge.* — N. 239, 10.

kornskurðarmánuðr, m. (*s.* mánuðr,
skurð *zu* sker, skera), *der Korn-
schneidemonat.* Erntemonat, *Au-*

gust. *Vgl. Wh.* 378; *d. Mon. S.* 47.
— *N. 144,* 14.

koss, m. (F. 48), *der* Kuss. — Pl. D.
kossum *190,* 1.

1. **kosta,** *schw. v. (vgl. ahd.* costôn
F. 47), *prüfen,* versuchen *mit*Gen.,
Lund p. 171. — Præt. Pl. 3 afls
kostuðu Grott. 23, 2.

2. **kosta,** *schw. v. (vgl. lat.* constare),
Aufwand machen, kosten. —
Præt. S. 3 hvat sem hann kostaði
til *54,* 1= quantavis mercede (Eg.).
* 1 *u.* 2 **kosta** *pflegen in den nordischen Wb. vereinigt zu werden;
vgl. dagegen mhd. Wb., Lexer u. A.*

kostgripr, m. *(vgl.* gripr, kostr), *das
ausgewählte, (vorzügliche)* Kleinod.
— Pl. A. kostgripi *30,* 8.

kostr, m. *(vgl.* kjósa, F. 47), *die*
Wahl, *der (gewählte) Fall, die*
Bedingung, *Art und Weise,* Möglichkeit. — N. kostr of boðinn
Sigdr. 20, 2. — G. annars kostar *in
anderer Weise* 233, 22. — Dat. at
öðrum kosti *im andern Falle 56,* 15
vgl. 61, 10; *103,* 5. — með engum
k. *vermittelst keiner Bedingung, unter k. Bed. 162,* 17. — A. kost 224,
21 *vgl.* taka upp. — Pl. N. tveir
kostir *203,* 11. D. ræðr sessa kostum
Grm. *14,* 3 = *waltet über die Sessel-
Wahl,* potestatem habet de sedibus
disponere (Eg.); frá sínum góðum
k. *von seiner glücklichen Lebenslage*
222, 25. A. þessa kosti *diese Bedingungen 53,* 2; tvá kosti *zwei Mög-
lichkeiten 79,* 21.

kólfskot, n. *(vgl.* skot, kólfr, F. 45;
*dies ist ein gröberer Holzpfeil oder
Bolzen), der* Bolzenschuss, *als
Entfernungsmass.* — N. 63, 17.

kólna, *schw.v. (vgl.* kala), kalt werden. — Præs. S. 3 kólnar *170,* 30.

kraki, m. *(vgl.* Vigf., *Grimm. D. Wb.
s. v. Kracke, Krakel), ein dürrer*
Stecken *oder* Pfahl. — N. *135,* 7;
vgl. Kraki.

kraptr, m. (F. 49), *die* Kraft. — N.
34, 7; D. krapti *8,* 16; *13,* 7; A. krapt
68, 3.

krákuhamr (kráka = *Krähe;* hamr),
das Gefieder einer Krähe. — D.
151, 11.
* *Der* Dat. ham *(vgl.* hamr *u.*
Vigf. s. v.) *ist zwar altertümlich,
hier aber durch die Constr. von*
bregða *(vgl. 156,* 30) *erfordert.*

krákuungi, m. (kráka, ungr), *das
Junge einer* Krähe. — A. *163,* 23.

krefja, *schw. v. (vgl.* Vigf.), anspre-
chen, verlangen, *mit* A. *der
Person und* Gen. *der Sache; Lund*
p. 175. — Inf. krefja *46,* 12 (kr. málsins *anreden, vgl.* mál); *74,* 8.

krikja, *schw. v. (vgl.* krytja F. 50),
murren, schreien. — Præt.Pl. 3
kriktu *158,* 19.

kringlóttr, *adj. (vgl.* kringr, kringla
F. 50), ringförmig, kreisrund.
— Nf. kringlótt *12,* 4.

kristinn, *adj.* (= christianus), *von*
christlichem Glauben, *Christ.*
— N. *236,* 16.

kristni, f. *(vgl.* kristinn), *das* Christentum. — D. kristni 237, 6.

kroppa, *schw. v. (engl.* to crop Vigf.),
beissen, stechen. — Præt. S. 3
kroppaði *110,* 16.

kroppr, m. *(vgl.* Vigf., *Schade altd.
Wb.* s. chropf), *der* Körper, *Leib.*
— Asf. chroppinn 93, 28.

kuldi, m. (F. 44, *nicht* kaldi), *die*
Kälte. — N. Grott. 16, 6.

kunna, *prät. präs. (vgl.* § 155b, F. 40),
kennen, *verstehen, im Stande sein,*
können; *mit* Acc. *u.* Dat., *Lund* p.
101. — Inf. 29, 12; *34,* 8; kunna at
mæla *66,* 2. illa kunna 204, 19 *vgl.
w. u.* Præs. S. 1 kann ek þá íþrótt
62, 14; k. ek segja þér 26, 10; k.
ek kyn *ich kenne u. w.* 172, 26;
S. 2 kantu segja *24,* 11 *(vgl. Var.
u. Lund* p. 359); eigi kantu deili
(vgl. deili) 52, 4; ef þú kant *(oder*
kannt) at spyrja *90,* 4. — S. 3 kann;
sá er hér k. skyn 29, 3; *vgl. 35,* 2.
— *Mit suffig. Negat.* kannat Regm.
1, 3. *Impers.* kann vera, at *16,* 8
es kann sein, vielleicht. Vgl. Lund
p. 28, 318. Pl. 3 kunnu *100,* 20; *171,*
31; kunna Helr. *3,* 8; *vgl.* § 155b).
— Conj. S. 3 telja kunni *30,* 16;
spyrja k. 97, 17; kunni at segja *70,*
2; *vgl. 48,* 8; Pl. 2 kunnit at segja
56, 16; Pl. 3 kunni at s. *48,* 8. —
Præt. S. 1 kunna ek *173,* 7; S. 3
kunni mesta skyn *75,* 2; k. fugls-
rodd *117,* 20. kunni illa 98, 3 *eig.
verstand übel, zum Übel = nahm sich
zu Herzen* (ægre ferens Eg.) *vgl.*
Inf. illa kunna c. D. *(Lund* p. 101)
= *durch Etw. betrübt werden* 204,
19; k. at mæla *164,* 20; *168,* 28.
Conj. S. 3 kynni *184,* 5; *vgl. jedoch
Note; 253,* 21.

* *Bei* kunna *und abhäng. Inf. ist,
wie aus den Beispielen erhellt,* at
entbehrlich, *aber zulässig; vgl. auch
191,* 12—14.

kunnandi, f. (*vgl.* kunna), *die* Kenntnis. — A. *62,* 13.

kunnátta, f. (*s.* kunna) = kunnandi.
D. kunnáttu *16,* 10.

kunnigr, *adj.* (*s.* kunna). 1) *kundig,*
kenntnisreich. — N. n. kunnigt
4, 2. — *Vgl. auch* fjolkunnigr. —
2) bekannt. N. n. er monnum þat
ok kunnigt *242,* 11; *vgl. Var.*

kunnleikr, m. *oder* **kunnleiki,** m.
(kunnr, leikr*), *die* Bekanntschaft, *namentlich die persönliche
und vertrauliche.* — N. var konungi
kunnl. á mér *244,* 5 = *der König
hatte mich kennen gelernt.*

kunnr, *adj.* (*auch* kuðr; *zu* kunna
F. 40), *kund,* bekannt. — A. kunnan *165,* 8.

kurteisi, f. (*vgl.* kurt = rom. corte),
die Courtoisie, *feine Sitte.* —
D. *190,* 25.

kurteisligr, *adj.,* = **kurteiss.** —
Superl. A. n. *adv.* it kurteislista
(ligsta) *213,* 16 = *in der feinsten
(nobelsten) Art; vgl. Lund* p. 54.

kurteiss, *adj.* (*vgl.* kurteisi), höf-
lich. — *Superl.* N. m. kurteisastr
191, 30.

kúga, *schw. v.* (*vgl.* Vigf.), *mit Gewalt zu Etwas bringen,* zwingen;
auch = erpressen. — Præt. S. 3
kúgaði *237,* 5.

kváma, f. (koma), *das* Kommen.—
D. *219,* 29.

kvánfang, n. (*s.* kván F. 39, fang),
*das Eingehen der Ehe von Seiten
des Mannes, die Heiratsgelegenheit
für den Mann; entsprechend dem*
gjaforð *oder* verfang *der Frau.* —
A. *150,* 16.

kvánga, *schw. v.* (*vgl.* kván = *Frau*
F. 39), *verheiraten, eine Frau geben.*
— M. *sich* eine Frau nehmen,
sich vermählen. — Præt. S. 3 kvángaðiz *168,* 5.

kvánlauss, *adj.* (kván, lauss), *ohne
Eheweib,* unvermählt. — Pl. N.
m. kvánlausir *198,* 9.

kvánríki, n. (kván, ríki), *das* Frauen-
regiment. — A. hafði kvánríki
233, 1 = *„unter dem Pantoffel stand."*

kveða, *stv.* (F. 53), sprechen, singen. — Inf. *125,* 10. — *Von einem*

Horne við kveða = *wiederhallen,*
erschallen *168,* 20. — Præs. Pl. 3
kveða Vafþr. 37, 5; Grm. *13,* 2 (=
sagt man, vgl. Lund p. 10). — Conj.
S. 1 *mit suff. Pron.* kveðak Grott.
7, 6. — Præt. S. 1 er ek kvað á *die
ich angegeben hatte 203,* 18, *vgl.* 199,
12. S. 3 kvað *32,* 13; *107,* 7; *112,*
19; *wegen* kvað ekki Grott. *7,* 1
vgl. ekki s. v. engi. — Pl. 3 kváðu
40, 18; Conj. Pl. 3 kvæði *125,* 11.
— Part. Pass. kveðit *109,* 18; *123,*
9; *161,* 34. — Med. kveðaz *für sich,
von sich sagen,* erklären. — Præs.
S. 3 kveðz *71,* 15; *213,* 13; kvez 99,
11, *vgl. 163,* 17; *166,* 20; *mit aus-
gelassenem* vera 195, 28. — Præt.
S. 2 kvazt *oder* kvaz (*vgl.* § 157)
164, 32; S. 3 kvaðz 93, 16; 95, 1;
kvaz *198,* 19; Pl. 3 kváðuz 99, 3.

* kveða *bezeichnet oft den reci-
tierenden Vortrag oder Gesang (vgl.*
kvæði = *Lied, und die Wendung*
sem kveðit er *bei poet. Citat 161,*
34; kveðit *gesungen,* recitiert 253,
20; *daneben* kvað = *sagte, vgl. w. u.*),
während mæla *spec. den Sinn von
bestimmen, festsetzen haben kann
(vgl. das Subst.* mál = *Sprüche,
Lehrsprüche,* segja *endlich der
historischen Erzählung (vgl.* saga,
sogn) *zukommt.* — *Nicht selten ist
jedoch der Unterschied, zumal zwischen* mæla *u.* segja *verwischt, auch*
kveða *wird (wie die gen. Verba oft)
gelegentlich von der blossen Ge-
sprächsäusserung gebraucht, so* kvað
112, 19; *253,* 20; kváðu *40,* 18; kveðz
213, 13. — *Vgl. auch* mæla *u.* segja.

kveðja, *schw. v.* (*vgl.* kveða, F. 53),
anreden, *mit Worten* begrüssen,
anrufen. — Præs. S. 3 kveðr með
sér menn *ruft Leute zu sich (als
Gefolge)* 223, 23. — Præt. S. 1
kvadda ek eigi liðs *ich verlangte
nicht Hilfe 160,* 1; S. 3 kvaddi *re-
dete an 146,* 30. — Plur. 3 kvoddu
62, 6

kveðja, f. (*s.* kv. *schw. v.*), *die* Anrede, Begrüssung. — N. *221,* 3.
Pl. N. kveðjur *153,* 7.

kveina, *schw. v.* (F. 53), jammern,
wehklagen. — Præt. S. 3 kveinaði
209, 15.

kveld, n. (*vgl.* Vigf., *zu* kvelja), *der*
Abend, *spec. die Zeit des Sonnen-
unterganges, der Abenddämmerung.*
— N. *144,* 5; D. at kveldi *10,* 1;

A. it sama kveld *54*, 2; um (of 225,
22) kveldit *gegen Abend* 57, 1; *den
Abend über 204*, 26; *239*, 20; þat
kveld *denselben Abend* 119, 2; *173*,
25; í kveld = *heute Abend 158*, 31.
* *Aus Verbindungen wie* einn
aptan at kveldi 70, 13 *erhellt der
engere Begriff von* kveld.

kvelja, *schw. v.* (F. 54), quälen, *pei-
nigen, vernichten* (*engl.* to kill). —
Præs. S. 3 kvelr Vǫl. *40*, 7. — Præt.
S. 3 kvaldi dauða menn *203*, 30;
*bezieht sich wol auf Ausübung von
Zauberei* (seiðr), *wodurch Tote in
ihrer Ruhe gestört wurden.*

kvennsamliga, *adv.* (kona; -samligr
= -samr F. 311), *in verbindlicher
Art gegen Frauenzimmer*; artig,
galant. 232, 30.
* *Für* kvenn- *urspr.* kven-, *s.* Vigf.
Add. s. v.

kvern, f. (F. 42), *der Mühlstein,
die* Mühle. — N. *125*, 6; Gsf.
kvernarinnar *125*, 8; Dsf. kverninni
125, 5; Asf. kvernina *125*, 7.

kvernarauga, n. (*vgl.* auga, kvern),
die runde Öffnung *im Mühlstein.*
— Asf. kvernaraugat *126*, 1.

kvernsteinn, m. (*s.* stein, kvern), *der*
Mühlstein. — A. *98*, 8. — Plur.
N. *125*, 8.

kveykja, *schw. v.* (*vgl.* kvikr), anzünden. — Præs. Plur. 3 kveykja
233, 20. — Part. Pass. N. m. kveyktr
231, 25; *absol.* kveykt 138, 3.

kviðr, m. (F. 54), *der Bauch,* Unterleib. — Asf. kviðinn *66*, 6.

kvikna, *schw. v.* (F. 55), Leben gewinnen. — Præt. S. 3 kviknaði
(sc. blær hitans) *8*, 16; Part. Pass.
hofðu kviknat *18*, 6.

kviknan, f. (*vgl.* kvikna), *die Belebung, das* Leben; taka kviknun
(A.) = kvikna *18*, 8.

kvikr (F. 55), *mit Leben begabt*, lebendig. — G. kviks η, 4; D. kvikum *120*, 14. — Pl. N. kvikir Helr.
14, 4; *auf* konur *und* karlar *zus.
zu beziehen, vgl. Lund* p. 19. Vgl.
kykr.

kvikudropi, m. (*vgl.* Vigf.), *der
Schaum- oder* Gischt-*Tropfen, vgl.*
eitrkvika. — Plur. D. kvikudropum
8, 16.

kvikvendi, n. (*s.* kvikr), *das* lebende
Wesen. — Pl. N. *116*, 21; Pl. A.
13, 20. — *Vgl.* kykvendi.

kvisa, *schw. v.* (*vgl.* Vigf.), *wispern,*
flüstern. — Part. Pass. kvisat
61, 6.

kvistr, m. (F. 55), *der* Ast, *Zweig.*
— Plur. Dsf. kvistunum *61*, 2; A.
kvistu Grm. *34*, 9.

kvíða (F. 54), *eig. jammern;* bekümmert *sein, sorgen um Etwas* (Dat.;
Lund p. 75). — Imp. S. 2 kvíð eigi
því *sei unbesorgt!* 205, 27.

kvæði, n. (*vgl.* kveða), *das* Lied. —
Dsf. kvæðinu *125*, 12. — Plur. D.
kvæðum *142*, 4.

kvæn, f. (F. 39), *das* Weib, *Eheweib.*
— N. Sigrdr. 7, 2.

kvǫl, f. (*vgl.* kvelja, F. 54), *die* Qual.
— A. kvǫl til bana *Todesqual* 156, 1.

kykr, *adj.* (= kvikr), lebendig. —
N. n. kykt (*etwas Lebendiges*) 79,
14; *157*, 18. — Plur. N. m. kykvir
77, 14.

kykvendi, n. (= kvikvendi). — Plur.
Nsf. kykvendin 77, 24.

kyn, n. (F. 39), *das* Geschlecht,
die Art. — G. kyns *96*, 11; *214*,
6. — D. at kyni *236*, 11. — A. kyn
172, 26.

kynda, *schw. v.* (*vgl.* kyndill = *lat.*
candela?), anzünden. — Pass.
Part. *abs.* ok er þat (sc. bál) er
mjǫk í kynt = *ziemlich in Brand
geraten ist* 212, 11.

kynfylgja, f. (*s.* kyn, fylgja *der weibliche Schutzgeist*) *der* Schutzgeist
eines Geschlechtes. — D. 154, 3.
* *So nach* Vigf; *sonst ist* kynf.
*auch die erbliche Begabung in einem
Geschlecht und wird a. a. O. vielfach so verstanden.*

kynligr, *adj.* (*wol zu* kunna), wun-
derbar. — N. n. kynligt 164, 28;
171, 32.

kynsl, Pl. N. (= kynstr *vgl.* Vigf.),
Zauberei, Zauberwerk. — N.
mikil k. fylgja henni *es geht nicht
mit rechten Dingen bei ihr zu* 204,
30.

kynslóð, f. (*s.* kyn, slóð = *Wagen-
spur, s.* Vigf.), *die fortlaufende
Reihe* (Spur) *eines Geschlechtes, die*
Geschlechtsreihe. — N. *13*, 13.

kyrr, *adj.* (F. 54), ruhig; A. n. lætr
þó vera kyrt = *lässt es doch ruhig
bleiben — redet doch nicht davon*
200, 25.

kyrrseta, f. (*vgl.* kyrr, seta = *das
Sitzen, Wohnen*), *das Ruhigsitzen;*

der beruhigte Zustand, die Ruhe.
— N. Grott. *14*, 5.

kyrtill, m. (*vgl.* Vigf.), *der* Rock,
Kittel. — Dsf. *158*, 20.

kyssa, *schw. v.* (*vgl.* Vigf.; F. 48),
küssen. — Præs. S. 2 kyssir *164*,
24. — Præt. S. 3 kysti *162*, 19. —
Conj. S. 3 kysti *151*, 29.

kýll, m. (F. 46, *vgl.* kjóll), *der*
Schnappsack, Ranzen. — A. kýl
58, 9.

kýr, f. (F. 38, *vgl.* § 59), *die* Kuh.
— N. 9, 13; Nsf. *9*, 15.

kærleikr *oder* **kærleiki,** m. (**kærr**
= *lat.* carus *s.* Vigf.; -leikr, leiki,
s. leikr *), *die* Gunst, Freundschaft. — A. *261*, 6.

kǫgursveinn, m. (*s.* sveinn, kǫgurr
= *Franse, gewirkte Decke, Wickel-
band, vgl.* Vigf. s. v., *doch auch in*
Add. p. 776), *entweder eigentl. das
Wickel-kind, der kleine* Knirps,
*oder eig. der Köcherbursche, Kö-
cherträger = geringer Dienstmann.*
Pl. D. *61*, 10.

kǫpuryrði, Pl. n. (yrði *zu* orð, kǫpur
zu kapp?), *hochmütige oder* höh-
nische *Reden.* — A. *61*, 10.

kǫr, f. (*vgl.* Kǫr), *das* Krankenbett,
Totenbett. — Dat. í kǫr *216*, 13.
* *Vgl. mhd.* der, diu karre? töter
man ûf einem karren, swer in ûf
dem karren sach (*von einem zum
Galgen Geführten*) Lexer s. v. karre.

kǫttr, m. (*vgl.* Vigf.), *der* Kater,
die Katze; urspr. nach Vigf. *das
Wiesel; vgl. auch* hreysikǫttr. —
N. 69, 6; Nsf. *66*, 6, 8; Gsf. kattarins 39, 20; Dsf. kettinum 69, 4; A.
kǫtt *66*, 1. — Pl. D, kǫttum 34, 2.

kǫr *oder* **kjǫr,** n. (*zu* kjósa), *die*
Wahl. — A. hennar ker vera *ihrer
sei die Wahl = sie habe die Wahl*
198, 18.

kœla, *schw. v.* (*vgl.* kala *u.* ags. côlian
F. 44), kühlen; *abkühlen.* — Inf.
15, 2.

kœnn, adj. (*zu* kunna; *lautl.* = *kühn*
F. 41), geschickt, klug, *gebildet.*
— Plur. G. kœnna hverr = *jeder
kluge Mann; vgl. Var. zu* Regm.
25, 2.

L.

lag, n. (*vgl.* leggja, F. 261). — 1) *die*
Lage, Ordnung, *Bestimmung.* —
Pl. N. log *die* Gesetze; *vgl.* lands-

log. — 2) *eig.* *das Anlegen, Auslegen = der Stoss oder Wurf.* Dat.
í lagi *111*, 20.

lagðr, m. (*vgl.* Fritzn.), *die* Flocke.
— Asf. 243, 7.

lagsmaðr, m. (*zu* lag 1); F. 261, *vgl.
lat.* collega), *der* Gefährte. — Pl.
G. lagsmanna *94*, 8; A. lagsmenn
58, 15.

land, n. (F.265), *das* Land, *sowol
im Gegensatz zum Wasser, wie als
Herrschaftsgebiet.* — Nsf. landit 3,
11; G. lands *58*, 5; Helr. 9, 7, *vgl.*
hvergi; D. landi *70*, 21; Grm. *12, 4;*
A. land *3,* 8; Asf. landit 3, 8, 10. —
við land *am Lande, Festlande* 165,
22. Pl. N. lond 75, 21; G. landa
32, 3; D. lǫndum 3, 1; *120,* 6; A.
lond *12,* 5; Asf. londin *82,* 5.

landamæri, n. (*vgl.* land, mæri *zu*
mark, mǫrk? *vgl.* landamark Vigf.;
ags. landgemære *u.* Pf.), *die* Lan-
desgrenze. — D. at l. *103,* 1. A.
við l. 250, 14.

landgæzla, f. (land, græzla) = **landvǫrn.** — G. 237, 20.

landhalt, *adv.* (land, hallr *adj. sich
neigend* F. 71), *in der Nähe des Landes.* — *Comp.* landhallara 245, 11.

landherr, m. (*s.* land, herr), *das bewaffnete Landesvolk, das* Landes-
heer. — N. *178,* 15. *Hier ist das
gesamte Aufgebot eines Landes gemeint. Zu der Sentenz:* sem sjaldnar kann henda *u. w. vgl.* Fas. III,
169: landsherrinn verðr drjúgr.

landshǫfðingi, m.*,* (*s.* land, hǫfðingi,
der Landeshäuptling, angesehener
Mann *im* Lande. — Pl. D. *150,* 27.

landskjálfti, m. (*vgl.* land, skjalfa).
das Erdbeben. — N. *58,* 13; A.
80, 20.

landslog, Pl. n. (*s.* land, lag 1), *die*
Landesgesetze. — A. *143,* 1.

landsmenn, Pl. m. (*s.* land, maðr), *die*
Landesbewohner. — N. *164,* 15.

landstjórn *oder* landsstj. f. (*vgl.* land,
stjórn), *die* Landesregierung. —
G. til landstjórnar *142,* 17.

landvarnarmaðr, m. (*s.* maðr, landvǫrn), *der* Landesverteidiger.
— Pl. N. *143,* 9.

landvegr, m. (land, vegr), *der* Land-
weg (*Gegs.: Wasserstrasse*). — A.
landveg *auf dem Landwege* 215, 21,
vgl. Lund p. 43, *namentl. zu* Guðrkv.
II, 34 (35 Hild.).

landvǫrn, f. (*s.* land, vǫrn), *die Land-wehr,* Landesverteidigung. — G. til landvarnar 7, 10.

langfeðgar, Pl. m. (*vgl.* feðgar, langr), *eig. Vater und Sohn* (feðgar) *in länger fortlaufender Reihe* (Fritzn.) *d. h. die* Vorfahren *von Vaters Seite.* — N. *137,* 2.

langr, *adj.* (F. 264), lang, *von Ort und Zeit.* — N. m. langr Guðr. II, 23, 5. — A. m. langan *62,* 8. — N. f. lǫng Skírn. *42,* 1, 2; A. f. langa *61,4; 104,* 11; *118,*15. — N. *u.* A. n. langt 22, 15; l. kólfskot *ein reichlicher Bolzenschuss 63,* 16; heldr l. *64,* 12. — D. n. fyrir lǫngu *144,* 4. — A. n. *s.* N. n. *u.* langt adv. — Pl. A. f. langar *43,* 7.

* kastaði um langa leið = *warf über eine weite Wegstrecke hin, aus weiter Entfernung 104,* 11; langa leið *204,* 8.

langsýnn, *adj.* (*s.* langr, -sýnn F. 315), weitsichtig, umsichtig. — Pl. A. langsýna *177,* 20.

langt, *adv.* (*vgl.* langr *u.* lengi), lange, weit, *von Ort u. Zeit.* — 8, 2; *41,*11; *66,* 8; *69,* 9; *105,* 16. — *freier = weitläufig* 57, 15; *67,* 2. *Auch vom Grade = weitaus 196,* 8, 28. — *In der Wendung* nú liðr eigi langt *160,* 18 *ist* langt *wol* N. n. (eigi l. *kein langer, ein kurzer Zeitraum*).

langtalaðr, *adj.* (*s.* langr, tala), wol-beredt, *fähig zu ausführlicher und erschöpfender Behandlung eines Stoffes* (*während* málsnjallr *mehr die Schlagfertigkeit in der Rede meint*). — N. *191,* 17.

langæligr, *adj.* (= langær, *dies wol eigentl.= langjährig vgl.* langr *u.* ár n.), langewährend. — A. n. *189,*6.

lasta, *schw. v.* (F. 267), tadeln. — Præt. Conj. S. 2 lastaðir *200,* 33.

lauf, n. (F. 261), *das* Laub. — N. *109,* 15; D. x, 2.

laufsblað, n. (*s.* lauf, blað = *Blatt* F. 219), *ein Blatt von Laubbäumen,* Baumblatt. — N. *60,* 2.

laug, f. (F. 260), *das* Bad. — D. í langu 252, 1.

lauga, *schw. v.* (F. 260), baden, tau-chen *in Farbe od. flüssige Metalle.* — Pass. Part. laugaðr í rauðu gulli *mit rotem Golde überzogen 190,* 17.

laukr, m. (F. 260), *der* Lauch, *das Kraut; spec.=* geirlaukr (*Knoblauch*

Vigf.). — N. *212,* 25. D. með einum lauk *182,* 80.

* *Die Bedeut. des Lauchs an die-ser Stelle ist noch nicht völlig auf-gehellt; vgl. ausser* Ba. *auch Lü-ning zu* H. H. I, 7, 8. — *Als Mittel zur Abwendung von Gefahren beim Trank wird* Sigrdr. *8, 8* verpa lauk (D.) *í* log *empfohlen.*

laun, f. (F. 276) = **leynd, f.**

laun, Pl. n. (F. 260), *der* Lohn. — D. at launum 3, 3; A. laun *im iro-nischen Sinne = Vergeltung* 153, 28.

launa, *schw. v.* (*s.* laun n.), lohnen. — Inf. *46,* 23; *105,* 9; hyggr at launa hánum ofrmæli *101,* 10 *iro-nisch =* insolentiam dictorum eius castigaturus (Eg.). — Pass. Part. launat, *mit persönl. Objekts-Dativ und instrument. Dativ* (*Lund* p. 106) *210,*28.

launfundr, m. (laun f., fundr), *die* heimliche Begegnung. — Pl. A. *211,* 24.

launmæli, Pl. n. (laun f., mæli *zu* mál), *heimliches* Gespräch, *heiml.* Ab-kommen. — A. *201,* 31.

launráð, n. (*s.* laun f. *u.* ráð), *der heimliche* Rat, *die* Heimlichkeit. — Pl. A. veit launráð með henni *43,* 4: eiusque secretorum consilio-rum particeps est. (Eg.)

launþing, n. (laun f., þing), *die* heim-liche Zusammenkunft. — Pl. A. *203,* 2v3; *hier ist wol an heim-liche Ausübung von Zauberei zu denken; vgl. die sogen. „Hexenver-sammlungen".*

lausafé, n. (*s.* lauss, fé n.), *loser, d. h. beweglicher Besitz,* fahrende Habe. (Pf.) — G. lausafjár 32, 3.

laushárr, *adj.* (*s.* lauss, hár), *mit* losem, *d. h. aufgelöstem, frei herab-hängendem* Haare. — N. f. laushár *43,* 2 (*nur hier, vgl. Var.* U.).

lausn, f. (*vgl.* lauss), *die* Lösung, Er-lösung, Erleichterung. — G. lausnar *16,* 7.

lauss, *adj.* (F. 273), los, ledig, *frei.* — N. lauss at fótum *67,* 4, *vgl. 94,* 6; = *unbepackt* 183, 12. A. lausan *124,* 12. — N. f. verðr hánum laus exin = *er lässt die Axt los, l. sie fahren* 233,9. — N.A. n. laust; *adv.:* laust fór *sich frei bewegte, dahin-floss* 11,8; laust lægi *frei läge, gunz in seiner Gewalt sei* (*vgl. nhd. frei stehen u.* Fr. s. v. lauss) 153, 18.

Ähnl. Fas. 1 vænti ek, at hann (sc. hringr) sé ekki lauss fyrir þér. Pl. m. lausir frá .. *116*, 4. lausir fóru *11*, 15 *u.* Pl. f. lausar fóru *11*, 18; Comp. lausari (N. m.) *59*, 18; (N. f.) *105*, 18.

lax, m. (F. 261), *der* Lachs. — Nsf. *80*, 5; A. lax *114*, 5, 8; Asf. *114*, 8.

laxlíki, n. (*s.* lax, líki), *die* Lachsgestalt. — A. *78*, 12.

lágr, *adj.* (*vgl.* liggja, F. 262), *flach, niedrig.* — N. *66*, 11 *von kleiner Statur, so auch* Pl. N. m. *197*, 1. — Comp. lægri. — N. n. lægra *64*, 16 (*vom Stande der Flüssigkeit = mehr geleert,* magis vacuum Eg.).

lánardróttinn, m. (lán n. *zu* ljá, F. 269; dróttinn), *der Lehensherr,* Gebieter. — A. *212*, 29.

láss, m. (*vgl.* Vigf.), *das Schloss, der* Verschluss. — N. *236*, 2, *vgl.* Asf. *236*, 19.

lát, n. (*vgl.* láta = *hören lassen*), *nur* im Pl. = Geberden, *Ausdruck, Benehmen.* — A. 233, 6.

láta, *str.* (F. 263), lassen, *zulassen, verlassen, verlieren; mit* Acc. *u.* Dat. (*nicht bestimmt genug Lund* p. 71). — Inf. *10*, 10; *41*, 3; fram láta *von sich lassen, ausliefern* 115, 11, *vgl.* *41*, 8; láta *= fahren lassen* 194, 29; l. láta 206, 15. — Præs. S. 3 lætr *mit* Inf. Vol. 56, 5, *vgl.* 99, 19; lætr at c. D. *= nachgiebt* 233, 1. — *Wie* láta (*u.* látaz) *den Sinn von hören lassen, tönen, verlauten lassen, meinen, annimmt, zeigt* lætr 35, 21; *63*, 6 (*hier* = dicit Eg.); *170*, 14; *ähnl. auch* 153, 26 *= thut äusserlich, stellt sich;* 202, 19. Conj. S. 2 látir 155, 31. S. 3 láti *159*, 18. — Imper. S. 2 lát *179*, 10; lát mik heyra *lass hören, erzähle!* 173, 3; l. eigi *= verlasse nicht* 215, 2; l. sem = *thue, als ob* 215, 5. Pl. 2 látit þér eigi stórliga yfir yðr *lasst Euch nicht grosssprecherisch aus über Euch* (*in Worten oder Mienen, Gedanken u. w.*) 61, 8. *Vgl.* Vigf. s. v. láta B. látið (*dem Sinne nach* = lát) 155, 32. — Præt. S. 1 ek lét *162*,11; l. af því daron abliess, *damit aufhörte* 170, 29. S. 2 *mit suff. Prox.* léttu *179*, 31; *gew.* lézt *nach* § 21, d; *s.* 207, 5; 226, 1. S. 3 lét c. Inf. 38, 21; 39, 10; 67, 13; 95, 12; 96, 7; lét eptir (*zurück*); 58, 3; *103*, 3; lét c. D. = *liess hören* (*vgl. oben*) 159, 22; lét = *liess fahren,*

verlor 42, 1, *rgl. 63*, 1. — Pl. 3 létu *mit* Inf. *6*, 1; *14*, 20; létu þau ýmsi fyrir *96*, 6 *= sie gaben abwechselnd nach* scil. *vor einander* (láta fyrir *bei* Fritzn.); *rgl. auch* 103, 12. — létu *= liessen hören, redeten* (*rgl. oben*) 139, 14. Med. látaz *sich lassen, weichen vor Einem* (fyrir), sterben; — *sich hören lassen,* äussern; *so* Præs. S. 3 læz 166, 19. Præt. S. 3 léz 46, 15; *101*, 8; 103, 7, 10. — Præt. Conj. S. 3 létiz fyrir hánum *vor ihm erläge* 103, 12. — Part. Pass. látinn; hefði látit *verloren habe* 63, 1, *rgl.* 175, 7; minna yfir látit *geringer angesehen, behandelt* (*rgl. oben* lætr = dicit *u. w.*) 170, 22. *In Umschreibung steht* láta *mit* Part., *so* lætr soðinn (sc. vera *oder* verða) Sæhrímni Grm. 18, 1—3 = Sæhrimnerem coquit Eg. — *Vgl.* Gr. IV, 126; Vigf. s. v. láta IV, 3; *Lund* p. 898.

látaðr, *adj.* (lát n.), *geartet* (*in Bezug auf das Benehmen*). — vel lát. = *wol erzogen* 237, 16.

látprúðr, *adj.* (lát n. *zu* láta = *das Benehmen,* prúðr = *fein s.* Vigf.), *von feinem Benehmen.* — N. f. *44*, 11.

leggja (F. 262), legen; *anlegen,* stossen (*rgl. u.* lagði). — Inf. *34*, 16; 39, 10; *41*, 4; liflt á leggja *das Leben auf* (*die Wage drgl.*) *legen, dran setzen* 163, 30; *ähnl.* við leggja 239, 17 *=* við setja 239, 13; allt gott til yðar l. *Alles Gute dir zuwenden* 197, 14; l. sik í hættu *sich in Gefahr begeben* 39, 9; *rgl.* leggja þik meir fram *dich mehr* (*nach vorn*) *auslegen = dich mehr anstrengen* 63, 13. — Præs. S. 1 legg ek þér við *lege ich dir bei; schreibe ich dir zu* 103, 5. S. 3 leggr upp 93, 21, *rgl.* upp 1); leggr hjá sér 158, 9, *rgl.* hjá. leggr á bak sér 160, 5. — Pl. 3 leggja 162, 3. — Præs. Conj. S. 3 leggi *41*, 5. — Imper. S. 2 legg *stosse* (*rgl.* lagði) 179, 1, 11. — Pl. 1 leggjum Grott. 3, 3 (*legen wir zurecht, rgl. Bugge* N. F. 442) leggjum niðr = *wir wollen fallen lassen* 202, 20. — Præt. S. 3 lagði 57, 5; 71, 19; *118*, 3; l. á hann *legte ihm auf* 115, 7; *von einer Stickerei = belegte, bezog* 192, 14, *rgl.* gull *u.* 204, 4; *von der Waffe* lagði (*legte an, stiess*) 117, 12; *119*, 30; *120*, 3;

211, 15; *oft mit instrumentalem
Dativ*, Lund p. 93; lagði at veði
setzte zum Pfande 21, 1; lagði ráð
fyrir þá *legte ihnen als Rat vor,
schlug ihnen vor 122*, 9; lagði frið
verordnete, gebot Frieden (*vgl.* lag
n. 1) *124*, 7; *ähnl.* Pl. 1 logðum á
þá *legten ihnen auf 173*, 26 u. Pl. 3
logðu með sér friðstefnu *setzten
unter sich eine Friedensversammlung an 97*, 3; *daneben* logðu =
legten 11, 9; = *legten an, richteten
ein 17*, 21. — Conj. Pl. 3 legði *34*,
18; l. motuneyti sitt *ihre Speisegemeinschaft* (*unter sich eine Speise-
gem.*) *einrichteten 59*, 9.
  *Im weiteren Sinne einer Bewe-
gung* (*vgl. nhd.* anlegen, loslegen)
steht leggja nær = *nahe kommen,
nahe daran sein.* — nær lagði þat
35, 9; *111*, 11. — Med. leggjaz sich
legen; *sich begeben.* — Inf. *59*, 14;
150, 12. — Præs. S. 3 leggz (legz)
79, 13; l. í hernað *begiebt sich in
den See-Krieg 166*, 11, *vgl. 150*, 12.
Plur. 3 leggjaz á merkr *159*, 15 =
legen sich (*zum Hinterhalt*) *in die
Wälder*, *vgl.* Vigf. s. v. B; l. at
landi *schwimmen ans Land 172*, 11,
vgl. Vigf. B II. *Nach dem Cod.
müsste l. hier ein ängstliches Zurück-
bleiben am Lande bedeuten, was
dem Sprachgebrauch* (*s.* Vigf.) *völlig
widerstrebt; daher wol besser:* eigi
(engi?) legz at landi nema einn
hestr; *vgl. Var.* — Præt. S. 3 lagðiz
111, 10; *116*, 24; *in anderm Sinne*
lagðiz = *legte sich, hörte auf 125*,
15. — l. út (*vgl.* Fritzn. l. út 4) =
*sich exilierte, die Gesellschaft an-
derer Wesen mied.* — Part. Pass.
lagiðr u. legðr, *vgl.* § 149 a). —
var lagiðr (á luðr) Vafþr. *35*, 6;
lagðr í gegnum *durchstossen, durch-
bohrt 219*, 9; lagðr (*bestimmt*) til
skaða *38*, 18; þak var lagt (*belegt*)
4, 11; í lagt *eingelegt 110*, 14; þar
lagt á *212*, 11.
leggr, m. (F. 262). 1) *der Schenkel,
das Bein, der* Knochen. *Hierhin
vielleicht* Pl. D. leggjum Vol. *12*, 8
Var. — 2) *der* Baumstamm. —
Nsf. *152*, 14.
leið, f. (F. 270), *der* Weg. — N. *16*,
5; G. fóru leiðar sinnar = *gingen
(ein Stück) ihres Weges 173*, 21;
vgl. Lund p. 158; snúit til leiðar
(*vgl.* snúa) *12*, 12, *vgl. 205*, 26; A.

leið *61*, 4, 13; *77*, 19; *78*, 5 (*vgl.*
koma 2); *90*, 11; *104*, 11 (*vgl.* langr*)
150, 11; ferr sína leið *geht seinen
Weg, geht für sich 159*, 16, 21; *adv.*
alla l. *den ganzen Weg* (*über*) *179*,
14; enga leið (*vgl. nhd. keineswegs*)
in keiner Weise 191, 19; langa leið
weithin 204, 8. — *Vgl. auch* sneri
á aðra leið *wandte in anderer Richtung = veränderte 216*, 28. — Asf.
leiðina *61*, 17. — Pl. A. langar leiðir
weite Wegstrecken 43, 7.
  * *Nicht gesichert ist 225*, 16: þat
er þú ferr (fær? *von* fá) á leið =
þat er þú æ beiðiz Atlm. *84*, 4 *vgl.
Note u.* Ba.
1. **leiða,** *schw. v.* (F. 270), führen,
geleiten. — Inf. *121*, 22; *125*, 7. —
Præt. S. 3 leiddi *5*, 10. — l. hann
mik á tal *203*, 8; *210*, 30; l. þá út
219, 22 *vgl. u.* Pass. Part. — Part.
Pass. leiddr fram *vorgeführt 75*, 10;
til l. *228*, 8. — Plur. N. m. leiddir
155, 28; N. f. leiddar Grott. 2, 2;
absol. leitt (§ 22) þá út (leiða út
auf den Weg bringen, vgl. út) *122*,
18.
2. **leiða,** *schw. v.* (F. 270), verleiden.
— M. leiðaz *leid sein, leid werden,
beschwerlich sein.* — Inf. *98*, 8. —
Præt. Pl. 3 leidduz *102*, 11; Conj.
S. 3 leiddiz *125*, 17.
leiðangr, m. (*zu* leið, *vgl.* Vigf.), *der*
Feldzug, *namentlich zur See.* —
A. *151*, 19.
leiðr, *adj.* (*vgl.* 2. leiða), *leid, leidig,*
widerwärtig. — N. n. leitt *193*,
31; A. n. *207*, 11. — Pl. N. n. leið
8, 11. — *Compar..* N. f. leiðari *206*, 3;
254, 3.
leiðrétta, *schw. v.* (*vgl.* leið, rétta),
*eigentl. den Weg berichtigen, auf
den richtigen Pfad zurückkommen;
überh.* verbessern, *wieder gut
machen.* — Præt. S. 3 leiðrétti *70*, 9.
  * *Von Einigen zu* leiðr *adj. gestellt.*
leiga, f. (F. 269), *der* Lohn. — G.
leigu *99*, 15.
leika, *stv.* (F. 260), spielen, *auch
ein Instrument* (Acc.); *urspr. von
hüpfender oder tanzender Bewegung, so* Præs. S. 3 leikr *von der
züngelnden Flamme* Vol. 59, 7. —
Inf. *236*, 22. — Pl. 3 leika sér at
gulli *160*, 26 = *spielen zu ihrer
Unterhaltung mit Goldringen.* —
Præt. S. 3 lék *4*, 14; *freier* lék (*im-*

pers.) ýmist í hug *207*, 17 (*vgl.* þat leikr mér í skapi Vigf. s. v. II, 4) = *es wogte* (*spielte*) *in seinem Gemüte hin und her.* — Plur. 3 léku *191*, 30. — Pass. Part. sárt er leikit við *übel ist mitgespielt* 221, 7.

leika, f. (*s.* leikr), *eig. die Gespielin, die* Genossin *poet.* — Pl. N. leikur Grott. *11*, 2.

leikr, m. (F. 260), *das* Spiel, *die gesellige Unterhaltung.* — N. 51, 9; Dsf. leiknum (= leikinum *vgl.* §96,b *A.* 1) *191*, 31. — A. leik *63*, 22; Asf. leikinn *63*, 1. — Pl. G. leika *63*, 2; *108*, 4; D. leikum 5, 5; *155*, 4, *vgl. die Nachrichten von gemeinschaftlichen Spielen der Jugend* Fs. 60, 14 *u. s.* — A. leika *65*, 10; Asf. leikana 68, 14.
   * *In abgeschwächter Bedeutung erscheint* leikr *als Suffix zur Bildung abstrakter Nomina, vgl.* djarfleikr, digrleikr. — *Nicht selten wird* leikr *auch von Übungen jeder Art, Kämpfen, selbst Martern* (223, 1) *gebraucht.*

leir, n. (*vgl.* Vigf.), *die feuchte Erde, der* Lehm. — D. leiri *103*, 14; Dsf. 252, 5; A. leir 252, 8.

leirjǫtunn, m. (*s.* leir, jǫtunn), *der* Lehmriese. — Nsf. *103*, 24.

leit, f. (*s.* leita), *die* Nachforschung. — Dsf. leitinni *150*, 4.

leita, *schw. v.* (F. 310, *vgl. g.* vlaitôn), *eig.* spähen, *überh.* = suchen, *mit* Gen. *des Zieles, oder* til c. G.; *auch* at c. D.; *vgl. Lund* p. 171. — Inf. leita O'ōs = *nach* U'ōr 43, 10; l. at konunum *170*, 4; undan leita = *fort* (*zu kommen*) *suchen* = *entfliehen* 251, 14; leita til *versuchen* 69, 24; l. til bragōa 67, 4; l. til fǫðurh. *160*, 18; l. um sættir 221, 6. — *Ähnlich* leita við *unternehmen* 157, 10. — Præs. S. 3 leitar eptir *sucht nach* = *sucht zu erfahren* 176, 15; 203, 4 l. e. fast = *eifrig nachforscht* 204, 21, *vgl.* málsendi. — Præt. S. 3 leitaði 59, 12; Pl. 3 leituōu 53, 15; *58*, 12 *u.* (*mit* til) 58, 10. — Conj. Pl. 3 leitaði *160*, 24. — Pass. Part. at eptir mun leitat (*sc.* verōa) 230, 22. — Med. leitaz *sich umsehen nach Etwas* (fyrir), *Etwas erforschen, vgl. Lund* p. 222. — Præt. Plur. 3 leituōuz fyrir = circumspicientes (Eg.) 58, 15.

* *Wol eig. elliptisch zu verstehen ist* leita á eitt *an Etwas* (*zu kommen*) *suchen, es angreifen, vgl.* á þat leita 53, 13. *Nach derselben Analogie ist* leita (*Var.* hlaupa) enn yfir netit *80*, 2 *zu fassen.*

1. **leiti,** n. (*vgl.* líta), *eine den Blick begrenzende Schranke, ein* (*auf dem Wege vorliegender*) *Berg oder* Hügel. — D. at hann var á ǫðru leiti fyrir *102*, 1 = ut uno semper colliculo persequentem anteverteret Eg. (*s.* annarr). *Vgl. auch* 2. leiti.

2. **leiti,** n. (= leyti = hleyti, *vgl.* Vigf. s. hleyti), *der* Teil, *die* Portion. — A. mitt of leiti *in Bezug auf meinen Teil, für meinen Teil* Grott. *17*, 4. *Anders Bugge* N. F. 328, 443, *der auch hier* leiti *zu* líta *stellt und* Gesichtskreis, Lage *erklärt. Vielleicht ist auch* 1. leiti *eigentlich der Gesichtskreis, die Aussicht, der* (*mit einem Male zu übersehende*) *Terrainabschnitt; demnach eher* Thal *als* Anhöhe. Grott. *17*, 4 *wäre die Erklärung jedenfalls* = *für meine Lage, für mein Teil.*

-leitr, adj. (*zu* líta), *nur in Zusammensetzungen, vgl.* gnúpleitr, grimmleitr.

leizla, f. (= leiōsla *zu* leiōa, F. 270), *eig. die* Führung, *Begleitung; auch* = útleizla, *das feierliche Hinausführen einer Leiche, die* Bestattung. — N. 212, 5.

lemja, *schw. v.* (F. 266), *lähmen, zerschlagen.* — Inf. *110*, 4. — Præt. S. 3. lamdi *104*, 16; 251, 15 (*das fg.* hann *wol* Nom. = Sigurōr, *nicht* Acc.; *ein dopp.* Acc. *ist bei* lemja. ljósta *u. s. w. zulässig, doch in anderer Weise, s. Lund* p. 53. — Part. Pass. lamit *30*, 11.

lend, f. (F. 266), *die* Lende. — Pl. D. lendum *80*, 13.

lenda, *schw. v.* (*zu* lend; F. 265), landen. — Præt. Plur. 1 lendum 250, 17.

lendr maōr, m. (*vgl.* lén), *der* Lehensmann, *eine dem* hersir *entsprechende Rangstufe jüngerer Zeit, vgl. Keyser* Eft. Skr. II, 110 fg. — Pl. N. lendir menn *143*, 7.

lengō, f. (F. 265), *die* Länge. — N. 69, 8.

lengi, adv. (*vgl.* langr), lange, *namentlich von der Zeit* (*vom Orte*

langt). — *β*, 2; *36*, 4; *46*, 20; *67*, 5
(*hier elliptisch, vgl.* Eg.: neque diu
duraverant); *70*, 10. — l. verst *weitaus am schlimmsten 161*, 9.
lengja, *schw. v.* (*vgl.* lengr), ver-
längern. — Inf. sǫgu at lengja
*die Erzählung weitläuftig machen,
eine weitläuftige Erzählung machen
157*, 26.
lengr, *compar. adv. zu* lengi, läng er.
— 27, 3; *157*, 23.
lengri, *adj. compar.* (*zu* langr), läng-
ger. — A. f. lengri *125*, 9.
lengra, *compar. adv.* (*zu* langt), weiter. — *41*, 13; l. út 200, 28; *etwas
freier* lengra fram at spyrja, l. segja
fram *90*, 4, 6 = ulterius quærere,
longius repetere Eg. — *Vgl.* fram
adv. — eigi lengra *nicht weiter
155*, 34.
lengst, *adv. superl.* (*s.* langr), läng st,
am längsten, weitesten. — sem hann
mátti lengst *66*, 8 = quam longis-
sime Eg.; kendi l. *161*, 13. — = *sehr
lange 224*, 13.
leppr, m. (*vgl.* Vigf.), *die* Haar-
flocke. — A. 252, 9.
lesa, *stv.* (F. 267), *sammeln,* lesen;
auch sticken. — Præt. S. 3 las
192, 29; = *las* 235, 12; *hier ist jedoch nicht an lautes Lesen, eher an
ein leises Murmeln von Gebetsfor-
meln zu denken; vgl.* Vigf. s. v. II, 2).
letja, *schw. v.* (*vgl.* láta, F. 263), hem-
men, *aufhalten,* abmahnen. —
Præs. S. 1 þess let ek þik *das ver-
biete ich dir 201*, 17; *Conj.* S. 3 leti
211, 11. — Præt. S. 3 latti (Plur. 3
lottu *211*, 5. — *Conj.* S. 3 letti 153,
33 *vom höflichen Nötigen, länger
zu bleiben.* — Med. letjaz, *älter u.
poet.* letjask, aufhören, *abstehen
von Etwas.* — Præs. S. 2 *mit suff.
Neg. u. Pron.* hví né lezkattu (=
letskattu) Lok. 29, 3.
leyfi, n. (*vgl.* lofa F. 278), *die* Erlaubnis. — D. *196*, 31. A. *43*, 16.
leyna, *schw. v.* (*zu* laun F. 276),
verbergen, *verhehlen; konstruiert*
(*wie* l. celare) *mit dopp.* Acc., *vgl.
Lund* p. 40; *oder häufiger* (*vgl.*
Vigf. s. v.) *mit* Dat. *der* Sache.
Inf. *44*, 3; *161*, 24. — Præs. S. 3
leynir hánum *hält ihn verborgen*
(*die Person ist hier nur Gegenstand
des Verbergens*) 157, 4; *ähnl.* 231, 2.
— M. leynaz *sich verbergen, verborgen halten.* — Pl. 3 leynaz 89,

13. — Part. er leynz hǫfðu *die sich
verborgen hatten 161*, 7; *ähnl. 171*, 3.
leynd, f. (*s.* leyna, F. 276), *das* Ver-
borgenhalten. — fór með leynd
ging heimlich 4, 6.
leyniliga, *adv.* (*s.* leyna, leynd),
heimlich. — *120*, 16.
leysa, *schw. v.* (*zu* lauss, F. 273), lösen, *sowol* lösbinden *wie in freierem Sinne.* — Inf. *34*, 18, 19; *vom
Erlegen eines Lösegeldes* l. hǫfuð
sitt *112*, 18; *vom Einlösen eines
Pfandes oder Gewinnen einer Wette
durch Leistung des Geforderten* l.
veðjunina (se sponsione exsolvere
Eg.) *111*, 14; *vgl.* leysa heit *bei* Vigf.
s. v. II; l. kind frá konu *von ge-
burtshilflichem Beistand* Sigrdr 9, 3.
— Præs. S. 3 leysir til *öffnet 241*, 1
(*N. 26 ist zu streichen*), leysir =
beantwortet 237, 7. — Conj. S. 3 at
leysi (*impers., dass man* loskomme,
s. Vigf. s. v. 2) *39*, 14. — Imper.
S. 2 *mit suff. Pron.* leystu Regm. I,
5. — Præt. S. 3 leysti *3*, 8 (upp l.
= *auflockerte*); 37, 10 (*aus schwieriger Lage befreite*). — P. Pass.
m. leystr *78*, 7; n. *und absol.* leyst;
fæ leyst *41*, 2; fekk l. 59, 17, *vgl.*
fá. — Med. leysaz *sich lösen, *be-
freien. — Præt. S. 3 leystiz *39*, 2.
lezkattu, *s.* **letja.**

lé, m. (F. 273, *vgl. auch* § 65), *die*
Sichel. — Dsf. ljánum *99*, 5. —
Pl. Nsf. ljárnir *99*, 1. — A. ljá *98*,
24; Asf. ljána *98*, 25.
lén, n. (F. 269), *eig. das* Lehen,
überhaupt der Besitz; *namentlich
in* Land; *auch ganz allgemein* =
Lebensfreude (*so* Vigf. *für* 22, 15 =
the good things of this life). — A.
22, 15; 217, 3.
létta, *schw. v.* (F. 264), a) *in* die
Höhe heben, *mit* Dat. *Lund* p. 79.
— b) *intrans.* aufhören, *oder mit*
Dat. = *aufhören mit Etwas* (*Lund*
p. 80). — Inf. (b) *110*, 13. — Præs.
Pl. 3 (b) *161*, 33. — Imper. Pl. 1
léttum (a) Grott. *3*, 6, *vgl. Bugge*
N. F. 442. — Præt. S. 3 létti (a)
66, 8; (b) *150*, 11. — Conj. Plur. 3
létti (b) *125*, 12. — Med. léttaz *sich
heben, leichter werden, viell. auch
sich mildern.* — Præt. S. 3 léttiz
8, 10 (levior fieri cœpit Eg.; *vgl. w.
u.* 8, 14 var svá hlætt *u. Var.; sollte
sich neben* hlána *ein Verb.* hlættaz

in dem Sinne „lau werden" belegen lassen?).

léttr, *adj.* (F. 264), leicht. — n. *adv.* létt; er hón gerði sér létt *als sie es sich leicht machte, als sie die Sache leicht nahm* um rœður *den Worten nach* 224, 25.

ljá, *schw. v.* (F. 269). 1) *gewähren, einräumen;* leihen, *mit* Acc. *u.* Gen. (*Lund* 171). — Inf. 95, 2 (*vgl. Var.*). — Præs. S. 3 lér *mit* Dat. *der Pers.,* Acc. *der Sache* 193, 9. Pr. S. 3 léði *mit* Gen. *u.* Acc. 107, 1, 2 (*vgl. Var.*). — Conj. S. 3 léði *mit* Gen. *der Sache* 193, 6. — 2) *imperson.* (*vgl.* Vigf. s. v. II) lér mér þess hugar *ich neige mich zu der Ansicht;* lér m. tveggja huga um þetta *144*, 1 = *ich bin zweifelhaft in Bezug hierauf.*

ljár *s.* lé.

ljó, n. (*zu* líða *gehen,* F. 270), a) *die* Schar. — N. *155*, 25; Nsf. liðit *169*, 1 *die Schar* (*d. h. sein Gefolge*) *vgl.* Asf. *169*, 2. G. liðs *136*, 14; Gsf. liðsins *142*, 16; D. liði *83*, 10. Dsf. liðinu *79*, 20; A. lið *120*, 12. Grott. *13*, 8; *154*, 30. — b) *die* Hilfe (*wol eig. Hilfsschar*). — G. liðs *160*, 2; D. at liði *84*, 11; A. lið *53*, 1, 3; Grott. *14*, 4; *157*, 9; *159*, 28.

ljör, m. (F. 270), *das* Glied. — Pl. A. liðu Sigrdr. *9*, 5.

ljósemd, f. (*s.* lið *b*), semd *wol zu* sama = *ziemen, taugen* F. 311 *vgl.* liðsamr *bei* Vigf.), *die* Unterstützung. — N. *70*, 18; *122*, 18.

ljósmaðr, m. (lið *a,* maðr), *der* Gefolgsmann. — Pl. N. liðsmenn *249*, 20,

ljóveizla, f. (= liðveitsla, *s.* lið *b*) *u.* veita, veizla) = liðsemd. — G. til liðveizlu *136*, 6.

lifa, *schw. v.* (F. 271), leben. — Inf. *6*, 14, 15. — Præs. S. 1 ek lifi 67, 23; S. 3 lifir *6*, 9. — Pl. 3 lifa 89, 1. Part. N. f. lifandi 253, 27. — Præt. S. 3 lifði *9*, 12; *123*, 3; Pl. 3 lifðu *178*, 21. Conj. 3 lifði *122*, 22.

   * *Da* lifa *eigentl.* = (*erhalten*) *bleiben, so erklärt sich die stärkere Bedeutung* = *fortleben, 6*, 15; *vgl. auch 178*, 21; *211*, 5; *224*, 18 *u.* Imper. S. 2 lif 205, 32.

lifna, *schw. v.* (*vgl.* lifa), *das* Leben erhalten *oder behalten.* — Præs. S. 3 margr lifnar or litlum vánum *Mancher lebt auf von schwacher Hoffnung* μ, 1.

lifr, f. (F. 271), *die* Leber. — N. lifr Guðr. II, *24*, 7. Dsf. at lifrinni *120*, 19.

liggja (F. 261), liegen, *auch vorliegen, sich finden.* — Inf. · Grm. *12*, 5. — til l. 207, 3, *vgl.* til 5; *vgl. auch* § 117. Præs. S. 3 liggr 7, 3; *12*, 4, *bildlich 163*, 20; *193*, 33; Pl. 3 liggja *3*, 12; *184*, 8. — Imper. S. 2 ligg *181*, 11; Conj. S. 3 liggi á *daran liege, in Frage komme 218.* 10. Præt. S. 1 ek lá *180*, 25; S. 2 látt *165*, 6; S. 3 hvat helzt lá til *was zumeist vorlag, was zum. sich empfahl* 207, 16. lá *60*, 1; *100*, 7; með — ollu því er á lá 227, 25 *was vom Geschick bestimmt war s.* á**; Pl. 3 lágu *142*, 2. — Conj. S. 3 lægi *153*, 18. — Pass. Part. *absol.* legit 236, 7.

limar, Pl. f. (F. 267), *eig. die Glieder, die* Zweige. — Pl. N. limar 20, 7; *152*, 13. D. í limum 23, 2.

   * *Diesen* Plur. *stellt* Vigf. *zu* lim Sing. n.

limrúnar, Pl. f. (*s.* limar, Zweigrunen, *doch ist dabei an die etymol. Verwandtschaft von* limar *u.* limr = *Glied,* Pl. limir *zu denken; gemeint sind Runen, die in Zweige geschnitten auf diese die Verwundung menschlicher Glieder übertragen sollten.* — A. Sigrdr. *11*, 1; *vgl. Lüning.*

1. **lind,** f. (F. 264), *eig. die* Linde, *der Lindenschild,* Schild (*poet.*). — A. lind Vol. 51, 2.

2. **lind,** f. (*vgl.* Vigf.), *die* Welle, *das* Wasser; *poet.* — G. lindar Regm. *1*, 6.

ljóð, n. (F. 268), *die* Strophe, *im* Plur. *das* Lied. — A. *125*, 10; Grott. 7, 6; Pl. A. ljóð 125, 1.

ljóða, *schw. v.* (ljóð), *in* Strophenform sprechen. — Præs. S. 3 ljóðar á oss *redet uns an in Str.* 245, 15. — Med. ljóðaz *sich gegenseitig ansingen, oder in Versen anreden.* Præs. Pl. 3 ljóðaz 254, 4.

ljóma, *schw. v.* (F. 275), *leuchten,* strahlen. — Præt. S. 3 ljómaði *183*, 16.

ljóri, m. (*vgl.* ljós), *die* (*im Dache befindliche*) *Öffnung zur Aufnahme des Tageslichtes, die* Luke, *das* Fenster; *vgl. Wh.* 218. — Pl. A. ljóra Vol. 39, 6.

ljós, n. (F. 275), *das* Licht, *die Helle, auch die künstliche* Erleuchtung. — N. *92,* 7; *119,* 7 (*vgl. hier* Var.); A. *109,* 7.

ljósálfr, m. (*s.* ljós, álfr), *der* Lichtelbe, Elfe. — *Vgl. Einl.*90, *A.* 101. — N. *24,* 15, 16.

ljóss, *adj.* (F. 275), *von lichter Farbe,* licht, *glänzend.* — N. m. 7, 7; *14,* 7; N. n. ljóst *8,* 13 (*vgl. auch 112,* 7 *in* Var.).

ljósta, *stv.* (*nach* Gr. II, 22 *zu* lyst = *g.* lustus, F. 278), schlagen, *treffen.* — Inf. *112,* 9; Præs. S. 3 lýstr *60,* 1; *183,* 11; *auch impers.* (*vgl.* Præt.) *mit* Dat. (*vgl.* *) lýstr saman liðinu = *die Heerschar (auf beiden Seiten) trifft zusammen* 250, 24. Præt. S. 2 laust *68,* 8; S. 3 laust *39,* 11 (*mit* Dat.) *u. imperson.* 95,14 (laust eldinum í flóri *es schlug das Feuer aus im Gefieder, das Gefieder fing Feuer*); l. otrinn til bana *traf die Otter tödlich 173,* 23; Pl. 3 lustu *80,* 8; Conj. S. 3 lysti *72,* 18; *164,* 10 *imperson., vgl.* 95, 14. — Part. Pass. lostit *104,* 18.

* *In freierer Anwendung (* = *heftig bewegen, werfen, schütteln) regiert* lj. *den* Dat., *sonst* Acc., *vgl. Lund* p. 94; *für den dopp.* Acc. *68,* 8 *vgl.* ib. p. 52.

ljótr, *adj.* (F. 276), *niedrig,* hässlich; *auch schimpflich.* — A. m. ljótan *104,* 24. — N. n. ljótt *96,* 1. * *Mit* lj. harm *104,* 24 *vgl.* harm-ljótan Hárb. *13,* 1 (Fritzn.).

list, f. (F. 272), *die* Kunst (*List*), *Klugheit.* — D. með list *16,* 10; *40,* 21. — A. list *62,* 12.

listuliga, *adv.* (listuligr *adj. zu* list), *mit* Umsicht. — *198,* 13.

lita, *schw. v.* (*vgl.* litr), färben. — P. Pass. Pl. N. n. lituð *199,* 14.

litaz um, *schw. v.* Med. (*vgl.* líta *Lund* p. 222), *sich* umsehen. — Præt. S. 3 litaðiz hann um 5, 6.

litr, m. (F. 310, *g.* vlits), *die* Farbe, *das Aussehen.* — D. með lit *38,* 13; með sínum lit *von seiner (besonderen) Färbung* 237, 25 *wol in Hinblick auf hellere und mattere Politur;* at lit *54,* 18 *an Farbe;* A. lit *76,* 21; Pl. Dat. litum *16,* 9; *und* (= *Gestalten, Aussehen*) *118,* 25; *119,* 10; *157,* 33; *198,* 28.

litverpr, *adj.* (*s.* litr, verpa), *einer der die Farbe rasch gewechselt hat,* *namentlich bleich geworden ist;* bleich. — N. *72,* 13.

ljúga, *stv.* (F. 275), lügen. — Inf. *56,* 13. — Præs. S. 1 lýg *219,* 30; S. 2 lýgr á hofð. *Häuptlinge anlügst 164,* 26; *ähnl. 179,* 29. Præt. S. 3 laug *56,* 13; Part. Pass. logit *40,* 2.

líða, *stv.* (F. 269), gehen, *vergehen, zu Ende g., vor sich g.* — Inf. *68,* 20 (*von Statten gehen*); *geschehen 261,* 12. — Præs. S. 1 líð ₅, 3; S. 3 líðr *e,* 3; *51,* 10 (*hier impersonell, wie nhd. es geht auf zwölf*) = *vergeht 157,* 24; l. þetta *geht dies so hin 216,* 14. — Præt. S. 3 leið (*mit* Dat. *vgl. Lund* p. 133 *u.* leið at Gesti *mit* G. *zu Ende ging 261,* 20) *64,* 15 = *fortging, fehlte an, vgl.* á leið *aufging, zu Ende ging* 53, 12; *ähnl.* 231, 24 = *einige Zeit verstrichen war;* Pl. 3 fram liðu *vergingen 158,* 12. — Part. Pass. liðinn *vergangen;* N. f. liðin *93,* 14; Pl. n. *177,* 2. D. liðnum *226,* 28.

líf, n. (F. 271), *das* Leben. — G. *260,* 20. A. *13,* 2; Asf. *163,* 29.

líflát, n. (líf, láta), *der* Tod (*vgl.* láta líf = *das Leben lassen*). — A. *228,* 21.

lífsdagar *oder* **lífdagar,** Pl. m. (líf, dagr), *die* Lebenstage. — N. *205,* 30.

lífsgrið, Pl. n. (*s.* líf, grið), *Lebensschutz,* Sicherheit *des Lebens.* — G. lífsgriða *98,* 12.

lífsháski, m. (*s.* líf, háski), *die* Lebensgefahr. — N. *80,* 1.

líft, *adj. n.* (*vgl.* líf n.), *zu* leben möglich *oder erlaubt.* — N. n. *162,* 17.

lík, n. (F. 268), *der* Leib, *Körper, auch der entseelte* (*vgl. nhd.* Leiche). — N. *75,* 24; Nsf. *167,* 8; A. *75,* 12; Asf. *167,* 4.

líka, *schw. v.* (F. 268, *zu* líkr), *gleich, angemessen sein,* gefallen *mit* Dat. — Inf. *175,* 18. — Præs. S. 3 líkar *65,* 2; *zu 193,* 18 *vgl. Edz.;* Præt. S. 3 líkaði *34,* 4; *121,* 20.

líkami, m. = **líkamr** (*s.* lík *u.* -hami F. 64). — N. *191,* 6.

líkamr, m. (*s.* lík *u.* hamr F. 64), *eig.* die *Leibeshülle; der* Leib, Leichnam. — N. 6, 14.

líki, n. (*s.* lík), *der Körper, die* Gestalt, *oft im Gegensatze zum Wesen* nur *die äussere Gestalt.* —

D. líki *4*, 7; *156*, 30; A. *18*, 10;
80,10; *173*,13.— Pl.D.líkjum *15*,23.
  * *Verwandt ist das zur Compos.*
verwandte Adj. ·ligr (*für* lígr, líkr)
in sterkligr *und sonst*; *vgl.* Gr. II,
659.

líkindi, n. *meist im* Plur. (*vgl.* líki,
u. líka=*gleich sein*), *die äussere Ge-*
stalt, das Ansehen, *die* Wahrscheinlichkeit.— S. N. *8*, 17 (*hier*
fast = líki, manns lik.=*Mannsbild*);
Pl. N. *40*, 16 sem lík. þœtti á vera
als es den Anschein hätte; munu
engi líkindi á þykkja *es wird keine*
Wahrscheinlichkeit dabei (zu sein)
scheinen = *die Sache wird wenig*
glaublich erscheinen 234, 8. hver
lík. þat megu vera = *welche Mög-*
lichkeiten das sein können = *wie es*
möglich s. kann 252, 18. — D. at
líkindum *170*, 6 *so wie man es er-*
wartet, nach Wahrscheinlichkeit.
  * *Die gewöhnliche Trennung von*
líkandi (*so Var.* 8, 17) *u.* líkindi
scheint ungeboten, vgl. z. B. snúaz
í kvikindis líkindi *bei* Vigf. s. v.
glíkindi II.

líking, f. (*vgl.* líkr), *die* Ähnlich-
keit; *das Beispiel.* — gera í líking
(Acc.) eins *nach dem Beispiele eines*
Menschen handeln 74, 14.

líkligr, adj. (*vgl.* líkr *), wahrscheinlich; *mit til c.* G. *auf Et-*
was deutend, Etw. versprechend. —
A. hón kvað hann líkligan (sc. vera)
til frama *175*, 25. Pl. N. líkligir til
svika *219*, 6.

líkn, f. (*vgl.* líknstafir), *die Linderung,*
Heilung. — G. líknar Sigrdr. *16*,8.

líknsamr, adj. (*vgl.* líkn f. *bei* Vigf.,
-samr *Suffix wie nhd.* -sam), *eig.*
heilsam, milde, sanft. — Sup. líknsamastr *31*, 10.

líknstafir, Pl. m. (*s.* líkn F. 261, *wie*
zu lesen für líka; stafr 2), Trost-
sprüche, Heilsprüche. — G.
Sigrdr. 5, 6.

líkr, adj. (F. 268), gleich, *passend,*
wahrscheinlich. — N. m. *211*, 2;
175, 20, A. m. líkan (*mit* Dat.;
Lund p. 113) *171*,13. A. n. líkt
(*mit* Dat.) 228, *24*. Comp. N. m.
líkari = *magis similis* 251, 2. A. m.
líkara mág *einen besseren, passen-*
deren Schwager 209, 19 (líkr *in die-*
sem Sinne häufiger von Sachen ge-
braucht, vgl. Vigf. s. glíkr II, 2 *u.*
Var. a. a. O.); n. *als adv.* líkara

48,7; þykki·mér líkara = credo
Eg. — *Superl.* n. *als adv.* líkast
am meisten gleich, ganz gl. 164, 9.
  * líkr *steht für älteres* glíkr =
g. galeiks (*s.* Vigf.);· *als Suffix ver-*
kürzt es sich zu ligr (líkligr *u. w.*)
s. Gr. II, 568.

lín, n. (*l.* linum, *vgl.* F. 271), *der*
Lein, *Flachs; spec. der linnene*
Brautschleier.

línbrók, f. (*s.* lín, brók F. 219), *die*
Hose *von* Leinwand. — Pl. D.
153, 2.

línfé, n. (*vgl.* lín), *das* Brautge-
schenk, *die Morgengabe. Vgl.Wh.*
247. — D. at línfé *119*, 6.

língarn, n. (*s.*lín, garn=*Garn* F.201),
das Flachsgarn. — A. 78, 15.

líta, *stv.* (F. 310), schauen, *blicken.*
— Inf. *169*, 31. Präs. S. 3 lítr *64*,
11. — Prät. S. 3 leit *46*, 4; 90, 9;
106, 6; *116*, 1; *139*, 2; l. við hánum
ihm mit dem Auge begegnete (*vgl.*
við 1a) 209, 3. Pl. 3 lítu 93, 17
(l. til=*sahen zu,* blickten hin). Pass.
Part. *absol.* lítit: hánum varð opt
lítit til hennar 158, 6 = *er kam*
oft dazu, nach ihr hinzusehen,
musste sie oft ansehen (Rassm.);
vgl. 231, 28. — *Der Dat. wol nach*
Analog. von líta augum til eins
Vigf. s.v.I.—Med.lítaz *sich ansehen,*
den Anschein haben, scheinen. —
Inf. *241*, 6. — Präs. S. 3 svá líz
(=lítz) mér á *so scheint mir in Be-*
zug auf, so denke ich von *40*, 19
vgl. 56, 8; 208, 3; *240*, 13. — líz
hánum svá, sem *es scheint ihm so,*
als ob 64, 16; líz væn ok frið 158, 7;
líz yðr vel um hringinn? *gefällt*
Euch der Ring? 238, 20.
  * líta (=*g.* vlaiton) *bezeichnet ein*
schärferes Hinsehen oder Spähen,
nicht die einfache sinnliche Wahr-
nehmung (*vgl.* sjá).

lítill, adj. (F. 269 *u.* § 80 A. *A.* 2),
klein, *gering, schwach.* — N. m.
58, 21; *64*, 10. N. f. lítil 70, 18; N.
n. lítit *wenig* 11, 3; = *klein* 167, 8;
= *schwach* 40, 21. — G. n. lítils
150, 34; 232, 21. — D. m. litlum
115, 10; D. n. litlu *um ein Kleines,*
ein wenig 60, 17; 120, 22; 122, 20;
durch etwas Geringes 135, 17. —
l. fári 205, 31, *vgl.* standa. A. m.
lítinn 66, 12; *67*, 21; *104*, 18; A. f.
litla 58, 7; *125*, 18; A. n. 170, 33;
adv. lítit *in geringem Grade 158*,

22; lítit er mér um (c. A.) = *ich
mache mir wenig aus, mir gefällt
wenig 240*, 8. *Dafür auch* lítt; vér
erum l. af barnsaldri =*ich bin wenig
vom Kindesalter (entfernt), bin fast
noch ein Kind 173*, 1; hefn lítt
räche nicht 189, 5; lítt tí1 yndis
215, 18 *nicht zur Wonne;* l. rœkt =
= *unbeachtet 218*, 24; l. lofaðir þú
228, 26. — Pl. N. m. litlir 65, 21.
D. litlum μ, 2.
  * lítill fyrir sér *vgl.* fyrir 1) *.
lítillæti, f. (*s.* lítill, læti), *das herab-
lassende, huldvolle Benehmen, die*
Leutseligkeit. — A. *134*, 4.
lítilræði, n. (*s.* lítill, -ræði *vgl.* ráð),
*eine Sache von geringer Bedeutung,
eine* Kleinigkeit. — N. *66*, 16.
lítt *adv. s.* **lítill.**
loði (= *ags.* loða F. 278, Vigf.), *ein
mit* Pelz *besetzter und gefütterter
Mantel.* — Pl. A. *213*, 25.
lof, n. (F. 277), l.ob, *d. i. urspr. Zustimmung, daher auch* = Erlaub-
nis. — N. *43*, 18; D. *201*, 12; A. 22,
15. — við lof *mit Lob, in löblicher
Weise* 203, 31.
lofa, *schw. v.* (*s.* lof), loben, *billigen,
erlauben.* — Inf. 53, 3 *erlauben.* —
Præs. Pl. 3 lofa *loben 31*, 5. —
Præt. S. 2 lofaðir þú *lobtest du* 228,
26. S. 3 lofaði *erlaubte 100*, 7; —
lobte 176, 4; Pl. 3 lofuðu 252, 12.
Part. Pass. Pl. N. m. lofaðir (*den
Pl. beurteile nach* AM. II, 219 s. 12)
261, 3; *absol.* lofat *gelobt 43*, 18.
lofðar, Pl m. (*s.* Vigf. s. Lofði), *die*
Männer, Helden; *poet.* — G. π, 3.
lofgjarn, *adj.* (lof; gjarn F. 101), *lob-
begierig,* ehrgeizig; *poet.* — Dat.
lofgjornum· ξ, 6.
loga, *schw. v.* (F. 275), lohen, *hell
leuchten.* — Præs. S. 3 logar *auf-
leuchtet, in Flammen steht 162*, 4.
Part. Præs. N. m. logandi 7, 8; N.
n. loganda *212*, 13; A. n. loganda
7, 10.
logi, m. (F.274), *die* Lohe, *hellleuch-
tende Flamme.* — Nsf. *198*, 32. —
D. loga Grm. 29, 8; brennr loga =
flammâ flagrat Eg. — A. í loga
166, 1; lindar loga *Flamme der
Flut = Gold (vgl.* Sk. XXXIII: er
gull kallat eldr vatna) Regm. *1*, 6.
logn, n. (*vgl.* Vigf.), *die* Windstille.
— N. *180*, 16.
lok, n. (F. 274, *zu* lúka), *der Schluss,
das* Ende. — G. loks *adv. schliess-*

lich 167, 5; *so auch* Gsf. loksins
176, 16.
lokarspánn, m. (*s.* spánn, lokarr m.
Hobel *vgl.* lykill *Schlüssel* F. 274),
der Hobelspan. — Pl. D. *95*, 11;
Asf. *95*, 13.
lokka, *schw. v.* (*vgl. lat.* lacio, *Lexer*
s. v. locken), locken, *verleiten.* —
Præt. Pl. 3 lokkuðu til þess *34*, 16.
lopt, n. (F. 272), *der* Luftraum,
die Luft. — N. *8*, 14; D. á lopti
4, 15; *102*, 13 hafði á lopti = sublimem gestans Eg.; í lopti *13*, 8;
at lopti *8*, 3; ζ, 3. Dsf. loptinu *63*,
17; í loptinu *44*, 16; A. í lopt *12*, 9;
46, 7; á lopt *54*, 18; *69*, 19 (á l. in
sublime Eg.) *eig.* 251, 15; lopt ok
lög *101*, 5. — Pl. A. lopt ǫll *16*, 2;
Asf. loptin *6*, 12.
losna, *schw. v.* (*vgl.* lauss), *sich* lösen,
sich losreissen. — Præs. S. 3 losnar
82, 7; Pl. 3 losna *82*, 3. — Præt.
S. 3 losnaði *105*, 7.
lostigr, *adj.* (*zu* losti *oder* lyst =
Lust, F. 278), willig. — N. f.
162, 18.
lófi, m. (F. 278), *die flache Hand, die*
innere Handfläche. — D. Sigrdr.
16, 7. A. á lófa Sigrdr. 9, 4; *beide
Stellen werden gewöhnlich in Verbindung gebracht, ob mit Recht?* ·
lund, f. (*vgl. mhd.* lunt, *das mit lat.*
luna *zus. gestellt wird), die Gemüts-
stimmung, die* Art *und* Weise. —
A. á hverja lund 97, 4.
lundr, m. (*vgl.* land?), *der* Hain,
Wald. — N. *109*, 16.
lunga, n. (F. 265), *und* Pl. lungu =
die Lunge. (Pl. *wegen der beiden
Flügel.*) — Asf. 249, 18.
lúðr, m. (*vgl.* Vigf.). *a) die* Trom-
pete, *das* Horn. — A. lúðr 35, 21;
Pl. A. lúðra *168*, 19. — *b) Die hölzerne* Bank, *auf welcher der untere Mühlstein ruht* (Fritzn.), *die
Mahlbank* (*vgl. Wanschbank*). —
N. Grott. 23, 6. — D. lúðri Grott.
2, 1; ib. *21*, 6; Pl. A. lúðra Grott.
3, 5. — *Wol nur* = *Mükle* in feginslúðr, q. v. — *c) eine Schiffseinrich-
tung, sicherlich wol von Holz, etwa*
Schlafbank *oder einfache* Koje
(*vgl.* Fritzn.), *poet. vielleicht = Schiff
überhaupt;* A. *10*, 16; Vafþr. 35, 6.
lúinn *s.* **lýja.**
lúka, *str.* (F. 274). 1) schliessen,
mit Dat.; *Lund* p, 80; *auch* = be-
endigen. — Inf. *68*, 8. — svá lúka

(nur) soweit schliessen 204, 7; vgl.
übr. Var. lúka upp = aufschliessen.
Præs. S. 3 lýkr aptr (eig. zurück,
d. h. zu schl.) 44,5; mit scheinb. Acc.
(ungewöhnlich, vgl. die Note) 229,19.
imperson. 150, 4; 222, 3; 233, 14;
249, 8; vgl. Lund p. 27. Præt. S. 3
lauk 46, 6 (hier wol schl. auf, vgl.
Var.); imperson. 212, 16 vgl. oben
150, 4; pers. = umschloss Helr. 9, 1.
Med. lúkaz sich schliessen, zuschlagen (von Fallthüren). Præs. S. 3 lýkz
endet 163, 6. Præt. S. 3 laukz 5, 4.
— Part. Pass. N. m. lokinn; N. f.
lokin aptr (vgl. oben zu 44, 5) 62, 1;
absol. lokit verða c. Dat. zum Schluss
kommen mit Etwas 54, 9; 200, 24;
væri lokit wäre aus, wäre ungültig
116, 2; hafði lokit at baka war mit
B. fertig 158, 26,. vgl. 161, 34. er
þá lokit aptr hauginum 161, 25 nach
Analog. des Verschliessens einer
Thür; vgl. 44, 5; 62, 1.
   2) bezahlen (eigentl. = vollmachen, berichtigen). — Inf. 250, 12.
lúta, stv. (F. 276), sich neigen. —
Inf. 64, 14. — Præs. Conj. Pl. 3 lúti
Sigrdr. 11, 6. — Præt. S. 3 laut or
horninu vom Wiedererheben des ge-
senkten Hauptes · (vgl. nhd. auf-
· tauchen) 64, 15; l. niðr 139, 3.
lygi, f. (ljúga), die Lüge. — N. 202, 11.
lykja, schw. v. (lúka), schliessen.
— Pass. Part. Pl. D. luktum 235, 15.
lykt, f. (zu lykja), der Schluss. —
Pl. D. at lyktum schliesslich 222,
11; 235, 16.
lyngfiskr, m. = lyngormr (Schlange)
poet., Guðr. II, 23, 5.
· **lyngormr,** m. (s. lyng Haidekraut,
ormr), der Haidewurm, ein kleiner Drache. — N. 178, 35. — Pl.
G. 172, 29.
   * Die Übers. „Lindwurm" ist
irreleitend, eher liesse sich „Feld-
schlange" empfehlen.
lyngrunnr, m. (lyng, runnr), ein Hai-
dekrautbusch, Haidegestrüpp. —
D. 181, 24.
lypta, schw. v. (zu lopt n. F. 277), in
die Höhe heben, mit Dat.; Lund
p. 94. — Præt. S. 2 lyptir upp 69,
4, 5; S. 3 lypti upp 66, 6.
   * Pf., F. vgl. nhd. lüften = aufheben.
lypting, f. (lypta), das erhöhte
Hinterteil eines Schiffes. — D.
227, 27.

lysta, schw. v. (zu lyst = Lust F. 278).
gelüsten. — Præs. S. 3 lystir =
gelüstet (impers.) Helr. 5, 4.
lýðr, m. (F. 277), das Volk. — Pl.
lýðir die Leute, Männer (meist
untergebene, vgl. Vigf.) Vol. 52, 3.
lýja, schw. v. (F. 272), stossen, schlagen. — Pass. Part. lúinn ermattet.
erschöpft 159, 26.
lýsa, schw. v. (F. 275), a) erleuchten, b) leuchten; c) ansagen, mel-
den, mit Dat.; Lund p. 80. — Zu
a) Inf. 11, 17; 14, 13, 22; Præt. S.
3 lýsti 109, 6. — Zu b) Præs. S. 3
lýsir af es geht ein Glanz aus von
31, 6, vgl. lýsir af degi es leuchtet
vom Tage (vom anbrechenden Tage)
169, 28; Præt. S. 3 lýsti 46, 7; 92, 7;
112, 8; 249, 11. — Zu c) Præs. S. 2
lýsir 224, 11.
lýsigull, n. (s. gull, lýsa), Glanz-
gold (d. h. wol künstlich poliertes,
im Gegens. zu rautt gull vgl. Vigf.,
Fritzn.). — D. 76, 18; 109, 6.
lýta, schw. v. (vgl. lýti), schwächen,
tadeln. — Præs. S. 3 lýtir 251, 12.
lýti, n. (zu lúta F. 276), der Fehler.
— N. 112, 14.
læ, n. (vielfach wird g. lev = ἀφορμή
vergl.), das Böse. — D. lævi Vol.
29, 6; 53, 2 með sviga lævi = cum
noxa virgarum = cum igne, vgl.
Bugge zu Vol. 52, 2.
lægja, schw. v. (lágr), niedriger
machen; imperson. mit Acc. = sich
legen, so Præt. S. 3 lægði 246, 2. —
Med. lægjaz sich legen, abnehmen.
— Præt. S. 3 lægðiz 198, 34.
lækning, f. (F. 261), die Heilung.
— Asf. 105, 9.
læknir, m. (F. 261), der Arzt. —
N. Sigrdr. II, 2. — Von der Göttin
Eir gesagt 42, 17.
lær, n. (vgl. Vigf.), das Dickbein,
der hintere Ober-Schenkel, der
Schinken. — Pl. A. lær 93, 21.
lærleggr, m. (s. lær u. leggr F. 262).
der Schenkelknochen. — Nsf.
57, 14; D. helt á lærlegg (vgl. halda)
57, 8.
læsa, schw. v. (vgl. Vigf., zu láss
Schloss), schliessen. — Præt. S. 3
læsti 106,. 15. — Auch mit Dat.,
vgl. Vigf. s. v.
læti, Pl. n. (zu láta = hören lassen,
tönen), der Ton, das Geräusch.
— D. hvat lætum verit heði was

es (mit) dem Geräusch gewesen sei
58, 22; vgl. Lund p. 133.

lævísi, f. (zu adj. lævíss, vgl. læ, víss),
die Verschlagenheit, Schlech-
tigkeit. — G. til lævísi 110, 2 =
vafritiæ ostendendæ gratia Eg.

lǫgr, m. (F. 262, vgl. Lǫgr), die
feuchte Masse, das Meer. — A.
lopt ok lǫg 44, 15; 101, 5; á lǫg
aufs Meer hin 46, 8; of lǫg über
die See Vǫl. 52, 3; í lǫg in das
Nass, poet. = in den Trinkbecher
Sigrdr. 8, 3.

M.

maðkr, m. (F. 224), die Made, der
kleine Wurm. — Plur. N. maðkar
18, 7, 8.

maðr, m. (F. 229), der Mann,
Mensch; seltener = man. — Vgl.
§ 54.
   1) der Mann (= karlmaðr, q. v.).
— N. 4, 1; 5, 3, 9, 16; 9, 7; 26, 21
u. w.; Nsf. 167, 10. — G. manns
4, 7; 8, 17; Gsf. 191, 31; D. manni
43, 5; A. mann 4, 14; Asf. 191, 32.
— Pl. (weniger sicher als Sing. zu
sondern, vgl. daher auch 3) u. 4).
— N. menn 160, 29; menskir menn
Sigdr. 18, 8. — G. manna 22, 13;
34, 21; 99, 10; Vǫl. 42, 2; A. menn
34, 13.
   2) der Ehemann, Gemahl (sonst
auch bóndi = Hausherr, Gatte). —
G. manns konu 189, 7; til manns
196, 15. — A. mann 95, 21; 167, 30.
   3) der Mensch; im Plur. auch
die Leute, und gelegentlich = Mannen, Angehörige, vgl. s. Pl. G. u. A.
— G. manns 13, 11; 18, 9 (m. líki
Menschengestalt; m. blóð Menschen-
blut Helr. 2, 8). — D. manni 53, 1;
Asf. manninn 6, 13. — Pl. N. menn
6, 15, 17; 17, 19, 21; vitlausir menn
(von Mädchen) 204, 11; Nsf. menninir 12, 14. — G. manna sonum =
Menschenkindern, Grm. 41, 3; til
sinna manna zu seinen Hausgenos-
sen 151, 15; sinna m. seiner Mannen 168, 23. — D. mǫnnum 11, 10;
22, 8; 36, 5; 89, 15; 121, 21. — A.
menn 13, 1; sína m. seine Mannen
168, 21.
   4) Jemand, man. — N. 44, 7, 8;
öfter im Zusammenhange zu ergänzen, so en (maðr) mátti vefja saman

ok hafa í pungi sínum 111, 22, vgl.
55, 11 u. Gr. IV, 953. — So auch
Pl. menn die Leute, fast = man,
segja menn 72, 18 (vgl. Lund p. 10).

magn, n. = megin, n., die Kraft.
D. af magni λ, 1.

maki, m. (F. 226; für gmaki? vgl.
as. gimako), der Genosse, der
ebenbürtig zur Seite Stehende. —
N. 171, 16. — A. 232, 22.

makligr, adj. (= makr F. 226), passend. — N. n. adv. makligt 201,
33; begründet 218, 15. — Compar.
N. makligri 210, 4: engi væri makligri Keiner wäre passender dazu
= hätte eher verdient u. w. — Vgl.
auch Ba.

makráðr, adj. (vgl. makr), von ge-
fälligem Benehmen. (leisurely
Vigf.; feielig Fritzn.) 246, 5.

mala, stv. (F. 234), mahlen. — Inf.
125, 8. — Imper. Pl. 1 mǫlum Grott.
5, 1, 2; ib. 21, 8; 22, 1. — Prät. S. 3
mól 125, 5; Pl. 3 mólu 125, 12. —
Conj. S. 3 mœli Grott. 10, 5. —
Part. Pass. malinn, absol. malit
Grott. 5, 8, vgl. Lund p. 298; ib.
17, 3. — Med. malaz sich mahlen
lassen, gemahlen werden. — Prät.
S. 9 mólz 125, 5.

man, n. (zu maðr, F. 224; anders
Vigf. s. v.), Knecht, Magd; häufig
collektiv = Dienerschaft, Gesinde.
— So Nom. man Grott. 4, 3; D. at
mani hafðar ib. 1, 8; 16, 4 = pro
mancipiis habitæ. — A. man ib. 8, 4.
   * Das Wort ist altertümlich und
meist poetisch, hat auch den Sinn
von Mädchen, Geliebte; dürfte
sich daher zu maðr etwa wie das
von Luther gebrauchte Männin zu
Mann (vgl. auch nhd. vulgär „das
Mensch") verhalten.

mangi oder **manngi** (vgl. maðr u.
-gi, § 99 e 3), Niemand. — N.
Sigrdr. 12, 2.

mannablóð, n. (maðr 1], blóð), das
Männerblut. — D. 199, 14.

manndráp, n. (s. maðr 1], dráp zu
drepa), der Männermord, Mord,
Todschlag. — Pl. D. í manndrápum 81, 9.

mannfall, n. (s. maðr, fall), der
Männerfall, das Blutbad. — N.
165, 30. — D. 198, 14.

mannfjǫldi, m. (s. maðr 3] u. fjǫld),
die Menschenmenge. — N. 48, 4;
51, 4. — A. 220, 8.

mannfólk, n. (*s.* maðr 3 | *u.* fólk), *das* Menschenvolk. — N. *87,* 4; Nsf. *8,* 1.

mannhringr, m. (*s.* maðr 3 | *u.* hringr), *der Ring oder Kreis von Menschen gebildet.* — Dsf. *74,* 10.

mannhundr, m. (maðr, hundr), *eig. Hundekerl,* Unhold. — Asf. *251,* 17.

mannkind, f. (*s.* maðr 3 | *u.* kind), *das* Menschengeschlecht. — Nsf. *13,* 4.

mannlíkan, n. (*s.* maðr, lík; *nach* Bt. p. 388 *besser* manl.), *das* Menschenbild, *auch ein Wesen in menschlicher Gestalt* (Vigf.). — Pl. A. mannlíkun Vol. *13* b. — *Nach der Einleitung* p. 48 *gegebenen Fassung* mannl. morg *als* Pl. N.

mannraun, f. (*s.* maðr, raun *s.* reyna), *die* Mannesprobe, *Probe der Mannhaftigkeit.* — N. *151,* 32.

mannsaldr, m. (*s.* maðr 3 | *u.* aldr), *die Lebenszeit eines Menschen, das* Menschenalter. — A. *145,* 4.

mannskelmir, m. (maðr; skelmir = Unhold, *rgl.* ahd. skelmo = Pest, Unhold), Unhold *in* Menschengestalt (*Mannteufel*). — D. *161,* 8.

mannskœðr, *adj.* (maðr; skœðr = *schädlich zu* skaða F. 330), *mit Verlust an Menschenleben verbunden,* blutig. — Nf. *250,* 24.

mannspell, n. (maðr; spell *zu* spilla), *der* Verlust *an* Menschen. — D. *222,* 2—8.

mannvit, n. (*s.* maðr 3]; vit *zu* vita), *der Menschenwitz, die* menschliche Klugheit. — N. *20,* 14; G. *18,* 9; D. *97,* 16.

mansongr, m. (*s.* man * *u.* songr), *eig. der* Mädchen-*gesang, d. h.* Liebesgesang. *Vgl.* Wh. 389. — N. *34,* 5.

marfjall, n. (*s.* marr, fjall), *die Erhöhung am oder im Meere; poet.* = *Woge.* — Pl. A. á marfjoll *g,* 2 = in montes marinos Eg. (fluctus, undæ *im Lex. Poet.*).

margr, *adj.* (*g.* manags, F. 228), mancher, viel. *Vgl.* fleiri. — N. m. margr *49,* 10; N. n. mart *168,* 26; G. n. margs *23,* 2; D. n. morgu *166,* 26; A. m. margan *30,* 11; A. n. mart *5,* 5; *23,* 1; *adv.* mart *sehr 164,* 26. — Pl. N. m. margir *5,* 7; Nf. margar *29,* 7; m. saman (*rgl.* saman) *196,* 8; N. n. morg *13,* 8; G. margra *49,* 3; D. morgum

7, 1; *121,* 2. — A. m. marga *15,* 23; A. f. margar *163,* 15; A. n. morg *5,* 5; Vol. *13,* 6; *rgl. aber* mannlíkan.

* *In substant. Weise mit dem Art. verbunden* margrinn = *der in der Mehrzahl, in der Übermacht Befindliche;* Dsf. margnum *169,* 2, *rgl.* s. mega.

margskonar, *adv.* (*eig.* margs konar, *vgl.* margr *u.* konr), *von* mancher Art, *allerhand.* — *76,* 6. (*Lund* p. 161 A. 1.)

mark, n. (F. 234), *das* Zeichen, Kennzeichen, Merkmal; *auch die* Merkwürdigkeit, *Sache von Gewicht.* — N. eitt mark *34,* 15; *134,* 4; lítit m. *47,* 12; mikit m. *261,* 22; meira mark *50,* 4. — D. at marki *170,* 26; A. *170,* 28.

marka, *schw. v.* (*zu* mark, F. 234), *bezeichnen,* bemerken, wahrnehmen. — Inf. *31,* 8. — Pass. Part. var svá markaðr *war so bezeichnet,* hatte folgende Merkmale *190,* 17; þann veg v. m. *190,* 19 = *ebenso war bezeichnet;* því var dreki m. *darum befand sich das Bild eines* Drachen *190,* 21.

marr, m. (*rgl. g.* marei, F. 232), *das* Meer, *poet.* — A. mar Vol. *59,* 2.

mataz, *schw. v.* Med. (*rgl.* matr), *sich sättigen,* speisen. — Part. hafa mataz *gespeist haben 60,* 3; *67,* 14.

matr, m. (F. 229), *die* Speise. — N. *5,* 14; G. til matar *zum Essen 57,* 3; fekk sér matar *173,* 18; D. at mat Vafþr. *45,* 5; A. mat *38,* 16; *158,* 31; *161,* 26.

má, *schw. v.* (F. 224), *eig. abwischen, zerstören,* verderben. — Inf. Grm. *34,* 9. — *Vgl. auch Var. u. Lund* p. 94.

* *Nach* Vigf. s. v. *vielmehr* = *ags.* mávan *mähen,* F. 224 s. (ma).

mágr, m. (F. 228, *g.* megs), *der, namentlich durch Heirat,* Verwandte; *so Schwiegervater* N. 168, 7; D. *154,* 12; A. *141,* 8; *Schwager* A. 207, 27, 28; *Eidam und Schwager* (G.) *154,* 23. — Gen. mágs *154,* 24; D. mági *136,* 6; A. mág *141,* 8. — Pl. N. mágar *die Verschwägerten 154,* 19; G. mága *190,* 11; D. mágum *250,* 8; A. mága *250,* 10.

1. mál, n. (F. 229), *die* Sprache, *Besprechung oder Verhandlung;* Rede, *Erzählung.* — a) Sprache. — Dat. máli *6,* 3; A. mál *13,* 2; =

Stimme 93, 16. — mál sitt *ihre
Sprache, ihr Sprachvermögen 206,
27;* mál numit *Sprechvermögen erlangt, sprechen gelernt 233, 31.* —
b) R e d e, *Bericht.* — N. *201*, 1. —
G. máls *56*, 15, 19; Gsf. málsins
46, 12, *vgl.* krefja; D. at máli *zur
Unterredung 171*, 32; A. mál *6*, 1;
96, 20. — Pl. N. mál *Beredungen,
Geschäfte 44*, 1; D. málum *Streitsachen, Streitigkeiten 168*, 11; A.
mál *44*, 7. — c) mál *kann wie mhd.*
rede *auch geradezu* = S a c h e, F a l l
sein, mhd. Wb. 2 a 596 b, Vigf. s. v.
B, 6; *sq wol 56*, 15; *150*, 14; *153*,
27; *166*, 14; *260*, 6.

2. mál, n. (F. 223), *das* M a s s, *spec.
das* Z e i t m a s s, *die geeignete* Z e i t.
— N. *60*, 14; *61*, 3. — *Vgl.* mæl.
* *Zu* 1 *und* 2 mál *vgl.* Læsb.
p. XXX.

máli, m. (*vgl.* 1. mál n.), *der Con-
trakt, spec. der Lohncontrakt,* L o h n
oder Sold. — D. mála *136*, 7; Asf.
málann *137*, 3. — A. mála (*hier =
Vertrag, Verabredung) 159*, 17.

málmr, m. (F. 284), *das* E r z, *Metall.*
— N. *73*, 11; *77*, 25; *118*, 6. — A.
málm *17*, 23; *18*, 1.

málrúnar, Plur. f. (*s.* mál, rúnar),
S p r e c h r u n e n, *gedacht als Mittel
zur* málsnild. — Pl. A. Sigdr. *12*, 1.

málsendi, m. (*vgl.* Fritzn.; Vigf.
málsendir), *entweder* R e d e - E n d e
(*vgl.* 1. mál, endi) *oder entstellt aus*
málsemd (*vgl.* vegsemd), *die* R e -
d e n s a r t, R e d e w e n d u n g. — Pl.
G. leitar marga vega málsenda við
hana *sucht auf verschiedene Art
ein Gespräch mit ihr anzuknüpfen
204*, 22.

málsnjallr, *adj.* (mál, snjallr F. 351),
r e d e g e w a n d t. — N. *191*, 17.

málsnild, f. (*s.* 1. mál, snild *zu* snjallr
F. 351), *die* R e d e f e r t i g k e i t. —
D. af málsn. D. *35*, 2.

málugr, *adj.* (mál), g e s p r ä c h i g,
schwatzhaft. — Pl. N. n. (comm.).
232, 3.

málvinr, m. (*s.* 1. mál *u.* vinr), *eig.
der Gesprächsfreund, vgl. nhd. Ge-
schäftsfreund; der* v e r t r a u t e G e -
n o s s e, *poet.* — N. Grott. *8*, 3.

mánaðr, mánuðr (F. 232, *zu* máni),
der M o n a t. — N. *144*, 4; Skírn.
42, 4. — Pl. G. mánaða *109*, 1; A.
mánaði *106*, 16 (*vgl. Var.*).

* *Die Namen der nord. Monate
s. 144*, 9 - 14.

máni, m. (F. 231), *der* M o n d, *meist
poet.* (*pros.* tungl, q. v.). — N. Vol.
8 b; A. mána 52, 12. — *Vgl.* Máni.

már, m. (F. 224), *die* M e w e, *Möwe.*
— N. *γ*, 6.

máttr, m. (*vgl.* mega, F. 227), *die*
M a c h t, *Kraft.* — N. *65*, 16; A.
mátt *70*, 7.

máttugr *od.* **máttigr,** *adj.* (*zu* máttr),
voll M a c h t, K r a f t. — § 80 B. —
N. m. *10*, 3; *123*, 6; N. n. máttugt
183, 24: hvat svá var máttugt, at
= *was im Stande war u. w.* — Pl.
N. f. máttkar Grott. *1*, 7; N. n.
máttug 27, 15; *33*, 5. — Sup. N. m.
máttkastr *15*, 25. — *Vgl.* einn * *u.*
§ 88 c.

með *oder* **meðr,** *adv. u. präp.* (F. 241,
Einl. p. 39 ex.), *mit, c.* Dat. *u.* Acc.
A. c. Dat. *zur Bezeichnung*
1) *der Nähe an einem Orte, der
Gemeinschaft mit Personen.* —
með hánum *bei ihm 6*, 16; með
hrímþussum *6*, 20; m. jotnum *103*,
10; m. þeim *103*, 11; *116*, 15; m.
Helju 77, 15; m. Svíum *138*, 13;
með ásum 20, 10; *til matar* með
sér *zum gemeinschaftlichen Essen
57*, 3; með oss *unter uns 62*, 12;
96, 18, *vgl.* með ásynjum *45*, 2; með
guðum ok vonum 32, 7; með g. ok
monnum *36*, 5; með þeim 38, 6; *98*,
13; með sér 97, 3 = *unter sich; aber*
m. sér *in seiner Begleitung 152*, 28;
taldr með ásum *den Asen zugezählt*
37, 3; kom ásamt með ollum 53, 19,
vgl. koma; kom með jotna sonum
Vafþr. 30, b; fór með .. ging (*zu und
verweilte*) *unter* .. *43*, 10; með morgum kemr *der mit Mehreren in Berührung kommt 180*, 31; með Frigg
neben Fr. *43*, 4; veit launráð m.
henni *43*, 4; *vgl.* með. sér *17*, 13;
143, 1, 17; með hánum *21*, 11. —
*Vom Orte namentlich zur Bezeichn.
des Nebenher oder Entlang, so*
með ánni *114*, 4 *am Flusse hin*
(*hier wol = den Fluss hinauf vgl.*
adverso flumine Eg.), með landi
140, 10; *245*, 9. — *Ähnlich 12*, 5, 15;
167, 9.
2) *der Begleitung bei Personen, des begleitenden Umstandes bei
Sachen.* — með sínu hýski *10*, 15,
vgl. 23, 8; *119*, 10; kolluðu með sér
úlfinn *40*, 14 = advocato secum lupo

Eg., *vgl. 97*, 11; hafði með sér *führte mit sich 125*, 15, *vgl.* hafa með sér *zum Genossen haben 157*, 20. *Für* með Hjálpreki *171*, 16, 21 *beachte das vorhergeh.* þar *u. übers.* „*dort" bei Hj.* — með bugum Grm. *24*, 3; ferr með boga *33*, 2; fór m. leynd *4*, 6; hafa farit með .. *umgegangen sein mit* .. *57*, 14, *vgl. 70*, 5; koma með .. *37*, 1, *vgl. 64*, 7; *68*, 3; hón er með þrim litum *ist dreifarbig 16*, 9, *vgl.* með horunds lit *38*, 13; með sinum lit *237*, 25; váru allir með einum hug *eines Sinnes 74*, 21; með ollu reiði *76*, 14; með gullnu laufi *x*, 2. deyr með óskornum noglum *82*, 9. — gor með list .. *mit Anwendung von Kunst 16*, 60, *vgl. 40*, 21; *92*, 5; gera með gulli ok silfri borðker af hausum þeira *mit Verwendung von Gold u. Silber* (*viell. zur Einfassung*) *Tischgefässe aus den Schädeln derselben anfertigen 120*, 28. — *Oft auch adverbial nachgestellt:* lét fara með *39*, 1, *vgl. oben 57*, 14; taka vatn ok með aurinn *24*, 1; etit slátr allt ok beinin með *62*, 23; fór með *ging damit 71*, 9, *vgl. 111*, 14; hugsaði, at — ok þat með, at = *dachte daran, dass — und daneben* (*andererseits*), *dass 39*, 7. — *Vollständiger* þar með *in etwas verschiedener Anwendung, so 33*, 7 = *damit zugleich, ebenso; 138*, 5 = *damit zugleich, dazu; 158*, 32; *ähnl.* hér með *16*, 30. — *Präfixartig vorangestellt:* með knóðat *mitgekocht 158*, 29.

3) *der Ursache, des Mittels oder Werkzeuges, auch der freieren Vermittelungen:* — brenna með eldi *7*, 12; með krapti *durch die Kraft 8*, 16; með því *damit 10*, 14 (með því at *vgl. u.* 4); m. vélræðum *37*, 11; m. handafli *40*, 17, *vgl. 47*, 7, 13; *68*, 7, 8, *69*, 16; *75*, 1 (*121*, 2; *122*,18); *76*,3; *93*,8; *98*,21 *vgl.75*,1; *117*, 9; *120*, 25 (skenkja með — *einschenken mit, aus* —); *122*, 27. bœta með gulli *Ersatz leisten mit Gold 166*, 21. — *Adverbial,* með *80*, 11, *113*, 9. — *Als freiere Verwendungen bemerke;* fylltiz með þunga .. (*Mittel der Anfüllung*) *8*, 9; settu .. með fjórum skautum (*Mittel der Berührung 11*, 13; hóf mik .. með bárum *vermittelst, auf Wogen 229*, 10; drap með eitri *244*, 8; með fullu

(*vgl. mhd.* betalle = mit alle) *mit Vollem, vollständig 41*, 15; með ongum kosti *vermittelst keiner Bedingung, unter k. Bed. 162*, 17. — lýkz með því *damit 163*, 6. — *Hierher wol auch:* átti tvau born með Guðrúnu (ex Gudruna Eg.), *119*, 11; *ferner:* sá .. mart fólk, sumt með leikum; sumir drukku, sumir (váru) með vápnum ok borðuz *5*, 5—6; *indem hier die Waffen als Mittel der Ausrüstung* (armis instructi Eg.), *ebenso die Spiele als Mittel der Beschäftigung erscheinen.* — *Nicht ganz unähnlich:* vatni ausinn.með Sigurðar nafni *getauft mit dem Namen Sigurd* (*d. h. mit Beilegung des N. S.*) *171*, 14. — stóð lengi með miklu mannfalli *dauerte lange mit grossem Verluste* (*indem mit gr. Verl. gekämpft ward*) *178*, 14.

4) *Nicht eben häufig ist* með (*vgl.* 1 ex.) = *in Übereinstimmung mit, gemäss.* So 220, 1; með því .. at 235, |8; *241*, 18 = *gemäss dem Umstande, dass —, in Anbetracht dessen, dass.* So *auch 239*, 7 *oder hier* (*wie nhd. bei alledem*) = *trotzdem?*

B. c. Acc. *zur Bezeichn. der Begleitung im Dienste, gezwungener oder unselbständiger Folge.* — með hestinn *54*, 2; með hann *55*, 9; var farit með hann (sc. Loka) *80*, 6; með gapanda munn *82*, 13; m. eitt auga *230*, 13; með gullhjálm *83*, 13, *vgl. 101*, 4; *191*, 28; *196*, 21; með epli sín *94*, 7, *vgl. 152*,2; með hnotina *95*, 9; m. valsham *106*, 4; með hornit *166*, 81 (*vgl. Dat. 166*, 27); m. hirð sína *122*, 4; m. her sinn *138*, 8; m. lið sitt *140*, 14; *auch* með konu sína *154*, 20; *und von der Frau:* þú ferr með svein *169*, 20, *vgl.* fara. — *Auch das Mittel kann so durch* með c. A. *eingeführt werden, vgl. 159*, 1 *u.* venja. — *Besonders zu beachten:* fór með hafra sína ok með hánum sá áss .. *56*, 19, 20 *zur Erläuterung des Unterschiedes von A.* 2). — *Für nicht allzuscharfe Fassung des Unterschiedes spricht 196*, 21—22. — *Beachte auch 200*, 22.

meðal, *präpos. mit* Gen. (= miðil F. 240), zwischen; *als ursprüngl. Substantiv* (*das Mittel, die Mitte*) *namentlich in der Verbindung* á *oder í* m. *zu erkennen, so 200*, 5.

— landa á m. 237, 8 = von Land
zu Land.

meðan, adv. u. conj. (F. 242), inmitten,
indessen, während, solange als.
— adv. 80, 18; 228, 18. — conj. mit
Indik. a, 2; 92, 8; 111, 9; 137, 19;
mit Conj. (bei hypothetischen Ver-
hältnissen) 136, 7.

mega, präteritopräs. (F. 226; vgl. §
155 a), vermögen, können; meist
auxiliar gebraucht. — Inf. 29, 11;
40, 25. — Præs. S. 1 má ek 5, 1;
40, 7; 65, 18; S. 2 mátt 40, 6; mit
suff. Pron. máttu 31, 8; S. 3 má
6, 8; 36, 12; 13, 15; 64, 5; oft auch
impersonell: sem sjá má 15, 8,
vgl. 26, 9; 44, 8; 55, 10 (vgl. maðr
u. 4); 72, 10; 113, 10; 142, 11. eigi
má við margnum = nicht kann man
(Etwas ausrichten) gegen den Zahlreichen, den in der Übermacht Befindlichen 169, 2; impers. auch 169,
22; 172, 33; 179, 4. Plur. 1 megu-
vér 193, 12. Pl. 2 meguð, mit suff.
Pron. megu-þér 10, 10; jüngere
Form (§ 155 A. 1) megi-þér 193,
12. Pl. 3 megu 17, 5; 27, 13; 55, 6.
— Conj. S. 1 mega ek Skírn. 42, 3;
suff. megak 67, 23, vgl. Lund p. 310;
S. 3 megi 17, 8; Pl. 3 megi 99, 19.
— Præt. S. 1 mátta 196, 12; S. 2
máttir 153, 21; S. 3 mátti 66, 8;
158, 33; impers. 4, 10 (vgl. aber Var.);
53, 13; 111, 22 vgl. oben 55, 10;
125, 10; 161, 18. Pl. 3 máttu 159, 12.
Conj. S. 2 mættir 165, 5; m. þú vel
ógert hafa 220, 11. S. 3 (impers.)
mætti 70, 1; pers. 181, 25. Pl. 3
mætti 39, 6; läng. 155, 17.
* Ist in Fällen wie 180, 31 ein
Übergang in die spätere Bedeutung
(dän. maa = müssen) zu erkennen?
Über ausgefallenes vera nach m.
(so 182, 1) vgl. vera **). — vel mega
193, 12 = sich wolbefinden.

megin odes **megn,** n. (F. 227), die
Kraft, das Vermögen. — G. megins
Vol. 8, b (hier = Sphäre; spatii Eg.).
D. (oder von magn?) magni 214, 5,
vgl. § 37 u. A. 1. — jarðar m. wird
gew. als „Erdkraft" übersetzt; doch
vgl. jarðarmegin = a certain portion
of land Vigf. — A. 181, 23; megn
Regm. 13, 5.

megin, adv. (eig. wol megum = vegum,
s. Vigf. u. Læs. p. XXI *), auf Seiten. — tveim megin auf zwei (=
beiden) Seiten 107, 9. sínum megin

hvárn þeira 161, 20 jeden von ihnen
Beiden auf seiner Seite.

meginjQrð, f. (zu megin.), der
Stärkegürtel, gern im Pl. gebraucht. — Pl. G. -gjarða 107, 1;
D. -gjorðum 58, 23; A. -gjarðar
30, 12; 106, 2.

meginrúnar, Pl. f. (s. megin, rúnar),
Kraftrunen. — N. Sigdr. 19, 4.

megintirr, m. (s. megin, tírr F. 121
= Ruhm), grosser Ruhm; poet.
— D. Sigrdr. 5, 4.

meginverk, n. (zu megin u. verk),
das Kraftstück, die Heldenthat.
— Pl. D. -verkum Grott. 11, 6.

megn, n. s. **megin.**

meiðr, m. (vgl. lat. meta, F. 238), der
Baum. — G. meiðs Grm. 34, 9.

mein, n. (F. 237), der Schaden, das
Unglück. — N. 81, 12; 47, 10;
207, 3 vgl. gegna. — D. meini
160, 15.

meinblandinn, adj. (s. mein, blanda),
zum Schaden gemischt, mit bösem
Zauber bereitet, von Getränken.
— N. Sigrdr. 8, 8; A. 196, 16.

meinsamligr, adj. = **meinsamr** (mein,
-samr s. -sama F. 311), schädlich.
— A. m. 214, 3.

meinsvara, adj. indekl. (vgl. § 85; zu
mein u. sverja), meineidig. — Pl.
N. meinsvara Vol. 40, 3.

meintregi, m. (mein; tregi F. 125),
die Sorge, der Kummer; meist
poet. — N. 206, 27.

meir, comp. adv. (F. 227, vgl. mjok
u. § 162), mehr. — 15, 11; Grm.
20, 6; meir = weiterhin (deinde Eg.)
Vafþr. 41, 6; länger 154, 17.

meira adv. zu **meiri,** q. v. (vgl. § 162
A. 1.)

meiri, comp. adj. (F. 227; vgl. mikill
u. § 89), grösser, stärker. — N.
m. 42, 10; N. f. 102, 21; meiri ván
170, 10 (vgl. u. A. f.); der Compar.
hier nur energischer Positiv, vgl.
Rückert zu Hél. 397 (liobara thing);
N. n. meira 50, 4; substant. = etwas
Grösseres 193, 32; G. n. meira 119,
20; 149, 8. — D. f. meiri 16, 10
(oder ist hier meiri = meir? vgl.
§ 162 A. 2); D. n. meira 168, 6. —
A. m. meira 64, 19; A. f. meiri ván
(sc. vera, vgl. ván) 63, 5; A. n. meira
65, 6; 105, 21; Grm. 35, 8; adv.
meira = mehr, in grösserer Ausdehnung 82, 14; 112, 5. — Die adverb.
Verwendung ist vom Acc. nicht

immer sicher zu trennen, so 65, 15
drekka meira=*mehr oder ein Meh-
reres trinken.* — Pl. N. m. meiri
211, 30. N. n. meiri tíðindi *73,* 8 =
res magis memorabiles Eg.

meizlahogg, n. (meizl = meiðsl *zu*
meiða=*verstümmeln,* F. 237; hogg),
ein scharfer Hieb, *mit schwerer
Verwundung in der Folge.* — N.
251, 17.

meldr, m. (*zu* mala), *die Thätigkeit
des Mahlens, das* Mahlen; *wol
auch concret = Mühle, oder=Mahl-
korn* (*so* Vigf. s. v.). — G. til meldrs
Grott. *4,* 6; D. at meldri ib. *24,* 6.

menskr *oder* **mennskr,** adj. (F. 280),
menschlich. — Pl. N. menskir
menn = *die Menschensöhne,* Men-
schenkinder Sigdr. *18,* 8.

mergr, m. (F. 236), *das* Mark *im
Knochen.* — G. til mergjar 57, 9.

merki, n. (*vgl.* mark), *das* Zeichen,
*Kennzeichen, das Merkwürdige;
auch*=Feldzeichen; *so* N. upp or
(sc. borginni stóð) merki *183,* 17.
D. (*hier das Fähnchen an der Lanze*)
164, 19 *u.* A. = *Banner 143,* 11. —
Pl. N. merki *96,* 12 = res memorabiles Eg. Gen. hvat var til merkja
um þat? *195,* 28 = *was war zu bemerken dabei?* — D. merkjum *Feldzeichen 163,* 11; *so auch* A. *168,* 19.
finnr hér sonn svor ok merki þessa
máls = *findet hier richtige Antworten und Kennzeichen* (*eine richt. u.
zutreffende Antwort*) *in dieser Sache
200,* 3.

merkja, *schw. v.* (*s.* merki), bezeichnen, *vom Zeichnen einer Rune*
Sigrdr. 7, 6.

merkiligr, *adj.* (merki), bemerkenswert, *merkwürdig.* — N. n. *261,* 21.

merkismaðr, m. (*s.* merki, maðr), *der*
Bannerführer. (Fritzn. s. v. *vgl.*
Hirðskrá 23.) — Pl. A. merkismenn
142, 15.

    * *Das Wort bezeichnet in der
Edda nicht den Bannerträger, sondern den zum Führen eines Ban-
ners Berechtigten, vgl. 143,* 10—12.

merkr &. **mork** 1 *u.* 2.

merr, mer, f. (F. 234), *das weibliche
Pferd, die* Stute (*Mähre*). — N.
54, 3; Nsf. merin *165,* 9; Gsf. merarinnar *54,* 5; D. meri *103,* 17.

mest *adv. s.* **mestr.**

mestr, *superl. adj.* (*vgl.* mikill, me'ri;

F. 227), *der* Grösste. — N. m. *20,* 7;
135, 6 (*hier ist wol kaum mit Eg.
an die körperliche Grösse zu denken, sondern Superl. von* mikill =
tüchtig, mächtig). — *Schw. Fl.* inn
mesti *150,* 17. — N. f. mest *107,* 3;
112, 16. — N. n. mest *17,* 18; 55, 4.
schw. Fl. it mesta *84,* 1. — D.
m. mestum 55, 4. A. m. mestan *10,*
9; *schw. Fl.* inn mesta *71,* 8; A. n.
mest Grm. 24, 6; *154,* 30; *schw. Fl.*
mesta 75, 3 (*Var.* mest). — *adv.*
mest *sehr viel, meist;* hann kann
mest af skáldskap *35,* 2 (*eigentlich
wol* A. n., *vgl.* k. nokkut af velðiskap,
til laga *bei* Fritzner s. v. kunna 2).
— sem mest *so stark, so schnell
als möglich 95,* 6; sem m. mátti
hann *115,* 22 = quam potuit maxime
Eg.

meta, *stv.* (F. 223), *messen,* schätzen.
den Preis bestimmen. — Præt. S. 3
mat 99, 2; Conj. S. 3 mæti *150,* 34.
Pass. Part. metinn; N. f. oflitils metin
zu gering geschätzt 260, 11. Pl. N. n.
oll eru mál of metin Sigdr. *20,* 6;
*wenn die Lesart, wie ich glaube.
richtig ist* (*vgl. Var.*), *so müsste der
Sinn ein ähnlicher sein, wie in*
Háv. *163,* 1: nú eru Háva mál
kveðin; meta *müsste hier = taxieren.
abmessen, formell registrieren oder
aufzählen sein; auch sonst erinnert
ja dieser Abschluss an den von*
Háv., *vgl.* Sigrdr. *19,* 8 *mit* Háv.
163, 7. Med. metaz eitt við *sich um
Etw. streiten, eine Sache als strei-
tig ansehen; so* Præs. Pl. 3 metaz
153, 13.

    * *Die von* Ba. *gegebene Erklä-
rung: sind sehr eifrig, überlassen
es nicht einander* (sc. *das Schwert
zu nehmen*), *scheint weder dem
Sprachgebrauch* (meta eitt við einn
= *Jemand Etw. überlassen;* metaz
eitt við, *ähnlich auch* metaz um =
um Etw. streiten Vigf. s. v. II, 2;
Fritzn. 3) *noch dem Zusammenhange
recht angemessen. Erwartet wird
die Angabe: die von dem Fremden
gestellte Bedingung schien so leicht,
dass es nur auf die durch den
Rang bestimmte Reihenfolge ankam, sie zu erfüllen:* þykkiz sá b.
hafa etc. — *Vgl. die gegensätzliche
Schilderung einer grossen Gefahr
161,* 9: þykkiz sá verst hafa, er
næst er.

metnaðr, m. (meta = *schätzen*), *die*
(äussere) Ehre. — A. metnað
*215,*14.

metorð, n. (meta = *schätzen;* orð n.),
eig. Wort der Wertschätzung (vgl.
banaorð), Wertschätzung. — *Im*
Plur. *Würde, Ehrenstellung (vgl.*
Vigf. s. v. 3). — Pl. A. *162,*9.

mettr, *adj. (vgl.* matr m.), gesät-
tigt. — S. N. Regm. 25, 8. — Pl.
N. n. *158,* 7.

meybarn, n. (mær, barn), *ein* kleines
Mädchen. — A. *233,*24.

meydómr, m. (mær, dómr *), *das*
Magdtum. — A. *208,*10.

meyjar *s.* **mær.**

méldropi, m. *(vgl.* Vigf. s. v. mél,
und dropi), *der am Gebiss* (mél)
herabtriefende Schaumtropfen
des Rossmaules. — Pl.D.méldropum
*14,*12.

mér *s.* **ek.**

mið, n. (*s.* Vigf. s. v. II), *die* Untiefe *oder* Sandbank *in der Nähe
des Ufers, die zum Fischen sich
eignet.* — Pl. D. á. miðum 70,20.

miðja, f. (miðr), *die* Mitte. — D. í
miðju *209,*11.

miðla, *schw. v. (vgl.* með, miðr), *ver-
mitteln,* mitteilen, teilen. — Inf.
*116,*16.

miðnótt, f. (*s.* miðr, nótt), *die* Mitternacht. — A. *60,*13.

miðnætti, n. *(vgl.* miðnótt), *die* Mit-
ternachtzeit. — A. *156,* 13.

miðr, *adv.* = **minnr,** q. v.

miðr, *adj.* (F. 240), *der in der Mitte
befindliche,* mittlere; = *lat.* me-
dius; *Lund* p. 499. — G. m. til
miðs dags *bis Mittag* 61,18; *vgl.
Lund* p. 230; D. m. í hánum miðjum *in seiner Mitte* 7, 2; í miðjum
heimi *im mittleren Teile der Welt*
13, 6; D. f. miðri *17,*15; at miðri
nótt *um Mitternacht* 60, 6; *125,*17;
D. n. í miðju *in der Mitte* 120, 1;
í m. hafinu 38, 4. — A. m. miðjan
60, 8; A. f. miðja 58,13; *107,*5. —
A. n. mitt *(vgl.* § 22 a 2) *11,* 8;
104, 16.

mik *s.* **ek.**

mikill, *adj.* (F. 226), gross, stark;
gewichtig, mächtig. — N. m. *10,*3;
25, 6; *34,* 1; 35, 18. — *Schw. Flex.*
inn mikli *179,* 19. — N. f. mikil
(smið) *12,* 2; N. n. mikit *(bisweilen
= viel)* 10, 13; *37,* 18; *176,* 80;
mikit = *etwas Grosses 12,* 11;

þótti henni þetta mikit *das schien
ihr stark 156,* 11. — G. (m. *u.*) n.
mikils *42,* 9, *vgl.* virða; G. n. *schw.
Flex.* þessa ins mikla fjár *181,* 9;
Gf. mikillar *196,* 4; D. m. miklum
51, 6; *schw. Flex.* mikla 251, 5. —
D. f. mikilli 55, 10; D. n. miklu *186,*
17; (myklu A. M. I, 168, *vgl. Holtz-
mann Altd. Gr.* I, p. 76) *häufig adv.*
= *um viel, viel 24,* 16; *48,* 3; D. n.
schw. Flex. inu mikla liði *164,*17.
— A. m. mikinn *41,* 12; *102,* 1;
*145,*4; A. f. mikla *41,*11. — A. n.
mikit 36,8; *103,*11; *120,* 22; *141,*8;
adv. = *sehr 163,* 8; hversu m. *wie
sehr, wie stark* 38, 17; til m. *zu
sehr, zu stark 64,*18; hví skilr svá
mikit (*vgl.* skilja) 26,19, *vgl. 101,*
11; *194,* 80. — A. n. *schw. Flex.*
mikla *196,* 21. — Pl. N. m. miklir
34, 6; N. f. miklar *81,* 8; *125,* 2. —
N. n. mikil *12,*2; A. Pl. m. mikla
38, 8; *90,* 8; A. f. miklar *64,* 2; A.
n. mikil *24,* 11; Regm. 6, 3.
 * *Wegen der häufigen Verbindung*
mikill fyrir sér *vgl.* fyr, fyrir 1) d*);
vgl. hier mikill f. sér *51,* 12; *158,*
33. — Pl. N. m. miklir f. sér *34,* 6;
N. n. mikil f. sér *42,* 8.

mikillæti, n. *(vgl.* mikill, læti), *das*
Grossthun, *die Überhebung.* —
N. *46,* 9 *(vgl.* hefna).

mildi, f. *(vgl.* mildr), *die* Freigebigkeit. — D. mildi *134,* 3.

mildr, *adj.* (F. 235), freigebig,
milde, gnädig. — N. f. mild *43,*15.

milli, **millum,** *präpos. c.* Gen. (Dat.
Sing. *oder* Plur. *von* miðil *oder*
meðal *die Mitte, Lund* p. 166, F.
240), zwischen; *häufig á oder* í
milli, millum. — milli 23, 5; m.
augna*111,*7; í m. augna 23, 8; í m.
sín *161,*33; sín í milli *unter sich
44,* 1, *vgl. 136,* 4; í. m. yðvar *unter
Euch 61,* 6; sín á milli 93, 15; *sem*
höfðu orð í milli farit *215,* 23 *wie
denn Botschaft zwischen (ihnen) er-
gangen war;* í millum *inzwischen
81,* 7. *Von der Zeit auch 192,*33;
225, 11 ills í milli, *vgl.* skammr.

minjar, Pl. f. (F. 230, *vgl.* minna),
das Erinnerungszeichen, Andenken. — G. til minja 77,18; *119,*8.

minn *s.* **minn.**

minna, *schw. v. (vgl.* minni n.), erinnern. — Præs. S. 3 minnir *159,*
6. — *Auch unpersönlich:* minnir
Sigurð (Acc. *es gemahnt den* S. *an*)

allra eiða *200*, 24; *vgl. Lund* p. 176.
Imper. S. 2 minn oss ekki *205*,16.
— *gew.* Med. minnaz *sich erinnern.*
Præs. S. 2 *mit suff. Pron.* minstu
229, 17 (minnstu B.) — S. 3 minniz
150, 30; *206*, 15. — Plur. 3 minnaz
89, 9. — Imper. Pl. 2 minniz *200*,1.
— Præt. Pl. minntuz *18*,5.
minni, n. (F. 230), *das* Andenken,
Gedächtnis, die denkwürdige That.
— D. ekki fellr oss þat or minni
*keineswegs kommt mir das aus dem
Sinne (vgl. nhd. mir entfällt Etwas)*
178, 30. — Pl. D. munu vera hofð
at minnum *36*,5 = memoria cele-
brabuntur (Eg.). — A. forn minni
*alte Geschichten, Begebenheiten der
Vorzeit 164*, 26.
minni, *comp. adj.* (F. 289), kleiner,
geringer. — *Vgl.* lítill *u.* § 89. —
N. *71*, 21; m. fyrir þér *66*, 3, *vgl.*
fyrir 1 d*; minni = *von geringerer
Dauer, kürzer* Skírn. *42*, 5; A. m.
minna *35*, 18; *168*, 10. — N. A. n.
minna *weniger, oft adverb. gebraucht,*
so 27. 13; *69*, 4; minna yfir látit
*geringer angesehen, geringer ge-
schätzt 170*, 21; kvað sér m. fyrir
222, 29, *vgl.* fyrir 3). — *Adjektivisch*
N. 65, 3; A. *155*, 9.
minnr, *comp. adv.* (*vgl.* minni; *posit.*
lítt, *vgl.* § 162), weniger. — *72*, 2;
76, 21. — *Nebenf.* miðr (*vgl.* § 21c)
223, 16.
minnstr, minstr, *sup. adj.* (*vgl.*
minni), *der kleinste,* schwächste.
N. m. minstr fyrir mér (*vgl.* lítill,
mikill f. sér) *173*, 6. — N. n. minnst
68, 9; *diese Form auch adverb.* =
minime.
mjólká, f. (*s.* á f.; mjólk = *Milch,*
F. 236), *der* Milchstrom. — Pl.
N. mjólkár 9, 13.
mjór, *adj.* (*vgl.* Vigf., *wol mit Pf. zu*
ahd. maro, marawêr = *mürbe* F.
232 *zu stellen, vgl. auch* aptrmjór),
weich, zart. — A. n. mjótt *40*,
20, 23.
mishugl, *adj.* (*s.* miss- F. 238, hugr),
verschiedenen Sinnes; verð lítt mish.
verunreinige dich nicht 189, 8.
miskunnlauss, *adj.* (*s.* lauss; miskunn
= *Mitleid*), *ohne Mitleid zu finden.*
— Pl. N. f. Grott. *16*, 3.
missa, f. (F. 238), *der* Verlust,
Schade. — N. 75, 3.
missa, *schw. v.* (F. 238), *missen,* entbehren, verfehlen, verlieren,

mit Gen. *der Sache; Lund* p. 171.
Inf. *30*, 15. — Præs. S. 3 missir
47, 15; *83*, 18. — Pl. 2 (*als* Fut.),
missi-þér *Ihr werdet nicht entgehen*
154, 32. — *Conj.* S. 1 missa (*ist
aber* Ind. missi *unrichtig?*) 175, 5.
— Præt. S. 3 misti *verfehlte* 95, 14.
— *Conj.* S. 1 mista *181*, 9. — Pass.
Part. *absol.* mist 224, 9; 225, 6.
misseri, n. (*vgl.* ár n. *u.* miss- *bei*
F. 238), *eig. das Wechseljahr, das*
Halbjahr. — N. *144*, 4. — Pl. D.
misserum 52,9; Pl. A. misseri Grott.
15, 2.
    * *Die* Gr. II, 471 *gegen einen
Zusammenhang mit* ár *angeführten
Gründe, die auch* Vigf. *aufnimmt,
scheinen mir nicht durchgreifend.
da ein von* misseri *verschiedenes*
mis-æri *in den neueren Wb. nicht,
wol aber* missari = misseri *zu finden ist; ags.* missere *könnte entlehnt
sein oder liesse sich sonst analog
der nord. Form erklären.*
mistilteinn, m. (F. 240), *der* Mistel-
zweig, *die Mistelpflanze.* — N.
74, 7; A. 74, 9.
mjǫðr, m. (F. 242), *der* Met, *Honig-
wein.* — N. *49*, 16; D. miði 98, 22;
Dsf. miðinum 99, 17; A. mjǫð Vǫl.
24, 5; Asf. mjǫðinn 98, 12. — *Bei*
inn helga mjǫð Sigdr. *18*, 3 *ist an
den 100, 19* Suttunga mj. *genannten
Trank zu denken.*
mjǫk, *adv. zu* mikill (F. 226), sehr,
ziemlich, fast. — *16*, 10; *21*, 4;
Fáfn. *13*, 1; svá mjǫk, at 107, 6 *vgl.*
65, 2; *in hohem Grade* 34, 11; *157*,
30; *oft, gewöhnlich 144*, 2; *fast, gerade* 53, 14. — *Ofter auch = ziemlich, hinreichend 160*, 18; fell mjǫk
fiel in grosser Menge 169, 1; mjǫk
hefir hann etc. *gewöhnlich hat er*
Ottergestalt *an sich 173*, 13; *vgl.*
245,5; mj. langa hríð *ziemlich lange
Zeit 178*, 8. *Vgl. auch* 212, 11—13
mjǫk í kynt . . . allt loganda; — mj.
svá 220, 3; mjǫk í óttu 170, 29,
wenn richtig, (*vgl.* Var.) wol =
*nahezu, ungefähr in der Früh-
morgenzeit. Bei dem Trinken ist
aber wol eher an* Milch *oder Mol-
ken (vgl.* Wh. p. 152) *als an* Meth
zu denken.
mjǫl, n. (*zu* mala, F. 235), *das* Mehl.
— N. *123*, 12; D. *158*, 24. Dsf.
157, 18.

mjolbelgr, m. (*s.* mjol, belgr), *der* Mehlsack, *Mehlschlauch.* — A. *157,* 14; Asf. *157,* 18.

miga, *stv.* (F. 239), *das* Wasser lassen. — Præt. S. 3 meig *104,* 2, *hier als Zeichen der Furcht.*

mín *s.* **ek.**

mínn *oder* **minn** (*vgl.* § 95 *Anm.*), F. mín, N. mitt *pron.* (F.241), mein, *der* meinige. — N. m. minn *68,* 18; N. f. trúa mín *10,* 7; *vgl.* 29, 2; N. n. mitt mark *170,* 30; G. m. n. míns Grm. *24,* 6; *206,* 5; Gf. minnar *51,* 5; D. m. mínum *104,* 26 *vgl. Var. u.* sér s. v. sín; Df. minni *68,* 11; D. n. mínu *169,* 30; A. m. minn *59,* 3; *66,* 1; A. f. mína *66,* 17; *69,* 16. — A. n. mitt *194,* 28. — Plur. N. m. mínir *105,* 15; G. m. minna *196,* 13; A. m. mína *40,* 22.

mold, f. (F. 235), *die* Erde. — G. moldar *6,* 15; D. moldu *19,* 1; *140,* 1; Dsf. moldunni *18,* 6.

moli, m. (*viell. zu* mala, *u. eigentl.* Krume, Brocken; *vgl. die Beisp. bei* Vigf.), *das* Stück, *wol auch* collekt. = *Stückwerk, Brockenwerk,* vgl. kasta beinum né mola *bei* Vigf. — A. mola (*coll.*) *54,* 16; Pl. A. mola *104,* 16 (*vgl. Var., die auch. hier* S. A. *ergeben*).

morðvargr, m. (*vgl.* vargr *u.* morð F. 233), *eigentl. der Mordwolf* = Meuchelmörder. — Pl. N. -vargar *88,* 8 *vgl.* Vol, *40,* 4.

morgindogg, f. (*vgl.* morginn *u.* dogg = *Thau*), *der* Morgenthau, — Pl. A. -doggvar 89, 14, *vgl.* Vafþr. *45,* 4.
  * *Der* Plur. *bezieht sich auf die einzelnen Thautropfen.*

morginn, m. (F. 243), *der* Morgen. — N. morgin (*oder* -ginn) *144,* 5; *161,* 14; D. morni *14,* 11; *67,* 11; *119,* 5; A. morgin Vol. 24, 6; γ, 6; — í morgin *oder* í morgun *adv.* *144,* 6; 239, 4 = cras (*vgl. Var.*); *so auch* á m. *201,* 16. — *Die Bedeutung von* á *und* í m. *wird nicht ganz übereinstimmend angegeben; doch ist sie in den obigen Stellen wol gesichert. So auch* um morgininn *201,* 17 (*vgl.* um myrg. 155, 15) = um m. eptir *an dem Morgen (darauf); u.* eptir um morg. *209,* 2, *vgl. die Beisp. bei* Vigf.
  * *Vgl. im allgemeinen noch* § 37 *u. Anm.* 2). *S. auch* myrginn.

móðerni, n. (*vgl.* móðir), *die* mütterliche Herkunft. — D. af móðerni *von mütterlicher Seite* 37, 19.

móðir, f. (F. 242), *die* Mutter. — N. 37, 6; G. móður *90,* 2; D. móður 122, 17; A. móður *151,* 29. — Pl. Gen. mœðra ð, 1; D. mœðrum *180,* 18.

móðr, m. (F. 242). *der* Mut, *doch namentlich von der Gemütserregung gebraucht, oft* = Zorn. — Nsf. móðrinn 57, 23. — D. móði Vol. *30,* 2; af móði drepr Vol. *58,* 7 iratus (serpentem) interficit Eg., *vgl.* mælti af miklum móði *181,* 18; *dagegen schlägt Bugge* N. F. 391 *vor, im Folg.* véor (Acc.) *mit R. der L. E. zu lesen und als Subj. des Satzes* naðr *oder* ormr *zu nehmen.*

móðr, *adj.* (F. 225), müde. — N. 232, 12, 22.

móðtregi, m. (*s.* móðr, tregi F. 125), *der* Gemütsverdruss. — D. *190,* 3.

móðurbróðir, m. (*s.* móðir, bróðir), *der* Mutterbruder. — N. *176,* 12. Pl. A. *150,* 30.

móðurfaðir, m. (móðir, faðir), *der* Grossvater *von mütterlicher Seite.* — G. 195, 24.

mót, n. (F. 242). 1) *die* Versammlung. — Pl. D. mótum *189,* 8. — 2) *die* Begegnung, *meist in adverbialen Ausdrücken:* til móts (Gen.) við = *zu* 157, 9; 242, 2; móti (*eig.* Dat.); á móti, í móti; mót, í mót (*eig.* Acc.) = *gegen; mit folg.* Dat. *als Präpos. gebraucht, vgl.* § 163 b). — *Die urspr. Bedeutung von* móti = *durch Berührung,* vermittelst *zeigt sich noch* 8, 10, *vgl. sonst* 83, 14, 17; 62, 18; í móti hánum *ihm gegenüber* 4, 9; = *ihm* entgegen 100, 1, *vgl.* gekk í mót 162, 30; sœkjum í mót 165, 26; kom á mót 168, 32; kœmi mér á móti 229, 15; gerir veizlu í mót hánum *veranstaltet ein Empfangsfest für ihn* 167, 19; í m. Helga gegen H. 163, 9; tók í móti *nahm,* fing *auf* 108, 7, *vgl.* tóku í mót nahmen *dagegen* 32, 6; *ähnl.* gjalda í mót 199, 8, *vgl.* Ba. *u.* gjalda. var í móti = *war auf der andern Seite* 155, 26; beiddi í móti *verlangte dagegen* 238; 5; 72, 12; *104,* 12.

mótgerðir, Pl. f. (*s.* mót, gera), Zuwiderhandlungen, Feindseligkeiten. — G. *189,* 5.

móttaka, f. (mót, taka), *der* Widerstand. — N. *249.* 7.

muðr *s.* **munnr.**

muna, *prät. präs.* (*vgl.* § 155 b, F.229).
1) *sich* erinnern, *mit* Acc. — Inf.
164, 31. — Præs. S. 1 ek man Vafþr.
35, 4; S. 2 mantu *165,* 9. — Conj.
S. 2 þú munir eptir *du dich wieder*
erinnerst 184, 11. Præt. S. 1 munda
206, 17. S. 3 mundi *105,* 17; *197,* 19.
— 2) einum eitt — *Jemand Etwas*
nachtragen, zu vergelten suchen. —
Pass. Part. munat *162,* 10.

mundr, m. (*vgl.* Wh. p. 240, Vigf.),
der vom Bräutigam zu zahlende
Brautschatz; *so* Acc. *199,* 8; *da-*
her gjalda mund (A.) við *171,* 6
= *heiraten,* mæla m. *171,* 22 = *ver-*
heiraten.

mungát, n. (*vgl.* Vigf.), *eine geringere*
Sorte Bier, doch auch = Bier *überh.*
(*Wh.* p. 153), *so im* Dat. ǫ, 6.

munnfyllr, f. (*s.* munnr, fyllr), *die*
Mundfüllung. — A. munnfylli
96, 16.

munnlaug, f. (*für* mundlaug, *vgl.*
Vigf. s. v.; mund = *Hand* F. 231;
laug = *Bad, Waschwasser* F. 260),
eig. das Waschwasser für die Hand,
dann Waschbecken. — Nsf. *80,*
17; D. munnlaugu *80,* 16.

munnr *oder* **muðr,** m. (§ 32 a Anm.
F. 231), *der* Mund; *die Spitze des*
Hammers. — Nsf. munn(r)inn *60,* 9;
gew. muðrinn *113,* 9; *vgl. auch Var.*
zu 60,9.— D. munni *42,* 5. A. munn
34, 18; *41,* 5; *64,* 21; *82,* 13; Asf.
munninn *113,* 5.
    * A. mund=munn *poet.* Vǫl. 56, 6.

munntal, n. (*vgl.* munnr, tal), *die*
Mundzählung. — A. *96,* 18.

munr, m. (F. 230), Geist, Sinn,
Art und Weise, Grad. — N. *64,*
16; *65,* 14; D. þeim mun verst 75, 2
in dem Grade, insofern am schlimm-
sten, vgl. Lund p. 184, eo ægrius
Eg.; ǫngum mun *in keiner Weise*
239, 9; A. fyr ǫngan mun 9, 4 =
auf keine Weise; nullo modo Eg.;
ähnlich f. ǫngan m. *103,* 6.
    * *Bei* Vigf. *wird* munr = Geist,
Liebe (*engl.* mind) *unterschieden*
von munr, monr = Grad, Teil,
Unterschied (*dän.* mon). — *Doch*
könnte auch in Fällen wie 64, 16
allitill munr = *sehr geringer Unter-*
schied munr *eigentl. Grad oder Be-*

deutung des Unterschiedes sein; *vgl.*
damit 65, 14 munr; mikill m. 232, 14.

munu, *prät. präs.* (*vgl.* muna, Vigf.
s. v., § 155 b), *im Begriffe sein* (*et-*
was zu thun); *etwas* (*thun*) wollen.
müssen *oder* werden; *immer*
auxil. verwandt; vgl. u. *). — Inf.
munu *102,* 11; *169,* 9. — Præs. S. 1
mun ek 35, 10; *mit suffig.* Pron. *u.*
Neg. munkat Sigrdr. 21, 1. *Neben-*
form man *157,* 13. S. 2 þú munt
77, 25; *196.* 17; muntu *16,* 8; 29, 11;
þá muntu þat mæla: aldri *u. w. 172,*
24 *da wirst du sagen, dass du nie*
u. w.; muntu nú eigi spara? 65, 5
= *wirst du nicht aufsparen? mit Ne-*
gat. munattu Grott. 20, 1. *Nebenform*
mantu *164,* 25; *196,* 16, 18.' — S. 3
mun hann fara 7, 11; *49,* 8; *häufig*
imperson. mun þykkja *11,* 10; *47,* 14;
verða mun ibid., m. gegna 93, 15;
m. vera 29, 2; *vgl. 61,* 3; 93, 12;
vera mun at segja *es wird zu sagen*
sein 73, 5 *und oft mit ausgelasse-*
nem vera *vgl. u.* *; nú mun reyna
63, 19 *jetzt wird man* (*es*) *erproben.*
— *Mit Neg.* nú muna hǫndum
hvíld vel gefa Grott. *17,* 5: jam
manibus quies haud facile dabitur
Eg. — *Nebenform* man *154,* 9; *166,*
4; *170,* 1; *176,* 15; *179,* 2. Pl. 1
munum Grott. *24,* 4; *suff.* munu-
vér *178,* 29. Pl. 2 þér munut (*oder*
munuð) 67, 21; *suff.* munu-þér *41,*2;
171, 2; Pl. 3 munu *31,* 1; *60,* 4
(= *wollen*). — hvárt munu sitja..?
60, 21 (*werden etwa sitzen?*); at
vera munu *dass es sein werden 160,*
32. — Conj. S. 1 muna ek *ich werde*
56, 8, *vgl. 40,* 19; S. 3 muni *10,* 8;
49, 9; Pl. 2 muni-þér *wirst du wol*
176, 7; Pl. 3 muni *10,* 7. — Præt.
(Ind. *u.* Conj.) S. 1 ek munda 68, 21;
suff. mundak: eigi m. kunna at mæla
nicht würde ich mich verstehen zu
reden, nicht würde ich zu reden
wagen 66, 2, *vgl. 64,* 18; *104,* 25;
hví munda ek *wie sollte ich* 155, 3.
— S. 2 at þú mundir kunna *dass*
du verstehen möchtest (*od. würdest*)
180, 5. S. 3 mundi *4,* 4; *15,* 11; *26.*
20, *vgl. Lund* p. 311; *39,* 9, *vgl.*
verða; mundi iðraz *47,* 11; m. vera
106, 15; m. gera *110,* 10; m. á festa
122, 9; Pl. 1 (Ind., *irreal*) mundu-
vér *201,* 35; Pl. 2 (Conj.) mundið
200, 1; Pl. 3 (Ind.) mundu 22, 3;
34, 18; *39,* 16; Pl. 3 (Conj.) mundi

4, 4 (m. því valda *u. w.*); 57, 13; *165*, 2. — Ind. *u.* Conj. *des* Præt. *lassen sich bei dem durchaus nicht geregelten Umlaut nur in einzelnen Formen sicher unterscheiden; vgl.* Lund p. 299, 300 *u.* 302. — *Als formeller* Inf. *des* Præter. *erscheint* mundu *39*, 5; *40*, 18; *46*, 15; *71*, 18; *99*, 12; *101*, 8; *168*, 15 *u. ö.; dieser* Inf. *ist syntaktisch aber wol nicht von* munu *unterschieden; vgl. den Versuch einer Sonderung bei* Lund p. 386—388.

* *Die häufige Ellipse von* vera *nach* munu *erhellt aus Beispielen wie* mun þá betr (vera) 69, 14; fátt mun (vera) ljótt á Baldri=*an B. wird wenig* (=*nichts) Hässliches sein 96*, 1; mun kallaðr (vera) Grott. *19*, 4; mundi (v.) *98*, 4 *vgl. 105*, 15; *117*, 17; *122*, 14, 26 *und* þat mundi þó (vera) *145*, 5; *vgl. auch 157*, 19—20; *172*, 1 (*hier ergänze: wird in Erfüllung gehen*) *u.* vera **). — *Über* munu *als Umschreibung des* Fut. *neben* skulu *vgl.* Lund p. 295, 296, 299, 314, 315; *ausserdem* § 159, 160. *Als Beispiel diene hier noch:* ok munu-þér œrit lengi leynz hafa =*und werdet Ihr Euch lange genug vor mir verborgen haben,* =*und Ihr habt Euch sicher l. g. v. m. verb. 171*, 2. — nú munu-þér vilja = *nun wirst du* (*doch sicher*) *wollen u. w. 178*, 26.

myrða, *schw. v.* (*vgl.* morðvargr), morden = *heimlich töten.* — Præt. S. 3 drap ok myrði hann (*vgl.* drepinn ok myrðr *bei* Vigf. s. v.) *174*, 11; *hier mag auch an „beiseitebringen" der Leiche zu denken sein, ohne die dem Toten gebührende Ehre; vgl.* Fritzn. s. v. 2). — Pass. Part. A. m. myrðan *150*, 8.

myrginn, m. (*umgelautete Form*) *s.* **morgun.** — Asf. um myrgininn *155*, 15.

myrkheimr, m. (*s.* myrkr *adj.,* heimr), *die* dunkele Welt *oder Schattenwelt, wobei an die Unterwelt* (Pf.) *oder die langen Nächte des hohen Nordens zu denken ist, allenfalls auch an dichte Wälder* (*so* Simrock). — Pl. D. í myrkheimum *in düstern Gegenden 112*, 6.

myrkr, *adj.* (F. 234), dunkel. — A. m. myrkan 220, 6; Neutr. myrkt,

auch adverb. gebraucht 58, 10; *98*, 20; *112*, 6; *161*, 30.

myrkr, n. (F. 234), *das* Dunkel. — G. til myrkrs *bis zum Dunkelwerden 58*, 8.

myrkva, *schw. v.* (myrkr), *dunkel machen; impers. auch* = dunkel werden. — *So* Præs. S. 3 myrkvir *249*, 11.

myrkvi, m. (*vgl.* myrkr), *das Dunkel, spec. der* dichte Nebel. — A. *198*, 34.

mýkja, *schw. v.* (*vgl.* mjúkr F. 239), erweichen, besänftigen. — Imper. S. 2 mýk *204*, 35. Pass. Part. mýkt *211*, 9.

mægð, f. (mágr), *die* Verschwägerung. — A. *221*, 21.

mægi, n. (mágr), *die* Verschwägerung. — A. bjóða yðr mægi sitt *sich Euch als Schwiegersohn anbieten* = *um Eure Tochter anhalten* 227, 20.

mægjaz, *schw. v.* (*vgl.* mágr), *sich* verschwägern. — Inf. *167*, 26.

mæl, n. (= 2. mál n., *vgl.* Vigf. s. v. mél, *g.* mel), *die* Zeit. — N. *144*, 7.

mæla, *schw. v.* (F. 229, *zu* 1. mál), *a)* sprechen, reden; *b)* mündlich bestimmen. — *a)* Inf. *66*, 2; *mit* Acc. = *besprechen 191*, 18. — Præs. S. 3 mælir við 77, 15 *vgl.* við; Pl. 3 mæla 93, 14. — Præt. S. 1 mælta *154*, 34; S. 3 mælti 5, 7; *67*, 16 *u. o.*; Pl. 3 mæltu *137*, 13; mæltu vel við hana *sprachen ihr freundlich zu 214*, 1. Part. Pass. *absol.* mælt; þat er mælt *das ist gesprochen* = *das ist eine übliche Redeweise oder Redensart 39*, 14; myrkt þ. m. þat mælt= *das scheint mir eine dunkle* (*schwer verständliche*) *Ausdrucksweise 98*, 20; hafði mælt *116*, 7, *vgl. 167*, 29; *beide Male von bestimmten. feierlichen Erklärungen. Ähnlich von einem Vorschlage 239*, 18. — sem mælt er *wie es* (*im Sprichworte*) *heisst 155*, 33; s. mælt (sc. er) *169*, 2. — Med. mælaz við *sich unterhalten, Etw. sich sagen.* — Præt. Pl. 3 mæltuz 225, 18.

b) Præs. S. 3 mælir = iubet (iussit Eg.) 99, 20; Præt. S. 3 mælti iussit *106*, 7; *genauer* m. fyrir (*eig. vorsagte*) *125*, 5; *auch vom mündlichen Ausbedingen bei Verhandlungen, so* mælti til kaups 52, 11, *vgl.* m. til 52, 14; *99*, 10; m. henni mund *setzte*

den Brautschatz (vgl. mundr*) für
sie fest 171,* 22 = *verheiratete sie. —
Auch ist zu beachten, dass* mæla
in Sn. Edda *gewöhnlich von den
Fragen des* Gangleri (*also* = spyrja,
so z. B. 14, 15) *gebraucht wird, während andererseits* segja u. svara *sich
näher zu stehen scheinen; dass* segja
*meist den ruhigen, fortlaufenden
Vortrag meint, erhellt aus der Weisung* (α, 8): sitja skal, sá er segir;
vgl. auch forn minni at segja *164,*
26 *neben* mæla *vorher* (=*gesprächsweise äussern*). *Vom Aussprechen
einer Verwünschung* mælti *174,* 4;
vgl. kvað *174,* 10.

mæling, f. (*vgl.* 2. mál n. = *Mass*),
die Abmessung, *die abgemessene
Verteilung.* — A. hofðu þeir mæling á gullinu, er þeir skiptu *96,* 15
=aurum (ita) inter se mensura partiti sunt Eg.

mær, f. (F. 228, *vgl.* § 42 b, *A.* 1), *das*
Mädchen, *die Jungfrau.* — N. *42,*
17; Vafþr. *47,* 6; G. meyjar *189,* 7;
Dsf. meyjunni *231,* 2; A. mey Vol.
29, 8; Asf. meyna *231,* 8 Voc. mær
Grott. *20,* 6. — Pl. N. meyjar *22,*
7, 8; *43,* 1 (*hier* m. = *als Jungfrauen,
vgl.* Lund p. 32, 34); Grott. *1,* 7; A.
meyjar *3,* 7; = *Mägde 192,* 13; *so
auch im* Dat. *194,* 18; *u.* Gen. *214,* 11.
   * *In der poet. Sprache ist* mær
sowol Mädchen = Geliebte, so Vol.
29, 8, *wie auch* (*vgl.* mogr *), *Mädchen = weibliches Kind, Tochter:*
mær bergrisa (*vgl.* brúðr bergrisa)
Grott. *10,* 8; mins foður mær ib.
21, 2.

mærr, *adj.* (F. 233), berühmt, *herrlich; poet.* — N. m. *schw.* inn mæri
Vol. *58,* 1; D. m. *schw. Flex.* í inum
mæra M. br. Vol. *24,* 4. — Pl. N. f.
mærar Sigdr. *19,* 4.

mogr, m. (*vgl.* § 51 a, F. 228), *der*
Sohn, *meist poet.* — N. ð, 1; Vol.
58, 2; Gen. magar Grm. *24,* 6; D.
megi Vol. *56,* 5; A. mog Fáfn. *33,* 8.
Pl. N. megir *17,* 2. — A. mogu
180, 17.
   * *Freier gedacht ist* mogr =
junger Mann Fáfn. *33,* 3; Pl. megir
Söhne, Leute 17, 2 *u. 180,* 17 =
Kinder.

mondull, m. (*vgl.* F. 232, *nach* Vigf.
zu mond, mund = *Hand* F. 231),
die Handhabe, *der Griff einer*

Handmühle. — D. mondli Grott.
20, 5.

1. **mork,** f. (F. 233), *der* Wald. —
N. 58, 7. Pl. D. morkum *164,* 28;
A. á merkr *159,* 16.

2. **mork,** f. (F. 234), *die* Mark, *als
Gewicht = ein halbes Pfund; als
Münze von wechselndem Werte* (*vgl.*
Vigf.). — Pl. A. merkr *239,* 13.

motuneyti, n. (*vgl.* matr, neyti *Genossenschaft* F. 165), *die* Speisegemeinschaft. — A. 59, 9 (*vgl.*
leggja).

mœða, *schw. v.* (F. 225), *ermüden, ermatten* (*trans.*). — Præs. Pl. 3
169, 26. Pass. Part. A. m. mœddan
232, 23.

mœðilliga, *adv.* (*vgl.* mœða), mühsam. — *209,* 30.

mœta, *schw. v.* (F. 242), *begegnen
mit* Dat.; Lund p. 77. Præs. S. 3
mœtir *104,* 12. — Præt. S. 3 mœtti
8, 15. — Med. mœtaz *sich begegnen;*
Præt. Pl. 3 mœttuz 62, 21; *165,* 18.

N.

naðr m. *u.* **naðra,** f. (F. 156), *der
Giftwurm; die* Natter, *Schlange.*
  — *a*) naðr. D. naðri Vol. *58,* 3. —
b) naðra. N. *120,* 18.

nafarr, m. (*nach* Vigf. *zu* nof = ags.
nafu F. 160), *der* Bohrer (*eig.*
Nabenbohrer!). — Nsf. 99, 21. —
G. nafars *100,* 1, 5; Dsf. nafrinům
100, 6; A. nafar 99, 20.

nafn, n. (F. 161), *der* Name. — N.
5, 9; G. nafns 5, 2; D. nafni *4,* 15;
A. nafn 3, 10. Pl. N. *144,* 8; D.
nofnum *118,* 25; A. nofn 6, 3; *13,* 8.

nafnfestr, f. (*vgl.* nafn, festa). 1) *die
Namenbefestigung,* Namenverleihung. — *Vgl. Wh.* 262. — D. *135,*
10. — 2) *das dabei gegebene Geschenk, so* D. *162,* 81.
   * *Die nord. Wb. pflegen* 1) *u.*
2) *nicht zu sondern.*

nafnfrægr, *adj.* (*vgl.* nafn, frægr).
von berühmten Namen, berühmt.
  — N. n. nafnfrægt *49,* 15.

nagl, m. (F. 159), *der* Nagel, *an
Händen und Füssen.* — D. nagli
vom Fingernagel Sigdr. 7, 6. Pl.
D. noglum 82, 8, 9.

nauð, f. (F. 156). 1) *die* Not. — 2)
das Runenzeichen *für* N. —
Sigdr. 7, 6.

nauðgjald, n. (*vgl.* nauð, gjald *zu* gjalda), *die* Notbusse, multa coacta Eg. — N. *116*, 9.

nauðigr, *adj.* (*zu* nauð F. 176), *notweise,* gezwungen. — N. f. *162*, 19.

nauðsyn, f. (*zu* nauð F. 176 *u.* syn *vgl.* Vigf. s. v. syn), *die* Notwendigkeit. — A. *172*, 34.

nauðuliga, *adv.* (*vgl.* nauð F. 156 *u.* nauðigr), *mit* Anstrengung. — *106*, 8.

naut, n. (F. 165), *das Nutzvieh, namentlich Rindvieh, das einzelne* Rind. — Pl. A. naut *219*, 1.

ná- *als erstes Glied eines Compositums* = nahe, *vgl* F. 157.

ná, *schw. v.* (F. 158), *eig. nahe kommen.* erreichen, erlangen *mit* Dat., *Lund* p. 77. — Inf. *46*, 21; 99, 19; braut ná *fortschaffen* 105, 8; ná yðru lífi *an Euer Leben zu kommen, Euch das L. zu nehmen* 220, 28. — Præs. S. 3 náir *herankömmt* 153, 14; C. S. 3 nái = *erlange* 153, 15. — Præt. S. 1 náða 175, 1; Conj. S. 2 næðir 172,21; S. 3 næði 209,20; Pl.2 næðið mér *mich* (*meine Hand*) *erlangtet* 203, 8.

náð, f., (F. 160; *vgl. aber auch* neðan *u. w.,* F. 162), *die* Ruhe. — Pl. náðir; G. ganga til svefns ok náða 235, 11.

náfrændi, m. (*s.* ná-, frændi), *ein* naher Verwandter. — A. *190*, 9.

nákvæmr, *adj.* (*s.* ná-, koma), *eig. nahekommend; vom Benehmen: entgegenkommend, geneigt.* — Sup. N. f. nákvæmust *34*,2; *vgl. Lund* p. 114.

náliga, *adv.* (*vgl. adj.* náligr; *zu* ná-), *in der Nähe,* beinahe *190*, 26.

námunda, *präp. m.* D., *Lund* p. 126, *vgl.* ná-; *für die weitere Bildungsweise vgl. g.* sniumundo), nahe, bei, *nach.* — 8, 13.

nánd, f. (F. 158), *die* Nähe. — D. í nánd *179*, 14; í n. c. D. *in der Nähe von* 231, 8; A. í nánd *180*, 27.

nár, m. (F. 161), *der Tote, die* Leiche. · N. sem nár 203, 21. — Pl. A. nái Vol. *51*, 7.

nátt *oder* **nótt,** f. (F. 158, *vgl.* § 58 b). — N. *144*, 5; Skírn. *42*, 1; G. til nætr *156*, 14; D. at miðri nótt *um Mitternacht* 60, 6; á þeiri nótt *121*, 4; *225*, 13; af nótt *in Folge der Nacht* 112, 6; var komit at nótt *war Nacht geworden* 67, 9; A. nótt 3, 4 (*hier zur Bezeichn. der Zeit-*

dauer), *vgl. auch* 54, 7; *bei Nacht* 35, 19, *vgl.* of nótt *bei Nachtzeit* 122, 11; of nóttina *in der Nacht* 141, 17; *die Nacht über* 57, 9, *vgl.* um náttina 236, 7; þá er nótt eldir 170, 27; *vgl.* elda. — í nótt *vergangene Nacht* 195, 6. — Pl. D. nóttum *47*, 3; A. nætr 32, 11; of nætr (*vgl.* of nótt) *die Nächte über* 53, 6.

nátta, *schw. v.* (*vgl.* nátt). 1) nachten = *Nacht werden; imperson.* — Inf. 161, 25. — Præt. Conj. S. 3 er náttaði *wenn es nachten würde, bei Einbruch der Nacht* 160, 24. — 2) náttar einn = *die Nacht überfällt Jemanden*; Præs. Conj. S. 3 nátti *189*, 13.

náttból, n. (*vgl.* nátt *und* ból), *das* Nachtlager. — G. 58, 13.

náttlangt, *adv.* (nátt, langr), *eig. nachtlang, die* Nacht *über* 67, 10.

náttstaðr, m. (náttr, staðr), *das* Nachtquartier. — G. til náttstaðar *4*, 17; 58, 10; 99, 6; D. náttstað 56, 21. — A. náttstað *114*, 12.

náttúra, f. (*vgl. lat.* natura), *die Natur,* Eigenschaft. — N. *31*, 10; 125, 4. — A. 173, 9; við náttúru þá *mit der Eigensch.* 170, 83.

náttverðr, m. (*vgl.* dagverðr), *die Nachtmahlzeit, das* Abendessen. — G. 57, 3; A. 231, 83.

neðan, *adv.* (F. 162), von unten, unten (*vgl. nhd.* hie-nieden). — a) 20, 12; 72, 12; *104*, 7; Grm. 35, 6. — b) 11, 17; 258, 16. — fyrir neðan c. Acc. = *unter mit* Dat. Grott. *11*, 4 (*vgl.* fyrir 2 a). *An dieser Stelle ist entweder mit* Lüning *an Höhlen und Klüfte als Wohnungen der Riesen, oder an die unterirdischen Frauengemächer* (dyngjur) *des Nordens zu denken, vgl. Wh.* 225.

neðri, *compar. adj.* (*zu einem adverb. Pos.* niðr, niðri, *vgl.* § 90 *u.* niðri), *der* Untere *von Zweien, im Nhd. oft durch ein Compositionsglied wiederzugeben wie z. B. Unterkiefer. Dem Compar. geben in ähnl. Fällen auch die klassischen Sprachen den Vorzug, vgl. Lund* p. 248. — N. m. inn neðri *82*, 14; D. við neðra gómi *42*, 8; A. í neðra kjopt *84*, 6. — A. n. *adv.* it neðra *104*, 6 = *auf dem unteren Wege* (*Gegs. zur Oberwelt*) = subter viscera terræ Eg. *Vgl. auch* Fritzn. s. v., *und für den lokalen Accus. Lund* p. 43. *anders it*

n. *190*, 18, *wo nur der Gegensatz
von* it efra (q. v.) *gemeint ist.*
neðstr *oder* **neztr,** *adj. superl.* (*vgl.*
neðri *u.* § £0), *der* unterste. —
D. n. í inu neðsta hásæti 5, 10.
nef, n. (*n.* Gr. II, 701 = *mhd.* snabel),
das Nasenbein, *die* Nase, *der*
Schnabel. — D. nefi Sigrdr. *16*, 4.
nefna (F. 161), nennen, *herbeirufen;
bestimmen.* — Inf. *36*, 4. — Præs.
Pl. 3 nefna *102*, 12. — Præt. S. 2
nefndir *195*, 19; S. 3 nefndi *113*, 7.
— Part. Pass. nefndr; vera n. =
heissen, so er nefndr, nefnd 3, 5;
4, 1; 7, 4. — Pl. N. m. nefndir *171*,
17; N. f. eru nefndar *45*, 6. — *Aber:*
er fyrr var nefndr *von dem oben die
Rede war* 152, 30; at nefndum
degi = *am bestimmten Tage* 152, 27;
154, 18. — Pl. Gen. 259, 13. — Med.
nefnaz *sich nennen, heissen.* — Inf.
169, 30. Præt. S. 3 nefndiz *4*, 16;
Part. nefnz 28, 4.
nei, *adv.* (*zu* né, *vgl.* neita), nein.
— *205*, 9.
neita (*oder* níta, *vgl.* F. 162), *nein
sagen,* ableugnen. — Præs. S. 3
neitar *44*, 8; *mit* Dat. (*vgl. Lund* p.
72) Præt. Pl. 3 neituðu *221*, 6.
nema, *adv. u. conj.* (= *g.* niba? *vgl.*
Gr. III, 724 *u.* Vigf. s. v.), *a) ausgenommen,* nur; *b) ausser wenn,
ausser dass.* — *Zu a)* nema einn
10, 15; *42*, 1; *119*, 1; *mit* Inf. nema
renna *15*, 14. — *Mit* Ind. nema eigi
má *[*á kalla *nur kann man sie
nicht nennen 142*, 11. *Ähnlich 102*,
9. — *b) conj. mit Conjunktiv.* —
nema hann sé 5, 17, *vgl.* 75, 19; *94*,
16; = *wenn nicht gar* 239, 9. — *Vgl.
Lund* p. 308.
  * *In einzelnen Fällen* = ob nicht
etwa, so 234, 10.
nema, *stv.* (F. 160). 1) nehmen, *oft
auch vom geistigen Aufnehmen oder*
Lernen, *vgl.* Vigf. s v. B. — Inf.
182, 18, Sigrdr. 9, 1. Præs. Pl. 3
nema við c. Dat. *wol eigentlich Platz
nehmen gegen Etwas hin,* berühren, *so 42*, 3; nema hjoltin við
neðra gómi, en efra (= við efra)
gómi blóðrefillinn = capulus palato
inferiori, mucro superiori infixus
hæret Eg. *Vgl.* nema fœtr vára
218, 21 = *berühren unsere Füsse;*
svá at við hjoltum nam (Præt. S. 3
imperson.), *so dass es* (*die Stich-
wunde*) *das Heft des Schwertes be-*

rührte, aufnahm = *so dass das
Schwert bis zum Heft eindrang*
179, 17. *Ähnlich auch* nema staðar
Platz nehmen, so Præt. S. 3 at nam
(subsisteret Eg., *etwa = haftete*) *80*,
4 [*wo jedoch* Vigf. s. v. gefa V 3) *zu
vergl.*] *u. 111*, 19 (*stecken blieb*) *u.*
Pl. 3 námu staðar *blieben stehen
3, 9. — Præs. Conj. S. 2 nemir mik
á brott *du mich fortholst, entführst
163*, 25. — *Vom geistigen Auffassen u. A. auch* Præt. S. 2 namt
90, 7; Sigrdr. *19*, 8; S. 3 nam *191*,
14. *Vom gewaltsamen Entführen*
195, 18. Pass. Part. absol. numit
191, 27; mál numit (*s.* mál) 283, 31.
  2) *fast nur in der poet. Sprache*
(*vgl.* Vigf. A. II) *als Auxiliar, etwa
= taka = anfangen* (*vgl.* Fritzn. s. v. 5)
eldr nam (*Var.* tók) at œsaz *v*, 1.
svá at ganga nam .. sundr *π*, 5.
neppr, *adj.* (= hneppr? *vgl.* Pf.*),
schwankend,* entkräftet; *poet.* —
N. Vol. 58, 8; *nach* B. zu Vol. 56,
11 *eigentlich vornübergebeugt.*
nes, n. (*eig. Vorsprung, Nase? vgl.*
Vigf. s. v. u. nos F. 162), *das* Vorgebirge. — Pl. N. nes 3, 18.
nest, n. (F. 162), *die* Reisekost. —
A. 59, 10.
nestbaggi, m. (*s.* nest *u.* baggi), *der
Sack für die Reisekost,* Speise-
sack, Ränzel. — A. 59, 7; Asf.
59, 14.
net, n. (F. 160), *das* Netz. — N. 79,
1; Nsf. netit 79, 7; D. neti 79, 11;
Dsf. netinu 79, 4; A. net 79, 9; Asf.
netit 79, 12.
netsháls, m. (*s.* net *u.* háls), *der Hals
oder Schlund* (*engl.* neck, throat
Vigf.), *das Ende des Netzes.* — D.
netshálsi (*Var.* n. enda) 79, 12.
netþinull, m. (*s.* net *u.* þinull), *die*
Netzleine. — Asf. 80, 3.
neyta, *schw. v.* (*vgl.* njóta, F. 164),
geniessen, *mit* Gen.; *vgl. Lund*
p. 171. — Præt. S. 1 *mit suff. Pron.*
neyttak *ι*, 2.
né, *part. u. conj.* (*vgl.* F. 162) *nach*
Vigf. *viell. ursprünglich zu trennen
in* ne = *g.* ni = *nicht u.* né = *g.*
niuh, nih = *und nicht*). — a) nicht,
poet. — b) und nicht, noch. —
Zu a) Vol. 8b *dreim.*, Grm. *20*, 5;
Lok. *47*, 3; Guðrkv. II, 23, 4; *γ*, 1;
ζ, 1. — *Zu b)* né = *auch nicht* 202,
16; né — né — né *weder — noch
— noch* Vol. 6, 3, 4, 6; eigi — né

weder — noch 106, 1; engi — né kein — noch 145, 5, 6; hvárki — né *vgl.* hvárrgi; hvárigri hvíld né yndi keiner von Beiden *Ruhe noch Er-quickung* Grott. 2, 6. — *Bei negiertem oder in anderer Weise beschränktem Hauptsatze auch wie ergänzendes* ne, noch *im Mhd.* (Wb. IIa, 405 s. B1); at ek flýja né biŏja dass ich fliehe oder bitte 155, 9. — *Ähnlich* 216, 20: meira fé, en né einir menn (*als dass irgend welche Leute*) megi viŏ þá jafnaz 216, 20.

niŏ, n. (*doch* Pl. f. niŏar, *vgl.* Vigf.; verwandt mit niŏr? ursprünglich *Mondniedergang!), der* Neumond, *die völlige Unsichtbarkeit der Mondscheibe.* — Pl. D. niŏum 15, 4.
* ný n. (F. 164), lautlich = Neumond, ist vielmehr die Zeit des (aufs neue) Vollwerdens der Mondscheibe.

niŏfŏlr, adj. (*Var.* neffŏlr, *von Bugge* N. F. p. 391 *vorgezogen, dies = schnabelfahl Lün., bleich um den Schnabel), wenn richtig, wol nur Verstärkung von* fŏlr, *vgl.* niŏmyrkr = niŏamyrkr *bei* Vigf., *also* = fahl, bleich, lurida Eg. — N. Vǫl. 51, 7, nur poet.

niŏr, m. (F. 166; g. niþjis), der Verwandte. — Plur. N. niŏjar Grott. 9, 6.

niŏr, adv. (F. 162), nieder, hinunter (Gegs. upp). — 6, 18; 23, 4; 41, 12; 77, 3 (= niederwärts); 111, 10 (vgl. leggjaz); 117, 6; 125, 19. — niŏr 94, 8 = nach unten zu; wenn hier nicht mit U niŏri (= unten) zu lesen; doch vgl. auch tók n. 191, 10. — Etwas freier (vgl. Vigf. s. v. II) niŏr komin zur Ruhe gelangt, angelangt, 213, 11; = geraten 216, 15.

niŏri, adv. (F. 162, vgl. niŏr u. neŏan), unten. — 18, 6; 24, 15.

njóta, stv. (F. 164), Vorteil von Etwas haben, geniessen, c. Gen., Lund p. 171. — Inf. Vǫl. 66, 8; nj. svefns sins einen gesunden Schlaf haben 232, 8. — Præs. S. 3 nýtr 81, 6 (hier = imperson., ekki adverb. Acc.; ekki nýtr sólar = there is little sun Vigf.; nec ullus solaris luminis usus percipitur Eg.). — Conj. S. 1 njóta in der Beteuerungsformel: svá njóta ek trú minnar 51, 4, s. Lund p. 803; zur Var. in R. vgl.

Lund p. 481 (vgl. auch trú f.). — Imper. S. 2 mit suff. Pron. njóttu 90, 6; Sigrdr. 19, 8. — Pl. 2 njótiþér 202, 12. — Præt. S. 1 naut, mit suff. Neg. nautka (= naut — ek — a) η, 5. — Pass. Part. absol. notit 181, 26. — Med. njótaz sich geniessen. — Inf. (vom Liebesgenuss) 193, 28.

niŏ, n. (F. 163), der Neid, Hass, die Verhöhnung. — G. niŏs ókviŏnum Vǫl. 58, 4 = contumelias non metuentem Eg.; doch ist niŏ hier wol (poet.) der feindliche Angriff.

niŏingsskapr, m. (von niŏingr, m. verächtlicher Schurke, -skapr Suffix = nhd. -schaft F. 331), die schurkische Gesinnung, Büberei. — A. 103, 5.

niŏingsverk, n. (niŏingr, verk), das Werk eines Schurken, die Büberei. — A. 220, 29.

niŏingsvíg, n. (niŏingr, víg), ehrloser Totschlag. — G. 251, 25; vgl. Var.

níta, schw. v. = neita; nein sagen, sich weigern; ableugnen. — Inf. 198, 15.

nítján, zahlw. (níu, -tján, F. 123), neunzehn. — Als Acc. gebraucht 221, 18.

níu, zahlw. (F. 163), neun. — Als Nom. 35, 14; Gen. ŏ, 1, 2; D. 38, 6; 47, 3; A. 32, 11.

níundi zahlw. (F. 163; vgl. níu), der neunte. — N. m. 21, 10; A. níunda 6, 18. — N. f. níunda 43, 19; A. níundu 76, 13; 112, 2. — N. n. níunda 6, 6.

norŏan, adv. (F. 166), von Norden. — 3, 5; 105, 11. — fyrir norŏan c. A. nordwärts von 190, 29.

norŏanverŏr, adj. (vgl. norŏan und -verŏr = -wärts F. 294), von Norden her blickend, nördlich. — D. 26, 11.

norŏr, adv. (F. 166), nordwärts, nach Norden. — 61, 13; 77, 3; 95, 4; 105, 10. — Zur Bezeichnung des ganzen nördlichen Europas (diesseits der Alpen; vgl. norŏrálfa) 244, 21.

norŏrálfa, f. (norŏr; hálfa = Hälfte, Seite F. 73), die Nordhälfte, nördliche Gegend; doch ist gewöhnlich nur an das n. Europa und auch hier spec. nur an die skandinavischen und allenfalls die britischen Gegen-

den (*vgl.* Formáli *zur* Sn. E. c. 11 ex.) *zu denken.* — D. *171,* 20.

norðrlǫnd, Pl. n. (*vgl.* norðr, land), *die* Nordlande. — D. á norðrlǫndum *124,* 1.

   * *Bei* norðrl. *ist zunächst nur an die skandinavischen Gebiete zu denken; vgl. auch* Norðmenn *und* norðrálfa.

norðrætt, f. (norðr, ætt), *die* Nordgegend. — G. 8, 8; A. í norðrætt *nach Norden 46,* 4.

norn, f. (*viell. verwandt mit dem Eigennamen* Njǫrun *oder* Njórun Skáldsk. LXXV; AM I, 556), *die* Norne, *Quellnymphe,* Schicksalsgöttin, *vgl. Einl.* p. 88 — 90. — N. *45,* 9; *von einer weisen Frau* 260, 11; G. nornar Sigdr. 17, 7. — Pl. N. nornir 22, 9; Nsf. nornirnar 22, 13; A. nornir 22, 8.

nótt *s.* **nátt.**

nú, *adv.* (F. 164), nun, jetzt; *sowol* a) *von der Zeit des Schreibenden oder Sprechenden, wie* b) *von der Vergangenheit und* c) *von der Zukunft gebraucht.* — a) 3, 1, 12, *vgl. 124,* 3; *34,* 20; *69,* 8; hvat er nú? *60,* 11 *was giebt es denn jetzt,* quid nunc? (Eg.), *vgl. auch* 65, 5 (*was machst du jetzt,* siccine agis? Eg.); nú helzt *65,* 14 = nunc potissimum Eg., *jetzt erst; 122,* 22; eru nú komnir *47,* 17; betr væri nú *122,* 22. — b) *oft von unmittelbar Vergangenem* = *eben* 9, 3; *16,* 6; *in der Erzählung* (= *nun*) *111,* 3; *122,* 21; *139,* 4. — c) *auch von der nächsten Zukunft,* = *sogleich;* 35, 11; *40,* 11; *63,* 18, 19; = *und nun* (*zum Schluss*) *61,* 8; = *darauf,* nun 155, 10, 14, 27, 30.

   * *Nur zur lebhafteren Färbung der Erzählung* 152, 29. *Zur Hervorhebung des Gegensatzes* 153, 22.

nyt, f. (*zu* njóta F. 164), *der* Nutzen, Vorteil. — N. *184,* 10.

ný, n. (F. 164), *der* (*neu*) zunehmende Mond. — Plur. D. nýjum 15, 4; *vgl.* nið.

nýkominn, *adj.* (nýr, koma), *neu gekommen,* neu angekommen. — D. 238, 22.

nýr, *adj.* (F. 164; § 88 *u.* 77 b, 5), neu. — D. n. nýju; *adv.* af nýju *von neuem, aufs neue* 166, 11.

nýta, *schw. v.* (F. 165), benutzen, Vorteil haben; *mit* Acc. (*oder*

Dat.) *Lund* p. 172. — Præs. S. 2 nýtir 65, 18 (*kann auch* Conj. S. 2 *sein.*) — Med. nýtaz Erfolg haben, gelingen. — Inf. 59, 19.

nýtr, *adj.* (F. 165), *von* Nutzen, brauchbar. — A. n. nýtt *173,* 8. — Pl. N. n. nýt *142,* 4.

nývaknaðr, *adj.* (*s.* nýr F. 164, *u.* vakna), *neu erwacht,* soeben aufgewacht. — N. *60,* 13. — *Vgl. Lund* p. 893.

nær *oder* **nærr,** *adv.* (*für pos. u. compar., vgl.* § 161, *doch auch* § 90, F. 158), nahe, *von* Ort *und* Zeit; näher. — nær svá sem *beinahe so,* als *wenn* 15, 10; nær er sá *nahe ist der* 15, 13, *vgl. 143,* 10; nær lagði þat 35, 9, *vgl. 111,* 11; sitja nær 56, 11; kom nær 77, 7; váru nær 95, 15; var þá svá nær komit *100,* 16. — *Auch als Präpos. mit* Dat. nær sjó 32, 10; nær hánum 138, 14, *vgl. auch* svá nær haft oss mikilli ófœru 68, 4; nær bana *167,* 4. — ekki manni at nær (sc. vera), þótt væri = *einem Manne nicht darum näher zu sein, ob auch u. w.* (*d. h. keine Unterstützung zu haben, ob auch vgl.* Ba.) 157, 21.

   * *Eine Scheidung von* nær (*Posit.*) *und* nærr (*Compar.*), *wie sie z. B.* Fritzn. *versucht, scheint nicht durchführbar zu sein.*

næst, *adv.* (*superl. zu* nær, *vgl.* F. 158). nächst, zunächst, *von* Ort *und* Zeit. — er næst helgrindum 7, 6; n. var þat 9, 12; þar n. *zunächst dabei, darauf* 5, 11, *vgl.* 13, 5; *14,* 4; 17, 21; *auch vom Range:* þ. n. er = *darauf kommt* 142, 8, 9; því næst (*fast* = þar n.) demnächst, darauf 17, 23; 39, 3; *54,* 13; *vgl. auch* næst því, sem *beinahe sowie* 36, 7. — í næst *144,* 6 = proxime Eg., *wol bestimmter* propediem (*nächster Tage*) *als Gegs. zu* fyrra dag (Vigf. í næst = next). — Helr. 8, 3 *ist* næst *wol adv.* = *alsbald, bald darauf vgl.* Lün. *zu der Stelle u. hier* s. v. ganga.

næstr, *adj. superl.* (*vgl.* § 90, F. 158). — N. m. *schwach* inn næsti *144,* 10; *mit* Dat. næsti maðr Oegi *als Nachbar bei* Oeg. 93, 4. — A. næsta dag eptir *den nächsten Tag darauf. den dar. folg. Tag* 153, 30.

nǫkkurr, *pron.* [*älter* nekkverr, nakkvarr, *zusammenges. mit* hverr, *vgl.* § 99 *a* 3) *u.* Læsb. p. XVII; Gr. III,

72, 72; *Sievers bei Paul* VI. 825],
irgend ein. — N. m. 5, 15; Vol.
41, 6. — G. nǫkkurs 3, 6; D. nǫkkurum 77, 27; *87*, 5; A. nǫkkurn 58,
11. -- N. f. nǫkkur *54*, 8 *s. Var.*;
G. nǫkkurrar *96*, 5; D. nǫkkurri *103*,
17; À. nǫkkura (sc. atgervi) *149*, 9;
vgl. 177, 6. — N. n. nǫkkut *60*, 11;
G. nǫkkurs *116*, 12; D. nǫkkuru 3,
9; *adv. beim Compar.* = *um etwas*
40, 15; *54*, 18; nǫkkuru — sumu =
in Etwas, — *in Etwas* = *zum Teil,*
z. Teil 225, 28; A. nǫkkut *105*, 21;
173, 8; *oft adverb.*=*in Etwas, etwas,*
etwa (*vgl. Lund* p. 53) 65, 14; 77, 2;
78, 7; *149*, 5; *258*, 4. — Pl. N. m.
nǫkkurir *44*, 16; G. nǫkkurra 39, 18;
A. nǫkkura 65, 19. — G. f. nǫkkurra
99, 18. — N. n. nǫkkur 73, 3; D.
nǫkkurum 32, 9; A. nǫkkur 63, 3.
  * *Bei* n. *kann das Subst. mit*
suffig. Artikel stehen, so 177, 11 á
nǫkkuru skipinu *auf irgend einem*
Schiffe da (=*der Schiffe da*).

nǫkkurs-konar, *adv.* (*eig. Gen. von*
konr, q. v., *u.* nǫkkur), von irgend
welcher Art. — *62*, 12; *98*, 17 (n.
lǫg liquorem aliquem Eg., *vielleicht*
n. *hier*=*beliebig, vgl. auch Lund* p.
161 *A.* 1).

nǫkkvi, m. (F. 157), *der* Nachen,
das Schiff. — Gsf. nǫkkvans 75,
10; Dsf. nǫkkvanum *71*, 10; Asf.
nǫkkvann 72, 15.

nos, f. (F. 162), *die* Nase. — Pl.
D. nosum *82*, 15.

O.

oddr, m. (F. 36), *die* Spitze. — Dat.
oddi Sigrdr. *17*, 5.

oddviti, m. (*vgl.* oddr, viti *wol ver-*
wandt mit vita, *vgl.* Vigf. s. oddviti
u. viti), *der* Heerführer, *meist*
poet. (*vgl. auch* erviti). — A. *142*, 16.

of, *präp. mit* Acc. [*selten mit* Dat.,
vgl. § 163 1), F. 34], über, um, *in*
betreff. — 1) *lokal* (*meist* = *über*):
of vangann *60*, 21; of alla heima
13, 10; *46*, 4, *vgl. 124*, 7; of oxl *103*,
23; of hāls *104*, 17; sá inn of glugg
106, 6 = per fenestram introspexit
Eg., *vgl.* inn of ljóra Vol. 39, 6; of
garð Grott. 12 = circa domum Eg.
(*eig. wol: über den Gehegezaun*);
inn of borgina *95*, 12 =intra arcem
Eg.; fell út ok inn of nǫkkvann

72, 15 = per lembum infundi et
effundi Eg.; of lǫg Vol. 52, 3; of
veg *über den Weg, entgegen* Vol.
56, 3; mund of standa *durch den*
Mund reichen ib. 6. — of siður
über die Seiten hin, an den Seiten
n, 7. •

2) *zeitlich:* über, durch, für.
— of allar aldir = per omnia secula
Eg. *6*, 10; of daginn *den Tag über*
(hac die ceteros præcedebat Eg.) 59,
11; of nætr 53, 6; of nóttina 57, 9;
of nótt *122*, 1 = *bei Nacht, vgl. 141,*
17 *u.* of kveldit *gegen abend* 225,
22; of miðja nótt (=um m. n.) *um*
Mitternacht 58, 13. of sumur eptir
Vol. *42*, 6 = æstatibus proxime se-
quentibus Eg.

3) *modal: in bezug auf, in be-*
treff. of hjǫrtinn *50*, 4; of skjótleikinn *63*, 5, *vgl.* 68, 14; '89, 9;
Vol. 29, 4; Grott. 8, 2; ib. 17, 4; 228,
8. — *Fast causal* of mína sǫk
um meiner Sache willen=*um meinet-*
willen 205, 18. *Für* of salgaukar
Grott. 7, 4, *vgl. die Note.*

4) *Adverb* of = *a*) darüber Grm.
23, 2 et amplius quadraginta Eg.
— *Hier gleicht of* (*oder* um) *einem*
Comparativ, daher der Dativ zu
beurteilen nach Lund p. 133 *Anm.* 3).
— *b*) = *allzusehr,* zu (nimis): of
ungr *159*, 1; of gamall 195, 28; of
sió 230, 9. of lengi (*Var.* til l.)
Helr. *14*, 2. — *Vgl. auch* ofgóðr,
oflítill, ofsió *u. w.*

5) *Als verstärkendes Präfix steht*
of (um) *in der älteren und poet.*
Sprache (*s.* Vigf. s. v.) *meist vor*
Verben; ähnlich dem Präfixe ga-,
ge- *in den deutschen Sprachen. Die-*
ses of *ist mit* F. 35 wol *eigentlich*
als nimis *zu fassen, aber durch*
den häufigen Gebrauch gemildert.
— of skǫpuð Vafþr. 35, 2, *vgl. ib.*
35, 6; Grm. *40*, 1; ib. *41*, 6; Vol. *30*,
4; Grott. 2, 4; Regm. 2, 3; 'ib. *16*, 8;
Sigdr. *13*, 4—6; *mit adjektiv. Par-*
ticip of hrokkinn *d*, 3, *vgl.* Grm.
12, 3.

  * *Über den sehr engen Zusam-*
menhang von of *und* um *im Alt-*
nord., die häufig in den Hss. ver-
tauscht werden, vgl. Vigf. s. v. of *u.*
um; *Wimmer* Oldn. Læsb. p. XXII.

ofan, *adv.* (F. 34), von oben, *hinab,*
oben. — *a*) von oben, hinab
39, 18; 57, 17; 93, 10; *117*, 9 = niðr

176,4; 138,6,9; Grott. *16,6;* ib. *23,
6; 233,*13. — ofan=*ans Ufer hinab;
164,*13. — *b)* oben *11,17; 68,*11;
Grm. 35,4; f. ofan *nach oben hin,
über 161,* 31 *s.* fyrir 2) a. — þar á
ofan *oben darauf 212,*11.

ofar, *adv. comp.* (F.•34; *vgl.* of *u.*
yfir), mehr nach oben, *oberhalb.*
— ofar í ánni *119,*17.

    * *Die verwandte Bildung* ofr *nur
in Compositis; s.* ofrefli *u. s.*

ofarst, *adv. sup. (für* ofast, *vgl.* ofar
u. § 161), zu oberst. — 5,12.

    * *Den Adv.* ofar, ofarst *entspre-
chen adjektiv.* efri (= efri), efstr;
vgl. § 90 *u.* efri.

ofdramb, n. [*vgl.* of 4b) *u.* Vigf. s. v.
dramb], *der* Übermut. — D. of-
drambi *14,*19.

ofgóör, *adj.* (of = nimis, góðr), allzugut. — eiga ofgott við einn *im
Vergleich mit Jemandem die Ober-
hand, den entschiedenen Vorzug
haben 202,*16.

ofgreypr, *adv.* (of, greypr = *erzürnt),*
sehr erzürnt. — N. Helr. *8,*8.

ofinn, *s.* **vefa.**

ofiítill, *adj.* (*vgl.* lítill *u.* of 4b), all-
zuklein, zu schwach. — N. n.
oflítit *48,* 3; A. n. oflítit fé *zu wenig
Gut 172,*18.

ofmikill, *adj.* (of = nimis, mikill),
allzugross. — N. 209,25.

ofr, n. [*vgl.* Vigf., Fritzn.; *für das
häufigere* of n., *das sich wieder unmittelbar zu* of 4) *stellt], der* Über-
fluss. — A. ofr fjár *197,*9.

ofrefli, n. (*vgl.* of *u.* ofar, Vigf. s. v.
ofr; efli *zu* afl n.), *die* Überkraft,
erdrückende Schwierigkeit. — N.
*38,*21; *56,*1; *Übermacht 155,* 26;
G. *222,*6.

ofrharmr (ofr, harmr), *ein über-
mässiger* Kummer. — N. *196,*19.

ofrhugi, m. (ofr = of; hugi), *der*
Übermut; *auch concret der* über-
mütige Mann. — Pl. N. ofrhugar
*226,*26.

ofrkappsmaðr, m. (*vgl.* ofar, kapp,
maðr), *ein stolzer,* übereifriger
Mann. — Pl. N. *152,*9.

ofrlið, n. (*s.* ofr, lið), *die* Übermacht.
— D. *150,*25.

ofrmæli, n. (*vgl.* ofrefli, mæli *zu* mál),
*die über das Mass gehende Rede,
das* dreiste Wort. — A. *101,*11.

ofryröi, Pl. n. (*vgl.* ofrmæli, yröi *zu*
orð), *zu weit gehende,* dreiste
Worte. — Pl. N. *102,*11.

ofseina, *schw. v.* (*vgl.* ofseinn; *auch*
of seina *geschr.) zu* lange ver-
zögern. — Pass. Part. ofseinat
*206,*10.

ofseinn, *adj.* (*s.* of 4b *u.* seinn), *zu*
träge. — Pl. N. n. ofsein *162,*12.

ofsi, m. (*vgl.* of = nimis), *der* Übermut. — N. *201,*34.

ofsíð, *adv.* (*vgl.* of 4b *u.* síð = *spät),*
allzuspät. — *141,*9.

    * *Getrennt geschrieben (wegen
anderer Satzbetonung) 230,* 9, *vgl.*
of 4 b).

ofstríö, n. (of 4b; stríð), *übergrosse*
Sorge, Unheil. — A. við ofstr.
Helr. *14,*1; *vgl.* við 2d).

ok, *conj.* (*nach* Gr. III, 272 = *g.* jah;
nach der älteren Schreibung auk
doch vielleicht = auk *überdies* F.6,
Vigf. s. v. ok), und, *auch.*

    1) und, *zur Verbindung von
Wörtern und Sätzen 3, 4; 6,* 7, *und
oft.* — *Auch zur Einführung des
Nachsatzes, nhd. gar nicht oder
mit „so" zu übersetzen (vgl.* Fritzn.
s. v. ok 4, *und* Lund p. 408) *8,* 16
(ok = tum Eg.), *vgl. 64,*16 ok liz
hánum svá = ita judicat Eg.; *80,* 2
ok þat gerði hann = hoc fecit Eg.;
vgl. auch Var. zu Gylf. XLVI, 41),
Sk. XVIII, 18). *Viell. auch 68,* 20:
ok þótti þér seint liða = *da schien
es dir u. s. w.; s.* Pf. p. 190, *Lund
p.* 407 fg. — *Ähnlich auch zum
Übergang in direkte Rede dienend:*
ok ef allir hlutir *77,* 18 = si nimi-
rum omnes res Eg.

    2) auch; tóku þeir ok haus hans
11, 12; *12,*9; *19,* 1; *82,*1 (ok mikit
óg.); *gelegentlich concessiv* = *wenn
auch:* ok eigi fúss *46,*16 = neque
tamen non invitum Eg. *Gelegentlich* = *aber, so 64,*18, *vgl. Lund*
p. 407. — bæði — ok *sowol — als
auch, vgl.* báðir*) u. Lund p. 410.

    * *Entbehrlich ist die Copula* ok
*in Fällen, wo ein zusammenfassen-
des Demonstrativ im Folgenden
näher erläutert wird. Hier pflegt
sowol der selbstverständliche Teil
in jener Mehrheit wie auch die
Cop. zu fehlen und nur der fer-
nerstehende Teilnehmer durch unmittelbare Anfügung an das Pronomen noch betont zu werden, vgl.*

Gr. IV, 295; *Lund* p. 18 *u.* 485. — So 70, 1: þeira Miðgarðsorms; *vgl.* 103, 11: með þeim þór *zwischen Ihnen und Thor*; þeir Loki *er und L.* 111, 15; þeir Gunnarr *er und G.* 119, 9—10; af þeim Hrólfi 137, 13 (Rolvi et suorum Eg.). vit Sinfj. *ich und S. 162,* 5; þeir Reginn *er und R. 176,* 19—20. — *Doch auch:* með þeim (Pl. D., *auf die 10 Brüder zu bez.*) ok ylginni 157, 1. bæði ok son Hǫgna (= b., hón ok s. H. oder b. s. H.) 225, 25. — *Ganz ähnlich auch das sonst im Nord. häufige* milli ok (*vgl. Möb. Gl. u. w.*) *= zwischen (dem gedachten Orte) und.*

okkarr, *pron.* (F. 83, *vgl.* § 95), uns beiden gehörig. — N. m. *162,* 13; N. n. okkart *201,* 19; A. m. okkarn *208,* 2. — A. f. okkra *163,* 28; *auf* Helgi *u.* Sinfj. *zu beziehen.* — Pl. N. m. okkrir Grott. 9, 6; D. okkrum ib. *18,* 7; A. m. okkra 229, 9; A. n. okkur *162,* 12.
  * *Zu* ek mun okkar (N. f.) œðri þykkja Helr. 3, 5 *vgl. Lund* p. 189; *es ist an* Brynh. *und die Riesin zu denken, da 3,* 5 — 8 *auffällig wäre, wenn ein Vergleich mit* Guðrún *vorläge.* — *Zur Constr. vgl. auch* Helr. *12,* 5—8 *und* hvárrgi.

okkr *s.* **vit.**

opinn, *adj.* (*zu* upp *adv.,* F. 34), *aufstehend,* offen. — A. m. *204,* 85; N. f. opin *62,* 4; N. n. opit *183,* 2, *vgl.* § 80 A. *Anm.* 2).

opna, *schw. r.* (opinn), öffnen. — Med. opnaz *sich öffnen.* — Præs. Pl. 3 opnaz *212,* 9.

opt, *adv.* (*eigentl. übermässig?* F. 34), oft. — *37,* 10; *50,* 14 *u. ö.*

optar, *adv. compar.* (*vgl.* opt F. 34), öfter. — *64,* 14; *241,* 11.

optast, *adv. superl.* (opt), *sehr oft,* gewöhnlich. — *251,* 10.

or, *adv. u. präp. mit* Dat. (F. 35, = got. us), aus, *meist lokal, doch auch zur Bezeichn. des Stoffes.* — *lokal:* 3, 6; 8, 4, 11; *105,* 13; drekkr or brunninum *20,* 16; leystir or Læðingi *39,* 2, 14; or orminum *aus dem Rachen der Schlange 80,*15. *Freier:* or málum *aus den Streitsachen (aus der Affaire)* 168,10. — *Zur Bez. des Stoffes* (*vgl.* af 4) Grm. *40,* 1, 3, 4, 5, 6; ib. *41,* 1, 4. — *Das Mittel oder den Grund bez.* or μ, 2. *Ad-*

verb. steht or *= daraus* Vafþr. *31,* 3, *sei es in der gewöhnl. Fassung oder mit* W (*vgl.* Bt. p. 396) varð or; *= aus 102,* 6 (*wol nicht* or hverri sc. skál; *rgl.* snerta).

orð, n. (F. 307, *g.* vaurd), *das* Wort. — N. *113,* 10. — G. hafði svá til orðs tekit *hatte so zum Worte gegriffen = hatte die Wendung gebraucht* 236, 19; D. í ǫðru orði *im andern Falle* (altera ex parte Eg.) *141,* 2; A. orð Grott. 7, 2; ib. 24, 2; = boð (*Botschaft*) 136, 5, *vgl. Var. u. 165,* 27; *168,* 13. — Pl. N. 205, 31; G. orða *46,* 14; *106,* 17, *vgl.* beiða. — D. orðum 52, 1; *121,* 2; at orðum gera *154,* 34 *zum Gerede machen, rühmend hervorheben;* Dsf. orðunum (með orðunum *wol = mit den gehörigen Worten*) 75, 1. — A. stór orð *grosse Worte, Prahlreden* 102, 7; rǫng orð *böse Worte, Bosheit* Fáfn. 33, 6 (*vgl.* bera b).
  * *Der* Pl. orð *hat* (z. B. 215, 23) *auch den Sinn von „Botschaft".*

orðaskipti, n. (*vgl.* orð *und* skipti), *Wortaustausch, Wortwechsel,* Unterhaltung. — A. 93, 5.

orðfimi, f. (*vgl.* orð, fimr *gewandt, s.* Vigf. s. v.), *die Redegewandtheit,* Zungenfertigkeit. — D. 35, 2.

orðsnild, f. (orð, snild *Tüchtigkeit,* F. 351), *die* Redebegabung, *Beredsamkeit.* — A. 35, 4.

orðstirr, m. (orð, tírr = *Zier, Ruhm.* F. 121), *der Wortruhm, d. i. die gute Nachrede, der* gute Ruf *oder Ruhm.* — A. *104,* 18.

orðtak, n. (orð, taka). *die Redensart, der sprichwörtliche Ausdruck.* — N. *34,* 12; *44,* 4; A. 39, 14; *96,* 18, 20. — Pl. N. orðtok 74, 20; felluz orðt. *entfielen die Ausdrücke, Redewendungen* (verba ceciderunt Eg.), *versagte die Sprache.*

orka, *schw. v.* (s. Vigf. s. v.; *verwandt mit* verka *schw. v. u.* yrkja F. 292, 293), *mit* Gen. *oder* til *c.* G., *aber auch mit* Dat., Acc. (*Lund* p. 81, 172), vorbereiten, *verursachen.* — Inf. til bana orka Grott. 6, 4.

orlausn, f. (*vgl.* lausn *Lösung,* F. 273 *u.* or), *die Lösung einer Frage, die* Auskunft *oder* Entscheidung. — N. 56, 15; A. 97, 9.

ǫrlǫg, Plur. n. (*oder* ørlog, *so* Vigf.; *vgl.* lag *u.* or *adv. präpos.*), *die Urgesetze, das* Schicksal. — D. ǫr-

logum 22,13; A. orlog 17,13; Lokas.
29,4.

ormahryggr, m. (s. ormr, hryggr),
der Wurm- oder Schlangen-
rücken. — Pl. Dat. ormahryggjum
88,6.

ormahpfuð, n. (s. ormr, hofuð), das
Schlangenhaupt. — Pl. N. 88,6.

ormgarðr, m. (s. ormr, garðr), der
Wurm- oder Schlangenhof, das
Gehege für Schlangen. — A. 120,15.

ormr, m.(F. 307), der Wurm; auch das
grössere Reptil, die Schlange, der
Drache. — N. 38, 3; Nsf. ormrinn
72, 6; G. orms 172, 27; D. ormi
175, 3; Dsf. orminum 38, 2; A. orm
208, 12; Asf. orminn 72, 4. — Plur.
N. ormar 23, 8; Grm. 34, 1; Nsf.
ormarnir 73, 13; 120, 17.

ormsliki, n. (s. ormr, líki), die
Schlangengestalt. — A. 100, 4;
116, 24.

orpinn s. **verpa.**

orrosta, f. (nach Grimm u. Vigf. =
ornosta, zu ags. eornest Ernst, Anstrengung F. 21), der Kampf. —
N. 140, 3; Nsf. 178, 7. G. orrostu
45, 7; 141, 6; D. orrostu 47, 17; 136,
18; A. orrostu 84, 13; 136, 4; 141,
15. — Pl. N. orrostur 81, 8; D.
orrostum 34, 11; 143, 11; A. orrostur
166, 15.

orskurðr, m. (or, skera; ausschneiden
= ausscheiden, entscheiden), der Ent-
scheid. — Asf. 241, 13.

otr, m. (F. 38), die Otter, Fischotter.
— N. 114, 4; Nsf. 113, 1; G. otrs
173, 10; Dsf. otrinum 114, 6; A.
otr 114, 8; Asf. otrinn ib.

otrbelgr, m. (s. otr u. belgr), der
Otterbalg. — Asf. 115, 2.

otrgjold oder **otrsgjold,** Pl. n. (s.
otr, gjold zu gjalda F. 105), die
Otterbezahlung, das Lösegeld für
die Otter, poet. = Gold. — N.
114, 1; 175, 6; Dsf. otrgjoldunum
116, 4.

oxahpfuð = uxah.

Ó.

ó- (oder ú-, vgl. Vigf. s. Ó u. Ú), negatives Präfix (F. 15) in vielen Compositis, vgl. ófagr, óhapp u. Ähnl.

óaz, schw. v. Med. (F. 12), sich fürchten, in Schreck geraten. — Præs.
S. 1 mit suff. Pron. óumz (Var.

óumk) Hugin Grm. 20, 4 = paveo de
Hugine Eg.

óbilt, adj. n. (vgl. bilt), nicht mutlos. — lætr sér verða óbilt (adr.)
zeigt sich rasch entschlossen 156, 25.

óborinn, adj. (cf. ó- u. bera 2), un-
geboren, d. h. nicht auf gewöhnliche Weise zur Welt gekommen;
vgl. Grm. Myth. 361 fg., Pf. Germ.
IV, 47; Möb. Edda p. XIV. — N.
154, 34.

óbrunninn, adj. (ó-, brunninn zu
brenna), unverbrannt. — N. n.
óbrunnit 261, 19.

óbúinn, adj. (ó-, búinn), unfertig.
— N. n. 232, 13.

óðáðir, Pl. f. (ó-, dáð F. 152), Unthaten, unerlaubte Dinge. — A.
203, 32.

óðal, n. (F. 14), das Stammgut. —
Pl. A. óðul 7, 9.

óðamálugr, adj. (óðr F. 308; málugr),
ungewöhnlich oder auffallend ge-
sprächig. — N. f. 231, 28.

ófagnaðr, m. (s. ó- u. fagnaðr), der
Kummer. — N. 154, 4; G. (= Strafe)
251, 11.

ófagr, adj. (s. ó- u. fagr), unschön,
unfreundlich, hart. — Pl. D.
ófogrum 121, 2. — Comp. ófegri;
S. A. f. eigi ófegri 90, 2 = non minus
splendidam Eg.

ófleygr, (s. ó- u. fleygr = flügge, zu
fljúga), unflügge, nicht fähig zu
fliegen. — N. 122, f.

ófriðr, m. (s. ó- u. friðr), der Unfriede, die Feindseligkeit, der
Kriegszustand. — G. ófriðar 167,
27; D. ófriði 12, 7; 136, 9; f. ófr.
verða in Streit geraten 159, 18.

ófróðliga, adv. (s. ó- u. fróðl.), unverständig. — 27, 2.

ófúss, adj. (s. ó- u. fúss), nicht begierig. — N. m. 41, 3. — N. f. var
þessa (G. n.) ófús 152, 20.

　* eigi ófúss c. G. = sehr geneigt
zu Etw. 198, 11.

ófœra, f. (vgl. ófœrr), eine schwer zu
passierende Stelle, Schwierig-
keit. — N. 11, 1; D. ófœru 35, 10;
68, 4. A. 154, 31.

ófœrr, adj. (s. ó- u. fœrr), nicht zu
passieren, unnahbar. — N. m. 7,
8. — N. n. ófœrt in schlechtem Zustande, gefährdet 122, 2. — A. m.
ófœran 153, 81.

ógagn, n. (*s.* ó- *u.* gagn *Vorteil*, Vigf. s. v.), *der* Nachteil, Schade. — A. *82*, 1.

ógleði, f. (*s.* ó- *u.* glaðr), *die* Traurigkeit. — D. *194*, 20.

óglegt, *adv.* (ó-, gleggr), ungenau; wenig. — *210*, 21.

ógn, f. (óaz, F. 12), *die* Furcht, *der* Schreck. — N. *218*, 29.

ógurligr, *adj.* (*vgl.* Vigf. s. v. óaz), furchtbar. — A. m. *192*, 8. — N. n. *205*, 23; *hier* = *ungeheuerlich, unglaublich.*

ógorr *oder* **ógerr,** *adj.* (*s.* ó- *u.* gorr), unfertig, *nicht gethan, ungeschehen.* — N. m. *52*, 16; A. n. *220*, 11.

óhamingja, f. (ó-, ham.), *das* Unglück. — N. *219*, 28.

óhapp, n. (*s.* ó- *u.* happ = *Glück*, F. 62), *das* Übel, Unglück. — N. *37*, 18. — Pl. N. óhopp *Schandthaten* (*vgl.* Fritzn.) *165*, 6.

óhappaskot, n. (*s.* óhapp *u.* skot), *der* Unglücksschuss, *unglückliche Schuss.* — N. *74*, 18.

óhegnt, *pass. part. absol.* (ó-, hegna Vigf. = *hegen, schützen; abwehren bestrafen*), ungestraft. — *228*, 4.

óheilagr, *adj.* (*s.* ó- *u.* heilagr), unheilig, *ohne Weihe oder Würde.* — *Comp.* Pl. N. f. óhelgari *27*, 12; eigi eru óh. = *non minori sanctitate gaudent* Eg.

óhreinn, *adj.* (*s.* ó- *u.* hreinn, F. 82), unrein. — N. n. óhreint *31*, 12.

óhægr, *adj.* (ó-, hœgr), *unzugänglich,* unfreundlich. — N. f. *226*, 5.

ójafnt, *adv.* (*s.* ó- *u.* jafnt), *in* ungleicher, *verschiedener Art.* — *22*, 14.

ókátr, *adj.* (ó-, kátr), unfroh, traurig. — N. f. *201*, 9.

ókunnigr, *adj.* (*s.* ó- *u.* kunnigr), unbekannt. — N. m. *172*, 7; N. f. ókunnig *179*, 25; N. n. ókunnigt *70*, 8.

ókunnr, *adj.* (= ókunnigr), *unbekannt,* fremd. — N. m. *152*, 32. — Pl. D. ókunnum *43*, 10; A. ókunna *241*, 11.

ókvíðinn, *adj.* (*s.* ó- *u.* kvíðinn *bekümmert* F. 54), *unbekümmert um,* furchtlos *in einer Sache* (Gen.). — D. ókvíðnum Vol. 58, 4.

ókyrr, *adj.* (*s.* ó- *u.* kyrr), unruhig, *bewegt.* — Pl. N. ókyrrir *16*, 3.

ólea, *schw. v.* (*lat.* oleum), *einölen,* mit Öl versehen, *spec. vom Er-*

teilen der letzten Ölung. — Inf. *261*, 18.

ólíkr, *adj.* (*s.* ó- *u.* líkr). 1) ungleich. — S. N. *179*, 5. Pl. N. m. ólíkir *24*, 16; *Comp.* ólíkari Pl. N. m. *24*, 26. — 2). *unähnlich* (*dem Erwarteten*), unwahrscheinlich. — N. n. en eigi ólíkt (sc. er) *219*, 15.

ómaki, m, (*s.* ó- *u.* makr F. 226), *das Ungemach, die* Belästigung. — A. ómaka *15*, 15.

ómakligr, *adj.* (ó-, makligr), unpassend, *unbillig.* — N. n. *202*, 13.

ómegð, f. (ó-, mega), *die Hilflosigkeit; auch concret die* hilflose, *der Pflege bedürftige,* Person. — N. *233*, 27.

óniðraðr, *adj.* (*vgl.* ó- *u.* niðra = *erniedern*), *von nicht niedriger Art,* vornehm. — A. óniðraðan *c*, 4 (honestum, inclytum, celebrem Eg.; *Var.* óniðjaðan = gnarissimum Eg.).

ónýtaz, *schw. v.* Med. (*vgl.* nýta), unbrauchbar werden. — Inf. *111*, 12.

ónýtr, *adj.* (*vgl.* nýtr), unbrauchbar; *unnütz.* — N. n. ónýtt *111*, 6. — A. n. *202*, 20. —

óorðinn, *adj.* (ó-, verða), *ungeworden, noch ungeschehen* = *zukünftig.* — Pl. A. *191*, 15.

óp, n. (F. 308), *der* Schrei. — A. *98*, 8.

órammligr, *adj.* (*vgl.* ó- *u.* rammr), unkräftig. — *Comp.* N. m. óramligri (*nach Verhältniss*) *minder stark* *71*, 21.

óráð, n. (*vgl.* ó- *u.* ráð), *der Unrat,* verderbliche Rat. — N. *116*, 13; þetta er óráð *das empfiehlt sich nicht 179*, 9.

óráðligr, *adj.* (óráð), *unrätlich,* bedenklich. — N. n. óráðligt *217*, 12.

óróf *oder* **eróf,** n. (*nach* Vigf. s. v. öróf *für* erhóf *vgl.* hóf n., *sonst wäre Zusammenhang mit* ahd. ruowa, ruaba, *Zahl, Berechnung, u. negatives* ó- *möglich*), *das* Übermass, *die* grosse Zahl, Unzahl. — Dat. orófi (*oder* óróvi) vetra Vafþr. 35, 1 (*vgl. Var.*) = immensa (retro) hiemum serie Eg. = *vor einer Unzahl von Wintern.*

órr (*vgl.* várr *), unser. — Pl. N. f. órar Vafþr. *31*, 4.

ósanna, *schw. v.* (*vgl.* ó- *u.* sannr), *für unwahr erklären,* ableugnen. — Inf. *44*, 7.

ósannr, adj. (ó-, sannr), unwahr. —
A. n. ósatt *226*, 4.

ósáinn, adj. (*vgl.* ó- *u.* sá *stv., woron*
Part. Pass. sáinn), unbesäet, *un-*
bestellt. — Pl. N. m. ósánir *89*, 4.

ósárr, adj. (ó-, sárr), unverwun-
det. — N. *222*, 18.

ósk, f. (F. 807), *der* Wunsch. — Pl.
D. óskum *nach* Wunsch *201*, 24.

óskapliga, adv. (óskap *Unschicklich-*
keit), unschicklich. — *151*, 1.

óskasonr, m. (sonr, ósk *u.* Oski), *der*
Adoptivsohn, *vgl.* Wh. p. 290. —
Pl. N. óskasynir *28*, 1.

óskírðr, adj. (ó-, skírðr), ungetauft.
— N. *236*, 18. — Pl. A. *237*, 2.

óskmær, f. (ósk, mær), *die Adoptiv-*
tochter, spec. die Walkyrje *Odhins.*
— A. óskmey *151*, 9.
   * *Andere Erklärungen sind durch*
óskasynir *widerlegt.*

óskorinn, adj. (*s.* ó- *u.* skera, *davon*
skorinn Part. Pass.), ungeschnit-
ten; unbeschnitten. — N. n.
óskorit Guðr. II, 23, 7. — Pl. D.
óskornum *82*, 9.

óskǫp, Pl. n. (*s.* ó- *u.* skǫp *Geschick*
F. 331, *vgl.* skapa), *das Missgeschick,*
Unglück. — N. óskǫp *182*, 25;
D. óskopum *22*, 17; *159*, 11; *vgl.*
fyrir 1) *e*). — *Häufig ist bei* fyrir
ósk. verða *an bösen Zauber zu den-*
ken, *übersetze* 159, 11: *sie waren*
verzaubert; i þeim óskopum *160*, 15:
in dieser Verzauberung.
   * *Für 182*, 25 *vgl.* skulu *).

óspiltr, adj. (*s.* ó- *u.* spilla), unversehrt. — Pl. A. f. óspiltar Sigdr.
19, 6.

óss, m. (F. 15), *die* Mündung, *der*
Ausfluss. — D. at ósi *107*, 11, *wenn*
richtig (*vgl. Einl. S.* 43) = *bei der*
Mündung, d. i. beim Einfluss in ein
grösseres Wasser, soll man den
Fluss verstopfen.

ósterkligr, adj. (*s.* ó- *u.* sterkr, sterkligr), kraftlos. — *Comp.* Pl. N. m.
ósterkligri *66*, 19.

ósviðr *oder* **ósvinnr**, adj. (*s.* ó- *u.*
svinnr *verständig* F. 365), unklug.
— Pl. N. ósvinnir *241*, 8; Gen.
ósviðra Grm. *34*, 8.

ósyndr, adj. (*s.* ó- *u.* sund, syndr
F. 362), ohne die Fertigkeit
zu schwimmen. — N. *98*, 1.

ósjnn, adj. (ó-, sýnn), unwahrscheinlich, *unsicher.* — N. n. er

ósýnt, at hón sé gefin *es ist etwas*
Unwahrscheinliches, *dass sie ge-*
geben werde (= *g. werden könne*)
227, 22.

ósætt, f. (*s.* ó- *u.* sætt), *der* Unfriede,
Kriegszustand. — A. *97*, 3;
136, 3.

ósœmd, f. (ó- *u.* sœmd), *die* Unehre.
— A. *67*, 20.

ótiginn, adj. (ó- *u.* tiginn), *ungeehrt.*
ohne Ansehen. — N. *145*, 6.

ótímadagr, m. (ó-, tímadagr), *ein*
Unglückstag. — N. *204*, 13.

ótrúligr, adj. (ó- *u.* trúligr *zu* trú,
F. 125), a) unzuverlässig. — b)
unglaublich. — *Zu* b) N. n. ótrúligt *59*, 17; *241*, 16. — Plur. N. m.
ótrúligir *56*, 10, *vgl. Lund* p. 418,
465, 479; *auch hieher* (*so* Vigf., Eg.)
5, 7? *besser wol zu* a), *da sonst die*
folgende Mahnung zur Vorsicht
(Háv. 1) *unverständlich bliebe.*

ótrúr, adj. (ó-, trúr, F. 125), untreu.
N. *175*, 20.

ótta, f. (F. 9), *die* Frühe, *das*
Morgengrauen, vgl. Wh. p. 373. —
D. í óttu *57*, 9; *170*, 29.

óttalauss, adj. (lauss *u.* ótti, óttaz,
F. 12), furchtlos, gefahrlos. —
— N. n. adv. óttalaust *60*, 6.

óttaz, schw. v. Med. (*vgl.* óaz, F. 12),
sich fürchten, *für sich Furcht*
(ótti m.) *empfinden.* — Inf. *116*, 6;
Præs. S. 3 óttaz *179*, 15. Præt. Pl. 3
óttuðuz *39*, 16.

ótti, m. (óaz F. 12), *der* Schreck,
die Furcht. — Asf. við óttann *mit*
dem (*erklärlichen*) *Schr.* 226, 22.

óumrœðiligr, adj. (ó-, umrœða *Be-*
richt, Beschreibung: um, rœða),
unbeschreiblich. — A. *209*, 14.

óvarliga, adv. (*s.* ó-, varliga *zu* varr),
unvorsichtig. — *104*, 5.

óvarr, adj. (ó-, varr), *meist passiv,*
= unerwartet. — A. n. á óvart
191, 17. *Im aktiven Sinne* = *ah-*
nungslos; D. óvorum 253, 11.

óvili, m. (ó-, vili), *die* Abneigung,
der Unwille. — D. at sínum óvilja
wider (*ihren*) *Willen* 211, 23.

óviltr, adj. (ó- *u.* villa), unverwirrt.
— Pl. Af. óviltar Sigdr. *19*, 5.

óvinr, m. (ó- *u.* vinr), *der Nicht-*
freund, Gegner, Feind. — Plur.
N. óvinir Háv. *1*, 5; G. óvina *168*,
25; D. *191*, 22; A. *190*, 4.

óvitr, (ó- *u.* vitr) unverständig. —
Pl. A. *189*, 8.

óvizka, f. (ó-, vizka), der Unver-
stand. — N. 225, 14.
óvígr, adj. (ó- u. víg n.), unüber-
windlich. — A. óvígjan 154, 28.
óvíss, adj. (ó- u. víss 2.), ungewiss.
— N. n. óvíst Háv. 1, 4; Regm.
25, 4.
óvænn, adj. (ó-, vænn), unwahrscheinlich. — N. n. óvænt 234,
11.

P.

pallr, m. (vgl. Vigf.), die Bank. —
Pl. A. 218, 18.
peningr oder penningr, m. (vgl.
Vigf. s. v. u. Art. phenninc bei
Lexer Mhd. H. Wb., Schade Altd.
Wb.), der Pfenning, eine kleinere
Münze. — G. pennings 116, 13;
A. penning 115, 14. — Im Plur. =
Geld; so D. 259, 28; Acc. 240, 9.
písl, f. (älter pínsl vgl. Vigf. s. v.,
zu pína = lat. pœna), die Peini-
gung, Marter, Tortur. — Pl. D.
píslum 95, 1.
plokka, schw. v. (F. 167), pflücken,
rupfen. — Præt. S. 3 plokkaði
121, 28.
plógr, m. (vgl. Vigf. s. v., Wh. p. 79,
Gr. Gesch. d. d. Spr. 40 fg.), der
Pflug. — Nsf. 3, 7; A. plóg 3, 7.
plógsland, n. (s. land, plógr), ein
Ackerland, wol etwa einem Morgen entsprechend (an acre of land
Vigf.; jugerum Eg. u. Fritzn.,
Morgen Pf.). — A. 3, 3.
prímsigna, schw. v. (prims. Vigf.; zu
prima signatio? Vigf.), die Vor-
weihe austeilen, in die Zahl der
Katechumenen (durch Exorcismus
und Bekreuzen) aufnehmen. — Pass.
Part. prímsigndr 236, 16.
prófa, schw. v. (zu lat. probare, vgl.
Vigf.), prüfen, erweisen. — Med.
prófaz = sich zeigen. — Præt.
S. 3 prófaðiz svá = das Ergebnis
war 236, 7.
prýði, f. (vgl. prúðr Vigf.), der Stolz,
Glanz, die Pracht. — D. 215, 24.
pund, n. (lat. pondo, vgl. Vigf.), das
Pfund. — Pl. A. þrjú pund 136, 17.
pungr, m. (F. 167), der Leder-
beutel, die am Gürtel hängende
Tasche; vgl. Wh. 176. — D. pungi
55, 11; 112, 1.

purpuri, m. (vgl. Vigf.). 1) der Pur-
pur. — 2) ein feiner Seiden- oder
Sammet-Stoff von verschiedener
Farbe, vgl. guðvefr; D. 253, 18.

R.

ragnarøkr, n. (s. F. 253 u. regin, rǫgn;
vgl. übrigens Einl. c. 3 A. 266 u.
für die dort erörterte Form ragn-
arǫk F. p. 249; für diese tritt Vigf.
s. v. regin, røk u. røkr entschieden
ein, doch kommt schliesslich alles
auf das Alter der sogen. alten Lieder [old poems] an), die Götter-
dämmerung, der Weltuntergang.
— G. bíða ragnarøkrs 142, 5; til r.
bis zum W. 35, 7; 42, 6; 80, 20. —
A. ragnarøkr 81, 2.
ramliga, adv. (von ramligr = ramr),
mit Kraft, kräftig. — Grott. 21, 2.
ramr oder rammr, adj. (s. Vigf. s. v.),
stark, kräftig. — N. m. 56, 4; N.
n. ramt 56, 1.
rangr, adj. (s. Vigf. s. v.), schief,
verkehrt, böse. — A. m. rangan
eið falscher Eid 190, 5; A. n. rangt
(hier wol adverb. = haud recte Eg.)
105, 8; mart rangt orð 202, 11. —
Pl. A. n. rǫng orð Fáfn. 33, 6.
rani, m. (vgl. Vigf.), die Schweins-
schnauze, der Rüssel; von einer
Schlange D. 224, 5.
rann, n. (F. 246), das Haus. — D.
ranni Grm. 13, 5. — Pl. G. ranna
Grm. 24, 4; Helr. 1, 8 (vgl. hier
Var.).
raptr, m. (F. 251), der Dachspar-
ren. — Pl. Asf. raptana 107, 19. —
Vgl. auch ræfr m.
rata, schw. v. (= g. vratôn Vigf.),
einherfahren, hinstürzen. —
Præs. Pl. 3 rata Vǫl. 53, 6 = præ-
cipites ruunt Eg.
W, W* bieten hier hrata, vgl. F.
82; dagegen Vigf. s. v. hrata. Vom
Straucheln auf dem Wege Præt.
S. 3 rataði 229, 8, vgl. ratar 230, 1.
rauðr, adj. (F. 257), rot, meist gelb-
rot, doch auch blutrot. (Weitere
Abstufungen der Farbe s. bei Vigf.).
1) Von der Farbe des Goldes oder
Feuers. — Sing. N. n. rautt 109,
17; D. n. rauðu 25, 3; A. n. rautt
22, 2. Vgl. Lund p. 268. — Pl. D.
m. rauðum Grott. 20, 8; zu Helr. 9, 8

9

vgl. hvítr*); A. hringa rauða *rote
Ringe* = Goldringe Regm. *15,* 7.
Im Beinamen inn rauði 235,18 *wol
auf rötliche Haarfarbe zu beziehen.*
2) *Von der Farbe des Blutes:* Sing.
D. m. rauðum Vǫl. *42,* 4; D. n. rauðu
211, 33.

rauf, f. (*vgl.* rjúfa, F. 258), *das* Loch.
— A. rauf *80,* 8; Asf. raufina *100,*
l, 5. — Pl. A. raufar *113,* 4.

raufa, *schw. v.* (*s.* rjúfa, F. 258), *rau-
fen,* auseinanderwerfen, *stören*
(*vom Feuer.*) — Præs. Pl. 3 raufa
seyðinn 93,12 = carbones (rutabulo)
turbarunt Eg.

raun, f. (*vgl.* reyna), *die Prüfung,*
Probe. — A. *158,* 16. Gen. raunar
adv. = *in Wirklichkeit 224,* 24.

ráð, n. (F. 251). 1) *der* Rat, *die*
Beratung, *der Beschluss; auch
die geeignete Lage, die* Sachlage,
— N. *121,* 20; syndiz ráð *schien es
eine gute Gelegenheit* 152, 21; þykki-
mér ráð *es scheint mir* (*der beste*)
Rat 240, 10; er mitt ráð *ist mein
fester Entschluss 135,* 6, *vgl. 167,*
30; G. lagði þat til ráðs 249, 15 =
brachte in Vorschlag; D. at ráði
auf den Rat 157, 27, 34; með r.,
mit Einwilligung 166, 24; A. ráð
38, 19 *vgl.* fá; *83,* 10; *53,* 21; *99,* 11
(*vgl.* engi; einskis ráð eiga af miðinum = *nicht zu dem Met gelangen
können*). — *122,* 9, *vgl.* leggja.
— ok sé ek ráðit *und sehe ich den*
(*tauglichen*) *Rat* 208, 1; um sitt ráð
von ihrer Lage 171, 8; um mitt ráð
in Bezug auf mich 260, 10; allt ráð
fyrir gert *alle Anstalt dazu getroffen 258,* 23. — Plur. N. ráð =
Ratschläge 181, 3; G. ráða *53,* 16;
211, 8; D. ráðum *52,* 18 (*vgl.* raða
stv.); A. ráð 73, 19 (báru saman ráð
sín = consilia inter se contulerunt
Eg.); ráð ráða *Ratschläge geben
179,* 4 *vgl.* Lund p. 43.

2) *spec. die* Heirat. — N. 227,
23; G. *200,* 15; D. *154,* 4; A. *201,*
30 *vgl.* sjá. — *Auch* = Hauswesen,
Familie. — N. *194,* 16.

* *Neben* ráð n. *steht* -ráðr *in
Compositis, wie* stórráðr, snjallráðr
und Eigennamen wie Gangráðr (*vgl.
mhd.* Dancrât *u. A.*). — *Von diesem*
-ráðr *leitet sich dann* -ráði *in* stórræði *u. w.* = *Eigenschaft eines* stórráðr *ab.* — *Das in den Wb. als*
ræði (= rule Vigf.) *aufgeführte*

*Wort ist wol als jüngere Analogie-
bildung zu betrachten.*

ráða, *stv.* (F. 250), beraten, beschliessen, gebieten; *oft mit*
Dat. *oder* fyrir c. D. = *über etwas*
gebieten, Gewalt haben, *Etwas*
bewirken *oder veranlassen* (*Lund*
p. 41, 81); *seltener mit* Acc. *des inneren Objektes* (*vgl.* ráða ráð *L.*
p. 43), *so* r. heilræði = *einen guten*
Rat geben *61,* 8. — ráða um við
einn = beraten (*über Etwas*) *mit*
Einem (Fáfn. 33, 2); r. um eitt
(*226,* 9) *über Etwas bestimmen.* —
Inf. ráða *17,* 14; *45,* 10; *61,* 8; *68,* 1
(mega ráða *etwa* = *Herr seiner
Entschliessungen sein*); 93, 16; *entscheiden* 152, 20; *vgl.* þú skalt fyrir
r. *du hast zu gebieten! 157,* 32;
ähnl. 166, 23; *vom* Deuten *eines
Traumes* 196,14; *vom* Lesen *der*
Runen Guðr. II, 28, 4. — Præs. S. 1
ræð ek *161,* 2; S. 3 ræðr *6,* 10; *15,* 4;
31, 15; *33,* 6, 8; *34,* 11; *53,* 20 (*hier*
= *veranlasst, so auch* 102, 14); *142,*
9. — ræðr um við sik Fáfn. 33, 2,
vgl. oben ráða *um.* — Pl. 1 ráðum
171, 34; Pl. 3 ráða 22, 13; *45,* 8. —
Imper. S. 2 ráð um með oss = be-
rate mich 172, 9; ráð drauminn
deute den Traum 194, 21. — Part.
skal ek ráðandi (sc. vera) þíns dauða
203, 25 *vgl.* Lund p. 149. — Præt.
S. 2 rétt = *verrietest* 210, 22. —
S. 3 réð (r. lǫndum *war Landesherr*)
3, 1 *vgl. 124,* 2 *u. 124,* 6 (r. fyrir
gebot über); því réð *das veranlasste*
53, 4; c. Acc. *auch* = deutete, *das
mit Verständnis* Sigdr. *13,* 4; réð
deutete drauminn 215, 28. — Pl. 2
réðu-þér til . . . = *e ntschlosset Ihr
Euch zu* . . . 210, 27; Pl. 3 réðu lǫndum *120,* 5; r. liði *163,* 2; réðu ráðum sínum *fassten ihre Beschlüsse,
fassten Beschluss* 52, 13. — at réðu
þeir á hendr hánum *dass diejenigen
einen Angriff auf ihn beschlossen*
150, 22. — Conj. S. 2 ef þú réðir
261, 10 = *wenn du freie Hand
hättest.* — Pass. Part. N. m. ráðinn
beschlossen, n. *absol.* ráðit *veranlasst*
53, 16, 19; r. fyrir sér *für sich* (=
bei sich) *beschlossen* 69, 24 *vgl.* 223,
20; r. = *verraten* 221, 25. — Pl.
N. m. ráðnir til bana *zum Tode bestimmt* 155, 29. — Med. ráðaz *sich
beraten, fertig machen.* — Præt. S. 3
réz í hernað *einen Heereszug unter-*

nahm 162,34; ähnlich réz í móti brach auf gegen ... 251,5, vgl. Præs. S. 3 ræz (= ræðz) í ferð *entschliesst sich zur Fahrt 213,19.*

ráðagerð, f. (ráð, gerð *zu gera), die Beratung,* Leitung. — A. 245,5.

ráðahagr, m. (*s.* ráð, haga), *die Einrichtung, Lebenslage, spec. die* Heirat. — N. 152,28; D. 154,5.

ráðdrjúgr, *adj.* (ráð, drjúgr = *stark* F. 154), *rattüchtig,* fähig *Rat zu erteilen.* — 246,7.

ráðgjafl (ráð n., -gjafl *zu* gefa F. 100), *der* Ratgeber. — N. 222,19.

ránsmaðr, m. (*vgl.* maðr, Rán *u.* F. 250), *der Raubmann,* Räuber. — N. 124,13.

rás, f. (F. 252); *der* Lauf, Wettlauf. — A. rás 68,18.

reflstigr, m. (*vgl.* Vigf. s. v., *auch* refll *u.* stigr), *der* Irrweg, *die* Wildnis. — Pl. D. reflstigum 4, 16.

* *Für das Wort* refll *vermutet* Vigf. *die Grundbedeutung Schlange; vielleicht wäre* refr = *Fuchs zu vergl. u.* refll *ein verwandtes kleineres Raubtier, etwa Marder oder Wiesel, vgl.* blóðrefill. — reflstigr *wol zunächst „Weg des Raubtiers".*

refsing, f. (*vgl.* refsa F. 252), *die Züchtigung,* Bestrafung. — Pl. N. refsingar 143,3.

regin *und* rǫgn, Pl. n. (F. 250, *vgl.* ragnarøkr), *die waltenden* sc. *Mächte, die* Götter; *poet.* — N. regin Vǫl. 29, 1; Vafpr. 47, 5; Grm. 41,2. — G. ragna (*nach* Vigf. *zu dem* N. rǫgn *gehörig*) Vǫl. 42,3.

regingrjót, n. (*vgl.* grjót *u.* Vigf. regin 11), *gew. als grosses Gestein oder (so* Vigf.) *Altar,* Heiligtum *erklärt. Aber* grjót *kann poet. auch auf edles Gestein* (ǫlungrjót, alnagrj. Vigf. p. 216) *bezogen werden, und offenbar soll dieser höhere Sprachgebrauch hier durch* regin- *angedeutet werden. Im Unterschiede von* rauðum hringum (*dem alten Kronschatze des Königs) liegt in* regingrjóti *wol die Bezeichnung des auf der Mühle* Grotti *neu gewonnenen Goldes, wobei noch die wahrscheinliche Verwandtschaft beider Namen ins Spiel kommt. Schon* Simrock *übersetzte* regingrj. *mit „spähem Gestein".*

regn, n. (F. 259), *der* Regen. — D. regni 33, 6.

regnbogi, m. (*s.* bogi *u.* regn), *der* Regenbogen. — A. 16,9.

reið, f. (F. 254), *das Reiten oder Fahren; das Fuhrwerk, der* Wagen. — D. reið 34, 2; 253, 17; A. reið 30, 7; 44, 16 (*hier=Reiten; so auch* 191,31); Asf. reiðina 30, 7.

reiða, f. (*vgl.* Vigf. u. Fritzn.), *die Bereitung,* Besorgung, *spec. die* Aufwartung *bei Tische.* — N. 109,12. — G. til reiðu vera = *zu Diensten stehen* 235,8.

1. reiða, *schw. v.* (F. 309). *a)* schwingen. — Inf. 69,19. — Præs. S. 3 reiðir 93, 23; 60, 8. — Præt. S. 3 reiddi 104, 10; r. til 72, 21; r. of oxl 103, 23 (humero sublimem librabat Eg.). — *b)* abwägen, bezahlen. — Præt. Pl. 3 reiddu 174,5. Pass. Part. N. n. reitt Regm. 6, 1 *vgl.* fram reitt 174, 2 u. A. f. reidda 178, 5.

2. reiða, *schw. v.* (F. 309 *unten),* zornig machen, *gew.* Med. reiðaz = zornig werden; *mit Dat. vgl.* Lund p. 76. — Præt. S. 3 reiddiz jotninum *wurde erzürnt über den* R. 71,2; Pl. 3 reidduz 14,9.

reiðfara, *adj.* (*vgl.* § 85; *zu* reið f.? *u.* fara *stv.*), *in der* Verbind. verða vel reiðfara = *eine glückliche Seereise machen* 154,24.

reiði, f. (F. 309), *der* Zorn. — D. af (*caus.*) reiði Fáfn. 33, 5; A. reiði 203,13; 204,18.

reiði, n. (F. 254), *das* Geschirr; *vgl.* reið f. — D. reiði 76. 14; Pl. N. reiði ξ, 7.

reiðigǫgn, Pl. N. (*vgl.* gagn n. 5. *bei* Vigf. u. reiði n.), *zum Geschirr gehörige Stücke,* Geschirrstücke. — A. 18,2.

reiðiliga *s.* reiðuliga.

reiðr, *adj.* (F. 309), zornig, *vgl.* reiði f. — N. m. 46,14. Pl. N. m. reiðir 122, 17; N. n. reið 78, 9.

* *Über den Dat. bei* reiðr (*u.* reiðaz) *vgl.* Lund p. 112.

reiðuliga, *adv.* (reiðuligr), zornig. — 260,15.

reiðuligr, *adj.* (*s.* reiðr), *von* zornigem Ansehen. — Pl. N. m. 165,21.

reip, n. (F. 247), *der* Strick. — Pl. Asf. reipin 54, 5.

reka, *stv.* (*g.* vrikan, F. 308). 1) treiben, *auch intrans.* — Inf. reka í

brott *fortjagen* 232, 27. Præs. S. 3
rekr *93*, 23; *162*, 28. — Imp. Pl. 1
rekum *172*, 10. — Præt. S. 3 rak
imperson. 117, 7; *vgl.* hana rak *es
trieb sie, sie wurde getrieben 121,
8. — trans. = trieb, stiess 156*, 26.
Part. Pass. n. *absol.* rekit *betrieben
77*, 27. — Pl. N. m. reknir *155*, 27
rgl. band. — 2) *verfolgen*, vorwerfen.— hvat reki-þér at oss *201,
26 = was hast du mir vorzuwerfen?*
rekja, *schw. v.* (F. 249). 1) erwägen,
berechnen. — Præt. Pl. 3 roktu til
(*adr.*) spádóma *37*, 17 = vaticinia
de eis revolverunt Eg.— 2) *wol ursprünglicher*, ausbreiten. — Inf.
rekja borða *eine Stickerei aufstellen*
Helr. *1*, 6.
rekkja, f. (*zu g.* rakjan, *recken?*), *das*
Bett; *vgl.* Wh. 233. — G. rekkju
218, 4. ·· A. rekkju *119*, 23; *153,
29*, *vgl.* hjá. — Pl. G. rekkna (*vgl.*
§ 71) *60*, 4; *hier ist von wirklichen
Betten nicht die Rede;* búnir til
rekkna = ad quiescendum parati Eg.
rekkr, m. (*vgl.* Vigf.), *der* Recke,
Held; *fast nur poet.* — Pl. G. rekka
v, 6.
renna, *stv.* (F. 251), rennen, laufen, *fliessen.* — Inf. *15*, 14; *63*, 3;
97, 12; *112*, 5, 21, *vgl.* *44*, 14. Übertragen auf die Bewegung eines Korn-
feldes im Winde* 218, 20. — Præs.
S. 3 rennr *23*, 4 (*vgl.* *Var.*); Regm.
1, *2* (*hier = schwimmt*); renn*42*, 5; *mit
räuml.* Acc. rennr (*Var.* renn) lopt
ok log *44*, 14; *vgl.* *Lund p. 43.* · ·
er af þér rennr *was dir (an Worten)
entfährt* 202, 17. Pl. 3 renna *88*, 7.
— Præt. S. 3 rann *8*, 5; *11*, 8; *104*,
3; *117*, 18; *mit räuml.* Acc. (*vgl.
oben*) 202, 4; Pl. 3 runnu *9*, 14;
Conj. S. 3 rynni *119*, 15. — Part.
Præs. A. n. í rennanda vatn *in
fliessendes Wasser* 117, 7.
renna, *schw. v.* (F. 251), *in Bewegung
bringen, hastig Etwas berühren oder
stossen, mit* Dat.; *doch auch* =
renna *stv.* (*oder* = renna sér Vigf. s.
v. II), *so* Præs. S. 3 rennir upp
79, 18 = relabitur Eg.; *desgl.* Præt.
S. 3 rendi (renndi) hann í hendi
hánum *glitt ihm durch die Hand
80*, 4 = manum ejus lubricus fefellit
Eg. *Ahnl.* 120, 18. — *Aber* rendi =
liess gleiten 139, 1 (*vgl.* Pf. *Wb.*)
und renna (Præs. Pl. 3) *því lassen
es rollen* 160, 26. ·

renniraukn, n. (*vgl.* renna; raukn
Gislason Nogle bemärkn. p. 309 =
Lasttier), *das* eilende Lasttier
oder Zugtier, *poet.* — Pl. D. rennirauknum *a*, 3 (r. röknum Eg.).
repta, *schw. v.* (*vgl.* raptr), *mit Dach-
sparren versehen*, bedachen. —
Part. Pass. *absol.* rept Grm. *24*, 5.
reyna, *schw. v.* (*mit* raun = *die Probe
nach* Vigf. *zu* rúnar, q. v.). 1) erproben. — Inf. 38, 21; r. sik *39,
4*, *vgl.* *191*, 21. — Præs. S. 3 reynir
175, 18. · Pass. Part. *absol.* reynt;
hafa reynt hann mjok *160*, 17; reynt
er um *63*, 22 = *die Probe ist gemacht
in Bezug auf Etwas, eine Sache ist
ausgemacht oder entschieden; vgl.*
240, 15. — Pl. N. m. reyndir *erprobt
195*, 21.
  2) *wol imperson.* = reynaz *sich erproben, sich* deutlich *zeigen.* —
Præt. S. 3 þá reyndi þat *210*, 24.
reynd, f. (*vgl.* reyna), *die Erforschung
durch Probe, der wirkliche Sachverhalt, das* Wesen; *gew. nur im
adv.* Gen. reyndar = re vera; r. heiðinn *236*, 20. — Pl. D. reyndum (re
Eg.) *24*, 16.
reynir, m. (*vgl.* Vigf.), *eine* Eschen-
art; *entweder die wilde Bergesche*
(fraxinus ornus) *oder die sog. Eber-
esche* (sorbus aucuparia). — N. *107*,
14.
reynirunnr, m. (*s.* reynir *u.* runnr
Gebüsch), *ein* Eschengebüsch. —
A. *107*, 13.
reyrteinn, m. (reyrr F. 247; teinn),
der Rohrstab, Rohrstengel. —
Pl. N. *216*, 3.
rétt, *adv.* (*vgl.* réttr), *in* rechter,
richtiger Weise. — *6*, 16; *175*, 22.
rétta, *schw. v.* (*s.* réttr), gerade ausstrecken, aufrichten, recht
machen. — Præs. S. 3 réttir *streckt
156*, 24; r. í mót *193*, 23. Præt. S. 3
rétti upp *66*, 7; Pl. 3 réttu skipit
98, 2; r. dóma sína *18*, 5 (sententias
suas reformarunt Eg.) *wol nur* =
*gaben ihre Entscheidungen (richtig)
ab, vgl.* Vigf. s. v. rétta II.
réttari, m. (*s.* rétta), *der* Richter.
— Pl. A. réttara *143*, 5.
réttlátr, *adj.* (*s.* rétt, látr *vgl.* látprúðr),
in rechter Weise sich benehmend,
rechtschaffen. — Pl. N. m. réttlátir *25*, 13, *vgl.* þeir er rétt eru
siðaðir *6*, 16.

réttr, *adj.* (F. 248). ·1) aufrecht;
stóð réttr í gólfinu *stand aufrecht*
im Gemache 199, 6. — 2) richtig;
N. n. rétt (*fast adverb.*) 142, 6. —
Pl. N. m. réttir 143, 8, 9.
réttr, m. (F. 248), *das* Recht. —
Pl. D. réttum 143, 14.
ribbaldi, m. (*vgl.* Vigf.), *ein* wilder
Geselle, *Raufbold.* — Pl. G. 260,
18.
riddari, m. (*vgl.* Vigf.), *der* Ritter,
ein berittener Krieger von edler
Abkunft. — N. 213, 18.
rif, n. (F. 254), *die* Rippe. — Pl.
Asf. rifin 249, 16.
rifa, *schw. v.* (F. 254), nähen. —
Inf. 113, 4. — Præt. S. 3 rifaði 113,
7. — Pass. Part. N. m. rifaðr 113, 9.
rifja, *schw. v.* (F. 254, *vgl.* rífa), *hin*
und her werfen, ausbreiten, *auf-*
zählen oder erklären. — Inf. rifja
upp 29, 5.
rifna, *schw. v.* (F. 254), zerreissen,
namentlich von ·*Stoffsachen* (Vigf.).
— Præt. Pl. 3 rifnuðu 177, 4; *wo*
der Indik. bei þótt *auffällt, vgl.*
Note.
rjóða, *stv.* (F. 257, *vgl.* rauðr), blutrot machen, *blutig färben.* —
Præs. S. 3 rýðr Vol. 42, 3. — Præt.
S. 1 *mit suff.* Pron. rauðk (r. ek) *f.* 2;
Pl. 1 ruðum Grott. 15, 8; Conj. S. 3
ryði Regm. 26, 6. Pass. Part. roðinn
gerötet; N. f. roðin 228, 27; *auch*
goldglänzend, so D. m. roðnum *g,* 1.
— Pl. N. m. roðnir *gerötet* Guðr.
II, 23, 3.
  * *In der Stelle* Regm. 26, 6 *muss*
ich andern Auffassungen gegenüber
als Subjekt der ganzen Halbstr.
Lyngvi festhalten, dem hier in Ver-
sen ein ähnliches Lob erteilt wird,
wie vorher in Prosa 249, 18.
ripti, n. (*zu* rífa, F. 254), *ein* Frauen-
kleidungsstück. — ·A. 77, 18;
das Wort begegnet auch als ript f.
und meint häufig nur den falten-
reichen, linnenen Kopfputz, der u.
a. als Brautschleier verwandt wurde,
vgl. Vigf. s. v. *u.* Wh. p. 178.
risi, m. (F. 255), *der* Riese. — Pl.
G. risa Grott. 12, 2.
ristubragð, n. (*vgl.* rísta *u.* bragð),
ein eingeschnittenes Zeichen,
Runen- oder Zauberzeichen. — N.
103, 20.
  * bragð *bedeutet in diesem Com-*
pos. wol eigentlich die Bewegung,

den Zug, der die Rune hervor-
bringt.
rjúfa, *stv.* (F. 258, *vgl. oben* raufa).
auseinanderwerfen, *aufreissen.*
— Inf. 207, 25; *vgl. u.* 193, 27. —
Pl. 3 er þeir rjúfa seyðinn 93, 13
= quum carbones removissent Eg.;
vom Brechen des Gelübdes 193, 27.
— Med. Præs. Pl. 3 rjúfaz = *ge-*
stürzt werden, vergehen Sigdr. 19, 9.
rjúka, *stv.* (F. 256), rauchen, dam-
pfen. — Præt. rauk *a,* 4 (r. af =
es stieg Dampf auf von —).
1. ríða, *stv,* (F. 253), reiten, bereiten
d. h. *zu Pferde passieren.* — Inf.
14, 10; 75, 6; 77, 1; 118, 21; at ríða
í her með sér *mit Ihnen ins Feld*
zu ziehen 209, 19; *vgl.* 210, 12. —
Præs. S. 2 ríðr 76, 22; S. 3 ríðr 14.
10; 82, 19; 101, 4; Pl. 3 ríða 17, 2;
21, 5; 45, 9; 82, 21. — Conj. S. 2
ríðir 181, 1. Præt. S. 1 reið 165, 10;
S. 2 reitt (*vgl.* § 22, 2) 205, 17. S. 3
reið 44, 16 (*vgl. auch* reið f.); 76, 9
(*vgl.* 76, 10, *wo zu* kottum sínum
aus dem Vorhergeh. reið *zu ergän-*
zen, aber hier im Sinne von fuhr,
vgl. in den Var. ók við k. s., *wie*
denn aka *gew. = fahren*); 76, 16;
Pl. 3 ríðu 76, 20; Conj. S. 3 riði
119, 22. — Pass. Part. hafi ríðit
geritten sei 77, 3; *dagegen wäri*
riðinn *durchritten worden sei* 200, 1.
— *Vgl.* Gr. IV, 163 *fg.*
  * *Für den Acc. des durchmesse-*
nen Raumes (biszweilen neben einem
Acc. *des Zieles oder der Zeitdauer)*
bei ríða *vgl. Lund p. 59, für den*
Dat. instrument. *zur Bezeichn. des*
Reittieres (196, 22; 220, 6) ib. p. 95.
2. ríða, *stv.* (*für* vríða, *vgl.* F. 309).
a) knüpfen, flechten. — Præt.
reið á 79, 1 = innexuit Eg. — b) *rei-*
ben, schmieren *mit* Dat. — Inf.
156, 18; 234, 12. Pass. Part. *absol.*
á riðit 156, 23.
rífa, *stv.* (F. 254), reissen, zerreissen. — Præs. S. 3 rífr sundr
84, 11; Præt. S. 3 reif í sundr
80, 10; reif or æsunum 113, 8 =
lorumque ex consutorum extremi-
tatibus eripuit Eg., *vgl.* æs f. —
Pass. Part. N. m. rifnir upp (*auf*
= *aus der Erde hinauf = aus*)
216, 4.
ríki, n. (F, 249). 1) *die* Herrschaft.
das Gebiet der Herrschaft, das
Reich. — N. 122, 2; G. 168, 8;

D. ríki *3*, 3; *6*, 10; *124*, 7; Dsf. *166*,
19; A. ríki *30*, 2; *90*, 12; land ok
ríki *150*, 15. — Pl. A. ríki *13*, 14.
— 2) *die* Regierung, *zeitlich be-
grenzt.* — G. 237, 9.
  * *Im Sinne von* ofríki = *Übermacht* (*vgl. Var.*) Dat. 224, 19, *s.*
bera 1 b).

ríkiskona, f. (*vgl.* ríki, kona *u.* ríkismaðr), *ein* Weib *aus den* höhe-
ren Ständen. — Pl. N. *34*, 4.

ríkismaðr, m. (ríki *u.* maðr), *ein*
Mann *aus den* höheren, *an der
Regierung des Landes beteiligten*
Ständen; *ein Edelmann.* — Pl.
N. ríkismenn *226*, 27 (*ergänze dazu*
mestir = *die mächtigsten*); D. *49*, 9.
  * *Nach dieser Stelle würde ausser
König, Jarl jedenfalls noch der
Hersir* (*vgl.* eða oðrum ríkism.) *als*
ríkismaðr *gelten dürfen. Das Wort
wird danach als minderhäufiges
Synonym von* hofðingi (*vgl. oben,*
Vigf. s. v. hofð. 3) *anzusehen sein,
und wie dieses Wort den Beamten-
adel gegenüber den Gemeinfreien
bezeichnen; auch wird* hofð. (*vgl.*
Vigf. s. v. 2) *wol von der militä-
rischen,* ríkism. *von der friedlichen
Seite des Amtes ausgegangen sein.
Vgl. noch* tignarnafn.

ríkr, *adj.* (F. 248), mächtig, *angesehen.* — (*Erst im jüngern Sprachgebrauch =* reich.) N. m. ríkr *150*,
16; *152*, 17. N. n. ríkt *56*, 1; G. m.
ríks *183*, 28; A. m. ríkan *163*, 9. —
Pl. N. ríkir *194*, 14; A. ríka *195*,
13. — N. m. *schw. Flex.* inn ríki
121, 15. — *Comp.* ríkari. N. ríkari
194, 13. A. m. ríkara mann *67*, 18.
— Pl. N. m. váru ríkari *10*, 12 =
potentiores exstiterunt Eg. — Sup.
ríkastr *124*, 9; *139*, 4; *auch* ríkstr
(§ 88 e *Anm.*) Regm. *14*, 6.

ríkuliga, *adv.* (ríkuligr), *in vornehmer,* prächtiger *Art.* — *238*, 7.

ríkuligr, *adj.* (*vgl.* ríkr), angesehen,
ansehnlich, reichlich. — A. n. ríkuligt
22, 14.

rísa, *stv.* (F. 255), *sich* erheben, *auf-
stehen.* — Præs. S. 3 ríss upp *167*,
4; Præt. S. 3 reis *193*, 21.

rista, *stv.* (*verwandt mit* ríta *ritzen,
schreiben? vgl.* F. 309), schneiden,
sägen; mit Acc. = *durchschneiden
(häufig auch vom Einschneiden der
Runen, vgl.* Vigf. s. v.). — Inf. *161*,
34. — Præs. S. 3 ristr *216*, 24; Pl. 3

rísta *161*, 35. Præt. S. 3 reist *118*,
10; *183*, 21; *ergänze hier als Obj.*
brynjuna; Pl. 3 ristu *161*, 33; *1*, 1.
— Pass. Part. *absol.* ristit *218*, 2.
Pl. N. m. ristnir (stafir) Guðr. II,
23, 3. N. f. ristnar (sc. rúnar) Sigdr.
15, 1.

'ro = ero *s.* vera.

roðinn *s.* rjóða.

roskinn, *adj. poet.* (*für* vroskinn F.
309), erwachsen. — N. *260*, 28.

róa, *stv.* (*vgl.* § 156a, F. 259), rudern. — Inf. *70*, 15. — Præt. S. 3
reri *71*, 11; Pl. 3 reru *97*, 20; *220*,
2. — Part. róinn *gerudert* *95*, 5.

róðr, m. (*s.* róa), *das* Rudern. —
Nsf. róðrinn *71*, 13; D. róðri *71*, 12.

róðra, f. (rodhra F. 257), *das* Blut,
urspr. viell. Opferblut (Vigf.). —
A. róðru 177, 3.

rógberi, m. (*vgl.* róg n.= *Zank, Zwist*;
F. 310; beri *zu* bera *bringen, tragen*),
der Zankträger, Anstifter *von*
Zwietracht. — A. rógbera 37, 4.

rógmálmr, m. (*s.* róg n. F. 310 *u.*
málmr), *das* Zankerz; *Erz oder
Metall, welches Zwietracht verursacht.* — N. *116*, 9; *hier vom Nibe-
lungenhort und dem Golde überhaupt.*

rót, f. (*für* vrót? *vgl.* F. 294 vróta),
die Wurzel; *doch auch das untere
(dicke) Stammende, der* Stamm. —
N. *21*, 3; D. rót *20*, 12, 13; Asf.
rótina *20*, 12. Pl. N. rœtr *20*, 9;
Pl. D. rótum *39*, 20.

rugakr, m. (*vgl.* rugr = rúgr F. 256;
akr), *das* Roggenfeld. — A. *191*, 10.

rúm, n. (F. 258). 1) *der* Raum. — N.
82, 15. — 2) *der Platz, die* Stelle
(Vigf. s. v. 2). — G. ljá rúms einum *Jemand einen Platz einräumen,
ihn zum Sitzen einladen* *193*, 6. A.
setjaz í rúm eins *den Platz Jemds.
einnehmen* 157, 33.

rúnar, Pl. f. (F. 258), *die* Runen,
*in Stein oder Holz eingeschnittene
Schriftzeichen, Inschriften; vgl.* Wh.
407 *fg.* D. rúnum *96*, 19, 21; A.
rúnar *89*, 9 (*hier als Mittel der
Weissagung oder des geheimen Wis-
sens gedacht*); *als Objekt des Un-
terrichts* 171, 24; Asf. rúnarnar *von
einer (sozusagen) brieflichen Mit-
teilung* 217, 17, 20.
  * *Über die Grundbedeutung* (*ge-
heime Unterredung*) *s. auch* Vigf.
s. v.

ryðja, *schw. v.* (F. 255; *für die* 256 *mit? angesetzte Grundform* hruđ tritt Vigf. s. v. *entschieden ein*), *ausroden, freilegen*, räumen. — Inf. Vǫl. 58, 6.

ræfr, m. (*verw. mit* raptr, F. 251), *das* Dach. — D. at ræfri 107, 18; A. ræfr 152, 14. — *In poet. Umschreibung auch der Schild im Comp.* Reifnis-ræfr; *vgl.* Reifnir *u.* ræfrviti.

ræfrviti, m. (*s.* ræfr *u.* viti), *das Schildverderben, der* Schildbrand, *poet.* = *das* Schwert. — A. ræfrvita Reifnis *f*, 1; *vgl.* Eg. Lex. Poet. s. v. *u.* Sk. C. 49: kalla .. skjǫld tjald, en skjaldborgin (testudo clypeorum Eg.) er kǫllut hǫll ok ræfr; sc. Oðins, herkonunga etc.; *zu letzterer Kl. gehört* Reifnir.

ræksni, m. (*für* vræksni? *so* Vigf., *dann zu* 2. ríða), *das* Geflecht, *die* Masche (*vgl. Var.*). — Pl. A. ræksna 79, 1.

   * Fritzn. *setzt als* Nom. ræxn m. *an.*

ræsir, m. (*vgl.* Vigf.), *der* Fürst, *poet.* — N. Rgm. 14, 6.

rǫdd, f. (*g.* razda F. 252 *vgl.* § 48), *die* Stimme, Sprache. — N. 113, 11; D. rǫdd *c*, 2; roddu 258, 1, *vgl.* § 48; A. rǫdd 113, 3; Asf. 159, 15.

rǫkstóll, m. (*s.* rǫk *Grund, Entwickelung* F. 249 *u.* stóll), *der* Gerichtsstuhl, *poet.* (rǫk *sonst eigentlich nicht Gericht, viell. ist* rǫkstóll *in der* Vǫl. *nur im Hinblicke auf* ragnarok *gebildet*). — Pl. A. á rǫkstóla Vǫl. 29, 2.

rǫst, f. (F. 246), *die* Wegstrecke, Rast, *Meile. Vgl.* Vigf. s. v.; *Wh.* 366. — Pl. G. rasta 35, 19; 103, 14.

rœða, *schw. v.* (F. 247), reden. — Præs. Pl. 3 rœða 89, 9. Imper. S. 2 rœð 199, 11; Pl. 1 rœðum 195, 18. Præt. S. 1 rœdda 212, 29, *vgl.* § 21 a 2). — Med. rœðaz við *sich* bereden. — Præs. Pl. 3 r. konungar v. 197, 29.

rœða, f. (*s.* rœða *schw. v.*), *die* Rede, *Unterredung.* — A. 232, 28. — Pl. A. 170, 17.

   * *Gegenüber* saga (*dem formellen Bericht*) *meint* r. *mehr den Inhalt oder Gegenstand; daher* 175, 5 er þessi rœða til sǫgu minnar = *ist dies der Hauptinhalt* (*bezüglich*) *meiner Erzählung* = *läuft meine Erzählung darauf hinaus u. w.*

rœkja, *schw. v.* (F. 249), *sich* kümmern, *sorgen.* — Pass. Part. N. n. lítt rœkt *wenig beachtet* 218, 24 *nach* Atlm. 15, 6 *geändert. Es muss wol so verstanden werden, dass die Kleider* (*unbeachtet*) *durch das offene Feuer in der Halle in Brand geraten sein sollen.*

rœkiliga, adv. (*vgl.* rœkja), sorgsam. — ger r. 190, 6.

S.

's *für* es *in* þærs *s.* es.

safna, *schw. v.* (= samna F. 311), sammeln, *mit* Dat. (*u.* Acc.); *vgl. Lund* p. 95, 96. Præs. S. 3 safnar sér liði 150, 31. Pl. 3 safna her at sér *ziehen ein Heer an sich* 168, 9.

saga, f. (F. 316), *die ursprünglich mündliche* Erzählung *meist kleineren Umfanges, vgl.* frásǫgn *u. Einl. Reg.* s. v. saga. — N. 98, 22; 108, 15; 118, 5; G. sǫgu 73, 7; Gsf. sǫgunnar 149, 3; D. sǫgu 105, 18; sǫgu þinni = *deine Geschichte (d. h. eine Geschichte als deinen Beitrag zur Unterhaltung*) 241, 18. — A. sǫgu 157, 26; Asf. sǫguna 149, 6. Pl. D. sǫgum Grott. 18, 8; A. sǫgur 64, 2; *zu* miklar sǫgur *u. w. vgl.* Njála c. 58: litlar sǫgur megu ganga *u. w.* — *In beiden Fällen ist nur von dem Gerede der Leute, nicht von Erzählungen in fixierter Form die Rede.*

saka, *schw. v.* (*vgl.* sǫk F. 314). 1) anklagen; 2) *schädigen*, schaden (*mit* Acc. *der* Person). — Præt. S. 3 sakaði 73, 17; 123, 6, 8. — Med. sakaz *sich* zanken. — Inf. 166, 22.

sakarvandræði, n. (*vgl.* sǫk *u.* vandræði), *die Prozessschwierigkeit, der schwierige* Rechtsfall. — D. 37, 1.

saklauss, adj. (*s.* sǫk, lauss), unschuldig. — N. 181, 19. D. n. at saklausu *ohne triftigen Grund* 154, 7.

sakna, *schw. v.* (*vgl.* Vigf.), vermissen *mit* Gen.; *Lund* p. 172. — Præs. S. 3 saknar 95, 7.

salnæfrar, Pl. f. (s. salr, næfr f. *Birkenrinde, dann* = Schindel *aus diesem Stoffe, Dachbekleidung*), *die* Dachbekleidung *der* Halle, *poet.* Svafnis salnæfrar (A.) *die Dachbekleidung der Halle Odhins* = *die* Schilde *b*, 3.

* *Vgl. die* s. v. ræfrviti *angezogene Stelle der* Sk.

salgaukr, m. (*s.* salr *u.* gaukr), *der Kuckuck des Wohnhauses, poet.* = *der* Haushahn. — G. salgaukar Grott. 7, 4.

salr, m. (F. 320), *der* Saal, *die* Halle; *vgl. Wh.* p. 223. — N. 22, 5; D. sal 25, 8; 88, 1; Dsf. salinum 88, 7; A. sal 17, 19. — *Zu* sal sunnanv. Helr. 10, 2 *vgl. 183*, 14. — Pl. G. sala Regm. 13, 4; 88, 3; D. solum x, 3; A. sali Vol. 8, b = domicilia Eg.
* *Das Wort ist* (*vgl.* Vigf.) *fast nur poet., scheint aber fast synonym mit* holl f. — *Beide Worte bezeichnen den Empfangs- und Wohnraum eines* (*zumal grösseren, fürstlichen*) *Gebäudes, dann* (*freier*) *auch das Wohngebäude, die Wohnung überhaupt; der* Pl. salir *scheint poet. für* húr Pl. n. (q. v.) *zu stehen, so* Regm. 13, 4.

salt, n. (F. 321), *das* Salz. — N. 125, 18; A. 125, 16.

saltr, adj. (*vgl.* salt); salzig. — S. N. m. saltr 126, 1; Pl. N. m. saltir 9, 16.

sama, *schw.* v. (F. 311; *vgl.* sóma), *sich* ziemen, *sich schicken.* — Præs. S. 3 samir *es schickt sich für Jemand* (Dat.) 154, 9; þat samir = *das ziemt sich* 166, 24; 171, 30.

saman, adv. (F. 311), zusammen. — sitja saman Vafþr. 41, 6; fara saman 81, 6 *folgen aufeinander;* festu saman 11, 9; vefja saman 55, 11; 111, 22; rifa saman 113, 5; dregit s. 154, 28; eiga þing saman 83, 8; áttu born saman 120, 8; eigut ætt saman Fáfn. 13, 3; saman bera (*intrans.*) c. Dat. 70, 1; *mit* Acc. báru s. (*trans.*) 73, 9; *f.* 3—4; *vgl. auch* bera. — allt saman *alles zusammen = ganz gleichmässig* 192, 22; a. s. ok *ebenso auch* 208, 15; allir saman *oder* allir samt (*vgl.* samt) = *alle zusammen*, allar saman Vafþr. 31, 5; allir samt 89, 3; margar saman *in grosser Zahl* 196, 8. Ähnlich báðir s. *und* einn saman.
* Vafþr. 31, 5 *verbindet* Eg. saman *mit* kómu (eru komnar) *u. übersetzt:* in unum coierunt; *wahrscheinlicher ist aber* þar = þaðan *u.* kómu *von der Herkunft gebraucht, vgl.* kómu s. v. koma.

samborinn, adj. (*zu* bera), *von derselben Mutter geboren.* — Pl. N. m. 197, 85.

samfor, f. (*vgl.* F. 311; for *zu* fara), *das* Zusammenleben, *zumal in der Ehe.* — *So auch* Plur. N. samfarar 152, 4.

samgangr, m. (*vgl.* gangr *u.* sam- *in* samvist F. 311), *das* Zusammentreffen, *auch im Kampfe.* — N. 83, 17. — G. samgangs (*vom friedlichen Verkehr*) 43, 16.

samjafn, adj. (samr, jafn), gleichkommend, *an Wert oder sonst.* — A. m. 171, 13.

samna, *schw.* v. (F. 311, *zu* saman). sammeln. — Part. Pass. *absol.* ertil samnat = *wozu gesammelt* (*worden ist*) 84, 8.

samr, *gewöhnlich schwach* inn sami *pron. adj.* (F. 310), derselbe. — *Starke Flex.* — N. n. sem samt sé 157, 26 = *als ob es dasselbe sei*, ebenso; Gn. sams 219, 4; Af. sama 208, 8. — *Schw. Flex.* N. f. in sama 156, 13; N. n. þat sama gull 181, 7. — D. f. þeiri somu 235, 12; D. n. ferr inu sama fram = *es geht auf dieselbe Weise fort* 151, 23. — A. m. þann sama 154, 25. — A. n. it sama kveld er 54, 1; þat s. borðhaldit, sem 48, 11; *adverb.* it sama ebenso Grm. 15, 8; slíkt s. *desgl.* 93, 1; *vgl. Lund* p. 60, *sowie* 505. — Pl. A. n. þessi in somu orð 238, 25.

samt, adv. (F. 310), *eig.* A. n. *von* samr, *dem Sinne nach* = saman, q. v.; *vgl. auch* ásamt. — vera samt með 155, 13; í samt *in einem zu* = *hintereinander* 156, 13; *so auch* samt 158, 10.

samveldi, n. (sam-, valda), *die* Genossenschaft, *auch von ehelicher, also* = Ehebund. — N. 202, 13.

samvista, f. (sam-, vist), *das* Zusammenleben. — N. 215, 26.

sandr, m. (F. 319), *der* Sand, *auch die* (*meist sandige*) *Seeküste, der* Strand; *so wol* Vol. 6, 8 (*vgl.* Vigf., *der freilich diese Stelle zu* s. = *Sand stellt*).

sanna, *schw.* v. (*vgl.* sannr). 1) *als wahr erfinden,* erproben. — Inf. 153, 9. — 2) = *als wahr behaupten,* beweisen; *so* 239, 12. *Möglich ist auch* 153, 9 *die Bedeutung „bestätigen"* (*so Edz.*), *vgl.* Præt. Pl. 3 sonnuðu 241, 7.

sannfróðr, (sannr, fróðr). recht berichtet. — *Compar.* Pl. N. m. 252, 20.

sannligr, *adj.* (sannr), richtig, in der Ordnung. — n. (*oder adv.*) sannligt 227, 28.

sannr, *adj.* (§ 77a u. b4; F. 318), wahrhaftig, wahr. — S. Nn. satt 40, 7; 48, 2; 137, 13; D. með sǫnnu *mit (Anwendung von) Wahrheit, in W.* 51, 1; s. = *mit Grund 189,* 10; A. satt 253, 20; er þat þér s. at segja = *das ist dir als etwas Wahres zu sagen* (ut vera referam Eg.) 60, 5 *vgl.* 69, 14, 24 *u. Lund* p. 874; sagði satt *gab wahrhaftige Auskunft 106,* 22. — A. n. *in schwacher Flex.* segja it sanna (*etwas stärker als* s. satt 212, 9) *den wahren Sachverhalt angeben* 67, 22 *vgl.* Eg.: nunc quod verum est tibi aperiam; allt it sanna 171, 8 (*vgl.* sanna rœðu Helr. 5, 2). *Siehe auch Lund* p. 501. — Pl. N. m. sannir 56, 11; A. n. sǫnn 40, 2. — *Comp.* n. sannara; mun hitt s. (sc. vera) dies *wird eher wahr sein 164,* 27; *ähnl.* annat er s. 206, 3. — hvárir sannara hafa *wer (von beiden) mehr Recht hat* 239, 14. — *Superl. adv.* sannast: þótti s. um lífdaga hans 261, 23. *Dies* s. (sannazst F) *wird von Einigen als* Med. Inf. *von* sanna = sannaz *verstanden.*

sauðr, m. (*zu* sjóða, seyðir F. 376; *eig. das Opfertier, vgl. g.* sauþs = *Opfertier,* Vigf. s. v. sauðr), *ein Stück Kleinvieh, namentlich ein* Schaf. — Pl. D. sauðum 35, 20.

sauma, *schw. v.* (*zu* saumr m., F. 325), *säumen,* nähen. — Præt. S. 3 saumaði (sc. klæði), 158, 18; = *stickte 192,* 15.

saurga, *schw. v.* (*vgl.* Vigf. s. v.), beschmutzen. — Inf. 42, 10.

sá, sú, þat, *pron.* (*vgl.* § 96a, F. 310), der, dieser. — N. m. sá 4, 15; 5, 3; 10, 7; sá er (*vgl.* er) α, 3; 10; *etwas anders* sá er 29, 2; 49, 12 (*etwa durch* si quis *wiederzugeben* oder *mit Lund* p. 260 *auf einen unterdrückten Demonstrativcasus zu beziehen, so* 29, 2 fróðleikr þess manns, sá er u. w.); sá inn *vgl.* inn; sá *mehrfach auch* = *ein solcher, von der Art:* margr sá er 49, 10; engi hlutr er sá . . ., er sér megi treystaz 17, 7; *vgl.* 153,

15; 165, 26; 213, 17; engi er hér sá inni, at . . . 62, 15 (*vgl. Var.*); 69, 12; sá einn máttkastr (*vgl.* einn) 15, 25. — sá kœmi beztr dagr yfir oss, at vér mættim 193, 27; 'hvern þér hittið þann fyrir, at 241, 12, *s.* hitta; þeim, at = talibus, ut 254, 2. þess, er = eiusmodi (Gn.), ut 259, 7. *Vgl. noch Lund* p. 339. — sjá, *als Nebenform für* N. m. 56, 11; 151. 28 *und sonst; für* N. f. (*vgl.* § 96a *Anm.* 1); *Paul Beitr.* VI, 215) 98. 22; Skírn. 42, 6; 124, 1; 140, 4 *und sonst.* — N. f. (sjá *s. oben*) sú 3, 4; 118, 9; sú er 8, 3; N. n. þat 3, 2. 11; 4, 4; þat er 8, 4; *aber 16,* 7 *construiere* þat, er (*Var.* at) = *dies, dass;* G. m. þess (er) 8, 16; G. f. þeirar 10, 4; G. n. þess 13, 16; *auch adv.* þess betr *um so besser 155,* 37. D. m. þeim 26, 3, 4; D. f. þeiri 12, 5; D. n. því 4, 4; 10, 14; því - sem 66, 12 *vgl.* sem; *s. auch* því s. v. u. því næst s. næst; A. m. þann 9, 3; þann -er 10, 4; þann -at 66, 15 *vgl. oben* sá-at u. N. m.; A. f. þá 12, 8; A. n. þat 3, 8; þat er 3, 3; 4, 2; *constr.* þat, er u. *vgl. 16,* 7 u. N. n. — þat erindi at mæla, at 191, 18 *vgl. oben* sá - at s. N. m.; *vgl. noch* u. *. — Pl. N. m. þeir 4, 5; þeir er 5, 7; þeir - at 63, 14 *vgl.* sá-at u. N. m. — N. f. þær (er) 7, 4; 8, 1; 18, 4; þærs = þær er (*poet., vgl.* es) Vǫl. 22, 6. — N. n. þau (*oft als* gen. comm. *für* m. u. f., *vgl.* Gr. IV, 279 *fg., Lund* p. 14, 254) 10, 5; 42, 10; 118, 14; þau in (*vgl.* inn) Grm. 41, 5; G. m. f. n. þeira 4, 3, 4; D. m. f. n. þeim (er) 7, 8; 8, 3; 11, 7; A. m. þá 3, 7; þá er 11, 15; A. f. þær 22, 8; 170, 26; A. n. þau (er) 4, 5; 14, 9, 20; Grott. 15, 2. *Vgl. auch* N. n. þau.

* *Wie nhd.* „das" *kann* þat *auch in Bezug auf* Masc. *und* Fem. *von Personen und Sachen, im* Sing. u. Plur. *gebraucht werden, vgl. Lund* p. 18; Gr. IV, 275 *fg. So:* þat var konungr 5, 1; var þat allr maðr 10, 2; þá varð þat íss 8, 4; Asgarðr, þat kǫllum vér 13, 6; sú dǫgg . . . þat kalla 24, 7 *vgl. auch 16,* 9; 124, 10; þat eru 9, 9; 38, 7; þat váru 3, 6.

** *Als schwächeres Demonstrativ* = *der, dieser* (*vgl. auch* þessi) *berührt sich* sá *gelegentlich mit dem Artikel* inn; sá maðr *ziemlich* =

maðrinn. *Ausschliesslich steht sá vor Eigennamen*: sá Óðinn *dieser Odh. 10,* 7; *ähnlich* sá guð *dieser Gott 6,* 8 (*gegenüber dem sehr häufigen* Plur. goðin, *vgl.* s. v. guð); *ferner in dem Sinne von* talis (sá, at = talis, ut *Lund* p. 325); *dagegen tritt* inn *vor Adjektiven teils allein, teils in Verbindung mit* sá *auf* (*vgl.* s. v. inn * b); *erst der jüngere Sprachgebrauch gestattet* (*nach* Vigf.) *auch in diesem Falle einfaches* sá, *das somit fast ganz an die Stelle von* inn *gerückt ist; vgl. darüber* Vigf. s. v. hinn p. 262 *fg.* — *Lund* p. 503 *bespricht die Berührung von* sá u. hann; *beachte noch* þann veg *auf die* (*angegebene*) *Weise, auf dieselbe Art 190,* 18. *** *Über fehlendes* ok *nach* þeir, þau u. w. *vgl.* ok*.

sá, *stv.* (F. 312, *vgl.* § 156 a), säen, streuen, *mit* Dat., F. 95. — Præt. S. 3 seri gullinu *138,* 9.

sáð, f. (*vgl.* sá *stv.,* F. 312), *die* Saat. — N. *134,* 1; *139,* 5.

sáðtíð, f. (*s.* sáð; tíð = *Zeit* F. 114), *eig. die Saatzeit, als Monatsname zunächst dem* April (gaukmánuðr), *doch auch dem März* (*so* Wh. p. 877) *noch entsprechend.* — N. *144,* 12.

sár, m. (*vgl.* Vigf.), *eine Bütte,* Tonne. — A. sá *15,* 7.

sár, n. (*s.* F. 313), *die* Wunde. — N. *141,* 12; D. *249,* 4; Asf. sárit *119,* 31. — Pl. N. sár *169,* 26; D. sárum *10,* 14; *11,* 8; A. sár *49,* 12.

sárliga, *adv.* (*s.* sár n.), schmerzlich, *bitter.* — *155,* 11.

sárr, *adj.* (*s.* sár n.), 1) schmerzlich. — n. *adv.* sárt við verðr einum *Jemand empfindet Schmerz bei Etwas 158,* 21; lítit mundi slíkt sárt þykkja *158,* 22. — *Superl.* N. n. sárast *205,* 25.

2) verwundet. — N. *160,* 12; A. m. sáran *195,* 27. — N. f. sár *212,* 8.

sáttr, *adj.* (*vgl.* sætt u. F. 314), versöhnt. — Pl. N. m. sáttir *37.* 1; Vafþr. *41,* 6. *Auch von der Übereinstimmung der Ansichten* N. n. *221,* 23. — Plur. N. m. urðu á eitt sáttir = *stimmten völlig überein 222,* 10.

seðja, *schw. v.* (F. 318), sättigen. — Inf. *165,* 12. — Præs. S. 3 seðr Grm. *19,* 2.

sefa, *schw. v.* (*nach* Vigf. *für* svefa, *vgl.* svefn), beruhigen, *gew.* Med. sefaz = *sich beruhigen.* — Inf. *211,* 10. — Præt. S. 3 sefaðiz *57,* 23.

seggr, m. (*nach* Vigf. *zu* segja?, *vgl. auch lat.* socius, sequi), *poet. der* Mann. — Nom. Regm. *13,* 3. — Pl. N. seggir b, 4.

segja, *schw. v.* (F. 316). 1) sagen, mitteilen. — Inf. *11,* 3; *40,* 9; fyrst at s. *76,* 6 *vgl. Lund* p. 374. — segja sogur *Geschichten erzählen 236,* 22. — segja til hans *ihn zu verraten* (*vgl.* til 3) *158,* 5. — um segja = *den Ausspruch darin thun, entscheiden 239,* 14; *240,* 19. — Præs. S. 1 segi ek Fáfn. *13,* 2; S. 2 segir þú *47,* 16; þú segir *48,* 2; *179,* 28. S. 3 segir *18,* 12; *99,* 16; svarar ok segir *5,* 1; segir = *antwortet, Auskunft giebt* a, 3 (*über die Verwendung von* svara u. segja, mæla u. spyrja *vgl. auch* s. v. mæla); segir Bragi gamli *im Citat 3,* 18; *ähnlich öfter impersonell, vgl. w. u.* *. — Pl. 3 segja *48,* 16; segja menn *72,* 18 *sagt man, vgl.* maðr 4). — Conj. S. 3 segi *27,* 17. — Imper. S. 2 seg svá *vermelde so* (*oder: dies*) *164,* 21; seg þat *180,* 16; *mit suff. Pronom.* segðu Regm. *19,* 1. — Præt. S. 2 segðir þú *9,* 8; S. 3 sagði *60,* 12; *101,* 1; = *sprach zu 241,* 8 *vgl. oben* um segja. — Pl. 3 sogðu *38,* 17; *40,* 15; *53,* 2; sogðu hann verðugan (sc. vera) *53,* 20. — Conj. S. 1 segða = *gesagt hätte 252,* 22; S. 3 segði *111,* 16. — Part. Pass. sagðr, n. (*s. absolut*) sagt *40,* 5; er fyrr sagt *ist oben* (*vgl.* C. XI) *angegeben 45,* 2; er þat sagt *heisst es* (*in der mündlichen Überlieferung*: dicitur Eg.) *3,* 2; *9,* 6 *vgl.* er þér eigi sagt = *hast du nicht gehört? 16,* 7; ef þú heyrir þat sagt *50,* 16 (*vgl.* *56,* 10; *135,* 5 u. heyra*); annat mark er þat sagt *135,* 18; sagt til þeira *161,* 1 *vgl.* til I, 8). — Plur. A. m. sagða *176,* 18; N. n. er eigi at sinni sogð fleiri tíðindi *94,* 9. — *Den Singul. des Verbums beurteile nach* Gr. IV, 196 *fg.;* Lund p. 8, *A.* 1. — Med. segjaz *sich nennen.* — Imper. S. 2 segz *nenne dich 169,* 30. — Præs. S. 3 sagðiz *erklärte 259,* 20. — Præt. Plur. 3 sogðuz *von sich sagten, behaupteten 177,* 20.

* *Impers.* segir = *heisst es, lautet es* (*bei Citaten*) *6*, 22; *7*, 12; *8*, 19. *Vgl. Lund* p. 28. — hér hefr upp ok segir *heisst es, wird erzählt 149*, 1.
2) *anklagen*, beschuldigen. — Pass. Part. sǫnnu sagðr *mit Wahrheit angeklagt 189*, 10, *vgl. Lund* p. 187.

segl, n. (F. 316), *das* Segel. — N. *55*, 8; *111*, 21. — Plur. N. *176*, 32; Dsf. *164*, 11; Asf. *177*, 11.

seglmarr, m. (segl; marr *vgl.* merr *u.* F. 234), *das Segelross, poet.* = Schiff. — Pl. D. seglmǫrum Sigdr. *10*, 3.

seiðberendr, Pl. m. (*vgl.* seiðr *Zauberei* F. 322; ber. *zu* bera *tragen, umgehen mit Etw.*), *die* Zauberer. — N. Hyndl. *33*, 5. — *Zur Sache vgl. noch* Vigf. s. v., *Wh.* p. 896 *fg.*; Gr. Mgth. 988 *fg.*

seiðkona, f. (*zu* seiðr F. 322; kona), *das* Zauberweib. — N. *157*, 29; Nsf. *157*, 31, 33. — Asf. *158*, 11.

seila, *schw. v.* (*zu* seil n. F. 321? *Lund* p. 722), *nur im* Med. seilaz = *die* Hände ausstrecken, *vgl.* Vigf. — Præt. S. 2 seildiz þú upp *69*, 9; S. 3 seildiz hann til *59*, 3 *vgl. 66*, 8.

seinn, adj. (F. 313; Vigf. s. v., *vgl. lat.* segnis), langsam, spät. — Pl. N. m. seinir eru at hefna *lassen sich Zeit mit der Rache 195*, 19. — S. n. seint *adverb.* spät, *oft mit ironischer Schärfe* (*fast* = *niemals*): at mér mun seint vera (*Var.* verða) *41*, 3 = ut serum mihi futurum sit Eg.; seint líða *nicht recht fortgehen* (*oder Erfolg haben*) *68*, 20; ok þessa fám vér s. bót *192*, 26. — *Sonst auch* = *zögernd, unfreundlich 62*, 7; *ungern 82*, 11 (*wol nicht mit* Eg. seint gert = sero factam sc. optarint); *auch* = *langwierig, langweilig* seint ér *62*, 8 (prolixum est Eg.). — *Compar. adverb.* seinna (*vgl.* § 88 b) *langsamer; eigi* seinna, en = *ebenso schnell wie 68*, 17.

selja, *schw. v.* (F. 319), übergeben, darreichen. — Inf. = *schenken 214*, 1. — fram s. *41*, 8 = *hingeben; 99*, 3 = *käuflich überlassen.* — Præs. S. 3 selr í hond *157*, 14 *vgl. 156*, 17; *238*, 16. — Præt. S. 3 seldi *40*, 17; *102*, 15 (*könnte hier* Conj. S. 3 *sein, doch vgl.* ræðr, skal). — *156*, 17

seldi í hǫnd = *händigte ein.* — Pass. Part. N. f. seld *121*, 17.

selmánuðr, m. (*s.* mánuðr *u.* sel n. =Senne, *zeitweilige Hirtenwohnung im Hochgebirge,* F. 320), *der zum Ausziehen auf die Bergweiden geeignete Monat, der* Juni; *vgl.* Vigf. s. v. sel, *Wh.* p. 59, 878; *d. Mon.* p. 55; N. *144*, 18.

sem, *relat. part., adv. und conj.* (*zu* saman, *vgl.* Vigf.), wie.

a) *relat. Part., meist nach vorhergehenden demonstr. Partikeln, vgl.* § 97, *Lund* p. 269, 426: þar sem *3*, 11; *6*, 16; *17*, 15; *20*, 10; *121*, 3; þar til sem *100*, 6; svá sem *sowie 3*, 13; *4*, 12 *u.* öfter; sem = svá sem *5*, 14; *212*, 30 *vgl. auch* b). — *Nach demonstr. Pronom.* hjá stórmenni því, sem *66*, 12; *oft in* Volss. — *Auch beim Interrogativum zur Verallgemeinerung des Begriffs:* hvar sem (*eigentl.* ubicunque) *73*, 10 = quandocunque Eg.; hvat sem hann kostaði til *54*, 1 = quantavis mercede Eg.

* *Im Gegensatz zur einfachen Anreihung wie 43*, 1; *196*, 22 (*bei thatsächl. Verhalt*) führt sem *oder* svá sem *den äussern Anschein ein: 70*, 12 *vgl. Lund* p. 32—34. *Deutlich besonders 18*, 6—7 *neben 18*, 8.

b) *als* Conjunkt. (*eig.* svá, sem), *mit* Ind. = *so wie 17*, 5 *oder* (*bei freierer Annahme* = *als ob, vgl. Lund* p. 811, 812; *in diesem Falle begegnet auch* sem þá er, *so 164*, 9) *mit* Conj. *15*, 11; *63*, 1; *153*, 18. — *Vgl. übr.* svá 1).

c) *Ähnlich wie beim posit. adv.* jafnt (*j.* nótt sem dag *35*, 19 = noctu æque ac interdiu Eg.), *steht* sem *häufiger beim superl. adj. u. adverb., vgl. Lund* p. 247, 252. — sem tíðast *62*, 21; sem mest (*adv.*) *65*, 13; *176*, 30; s. mest (*adj.*) *154*, 30; sem snarast *80*, 2; sem ákafligast *100*, 11; sem skjótast *111*, 9. *Alle diese Fälle elliptisch construiert, vgl. mit 100*, 11 sem ákafligast má hann *65*, 12 *u.* svá langt upp sem hann mátti lengst *66*, 8. *Zu vgl. ist die lat. Constr.* quam maxime (sc. potuit) *und Ähnl.* — *Beachte auch den doppelten Superl. 75*, 2: þeim mun verst, sem = eo ægrius, quod Eg. *oder* = ita pessime, ut maxime *Lund.* — *Damit*

rgl. noch doppelten Comparat. 176,
10: því ástsælli, sem hann var ellri
= *um so beliebter, je älter er wurde.*
senda, *schw.v.*(F.319), senden. — Inf.
121, 24. — Præs. S. 3 sendir *44*, 13.
— Pl. 3 senda *168*, 12; *213*, 14. —
Imper. Plur. 1 sendum *165*, 26. —
Præt. S. 3 sendi *8*, 17 (til s. *aus-*
gehen liess); s. til 38, 1 = *sandte*
aus, s. herzu —; 39, 17; *115*, 4; s.
aptr *100*, 17 *vgl.* aptr. — Plur. 3
sendu *173*, 28. — Part. Pass. N. m.
sendr; N. f. send *211*, 28. — N. n.
(*absolut*) var sent 75915; sent hafa
217, 17. — Pl. N. m. sendir *38*, 7;
N. f. sendar Sigdr. *18*, 4.
sendiferð, f. (*rgl.* senda *u.* ferð f.),
wie sendifor (q. v.) = **Sendfahrt.**
Reise im Auftrage eines Andern
(*Möb.*). — A. fara sendiferð *46*, 24
(*vgl.* fara 2 a) = *die Botschafts-*
Reise unternehmen.
sendifor, f. (*vgl.* senda, for *u.* sendiferð), *die* Sendfahrt, *Botschafts-*
reise. — G. sendifarar 75, 9; A.
fara sendifor 227, 16, *rgl.* f. sendiferð *46*, 24.
sendimaðr, m. (*s.* senda, maðr), *der*
Bote, *Diener.* — N. 39, 17 (*rgl.*
Lund p. 83); *106*, 7; D. sendinanni
40, 12. — Pl. N. sendimenn 77, 26;
D. sendimonnum *216*, 26.
senn, *adv.* (*auch* í senn, *vgl.* Vigf.).
1) sogleich, *augenblicklich.* —
150, 1; *156*, 14. — 2) zugleich. —
4, 15; Grm. 23, 5; *165*, 7. — 3)
jedesmal *173*, 20.
senna, *schw.v.* (*vgl.* Vigf.), *mit Wor-*
ten streiten, zanken, hadern. —
Præt. S. 3 senti *109*, 8.
seri, *s.* **sá,** *stv.*
serkr, m. (*vgl.* Vigf.; *Wh.* p. 162),
das Gewand, der Rock. — N. serkr
járnofinn *das Panzerhemd* π, 8; D.
í serk sér *112*, 14 (intra sinum Eg.).
sess, m. (*vgl.* sitjatz, F. 317), *der Sitz,*
die Sitzbank. — D. sessi Sigdr.
17, 4; A. sess 193, 9.
set, n. (F. 317; Vigf., Fritzn.), *der*
Sitz; *spec. die zum Sitzen oder*
Liegen dienende Einrichtung (Bett-
bank F.) *an der Seite des Wohn-*
raumes, etwa = Bank. — A. í set
231, 27.
setberg, n. (*s.* berg; set F. 317), *ein*
nach Art eines set (= *Bank) lang-*
gestreckter, niedriger Berg; die
Anhöhe. — Dsf. setberginu *68*, 13;

A. setberg *68*, 11. — Pl. A. setberg
Grott. *11*, 8.
setja, *schw. v.* (F. 317), setzen, *hin-*
stellen, hinführen, (in ein Amt) ein-
setzen. — Inf. s. borð 67, 13; fram
s. 75, 14 = deducere Eg. s. yfir c. A.
143, 5 = præficere Eg. — *Vom Bei-*
setzen der Segel 164, 11. — Præs.
S. 3 setr *64*, 21; *142*, 17; setr við
eyra 72, 12, *rgl.* við 2) a); við setja
= *als Pfand setzen* 239, 13, *vgl.* 240,9.
s. til gæzlu 98, 14. Præt. S. 3 setti
3, 7, 10; s. upp *setzte auf, stellte auf*
recht hin 115, 22; setti *legte* hana i
fjotra 204, 1. Pl. 3 settu *11*, 12, 14, 19
(*11*, 19 = constituerunt Eg); *61*, 19
(s. aptr á bak sér *wandten oder war-*
fen zurück); s. grið 97, 4 = pacem
fecerunt Eg. — s. upp merki sín
168, 18. *vgl.* den vanen ûfzucken.
ûf heben *als Zeichen zum Kampfe*
mhd. Wb. III, 285. — Med. setjaz *sich setzen; auch* = *sick ruhig*
halten 251, 23. — Præs. S. 3 sez
(= setz) 93, 20; *144*, 7; 157, 33; *170*.
15. Pl. 3 setjaz *51*, 11. — Imp. S.
2 sez *178*, 37. — Præt. S. 1 settumz
253, 1; S. 3 settiz 13, 10; 57, 3; s.
upp *richtete sich auf (im Bette)*
204, 6. Pl. 3 settuz 18, 4. — Part.
Pass. settr *u. w.*; N. f. sett *44*, 6.
8; N. n. sett *167*, 23; illa s. *übel*
angebracht 208, 3. Pl. N. m. settir
161, 11; N. n. sett 12, 13; *absol.*
hofðu sett 52, 7; ráð hafa við sett
= *Rat angewandt, dafür gesorgt zu*
haben 221, 4. — Part. Med. sez (*für*
setz); hafði sez *46*, 9; *162*, 23 (er
þar h. í sez = *der sich darein ge-*
setzt, sich darin festgesetzt hatte).
setr, n. (*vgl.* sitja), *der* Wohnsitz.
— A. setr búa *wohnen, leben* 163, 26.
sex, *zahlw.* (F. 328), sechs, *indeklin.*
— af sex hlutum 39, 19; sex vetr
151, 24.
seyðir, m. (*vgl.* sjóða), *das zum Sie-*
den oder Kochen dienende Feuer.
die Feuerstätte. — G. seyðis 93, 11;
Dsf. seyðinum 93, 17; Asf. seyðinn
93, 12, 14, 21.
sé *s.* **sjá.**
sétti, *zahlw.* (F. 328), *der* sechste.
— N. m. *21*, 9; N. f. *182*, 23; N. n.
sétta *6*, 5.
sjafni, m. (*vgl.* Sjofn *u.* sif f.), *der*
zugeneigte Sinn, die Liebe. — N.
43, 14.

sjaldan, adv. (F. 328), selten. —
Vol. 30 a. — Comp. sjaldnar seltener 178,14.

sjatna, schw. v. (F.817; auch setna
geschr.), zur Ruhe kommen, aufhören. — Inf. illa sjatna 201,34
wol nicht = übel enden, sondern =
kaum zur Ruhe kommen. — Conj.
S. 3 sjatni 204,34.

sjau, zahlw. (F. 328), sieben, indeklin. — 4,15; 159,17.

sjaundi, zahlw. (s. sjau), der sie-
bente. — N. m. 21, 9; N. f. sjaunda
43,12; N. n. sjaunda 6, 6.

sjá, stv. (F. 315, vgl. § 119), sehen.
— Inf. 4, 11; 15,8; 60,16; 40,8.
— sjá fyrir c. D.für Jmd.sorgen234,
2, 4. við fári sjá vorsehen, Fürsorge
treffen gegen Nachstellung Sigrdr.
8, 2. sár at sjá Wunden besichtigen
Sigrdr. 11,3. sjá ráð fyrir mér 201,
30 = eine Heirat für mich aus-
ersehen. — til at sjá = (recht) zu-
sehen=urteilen 238, 23. — Præs. S. 1
ek sé 74, 12; 135,10; S. 2 sér 22,
2; S. 3 sér 25, 9. Plur. 2 sjáið (vgl.
§ 119 A. 1) 170, 27. Pl. 3 sjá 48,17;
93, 11. — Conj. S. 2 sjáir (älter sér)
189,15. Imp. S. 2 sé þar = ecce oder
franz. voilà (pro mit fg. Voc. Eg.)
104, 24; sé við hüte dich vor 189,
6; 190, 10. Pl. 1 sjám 66,17; vgl.
Lund p. 304 u. A. 1). — Præt. S. 1
sá; S. 2 sátt 68,11 u. mit suff.Pron.
sáttu ib.; 69, 1; S. 3 sá 4,10; 57,
18 (sjá til eins sich von Einem versehen, erwarten, vgl. aber Var. u.
zu der Les. von R. Lund p. 156).
— Pl. 1 sám (für sáum) 196, 8;
Pl. 3, sá (für sáu) 4, 8; 38, 16;
164, 15. Conj. S. 3 sæi 98, 5; 166, 1
(hier imperson.; so auch 177,3). Part.
Pass. N. m. sénn, N. f. sén 195, 3;
n. u. absol. sét 16, 8; 40, 2; 153, 19;
170, 12. sét fyrir sinum hlut 209, 19
= für sich selbst gesorgt. — Med.
sjáz = (für) sich sehen. Inf. um at
sjáz sich umsehen 93, 1; sjáz fyrir
sich vorsehen, behutsam sein in Præs.
S. 3 séz f. 34, 13; séz meir um sich
weiter umsieht (vgl. 93, 1 oben) 90, 9.
— Die freiere Bedeut. besorgt sein
für Jemd. erscheint in Præs. S. 1
sjámz ek meir um Mun. Grm. 20, 6;
s. auch Lund p. 222. Præt. S. 3 sáz
liess sich sehen 249, 12; 250, 26.

sjá, pron. s. **sá.**

sjálfr, adj. (F. 329), selbst. — S.
N. m. 5, 2; 27, 8; G. sjálfs 143, 4;
D. sjálfum 6, 16; A. sjálfan 71, 6.
Pl. N. m. sjálfir 154, 31. G. m. sjálfra
4, 4; D. sjálfum 29, 9. — S. N. f.
152, 20; mit suff. Neg. sjálfgi Lok.
29, 6. — Pl. N. f. sjálfar Grott. 11,
7. — S. N. n. sjálft selbst = von
selbst 46, 25; 109, 11. — A. sjálft
164, 12, vgl. við 2 b).
* In syntakt. Bezieh. vgl. Lund
p. 505.

sjálfráðr, adj. (sjálfr, ráð *), selbst-
bestimmend, unabhängig. — Su-
perl. Pl. N. m. 259, 10. Hier scheint
sj. eine Gesinnung zu bedeuten, die
auch Andern möglichst viel Freiheit
lässt; vgl. übr. Ba.

sjár, m. (auch sjór oder sær; vgl. F.
313, § 39 A. 1), der See, auch =
die See, das Meer; poet. auch =
Seewasser, so Regm. 16, 6. — N.
sjár 12, 5; Vol. 6, 3; Grm. 40, 3;
Nsf. sjárinn 177, 3; særinn 72, 14;
126, 1. — G.sjávar γ, 2; Gsf. sjávarins 69, 1; G. sjóvar 79, 21; 121, 7;
sævar 75, 12. -- D. sjóvi Regm. 16,
6; sjó 32, 10; 164, 8; sjá 72, 20; sæ
214, 5; Dsf. sjánum 227, 4; sænum
69, 2. A. sjá 11, 8, 10; 153, 32; sjó
55, 9; sæ 70, 15; Asf. sæinn 11, 4;
72, 17; sjáinn 229, 9.

sjávarhamarr oder **sjóvarh.,** m. (sjár,
hamarr auch = Klippe F. 64), die
See-Klippe, Klippe am Meeres-
ufer; meist Pl. — Pl. D. 245, 13.

sjávarstrǫnd oder **sævarstrǫnd,** f.
(s. sjár, sær; strǫnd), der Seestrand.
— Dat. með þeiri sjávarstrondu
12, 5 = intra oram (terræ) maritiman
Eg. (s. auch með 1); með sævarstr.
12, 15 = secundum oram maritimam.

siða, schw. v. (zu siðr = Sitte F. 322),
einer Sitte gemäss bilden, er-
ziehen. — Pass. Part. siðaðr gesittet; rétt siðaðir 6, 16 = wolgesittet,
rechtschaffen.

siðlátr, adj. (zu siðr = Sitte, látr zu
láta vgl. hóflátr), sich der Sitte gemäss benehmend, wohlgesittet, rechtschaffen. — Pl. N. m. siðlátir
88, 4.

siðr, m. (F. 322), die Sitte. — N.
154, 17. — D. í fórnum sið in der
alten Lebensweise, d. h. im Heidentum 167, 14. — Pl. A. siðu 241, 28.

siðsamr, adj. (siðr,-samr F.311), wolgesittet. — N. 237, 16.

siðvenja, f. (s. siðr, venja zu vanr gewöhnt), gewöhnliche Sitte 151, 19.

sif, f. (vgl. Sif u. sifjar F. 323), die Freundschaft, Verwandtschaft, Sippe; meist im Plur. sifjar; D. sifjum Vǫl. 46, 4.

sifjaslit, n. (vgl. sif; slit zu slíta), der Bruch der Sippe, die Verletzung der Familienbande. — D. sifjasliti 81, 10.

sigla, schw. v. (zu segl, F. 316), segeln. — Præs. S. 3 siglir 140, 12; Pl. 3 sigla 177, 1 vgl. byrr. — Præt. Pl. 3 sigldu 177, 6; Pass. Part. absol. siglt 140, 12.

signa, schw. v. (s. Vigf.), segnen, d. h. eigentlich mit dem Zeichen des Kreuzes (signum sc. crucis) versehen; dann ebenso auch auf das heidnische Hammerzeichen wie das Altd. segenen (mhd. Wb. II b 240) auf alttestamentl. Gebräuche bezogen; das Vorkommen des Wortes in Sigrdr. kann also weit eher gegen als für ein höheres Alter des Liedes entscheiden. 1) überh. = segnen. — Inf. Sigrdr. 8, 1. — 2) signa sik = sich bekreuzen. — Præt. S. 3 signdi sik 236, 20.

sigr, m. (vgl. F. 315), der Sieg. — D. sigri 34, 11; 45, 8; A. sigr 56, 5; 103, 12; — bei s. hafa 184, 3 = ráða sigri 45, 8 ist zu erinnern, dass O'ð. immer als Siegverleiher gilt, wenigst. in der Vǫlss.; vgl. aber auch 34, 11; 56, 5 u. a. St. — Für s. hafa bietet Prosa Sigrdr. 2—3: s. vega í orrostu.

sigra, schw. v. zu sigr m.), besiegen. — Inf. 7, 12. Præs. S. 3 sigrar 13, 19.

sigrsæll, adj. (s. sigr, sæll), siegbeglückt, siegreich. — N. 150, 14; 151, 33.

sigrúnar, Pl. f. (s. sigr, rúnar). Siegesrunen; Sieg verleihende R. — Acc. Sigrd. 6, 1.

silfr, n. (F. 323), das Silber. — D. silfri 25, 4, 8; 120, 23; 139, 11.

silkiband, n. (silki = Seide vgl. Vigf.; band), das Seidenband. — A. 40, 23; Asf. 40, 15.

silkiræma, f. (= silkiband; ræma = reim = mhd. rieme Vigf.), das Seidenband. — N. 40, 10. — Vgl. Wh. p. 164.

sin, f. (F. 327), die Sehne. — Pl. D. sinum 39, 21.

sindr, n. (F. 322), die (zunächst glühende) Schlacke. — N. 8, 4; svá sem s. = scoriæ instar Eg.

sinn pron. s. sínn.

sinn, n. oder sinni, n. (vgl. F. 319). der Gang, Weg; der Zeitpunkt, das Mal (vgl. nhd. zweimal). — D. einu sinni = einmal 106, 4 vgl. ι, 1 u. Lund p. 141. — í inu fyrra sinni 65, 4; at sinni für diesmal 96, 9. A. it fyrsta sinn das erste Mal 39, 1; 56, 13 vgl. í annat sinn 79, 15 u. annat sinn zum zweiten Mal 100, 4; aber í annat sinn = ein andermal (Gegs. í þetta sinn 218, 7) 218, 6; eitt sinn einmal 27, 2; 35, 10 (vgl. Var.), 155, 5; um sinn einmal. irgend einmal 155, 6; hvert sinn jedesmal 141, 11; í sinn einmal 144. 6 (una vice Eg.); eitt sinni 58, 25 (wol: dies eine Mal, vgl. übr. Var.. Eg. übersetzt einu s. mit prima vice). Pl. D. hundrað sinnum zu hundert Malen 155, 8. átta s. um daginn achtmal am Tage 155, 22.

sinnaðr, adj. part. (vgl. sinni Genosse), in geselliger Weise verbunden. — N. f. sinnuð 254, 1.

sinni, m. (vgl. sinn = Gang), der Gefährte oder Fahrtgenosse, der Genosse überh., meist poet. — Pl. N. sinnar 83, 4.

sjóða, str. (F. 326), sieden, kochen. — Inf. 208, 13. — Pass. Part. m. soðinn 48, 6; Grm. 18, 3; f. soðin Guðr. II, 24, 7; n. u. absolut soðit gekocht = gar 57, 2; 93, 13, 14.

sjóðr, m. (zu sýja = nähen F. 325), der (lederne) Beutel. — G. 240, 21.

sjón, f. (vgl. sjá, F. 315), das Gesicht, der Anblick. — A. sjón (Gesicht = Sehvermögen) 13, 3; vgl. ásjóna. — Pl. Dsf. sjónunum (den Blicken) 57, 18; A. sjónir (Anblick) 72, 11.

sjónhverfing, f. (vgl. sjón u. hverfa), die Gesichtstäuschung. Gesichtsverkehrung; das Blendwerk. — Pl. A. 4, 9.

sjór s. sjár.

sjóvarhamarr s. sjávarh.

sitja, str. (F. 316; vgl. § 117), sitzen. auch Platz nehmen oder = ruhig sitzen, wohnen, verweilen. — Inf. α, 3; 56, 11; 71, 14, 17. — Præs. S. 1 ek sit 70, 19; S. 3 sitr 5, 11; 7. 10; 34, 2; Vǫl. 30 a. — sitr um þat 224, 28 passt die Gelegenheit *ab* (*eig. sitzt oder liegt auf der Lauer*). Pl. 3 sitja *48*, 16; Háv. *1*, 5. — Conj. S. 3 siti (s. á. = incubet Eg; *s. Lund* p. 303.) Grott. 5, 5; *165*, 26. — Imper. S. 2 sit *179*, 10; s. heil *193*, 11 *vgl.* heill. Præt. S. 8 sat 5, 8 (*vgl.* sinn = sínn); 78. 1; *107*, 17 (*hier* = consedit Eg.); *118*, 19 (sedem habuit Eg.) *vgl.* 213, 8. — Pl. 3 sátu *117*. 21. — *Zur Bezeichnung friedlicher Zustände* (*vgl.* kyrrseta f.) sátu við frægð (*in ehrenvoller Weise*) ok vingan *197*, 29. Pass. Part. *absolut* setit: meðan við drykkju var setit *92*, 8 = quoad in compotatione accubitum est. Eg. —

sjúkr, *adj.* (F. 325), *siech,* **krank.** N. f. sjúk *203*, 8.

sjǫt, f. (*vgl.* Vigf. s. v. sjót), *die Versammlung, der* Wohnsitz, *meist poet.* — A. sjǫt Vǫl. *42*, 3; ragna ajot *wol* = *den Himmel.*

*) *Die von Vigf. bestrittene Ableit. von sitja bleibt mir wahrscheinlicher als* sjót = sveit; *allenfalls wäre eine Vermischung urspr. geschiedener Bildungen denkbar.*

sjǫtull, m. (*zu* sitja), *eig. der zum Sitzen oder zur Ruhe Bringende, der* Besänftiger. — A. dólgs sjǫtul Grott. *16*, 7 = hostilitatis sedatricem, *poet. = die Mühle, auf welcher Friede und Glück gemahlen wird.*

* *Es wird auch sjotul* f. *angesetzt, aber* Grotti *ist* m.

sía, *schw. v.* (*dän.* sie), seihen, *durchziehen.* — Inf. lát grǫn sía *167*, 1.

sía, f. (Fritzn. *vgl.* sindr), *der* Funke. — D. síu *14*, 22 (strictura Eg.); Dsf. síunni *108*, 19 (sía *hier* = járnsía, q. v.); Asf. síuna (=járns.) *108*, 8. — Pl. D. síum *8*, 10; A. síur *11*, 15.

síð, *adv.* (F. 312), spät. — 59, 12; *104*, 25; *154*, 25. of síð *zu spät* 230, 9.

* *Eine nominale Bildungsweise scheint in der Form* um síðir = endlich, *schliesslich* (*eig.* Pl. A.?) *vorzuliegen, vgl.* Vigf. *150*, 15, 22; *161*, 10; *227*, 5; *259*, 18.

síða, f. (F. 313), *die* Seite, *zunächst des menschl. Körpers* (*Hüftgegend*). — Pl. N. *206*, 23; A. óf s. *π*, 7.

síðan, *adv. u. conj.* (*vgl.* síð, F. 312), darauf, dann, seitdem. — *a*) *adv.* — *darauf* 33, 4; *154*, 31; *fortan* *60*, 16; *195*, 28; *seitdem* 79, 1; *103*, 19. — ekki síðan *nicht weiter* 166,

8. — *b*) conj. síðan er *seitdem* 39. 8; *auch blos* síðan *165*, 5; *180*, 25.

síðar *oder* **síðarr,** *compar. adv. zu* síð; später. — *47*, 8; 54, 18; *70*, 2; *120*, 22; *122*, 20. (*Über den Dat. vgl. Lund* p. 133 *A.* 2.)

síðarstr *oder* **síðastr,** *adj. superl.* (*zu* síð, síðar *vgl.* § 90), *der* letzte. — N. f. *schw. Fl. in* síðarsta veizla 219, 20; *adj.* síða(r)st = zuletzt. — *14*, 5; *62*, 18; *94*, 18.

síðir *s.* síð.

síðla, *für* síðarla, *adv.* (*zu* síð, síðar), spät. — *144*, 6.

síðr, *adj.* (F. 313), *tief* herabhangend. - D. n. síðu *172*, 7; A. síðan *153*, 4; Pl. A. síða *160*, 30.

síðr, *adv. comp.* (*zu* síð, *vgl.* sízt), weniger. — eigi síðr — en *nicht weniger = ebenso gut, wie 153*, 21; *vgl.* 207, 5.

* síðr *ist etymolog. = später, aber von síðar im Sprachgebrauch unterschieden.*

síga, *stv.* (F. 321), sinken, *von jeder abwärts gehenden Bewegung: gleiten, fallen, stürzen u. s. w.* — Inf. 57, 17. — *Das* Med. sígaz *in Verbindung mit* láta = *sich niederlassen;* lætr sígaz *93*, 20; lét s. *107*, 19.

sín, *pron. reflex.* (*vgl.* § 94 a; F. 322). sein, seiner. — *a*) Gen. sín *seiner,* til sín *zu sich 46*, 13; *von Mehreren* 97, 18; sagði sín = *gab Auskunft über sich* (*vgl. Var.*) 215, 13. sín í (á) milli = *unter sich 44*, 1; *93*, 15; *zwischen sich 161*, 33. — *b*) Dat. sér *sich, für sich* 17, 8; *von Mehreren 13*, 6; *15*, 7; með sér 97, 20 = *mit ihnen;* m. sér *unter sich 97*, 3; *oft zum Ersatze eines Possessivpron.*, *so* 15, 7 (= á oxlum sínum) *vgl.* 98, 25; *104*, 8 (*vom Pron. der ersten Person 104*, 26 hnefa mínum, *wo Var.* hn. mér); undir hond sér *115*, 10; í hǫfuð sér *119*, 15; með tungu sér (= sinni) *156*, 28; í fangi sér *161*, 23; með munni sér *173*, 11; sér til handa *ihm zu Handen oder zu seinen Handen, für ihn 121*, 16; *vgl.* hǫnd. — *Im allgem. vgl. Lund* p. 120, 122.

c) A. sik *sich 4*, 6; *30*, 18; *67*, 19. — *In syntakt. Bezieh. vgl. Lund* p. 507 *fg.*

sínn *oder* **sinn,** *pron. possessiv* (*vgl.* sín, § 95). sein, der seine. — N. m. sinn maðr í hverju *sein Mann*

(*je ein Mann*) *in jedem* 5, 8 (*vgl.
das pron.* sinn hverr = *sein jeder,
jeder für sich*). N. f. sín 67, 18;
G. m. síns *156*, 16; G. n. *168*, 8;
G. f. sinnar *3*, 3; D. m. sínum *53*,
4; *auch in imperson. Sätzen, in Beziehung auf ein zu ergänzendes* maðr
vgl. s. v. maðr 4), *so* 55, 11; *112*, 1.
— D. f. sinni *66*, 5; *162*, 21. D. n.
sínu 3, 3. — A. m. sinn *10*, 16; *14*,
18; A. f. sína *4*, 6; *14*, 18; A. n.
sitt *6*, 1; *166*, 11.— Pl. G. sinna *119*,
9. — Pl. D. sínum *14*, 12. — Pl.
A. m. sína *18*, 5; *53*, 15; *119*, 13;
A. f. sínar *192*, 13. — A. n. sín *18*,
5; *42*, 10.

   * *In syntakt. Bezieh. vgl.* Gr. IV,
347; *Lund* p. 507 *fg., vgl. auch 192*,
10 ǫrvar sínar = *ihre Pfeile (von
Zweien) neben 192*, 13 við meyjar
sínar=*ihre Mägde (von* Brynhildr)
und kvað hann (=illum) hafa vélt
sik (*den Redenden*) 207, 23.

sizt, *superl. adv.* (*comp.* siðr; *vgl.*
siðar, siðarst), *am* wenigsten. —
150, 24; *234*, 12.

skaða, *schw. v.* (F. 330), schaden,
imperson. mit Acc. *der Person* (*nach*
Vigf. *altertümlich, sonst auch mit*
Dat. *wie* skeðja *Lund* p. 72) — Præt.
S. 3 skaðaði *158*, 33.

skaði, m. (*s.* skaða *u.* F. 330), *der*
Schade, *das* Verderben. — G.
til skaða *38*, 18; D. skaða *84*, 2. —
A skaða 75, 2.

skafa, *stv.* (F. 331), schaben,
kratzen. — Pass. Part. Pl. N. f.
skafnar Sigdr. *18*, 1.

skafl, m. (*s.* Fritzn., *nach* Vigf. *zu*
skafa F. 331), *eine* Schneetrift,
*ein vom Wind zusammengetriebener
Haufen Schnee.* — D. skafli *150*, 5;
A. skafl *150*, 6.

skammr, *adj.* (F. 332), kurz, klein.
— D. f. inni skommu 8, 19 (*vgl.*
Volusprá.); A. f. skamma *170*, 19.
N. n. skamt 69, 9; 79, 2 *ein kurzes
= eine kurze Strecke; 112*, 5 (*vgl.
Var.*; skamt *ist hier = etwas kurz
= zu kurz; vgl. ungr 74*, 8 s. v.
ungr); A. skamt 22, 15; skamt lætr
þú ills í milli (*vgl.* 192, 33)=*kurze
Zeit lässt du zwischen dem Übel
verstreichen = du eilst immer von
einem Übel zum andern* 225, 10; *öfter
adverb. = eine kurze Strecke, nicht
weit* 58, 21; 79, 2; *172*, 23. *Zeitlich*:
þess var skamt í milli ok þér

kvámuð *es war eine kurze Zeit da-
zwischen* (*zwischen jener Zeit*) *und
Eurer Ankunft 192*, 33; *vgl. u.* Acc.
— *Vgl. Lund* p. 54, *der auch 69*, 9
als adverb. Acc. *auffasst.*

skammær, *adj.* (skammr; ær *zu* ár
n.?), *von* kurzer Dauer, *von k.
Lebensdauer.* — Pl. N. 219, 16,

skap, n. (skapa), *die* Bestimmung,
Form, *Beschaffenheit; spec. der*
Charakter *oder* Sinn *eines Menschen.* — A. 218, 14. — Pl. skọp
das Schicksal. — D. við skọpum
gegen das Sch. 209, 1; *217*, 27.

skapa, *schw. v.* (F. 331), schaffen,
d. h. bestimmen, ordnen. —
Inf. 22, 10. — Præs. S. 1 skapa *260*,
16. — Pl. 3 skapa 22, 8. — Præt.
Pl. 3 skopuðu *11*, 19. — Præt. *st.
Flex.* (*s. u.* *) S. 3 skóp Regm. 2, 5.
Pass. Part. skapaðr *geschaffen 26*, 10
(*hier = beschaffen,* comparatus Eg.);
N. f. skọpuð 7, 2; Vafþr. *35*, 2;
Regm. *6*, 5; n. *absol.* skapat *14*, 22.
— *Auch auf die feinere Ausführung und Anordnung bezieht sich*
sk. (*vgl.* Vigf. B, 5), *so* skapaðr allr
við sik=*ganz geordnet in sich, wol-
proportioniert 191*, 6. — Med. skapaz
sich ordnen, sich machen, geschehen.
— Præt. S. 3 skapaðiz 9, 2.

  * skapa *ist urspr. starkes Verbum und wird so vielfach angesetzt,
vgl.* § 120 1).

skapdauði, *adj.* (skap = *Charakter,*
dauði), *charaktertot, ohne rechte
Mannhaftigkeit,* nicht würdig zu
leben. — N. 222, 21.

skaplyndi, n. (skap n. *Geistesbildung,
Charakter, zu* skapa F. 331, lyndi n.,
wie lund f. *Gemütsart vgl.* s. v.), *die*
Gemütsart. — D. 37, 8; A. 27, 8;
172, 32; = *Gemüt* 211, 9.

skapt, n. (F. 331). 1) *der* Schaft
oder Stiel. — Dsf. upp at skaptinu *bis zum Schaft hinauf* 60, 20.
— 2) *eine* Wurfstange; D. *191*,
13.

skaptker, n. (*wol besser* skapker,
wie auch U. *bietet, vgl. Möb.* Gloss.
s. v., Vigf. s. v., Bt. p. 397; ker n.),
das grössere Schöpfgefäss, *woraus die Becher gefüllt werden.* —
A. *49*, 16.

skaptré, n. (*für* skapttré, *vgl.* skapt
u. tré), *die als Schaft oder Handhabe
dienende* Holzstange *in der Handmühle* (manubrium Eg., Vigf. *zweifl.*

a flour-bin; Bt. *denkt an das Fuss-gestell der Mehlbank).* — Pl. N. skaptré Grott. 23, 5.

skarðr, adj. (F.333), *beschnitten,* ver-kürzt. — A. skarðan (sc. hlut) = *den schlechten Teil, den Schaden* 226, 16.

skarpr, adj. (F. 833), scharf. — Pl. D. skorpum Grott. 15, 6. — Com-par. skarpari, n. skarpara *schärfer, schneidender* 41, 16; adv. Grott. 20, 6.

skattgildr, adj (*s.* skattr, gildr *zu* gjalda), *eig. Schatzung bezahlend* = tributpflichtig. — Pl. N. 142, 12.

skattkonungr, m. (*s.* skattr, konungr) = skatttgildr konungr, tribut-pflichtiger König. — Pl. N. 142, 7, 10; A. 143, 1,

skattr, m. (F. 830), *der* Schatz, *auch die Schatzung, der Tribut.* — N. Niflunga skattr (*Schatz, Hort*) 120, 21. — A. = *Tribut* 250, 12.

skaut, n. (F. 337), *der* Schoss, *d. h. das Ende oder der Zipfel des Klei-des, dann überh.* = Ende, Seite. — Pl. D. skautum 11, 13 (plagis Eg.).

skál, f. (F. 834), *die Schale,* Trink-schale. — Pl. N. skálir 102, 5.

skáld, n. (*vgl.* Vigf. s. v.), *der* Dich-ter, *Skald.* — N. 97, 15; Nsf. sem skáldit kvað *wie der Dichter sprach (bei Citierung einer eddischen Str.)* 208, 14. — Pl. N. skáld 123, 10; G. skálda Grm. 44, 7.

skáldfífl, n. (*vgl.* skáld, fífl), *ein schlechter Dichter,* Dichterling. — Pl. G. 100, 18.

skáldskapr, m. (*s.* skáld, -skapr *zu* skapa = nhd. *-schaft;* F. 331), *die* Dichtkunst. — N. 35, 8; G. skáld-skapar 142, 12; D. skáldskap 35, 2; 96, 19; A. skáldskap 97, 2; Asf. 98, 15.

skáli, m. (*vgl.* Vigf.), *ein Schuppen oder eine Halle, namentlich die Trinkhalle, der Hauptraum des Hauses; auch* = Gebäude; *vgl. Wh.* 223. — Dsf. skálanum 58, 12. — A. skála 58, 11; Asf. 160, 6.

skálm, f. (F. 834), *ein* kurzes Schwert. — Pl. D. Guðrkv. II, 20 b.

skálmold, f. (*vgl.* skálm, old f.), *das* Schwertalter, *Zeitalter d.Schwer-tes.* — N. Vol. 46, 7.

skeðja, *schw. v.* (skaði), beschädi-gen, *mit* Dat., *vgl.* skaða. — Inf. 216, 4 (*absol.*); *mit* Dat. 229, 22. — Pass. Part. *absol.* skatt 230, 11.

skegg, n. (*vgl.* Vigf.), *der* Bart. — D. skeggi 39, 20; A. skegg 40, 3; 96, 5.

skeggjold, f. (*vgl.* skeggja = Bart-axt, Beil; old f. s. v.), *das* Beil-alter, *Zeitalter roher Gewalt.* — N. Vol. 46, 7.

skeggmaðr, m. (*s.* skegg, maðr), *der* bärtige, *durch einen besonders grossen Bart kenntliche* Mann. — Nsf. 172, 14.

skeið, n. (F. 335 s. skaida), *der* Raum, *die* Laufbahn *oder* Rennbahn. — N. 63, 8; A. 63, 11 taka it fyrsta sk. *beginnen das erste Rennen;* ríða á skeið *wie bei einem Wettritt in voller Carrière reiten* 165, 10; *vgl. übr.* H. H. I, 43, 6, *hier ist* mart skeið = *manche Tour;* Asf. 63, 19, 21. — Pl. A. 63, 3.

skeiðsendi, m. (*s.* skeið, endi), *das* Ende *der* Laufbahn. — G. 63, 16, 20; D. 63, 12.

skeina, *schw. v.* (*vgl.* Vigf.), *in leich-terer Art* verwunden. — Med. skeinaz *verwundet werden (von Per-sonen) oder* geschlagen *werden (von Wunden),* so Præs. S. 3 skeiniz 141, 13.

skeinuhættr (skeina, hættr), wun-dengefährlich. — N. n. verðr þeim skeinuhætt = *bringt ihm viele Wunden bei* 248, 7.

skella *oder in älterer Form* **skjalla,** *stv.* (F. 834, *vgl.* Vigf. s. v.), schal-len, erschallen. — Inf. láta sk. hánum 71, 3 *vgl.* H: í hofði hánum u. Lund p. 96 (sk. láta *hier etwa soviel wie das trans.* skella *schw. r.* = *erschallen lassen, mit Geräusch werfen oder schlagen,* infligeret Eg.). — Præt. Pl. 3 skullu 72, 7 *erdröhn-ten, heftig aufschlugen* (illiderentur Eg.).

skemma, f. (*zu* skammr F. 332), *ein kleines, abgesondertes Gebäude, na-mentlich als* Frauenhaus *oder* Vorratskammer benutzt 217, 8. — D. 157, 29.

skemmudyrr, Pl. f. (skemma, dyrr), *die* Thüre *der* skemma. — D. 204, 7.

19

skemmumær, f. (skemma, mær), *ein*
Kammermädchen. — Pl. A.
skemmumeyjar *204*, 10.

skemmuveggr, m. (skemma, vegr),
die Wand *der* skemma. — A.
207, 10.

skemta, *schw. v.* (*zu* skammr *kurz*),
die Zeit verkürzen, Unterhaltung
bieten, *mit* Dat.; *Lund* p. 101. —
sk. sér *sich unterhalten,* Kurzweil
treiben. — Inf. *106*, 4. — Imper.
Pl. 1 skemtum oss (Dat.) *195*, 12.

skemtan *oder* **skemtun,** f.(*zu* skemta),
die Unterhaltung, *das gesellige
Vergnügen.* — N. *51*, 6; *73*, 14; G.
skemtanar *172*, 4; Gsf. skemtunnar
3, 3 (*hier* = *Unterhaltungsgabe, Ta-
lent!*). — D. at skemtan *192*, 4, 10;
A. *192*, 23.

skenkja, *schw. v.* (*vgl.* F. 330), schenken, einschenken, *mit* Dat. —
Inf. *102*, 10, 16; *120*, 24. — Præs.
S. 3 skenkir *197*, 27. — Præt. Pl. 3
skenktu *217*, 21.

skepta, *schw. v.* (*s.* skapt), *mit einem
Schaft oder Stiel versehen,* schäf-
ten. — Inf. *192*, 10; Præt. S. 3 skepti
193, 11.

sker, n. (*wol zu* skera), *die scharf
abgeschnittene Felsinsel,* Klippe
(*Schere*). — Dsf. skerinu *98*, 19.

skera, *stv.* (F. 232), schneiden,
scheren, schlachten. — Inf. *120*,
14. — Conj. S. 3 skeri = *schneide
man 222*, 13. — Præt. S. 3 skar *57*,
1; sk. hón þá á háls *schnitt sie
ihnen an den Hals, schnitt sie ihnen den H. ab* 225, 2. — Pass. Part.
n. skorit *229*, 15.

skerða, *schw. v.* (*vgl.* skarðr *u.* F.333),
nagen, *benagen* (*schartig machen*).
— Præs. S. 3 skerðir Grm. *35*, 6;
atterit Eg.

skjaldborg, f. (*s.* skjoldr, borg), *die*
Schildburg, *urspr. eine Art der
Verteidigung wie lat.* testudo; *in*
Volss. *viell. eine mit Schilden ge-
deckte kleinere Burg, vgl. Edz. zu*
C. 20. — N. *183*, 17.

skjaldmær, f. (*s.* skjoldr, mær), *das
Schildmädchen, die* Walkyre; *vgl.*
valkyrja. — N. *193*, 29; Pl. G. *166*, 1.

skjall, n. (*s.* Vigf., *wol verw. mit* skjár
= *feine Haut, Pergament*), *die*
feine Haut unter der Eier-
schale. — N. *24*, 5.

skjálfa, *stv.* (*vgl.* skal F. 333, 334),
zittern, *erbeben.* — Inf. *198*, 32.

— Præs. S. 3 skelfr *80*, 19; Part.
skjálfandi (*vgl.* fara ***) Grott. *12*, 4.
Præt. S. 3 skalf *58*, 14; Pl. 3 skulfu
75, 21; Grott. 23, 5.

skikkja, f. (*vgl.* Vigf.), *ein Qberkleid,*
Mantel. — Dsf. 221, 1.

skilja, *schw. v.* (F. 333), trennen,
scheiden, unterscheiden = verstehen; *auch intrans.* = *im Wege
stehen, einen Unterschied machen,
verschieden sein.* — Inf. *40*, 7; *58*,
22; *verstehen, erfahren 222,* 16. —
229, 2 = skiljaz. — Præs. S. 3 *impers.*
hví skilr svá mikit, at … *26*, 19
= cur tantum inter se differunt
(æstas et hiems) Eg. Pl. 3 skilja
machen den Schluss 169, 32. — Præt.
S. 3 skildi *79*, 7; *117*, 21. — Pl. 3
unterschieden = *verstanden* 159, 15.
skildu (*hier schieden* = *sich trenn-
ten, vgl.* Med.) *150,* 13; *zu 244,* 7
vgl. 167, 11. Pass. Part. skildr; Pl.
N. m. skildir *159*, 22. — *absol.* skilit
(*oder* skilt) *205,* 12; *218,* 3; *252,* 17.
— Med. skiljaz *sich* trennen. —
Inf. 69, 14. — Præs. S. 3 eigi skilz
hann fyrri við *150,* 35. — Pl. 3 skiljaz
154, 19; *159,* 24; sk. þeir (Sig. *und*
Alsviðr?) nú vinir *als Freunde
196,* 22. — Præt. Pl. 3 skilduz *139,* 5.

skilnaðr, m. (*vgl.* skilja), *die* Trennung. — D. at skilnaði *67,* 16.

skin, n. (F. 335), *der* Schein, *Strahl.*
— D. skini *16,* 3.

skinn, n. (F. 331, Vigf.). *die* Haut,
das Fell. — Nsf. *158,* 20. D. skinni
158, 18.

skinnkyrtill, m. (skinn, kyrtill), *ein
grober* Rock *aus Fellen.* — D.
253, 24.

skjól, n. (F. 337), *der* Zuflucht-
sort. — G. skjóls ván 222, 23.

skjóta, *stv.* (F. 337), schiessen,
schieben, *stossen, mit* Dat.; *Lund*
p. 96. — Inf. 73, 15. — Præs. S. 3
skýtr 33, 2; *161,* 31; *impers.* upp
skýtr jorðunni 89, 3 = terra emerget
Eg. — Imp. S. 2 skjót at h. vendi
þessum *schiesse nach ihm mit diesem Stabe! 74,* 16. — Præt. S. 2 *mit*
suff. Pron. skauztu *196,* 11; S. 3
skaut 74, 16 = *schoss,* = *schob 104,* 7;
Pl. skutu *schoben, stiessen 41,* 12;
42, 2; *schossen 74,* 3; sk. eldi á
hollina *steckten die Halle in Brand
121,* 6. Pass. Part. *absol.* hafði út
skotit *hatte hinausgeschoben* (*vom
Lande ins Wasser,* deduxerat Eg.)

71, 10. — Med. skjótaz *sich schieben*, stürzen. — Præt. S. 3 skauz
(=skautz) Grott. 23, 6.

skjótfœri, n. (*s.* skjótr, fœri), *die*
Schnelligkeit *im Laufe*. — A.
68, 19.

skjótleikr, m. (*s.* skjótr, leikr *), *die*
Schnelligkeit. — Asf. 63, 6.

skjótr, adj. (F. 387), schnell. —
Superl. N. m. skjótastr 138, 18.

skjótt, adv. (*eig.* n. *zu* skjótr *adj.*),
schnell, eilig. — 15, 10; 58, 25;
in Kürze 156, 12; *plötzlich* 253, 2.
— *Compar.* skjótara 62, 15. — *Superl.* skjótast *in Kürze* (paucissi-
mis Eg.) 29, 5; sem skj. *so schnell
wie möglich* 111, 9.

skip, n. (F. 336), *das* Schiff. — N.
55, 4; Nsf. skipit 75, 14. — Gsf.
skipsins 82, 10; Dsf. skipinu 98, 1;
Asf. skipit 55, 6. — Pl. N. 164, 4;
Nsf. skipin 125, 29; G. skipa 55, 2;
Grm. 44, 8; fóru til skipa *gingen
an Bord* 141, 17; fá lið ok skipa
(*vgl.* fá) 162, 22; Gsf. skipanna 55,
3; D. skipum 137, 6.

skipa, schw. v. (*vgl.* Vigf.), anordnen, einrichten, einnehmen.
— Inf. at skipa hann 51, 1 = occu-
pare (sc. hominibus) Eg.; *nhd. etwa
„in ihr Leute unterzubringen".* —
sk. hann *ihn* (den Skiöbl.) *einnehmen, darin Platz finden* 55, 6. —
Præs. S. 3 þeim skipar hann Valh. ok
Ving. *denen weist* er V. *und* V. *als
Aufenthalt an* 28, 2 (locum in V.
et V. distribuit Eg.). *Ähnl.* skipar
ríkit 169, 8; sk. liði sínu *ordnet
seine Schar* 220, 20; *vgl.* Lund p.
84. — Pl. 3 skipa 167, 24 = *nehmen
ein (mit ihren Leuten).* Pass. Part.
absol. skipat = *angewiesen* 192, 2;
bestimmt 193, 29; 200, 6; *Platz angew.*
237, 15; Plur. A. n. vel skipuð *wol
bemannt* (*vgl.* Vigf. s. v. II, 4) 154,
24. Med. skipaz *sich* einrichten,
sich machen. — Præt. S. 3 hversu
skipaðiz? 7, 14 = quid accidit? Eg.
— Part. h. skipaz (*doch viell.* skapaz
mit U) 18, 7 = formati fuerant Eg.

skipan oder **skipun**, f. (*zu* skipa), *die*
Einrichtung; *das Betragen.* —
N. 192, 24; A. skipun 17, 14.

skipstjórnarmaðr, m. (*s.* skip, stjórn-
arm.), *der Befehlshaber eines Schiffes*, Kapitän. — A. 163, 2.

skipta, schw. v. (*vgl.* Vigf.), eintei-
len, *oft nur* = teilen, ändern,

tauschen; *mit* Dat., *Lund* p. 84
— Inf. skipta ǫllum vistum með
þeim, er 38, 6 = omnes mansiones
inter eos, qui —, distribueret Eg.
— sk. = *teilen* 96, 14; 116, 15; 204,
21. = *tauschen* 169, 29. Præs. S. 3
skiptir til *es teilt sich zu, trifft ein;
þat* sk. eigi at líkindum t. 170, 6:
das trifft nicht ein (sc. *die Antwort*)
u. w. — Plur. 1 skiptum *tauschen*
157, 31; Pl. 3 skipta 22, 14 = dis-
pensant Eg.; *mit* Dat. = *teilen* 79,
20; = *vertauschen* 157, 33; 198, 28.
Præt. Pl. 3 skiptu 56, 15; = *ver-
tauschten* 118, 25; Conj. Pl. 3 skipti
158, 11. Pass. Part. skipt *eingeteilt*
12, 13; sk. dœgrum = facta noctium
et dierum vicissitudine Eg.; skipt
man nú lǫndum (sc. verða) 166, 4
= *nun wird es mit den Landen
anders werden, nun wird die Herrschaft ein anderer erhalten*, vgl.
H. H. I, 57, 8—9. — þá er at jafnaði
skipt = *verteilt, geordnet* 212, 2.
Med. skiptaz við *sich gegenseitig
(im Kampfe) austeilen; mit instrument. Dativ* Præs. Pl. 3 skiptaz
249, 1. — Præt. Pl. 3 skiptuz þeir
svá við (sc. brǫgðum *oder* hǫggum;
vgl. Möb. Gloss. s. v. skipta) 99, 4
*etwa „verfuhren sie gegenseitig in
der Art".* — Conj. S. 8 skiptiz =
sich änderte 259, 4.

skipti, n. (skipta), *der Tausch, die
Teilung.* — Pl. skipti = *die Ent-
scheidungen, das* Schicksal. —
N. 250, 5; D. várum skiptum 222, 19.

skjǫldr, m. (F. 334; Vigf. s. v.), *der*
Schild. -- N. 103, 21; Nsf. 137,
19; D. skildi Sigdr. 15, 1; Dsf. skildinum 104, 7; A. skjǫld 103, 8; skj.
fyrir sér *den Schild vor sich* (sc. *hingestellt*) 164, 20. Asf. 103, 22. —
Pl. N. skildir Vǫl. 46, 8; D. skjǫldum 4, 11, 18; A. skjǫldu Grott. 13, 6.

skið, n. (F. 335), *der* Holzstab,
das Scheit. — *Spec. der hölzerne
Schneeschuh der Nordländer*, vgl.
Wh. p. 306. — Pl. D. skíðum 33, 2.
— A. skið (*Holzscheite*) 137, 12.

skíðfœrr, adj. (*s.* skið, fœrr *zu* fara),
im Laufen *mit* Schneeschuhen
geübt. — N. 36, 12 (*vgl.* Var.).

skífa, schw. v. (*vgl.* skífa f. = Scheibe,
Vigf.), *in* Scheiben *oder in* Stücke
schlagen, zerschneiden. — Præt.
Plur. 3 skífðu ǫ, 2. — Pass. Part.
Plur. A. m. skífða 178, 6.

10*

skína, *stv.* (F. 335), scheinen. —
Inf. γ, 2. — Præs. S. 3 skínn *82*, 20;
Vol. 53, 3 (*vgl.* § 22, 3, c). — Part.
D. f. skínandi Regm. 23, 3.
    * Regm. 23, 3 *ist viell.* síð sitj-
andi *mit* F *zu behalten*, sitja =
setjaz (*vgl.* sól sez *144*, 7) *zu erklären und bei der „spät unter-
gehenden"* an die langscheinende
*Sommer - Sonne des Nordens zu
denken.*

skíra, *schw. v.* (skírr), reinigen,
spec. taufen. — Pass. Part. skírðr
getauft 236, 17.

skírn, f. (skíra), *die Reinigung, spec.*
Taufe. — A. *261*, 4.

skírr, *adj.* (F. 335), leuchtend,
glänzend. — N. f. skír Grm. *11*, 5;
D. n. skíru 25, 7.

skora, *schw. v.* (*vgl.* skera), *schneiden,*
einschneiden, *dann* = bestim-
men, *förmlich erklären.* — Præt.
Pl. 1 skorðu vit (*vgl.* § 107 *Anm.* 2)
Grott. *15*, 5 = exsecuimus Eg.; Pass.
Part. skoraðr *103*, 7.
    * *Das* Præt. skorða Grott. 15 *ist
Nebenform für das häufigere* skoraða.

skorta, *schw. v.* (F. 338; Vigf. s. v.),
mangeln, *mit* Acc. *der Person
und der Sache; Lund* p. 47. — Inf.
161, 26; til skorta = *ermangeln* 47, 1.
Præt. S. 3 skorti þá eigi *es fehlte
da nicht an . . . 67*, 18 *vgl.* 102, 7;
121, 2; á skorti c. A. *fehlte an . . .
154*, 16; *mit dopp.* Acc. *191*, 22 =
nicht fehlte es ihm an u. w.

skot, n. (*vgl.* skjóta), *der* Schuss.
— Nsf. skotit *74*, 17.

skothríð, f. (skot, hríð), *der Geschoss-
sturm,* Pfeilregen. — N. 220, 32.

skógarvǫndr, m. (skógr, vǫndr), *ein
roher, aus dem Walde entnomme-
ner* Holzstecken. — A. 253, 25.

skógr, m. (*vgl.* Vigf.), *der* Wald. —
G. skógar *54*, 6; Gsf. *157*, 11; D.
skógi *15*, 21; Dsf. skóginum 58, 21;
A. skóg *94*, 11; Asf. skóginn *61*, 15.
— Pl. A. skóga *159*, 2.

skóklæði, n. (*s.* skór *u.* klæði), *das*
Schuhzeug; *vgl.* Wh. p. 164 *fg.*
— Pl. G. skóklæða *43*, 3.

skór, m. (F. 338), *der* Schuh. —
A. skó *36*, 7; *84*, 7. — Pl. D. skóm
84, 8; A. skúa (*vgl.* § 38 *A.* 1) *112*,
20; skó *245*, 14.

skósveinn, m. (*s.* skór *u.* sveinn), *der*
Leibdiener, Kammerdiener,

eigentl. der Schuhbursche (Pf.), *vgl.*
Wh. p. 173. — A. skósvein *46*, 13.

skríðna, *schw. v.* (*vgl.* skríða), *ins*
*Gehen oder Gleiten kommen, aus-
gleiten,* straucheln. — Præt. S. 3
skríðnaði *122*, 20.

skríðr, m. (*s.* skríða, skríðna), *das*
raschere Fortkommen. — N.
71, 11 = celerior cursus Eg.

skrifa, *schw. v.* (*vgl. l.* scribere Vigf.),
zeichnen, eingraben, schrei-
ben. — Præt. S. 3 skrifaði þar á
*stellte durch Stickerei darauf dar
213*, 5. — Pass. Part. skrifaðr *von
einem* Schilde *190*, 17 = markaðr
190, 21; *von einem* Saale, *dessen
innere Wände entweder bemalt oder
durch Teppiche mit eingewirkten
bildlichen Darstellungen geschmückt
waren 195*, 9.

skríða, *stv.* (F. 339), *schreiten, d. i.
langsam fortgehen,* gleiten, *krie-
chen.* — Inf. *178*, 32. — Præs. S. 3
skríðr *138*, 37. — Præt. S. 8 skreið
100, 5; *117*, 11. — Pl. 3 skríðu *ein-
herfuhren 213*, 7.

skrækja, *schw. v.* (*vergl.* Vigf.),
schreien. — Præt. S. 3 skrækti
96, 6.

skrækr, m. (*s.* skrækja), *der* Auf-
schrei. — N. *108*, 1.

skræktan, -un, f. (*vgl.* skrækja), *der*
Schrei. — A. *222*, 29.

skulu, *prät. präs.* (*vgl.* § 155 b, F.334),
sollen, werden, *oft Umschrei-
bung des Futurs oder des Impera-
tivs, vgl.* munu. — Inf. *63*, 7; *184*, 3.
— Præt. S. 1 (*Fut.*) skal ek *46*, 23;
162, 17; ek sk. *201*, 15; S. 2 skalt
(= *Fut.*) 29, 11; *mit suff.* Pron.
skaltú · (*oder* skaltu, *vgl.* § 26 b); =
Imper. § 2; *46*, 21; skaltu heyra
hören sollst (*oder wirst*) *40*, 11; ef
þú skalt vinna *wenn du gewinnen
sollst* (*oder willst,* si vincere cogitas
Eg.) *63*, 18. — eigi skaltu *du
darfst du 154*, 5; þú skalt *du sollst
155*, 12. — Præs. S. 3 skal α, 3;
6, 14; *17*, 5; *26*, 20 (skal vera heitt
etc. *von einem festen innern Gesetz,
nhd. etwa „von Natur heiss ist"
u. w.*). Beachte das doppelte skal
46, 24; *etwa mit „will" und „soll"
wiederzugeben, oder das Zweite als
Bedingung für das Erste hinzu-
stellen* (*so* Eg.); ok skal leysa 59,
16 = ut eam solveret Eg., *etwa „ist
im Begriff, schickt sich an zu lösen";*

vgl. auch Var. u. skal fram reiða
69, 19 = vibrare cogitaret Eg.; *ähnl.*
auch 102, 16; *als Futur* skal eta
62,15 *vgl. 63*, 6; *64*, 11. *Bei einer
Verabredung:* þá er skal takaz, skal
sœkja *152,23.* — „*wird*" *oder* „*muss*"
155, 5. *Ähnlich auch* þetta skal
(*muss man*) þiggja *197,* 35. — *Oft
auch impersonell, vgl. Lund* p. 23,
24: *32,* 1, 3; *34*, 9; *55*, 8, 9; *67*, 22;
*143,*10; *155,* 36 *u. ö.* — Pl. 1 skulum (*Fut.*) *40*, 25; *163*, 27, 29. *Mit
suff. Pron.* skulu-vér *183*, 30. Pl. 2
skulut *166*, 23; *34*, 8 (er þér sk.
kunna skyn ⇒ qui intelligentiam
habeatis Eg.); Pl. 3 skulu *6*, 15;
29, 14 (sk. *hier nur Bezeichnung
des regelmässigen Vornehmens, vgl.
Var.*), *44*, 6; *102*, 14. — Conj. S. 2
at þat skulir þú vita *dass du das
(wol) erfahren wirst* 162, 7; S. 3
skyli *möge* Grott. *6*, 1 *vgl. Lund*
p. 303; *impers. 79,* 16; Háv. *1*, 3.
— Pl. 3 skyli *24*, 3; skuli *159*, 17.
— Præt. S. 1 skylda Regm. 2, 6;
S. 2 skyldir (= vildir U) *68*, 6; S. 3
skyldi *73*, 14 (sk. standa *etwa =
stehen musste*); *1]1*, 16, 18 (*es sollte,
nämlich nach Übereinkunft*); *115,*
23; *118*, 28; *121,*17 *vgl.* skal leysa
59,16; *impers.* drekka skyldi Brag.
LV, *A.* 81. — *Vgl. Lund* p. 28. —
Pl. 1 skyldu vit (§ 107, *A.* 1) *103*, 4;
skyldum vér *172,* 9 = *ich sollte,
hatte vor;* Pl. 3 skyldu *32*, 11; *53*, 3;
57, 7; *73*, 11, 15; *99*,18; *104*, 21 *vgl.*
skal leysa *59*,16; *160*, 14 = *durften,
konnten.* — Conj. S. 1 skylda ek
155, 1 *als Condition.;* S. 3 skyldi
hann af kaupinu (sc. vera) 53, 1;
at hón skyldi eigi koma *dass sie
nicht zurückkehren* (*vgl.* koma)
müsste 155, 11; *vgl. 156*, 17 sk. =
sollte; 68, 8 *impers.; oft schwer von
der gleichlautenden Form des Ind. zu
scheiden.* — Inf. Præt. skyldu (*vgl.*
§ 155) *102*, 7; *115*, 14; *184*, 3. —
Vgl. mundu s. v. munu Præt.
  * *Ergänze* vera *oder* verða *nach*
skulu *182*, 25; *vgl.* vera **.
skunda *s.* **skynda.**
skutilsveinn, m. (*vgl.* sveinn, *u.* skutill
= *Tisch, Schüssel,* F. 337), *der zum
Aufwarten bei Tische bestimmte
Diener, namentlich der* Mund-
schenk. — N. *64,* 7. — *Vgl.* Vigf.
s. v.
skúar *s.* **skór.**

skygǧr, *adj.* (*eig.* Pass. Part. *von*
skyggja *beschatten, einen Wieder-
schein werfen auf Glas, Metall u.
w., polieren; vgl.* Fritzn.), p o l i e r t ,
s p i e g e l b l a n k, — A. skygðan *164,*
18; *213,* 19.
skygna, *schw. v.* (*vgl.* skygn Vigf.),
s p ä h e n , *scharf blicken.* — M. um
skygnaz *sich genau umsehen,* f o r -
s c h e n d d u r c h s p ä h e n. — Inf.
Háv. *1*, 3.
skykkr, m. (*zu* skaka, F. 329), *die*
h e f t i g e E r s c h ü t t e r u n g. — Pl.
D. gekk (*s.* ganga) skykkjum *er-
bebte heftig* 58, 14, *vgl. Lund* p. 129.
skyldr, *adj.* (*vgl.* skulu), *schuldig,*
v e r p f l i c h t e t *zu Etwas; mit* Dat.
der Person, vgl. Lund p. 114. —
N. n. skylt er at vita *es ist nötig,
es gehört sich zu wissen* 27, 3, *vgl.*
27, 11 (*u.* Pf. Gl.); *213*, 18. — Plur.
N. m. skyldir 56, 7; *58*, 1 (*hier* =
obsequio obstricti Eg.).
  * skyldr *wird auch häufig von
den Banden der Sippe gebraucht,*
= *nahe verwandt.*
skyn, n. (*vgl.* skygna), *die* E i n s i c h t ,
das innere Verständnis (ratio); *die*
B e g r ü n d u n g *oder* E r l ä u t e r u n g , *so
kunna oder* segja skyn *gegenüber
dem äusserlichen Beispiel oder*
dœmi (exemplum). — A. skyn *29*,3;
34, 8; *75*, 3; *111*, 19.
skynda *oder* **skunda,** *schw. v.* (F. 333),
e i l e n. — Inf. 233, 5.
skyndiliga, *adv.* (*vgl.* skynda), e i l i g.
60, 12.
skynja, *schw. v.* (*vgl.* skyn), p r ü f e n.
— Præt. S. 3 skynjaði *182*, 6.
skynsamliga, *adv.* (*zu* skyn n. *u.*
-sama F. 311), v e r s t ä n d i g, b e -
h u t s a m. — 57, 13.
skynsemi, f. (*zu* skyn n. *u.* -sama
F. 311), *die* E i n s i c h t , U m s i c h t.
— N. mikil sk. er *eine Sache grosser
(tiefer) Einsicht ist es* 29, 4.
ský, n. (F. 337), *die* W o l k e, *oft im*
Plur. — Pl. N. Grm. ský Grm. *41*, 6;
Asf. skýin 12, 10.
skǫmm, f. (F. 332), *die Beschämung,*
S c h m a c h. — N. *154*, 6. — Pl. A.
skammir 225, 12.
skǫr, f. (F. 332), *der* R a n d, *das*
H a u p t h a a r (*vgl.* Vigf. s. v.). —
Pl. A. skarar Guðrkv. II, 20 b.
skǫrungr, m. (*vgl.* Vigf.), *die* h e r -
v o r r a g e n d e P e r s ö n l i c h k e i t ,
von Männern und Frauen gebraucht.

N. mestr sk. *eine sehr hohe Person* 192, 31; skor. mikill 217, 20.

slá, *stv.* (g. slahan, F. 358), schlagen, *auch vom Saitenspiel, selbst vom Vortrag eines Liedes mit Harfenbegleitung; so* 239, 21, 22; *auch* = mähen. — Inf. 58, 26; 60, 15 (*mit dopp.* Acc.; *vgl. Lund* p. 52, *sonst auch mit* Dat., *vgl.* ljósta * *und Lund* p. 96; slá eldi 226, 21 *vgl.* 95, 13). — Præs. S. 3 slær út eitrinu 80, 18 = effundit venenum Eg.; *intrans.* nú sl. í orrostu = *jetzt schlägt es aus in Kampf, beginnt der Kampf* 220, 32. — Præt. S. 3 sló 120, 16; sló borða 204, 6 *vgl.* borði. — Plur. 3 slógu eldi 95, 13 = *schlugen, brachten Feuer hervor, vgl.* 76, 2; slógu hey 98, 23. — Part. Pass, *absol.* slegit 76, 2 *vgl.* 95, 13; *vom Saitenspiel* 224, 2; *etwas freier:* eld brennanda, er sleginn er um sal hennar *geschlagen ist um ihre Burg, zur Umgebung für ihre Burg dient, vgl.* Fritzn. slá-um) 198, 20.

slátr, n. (*vgl.* slá = *schlagen, schlachten), eig. das Fleisch geschlachteter Tiere, die* Fleischspeise. — D. slátri 62, 20; A. slátr 62, 22, 23; Asf. 68, 17.

slátra, *schw. v.* (slátr), schlachten, *einschlachten (auf Vorrat).* — Præs. Pl. 1 slátrum 218, 33.

sleði, m. (F. 360), *der* Schlitten. — G. sleða Sigdr. 15, 8.

slefa, f. (*l.* saliva Vigf.), *der* Speichelschleim. — N. 42, 5.

slegg? f. *oder* **sleggja?** f. (*vgl.* Einl. p. 47 A. 82), *die* Schlacke? — Pl. D. sleggjum Vol. 12, 8.

* *Vgl. Var. unter dem Text.*

sleikja, *schw. v.* (*vgl.* Vigf. s. v.), lecken, (*schleckern* Möb.). — Præs. S. 3 sleikir *beleckt* 156, 23. — Præt. S. 3 sleikti 9, 15, 16.

sléttr, *adv.* (F. 358), *schlecht* = schlicht, eben, glatt. — N. m. 40, 10; D. m. sléttum velli 63, 8; 90, 10 (plano campo Eg.).

slitna, *schw. v.* (*vgl.* slíta; slit F. 359), zerreissen, *intrans.* — Inf. 94, 4 = *zerrissen werden.* — Præs. Pl. 3 slitna 82, 4. — Præt. S. 3 slitnaði 40, 17.

slíðr, f., *meist* Pl. slíðrar (F. 359), *die* Schwertscheide. — Pl. D. slíðrum 119, 4.

slíkr, *adj.* (g. svaleiks; F. 360), *ein* solcher, *ein gleicher.* — N. m. 201, 1. — G. m. slíks 212, 27; A. m. engan slíkan 191, 32; N. f. slík 239, 2; N. n. slíkt *so Etwas* 158, 22; G. n. slíks ins sama *nach eben demselben* 170, 32; D. n. slíku ríki *einer solchen, so grossen Herrschaft* 197, 24; A. n. slíkt *ein Solches* Vol. 30, 4; *etwas Derartiges* 196, 5, 19; slíkt er fekk 138, 11 = quod nactus est Eg.; slíkt er = *soviel wie* 154, 9; *adv.*slíkt sama *desgleichen* 93, 1; *so auch einfaches* slíkt 194, 3. — Pl. N. m. slíkir hlutir = *so Etwas* 190. 3; D. af slíkum hlutum *infolge hiervon* 191, 16; A. slíka *solche, ebensolche* 210, 15. — N. n. slík 39, 6.

slíta, *stv.* (F. 359), reissen, zerreissen, *trans.* — Inf. 40, 15, 18; = *brechen* Helr. 9, 5; *zu* Helr. 14, 6 *vgl.* Vorbemerk. XCV N. 28. — Præs. S. 3 slítr Vol. 51, 7; Conj. S. 1 slíta 40, 20. — Præt. S. 3 sleit 54, 5; 71, 9; sleit upp *riss in die Höhe* (d. h. *aus dem Boden oder von einem Baume*) 74, 9. — Pass. Part. Pl. A. f. slitnar 178, 6; *absol.* fær slitit (*vgl.* fá 1), *eig. zerrissen bekömmst* = *zerreissen kannst* 40, 25.

slokna, *schw. v.* (*vgl.* Vigf.), *auslöschen,* erlöschen. — Præs. S. 3 sloknar Vafþr. 51, 3.

* *Auch* slokna *wird angesetzt, so* Möb. Gloss.

slóð, f. (*s.* Vigf., Fritzn.), *die* Spur *im Wege.* — D. 183, 1.

slyngja, *stv.* (F. 359; *vgl.* § 115), schleudern, werfen *mit* Dat. — Præs. S. 3 slyngr eldi 84, 14. — Præt. Pl. 1 slungu vit Grott. 4, 1 (*vgl.* § 107 A. 2)

slekkva, *schw. v.* (*zu* slakr *schlaff.* F. 358), *zur Ruhe bringen, spec.* auslöschen. — Præt. S. 3. slekti 260, 19.

slengva, *schw. v.* (*vgl.* slyngja, F. 359). werfen *mit* Dat. *Vgl. Lund* p. 96. — Pr. Pl. 1 slengðum vit Grott. 12, 5.

slægð, f. (*vgl.* slœgr *schlau,* F. 358), *die* Schlauheit. — N. 37, 9.

smákonungr, m. (smár, kon.), *der* Klein-König; *im Gegensatze zu* þjóðkonungr, q. v. — Plur. A. 244, 18.

smár, *adj.* (F. 356), klein, *gering.* A. m. smán (= smáan) 54, 16. —

Pl. N. smáir 219, 10; D. smám 6.
11; A. smá 104, 16 (nach Var. auch
hier smán, wie 54, 16).

smiðja, f. (vgl. smiðr), die Schmiede,
Werkstatt überhaupt. — G. smiðju
110, 12; Dsf. smiðjunni 110, 15.

smiðjusveinn, m. (s. smiðja, sveinn),
der Schmiedeknecht. — Pl. D.
176, 1.

smiðr, m. (F. 357), der Arbeiter in
Metall, Stein und Holz, Schmied,
Baumeister (vgl. lat. faber). —
a) Baumeister. — N. 52, 8; Nsf.
53, 8. — Asf. smiðinn 52, 14. —
b) Schmied. — N. 175, 4; Nsf.
111, 4.

smjúga, stv. (F. 357), schlüpfen,
sich schmiegen. — Præt. Plur. 3
smugu 62, 3.

smíð, f. (vgl. smiðr), die Arbeit eines
smiðr, das Werk. — N. 12, 3 (hier
von der Erde als einem Werke der
Götter); Nsf. smíðin 54, 7; G. smíðar kaup = Werklohn 54, 13; D.
smíð 17, 7 wie 12, 3 von der Erde;
Asf. smíðina 175, 29. — Plur. N.
smíðir 16, 10.

smíða, schw. v. (zu smíð f.), schmieden, überhaupt in Weise eines smiðr
ein Material bearbeiten. — Inf.
175, 16, 18. — Præt. S. 3 smíðaði
6, 12 = fabricavit Eg. — Plur. 3
smíðuðu 17, 23. — Pass. Part. N.
m. smíðaðr 40, 9; n. u. absol. smíðat gearbeitet 54, 8. — Pl. f. smíðaðar gebaut 238, 13.

* Das í in smíð, smíða, smíði
entspricht nhd. ei in Geschmeide.

smíði, n. (zu smiðr), das Geschmeide,
das Schmiedewerk, Kunststück.
— N. þetta er þitt smíði das ist
dein Geschmeide (ein G. für dich
oder deiner würdig) 175, 14.

snara, schw. v. (F. 350), werfen, wenden. — Med. snaraz sich wenden.
Præs. S. 3 snaraz í brott þaðan
251, 18.

snarbrýna, schw. v. [snarr 2); brýna],
scharfwetzen. — Præs. S. 3 snarbrýnir 237, 1.

snarpeggjaðr, adj. (snarpr, egg), mit
scharfer Schneide; scharf. —
N. n. 243, 5; A. n. schw. Flex.
210, 26.

snarpliga, adv. (snarpr) mit Tapfer-
keit. — 221, 32.

snarpr, adj. (F. 350), strenge, scharf,
tapfer. — A. m. snarpan 179, 33.
— N. n. snarpa 180, 2.

snarr, adj. (F. 350; Ba p. 199). 1)
hurtig. — A. n. adv. snart; Superl.
adv. snarast: 80, 2 sem n. = quam
citissime Eg. — 2) durchdrin-
gend vom Blick; scharf von
Waffen. — Pl. N. n. snor 191, 4.

snarráðr, adj. (snarr, -ráðr s. ráð*),
schnell entschlossen, beherzt. —
N. schw. Flex. inn snarráði Regm.
13, 3.

snemma oder snimma, adv., sowie
snemt (adv. n. von snemmr adj.,
F. 351), frühe, bald. — 52, 6;
144, 5; snemt at = zu frühe, um,
vgl. Lund p. 374.

sneri s. snúa.

snerta, schw. v. (vgl. F. 350), schnell
austrinken; mit. Dat. — Præt.
S. 3 snerti or hverri 102, 6 = quorum singulos uno haustu evacua-
vit Eg.

snertiróðr, m. (vgl. snerta, róa), das
hurtige Rudern. — A. tóku snertiróðr 71, 16 begannen ein Schnell-
rudern.

snjallræði, n. (snjallr schnell, tüchtig
F. 351, ráð*), die Entschlossen-
heit, kluge Beherztheit. — N. 165,
13.

snild, f. (F. 351), die Tüchtigkeit.
— D. 172, 34.

snildarverk, n. (snild, verk), eine
Heldenthat. — Pl. A. 200, 31.

sníða, stv. (F. 350), schneiden. —
Præs. Plur. 3 sníða 84, 8. — Præt.
S. 3 sneit 120, 1.

snotr, adj. (F. 351, Vigf. s. v.), von
klugem und feinem Benehmen, gebildet. — N. 44, 12.

snúa, stv. (F. 351), wenden, bewegen, mit Dat. u. Acc.; Lund p. 96.
— Inf. 43, 18 vgl. snúa skipum 164, 6;
aptr snúa umkehren 258, 19; s. sínu
skapi seinen Sinn ändern 258, 21.
— Præs. S. 3 snýr wendet (sc. den
Schritt, sich) 61, 14, 17; vgl. sn.
eptir 251, 15; snýr þeim bringt sie
164, 14. — Plur. 3 snúa til seyðis
93, 11 = ad coctionem parant Eg.
- Præt. S. 3 sneri á aðra leið (vgl.
leið f.) 216, 28; impers. sneri mannfallinu trat ein Wechsel in der
Niederlage (nhd. „im Erfolge") ein
168, 35; die Art des Wechsels wird
durch die folgenden Worte be-

stimmt. — Pass. Part. *absol.* snúit til leiðar *zu Wege gebracht 12,* 12. — Med. snúaz *sich wenden, geraten.* — Præs. S. 3 snýz *63,* 11; *82,* 6; Vol. *51,* 3. — Pl. 3 snúaz *67,* 15.— Præt. S. 3 sneriz *5,* 3.

snúðigr, *adj.* (*zu* snúa), *leicht zu bewegen,* beweglich, rund. — D. m. *schw. Flex.* snúðga Grott. *4,* 2; *12,* 6.

snær, snjór, m. (F. 350), *der* Schnee — N. *81,* 5; A. snjó *164,* 19.

soðna, *schw. v.* (*vgl.* sjóða), kochen *intrans.,* gar werden. — Inf. *93,* 19. — Præt. S. 3 soðnaði *93,* 17.

sofa, *stv.* (*für* svefa, § 118; F. 361), schlafen. — Inf. *γ,* 1; *59,* 14. Præs. S. 3 sefr *182,* 18; *236,* 4 (*nach 235,*12 *schläft der König nicht, vgl.* s. lesa). — Conj. (*als* Opt. *vgl. Lund* p. 303) S. 3 sofi Grott. *5,* 6; Imp. Pl. 2 sofit Grott. *7,* 3. — Part. Præs. sofandi; D. sofanda *122,*11; Acc. sofanda *119,* 81. Pl. A. sofandi *159,* 10. — Præt. S. 3 svaf *9,* 6; *46,* 11; Pl. 1 sváfu-vit Helr. *12,* 1; Pl. 3 sváfu *235,* 13. — Conj. S. 1 *suff.* svæfak Helr. *13,* 4. — Pass. Part. *absol.* sofit *183,* 23.

sofna, *schw. v.* (F. 361), einschlafen, im Schlafe liegen. — Præs. S. 3 sofnar *59,* 15; *60,* 16. — Præt. S. 3. sofnaði *121,* 3; Grott. *4,* 4; Pl. 3 sofnuðu *120,* 17. — Pass. Part. N. m. sofnaðr *209,* 7; N. f. sofnuð *209,* 13; n. *absol.* mun sofnat hafa = *eingeschlafen sein wird, eing. ist 60,* 18. — *Vgl.* Fut. exact. Pass. § 160, *wo jedoch* verit *ebenso fehlen kann, wie* vera *in* Fut. u. Condit.

soltinn *s.* **svelta.**

sonargjold. Pl. n. (*vgl.* sonr, gjalda), *die* Mordbusse *für einen Sohn.* — D. *116,* 11.

sonarson, m. (*s.* sonr), *der* Sohn *des* Sohnes. — N. *162,* 14.

sonlauss, *adj.* (*s.* sonr, lauss), ohne Sohn. — N. *122,* 2.

sonr, m. (*auch* son, *s.* § 51 c; F. 323), *der* Sohn. — N. sonr *33,* 5; *36,* 9, 11, 15; *37,* 11; *104,* 23; *114,* 17; son *14,* 4; *27,* 7, 31, 4 u. ö.; G. sonar *η,* 5; D. syni *35,* 13; A. *9,* 8; *10,* 4; Asf. soninn *13,* 18. V. sonr *167,* 2. — Pl. N. synir *3,* 6; D. sonum *15,* 23; Vafþr. 30 b; Grm. *41,* 8. — A. sonu *10,* 6; *152,* 4. * *Vgl. auch das Patron.* Friðleifsson Grott. *1,* 6.

sortna, *schw. v.* (*vgl.* svartr), schwarz werden, *sich verfinstern.* — Inf. Vol. *59,* 1.

sókn, f. (*vgl.* sœkja), *der* Angriff. — D. *178,* 14.

sól, f. (*vgl.* Sól *u.* F. 324), *die* Sonne. — N. Vol. *8* b; ib. *53,* 4 (Eg. *verb.* sól skinn af sv. valt.); — *12,* 12; *144,* 7; Nsf. sólin *15,* 10. — *Poet.* Rinar sól = gull *g.* 2 *vgl.* gull = eldr allra vatna Sk. XXXII. — G. sólar *14,* 15; Gsf. *14,* 21; D. sólu *82,* 21; *66,* 2. — A. sól 52, 12; Asf. *81,* 12.

sólmánuðr, m. (*s.* mánuðr, sól), *eig. Sonnenmonat,* Juni. (*So auch Wh. D. Mon.* p. 56, *Altnord. Leben* p. 378 = *Mai gesetzt.*) — N. *144,* 13. — *Vgl. auch* Vigf. s. v., *der Name wol vom höchsten Stand der Sonne am 24. Juni.*

sólskin, n. (*s.* skin, sól), *der* Sonnenstrahl. — Pl. N. Vol. *42,* 5.

sóma, *schw. v.* (*vgl.* sœmd, F. 312), *sich* passen, *gebühren.* — Præt. S. 3 sómdi (*imperson.*) *103,* 16. — *Syntaktisch besser der* Conj. *in* U, *vgl. Var.* — Conj. S. 3 sœmdi *153,* 22.

sómasamliga, *adv.* (sómi, -samr F. 311), *in* ehrenvoller Art *226,* 16.

sómi, m. (*s.* sóma), *die* Ehre, *Ehrerbietung.* — N. *172,* 20 (*hier mehr das innerlich Ehrende neben der äusseren Wertschätzung* = virðing) D. *171,* 8; A. *162,* 9.

són, f., = **Són,** f.? — G. dreyra sónar *214,* 5 = *mit der Flüssigkeit* Són = *mit Dichtermet? vgl.* meinblandinn mjoð *196,* 16. — *Die Les. des* C. sonar hennar *sucht Sievers bei Paul* VI, 315 *zu verteidigen.*

sótt, f. (*vgl.* sjúkr F 325), *die* Sucht, Krankheit. — A. *151,* 21, 25. Pl. Nsf. sóttirnar *73,* 12.

sóttdauðr, *adj.* (*s.* sótt, dauðr), siechtot, *d. h. an Krankheit gestorben.* — Pl. N. m. *38,* 7; A. *190,* 6.

spakr, *adj.* (F. 351), klug. — N. m. Fáfn. 32, 5; G. m. spaks *195,* 30 *vgl.* spá. N. f. *schw. in* spaka *145,* 9. — *Superl.* N. m. spakastr *236,* 4.

spara, *schw. v.* (F. 354), sparen, *aufheben, schonen.* — Inf. *65,* 6; *zu Var.* sparaz (Inf. Med.) *vgl. Lund* p. 222. — spara at bíta *219,* 21 = *unterlassen zu beissen.* — Part. Præs. Pl. N. m. sparandi *251,* 11 (*hier im pass. Sinne, vgl. Lund* p. 400); eru eigi sp. = *dürfen nicht verschont werden.*

spá, f. (F. 352), *die Weissagung*, Prophezeiung. — var þar spá spaks geta *und es war da (erwies sich als) die Weissagung, die Vermutung eines klugen Mannes 195*, 30 (*sprichwörtl.; vgl. Möb. Gloss. s. 2* spá). Pl. N. spár 38, 17; Nsf. spárnar 42, 11; D. spám 260, 12; A. spár 27, 17.

spá, *schw. v. (vgl.* spá f.), prophezeien. — Præt. S. 3 spáði 210, 10. Pass. Part. *absol.* spát 206, 9.

spádís, f. (*s* spá, dís), *die mit prophetischem Blicke begabte* weibliche Schutzgottheit, *wol vorzugsweise von den einem Helden gewogenen, das Schicksal der Schlacht voraussehenden Walkyren oder Schildjungfrauen (vgl. 166*, 1) *gebraucht, so* Pl. N. spádísir 168, 27.

spádómr, m. (*s.* spá, dómr*), *die Gabe der* Weissagung.— A. spádóm 4, 8. — Pl. A. spádóma 37, 17.

spákona, f. (spá, kona), *die* Wahrsagerin, Prophetin. — Pl. N. 260, 1.

spánn, m. (F. 353), *der Span*, Holzsplitter. — Pl. Nsf. spænirnir 100, 1.

spánþak, n. (*s.* spánn, þak n.), *das* Schindeldach. — N. 4, 12.

speki, f. (F. 351), *die* Klugheit, Weisheit. — D. 35, 1; A. 37, 9.

spekiráð, n. (*s.* speki, ráð), *der Weisheitsrat*, weise Ratschlag. — Pl. A. 189, 2.

spekt, f. (*vgl.* speki), *die* Klugheit, Weisheit. — N. 20, 14.

speni, m. (F. 353), *die* Zitze. — Pl. *das* Euter. — Pl. D. spenum 9, 14; 49, 16.

spenna, *schw. v.* (F. 352), spannen, gürten *mit Acc. und instrument.* Dat.; *vgl. Lund* p. 97. — Inf. um liðu spenna *die Glieder umspannen* Sigdr. 9, 5. — boga at sp. *191*, 13. Præs. S. 3 spennir 30, 13. — Præt. S. 3 spenti 58, 23; *107*, 3.

spilla, *schw. v.* (F. 354), vernichten, verderben *mit* Dat.; *Lund* p. 82. — Inf. 53, 17; Vol. *46*, 4. — Med. spillaz zu Grunde gehen, aufhören. — Præt. S. 3 spilltiz *18*, 3 (*corrumpi cœpit* Eg.).

spillir, m. (*s.* spilla), *der* Verderber. — *Poet.* spillir bauga = gull-

brjótr = princeps Fáfn. 32, 6; *vgl.* Sk. XLVII.

spillvirki, n. (spilla, virki = verk), *das schädliche Werk, der* Schaden. — A. 259, 5.
* *Die gew. Schreibung ist* spellv., *von* spella = spilla.

spjót, n. (F. 355), *der Spiess, die* Lanze. — A. *164*, 19.

spjótsoddr, m. (oddr *Spitze* F. 36; spjót), *die* Speerspitze. — Dsf. *139*, 1.

spor, n. (F. 353), *die* Spur. — D. spori Sigdr. *16*, 8.

sporðr, m. (*vgl.* spori?), *der* Schwanz, *das* Ende (*z. B. einer Brücke*). — N. *69*, 8. — D. sporði Sigdr. *16*, 6; Dsf. sporðinum *179*, 20. A. sporð 38, 5; Asf. sporðinn 80, 5.

spori, m. (F. 353), *der* Sporn. — Pl. D. sporum 77, 6.

sporna, *schw. v.* (F. 354), *mit* Füssen treten. — Inf. 228, 18.

spott, n. (F. 355), *der* Spott. — D. spotti 224, 8.

spotta, *schw. v.* (F. 355), spotten, verspotten. — Part. Pass. *absol.* spottat 72, 3.

spretta, *stv.* (F. 356), springen. — Præs. S. 3 sprettr *160*, 9, 12; Pl. 3 spretta upp *219*, 16. Præt. S. 3 spratt upp 70, 16.

spretta, *schw. v. (vgl.* spretta *stv.), aufspringen machen, sprengen, öffnen.* — Præt. S. 3 spretti á knífi sínum *öffnete mit Anwendung seines Messers 57*, 8.

springa, *stv.* (F. 356), springen = brechen, gebrochen werden. — Præt. S. 3 sprakk af harmi 76, 1 = *animi mœrore rupta* Eg.

spurn, f. (spyrja), *die* Nachforschung; *Kunde.* — A. hefir hann spurn til Svanh. = *er hat K. von Sv. 227*, 20.

spurull, *adj. (vgl.* spyrja), *forschbegierig*, wissbegierig. — N. f. spurul *44*, 8.

spyrja, *schw. v.* (F. 353), fragen, forschen; *meist mit* Gen. *der Sache, doch auch mit* at c. Dat., *vgl. auch 56*, 17 *u. w. u., Lund* p. 176. — Inf. 5, 2; *31*, 3; *17*, 17 (sc. fróðleiks = de rebus ad cognitionem pertinentibus interrogare Eg.). — Præs. S. 1 þat er ek spyr 56, 17; S. 2 spyrr *48*, 7; S. 3 spyrr 5, 13; 6, 8. — Conj. S. 2 spyrir 27, 2. Imper. S. 2 spyr

201, 23. Præt. S. 2 spurðir Grott. *8*, 8; S. 3 spurði *4*, 15, 17; 5, 9; erforschte, erfuhr *mit* Acc. *121*,14; *122*, 6. — *Ist der Gegenstand des Forschens oder Erfahrens eine Person, pflegt sie durch* til c. G. *eingeführt zu sein, so* spurði til hans *140*, 10. — Pl. 3 spurðu *erfuhren 104*, 21; *fragten 122*, 13; spurðu hana eigi eptir slíkum spám = *sie nicht zu Rate zogen bei solchen Prophezeiungen 260*, 12. — Pass. Med. spyrjaz *vernommen werden;* Inf. *155*, 10. Præs. S. 3 spyrz *es wird bekannt 192*, 7. — Pass. Part. *absol.* spurt *gefragt* 16, 7; *erfahren 172*, 27. til spurt *eigentl. zugefragt = gehört 175*, 23.

spyrna, *schw. v.* (F. 354), *mit dem Fusse fest auftreten,* sp. við *sich gegenstemmen u. dergl.* — Præs. S. 3 spyrnir við 39, 12. — Præt. S. 3 spyrndi við 39, 2; *41*, 15; spyrndi = *stiess* 76, 4.

spyrning, f. (*vgl.* spyrja), *die* Fra|ge. — N. *48*, 7.

spýta, *schw. v.* (F. 355), *spützen,* ausspucken; *gew. mit instrument.* Dat.; *vgl.* Lund p. 97. — Præt. S. 3 spýtti upp (*sp. herauf, aus dem Munde*) *100*, 15; Pl. 3 spýttu 97, 5 (*vgl.* Var.).

spolr, m. (*fr.* espalier *vgl.* Vigf.), *die* Gitterstange; Pl. spelir *das* Gitter. — Gsf. spalanna 62, 3.

sponn, f. (F. 353), *die* Spanne, *als Mass.* — Pl. G. spanna *191*, 9.

staddr *s.* **steðja.**

staðfesta, *schw. v.* (staðr, festa), *befestigen, bestätigen.* Med. staðfestaz *festen Aufenthalt nehmen.* — Præs. (*oder* Præt.) Conj. S. 3 st. þar *197*, 7.

staðit *s.* **standa.**

staðr, m. (*vgl. g.* staþs F. 340), *der* Platz, *die* Stätte, *der Standort.* — N. *13*, 9; G. staðar 25, 15; *156*, 3; nam, námu st. *nahm Platz = blieb stehen 3*, 9; *haftete 80*, 4; *111*, 19; *fast ebenso* gaf, gáfu st. 8, 5; *11*, 17 (*hier =* certum locum assignarunt Eg.). Vgl. Lund p. 171, 174. — D. stað *17*, 19; *20*, 6; *71*, 5; færðum or stað Grott. *11*, 8 = emovimus loco Eg. — A. stað *11*, 19; 26, 5; saman koma í einn stað *170*, 12 = *an einem Platze versammelt (angehäuft) sein.* — Pl. N. staðir 22, 4; D. stoðum = *Stellen* 237, 25; A. staði 26, 5;

Vol. 8 b; *79*, 20 (*hier = Parteien, Abteilungen*).

stafkarl, m. (*zu* stafr; *vgl.* Vigf.), *ein am Stabe wandernder Mann. namentl.* Bettler. — N. *231*, 21.

stafn, m. (*vgl.* stefna), *der Steven, das* Vorderteil *des Schiffes.* — D. stafni Sigrdr. *10*, 4.

stafr, m. (F. 345), *der* Stab, *auch Runenstab, Runenzeichen.* — G. stafs 218, 11; A. staf *107*, 2. Pl. stafir = *l.* literæ (*vgl.* líknstafir) *auf Stäben eingeschnittene* Runenzeichen. — N. *214*, 6; Guðr. II, 23, 2.

staka, *schw. v.* (*wol zu* stak F. 343). *eig.* stossen, *oft intrans.* = *anstossen,* schwanken (to stagger Vigf.). — Præs. S. 3 stakar við = relabitur *160*, 3.

stakk *s.* **stinga.**

standa, *stv.* (F. 340), stehen, *sich* befinden. — Inf. *61*, 18; Grott. *17*, 2; Vol. *66*, 1; = *bestehen, stehen bleiben* 25, 12; = *entstehen* 37, 18; 215, 10; mund of st. *durch den Mund reichen, dringen* Vol. 56, 6. — Præs. S. 3 stendr 20, 11; 25, 5; *48*, 13; st. upp *60*, 7. — st. *entsteht 154*, 4; *189*, 7. — Pl. 3 standa *17*, 16; st. upp 153, 12; 20, 8, 9 (st. *afar breitt = reichen ausserordentlich weit*); = *entstehen* 26, 13. — eigi standa þín orð af litlu fári 205, 31 *vgl.* fár 2). Conj. S. 3 standi fyrir svefni *dem Schlaf im Wege stehe. den Schlaf raube 189*, 15; *vgl.* (Ind. S. 3) stendr þér f. gamni *201*, 20. Part. standandi Vol. *48* a = erecta Eg.; Imp. S. 2 statt *219*, 18; *mit suff. Pron.* stattu fram α, 1 = procede in medium Eg.; st. upp *204*, 14. — Præt. S. 2 stótt *69*, 10 *vgl.* § 77 b) 1; (st. við = *Widerstand leisten*); S. 3 stóð *152*, 13; stóð af *entstand aus* 8, 6, 12; *vgl.* 202, 23; st. upp *stand auf* (*vom Lager*) 57, 10; *104*, 27; *119*, 5; *blieb stecken* 105, 5; *209*, 8 *vgl.* stendr 105, 18; stóð niðr *reichte hinab* (*vgl.* 20, 8, 9) 152, 15; *vgl. auch* 198, 3; stóð = *dauerte 197*, 36. — Pl. 3 stóðu upp 57, 11; *122*, 26; stóðu at .. Grott. *11*, 5 = incubuerunt (operibus) Eg. — stóðu út *reichten hinaus* (*vgl.* 20, 8, 9) 152, 14. Pass. Part. staðit; hafði st. or *hatte herausgestanden. war hervorgekommen* 105, 13. — ' h. staðit um hríð *eine Zeit lang zum*

Stehen gekommen war, ohne Ent-
scheidung gedauert hatte 168, 30;
178, 8 svá st.=*so gestanden, in die-*
ser Weise gedauert; vgl. auch 178,
13; *200,* 23. Med. standaz *für sich*
stehen, bestehen, gelten. — *Auch*
= *Widerstand leisten*, aushalten
(*mit* Acc.) *228,* 30. — Inf. *111,* 16;
st. af *einen Grund haben, sich ver-*
halten, gew. imperson. svá stenz af
um þetta = *so verhält es sich damit;*
danach ist Ba *geneigt* 207, 29 *zu*
lesen: hversu (um) þetta stenz af;
vgl. übrig. Fritzn. s. standa af 3).
Præt. Pl. 3 stóðuz *galten* 215, 15;
Part. fekk staðiz *kam* (*wieder*) *zu*
stehen 230, 2.

stara, *schw. v.* (*ags.* starian F. 840),
starren, *fest ansehen.* — Præt S.
3 starði 72, 12.

starf, n. (F. 348), *die Anstrengung,*
das Werk. — N. *163,* 19.

steðl, m. (*vgl.* Vigf.), *der* Amboss.
— A. steðja 17, 22; *117,* 8; Asf.
175, 15.

steðja, *schw. v.* (*vgl.* standa, staðr),
zum Stehen bringen, stellen. —
Pass. Part. staddr *in einer Stellung;*
við st. *mit* Acc. *im Bereich einer*
Sache, anwesend dabei, Zeuge derselben **252,** 19.

steðr *s.* stoð.

stefna, *schw. v.* (*zu* stafn m. Vigf.),
eig. das Schiff (stafn) *dirigieren,*
dann entbieten, bestimmen, *vgl.*
Lund p. 82; *einen Weg einschlagen,*
sich wenden. — Inf. stefna at
sér *für sich, f. seine Sache bestim-*
men oder gewinnen 163, 31. Præs.
S. 3 stefnir *83,* 14. — *mit* Dat. *163,*
31; *178,* 1. Imper. Pl. 2 stefnit *61,*
12. — Præt. S. 3 stefndi *wandte*
sich 183, 14; Pl. 3 stefndu *bestimm-*
ten 136, 4.

stefna, f. (*s.* stefna *schw. v.*). 1) *die*
Bestimmung, bestimmte Zeit; der
Termin. — D. stefnu *94,* 10. —
2) *die* Versammlung (*an einem*
bestimmten Tage) 252, 2–8.

stefnulag, n. (*s.* stefna f. *u.* lag n.), *die*
Terminbestimmung, Festsetzung
eines Tages (*namentlich für Zu-*
sammenkünfte). — N. *103,* 10.

steikari, m. (*s.* steikja), *der* Koch.
— Nsf. steikarinn *48,* 9.

steikja, *schw. v.* (steik f. = *engl.* steak
Vigf.), *eine Speise bereiten, nament-*
lich braten. — Inf. *117,* 15; *120,*

26. — Præs. S. 3 steikir Fáfn. 32, 4.
— Præt. S. 3 steikti *117,* 17.

steindyrr, Pl. f. (*s.* steinn, dyrr), *die*
Felspforte, *Öffnung im Felsen,*
Felsspalte. — D. steindyrum Vol.
49, 6.

steinn, m. (F. 347), *der* Stein, Fels.
— N. *103,* 21; Gsf. steinsins *113,* 12
vgl. zu A'la steins A'li *u.* verstr *;
D. steini *Stein 103,* 20; *Fels* Grott.
12, 6; *115,* 8; Dsf. steininum *10,* 1;
A. stein *17,* 23; *114,* 6; Asf. steininn
115, 8. — Pl. N. steinar *73,* 12; Nsf.
steinarnir 77, 24; G. steina 79, 18;
D. steinum *Felsen 18,* 10; *Steine*
Grott. 3, 6. — A. steina *10,* 1.

steinþró, f. (steinn, þró = *Truhe,*
Trog? vgl. Vigf.), *der* Steinsarg.
— A. 226, 19.

stekktíð, f. (*s.* tíð F. 114; stekkr *bei*
Vigf.), *eig. der Hürdenmonat,* Mai.
(*Vgl. Wh. D. Mon.* 58; *altnord. Le-*
ben 377 = *April.*) — N. *144,* 12.

stela, *stv.* (F. 347), stehlen. — Med.
sich stehlen, heimlich heran-
kommen. — Inf. *168,* 13.

stemma, *schw. v.* (*vgl.* stamr F. 840.
Vigf.), *zum Stehen bringen, auch* =
verstopfen (*von einem Gewässer*).
— Inf. *107,* 11.

sterkleikr, m. (*s.* sterkr, leikr m.*),
die Stärke, Rüstigkeit. — N.
13, 19.

sterkliga, *adv.* (*s.* sterkligr), *in* kräf-
tiger Weise. — 58, 22.

sterkligr, *adj.* (*vgl.* sterkr), *von* kräf-
tigem Körperbau. — N. 236, 14.

sterkr, *adj.* (F. 346), stark, kräftig. — N. m. 26, 8, 9; N. f. *16,* 10.
— A. m. sterkjan 71, 20. Pl. N. f.
sterkar 125, 2; N. n. sterk 53, 9; A.
m. sterka 122, 9. *Comp.* N. sterkari
180, 29; A. m. sterkara 39, 3. *Superl.*
sterkastr 30. 1; *123,* 13.

steypa, *schw. v.* (F. 343; Vigf. s. v.).
giessen, schütten; stürzen,
zu Fall bringen; mit Dat., *Lund*
p. 73. — Inf. steypa hjálminum Fáfnis
den Helm F. abwerfen, zu Boden
werfen 178, 26; *vgl. Prosa nach*
Regm. 14 (H.): hann átti œgishjálm
u. w.; hier 180, 25. Præt. S. 3 steypti
schmiegte 120, 19; Pl. 1 steyptum
Grott. *14,* 1. — Pass. Part. Pl. A. m.
steypta = *gegossen* Guðrkv. II, 20 b.
— Med. steypaz sich stürzen.
untergehen. Inf. steypaz til jarðar
zu Boden sinken 178, 7. Præs. Conj.

S. 3 steypiz Vǫl. *16*, 10.   Præt. S. 3 steyptiz *73*, 1.

stjarna, f. (F. 345), *der* Stern. — A. stjornu *105*, 14. — Pl. N. stjornur *82*,1; Vǫl. 8 b; ib. *59*, 4. — A. stjornur *96*, 10.

stigr, m. (*s.* stiga), *der Weg, die* Strasse. — Pl. A. stigu *90*, 2.

    * *Bisweilen angesetzt* stigr; *vgl. auch* refilstigr.

stikill, m. (F. 343), *die zum Einstechen passende* Spitze, *z. B. eines Trinkhorns.* — Nsf. stikillinn *65*, 1.

stilla, *schw. v.* (F. 341), *stillen, besänftigen,* regieren. — Præs. S. 3 stillir *31*, 15; *hier mit* Acc. — *Refl.* stilla sik af reiði = *sich von der Gewalt des Zornes freimachen, sich im* Z. *beherrschen* 228, 6.

    * st. *wird nicht immer mit* Dat. *konstruiert, wie man nach Lund* p. 85 *schliessen könnte, s.* Vigf.

stillir, m. (*s.* stilla), *poet. der* Beherrscher. — D. stilli Grott. *14*, 1. — *Vgl.* § 41 a.

stinga, *stv.* (F. 344), *stecken,* stechen, *stossen; mit* Dat.; *vgl. Lund* p. 98. — Inf. *113*, 4. — Præs. S. 3 stingr *153*, 5. — Præt. S. 3 stakk *100*, 5; st. niðr hendi 229, 28. — Pass. Part. stungit í *hineingesteckt* 161, 29.

stjórn, f. (*vgl.* F. 342). 1) *das* Steuerruder. — A. *170*, 16. — 2) *die* Regierung. — G. stjórnar *143*, 10.

stjórna, *schw. v.* (*s.* stjórn), *steuern,* regieren *mit* Dat.; *Lund* p. 85. — Præs. S. 3 stjórnar 6, 10.

stjórnarblað, n. (*s.* stjórn, blað) *das* Blatt *oder die* Fläche *am* Steuerruder. — Dat. Sigrdr. *10*, 5.

stjórnarmaðr, m. (*s.* stjórn, maðr), *der* Befehlshaber, *richterliche Beamte.* — Pl. A. stjórnarmenn *17*, 13.

stjúpsonr, m. (*s.* sonr *u.* stjúpr F.347), *der* Stiefsohn. — N. *36*, 11; stjúpson (*vgl.* sonr) *165*, 6; *hier als Vorwurf gebraucht für ein uneheliches Kind der Frau.* V. stjúpson *166*, 28.

stiga, *stv.* (F. 347), steigen, *Schritte machen,* gehen. — Inf. yfir stíga *v*, 8. Præs. S. 3 stigr *84*, 3. — Præt. S. 3 steig *59*, 20; *75*, 10; *77*, 5; *118*, 4; st. heldr stórum *59*, 11 *vgl.* stórr *adj.* — st. or ánni *107*, 13 (*vgl. nhd. stieg ans Land*). — Pl. 1 í fólk stigum Grott. *13*, 4 = in aciem pro-

cessimus Eg. Conj. S. 1 **stiga** *209*, 26; Pl. 1 stigim *206*, 12.

stoð, f. (F. 342), *die Stütze, der* Pfosten. — Pl. N. steðr *25*, 3; Grott. *21*, 6.

    * *Über die Flexion vgl.* § 58 d.

stoða, *schw. v.* (*s.* stoð), unterstützen. — Præt. S. 8 stoðaði til *180*, 1.

stokkr, m. (F. 343), *der* Stock, *Balken; der Block, das* Fussgestell. — N. 156, 2; Daf. *153*, 8. — D. *224*, 30 *ist mit* Atl. *74*, 2 *nach* R.: lagði við stokki *zu vergl.* — Asf. stokkinn *117*, 9; *von einem Baumstamme* 153, 6; *von einem* Block (*vgl.* Fritzn. s. v. 2) *155*, 32. — Pl. N. stokkar *die* (*beim Bau wagerecht übereinander gelegten*) *Hausbalken* 183, 4; *vgl.* Vigf. s. v. II; A. stokka *218*, 13.

stormr, m. (F. 346), *der* Sturm. — D. stormi *177*, 3; A. storm *164*, 8.

stóll, m. (F. 341), *der* Stuhl, *auch Herrscherstuhl.* — N. *107*, 16; Nsf. *107*, 17; D. stóli (solium Eg.) Grott. 20, 2; Daf. stólinum *108*, 1; Asf. stólinn *107*, 19.

stólpi, m. (*vgl.* stóll, στύλη), *die Stütze,* Säule. — Plur. N. stólpar 25, 3.

stórbeinóttr, *adj.* (*s.* stórr, bein 1), starkknochig. — A. n. *191*, 4.

stórfetari, *adj. comp.* (*s.* stórr; fet n. = *Schritt*), *eig. der grössere Schritte macht, der* schnellere. — A. stórfetara hest *101*, 8.

stórilla, *adv.* (*s.* stórr, illa), sehr übel. — *149*, 13.

stórillr, *adj.* (*s.* stórr, illr), sehr böse. — Pl. N. m. *175*, 7.

stórliga, *adv.* (*s.* stórr), grossartig; láta st. = *gross-thun* (*Möb. Gl.*) 60, 8.

stórlokkr, m. (stórr, lokkr F. 274), *eine* lange *oder grosse* Locke. — Pl. A. *191*, 2.

stórlyndr, *adj.* (*s.* stórr, lund f.), *von hoher Gemütsart,* grossherzig. — N. *162*, 33.

stórmannliga, *adv.* (stórmenni 2), *in vornehmer Art* 220, 26.

stórmenni, n. (*s.* stórr, maðr). 1) *eine Schar von ausgesucht grossen Leuten,* Riesenmannschaft. — D. *66*, 11. — 2) *eine Schar* vornehmer Leute. — G. *170*, 8; D. *166*, 26.

stórmerki, n. (s. stórr, merki), *die merkwürdige Begebenheit*; das Besondere, Wichtige. — Plur. G. stórmerkja 22, *19*; A. = *Grossthaten 192*, 15.

stórmikill, adj. (stórr, mikill), *sehr gross.* — A. n. (*sehr viel*), *183*, 15.

stórr, adj. (*vgl.* F. 341, Vigf. s. v.), gross, *stark; gew. vom Körper.* — N. f. stór *58*, 7; D. n. stóru *150*, 11 *vgl.* bera 1, c); A. m. stóran *hochgehend, erregt 164*, 8; A. f. stóra *stolzgesinnt 198*, 15. — Plur. N. m. stórir *137*, 10. — N. f. stórar *50*, 16; *123*, 5; G. m. ráð til stórra hluta *184*, 5 (*vgl. Prosa* Sigrdr. 2 — 3: kenna sér speki, ef hón vissi tíðindi or ǫllum heimum); *übersetze etwa: Ratschläge zu wichtigen Dingen, Lebensregeln*; D. m. stórum *6*, 11; *adv.* stórum *mit starken* (*Schritten*) 59, 12 *vgl.* allstórum s. v. allstórr *u. Lund* p. 138; A. m. stóra *40*, 24; 73, 7; A. f. stórar *17*, 3; *104*, 9; A. n. stór *26*, 8; *102*, 7. — *Comp.* stœrri *grösser.* — Pl. A. m. stœrri menn *61*. 7. — *Superl.* Plur. N. m. inir stœrstu *190*, 27; A. m. 222, 8.

stórráðr, adj. (s. stórr, ráð*), *auf grosse Unternehmungen bedacht*, ehrgeizig. — N. *162*, 25.

stórræði, n. (s. stórráðr), *Unternehmungsgeist; auch concret* = grosse Unternehmung. — So Plur. D. *191*, 21; A. *204*, 32.

stórsmíði, n. (s. stórr; smíði, *vgl.* smíð f.), *das starke* Gerät *oder* Werk. — Pl. N. 39, 6.

stórtíðindi, Pl. n. (s. stórr, tíðindi), grosse, wichtige Ereignisse. — D. 29, 12.

stórverk, n. (s. stórr, verk) = stórvirki. — Pl. A. *169*, 24.

stórvirki, n. (s. stórr; virki F. 293 = *Werk*), *die* Grossthat. — Pl. A. 30, 16; *195*, 13.

strangr, adj. (F. 848), heftig, stark. — N. f. á harðla strong *218*, 13.

straumr, m. (F. 349), *der* Strom. — D. *176*, 6; Dsf. strauminum *117*, 7. Pl. A. strauma Vǫl. *40*, 2.

strengja, *schw. v.* (F. 348), *fest anziehen; gew.* str. heit *ein* Gelübde feierlich ablegen (*vgl. mhd.* strengen). — Præs. S. 1 þess strengi ek heit *135*, 14. — Præt. S. 1 strengda *155*, 1, *oder* strengða *vgl.* § 185 d) ex. — Pass. Part. strengt *118*, 20.

strengr, m. (F. 348), *der Strang, die* Saite. — Pl. Asf. 224, 1.

strjúka, *stv.* (F. 349), streichen. — Præt. S. 3 strauk of vangann *strich über die W.* 60, 21; = *striegelte* 252, 8.

stríð, n. (F. 349), *der Kampf*, Streit; *häufig aber von innerer Bewegung, Sorge u. Kummer; so* Acc. *196*,16.

stund, f. (F. 844 *oder zu* standa?), *der Zeitabschnitt, die* Weile. Stunde. — N. 93, 14; *144*, 6; = *Zeit, rechte Zeit 106*, 10; D. stundu *154*, 22; A. stund = *Zeit 170*, 19; litla st. (*verb. mit* eptir mun ganga) *kurze Zeit, in kurzer Zeit* 211, 19; *ähnl.* skamma st. 232, 17; *236*, 18 *kurze Zeit, nicht lange.* — Pl. N. stundir *158*, 12; Nsf. stundirnar *31*, 1; Gsf. stundanna *144*,'3; D. stundum adv. *zu Zeiten* 155, 8, 9; A. langar stundir *lange Zeiten* *151*, 18.

stuttr, adj. (*vgl.* F. 348), *gestutzt*, kurz. — n. adv. stutt *kurz, unfreundlich, barsch 141*, 4. — Pl. A. stuttar brynjur (*Gegens.* síð br. *Wh.* p. 210) Guðrkv. II, 20 b.

styðja, *schw. v.* (*zu* stoð, F. 342), stützen. — Præt. S. 3 studdi *107*, 4; st. sik 122, 21. — Pl. 1 studdum *unterstützten* Grott. *14*, 2; *Conj.* S. 1 stydda 230, 2. — Med. styðjaz *sich stützen*; Præt. Ind. S. 3 studdiz *199*, 7; *Conj.* S. 1 styddumz 229, 29; S. 3 styddiz 122, 16 *sich stützen sollte.* — Pass. Part. studdr; gulli st. *auf Gold gestützt, d. h. mit Goldsäulen geschmückt* Grm. *15*, 2. — Pl. A. m. grjóti studda Helr.'*1*, 2 *meint wol die Felswände der Höhle oder sonst die Stein-pfosten der äusseren Einfriedigung des Hofes.*

styggr, adj. (*vgl.* Vigf.), missvergnügt. — N. f. *260*, 15.

stynja, *schw. v.* (F. 844), stöhnen, seufzen. — Præs. Pl. 3 stynja Vǫl. 49, 5.

styrjǫld, f. (styrr = *Tumult; old*), *Lärm*, Aufruhr (stir-age Vigf.). — N. 226, 6.

styrkja, *schw. v.* (F. 846), *kräftigen*, befestigen. — Inf. Med. styrkjaz *210*, 15. — Pass. Part. *absol.* styrkt *197*, 31.

styrkr, m. (*vgl.* styrkja, sterkr F. 846), *die Unterstützung*, Hilfe. — N. *173*, 13; A. *176*, 29.

stýra, *schw. v.* (F. 342), steuern, regieren *mit* Dat.; *Lund* p. 85. — Præs. S. 3 stýrir *14*, 15; *15*, 3; *82*, 12. — Præt. S. 3 stýrði *164*, 17. — Part. Præs. stýrandi *substant.* = gubernator Eg. — Pl. N. m. *10*, 8.

støðugr. *adj.* (*zu* standa), beständig, fest. — N. n. varð eigi støðugt *103*, 17 = parum firmitatis habuit Eg.

støðva, *schw. v.* (*vgl.* standa), zum Stehen bringen, *anhalten.* — Inf. st. sik *95*, 14 = sisti Eg. — Med. støðvaz *aufhören.* — Præt. S. 3 støðvaðiz *226*, 28.

stǫng, f. (F. 344), die Stange. — Nsf. stǫngin *15*, 7; A. stǫng *93*, 22; Asf. stǫngina *94*, 1.

støkkva, *stv.* (*zu g.* stigqan? *vgl.* Vigf.), springen, *fliegen.* — Præs. S. 3 støkkr undan *es eilt fort, flüchtet eilend* 177, 17; *vgl.* Præt. S. 3 stokk u. *178*, 11; 252, 4, 7. — Præt. Pl. 3 stukku Grott. *21*, 5; Vafþr. *31*, 2. — Pass. Part. stokkinn, *eig. besprungen = besprengt*; sveita st. Fáfn. *32*, 2; Pl. N. n. stokkin Regm. *16*, 6.

støkkva, *schw. v.* (*s.* støkkva *stv.*), *forttreiben;* besprengen *mit* Dat. instrum., *Lund* p. 98. — Præs. S. 3 støkkvir *16*, 2.

suðr, *adv.* (F. 325), südwärts. — *26*, 2; *213*, 9.

suðrhálfa, f. (*s.* suðr, hálfa, *vgl.* hálfr), *die* südliche *Welthälfte oder* Weltgegend. — D. 7, 7.

sumar, n. (F. 327), *der* Sommer. — N. *26*, 19; *81*, 7. — G. sumars *52*, 16; Asf. um sumarit *den Sommer über* 99, 14 *vgl.* Pl. A. of sumur Vǫl. *42*, 6 (*vgl.* § 37).

sumr, *pron. adj.* (*vgl.* F. 311), einer, quidam. — A. m. suman mjóðinn (= partem mulsi Eg.), *100*, 17. — A. n. sumt *5*, 5 (*vgl. w. u.* *); *156*, 18; *für* 151, 15 *vgl. die Note;* Ba: *Etwas vom Apfel.* — Plur. N. m. sumir 5, 5, 6; 22, 14, 15; 73, 15, 16; N. f. sumar *11*, 18; Fáfn. *13*, 4—6; G. sumra *156*, 29; D. sumum *11*, 18; A. f. sumar Sigdr. *18*, 8.
    * *Bei Wiederholungen, namentlich im* Plur., *bezeichnet* s. — s. alius — alius; *vgl.* 5, 5, 6 sumt (sc. fólk sá hann) með leikum; sumir drukku, sumir með vápnum ok borðuz = alii ludos exercebant; alii potabant; alii armis instructi

pugnabant Eg. — *Ähnlich* 73, 15, 16 *u. 180*, 19; ρ, 1—3; *vgl. Lund* p. 159. — þær, sumar, sumar = *die einen, die andern, noch andere* Sigdr. *18*, 5—8.

sund, n. (*eig. das Schwimmen?* F. 362). 1) *die* Meerenge. — D. sundi 3, 9. 2) *poet. das* Meer. — D. á sundi Sigdr. *10*, 3.

sundr, *adv.* (F. 326), *sonder*, für sich; brá í sundr augum *schlug die Augen* (*eig. wol die Wimpern*) auseinander, *öffnete weit die Augen* 228, 17; sundr oder í sundr *oft* = entzwei, *eig. in gesonderte Teile.* — *40*, 20; *54*, 5; *104*, 13; *117*, 7; *120*, 1; svá at sundr gekk *so dass* (*die Stickarbeit*) *entzwei ging, Schaden litt* 204, 7. Vgl. *206*, 23; π, 5 — 7. — taka í sundr ok saman (*auseinander nehmen und* (*wieder*) *zusammenfügen* 231, 7; *noch deutlicher* sundr í tvau (*s.* tveir) Grott. 23, 8 oder í tvá hluti *178*, 20.

sundrborinn, *adj.* (*s.* sundr *u.* bera = *gebären*), *von besonderer, d. h.* verschiedener Geburt *oder* Abstammung. — Plur. N. f. sundrbornar Fáfn. *13*, 1.

sundrlauss, *adj.* (*s.* sundr, lauss), geschieden, verschieden. — Pl. N. f. *180*, 18.

sunnan, *adv.* (F. 325), *von* Süden, *südwärts.* — Vǫl. 53, 1; *258*, 12; fyrir sunnan c. A. (*vgl.* fyrir 2 a) *südlich von 194*, 7.

sunnanverðr, *adj.* (*s.* sunnan, -verðr F. 294), südlich. — D. m. sunnanverðum 25, 10; *nach Süden gelegen* A. Helr. *10*, 2.

súga, *stv.* (F. 326; Vigf. s. v.), saugen. — Pass. Part. *absol.* sogit; mart kalt hræ s. til blóðs *manchem kalten Leichnam das Blut ausgesogen* 164, 30.

súla, f. (F. 327), *die* Säule. — Asf. súluna 108, 10. — Plur. N. súlar *233*, 13.

svaf, sváfu *s.* **sofa.**

svalbrjóstaðr, *adj.* (*vgl.* svalr; brjóst n. = *Brust*), *von kühler Brust oder Sinnesart,* empfindungslos. — Pl. N. m. 27, 8.

svalr. *adj.* (*vgl.* Gr. II, 29, 80), kühl. — Pl. N. f. svalar Vǫl. *6*, 4.

svanr, m. (F. 361, Vigf. s. v.), *der* Schwan; *meist poet.* (*vgl.* álpt). — Pl. N. svanir *24*, 9; G. svana β, 6

svar, n. (*vgl.* svara), *die* Antwort.
— Pl. G. svara *46*, 16; A. hefir svǫr
*hat Antworten, giebt Antworten
170,* 6. — fær ekki af um svorin
*verlangt nichts (von ihr) in Bez.
auf die Antworten = erhält keine
Antworten 204,* 22; *vgl.* Ba.

svara, *schw. v.* (F. 362). 1) antworten; *mit* Dat.; *Lund* p. 107. —
Præs. S. 3 svarar *5,* l, 10 *u. ö.* —
Pass. Part. *absol.* svarat *153,* 25. —
2) *beantworten,* erklären. — Inf.
210, 17.
    * *Der,* Dat. *bei* svara *ist verschie-
den zu übersetzen:* þessu svara *in
diesem Falle antworten* (= *hierauf
antworten*) *199,* 6; *dagegen* sv. engu
= *nichts* (*mit* n.) *antworten 203,*
4; svara inu samma = svare det-
samme (*Lund*). *Dativ der Person
und der Sache belegt* Vigf.

svardagi, m. (*vgl.* sverja; ·dagi F.
144), *der* Eidschwur. — Pl. Dat.
svardogum *115,* 1; A. svardaga *73,*
10; *94,* 7.

svartálfr, m. (*s.* svartr *u.* álfr, ljósálfr),
der Schwarzelbe, Zwerg; *vgl.
Einl.* p. 90 *A.* 101. — Pl. D. svartálfum *110,* 5.

svartr, *adj.* (F. 362), schwarz. —
S. N. m. svartr (*spec. vom Haar*)
194, 15; *diese dunklere Haarfarbe
wird meist nur Ausländern und
nordischen Unfreien beigelegt, vgl.
121,* 11; *191,* 1 *u.* Wh. p. 181, 182.
— N. f. svort 253, 25; *den Gen.
beurteile nach Lund* p. 183. — Pl.
N. m. svartir *121,* 11. — *Compar.*
svartari; Pl. N. m. *24,* 17.

svasligr *s.* svásl.

svá, *adv.* (F. 360), so, *ebenso.* — 1)
so 3, 7, 13; *4,* 2, 7, 12; *8,* 2; *10,* 10
u. ö. — *Besonders häufig* svá at
so dass (*auch* svát 7, 8) *oder* so
weit (svá at menn viti *30,* 4 *vgl.
Lund* p. 326 *zur Lesart von* R),
vgl. u. a. 120, 17; *123,* 6, 8; Grott.
12, 3 *und dazu Lund* p. 324; eigi
fleira en svá, at 231, 22 = *nicht
mehr* (*von Menschen*), *als dass* =
nur soviel, dass u. w., u. svá sem
so wie 3, 12 — 13; *4,* 11, 12; *öfter
auch mit Ellipse:* svá litlir *65,* 21
so klein (*wie hier der Fall ist*), *vgl.*
svá ágætan mann 254, 1; *oder concessiv* svá sterk sem hón er *so stark
sie auch ist* 17, 1; *ähnlich* svá lítinn,
sem 66 12 — 13 *und ironisch* svá

miklar sǫgur, sem menn hafa gert
64. 2 = *da ja die Menschen so viel*
(*von seinen Grossthaten*) *zu erzählen
wissen. Vgl. zu diesen Beispielen
Lund* p. 341 *fg.* — *Man unter-
scheide* svá sem sjá má *sowie man
sehen kann* 15, 8 *von* svá, sem hón
sé *so, als ob sie wäre* 15, 10—11 *u.
vgl.* sem a) *u.* b), — *Nicht immer entspricht* svá *einem Adv. der andern
Sprachen; vgl.* Grm. 24, 3 svá hygg
ek Bilskírni = talem puto Bilskirn-
erem Eg.; svá aðrir þrír vetr, at
þá eru *81,* 7 = *drei weitere Winter
von der Art, dass = drei weitere
Winter, in denen u. w.* svá fremi
-at, *vgl.* fremi. — *Vereinzelt steht*
svá *im Nachsatze, wie nhd.* so: er
þeir kvámu, ok hjǫggu . . , svá
vaknaði hann *122,* 22 — 24 (*andere
Construktion in* Fr.).
    2) *ebenso.* — ok svá, þat *und
ebenso* (*kommt es*), *dass 43,* 18 (*vgl.
Var.*); *62,* 23; *78,* 6; *114,* 15 (*ebenso,
ferner*); *115,* 3; *125,* 16; *141,* 19;
151, 8; *242,* 17. *Vgl. auch* njóti-
þér svá .... sem *möget Ihr ebenso
viel* (*d. h. ironisch = ebenso wenig*)
Vorteil haben .... wie 202, 12.
    3) so (*ohne Weiteres*), *etwa* =
sonst. — 251, 4 (*vgl. Var.* ella).

svásligr, *adj.* (*s.* sváss), *milde, freundlich,* angenehm. — N. n. svásligt
27, 5.

svás, *adj.* (F. 360), *milde,* gütig. —
Pl. N. n. *schw. Flex. in* svásu goð
Vafþr. *18,* 3.

svát *s.* svá 1).

svefn, m. (F. 361), *der* Schlaf. —
G. svefns 232, 8; D. svefni *162,* 2;
A. 35, 18; gerir sér sv. *schläft ein*
(*vgl. „leistet sich ein Schläfchen“*)
232, 10.

svefnhús, n. (svefn, hús), *das Schlaf-
haus; für sich stehende* Schlafge-
mach. — G. 231, 26.

svefnþorn, m. (*s.* svefn, þorn F. 131),
der Schlafdorn; *als Mittel der
Einschläferung gedacht, vgl.* Gr.
Myth. p. 1155. — D. *184,* 2.

sveinbarn, n. (*s.* sveinn, barn), *ein*
männliches Kind. — N. *151,* 27;
A. *158,* 12.

sveinn, m. (F. 365), *der* Knabe, *der*
Bursche; *Jüngling.* — N. 134, 5;
151, 27, 29; Nsf. 157, 11; G. sveins
121, 13 (*vgl. s. v.* Sigurðr); Voc.
sveinn *135,* 4; *179,* 33. — Plur. N.

aveinar *65*, 22; Gsf. sveinanna *120*, 26.

sveinstauli, m. (*s.* sveinn; stauli = *Bursche*), *ein* junger Mann, Bursche. — N. *62*, 9; A. *63*, 9.

sveipa, *schw. v.* (F. 366), *abwischen*, mit der Hand entfernen. — Præt. S. 3 sveipaði *111*, 10.

sveit, f. (*vgl.* Vigf.), *die* Schar. — N. *237*, 19; A. *260*, 5.

sveiti, m. (F. 365), *der* Schweiss; *poet. auch das* Blut. — Dat. sveita Grm. *40*, 8; Fáfn. *32*, 2. — A. fekk hann sveita *9*, 7 *kam er in Schweiss;* Asf. (= *das Blut*) *179*, 10.

svelgja, *stv.* (F. 364), verschlingen, schlürfen. — Præs. S. 3 svelgr *64*, 13.

svelgr, m. (F. 364), *der Schlund, Strudel.* — N. *125*, 19.

svelta, *stv.* (F. 363), *schwinden,* umkommen, *spec. durch Hunger.* — Part. Pass. soltinn *verhungert, ausgehungert 68*, 15.

svelta, *schw. v.* (F. 363), *aushungern,* hungern lassen. — Præt. S. 3 svelti *106*, 16.

sverð, n. (F. 366), *das* Schwert. — N. *35*, 23; Nsf. *153*, 6; Gsf. sverðsins *47*, 15; *83*, 19; D. sverði *42*, 3; Vol. 53, 3; Dsf. sverðinu *117*, 12; A. sverð 7, 11; Asf. sverðit *47*, 1. — Plur. N. sverð *109*, 8; A. sverð *92*, 6.

sverðsbrot, n. (*s.* sverð, brot), *das* Schwertbruchstück. — Pl. Asf. *169*, 22.

sverðsegg, f. (*s.* sverð, egg), *die* Schwertschneide (*auch die Spitze, überhaupt der geschärfte Teil*). — Dsf. at sverðsegginni *117*,8.

sverðshjalt, n. (*s.* sverð, hjalt), *der* Schwertgriff. — Pl. Asf. *199*, 7.

sverja, *stv.* (F. 362; *vgl. auch* sv. *schw. v.*), schwören; *constr.* sv. (eið) þess, at *oder* at; *vgl. Lund* p. 172. — Inf. *209*, 23. — Præs. S. 1 sver ek *190*, 12. — Pl. 3 sverja *143*, 20. — Imper. S. 2 sver *190*, 5. — Præt. S. 3 sór 53, 23; *110*, 4. — Pass. Part. *absol.* svarit *201*, 32. — Med. sverjaz *sich zu Etwas* (í eitt) *durch Schwur verbinden; vgl. nhd. sich verschwören.* — Præs. Plur. 3 sverjaz í brœðralag *197*, 35. — Præt. Pl. 3 sóruz í brœðralag *118*, 16; s. eiða *sich Eide schwuren 206*, 16.

sverja, *schw. v.* (= sverja *stv., vgl.* §§ 120, 145), schwören. — Præt. S. 1 *suff.* svarðak Helr. *7*, 8. — Pl. 3 svorðu *194*, 4.

sviði, m. (F. 361), *der* Schmerz. — Pl. A. sviða til banans *49*, 12 dolores ad necem Eg.

svigi, m. (Vigf. *vgl. engl.* switch). *der* Zweig; Plur. G. sviga læ = *Verderben der Zweige; poet.* = *Feuer, Feuerbrand* Vol. 53, 2 (*vgl.* Sk. XXVIII eld = bana ok grand viðar).

* Vol. 53, 2 *wird von Einigen, z. B. Eg., anders aufgefasst.*

svik, Pl. n. (*s.* svíkja), Betrug. — N. *150*, 3. — G. svika *154*, 32; D. svikum 205, 5.

svima, *stv.* (F. 362), schwimmen. Præs. Pl. 3 svima *17*, 2.

svipan, f. (F. 366), *die rasche Bewegung, der* Schwung. — D. Regm. *19*, 6.

svipta, *schw. v.* (F. 366), *durch* rasche Bewegung *Etwas entweder zum Vorschein bringen oder verbergen, mit Dat. der Sache; Lund* p. 98. — Inf. svipta seglunum *die Segel einraffen, einziehen 164*, 11. — Præt. S. 3 svipti undir hond sér *verbarg rasch in der Hand 115*, 10; *wo* Eg. *allerdings* hond *als Arm auffasst. und bei* und. hond *an die Achsel denkt.*

svipting, f. (*vgl.* svipta), *die rasche Bewegung,* Schwingung. — Pl. N. sviptingar *67*, 5.

svifa, *stv.* (F. 366), *gehen,* treiben; *oft impers. mit* Dat. — Præt. S. 3 þessu sveif mér í skap = *das kam mir in den Sinn 261*, 1.

svíkja, *stv.* (F. 364), betrügen. — Inf. *100*, 2. — Præs. Conj. S. 1 svíkja 206, 15. — Præt. Plur. 2 síðan þér svikuð mik frá ollu yndi = *da Ihr mich durch Trug um jede Lust brachtet* 205, 31; svikuð = *verrietet* 220, 29. — Pass. Part. N. m. svikinn 229, 6; *absol.* svikit *202*, 13; *221*, 24.

svín, n. (F. 324), *das* Schwein. — G. svíns Guðr. II, *24*, 7. — Pl. D. svínum *164*, 21.

svínbeygja, *schw. v.* (*s.* beygja, svín), *eig. wie ein Schwein beugen* (*vgl. nhd. einen Katzenbuckel machen*), in den Staub beugen (Fritzn.). — Pass. Part. svínbeygt hefi ek *139*, 4. — *Das Wort bezeichnet die* tiefste Demütigung eines Helden, vgl. Vigf. u. Möb. s. v.

svínskinn, n. (s. skinn F. 331; svín), die Schweinshaut. — A. 110, 12; hier als Form für den Metallguss.

svíviröing, f. (sví, svei = pfui! Vigf.; viröing), die üble Wertschätzung, die Schmach. — N. 207, 18; A. 207, 30.

svæfa, schw. v. (F. 361), eig. einschläfern; beilegen, schlichten. — Præs. S. 3 svæfir Grm. 15, 6. Pass. Part. A. f. svæföa Helr. 9, 4.

sværa, f. (= g. svaihro, fehlt bei F. 360 s. v. svehra), die Schwiegermutter. — A. 226, 3.

svorfun, f. (vgl. svarfa Vigf., Eg.); auch svarfan im Nom. angesetzt, entw. = Verschwendung (Eg. L. Poet.), oder = Tumult (Fritzn., a wild fray Vigf.). — A. 224, 27.

syöri, adj. comp. (F. 324 s. suntha), eig. mehr nach Süden liegend, südlich. — N. inn syöri hlutr 8, 10.

syfja, schw. v. (F. 361), schläfern; imperson. mik syfjar = mich schläfert. — Pass. Part. syfjaör=schläferig; A. m. 232, 23.

syn, f. (vgl. Syn, u. F. 326), die Verneinung, Abweisung. — N. 44, 8; at syn sé fyrir sett vgl. Fas. I, 29: en ekki setjum vér hér syn (Var. nei) fyrir u. w.; s. a. fyrir 3).

syngva, stv. (oder syngja, F. 316), singen. — Pr. Pl. 3 sungu Grott. 4, 1.

synja, schw. v. (vgl. syn f.), verweigern, abschlagen mit Gen. des Objekts, vgl. Lund p. 172 oder at c. Inf. — Inf. 158, 4. — Præs. S. 3 synjar 99, 17; Præt. S. 3 synjaöi 54, 14.

systir, f. (F. 360), die Schwester — N. 218, 8; G. systur 118, 19. D. systur 214, 1; Regm. 23, 4 (vgl. Máni). A. systur 162, 8. Pl. N. systr 35, 14; G. systra ö, 2,

systkin, Pl. n. (s. systir, Vigf. s. v.), die Geschwister. — N. 37, 16; D. systkinum 37, 18; A. systkin 14, 20.

systrungr, m. (s. systir, Vigf. s. v.), eig. der Sohn der Mutterschwester, poet. der nähere männliche Verwandte (Vetter) überhaupt. — Pl. N. systrungar Vol. 46, 3.

systursonr oder -son, m. (s. systir, sonr), der Schwestersohn. — N.

162, 6; A. 209, 20. — Pl. A. 207, 28; vgl. aber Var.

sýn, f. (vgl. sjá, F. 315), das Ansehen, Aussehen. — D. sýn 153, 1. Pl. D. sýnum 24, 16, 17 = specie Eg.

sýna, schw. v. (vgl. sýn), zeigen. — Præs. S. 3 sýnir 238, 13. Præt. S. 3 sýndi 115, 19; Pl. 3 sýndu 40, 14. — Med. sýnaz sich zeigen, scheinen, vgl. Lund p. 105. — Præs. S. 2 sýniz 62, 10; S. 3 sýniz 168, 1; 205, 24; Pl. 3 sýnaz 178, 86. — Conj. S. 3 sýniz 40, 21; 191, 19. — Præt. S. 3 syndiz 62, 23; 69, 6. Part. Med. er mér hafa sýnz die mir erschienen sind 66, 19; hefir oss bezt sýnz hat mir am besten gefallen 193, 1.

sýni, n. (vgl. sýn), der Augenschein. — G. til sýnis des Augenscheins wegen 252, 9.

sýta, schw. v. (nach Vigf. zu sút = sótt), sich Sorge machen. — Inf. er þat (Acc.) illt at sýta es ist übel um das zu sorgen u. w. 193, 3 vgl. Vigf.

sædauör, adj. (s. sær, dauör), seetot = auf der See umgekommen. — Pl. A. 190, 6.

sæför, f. (s. sær, for), die Seefahrt, Seereise. — Pl. G. sæfara 32, 1.

sæing oder **sæng,** f. (vgl. Vigf. u. Fritzn.), das Bett, Lager. — N. 38, 12; G. sæng 235, 16 (§ 56 A.1); D. sæng 235, 12; A. 119, 4; 207, 5.

sækonungr, m. (s. sær, konungr), der Seekönig, regulus maritimus Eg. — N. 125, 13.
  * Das Wort ist poetisch (vgl. Vigf.) u. bezeichnet den Wikingerhäuptling (s. víkingr) von königlicher Abkunft. (Fritzn.)

sæla, f. (F. 320), die glückliche Lage, das Wolsein. — N. Regm. 6, 5; G. sælu 232, 14; D. sælu 201, 12; A. sælu 125, 9. — Wol etwas freier ist munr sælu 232, 14 Glücksunterschied = Unterschied in der Anlage zu Fleiss und Ausdauer. — Wir sagen ähnlich: „Die Gaben (Talente) sind sehr verschieden verteilt."

sæll, adj. (F. 320), glücklich, wolhabend. — Pl. N. n. (comm.) sæl 232, 18.!

sællífr, adj. (sæll, -lífr zu líf n.), in glücklicher Lebenslage, ein Glückskind. — N. 27, 4.

sæng, f. s. **sæing.**

sær, m. s. **sjár,** m.

særa, schw. v. (vgl. sár n.), verwunden, schneiden. — Inf. særa til barnsins eine geburtshilfliche Operation vornehmen 151, 26.

sæta, schw. v. (s. sæti, sitja), urspr. Platz nehmen, lagern; für Etw. eintreten, Etw. bedeuten, Etw. leiden u. dergl.; mit Dat. (Lund p. 82). — Præt. Conj. S. 3 hví þat sætti was das bedeute 200, 6. Nach dieser Stelle ist wol auch 205, 3—4 mit C zu schreiben: hví sætir (sc. þat) þinni dirfð? was bedeutet das mit deiner Dreistigkeit? = was fällt dir ein? — B. änderte hví s. þín dirft, u. empfahl später (Ba.) hvat s. þinni d. — Vgl. auch gegna.

sæti, n. (vgl. sitja), der Sitz. — N. 193, 16; G. til sætis 67, 10; D. sæti 25, 9. — Pl. N. sæti 17, 16; A. sæti 17, 12; 18, 5.

sætt, f. (vgl. sok, F. 314), der Vertrag, Friede. — N. 96, 7; 116, 2; G. sættar 98, 12; D. sætt 32, 7; A. sætt 10, 12 (c. VII in. übersetze: Was wurde da in Bezug auf ihr friedliches Zusammenleben, oder — falls dies aufhörte — welche von beiden waren da die Mächtigeren?), 95, 20; i sætt zum Vergleich, als Zeichen des Vertrages 57, 24. Pl. A. gætandi um sættir manna 143, 15. — Wegen der nicht ganz gesicherten Lesart vgl. die Var. u. 34, 21.

sætta, schw. v. (vgl. sætt), versöhnen, gew. Med. sættaz sich versöhnen. — Inf. 141, 9. Præt. Plur. 3 sættuz 32, 11.

sættargjörð, f. (vgl. sætt, gjörð oder gerð zu gera, gera), der Vertragsschluss. — D. 96, 2.

sættir, m. (vgl. sætta), der Versöhner, Friedensstifter. — N. 34, 21. — Vgl. mannasættir Eb. 18, 1.

sævargangr, m. (s. sær, gangr), der Seegang, das Hochgehen der See; oceani æstuatio Eg. — D. 82, 11.

söðulhringja, f. (söðull, hringja = Schnalle, Spange vgl. hringr), die zum Sattelgurt gehörende Schnalle (Fritzn.). — D. brotit af söðulhringju das (sc. übrige) Bruchstück u. w. 241, 1.

söðull, m. (F. 318, Vigf.), der Sattel. — Pl. D. söðlunum 138, 11.

sögn, f. (vgl. segja). 1) die Aussage. — N. 156, 29. A. 150, 2. — 2) das

Reden im Gegens. zum Schweigen; — A. Sigdr. 20, 4.

sok, f. (vgl. F. 313, 314), Sache, Ursache, Rechtssache, Streit. — N. 43, 9; 114, 1. — D. af þessi sok 139, 5; A. fyrir þá sok aus diesem Grunde 80, 5; fyrir hverja sok aus welchem Grunde? 134, 1; of mína sok um meinetwillen 205, 18; so besonders häufig im Plur. A. fyrir sakar (oder f. sakir) mit folg. Gen. = wegen, vgl. fyrir 2) c) u. § 163 c). — f. þess sakir, er 154, 16 = deswegen, weil; auch abgeschwächt fyrir allar sakir in jeder Hinsicht (vgl. Ba) 151, 1; ähnl. 201, 2; 212, 20; f. þínar sakar 165, 2 = um deinetwillen. Pl. G. saka; til saka zu feindlichem Benehmen 210, 27. A. sakar, sakir (vgl. § 33 B A. 1) = Rechtshändel (214, 4 = Guðrkv. II, 24, 8); Grm. 15, 6; = Streitsachen 150, 30; gert hafa sakar es verschuldet haben 150, 33. Vgl. oben f. sakar.

söngr, m. (vgl. syngva, F. 316), der Sang, Gesang. — D. songvi β, 6; Pl. D. songum Grott. 18, 7.

sekkva, stv. (F- 318), sinken, eindringen. — Præs. S. 3 sekkr 60, 9, 20; Vol. 59, 2; 153, 6. Præt. Pl. 3 sukku 125, 19.

sekkva, schw. v. (vgl. sekkva stv.), versenken, mit Dat.; Lund p. 97. — Inf. 102, 8. — Med. sekkvaz sich versenken, versinken. Imper. S. 2 suffig. sekkstu (sekkztu) Helr. 14, 8. Præt. S. 3 sekktiz 72, 17.

sœkja, schw. v. (vgl. sok, F. 314), suchen, verfolgen, streben, angreifen. — Inf. 117, 5; 95, 2; s. til náttstaðar 4, 17 vgl. 99, 5. sœkja heim heimsuchen, aufsuchen, zu Jemd. zurückkehren 112, 12; s. h. Óðin nach dem Tode zu Odhinn gelangen 151, 21. sœkja veizluna til Vols. zum Festmahl zu K. Völsung kommen 155, 24. — Præs. S. 3 sœkir 15, 14; s. til zum Angriff vorrückt 178, 15; s. upp á landit 82, 6 = in terram invadit Eg.; s. at merkjum richtet den Angriff auf die Feldzeichen 163, 11; s. heim 167, 18 vgl. s. Inf.; Pl. 3 sœkja at = stürmen an 221, 32; sœkja fram 83, 1 = procedunt; Imp. Pl. 1 sœkjum 165, 26. — Præt. S. 3 sótti 119, 26; at þessi brennu sótti 76, 6 = zu dieser Leichenfeier eilte, fand sich ein u. s. w.;

sótti at hánum *ihn zu ergreifen strebte 106*, 11; sótti heimboð til A'sgarðs *einer Einladung nach* A'sg. *folgte 108*, 15 vgl. *124*, 14; sótti til hans *nach ihm strebte 106*, 9; s. í mót *166*, *2 = richtete den Angriff auf u. w.*; Pr. 3 sóttu þá *griffen sie an 122*, 27; |*248*, 5. — Pass. Part. sóttr; ákafliga s. = *unverdrossen in Angriff genommen, mit Mühe durchgesetzt 39*, 15; *absol.* nú er sótt at G. konungi *nun wird der Angriff auf K. G. gerichtet 222*, 5; fengu eigi sótt þá með vápnum (*vgl.* fá) *konnten sie mit Waffen nicht (erfolgreich) angreifen 122*, 27 (*armis nihil efficere potuerunt* Eg.). — Med. sœkjaz *fortschreiten, Fortgang haben.* Præt. S. 3 sóttiz *53*, 12; *71*, 12.

sœma, *schw. v.* (F. 312). 1) *ehren,* **auszeichnen.** — Inf. *216*, 22. — 2) *imperson., sich* passen. — Præt. S. 3 sœmdi *225*, 29.

sœmd, f. (*vgl.* F. 312), *die Ehre,* Ehrerbietung. — D. *192*, 7; A. sœmd *74*, 14; yðra s. *Euer ehrenvolles (mich ehrendes) Verfahren 197*, 34.

sœmiliga, *adv.* (sœmiligr), *in passender,* würdiger Art. — *227*, 17.

sœmiligr, *adj.* (sœma), *passend,* zierlich, artig (*vgl.* Vigf.). — Pl. G. sœmiligra *226*, 1.

sœri, Pl. n. (*vgl.* sverja; F. 362). *der* Eidschwur. — N. *53*, 9; Asf. *207*, 24.

T.

-t *für* -at *s.* **-at.** — vélit (= véli-at) Sigrdr. 7, 3.

tafl, n. (= *lat.* tabula, *s.* Vigf.), *das* Brettspiel; *vgl. Wh.* p. 469. — A. *171*, 24.

tagl, n. (F. 116), *der* Schweif (*d. h. der haarige Teil*) *eines Pferde- oder Rinderschwanzes.* — D. tagli *252*, 9.

taka, *stv.* (F. 115), nehmen, *ergreifen; rechtlich oder mit Gewalt in* Besitz nehmen, *erhalten;* fangen, gefangen nehmen; *constr. mit* Dat. *u.* Acc. *vgl.* Lund p. 82 *u. Beisp. w. u.* — Inf. *15*, 17, 19; *38*, 1; *53*, 18; *54*, 6; *78*, 14; *79*, 8; *106*, 7 vgl. *13*; *121*, 22; af at taka *davon entnehmen* = *Gebrauch machen 61*, 11; taka fang *einen Ringkampf auf-*

nehmen = *beginnen 67*, 1; taka til angreifen, *versuchen 64*, 3, *vgl.* 153, 16 *und 232*, 15 til enkis taka = *Nichts in Angriff nehmen;* at taka til hans *74*, 20 = ad eum tollendum Eg.; hann léz skyldu taka upp *120*, 7 — dixit se solo sublaturam Eg.; *dagegen* t. upp = *aufnehmen, übernehmen 99*, 9; þenna kost u. taka *224*, 21 = *diese Wahl treffen; seltener* = *erhalten, so* taka hjálp *41*, 3; t. mála *136*, 16; *vgl. auch* t. ráð *w. u.* — við taka c. D. = *annehmen, entgegen nehmen 176*, 2; *vom Annehmen einer Einrichtung 237*, 6. — Præs. S. 3 tekr *61*, 14; *81*, 12; *95*, 7; t. ráð af Mími *holt sich Rat bei M. 83*, 9; tekr við hánum vel *157*, 12 vgl. t. þessu tali vel *nimmt wol auf 152*, 19; tekr Iðunni (*also mit* Dat. *des Obj.*, *vgl.* Lund p. 82; Vigf. s. v. taka VI, *ähnl. auch* t. við c. D. *166*, 32; t. við af mér *249*, 16) *nimmt* Idh. *in Empfang 94*, 14. *Dagegen* tekr c. Acc. *151*, 9 = *nimmt, wählt.* — tekr at leggjaz *150*, 12 *fängt an u. w.* tekr at líta *218*, 1. *Auch imperson. u. ohne* at: nátta tekr *161*, 25 (*vgl.* Fritzn. s. v. 30; tók at *s. u.* Præt. S. 3). — tekr til orða *ergreift das Wort 153*, 7. — *Anders zu beurteilen als der sonstige* Dat. *ist 183*, 9 = *greift dem Rosse in die Zügel.* — Pl. 3 taka *24*, 1 (*hier* = *holen, schöpfen*); taka it fyrsta skeið *vgl.* t. fang *67*, 1 s. Inf.; t. = *streifen, berühren 94*, 3; t. þá hondum *nehmen sie fest 114*, 16; taka = *ergreifen 93*, 11; t. þat ráð *fassen den Beschluss 157*, 3. — Conj. S. 2 takir *181*, 1. S. 3 taki mik hár gálgi ok allir gramir = *möge ich an einen hohen Galgen u. in die Gewalt aller Unholde kommen! 219*, 30. — Imp. S. 2 *mit suffig.* Pron. taktu *112*, 19 vgl. *157*, 22; tak gleði *205*, 3. Pl. 1 tokum *lasst uns fassen!* Grott. 20, 5; *l. uns anfangen 202*, 22; Pl. 2 takit *59*, 14; *mit suffig.* Pron. taki-þér *154*, 32. — Præt. S. 3 tók *3*, 5; *95*, 18; *110*, 17; *111*, 4; *115*, 6; *125*, 14; *138*, 11; fasste *153*, 17; *berührte, anstiess 161*, 17; t. niðr *nach unten zu berührte 191*, 10. t. upp hondunum *die Arme aufhob 46*, 6 (*wol* Dat. instrument., *wie bei* yppa = *aufrichten,* Lund p. 99); tók til *fasste*

11*

an, fing an 53, 5 *vgl.* tók at leita
67, 3; tók at knoða *158,* 29; t. at
mæla *191,* 18; t. at œsaz *198,* 32;
·t. í móti *fing auf 108,* 7; tók undir
griff unter 66, 5; t. i hornit *griff*
ins Horn 138, 8, 9; t. um hann *um-*
fasste ihn (mit der Hand) 80, 3;
t. á *fasste an 117,* 18; t. til fóstrs
nahm in Pflege (Erziehung) 117, 1;
t. til sin *nahm zu sich 121,* 10; t.
til *139,* 1 = *berührte, stiess zu;* tók
við c. Dat. *(vgl. oben* tekr Iðunni)
=nahm in Empfang 151, 11; *ähnl.*
166, 28; t. upp gullit = aurum sus-
tulit *(vgl. einen Schatz heben) 118,*
3; *vgl. auch* t. arf eptir þá báða
trat die Erbschaft beider an 119,
20 *vgl.* eptir 3 b); t. konungdóm
übernahm die Regierung 124, 5;
seltener=empfing, nahm an 57, 23;
t. svardaga 73, 10 *(vgl. einen Eid*
abnehmen); t. því vel *nahm dies wol*
auf 225, 20 *vgl. oben 152,* 19; tók
sótt ok því næst bana *würde krank*
und in der Folge tödlich 151, 21;
tók af *(imperson.)* fluginn *es war*
mit dem Fluge vorbei 95, 15; *ähnl.*
tók í sundr *(vgl. Möb. s. v.* sundr)
= es fasste entzwei, zerschnitt (mit
Acc.) *117,* 7; *176,* 6; *u.* tók af veðrit
177, 14; *vgl.* taka *imperson. (anfan-*
gen) bei Lund p. 5 *u.* 28; *s. auch*
oben tekr at leggjaz. — Pl. 1 tóku-
vér þá hondum *173,* 16 *vgl.* Pass.
Part. *u.* hond. — Pl. 3 tóku *11,* 3,
11; t. upp *13,* 1; t. Fáfnisarf *120,* 5
vgl. 119, 20. — Conj. S. 3 tœki be-
rührte 69, 8; t. or *herausnähme*
110, 13; er þá t. við *115,* 18 = qui
mox accepturus (annulum) esset Eg.
— því sem til hennar tœki *das sie*
anginge 152, 21. — Pl. 2 tœki-þér
við mér *177,* 12 *Ihr mich aufnähmet.*
Pass. Part. tekinn sumtus 75, 10;
156, 2; captus *80,* 6; t. hondum *106,*
13; N. f. í braut tekin *entführt 140,*
9; Pl. N. m. teknir *80,* 9; hondum
t. *(vgl. s. v.* hond Pl. D.) *155,* 29;
N. f. teknar *102,* 5. — S. N. n. *u.*
absol. tekit: hofðu tekit *18,* 8; hefir
til dœma tekit *40,* 8; þá var tekit
62, 19; hafði tekit *116,* 19; hafa
tekit við ýmsa háttu *haben ver-*
schiedene Weisen (Variationen des
Themas) angenommen 123. 10 *vgl.*
Var. — Pl. N. n. tekin *175,* 7. upp
tekin *(vgl.* upp) *240,* 17. — Med.
takaz *sich* fügen, vor sich ge-

hen. — Inf. *160,* 19. — Præs. S. 3
tekz *163,* 5; Præt. S. 3 tókz *165,* 29;
t. henni vel *nahm es sich wol aus*
an ihr, stand es ihr wol an 170, 23.
* *Bez. des Unterschiedes von* tá
= *g.* fahan *u.* taka = *g.* tekan *vgl.*
namentlich tók hverr slíkt er fekk
138, 11 = quod quisque nactus est,
rapuerunt. (Eg.)

tal, n. *(vgl.* tala), *die Erzählung,*
Unterredung. — D. tekr þessu
tali .vel *von einem Heiratsantrag*
152, 19; hætta þessu tali *219,* 3 *be-*
enden diese Unterredung. A. gengu
æsir á tal *52,* 13; *96,* 20; hann á
tal *170,* 16. — Pl. tol *auch = Be-*
rechnung, Zahl; so A. *168,* 28.

tala, f. *(vgl.* tal, tala *schw. v.*), *die*
Rede. — A. tolu *69,* 18.

tala, *schw. v.* (F. 120), sprechen,
reden. — Præs. S. 3 talar *157,* 30;
etwas freier at ek tala svá fátt til
239, 8=*dass ich so wenig dazu sage,*
so wenig Aufheben davon mache
(vgl. 238, 18). — Pass. Part. *absol.*
talat *249,* 14. — Med. talaz *sich be-*
sprechen. — Præs. Pl. 3 talaz við
89, 9 = colloquuntur inter se Eg.;
vgl. 175, 21.

talhlýðinn, *adj.* (tal, hlýðinn *folgsam*
vgl. hlýða), *der Rede (eines An-*
dern) folgsam, leicht zu bereden. — N. *224,* 24. .

tapa, *schw. v.* (*s.* Vigf.). 1) verlieren,
mit Dat.; *vgl. Lund* p. 82. — Præs.
Pl. 3 tapa *190,* 3. — 2) zu Grunde
richten. — Inf. tapa sér *sich um-*
bringen 227, 3.

taumr, m. (F. 115), *der* Zaum. —
Pl. Dat. hafði at taumum 75, 17=
pro habenis usa Eg.; A. tekr í
tauma *183,* 9 = *fasst in die Zügel.*

tá, f. (F. 121), *die* Zehe. — N. tá
105, 12. — Pl. Dat. tám *84,* 9; Dsf.
tánum *120,* 16.

tá, n. *(vgl.* Vigf.), *der* Weg, *wol auch*
Platz. — D. á tái Regm. *21,* 5.

tálardís, f. (tál = *Trug* F. 120; dís),
die Trug-Dise (*etwa=böse Frau*).
— Pl. N. Regm. 24, 4.

tár, n. (= *g.* tagr, F. 116), *die Zähre,*
Thräne. — Pl. N. tár *43,* 8; D.
tárum *η,* 2 (þurrum t. = siccis lacri-
mis Eg. = nullis lacr.).

tefla, *schw. v.* (tafl), *sich mit* Brettspiel unterhalten. — Inf. *204,* 4.

teinn, m. (F. 121), *der Zweig,* Stab;
auch ein hölzerner Bratspiess. —
D. teini *182*, 5.

telja, *schw. v.* (*vgl.* tal, tala; F. 120),
zählen, *erzählen,* sprechen. —
Inf. *23*, 9. — Præs. S. 3 telr hón
um *sie redet davon* 233, 1. Prǽt.
S. 3 taldi = dixit *57*, 12; *98*, 8. —
Pl. 3 toldu *39*, 5. — Med. teljaz
*von sich aussagen, sich dahin er-
klären, dass.* Prǽt. S. 3 taldiz 99, 8;
Pl. 3 tǫlduz búnir *39*, 11 = se dixe-
rant paratos esse Eg. — Pass. Part.
taldr, taliðr (*vgl.* Vigf.), er t. með
ásum *37*, 11 = asis adnumeratur Eg.
— n. *u. absol.* talit *164*, 3. Pl. N.
m. taldir *172*, 32; N. f. taldar *45*, 2.

tendra, *schw. v.* (F. 116), *zünden,* ent-
zünden, *anzünden.* — Pass. Part.
absol. upp tendrat (*aufgesteckt und*)
angezündet 206, 18.

teygja, *schw. v.* (F. 123; Vigf. s. v.),
ziehen, locken.— Præs. S 3 teygir
Iðunni (Acc.) *94*, 10; *impers.* ef mik
teygir Regm. *15*, 5. Imp. S. 2 teyg
189, 16.

tjald, n. (F. 120), Zelt, Vorhang,
Umhang, Wandteppich. — Pl.
D. tjǫldum *193*, 18.

tjalda, *schw. v.* (*vgl.* tjald n.), *eig.
mit* Vorhängen, Teppichen
schmücken oder behängen; dann =
bekleiden, schmücken. — Pass.
Part. N. n. tjaldat *193*, 18; Plur.
N. n. tjoldut *93*, 3. — *Über die gewöhnliche Weise der Wandbeklei-
dung im Norden vgl. Wh.* p. 231;
die Brag. LV *geschilderte wird als
eine vornehmere eingeführt. Etwas
freier:* var tjaldat úm guðvef (*Dat.
instrum.*) *253*, 18 = *es war darum
(darüber) gezeltet* guðv. = *darüber
befand sich ein Vorhang von* guðv.
In noch freierer Weise steht 211,
33 lát þar tjalda yfir af rauðu mannablóði = *lass einen Vorhang darüber
breiten von Männerblut; doch ist
wol nur* Sigkr. sk. *66*, 1—4 *ungenau
wiedergegeben.*

tjara, f. (*vgl.* tyri, tyrvi Vigf.; tyrr
= *Kienholz* F. 118), *der* Teer. —
A. *234*, 12.

tjá, *schw. s.* tjóa.

tiginn, *adj.* (*vgl.* tignarnafn), geehrt, *angesehen.* — Pl. D. tignum
170, 24. — Sup. N. f. tignust *43*, 4.
  * *Für die Messung* tiginn *spricht*
Siev. P. VI, 344.

tignarnafn, n. (*s.* tign f. *bei* Vigf. *u.*
nafn), *die* Ehrenbezeichnung,
der Titel, Charakter. — N. *34*, 4.
Pl. A. tignarnǫfn *145*, 16.
  * *Die Bez.* tign (= *Würde*) *kommt
in engerem Sinne wol nur dem König
und Jarl (Herzog) zu, bezeichnet
also den höchsten Adel. — Vgl.*
Keyser Efterl. Skr. I, 29.

tigr, m. (*auch* togr, *vgl.* F. 124), *die*
Zehnzahl. — Pl. N. fjórir tigir
= *vierzig 30*, 4; D. togum Grm. 23,
2; *24*, 2; *vgl.* of *u.* um *in adverb.
Verwendung.* — A. tigu 225, 31.
  * *Zur Flexion vgl.* § 50 *u.* 102.

tiguligr, *adj.* (*vgl.* tiginn), von wür-
devollem, vornehmem Äussern.
— N. m. *194*, 15.

til, *adv. u. präpos. mit* Gen. (*eigentl.*
Acc. n. *von* til = *Ziel,* F. 119), zu,
nach. — I. *präpos. mit* Gen.

1) *lokal, nach, hinzu.* — til A's-
garðs *4*, 6; til norðrættar *8*, 8; til
himins *16*, 5, 8; allt til hafsins
58, 4; t. Aurvanga *20*, 1; t. hrímþussa *20*, 18; t. dómsins *21*, 12 (*vgl.*
U at dómi; dómr *hier fast* = dómstaðr; *ähnlich 33*, 10 nôr til vígs);
t. hvers barns *22*, 9; *vgl. noch 25*, 6;
32, 12; *36*, 16; *59*, 13; *63*, 9, 17; *69*,
9; *72*, 1; *74*, 18; t. gýgjar *106*, 21;
til hans *138*, 15; til hennar *38*, 7;
heyra til annars *161*, 21. — sótti til
hans *ihn verfolgte 106*, 9 *vgl.* gera
t. hans *150*, 24; s. heimboð í Svíþjóð til þess konungs = *folgte einer
Einladung nach Schweden zu dem*
Könige *124*, 14. — *Vgl. auch* 108,
15—16.

2) *zeitlich, bis zu.* — til ragnarøkrs 35, 7; *42*, 6; *80*, 20; váru til
sumars (*noch*) *waren bis zum Sommer* 53, 14; til myrkrs *58*, 8; til
þess er *bis* (*dahin*) *dass 69*, 23; *vgl.*
105, 7 (til þess, at = eo usque do-
nec Eg.); *118*, 2, 8. — *Vgl. auch*
þar til, er = *bis dass 103*, 9; 110,
17; *120*, 20; til þess, er *160*, 13.

3) *Zur Bezeichnung eines abstrakten, oder doch in Raum u.
Zeit nicht scharf fixierten Zieles
oder Bezuges.* — sœkja til náttstaðar *4*, 17 *vgl.* 99, 5 (*wo* til jǫtuns *lokal zu fassen*); fúni til moldar *zu*
Staub *verwese 6*, 14; snúit til leiðar
zu wege gebracht 12, 12; til þess
vinna *dahin arbeiten, es dahin
bringen* 232, 18; tekr til orða *greift*

zu Worten, ergreift das Wort 153,
7; breyta (nafni) til hverrar tungu
jeder Sprache gemäss verändern
29,8; atburðir til þessara heita *Ver-*
anlassungen zu diesen Bezeichnun-
gen (occasiones horum nominum
Eg.) 29, 9; jafnat er til Baldrs brár
31, 7 (*wol besser* U við brá B.); til
sæfara, til veiða, til þess *in Bezug*
auf u. s. w. 32, 1 — 3, *vgl.* til árs
33, 8; til áheita, t. ásta *34,* 3, 5; til
vista 38, 9; kvol til bana *Qual zum*
Tode hin, Todesqual 156, 1; *ähnl.*
156, 7, 14; til þess *in Bezug auf*
den 74, 22 *vgl.* til hennar Grott.
10, 8; nefndr til sogunnar *in Bezug*
auf die Sage, in der Sage 149, 3;
segja til hans *ihn verraten, eine*
Aussage machen bezüglich seiner
158, 5; *161,* 1, 3; 223, 4; til þess
dazu 34, 16; legör til skaða 38, 18
= *zum Schaden,* til bana = *zu Tode*
122, 6. — hvat síðarst vissi til Iðunnar *in Bezug auf die (verschwun-*
dene) Jdh. 94, 18. — sjá saga er til
þess, at = *dies ist die bezügliche*
= *hier in Betracht kommende) Er-*
zählung 98, 22 *vgl.* 108, 15; *118,* 5.
— til þeirar ferðar varð *in Bezug*
auf diese Reise wurde (sc. *gewillt,*
bereit, Teilnehmer), = *an dieser*
Reise nahm Teil 109, 2. — spurði til
hans *erfuhr in Bezug auf ihn 140,*
10. — *In Fällen wie* sú er sok til
þess, at *114,* 1 *wird von Einigen*
(*so Lund* p. 150, Fritzn. s. v. til 10)
til þess *nur als Umschreibung des*
Gen. *angesehen, aber schwerlich mit*
Recht. — siðv. til konunga *Sitte*
bei Königen 151, 19; fyrst taldir
til alls frama *in Bezug auf jeden*
Ruhm (jede Art von Ruhm) 172,
32; sparandi til ófagnaðar *in Be-*
zug auf Strafe, mit Strafe zu ver-
schonen 251, 11.

4) *Zur Bezeichnung eines be-*
stimmten, praktischen Zweckes. —
til landvarnar 7, 10; til þeirar borgar hofðu þeir *12,* 7 = cui arci ædi-
ficandæ adhibebant Eg.; til þess, at
zu dem Zwecke, dass 24, 2; til á-
kalls ok bœna fyrir sjálfum sér 29,8
= ut ipsum votis adire precatio-
nesque pro propria salute facere
possent Eg.; *vgl.* blótaði til þess,
at *145,* 2 = *opferte (mit dem Ge-*
such), dass er u. w. — *Hierher*
können auch Fälle, wie 34, 5 *gezo-*

gen werden. — er þú hefir til dœma
tekit *40,* 8 = quas exempli loco ad-
tulisti Eg.; braut til mergjar 57, 9
= ad medullam eximendam perfre-
git Eg.; til minja 77, 17; gerði þat
til umbóta (*Var.* yfirbóta) við hana
96, 9 = placandi animi eius causa
Eg. *vgl.* bjóða til sættar 98, 12; kom
til gistingar *106,* 21 = ad hospitan-
dum devertit Eg. *vgl.* sœkja til náttstaðar *4,* 17; tók svardaga til þess,
at 73, 10; oll reiða, er til veizlunnar
þurfti 109, 12. *Hier und in ähn-*
lichen Fällen (so búinn til heimferðar *108,* 16) *ist eine scharfe Schei-*
dung von 3 *und* 4 *unmöglich; ge-*
legentlich berühren sich auch 1 *u.* 4,
so 57, 9 *und* 151, 26 (*vgl. w. u.*);
drápu til gullsins *um das Gold zu*
erlangen (auri ergo Eg.) *116,* 14; til
auðar *f,* 2 = ad opes parandas Eg.
Seltener bei Personen: sœra til barnsins 151, 26 = *im Interesse des Kin-*
des operieren, vgl. sœra. — *Über*
Berührung von til 4) *mit* at f) *vgl.*
Lund p. 52.

5) *Als Adverbialpräpos. lässt*
sich til *in der Verbindung mit* þar
bezeichnen; so þar til *lokal (=*
dahin, nach der Gegend) 13, 14;
100, 6; *temporal bis dass* 77, 4 *u.*
vgl. oben 2) *ex.; final (vgl. oben*
3 *u.* 4) þar til *162,* 15 *vgl.* til vinna
zu (diesem Zwecke, hierzu) leisten
197, 32; til liggja *in Bezug auf*
Etwas vorliegen, in Betracht kom-
men, möglich sein 207, 3 *vgl.* liggja
2); *auch um ein Hinzukommen*
*zu bezeichnen (*þar til = þar með
Fritzn. s. v. til 9): ok þar til *17,*
22 = insuperque Eg.

II. *als reines Adverb ist* til *sowol*
in den unter I *aufgeführten Bezie-*
hungen, wie auch in einigen besonde-
ren üblich. Letzterer Art sind na-
mentlich 1) til = *zu (sehr), lat.*
nimis; *zu vgl. mit* þar til *u.* I 5). —
Vgl. 64, 18 t. mikit, *wo Var. zu vgl.*
— *Doch ist diese Anwendung nicht*
gewöhnlich und wird sonst entweder
durch blossen Positiv im Sinne eines
Elativus (vgl. ungr 74, 8 s. v. ungr)
oder durch Umschreibung mit dem
Compar. ausgedrückt, so Lund p.
250. — 2) *In Verbindung mit* vera
ist til = *zugegen, vorhanden.* — *So*
engi er til 56, 9; þessi sok var til
47, 6; ef rúm væri t. 82, 15; *vgl.*

auch at eigi mundi langt til (sc.
vera) *105,* 16 = *dass es nicht lange
dauern werde,* non diu fore Eg. —
*Im Übrigen ordnet sich das Adv.
leicht unter die in I aufgeführten
Beziehungen ein, sowol präfixartig vorangestellt, so* til finna (*zu
einem bestimmten Zwecke finden,
erfinden*) *78,* 14; til haga *53,* 23;
til hefir *135,* 12 (*vgl. u.* hafa til);
til sendi (*zusandte, aussandte, ausgehen liess*) *8,* 16 *vgl. auch* tillegja
s. v.; til unnit (*s.* vinna) *162,* 16 *vgl.
162,* 15; *wie auch als ergänzen-
des Adverb nachgeschickt, so u. a.:*
átti (v. eiga) ætt til *14,* 3 *vgl.* ætt;
dró til (*lokal*) 53, 6; eggjuðu til
(*final*) *119,* 29; ferr hann t. *98,* 10;
fær t. *63,* 4; ganga t. *38,* 16; gekk,
gengu til *66,* 5; *104,* 20; *115,* 23;
greiddi til *71,* 20; greip til *111,* 9;
gera (gera) til *zubereiten 157,* 13;
hafa til [*vgl. oben* II 2) vera til]
da haben, besitzen 135, 11; hitti til
53, 21; hoggva t. (*zuhauen, auf ihn
einhauen oder stechen*) *73,* 16; kallaði t. *75,* 18; kostaði t. *107,* 12; kom,
koma til *104,* 22; *79,* 5; kostaði til
54, 1; leita t. *70,* 1; leit, litu t. (*von
líta*) *116,* 1; *93,* 17; leysir til (*löst
zu Erde, löst auf*) *241,* 1; mælti t.
52, 14; *99,* 10; reiddi t. *72,* 21; roktu
(v. rekja) t. *37,* 17; sagði t. *117,* 4;
sendi t. *38,* 1; taka t. *64,* 8; tók t.
53, 5; *139,* 1; vannz t. *69,* 8; vissu
til *37,* 16 (= cognoverunt Eg.);
vísa til *74,* 15; yrpi til (*von* verpa)
112, 11. — *Auf mannigfache Berührung mit* I, 5) *sei hier schliesslich noch hingewiesen; so* get ek
þess til (til = þar til) = *ich bin
der Ansicht in Bezug hierauf 240,* 9.
   *) *Wie sich im Altnord. die Prä-
pos.* til *u.* at (*vgl.* at *und die Verbindung* til *at* 79, 8) *in ihren verschiedenen Anwendungen oft berühren. so finden dieselben, namentlich*
til (*über* at *vgl.* Vigf. *s.* v.), *in den
übrigen germanischen Sprachen nur
schwache Entsprechung* (*vgl. engl.*
till now, *t.* then *u. w.*). *In den
meisten Fällen entspricht* got. du,
alts. tô, *ahd.* zuo; *doch ist die
von* Vigf. *versuchte etymologische
Gleichsetzung von* til *und* tô (du,
zuo) *sehr zweifelhaft, vgl. u. a.*
F. 119 (til); 124 (tô). — *Auch
entspricht in der Verbindung mit*

dem Infinitiv der Verba nicht til,
sondern at *dem alts. ags.* tô, *engl.*
to, *hochd.* zuo, zu.

tilkváma, f. (*s.* til; kváma *zu* koma
stv. F. 53), *das Herzukommen, die
Ankunft.* — D. áf tilkvámu *18,* 8.

tillegja, *schw. v.* (*s.* til, legja), *zu-
legen* = zugeben, zugestehen. —
Pass. Part. tillagt við hann *53,* 5.

tilræði, n. (til, ráð *), *der Angriff.
— A. *209,* 4; veita tilr. einum *einen
Angr. auf Jemand unternehmen,
Jemd. angreifen;* láta verða t. sem
bezt *den Angriff so gut wie mög-
lich einrichten 233,* 5.

tilvísan, f. (*s.* til, vísa *schw. v.*), *die
Anweisung.* — at tilvísun *auf
Antrieb 74,* 17.

tindóttr, adj. (*s.* tindr *Spitze* F. 114;
-óttr *Suffix.* F. 32), *mit Spitzen oder
Ecken versehen,* eckig. — N. n.
tindótt *103,* 19.

tjóa, *schw. v.* (*nach* Vigf. *s.* v. týja *zu
g.* taujan, F. 115), *ausrichten* hel-
fen. — Inf. *155,* 34. — Præs. S. 3
tjóar *220,* 16. — *Von der Nebenform* tjá (*vgl.* § 153) tjár *183,* 10.
— Præt. S. 3 tjóaði *219,* 27.

tjúgari, m. (*vom veralteten stv.* tjúga
= g. tiuhan *ziehen, wozu* toginn
F. 122), *der Zieher, Herabzieher;*
Räuber, *poet.* (raptor Eg., *so auch*
Fritzn., *anders* Vigf. *s.* v.). — N.
tungls tj. Vol *41,* 7.

tíð, f. (F. 114), *die* Zeit; *im* Plur.
tíðir *die kirchlichen* horæ, *der*
Gottesdienst (Fritzn. *s.* v. 2 *u.* 3).
— D. hlýðir tíðum *wohnt bei* (*eig.
hört zu*) *dem Gottesdienst 240,* 4.
*Gemeint ist hier wol nicht die Früh-
messe* (óttusongr), *sondern der Haupt-
gottesdienst;* morgintíðum in S *wird
nur den Gegensatz von* aptansongr
meinen, vgl. Fritzn. *s.* v. morgin-
tíðir. *Auch bei dieser Erklärung
ist* „stendr snemma upp" *am Platze.
Vgl. über* O'lafr hinn helgi Flat. II.
p. 48, Z. 15, 16 *v. u.*

tíða, *schw. v.* (*vgl.* tíðr adj.), *impers.*
gelüsten, *mit* Acc. *vgl.* Lund p. 24.
— Præs. S. 3 alls mik þik vaða
tíðir *9,* 2.

tíðindi, Pl. n. (*vgl.* tíðr, Vigf. *s.* v.),
eig. die Zeitungen, die Neuigkei-
ten, (*neue*) Begebenheiten. —
N. mikil tíð. *12,* 2; morg tíð. 13, 8
vgl. grein f.; hver tíð. *81,* 8; er eigi
at sinni sogð fl. tíð. *94,* 9, *vgl.* sogð

s. v. segja. — G. tíðinda, sp. tíðinda
Etwas zu hören wünschen 31, 3
(percontari res auditu dignas Eg.);
Þá er ok þat tíðinda *82*, 2 = tunc
accidet Eg.; *der* Gen. *eigentl. ab-
hängig von* þat, *rgl. Lund* p. 151;
ähnl. varð þat til tíðinda *151*, 20;
varð ekki t. tíð. *es ereignete sich
nichts Bemerkenswertes* 242, 1. —
D. tíðindum *73*, 5; A. tíðindi *24*,
11; *48*, 17; Asf. *166*, 18.

tíðr, *adj.* (F. 114), *zeitig = an der
Zeit,* üblich, häufig. — N. n. títt;
hvat er títt um þik *was ist an der
Zeit bei dir, was giebt's bei dir?* (quid
agis? Eg.) *60*, 11; þat er títt með
oss *das ist üblich bei uns 135*, 9; *mit
blossem* Dat. *171*, 25; *222*, 28; *vgl.
Lund* p. 65, 113. — hvat títt er um
228, 1; hvat títt sé *was passiert
sei, wie es stehe 156*, 9. Pl. N. m.
tíðir *üblich 213*, 6; N. f. tíðar
231, 14. — *Vgl. auch* títt *adv.*

tímadagr, m. [tími 2]; **dagr**], *der*
Glückstag. — N. *166*, 5.

tími, m. (F. 114). 1) *die* Zeit. — A.
í þenna tíma *für diese Zeit, in dieser Z. 124*, 6; í þann t. *149*, 5; *213*,
6. — 2) *die glückliche Zeit, das*
Glück. — A. *194*, 20; góðan t.
219, 23.

tína, *schw. v.* (*vgl.* Vigf.), *einzeln aufzählen,* herzählen. — Præs. S. 2
tínir *221*, 28.

títt, *adv.* (*eig.* n. *von* tíðr), häufig,
eifrig. — *60*, 8; *68*, 16. — *Superl.*
sem tíðast *so eifrig wie möglich*
(*vgl.* sem) *62*, 21.

tíu, *zahlw.* (F. 123), zehn. — *152*, 4.

tíundi, *zahlw.* (F. 124), *der* zehnte.
— N. m. *21*, 10; N. f. tíunda *44*, 2;
N. n. tíunda *6*, 7.

togr, m. *s.* **tigr,** m.

torf, n. (F. 119), Rasenstücke,
Torf. — D. torfi *161*, 15.

torg, n. (*nach* Vigf. *slav.; vgl. übr.*
targa F. 119), *der* Markt. — N.
torg *167*, 23; var sett torg *war ein
Markt (Kaufgelegenheit) eingerich-
tet.*

torleiði, n. (*s.* tor-, *gr.* ðυς-; F. 123;
leiði *vgl.* leið f.), *der* üble Weg;
Asf. hafði farit allt torleiðit *106*,
11 = *die ganze üble Wegestrecke
zurückgelegt hatte.*

torveldr, *adj.* (tor- F. 123, -veldr *zu*
valda), *schwer zu bewirken.* schwie-

rig. — *Compar.* N. n. torveldra
209, 27.

tól, Pl. n. (F. 115), Werkzeuge,
Geräte. — A. *17*, 23.

tólf, *zahlw.* (F. 126), zwölf, *indeklin.;
vgl.* § 100—102. *Als* Nom. *27*, 11;
G. *17*, 16; A. *6*, 3; *136*, 11.

tólfti, *zahlw.* (F. 126; *vgl.* tólf), *der*
zwölfte. — N. f. tólfta *44*, 8; N.
n. tólfta *6*, 7.

tómr, *adj.* (F. 124), leer. — D. n.
tomu 236, 2.

tópt, f. (Vigf., Fritzn. topt; *aber die
Schreibung* tomt *spricht nicht sehr
für Identität mit engl.* tuft = *Busch;
vgl. auch* tómr), *der* freie Platz,
Bauplatz. — Pl. A. tóptir (domos
Eg.) Grm. *11*, 6.

trauðr, *adj.* (*vgl.* tregr = *unwillig*
Fritzn.), *abgeneigt,* verdrossen. —
N. m. *241*, 15. — A. n. *adv.* trautt
mit Mühe, kaum 196, 12.

traust, n. (F. 125), *die* Zuversicht;
*das Vertrauen; die Sicherheit, si-
chere Hilfe.* — N. *197*, 23; D. trausti
175, 11; A. *36*, 8; hvert traust at
hónum var = *wieviel Sicherheit bei
ihm war = wie vertrauenswürdig er
war 197*, 9.

traustr, *adj.* (F. 125), zuverlässig.
— N. m. *40*, 10; A. f. trausta *52*, 9.
— Comp. traustari; A. n. traustara
(firmius Eg.) *40*, 16.

trefr, Pl. f. (*vgl.* traf, Pl. trof Vigf.),
die Fransen *an einem Kleide.* —
N. *231*, 24.

treysta, *schw. v.* (F. 125), *Vertrauen
fassen,* wagen, versuchen. —
Præt. S. 3 treysti *40*, 17. — Med.
treystaz *vertrauen,* sicher sein,
sich verlassen auf (c. D.). — Inf.
sér tr. *sicher sein für sich* (fidere
sibi Eg.) *17*, 8. *Vgl. Lund* p. 77. —
Præt. S. 3 treystiz *getraute sich* v,
5 = þorði 198. 33.

tré, n. (F. 118), *der* Baum; *auch
vom entwurzelten oder gefällten
Baumstamme und Holzstücke gebraucht.* — N. it aldna tré Vol. *48*,
8. — G. trés 49, 15; Gsf. trésins
20, 9; Dsf. trénu *61*, 1; *93*, 20. —
Pl. N. tré 77, 24; G. trjá *20*, 7; A.
tré *12*, 15; Asf. tréin *13*, 1.

tréna, *schw. v.* (*vgl.* tré), *verholzen,*
trocken werden *oder absterben
(von Gewächsen).* — Inf. 24, 3.

trjóna, f. (*vgl.* Vigf.), *eig. der Schnabel; dann eine gespitzte (eisenbe-

schlagene?) Stange, *als Waffe oder Zeltstange gebraucht.* — Pl. A. trjónur Grott. *18*, 2.

troða, *stv.* (F. 125). 1) treten; *vgl.* § 119. — Præs. S. 3 traða helveg Vol. 53, 7 *vgl. Lund* p. 59; *auch mit persönl.* Acc. (*Lund* 88) tr. undir fótum *Einen unter die Füsse treten.* — Præt. S. 3 trað 228, 23; Pl. 3 tróðu (*ältere Form* tráðu) hana u. hesta fótum *122*, 5 *liessen sie von ihren Pferden zertreten.* — 2) *durch Feststreten vollstopfen,* fest ausfüllen. — Præt. Pl. 3 tráðu upp otrbelginn *174*, 6. — Pass. Part. N. f. troðin 229, 12.

trog, n. (F. 118), *die Holzschüssel, der* Trog. — N. *62*, 19; Dsf. troginu *62*, 21; Asf. trogit *62*, 23.

troll, n. (F. 126, *vgl.* Vigf., B. *zu* Vol. *40*, 8 N. F. p. 7), *das Ungeheuer, der* Unhold; *namentlich von* Riesen *gebraucht.* — G. trolls Vol. *41*, 8. — Pl. A. troll -53, 12; *101*, 2. — bað troll taka úlfh. *hiess die Unholde u. s. w.* (*Verwünschungsformel*) *160*, 6.

trollkona, f. (*s.* troll, kona), *ein weibliches Ungeheuer, garstiges* Riesenweib, *fast* = gýgr. — Pl. N. trollkonur *15*, 22.

trollskapr, m. (*s.* troll, -skapr F. 331), *Eigenschaft eines* troll, *etwa* = Hexerei. — G. *156*, 31.

tros, n. (F. 126), *der* Abfall; *spec. ein dürres Laub oder ein Holzstückchen.* — N. *61*, 2.

trú *u.* **trúa,** f. (F. 125; *vgl.* § 70 *u. Anm.*), *der* Glaube, *die Überzeugung.* — þat er mín trúa *10*, 7; þat veit trúa mín *29*, 2; *40*, 5 = profecto Eg., *by* my troth Vigf.; *Lund* p. 512 *fasst* trúa mín *als Umschreibung für Gott* (= *Gegenstand meines Glaubens*); *vgl. dagegen* Gr. IV, 955. — G. svá njóta ek trú (§ 70) minnar *51*, 5 =. ita fructum percipiam ex fide mea Eg. (*Vgl. nhd. „so wahr mir Gott helfe!"*)

trúa, *schw. v.* (F. 125), glauben. — Inf. 27, 11; *56*, 7, 12 (*vgl. Lund* p. 77); *64*, 18. — Præs. S. 1 trúi ek *63*, 18; S. 2 ef þú trúir *11*, 2; tr. þú *171*, 29. S. 3 trúir Fáfn. 33, 4. — Pl. 1 trúum vér hann guð vera 9, 4; Pl. 2 trúi-þér 9, 3; *vgl. Lund* p. 50. — Imp. S. 2 trú *190*, 7. Præt.

S. 3 trúði *34*, 17; er (=quibus) hann trúði bezt *150*, 23; *vgl. 156*, 9 þann er (= cui) h. tr. b.

trúlyndr, *adj.* (trú- *zu* trúr treu; -lyndr *zu* lund f., lyndi n.), *treugesinnt, getreu.* — A. f. 238, 10.

trúmaðr, m. (trú, maðr), *ein Glaubensmann;* N. tr. mikill *ein recht guter Christ* 261, 7.

trúnaðarmaðr, m. (*s.* trúnaðr, maðr), *der* Vertrauensmann. — A. *156*, 16.

trúnaðr, m. (trúa, F. 125), *die* Überzeugung, Versicherung, Bürgschaft, Treue. — D. af trúnaði *von Verlässlichkeit, von genügender Festigkeit* 17, 4; ægir hánum af trún. = *teilt ihm im Vertrauen mit* 200, 18. — eiga undir gæzlu eða trúnaði Ið. *35*, 9 *unter der Aufsicht oder Verantwortlichkeit der Idh. haben; es der Idh. zur Aufsicht u. s. w. übergeben haben.* — A. eigum engan trúnað undir hánum né vingan *haben keinen Anspruch auf Treue und Freundschaft bei ihm* 154, 8. — leggja trúnað sinn á konu vald 193, 26 *vgl. nhd. „sein Vertrauen in ein Weib setzen" u. „sich in eines Weibes Gewalt begeben."*

trygð, f. (F.124), *das* Vertrauen. — D. í trygð Sigrdr. 7, 8.

tryggr, *adj.* (F.124), zuverlässig. — N. n. trygt (*vgl.* § 82) 53, 10.

tunga, f. (F. 123), *die* Zunge, Sprache. — N. 23, 9; Nsf. *156*, 27. — G. tungu 29, 8. — D. A. tungu (*Zunge* = *Sprachgebiet*) *143*, 7; *124*, 10; Asf. tunguna 117, 20. — Pl. N. tungur 29, 7; A. *171*, 24; = *Sprachgebiet,* Land D. 190, 29.

tungl, n. (*vgl.* tunga F. 123), *das leuchtende* (*züngelnde*) *Gestirn, spec. der* Mond. *Vgl.* Vigf. s. v. — G. tungls *14*, 16; A. tungl *16*, 2; Asf. tunglit 15, 19.

tungurœtr, Pl. f. (*s.* tunga, rót), *die* Zungen-Wurzel. — Dsf. *156*, 28.

turn, m. (*vgl. lat.* turris Vigf.), *der* Turm. — A. *192*, 19.

tuttugu, *zahlw.* (*vgl.* § 100), zwanzig. — *222*, 8.

tún, n. (F. 122; Vigf. s. v.), Gehöft, *Wohnung; eig. der Grasplatz vor dem Gebäude (auf Island) oder der innere Hofraum (in Norwegen).* — Pl. D. O'ðins túnum í Vafþr. *41*, 2 (in Odinis areis Eg.). — *Über die Bildung des* Plur. *vgl.* § 74 *A.* 3).

tveir, *zahlw.* (F. 126; § *101*), zwei. — N. m. *15*, 16; G. tveggja 79, 13; tveggja vegna *161*, 18 *vgl.* **vegna,** tv. huga *194*, 1 *vgl.* hugr; Dat. tveim *48*, 13; A. tvá *14*, 8; *15*, 2. — (N. *u.*) Acc. f. tvær *14*, 9; 71, 11. — á tvær hliðar *zu zwei (d. i. beiden) Seiten* Regm. 24, 5; (N. *u.*) Acc. n. tvau *12*, 15; *14*, 17. — D. n. *(wie* m.) tveim *14*, 10.

* *adv.* í tvau (*eig.* Acc. n.) *entzwei* Grott. 23, 8.

tvíburi, m. (*s.* Vigf. s. v. Tví-; buri *vgl.* Buri), *der* Zwilling. — *Gew. im* Pl. tvíburar N. *152*, 6.

tvíhenda, *schw. v.* (*s.* Vigf. s. v. tví-; *u.* henda), *mit zwei Händen ergreifen,* schwingen. — Præt. S. 3 tvíhendi *114*, 8.

tyfr *oder* **tofr,** Pl. n. (*zu ags.* tifer? *vgl.* F. 117 s. tab), *das Opferfleisch, dann* = Zaubermittel. — D. o, 7.

tyrfa, *schw. v.* (*vgl.* torf n.), *mit* Rasen bedecken. — Inf. *161*, 22.

tysvar, *adv.* (=tvisvar, *zu* tveir F.126), zweimal. — Sigrdr. *6*, 6.

týhraustr, *adj.* (*s.* tý- *bei* Vigf. s. v. Týr, *u.* hraustr), *eig. in göttlicher Art rüstig,* recht rüstig. — N. *34*, 13.

týna, *schw. v.* (F. 122), verderben, verlieren, *mit* Dat ; *vgl. Lund* p. 87. — Inf. týna sér *sich das Leben nehmen* 121, 8; t. = *verlieren* 207, 20; eptir lifa at t. eigi grimdinni *fortleben (in der Art), nicht an Bitterkeit zu verlieren = fortleben, ohne an B. zu verl.* 224, 13. — Præs. S. 3 týnir 16, 3. — Med. týnaz *zu* Grunde gehen. — Inf. 6, 14; 97, 6. — Præt. S. 3 týndiz 98, 2. — Part. Med. þar er hann hafði týnz 98, 5.

týspakr, *adj.* (*s.* týhaustr *u.* spakr), *eig. von göttlicher Klugheit,* recht klug. — N. 34, 14.

* *Für* týhraustr *u.* týspakr *vgl. auch Einleit.* p. 114 *Anm.* 207 *u.* Týr.

tæla, *schw. v.* (*vgl.* tál f. *Betrug* F. 120), täuschen; *mit* Dat. *u.* Acc.; *vgl. Lund* p. 73. — Inf. Fáfn. 33, 3 (*mit* Acc.). — Præs. S. 3 tælir 193, 35.

tol *s.* **tal.**

tong, f. (F. 116), *die* Zange. — D. tong *108*, 6; A. tong *17*, 22.

tonn, f. (F. 113), *der* Zahn; *besonders von den Schneide- und Eckzähnen, auch von den Stosszähnen und Hauern der Tiere gebraucht; vgl.* jaxl *u.* Vigf. s. v. — *Der Sing. scheint auch collektiv zu stehen, vgl. die Beispiele bei* Vigf. *u.* Fritzn.; *so wol auch 62,* 7 glotti við tonn (Acc.) = nudatisque dentibus subridens Eg. — Pl. N. tennr (*vgl.* § 57 *A.* 1) 35, 15; D. tonnum *11*, 6.

toturr *oder* **totturr,** (Vigf.), *der Fetzen,* Lumpen. — Pl. D. totrum *231*, 33.

U.

ugla, f. (*s.* Vigf.), *die* Eule. — G. uglu Sigdr. *17*, 8.

ull, f. (F. 298), *die* Wolle. — N. 35, 20.

ullarlagor, m. (ull; lagor), *die* Wollflocke. — A. ullarlago *117*, 7.

um (F. 38), *adv., präpos. mit* Acc. (*u.* Dat.), um, über. — 1) *mit* Acc. — *a)* räumlich: α) um, *umher (zugleich mit adverb. Verwendung)* litaðiz hann um 5, 6; um skygnaz skyli Háv. *1*, 3 *vgl.* um at sjáz 93, 2 *u.* séz meir um 90, 10; um hana *11*, 10; þar útan um *12*, 4; um brunninn 24, 2; spennir um sik 30, 13; um lond oll 38, 3, 4; brauz um *41*, 16 (*vgl.* brjóta); batt um skegg geitar ok um hreðjar sér 96, 5 (*vgl.* binda); gein um oxahofuðit (*vgl.* Eg.) 72, 4, 5; tók um hann *umfasste ihn, fasste ihn in der Mitte* 80, 3. — β) über (*vgl.* of a) út um hafit 3, 9 *wie* hafði siglt um haf *140*, 12; um sjá *180*, 15; *vgl. auch* út um A'sgaro *über die Grenzen von Asgard hinaus* 70, 12; *94*, 7 *nebst* út kominn um borgina 67, 23; *und* inn um A'sgaroa *über die Gr. von Asg. hinein, nach Asg. hinein* 100, 14; *ähnl.* inn um ásgrindir *102*, 2. *Vgl.* inn *adv. u.* út *adv.* — dreifaz um (*Var.* yfir) heim allan 20, 8; riða um Bifrost brúna *21*, 6 *vgl.* 76, 20 *u.* fóru um fjoll 93, 9; stóðu út um ræfr *152*, 14; kom inn um logann *hineinkam über die Flamme* 199, 1; sér hann um alla heima 25, 10 *vgl.* um allan heim *über die ganze Welt hin, in* der g. Welt 81, 8; fór víða um heim weit über die Welt hin, weit in der W. umher 97, 9; ähnl. 231, 5; fljúga um allan heim 49, 1 = jǫrmungrund yfir Grm. 20, 3; seri um gotuna über die Strasse hin, auf die Str. 138, 10; um skóga 159, 2; sœkir fram um merkin (vgl. 163, 16), auf die Feldzeichen zu 178, 8. — um alla danska tungu (über das nordische Sprachgebiet, vgl. danskr) 124, 10; um langa leið (vgl. langr *) aus weiter Ferne 104, 11; vgl. damit um langan veg 62, 8 (etwa = weitläuftig, weitausholend?). —

b) zeitlich: über, durch (vgl. of b) um allar aldir alle Zeiten hindurch 25, 13 vgl. 87, 5 und um aldrdaga Vǫl. 66, 7; um daga die Tage über (interdiu Eg.) 78, 12; 173, 10; um daginn den Tag über, am Tage 54, 8; 155, 23; um alla Hákonar æfi e, 1; um sumarit den Sommer über 99, 14; um hríð eine Zeit lang 71, 18; um kveldit gegen Abend (vgl. w. u. c) 57, 1; um nóttina bei einbrechender Nacht 169, 10. — um morgininn gegen den (folgenden) Morgen hin, am f. M. 156, 8; allt (nur verstärkend) um miðjan dag über Mittag (selbst) hinaus 221, 18.

c) modal: in betreff, über (vgl. of c) hvat varð þá um þeira sætt? 10, 11; ráða um skipun borgar 17, 14 vgl. ræðr um við sik Fáfn. 33, 2 u. ráð um með oss! 172, 9; eitt mark um djarfleik hans 34, 15 vgl. 134, 4; sjámz um Munin Grm. 20, 6; vielleicht hierher spyrja tíðinda um langan veg (über eine weite Reise? so Eg.) vgl. aber oben a) β) ex. — reynt er um þenna leik 63, 22; gert um stórvirki haus 64, 2; hér langt um at gera weitläuftig hierüber sein 67, 2 vgl. segja um otrinn 114, 17.

d) In adverb. Verwendung besonderer Art begegnet um bei Zahlangaben = darüber; vgl. oben a) β); so Grm. 24, 2 um fjórum togum = amplius quadraginta Eg. vgl. of d) auch bez. der syntakt. Fügung, sicher ist hier nicht mit Fritzn. s. v. um 5) an um mit Dat. zu denken, s. auch Vigf. s. v. um C. III.

e) Als verstärkendes Präfix vor Verben wechselt um mit of (vgl.

of e) in der poet. Sprache, vgl. Vigf. s. v. of u. um p. 462. — orð um kvað Grott. 24, 2. sitja um sáttir saman Vafþr. 41, 6. — Auch neben einer Präpos., so yfir um ríða Helr. 10, 6. — Seltener (vgl. Vigf. s. v. of and um II) vor Nomin.; um vert 192, 21.

2) mit Dat. wird um nur in eingeschränktem Masse und zumeist in der poet. Sprache gebraucht. Vgl. Vigf. s. v. p. 650. — In der pros. Sprache namentlich bei Zeitbestimmungen: um sumrum die Sommer über, zur Sommerzeit 159, 2.

umbót, f., meist im Pl. (vgl. um, bót f.), die Busse, der Ersatz eines Schadens. — Pl. G. umbóta (vgl. Var.) 96, 9.

umbúð, f. = **umbúningr** (vgl. búningr), die Sorgfalt, Pflege. — A. 225, 27.

umdǫgg, f. (um a β); dǫgg) eig. der Übertau, der etwas Anderes bedeckende Tau; umd. arins poet. der Russ des Herdes Guðr. II, 24, 5.

umfram, adv. u. präpos. c. Acc. [vgl. § 163 a; fram u. um 1) a, β], darüber hinaus, jenseits; vera umfram aðra menn andere Leute übertreffen, überragen 34, 18 vgl. 37, 9; 173, 10 hafa eitt umfr. aðra m. = Etwas vor anderen Leuten besitzen. hafði íþróttir ok atgervi jafnframt ... eða umfram nǫkkura (sc. atgervi, vgl. Ba) 149, 8. Auch getrennt um hvern mann fram 171, 19—20. So auch vera umfr. aðra menn 190, 25; 194, 18; hann (sc. vápnab.) er langt um aðra m. fram 196, 28. — Adverb. = überdies 136, 17. — Für die Stelle langt sér hugr þinn umfram 202, 23 nehme ich den Sinn an: weithin sieht dein Geist überweg = du hast noch weitgehende Pläne!. (Vgl. Edzardi's Anmerk. in s. Übers.)

umhverfis, adv. u. präpos. c. Acc. [vgl. § 163 a, um u. hverfa; umhv. ist verstärktes um in der Bedeut. 1) a) α) wie umfram in der Bedeut. 1) a) β)], rings um. — umhv. heim 12, 7; umhv. jǫrðina 14, 10.

ummæli, Pl. n. (um, mál), die formelle Erklärung, Versicherung. — A. 194, 4; = Heiratsverabredung 201, 29. — Von einer Wette 239, 16; einer Prophezeiung 260, 15.

umsjár, m. *(oder nach Vigf. eigentl.*
umsjá f.)*, der die bewohnte Welt
umgebende Ocean, das* Weltmeer
[*vgl.* um 1) *a) α) u.* sjár]. — D.
umsjá *rgl. Var. zu 72, 20.*

umskipti, n. (um, skipta), *die* Wendung *in einer Sache, der* Umschlag. — *Meist im* Plur.*, so* N.
249, 10.

una, *schw. v. (vgl. ahd.* wonên Vigf.)*,
sich ruhig verhalten;* zufrieden
sein *mit Etw.* (Dat.)*; vgl. Lund* p.
73. — Inf. *201,* 24. Præs. S. 1 ok
uni ek því illa *67,* 21 = quod equi-
dem ægre fero Eg. S. 3 unir *201,* 12;
155, 33; *der Sinn des Sprichwortes
scheint: das Auge ist schon zufrieden, so lange es nur darauf sieht,
nur den Anblick hat* (á sér)*. Vgl.
ausser* Dm. XXVII, 2, §1 *Anm. auch
Binder N.* 127. — Imper. S. 2 uni
sei zufrieden 169, 25. — Præt. S. 1
unda ek því þó *206,* 7; Pl. 1 undum
Helr. *12,* 11. Pl. 3 undu illa sínum
hlut *137,* 4 = male contenti sorte
sua Eg.; undu sér nú vel *192,* 8 =
waren wolzufrieden.

unað, n. (una), *das Behagen, der Genuss.* — N. 239, 21.

und *präpos. s.* **undir.**

und, f. (F. 288), *die* Wunde. — Nsf.
undin *212,* 9; en nú þýtr undin
*aber jetzt wallt die Wunde; rich-
tiger wol mit* B' *zu vermuten:* en
nú þrýtr (þrjóta) ondina = *nun geht
mir der Atem aus.*

undan, *präpos. c.* D. *u.* adv. *(vgl.*
und, undir)*, von* unten her, un-
ten; *von unten fort; überh.* fort,
davon. — 1) *präpos.* standa undan
vængjum hans *26,* 13 *vgl.* standa.
S. *auch* Grm. 31, 3. — gekk u.
skipinu *ging unter dem Schiffe fort*
220, 2. — koma fram undan tọtrum
= *unter den Lumpen hervorkommen*
231, 31. — 2) *adv. (fort)* — komz
undan *10,* 15 = elapsus est; renna
undan *15,* 14; *ähnl. 177,* 18; undan
gengu = *nachgaben, einstürzten* 233,
13; *bei* undan *54,* 6 *ergänze aus
dem Vorhergeh.* hljóp; *vgl.* 222, 23.

undarliga, *adv. (s.* undarligr), in
wunderbarer Weise. — *26,* 10;
49, 7 *(hier ironisch* = mire Eg.); =
ungewöhnlich 192, 5.

undarligr, *adj.* (F. 306), wunder-
bar; *auch* = wunderlich, seltsam. — N. n. eigi er þat undarligt

nicht *zu verwundern ist das 15,* 13;
30, 11; *34,* 7; *vgl. auch* hitt er
undarligt *50,* 16 *u.* 239, 8; Pl. N. n.
undarlig tíðindi *50,* 12.

undir *poet. auch* **und,** *adverb. u.
präpos. mit* Dat. *u.* Acc. *(vgl.* § 163 d,
Vigf. s. v.; F. 38), unter. — 1) *mit*
Dat. *11,* 19; *13,* 5; *15,* 1; *20,* 13;
58, 14 (u. þeim) *vgl. 76,* 21; *80,*
12—13; eiga undir gæzlu *35,* 8
vgl. eiga; *vom Range* undir hánum
142, 6; eigum u. hán. *154,* 8 *vgl.* eiga;
tróðu und. hesta fótum *122,* 5 *s.*
troða; und (= undir R, U) Grm. 34,
2; Regm. *14,* 6. — *Von Pferden:*
undir Gunnari = *mit G. im Sattel*
202, 5. — 2) *mit* Acc.*, unter = nach
unten hin 9,* 7; *11,* 13; *54,* 16; *66,* 5;
80, 16; *95,* 10; *104,* 7; *108,* 8; *159,*
27. helt und. megingjarðar *hielt
(die Hände) unter den Gürtel 107,* 5
= *hielt sich mit den Händen am
Gürtel.* — svipti undir hond sér
= *verbarg unter die Hand, in seiner Hand 115,* 10. undir hond *103,*
15 = *unter die Achsel hin, um die
Achselgegend* (humeros Eg.). — tekit
u. sik = *sich unterworfen 245,* 1. —
3) adverb. — býr undir *befindet
sich darüber = liegt zu Grunde* 202,
19; *220,* 13; *224,* 24; *ähnl. von der
ursprünglichen (dann veränderten)
Gestalt des Runenzeichens:* undir
var, er *218,* 2, 9 = *ursprünglich
(geritzt) war, ist. Als trennbares
Präfix* in undir fara *79,* 16 = subire
Eg.*, darunter gehen oder kommen.*
— undir komiz *s.* koma.

undirhyggjumaðr, m. *(s.* undir,
hyggja, maðr), *ein* hinterlistiger
Mensch. — N. *153,* 26.

undirkúla, f. *(s.* undir; kúla = *Kugel*
Vigf.; *Erhebung überh.* Fritzn.)*, das
(gewölbte?)* Fundament, *poet.* —
Acc. undirkúlu *c,* 8; *113,* 12.

* Eg. *übersetzt* vaz (vazta) undirkúlu *mit* globosa oceani funda-
menta *und* tuber oceani fundamenti
loco jactum. — *Vgl. auch Anm.* 16
auf p. 350.

undr, n. (F. 306), *das* Wunder. —
N. undr mikit *47,* 8 = valde mirum
est Eg.; *53,* 7. — Dat. af hverju
undri *179,* 27; *hier wol concret =
Wunderding; vgl. die Beispiele bei*
Vigf.

undraz, *schw. v.* Med. *(vgl.* undr),
sich verwundern. — Præs. S. 1

þat undrumz ek 217,11,13; Pl. 3 undraz 191, 32. — Præt. S. 1 ek undruðumz 205, 10; S. 3 hann undraðiz 4, 2. — Plur. 3 undruðuz 223, 13.
* undr. kann mit blossem Acc. (oder um c. Acc.) verbunden werden; vgl. die Var. zu 4, 2; Lund p. 39.

ungmenni, n. (s. ungr, -menni zu maðr), der junge Mensch. — N. ungmenni eitt 70, 19 = adolescentulus Eg.

ungr, adj. (F. 244), jung. — N. m. 70, 13; 74, 8 (hier = tenerior, quam ut; es liesse sich übersetzen: schien mir etwas jung oder zu jung, um u. s. w. Vgl. litið at synja bei Lund p. 250 u. 374); D. m. ungum Sigdr. 35, 6. — Pl. N. m. ungir 35, 7; 65, 22; N. f. ungar 23, 3; G. m. ungra 177, 9; Dat. m. ungum 121, 21 vgl. maðr 3). — A. n. ung 160, 25. — In schwacher Flex. Sing. N. m. sá inn ungi 63, 2; Voc. Volsungr ungi Regm. 18, 3; A. f. ina ungu 260, 21.

unna, präter. präs. (§ 155 b; F. 17), gönnen, lieben (d. i. Liebe gönnen nach Vigf.) mit Dat. der Person und Gen. der Sache; Lund p. 73, 178. — Inf. lieben 194, 30; 203, 23; gönnen 217, 4. — Præs. S. 1 ann 201, 28 = gönne; 202, 22 = liebe; S. 3 ann = liebt 197, 5; 209, 22; = gönnt 217, 25. — Imper. S. 2 unn 205, 33. — Præt. S. 1 unna = liebte 206, 3; S. 3 unni = gönnte 116, 12; 175, 2; = liebte 122, 19; = war zugethan 171, 21; 176, 11.

unnit s. **vinna**.

unnr, f. (gewöhnlich scheint der Nom. in der Form uðr zu begegnen, vgl. Vigf., Fritzn.; F. 34), die Woge. — Pl. N. unnir Vol. 6, 4; den Sing. vara beurteile nach Lund p. 17; Sigrdr. 10, 8; A. unnir ib. 51, 5.

unz, conj. (oder unnz, nach Vigf. s. v. aus und = got. präpos. und und es = relat. er), bis dass. — unz or varð jotunn Vafþr. 31, 3; 156, 14; 169, 27.

upp, adv. (F. 34), auf, aufwärts; auch = bis zu Ende (upp eta = aufessen 156, 7; tráðu upp stopften auf, stopften völlig aus 174, 6); in Verbindung mit á, frá, í u. w. auch als Präpos. (vgl. w. u. 2) s. Fritzn. u. Vigf. s. v.

1) adv., rennr upp ok niðr 23, 4, gewöhnl. als trennbares Präfix beim Verbum, so upp leysti 3, 8; upp gengit (vgl. ganga) 3, 11 vgl. upp dregit 55, 8; upp vissi 60, 19; upp lúka aufschliessen 68, 8; upp skýtr 89, 3 vgl. auch vill eigi upp (sc. fara koma) 65, 2 vgl. Lund p. 470, upp tekin aufgehoben = fortgeschafft 240, 17, und häufiger noch nachgesetzt: bar upp fiska trug Fische in die Höhe, brachte Fische heraus (aus dem Wasser) 173, 11; býðr upp hornit (vgl. bjóða*) 65, 14; brá upp schwang (ihn) hoch 57, 11; drœgi u. 3, 4; át (eta) þann upp = ass ihn auf 156, 7; flýgr u. 94, 1; fœdduz u. 37, 17; vgl. 121, 13; fœrir u. 104, 11; gekk hann u. stieg er ans Land 58, 6; greip upp hob auf, ergriff 93, 22; halda því upp 20, 9; hér hefr upp (impers.) = hier hebt es an 149, 1; hóf orminn upp 72, 4; kom upp aufkam = entstand 74, 24; vgl. impers. kemr upp 150, 8; leggr u. legt auf, legt vor (d. h. nimmt als seine Portion) 93, 21; lagði u. árarnar die Ruder auflegte, d. h. ins Boot zurücknahm, vgl. býðr upp 65, 14; lypti u. 66, 6; rétti u. 66, 7; rifja u. 29, 5; rifnir (rífa) upp 216, 4 vgl. rífa; seildiz upp 66, 8; setti u. 115, 22; settiz upp 60, 21; sleit u. (s. slíta) 74, 9; spratt upp 70, 16; standa upp 61, 3 vgl. stóð, stóðu u. 57, 10, 11; st. upp = stehen (noch) aufrecht, sind noch kampftüchtig 222, 4; steig u. (stieg auf = auf das Pferd) 77, 5; 118, 4; taka u. aufnehmen, übernehmen 99, 10; dagegen taka u. 102, 7 = aufnehmen, in die Höhe heben; tók u. hob auf 107, 10 vgl. 114, 6; 118, 3; tóku u. (sustulerunt Eg.) 13, 1; vex (s. vaxa) upp 9, 6; vekr (s. vekja) upp 83, 8; vakti upp 141, 18.

2) In Verbindung mit at, á, frá, í, or, til, um, yfir als präpos. — Natürlich kann auch diese Verbindung selbst wieder adverbiell stehen, oder upp adverb. in engster Verbindung mit einer der genannten Präpositionen; Fälle der Art sind im Folgenden in Parenthese eingeschlossen. — In Verbindung mit at c. D. = bis hinauf zu: dró orminn upp at borði 72, 10 = ad marginem extraxit Eg.; fór upp at

ræfri *107*, 18; sekkr u. at skaptinu *60*, 20. — *Mit* á c. D. = auf: upp á þingum 73, 15; *mit* á c. A. = auf, an: for upp á lúðr sinn *10*, 16 *rgl.* *126*, 23; hleypr u. á hest sinn *101*, 9; ganga u. á himin 22, 2; kallaði upp á skipit *rief zum Schiffe hinauf 177*, 7; kastaði upp á himin *an den Himmel 96*, 10; *105*, 14; lagði u. á bak *118*, 4; riðu u. á fjallit *118*, 22; setti u. á himin *14*, 9, 20; sér, sá u. á hann, á mik *135*, 3 4; sœkir u. á landit *ans Land, auf das Land 82*, 6. — *Mit* frá c. D. = *von — ab, weiter zurück,* hinter, über: hvert upp frá oðru 5, 8 = unum *supra alterum* Eg.; *rgl.* *26*, 2, 3. — *Mit* í c. A. in, *hinein:* heyra upp í eikina *93*, 1; *eigentl. hören in die Eiche oben = in der Eiche oben;* kastaði í lopt upp = *in die Höhe* 99, 4; rennir upp í forsinn 79, 18; settuz u. í sæti sín *18*, 4; spýtti u. i kerin *spuckte aus (eigentl. in die Höhe) in die Gefässe 100*, 15; stakk upp í raptana *107*, 18. — *Mit* or c. D.: losna or jorðu upp *82*, 3 = *e terra evellantur* Eg.; tók upp or ánni *107*, 10. — *Mit* til c. G.: fara upp til forsins 79, 15, 19 = *gehen hinauf (stromauf) bis zum Wasserfall.* — *Mit* um c. A. (= *über*): ríða þangat upp um brúna 21, 6 = *reiten dahin (dort hinauf) über die Brücke.* — *Mit* yfir c. A. = über'; ausa u. yfir askinn *24*, 2; festi upp yfir hann *80*, 14; hleypr upp yfir þinulinn 79, 18. — (áðr þeir fengu sétt yfir upp *61*, 20 *vgl. Var.*). * *Von diesen verschiedenen Verbindungen ist* upp á (*vgl. auch* á *präpos.) am häufigsten und natürlichsten, sie hat sich bis in die neueren nordischen Sprachen (dän.* paa = upp á*) fortgepflanzt.*

uppfœða, *schw. v.* (*s.* upp, fœða), aufziehen, Pass. *aufwachsen.* — Part. Pass. uppfœddr *32*, 4.

upphaf, n. (*s.* upp, haf *zu* hefja), *der* Beginn. — N. *6*, 21; *56*, 19; Dat. upphafi *17*, 12. — Pl. D. veldr ollum upphofum þess bols 202, 9. = *ist von Grund aus an allem Übel schuld u. w.*

upphár, *adj.* (upp, hár), hoch hinaufgehend. — Pl. A. *245*, 14. * *Die* Acc. *in* 245, 14 *beurteile nach Lund p. 61.*

upphiminn, m. (*s.* upp, himinn), *der* Himmel, *poet.* — N. Vol. *6*, 6. — (*ahd.* úfhimil *vgl.* Vigf.).

uppi, *adv.* (*vgl.* upp), oben. — *49*, 14; *107*, 6, 8. — hafa uppi *aufrecht halten = im Gedächtnis behalten 152*, 8; *ähnl.* hans nafn mun uppi (sc. vera) *sein Name wird unvergessen sein 169*, 25; *vgl.* *181*, 16.

uppspretta, f. (*vgl.* upp, spretta, *str.*), *das Aufspringen = Entspringen, der* Ursprung, *die* Quelle. — Pl. D. uppsprettum 8, 3 (*vgl. Var.*).

uppstandandi, *adj.* (*eigentl. Part. von* standa, upp), aufrechtstehend. — A. m. *191*, 11.

upptaka, f. (*s.* upp, taka), *die* Hebung (*eines Schatzes); Konfiskation von Vermögen u. dergl.* — A. *192*, 16.

urð, f. (*vgl.* Vigf.) *gewöhnlich = der* Steinhaufe, *das* Geröll. — Pl. A. urðir *11*, 6; *94*, 3.
* *Vielleicht urspr. Wurzelgestrüpp (got.* aurts, *alts.* wurt), *vgl.* urðarkottr = hreysikottr, urðarmaðr = skógarmaðr (Fritzn.).

urt *oder* **jurt,** f. (*vgl.* Vigf.; *zu as.* wurt F. 294?), *das* Kraut, *Gemüse.* — N. urt alls viðar Guðr. II, *24*, 3 *wird gewöhnlich auf das Laub von allerlei Bäumen bezogen; vielleicht ist an Baummoos zu denken. Lüning übersetzt: „die Wurzel von allen Bäumen.“*

uxi, m. (F. 32, § 68), *der* Ochse. — Gsf. uxans 93, 21; Dsf. uxanum 93, 19, 20; Asf. uxann 71, 8. — Pl. N. exn 3, 4; *a*, 5; Nsf. exninir 3, 8; yxnum *219*, 2 (*vgl.* fyrir 1 c); A. exn 3, 5.

uxahofuð, n. (*oder* oxah; *vgl.* uxi *u.* hofuð), *der* Ochsenkopf. — Asf. *71*, 21; *72*, 5.

Ú.

úlfahamr, m. (*s.* úlfr, hamr), *die* Wolfshaut. — Pl. N. *159*, 11. — Dsf. *160*, 5.

úlfa-þýtr, m. (*s.* úlfr; þýtr *zu* þjóta F. 137), *das* Geheul *der Wölfe.* — N. β, 4.

úlfhamr = úlfahamr. — Pl. Dsf. úlfhomunum *160*, 14; Asf. *160*, 7.

úlfhvelpr, m. (úlfr, hvelpr F. 95 = *Junges*), ein junger Wolf. — A. 196, 12; Asf. *207*, 15; *hier vom*

Sohne des Sigurðr; *vgl.* úlfr *in An-wendung auf Menschen.*

úlfliðr, m. (s. úlfr, liðr = *Glied,* F. 270), *eig. das Wolfsglied nach der Meinung des Verf. der* Gylf., *vgl. jedoch* Vigf. s. v., *das* Hand-gelenk. — N. *34,* 20.

úlfr, m. (*auch* ulfr *geschr.,* = *got.* vulfs, F. 307), *der* Wolf; *auch Bezeichnung eines gefährlichen Feindes, so* N. Sigdr. *35,* 6; Gsf. *182,* 20; D. Regm. *13,* 8; *hier vom jungen* Sigurðr. — Nsf. úlfrinn (*der Wolf, oft* = *der Fenriswolf*) *39,* 1; *48,* 4; G. úlfs Sigdr. *16,* 8; Gsf. úlfsins *84,* 11, 12; þar er mér úlfsins ván, er ek eyrun sá *da vermute ich den Wolf, wo ich* (*nur*) *die Ohren erblickt habe 182,* 20. *S.* eyra. Dsf. úlfinum *82,* 17; A. úlf Vol. *54,* 4; Regm. *22,* 8; Asf. úlfinn *38,* 15; *40,* 14. — Pl. N. úlfar *15,* 16, 24; Gsf. úlfanna *15,* 20; D. úlfum *48,* 13.

úlfshugr, m. (úlfr, hugr), *Wolfssinn, d. i.* feindliche Gesinnung, *vgl.* úlfr. — A. *217,* 15.

úlfsrödd, f. (s. úlfr, rödd) = vargs-rödd. — D. *159,* 18; *vollere Form 159,* 22.

úr, n. (*zu* vat, ut? F. 283, *vgl. auch* Vigf.), *die* Feuchtigkeit, *der feinere Regen.* — N. *8,* 6, 9.

út, *adv.* (F. 33), aus, hinaus; *auch in Verbindung mit Präpos. wie* á, í, u. a. — ganga út ok inn *50,* 17. — ók (s. aka) út *fuhr aus 54,* 2; borit út *75,* 24 (bera út *hier* = efferre *von der Bestattung*); bjóða út *163,* 9, s. bjóða; drógu út um hafit *3,* 8 *vgl.* um); fara út til sjóvar *sie gehen aus, der See zu 79,* 21, *vgl.* fór út *58,* 4 *und* *; fóru út í vatn — í hólm *40,* 13 = *fuhren aus in den Fluss* (*und zwar*) *auf die Insel;* flytr á sæ út *98,* 11; fylgir þeim út *begleitet sie hinaus 67,* 15; gengr út *63,* 7; gekk út (*hinaus, hinweg*) *115,* 15; hljóp út *79,* 4; hrjóta út *100,* 1; kasta út (*auswerfen*) *79,* 15; komi út *herauskomme, fortkomme 5,* 16; *dagegen trans.* koma út um A'sgarð *herausbringen über Asgard hinaus* (*aus Asgard*) *94,* 7 *vgl. 94,* 11 *und intrans.* út um kominn Regm. *21,* 2; leiddi út *führte, geleitete hinaus 77,* 16; *vgl.* hafði leitt þá út með heipt-yrðum *122,* 18; leit út *schaute aus, sah sich um 90,* 9; settu út *100,* 14;

sæi út *98,* 5; skullu út *72,* 7; slær út *80,* 18; óð út (s. vaða) á ána *119,* 14; var út í hafi *68,* 22 *eigentl. war hinaus und im Meere befindlich* = extra in oceano erat Eg. — *Gelegentlich* (*vgl.* Fritzn. s. v. *4 u.* 5) *bezeichnet* út *das Weiter- und zu Ende-Führen einer Sache, vgl. nhd.* auskosten *u. Ähnl.* — *So wol 183,* 22: ok svá út *u. w. und ebenso völlig durch beide Armel.* — *Als trennbares Präfix* út skotit *71,* 10.

* út *steht sowol beim Verlassen des* Hauses *oder* Standortes (aus = *fort, hinweg*), *als namentlich auch beim Verlassen des festen* Landes; *daher* fara, vaða út *an Stellen wie 58,* 4; *40,* 13; *119,* 14; *ähnlich* lengra út *weiter hinaus, mehr vom Ufer entfernt 208,* 28; ganga út á skipit *246,* 8; *nicht ganz gesichert* (*vgl.* Var.) *ist 79,* 21.

útan, *adv. u. präpos.;* (*vgl.* út), *auch* conj. = nema *von* aussen, *aussen;* ausser. — 1) von aussen *123,* 8; *158,* 84; *173,* 27; *spec.* róa útan *71,* 1 = ab alto remigare, *vgl.* út*. — 2) aussen *11,* 10; *12,* 4. — fyrir útan *nach aussen 108,* 11, *auch als* präp. *mit* Acc.: fyrir útan hollina *bietet* H a. a. O. — *Freier* hann er f. útan alla eiða *208,* 2 = *er ist durch keinen Eid gebunden.* — *Vgl.* fyrir 2) a). — 3) *auch modal* = ausgenommen, *so 198,* 8 f. útan, *einf.* útan *238,* 22. — *Der Casus kann* Gen., Dat., Acc. *sein* [*vgl.* Fritzn. útan 9 a); Vigf. III, 2), *doch gewöhnlich* Acc.; *vgl.* án *mit denselben drei Casus.*

* *Zu* útan, útar *vgl.* Wimmer Oldn. Læsb. p. X; Siev. P. V, 513.

útar, *adv.* (*compar. zu* út), *weiter* nach aussen; *teils in einem* Gebäude, *weiter nach dem Ausgange zu* (*oder von der Feuerstelle fort*) *57,* 6; *160,* 27; *237,* 15; *238,* 20; *ähnlich wol auch 62,* 17 kallaði útar á bekkinn = inclamavit sessores scamni exterioris Eg. (*deutsch etwa: rief zu dem Ende der Bank hinab, vgl.* Wimmer Læs. p. 286); *teils* = *weiter auf die* See *hinaus, so* sitja útar = remotius sedere Eg., *vgl.* Var. zu *71,* 17 *u.* útarliga.

útarliga, *adv.* (s. útar), weit *nach* aussen, *spec.* (*auf der See*) *weit vom Strande.* — *70,* 20; sitja, liggja útarliga *einen Aussenplatz (bei oder selbst ausserhalb der Thür) einnehmen, was den geringeren Gästen und Dienern zukam*, 236, 1.

úti, *adv.* (*s.* út), aussen, *draussen.* — 90, 10; 158, 2. - úti — inni 232, 3 *meint den Gegensatz von Aussen- oder Nebengebäuden verglichen mit dem eigentlichen Wohnhause.*

útlausn, f. (*s.* út, lauss), *die* Auslösung. — A. 75, 7.

útlendr, *adj.* (*s.* út, land), ausländisch, *ein Ausländer.* — Pl. N. m. útlendir 7, 9.

útvegr, m. (*s.* út, vegr), *der* Ausweg. — A. útveg 15, 14.

V.

vaða, *stv.* (F. 285), gehen, schreiten; *spec. auch vom Durchschreiten des Wassers (waten), mit Acc. des durchmessenen Raumes; Lund* p. 43. — Inf. Grm. 29, 3; Vol. 40, 1; 9, 2; = *schwimmen* (*als Fisch*) Regm. 2, 6. — Præs. S. 2 veðr Regm. 24, 3; S. 3 veðr 21, 20; 79, 20 (*hier = watet*); Pl. 3 vaða 88, 7. — Præt. S. 3 óð 73, 1; 119, 14; óð rugakrinn *durch ein Roggenfeld schritt* 191, 10; *vgl. syntaktisch Lund* p. 43 *u.* inn*), *sachlich* Myth. p. 359; *hier ist aber des jüngeren Ursprunges* *dieser Schilderung, sowie der verglichenen Stelle im* Ngþ. (252, 9 —10) *nicht gedacht.* — Pass. Part. *absol.* vaðit *gewatet* 105, 10.

vaðr, m. (F. 284), *die* Angelschnur. — A. vað 71, 20.

vafrlogi, m. (F. 289, *vgl. auch* Logi m.), *die* Waberlohe, *nach mythischer Vorstellung eine bewegliche Flammenmauer.* — N. 118, 20; Asf. 118, 21.

vagga, f. (F. 283), *die* Wiege. — D. vǫggu 260, 6.

vagn, m. (F. 283), *der* Wagen. — Pl. D. 195, 5; A. 215, 19.

vaka, *schw. v.* (F. 280), wachen. — Inf. 122, 25; *freier = sich zeigen* Grott. 19, 3; *vgl.* Grm. 45, 3 *und* Lüning s. v. vaka. — Præs. S. 2 vakir þú *wachst du?* 61, 3; Conj. S. 3 vaki Grott. 5, 7. — Imper. S. 2 vaki Grott. 18, 5. — Præt. S. 3 vakti 235, 12.

vakna, *schw. v.* (F. 281), *wach werden,* erwachen. — Præs. S. 3 vaknar 58, 24; 60, 2; Pl. 3 162, 4. — Præt. S. 1 ek vaknaða 61, 1; S. 3 vaknaði 118, 10; 122, 24. — Pl. 1 vǫknuðuvér 170, 29; Pl. 3 voknuðu 218, 5.

valbǫst, f. (*s.* l. valr; bǫst *unsicher; vgl.* Vigf. s. v.; Eg. Lex. *poet.*), *poet. Bezeichnung des* Schwertes (*vgl.* AM I, 568); *spec. wol der Schwertspitze.* — Pl. D. Sigrdr. 6, 5.

vald, n. (F. 299), *die* Verwaltung. Herrschaft, *Gewalt.* — G. valds 143, 6; Dat. 224, 20; A. vald 38, 5; 193, 26; 210, 9; 217, 25.

valda, *schw. v.* (F. 299), *walten, herrschen; mit Dat. auch = Veranlassung zu etwas sein, etwas* bewirken; *s. Lund* p. 88; § 156 b. — Inf. valda véum (= præesse domiciliis Eg.) Grm. 13, 3. — valda = *bewirken* 4, 5. — Præs. S. 1 veld 225, 28; S. 3 veldr 180, 23, 24 *vgl.* 202, 9; 209, 22. — Pl. 3 valda *bewirken* 22, 17. — Præt. S. 3 olli 78, 6; 106, 2.

valdr, m. (*s.* valda), *poet.* = valdi *Walter,* Gebieter (Vigf.). — Voc. Sigrdr. 5, 2; *vgl. Note.*

valdreyri, m. (*s.* valr, dreyri), *das* Blut *der Erschlagenen, des Schlachtfeldes.* — D. valdreyra Grott. 20, 8.

valdreyrugr, *adj.* (*s.* valdreyri), *vom* Blute *des Schlachtfeldes* gefärbt, befleckt. — Pl. A. n. valdreyrug Grott. 18, 3.

valdýr, n. (*s.* valr, dýr n.), *das wilde Tier des Schlachtfeldes, poet.* = *der* Wolf. — D. at valdýri (*hier = dem Fenriswolf*) Vol. 56, 4.

valkyrja (*vgl.* valr *u.* kjósa, F. 297), *die* Wählerin *der Toten, die* Walkyre; *vgl. Einleit.* p. 127; *ein jüngerer Ausdruck scheint* skjaldmær (*vgl.* s. v.) *zu sein.* — N. 118, 12; Pl. N. valkyrjur 45, 7.

valmar, f. = bellica virgo? (*s.* l. valr, mar = mær), *so* Eg.; *vgl. A. 48 zu* Grott. 20, 7.

1. valr, m. (F. 297), *der* Kampfplatz (*Walplatz, Walstatt*), *die* Erschlagenen *oder zum Tode im Kampfe Bestimmten.* — Gsf. valsins 141, 17; Dat. í val 28, 2; A. val 33, 11; Grm. 14, 4; Asf. 169, 10; 170, 3; 195, 27; kjósa val 45, 9 *wird gewöhnlich als Umschreibung des Amtes der* valkyrja (q. v.) *angesehen,* *das Auswählen der zum Tode Bestimmten*; doch wird dies auch von den einherjar *ausgesagt: val þeir kjósa* Vafþr. *41, 4 und scheint an dieser Stelle eher das Aussuchen des Kampfplatzes zu bedeuten. — Im Gegensatze zu dem abstrakt. Sinne von* valr *wird* feldan val 205, 10 *von den erschlagenen Helden gesagt, die* Brynh. *als* mundr *verlangt.*

2. valr, m. (*wol verwandt mit* 1. valr, *wenn auch schwerlich in der von* Vigf. s. v. *vermuteten Weise, oder zu* lat. falco), *der* Habicht, Falke. — Nsf. valrinn 95, 9, 11; Gsf. valsins 95, 14.

valrauf, f. (*s.* 1. valr), *entweder der* „gewaltige Riss", (rauf *zu* rjúfa, *vgl.* rauf f.), *oder* rauf *= ags.* reáf (Raub); *eigentlich also Raub des Schlachtfeldes, dann* = Beute *überhaupt,* Vigf. s, v. — Dat. fyrir víðri valrauf vineyjar *„vor dem weiten (geräumigen) Beutestück der* viney" (cf. s. v.), *das eben in der* viney *bestand: a,* 7, 8.

valshamr, m. (*s.* 2. valr, hamr m.), *die Falkenhülle, ein* Federhemd *nach Art eines Falkengefieders.* — A. 95, 3; 106, 4; Asf. 95, 3.

valtívar, Pl. m. (*vgl.* F. 122 s. v. Týr), *die* Kampfgötter, *Götter des Schlachtfeldes.* — G. valtíva Vol. 53, 4.

valtr, adj. (*vgl.* velta, valt = *sich wälzen, rollen,* F. 298), *nicht fest stehend,* unsicher. — N. n. valt 227, 24.

vanda, schw. v. (*vgl.* vandr), *Etwas genau und sorgfältig ausführen.* — Pass. Part. vandaðr *gut gearbeitet, kunstreich.* — N. n. vandat 176, 30; Pl. N. n. vonduð 177, 1.

vandi, m. (*vgl.* vanr adj.), *die* Gewohnheit. — D. at vanda 156, 21.

vandliga, adv. (*zu* vandr = *genau, schwierig; s.* Vigf. s. v.), sorgfältig. — 29, 5; 116, 1; búðu vandliga um þeira lík 190, 7 = *erweise ihrem Leichnam sorgfältige Pflege.*

vandmæli, n. (vandr, mál) = **vandræði.** — N. 207, 22.

vandr, adj. (*vgl.* vinda, venda F. 285), *genau,* schwierig. — N. n. vant 168, 1; 175, 18; *nicht angenehm* 228, 1: Superl. N. m. vandastr at . . *der strengste in . .* 259, 12.

vandræði, n. (*zu* vandr, *vgl.* vandliga, u. -ræði *zu* ráð), *die* Schwierigkeit. — (*Vgl. auch* lítilræði.) — .A. 37, 10. — Pl. N. *41,* 7.

vanfœrr, adj. (*vgl.* fœrr = *fähig, geeignet* F. 174; van- *vgl.* F. 279), unfähig, *nicht in der Lage.* — N. f. 203, 15.

vangi, m. (F. 268), *die* Wange, Backe. — Asf. vangana 60, 21.

vanheilsa, f. (van- F. 279; heilsa *zu* heill), *der* Krankheitszustand, *namentlich auch die Schwangerschaft.* — A. 151, 23.

vanr, m. (*s.* Vigf. s. v.), *der* Vane, *meist* Pl. vanir = *die* Vanen, *eine wol ursprünglich fremdländische, aber den nordischen Äsen allmählich zugesellte Gruppe von Gottheiten; s.* Einl. p. 93, 111 *fg.* — N. 32, 5; *44,* 16; G. vana *43,* 12; Dat. vonum 32, 7; Sigrdr. *18,* 7.

1. vanr, adj. (F. 279), mangelnd, *an Etw.* = Gen. (*Lund* p. 180). — N. n. vant; henni varð vant stafs = *ihr fehlte ein Runenstab, Runenzeichen* 218, 10.

2. vanr, adj. (*s.* vani F. 287), gewöhnt. — N. m. 70, 20; *102,* 5; N. f. því von *daran gewöhnt* 170, 28; *für den* Dat. *vgl.* Lund p. 115; Pl. N. m. vanir *64,* 6.

1. vara, schw. v. (*wol verwandt mit* 2. vara); *imperson.* mik varir = *ich habe ein Vorgefühl, eine Ahnung; mir* ahnt *Etwas.* — er hann (Acc.) varir sízt 150, 24; Præt. S. 3 sem mik varði 66, 10; *vgl.* Lund p. 47.

2. vara, schw. v. (F. 291), warnen, *gew.* v. sik *oder* M. varaz sich, vorsehen, *mit* við c. D. *oder blossem* Acc. — Inf. M. Regm. *1,*3; 209, 18.

varðveita, schw. v. (*vgl.* veita u. varða = *warten, schützen* F. 295), bewahren, *in* Obacht haben. — Inf. 260, 19. — Præs. S. 3 varðveitir 35, 5; Conj. Pl. 3 varðveiti 171, 30. — Imper. S. 2 varðveit 169, 22. — Præt. Pl. 3 varðveittu 172, 27, 28.

varðveizla, f. (varðveita), *die* Aufbewahrung. — G. 260, 24.

vargamatr, m. (*s.* vargr, matr), *die* Wolfsnahrung. — A. *164,* 28.

vargr, m. (F. 293; Vigf. s. v.). 1) *der* Wolf. — G. vargs *15,* 23; D. vargi *75,* 17. Pl. G. varga *213,* 1; D. vorgum *165,*'7; Helr. 3, 5; A. varga

165, 3. — 2) *der geächtete* Ver-
brecher (Vigf. II). — A. *150*, 9.
 * *Der Ausdr.* vargr í véum *hebt
das Verbrechen gegen Religion und
Sitte besonders hervor;* Vigf. *vgl.*
den *Ausdruck* goðvargr; *s. auch
Gr. R. Alt.* 396, 733, *wo die Wendung* Saxo's: cœlestium spoliorum
raptor *verglichen wird.* — *Nhd.
liesse sich etwa „Verbrechen gegen
göttliches und menschliches Recht"
vorschlagen.*

vargshár, n. (vargr, hár), *ein* Wolfshaar. — A. *216*, 25.

vargshold, n. (vargr, hold), *das*
Wolfsfleisch. — D. af vargsholdi
208, 13.

vargsrodd, f. (*s.* vargr, rodd), Wolfs-
stimme, *Wolfsgeheul.* — Dat. (*instrum.*) *159*, 15.

vargold, f. (*s.* vargr, old), *das* Wolfs-
zeitalter, *das Zeitalter wilder
Verbrechen, da* vargr *auch = geächtete Missethäter, Frevler,* F. 293.
— N. Vol. *46*, 9.

varla, *adv.* (*zu* varr *adj., auch* varliga)
eig. vorsichtig,genau; gerade, kaum.
4, 10; 69, 8.

varna, *schw. v.* (F. 291), warnen,
verwehren, verweigern *mit* Gen.
der Sache; Lund p. 173. — Præt.
S. 3 varnaði *verweigerte* 137, 3;
Pl. 3 aldrs vornuðu = *des Lebens
beraubten* Regm. 15, 4.

varnaðr, m. (*s.* varna), *die* Warnung. — G. varnaðar 82, 9.

varr, *adj.* (F. 290). 1) aufmerksam; vera *oder* verða varr gewahr
werden, wahrnehmen, mit Gen., *Lund*
p. 179. — N. S. m. þá varð hann
þess varr, at *107*, 17; N. f. vor *44*, 4;
155, 28. — Pl. N. m. urðu þess varir,
at *109*, 13. — 2) vorsichtig, ver
var um þik *189*, 12 = *nimm dich in
acht.*

vastir *s.* vozt, f.

vatn, n. (F. 283), *das* Wasser, *auch
= der* Fluss, See (*136*, 4); *aber
genauer* í rennanda vatn *in fliessendes Wasser, in einen Fluss* 117, 7. —
N. 3, 11; *49*, 7. — G. vatns *117*, 11;
119, 13; *136*, 4; D. vatni *115*, 6; A.
vatn *24*, 1; *40*, 13; *49*, 9; 117, 7;
119, 15. — Pl. votn *oft = Gewässer;*
N. votn Grm. 29, 9; Asf. votnin *11*, 5
(*hier die süssen Gewässer im Gegs.
zur* See).

vatnfall, n. (vatn, fall), *der* Wasser-
lauf (*von Seen und Flüssen*). — Pl.
D. *231*, 8.

vatnsdrykkr, m. (*s.* vatn, drykkr),
ein Trunk Wasser. — Asf. *49*, 11.

vaxa, *stv.* (F, 281), wachsen, *zunehmen.* — Inf. *110*, 6 = *aufwachsen,
erwachsen, werden* 209, 20. Præs.
S. 2 vex *3*, 4; *180*, 4 *vgl. Note.* S. 3
vex 30, 13; *35*, 20; *74*, 6; Pl. 3 vaxa
89, 4. — Imper. S. 2 (*mit suff. Pron.
u. der Negat.* at) vaxattu *3*, 1. —
Præt. S. 3 óx 9, 7; 38, 3; Vafþr. *31*, 3;
Pl. 3 óxu (*wuchsen, verbreiteten sich*)
9, 2. Conj. S. 3 yxi *153*, 32. — Pass.
Part. N. n. at hánum hafði afl vaxit
dass ihm die Kraft gewachsen war
39, 8; *absol.* þykkir hafa vaxit *scheint
zugenommen, gewonnen zu haben*
163, 8. — Pl. N. m. vaxnir *aufge-
wachsen* 216, 3.

vá, f. (F. 279), Unglück, Weh. —
A. vá alandi *Unheilstifterin* Helr.
2, 2; *vgl. übr. Var.*

válundr, *adj.* (*vgl.* vá f.; lund f.),
poet.; von schlechter Art, böse. —
Pl. N. n. válund *von schlechter Witterung* Vol. 42, 7.
 Es wird häufiger vályndr *angesetzt, vgl. Var. u.* Hild. *zu* Vol. *42*,
7; *aber auch* B *zu* Vol. *41*, 7. N. F.
p. 30.

ván, f. (F. 287), *die* Hoffnung, Erwartung. — sem ván var *wie es
die Erwartung* (*Aller*) *war, wie es
natürlich war* 57, 20; 78, 10; s. v.
var at 151, 28; ok þótti ván (sc. vera),
at *und Wahrscheinlichkeit vorhanden zu sein schien* 105, 8; *oft mit
objektivem Gen.:* ills ván (af = þar
af, af þessum systkinum) 37, 19;
42, 9; *46*, 16; *103*, 12; úlfs ván *182*,
20 *u.* fangs ván at frekum úlfi
Regm. 13, 7 *s.* úlfr; at þess var engi
ván *dass dazu keine Aussicht war*
(*wäre*) 112, 19; at lítil ván var 116,
16; at ófriðar mun af þeim ván
(sc. vera), er = *dass man Feindseligkeit von dem zu erwarten habe, der*
167, 28; meiri ván, at *170*, 10; *172*,
20 *vgl.* meiri *u. w. u.* A. ván. — *Als*
Acc. eigi vita ván verkmanna 99, 8
= *keine Aussicht zu Werkmännern
wissen* (*k. Auss.* haben, Werkm. *zu*
erhalten) 99, 8; v. eigi ván þeira
vélræða 208, 18 = *nicht die geringste
Ahnung von . . haben;* ætti engrar
vægðar ván *hätte keine Schonung*

zu erwarten 141, 3; kallar þess meiri
ván (sc. vera) *nennt es die grössere*
(d. i. grösste) Wahrscheinlichkeit
63. 5. Pl. D. vánum μ, 2.
vándr, *adj.* (*s.* Vigf. s. v.), schlecht.
— Pl. N. m. vándir menn *6,* 17;
N. f. vándar vættir *189,* 12.
vápn, n. (F. 288), *die* Waffe; *gew.*
im Plur; *doch* S. N. *153,* 18. — Pl.
N.*74,* 4; *140,*4; G. vápna Sigdr.20,3;
D.vápnum5,6; A.vápn *103,*23(*kann*
hier auch A. Sing. *sein, jedenfalls=*
Angriffswaffe); *18,*3; *180,* 27; Asf.
vápnin *103,* 4.
vápna, *schw. v.* (vápn), bewaffnen.
— Pass. Part. A. n. vápnað *245,* 5;
Pl. N. m. vápnaðir Regm. *16,* 7,
vápnabúnaðr, m. (vápn, búnaðr), *die*
Waffenrüstung. — N. *196,* 27.
vápnabrak, n. (vápn, brak *s.* Vigf.
s. v.), *der* Waffenlärm, *das Klir-*
ren der W. — A. *220.* 7.
vápndauðr, *adj.* (*s.* vápn, dauðr),
waffentod = auf gewaltsame
Weise umgekommen. — Pl. A.
190, 7.
vápngøfugr, *adj.* (*s.* vápn; gøfugr =
vornehm, angesehen F. 100), *poet.* =
waffenberühmt. — N. m. Grm.
19, 5 (armis nobilis Eg.).
vápnlauss, *adj.* (*s.* vápn, lauss), waf-
fenlos. — N. *47,* 6; *74,* 13; A.
102, 21.
vápnrokkr, m. (vápn, rokkr *vgl. mhd.*
roc *bei Lexer*), *der* Waffenrock.
— N. *190,* 19.
vár, n. (*zu lat.* ver; F. 301), *der*
Frühling. — N. *144,* 4.
várar, Pl. f. (F. 292), *das* Gelübde.
— Pl. N. *44,* 2. — *Für die Schrei-*
bung várar *vgl.* Vigf. s. v.
várr, *pron.* (*nach* Vigf. s. v. *jünger*
als órr, q. v.; várr *lehnt sich an*
vér *an, vgl.* *), unser. — N. n.
várt (*mein*) **2**12, 24; D. m. várum
*210,*6; D. f. várri *154,* 3, 10; D. n.
váru *6,* 2. A. m. várn *234,*14. A. f.
vára *197,*33. A. n. várt *165,*25. —
Pl. N. m. várir *205,* 30 (v.=*meine*).
G. várra *176,*22 (*meiner Verwandten,*
vgl. vér=*ich*). N. n. vár *218,* 24.
* *Über* vérr *u.* órr *vgl.* Wimmer
Oldn. Læs. p. IX *.
vás, n. (*zu* vátr F. 284; Vigf. =
wetness), *der erschöpfte Zustand,*
die Beschwerde. — G. váss at
gjalda = *das Schlimmste auf sich*
nehmen müssen 222, 24.

veð, n. (F. 285), *das* Pfand. Dat. at
veði *21,* 1; *34,* 18; *41,* 6; af veði
Valføðrs Vol. 24, 7.
veðfé, n. (F. 285), *das* Pfandgeld *od.*
Wettgeld, *d. h. der Preis für den*
Sieger in einer Wette, mag diese
auch nur in einer Erlaubnis liegen,
wie 110, 9 — 11. — Asf. veðféit
112, 17.
veðja, *schw. v.* (*vgl.* veð), wetten,
verwetten, *d. h. in einer Wette*
zu Pfand setzen; mit Dat., *der wol*
instrumental zu nehmen ist = eine
Wette machen mit Etw. — Inf. *101,*
6 (*verb.* þar fyrir, at = *dafür, dass*).
veðja við oss (Acc.) = *gegen uns,*
mit uns 239, 11. — Imperat. Pl. 2
veðið *241,* 10. Præt. S. 3 veðjaði . ..
hvárt = *w. für den Fall, dass* . .
110, 9.
veðjan *oder* **veðjun,** *vgl.* § 48, f. (*s.*
veðja), *die* Wette. — Asf. veðjunina
*111,*14.
veðr, n. (F. 307), *das* Wetter, *die*
Witterung. — N. *140,*3 (*hier und*
*177,*3; *194,* 24; *246,* 2 = *Unwetter*);
var veðr gott *153,*30; veðr mikit
218, 30 = *grosses Unwetter.* — Asf.
veðrit *die* Witterung, *den Geruch*
*156,*22. — Pl. N. veðr Vol. *42,* 7;
D. veðrum (*Unwettern, Stürmen*)
*194,*23
vefa, *stv.* (F. 289), flechten, *in*
Weise eines Flechtwerkes herstellen,
weben. — Pass. Part. ofinn *88,* 5.
mit instrument. Dat.
vefja, *schw. v.* (Vigf. *vgl. got.* bivaif-
jan *umwinden, s. auch* veifa F. 305),
wickeln, zusammenlegen. — Inf.
v. saman 55, 10; *111,* 22. — vefja
þik í . . . *dich einschlagen in* . . .
226, 19. — Præs. S. 3 vefr (*impers.*)
= *wickelt man* Sigrd. *12,* 5. —
Pass. Part. vafinn *oder* vafiðr, vafðr
= *eingewickelt*; A. n. vafit um útan
umwickelt 161. 28.
vega, *stv.* (F. 282), *eig. schwingen,*
wägen; *gewöhnlich* kämpfen,
schlagen, *erschlagen, töten.* —
Inf. Grm. 23,6; Vol. 54, 4; ib. *56,*2;
at vega at *mér mich anzugreifen*
180, 6; *töten* 196, 18. — Præs. S. 3
vegr = *wiegt* 251, 21; = *abwägen,*
bar bezahlen 153, 20. — Præt. S. 2
vátt = *erschlugest* 205, 17 *vgl.* §23 b;
S. 3 vá *schlug, fuhr mit Gewalt*
72, 5; *kämpfte* *104,*18 *vgl.* Vol. 30a;
erschlug (*mit* Acc.) *119,* 19; vá at

12*

c. D. *griff an, erlegte* 202, 2; *o*, 1;
Pl. 3 vágu at hánum *machten einen
Angriff auf ihn* 121, 5; 253, 10. —
Pass. Part. veginn *erschlagen* 78, 6;
absol. vegit = *gekämpft* Regm. 18,
4. — Med. vegaz *sich schwingen,
kämpfen;* Præt. S. 3 váz 46, 25.

vegliga, *adv.* (*zu* vegligr), *in* ehrenvoller *Weise.* — v. at þjóna 192, 2.

vegligr, *adj.* (*vgl.* 1 vegr), ehrenvoll, *stattlich.* — *Compar.* N. f.
176, 31.

vegna (*alter* Pl. G. *von* vegr? *s.* Vigf.),
zu vgl. dem nhd. (*von*) *wegen,* (*von*)
seiten. — tveggja v. *auf zwei* (*d. h.
beiden*) *Seiten* 161, 18.

veggberg, n. (*s.* veggr), *entweder*
Mauerberg, *steil abfallender Berg*
(Fritzn.) *oder* Keilberg, *keilför-
miger Berg* (Vigf.), *poet.* — Gen.
veggbergs vísir Vol. 49, 7; *entweder
mit* Eg. (AM. I, 195) *zu erklären:*
præruptarum petrarum inquilini *oder
mit* Eg. Lex. Poet. *zu verbinden*
fyrir steindurum veggbergs stynja
dvergar vísir. — *Bei ersterer Auffassung kann* vísir *auch* (*mit* Lüning) *als* gnari (*der Felswand Kun-
digen*) *gefasst werden.*

veggr, m. (*g.* vaddjus f. F. 302; *mit
Diefenbach Got. Wb.* I, 147 *viell.
zu* vidan = vad F. 284 *zu stellen*),
die Mauer, Wand. — Asf. vegginn
108, 10. — Pl. N. veggir 25, 2.
.* *Nach* Vigf. *ist* v. *in Compos.
auch* = *ahd.* wecki F. 283 = *der
Keil, vgl. oben* veggberg.

veggþill, n. (*s.* veggr *u.* þili n. =
Diele F. 137), *die* Wanddiele, *d. i.*
Wandfläche *in einem aus Holz
aufgeführten Hause.* — Pl. N. 93, 3.

1. **vegr,** m. (*zu* vega = *wägen?*), *die*
Ehre. — N. 197, 26; A. 166, 5.

2. **vegr,** m. (F. 282), *der* Weg. —
A. á veg Fáfnis (*auf den Weg Faf-
nirs* 117, 10 = qua Fafneri eundum
erat Eg.; *ähnlich* of veg *über den
Weg, entgegen* Vol. 56, 3; *ähnlich*
fara einn veg *denselben Weg fahren* (*zur* Hel), *dasselbe Schicksal
haben* 182, 26; *und oft freier, wo*
vegr = *Weg, Richtung, Art und
Weise steht; so* á hverjan, hvern
veg *in jeder Richtung, nach jeder
Seite* 83, 6; Vafþr. 18, 5; *desgl.* hvern
veg 90, 8; á einn veg *übereinstimmend* 221, 10; þann veg, sem
auf die Art, wie 191, 7; 228, 11;

þann veg *auf dieselbe Art* 190, 19;
engan veg *in keiner Art, durchaus
nicht* 153, 15—16; um langan veg
62, 8 *wol* = *in weitläuftiger Art. vgl.*
um 1) a) β. annan v. — en annan (sc.
veg; *vgl.* annarr 4) 209, 11—12 *nach
der einen Seite, aber nach der andern;
für sich stehend* annan veg *in anderer Art, anders* 62, 9 *vgl. Lund*
p. 59. — *Ähnlich* Plur. A. á fleiri
vega *auf mehr Arten* 28, 4; marga
v. *auf manche Art* 204, 22; alla
vega *nach allen Seiten* 180, 26. —
Pl. N. vegar (*u.* vegir, *vgl.* § 50)
178, 36; hier *wol* = *Wegspuren,
die auf dem Wege hinterlassene
Spur.* — A. vegu (*zu* vegir) Sigdr.
18, 4, *vgl. oben* alla vega (*zu* vegar).
* *In Compos. bezeichnet* vegr *teils*
Weg (*vgl.* helvegr, Helvegr), *teils
Richtung, Gegend, vgl.* austrvegr,
Noregr; hinig, hvernig *u.* þannig;
ondugi. — *S. auch* vegna.

vegsemd, f. (vegr 1, semd *vgl.* sama,
sœmd), *die* Ehre, Würde. — G.
hánum væri til vegsemdar *ihm zur
Ehre gereicht* 154, 15.

veiða, *schw. v.* (F. 302), jagen; *überh.*
fangen, *auch mit Netz oder Angel.*
Inf. 159, 20; *von* Sinfj. *in Wolfsgestalt gebraucht.* — Præs. Plur. 3
veiða 149, 10. — Præt. S. 3 veiddi
109, 13. — Pass. Part. *absol.* veitt
(*vgl.* § 22, 2) *erbeutet* 114, 7; 149,
12.

veiði *u.* **veiðr,** f. (F. 302 *vgl.* § 42 a
u. Anm. 1), *die* Jagd, *das Weid-
werk; die* Jagdbeute. — D. veiði
114, 7; A. veiði = *Jagdbeute* 114,
13; Asf. 173, 25. — Plur. G. veiða
32, 1; D. veiðum 122, 4. — *Der*
Plur. *ist nhd. durch Sing.* (*in abstrakter Bedeutung*) *wiederzugeben;
vgl.* Gr. IV, 285.

veiðifang, n. (*s.* veiði, fang), *der
Weidfang; der* Fang *auf der Jagd
oder beim Fischen.* — Plur. Asf.
173, 12.

veiðimaðr, m. (*s.* veiði, maðr), *der*
Weidmann; *der Jäger oder Fi-
scher.* — N. 173, 9.

veisa, f. (*zu* vás n. F. 301?), *der*
Sumpf. — A. veisu 252, 3.

veita, *schw. v.* (*zu* vita = *gehen, sich
erstrecken?; vgl.* Fritzn.), ein-
gehen; *einräumen,* gewähren,
helfen; *meist mit* Dat.; *Lund*
p. 101; (Acc. veita veizlu *ein Gast-*

mahl ausrichten 220, 26). — Inf.
= *gehen 179,* 3; = *gewähren 122,*
15; *157,* 9. *Im feindlichen Sinne*
209, 4 *vgl. u. 53,* 22. — Præs. Pl. 3
veita sin í milli *wechselsweise ein-*
gehen, wechs. sich leisten 44, 1. —
Conj. S. 3 veiti *44,* 6 *leiste = lei-*
sten würde. — Imper. S. 2 veit *er-*
zeige 74, 14. — Part. Præs. Pl. A.
m. veitandi fjár *143,* 15 = datores
pecuniæ Eg. *Vgl. Lund* p. 395. —
Præt. S. 3 veitti *122,* 21 = *es half;*
Plur. 1 veittum lið *wir gewährten*
Hilfe Grott. *14,* 3; Plur. 3 veittu
Loka atgöngu *machten einen Angriff*
auf L. 53, 22; *ähnl.* v. tilræði *230,*
5; veittu hánum formála *machten*
ihm eine Prophezeiung 162, 27. —
Pass. Part. *absol.* veitt = *gewährt,*
bewirtet 168, 6; *eingeräumt 193,* 16,
17; *geleistet 238,* 11.

veizla, f. (*für* veitsla, *zu* veita), *die*
Gewährung, Bewirtung; das Gast-
mahl. — N. veizla *vom Hochzeit-*
schmaus 152, 23; *von einer Em-*
pfangsfeier 167, 21; G. veizlu *167,*
24; Gsf. veizlunnar *109,* 12; D.
veizlu *109,* 7; *120,* 24; Dsf. veizlunni *152,* 25; A. veizlu *166,* 25; Asf.
veizluna *152,* 24. — Pl. N. veizlur
178, 24. — D. veizlum *189,* 15.

vekja, *schw. v.* (F. 281). 1) wecken.
Præs. S. 3 vekr γ, 4; v. upp *83,* 8.
Præt. S. 3 vakti upp *141,* 17. —
2) *erregen,* anstiften. — Præt.
S. 2 þú vaktir *225,* 4. — Pass. Part.
absol. vakit *207,* 29.

vel, *adv.* (F. 296), wol, *in guter Art,*
billiger Weise, vielleicht. — *10,* 10;
61, 9; *64,* 5; vel þykkja *mit* Dat.
der Person = wolgefallen 115, 17;
lætr þat vel vera *lässt es sich ge-*
fallen 99, 19; bað þá vel fara *hiess*
sie gutfahren, wünschte ihnen Lebe-
wol (*vgl. dän.* farvel) *162,* 20; vel
sættaðar *von guter Art* (*Abstam-*
mung) 22, 16 *vgl. Var.* — vel kominn *gut* (*nach Wunsch*) *gekommen,*
willkommen; verið velkomnar
(Pl. N. f.) *163,* 19; þér skulut hér
vel komnir (sc. vera) *193,* 20; *vgl.*
196, 33; vel mentr *oder* velmentr
guterzogen, von feinen Sitten 194,
30.

velja, *schw. v.* (F. 297), *wählen,* auswählen. — Præt. S. 3 valdi *229,* 1.

velkominn, velmentr *s.* **vel.**

velta, *schw. v.* (F. 298), wälzen,
mit Dat.; *Lund* p. 99. — Præt.
Pl. 1 veltum grjóti Grott. *12,* 1.

venja, *schw. v.* (*vgl.* vanr *adj.*), gewöhnen, *erziehen.* — Inf. *159,* 1;
hier nicht zu übersetzen: „*an eine*
schwierige Arbeit gewöhnen" (*an*
Etwas .*gewöhnen* venja einu *oder*
við eitt); *sondern* „*mittelst einer*
Schwierigkeit ausbilden, erziehen"
(Vigf. s. v. I, 2 ex.). — Pass. Part.
vandr, N. f. vönd *170,* 31.

vera, *str.* (F. 800), sein, *sich auf-*
halten; stattfinden, dauern (*wäh-*
ren); *mit* Gen. = *von Etwas sein,*
zu Etwas der Geburt, dem Wesen
nach gehören; vgl. w. u. — *Mit* at
c. Dat. = *zu Etwas gereichen* (*194.*
20); *mit* verða *wechselnd zur Um-*
schreibung des Passiv, *vgl.* Gr. IV.
9 fg.; *Lund* p. 286, 287; Fritzn. s.
v. 5); *über die Formenbildung vgl.*
Vigf. s. v. A., *u.* § 116. — Inf. *4,* 4
vgl. 10, 7; = *verweilen 154,* 17;
158, 3; vera með einum *6,* 16 *vgl.*
62, 12; kann vera *16,* 9; á vera *dar-*
an sein, vorhanden sein 40, 16;
vera at (*oft = bei Etwas sein, mit*
Etwas beschäftigt sein) *115,* 4 *wol*
nach Analogie von varð þat at sætt
(*s.* verða) *114,* 19 *gebildet.* — vera
= *sein, währen 35,* 7; *191,* 1; vera
nökkut *Etwas sein = bedeuten 218,*
20. — Præs. S. 1 em ek δ, 1, 2;
mit suffig. Pron. u. Negat. emkat
Sigdr. *21,* 3; ek em *160,* 1; S. 2 at
þú ert 59, 2; *suffig.* ertu *179,* 5; þú
ert (kominn) *67,* 23; S. 3 því at
óvíst er Háv. *1,* 4; er sagt, nefnd,
kallaðr 3, 2, 5, 12; heimill er matr
5, 14 *u. oft;* er tíu vetra (sc. gamall) *158,* 15 *vgl. Lund* p. 152; er
til þess *118,* 5 *vgl.* til 3); hvat er
nú? 65, 5 = *was* (*giebt es*) *nun!*
was machst du nun? = siccine agis?
Eg. — þér er at þegja Gylf. XLIV
A. 20) *vgl. Lund* p. 23, 363 *u. ähnl.*
þat er með sönnu at segja 51, 1. —
Pl. 1 erum, *mit suffig. Neg.* (*poet.*)
eruma Grott. *20,* 7; Pl. 2 eruð; eru-
þér *165,* 20; Plur. 3 eru (siðaðir) *6,*
16; *12,* 2 *u. öft.;* 'ro *für* ero *poet.*
Grott. *1,* 5 (*verb.* 'ro hafðar); 'ro á
þingi Vol. *49,* 4; *poet. auch* erumk
= eru mér β, 1 (*urspr. wol* eru mik
vgl. Gr. IV, 40 *u.* § 158 *Anm., Lund*
p. 63). — Conj. S. 2 sér *163,* 28;
S. 3 sé 5, 13; hvat henni sé = *was*

ihr sei, mit ihr sei 203, 3; Plur. 1
sém *172*, 27; Pl. 3 sé *11*, 2; *40*, 6;
70, 9 þótt eigi sé frœðimenn *wenn
es auch nicht Gelehrte sind = auch
für Nichtgelehrte; 170*, 15. — Imp.
S. 2 ver *163*, 27; ver vel við c. A.
*lebe in gutem Einvernehmen mit ..
189*, 4; Pl. 1 verum *204*, 15; Pl. 2
verið *163*, 19. — Præt. S. 1 var,
mit suffig. Pron. u. Negat. varka
= var-ek-a *β*, 2; S. 2 vart *164*, 31;
mit suffig. Pron. vartu *165*, 1; *mit
suff. Neg. u. Pron.* varattu = vart-
at-þú (§ 107, *A.* 5) Grott. *8*, 1; S. 3
var 3, 4, 11; *u. oft;* var hann
ása-sættar. *14*, 6 = is gente asarum
oriundus erat Eg. *vgl. 32*, 4 u. *46*, 2;
180, 9; *Lund* p. 161; var til, er
war dazu (dafür), dass 47, 6; kykt
var fyrir (varð f. W) *79*, 14 *s.* fyrir
3); *mit suff. Negat.* varat Vǫl *6*, 3;
vara Grott. *14*, 5. — Pl. 1 várum
Grott. *11*, 2; Pl. 3 váru *3*, 6; *4*, 7
u. oft; váru til sumars 53, 14 *vgl.*
til 2); váru (sterk vitni) 53, 9 =
fanden Statt, wurden gebraucht;
váru at tyrfa *beschäftigt waren u.
w. 161*, 22; váru allir með einum
hug til þess *74*, 21 *waren Alle Einen
Sinnes gegen den u. w.* — Conj.
S. 1 at ek væra *61*, 6; *180*, 8, 9;
S. 3 *5*, 10; væri af kaupinu (*s.* kaup)
53, 21; Pl. 1 værim *171*, 4; Pl. 3
væri 65, 20. — Pass. Part. verit =
gewesen; hafa verit *sind gewesen
175*, 8; hafi verit *gewesen sei* 56, 4,
5; hǫfðu verit *gewesen waren* 89,
10; hefði verit *gewesen wäre* 160,
13; hefir oss sagt verit *ist uns gesagt worden* 183, 29; *vgl. die folgende Note.*

* *Dass die passive Umschreibung
mit* vera *öfter auch den Sinn von*
verða *haben müsse, wurde schon*
Gr. IV, 18 *bemerkt; auch sonst tritt
in der älteren Sprache* vera *im
Sinne von* verða *ein.* — *Ich hebe
hervor:* at þaðan af váru dœgr
greind *11*, 20; hvárir váru ríkari?
10, 12 = utri potentiores exstiterunt?
Eg.; þá var kristr borinn *wurde
Chr. geboren* (natus est Eg.) *124*, 7;
þau váru bæði blótuð *139*, 10; *vgl.
auch 176*, 10. S. *auch* hafa *).* —
Über die öftere Auslassung von vera
(skyldi hann af kaupinu 53, 1) *Lund*
p. 468 *fg. Vgl. auch 182*, 1, 25; *211*,
22, 26, 28.

** *Über den Wechsel von* vera
und hafa *vgl. Lund* p. 288.
verða, *stv.* (F. 294), *eig. sich drehen,
bewegen = lat.* verti, *dann: geraten,*
werden. — *Neben* vera *zur Umschreibung des Passivs gebraucht,
vgl.* vera *. — Inf. 15*, 19; *oft auch*
verða = geraten, *in eine bestimmte Lage kommen, fast =*
müssen (*vgl.* Fritzn. s. v. 5) at
hann mundi verða at leggja sik í
hættu 39, 9 *vgl.* 206, 9. — Præs.
S. 1 verð *179*, 3 (v. fyrir *vgl.* Pl. 3);
S. 2 verðr þú at segja *du wirst erzählen müssen* 252, 19; S. 3 verðr
Vǫl. *41*, 5 = *es wird;* v. = *wird,
entsteht* 40, 3; þann er n. verðr at
geta *den es nötig ist etwas zu erwähnen, der bisweilen in der Sage
vorkommt 149*, 6; er borit verðr 22,
10 (*vgl. Var.*) = *geboren wird, ist;
mit Negat.* verðrat Regm. *6*, 5. —
Plur. 1 verðum at sitja *210*, 6 =
kommen in die Lage u. w. — Pl. 3
fyrir óskopum verða (*vgl.* fyr, fyrir
1 e) *in Unglück geraten* 22, 17;
verða = *werden* Vǫl. *42*, 5. — Conj.
S. 2 verðir *172*, 25; S. 3 verði *184*,
10. — Imper. S. 2 verð *189*, 7. —
Præt. S. 3 varð = *ward, wurde* 8, 4,
17; varð hræddr 53, 22; þat varð
at sætt *das wurde zum Vertrage,
so kam der Vertrag zu Stande* 32, 6;
varð = *geschah* 70, 2; varð hón við
at taka = *sie kam in die Lage
anzunehmen = sie musste* (ihn) *annehmen* 214, 8; at þetta varð fram
at ganga = *dass dies geschehen
musste* 215, 16, 17; varð at brjóta
233, 22 = *musste (die Harfe) zer-
brechen;* v. at verja 250, 22; til
þeirar sendifarar varð 75, 9 *wol
gleich =* varð búinn (*bereit*) *vgl.*
Vigf. s. v. A. III *u.* 109, 2; at þór
varð bilt 58, 25 *vgl.* s. bilt; henni
varð þat fyrir *156*, 6 *s.* fyrir 1 e. —
Pl. 3 urðu (= existerent Eg.) 9, 3;
= transmutata sunt Eg. *80*, 13. —
Conj. S. 1 yrða *206*, 4 *vgl.* 22, 17;
S. 2 yrðir *169*, 19; S. 3 yrði *159*,
18. — Pl. 3 yrði 8, 1. — Pass. Part.
orðinn = *geworden; auch wol =
wirklich* (d. h. *von der natürlichen
Beschaffenheit*) *vgl.* 27, 1; *62*, 9. —
N. f. ferð sín orðin *seine Reise geworden = geraten, ausgefallen* 67,
18. — N. n. (*u. absolut*) orðit: hafa
orðit sér *für sich geworden, einge-*

treten sind 29, 3; som fyrr hafði orðit sc. smíðat *54,* 9 = *gearbeitet worden war;* því at engi hefir sá orðit ok engi mun verða *69,* 12 = nemo enim fuit neque erit Eg.; *ähnl. 206, 3;* þeir hafa orðit fyrir óskopum *159,* 11 *vgl.* 22, 17; þá er myrkt var orðit *58,* 10 (*beachte den Unterschied von hafa u.* vera orðit; *Letzteres bei rein physischer Veranlassung?*). Pl. N. m. orðnir *241,* 9; n. orðin *78,* 9; *104,* 14. — Med. verðaz *sich (gegenseitig) werden (zu Etwas).* — Inf. at bǫnum verðaz Vǫl. *46,* 2.

verðleikr, m. (*s.* verðr, leikr*), *die* Würdigkeit. — gera verðleikum betr við einn *Jemand besser (mehr) nach Würdigkeit behandeln 171,* 5.

verðr, *adj.* (F. 290), wert, würdig; *mit* Gen.; *Lund* p. 181. — N. n. frásagnar vert 52, 6; hánum þykkir um vert *ihm erscheint (Preises) wert 192,* 22; þ. mikils um v. hennar friðleik (*verb.* um h. fr.) *ihm erscheint es Viel wert (zu sein) mit ihrer Schönheit, er findet ihre Schönheit vorzüglich* 227, 18; en lítils mun þér þykkja um vert 232, 29 *aber sie wird dir wenig wert scheinen = dir wird wenig daran gelegen sein = sie wird dir unlieb sein;* minna vert *69,* 4 *u.* meira v. *73,* 6 *adverb. gebraucht;* A. m. verðan 209, 2. — Pl. N. m. verðir *149,* 8; N. f. verðar 260, 13; svá mikils verðar *so gewichtig* (sc. spár). — N. n. verð hallmælis *tadelswert 17,6.*

verðugr, *adj.* (*vgl.* verðr), würdig, *mit* Gen.; *Lund* p. 181. — A. m. verðugan ills dauða 53, 20; *vgl.* 17, 6 hallm. verð.

verfang, n. (verr *poet. = Mann* F. 306; fang), *die Mann-Wahl, die* Heirat (*seit. der Frau*). — D. Helr. *13, 8.*

1. verja, *schw. v.* (F. 291), wehren, verteidigen. — Inf. v. sik *58,* 19; v. borg mína *69,* 16; v. land *143,* 2. — Med. verjaz *sich wehren;* Præt. Pl. 3 vǫrðuz 230, 11.

2. verja, *schw. v.* (F. 300), bekleiden. — Pass. Part. varinn *bekleidet, geschmückt; überh. beschaffen:* hánum var svá varit *mit ihm es so beschaffen war 153,* 25 (*oder „bestellt" war; vgl.* Möb. Gl. s. v. verja).

verk, n. (F. 292), *das* Werk, *die* Arbeit. — N. *17,* 16; Gen. verks *179,* 30; Gsf. til verksins 53, 2; D. verki *179,* 7; Dsf. verkinu *54,* 9; A. verk *99,* 10; Asf. verkit *74,* 22. — Pl. A. verk *Thaten 192,* 30.

verkmaðr, m. (*s.* verk, maðr), *der* Werkmann, Arbeiter. — Pl. G. verkmanna *99,* 8.

verpa, *stv.* (F. 295), werfen; *mit instrument.* Dat.; *wie* kasta, *Lund* p. 99. — Inf. Sigrdr. *8,* 3; *191,* 13. — Præt. Conj. S. 3 yrpi hánum til *mit ihm zuwürfe, ihn zum Wurf brauche 112,* 11. — Pass. Part. orpinn; aldri orp. *vom Alter gebeugt 168,* 3.

verr, *compar. adv.* (*vgl.* verri *und* § 162), schlechter, schlimmer. — v. við koma *schlimmer ankommen* (*vgl.* við *adverb.*) *47,* 14. — undi hón verr sínu *203,* 29 *war unzufrieden mit ihrem Lose; vgl.* Ba. — *Der Compar. erklärt sich wol durch eine Ellipse: war schlechter (als billig) zufrieden u. m.*

verri, *adj. compar.* (F. 296, § 89), schlechter. — N. m. = *erzürnter* 228, 14; N. f. *203,* 27; G. n. verra (*vgl.* ills af ván *vorher*) 37, 19; *205,* 29; A. m. verra *170,* 20; A. n. verra 155, 37; *161,* 20.

verst, *superl. adv.* (*s.* verstr), am schlechtesten. — bar þeim mun verst, sem . . *ertrug in eben dem Masse am schlimmsten (schwersten), wie u. w. 75,* 2; þœtti verst *am schlimmsten gefiele* (s. þykkja), *d. h. am meisten Verdruss bereite 122,* 19; verst hafa *es am schlechtesten habe 161,* 9.

verstr, *adj. superl.* (F. 296), *der* schlechteste. — A. m. verstan (sc. rǫdd vaztundirkúlu-A'la = jǫtuns) *c,* 1 = inimicissimum auro = liberalissimum Eg. *in* AM. I, 350 *N.* 14. — N. A. n. verst, þat er v. er *von der härtesten und niedrigsten Arbeit 234,* 16; *D. schw. Flex.* inum versta 175, 8.

* A'li (= sækonungr, konungr *vgl.* AM I, 546) steinsins, *Fürst des Felsens,* = jǫtunn *ist eine leicht durchsichtige* kenning, *die ich jedoch in der Sk. nicht direkt erläutert finde.*

verǫld, f. (*vgl.* ǫld; verr = *Mann,* F. 306; *vgl. auch* -verjar = *Leute*

F. 291), *das Menschenleben, die*
Welt. — N. Vol. *46*, 10; Nsf. *169*,
25; G. veraldar 7, 11; D. í veroldu
119, 19; Dsf. í veroldinni *29*, 7; *vgl.*
Var. u. § 96 b *Anm.* 1; veroldunni
212, 19.

vestan, *adv.* (F. 301), *von Westen*
— fyrir vestan c. Acc. = *westwärts*
von 74. 7 *vgl.* fyrir 2) a.

vestr, *adv.* (F. 301), westwärts. —
3, 9; *140*, 12.

vetr, m. (F. 284), *der* Winter. —
N. *26*, 20; *81*, 4; Nsf. vetrinn *53*,
12; G. vetrar *53*, 5; D. vetri 52, 15;
144, 10. — Pl. N. vetr *81*, 6, 7; G.
vetra Vafþr *35*, 1; *145*, 3, 5; er tíu
vetra (sc. gamall), *157*, 8; *158*, 15;
vgl. auch Helr. 7, 5; A. vetr *124*,
13; Grott. *11*, 1; *151*, 24.
* *Vgl auch* Vetr.

vettrim *oder* **vættrim**, f. (*s.* Vigf.
s. v. vættr.), *der* Rücken *der*
Schwertschneide. — Pl. D. Sigrdr.
6, 4.

vé, n. (F. 303), *das* Heiligtum. —
Pl. D. véum Grm. *13*, 3; A. vé *42*,
10. — Pl. D. véum *150*, 9.

vél, f. (*auch* væl, *vgl.* Vigf.), *die* List,
Kunstfertigkeit, auch concret das
Handwerkszeug; so im Nom. 79, 8.
. D. vél *40*, 21; A. vél 78, 14. — Pl.
N. vélar *216*, 24; Gen. véla 99, 18;
·D. vélum *69*, 16; A. vélar 37, 9;
228, 1 *von Liebes-intriguen* (lies v.
þær, er . .).

véla, *schw. v.* (*s.* vél). 1. betrügen.
— Inf. *182*, 12. — Conj. (*mit suff.*
negat. -at) S. 3 vélit Sigrdr. 7, 3. —
Præt. Pl. 2 véltuð *201*, 32; Plur. 3
véltu Helr. *13*, 7; Pass. Part. *absol.*
vélt 207, 4, 23. — 2) véla um eitt
Etwas ins Werk setzen, *bei Et-*
was beschäftigt sein. — Præs. Pl. 3
véla 225, 25. — Pass. Part. vélt
228, 13.

vélgjarn, *adj.* (vél, gjarn), truglie-
bend. — Voc. n. Helr. *5*, 3.

vélræði, n. (*s.* vél, -ræði *zu* ráð),
der listige Rat. — Pl. D. vélræðum 37, 11; -ráðum (*vgl.* § 43 a
Anm. 1) *190*, 10.

véorr, m. (*s.* vé), *der Weiher, Hei-*
liger, Schirmherr; Miðgarðs Véorr *poetische Bezeichnung für* þórr
Vol. 58, 8; *vgl.* Vigf. s. v.

vér, *pron.* (F. 304; § 94 a), wir. —
N. 9, 4, 10; *56*, 10; Grott. *11*, 1; =
ich 171, 34 *vgl.* Dat.; G. vár 205,

10; Dat. oss *56*, 10; = *mir 171, 30*,
34; *vgl.* þér s. v. þú. — *So auch*
im Fg. öfter vér, oss = *ich, wir*;
vgl. auch Regm. 2, 5; A. oss *68*, 4.
* *Suffig. z. B.* in tóku - vér *173*,
26; vissu-vér *193*, 1.

við, *adv. u.* präpos. *mit* Dat. *u.* Acc.
(F. 304), *wider*, gegen, bei, *zuhin.*
— 1) *mit* Dat. — *a*) gegen, entgegen, *oft bei feindlicher Be-*
gegnung: við vitni at vega Grm.
23, 6; forða við háska *44*, 10; við
víti varaz Regm. *1*, 3; við fári sjá
Sigrdr. 8, 2; sé við ... *189*, 6; helz
við hánum *ihm gegenüber 168*, 23;
eigi má við margnum *169*, 2; við
skopum vinna *209*, 1. — *b*) gegenüber, *in Anbetracht einer Sache,*
um willen, für. — bjóz við veizlunni *rüstete sich zu dem Festmahl*
152, 24; gjalda mund við þér *für*
dich 171, 6; *vgl.* þar við *dafür* 189,
6; *viell.* hefna Fróða (Dat.) við
Hálfdani *wegen des* H. Grott. *22*, 3
vgl. Note. — *c*) *zur Bezeichnung*
der nahen Berührung, Gemeinschaft, = mit (*engl.* with), fótr
gat son við öðrum 9, 8; við henni
gat 37, 14; gat við Garðrofu ⸱, 6;
á son við konu sinni *150*, 18; átti
dóttur við Sigurði *226*, 30; hlæja
við hánum *Einem froh entgegen-*
schlagen 154, 2; *vgl.* Lund p. 205;
nema við neðra gómi (*vgl.* nema)
42, 3; *ergänze auch 42*, 9 við *zu*
efra *g.*; lysti hofuðit við hronnun-
um 72, 19; blandit við blóði sveinanna *120*, 25; við miklu fé *170*, 18.
* við himni gnæfa *v*, 4 *wol besser*
v. himin gn., *vgl.* Vol. 59, 8 *u.* Sym.
bei Zacher XII, 86.

2) *mit* Acc. — *a*) *lokal: in der*
Richtung von, bei, an — byggja við
Urðarbrunn 23, 11 *vgl.* 22, 6; liggr
við eggskurn *24*, 6 *vgl.* 25, 5; *35*,
16, 17; *82*, 14; 95, 12; setr við eyra
72, 21 = auri impegit (tanta vi),
ut Eg.; við sik *bei sich* (*an seinem*
Körper) 240, 21; við funa Fáfn. 32,
4; við himin Vol. 59, 8; við þjóðveg
an einer Landstrasse 124, 14; kom
til fundar við yör *68*, 6; kom við
Gautland *154*, 25; v. land *am Lande*
165, 22; kvæmi við hann *zu ihm*
136, 6; við drykkju var setit 92, 8;
við forsinn *114*, 4. *Vgl. auch* 80, 5.
— *Freier:* við soguna = *in Bezug*
auf die Sage, in der Sage 149, 6;

166, 8. — *b) in freierem Sinne bei Anreden, Angreifen, Vergleichen und ähnlichen Wendungen, wo sich zur Übersetzung oft „mit" (engl.* with, *vgl.* 1) c) *empfiehlt.* — mælti við þann ás 27, 18; við hann keppaz 36, 12; barðiz við Bela 47, 7; átti við troll (*vgl.* eiga 3) 105, 21; var kaup gert við smiðinn 52, 14; var tillagt við hann 53, 5 = *ihm (gegenüber) zugestanden; vgl. auch* 96, 8, 9; renna í kopp við þjálfa 63, 10 *vgl.* 63, 3; 64, 4; 66, 13; miðla við bróður sinn 116, 16; hafði ósætt við þann konung 136, 3, 10; jafnir við konung 142, 11; rær um við sik Fáfn. 33, 2; við þessi orð *auf diese Worte hin, über diese Worte* 153, 24; við ákafi. *bœn auf inständiges Bitten* 176, 16; við þann drykk *infolge dieses Trankes* 197, 18; hrætt við mik *u. w.* 179, 32 = *furchtsam im Hinblicke auf u.* hrætt við þá 258, 7; *vgl.* 258, 22; var við sjálft *berührte diess selbst, war nahe daran* 164, 11; 165, 2. — *c) wo von Sachen die Rede ist, schwächt sich* við *öfter ab zur Bezeichnung eines Mittels oder Nebenumstandes:* við hvat lifði hann = *wovon lebte er?* 9, 11, 15 *vgl.* Grm. 18, 6; 19, 4; eigi missa við hamarskaptit 30, 15 = *zum Hammerschaft (um den Hammer zu erfassen; bei dem Hammer) nicht entbehren;* reyna afl sitt við fjǫturinn (*an der Fessel*) 38, 21 *vgl.* 39, 4; vakna við (*infolge*) gufuna ok (við) þat 162, 4 *vgl.* 209, 9; huggaz við þat *sich damit trösten* 195, 29; við þessa fœzlu *infolge dieser Nahrung* 208, 15; glotti við tǫnn 62, 7 *vgl.* glotta; áttuz þeir við drykkju 93, 5 *vgl.* eiga 3). — *d) auch rein modal:* við hóf *mit Gebühr* 99, 2; *ähnlich* við þol 189, 5 *u.* 104, 18; 151, 4; við ýmsa háttu *auf verschiedene Art (eig. Arten)* 123, 10; við náttúru þá *von der Eigenschaft, mit der Eigenschaft* 170, 33; glóaði allt við gull 253, 18 = *es glänzte alles nach Art des Goldes, wie Gold; vgl.* Fritzn. s. v. 9); við ofstríð *zum Unheil* Helr. 14, 1. — *e) bei Personen steht* við c. Acc. *ähnlich wie* með c. A.; við eina ambátt 168, 16; við óvígjan her 168, 18; við meyjar sínar 192, 13.

* *Als Adv.* oder *trennbares Präfix steht* við *gleichfalls häufig in den angegebenen Bedeutungen.* — *a) vor dem Verb:* verr við koma *schlechter ankommen, in eine schlimmere Lage geraten* 47, 14; mun við vera hóf *wird angewendet sein (vgl.* hafa) 55, 13; vera við búnir (*verb.* við *mit dem vorhergeh.* er) 62, 11; við beraz (*vgl.* bera 1) d) 71, 3; er við kent (*verb.* við *mit dem früheren* er) 139, 9. — er þess við getit 152, 31; við standa *widerstehen* 155, 26. — *b) nach dem Verb, bald in schärferer Betonung:* mælir við (= þar við) = *dagegen spricht* 77, 15; spyrndi við *sich dagegen stemmte* 39, 2 *vgl.* 72, 8; *u.* standa við *Widerstand leisten* 69, 11 *sowie ähnl.* helz við 178, 12; brá hann við svá fast *machte er eine so heftige Gegenbewegung, zog so stark zurück (s.* bregða) 72, 6 *vgl.* bregðr við 156, 25; stakar v. 160, 3 *und* kippiz svá hart við 80, 19; binda við svá þungt 79, 16 = *annexo tam gravi pondere* Eg.; legg ek þér við *lege ich dir bei, schiebe ich dir zu* 103, 5; bjóðir við *dagegen bietest* 153, 23, — *bald schwächer accentuirt:* hló við *lachte (dazu)* 16, 6; 35, 9; hrein við *wieherte (dem andern Pferde zu)* 54, 4; skiptuz svá við *gerieten derart in Streit (gegen, unter sich)* 99, 5; tœki við *entgegennähme, empfinge* 115, 19. — *Vielleicht auch* vissi við Grott. 10, 7 *vgl. Anm. u.* vit.

** þar við *vgl.* 1 b) ex.

viðarteinungr, m. (*s.* viðr, tein. *zu* teinn F 121), *der Baumzweig,* Strauch, *wol eig. poet.* N. 74, 7.

viðbragð, n. (*s.* við, bragð), *die Gegenbewegung,* Berührung. — D. 75, 21.

viðfiskr, m. (fiskr), *poet.* = Schlange. — Pl. A. ǫ, 1 *vgl. Note.*

* *Wol* = viðarfiskr = *Waldfisch; vgl.* Sn. Edda ed. Eg. (Reykj.) p. 218: orma er rétt at kalla fiskaheitum etc.

viðr, m. (F. 305), *der* Baum. — N. 50, 3; 109, 19; G. alls viðar *jedes Baumes (jeder Art Baum)* Guðr. II, 24, 3. Dsf. viðnum (*für* viðinum, § 196 b *A.* 1) 117, 21; viðinum 158, 25. A. við 162, 3; Asf. viðinn 157, 15. — Plur. N. viðir 74, 4; Nsf.

viðirnir *73*, 12; G. viða Grm. *44*, 2;
A. viðu *94*, 4.

* *117*, 21 *übersetzt* Eg. arborum
ramis, *wobei* viðnum = viðunum
(Pl. Dsf.) *genommen scheint.*

viðrbúnaðr, m. (viðr=við, bún.), *die*
Ausrüstung. — A. 220, 8.

viðreign, f. (vidr = við F. 304, Vigf.
s. v. við; eign *zu* eiga = *zu thun*
haben), *der gegenseitige* Verkehr,
der Umgang. — G. illr viðreignar
106, 23=tractatu difficilis Eg., *vgl.*
224, 17.

viðrtal, n. (viðr = við; tal), *die Gegenrede*, *die* Unterredung. —
N. *201*, 20.

viðrœða, f. (við, rœða), *die Wider-
rede*, *Wechselrede*, Unterredung.
— N. *202*, 25.

viðskipti, n. (*s.* við, skipti *zu* skipta),
=viðreign; *so auch im* Plur. —
Pl. D. viðskiptum.

vika, f. (F. 303), *die* Woche. — N.
144, 5.

vili, m. (F. 296), *der* Wille, *Wunsch.*
— N. eptir þat er vili þeira kom
saman *nachdem ihr Wunsch* (bez.
des Vergessenheitstrunkes), *zusam-
mengetroffen, allerseits eingetroffen
war* (= er getit hǫfðu Guðrkr. II,
25, 2) *214*, 8. D. at vilja *4*, 3; *203*,
14; Grott. 5, 7.

vilja, *anom. v.* (F. 296, *vgl.* § 155 d),
wollen; *wünschen.* — Inf. *36*, 3;
164, 32. — Præs. S. 1 vil ek *31*, 3;
ek vil *175*, 25. S. 2 þú vill *103*, 5;
v. þú *180*, 14; villtu 65, 17 (*vgl.* þú);
vilt *171*, 32; viltu *172*, 3. S. 3 vill
5, 15; 75, 7. — Pl. 1 viljum *171*, 35;
Pl. 2 vilit þér 65, 21; Pl. 3 vilja
17, 6. — Conj. S. 3 ok vili hann
riða *und wolle (möge) er reiten* 75,
6; eigi svá vel, at hann vili *dass
er möchte* 157, 20. Pl. 3 vili 98, 24.
— Præt. S. 3 vildi *42*, 2; 52, 12;
112, 1 (*wenn man das wollte; vgl.*
maðr 4). Pl. 1 vildum *196*, 9. Pl. 3
vildu *34*, 19. — Conj. S. 1 vilda
154, 1; 157, 30; *206*, 21 (= l. velim,
vgl. Lund p. 304). *Mit suff. Pron. u.
Negat.* vildigak = vilda-ek-a-ek Helr.
13, 6 *vgl.* ek *y.* -at. S. 3 vildi *154*,
14; *imperson.* 160, 19; *167*, 7. Pl. 3
vildi *82*, 11 = optarint. Eg.

* *Für die seltene Anwendung von
v. als Futurumschreibung* (Vigf. B,
I β) *ist wol 180, 14 als Beispiel anzuführen.*

villa, *schw. v.* (F. 296), irre führen,
verwirren. — Pass. Part. *absol.* vilt
218, 11; *adv.* vilt ristit *falsch ein-
geschnitten 218*, 9; Pl. N. f. *218*, 3.
— Med. villaz *sich* verirren. —
Part. ek hefi vilz *158*, 2.

villieldr, m. (*s.* eldr, villi- *zu* villr
= *wild* F. 296), *das* Wildfeuer,
nicht künstlich entzündetes. — N.
68, 16.

* *Ausser dem Blitz kommen noch
andere Phänomene in Betracht, wie
z. B. Waldbrand; Vgl. ausser* Myth.
163, 570 *fg.*, *noch das von* Vigf. *als
Übers. gebrauchte engl.* wildfire *in
seiner versch. Anwendung.*

villigoltr, m. (villr F. 296, goltr), *der*
Wildeber. — A. 209, 29.

vinarauga, n. (*s.* vinr, auga), *das
Freundesauge*, freundliche Auge.
— Pl. D. vinuraugum *102*, 17.

vinátta, f. (vinr), *die* Freundschaft. — N. *218*, 17; G. 203, 12;
A. *203*, 13.

vinda, *stv.* (F. 285), winden, *bewegen, werfen; auch winden=flechten
(nhd. kranzwinden) vgl.* vefa. —
Præs. S. 3 vindr *imperson.* = *win-
det man* Sigrdr. *12*, 4. Pass. Part.
sá er undinn salr Vǫl. *39*, 7 = hann
er ofinn *88*, 5 (ea contexta *sedes
est* Eg.).

vindbelgr, m. (*s.* vindr, belgr), *der
Windbalg* =Blasebalg. — Pl. A.
vindbelgi 15, 2.

vindlauss, *adj.* (*s.* vindr, lauss), *ohne
Wind*, unbewegt. — N. n. vind-
laust, 8, 14.

vindr, m. (F. 279), *der* Wind. —
N. *26*, 7; G. vinds *31*, 15; A. vind
Vafþr. 37, 5. — Pl. N. vindar *16*, 3.

vindǫld, f. (*s.* vindr, ǫld), Wind-
alter, *stürmisch bewegte Zeit.* —
N. Vǫl. *46*, 9.

viney, f. (*s.* ey *u.* vin f. = *Weide,
Gras* F. 286, Vigf. s. v. vin II; *vgl.
auch w. u.* Vænir), *die* grüne Insel, *poet.*=Seeland. — G. vineyjar
a, 7.

* Eg. *übersetzt* care insulæ *u.
zieht* vin- *zu* vinr m.

vingan, f. (*vgl.* vinr), *die* Freundschaft. — A. 154, 8; 197, 29.

vinkona, f. (vins, kona), *die* Freun-
din, Vertraute. — G. 204, 14.

vinna, *stv.* (F. 286), *sich anstrengen*,
ausführen, leisten; kämpfen
(*209*, 1; 217, 27); gewinnen. —

Inf. *63*, 13; *175*, 9. — Præs. Pl. 2
vinnið *197*, 17. — Conj. S. 3 vinni
63, 18. — Imp. S. 2 vinn hánum
bana *179*, 1 *bringe ihm den Tod
bei, bringe zu Tode.* Præt. S. 3 vann,
73, 4; *99*, 14; *105*, 20; vann eiða *gab
die eidliche Versicherung 106*, 18
(*vgl.* eiða unnit *74*, 6 *als* Pass. Part.
absol., desgl. unnit = *geleistet 6*, 9;
74, 22; *gethan 162*, 15, 16). — Præt.
Pl. 3 unnu *160*, 16; *194*, 12. Pass.
Part. unnit *s. s.* Præt. S. 3 ex. *So
auch* unnit (sc. hefði) *200*, 31. —
Med. vinnaz *sich darbieten*, ausreichen. — Præt. S. 3 vannz hánum varla lengð til *69*, 8 *vgl.* sem
hán. vannz til erindi *65*, 1, *vgl.*
erindi 2). — vannz allt sjálft *109*,
11 = *bot sich alles selbst* (*von s.*)
dar, ohne sichtbare Bedienung, —
vannz hánum at fullu = *es war ihm
genug geboten, iron.* = *er hatte sein
Teil bekommen 233*, 11.

vinr, m. (F. 286), *der* Freund.—A. vin
c, 1. *Vgl. die Constr.* p. 262. Voc. vinr
197, 27. — Plur. N. vinir *165*, 15;
G. vina *190*, 10; D. vinum *150*, 27.

vinsemd, f. (*vgl.* vegsemd; vinr), *die*
Freundschaft. — D. *167*, 20.

vinstri, *adj.* (F. 286), link; *eigentl.
compar. Bildung, vgl.* § 90. — A. f.
vinstri hønd *9*, 7; A. n. vinstra
179, 17.

vinsæll, *adj.* (*s.* vinr, sæll F. 320),
glücklich durch Freunde, reich
an guten Freunden. — N. *162*,
33.

viroa, *schw. v.* (F. 290, *zu* verðr),
werthalten, schätzen; *mit* (Gen.;
Lund p. 185. — Inf. vel virða *wol
für wert halten, genehmigen* (*vgl.
lat.* dignari *von* dignus) *27*, 2. —
Imper. S. 2 virð eigi svá = *denke
nicht so! 201*, 22. Præt. Pl. 3 virðu
42, 10. — Pass. Med. virðaz geschätzt werden, scheinen. —
Præs. S. 3 virðiz *170*, 21; v. vel
237, 17.

virðing, f. (*s.* virða). 1) Wertschätzung, *Achtung.* — N. *172*, 19;
D. *196*, 1; A. leggr virðing á *giebt
acht auf 170*, 17. — 2) = verðung
(*zu* verðr Vigf.), *die ausgewählte
Schar*, Männerschar. — D. virðingu Helr. *11*, 8 *vgl. Var.*

virðuligr, *adj.* (*s.* virða), ansehnlich,
angesehen. — Pl. A. m. *152*, 28;
A. f. *163*, 15. — *Superl.* N. f. *171*, 9.

virðuligt, *adv.* (*s.* virðuligr), würde-
voll, *mit Würde.* — *164*, 26.

virtr, n. (*vgl.* Vigf.), *ein noch süsses*
Jungbier *oder* Malzextrakt. —
D. Sigdr. *17*, 3.

vist, f. (F. 301), *der Aufenthalt, die*
Wohnung; *der Unterhalt, die*
Nahrung.— 1) *Wohnung.* G. vistar
158, 4. — Pl. N. vistir *87*, 6; D.
vistum *38*, 6. — 2) Speise. N. *109*,
12; Næf. vistin *49*, 6. — A. vist *48*,
12, 14; *114*, 12. — Pl. G. vista *58*,
9; *93*, 10 (*vgl. Var.*). — Dat. vistum
48, 1.
  * vist 2) *nur von fester Speise*
  = matr.

vit, *pron.* (F. 304), wir beide; *vgl.*
vér *u.* § 94 a. — N. *103*, 4; *157*,
31; *162*, 5, 7; *163*, 27, 29; *169*, 29;
171, 4; Grott. *12*, 5 *und wol auch*
ib. *10*, 7; *vgl. die Note.* — Gen.
okkar í milli *zwischen uns beide*
210, 26. dóttur okkar Sigurðar *meine
und Sigurds Tochter 200*, 18; *vgl.*
ok *. — D. okkr *184*, 9; *215*, 4.
A. okkr *161*, 26; *204*, 32; *229*, 4.

vit, n. (F. 304), *das Wissen, der*
Verstand, *das* Bewusstsein.
D. *190*, 3; A. *13*, 2.

vita, *prät. präs.* (§ 155 c, F. 304).
1) wissen. — Inf. 5, 15; *156*, 9;
erfahren 162, 7; *196*, 19. — Præs.
S. 1 veit ek Vol. 22, 1; ib. *66*, 1;
ib. 2, 7 (p. 21) *u.* 39, 1. S. 2 veiztu
52, 5; *9*, 4; *179*, 28 = *wirst du wol
wissen.* S. 3 veit 27, 16; þat veit
trúa mín 29, 2; *40*, 4 *vgl.* trúa; veit
með henni launráð *ist Mitwisserin
ihrer Heimlichkeiten 43*, 3. — Pl.
vitum (*mit* Acc. *u. zu* ergänzendem
vera, *vgl. Lund* p. 50) *10*, 9; *193*, 8;
Pl. 2 vituð Vol. *42*, 8. — Pl. 3 vitu
26, 21; fáir vitu Grm. *18*, 5. — Conj.
S. 1 ek vita (noverim Eg.) Grm.
24, 5; S. 2 vitir *40*, 1; S. 3 viti Lok.
29, 5. — Pl. 1 vitim *170*, 10. Pl. 3
viti *30*, 5; Grm. 35, 3. Imper. S. 2
vit *erfahre 204*, 34. Part. vitandi
wissend, kundig *mit* Gen.: er hann
margs vitandi 23, 2; fás vit. *208*, 2;
urðu vitandi 18, 9. — Præt. S. 3
vissi *13*, 11; Vol. 8, 5, 7; Pl. 1 þat
vissu-vér *193*, 1; Pl. 2 vissu-þér
201, 32. Pl. 3 Vol. 8, 9; vissu til 37,
16 = cognoverunt Eg. — Conj. S. 1
vissa *181*, 9; S. 3 vissi *171*, 26; hvat
síðarst vissi til Iðunnar *impers.* =
was man zuletzt wisse (gehört oder

gesehen habe) *von Idh. 94*, 18. Pl. 1
vissi (f. vissim § 107 *A.* 2) vit Grott.
10, 7; Pl. 3 vissi *170*, 9; *197*, 10. —
Pass. Part. vitaðr *bewusst, ausgemacht*, bestimmt. — N. m. vitaðr
bezeichnet, bestimmt Vafþr. *18*, 6;
n. *absol.* vitat *gewusst 68*, 2; *209*,
25; = *in Erfahrung gebracht* (ex-
ploratis Eg.) *73*, 13; *vgl. auch* Fritzn.
s. v. 5 *u.* 6. — 2) gerichtet sein
(Vigf. s. v. V *rgl. lat.* spectare ad =
vergere in; Fritzn. s. v. *kommt von
der Bedeutung gehen, reisen, sich
erstrecken erst zu der von bedeuten,
bemerken, wissen*). — Præs. Pl. 3
vitu inn í húsit *88*, 6. Præt. S. 3
vissi *8*, 8, 13; upp vissi *60*, 20. —
3) *Bezug haben*, bedeuten. — Inf.
illt vita *218*, 32.

viti, m. (*zu* vita, F. 304), *das* Zeichen; *Vorzeichen; spec. ein Feuer-
signal an der Küste.* — (Grott. *19*, 4.

vitja, *schw. v.* [*zu* vita = *gehen! vgl.*
vita 2) *u.* Fritzn. s. v.], besuchen,
mit Gen. (*Lund* p. 174); *auch* (*zunächst bei einem Besuche*) *antreffen,
so* Inf. betra fagnaðar þangat at
vitja *49*, 12; = *aufsuchen 169*, 26;
229, 18; Helr. *1*, 7; 2, 1. — Præs.
Pl. 3 vitja Helr. 2, 6 *vgl. aber* Var.

vitkaz, *schw. v.* Med. (*zu* vit n.), *das
Bewusstsein wiedererhalten,* wieder
zu sich kommen. — Præt. Pl. 3
vitkuðuz 75, 4.

vitki, m. (*zu* vita, vitr; =*ahd.* wizago
vgl. Vigf. s. v.), *der weise Mann,
spec. der* Zauberkundige. — Pl.
N. vitkar Hyndl. *33*, 3.

vitlauss, *adj.* (vit, lauss), besin-
nungslos. — Pl. N. m. vitlausir
menn *204*, 11.

vitni, n. (*zu* vita; *vgl.* Vigf.), *das*
Zeugnis, *die Zeugnisablegung.* —
Pl. N. vitni 53, 9.

vitnir, m. (*nach* Vigf. s. v. *zu* vitt =
Zauber vgl. vitki m.; *wegen der Bedeutung des Wolfes im Aberglauben
vgl.* Myth. 1048 *fg.*, 1093 *fg.*), *poet.
= der* Wolf. — Dat. við vitni
(*gemeint ist der Fenriswolf, vgl.*
Fenrir) Grm. 23, 6.

vitnishræ, n. (vitnir, hræ), Wolfsfleisch. — A. ρ, 2.

vitr, *adj.* (*zu* vita, F. 304), kundig,
erfahren. — N. m. *34*, 14; N. f.
vítr *44*, 3; A. f. vitra *218*, 8. *Compar.*
N. m. vitrari *182*, 11; *den* Dat. *beurteile nach* Lund p. 135. — N. f.

198, 6. *Superl.* N. m. vitrastr *31*, 9;
N. f. vitrust *167*, 16.

vitra, f. (*s.* vitr), *die Einsicht.* — D.
vitru *183*, 29.

vitrleikr, m. (*s.* vitr, leikr *)* = vitra.
— D. *184*, 10. — A. *189*, 4; *hier wol* =
Gelehrigkeit, Wissbegierde (clever-
ness Vigf.).

vitrliga, *adv.* (vitrligr), *in kluger
Art.* — *237*, 8.

vitrligr, (*s.* vitr), klüglich, weise.
— *Compar.* N. n. vitrligra ráð *193*,
25.

vizka, f. (vitska = vitra, vitrleikr), *der*
Verstand. — D. *194*, 26.

víða, *adv.* (*s.* víðr), weithin. — *97*,
9; *145*, 7; v. um h. *238*, 11 = *durch
die ganze Welt.*

víðir, m. (*nach* Vigf. the wide sea,
also zu víðr), *poet. das* Meer; *die
hohe* See. — D. víði γ, 5.

víðr, *adj.* (F. 305), weit, *gross.* —
N. m. *83*, 6; *103*, 21; D. f. víðri *a*, 7.
— Pl. A. m. víða 69, 22; Sigrdr.
18, 4.

víðs, *adv.* (*zu* víðr), *eigentl.* Gen. =
weiten (*Raumes*), *um ein Weites,*
sehr weit. — víðs fjarri *112*, 20.

víg, n. (F. 303), *der* Kampf; *auch
Todschlag,* cædes Eg. — N. 95, 17;
141, 15; G. vígs 33, 10; D. vígi *18*,
2; *41*, 5; A. víg *84*, 1. — Pl. D. vígum *45*, 10.

vígfimr, *adj.* (víg; fimr *gewandt s.*
Vigf., *vgl. auch* Fimafengr), gewandt *im* Kampfe. — Pl. N.
249, 4.

vígja, *schw. v.* (*zu* vé n. F. 303),
weihen. — Præt. S. 3 vígði (*hier
von einem weihenden Hammer-
schlage*) 57, 11.

vígspjǫll, Pl. n. (*zu* víg n.; spjall =
Erzählung F. 355), *die Kampfnach-
richt,* Benachrichtigung *vom
Kampfe durch Zeichen u. dergl.,
poet.* — A. vígspjoll Grott. *19*, 3 =
bellicos indices Eg.

vígtǫnn, f. (víg, tǫnn), *eig. der Kampf-
zahn* = Stosszahn *oder* Hauer. —
Pl. D. vigtonnum *219*, 22.

vígvǫllr, m. (*s.* víg, vollr), *das* Feld
des Kampfes, *der* Kampfplatz.
— D. *142*, 2; Asf. *141*, 19.

vígþrot, n. (*s.* víg, þrjóta), *der Mangel
an Krieg;* das Aufhören des
Krieges; *poet.* — D. at vígþroti
nach beendigtem Kampfe Vafþr.
51, 6.

vík, f. (*nach* Vigf. *zu* víkja *sich wen-*
den, weichen F. 302), *die kleinere*
Bucht, *auch der* Meerbusen. —
Pl. N. víkr 3, 13; *hier von'den Ein-*
schnitten eines grösseren Landsees.

víkja, *stv.* (F. 302), *weichen, eine*
Wendung machen, drehen. —
Præt. Pl. 3 viku *177,* 14. Med.
. vikjaz *sich wenden, sich aufstellen.*
— Præt. Pl. 3 vikuz 220, 20.

víking, f. (*vgl.* víkingr), *der* See-
feldzug, Raubzug. — D. víkingu
Helr. 3, 4.

víkingr, m. (*zu* vík = *Meerbusen,*
Meer Vigf.), *der* Wikinger, *d. i.*
Seekrieger; *in späterer Zeit auch*
=Seeräuber; *vgl.* Vigf. s. v. víking
u. víkingr. — N. Helr. *11,* 7. — Pl.
N. víkingar *168,* 17.

vín, n. (*zu lat.* vinum, *vgl.* Vigf.), *der*
Wein. — N. *18,* 14; A. vín (Irm.
19, 4; 225, 8.

ýindrukkinn, *adj.* (*s.* vín, drekka),
weintrunken. — Pl. N. *190,* 2.

vínlaukr, m. (vín? laukr), Wein-
lauch? — *eine sonst unbekannte*
Art Lauch oder Kraut. — A. 231,
10.

vísa, f. (F. 306), *die* Weise, *Strophen-*
form, Strophe. — *212,* 24.

vísa, *schw.v.* (F. 306), weisen, zeigen;
mit Dat. *der Person; Lund* p. 102.
— Inf. *74,* 15. — Præs. S. 3 vísar
170, 10. Præt. S. 3 vísaði til sætis
67, 9 = locum, ubi sederent, designa-
vit Eg. — Pass. Part. vísat *107,* 16
ähnlich wie 67, 9.

vísindi, Pl. N. (*zu* vísa), *die Unter-*
weisung, das Weistum; *auch ein*
(*lehrhaftes*) Gedicht. — Dat. vísindum *11,* 20; *20,* 15.

víss, *adj.* (F. 306, *aber mit* viss ib.
völlig verschmolzen, vgl. Vigf. s. v.
viss). 1) weise, 2) gewiss (*in*
dieser Bedeut. urspr. viss). — *Zu*
1) Pl. N. vísir *18,* 8; *wol auch* Vol.
49, 7 veggbergs vísir = præruptarum
petrarum inquilini Eg. (*eig.* p. p.
gnari), *vgl.* s. v. veggberg; D. m.
vísum Sigdr. *18,* 7. — *Compar.*
vísari; Pl. N. m. vísari *4,* 7. —
Zu 2) N. m. verðr víss (c. G. *wird*
einer Sache gewiss, hat sichere Kunde
von Etw., vgl. Lund p. 178) *49,* 3
vgl. N. f. vís *44,* 5; Helr. *13,* 5. —
N. (*u.* A.) n.; *auch adv.* víst 71, 1;
198, 11; G. n. til víss *in gewisser,*

sicherer Art 54, 11; *ähnlich auch*
Dat. at vísu *40,* 7; *155,* 12.

vísundr, m. (*ahd.* wisunt, Vigf.), *ein*
Wisent-Ochs, Bison-Ochse. — A.
209, 28.

víti, n. (F. 304), *die* Strafe, *der*
Unfall. — D. við víti Regm. *1,* 3.

vítishorn, n. (*s.* horn, víti = *Strafe*
F. 304), *ein* Trinkhorn, *das für*
Vergehen leichterer Art bei Hofe
geleert werden musste; vgl. Vigf. *u.*
Fritzn. s. v. — A. *64,* 5.

vægð, f. (F. 283), *eig. die Geneigtheit,*
die Schonung. — G. vægðar
141, 3.

vægja, *schw. v.* (F. 283). 1) aus-
weichen. — Inf. 220, 15. — 2)
schonen, *mit* Dat. *Lund* p. 74. —
Præs. S. 3 vægir *182,* 22.

vængr, m. (*nach* Vigf. *zu* vega *schwin-*
gen F. 282), *die* Schwinge. —
Pl. D. vængjum 26, 13; Vafþr. 37, 4.
* *Die Länge des* æ *scheint un-*
organisch; vgl. § 16 c *Anm.*

vænleikr, m. (*s.* vænn, leikr *), *die*
Schönheit. — D. *183,* 29. A.
194, 11.

vænn, *adj.* (*zu* ván f.; *vgl. auch* § 22,
3 c), *zu guter Erwartung berechti-*
gend, angemessen, schön. —
N. m. vænn *158,* 14. N. f. væn *158,*
7; 234, 15; A. f. *221,* 22. N. n. var
eigi vænt 68, 19 = nulla spes erat
(sc. eventus prosperi) Eg.; *ähnl.*
234, 12 er vænst er, at sizt komi.
Superlat. vænstr *der* schönste. —
N. f. vænst *167,* 16; *211,* 22. Pl. N.
n. vænst *152,* 6.
* *Vgl. auch* § 22, 3) c.

vænta, *schw. v.* (*zu* ván f). 1) hoffen,
meinen. — Præs. S. 1 vænti ek
56, 2. — 2) *imperson. mit* Gen. *des*
Obj. (*Lund* p. 173) *oder mit* at c.
Conj.; væntir mik, at hann sé 233,
17, 19. — *Der* Gen. *bei dem* Inf.
232, 8 *lässt den persönl. oder un-*
persönl. Gebrauch nicht klar er-
kennen.

værr, *adj.* (*scheint von* Vigf. *zu* várar
gestellt zu werden, von Fritzn. *zu*
vera), *eigentl. friedlich, geschützt;*
sicher. — D. í væru ranni Grm.
13, 5 = in amœna domo Eg.

vættr, f. (*nach* F. 282 *besser* véttr
für vehti-r), *die* Sache, *das* Wesen (*nhd. Wicht*); Etwas. — 1)
das Wesen, *meist höherer Art*
(hollar vættir), *doch auch von zau-*

*herkundigen Weibern oder Hexen
gebraucht* (vándar, illar vættir *189*,
12 — 13 *vgl.* bolvisar konur Sigdr.
27, 4); *rgl.* Gr. Myth. p. 410. —
Pl. N. *189*, 12—13. — 2) *Als adv.*
(= *irgend Etwas, aber nur in
negativen Verbindungen) gewöhnl.*
vætr *geschrieben*: Grott. *10*, 8; ef
vissi vit vætr til hennar = si ali-
quam eius notitiam nos ambo ha-
buissemus (homines habuissent Eg.).

vǫllr, m. (F. 299, *aber im Nord. nicht*
= *Wald; vgl.* Vigf.), *das* Feld;
spec. der Kampfplatz. — N. Vafþr.
18, 1, 6 *vgl.* dazu 250, 18—19; Nsf.
vǫllrinn *83*, 6; D. velli *63*,8; *90*,10;
A. vǫll *83*, 1; *250*, 14. — Plur. D.
vǫllum *61*,18; A. vǫllu *69*, 21; Asf.
vǫlluna *83*, 13 (in campos Eg., *die
Gefilde der Schlacht*).

vǫlr, m. (F. 297), *der* Stab, *s.* Gríðar-
vǫlr.

vǫlva, f. (F. 300; *doch auch anders
erklärt; mit* Sibylla *zus. gestellt von*
Vigf. s. v. u. Bang: Voluspaa og de
Sibyllinske Orakler Christ. 1879),
die weise Frau. — N. *105*, 6; Nsf.
164,31; G. vǫlvu *162*,13; vǫlu (*vgl.*
§ 72) Sigdr. *17*, 4. — Pl. (*vgl.* § 72)
vǫlur Hyndl. 33, 1; vǫlvur *260*, 1.
* *Vgl. auch* Vǫluspá.

vǫmm, f. (F. 289), *der* Fleck; *auch
moral.* = *Schandfleck.* — A. 37, 4.

vǫndr, m. (F. 285), *der* Stab. — D.
(*instrum.*) vendi þessum *74*, 16. —
Pl. N. vendir *140*, 4.

vǫrðr, m. (F. 295), *der Wärter,*
Wächter. — N. *35*,17; Grm. *13*,4.

vǫrn, f. (F. 291), *die Verteidigung,
der* Schutz; *auch im jurist. Sinne.*
— N. 22, 5; *112*, 16. — G. til varnar (*hier vom gesetzlichen Einspruch,
der Thätigkeit eines Rechts-An-
walts*) *44*, 6; t. v. fyrir þau mál =
eis causis defendendis Eg. — A.
meiri vǫrn *eine stärkere Abwehr;
einen besseren Verteidigungskampf*
221,11.

vǫrr, f. (F. 291), *eig. die Wehr (der
Zähne*), *die* Lippe. — Pl. D. vǫrr-
um *113*, 4; Asf. varrarnar *113*, 8.

vǫxtr, m. (*zu* vaxa), *eig. der* Wuchs,
die Gestalt; überh. die Beschaffenheit. — N. *172*, 29; G. vaxtar
172, 28; *252*, 9; D. vexti *an Wuchs
61*, 6; *vgl. 150*, 19; *ebenso* A. á vǫxt
135, 2; um atferð ok v. *171*, 15.

vǫzt, f. (*entweder zu* vatn, *so* Vigf.;
oder zu vaða, vað n.? F. 285; *von*
F. *selbst* 300 *zu* vera *gestellt*), *die
zum Fischen geeignete* Sandbank
oder Untiefe, *etwa* = mið (Vigf.).
— *Gewöhnl. im* Pl. N. vaztir; G.
vazta *113*, 12; *apokop.* vazt c, 2. —
Pl. A. vaztir (vastir) *71*, 14. — *Der
Schreibung* vǫzt *giebt* Vigf., vǫst
Eg. *im* Lex. Poet. *den Vorzug.*

Y.

yðar, yðr *s.* þú.

yðarr *oder* **yðvarr,** *pron.* (*vgl.* þú,
der eurige; *in der höfischen
Sprache auch* = *der* deinige. —
N. m. *218*, 10; N. f. yður *210*, 20;
N. n. yðart ráð *198*, 8; *217*, 29; D.
m. yðrum *183*, 29; D. n. yðru *199*.
5; A. m. yðarn *176*, 28; A. f. yðra
189, 3; A. n. yðart *154*, 30; yðvart
241, 10. — Pl. N. m. yðrir *197*, 18;
A. n. yður *176*, 8; *210*, 8.
* *Beachte* engan yðarn = *Keinen
Eurigen, Keinen von Euch, dass
Keiner von Euch* 210, 29.

yfir, *adv., präpos. mit* Dat. *u.* Acc.
(F. 34, *vgl.* ofar), über. — 1) *mit*
Dat. — *a)* lokal: yfir himni, Niflheimi *20*, 8, 11; *vgl.* 22, 1; Vol. *22*,
7 (*verb.* yfir Urðarbrunni); yfir
þeim *159*, 11; *zur Bezeichnung der
Trauer um einen Erschlagenen:*
standa, sitja yfir einum *210*, 5—6;
etwas freier gól galdra sina y. þór
(super Thore Eg.) *105*, 7; látit þér
eigi stórliga y. yðr *61*, 7 = ne vos
elatius geratis Eg., *vgl.* láta. — *b)*
über, zur Bezeichnung der Aufsicht, *Oberherrlichkeit u. w.* —
vald y. níu heimum *38*, 6; til gezlu
y. þeim mǫnnum *44*, 9; y. þvi ríki
143, 9; y. liðinu *163*, 1; yfir ǫllu
fólki *180*, 25; *etwas freier:* ek þagða
yf. mínum harmi = de dolore meo
202, 21.

2) *mit* Acc. — *a)* lokal; *auch*
= *über hin;* sjá y. hana *4*, 11; y.
þannig (*s.* þ.) 8, 5; y. annat 8, 7;
settu y. jǫrðina *11*, 13; y. stórar ár
17, 3; y. hafit 58, 4; y. grindina
77, 6 *rgl.* 79, 14, 18; *80*, 2, 3, 11;
93, 16; 98, 7; *104*, 17; *105*, 10; *117*,
12; *gelegentlich auch an* 1) *b) er-
innernd:* setja réttara y. svá mǫrg
héruð *143*, 6; ferr y. landit *über-*

zieht das Land, nimmt es in Besitz 169, 7; kœmi yfir oss von glücklicher Schickung 193, 28. — Im poet. Sprachgebrauch auch nachgestellt: alla menn y. Vafþr. 37, 6; jǫrmungrund y. Grm. 20, 3.

* *Adv.* yfir = þar yfir (*11*, 11) *in* y. hleypr *138*, 1; *vgl. auch* y. þannig 8, 5; sétt yfir upp *61*, 20 *vgl.* upp 2). — at yfir mundi ganga *dass es darüber (über sie hin) zu gehen im Begriff war,* = *dass sie unter zu gehen im Begriff waren 164*, 12; yfir látit *170, 22 vgl.* láta; hylma y. *205*, 22. — *Bei* yf. bœta *202, 19 und sonst liegt wol die Vorstellung zu Grunde, dass durch die* Busse *der Schaden sozusagen bedeckt werden soll, dann nur* = *gut machen, beilegen u. dergl.*

yfirbót, f. (*s.* yfir, bót), *der Ersatz, die* Busse. — D. at yf. 57, 22. — Pl. A. yfirbœtr 95, 20.

yfirgangr, m. (yfir, gangr), *der Übergang, gew. ethisch* = *Überhebung,* Übermut. — A. yfirgang þangat 259, 3. — *Hier doch wol lokal an einen Übergang über das Gebirge (Alpen oder Apennin) zu denken.*

yfirkominn, adj. (*eig.* Pass. Part. *von* koma *mit* yfir), = *überholt,* überwunden. — Plur. A. yfirkomna 56, 16.

yfirlát, n. (*vgl.* láta = *hören lassen;* yfir*), Ansehen, *Ruf, Gunst.* — A. *173*, 7.

yfirlitr, m. (yfir, litr), *das* Äussere. — A. *234*, 14.

yfirlæti, n. = yfirlát. — D. *197*, 2.

yfrinn *s.* œrinn.

ykkarr, adj. (*vgl.* þú *u.* § 95), euer (*von zweien*). — N. y. beggja Regm. 6, 6; A. fœtr ykkra beggja *218*, 19.

* *Die Verstärkung durch* beggja *deutet die Abschwächung der Dualform an, die neuisl. für den* Plur. *üblich ist, s.* Vigf.

ykkr *s.* þit (*u.* þú).

ylgr, f. (*vgl.* Vigf.), *die* Wölfin. — N. *156*, 4; Dsf. *156*, 25, 28.

ymja, schw. v. (*vgl.* Y'mir?), rauschen. — Præs. S. 3 ymr Vol. 48 a.

ymr, m. (*s.* ymja), *ein dumpfes* Geräusch. — A. ym 58, 19.

yndi, n. (*zu* una), *behagliches Wohnen oder Weilen,* Erholung, Freude. — G. yndis Vol. *66*, 8; D. yndi *205*, 32; A. yndi Grott. 2, 6; yndi

nema *Erholung finden, es sich wol gefallen lassen* 197, 25.

yngri, adj. comp. (*zu* ungr F. 244). jünger. — A. inn yngra son *157*, 25. — *Superl.* yngstr, inn yngsti. — N. f. in yngsta *45*, 9; *260*, 11.

yrkja, schw. v. (F. 293), *wirken,* arbeiten; *spec. auch vom dichterischen* Schaffen (*vgl. gr.* ποιεῖν, ποιητής). — Inf. *100*, 19. — Pass. Part. ortr (§ 148 a); (n. u.) *absol.* ort *105*, 19; *123*, 10.

Ý.

ýfa, schw. v. (*vgl.* Vigf. *u.* Fritzn.). — Med. ýfaz *sich* feindlich benehmen. — Præt. S. 3 ýfðiz *226*, 7.

ýmiss, adj. (*vgl.* § 80 b; -miss *zu* g. misso F. 238), *wechselseitig,* verschieden. — *Gern im* Plur. *gebraucht; so* A. m. ýmsa *44*, 13; *123*, 10; A. n. ýmis *43*, 9 (*oder* ýmiss, *die Nebenform* ýmsi = *abwechselnd begegnet im* Nom. 96, 6).

ýmist, adv. (*zu* ýmiss), abwechselnd; ým. — eðr *bald* — *bald* 27, 6; *nach verschiedenen Seiten,* hin und her; *so* lék ý. í hug *207*, 17; *223*, 19.

Z.

-z *Medialendung s.* § 157.

Þ.

þaðan, adv. (*vgl.* Vigf.; *w. u.* þar), *von dort; oft verbunden mit* af; *s.* 2) *u.* af 7). — *a) lokal:* 6, 18; 7, 3; *freier zur Bezeichnung der* Abstammung: eru þaðan komnar 8, 9 = a quo .. ortæ sunt Eg.; *vgl.* 20, 2; *ähnl. auch* 9, 2, 8; *13*, 4; *123*, 5; Vafþr. *45*, 6. — *b) zeitlich:* þaðan af adv. = deinde *17*, 22; þ. af = ab eo tempore (Eg.) *13*, 8; *so wol auch* 11, 20 (*doch mit Übergang zum Causalnexus: infolge hiervon*); *halbcausal auch* 16, 3 (unde Eg.). — *c) zur Bezeichnung des Gegenstandes (einer Rede), des Stoffes u. ähnl.* segja þaðan *49*, 13 *vgl.* 81, 3 *u.* Lund p. 268 [Gylf. VII. N. 6) þaðan U = af þeim W, R].

þagna, *schw. r.* (*zu* þegja), ver-stummen. — Præt. S. 3 þagnaði *119*, 26; = *beruhigte sich* 231, 12.

þak, n. (F. 127), *das* Dach. — N. *4*, 11.

þakka, *schw. r.* (F. 128), danken; *constr. wie nhd. Einem Etwas (für Etwas) danken.* — Inf. *221*, 29. — Præs. S. 3 þakkar *194*, 3. — Præt. Pl. 3 þökkuðu *40*, 12.

þangat, *adv.* (*wol mit* Pf. *für* þannig at; *vgl.* hingat), dorthin, dort. — *21*, 5; þ. vitja *49*, 12; bauð þ. *166*, 26. — þ. heyra þeir — *in der Richtung* 220, 7. — *Zeitlich:* þang-at til, unz = *bis* (dahin), *dass; solange, bis* 231, 15; *ähnl.* 233, 1.

þanneg *oder* **þannig,** *adv.* (*für* þann veg, *s.* vegr *u. vgl.* hinig), dort; *in der Richtung.* — héldi yfir þannig *8*, 5 *viell.* = yfir þann veg, *s.* yfir 2) a); *sonst* héldi yfir (*adv.*) þannig = *gefror darüber dort.* — gengu þanneg *58*, 16; þannig *62*, 4; baru þ. *95*, 11.

* *Nach Siev. bei* P. VI, 315 *metrisch meist* = þanig, þinig.

þar, *adv.* (F. 127), dort; *zunächst lokal, dann in freierer Anwendung.* — *4*, 10; *5*, 4 *u. ö.* — þar er da, *wo* (*vgl. w. u.* *) 3, 1; α, 6; *30*, 2 *oder* þ. sem *3*, 11; *17*, 14; *31*, 11; *89*, 13. — *Die Wendung* þar er (þ. sem) heitir *oder* heita (*z. B.* 89, 13; 165, 17) *erläutert Lund* p. 36 Anm. 3 *durch Anlehnung an Ausdrücke wie* lætr bœ reisa þar er síðan heitir í Hvammi; *vgl.* heitir at Gnipalundi s. v. at 2 a). — *Nicht mehr ganz lokal:* þar er þik Hel hafi *181*, 11 = *worin dich Hel habe, in ihre Gewalt bekomme; fast* = *bis dich Hel u. w.* (*so* Lüning). — *In der nord. Constr. ist öfter* þar = *nhd.* dahin: þar setti (*wie lat.* hic collocavit Eg.) *3*, 9; settiz þar *13*, 10; sat þ. *107*, 17; kom þar (*vgl.* koma*) *52*, 8 *vgl.* 54, 11; *67*, 13; *76*, 10; *125*, 13; kvámu — þar sem hann svaf *zu seiner Schlafstätte kamen* 122, 23; *wegen* Vafþr. *31*, 4 *vgl.* koma 1). — þar kom, at *es kam dahin, dass* 203, 16; *deutlicher in der Verbind.* þar til, *so* 13, 14 ok þau ríki, er þar til liggja = regnaque illuc pertinentia Eg.; *aber adv.* þar til *dazu* (insuper) *17*, 22; *überhaupt häufig in Verbindung mit Präpos. oder*

Adverb., so þar næst = *zunächst; lokal* 5, 11; *zeitlich 13*, 5; þar útan um *12*, 4; þar yfir *11*, 11; þar af *11*, 13; þar til, er *vgl.* til *u. w.* — *Verbinde aber nicht* (var) þar eptir *3*, 11; *125*, 19, *sondern* var þar = *es war da* (eptir *adv.* = *später*). — *Zeitlich gebraucht* þar er (*Var.* þá er) Vol. *6*, 2; þar til er = *bis dahin, dass* 171, 30; *224*, 3. *Ähnl.* þar sem *in einer Lage, wo* = *nachdem* 228, 23.

* *Nach Lund* p. 268 *würde* þar *in Fällen wie* réð þar londum, *er* nú heitir Svíþjóð *3*, 1 *u. ähnl. einem Pronomen entsprechen, welche Erklärung eher bei* þaðan (*vgl. oben*) *als bei* þar *gerechtfertigt erscheint, da Beispiele wie* 30, 2; *124*, 2 (réð londum þar sem nú er kolluð Danmork = regnavit *oder* imperium habuit in ea regione, quæ nunc Dania ... dicta est Eg.) *nicht eben dafür sprechen. Doch finden sich Fälle, wo Lunds Auffassung zutrifft, und möchte ich dahin rechnen:* þar var einn Boðvarr *136*, 11 = in quibus Bödvar Eg.; sverði hœlir þú þár = *des Schwertes rühmest du dich da* (*d. h. mit diesen Worten* (Eg. ibi) *141*, 14. — *Ähnlich auch:* kennir, at þar er Brynhildr = *dass das Br. ist* 192, 21; þar man vera Guðrún = *das wird* G. *sein* 195, 5 *u. ö.* — *Vgl.* Wimmer Oldn. Læs. þar 1).

þarmr, m. (F. 131), *der* Darm. — Pl. A. þarma *80*, 11.

þaular, Plur. f. (*vgl.* Vigf.; *etwa zu* thu = *schwellen* F. 135), *in urspr. Bedeutung unklar; übertragen* = Verlegenheit, Enge. *So* A. mælt sik í þaular 240, 14.

þá, *adv.* (F. 127), da, damals, dann; þá er *als conj.* = *da, als.* — *5*, 2, 6, 7; *6*, 20 (*zweim.*) *u. öft.* — *Dann, darauf* 32, 12; *58*, 4; *144*, 8, 9 *fg.*; *163*, 33; *nun, jetzt* 60, 3, 4, 13 (*daneben* 60, 13 ok þá var miðnótt *und damals war u. s. w.*) 71, 13; *dann in dem Falle* 15, 11; *40*, 25 *zweim.; damals* (*Gegs.* nú = *jetzt*) *124*, 3 *vgl.* ib. 7; *dann* (*von der Zukunft*) 89, 3 (*zweim.*), 4; *beachte auch* hoggvi hann þá (= *nun, bald*), ok mun hann þá (*dann, in der Folge*) . . . *182*, 13—14; þá er = *wenn als* 8, 2, 5; 17, 1 *u. öfter;*

sem þá er *als ob 164,* 9—10. *Nicht gesichert (und überh. selten)* þá=þá er 9, 1 *vgl. N.* 21. — *Im Nachsatze oder Schluss des Satzes hat* þá *öfter eine wiederholende oder schwach einschränkende Bedeutung* (*vgl.* Vigf. s. v. III, Fritzn. s. v. 4), *namentlich einem vorhergehenden* svá *entsprechend:* 17, 1; 26, 9; 27, 1 (*neben* þó); 27, 15; 29, 7; en allir (= svá margir) er til hans koma, þá fara allir *u. w.* 37, 1; *ähnl. auch* 57, 18; *vgl. Lund p.* 264, 477. *Nach voraufgeh.* sá er *folgt* þá skal sá . . *153,* 8. — *Die nhd. Übersetzung ist in diesen Fällen nicht gleichmässig; gewöhnlich durch „so, ebenso, auch, andererseits, doch"* (17, 1; 26, 9; 27, 15) *zu geben.* — *Wegen* þá — at 15, 11—12 *vgl. Lund* p. 424.

þegar, *adv.* (Vigf. *vgl. g.* þeihs n. *die Zeit*), *alsbald,* sogleich. 5, 4; 71, 3 *u. ö.* — *Mit* er *als Conj.* = *sowie, so bald als* 55, 7; 110, 14; 111, 20, 21; *mit unterdr.* er (*vgl.* þá = þá er) 67, 11.

þegja, *schw. v.* (F. 128), schweigen. Præt. S. 1 þagða 202, 20; S. 3 þagði 106, 15; 125, 10; Pl. 3 þogðu 211, 17. — *Conj.* S. 2 þegðir 200, 33.

þegn, m. (F. 129), Held, *Mann.* — A. Helr. 10, 5.

þeima s. þessi. **

þekja, *schw. v.* (F. 127), bedecken, decken (*d. h. mit einem Dache versehen*). — Præt. Pl. 3 þoktu 25, 7. — Pass. Part. N. m. þaktr Grm. 15, 3; A. m. þaktan Vol. 66, 3; N. f. þ(kt 4, 13; 76, 18 (*überzogen*); N. n. þakit 193, 19.

þerra, *schw. v.* (F. 132, *vgl.* þurr), abtrocknen. — Præs. S. 3 þerrir 181, 20.

þessi, *pron.* (*vgl.* Vigf.; *wegen der Etymol. Scherer Gesch.* p. 365), dieser, *derselbe.* — N. m. þessi 168, 32; N. f. þessi 175, 4; N. n. þetta 12, 1, 2; 41, 6; G. f. þessar 173, 4; G. n. þessa 63, 7; 173, 2; D. m. þessum 17, 8; D. f. þessi 17, 7; D. n. þessu 14, 19; A. m. þenna 26, 4; 40, 19; A. f. þessa 63, 6; A. n. þetta 26, 21; 107, 7; 141, 9. — Pl. N. m. þessir 15, 24; N. f. þessar 22, 8, 10 (*vgl. u.* *); N. n. þessi 15, 8; 54, 7 (*hier das* n. *wegen des zu ergänzenden* hross, *oder wegen des verschiedenen Geschlechtes*, *vgl.*

Lund p. 14); G. þessara 29, 10 *oder* þessa 61, 13 *und wol auch* 29, 4 (*oder* S. G. n.?); D. þessum 89, 15; A. m. þessa 53, 2; A. f. þessar 91, 2; A. n. þessi 153, 24; 194, 3.

* þessi *ist etwas stärkeres Demonstrativ als* sá, *und bezeichnet daher auch: Folgendes* (107, 7; 162, 31) *oder „das da" (was soeben gesagt wurde; so* 12, 2; *wegen* þ. eru *vgl. Lund* p. 18); þessar — aðrar 22, 10 *übersetzt* Eg.: aliæ — aliæ. *Wegen Verbindung mit* inn *s.* inn *pron.* — *Constructionen wie* þetta eru þín ráð 181, 3 *beurteile nach Lund* p. 18; *vgl.* þat *s. v.* sá*).

** *Der* S. *u.* Pl. D. þeima *entspricht einer älteren Flexionsweise, vgl.* § 96 a *A.* 2) *u.* Vigf. s. v. þessi. — S. D. þeima hætti 226, 28.

þeyta, *schw. v.* (*zu* þjóta *brausen* F. 137), *ertönen machen; auch mit Geräusch einherfahren*, sprengen, stürmen (= þeysta, *vgl.* Vigf. s. v. 2). — Præt. S. 3 þeytti 102, 2 *vgl. Var.*

þiggja, *stv.* (F. 129; *vgl.* § 117), empfangen. — Inf. 53, 2; 138, 16. þ. at gjof *zum Geschenk* at mér *von mir* (*eig. bei mir, meinerseits*) 153, 9; *vgl.* 167, 7; 235, 7; *daneben af* sér 192, 1. — Præs. S. 3 þiggr 192, 1. Imper. S. 2 þigg 196, 34. — Præt. S. 2 þátt 119, 25 (§ 23 b). — Conj. Pl. 2 þægið 217, 1.

þing, n. (F. 134), *die* Gerichts- *oder* Ratsversammlung, *auch der* Platz *für dieselbe u. Versammlungen überhaupt.* — G. þinga 74, 10; D. þingi Vol. 49, 4; Dsf. þinginu 74, 2; A. þing 83, 9; Asf. þingit 94, 20. — Pl. D. þingum 44, 7; 73, 15.

þingbitr, *adj.* (þing, -bitr *zu* bítr), *im* Gericht bissig *oder schlagfertig; als Beiname etwa =* Kampfhahn. — N. 236, 10.

þinn s. þínn.

þinull, m. (*zu* þenja = *dehnen* F. 229 *vgl.* Vigf.), *die gespannte* Leine *zum Handhaben des Netzes;* = netþinull. — Asf. þinulinn 79, 18.

þjokkr *oder* þykkr, *adj.* (F. 133), dick. — N. m. 103, 22. *Vgl. Var. u. über die Var.* þykkr Rk. *zur Stelle,* Vigf. s. v. þykkr. A. m. þykkan 36, 7 (*Var.* þjokkvan). — N. n. þykt 191, 2.

þjóð, f. (F. 186), das Volk, die Leute.
— N. 76, 6. — Pl. N. þjóðir 29, 8;
D. þjóðum 43, 10.

þjóðkonungr, m. (s. þjóð, konungr),
der Volkskönig, d. h. König eines
ganzen Volkes, im Unterschiede von
smákon. (q. v.) oder fylkiskon. (Di-
striktkönig, regulus) u. skattkon.
(tributpflichtiger König; vgl. 142,
8—9). — N. 142, 16; Pl. A. 142, 11.

þjóðland, n. (s. þjóð, land), das Volks-
land; nur von grösseren, unabhän-
gigen Landen gebraucht, etwa =
Grossstaat (empire Vigf.). — D.
142, 9.

þjóðvegr, m. (s. þjóð, vegr), die
Landstrasse, die offene Heer-
strasse (auch zur See), via publica.
— A. 124, 14.

þjófr, m. (F. 133), der Dieb. — N.
124, 13.

þjóna, schw. v. (F. 136), dienen; mit
Dat., Lund p. 77. — Inf. 45, 4; Præs.
Pl. 3 þjóna 27, 15. — Præt. Pl. 3
tjónuðu 195, 10.

þjónn, m. [F. 135, vgl. § 22, 3 c)],
der Diener. — Pl. N. 212, 6.

þjónusta, f. (F. 186), der Dienst.
— A. 238, 10.

þjónustumaðr, m. (þjónusta, maðr),
der Dienstmann. — N. 242, 19.
Pl. N. 58, 1 (Dienstleute).

þjóta, stv. (F. 137), rauschen, heulen, tosen. — Præs. S. 3 þýtr 212,
9 vgl. und f. Præt. Conj. S. 3 þyti
218, 18.

þit s. þú.

þinn oder þinn, pron. (F. 134; vgl.
þú), dein. — N. m. þinn 65, 16;
N. f. þín 179, 23; N. n. þitt 168, 1;
175, 14. G. m. þíns 155, 18; D. m.
þínum 180, 24; D. f. þinni 197, 13;
D. n. þínu 165, 12; A. m. þinn 181,
1; A. f. þína 164, 22; A. n. þitt
Regm. 1, 4. — Pl. N. m. þínir 175,
8; N. n. þín 68, 13; G. þinna 178,
28; D. þínum 155, 35; A. m. þína
192, 25; A. f. þínar 165, 2; A. n. þín
161, 3.

þokkasamr, adj. (vgl. Vigf.; þokki
= die gute Meinung, zu þykkja),
beliebt. — N. 237, 16.

þol, n. (s. þola), die Geduld. — A.
við þ. mit Ged. 189, 5.

þola, schw. v. (F. 133), dulden; auch
= gestatten, nachsehen. — Inf.
61, 9. — þ. her 250, 12 sich* auf
Feindseligkeiten gefasst machen. —

Præs. S. 3 þolir 49, 12; Pl. 3 þola
155, 37. — Præt. Pl. 3 þoldu illa
konnten es nicht aushalten 158, 18;
Pass. Part. absol. þolat 258, 18.

þora, schw. v. (für dora, vgl. g. gadars
F. 145), wagen. — Præs. S. 2 þorir
164, 29; 179, 23; S. 3 þorir 102, 10.
— Præt. S. 1 þorða 157, 17; S. 3
þorði 46, 12; 118, 24; 119, 21; Conj.
S. 3 þorði 181, 16. — Pass. Part.
absol. þorat 180, 6.

þorpari, m. (vgl. þorp F. 138), der
Landbewohner im Gegensatz zum
Städter. — Pl. G. 172, 19.
   * Vgl. mhd. dorpære, nhd. Tölpel.

þorri, m. (nach Vigf. s. v. zu þverra,
nach Wh. An. L. 377 zu þurr dürr,
trocken, hart; hier von der Kälte),
der Hartmonat, Januar. (Wh.
Mon. p. 58.) — N. 144, 11; vgl.
þorri Flat. I, 22.

þorrit s. þverra.

þó, adv. (F. 127), doch; vgl. Lund
p. 424. — 7, 6; 11, 19 (þó þeim =
etiam his Eg.); 17, 5; 63, 6 u. öfter.
   * þó. Præt. von þvá s. þvá.

þó at oder þótt, conj. (F. 127), da,
doch, obschon; stets mit Conj.
vgl. Lund p. 334 fg. — þó at 15,
13; 123, 8; þótt 6, 14; 27, 17; mit
suff. Pron. 2. Pers. þóttu 40, 1;
171, 4. — Unter Umständen ist
die concessive Kraft sehr gering,
so 150, 33: þó at hann mæti lítils
wenn er (auch) gering schätzete,
dass er gering sch.
   * þótt auch Part. Pass. von þykkja.

þraut, f. (s. þrjóta, F. 141), die Not,
Mühe. — Pl. A. þrautir 36, 8.

þreifa, schw. v. (F. 141), befassen, berühren (um eitt). — Præs. S. 3
þreifar 161, 28; þr. til fasst, greift
nach .. 240, 20.

þrek, n. (F. 138), die Stärke, Kraft.
— A. 223, 13.

þrekvirki, n. (s. þrek, -virki zu verk),
das Kraftwerk, die Arbeit. — A.
53, 8; 105, 21 (hier = specimen for-
titudinis Eg.); 166, 4.

þreskjoldr, m. (F. 140), die Thür-
schwelle; vgl. auch Vigf. s. v. —
N. 38, 12.

þrettándi, zahlw. (vgl. F. 141 u. § 100 b,
104), der Dreizehnte. — N. f.
þrettánda 44, 11.

þreyja, schw. v. (F. 140), sich sehnen,
schmachten, geduldig ertragen.

— Inf. þreyja þrjár (sc. nætr) Skirn. 42, 3.

þreyta, schw. v. (zu þraut, F. 141), bedrängen, ermüden; namentlich vom Forcieren einer an und für sich nicht lästigen Sache gelegentlich einer Wette u. dgl. gebraucht, vgl. Vigf. s. v. — Inf. þr. drykkju 64, 4 = potando certare Eg., at þreyta við hann es ernstlich mit ihm aufnehmen 203, 15. Præs. S. 3 þreytir á drykkjuna 64, 22 = potare contendit Eg.; vgl. 65, 13. Pl. 3 þreyta þetta mál sie forcieren die Sache, entscheiden die S. gewaltsam 166, 14. — Præt. S. 3 þreytti rás einen Wettlauf machte 68, 18; Pl. 2 þreyttuð 68, 14 = agitavistis Eg.; Pl. 3 þreyttu sich alle (erdenkliche) Mühe gaben 62, 2.

þrévetr adj. s. **þrívetr.**

þriði, zahlw. (vgl. § 104; F. 141), der Dritte. — N. 10, 6; inn þr. 26, 3; D. í inum þriðja 100, 9; A. þriðja 10, 2; c, 4. — N. f. þriðja 20, 11; 42, 16. — N. n. þriðja 6, 4; A. it þriðja 63, 19; it þr. sinn 209, 6. — Pl. N. f. inar þriðju (die dritten = noch andere) 22, 11; A. m. ina þriðja fjóra die dritten (drei letzten) vier 215, 21.
* Vgl. auch þriði im Nam.-Verz.

þriðjungr, m. (vgl. þriði), der dritte Teil. — D. yfir þriðjungi liðs über ein Drittel der Heerschar 203, 10.

þrifligr, adj. (þrifaz = engl. to thrive, gedeihen), glücklich, stattlich. — N. 236, 12.

þrjóta, stv. (F. 140), mangeln; ausgehen; impers. mit Acc. der Person u. Sache. — Præt. S. 3 en er hann þraut erindit 64, 14 = ut vero eum spiritus defecit Eg.
* Über den imperson. Gebrauch vgl. ausser Lund p. 47 auch Vigf. s. v.

þrífa, stv. (F. 141), ergreifen, fassen. — Præt. Pl. 3 þrifu 222, 26.

þrinættr, adj. (s. þrír, nátt), dreinächtig, d. h. drei Nächte (oder Tage) alt. — N. 104, 23.

þrír, zahlw. (F. 141), drei. — N. m. 53, 14; þeir vetr fara þrír saman 81, 6 = tales tres hiemes congruunt Eg.; þr. vetr 81, 7; N. f. þrjár 20, 8; N. n. þrjú 37, 16. — G. (aller Geschl.) þriggja 103, 15; D. þrim 16, 9; þrimr (vgl. § 101) 64, 11;

103, 19; 229, 5. — A. m. þrjá 10, 6; 30, 8; A. f. þrjár 32, 12; A. n. þrjú 5, 8; 136, 17; 153, 20.

þritugr, adj. (vgl. þrír tugir = 30, § 100a), dreissig (Klafter oder Ellen) zählend. — N. 178, 32; hier ist wol kaum (mit Vigf.) an die Höhe, eher an die Länge oder den Flächeninhalt des Felsbodens zu denken, den F. beim Trinken bedeckte.

þrivetr, adj. (s. þrír, vetr), dreijährig. — N. 120, 2; G. þrévetrs 212, 12.

þroski, m. (vgl. þróttr), die Körperkraft. — A. 241, 24.

þróttr, m. (F. 138) = þrek. — N. 223, 12.

þruma, f. (vgl. Vigf. s. v., þrymr bei F. 142 u. Þrymr), der Donner. — Pl. A. þrumur 104, 9.

þrunginn, adj. (eig. Pass. Part. starker Flex. zu Þrøngva = dringen, drängen F. 139; Vigf. s. v.), gedrungen, auch geschwollen infolge heftigen Druckes oder einer Gemütsbewegung. — þr. móði (= tumidus præ ira Eg.) Vol. 30, a.

þrútna, schw. v. (vgl. Vigf.), schwellen; auch von körperlichen Reaktionen, heftiger Gemütsbewegung; von unterdrückter Leidenschaft. — Præt. Pl. 3 svá þrútnuðu hans síður 206, 22.

þræll, m. (F. 138), der unfreie Diener, Knecht (eig. Läufer?). — N. 38, 11; A. 109, 9. — Pl. N. 98, 23; Asf. 161, 24.

þröngr, adj. (F. 139), enge; vgl. allþr. — Comp. n. adv. at eigi er þröngra, at skipa hana 51, 1 nicht beschwerlicher (durch Raummangel) = ebensowenig beschw. ist, in ihr Leute unterzubringen, vgl. skipa.

þula, f. (vgl. Vigf.; s. auch Eg. Lex. poet. s. v. 2 = carmen longum et inconditum) viell. urspr. ein musikalisches Instrument, dann ein längeres eintöniges Lied. — G. þyt þulu (vgl. þytr) = das Geräusch des einförmigen Liedes Grott. 3, 1 vgl. dazu Anm. 8). Andere fassten þulu (þuldu) als Præt. Pl. 3 von þjóla (= þylja) murmelnd oder plärrend singen; die Conjektur þutu (von þjóta) in ähnl. Sinne.

13*

þumlungr, m. (zu þumall m. Daum
F. 135), der Däumling am Faust-
handschuh. — Nsf. 59, 5.
þungfœrr, adj. (þungr, fœrr), schwer
beweglich, schwerfällig. — N.
217, 23.
þungi, m. (zu thu schwellen? F. 135),
die Schwere. — D. með þunga
8, 9.
þungr, adj. (s. þungr), schwer. —
n. (adv.) svá þungt so schwer =
ein so schweres Gewicht 79, 16. —
Pl. N. m. hlutir þungir schwere
Dinge 216, 12; A. m. þunga strauma
Vol. 40, 2.
þunnvangi, m. (s. þunnr = dünne
F. 130; vangi m.), die Dünn-
Wange, die Schläfe. — Asf. 60, 19,
þurðr, m. (nach Vigf. s. v. zu þverra),
die Abnahme, der Schwund. —
A. þurð 69. 2 (drekka þ. á einu von
Etwas forttrinken, abtrinken).
þurfa, prät. präs. (§ 155 b; F. 131),
bedürfen; mit at c. Inf. oder Acc.
(auch Gen., namentlich in imperson.
Verwendung = nötig sein, Lund 172).
— Inf. 29, 8; 63, 12; 64, 14. — Præs.
S. 1 eigi þarf ek, at 59, 1; S. 2 eigi
þarftu meira 172, 25; S. 3 hann þarf
minnasvefn 35, 18; impers. þarf es ist
nötig (Lund p. 23): eigi, ekki þ. 57,
15; 67, 1; 157, 23, 25; 202, 5; so
auch im Præt. S. 3 þurfti 109, 12;
u. Conj. S. 3 þurfti 36, 3 vgl. Var.;
persönl. þat er hann þurfti (Ind.)
bedurfte 157, 5. — Ind. Pl. 3 þurftu
= nötig hatten, brauchten 116, 5.
þurr, adj. (F. 132), dürre, trocken.
— Pl. Dat. þurrum tárum η, 2 vgl.
tár n. — Die Lesart des Cod. 173,
15 at þyrri stelle ich hierher, da
ein Substant. þyrri nicht nachge-
wiesen ist; dagegen at oder á (so
Fas.) þyrru oder þurru (D. n. von
þurr) deutlich ist = auf dem Trocke-
nen; vgl. Vigf.
þú, pron. (F. 134; vgl. § 94 u. Anm.1),
du. — S. N. für sich stehend a, 2;
9, 4 u. ö. — suffigiert: attu (at þú),
201, 28; skaltú (od. skaltu) 5, 2;
stattu a, 1; áttu (átt von eiga, þú)
201, 36; muntú (oder muntu) 16, 8;
vgl. mantu 164, 25; kantu (vgl.
Var.) 24, 11; búðu (s. búa) 190, 7;
máttu 31, 8 (s. mega); þóttu (s. þótt)
40, 1; 171, 4; gerðu (ger-ðu vgl.
gera) 74, 14; taktu 112, 19; viltu
135, 3; bauðtu 141, 9; kaustu (s.

kjósa) Grott. 8, 5; ertu Lok. 29, 1;
veiztu ϑ, 4; ferner im Anschluss
an die suff. Neg. -at: lezkattu (s.
letja) Lok. 29, 3; vaxattu ϑ, 1;
varattu Grott. 8, 1; munattu Grott.
20, 1. — Dem nord. Imper. S. 2 ist
jedoch suffigiertes oder frei nach-
folgendes þú nicht unentbehrlich;
vgl. 178, 36; 139, 1 und Lund p.
356; Gr. IV, 205. — G. þín 162, 13;
194, 27; Helr. 2, 6. Dat. þér 5, 2;
16, 7; 40, 2. — A. þik 70, 19; 104, 6.
— Dual N. V. þit (Voc.) Grott. 7,
3; N. 161, 2. — G. ykkar (Dual
im Hinblick auf Guðrún u. Grimh.)
196, 14. D. ykkr 160, 2; 165, 13;
217, 3. — Pl. N. ér oder þér für
sich: vituð ér (oder vitu-þér) Vol.
42, 8; 34, 8; þér in der Anrede an
einen Einzelnen 166, 23 u. ö.; vgl.
Lund p. 9; suffig. trúi-þér 9, 3;
megu-þér 10, 10; hafi-þér 29, 1; 170,
26; munu-þér 41, 2; eigu-þér 61, 4;
vgl. auch 154, 32; 165, 20. — G.
yðar 41, 5 (Var. yðarr = vester);
154, 31; in höfischer Sprache = þin
197, 14; auch yðvar: í milli yðv.
61, 4; D. yðr 34, 8 u. ö.; = dir (vgl.
oss s. v. vér) 175, 18, 23. A. yðr 56, 16.
* Die Formen þit, þér scheinen
erst durch den häufigen Gebrauch
in suffig. Gestalt aus it, ér entstanden zu sein; viell. unter Mit-
wirkung der Anal. von þú, þín.
þúsund, f. (F. 137, § 103), die Zahl
Tausend; auch im Plur. gebraucht.
mit abhäng. Gen., so N. tóli þúsundir
164, 5; A. 165, 22.
þvá, stv. (F. 142), waschen. — Inf.
119, 17; þvá sér (Lund p. 102), 200,
28. — Præt. S. 3 þó 231, 9; 252, 8.
— Pass. Part. þveginn Regm. 25, 1.
þvengr, m. (F. 142), der Riemen.
— N. 113, 8; A. þveng 113, 8 (viell.
an beiden Stellen von einem groben
Faden zu verstehen; wie engl. thong
auch = Peitschenschnur).
þverliga, adv. (vgl. þvers), eig. quer,
dann in widersprechender, schroff
ablehnender Weise; synjar þverl. 99,
17 = obstinate negat; vgl. 221, 6.
þverr, adj. (F. 142), quer. — A. f.
yfir þvera hǫndina 238, 17 = quer
über die Hand hin = auf der Handfläche.
þverra, stv. (§ 113, Vigf. s. v.),
schwinden. — Pass. Part. absol.
þorrit 65, 4.

þvers, *adv. (zum adj.* þverr; *für* þvers *vegar?*), *quer,* in die Quere *(vgl.* querfeldein*);* 61, 15 *=* transversa via Eg.

þvertekinn, *adj. (eig. quer, d. h. unrecht aufgenommen = abgeschlagen),* unbedingt untersagt. — N. n. þvertekit *43*, 17.

því, *adv. (eig. D. n. von* sá; *die pronominale Anwendung s. s. v.* sá*),* darum, insofern 26, 9; *38*, 14; 100, 20; *123*, 9; Vafþr. *31*, 6 *vgl. Lund* p. 142; *häufig in Verbindung mit fg.* at: váru því vísari, at *4*, 7 *waren insofern weiser, dass . .* (tantum sapientia prævalebant Eg.); er því framar, at *ist um so viel vorauf, hat solchen Vorsprung, dass* 63, 11; *u. ähnlich* því . . sem *vgl.* sem c) ex; *der causale Bezug von* því *wird dabei nicht selten durch vortretendes* fyrir [*vgl.* fyrir 1) c] *verstärkt:* f. því . ., at *13*,15; *mit* at *verschmelzend dient* því at *oder* fyrir því at *(=* eo quod, ideo quod) *als Conj.:* Háv. *1*, 4; *36*, 4; *20*, 15; *119*, 28; *vgl. auch Lund* p. 329 *fg. — Doppeltes* því *(das erstere rel.) beim Compar. (= je, desto) findet sich* 41, 16; *67*, 2—3; *s. Lund* p. 247.

þvíat *conj. s.* **því.**

þvílíkr, *pron. adj. (s.* því *s. v.* sá, líkr*), eig. demgleich, dergestalt,* derartig (talis). N. m. *47*,8; þvíl. maðr 193, 3; *wegen des Folg. wol als ein versteckter Hinweis auf die nicht ganz ebenbürtige Stellung des* Sigurðr *zu verstehen, wie er schärfer* 180, 6, 7 *hervortrat;* A. m. þvílíkan 178, 13; A. n. þvílíkt *66*, 2; *122*,15. — Pl. N. m. þvílíkir *65*, 20; D. þvílíkum *61*, 9; *69*, 16.

* Vergl. mit slíkr (q. v.) *scheint* þvíl. *mehr demonstrative Kraft zu haben, kann aber gelegentlich auch durch betontes „solcher" im Nhd. übersetzt werden.*

þykkja, *schw. v. (vgl.* § 148 a, F. 128), dünken, scheinen. — Inf. *11*, 11; *47*, 14; Præs. S. 3 þykkir *88*, 1; *159*, 3; — *oft imperson. (mit* Act. *u.* Pass.; *vgl. Lund* p. 8, 9; 23, 25; 105) þykkir vel drukkit *64*, 8 *= scheint gut getrunken = ist (unserer Ansicht nach) gut getr.;* þykki-mér *(vgl.* § 148 a A. 1) *98*, 20; *155*, 37 *vgl. betr;* þ. mér guðin eiga 35,8 *(der* Nom. Plur.,

den Möb. Gl. s. v. *aus* Heiðarvígas. *belegt, wird durch* Gr. IV, 197 *fürs Mhd. deutlicher; s. auch Lund* p. 8, 9), *daneben persönl.: vel* þykki-mér Þjálfi renna 63, 17; Pl. 3 þykkja 34, 6 u. ö. — Conj. S. 3 þykki *43*, 17; *56*, 18; Grott. *17*, 18. — Præt. S. 3 þótti *(oft imperson.; vgl.* Præs.) 5, 6, 7; *12*, 12; *17*, 4; en úlfinum þótti sér *(für sich, bei sich)* þat ekki ofrefli *38*, 21 *vgl.* 153, 24; *41*, 7; 53, 7, 10; 73, 6; 93, 2; 99, 1; þótti ván *Aussicht schien (vorhanden zu sein schien)* 105, 8; þ. mér *mit folg.* Pl. N. *219*, 12; *253*, 3 *vgl. oben* þykkimér 35, 8; þótti mér 105, 20 *ist nhd. eigentlich nicht = schien mir, sondern = war, wie mir scheint (vgl.* Eg.: magna, meo quidem judicio, strenuitate excellebat Hr.). *Auch in anderen Fällen ist ein derartiger, mehr adverb. Gebrauch (= sane, opinor) zu beachten, z. B.* 17, 4; *wenn auch die Constr. verbal bleibt bei freier Auffassung der Numeri; vgl. oben* (Præs.) þykki-mér guðin eiga. — Pl. 3 þóttu *149*, 8; *162*, 12. Conj. S. 3 þœtti mér *würde mir scheinen* 32, 5; þ. verst am schlechtesten schiene = am wenigsten gefiele 122, 19; Pl. 3 *(könnte nach freierer Constr. auch* S. 3 *sein)* 40, 16. — Pass. Part. þóttr; *absol.* hefir þótt *geschienen hat* 56, 3; *259*, 8. — Med. þykkjaz *sich dünken lassen,* meinen, *Lund* p. 121; Inf. *49*, 11. — Præs. S. 1 þykkjumz 232, 22; S. 3. þykkiz *153*, 13; *161*, 9. — Pl. 2 þykkiz *62*, 11; Pl. 3 þykkjaz 29, 7. — Præt. S. 1 ek þóttumz *ich schien mir* 203, 15; *216*, 8; *ich glaubte* 221, 4; *252*, 21; S. 3 þóttiz 58. 22; Pl. 3 þóttuz 103, 11; *170*, 11. — Conj. S. 1 þœttumz *180*, 29; S. 3 þœttiz 201, 14.

þykkr, *adj. s.* **þjokkr.**

þyrft, f. *(s.* þurfa), *neben* þurft = *die* Notdurft, *das Bedürfnis, der* Vorteil. — A. *182*, 20.

þyrma, *schw. v. (vgl.* Vigf.). schonen, *mit* Dat., *Lund* p. 74. — Præs. S. 3 þyrmir *81*, 9; þ. eiðum *Eide halten, so* Præt. S. 1 þyrmda *209*, 24; Pass. Part. þyrmt *54*, 11.

þyrri *s.* **þurr.**

þyrstr, *adj.* (F. 133), durstig. — N. m. *64*, 12.

þytr *oder* **þýtr**, m. (F. 187), *das* Geräusch, *der* Klang. — A. þyt
Grott. 3, 1; *das Geheul* 213, 1.

þýverskr, *adj.* (þýðverskr, þýðerskr
vgl. Vigf.), deutsch. — Df. 212,
21. — Pl. N. m. þýverskir 253, 7.

þægiligr, *adj.* (= þægr, *zu* þiggja
F. 129), annehmlich. — N. f.
þægilig *135*, 11.

þögn, f. (*zu* þegja), *das* Schweigen.
— A. Sigrdr. *20*, 4.

þögnhorfinn, *adj.* (*eig.* Pass. Part.
horfinn *zu* hverfa; þögn), *des*
Schweigens beraubt, *eig. vom
Schweigen abgewendet.* — Pl. N. f.
(*auf die beiden Mädchen zu beziehen*) Grott. 3, 2; *von Andern als*
Gen. Sing. *gefasst, so* Eg. strepi-
tantis (molæ).

þögull, *adj.* (*zu* þegja, F. 128),
schweigsam. — N. m. *schw. Fl.*
inn þögli *36*, 6; G. *schw. Fl.* ins
þögla *106*, 22.

þökk, f. (F. 128), *die geneigte Gesinnung, der* Dank. — A. *166*, 4.
— Pl. D. með þökkum *mit Freuden
184*, 6.

þörf, f. (*vgl.* þurfa), *die Notwendigkeit, das* Bedürfnis. — A. *211*,
10; hyggja þér hverja þörf 226, 20
= *die jedes Bedürfnis bedenken,
alles Nötige für dich anordnen;*
sem hann kunni sér þörf til *wie er
das Bed. empfand* = *nach Bed.
231*, 38.

Æ.

æ, *adv.* (*eig.* æv, *vgl.* æva *u.* got. aiv;
F. 30), immer. — Grm. *34*, 8; Vol.
22, 7; *als Vermutung 13*, 3; *sonst
ziehe* kveða *noch zu Z.* 3.

æfar, *adv.; jüngere Form für* afar
(Vigf.) — *178*, 36.

æfi *oder* **ævi**, f. (F. 30), *das* Lebensalter; *das Leben.* — N. ævi *176*,
15; D. ævi *212*, 17; A. æfi *e*, 4.

æfr *oder* **œfr**, *adj.* (*zu* afar Vigf.),
heftig, leidenschaftlich. — N.
208, 15.

æs, f. (*vgl.* Vigf.), *das äussere Ende,
der* Rand. — Pl. Dsf. æsunum.
113, 8.

ætla (*nach* Vigf. *zu g.* ahjan = *meinen* F. 9), meinen, denken; *im
Sinne haben.* — Inf. *41*, 2. — Præs.
S. 1 ætla ek *61*, 11; *70*, 2; *119*, 28;
mit suffig. Pron. ætlak *119*, 26. —

S. 2 ætlar *119*, 22; S. 3 ætlar *154*,
28; æ. hann (sc. vera) *159*, 6. —
Pl. 1 ætlum *10*, 8; Pl. 3 ætla *155*,
23. — Præt. S. 1 ætlaða *261*, 1;
S. 3 ætlaði *106*, 10; Pl. 3 ætluðu *258*,
9. — Pass. Part. ætlaðr = man
mestr (vera) ætlaðr = *wird als der
grösste angenommen, wird der gr.
sein müssen* 65, 8. — *Vgl. Lund* p.
469. — er þú ok ætluð mín kona
199, 3; öðrum er þat ætlat *einem
Andern ist das bestimmt 169*, 20.
— Med. ætlaz *bei sich denken*, æ.
fyrir vorhaben; *s.* Præs. S. 3 ætlaz
þat f. *69*, 21.

ætlan, f. (*s.* ætla), *das* Vorhaben,
die Absicht. — A. *154*, 27.

ætt, f. (*nach* Vigf. = *g.* aihts, *zu* eiga
haben F. 3; *über die Nebenform* átt
vgl. Vigf. s. v.). 1) *das* Geschlecht;
abstr. und concret. — N. *13*, 15;
123, 3; G. ættar 22, 11 (*zw.*); *46*, 2.
D. ætt *10*, 14; *145*, 6; Vol. 29, 7; er
mjök í ætt Volsunga *ist sehr in
Geschlechtscharakter der W., ist
ein echter (ausgeprägter) Wölsung
158*, 14; *vgl. 159*, 3; *162*, 32; Dsf.
ættinni *15*, 24. A. ætt *14*, 3 (sem hón
átti æ. til = ut ei gentilitium erat
Eg.). Pl. N. ættir 8, 19; *123*, 5; Nsf.
ættirnar (*hier* = *die Geschlechter,
die Völkerstämme*) 7, 14; D. *12*, 6;
143, 14. — 2) *die* Himmels-
gegend; *vgl.* norðrætt. — Pl. D.
ættum *81*, 5; áttum 230, 17. A. ættir
78, 12.

ættaðr, *adj.* (*geb. als* Pass. Part.), geartet, *der Geburt und Herkunft
nach beschaffen.* — Pl. N. f. vel
ættaðar 22, 16.

ætterni, n. (*vgl.* ætt), *das* Geschlecht.
— D. Grott. 8, 7.

ættleifð, f. (*s.* ætt, leifa F. 271 =
zurücklassen), die Erbschaft, *das
rechtlich zukommende Gut oder
Land.* — G. til ættleifðar *162*, 22.

ættmaðr, m. (*s.* ætt, maðr), *meist im*
Plur. ættmenn = *die* Verwandten.
— Pl. N. *9*, 5.

ættstórr, *adj.* (*s.* ætt, stórr), *von* an-
gesehenem Geschlechte. —
Comp. N. m. ættstœrri *149*, 4.

æva, *adv.* (*vgl.* æ *u.* negat -at), *eig.*
= nunquam; *verstärktes* eigi =
nicht; *nach gewöhnl. Auffassung
aus* æva-gi *verkürzt; auch* æfa *geschrieben; meist poet.* — Vol. 6, 5.

* æv- *in* æva *und* ei- *in* eigi *sind identisch, s.* F. 80.

œvi, f. *s.* œfl.

Ǫ.

ǫflugr, *adj.* (*s.* afl *n.*), kräftig, stark. — Pl. N. f. ǫflgar Grott. *11, 3.* — *Comp.* N. m. ǫflgari Grott. *9, 4; der Dat.* þeim *zu beurteilen nach Lund* p. 185, *A. 4.*

ǫfundarmaðr, m. (*s.* ǫfund F. 18; maðr), *ein* Neider. — Pl. A. *150, 22.*

ǫfundarorð, Pl. n. (*s.* ǫfund *Missgunst* F. 18, *zu* unna; orð), *Worte der Missgunst,* Scheltworte. — A. 23, 5.

ǫgn, f. (F. 10), *die* Spreu, *der Spreuhaufe.* — Pl. N. agnir *218, 22.*

ǫl, n. (F. 27), *das* Bier, *Ale.* — N. *109,* 12; *137,* 11; A. Grm. *36,* 9; *166,* 1.

ǫld, f. (F. 27), *das Menschenalter,* Zeitalter. — N. *18,* 3; *144,* 3. — meðan ǫld lifir *o,* 4 *formelhaft = so lange das Menschengeschlecht fortlebt, so l. es Menschen giebt.* Pl. N. aldir Vafþr. *45,* 6 (*Geschlechter; poet. = Menschen, s.* Vigf. s. v. II); G. alda Vǫl. *6,* 1; D. ǫldum 7,|1; A. aldir *6,* 10.

ǫlgǫgn, Pl. n. (*s.* ǫl, gǫgn *zu* gagn = *Vorteil, Bequemlichkeit, Gerät*), Biergefässe. — G. ǫlgagna *45,* 5.

ǫlker, n. (*s.* ǫl, ker), *das* Bierfass. — Pl. N. 160, 22.

ǫln *s.* alin.

ǫlrúnar, Pl. f. (ǫl, rúnar), *die* Bierrunen, *als Mittel gegen unvorsichtiges Benehmen beim Gelage und bei Liebesabenteuern* (*so* Lüning); *vgl. auch* Sk. XXXI: konu skal kenna til . . ǫls eða víns eða annars drykkjar etc. — A. Sigrdr. 7, 1.

ǫnd, f. (F. 14). 1) *der* Atem. — Dsf. 209, 30. — 2) *die* Seele. — A. ǫnd *6,* 14; *13,* 2.

ǫndugi, n. (= ǫndvegi, *s.* Vigf. s. v.; *Wh.* p. 220, 459; *etymol. zu* vegr = = *Richtung, u.* ǫnd = and- *gegen* F. 16), *der* Hochsitz *in der Halle, welchem gegenüber sich meist ein etwas kleinerer erhob.* — D. ǫndugi 77, 9; *hier als Ehrensitz eines Gastes der Hel erwähnt und daher viell. (s.* Vigf.; *Wh.* 459) *von dem kleineren Hochsitz zu verstehen.*

* *Die etymol. Deutung = Gegensitz lässt sich entweder mit* Vigf. *im Hinblicke auf die beiden Hochsitze* vis-à-vis, *oder auf den Umstand beziehen, dass der eig. Hochsitz nach Süden* (*der Sonnenseite*), *gerichtet war, sich also* vis-à-vis (sc. *der* Sonne) *befand. Für die erstere Auffassung spricht auch das mhd.* gegensidele, *das aber nur von dem Ehrensitze des Gastes* (*dem Wirte gegenüber*) *gebraucht zu sein scheint.*

ǫndurdís, f.(*von* ǫndurr = *Schrittschuh; vgl.* Vigf. s. v. u. s. v. andrar; dís), *die* Schrittschuhgöttin. — N. 33, 3.

ǫndurguð, f.? (*vgl.* ǫndurdís, *u.* guð), *die* Schrittschuhgöttin. — N. 33, 3. — *Wie* ǫndurdís *eigentl. der poet. Sprache angehörig.*

ǫndverðr, *adj.* (*s.* ǫnd = and F. 16; -verðr = *wärts, gerichtet* F. 299), *entgegengekehrt, an der Spitze befindlich, im Vordertreffen stehend dgl., im Beginne einer Sache.* Dsf. í ǫndverðri fylkingu (*vgl.* í miðri f. *155,* 24) *in der vorn befindlichen Schar = an der Spitze seiner Schar* *169,* 4. — A. f. snimma í ǫndverða bygð guðanna *52,* 7 = primis temporibus, postquam dii sedes fixerant Eg.

ǫngull, m. (F. 11), *der, die* Angel; *eig. der Angelhaken.* — Nsf. ǫngullinn *71,* 20; *72,* 1; D. ǫngli ð, 2; Asf. ǫngulinn *71,* 21.

ǫr, f. (F. 24), *der* Pfeil. — Pl. N. ǫrvar *168,* 26. A. ǫrvar *178,* 5.

ǫrliga, *adv.* (*vgl.* ǫrr = *rasch, munter, freigebig* F. 21), reichlich. — 219, 1.

ǫrn, m. (F. 21), *der* Aar, Adler. — N. 23, 2; Nsf. ǫrninn *93,* 23; G. arnar Sigdr. *16,* 4; Gsf. arnarins *94,* 2; *100,* 12. — Dsf. erninum *93,* 23; Asf. ǫrninn *95,* 16. — Pl. A. ǫrnu 219, 2.

* *Vgl. auch* § 51 a *Anm.*

ǫxl, f. (F. 12), *die* Achselhöhle. — G. til axlar *bis an die A.* 168, 29. A. ǫxl *103,* 24. — Pl. D. ǫxlum *15,* 6; *94,* 4.

Œ́.

œ́lingr, m. (*zu* œ́li, œ́li *oder zu* óðal? *vgl.* Vigf.), *meist poet., der* Fürst. — D. œ́lingi (*von* Sigurðr) ξ, 4.

engi *adj. s.* **engi.**

erindi, n. *s.* **erindi.**

eruggr, *adj.* (s. uggr = *Furcht* Vigf. s. v.; er = or F. 35), *aus dem Bereiche der Furcht*, sicher. — N. f. erugg 52, 9.

erviti, *adj.* (*s.* or F. 35; -viti *zu* vit n. = *Verstand* F. 304), ohne Verstand. — N. Lok. 29, 2. — *Die Nebenform* ervita (*vgl.* § 85) *im* N. f. 155, 35.

erþrifráða, *adj.* (er = or, þrifa = *ergreifen*, ráð), *unfähig einen Beschluss zu fassen*, ratlos N. 151, 9.

ex, f. (*g.* aqizi, F. 8), *die* Axt; *vgl.* § 42. — Á. exi 178, 5.

exarhamarr, m. (ex, hamarr), *die (einem Hammer ähnliche)* Rückseite *einer* Streitaxt (Vigf.). — Pl. D. exarhomrum 220, 18.

exn *s.* **uxi.**

exnaflokkr, m. (*s.* uxi, flokkr = *der Haufe), ein Haufe, eine* Herde *von* Ochsen. — Á. 71, 7.

Œ.

œða (*vgl.* óðr F. 308), rasend machen, *meist im* Med. œðaz *unsinnig*, rasend werden. — Præt. S. 3 œddiz 54, 5 *geriet in heftige Brunst (von einem Hengste).*

œði, n. (*vgl.* óðr *Geist* F. 308), *die* Gemütsart. — at hón var við hans œði 167, 17 = *dass sie nach seinem Sinne war (nhd. wäre); ähnl.* 190, 13.

œðri, *adj. comp.* (*vgl.* § 90) *nach* Vigf. s. v. *zu g.* auhuma), höher; vornehme. — N. f. 170, 21; Helr. 3, 6; *Superl.* œztr (= œðstr) *der* höchste; *der erste (oft vom Range).* — S. N. m. œztr 6, 1; 18, 11; 27,

14. — N. f. œzt 42, 14. — A. m. œztan 195, 29. *Schw. Flex.* inn œzta 201, 14.

œgishjálmr, m. (*vgl.* Œgir, hjálmr), *der* Schreckenshelm, *vgl.* Vigf. s. v. hjálmr 3. — N. 180, 30. — Á. 179, 32; ek bar œgishj. yfir ollu fólki 180, 25 = *ich hielt das ganze Volk in Furcht und Schrecken* (Vigf.).

œpa, *schw. v.* (*vgl.* óp), schreien, jammern. — Præs. S. 3 œpir 222, 22.

œrinn, *adj.* (*auch* ýrinn *oder* yfrinn. *daher* wol *mit* Vigf. *zu* yfir *über zu stellen), eig. übermässig, überk.* reichlich. — N. n. (*doch vgl. Var.* œrit ljóst, *wo* œrit *adv.* n. *ist*) 112, 7. — A. f. œrna 114, 12; 211. 10; A. n. œrit *adv.* = reichlich. recht 36, 3; 62, 5; *vgl. Lund* p. 246; œrit lengi *lange genug* 171, 2. *So auch* yfrit hræddr 179, 6; yfrinn *wird nach* Vigf. *nur in den nicht kontrahierten Formen neben* œrinn *gebraucht.*

œrr, *adj.* (*vgl.* Vigf. s. v. *u.* s. órar; *auch zu* óðr, œða?), rasend. — S. N. m. Lok. 29, 1. — N. f. œr 155, 35.

œsa, *schw. v.* (wol *kaum mit* Vigf. *zu* ags. egesa *zu stellen, eher zu* ahd. jesan F. 244; *vgl. auch* geysa *u.* geysi *u. das adv.* œsi = geysi *als verstärkendes Präfix*), erregen, *in* heftiger *Art* anschüren. — Præs. S. 3 œsir 26, 8. — Med. œsaz *in* heftige Bewegung kommen, aufwallen. — Inf. 198, 30; *v*, 1.

œska, f. (*vgl.* Vigf.), *die* Jugend. — D. í œsku 170, 28.

œxla, *schw. v.* (*auch* œxa, *nach* Vigf. *zu* vaxa; *vgl. bei* F. 281 ἀέξω, αὔξω), *lasse wachsen*, vermehre. — Inf. 115, 12.

œztr *s.* **œðri.**

Namen-Verzeichnis.

A.

Aðils, m., *ein schwedischer* König, *Stiefvater des* Hrólfr Kraki. — N. 136, 1; G. Aðils 137, 2; D. Aðilsi 136, 10.
* *Zur Etymol. vergl.* Vigf. Proleg. Sturl. S. p. CLXXXVII.

Agnarr, m., *ein junger* Held, *Bruder der* Auðr, *Liebling der* Brynhildr. — N. 184, 1.
* *Ob der* Helr. 7, 7 *erwähnte „junge König" Agnarr sei, ist ungewiss, vgl. Vorbem.* p. LXXXIX.

Ali, m. = **Vali** *s.* 1. **Vali.**

Allfǫðr *oder* **Alfǫðr,** m. *(vgl.* Vigf.), Allvater, *Beiname* Odhins *oder überhaupt des höchsten Gottes, daher jetzt auch christlich.* — N. 6, 2, 4; Grm. 48, 3; D. Allfǫðr 43, 16.
* *Etymol. ist* Allf. *vielleicht =* alda (old f.) faðir; *vgl.* Eg. *im* Lex. Poet. *s.* v.

1. Alsvíðr *oder* **Alsvinnr,** m., *Name des einen* Sonnenrosses. — N. 15, 1; G. Alsvinns Sigdr. 15, 4.

2. Alsvíðr *oder* **Alsvinnr,** m., *eine jüngere Gestalt der Völsungensage, angeblich* Sohn *des* Heimir. — N. 191, 80.

Alvig, f., *mit dem Beinamen* in spaka, Gemahlin *des Königs* Hálfdanr Gamli. — N. 145, 9.

Alþjófr, m., Zwerg-*Name.* — N. Vǫl. 14, 4.

Amsvartnir, m., *Name eines mythischen* Gewässers, *wol nach der dunkeln Farbe so benannt.* — N. 40, 13.

Andhrímnir, m., *der* Koch *in* Valholl. — N. 48, 8—9.

Andlangr, m., *Name des zweiten* Himmels *der nord. Mythologie.* — N. 26, 8.

Andvarafors, m., *der* Wasserfall *des* Andvari. — N. 173, 17; G. 173, 21.

Andvaranautr, m., *Name eines dem Zwerge* Andvari *abgedrungenen* Ringes. — N. 119, 25; A. 120, 5; 174, 9.
* nautr, *fast nur im Compos. vorkommend (vgl.* Vigf. *s.* v.) = Genosse (F. 165), *oft auch von Sachen gebraucht, die früher im Besitze eines andern gewesen und nach ihm benannt sind; ähnl.* -leif *in* Dáinsleif.

Andvari, m., *ein* Zwerg. — N. 173, 16; Vǫl. 18, 6; D. Andvara 119, 8.

Angrboða, f., *Name einer* Riesin. — N. 37, 18.

Annarr, m., *Name des* zweiten *Gemahls der* Nótt, *viell.* = O'ðinn *(vgl. übr. die* Var. u. O'narr; *Einl.* p. 80). — N. 14, 5.

Askr, m. *Name des* ersten *Menschen (zu* askr *Esche?).* — N. 13, 4.

Atli, m. *Sohn des* Buðli, *Bruder der* Brynhildr. — N. 120, 7; 194, 14; G. 118, 18; D. 120, 25; A. 196, 17, 18; V. 223, 17.

Atríðr, m., Beiname Odhins. — N. Grm. 48, 4.

Auðr, m., Sohn *der* Nótt; *Var.* Uðr. — N. 14, 4.

Auðr, f. Schwester *des* Agnarr. — G. 14, 3; Helr. 8, 6.

Auðumla, f., *Name einer mythischen* Kuh. — N. 9, 13.

Augustus, m., *(vgl. Var.), der bekannte* römische Kaiser. — N. 124, 6.

Aurvangr, m. = **Aurvangr,** *Name eines* Zwerges. Vǫl. 16, 9. — G. Aurvanga sjǫt 20, 1.
* *So* Eg. *im* Lex. Poet. — *Andere denken an* aurvangr = *feuchte Erdmasse.*

Austri, m., *Name eines* Zwerges. —
N. *11*, 14; Vǫl. *14*, 3.

Á.

A'í, m., Zwergname. — N. Vǫl.
18, 8.

A'ki, m., *Name eines* Bauern. —
N. *231*, 17.

A'lfheimr, m., *ist* 24, 14 = Ljósálf-
heimr, *ob identisch mit dem* Grm. 5,
4 *genannten* A'lfheimr? *Vgl. über
die* 9 *Welten der nord. Mythol.
Einl.* p. 78 *A.* 42.

1. **A'lfr,** m., Zwergname (*vgl.* álfr).
— N. Vǫl. *19*, 1.

2. **A'lfr,** m., *mit dem Beinamen* inn
gamli, *als* jarl á Hǫrðalandi *bezeichnet* Hálfs s. c. X. (ed. Bugge
14, 13). — D. A'lfi inum gamla
165, 27.

3. **A'lfr Hundingsson.** — N. *244*, 15;
A. *163*, 12.

4. **A'lfr Hjálpreksson.** — N. *170*, 2;
G. *170*, 13; D. *171*, 22; A. *170*, 19.

A'lfrǫðull, m., *skaldische Bezeichnung
der* Sonne, *eig.* rubor geniorum
(Eg.). — N. Vafþr. *47*, 2.

1. **A'li,** m., *urspr. Name eines* Seekönigs (AM. I, 546), *aber in der*
Verbindung A'li vazta undirkúlu =
A'li steinsins = regulus saxi vel
montis (Eg.) = *Riese, und dann
zu weiteren skaldischen Umschreibungen gebraucht, vgl.* Eg. Lex.
Poet. s. v. — G. A'la c, 3; A. A'la
113, 12.

2. **A'li,** m. (*Var.* Olli), *ein* norwegischer *König, spec. von* Upplǫnd
in Norwegen. — N. *136*, 4 (*vgl.*
Hyndl. *14*, 1).

3. **A'li,** m., konungr, *identisch mit
dem Vorigen?* — A. 252, 1; *hier wird
aber vielleicht richtiger* A'rmóð *zu
lesen sein, vgl. Var.*

A'narr *oder* **O'narr** *s.* O'narr.

A'rvakr, m., *eines der beiden* Son-
nenrosse. — N. *15*, 1. *Vielleicht
auch im* Gen. Sigdr. *15*, 3.

A'sa-þórr, m., *der Gott* þórr (q. v.).
— N. *13*, 19; D. *102*, 20; A. *66*, 2;
67, 1.

A'sbrú, f. = *Asenbrücke, poet. Bezeichnung des* Regenbogens. —
N. *21*, 6.

A'sgarðr, m., *die* Asen-*Wohnung,
der gewöhnliche Aufenthalt der*
Götter, Asgard; *vgl. Einl.* p. 78.
— N. *13*, 6; *89*, 6; G. *4*, 6; D. *102*,
8; A. *70*, 12; *75*, 8. — *Auch der*
Plur. (*wie bei* hús, salr) *in demselben Sinne,* A. A'sgarða *100*, 15.
　* A'sg. inn forni *bezeichnet die
frühere Wohnstätte der Asen in
Asien, die man gerne in die Nähe
von* Trója *verlegte, so im* Dat. *6*, 3;
A. *13*, 13. — *Ohne deutliche Unterscheidung des alten und neuen Asgard steht* 13, 6 A'sgarðr, *þat kǫllum vér* Trója.

A'sgrind, f., *das Thor zum* A'sgarðr.
— Pl. A. A'sgrindir *95*, 16.

A'slaug, f., *die natürliche* Tochter
des Sigurðr Fáfnisbani *und der*
Brynhildr. — N. *123*, 4; *230*, 20;
A. A'slaugu *200*, 18 (*nach Anal.
von* Droplaug § 31 b) *gebildet.*

B.

Bafurr *oder* **Báfurr** (Bt. N. F.), m.,
Zwergname. — N. Vǫl. *14*, 7.

Baldr, m., *einer der* zwölf Asen,
vgl. Einl. p. 109 *fg.* — N. *31*, 4;
G. *21*, 11; D. *73*, 9; A. *73*, 7.

Baleygr, m. (*bösen Blick habend,
nach der Schreibung* Báleygr =
Flammenblick habend), Beiname
Odhins. — N. Grm. *47*, 4.

Barrey, f., *Name einer mythischen*
Insel. — N. *47*, 3.

Baugi, m., *ein* Riese, *Bruder des*
Suttungr. — N. *99*, 6; G. *99*, 18;
D. *99*, 10; A. *99*, 15.

Beigðr, m., *ein* Kämpe *des* Hrólfr
Kraki. — N. *136*, 13.

Bekkhildr, f. (*zu* bekkr m.), Schwester *der* Brynhildr. — N. *191*, 26.

Beli, m., *ein* Riese, *Bruder der*
Gerðr. — N. *47*, 10; G. Belja Vǫl.
54, 5; A. Bela (*Var.* Belja) *47*, 7.
　* *Zur Dekl. vgl.* § 66.

Bera, f., = Kostbera (q. v.). — N.
219, 32; G. *219*, 26.

Bergelmir, m., *einer der* Urriesen,
Einl. p. 76. — N. Vafþr. *35*, 3; A.
Bergelmi *10*, 16.

Bestla, f., Tochter *des* Riesen
Bǫlþorn, *Gemahlin des* Bǫrr, *Mutter
des* O'ðinn, Vili, Vé. — N. *10*, 5.

Bjarki, m., *s.* Bǫðvarr.

Biflíði *oder* **Biflindi,** m., *Beiname*
Odhins. — N. *6*, 6; Grm. *49*, 9.

Bifrọst, f. (via tremula Eg.), *die* Götterbrücke *(vgl.* A'sbrú*), der* Regenbogen. — N. *16,*8; D. 22,1; A. *21,* 6; *82,* 21. — *Eine andere Form* Bilrọst, *die sich z.* B. Fáfn. *44,*6 *in* R *der* L. E. *findet, wird neuerdings vielfach vorgezogen.*

Bifurr *oder* **Bifurr,** m., Zwergname. — N. Vọl. *14,* 7.

Bikki, m. (= *mhd.* Sibeche), *ein falscher* Ratgeber *des Königs* Jọrmunrekr, *in* Fr *als* B. jarl *bezeichnet.* — N. *121,*18; G. *211,*29.

Bil, f., *als ein vom Mond - Dämon* (Máni) *geraubtes* irdisches Mädchen *15,*5, *als zu den* Asinnen *erhobenes Wesen 45,* 2 *erwähnt.*

Bileygr, m., *ein Beiname* Odhins. — N. Grm. *47,*4.

Bilskírnir, m., *eine* himmlische Wohnung, *gewöhnlich dem Gotte* Þórr *zugewiesen, vgl.* Einl. p. 102. — N. *30,*3; A. Bilskirni (sc. vera) Grm. *24,* 3.

Bjọrn Járnsíða, m., Björn *Eisenseite, der* zweite Sohn *des Königs* Ragnarr Loðbrók *und der* Kráka *(vgl.* Fas. I, 251); A. *258,* 10.

Bláinn, m., *vgl. Var. zu* Vọl. *12,* 8. — *Dass* Bl. = Y'mir *keinen passenden Sinn ergiebt, ward Einl.* p. 48a *hervorgehoben, als Zwergname (vgl.* Eg. **s.** v.) *ist* Bl. *aber hier ebensowenig am Orte.*

Blikjandabọl, = malum præsentissimum Eg., *Name des Bettvorhanges der* Hel. — N. 38, 12—13.

Boðn, f. *(vgl.* Vigf.), *der Name eines* Gefässes *für den Dichtermet.* — N. 97,13; G. *98,*17; D. *100,*9.

Borghildr, f., *die* erste Gemahlin *des Königs* Sigmund. — N. *162,* 25; G. *166,*18; A. *244,* 7.

Bragarœður, Pl. f. = *Gespräche des* Bragi *92 Überschr.*

1. **Bragi,** m., *einer der* zwölf Asen, Sohn Odhins; *Einl.* p. 115. — N. 35, 1; *92,* 11.

2. **Bragi,** m., *mit dem Beinamen* skáld *oder* inn gamli, *ein halb mythischer Dichter des 8.—9. Jahrh.* (*Möb.* Cat. p. 179). — N. 3, 13; Grm. *44,*7; *113,*11; *123,* 9; Gen. Sigdr. *16,* 2.

Brávọllr, m. *(identisch mit* Brávellir, Brávík? Fas. I, 378), *ein* Gefilde. — D. *165,*10.

Breðafọnn, f., *eine nach* Breði *genannte* fọnn. — A. *150,* 6.

Breði, m., *als* Knecht *des* Skaði *erwähnt.* — N. *149,*6; *zum Namen vgl.* Vorbem. p. XVIIIa.

Breiðablik, Pl. n., *eine* himmlische Wohnung, *dem* Baldr *zugeteilt.* — N. 25, 1; *31,*12; Grm. *12,*1.

Brímir, m., *wird 88,* 1 *ein* Wohnort *genannt, möglicherweise aus* Misverständnis, *vgl.* Eg. L. Poet. **s.** v. — Br. *ist sonst ein* Riese, *vgl. auch Var. zu* Vọl. *12,*7 *und den Text bei* Hildebr. — *Für* Brimir *entscheidet sich* Siev. P. VI, 314.

Brokkr, m., Zwergname. — N. *110,*10; D. *111,*13; A. *110,*13.

Brynhildr, f., *als* Tochter *des* Buðli, Schwester *des* Atli, Gemahlin *des* Gunnarr Gjúkason *bezeichnet.* — N. *118,*11; G. *118,*18; D. *119,*8; A. *192,*30. — * *Dass zu Zeiten* Brynildr *zu lesen, zeigte* Siev. P. VI, 815.

Buðladóttir, f., *Tochter des* Buðli, = Brynhildr. — Voc. Helr. *4,* 2.

Buðlason, m., *Sohn des* Buðli, = Atli. — G. *118,*18.

Buðli, m., *Vater des* Atli, *als sehr* mächtiger König *194,*13 *vorgeführt.* — G. *192,*31.

Buri, m., *Vater des* Bọrr. — N. *10,*3.

Busiltjọrn, f., mythischer Flussname. — N. *172,*10.

Byleistr *oder* **Býleistr,** m., *wird 37,* 7 *als* Bruder *des* Loki *bezeichnet, scheint aber mehrfach* (so Vọl. 52,8) Loki *selbst zu sein, vgl.* Eg. L. Poet.; Bugge *zu* Vọl. *51,* 8.

Byrgir, m., *Name eines* mythischen Brunnens. — N. *15,*6.

Bọðvarr *mit dem Beinamen* Bjarki, *der namhafteste unter den* Kämpen *des* Hrólfr Kraki *(vgl. den* Boðvars þáttr *der* Hrólfs saga Kr. Fas. I, *47 fg.*). — N. *136,*11.

Bọlverkr, m., *ein Beiname* Odhins. — N. *99,*9; Grm. *47,*5; G. *99,*16; D. *99,*13.

Bọlþorn, m., Riesenname. — G. *10,* 5.

Bọmburr, m., Zwergname. — N. *14,*8.

Bọrr, m., Vater *des* O'ðinn, Vili, Vé. — N. *10,* 4; G. Bors synir = *die drei genannten Götter 10,* 12; *11,* 1.

D.

Dagr, m., *der* Gott (*oder Genius*)
des Tages (*vgl.* dagr). — N. *14*,7;
A. *14*,8. (Dat. *auch* Dag, *vgl.* Eg.
L. Poet.).

Danakonungr, m., *der* Dänen-*König.* — D. 273, 3; A. 205, 14.

Danavirki, n. (*vgl.* virki = *Wall*,
F. 293), *der* Dänen-Wall, *das
sog. Dannevirke, eine in Überresten
bis auf die neuere Zeit erhaltene
dänische Schanzen-Kette am nördlichen Ufer der Eider; vgl.* Ottó.
— A. 237, 5.

Danir, Pl. m., *die* Dänen. — G.
237, 21; *auch im weiteren Sinne*.=
Nordleute, so Helr. *11*, 7 víkingr
Dana = *der nordische* (*im Norden
allgemein bekannte und von .ler
nordischen Sage adoptierte*) *Held,
von* Sigurðr Fáfnisbani *gesagt.*

Danmǫrk, f., *eigentl. die Dänen-
Mark, das aus Jütland, den dänischen Inseln und Schonen bestehende
dänische* Reich *älterer Zeit; zur
Flex.* (*wie* mork) *vgl.* § 57, A. 1.—
N. *124*, 3; G. Danmarkar *a*, 4; Danmerkr 253, 1; Dat. Danmorku *143*,
19; *213*, 3; Danmork *125*, 8 *u. ö.*

1. **Dáinn,** m., Zwerg-*Name.* — N.
Vol. *14*, 6.

2. **Dáinn,** m., *Name eines mythischen*
Hirsches. — N. 23, 7.

Dáinsleif, f., = *Nachlass des* Dáinn,
Name eines von Dáinn *oder überhaupt von Zwergen* (*vgl.* 141, 11) *geschmiedeten* Schwertes. — A. *141*,
10.

 * -leif = reliquiæ F. 271.

Dellingr, m., *Vater des* Dagr (*daher
wol* = Deglingr, *vgl. Einl.* p. 80 a).
— N. *14*, 6.

Dori, m., Zwerg-*Name.* — N. Vol.
18, 5...

 * *Über die Quantität des* o *handelt* Siev. P. VI, 303.

Dólgþvari, m., Zwerg-*Name* (*vgl.
Var.*). — N. Vol. *18*, 2.

1 **Draupnir,** m., Zwerg-*Name.* —
N. Vol. *18*, 1.

2. **Draupnir,** m., *Name eines mythischen* Goldringes. — N. 76, 12;
111, 5; A. 77, 17,

Drómi, m., *Name einer mythischen*
Fessel (*vgl.* Vigf.). — D. 39, 13;
A. 39, 4.

Duneyrr, m., *Name eines mythischen*
Hirsches. — N. 23, 7.

Duraþrór, m., *Name eines mythischen*
Hirsches. — N. 23, 7.

 * *Auch* Dyraþr. *geschrieben, über
die Quant. s.* Sievers P. VI, 286.

Durinn, m., Zwerg-*Name.* — N.
18, 11.

Dúfr, m., Zwerg-*Name.* — N. Vol.
18, 6.

1. **Dvalinn,** m., Zwerg-*Name.* —
N. Vol. *14*, 4; G, dœtr Dvalins Fáfn.
13, 6 *vgl.* 180, 20.

2. **Dvalinn,** m., *Name eines mythischen* Hirsches. — N. 23, 7.

E.

Eikinskjaldi, m., Zwerg-*Name.* —
N. Vol. *19*, 2.

Eikþyrnir, m., *Name eines mythischen* Hirsches. — A. 50, 4.

Eilífr Guðrúnarson, m., *norwegischer
Skalde des 10. Jahrh.* (*Möb.* Cat.
p. 179). — N. *108*, 11.

Eir, f.. *weibliche* Gottheit, *fast
nur in skaldischen Umschreibungen
üblich; nach 42*, 16, 17 *spec. Göttin
der* Heilkunst.

Eirekr at Uppsǫlum, m., schwedi-
*scher König in der zweiten Hälfte
des 9. Jahrh.* — D. Eireki 259, 11.
— *Wenn es hier heisst, dass bei*
Eirekr sœla mest *gewesen sei, so
bezieht sich dies wol auf die üppi-
gen Opferschmäuse in* Uppsalir, *auf
die z. B.* Hkr. O'l. *s.* Tr. *c.* 114 *hinweist.*

Eitri, m., Zwerg-*Name.* — N. *110*,
10.

Ekin, f., *mythischer* Fluss-*Name.*
— N. 50, 8. *Der Name viell. urspr.
gälisch, vgl.* Vigf. p. 780.

Eldhrímnir, m., *Name eines mythischen* Kessels. — N. 48, 9; Dat.
Grm. *18*, 2.

Eldir, m., *ein* Knecht *des* Œgir. —
N. *169*, 10.

Eljuðnir, m., *Name des* Saales *der*
Hel. — N. 38, 9.

Elivágar *oder* E'livágar (*vgl.* él, Sier.
P. VI, 299), Pl. m., *Collektivname
für eine Anzahl mythischer* Flüsse.
— N. 8, 2; D. Vafþr. *31*, 1; A. *105*.
10.

Elli, f., *das personificierte* Alter, *gedacht als* fóstra *des* U'tgarða-Loki. — A. *66*, 17.

Embla, f., *Name des ersten* Weibes (*vgl.* Vigf. *u.* Eg.). — N. *13*, 4.

England, n., England. — D. *143*, 8; *hier ist das anglo-normannische Reich gemeint.*

Erpr, m., *ein* Sohn *der* Guðrún (*vgl. Vorbem.* LXVI a). — N. *121*, 11; *227,* 8; A. *229*, 24.

Eyjólfr *oder* **Eyjúlfr,** m., *ein* Sohn *des* Hundingr. — A. *163*, 13; *244,* 14.

Eylimadóttir, f., *die* Tochter *des* Eylimi, Hjordís. — G. *242*, 4.

Eylimi, m., *Name eines halb-mythischen* Königs. — N. *167*, 15; G. *170*, 7; A. *167*, 18, 26.

Eymóðr, m., *Name eines* Fürsten. — N. *213*, 23.

Eymundr, m., *Name eines sagenhaften* skandinavischen Königs *in* Russland, *vgl.* Hyndl. *15*, 1. — G. *145*, 9 (*vgl. Var.*).

Eyvindr Skáldaspillir, m., *Name eines* norwegischen Skalden *des 10. Jahrh.* (*Möb.* Cat. p. 181). — N. *139*, 6.

F.

Falhófnir, m., *Name eines mythischen* Rosses, *unter den Rossen der Götter erwähnt* N. *21*, 10.

Fallandaforað, n., *Name des* Thores *oder* (*vgl. Var.*) *der* Schwelle *in der Wohnung der* Hel; *eig.* (*nach* Eg.) = pernicies irruens, *aber* fallanda *wol im Hinblicke auf das Zufallen* (*Zuschlagen*) *des* Thores *der* Hel, *vgl. Einl.* p. 28 *und die ähnl. Schilderung* (*Text*) 5, 4. — N. *38*, 11.

Falr, m., Zwerg-*Name.* — N. Vǫl. *19*, 3 *vgl. Var.*

Farbauti, m., *Name eines* Riesen, *als Vater von* Loki *genannt* G. *37*, 5.

Farmaguð, n. (*oder* m.? *vgl.* guð), *ein* Beiname Odhins, *eig.* deus onerum (*von* Eg. *auf die Überführung des Dichtermetes, von* Vigf. *wol richtiger auf eine Beschützung der Handelsschiffahrt bezogen*). — N. *28*, 4.

Farmatýr, m., = **Farmaguð** (-týr *vgl.* Týr). — N. Grm. *48*, 4.

Fáfnir, m., *Name eines* (*der Verwandlung in einen Lindwurm fähi-*

gen) Riesen; *als Sohn des* Hreiðmarr *genannt* N. *116*, 11; G. *117,* 10; D. *202*, 2; A. *114*, 14; Voc. *180.* 16.

Fáfnisarfr, m., *das Erbe des* Fáfnir, *der von* F. *geerbte* Goldschatz. — A. *120*, 5.

Fáfnisbani, m., *Töter des* Fáfnir, *als gewöhnlicher* Beiname *des* Sigurðr Sigmundarson. — N. *244*, 13; G. *212*, 12.

Fengr, m., *ein* Beiname Odhins. — A. Regm. *18*, 7.

Fenhringr, m. (*oder* -hring?), *Name einer Lokalität im mittleren Teil der Westküste von* Norwegen. — D. *251*, 9.

Fenja, f., *Name einer* Magd, *Gefährtin der* Menja (*urspr. viell.* Walkyre *oder sonst höheres weibliches Wesen*). — N. *125*, 1; A. Fenju *125.* 16.

Fenrir, m., *ein mythischer* Wolf, *als Sohn des* Loki *gedacht.* — N. Vafþr. *47*, 3; Gen. Vǫl. *41*. 4.

Fenrisúlfr, m., = **Fenrir.** — N. *37.* 15; D. *83*, 14; A. *34*, 16.

Fensalir, Pl. m., *oder* **Fensalr,** m., *mythische* Wohnung, *der* Frigg *zugewiesen*; *Einl.* p. 123. — G. Fensalar 73, 19. — Pl. N. *42*, 15.

Fjalarr, m., Zwerg-*Name.* — N. *98*, 4; G. Fjalars 97, 10.

Fiðr, m. *s.* **Finnr.**

Fili, m., Zwerg-*Name.* — N. Vǫl. *16*, 1. * Zur Quant. vgl. Siev. P. VI. 303.

Fimafengr, m., *Name eines* Dieners *des* Œgir. — N. *109*, 9.

Fimbulþul, f., *Name eines mythischen* Flusses. — N. *7*, 4; *50*, 8.

Finnr *oder* **Fiðr,** m., Zwerg-*Name*; *dann* (*ähnl. wie* Dáinn *u. andere Zwergnamen*) = Zwerg *überh.* — N. Vǫl. *19*, 4.

Finnsleif, f., *Name einer durch* Zauber *gefesteten* Brünne, *die als Zwergenarbeit* (*eig. als Nachlass des* Finnr, *vgl. s. v.* Finnr *u.* Dáinsleif) *bezeichnet wird.* — N. *136*, 19.

Fjón, n., *die dänische Insel* Fyen (*Fünen*). — D. *213*, 9.

1. Fjǫlnir, m., *ein* Beiname Odhins. — N. *6*, 5; *177*, 16; Grm. *47*, 5; A. Regm. *18*, 7.

2. **Fjǫlnir**, m., *ein halbmythischer* ·schwedischer *König* (*vgl.* Yngl. C. XIV). — N. *124*, 15.

Fjǫlsviðr, m. (*oder* Fjǫlsvinnr), *als* Beiname *Odhins* Grm. *47*, 6.

Fjǫrgvinr *oder* (*gew.*) **Fjǫrgynn**, m., Vater *der* Frigg. — G. Fjǫrgvins *13*, 12.

Fjǫrm, f., *mythischer* Fluss-*Name.* — N. 7, 4; *50*, 8.

Fjǫrnir, m., *Name eines* Unterge- benen *am Hofe des* Gunnarr. — N. *219*, 18.

Forseti, m., *ein* Ase, *Sohn des* Baldr; *vgl. Einl.* p. *118.* — N. *36*, 15; Grm. *15*, 4.

Fólkvangr, m., *eine himmlische* Woh- nung, *der* Freyja *zugewiesen.* — N. *33*, 10; Grm. *14*, 1.

Frakkar, Pl. m., *die* Franken, *ein deutscher Volksstamm.* — N. *213*, 24.

Frakkland, n., *meint in* Volss. u. Ngþ. die fränkischen Gebiete *am* Niederrhein, Frankenland; *zu- nächst im Unterschiede von den Landen der Sachsen, Friesen, Nord- mannen: ohne feste Abgrenzung nach Süden.* — G. *183*, 15; D. *244*, 20; A. *241*, 22.

Franangr, m., *oder* **Fránangr** (*vgl.* Harðangr), *ein Lokal in* Norwe- gen. — G. *78*, 13.

Frekasteinn, m. (*vgl.* Freki), Orts- name. — N. *165*, 29.

Freki, m., *zunächst Name des einen der beiden* Wölfe *in Odhins Be- gleitung, poet. auch* = Wolf *überh.* — N. *48*, 13; A. Grm. *19*, 1; Vǫl. *52*, 6.

Freyja, f., *eine* Göttin; *Schwester des* Freyr; *vgl. Einl.* p. *124.* — N. *33*, 5; *43*, 4; Grm. *14*, 2; A. Freyju *52*, 12; *102*, 9.

Freyr, m., *ein* (*urspr. vanischer*) Gott; *Einl.* p. *112 fg.* — N. *33*, 5; *46*, 8; *76*, 8; G. Freys *39*, 17; D. Frey *47*, 4, 5.

Friðleifr, m., *Name eines fast my- thischen* dänischen *Königs, vgl.* N. *124*, 4; G. *124*, 5; Grott. *1*, 6 (*lies* Friðleifs sonar).

Frigg, f., Gemahlin *Odhins: vgl. Einl.* p. *128 fg.* — N. *13*, 12; 27, 16; *151*, 7; G. *43*, 3; Vol. 54, 7 (Friggjar angan = O'ðinn); D. *43*, 16; 77, 18; *wol auch 43*, 4 (er tignust með Frigg = Friggæ dignitate est proxima Eg.),

wo man allenfalls auch an Acc. (*s.* meðB) *denken könnte.*

Frísland, n., Friesland, *die von frie- sischen Stämmen bewohnte deutsche Nordseeküste.* — A. *248*, 2.

Frosti, m., Zwerg-*Name.* — N. Vǫl. *19*, 3.

Fróðafriðr, m., *der* (*sprichwörtlich gewordene*) Friede *des* Fróði. — N. *125*, 15; A. *124*, 10.

Fróði, m., *Bezeichnung für mehrere* (*mehr oder minder mythisch ge- färbte*) *Könige* Dänemarks.— *Der in* Sn. Edda *vorkommende, sonst auch* Frið-Fróði *genannte, wird als Sohn des* Friðleifr *eingeführt* N. *124*, 5; G. *123*, 12; *125*, 9; at Fróða *im Hause des* Fr. Grott. *1*, 5; *16*, 8; D. *125*, 6, 13; A. *125*, 14; Voc. Grott. *8*, 1; *18*, 5.

* *Vgl. Einl.* p. *145 fg.*

Fulla, f., Dienerin *der* Frigg. — N. *43*, 1; D. 77, 19.

Fundinn, m., Zwerg-*Name.* — N. Vǫl. *16*, 2.

Fýri, n., *Name eines kleinen* Flusses *bei* Uppsalir. — A. *137*, 6. — *Zur Quant. vgl.* Siev. P. VI, 291.

Fýrisvellir, Pl. m.. *Name der* Ge- filde *am Flusse* Fýri. — G. Fýris- valla *189*, 6; *e*, 3; A. Fýrisvǫllu *138*, 7.

G.

Galarr, m., Zwerg-*Name.* — G. Galars *97*, 11; A. Galar *98*, 6.

Gamli *s.* **Hálfdanr.**

1. ~~Gandálfr~~, m., Zwerg-*Name.* — N. Vǫl. *15*, 1.

2. **Gandálfr** konungr A'lfgeirsson(Flat. III, 603), *ein sagenhafter* König. — G. synir, sonu 250, 10, 13.

Ganglati, m., *Name eines* Sklaven *der* Hel. — N. *38*, 10.

1. **Gangleri**, m., *ein* Beiname *Odhins.* — N. Grm. *46*, 2.

2. **Gangleri**, m., *ein von König* Gylfi *angenommener Name.* — N. *4*, 16; 6, 1 u. *oft.*

Ganglǫt, f. (*vgl.* Ganglati), *eine* Magd *der* Hel. — N. *38*, 11.

Gangr, m., *Name eines* Riesen. — N. *96*, 17.

Gangráðr, m., Beiname *Odhins.* — *Viell. so zu schreiben* N. 9, 1; *vgl. Var. u.* Vafþr. 8, 1; 9, 1; *11*, 1 *u. w.*

Garðakonungr, m., *der* König *von* Garðaríki (*Russland*). — D. 199, 13.

Garmr, m., *Name eines mythischen* Hundes. — N. *83*, 20 *vgl.* Bugge N. F. 31 a; Grm. *44*, 9.

Gautland, n.; *im engeren Sinne der zwischen Ostsee und Wenersee gelegene* Landstrich, *durch den* Wettersee *wieder in West- und Ost-* Gautland *geschieden; im weiteren Sinne* (=Götarike) *der südlich von den grossen Seen belegene Teil der skandin. Halbinsel, jedoch ohne die* (*damals zu Dänemark gehörige*) *Südspitze* (*Schonen*). — G. *154*, 22; D. 152, 17; A. *154*, 12, 25.

Gautr, m., *ein* Beiname *Odhins.* — N. Grm. exc. (54, 6).

Gefjon, f., *Name einer* Asin; *vgl. Einl.* p. 125 *fg.*, 147. — N. 3, 5, 10; 42, 17.

Gefn, f., *ein* Beiname *der* Freyja (*Einl.* p. 126 a). — N. *43*, 11.

Geirahọð, f., *Name einer* Valkyrje. — N. Grm. 36, 6 *vgl. Var.*

Geirrọðargarðr, m., *meist im Pl.* = *die* Wohnung *des Riesen* Geirrọðr. — Pl. G. *106*, 1; A. *106*, 5, 19.

1. Geirrọðr, m. (*oder* Geirrẹðr? *vgl.* § 47), *Name eines* Riesen. — N. *106*, 6; G. *107*, 15; D. *106*, 13; A. *108*, 10.

2. Geirrọðr, m., *Name eines* sagenhaften Königs. — G. 28, 5.

Geirumul *oder* **Geirvimul, f.,** *Name eines mythischen* Flusses. — N. 50, 9.

Gelgja, f., *Name eines* Strickes (*oder nach* AM II, 431 *vgl.* Eg. s. v. *eines* Riegels), *der bei der Fesselung des Wolfes* Fenrir *gebraucht ward.* — N. *41*, 10.

Gerðr, f., *Name einer* Riesentochter, *welche* Gemahlin *des Gottes* Freyr *wurde; vgl.* Freyr. — N. *46*, 2.

Geri, m., *Name des einen* Wolfes *in Odhins Dienst.* — N. *48*, 13; A. Gera Grm. 19, 1. — *In der poet. Sprache ist* Geri = Wolf *überh.; daher* G. Gerahold = *Wolfsfleisch* ρ, 4.

Gestr, m. (*in* Ngþ.)=Norna-Gestr (q. v.). — N. 235, 4; 240, 11; A. 240, 17; Voc. 240, 18.

Gjallarbrú, f., *eine* Brücke *über die* Gjọll, *den Grenzfluss des Gebietes*

der Hel. *also der Eingang in dieses Gebiet.* — A. *77*, 3; Asf. 76, 17.

Gjallarhorn, n., *das dem Gotte* Heimdallr *gehörende* Wächterhorn. — N. 35, 21; *20*, 16 (*hier als Trinkhorn gedacht*); A. *83*, 8. — *Vgl.* Heimdallr.

Gjálp, f., *Name einer* Riesin. — N. 107, 8; *9*, 4.

Gillingr, m., *ein* Riese. — N. 97, 18; G. 98, 10; D. 97, 19.

Gimie *od.* **Gimlé, n.,** *eine* Lokalität *im nordischen Himmel.* — N. 6, 17; 25, 11; D. 87, 7; Vọl. 66, 4; *vgl.* Siev. P. VI, 339.

* *Etymol.* wol = gimhlé, *s.* Bugge *zu* Vọl. *64*, 4.

Ginnarr, m., *ein* Zwerg-*Name.* — N. Vọl. *19*, 4.

Ginnunga-gap, n., *Name des* nordischen *Chaos, als weite Kluft zwischen der nördlichen Polarzone* (Niflheimr) *und der Äquatorialzone* (Muspellsheimr) *gedacht.* — N. 8, 8; G. 8, 10; A. 8, 7. — *Vgl. Einl.* p. 74; *Mogk bei Paul* 8, 158 *fg.*

Gipul, f., *ein mythischer* Fluss*-Name.* — N. 50, 8.

Gjúkadóttir, f., *die* Gjúki-*tochter, von* Guðrun *gesagt 118,* 16; *250,* 7; *vgl. auch* 193, 85.

Gjúkason, m., *der* Gjúki-*sohn; gew. von* Gunnarr *gebraucht, so* 199, 3; *von* Guthormr 253, 5. *— Im* Plur.

Gjúkasynir = *die drei* Brüder *Gunn*arr, Hogni, Guthormr. N. *118*, 17 *vgl.* synir Gjúka 205, 14.

Gjúki, m. (*=mhd.* Gibeche), *ein* (*urspr.* deutscher) König. — N. *118*, 18; 194, 7; G. 193, 85; 196, 20; A. 197, 20.

Gjúkungar, Pl. m. = Gjúkasynir. — N. *118*, 22; 203, 7; 226, 26; G. *194*, 16; D. 250, 8; A. 250, 11.

1. Gjọll, f., *Name eines mythischen* Flusses. — N. 7, 5; G. 76, 17.

2. Gjọll, f., *Name eines* (*flachen*) Felsens. — N. *41*, 11.

Gisl, m., *Name eines mythischen* Rosses. — N. 21, 10; *vgl. Var.*

Glaðr, m., *Name eines mythischen* Rosses. — N. 21, 8.

Glaðsheimr, m., *Name einer himmlischen* Wohnung. — A. 17, 19.

Glapsviðr, m., *ein* Beiname *Odhins.* — N. Grm. *47*, 6 (al. 7).

Glasir, m., *Name eines mythischen* Haines. — N. 109, 17; *x*, 1; G. Glasis 109, 15.

14

Glasisvellir, Pl. m., *Name einer my-thischen Gegend, gelegentlich in das Innere von Norwegen verlegt; vgl.* Guðmundr.

Glaumvǫr, f., *als zweite* Gattin *des* Gunnarr *genannt.* — N. *217,* 20.

Gleipnir, m., *Name einer mythischen* Fessel *für den Wolf* Fenrir. — N. *39,* 19; A. *34,* 16.

1. **Glenr, m.,** *als* Gemahl *der* Sól *genannt* N. *14,* 19.

2. **Glenr, m.,** *ein mythisches* Ross. — N. *21,* 8.

Glitnir, m., *Name einer mythischen* Wohnung. — N. *25,* 2; *als Sitz des* Forseti *bezeichnet* 36, 16.

Glóinn, m., Zwerg-*Name.* — N. Vol. *18,* 4.

Gná, f., *Name einer* Göttin; *Einl.* p. 127. — N. *44,* 13; G. *45,* 1.

Gnelp, f., *Name einer* Riesin. — N. *108,* 2; 9, 4.

Gnipahellir, m., *Name einer my-thischen* Felshöhle. — D 83,20.

Gnipalundr, m., *eine sagenhafte Ortlichkeit.* — D. *164,* 14.

    * *Für die Schreib.* Gnipahellir, -lundr *spricht Siev.* P. VI, 314.

Gnitaheiðr, f., *Name einer* Loka-lität, *die urspr. als in Deutsch-land liegend gedacht wurde.* — N. *172,* 23; G.*118,*6 (málmr Gnitaheiðar = gull); D. *119,* 7. 26; *217,* 8; A. *116,* 23.

    * *Die Schreib.* Gnitaheiðr *em-pfiehlt Siev.* P. VI, 314.

Gormsson, m. s. Haraldr.

Gothormr, m. s. Guthormr.

Goti, m., *sagenhafter Name für das* Pferd *des* Gunnarr. — N. *118,* 24; D. *198,* 22.

Gotland, n., *genauer* Reiðgotaland, = Jútland, *und auch Dänemark über-haupt (vgl. Form. zu* Gylf. c. XI ok þat heitir nú Jótland, er þá var kallat Reiðgotaland). — N. *124,* 3.

Góinn, m., *Name eines* Drachen. — N. Grm. *34,* 4.

Grafvitnir, m., *Name eines* Dra-chen. — Gen. Grm. *34,* 5.

Grafvǫlluðr, m., *Name eines* Dra-chen. — N. Grm. *34,* 6.

1. **Gramr, m.,** *Name des von* Reginn *für* Sigurðr *geschmiedeten* Schwer-tes. — N. *117,* 6; *169,* 23; Dat. Gram *120,* 1; *182,* 27; A. Gram *119,* 4; *175,* 23.

2. **Gramr, m.,** *Name eines sagenhaf-ten* Königs *(urspr. wol nur =* Fürst). — N. *145,* 12.

Grani, m., *Name des dem* Sigurðr *gehörenden* Rosses. — N. *118,* 2; G. *118,* 7; D. *118,* 4 (*oder* Gen.?): A. *169,* 2; *vgl. auch* N. *192,* 26 *u. ö.; zweifelhaft ist, ob* 165, 10 (Dat.) *das* Ross *des* Sigurðr *oder ein beliebi-ges anderes gemeint ist.*

Granmarr, m., *Name eines* sagen-haften Königs. — N. *164,* 25; G. *163,* 22.

    * *Der* Name Granm. p. 164, 165 *scheint auf Verwechselung zu beru-hen, vgl.* p. 164. N. 13.

Grábakr, m., *Name eines* Drachen. — N. Grm. *34,* 6.

Gráð, f., *Name eines mythischen* Flusses. — N. *50,* 10.

Grikkland, n., *das* griechische *(eig. oströmische)* Reich *des Mittel-alters.* — G. Grikklands haf (*zu-nächst der griechische Archipel*) *scheint* 190,29 *das Mittelmeer überh. zu bedeuten.*

Grindir, Pl.f., *entweder eine wirkliche* Lokalität *in* Norwegen, *oder (nach* Ba) *nur Missverständnis von* Helg. Hund. I, 51, 5 (B. 50). — D. *165,* 23.

Grjótunagarðar, Pl.m., *eine mythi-sche* Lokalität; *nach* Vigf. s. v. *eig.* Grjótunnarg. *von dem Namen einer* Riesin Grjótunn: *sonst lässt sich auch an* Grjóttúnag. *denken, vgl.* Grjótgarðr *als Eigenname* Flat. III, 605. D. *103,* 1.

Gríðarvǫlr, m., *der* Stab *der Riesin* Gríðr. — N. *107,* 2; D. *107,* 18; A. *107,* 4.

Gríðr, f., *eine* Riesin, *Mutter des* Viðarr. — N. *106,* 21.

Grima, f., *Name einer* Frau. — N. *231,* 18.

Grímar, Pl. m. 1) *Name zweier* Män-ner, *deren jeder* Grímr *hiess* (en hvártveggi kvez Grímr heita Flat. I, 360), *als Abgesandte des* Guð-mundr af Glasisvǫllum *erwähnt* 237, 10; *nach diesen wurden ebenso be-nannt* 2) *die von ihnen überbrach-ten* Trinkhörner (*vgl.*Flat.I,361). A. *237,* 13.

Grímhildr, f., *die Mutter der* Guðrún *nach nordischer Auffassung.* — N. *118,* 13; *194,* 16; G. *208,* 16; D. *202,* 7; A. *194,* 12.

Grímnir, m., Beiname *Odhins.* — N. Grm. *46*, 6.

Grímnismál, Pl.n., *Name eines* eddischen Spruchgedichtes, *in dem* O'ðinn (Grímnir) *redend auftritt.* D. *30*, 5; *45*, 6.

Grímr, m., *ein* Beiname *Odhins.* — N. Grm. *46*, 1.

Grípir, m., Bruder *der* Hjordís, *der Mutter der* Sigurðr Fáfnisbani. — N. *176*, 12; G. *176*. 14.

Grøttasǫngr, m., *Name eines häufig der L. Edda zugezählten* epischen Wechselliedes, *das sich an die Mühle* Grótti *knüpft.* — N. *105*, 12.

Grotti, m., *Name einer* sagenhaften Handmühle; *vgl. Einl.* p. 145, 146. — N. *125*, 6; A. *125*, 16.

Gróa, f., Name *einer* volva. *die in dem häufig der L. Edda zugezählten Liede* Grógalr *redend eingeführt ist.* — N. *105*, 6; D. *105*, 9.

Grœningr, *eine* Lokalität *in Dänemark.* — N. *236*, 11; *259*, 22.

Guðmundr, m., *Name eines* halbmythischen zauberkundigen Königs, *dessen Reich* Glasisvellir (*vgl.* Glasir) *gleichfalls mythischen Klang hat; vgl. den* Þáttr Helga Þórissunar Flat. I, 359 *fg.* — N. 237, 12; D. 237, 11.

* G. *wird* AM. I, 546 *unter den* sækonungar *aufgeführt.* (Eg.)

Guðný, f., *Name einer angeblichen* Schwester *der* Guðrún. — N. *118*, 14.

Guðr, f., *Name einer* Walkyrje. — N. *45*, 8.

Guðrún, f., Schwester *des Königs* Gunnarr, Gemahlin *des* Sigurðr Fáfnisbani. — N. *118*, 14; G. *118*, 16; D. *119*, 15; A. *193*, 34; Voc. *224*, 9.

Guðrúnarbrǫgð, Pl. n., *Name eines* alten *und* verlorenen *epischen Liedes (vgl.* bragð n. = *List, Anschlag).* — A. *239*, 22.

Guðrúnarrœða, f., *Name eines epischen Liedes =* Guðrúnarkviða (onnur). — D. *253*, 8 *vgl. Note.*

Guðrúnarson, m., *Beiname des Skalden* Eilifr (q. v.).

Gullfaxi, m., *Name eines* mythischen Rosses, *das nach* 101, 9 *dem Riesen* Hrungnir *gehört;* A. *105*, 2. *Wenn es nach letzterer Stelle in den Besitz der Asen übergeht und nach* AM. I, 480 *zu den*

Götterrossen gehört, *so wird dies Verhältnis gerade das ursprüngliche sein. vgl. Einl.* p. 107 a.

Gullinbursti, m., *Name des mythischen(goldborstigen)* Ebers, *welcher den Wagen des* Freyr *zieht; vgl.* Freyr. — N. *76*, 8.

Gullintanni, m., Beiname *des Gottes* Heimdallr; q. v. — N. *35*, 15.

* -tanni *zu* tǫnn, f.

Gulltoppr, m., *Name eines* mythischen Rosses, *das nach* 35, 15 *dem Gotte* Heimdallr (q. v.) *gehört; vgl. auch* 21, 10.

Gungnir, m., *der* Speer *Odhins.* — N. *83*, 14; *110*, 8; G. Sigdr. *17*, 5; A. *111*, 17.

Gunnarr, m., *der* Sohn *des* Königs Gjúki, *Bruder der* Guðrún, *der* Gunther *des Nibelungenliedes.* — N. *118*, 14; G. 202, 3; D. *118*, 18; A. *119*, 27; V. *198*, 24.

Gunnarsslagr, m., *Name eines* verlorenen epischen Liedes (*Gunnars Harfenschlag*), *von dem eine neuere isländische Nachbildung existiert; vgl. Möb.* Cat. s. v. — A. 239, 21 (*Var.* -slagi *als* Pl. A.).

Gunnlǫð, f., *Name der* Tochter *des* Riesen Suttungr. — N. *100*, 6; A. 98, 15.

Gunnþorin *oder* **Gunnþráin**, f., *Name eines* mythischen Flusses. — N. *50*, 10.

Gunnþrá, f., *Name eines* mythischen Flusses (*urspr. viell. identisch mit* Gunnþráin). — N. 7, 4; 50. 8.

1. **Gutthormr** *oder* **Gotthormr**, m., *ein* Halbbruder *des* Gunnarr; *der Name (urspr. =* Godomar) *scheint an* Ormr *angelehnt.* — N. *118*, 14; G. 212, 13; D. *9*, 3; A. *119*, 29.

2. **Gutthormr** *od.* **Guthormr**, **Gothormr**, *ein sonst unbekannter* König. — D. gǫðum Gothormi Grott. *14*, 4.

Gylfaginning, f., = Ludificatio Gylviana (Eg.), *Überschrift des ersten Hauptteiles der* Sn. Edda *in* U, *vgl.* 4, 3 *N*. 1) *u. Einl.* p. 168 *fg.*

Gylfi, m., *Name eines* sagenhaften nordischen Königs, *der* 145, 12 *als Sohn des* Hálfdanr Gamli, AM. I, 540 *als* Seekönig *aufgeführt wird.* — *Der Verf. von* Gylfaginning (q. v.) *benutzte diese Figur unter dem angenommenen Namen* Gangleri, *vgl.*

14*

N. *3*, 1; *4*, 1 *neben* *4*, 15, 16. — Dat.
Gylfa *a*, 1.
Gyllir, m., *Name eines* mythischen
Rosses. — N. *21*, 8.
Gymir, m., *Name eines* Riesen. —
N. *46*, 11.
　　* *Für* Gymir, Gimir *spricht Siev.*
P. VI, 286.
Goll, f., *Name einer* Walkyrje. —
Grm. *36*, 6.
Golnir, m., *Name eines* Riesen. —
G. *185*, 11.
Gomul, f., *Name eines* mythischen
Flusses. — N. *50*, 9.
Gondlir, m., Beiname *Odhins.* —
N. Grm. *49*, 10.
Gopul, f., *mythischer* Fluss-*Name.*
— N. *50*, 8.

H.

Haddingjar, Pl. m., *ein* Heldenge-
schlecht (*vgl.* Saxo Gramm. I, p.
250; Hyndl. 23, 6). — *Unklar ist*
der Ausdruck ax lands Haddingja
(Gen.) Guðrkv. II, 23, 6.
1. **Hagbaror,** m., Sohn *des* Hundingr.
　— A. *163*, 13.
2. **Hagbaror,** m., Sohn *des* Hámundr.
　— A. *195*, 16.
Haki, m., Bruder *des* Hagbaror (2).
　— A. *195*, 16.
　　* *Über* Hagbaror *und* Haki *han-*
delt ausführlicher, aber etwas ab-
weichend von Volss. Saxo *in Buch*
VII.
Hallinskíði, m., *ein* Beiname *des*
Gottes Heimdallr. — N. 35, 14.
Hamdir, m. (*älter* Hamðir, *ahd.* Ha-
madio Gr. Myth. p. 178 N.), *Sohn*
des Jónakr *und der* Guðrún. —
N. *121*, 11; 227, 7.
Hanarr, Hannarr, m., Zwergname.
— N. Vol. *16*, 4; *in* Sn. Edda *nur*
als Var. zu Hárr.
　　* *Vgl.* hannr, hannyrö Vigf.
Hangaguð, n., *ein* Beiname *Odhins*
(numen suspensorum Eg.). — N.
28, 3.
Haptaguð, n., *ein* Beiname *Odhins*
(*nach* Eg. = deus deorum; hopt oðer
bond = numina). — N. 28, 3—4.
1. **Haraldr** Hárfagri, m., *der be-*
rühmte erste norwegische Allein-
herrscher; 861—931. — N. 259,
11—12.

2. **Haraldr** konungr ~~Gormsson~~, *ein*
bekannter dänischer König, mit dem
Beinamen Blátonn (*Schwarzzahn*);
941—991. — A. 237, 5.
Harri, m., *oder* Herra, *angeblich ein*
Sohn *Königs* Hálfdan Gamli. — N.
145, 13, 14.
　　* *Vgl. den Beinamen Odhins*
Herran.
Hati, m., *Name eines mythischen* Wol-
fes. — N. *15*, 18.
Haustlong, f., *Name eines berühm-*
ten skaldischen *Gedichtes.* — D.
105, 19.
Hábrók, f., *ein mythischer* Habicht.
— Grm. *44*, 8.
Háey, f., *eine der* orkadischen
Inseln. — N. *140*, 13.
1. **Hákon** góði Haraldsson (Hárfagra)
Aðalsteinsfóstri, norwegischer
König 935—961. — G. Hákonar
e, 4.
2. **Hákon** jarl Sigurðarson; *geraume*
Zeit Beherrscher *des grössten*
Teiles von Norwegen, *der letzte*
energische Verfechter des Heiden-
tums, ermordet 995. — *Wegen sei-*
ner Anhänglichkeit an die heidni-
schen Opferbräuche H. blótjarl (*sonst*
auch illi *vgl.* Möb. Cat., Flat. III. 608)
genannt; A. 237, 6.
3. **Hákon,** m., Vater *der* Þóra, *dä-*
nischer Edelmann? — G. *213*, 3.
1. **Hálfdanr** *oder* **Hálfdan** ~~Gamli~~,
sagenhafter norwegischer Kö-
nig; *vgl.* Einl. p. 151 *fg.* — *Die*
gewöhnl. Schreibung Hálfdan *zu be-*
urteilen wie Hákon, *vgl.* § 24 C *a*
Anm. — N. *144*, 15.
2. **Hálfdan,** *sagenhafter* dänischer
König, Bruder des in Grottas. *er-*
wähnten Fróði, *vgl.* Fas. I, 3 *fg., von*
diesem erschlagen (Fas. I, 4), *auf*
eine spätere Rache durch Hrólfr
Kraki (Yrsu sonr) *deutet* Grott. 22, 3
vgl. Var.
3. **Hálfdan** konungr Ylfing, *ein sagen-*
hafter, wol südskandinavischer
König. — D. 238, 4.
1. **Hálfr** konungr Hjorleifsson, *sagen-*
berühmter norwegischer *König,*
von ihm handelt die saga af Hálfi
ok Hálfsrekkum (ed. Bugge). — N.
238, 3.
2. **Hálfr** konungr, *ein sagenhafter,*
sonst nicht sicher nachweisbarer
dänischer *König.* — G. *213*, 3, 23.

Hálfsrekkar, Pl. m., *die sagenberühmten Helden* (rekkr *vgl.* Vigf. s. v.) *des Hönigs* Hálfr Hjǫrleifsson: — N. *238*, 3—4.

* *Von* Tóki (Flat. II, 136, 137) *werden die* Hálfsrekkar *noch stärker als die Kämpen des* Hrólfr Kraki *genannt, während dieser letztere persönlich als das Ideal eines nordischen Königs (von seinem Heitentum abgesehen) auch in christlicher Zeit gilt, z. B.* Flat. II, 134.

Hálogaland, n., *der nördlichste von Skandinaviern bewohnte Teil* Norwegens, *etwa dem jetzigen „Nordland" entsprechend.* — N. *139*, 9. — *Der hier behauptete Zusammenhang des Namens mit dem Personennamen* Holgi, Helgi *ist zwar wahrscheinlich* (Vigf.), *aber lautlich noch nicht klar erläutert; beide Namensformen scheinen auch mit* heilagr *(ags.* hâlag) *verwandt.*

1. **Hámundr,** m., *Sohn des* Sigmundr, *Bruder des* Helgi. — N. *162*, 26; *242*, 10.
2. **Hámundr,** m., *Vater des* Haki *und* Hagbarðr. — G. *195*, 15 *vgl.* Var.

Hár, m., *einer der* drei *Auskunft gebenden* Könige *in* Gylfaginning. *urspr. ein* Beiname Odhins; *vgl.* Einl. p. 171. — N. *5*, 11, 13, 16; *für* Odhinn Grm. *46*, 6. — G. *(schw.* Flex.) Háva *5*, 14; *vgl.* hár *adj.*

Hárbarðr, m., Beiname Odhins. — N. Grm. *49*, 10.

Hárfagri, m., *vgl.* 1 Haraldr.

Hárr, m. *(vgl.* hárr), *ein* Zwerg-Name. — N. Vǫl. *16*, 4.

Heðinn, m., *ein* nordischer König *(mhd.* Hetele). — N. *140*, 6; G. *140*, 10; A. *141*, 4.

* *Für die Kürze des* e *in* Heðinn *tritt auch* Siev. P. VI, 281 *ein.*

Heðinsey, f., *eine nach* Heðinn *genannte* Insel, *wahrscheinlich in der Ostsee gelegen* (Hiddensee bei Rügen?). — D. *163*, 33.

Heiðrún, f., *Name einer mythischen* Ziege. — N. *49*, 13.

Heimdalr *oder* **Heimdallr,** m., *einer der* zwölf Asen, *Einl.* p. 116. — N. *35*, 12; G. *35*, 22; *96*, 1; A. *84*, 13; Grm. *13*, 2.

* *Während* Vigf. s. v. *mit Entschiedenheit* Heimdalr *fordert, ist* *wahrscheinlich eine Doppelform:* Heimdalr, Heimdalar *neben* Heimdallr Heimdalls *(so z. B.* AM II, 499, 2 *v. ob. u.* 498, 2 *v. u. dicht neben* Heimdalar ib. 3 *v. u.; vgl. auch den wol verwandten Namen* Mardoll, Mardallar) *anzusetzen, s. auch* § 47 *Anm.* — *In einem bis auf zwei Zeilen verlorenen Liede* Heimdalar galdr (= ð, p. 86) *waren die Hauptschicksale des Gottes erzählt; bez. des Ausdruckes* Heimdalar sverð hǫfuð heitir *in* Sk. VIII *u. ähnl.* Gylfag. XXVII (35, 23) *ward schon Einleit.* 117 a *vermutet, dass* Snorri's *Anwendung in Str.* 7 *(nicht* 71) *des* Hátt. *eine freiere sei; als urspr. darf man wol die Angabe in* Sk. c. 69 *annehmen, dass das Haupt (des Menschen)* Heimdalls Schwert *genannt sei, vermutlich weil er im Kampfe einmal ein Solches als Waffe gebraucht hat, ähnlich wie* Freyr das *Hirschgeweih. Dieser Annahme steht auch* Sk. VIII *nicht entgegen, wenn man hier dem Texte von* Ú *folgt.*

Heimir, m.. *als* Schwager *der* Brynhildr, Erzieher *der* A'slaug *in der nordischen Gestalt der Nibelungensage genannt.* — N. *191*, 26; G. *123*, 4; *192*, 12; A. *231*, 20.

Hel, f., *Göttin der* Unterwelt, *als Tochter des Gottes* Loki *gedacht.* — N. *37*, 16; *181*, 12; G. Heljar *77*, 1; *83*, 4; D. Hel *38*, 5 *oder* Helju *(vgl.* § 42 b) *75*, 7; *77*, 10; *78*, 7.

* *Das Wort verblasst allmählich zum abstrakten Begriff „Unterwelt"* (Hölle); *vgl.* hel.

Helblindi, m., *ein* Beiname Odhins. — N. *37*, 7; Grm. *46*, 6 *vgl. die Var. der* L. Edda.

Helgi, m., *als* Sohn *des* Sigmundr *bezeichnet* N. *162*, 26; G. *162*, 31; D. *163*. 9.

Helgrind, f., *gew. im* Pl., *das* Thor *zum Reiche der* Hel, *wie* A'sgrind *zu dem der* Asen. — Pl. D. *77*, 4.

Helvegr *oder* **helvegr** (q. v.), m., *der* Weg zur Hel *oder (abstr.) zur* Unterwelt. — N. *77*, 3; D. *77*, 2; A. *75*, 6; *76*, 22.

Hemingr, m., *ein* Sohn des Hundingr. — N. *244*, 15.

Hengikjǫptr, m., *zunächst ein* Beiname des Odhinn (*vgl.* Eg. L. P.), *dann Name des Mannes (Bauern nach Fr.), der dem König Fróði die Mühle* Grotti *schenkte.* — N. 125, 6.

Hepti, m., Zwerg-Name. — N. Vol. 16, 3.

Herfjotur, f., *Name einer* Walkyrje. — N. Grm. 36, 5.

Herjafoðr, m. Beiname *Odhins.* — N. Grm. 19, 8.

  * *Die Schreibung* Herjafeðr *(nach* U) *ist jünger; -*föðr *die übrigen Membr.* — *Vgl. über* faðir *als letztes Glied eines Composit.* § 61 *Anm.*

Herjan *oder* **Herran,** m., Beiname Odhins. — N. 6, 4; Grm. 46, 8.

Hermóðr, m., *einer der* Söhne *Odhins, doch gewöhnlich nicht zu den 12 Asen gezählt, vgl. Einl.* p. 94. — N. 75, 8; D. 76, 15.

Herteitr, m., *ein* Beiname *Odhins.* — N. Grm. 47, 8.

Hervarðr, m., *ein* Sohn *des* Hundingr. — A. 163, 13; 244, 14.

Hjaðningar, Pl. m., *die* Genossen *(oder Krieger) des* Heðinn. — N. 142, 4; 140, 3; 141, 15.

Hjalli, m., *Name eines* Sklaven *am Hofe des* Atli. — G. 223, 7, 15; A. 222, 20.

Hjalti Hugprúði, m., *Name eines Kämpen am Hofe des* Hrólfr Kraki, *von dem der* Hjalta-þáttr *der Hrólfs-saga* (Fas. I, p. 72 *fg.) handelt;* Hugprúði *vgl.* prúðr II *bei* Vigf. — N. 136, 11—12.

Hjarrandi, m., *als* Vater *des* Heðinn *genannt.* — G. 140, 6.

Hjálmberi, m., Beiname *Odhins.* — N. 46, 3.

Hjálmgunnarr, m., *Name eines sagenhaften* Königs. — N. 183, 31; A. 184, 1.

Hjálprekr, m., *als* König *von* Dänemark *bezeichnet.* — N. 170, 2; G. 116, 25; 200, 32; D. 171. 11; A. 242, 2.

  * *Der Name scheint urspr. südgermanisch* (= Chilperich), *ist aber frühe adoptiert, vgl. Vorbemerkung.* p. XXa.

Hildigoltr, m., *Name eines* sagenhaften Helmes. — N. 136, 19.

Hildisvín, n., = **Hildigoltr.** — A. 136, 15.

1. Hildr, f., *Name einer* Walkyrje. — N. Grm. 36, 4.

2. Hildr, f., = Brynhildr. — N. 118, 11.

3. Hildr, f., Tochter *des* Hogni, Geliebte *des* Heðinn; *vgl. über die Hildensage Einl.* p. 143 *fg.* — N. 140, 5.

Hilmir, m., *angeblich ein* Sohn *von* Hálfdanr Gamli. — N. 145, 12.

Himinbjorg, Plur. n., *Name einer* himmlischen Wohnung. — N. 25, 4; 35, 16; Grm. 13, 1.

Himinhrjótr, m. (*vgl.* hrjóta), *Name eines* Stieres. — N. 71, 8.

Hindafjall *oder gewöhnl.* **Hindarfjall,** n., *Name eines sagenhaften* Gebirges (Hinds-fell Vigf.). — D. 118, 19; A. 182, 18.

Hindarheiðr, f., = **Hindarfjall.** — A. 250, 4.

Hjúki, m., *als* Bruder *der* Bil *genannt* N. 15, 5.

Hjordís, f., Tochter *des* Eylimi, *letzte* Gemahlin *des* Sigmundr, *die* Mutter *des* Sigurðr *nach nordischer Auffassung.* — N. 167, 16; G. 117, 2; 168, 5; D. 168, 15; A. 170, 31; 171, 22.

Hjorvarðr, m., *als* Sohn *des* Hundingr *genannt.* — A. 178, 20; 244, 14.

Hleðjólfr, m., *ein* Zwerg-Name *(dafür* Hlévangr L. E.). — N. Vol. 18, 4.

Hleiðr, f. (*vgl.* Vigf. s. v. hleiðr), *Name der* alt-dänischen Hauptstadt (*jetzt Leire) auf* Seeland. G. Hleiðrar Grott. 20, 2; D. Hleiðru 135, 6.

Hlér, m., *ein* Riesen-Name = Œgir. — N. 92, 1.

Hlésey, f., *eigentl.* Hlés-ey = *Insel des* Hlér, *das jetzige* Lessö *im Kattegat.* — N. 92, 2.

Hliðskjálf, f., *Name eines* himmlischen Sitzes *für* Odhinn (*eig.* Thürsitz, *vgl.* Vigf.). — N. 13, 9 (*hier als* staðr *bezeichnet);* Nsf. 25, 8; Dsf. 79, 8; A. 46, 4.

Hljóð, f., *nach* 152, 1, *vgl. mit* 151, 9 Tochter *des* Riesen Hrímnir *und* Walkyrje, *doch begegnet der Name nicht in Aufzählungen der Letzteren, vgl. Vorbem.* p. XIX. — A. 152, 1.

1. Hlín, f., Beiname *der* Frigg. — G. Hlínar Vol. 54, 1.

2. Hlín, f., *Name einer untergeordneten weiblichen Gottheit im Dienste der* Frigg. — N. 44, 9.

Hlóðyn, f., Beiname der Jorð, der
Mutter des Þórr; G. Hlóðynjar
Vol. 58, 2.

Hlymdalir, Pl. m., Name einer sagenhaften Ortlichkeit, wo Heimir
hauste. — D. Hlymdolum 123. 4;
230, 19; A. Hlymdali 198, 16.

Hloðvér oder **Hleðvér,** m. (über den
Namen vgl. Müllenhoff bei Haupt
23, 167) = Ludwig. — D. Hloðvi
(oder Hloðve) 259, 13; gemeint ist
hier Ludwig der Fromme (Flat. III,
615).

* Im Nom. wird auch Hloðvir
angesetzt, vgl. Müllenh. a. a. O.

Hloͤkk, f., Name einer Walkyrje.
— N. Grm. 36, 5.

Hnikarr, m., Beiname Odhins. —
N. 6, 4; Grm. 47, 3; A. Regm. 18, 1.
— Vgl. Nikarr.

Hnikuðr, m., Beiname Odhins. —
N. 6, 5; Grm. 48, 2.

Hnitbjorg, Pl. n., Name einer sagenhaften Örtlichkeit. — N.
98, 14; G. 98, 19.

Hnituðr, m., Name eines kostbaren
Ringes. — N. 237, 24.

Hnoss, f., Name einer Tochter der
Freyja. — N. 43, 5.

Hoddbroddr oder **Hoðbroddr,** m.,
ein Sohn des Granmarr, Bruder
des Guðmundr, vgl. Granmarr*).
— N. 165, 19; G. 164, 15; D. 163, 22;
A. 165, 15.

Hoddmímir, m., eine mythische
Person, viell. = Mímir (so Eg.). —
G. Vafþr. 45, 3.

* Für Hoddmimir tritt Siev.
P. VI, 355 ein.

Hoddmímis-holt, n., ein von H. be-
wohntes, oder dem H. geweihtes
Gehölz. — N. 89, 13.

Hellsetuland, n., das heutige Holstein. — A. 248, 1.

Horn, f., ein Beiname der Freyja.
— N. 43, 11.

Hófvarpnir, m., Name eines mythischen Rosses, der Gná zugewiesen. — N. 44, 15.

Hólmgarðr, m., ein Teil des heutigen Russland, vgl. Flat. II, 120,
wo als Teile von Garðaríki unterschieden werden Kænngarðr (Finnland), Hólmgarðr und Palteskja. —
D. 145, 10.

Hrafn, m., Name eines berühmten
Pferdes, wahrscheinlich wegen

schwarzer Farbe (vgl. hrafn). — A.
136, 15.

Hrafnaguð, n., Beiname Odhins
(deus corvorum Eg.). — A. 49, 3.

Hreiðmarr, m., Name eines Bauern,
wahrscheinlich von Riesen - Abstammung. — N. 114, 10; G. 114,
18; D. 115, 21; A. 115, 24.
* Vgl. auch 171, 23 u. Folg.

Hringhorni, m., Name eines mythischen Schiffes. — N. 75, 12

1. **Hringr** konungr in der Verbindung Hrings sonum 165, 27 (=
Helg. Hund. I, 53, 2), ein nicht
sicher nachweisbarer sagenhafter
König; wahrscheinlich als norwegischer Klein-König gedacht.

2. **Hringr** als Beiname des schwedischen Königs Sigurðr, vgl.
2. Sigurðr.

Hringstaðir, Pl. m., Name einer sagenhaften Örtlichkeit. — A. 162,
31.

Hrist, f., Name einer Walkyrje. —
N. Grm. 36, 1.

Hríð, f., Name eines sagenhaften
Flusses. — N. 7, 5.

Hrímfaxi, m., Name eines mythischen Pferdes, welches die „Nacht"
reitet. — N. 14, 11.

Hrímnir, m., Name eines Riesen.
— N. 152, 1; G. 151, 9.

Hroptatýr, m., Beiname Odhins.
— N. Grm. exc. (54, 5).

Hroptr, m., Beiname Odhins. — N.
Sigdr. 13, 6.

Hrotti, m., Name eines sagenhaften
Schwertes. — N. 116, 21; A.
183, 5.

Hróðvitnisson, m., patronymischer
Beiname des Wolfes Hati. — N.
15, 18.

Hrólfr Kraki, m., Name eines sagenhaften Königs von Dänemark.
— N. 134, 2; G. 135, 1; D. 135, 18.
* Von diesem Könige handelt die
Sage af Hrólfi konungi Kraka ok
koppum hans (Fas. I, 1 fg.); vgl.
auch s. v. Hálfsrekkar*).

Hrungnir, m., Name eines Riesen.
— N. 101, 3; G. 104, 19; D. 102, 15.

Hrungnis-hjarta, n., eigentl. Herz
des Hr., Bezeichnung eines zu Zau-
berzwecken dienenden Runenzeichens; vgl. F. Magn. Lex. mythol.
s. v.: putatur fuisse e duobus trian-
gulis compositum, uti celeberrimum
illud pentalpha . . ., quod alioquin

islandice dicitur smjörknútr, Germanis Drudenfuss etc. — N. *103*, 20.

Hrymr, m., *Name eines* Riesen, *beruht aber 82*, 12 *viell. auf Missverständnis von* Vǫl. 51, 1, *vgl.* Bugge N. F. 31 *Anm.* — *Vgl. auch 83*, 3.

Hræsvelgr, m., *Name eines* Riesen. — N. 26, 12; Vafþr. 37, 1.

Hrǫnn, f., *Name eines mythischen* Flusses (*vgl.* hrǫnn). — N. 50, 11.

Hugi, m., *Name eines* Dieners am *Hofe des* U'tgarða-Loki. — N. 63, 9, 11, *vgl. 68*, 18.

Huginn, m., *Name eines* Raben in *Odhins Dienst.* — N. 48, 17; Grm. 20, 1; A. Grm. 20, 4; Regm. 18, 2 (*den Raben erfreuen = Leichen zum Frasse für die Raben hinstrecken*).

Hugpruði *s.* **Hjalti.**

Hugstari, m., Zwerg-Name. — N. Vǫl. 18, 3.

Hundingr, m., *Name eines* sagenhaften Fürsten. — N. 163, 4; G. 163, 9.

Hundingsbani, m., = *Hunding-Töter*, Beiname des Helgi. — N. 242, 9.

Hundingssynir, Pl. m., *die* Söhne *des* Hundingr. — G. 177, 15; D. 178, 16; A. 176, 27.

Hungr, m. (*vgl.* hungr = *Hunger*, F. 78), *Name für den Speise-Tisch der* Hel (*vgl. Schmalhans Küchenmeister*). — N. 38, 10.

Húnaland, n., *ein unbestimmter geographischer Ausdruck, der in* Volss. *wol zunächst die südlich von* Skandinavien *gelegenen Teile Mittel-Europas meint; urspr. das Land der Hunnen?* — D. 150, 17; 151, 30; A. 168, 7, 12.

* *Für* Húnaland *begegnet in* Ngþ. *der Ausdruck* Frakkland, *vgl. Vorbem.* XCVIII.

Húnar *und* **Hýnir,** Pl. m., *die* Hunnen *oder* Heunen, *von* Atli *und seinen Leuten gebraucht.* — N. Hýnir 223, 21.

* *Für die Messung der Worte vgl. übr.* Siev. P. VI, 342.

Hvati *s.* **Hvítserkr.**

Hvergelmir, m., *Name eines mythischen* Brunnens. — N. 7, 3; 20, 12; D. 23, 8; A. 50, 6.

Hvítserkr Hvati, m., *Name eines* der Kämpen des Hrólfr Kraki; *Einl.* p. 150a. — N. 136, 12.

Hyrrokin, f., *Name einer* Riesin. — N. 75, 16.

Hýmir *oder* **Hymir** (*so* Siev. P. VI, 299), m., *Name eines* Riesen. — N. 70, 14; D. 71, 11; 72, 21; A. 71, 5.

Hǫðr, m., *Name eines* Asen; *vgl. Einl.* p. 117. — N. 36, 2; 74, 10.

1. **Hǫgni,** *der mhd.* Hagene, *im Norden als* Bruder *des* Gunnarr *gedacht.* — N. 118, 14; G. 121, 5; D. 120, 9; A. 119, 28. — *Vgl. auch* N. 194, 8 *u. w.*

2. **Hǫgni,** m., *Vater der* Sigrún, *ein sagenhafter* König. — N. 163, 21; G. 163, 18; D. 165, 27.

3. **Hǫgni,** m., *Vater der* Hildr (q. v.), *ein sagenhafter* (*urspr. wol dänischer*) König. — N. 140, 5; A. 141, 7.

Hǫlgabruðr, f., Beiname der Þorgerðr, q. v. — G. 139, 9.

Hǫlgi, m., *ein sagenhafter, nach seinem Tode göttlich verehrter* König *im nördlichen Teile Norwegens.* — N. 139, 8; G. f, 3; D. 139, 10.

Hǫlkvir, m., *Name eines* sagenhaften Pferdes. — D. 198, 23.

Hǫll, f., *Name eines mythischen* Flusses. — N. 50, 10.

Hǫrr, m., Zwerg-Name. — N. Vǫl. 18, 3.

Hœnir, m., *Name eines* Asen, *vgl. Einl.* p. 111. — N. 32, 6; 173, 21.

I, J.

Jafnhár, m., *ein* Beiname *Odhins*, N. Grm. 49, 9. — *Über die Anwendung des Namens in* Gylfag. *s. Einl.* p. 69, 171 *fg.* — N. 5, 12; 20, 7; 27, 12; 56, 9.

Jalangrsheiðr, f., *die* Heide von Jellinge (*bei Veile*) *in Jütland.* — D. 124, 14.

Jarisleifr, m., *ein* (*urspr. slavischer*) Fürsten-Name, *vgl. russ.* Jaroslav. — N. 213, 23.

Jálg *oder* **Jálkr,** m., *ein* Beiname *Odhins.* — N. 6, 7; Grm. exc. (54, 6).

Járnamóða, f., *nach* 250, 17 *eine* Örtlichkeit *in* Holstein, *sicher ein Hafenplatz; bekannter ist das* Járnamóða *in* England (= Yarmouth) *vgl.* Flat. III, 197.

Járnsaxa, f., *Name einer* Riesin. — G. Járnsǫxu 104, 23.

Járnsíða, m., *s.* **Bjǫrn.**

Járnviðr, m., *ein mythischer* Urwald, *wahrscheinlich im Gebiete der Riesen gedacht (eigentl.* Eisenwald*).* N. *15*, 21; D. *41*, 2 (járnviði = *Eisenwald*).

Iðavollr, m., *Name eines* mythischen Gefildes.. — N. *17*, *15*; D. 89, 6.

Iði, m., *Name eines* Riesen. — N. 96, 17; Grott. 9, 5.

Iðunn, f., *Name einer jugendlichen* Göttin, *Einl.* p. 122. — N. 35, 5; G. *35*, 9; D. *94*, 7; A. *94*, 11, 15. * *Zur Deklin. vgl.* § 42a.

Jesú *oder* **Jesús,** m., Jesus. — *Als* Gen. Jesú 259, 5.

Jónakr, m., *nach nordischer Sage der* letzte Gemahl *der* Guðrún. — N. *121*, 9; G. *121*, 16 *vgl.* 211, 27.

Jofurr, m., *angeblich ein Sohn von* Hálfdan Gamli, *aber wol nur Personifikation von* jofurr = *Fürst.* — N. *145*, 13.

Jorð, f., *Personifikation der* Erde (jorð), *als Tochter der* Nótt *bezeichnet 14*, 5; *ihr Verhältnis zu* Allfoðr *und* Þórr *beleuchtet 13*, 17; Nsf. Jorðin (*oder* j(rðin).

Jormungandr, m., *eigentl.* monstrum immane (Eg.), *eine urspr. wol poetische Bezeichnung für den* Miðgarðsormr, *die aber möglicherweise urspr. dem* Fenrisúlfr *gebührt* (gaudr *zunächst* = lupus; *vgl. auch* jormungrund). — N. 37, 15; Vol. *51*, 3.

Jormunrekr, m., *der gotische König* Hermanerich; *im Norden in Verbindung mit der Sigfried-sage gesetzt, vgl. die (wol ältere) Auffassung bei* Saxo Lib. VIII. — N. *121*, 14; G. *122*, 10; D. *121*, 18; A. *122*, 14; *vgl. auch* N. *227*, 9 *u. w.*

Joruvellir, Pl. m., *Name einer mythischen Örtlichkeit.* — Pl. A. 20, 1.

Jotunheimr, m., *die* Riesenwelt, *eine der neun Welten, häufig im* Plur. *gebraucht.* — S. N. Vol. *49*, 3. — Pl. D. 3, 6; A. *53*, 17; A. *58*, 4.

Í.

I'valdi, m., *wird als* Vater *einer* Zwerg-*Sippe, der* I'valda synir, *genannt im* Gen. *55*, 5; *110*, 7.

K.

Kerlaug, f., *mythischer* Flussname (*urspr. britischer Name? vgl.* Vigf. p. 780), *gew. im* Plur. — Pl. A. Grm. 29, 2.

Kjalarr, m., Beiname *Odhins.* — N. Grm. exc. (*49*, 4).

Kili, m., Zwerg-*Name.* — N. Vol. *16*, 1.

Knúi, m., *Name eines sagenhaften* Fürsten. — N. Grott. *14*, 6.

Kostbera, *auch abgekürzt* Bera (q. v.), *die* Gemahlin *des* Hogni. — N. *217*, 19.

Kraki, m. (kraki *Stab, Stock; zur Bez. eines hageren Menschen*), *ein Beiname des Königs* Hrólfr (q. v.). — N. *134*, 2; G. *136*, 2; D. *135*, 18.

Kráka, f. (*vgl.* kráka *in* krákuhamr), *als* Beiname *der* A'slaug N. *234*, 4.

Kristr, m., Christus. — N. *124*, 8. — G. Kristi (= *lat.* Christi, *gewöhnlicher* Krists) 259, 5.

Kúrir, Pl. m., *die* Bewohner *des heutigen* Kurland. — N. *250*, 22.

Kvásir, m., *ein durch seine Klugheit ausgezeichnetes* mythisches Wesen. *vgl. Einl.* p. 98. — N. 79, 6; 97, 7; G. 98. 16.

Kvænir, Pl. m., *die* Bewohner *von* Finnland. — N. *250*, 23.

Kor, f., (*vgl.* kor = *das Krankenbett*), *Name des* Bettes *der* Hel. — N. 38, 12.

Kormt, f. (*vgl.* Vigf. p. 780), *ein mythischer* Flussname. — A. Grm. 29, 1.

L.

Laganes, n. (*richtiger* Lagarnes? *zu* logr, Logr, *vgl.* 165 *N.* 16), *Name eines* Vorgebirges. — D. *165*, 3.

Langbarðar, Pl. m., *die* Langobarden; *neben Franken u. Sachsen als Repräsentanten südgermanischer Völker genannt* N. *213*, 24.

Laufey, f., *als* Mutter *von* A'sa-Loki *genannt* N. 37, 6.

Laufeyjarson, f., *als* Beiname *des* Loki (*vgl.* Laufey). — N. 53. 20; 73, 18.

Leifr, m., *ein* Steuermann *oder* Schiffskapitän *iu der Flotte des* Helgi. — N. *164*, 2.

Leiptr, f., *ein mythischer* Fluss-name. — N. 7, 5.

Léttfeti, m., *Name eines mythischen* Rosses. — N. 21, 11.

Litr, m., *ein* Zwerg-*Name.* — N. Vol. 15, 4; 76, 4. — Gen. Litar *d,* 1; *an dieser Stelle nimmt* Eg. (Lex. Poet.) *einen* Riesen Litr *oder* Lutr *an; jedenfalls sind unter den „Genossen des alten* Litr" *die* Riesen *gemeint.*

Líf, f. *und* **Lífþrasir,** m., *Namen der beiden* Menschen, *die nach* 89, 18—14 *den* Weltbrand (Surtalogi) *überleben.* — N. 89, 14; Vafþr. 45, 1.

Loðbrókarsynir, Pl. m., *die* Söhne *des sagenberühmten Königs* Ragnarr Loðbrókr (c. 800?); *vgl. ausser der* Ragnars saga Loðbrókar (Fas. I, 235 *fg.) auch den* þáttr af Ragnarssonum *ib.* 343 *fg. u.* Saxo Gramm. p. 272. — N. 258, 28; D. 258, 5.

Loðmundr, m., *Name eines* norwegischen Bauern. — N. 238, 2.

Lofarr, m., *ein* Zwerg-*Name.* — N. 20, 2.

Lofn, f., *Name einer* Asin. — N. 43, 15.

Logi, m. (*ursprüngl. wol ein elementarer* Feuergott, *in* Gylfag. *als Hausgenosse des* Utgarða-Loki *aufgefasst).* — N. 62, 18.

Loki, m., (*vgl. Einleit.* p. 119 *fg.), eine zu den* Asen *gezählte mythische* Persönlichkeit. — N. 27, 18; G. Loka 74, 17, D. 53, 22; A. 106, 16; 110, 8.

Loptr, m., *ein* Beiname *des* Loki. — N. 37, 5.

Lundr, m. (*vgl.* lundr m.), *Name der* Stadt Lund (*in dem früher dänischen* Schonen). — D. 251, 20.

1. **Lyngvi,** m., *Name einer* kleinen Insel (*mythische Örtlichkeit).* — N. 40, 14.

2. **Lyngvi,** m., *einer der* Söhne *des* Hundingr. — N. 167, 25; G. 177, 18.

Læðingr, m., *Name für eine mythische* Fessel. — D. 39, 2; A. Læðing 38, 19—20.
Vgl. Var. zu 38, 19 *u. Möb.* Anal. Norr. p. VIII.

Læráðr, m., *Name eines mythischen* Baumes. — N. 49, 15.

Lǫgr, m., *eigentl.* See (lǫgr), *mit suffig. Artikel* Lǫgrinn *spec. der*

Mälar-See *in Schweden.* — N. 3, 12; D. Leginum 3, 12—15.

M.

Magni, m., *ein* Sohn *des Gottes* Þórr. — N. 89, 7; 104, 22.

Manna = **Þengill,** m. = **Þengill,** q. v.

Mardǫll, f., *ein* Beiname *der* Freyja (*vgl.* -dallr *in* Heimdallr). — N. 43, 11.

Markús, m., *Name mehrerer* skaldischen Dichter, *der bekannteste* M. Skeggjasǫn († 1093 cf. *Möb.* Cat. p. 187) *scheint auch* 145, 17 *gemeint zu sein.*

Mánagarmr, m. (*vgl.* Garmr), *eig.* „Mondhund", *Name des den* Mond *verschlingenden* Wolfes; *vgl. Einl.* p. 83. — N. 15, 25.

Máni, m., *eine Personifikation von* máni (q. v.). — N. 15, 8; 15, 8; A. 14, 18. — *Als* Schwester *des* M. *wird* Regm. 23, 4 *die* Sonne *bezeichnet.*

Menja, f., *Gefährtin der* Fenja, q. v. — N. 125, 1; A. 125, 16.

Miðgarðr, m., *eine überwiegend dem* poet. Stil *angehörende* Bezeichnung *der* Erde (arx media s. mediterranea Eg.). — G. Miðgarðs véorr (= Þórr) Vol. 58, 8; D. Miðgarði 13, 5; A. 12, 9.

Miðgarðsormr, m., *Bezeichnung eines* myth. Ungeheuers, *der* Welt-Schlange, *d. h. des die ganze* Erde *umgebenden* Weltmeeres. — N. 37. 15; 69, 7; G. 70, 1; D. 71, 17; 84, 2; Acc. 72, 3; 83, 16.

Mist, f., *Name einer* Walkyrje, *die* Grm. *neben* Hrist *als* Mundschenkin *Odhins aufführt.* — N. Grm. 36, 1.

Mjǫðvitnir, m., *ein* Zwerg-*Name.* — N. Vol. 14, 10.

Mjǫlnir *oder* **Mjǫllnir,** m., Name *für den* Hammer *des Gottes* Þórr. — N. 30, 9; 54, 18; D. 76, 8; A. 57. 10; 59, 20; 89, 7.

Mímir, m., *Name eines den* Asen, *zunächst* Odhinn *befreundeten* Riesen; *vgl. neben* Gylf. *auch* Yngls. C. IV. — N. 20, 14; G. Mímis Vol. 24, 4; *auch* Míms Vol. 47, 8; D. 83, 10.

Mímisbrunnr, m., *der* Brunnen *des* Mímir; *vgl. Einl.* p. 87. — N. 20, 13; G. 83, 9.

Móðguðr, f., *Name der* Wächterin *an der* Gjallarbrú (q. v.). — N. 76. 18.

Móði, m., *ein* Sohn *des Gottes* Þórr. — N. *89*, 7.

Móðsognir, m., *ein* Zwerg-Name. N. *18*, 10.

Móinn, m., *Name eines* Drachen. — Grm. *34*, 4.

Mundilfari, m., *Name einer mythischen* Persönlichkeit. — N. *14*, 16.

Mundíafjall *rder* **Mundjafjall,** n. (Mundja = the mounts, the Alps Vigf.), *das* Gebirge par excellence, *die* Alpen. — D. 258, 7.

Muninn, m., *Name eines mythischen* Raben. — N. *49*, 1; Grm. 20, 1; A. Grm. *20*, 6.

Múspell, n., *örtlich im Süden gedacht* = Múspellsheimr (q. v.); *zur Etymol. vgl.* Vigf. — N. 7, 7; G. Múspells megir *17*, 1—2; *darunter sind die Bewohner der südlichen Flammenwelt, die Feuerriesen gemeint, so auch* M. lýðir Vol. 52, 2—8; D. Múspelli 8, 13.

Múspellsheimr, m., *die südliche Flammenwelt, die* Äquatorialzone, *als Gegensatz zu* Niflheimr, *der (nördl.) Polarzone.* — D. 8, 11.

Mýsingr, m., *ein sagenhafter* Seekönig; *vgl. Einl.* p. 146. — N. *125*, 14; D. 125, 17.

Mokkrkálfi, m., *Name des* Lehmriesen *im Gefolge des* Hrungnir, *Einl.* p. 108. — N. *104*, 1; D. *104*, 18.

N.

Naglfar, n., *Name des mythischen* Totenschiffes. — N. 55, 4; 82, 7; Vol. *51*, 8; G. *82*, 10.

Naglfari, m., *Name einer mythischen* Persönlichkeit. — N. *14*, 4.

Nanna, f., *die* Gemahlin *des Gottes* Baldr. — N. 76, 1; G. 36, 15.

1. **Narfi oder Norvi,** m., *Name eines* Riesen. — N. *14*, 1.

2. **Narfi oder Nari,** m., *ein* Sohn *des Gottes* Loki. — N. 37, 12; 80, 9; A. 80, 10.

Nari, m., = 2. **Narfi.** — N. 37, 12; 80, 9.

Nauð, f. *(vgl.* nauð f.*)*, *der Name für das dem lat.* N *entsprechende* Runenzeichen, *doch ist dabei die*

Grundbedeutung von nauð *zu beachten in 'Stellen wie* Sigdr. 7, 6.

Naut, f., *Name eines mythischon* Flusses. — N. 50, 11.

Náinn, m., *ein* Zwerg-Name. — N. Vol. *14*, 5;

Nál, f., *ein anderer* Name *für* Laufey, *die Mutter des* Loki *(vgl. Einl.* p. 119 a). — N. 37, 6.

Nár, m., *ein* Zwerg-Name. — N. Vol. *14*, 5.

Nástrandir, Pl. f. *(eig.* litora mortuorum Eg.), *der* Leichenstrand, *eine Bezeichn. der Unterwelt.* — D. 88, 4.

  * *Selten ist der* Sing. Nástrond, *so viell. im* Dat. Vol. 39, 3, *doch vgl. die Var. bei* Hildebr.

Nepr, m., *Name des* Vaters *der* Nanna. — G. 76, 1.

Nepsdóttir, f., *die* Tochter *des* Nepr, *als Beiname für* Nanna. — G. 36, 15.

Niðafjoll, Pl. n. (montes tenebrosi Eg.), *Name einer mythischen* Örtlichkeit. — D. 88, 2.

Niði, m., *ein* Zwerg-Name. — N. Vol. *14*, 1.

Niflheimr, m., Name *der (nördlichen)* Nebelwelt, *der* Polarzone. — N. 7, 2; D. 8, 12; A. 38, 5.

Niflhel, f. *(vgl.* Niflheimr *u.* Hel), *eine mythische* Örtlichkeit, *nicht ganz strenge von* Niflheimr *geschieden, vgl.* 6, 18 N. 15; *aber als unterirdischer Strafort gedacht, wie das Reich der* Hel *in späterer Zeit, vgl. Einl.* p. 78 a. — A. 6, 18; 54, 17.

Niflungar, Pl. m., *die* Nibelunge, *im Norden gleichwertig mit* Gjúkungar, N. *118*, 22; G. *120*, 21.

Niflungr, m. (=mhd. Nibelunc), *nach* 225, 19 *ein* Sohn *des* Hogni.

Nikarr, m. = **Hnikarr,** *ein* Beiname Odhins. — N. 6, 5.

Nikuz, m. = **Hnikuðr** (Nikuðr), *ein* Beiname Odhins. — N. 6, 5 *vgl.* Grm. *48*, 2.

Njorðr, m., *Name einer urspr.* vanischen *Gottheit, vgl. Einl.* p. 111. — N. *31*, 14; *46*, 11.

Níðhoggr, m., *Name eines mythischen* Drachen, *der an der Esche* Yggdrasill *nagt.* — N. 20, 12; Vol. *40*, 7; G. 23, 5; D. 23, 8.

Nípingr, m., *ein* Zwerg-Name. — N. Vol. *14*, 6.

Norðmenn, Pl. m., *die* N ordmänner, *urspr.* ▪ *Norweger, im weiteren Sinne* = Skandinavier, *so* N. *124,* 10.

Norðri, m., *ein* Zwerg-*Name.* — N. *11,* 15; *vgl.* Vol. *14,* 2.

Norðrlǫnd, Pl. n., *die skandinavischen* Nordlande, *Skandinavien.* — D. *212,* 22; A. *231,* 5.

Noregr, m. (*wahrscheinlich für* Norðvegr, *vgl.* Vigf. s. v.), Norwegen. — D. *136,* 3; *143,* 20; *238,* 13; A. *140,* 11; *231,* 16.
  * *Die Messung* Nóregr *bei Skalden* (*vgl.* Vigf. s. v., Siev. P. VI, 290) *meint wol nicht Naturlänge des Vokals, sondern Ton- oder Positionslänge* (= Norðvegr), *ist daher in Prosa schwerlich festzuhalten.*

Nori, m., *ein* Zwerg-*Name.* — N. Vol. *14,* 8.
  * *Viell.* Nóri, *vgl.* Siev. P. VI, 286 *u.* Vigf. s. v. nór.

Norna-Gestr *oder* **Nornagestr,** m. (*eig.* Parcarum Gestr). *Name einer* sagenhaften Persönlichkeit, *vgl.* Vorbem. p. XCIX. — N. 259, 19; A. *244,* 5.
  * *Die gew. Bezeichn. ist* Gestr, q. v.

Norvi = **Narfi,** m., *ein* Riesen-*Name.* — N. *14,* 1.

Nóatún, Pl. n., *Name einer mythischen* Örtlichkeit. — N. *31,* 15; G. *32,* 13; D. *32,* 12.

Nótt, f., *die personificierte* Nacht (*vgl.* nótt f.). — N. *14,* 2; A. *14,* 8.

Nyt, f., *ein mythischer* Fluss-*Name.* — N. *50,* 11.

Nýi, m., *ein* Zwerg-*Name.* — N. Vol. *14,* 1.

Nýr, m., *ein* Zwerg-*Name.* — N. Vol. *15,* 5.

Nýráðr, m., *ein* Zwerg-*Name.* — N. Vol. *15,* 5.

Nǫnn, f., *ein mythischer* Fluss-*Name.* — N. *50,* 11.

Nǫrvasund, n., *ist im* Plur. Dat. *163,* 33; *164,* 4 *wol nur als* mythische Örtlichkeit *oder sonst als Entstellung von* Qrvasund (H. H. I, 25, 7 *vgl.* Ba. p. 194) *zu fassen, nicht* = Njörvasund (*vgl.* Vigf. s. v.).

O.

Oddrún, f., *nach nordischer Auffassung eine* Geliebte *des* Gunnarr

---

(*vgl. das eddische Lied* Oddrúnargrátr). — A. Oddrúnu *211,* 23.

Ofnir, m., *Name eines mythischen* Drachen. — N. Grm. *34,* 7.

Ori, m., *ein* Zwerg-*Name.* — N. Vol. *14,* 9; *18,* 5.

Orkneyjar, Pl. f., *die* (*eine Zeit lang von* Norwegen *abhängigen*) Orkneyinseln *im* Norden *von* Schottland. — G. *140,* 18.

Orkningr, m., *angeblich ein* Bruder *der* Kostbera. — N. *219,* 25.

Otr, m. (*vgl.* otr), *der* Bruder *des* Fáfnir *und* Reginn. (*Über die Episode v.* Otr *vgl. jetzt* Rassmann Germ. 26, 280 *fg.*) — N. *114,* 15; *173,* 6.

Ottó keisari *ist* 237, 5 *der deutsch-römische Kaiser* Otto II., *der das nach dem Feldzuge* Otto's *I.* (972) *wiederhergestellte* Danavirki (q. v.) *nach längerer Belagerung einnahm. im Jahre* 975; *vgl.* Saxo Gramm. ed. Müll. p. 287, 288 *und den* þáttr Otto keisara *der* O'lafs s. Tryggvasonar Flat. I, 107 *fg.* — *Bei nordischen Schriftstellern wird* Otto II. *als* inn ungi *oder* inn rauði *von den gleichnamigen Kaisern unterschieden.*

O.

O'ðinn, m., *der* höchste Gott *des altnordischen Göttersystems, vgl.* Einl. p. 95 *fg.* — N. *10,* 6; G. O'ðins *31,* 4; D. *42,* 12; *76,* 6; A. *84,* 5; Voc. Vol. 2, 7. *Vgl. auch* N. *150,* 10 *u. w.*

O'ðr, m., *eine* vanische Gottheit, *als* Geliebter *der* Freyja *bezeichnet.* — N. *43,* 5; G. *43,* 10; Vol. 29, 8 O'ðs mey (Odi uxorem Eg.).

O'ðrœrir, m., *nach* 97, 13 *Name des* Kessels, *in dem sich der Dichtermeth befand;* Einleit. p. 100 a. — N. 97, 13; G. *98,* 17; D. *100,* 9.

O'inn, m., *ein* Zwerg, *der* Vater *des* Andvari. — Vol. *14,* 10; Regm. 2, 2.

O'kolnir *oder* **O'kólnir,** m., *Name einer mythischen* Örtlichkeit; *vgl.* B. *zu* Vol. 37, 6. — D. *88,* 2.

O'láfr (*auch* O'leifr *in* Versen, *verkürzt* O'lafr) konungr Tryggvason, m., *einer der bekanntesten* norwegischen Könige, 995—1000; *vgl. die* O'lafssaga Tryggvasonar *der*

Heimskringla, Flateyjarbók *u. w.* —
N. 235, 1 *vgl.* 235, 12; G. 237, 9; D.
237, 22.

O'mi, m., *ein* Beiname Odhins. —
N. *6,* 6; Grm. *49,* 8.

O'narr, m., *ein* Zwerg-*Name.* Vǫl.
14, 9; *vgl.* B. N. F. 27 a *u. oben*
Annarr.

O'skaptr, m., *Name einer* mythischen Örtlichkeit. — N. *180,* 22
*vgl. die Note, dieselbe Örtlichkeit
scheint 83, 2 als* Vígriðr *bezeichnet
zu sein.*

O'ski, m., *ein* Beina'me *Odhins.* —
N. *6,* 5; Grm. *49,* 8.

R.

Randgríð, f., *Name einer* Walkyrje.
— Grm. *36,* 7.

Randverr *oder* **Randvér,** m., *der*
Sohn *des* Königs Jǫrmunrekr. —
N. *121,* 19; 227, 10; G. 227. 28; A.
121, 15; Randvé 228, 7.

Ratatoskr, f., *Name eines mythischen* Eichhörnchens. — N. 23, 4.

Rati, m., *Name eines* Bohrers. —
N. 99, 20.

Rauðabjǫrg, Pl. n., *eine Örtlichkeit
in* Norwegen, *vgl.* Flat. III, 686.
— G. *163,* 31.

Ráðgríð, f., *Name einer* Walkyrje.
— N. Grm. *36,* 7.

Ráðsviðr, m., *ein* Zwerg-*Name.* —
N. Vǫl. *15,* 7.

Rán, f., Gemahlin *des* Œgir. — N.
109, 10; G. *173,* 29.

Refill, m., *Name eines* Schwertes.
— N. *116,* 22.

Reginleif, f., *Name einer* Walkyrje.
— N. Grm. *36,* 8.

Reginn, m., *als* Zwerg-*Name* Vǫl.
15, 7 (*vgl. Hildebr.*), *wofür* Rekkr
in Sn. E. — *Als Bruder des* Fáfnir
N. *116,* 11; G. *117,* 8; D. *182,* 27; A.
114, 14.

Reifnir, m., *ein* Seekönig (Sn. E. I,
548); *in der* kenning: Reifnis ræfr
= tectum piratæ = clypeus Eg. —
G. *f,* 1; *vgl.* ræfrviti.

Rekkr, m., *ein* Zwerg-*Name.* —
N. Vǫl. *15,* 7.

Rerir, m., *der* Sohn *des* Sigi. — N.
150, 18; G. *152,* 2.

Riðill, m., *Name eines* Schwertes.
— N. *182,* 2; *245,* 6.

Rindr, f., *eine Riesentochter,* Mutter
des Vali. — N. *45,* 10; G. *36,* 9.
* *Über die Liebe des* O'ðinn *zu*
Rindr *vgl.* Saxo Gr. L. III.

Rín, f., *der* Fluss *Rhein.* — N. *223,*
20; G. *g,* 2 (Rínar sól = gull, *vgl.*
eldr allra vatna = gull Sk. XXXII);
D. *120,* 11; A. *194,* 8; *243,* 6.

Rosta, f., *Name einer* Walkyrje. —
N. *45,* 8.

Róma, f. (*zur Flex. vgl.* Vigf. s. v.),
oft indeklinabel, f. D. Róma 259, 2.

Rómaborg, f., *die* Stadt Rom. —
G. Rómaborgar ríki = *das römische*
Reich *124,* 7; *258,* 9; D. *258,* 13.

Rómaríki, n., *das* römische Reich.
— A. *258,* 20.

Ræfill, m., *Name eines* Seekönigs;
in der kenning Ræfils hestr = skip
(*vgl.* Sk. LI). — G. Ræfils hestum
Regm. *16,* 2.

Ræsir, m., *angeblich ein* Sohn *von*
Hálfdan Gamli, *richtiger Personifikation von* ræsir = ags. ræsva =
Führer; vgl. Vigf). — N. *145,* 12;
g, 1 (*hier* = princeps).

Rǫgnir, m., *ein* Beiname *des* O'ðinn
(*vgl.* Eg. L. Poet.) G. Sigdr. *15,* 6. —
Ein Wagen des Odhinn *wird zwar
in den mythol. Gedichten nicht erwähnt, ist aber sicher als ein Gestirn zu verstehen, vgl. dän.* Karls-
vogn = *der grosse Bär.*

Rǫskva, f., *die* Schwester *des*
Þjálfi. — N. 57, 5; A. 57, 24.

S.

Saðr, m., *ein* Beiname Odhins. —
N. Grm. *47,* 1.

Sanngetall, m., *ein* Beiname Odhins.
— N. Grm. *47,* 2.
* *Zur Etymol. vgl.* Eg. Lex. Poet.

Saxar, Pl. m., *die* Sachsen, *oft im
weiteren Sinne* = *die Deutschen.* —
N. *213,* 24; A. Saxa *136,* 10.

Saxland, n., *das* nördliche *Deutschland* (*weil überwiegend von sächsi-
schen Stämmen bewohnt), auch* =
Deutschland *überh.; so im* Dat.
143, 8; *259,* 14.

Sága, f. (*über die Schreib. vgl.* Lex·
Poet., B. *zu* Grm. 7, 4), *eine* Göt·
tin. — N. *42,* 15.
* *Der Einleit.* p. 125 *angenommene etymol. Zusammenhang mit*

saga (*vgl. auch* Vigf. s. v.) *ist nicht zweifellos.*

Sekin, f., *Name eines mythischen* Flusses. — N. *50*, 7.

Selund, f., *älterer Name der dä-nischen* Insel Seeland *(später* Sælund, *auch* Sælundr? *s.* Eg.; *zur Etymol. vgl.* Vigf.). — D. *3*, 13; A. *3*, 10.

Sessrúmnir, m., *Name einer my-thischen* Örtlichkeit. — N. *34*, 1.

Sif, f., *die* Gemahlin *des Gottes* Þórr. — N. *109*, 4; G. Sifjar *36*, 11; D. Sif *110*, 3; *111*, 21; Sifju *110*, 5; A. Sif *102*, 9. — *Zur Flex. vgl.* § 42 b.

Sigarr, m., *ein skandinavischer* Held, *doch ist die kurze Erwähnung* 195, 18 *und* 213, 8 *nicht ausreichend, um zu ersehen, ob an beiden Stellen derselbe Held gemeint sei und ob der* Sigarus *des* Saxo Gr. (L. VII, p. 334 *fg.) ganz dieselbe Person.* — *Vgl. auch* p. 213, *Note* 10.

Sigfjǫr, m., *ein* Beiname Odhins. — N. Grm. *48*, 2.

1. **Siggeirr**, m., *ein König von* Gaut-land (q. v.). — N. *152*, 16; G. *152*, 27; D. *152*, 22; A. *155*, 30.

2. **Siggeirr**, m., *in Verbindung mit* Sigarr (q. v.) *genannt im* N. *213*, 9; *möglicherweise* = 1. Siggeirr.

Sigi, m., *nach der* Volss. *ein* Sohn Odhins, *urspr. vielleicht ein Bei-name dieses Gottes.* — N. *149*, 1; G. *150*, 3; A. *150*, 28.

Sigmundarson, m., Beiname *des* Sigurðr (1.). — N. *177*, 8.

1. **Sigmundr**, m., Sohn *des Königs* Vǫlsungr (q. v.). — N. *152*, 5; *153*, 16; G. Sigmundar *156*, 16; *213*, 7; D. *158*, 36; A. *157*, 9. — *Vgl. auch* N. *123*, 5; G. *117*, 1.

2. **Sigmundr**, m., *Sohn des* Sigurðr (1) *und der* Guðrún. — N. *120*, 2; *198*, 6; A. *119*, 11.

Signý, f., *die* Schwester *des* Sig-mundr Vǫlsungsson, Gemahlin *des* Siggeirr. — N. *152*, 5; G. Signý-jar *152*, 18; D. Signý *153*, 30; Signýju *157*, 2, 36 (*vgl.* § 42 b).

Sigrún, f., Tochter *des Königs* Hǫgni (2), Geliebte *des* Helgi. — N. *163*, 17; G. Sigrúnar *166*, 7.

Sigtryggr, m., *Name eines* sagen-haften Königs. — N. *145*, 8.

Sigtýr, m., *ein* Beiname Odhins. — G. Sigtýs ×, 3.

Sigun *oder* **Sigyn**, f., *die* Gemah-lin *des* Loki. — N. *37*, 11; *80*, 15; 93, 2.

Sigurðarkviða, f., *das* Sigurdlied. — *Die etwas unbestimmte Bezeich-nung lässt keine sichere Entschei-dung zu, ob etwa dasselbe Lied ge-meint sei, das fragmentarisch in der* L. Edda (Brot af Sigurðarkviðu) *erhalten ist.* — D. *206*, 25.

1. **Sigurðr**, m., *der* Sohn *des* Sig-mundr (1), *der* Sigfrid *der deutschen Sage, nach seiner berühmtesten That häufig auch* Fáfnisbani (*vgl.* Fáfnir) *genannt.* — N. *117*, 3; [G. *119*, 29; D. *119*, 1; A. *117*, 1 *vgl. auch* N. *171*, 18; G. *171*, 14 *u. w.*; V. 197, 31. * *Der frühe Tod des Helden rechtfertigt die Bezeichnung* Sigurðr sveinn = *Jung-Sigfrid, so im* Gen. *121*, 13.

2. **Sigurðr Hringr**, m., *ein sagen-hafter (zunächst schwedischer, dann auch dänischer) König, der Vater des* Ragnarr Loðbrók. * *Vgl. über* Sig. Hr. *namentlich das* Sǫgubrot Fas. I, *363 fg., spec.* p. 376 *fg.*

Silfrintoppr, m., *Name eines my-thischen* Pferdes. — N. *21*, 9.

Simul, f., *Name der* Tragstange *an dem mythischen Wasserbehälter* Sœgr. — N. *15*, 7.

Sindri, m., *zunächst* Zwerg-*Name* (Vol. *38*, 4), *als mythische* Örtlich-keit *(irrig?)* 88, 3 *genannt.*

Sinfjǫtli, m., *nach nordischer Auf-fassung* Sohn *des* Sigmundr (1). — N. *123*, 7; *158*, 13; G. *161*, 24; Dat. *158*, 19, 34; *160*, 11; A. *161*, 19.

Sinir, m., *Name eines* mythischen Pferdes. — N. *21*, 9.

Sjǫfn, f., *Name einer* Asin. — N. 43, 12.

Sið, f., *Name eines* mythischen Flusses. — N. *50*, 7.

Síðhǫttr, m., Beiname Odhins. — Grm. *48*, 1.

Síðskeggr, m., Beiname Odhins. — Grm. *48*, 1. * *Beide Namen beziehen sich auf die äussere Erscheinung, vgl.* síðr, hǫttr, skegg.

1. **Skaði**, f., *Name einer* Göttin, *urspr. Tochter des Riesen* Þjazi. — N. *32*, 8; *80*, 14; *95*, 18; G. *96*, 7.

2. **Skaði**, m., *Name eines sonst un-bekannten* Mannes, *vgl. Vorbem.* p, XVII. — N. *149*, 8.

Skaflör *oder* **Skáflör** (*so Siev.* P. VI, 303), m., *Name eines* Zwerges. — N. Vol. *18*, 8.

Skatalundr, m., *Name einer mythischen* Örtlichkeit. — D. í Skatalundi Helr, *9*, 2.

Skáldaspillir, m., *Beiname des Skalden* Eyvindr, q. v.

Skeggold *oder* **Skeggjold**, f., *Name einer* Walkyrje. — N. Grm. *76*, 3.

Skeiðbrímir, m., *Name eines* mythischen Pferdes. — N. *21*, 9.

Skilfingr, m., *Beiname Odhins.* — N. Grm. exc. (*54*, 4).

Skinfaxi, m., *Name eines* mythischen Rosses; *als Sonnen-Ross gedacht.* — N. *14*, 13.

Skírfir, m., *Name eines* Zwerges. — N. Vol. *18*, 7.

Skjoldr, m., *Name eines sagenhaften* (*dänischen*) Königs. — N. *124*, 1.

Skjoldungar, Pl. m., *die* Skjöldunge, *das von* Skjoldr *abstammende Königsgeschlecht.* — N. *124*, 1.

Skiöblaðnir, m., *Name eines* mythischen Schildes. — N. *55*, 3; Grm. *44*, 3; D. *55*, 2; A. *55*, 5; *110*. 8.

Skírnir, m., *ein* Diener *des* Freyr. — N. *39*, 17; D. *83*, 19; A. *46*, 18.

Skrýmnir, m., *Name eines* Riesen. — N. *59*, 1.

Skuld, f., *Name einer* Norne. — N. *22*, 7; *45*, 9 *als die jüngste N. bezeichnet, vgl. Einl.* p. 127 a.

1. **Skúli** **þorsteinsson**, m., *Name eines* Skalden *des elften Jahrh.* (*Möb.* Cat. p. 189). — N. *140*, 1.

2. **Skúli** *oder* **Skyli**, m., *wird* 145, 13 *unter den Söhnen des* Hálfdan Gamli *genannt.* — *Nach* Vigf. s. v. *ist* Skyli = protector; *vgl.* skjól n.

Skogul, f., *Name einer* Walkyrje. — N. Grm. *36*, 3.

Skoll *oder* **Skoll**, m., *Name eines mythischen* Wolfes, *verwandt mit* skolli = *Fuchs.* — N. *15*, 16.

Sleipnir, m., *Name eines mythischen* Rosses. — N. *21*, 7; *75*, 10; Grm. *44*, 5; Gen. Sigdr. *15*, 7; D. *52*, 5; *101*, 3; A. *52*, 8.

Slíðr, f., *Name eines* mythischen Flusses. — N. *7*, 5.

Slíðrugtanni, m. (*vgl.* Vigf. s. v. slíðr *adj.*), *Name eines* mythischen Ebers. — N. *76*, 9.

Slungnir, m., *Name eines* sagenhaften Rosses. — N. *138*, 12.

Snotra, f., *Name einer angeblichen* Asin (*Einl.* p. 126). — N. *44*, 11.

Snævarr, m., *angeblich ein* Sohn *des* Hogni (1); *vgl.* N. *219*, 24.

Sok, f., *Name einer* Insel *nach* 165, 23; *möglicherweise aber Missverständnis von* H. H. I, 51, 3; *vgl.* Ba p. 194.

Sól, f., *eine* weibliche *Sonnengottheit.* — N. *45*, 2; *eine wol künstliche Unterscheidung dieser himmlischen Sonnengöttin und einer irdischen Schönen, die dann zur Strafe zur Wagenlenkerin der himmlischen* Sól *gemacht wird, giebt* (*im Acc.*) *14*, 18, 20.

Sólarr, m., *angeblich ein* Sohn *des* Hogni (1). — N. *219*, 24.

Sólfjoll, Pl. n., *Name einer* Lokalität, *wahrscheinlich in Norwegen gedacht.* — N. *165*, 17; A. *162*, 32.

Són, f., *Name eines* mythischen Gefässes. — N. *97*, 13; G. *98*, 17; D. *100*, 9.

Spangarheiör, f., *oder* **Spangareið**, n. (*vgl.* eið n. = isthmus Vigf.), *Name einer Lokalität im* südlichen Norwegen, *im Amte* Mandal. — D. á Spangareiði *231*, 17.

Spánland, n., Spanien. — D. *244*, 20.

Starkaðr Störverksson, m., *Name eines sagenberühmten* norwegischen Kämpen, *vgl. die Personen-Reg. in* Fas. *und* Flat., Saxo Gr. *in* L. VI. — N. *251*, 8; G. *252*, 1.

Störverksson, m., *patronymischer* Beiname *des* Starkaðr (q. v.). — N. *251*, 9.

Suðri, m., *Name eines* Zwerges. — N. *11*, 10; Vol. *14*, 2.

Sultr, m., *Personifikation von* sultr = Hunger. — N. *38*, 10.

Sumarr, m., *Personifikation von* sumarr, m. (*gewöhnlicher* sumar n. = Sommer, s. Vigf. s. v.). — G. Sumars *27*, 4.

Surtalogi, m., *eigentl. die Flamme des* Surti (= Surtr, *vgl.* § 74 A. 8), *poet. Bezeichnung des von* Surtr *zu entzündenden Weltbrandes.* — N. *25*, 15; *89*, 5; Vafþr. *51*, 3; D. *89*, 14.

Surtr, m., *ein* Feuer-Riese, *dem die Zerstörung der Welt obliegen* *soll; vgl. Einl.* p. 121. — N. 7, 9; 82, 19; *84*, 14; *180*, 21; Vǫl. 53, 1; Vafþr. *18*, 3; D. Surti *83*, 17; Vǫl. *54*, 6.

Suttungamjoŏr, m., *der Met des* Suttungi, *poet. Bezeichnung des* Dichtertrankes. — D. 99, 11.

Suttungi, m., = Suttungr (*vgl.* § 74 *A*. 3). — G. 98, 19; *100*, 19.

Suttungr, m., *Name eines* Riesen. — N. 98, 9; G. 99, 6—7; A. 98, 11.

Svaŏilfari, m., *ein mythisches Pferd.* — N. 53, 4; G. *54*, 17; A. 54, 2.

1. Svafnir *oder* **Sváfnir, m.**, *Name eines mythischen* Drachen. — N. Grm. *34*, 7.

2. Svafnir *oder* **Sváfnir**, m., *ein Bei-name Odhins.* — *In der* kenning Svafnis salnæfrar = skjǫldr *oder* skjaldborg (*vgl.* Sk. XLIX.) G. *b.* 3.

Svafrloŏ, f., *Name einer Frau im Dienste der* Guŏrún. — N. 204, 13.

Svanhildr, f., *Tochter des* Sigurŏr *und der* Guŏrún. — N. 121, 13; 211, 21; 226, 30; G. 227, 21; D. 228, 14; A. 119, 11; 227, 18.

Svarinn, m., *ein* Zwerg-*Name.* — G. 20, 1.

Svarins haugr, m., *eigentl.* Svarins *Hügel. ist wol auch* 164, 16 *nur eine hier willkürlich verwandte mythische Örtlichkeit, vgl.* 20, 1. — D. *164*, 16.

Svartálfa heimr, m., *eine der neun Welten, das Gebiet der* Schwarz-elbe *oder Zwerge.* — A. 39, 18; *115*, 5.

Svarthǫfŏi, m., *begegnet als Urrater der* seiŏberendr *oder niederen Zauberer des Nordens nur* Hyndl. 33, 6; *sonst mehrfach als Beiname von Personen in dem Sinne von „Schwarz-kopf", vgl. Vigf. u. F. Magn. — Letzterer ist geneigt in dem* Sv. *der* Hyndl. *einen Schwarzelben zu erblicken.*

Svasuŏr, *oder richtiger wol* Svás-uŏr, m. (*vgl.* sváss, svásligr), *als Vater des* Sumarr *bezeichnet.* — N. 27, 3—4.

Sveggjuŏr, m., *Name eines* Rosses. — N. 165, 18.

Sveinn, m., *mit dem Beinamen* tjúg-uskegg Haraldsson, *dänischer* König, *von* 991 — 1014. — N. 237, 1.

Sveipuŏr, m., *Name eines* Rosses. — N. 165, 17.

Sviŏarr *oder* **Sviŏurr, Sviŏrir, m.**, *ein* Beiname Odhins, *vgl.* Vigf. s. v. Sviŏarr. — *Getrennt als* Sviŏ-urr *u.* Sviŏrir 6, 6 — 7; Grm. exc. (50, 1).

Svipall, m., *ein* Beiname Odhins. — N. Grm. *47*. 1.

Svipdagr, m., *Name eines* Kämpen *am Hofe des* Hrólfr Kraki, *vgl. den* Svipdags-þáttr *der* Hrólfs Saga Fas. I, 85 *fg.* — N. 136, 13.

Sviagriss, m., *Name eines kostbaren* Ringes (*mit Eberbild? vgl.* griss m. Vigf., *s. auch* Hildigǫltr, Hildi-svín). — N. 137, 2; A. 138, 5.

Sviar, Pl. m., *die* Schweden. — N. 138, 10; D. 138, 13; 139, 4.

Sviarr *oder* **Sviarr**, m., Zwerg-*Name.* — N. Vǫl. 16, 4.

Sviþjóŏ, f., Schweden (*vgl.* Sviarr *und* þjóŏ f.). — N. 3, 1; D. Sviþjóŏ 3, 12; *136*, 9; *143*, 19; Sviþjóŏu Grott. 13, 2, *vgl.* þjóŏ § 48; A. Sviþjóŏ *124*, 15; *250*, 22.

Svǫl, f. (*vgl.* svalr *adj.*), *Name eines mythischen* Flusses. — N. 7, 4; 50, 8.

Svǫldr *oder* **Svǫldr**; *auch* **Svǫl**, f., *Name einer* Örtlichkeit, *wahr-scheinlich einer Insel in der Nähe der vorpommerschen Küste; oder nach Vigf.* Proleg. zur Sturl. S. p. LXXVIII *eines Sundes in der Nähe von* Heŏinsey (q. v.). *Hier fand* Olaf Tryggvason *im Jahre* 1000 *in einer Seeschlacht gegen die dänisch-schwedische Flotte und Ei-*ríkr Hákonarson *vermutlich den Tod.* — A. Svǫld (*vgl. aber Var.) f.* 2.

Sylgr, f., *Name eines* mythischen Flusses. — N. 7, 5.

Syn, f., *Name einer* Asin. — N. *44*, 5.

Sýr, f., *ein* Beiname *der* Freyja. — N. 43, 11.

Sæhrímnir, m., *Name eines* mythi-schen Ebers. — N. *48*, 5—6; A. Grm. *18*, 3.

Sǫrli, *ein* Sohn *des* Jónakr *und der* Guŏrún. — N. 121, 11; 227, 7.

Sǫkkvabekkr, m. (= the sink bench Vigf.), *eine* mythische Örtlich-keit. — D. *42*, 16.

Sægr, m., *Name eines* mythischen Eimers *oder Wasserbehälters.* — N. *15*, 7.

T.

Tanngnjóstr, m., *und* **Tanngrisnir**, m. (= toothgnasher V. *vgl.* tǫnn f.), *Name der beiden* Böcke *des* Gottes Þórr. — N. *30,* 6.

Tiggi, m., *angeblich ein* Sohn *des* Hálfdan Gamli.
* *Nach* Vigf. *richtiger* tyggi = *Führer.*

Trója, f., *die* Stadt *Troja in Klein-Asien.* — A. Trója (*für* Tróju *vgl.* Róma D. Róma) *13,* 7.

Týr, m., *Name eines* Asen; *Einl.* p. 114. — N. *34,* 10; G. *34,* 18; D. Tý *84,* 1; A. Sigdr. *6,* 6.
* *Vgl.* § 39 *A.* 2; týr = *Gott überhaupt in* Farmatýr; *vgl. Einl.* p. 114a.

U.

Uðr, m., *ein* Beiname *Odhins.* — N. Grm. *46,* 5.

Ullr, m., *ein* Ase, *vgl. Einl.* p. 118. — N. *36,* 11; *nur im Sinne von* deus *oder* numen *in der* kenning: Ullr ímunlauks (*vgl.* ímunlaukr) Voc. *e,* 1.

Uppsalir, Pl. m., *die Stadt* Uppsala, *in älterer Zeit Sitz des Königs und auch sonst Hauptort in* Schweden. — G. Uppsala *137,* 6; D. Uppsǫlum *136,* 1; *259,* 11.

Urðarbrunnr, m. — N. *21,* 4; D. *24,* 9; A. 23, 11.

Urðr, f., *Name einer* Norne. — N. *22,* 7; G. Urðar Vǫl. 22, 8.

Ú.

Ú'lfr, m., *mit dem Beinamen* inn rauði, *ein Beamter des Königs* O'láfr Tryggvason. — N. 237, 18; D. *238,* 2; A. 238, 5.

U'tgarða-Loki *oder* U'tgarðaloki, m. (*vgl.* U'tgarðr, Loki), *ein* Riese, *so benannt im Unterschiede von* Loki = A'sa-Loki. — N. *62,* 16; *67,* 1; G. *61,* 9; A. *62,* 6; *69,* 20.

U'tgarðr, m., *eine* mythische Örtlichkeit, *auch im* Plur. U'tgarðar (the outyard Vigf.). — N. *61,* 5; A. *61,* 7.

V.

Vafuðr, m., *oder* **Váfuðr**, *ein* Beiname *Odhins.* — N. Grm. exc. (*54,* 5).

Vafþrúðnir, m., *Name eines* Riesen. — N. *9,* 1.
* V. *war namentlich bekannt durch seinen Wissens-Wettstreit mit* O'ðinn, *der in den eddischen* Vafþrúðnis *mál behandelt ist.*

Vakr, m., *ein* Beiname *Odhins.* — N. Grm. exc. (*54,* 4).

Valaskjálf, f. (*vgl.* Hliðskjálf), *Name einer* mythischen Örtlichkeit. — N. 25, 6.

Valbjǫrg, Pl. n. (?), *Name einer* Örtlichkeit. — N. *215,* 15.

Valdamarr af Danmǫrk, m., *ist* 213, 22 *wol kein bestimmter* dänischer *König, nur eine in Anlehnung an die dänischen Waldemare erfundene Figur des Sagaschreibers.* — *Vgl. übrigens* Valdarr Guðrkv. II, 19.

Valfǫðr, m., *ein* Beiname *Odhins.* — N. *28,* 1; G. Vǫl. *24,* 7.

Valhǫll, f., *Name einer* mythischen Örtlichkeit, *Einl.* p. 84. — N. *4,* 12; G. Valhallar *49,* 10; D. Valhǫll *45,* 4; Valhǫllu *109,* 8 (*vgl. zu* hǫll § 83 B *A.* 2); A. Valhǫll 28, 2; *74,* 7.

1. **Vali**, m. (*oder* Váli? *vgl.* Siev. P. VI, 303; B *zu* Vafþr. *51,* 5), *ein nur wenig bekannter* Ase; *auch* Ali (A'li?) *genannt, Einl.* p. 118. — N. *36,* 9; *89,* 4; G. Vala *45,* 10.
2. **Vali**, m., *ein* Sohn *des* Loki. — N. *80,* 9; D. *80,* 10.
3. **Vali**, m., *als* Zwerg-*Name begegnet* Vǫl. 16, 2 *im Citat der pros. Edda, gegenüber* Nali *oder* Náli *der L. Edda.*

Vamm, f. (*vgl.* Var.), *Name eines* mythischen Flusses. — N. *42,* 6.

Vanaheimr, m., *eine der neun Welten, der Wohnsitz der Wanen.* — D. 32, 5.

Varinsey, f., *eine auch* H. H. I, 38, 2 *genannte* Insel. — D. *164,* 31.

Varinsfjǫrðr, m., *ein auch* H. H. I, 27, 10 *genannter* Meerbusen (*vgl.* Varinsvík H. Hjǫrv. 22, 3). — N. *164,* 7.

Vartari, m., *Name eines sagenhaften* þvengr. — N. *113,* 9.

Vasaðr *oder* **Vásaðr** (*vgl.* vás n.
Vigf.), m., *der* Grossvater *des
persönlich gedachten Winters.* —
G. 27, 7.
Vár, f., *eine* Asin, *vgl. Einl.* p. 26,
27, 126a. — N. *43*, 19.
Veðrfǫlnir, m., *Name eines mythi-
schen* Habichts. — N. 23, 3.
Vegsvinn, f., *Name eines mythischen*
Flusses. — N. *50*, 11.
Veratýr, m., *ein* Beiname *Odhins.*
— N. Grm. exc. (3, 3).
Verðandi, f., *eine der* Nornen, *Einl.*
p. 90a. — N. 22, 7.
Vestri, m., *ein* Zwerg-*Name.* —
N. *11*, 14; Vǫl. *14*, 3.
    * *Die vier Zwerge* Austri, Vestri,
Suðri, Norðri *sind natürlich als
Personifikationen der vier Himmels-
gegenden zu fassen; vgl. Einl.* p. 86.
Vetr, m., *der personifizierte* Winter.
— N. 27, 8; G. 27, 6.
Vé, m. (*für* Véi?), *Name einer frühe
verdunkelten* nordischen *Gott-
heit, als Odhins* Bruder *bezeichnet.*
— N. *10*, 6; *vgl.* A. Véa Lok. *26*, 4.
Vgl. Einl. p. 95a.
Véseti, m. (*vgl. Var.*), *einer der* Käm-
pen *des* Hrólfr Kraki. — N. *136*,
12.
Viðarr, m., *einer der* Asen, *Einl.*
p. 118. — N. *36*, 6; *84*, 6; *89*, 4;
Vǫl. 56, 3; G. Viðars *106*, 22.
Viðfinnr, m., *als* Vater *der* Bil *und
des* Hjúki *genannt.* — N. *15*, 7.
Viðólfr, m., *als* Ahnherr *aller* vǫlur
(*vgl.* vǫlva) *genannt* Hyndl. 33, 2 *im*
Dat.; *identisch scheint der von* Saxo
L. VII *erwähnte Zauberer* Vitolfus;
vgl. F. Magn. L. Myth. s. Viðólfr.
Viðrir, m., *ein* Beiname *Odhins.* —
N. *6*, 7.
Viðurr, m., *ein* Beiname *Odhins.*
— N. Grm. exc. (*49*, 7).
Vili, m., *als* Bruder *des* O'ðinn *ge-
nannt* (*vgl.* Vé m.). — N. *10*, 6.
Vilmeiðr, m., *als* Ahnherr *der* vitkar
genannt. — N. Hyndl. 33, 4.
Vimur, f., *Name eines mythischen*
Flusses. — N. *107*, 3; Voc. ϑ, 1.
Vin, f., *Name eines mythischen* Flus-
ses. — N. *50*, 10.
Vindálfr, m., *ein* Zwerg-*Name.* —
N. Vǫl. *15*, 2.
Vindljón *oder* **Vindlóni** (-ljóni), m.,
als Vater *des* personifizierten
Winters genannt. — N. 27, 6.

Vindsvalr, m., *ein anderer Name
für* Vindljón, q. v. — N. 27, 6.
Vingi, m., *ein* Dienstmann *des
Königs* Atli. — N. *216*, 23; *217*, 16;
Voc. *219*, 27.
Vingnir, m., *ein* Beiname *des* Got-
tes *þórr, vgl.* Ving-þórr þrymskv. I, 1.
— G. Vafþr. *51*, 6.
Vingólf, n., *Name einer mythischen*
Örtlichkeit; *Einl.* p. 84, 85. —
N. *6*, 17; A. *17*, 21; *28*, 2.
Virvir, m., *ein* Zwerg-*Name.* — N.
Vǫl, *18*, 7.
Vitr, m., *ein* Zwerg-*Name.* — N.
Vǫl. *15*, 4.
Víð, f., *Name eines mythischen* Flus-
ses. — N. 7, 5; *50*, 7.
Víðbláinn, m., *Name des* dritten
Himmels *der* nordischen My-
thologie. — N. 26, 4.
Vifilsborg, f., *das spätere* Avenches
im Canton Waadt. — A. 258, 7.
Vígr, m., *ein* Zwerg-*Name* (*vgl.
jedoch Var.*). — N. Vǫl. *15*, 1.
Vigríðr, m., *Name einer mythischen*
Örtlichkeit. — N. 83, 2, 6; Vafþr.
18, 1.
Vík, f., *Name einer norwegischen*
Landschaft (*am heutigen Chri-
stiania* - Fjord), *eig.* = vík *Bucht,
daher mit suff. Art.* — Dsf. Víkinni
237, 21.
Vína, f., *Name eines mythischen oder
doch nicht sicher nachweisbaren*
Flusses (*vgl. Dwina im nördlichen
Russland, die in der Form* Vína
mehrfach, z. B. Dat. Vínu Flat. II,
256, Z, 11 *v. u. begegnet*). — N. *50*,
11.
Vínbjǫrg, Pl. n., *Name einer sagenhaften* Örtlichkeit. — N. *215*, 15.
Vænir, m., *der* Wener-*See in Schweden.* — N. *136*, 5.
Væringjar, Pl. m., *zunächst Bezeichnung der nordischen Sold-Truppen
in Konstantinopel; dann* (*nur in
der* þiðrekssaga *u.* Vǫlss. c. XXII,
vgl. Vorbemerkungen p. LXXIX) =
Skandinavier *überhaupt.* — N.
190, 28.
Vǫggr, m., *ein in die Geschichte des*
Hrólfr Kraki *verflochtener* Mann
niederer Herkunft, vgl. Einl. p. 150.
— N. *134*, 5.
Vǫlsungr, m. 1) *der* Vater *des*
Sigmundr *in der nordischen Auf-
fassung, vgl. Vorbem.* p. XIX a. —
N. *151*, 30; G. *117*, 2; *152*, 2, 7; D.

154, 12; A. *162*, 24. — 2) *ein* Nachkomme *des* Vǫlsungr (1); D. *158*,
22 *u. viell. im* Voc. Vǫlsungr Regm.
18, 3; *manche sind hier freilich geneigt, urspr.* Nom. (= Vǫls. 1) *anzunehmen, vgl.* Læsb. p.136; Zeitschr.
f. d. Phil. 12, 368. — *Im* Plur. Vǫlsungar *die* Wǫlsunge. — N. *152*, 9;
226, 25; G. *158*, 15; *166*, 35; *in der*
kenning: Vǫlsunga drekka = eitr
(*vgl. 123,* 6—9) *im* Gen. d, 4 (*vgl.*
p. 262). — A. *177*, 21.

Vǫlsungsson, m., *der* Sohn *des*
Vǫlsungr (1)=Sigmundr. — N. *123*,
6; *242*, 3—4.

Vǫluspá (*vgl.* volva, spá), *Name eines
bekannten* eddischen Liedes. —
D. *7*, 13. — Vǫluspá in skamma =
Hyndluljóð, *ein in der* Flateyjarbók
*erhaltenes, neuerdings gewöhnlich
der Lieder-Edda hinzugefügtes ge-
nealogisches Gedicht* (*Hild.* p. 121
fg.). — D. *8*, 19.

Vǫr, f., *Name einer* Asin, *vgl. Einl.*
p. 26, 27. — N. *44*, 2.

Vǫttr, m., *Name eines* Kämpen *am
Hofe des* Hrólfr Kraki; *vgl. Einl.*
p. 150 a. — N. *136*, 12.

Y.

Yggdrasill, m., *Name der* Welt-
esche, *vgl. Einl.* p. 96. — N. Vǫl.
22, 2; G. *20*, 5; *44*, 1.

Yggr, m., *ein* Beiname Odhins.
— N. Grm. exc. (*54*, 2).

Ylfing *oder* **Ylfingr,** m., *ein* Ylfing,
häufiger im Plur. Ylfingar = *die*
Ylfinge, *ein in nordischen Quellen
öfter genanntes, nicht ganz deutliches* Heldengeschlecht, = *ags.*
Vylfingas (Vigf.). — S. D. 238, 5.

Ylgr, f., *Name eines mythischen*
Flusses. — N. 7, 5.

1. **Yngvi,** m., *ein* Zwerg-Name. —
N. Vǫl. 19, 1.

2. **Yngvi,** m., *der mythische* Stammvater *des Geschlechtes der* Ynglingar, *vgl.* p. 146; *doch ist* G. Yngva
konr Regm. *14,* 3 *wol nur = der
Heldensohn, vgl. die Bezeichnung
des* Helgi Hundingsbani *als* áttstafr
Yngva *in* H. H. I, 56, 3.

Yrsa, f., *die* Mutter *des* Hrólfr
Kraki. — N. *137*, 8; G. Grott. 22, 2;
A. *136*, 2.

Ý.

Ýmir, m., *der* Urriese *der nordi-
schen Mythologie; vgl. Einl.* p.74—76.
— N. *8*, 18; G. *12*, 8; Dat. Hyndl.
33, 8; A. *9*, 10.
   * *Für die Messung* Ymir *tritt*
Siev. P. VI, 814 *ein.*

Þ.

1. **Þekkr,** m., *ein* Beiname Odhins.
— N. Grm. *46*, 4.

2. **Þekkr,** m., *ein* Zwerg-Name. —
N. Vǫl. 15, 4.

Þengill, m., *angeblich ein* Sohn *des*
Hálfdan Gamli, N. *145*, 11; *richti-
ger = ags.* Þengel; *vgl.* Eg., Vigf.;
Manna-þengill = hominum princeps.

Þjazi, m., *ein* Riese, Vater *der*
Skaði. — N. *94*, 14; Grm. *11*, 2; G.
32, 8.

Þjálfi, m., *ein* Dienstmann *des*
Þórr, *vgl. Einl.* p. 103 a. — N. 57,
5; G. *63*, 17; D. *68*, 19; A. 57, 24;
Voc. *63*, 13.

Þjóð *oder* **Þjóða,** f. (*vgl.* Vigf.), *eine*
Örtlichkeit, *vielleicht der Bezirk
von* Thy (Thy-herred) *in Jütland.*
— D. *116*, 25.

Þjóðnuma, f., *Name eines mythischen* Flusses. — N. *50*, 11.

Þjóðólfr *iun* hvinverski, m., *Name
eines* norwegischen Skalden *des
9.—10. Jahr.* (*Möb.* Cat. p. 191), *ge-
bürtig aus* Hvin *im südwestlichen
Norwegen.* — N. *4*, 12; *105*, 19.
   * *Über die Autorschaft von* Str.
(b) *vgl.* p. *4*, N. 13.

Þolmóðnir, m. (*vgl.* Þolin-móðr =
patient Vigf.), *Name der* Thür-
schwelle *im Hause der* Hel. —
N. *38*, 11—12.

Þorgerðr, f., Tochter *des Königs*
Hǫlgi *von* Hálogaland; *in heidnischen Zeiten in Norwegen verehrt,
besonders auch von* Hákon jarl (q.v.);
vgl. Einl. p. 151. — G. *139*, 9.

Þorinn, m., *ein* Zwerg-Name. —
N. Vǫl. 15, 2.

Þorsteinsson, m., *patronymischer
Beiname des* Skalden Skúli, q. v.

Þóra, f., *als* Tochter *des* Hákon *genannt im* Dat. *213*, 3.

15*

Þórðr, m., *mit dem Beinamen* Þing-bítr, *als Vater des* Norna-Gestr *genannt.* — N. 236, 10.

Þórr, m., *einer der mächtigsten* Göt-ter *des altnordischen Glaubens, vgl. Einl.* p. 101 *fg.* — N. 21, 11; G. 36, 11; 103, 23; D. 58, 25; 64, 7; 103, 11, 12; A. 54, 12; 63, 22; 102, 12; Voc. 60, 12; 61, 3.

Þórs-drápa, f., *die* Thors-drapa *(skaldisches Gedicht) des Skalden* Eilífr. — D. 108, 12.

Þórsnes, n., *Name eines* Vorgebir-ges. — D. 165, 6; *hier ist nicht an das bekannteste* Þórsnes *(im island. Westviertel), sondern ebenso wie* H. H. I, 48, 8 *an ein sagenhaftes Lokal gleichen Namens in Norwegen zu denken.*

Þriði, m., *als* Beiname *Odhins* Grm. 46, 4; *in Gylfag. neben* Hár *und* Jafnhár *als redend eingeführt vgl. Einl.* p. 69 a, 171. — N. 5, 12; 56, 17.

Þróinn *oder* **Þráinn**, m., *ein* Zwerg-*Name.* — N. Vol. 15, 3.

Þróndheimr, m., *urspr. nicht Name einer* Stadt, *sondern des ganzen* Gebietes *der* Þrœndir, *etwa den jetzigen Ämtern Nord- und Süd-Trondhjem entsprechend.* — D. 235, 2.

1. **Þrór**, m. *(auch* Þrár), *ein* Zwerg-*Name.* — N. Vol. 15, 3.

2. **Þrór**, m., *ein* Beiname *Odhins.* — N. Grm. exc. (49, 6).

1. **Þrúðr**, f., *die* Tochter *des Gottes* Þórr, *vgl. Einl.* p. 107 a.

2. **Þrúðr**, f., *eine* Walkyrje *(identisch mit* 1? *vgl. Einl.* p. 127 a). — N. Grm. 36, 4.

Þrúðvangar, Pl. m., *Name einer mythischen Örtlichkeit, vgl. Einl.* p. 102. — N. 30, 2; G. 105, 5; A. 69, 23.

Þrymheimr, m., *Name einer mythischen* Gegend. — N. 32, 10; Grm. 11, 1; D. 32, 11; A. 94, 15.

Þuðr, m., *ein* Beiname *Odhins.* — N. Grm. 46, 5.

Þundr, m., *ein* Beiname *Odhins.* — N. Grm. exc. (54, 8).

Þviti, m., *Name eines mythischen* Felsens. — N. 41, 12.

Þyn, f., *Name e. mythischen* Flusses. — N. 50, 10.

Þökk, f., *Name einer* Riesin. — N. 78, 1; η, 1.

Þöll, f., *Name eines mythischen* Flusses. — N. 50, 10.

O.

Oku-Þórr, m., *ein* Beiname *des Gottes* Þórr, *vgl. Einl.* p. 102. — N. 30, 1; 56, 19.

Olvaldi, m., *ein* Riesen-*Name.* — N. 96, 12 *(vgl. Var.).*

Orboða, f., *Name einer* Riesin. — N. 46, 1.

Orgelmir, m., *ein* Riesen-*Name.* — N. Vafþr. 30, 4; Acc. 8, 18.
  * *Viell. richtiger* Aurgelmir, *vgl.* B. *zu* Vafþr. 29, 6; Bt. p. 396.

Ormt, f., *ein mythischer* Fluss-*Name.* — A. Grm. 29, 1.

Ornir, m., *ein* Riesen-*Name.* — N. Grott. 9, 5.

Orvandill, m., *ein im* Norden *an den* Þorr-*Mythus angeknüpfter* Sa-genheld, *vgl. Einl.* p. 108. — N. 105, 16; G. 105, 6; Orvandils tá *als Bezeichnung eines Gestirns* 105, 15; A. 105, 11.

Œ.

Œgir *oder besser* Ægir *(vgl. Vigf.* s. v.*)*, m., *ein* Riese, *als Beherr-scher des* Meeres *gedacht.* — N. 92, 1; G. eldr Œgis = gull *(vgl. Sk.* XXIII) 108, 14. — D. 93, 2, 5.
  * *Vgl. über* Œgir *die pros. Einl. zu* Lokasenna.

Œgishjálmr, m., *der* Schreckens-helm. — N. 116, 20.
  * *Besser* œgishjálmr (q. v.), *zu* œgir = Schreck F. 12.

Berichtigungen

A. Zum Text, ausser den T. I, p. 263 aufgeführten.

— ..

3, 8 *l.* at; *9 in* Vafþr. 80 b fróði; *15,* 13 ákafliga; *21,* 6 *l.* brúna Bifrost; 25, 12 himinn; *27,* 5 svásligt, *28,* 4 enn; *30 sind die Zahlen am Rande von 10 an ungenau; 30,* 11 frændum; *30,* 16 hans; en . . .; *32,* 14 *l.* kvað; *34,* 7 undarligt; *von 10 an die Zahlen a. R. ungenau; 35,* 4 framar; *35,* 7 *u. 42,* 6 ragnarøkrs; *35,* 10 ófœru; *38,* 4 *l.* bitr í sporð; *40,* 9 segja; *40,* 13 hólm; *40,* 14 úlfinn; *41* N. 81 *l.* ok því harðara er . . .; *43,* 12 *l.* kǫlluð; *43,* 19 Níunda . . .; *46,* 2 dóttir; *46,* 25 sjálft; *49,* 14 á Valhǫll; *49,* 15 nafnfrægt; *51 die Zahlen a. R. von 5 an ungenau; 52,* 8 nǫkkurr; *52,* 9 ørugg; *52,* 12 Freyju; *52,* 13 réðu; *52,* 15 borgina; *53,* 12 mjǫk; *53,* 13 svá; *55,* 5 *l.* Dvergar; *56,* 4 *l.* nǫkkurr; *58,* 18 hamarskaptinu; *59,* 7 játti; *59,* 13 til þórs; *59,* 17 sem ótrúligt; *59,* 18 *l.* álarendann; *61,* 6 væra; *62,* 7 glotti; *62,* 23 slátr; *63,* 12 U'tgarða-Loki; *63,* 17: vel; *63,* 21 segja; *64,* 16 allítill; *65,* 19 mundi; *66,* 2 A'sa-þór; *67,* 1 Utgarťa-Loki; *68,* 11 en þar er þú; *69,* 8 tæki; *69,* 20 U'tgarða-Loka; *70,* 18 lítil; *71,* 10 austr-; *72,* 4 hann hóf; *73,* 10, 11 *l.* alls konar; *74,* 22 til þess; *75,* 6 vili; *75,* 17 hón af . . .; *75,* 18 berserki; *75,* 23 henni fríðar; *79,* 16 svá þungt; *82,* 2 bjǫrg, at viðir . . .; *87 die Zahlen a. R. ungenau; 89 die Zahl 15 ungenau.* — *93,* 3 *l.* skjoldum; *94,* 10 *l.* En at ákveðinni stefnu, *in N. 19 lies: so* W, at ákv. stundu R *u. w.*; *95,* 18 brynju; *95,* 20 hit fyrsta; *97,* 5 hráka; *97,* 6 vildu; *98 Überschr.* Bragarœður; *98,* 4 grét; *98,* 12 lífsgriða; *98,* 18 mjǫðr; *99,* 7 þrælar; *99,* 11 ráð eiga; *100,* 8 bergit[20]); *100,* 5 raufina; *101,* 9 ok; *102,* 1 mikinn; *102,* 3 buðu; *103,* 22 skjoldinn; *104,* 26 hefða fyrri; *105,* 13 staðit[78]); *106,* 7 taka, 20 hefði; *107,* 4 megingjǫrðum, 18 upp at ræfri; *111,* 20 haddrinn; *113,* 2 sagði, at . . .; *114,* 13 otrinn; *115,* 3 hylja; *116,* 20 setti, 22 kallaðr; . . .; *120,* 4 Gunnarr, 10 áðr; *121,* 8 fjǫrðinn; *122,* 15 þvílíkt; *124,* 4 Skjǫldr, 6 réð; *125,* 11 ljóð, 13 nótt, 19 eptir; *126 in Gr. 1,* 6 Friðleifssonar; *129 in Gr. 12,* 5 slengðum; *132 in Gr. 20,* 7 *l.* valmar[46]); *134,* 2 Hrólfr; *136,* 11 Hjalti; *137,* 13 brunnu . . . er þat satt, at . . .; 19 skjǫldrinn; *140,* 12 siglt; *141,* 7 fylkja; *144,* 6 síðla; *150,* 5 inni, 32 frændum; *151,* 34 alroskinn; *153,* 15, 16 engan veg; *154,* 8 ef þessu; *157,* 8 sendir; *158,* 27 ef hann hafi; *160,* 8 ǫðrum; *161,* 24 konunginn; *162,* 1 komaz, 10 skaltu; *163,* 16 riðu; *164,* 1 fǫgrum, 4 herra!, 32 kvaz; *165,* 2 sjálft, 20 þar væri; *166,* 30 drakk; *168,* 7 konungr heim; *169,* 32 mannfall; *170,* 13 fylgði; *171,* 29 svarar, 33 hestasveinn; *173,* 23 stein; *174* Regm. 2, 5 oss[19]); *175,* 14 tók við; *176,* 4 brast eigi, 10 ástsælli, 22 frænda; *178,* 12 hvárki-né, 20 Hjǫrvarð, 21 Hundingssonu, 36 sýnaz; *179,* 10 sit, 27 ertu þá alinn; *180,* 7 frœkn; *181,* 10 skylda; *182,* 12 þar liggr R.; *183,* 7 mundi; *184,* 3 skyldu, Sigdr. 5, 7 góðra; *188* Sigdr. 19, 7 heillum; *190,* 13 ek, at . . .; 72 hǫfðingjar; *191,* 31 mannsins; *195,* 17 ágætir; *200,* 22 mannfjǫldi; *205,* 21 *ergänze etwa* m e g i *nach* hlæja, 24 sem hans ást sé; *206,* 24 Brynhildr; *207,* 5

lézt, 10 skemmuvegg; *208,* 16 Grímhildar; *211,* 2 sá var, 20 Grímhildar, 30
yður; *212,* 23 Guðrún sat; *213,* 15 skjoldu; *214,* 1 vildu; *215,* 22 í mót; *216.*
20 tilge[6]), 26 Síðan . . . ; *217,* 2 skjoldu, 25 meðan, 28 bróður sínum; *218,*
21 ok er vér . . . ; *219,* 24 Snævarr; *220,* 5 landi, 8 mannfjolda, 32 í orrostu.
33 Guðrúnu; *221,* 31 harða; *222,* 8 feldi; *223,* 7 báru, 22 bandingjann; 225, 3
svarar, 11 minn vili[13]); *227,* 20 vill; *Anm. Z. 2 v. u. l.* 6) *für* 7). — 228, 2
þær er . . . , 4 óhegnt[9]); *230,* 10 af brugðit, 11 grjóti, 16 skuluð; *231,* 21
húsa; hón . . . ; *240,* 17 upp tekin; *241,* 4 gullit; *245,* 9 sigldu-vér; *249,* 9
settr; *250,* 6 Fáfnisbana [98]); *256* Helr. *10,* 8 ríða, þann er . . . ; *258,* 2, 3 enn
fleira!; *259 fehlt* 5 *a. R.;* *261,* 11 vildi þat. *262 Erl. zu* (d) *lies* á ongli
forns-Litar-flotna-fangboða. — *Erl. zu* (e) *lies* um alla *für* of alla; *264,* Z. 5
von oben l. 240 *f.* 340.

B. Zum · Wörterbuch.

S. 6, *Art.* -at, -a *(Schluss) lies:* vilda-ek-a-ek; S. 11 *Art.* ámáttigr (*lies
so.*); S. 17 *Art.* bilt *tilge die Klammer vor den Worten: zu einem adj.;*
S. 22 *Art.* brúarsporðr *füge hinzu* m.; S. 25 *Art.* djúpr *füge zu: adj.;* S. 34
Art. endir *füge zu:* m.; S. 36 *Art.* erendi Z. 3 *v. u. l. Papierhss.;* S. 45
sind die Art. fors, forskepti, forspá *in dieser Folge zu ordnen;* S. 51 *Art.*
fyrir *Schluss l.* 223, 1; S. 65 *ist vor* harla *der Art.:* „harðúðigr, *adj.* (harðr;
úð = hugð Vigf.) *beherzt.* Af. harðúðga 221, 22". *ausgefallen.*